Industrial Organization
Contemporary Theory and Empirical Applications

Lynne Pepall
Dan Richards
George Norman

제5판

산업조직론

| 김 대 욱 옮김 |

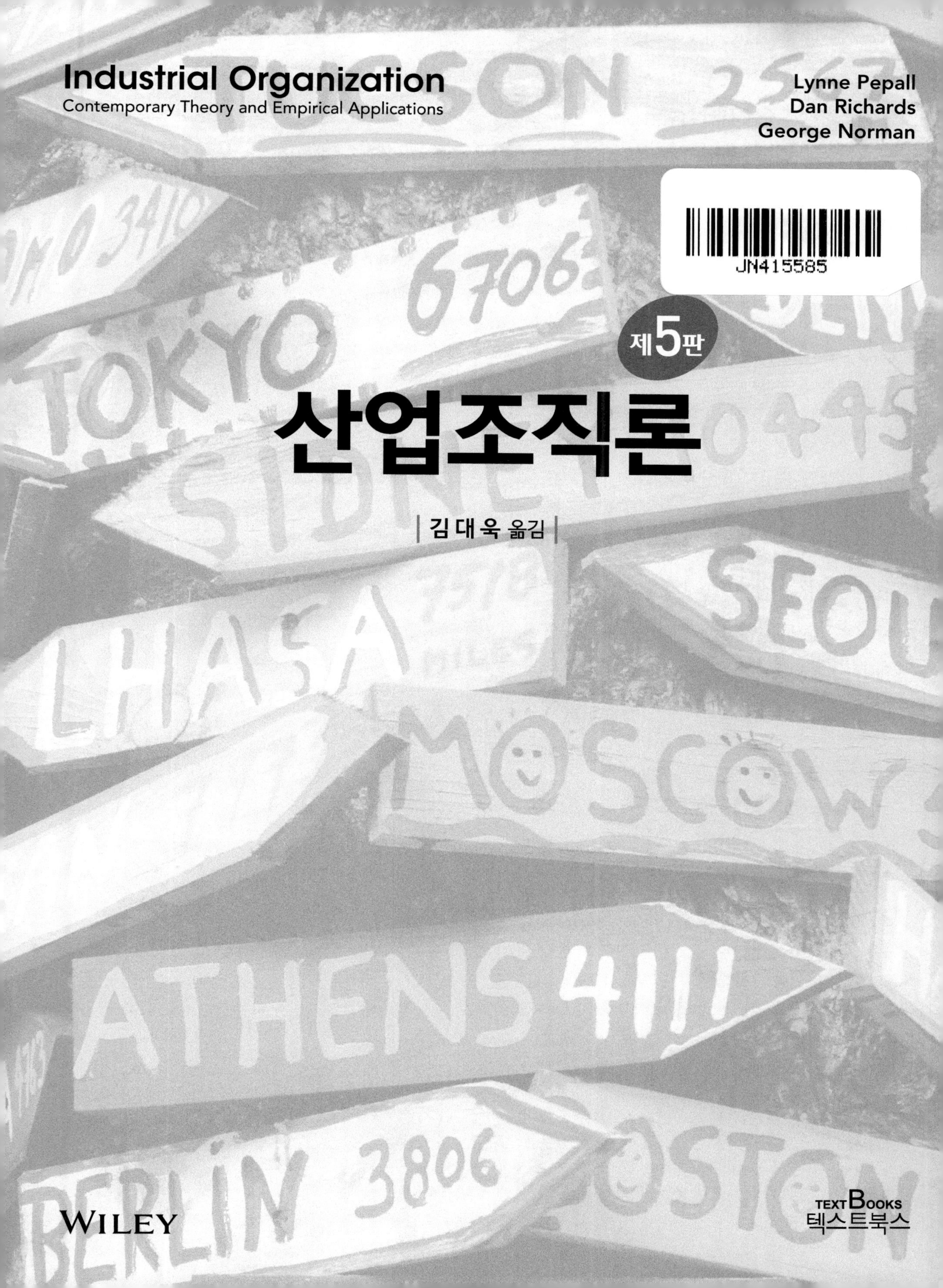

WILEY

TEXTBOOKS
텍스트북스

Industrial Organization: Contemporary Thoery and Empirical Application 5/e
Lynne Pepall, Dan Richards, George Norman
ISBN 978-11-18250-30-3

옮긴이 소개

김 대 욱
연세대학교 경제학과 졸업
University of California at Davis 경제학박사
현 숭실대학교 경제통상대학장
현 산업조직연구 편집위원장
Journal of Industrial Economics, Energy Economics, Energy Policy, Opec Energy Review, 경제학 연구, 산업조직연구 등에 다수의 논문 게재

산업조직론 제5판

발행일 2024년 8월 30일 5판 1쇄 발행
2025년 7월 25일 5판 2쇄 발행

지은이 Lynne Pepall, Dan Richards, George Norman

옮긴이 김대욱

발행인 임은정 발행처 (주)텍스트북스

주소 서울시 영등포구 양평로 30길 14, 세종앤까뮤스퀘어 1109호

전화 02-702-5725~6 팩스 02-702-5727 웹사이트 www.textbooks.co.kr

등록번호 제2022-000098호

ISBN 979-11-91679-31-1 93320

정가 43,000원

옮긴이 머리말

Preface

이 책은 전 세계적으로 산업조직론 분야에서 가장 많이 팔린 교과서 중의 하나인 Industrial Organization: Contemporary Theory and Empirical Applications에 대한 번역서이다. 현재에도 미국의 저명한 대학(top tier universities)뿐만 아니라, 주립대 또는 4년제 대학에서 이 책을 산업조직론 교재로 널리 사용하고 있다. 전체적인 구성을 보면 새롭게 개정된 5판은 이전 버전인 4판에 비해서 장(chapter)이 하나 줄고 본문에서 수학적인 복잡한 내용이 빠지고 부록으로 이전되었다. 구체적으로 가격정책과 반독점정책에 관한 두 개의 장과 광고에 대한 두 개의 장이 각각 하나의 장으로 축소되었고, 국제경쟁과 전략적 무역정책에 대한 장이 새롭게 추가되었다. 이외에도 5판은 실증적 연구에 대한 논의가 최신의 논문을 바탕으로 상세하게 소개하고 있으며, 복잡한 미적분 수식을 본문에서 제외하여 수학적 이해가 다소 부족한 학생도 이 책을 유용하게 활용할 수 있도록 한 것이 특징이다.

미시경제학의 꽃으로 불리는 산업조직론은 시장에서 기업 간의 전략적인 행동과 이러한 행동이 시장의 효율성에 미치는 영향을 분석하는 학문이다. 이 책에서는 우리 주위의 복잡한 문제를 분석하기 위한 경제모형을 최소한의 수식(가령, 한계비용과 한계수익이 같다는 일차 조건)을 사용하여 직관적이면서도 심도 있게 분석하고 있다. 기존의 산업조직론 교과서는 실제로 너무 많은 수식이나 계량분석 결과를 다루고 있어서 학부나 대학원에서 교재로 사용하기에 어려움이 있으나, 이 책의 경우 대부분의 내용을 무리 없이 활용할 수 있을 것이다. 다만, 실증사례는 해외의 사례만을 다루고 있기 때문에, 우리나라의 사례를 참고하기 싶은 독자는 국내에서 출판된 산업조직론 교과서를 참고하기 바란다. 이 책은 산업조직론을 수강하는 학부생뿐만 아니라 산업조직론 분야의 석사나 박사학위 취득을 목표로 하는 대학원생에게 실질적인 도움이 될 것으로 기대된다. 학술적인 목적 이외에도 공정거래나 경영전략 분야에서 학술적인 직관이나 통찰력을 얻고자 하는 독자에게도 큰 도움을 줄 수 있을 것이다.

마지막으로 번역서가 나오기까지 오랜 시간 동안 노심초사하고 기다려주신 텍스트북스의 임은정 대표님과 성진우 팀장님께 감사를 드리며, 번역을 위해서 처음부터 끝까지 궂은일을 도맡아 준 오클라호마 주립대 경제학과 박사 과정의 류준열 군, 그리고 마지막으로 이 책의 출판을 위해서 노력해 주신 모든 분들께 감사의 마음을 전한다.

2024년 8월 15일
김대욱 적음

지은이 머리말

Preface

*산업조직의 현대 이론과 실제*의 다섯 번째 개정판을 출간하게 되어 매우 기쁘게 생각한다. 특히 전략적 상호작용에 대한 엄격한 사고를 적용하면 실제 사건에 대한 중요하고 검증 가능한 통찰력을 얻을 수 있다는 이 분야의 개념화와 주요 공헌을 시장에서 지속적으로 확인하게 되어 기쁘게 생각한다. 이번 개정판은 이러한 메시지를 새롭게 전달한다고 생각한다.

전반적으로 책의 구성은 이전 판과 거의 동일하지만 몇 가지 중요한 변화가 있다. 가격담합과 반독점정책에 관한 두 장(제4판의 14장과 15장)이 간소화되어 한 장으로 통합되었다. 광고에 관한 두 개의 별도 장(제4판의 20장 및 21장)도 마찬가지이다. 더 중요한 것은 국제 경쟁과 전략적 무역 정책에 적용되는 전략적 상호작용에 관한 새로운 장을 추가했다는 점이다. 순 변경 사항은 장이 하나 줄고 본문이 더 간결해졌다는 것이다.

그러나 가장 실질적인 변화는 두 가지이다: 1) 각 장에 하나의 실증적 연구에 대한 다소 확장된 논의가 포함되었고, 2) 모든 미적분학 파생물이 부록으로 옮겨졌다. 첫 번째는 거의 모든 장에 실증적 연구를 포함했던 제4판의 혁신에 기반한 것이다. 각 장의 주제에 적합하면서도 본 교재를 사용하는 다양한 학생들의 통계 교육에 적합한 연구를 찾는 것은 쉬운 일이 아니다. 그러나 우리는 이 점에서 좋은 성과를 거두었다고 생각한다. 여기에는 서론 첫 장에 국가별 반독점법 집행에 대한 간단한 실증적 비교를 포함시킨 것이 포함된다.

미적분 섹션을 부록으로 옮김으로써 수학을 전공하지 않고 수업을 진행하는 사람들이 이 책을 더 유용하게 활용할 수 있을 것으로 기대하면서도 보다 공식적인 접근 방식을 원하는 사람들에게는 여전히 해당 자료를 제공할 수 있게 되었다. 그렇다고 해서 현재 본문에 수학이 전혀 없다는 것은 아니다. 여전히 많은 대수를 포함하고 있으며 한계수익이 한계비용과 같다는 일차 조건에서 많은 결과를 도출한다. 각 장의 실증적 적용에서도 대수적 분석이 널리 사용된다. 그러나 기본 교재에 완전히 통합된 공식적인 미적분 표현을 원하시는 분은 정량적 대안 버전인 *현대 산업조직*을 사용하는 것이 더 나을 수 있다.

감사의 글

Tufts와 다른 곳의 학생들은 큰 도움을 주었으며, 저희는 그들 한 명 한 명에게 큰 빚을 졌다. 큰 감사를 드린다. 장별 문제와 파워포인트 슬라이드 등을 제공해 주신 Sonia Jaffe와 Kevin Proulx에게 특별한 감사를 표한다. 또한 공식적인 검토자, 강사, 그리고 단순히 도움이 되고자 하는 분들의 의견은 매우 통찰력이 있었다. 이 그룹 중 특별히 감사의 말씀을 드리고 싶다.

Sheri Aggarwal, University of Virginia
Simon Anderson, University of Virginia
David Audretsch, Indiana University
Vassilios Bardis, York University
Emek Basker, University of Missouri
Gary Biglaiser, University of North Carolina
Giacomo Bonanno, University of California/Davis
Stacey Brook, University of Iowa
Erik Brynjolfsson, MIT
Sam Bucovetsky, York University
Giacomo Calzolari, University of Bologna
Marcelo Celani, Torcuato di Tello University
Darlene Chisholm, Suffolk University
Henry W. Chappell, Jr., University of South Carolina
Yongmin Chen, University of Colorado
Carlos Cinquetti, S˜ao Paolo University
John R. Conlon, University of Mississippi
James Dana, Northeastern University
Richard Dagen, Federal Trade Commission
Larry DeBrock, University of Illinois
George Deltas, University of Illinois
Greg Ellis, University of Washington
Glenn Ellison, MIT
Sara Fisher Ellison, MIT
Stephen Erfle, Dickinson College
Gianni De Fraja, University of Leicester
Robert M. Feinberg, American University
Ann Harper Fender, Gettysburg College
Mark R. Frascatore, Clarkson University
Luke Froeb, Vanderbilt University
Shailendra Gajanan, University of Pittsburgh
Ian Gale, Georgetown University
Paolo Garella, University of Milan
Christos Genakos, Selwyn College, Cambridge
Gerald Granderson, Miami University of Ohio
Arne Hallam, Iowa State University
Justine Hastings, Brown University
Mehdi Haririan, Bloomsburg University
Oliver Hart, Harvard University
Barry Haworth, University of Louisville
Hugo A. Hopenhayn, UCLA
Peter Huang, University of Colorado
Hugo A. Hopenhayn, UCLA
Peter Huang, University of Colorado
Stanley Kardasz, University of Waterloo
Phillip King, San Francisco State University
John Kwoka, Northeastern University
Nicola Lacetera, University of Toronto
Robert Lawrence, Harvard University
John Logan, ANU
Nancy Lutz, National Science Foundation
Howard Marvel, Ohio State University
Catherine Matraves, FCC
Jaime Maya, University of San Francisco de Quito
Jill McCluskey, Washington State University
Deborah Menegotto, Tufts University
Eugenio J. Miravete, University of Texas
Erich Muehlegger, Kennedy School
Wallace Mullin, George Washington University
Jon Nelson, Pennsylvania State University
Craig Newmark, North Carolina State University
David Ong, Peking University
Debashis Pal, University of Cincinnati
Nicola Persico, University of Pennsylvania

Russell Pittman, Department of Justice
Raymond Raab, University of Minnesota
James Reitzes, The Brattle Group
Vasco Rodrigues, Catholic University, Portugal
Steve Rubb, Bentley College
Michael Salinger, Boston University
Tim Sass, Georiga State University
Nicholas Schmitt, Simon Fraser University
John Sessions, University of Bath
Danny Shapiro, Simon Fraser University
Jay Shimshack, Tulane University
Chris Snyder, Dartmouth College
Dan Spulber, Northwestern University
Sarah Stafford, William and Mary
Chad Syverson, University of Chicago
David Weiskopf, CompassLexecon
Greg Werden, Department of Justice
William C. Wood, James Madison University
James Zinser, Oberlin College
Zenon Zyginont, Western Oregon University

Tufts, Debra Knox, Caroline Kalogeropoulos, Linda Casey는 탁월한 비서 지원과 도움을 주었다. Wiley-Blackwell의 편집진, 특히 George Lobell, Courtney Luzzi는 꼭 필요한 훌륭한 편집 지침을 제공했다. Eugenia Lee의 프로덕션 편집도 훌륭했다.

물론 가족들에게 가장 큰 빚을 졌다. Lynne과 Dan은 점점 독립심이 강해지는 아들 Ben과 William의 지원, 영감에 감사하고 있다. 또한 직업적 성실성, 명확한 판단력, 새로운 아이디어에 대한 개방성으로 계속해서 글을 쓰는 데 도움을 주는 댄의 형인 David Richards에게도 감사의 뜻을 전한다. George는 자신의 작업에 없어서는 안 될 인내심과 도움, 유머를 아끼지 않는 아내 Margaret에게 감사의 말을 전하고 싶다. 이러한 이유와 그 밖의 수많은 이유로 이 책을 사랑하는 사람들에게 애정을 담아 헌정한다.

지은이 소개

About The Authors

저자 **Lynne Pepall**은 Tufts 대학교의 경제학 교수이자 예술 및 과학 대학원 학장이다. Pepall 교수는 Toronto 대학교, Trinity 칼리지에서 수학 및 경제학 학사 학위를, 영국 Cambridge 대학교에서 경제학 박사 학위를 받았다. 산업조직 분야에서 수많은 논문을 집필했으며, *The Journal of Industrial Economics, International Journal of Industrial Organization, Journal of Economics and Management Strategy, Economic Journal, Journal of Finance, Canadian Journal of Economics, Economica,* and the *American Journal of Agricultural Economics*에 게재했다. Concordia 대학교, Queens 대학교, Tufts 대학교에서 대학원 및 학부 수준에서 산업조직과 미시경제학을 가르쳤다. Pepall 교수는 매사추세츠주 뉴턴에서 이 책의 공동 저자인 남편, 반려견 Churchill과 함께 살고 있다.

Dan Richards는 Tufts 대학교의 교수이자 현재 경제학 석좌교수이다. Richards 교수는 Oberlin 대학에서 경제학 및 역사학 학사 학위를, Yale 대학에서 경제학 박사 학위를 받았다. Richards 교수는 거시경제학 및 산업조직에 관한 수많은 논문을 집필했으며, *American Economic Review, Quarterly Journal of Economics, Journal of Industrial Economics, Economica,* the *B. E. Journals in Economic Analysis and Policy, Canadian Journal of Economics*, the *Journal of Money, Credit, and Banking*, and the *American Journal of Agricultural Economics* 등에 게재했다. 1989년부터 1998년까지 경제학 대학원 프로그램 디렉터를 역임했으며, 연방거래위원회의 컨설턴트로도 활동했다. 1996년부터 2005년까지 MIT 슬론 경영대학원의 슬론 펠로우 프로그램에서 응용 경제학을 가르쳤다. Richard 교수는 매사추세츠주 뉴턴에서 이 책의 공동 저자인 아내, 반려견 Churchill과 함께 살고 있다.

George Norman은 Tufts 대학교에서 커밍스 패밀리 기업가 정신 및 비즈니스 경제학 의장을 맡고 있다. 그는 Edinburgh 대학교에서 경제학과 학과장으로 재직하던 1995년에 Tufts 대학교에 부임했다. 그 전에는 영국 Leicester 대학교의 Tyler 경제학 교수로 재직했다. Norman 교수는 스코틀랜드 Dundee 대학교에서 경제학 석사 학위를 수석으로 취득했다. 영국 Cambridge 대학교에서 경제학 박사 학위를 받았다. *American Economic Review, Review of Economic Studies, Quarterly Journal of Economics, Journal of Industrial Economics*, and *International Journal of Industrial Organization*과 같은 전문 저널에 70편 이상의 논문을 발표했다. 현재

the *Bulletin of Economic Research*와 *Regional Science and Urban Economics* 두 저널의 부편집장이다. 또한 *BE Journals in Economic Analysis and Policy* 저널 편집위원으로도 활동하고 있다. Norman 교수는 이 책 외에도 17권의 다른 책을 단독으로 또는 다른 사람들과 공동으로 집필 및 편집했다. Norman 교수는 대학원 및 학부 수준에서 산업조직 및 미시경제 이론 과목을 가르쳤다. 또한 경제학 입문, 기업 전략, 국제 경제학, 기업가 정신을 가르치기도 했다. Norman 교수는 매사추세츠주 뉴베리에서 공동 저자는 *아니지만* 이 책의 작업에 귀중한 지원과 도움을 제공한 아내 Margaret과 함께 살고 있다.

차례
Contents

- 옮긴이 머리말 • *iii*
- 지은이 머리말 • *v*
- 지은이 소개 • *ix*

제 1 부 산업조직론의 기초 • 1

제1장 » 산업조직: 무엇을, 어떻게 그리고 왜 • 3

1.1 산업조직이란? • 3

1.2 산업조직을 연구하는 방법 • 5

1.3 이유: 반독점 및 산업조직 이론 • 7

1.3.1 "새로운" 셔먼법과 구조 기반 분석의 지배력 • 11

1.3.2 변화의 물결—시카고 학파와 그 너머 • 11

1.4 실증적 적용: 전 세계 반독점법 • 14

- 요약 • 15
- 연습 문제 • 16
- 참고문헌 • 16
- 부록 • 17

제2장 » 기본 미시경제학 • 21

2.1 경쟁과 독점: 시장 성과의 극과 극 • 21

2.1.1 완전경쟁 • 22

2.1.2 독점 • 26

2.2 경제적 효율성과 사회적잉여 • 29

2.2.1 경쟁시장에서의 경제적 효율성 및 잉여 효과 • 30

2.2.2 독점자와 사회적잉여 • 32

2.3 독점력에 대한 시간 간 고려 사항 및 제약 사항 • 34
2.3.1 할인, 현재가치 및 시간 간 거래 • 34
2.3.2 시간과 산업구조의 진화 • 39
2.3.3 내구재와 코즈 가설 • 39
2.3.4 경제적 효율성에 대한 비잉여 접근법 • 42
2.4 실증적 적용: 코즈 내구재 모델 테스트 • 43
▶ 요약 • 46
▶ 연습 문제 • 46
▶ 참고문헌 • 47
▶ 부록 • 48

제3장 » 시장구조와 시장지배력 • 49
3.1 시장구조 설명 • 49
3.1.1 측정의 중요성: 시장이란 무엇인가? • 52
3.1.2 측정의 중요성 지리 및 수직적 관계 • 56
3.2 시장영향력 측정 • 58
3.3 실증적 적용: 독점력—얼마나 나쁜가? • 60
▶ 요약 • 63
▶ 연습 문제 • 64
▶ 참고문헌 • 64

제4장 » 기술 및 비용 • 67
4.1 단일제품 기업을 위한 생산기술 및 비용함수 • 68
4.1.1 주요 비용 개념 • 69
4.1.2 비용 변수 및 산출량 결정 • 70
4.1.3 비용 및 시장구조 • 71
4.2 매몰비용 및 시장구조 • 76
4.3 비용 및 다중제품 회사 • 76
4.3.1 다중제품 규모 및 범위경제성 • 77
4.3.2 다양한 제품 대 다양한 버전 • 80
4.4 실습을 통한 학습 및 경험곡선 • 81
4.5 산업구조의 비용 결정 요인 • 83
4.5.1 시장규모 및 경쟁 산업 • 83
4.5.2 네트워크 외부효과와 시장구조 • 84
4.5.3 정부정책의 역할 • 85

4.6 실증적 적용: 은행업의 규모 및 범위의 경제 • 86
- ▶ 요약 • 88
- ▶ 연습 문제 • 89
- ▶ 참고문헌 • 90
- ▶ 부록 • 91

제2부 이론과 실제에서의 독점력 • 95

제5장 » 가격차별 및 독점: 선형 가격책정 • 97

5.1 가격차별의 타당성 • 98

5.2 3차 가격차별 또는 그룹 가격책정 • 100

5.3 3차 가격차별 또는 그룹 가격책정 시행 • 102

5.4 제품다양성 및 3차 가격차별 또는 그룹 가격책정 • 108

5.5 3차 가격차별 또는 단체 가격책정 및 사회복지 • 114

5.6 실증적 적용: 신차시장에서의 가격차별화 • 116
- ▶ 요약 • 120
- ▶ 연습 문제 • 121
- ▶ 참고문헌 • 122
- ▶ 부록 • 122

제6장 » 가격차별 및 독점: 비선형 가격책정 • 125

6.1 1차 가격차별 또는 개인화된 가격책정 • 126
- 6.1.1 두 부분으로 구성된 가격 • 128
- 6.1.2 블록 가격책정(Block Pricing) • 133

6.2 2차 가격차별 또는 메뉴 가격책정(Menu Pricing) • 135

6.3 1차 및 2차 가격차별의 사회 후생 • 141

6.4 실증적 적용: 가격차별 및 독점 대 불완전경쟁 • 143
- ▶ 요약 • 146
- ▶ 연습 문제 • 147
- ▶ 참고문헌 • 148

제7장 » 독점에 따른 제품다양성 및 품질 • 149

7.1 수평적 제품차별화를 위한 공간적 접근 방식 • 150

7.2 독점 및 수평적 차별화 • 151

7.3 제품 종류가 너무 많은 것인가? • 158

7.4 가격차별을 통한 독점 및 수평적 차별화 • 162

7.5 수직적 제품차별화 • 164

7.5.1 단 하나의 제품으로 가격 및 품질 선택 • 165

7.5.2 수직적으로 차별화된 시장에서 두 가지 이상의 제품 제공 • 168

7.6 실증적 적용: 제품 품질 및 시장규모 • 173

▸ 요약 • 175

▸ 연습 문제 • 176

▸ 참고문헌 • 177

▸ 부록 • 177

제8장 » 상품번들링 및 제휴판매 • 181

8.1 상품번들링 및 소비자 가치 평가 • 183

8.1.1 번들링 및 수익성 • 185

8.1.2 번들링 및 진입억제 • 187

8.1.3 혼합번들링(mixed bundling) • 191

8.1.4 실제 예시 • 193

8.2 필수 제휴판매 • 197

8.3 보완재, 네트워크 외부효과, 독점적 가격책정 • 200

8.4 독점 금지, 번들링 및 제휴판매 • 205

8.4.1 번들링과 Microsoft 사례 • 205

8.4.2 독점 금지 정책, 번들링 및 끼워팔기: 추가 개발 사항 • 209

8.5 실증적 적용: 케이블 TV에서의 번들링 • 213

▸ 요약 • 216

▸ 연습 문제 • 217

▸ 참고문헌 • 218

▸ 부록 • 219

제 3 부 전략적 상호작용과 기본 과점 모델 • 223

제 9 장 » 정적 게임 및 쿠르노 경쟁 • 225

9.1 전략적 상호작용: 게임이론 입문 • 227
9.2 우월(Dominant) 및 열등(Dominated) 전략 • 229
9.3 솔루션 개념으로서의 내쉬균형 • 232
9.4 과점의 정적 모델: 쿠르노 모델 • 234
9.5 쿠르노 테마의 변형: 많은 회사와 다양한 비용 • 240
9.6 쿠르노 모델의 집중도 및 수익성 • 245
9.7 실증적 적용: 항공사의 독과점 경쟁에서 쿠르노 경쟁 • 247
▶ 요약 • 250
▶ 연습 문제 • 250
▶ 참고문헌 • 252

제 10 장 » 과점적 가격 경쟁 • 253

10.1 베르트랑복점 모델 • 254
10.2 베르트랑 재검토 • 258
10.3 공간적 배경의 베르트랑 모델 • 262
10.4 전략적 보완 및 대체품 • 267
10.5 실증적 적용: 브랜드 경쟁과 소비자선호도—캘리포니아 소매 휘발유 시장에서의 증거 • 269
▶ 요약 • 272
▶ 연습 문제 • 272
▶ 참고문헌 • 274

제 11 장 » 다이내믹 게임과 선발주자, 후발주자 • 275

11.1 물량경쟁의 스테켈버그 모델 • 277
11.2 순차적 가격 경쟁 • 280
11.3 동적 게임에 대한 위협 및 내쉬균형의 신뢰성 • 284
11.4 체인점의 역설 • 287

11.5 실증적 적용: 스테켈버그가 쿠르노를 이긴다 • 289
▶ 요약 • 292
▶ 연습 문제 • 292
▶ 참고문헌 • 294

제4부 반경쟁적 행동과 반독점정책 • 295

제12장 » 진입억제 및 약탈 • 297

12.1 시간 경과에 따른 시장구조: 무작위 프로세스 및 양식화된 사실 • 298
12.2 약탈적 행위 및 가격 제한 • 301
12.2.1 진입억제 비공식 모델 • 302
12.2.2 신뢰할 수 있는 진입저지 약속으로서의 생산량 확장 • 304
12.3 선점(Preemption) 및 번들링(Bundling) • 313
12.3.1 선점 • 313
12.3.2 진입억제를 위한 번들링(Bundling) • 316
12.4 약탈적 진입억제: 과거 사례 • 317
12.5 실증적 적용: 텍사스 호텔의 초과 수용 능력 확장 • 321
▶ 요약 • 323
▶ 연습 문제 • 324
▶ 참고문헌 • 326
▶ 부록 • 327

제13장 » 약탈적 행위: 최근 동향 • 331

13.1 약탈적 가격책정: 신화인가 현실인가? • 333
13.2 약탈적 행위와 불완전정보 • 339
13.2.1 약탈적 가격책정과 금융 제약 • 339
13.2.2 정보비대칭과 진입저지 가격책정 • 343
13.3 진입장벽으로서의 계약 • 347
13.3.1 약탈적 수단으로서의 배타적 장기계약 • 348
13.3.2 Naked 제외 • 352
13.3.3 끼워팔기(tying) 계약 • 353
13.4 포식 및 평판 • 354

13.5 약탈 및 독점 금지 정책 • 355

13.6 실증적 적용: 제약 산업에서의 진입억제 • 359

▶ 요약 • 363

▶ 연습 문제 • 363

▶ 참고문헌 • 364

제14장 >> 가격고정과 반복게임 그리고 반독점정책 • 367

14.1 죄수의딜레마, 반복게임, 그리고 전승 정리(Folk Theorem) • 369

14.2 반복게임 • 372

14.2.1 유한반복게임 • 373

14.2.2 무한반복게임 • 376

14.3 전승 정리와 담합을 용이하게 하는 요인들 • 379

14.3.1 전승 정리(Folk theorem) • 379

14.3.2 담합을 조장하는 요인 • 382

14.4 담합: 반독점당국의 역할 • 389

14.4.1 반독점 집행: 적발 및 벌금 • 389

14.4.2 담합 적발 • 391

14.4.3 관용(사면) 프로그램 및 카르텔 탐지 • 393

14.5 실증적 적용: 가격고정의 효과 측정 • 395

▶ 요약 • 399

▶ 연습 문제 • 400

▶ 참고문헌 • 401

제5부 기업 간의 계약 관계 • 403

제15장 >> 수평합병 • 405

15.1 수평합병과 합병의 역설 • 407

15.2 합병과 비용시너지 • 411

15.2.1 합병은 고정비용을 감소시킨다 • 411

15.2.2 합병은 변동비용을 감소시킨다 • 412

15.3 스테켈버그 리더로서의 합병기업 • 414

15.4 순차적 합병 • 420

15.5 수평합병과 제품차별화 • 422
15.5.1 베르트랑 경쟁과 선형수요시스템에서의 합병 • 423
15.5.2 공간시장에서의 합병 • 424
15.6 수평합병에 대한 공공정책 • 431
15.7 실증적 적용: 컴퓨터 시뮬레이션의 합병 효과 측정 • 434
▶ 요약 • 438
▶ 연습 문제 • 439
▶ 참고문헌 • 440
▶ 부록 • 442

제16장 >> 수직합병과 복합합병 • 447

16.1 경쟁촉진적 수직합병 • 449
16.2 수직합병의 반경쟁적 효과 • 454
16.2.1 가격차별을 용이하게 하기 위한 수직합병 • 454
16.2.2 수직합병, 과점, 그리고 시장봉쇄 • 455
16.3 수직통합의 공식적 과점모형 • 457
16.3.1 쿠르노 모형에서의 수직통합과 봉쇄 • 457
16.3.2 차별화된 제품에서의 수직통합과 봉쇄에 대한 모형 • 461
16.4 재평가와 적용: GE와 Honeywell의 합병 • 466
16.5 복합합병 • 468
16.5.1 복합기업과 관련된 경제성 • 468
16.5.2 경영적 동기 • 470
16.6 합병과 기업이론 • 471
16.7 실증적 적용: 레미콘 산업에서의 수직통합 • 474
▶ 요약 • 476
▶ 연습 문제 • 477
▶ 참고문헌 • 479

제17장 >> 수직적 가격제한 • 481

17.1 수직적 가격제한을 향한 반독점정책: 역사와 이론 • 482
17.2 이중마진에 대한 대응으로 수직적 가격제한 • 483
17.3 RPM 계약과 소매가격차별화 • 485
17.4 소매 서비스 공급을 확실하게 하기 위한 RPM 계약 • 486

17.4.1 최적의 소매 서비스 제공 대 수직적 서비스 제공 통합 독점 • *489*
17.4.2 독점 소매상과 독점 제조회사의 경우 • *490*
17.4.3 소매시장이 경쟁시장인 경우 • *491*
17.4.4 RPM 계약과 서비스, 그리고 무임승차 • *493*

17.5 소매가격의 유지와 불확실한 수요 • *495*

17.6 RPM 계약과 결론 • *499*

17.7 실증적 적용: RPM 그리고 가격(LEEGIN 이후 증거) • *501*
▶ 요약 • *503*
▶ 연습 문제 • *504*
▶ 참고문헌 • *505*
▶ 부록 • *506*

제18장 » 비가격 수직적 제한 • *509*

18.1 상류시장의 경쟁과 배타적 거래 • *510*

18.2 배타적 판매 협정과 배타적 지역 협정 • *511*

18.3 수직적 제한 및 시장 차압 • *514*
18.3.1 사적계약 • *515*
18.3.2 슬로팅 허용 및 제외 • *516*

18.4 애프터시장에서의 수직적 제한 • *520*

18.5 수직적 제한에 대한 공공정책 • *524*

18.6 프랜차이즈와 부서화 간단하게 살펴보기 • *526*

18.7 실증적 적용: 미국 맥주산업의 배타적 거래 • *530*
▶ 요약 • *535*
▶ 연습 문제 • *536*
▶ 참고문헌 • *536*

▼ 제6부는 텍스트북스 홈페이지 자료실에서 다운로드가 가능합니다!

제6부 비가격 경쟁 • *539*

제19장 » 광고, 시장지배력, 정보 • *541*

19.1 광고: 실무와 이론 • *543*

19.2 광고 및 시장지배력 • *544*

19.3 독점기업의 이윤극대화를 가져다주는 광고수준 • 545

19.4 광고의 경제적 역할 • 548

19.4.1 설득적 광고 • 548

19.4.2 유익한 광고 • 550

19.5 광고: 보완, 조정 및 업계역학 관계 • 560

19.6 실증적 적용: 광고, 정보 및 명성 • 562

▶요약 • 567

▶연습 문제 • 567

▶참고문헌 • 568

▶부록 • 570

제20장 연구개발 • 573

20.1 혁신의 구분 • 576

20.2 시장구조와 혁신 인센티브 • 579

20.2.1 경쟁과 혁신의 가치 • 579

20.2.2 독점이윤의 유지와 효율성효과 • 582

20.3 혁신을 통한 경쟁의 좀 더 완전한 모형 • 584

20.4 슘페터 가설에 대한 증거 • 587

20.5 기업들 간의 R&D 협력 • 588

20.5.1 비협조적 R&D: 이윤, 가격, 사회적후생 • 590

20.5.2 기술협동 • 594

20.6 실증적 적용: 실제로 나타나는 R&D 파급효과 • 596

▶요약 • 600

▶연습 문제 • 601

▶참고문헌 • 602

▶부록 • 603

제21장 특허와 특허정책 • 605

21.1 최적 특허기간 • 606

21.2 최적 특허범위 • 609

21.3 특허경주 • 612

21.4 독점력과 "잠자는 특허" • 618

21.5 특허의 라이선스 • 621
21.5.1 비극적(Nondrastic) 혁신을 라이선스하려는 과점기업의 인센티브 • 622
21.5.2 면허, 극적혁신, 독점력 • 623
21.5.3 특허 덤불과 순차적 혁신 • 626
21.6 최근 특허정책 개발 • 630
21.7 실증적 적용: 반도체산업에서의 특허법 및 특허 실무 • 634
▶ 요약 • 637
▶ 연습 문제 • 637
▶ 참고문헌 • 638
▶ 부록 • 639

▼ 제7부는 텍스트북스 홈페이지 자료실에서 다운로드가 가능합니다!

제 7 부 네트워크, 경매 및 전략적 정책 약속 • 641

제 22 장 » 네트워크 문제 • 643

22.1 네트워크 서비스 독점 제공 • 644
22.2 네트워크, 경쟁 및 보완 서비스 • 649
22.3 시스템 경쟁과 업계 표준을 둘러싼 싸움 • 653
22.3.1 트위들덤과 트위들디(Tweedledum and Tweedledee) • 655
22.3.2 남녀 대결 • 657
22.3.3 성가신 동생 • 658
22.4 네트워크 제품과 공공정책 • 659
22.5 실증적 적용: 컴퓨터 소프트웨어 스프레드시트의 네트워크 외부효과 • 662
▶ 요약 • 665
▶ 연습 문제 • 665
▶ 참고문헌 • 666
▶ 부록 • 667

제 23 장 » 경매: 기본 이론과 응용 • 669

23.1 경매: 분류학 • 670
23.2 개인 가치 경매와 수익 등가성 정리 • 670
23.2.1 영미식 2차 가격 비공개 가치 경매의 균형 입찰전략 • 671

23.2.2 네덜란드 및 최고가 비공개 경매의 균형 입찰전략 • 673
23.2.3 수익 등가성 정리 • 676

23.3 공통 가치 경매와 승자의 저주 • 677

23.4 제휴가치 • 679

23.5 경매 및 산업조직 • 680
23.5.1 경매 및 과점 가격책정 • 680
23.5.2 경매, 비대칭성 및 기업 라이벌 관계 • 683

23.6 실증적 적용: 학교 우유 경매, 경쟁 및 담합 • 686
▶ 요약 • 690
▶ 연습 문제 • 690
▶ 참고문헌 • 691
▶ 부록 • 691

제24장 전략적 약속 및 국제무역 • 695

24.1 해외 시장에서의 전략적 약속 • 696
24.1.1 국제 쿠르노 모델에서의 전략적 보조금 • 696
24.1.2 전략적 관세 및 규모/범위의 경제 • 698
24.1.3 전략적 R&D 보조금 • 700

24.2 약속장치로서의 무역계약 • 702

24.3 실증적 적용: 캐나다 밀 위원회의 전략적 보조금 • 703
▶ 요약 • 706
▶ 연습 문제 • 706
▶ 참고문헌 • 706
▶ 부록 • 707

> 실습문제 해답 • A-i ◀ 텍스트북스 홈페이지 자료실에서 다운로드가 가능합니다!

> 찾아보기 • I-i

제 *1* 부

산업조직론의 기초

Foundations of Industrial Organization

시장 분석의 기본 구성 요소를 검토하는 것으로 산업조직에 대한 연구를 시작한다. 첫 번째 장에서는 전체 기업을 위한 로드맵을 제공한다. 여기서는 산업조직의 핵심 목표, 즉 완전경쟁이 아닌 환경에서 기업의 행동과 시장결과를 조사하는 것을 설명한다. 전략적 상호작용에 대한 이해가 이 분석의 핵심 요소임을 강조한다. 이 장의 마지막은 적극적인 반독점정책의 강도와 무역 노출 및 경제 발전의 척도와의 관계에 관한 Nicholson(2008)의 연구로 마무리한다.

2장에서는 완전경쟁과 순수독점이라는 두 가지 극단의 교과서적 사례에 대한 기본적인 미시경제학을 검토한다. 이를 통해 기본적인 수요와 공급 분석은 물론 시장결과의 후생 평가에 필요한 소비자잉여, 생산자잉여, 총잉여의 개념을 소개한다. 또한 시간적 고려 사항, 할인, 코즈 내구재 가설에 대해서도 소개한다. 마지막으로 학생들의 교과서 구매 결정에 반영된 합리적 미래지향적 행동을 테스트한 Chevalier, Goolsbee(2009)의 논문을 검토하는 것으로 마무리한다.

3장에서는 시장지배력이 문제가 될 가능성이 있는 시장을 어떻게 식별할 수 있는지에 초점을 맞춘다. 여기에서는 n-기업 집중도비율과 허핀달-허쉬만지수(Herfindahl-Hirschman Index) 같은 측정 방법을 소개한다. 그러나 우리는 독과점 가격 왜곡의 가장 명확한 척도인 레르너 지수(Lerner Index)를 도입하는 추가 단계도 밟고 있다. 여기에는 Harberger(1954)로부터 시작된 이러한 왜곡으로 인한 경제 전반의 후생손실을 측정하려는 많은 시도를 설명하는 확장된 경험적 적용이 포함된다.

마지막으로 4장에서는 시장이 완전경쟁을 불가능하게 만드는 구조적 조건을 보일 수 있는 몇 가지 이유에 대해 논의한다. 이 중 가장 중요한 것은 비용 고려 사항이며, 이 장에서는 비용 개념을 가장 공식적으로 살펴본다. 이미 소개한 한계비용 개념을 검토한 다음 매몰비용, 평균비용, 규모의 경제와 범위의 경제 등 시장구조와 가장 직접적인 관련이 있는 나머지 비용 개념에 주목한다. 또한 Sutton(1991)이 강조한 내생적 매몰비용의 함의에 대해서도 살펴본다. 4장에서는 Pulley와 Braunstein(1992)의 초기 연구를 바탕으로 은행 부문의 규모 및 범위의 경제를 조사하여 실증적으로 적용하는 내용도 다룬다.

Industrial Organization

Contemporary Theory and Empirical Applications

제 1 장

산업조직: 무엇을, 어떻게 그리고 왜

Industrial Organization: What, How and Why

차례

1.1 ▸ 산업조직이란?
1.2 ▸ 산업조직을 연구하는 방법
1.3 ▸ 이유: 반독점 및 산업조직 이론
1.4 ▸ 실증적 적용: 전 세계 반독점법
요약
연습 문제

지난 몇 년 동안의 비즈니스 언론 기사 샘플에는 다음과 같은 항목이 있다: Amazon의 *Kindle* 그리고 Barnes & Noble의 *Nook*, 심지어 Apple의 *iPad*까지 포함된 전자책 시장의 가격 전쟁, 캘리포니아의 공매 경매에서 입찰가를 담합했다는 사실을 인정한 10명의 부동산 투자자의 유죄 판결; 병원이 환자가 누구인지에 따라 동일한 시술에 대해 다른 가격을 청구한다는 광범위한 증거(무보험자에게 더 높은 가격을 청구하는 경우가 많다는 증거 포함); 미국 법무부가 두 대형 휴대폰 회사인 AT&T와 T-Mobile 간의 합병 제안을 막기 위해 소송을 제기한 사건.

학생들은 방금 설명한 것과 같은 이야기와 강의실에서 공부하는 경제학 사이에 상당한 차이가 있다고 느끼는 경우가 많다. 이는 대부분의 현대 경제학 교과서에 실제 적용 사례가 포함되었음에도 불구하고 그렇다. 실제로 비즈니스 경험에서 도출된 사례가 포함되지 않은 현대 경제학 교과서를 생각하기는 어렵다. 그럼에도 불구하고 "경제학은 너무 추상적"이라거나 "내가 공부한 미시경제학에서는 이런 내용을 다루지 않았다"는 말을 듣는 것은 여전히 드문 일은 아니다.

이 책은 경제 이론의 응용을 설명하는 현대 관행에 매우 부합하는 책이다. 하지만 이 책의 목표는 단순히 경제학이 비즈니스 세계의 일상적인 사건을 조명하여 보여주는 것 이상의 야심찬 목표를 가지고 있다. 우리의 목표는 그러한 경험에 대한 사고방식, 즉 학생들이 그러한 사건의 근간이 되는 메커니즘에 대한 가설을 세우고, 그 가설을 경험적 증거와 비교하여 테스트하는 방법을 고려할 수 있도록 하는 이론적인 틀을 개발하는 것에 있다. 물론 모든 경제 현상을 분석할 수 있는 단일 프레임워크를 제공할 수는 없지만, 위에서 설명한 현상을 포함한 많은 종류의 사건에 적용할 수 있는 프레임워크를 개발할 수는 있다. 이러한 프레임워크는 경제학자들은 산업조직이라고 부르는 분야의 핵심에 자리잡고 있다.

1.1 산업조직이란?

산업조직이란 무엇인가? 경제학 전문가가 아닌 사람들에게는 이 질문에 대한 답이 명확하지 않을 수 있다. 사실, 경제학의 하위 분야 중 이보다 더 이해하기 어려운 이름은 없을 것이다. 국제무역, 환경 경제학 및 대부분의 다른 경제학 분야에서 일하는 사람들과는 달리, 산업조직 분야에서 일하는 사람들은 비경제학자들이 그들이 무엇을 하는지 필드 이름만으로 이해하기를 쉽게 기대하지 않는다. 그렇다면 이 질문에 대한 한 가지 가능한 대답은 산업조직이 시장 생산과 관련이 있다는 것이다. 또 다른 대답은 실제 비즈니스 경제학을 응용한 것이라는 것이다. 그러나 이러한 답변에는 각각 일말의 사실이 담겨 있기는 하지만, 큰 차이가 있다. 우리가 보기에 가장 간단하고 직접적인 대답은 산업조직 분야는 불완전경쟁에 대한 연구와 관련된 경제학의 한 분야이며, 이는 부분 균형 프레임워크에서 수행된다는 추가적인 자격 요건을 필요로 한다.

만약 이 책을 읽고 있다면 이미 경제학 수업, 특히 미시경제학 수업을 들었을 가능성이 매우 높다. 여러분은 완전경쟁이라는 개념, 즉 수많은 소규모 기업이 존재하고 경제적 효율성이 특징인 시장에 대한 다소 유토피아적인 시각을 접해 보았을 것이다. 또한 가장 명백한 반대 사례인 순수독점에 대해서도 읽어보았을 것이다. 한 기업이 독점적으로 시장을 지배하는 사례는 완전경쟁이라는 이상과 뚜렷한 대조를 이룬다. 하지만 진실이 거의 항상 그렇듯이 이 두 극단에 놓여 있다면 어떻게 될까? 두 개, 세 개, 또는 여러 개의 기업이 존재할 때는 어떻게 될까? 각 기업이 제한된 수의 경쟁자만 상대할 때 경쟁은 어떻게 전개될까? 가격이 (한계) 비용으로 결정될까, 아니면 광고 및 기타 홍보 전략으로 이러한 결과를 피할 수 있을까? 신제품의 연구개발이 경쟁 압력의 주요 원천이 될까? 그렇다면 독점은 어떻게 생겨날까? 기업이 독점력을 확보할 수 있다면 그러한 독점력을 유지하기 위한 전략도 고안할 수 있을까? 새로운 경쟁자가 시장에 진입하는 것을 막을 수 있을까?

산업조직은 경제학자들이 이러한 질문과 기타 여러 관련 질문에 답하기 위해 사용하는 분석의 핵심을 다룬다. 경제학자들은 오래전에 완전경쟁에 대한 분석을 연구했다. 불완전경쟁이라는 보다 일반적인 환경, 즉 완전경쟁시장과 얼마나 가깝게 또는 얼마나 멀리 작동하는지에 대한 분석은 훨씬 덜 정립되어 있다. 이렇게 덜 정립된 영역이 바로 산업조직 분야인 것이다.

불완전경쟁시장에서 일어나는 일에 대해 산업조직이 명확하고 간단한 해답을 제시하지 못하는 데에는 그럴 만한 이유가 있다. 시장을 완전경쟁적이지 않은 시장이라고 설명할 때에도 여전히 다양한 가능성은 열려 있다. 두 개의 기업만 존재하는 독과점시장일 수도 있고, 한 개의 대기업이 다수의 소규모 기업과 경쟁하는 시장일 수도 있다. 시멘트 제조업체의 경우처럼 여러 기업의 제품이 동일할 수도 있고, 화장품의 경우처럼 고도로 차별화될 수도 있다. 요식업처럼 신규 기업의 진입이 쉬울 수도 있고, 자동차 산업처럼 어려울 수도 있다. 이처럼 다양한 시장 특성이 존재하기 때문에 불완전경쟁시장에 대해 광범위하고 명확한 진술을 하기가 매우 어렵다.

불완전하게 경쟁하는 기업의 경영진이 내려야 하는 결정을 고려하면 문제는 훨씬 더 복잡해진다. 꽃집에서 장미 12송이의 가격을 책정하는 간단한 사례부터 시작해 보자. 발렌타인데이에 가격을 올려야 할까? 장미 12송이의 가격은 정확히 장미 한 송이 가격의 12배가 되어야 할까? 아니면 꽃 구매 예정자가 대량으로 구매하면 할인을 제공해야 할까?

보스턴 지역 최고의 레스토랑 중 하나인 *Rialto*의 셰프인 조디 애덤스를 생각해보자. 조디는 매 시즌이 시작될 때 레스토랑에서 제공할 전체 요리와 애피타이저 메뉴를 선택하고 각 메뉴의 가격을 책정해야 한다. 이러한 선택을 할 때 조디는 다양한 재료의 비용과 가용성을 평가해야 한다. 예를 들어, 어떤 해산물과 채소가 제철이고 신선하게 제공될 수 있는가? 단품메뉴와 고정된 가격의 식사 가격은 얼마로 설정해야 할까? 음식 알레르기가 있는 고객을 위해 특별 요리를 제공해야 할까? 와인 리스트는 어느 정도 구비해야 할까? 이러한 결정들은 제품 디자인 결정이 가격 결정만큼이나 중요하다는 사실을 분명히 보여준다. 웹 브라우저인 *Internet Explorer*와 *Windows* 운영체제를 패키지로 묶어 하나의 제품으로 판매하기로 한 Microsoft의 중요한 디자인 선택은 *Internet Explorer*가 *Netscape*에 맞서 성공할 수 있었던 가장 큰 이유일 것이다. 또한 나중에 정부가 Microsoft에 대해 반독점 혐의를 적용하기로 결정한 데에도 제품 디자인 결정은 중요한 역할을 했다.

하지만 가격과 제품 디자인 선택만이 기업이 내리는 유일한 결정은 아니다. 또 다른 선택은 홍보와 관련이 있다. 예를 들어, 2011년 9월 청량음료 대기업인 펩시는 2012년부터 2022 시즌까지 내셔널 풋볼 리그의 공식 스폰서로서 새로운 계약을 체결했다고 발표했다. 이 계약에 따라 *펩시 맥스*는 NFL의 공식 청량음료로 계속 사용되며 *게토레이*는 두 팀의 경기장 사이드라인을 따라 어디에나 그 존재감을 드러내게 될 것이다. 또한 펩시는 광고, 간판 및 배너에 슈퍼볼 및 기타 리그 자산의 로고를 사용할 수 있는 권리를 유지하게 된다. 하지만 이번 계약으로 펩시는 10년 동안 23억 달러 이상, 연간 약 2억 달러 이상의 비용을 지불한 것으로 추정된다. 이러한 지출을 정당화할 수 있는 경제적 근거는 무엇일까?

이와 비슷한 시기인 2011년 9월에는 *Apple*의 *iPad*에 대한 직접적인 경쟁자로 Amazon의 *Kindle Fire*가 출시되었다. 아마존이 시장에 진출하기에 적절한 시기였던 이유는 무엇일까? 아마존은 성공을 보장하기 위해 어떤 전략을 사용할 수 있을까?

기업들은 방금 논의한 것과 같은 어려운 결정을 매일 내린다. 산업조직 경제학자들은 이러한 의사 결정을 분석하고 그 분석을 통해 시장결과를 이해하는 데 도움이 되는 몇 가지 예측을 도출하려고 노력한다. 또한 이러한 예측을 테스트하기 위해 최신 통계 분석을 사용한다. 이것이 바로 산업조직의 핵심이다.

1.2 산업조직을 연구하는 방법

불완전경쟁을 분석하는 것이 어려운 이유 중 하나는 시장에서 기업의 의사 결정이 상호 밀접하게 연관되어 있기 때문이다. 아마존이 *Kindle Fire*를 출시하면 다른 스마트 태블릿 제조업체에 적지 않은 영향을 미칠 것이라는 점을 인식해야 한다. 이들은 가격을 인하하거나 설치된 애플리케이션을 변경하거나 시장 과잉을 피하기 위해 생산량을 줄이는 방식으로 대응할 수 있다. 마찬가지로, 펩시가 내셔널 풋볼 리그의 공식 청량음료가 되기 위해 높은 입찰가를 제시하려고 할 때 코카콜라가 어떻게 대응할까? 더 높은 입찰가를 제시할까, 아니면 다른 스포츠 리그와 비슷한 계약을 추진할까? 아니면 청량음료 시장에서 가격 전쟁을 벌여 펩시를 "응징"할까?

이러한 예에서 알 수 있듯이 불완전한 경쟁은 상호 의존성 또는 경제학자들이 전략적 상호작용이라고 부르는 배경에서 이루어진다. 이는 기업의 최적 행동을 결정하는 것이 어려울 수 있다는 것을 의미한다. 기업들은 각자의 행동이 상호 의존적이라는 것을 알고 있을 가능성이 높기 때문에 각 기업은 자신의 행동에 대한 경쟁사의 반응을 고려하고자 할 것이다. 그러나 그 반응은 경쟁사가 첫 번째 기업이 자신의 반응에 어떻게 반응할 것이라고 생각하는지 등에 따라 달라진다. 이러한 상황에 처한 기업은 경쟁자의 입장이 되어 기업이 취할 수 있는 다양한 행동에 대

현실 체크포인트

쇼 타임!

아마도 텔레비전 네트워크를 연간 또는 시즌별로 프로그램을 편성하는 것보다 더 일반적인 전략적 상호작용의 예는 없을 것이다. 목표는 A.C. 닐슨 컴퍼니에서 계산되는 프라임 시간대 평균 1분 동안 프로그램을 시청하는 텔레비전 보유 가구의 비율로 정의되는 가장 높은 "평균 시청자" 시청률을 얻는 것이다. 이 값은 네트워크가 부과할 수 있는 광고 수수료를 결정하므로 네트워크의 수익에 매우 중요하다. 실제로 스케줄링 전략은 브로드캐스트 업계에서 네트워크 성공의 핵심 요소로 인식되고 있으며, 수년 동안 다음과 같이 잘 알려진 다양한 전술이 등장했다.

1) *쿽 오프너*—가장 강력한 프로그램으로 저녁을 시작으로 나머지 시청 시간을 설정하는 것, 2) *유아 보호*—강력한 경쟁 프로그램과 경쟁하기 위해 유망한 새 프로그램을 편성하지 않거나 기존의 강력한 네트워크 프로그램을 새 프로그램 역할을 하는 것, 3) *카운터 프로그래밍*—주요 경쟁 프로그램이 코미디인 슬롯에 경찰 프로그램을 편성하는 것, 4) *브릿징*—예정된 프로그램 중간에 1시간 길이의 경쟁 프로그램이 시작되도록 1시간 이상의 프로그램을 편성하는 것이다.

오랫동안 네트워크 TV에서 시청률 부동의 1위는 Fox의 *아메리칸 아이돌*이었다. 하지만 최근 비슷한 뮤지컬 경연 프로그램인 NBC의 *더 보이스*에 추월당했다. *더 보이스*의 인기를 감안하여 NBC는 2012년 새 시리즈인 *스매시*를 월요일 밤에 바로 방영하기로 결정했다. 반면, CBS는 인기 시트콤인 <*빅뱅 이론*>을 목요일 밤으로 옮긴 데 이어 두 번째 시트콤인 <*투 앤 하프 맨*>을 바로 다음 목요일로 옮겼다. 이는 광고주들이 소비자들이 주말 여행 및 소비 계획을 세우는 목요일 밤을 매우 중요하게 생각하기 때문에 슈퍼 코미디 시간대를 만들어 많은 시청자를 CBS의 목요일 프로그램으로 끌어들이려 했던 것으로 보인다.

하지만 이러한 모든 편성 전략은 넷플릭스나 아마존과 같은 비네트워크 프로그램 제작사의 등장으로 불확실성이 커지고 있다. 예를 들어, 2013년에 넷플릭스는 케빈 스페이시 주연의 새로운 미니 시리즈인 *하우스 오브 카드*를 제공했다. 이 시리즈는 다운로드 및 "스트리밍"이 가능했기 때문에 시청자는 네트워크가 정한 일정이 아닌 자신의 일정에 맞춰 시청할 수 있었다.

출처: BB. Carter, "For Fox Rivals, 'American Idol' Remains a Schoolyard Bully." *New York Times*, 20 February, 2007, p. C1.

B. Carter, "'The Voice' Keeps Up Super Bowl Momentum; 'Smash' Results Are Mixed," *New York Times*, 7 February, 2012, p. B7.

B. Stelter, B. Carter, and B. Elliott, "'Two and a Half Men' Aims to Lift Thursday," *New York Times*, 17 May, 2012, p. B9.

해 경쟁자가 어떻게 반응할지 살펴봐야 한다. 이를 통해 기업은 최선의 행동 방침이 무엇인지 파악해야 한다. 이렇게, 전략적 상호작용의 논리를 이해하기 위해서 게임이론을 사용한다. 게임이론은 참가자 또는 플레이어가 자신이 하는 행동이 다른 플레이어에게 영향을 미치고, 다른 플레이어가 하는 행동이 다시 자신에게 영향을 미친다는 것을 인식한다는 설정을 분석하는 데 필요한 프레임워크를 제공한다. 최근 산업조직에 관한 많은 연구가 불완전한 경쟁 하에서 시장결과를 이해하기 위해 게임이론을 사용하는 것도 이러한 이유에 기인한다. 이 책에서 다루는 산업조직의 모든 분석이 게임이론에 의존하는 것은 아니지만, 논의의 상당 부분은 게임이론의 논리를 개발하고 시장환경에 적용하는 것을 목표로 한다.

전략적 상호작용을 명확하고 논리적으로 일관성 있게 분석할 수 있는 게임이론은 산업조직에서 없어서는 안 될 도구이다. 그러나 더 일반적으로 전략적 상호작용에 대한 이해는 산업조직 분석이 수행되는 방식을 이해한다는 더 넓은 목표에 도움이 된다는 점을 인식하는 것도 중요하다. 이는 "경제학 이론은 정책에 즉시 적용할 수 있는 확정된 결론을 말하지 않는다. 경제학은 교리라기보다는 하나의 방법론이며, 올바른 결론을 도출하는 데 도움이 되는 사고의 기술이다." 라는 통찰력 있는 글을 쓴 존 메이너드 케인스[1]의 말을 인용하는 것으로 그 의미가 가장 잘 표현될 수 있다. 현대의 산업조직도 마찬가지이다. 불완전한 경쟁을 조사하려면 사고의 기술이 필요하다. 정확히 말하자면, 전략적으로 사고하고 통찰력을 시장행동과 결과에 적용하는 방식이 필요하다.

물론 어떤 모델도 현실을 완벽하게 설명할 수는 없다. 실제 시장의 각 측면을 완벽하게 상세히 설명하는 것은 너무 길고 다루기 힘들기 때문에 큰 도움이 되지 않는다. 대신 모든 시장 모델은 로드맵과 같다. 매우 복잡한 지형을 의도적으로 단순화하여 일부 기능을 생략하고 다른 기능을 강조하는 것이다. 이러한 모델의 목적은 기업 간 상호작용의 필수적인 특징을 포착하고 투명하게 만드는 것에 있다. 이러한 관점에서 볼 때 현실 세계가 모델보다 더 복잡하다고 말하는 것은 비판이 아니다. 실제로 모델링이 기본 구조와 시장결과를 지배하는 원칙을 명확히 하려는 목표를 달성한다면, 현실 세계의 축약된 초상화가 모델링의 강점이 될 수 있다.

특정 이론적 모델이 실제 결과를 잘 예측하는지 여부는 실제 데이터와 관찰 증거에 대해 모델의 예측을 테스트하여 결정할 수 있다. 점점 더 정교해지는 통계 기법으로 무장된 이러한 테스트는 현대 산업조직 분야에서 필수적인 부분이 되어가고 있다. 이 책 전체에 걸쳐 해당 개념의 적용 가능성을 설명하기 위해 고안된 수많은 현실 체크포인트를 발견할 수 있다. 또한 다양한 모델의 타당성에 대한 증거를 제공하는 최근의 여러 경험적 연구도 찾을 수 있다. 이러한 이론과 증거의 조합은 다양한 환경에서 전략적 상호작용의 가능한 결과에 대한 유용한 가이드를 제공한다. 연구된 각 사례에서 모델과 관련 데이터에 대한 기본적인 해석은 "어떤 일이 불완전경쟁시장에서 발생하는지에 대해 생각하는 방법"으로 이야기할 수 있으며 이것이 우리가 산업조직을 탐구하는 방식이다.

1.3 이유: 반독점 및 산업조직 이론

미국의 주요 독점금지법 텍스트는 이 장의 부록에 나와 있다. 이 시점에서 이러한 법안은 1890년 최초의 주요 독점금지법인 셔먼법 *The Sherman Act* 이 통과되면서 미국에 일찍 도입되었다. 이는 불완전경쟁에 대한 공식적인 모델링과 그 보급이 시작되기 훨씬 전의 일이다. 하지만 경제학자들은 아담 스미스 시절부터 독점권력의 잠재적 문제를 직관적으로 파악하고 있었다. 스미스는 그의 저서 *국부론*(1776)에서 표면적으로 경쟁 관계에 있는 기업 간의 담합과 독점권력의 원초적 행사에 대해 다음과 같이 썼다:

> 같은 업종 사람들은 즐거움이나 기분 전환을 위해 함께 만나는 경우는 거의 없지만 대화는 대중에 대한 음모 또는 가격 인상을 위한 어떠한 음모로 끝난다 ...
>
> 독점기업들은 시장을 지속적으로 재고 부족 상태로 유지하고 유효 수요를 완전히 공급하지 않음으로써 자연 가격보다 훨씬 높은 가격으로 상품을 판매한다... .

미국에서는 잭슨 시대에 독점에 반대하는 대중의 정서가 상당 부분 형성되었다. 19세기 후

1 Keynes (1935)

반에 이르러 이러한 정서는 공식적으로 반독점 정당이라고 불리는 정당이 등장할 정도로 커졌다. 1884년에는 전국적인 정당을 결성하기도 했다.[2] 이 무렵 많은 미국인들은 스탠다드 오일과 아메리칸 토바코 *Tobacco* 와 같은 몇몇 대기업의 결탁은 스미스가 예측한 방식으로 시장지배력이 악용되고 있음을 말하였다. 이에 따라, 시장에서의 경쟁을 유지하기 위해 어떤 형태의 법적 프레임워크가 필요하다는 공감대가 형성되었고, 이를 통해 반독점법의 역사가 지속되어 왔다.

스미스의 예리한 통찰력에 힘입어 대중의 정서가 강화되어 미국 최초의 독점금지법인 1890년 셔먼법이 제정되었다. 실제로 셔먼법의 두 가지 주요 섹션에서는 아담 스미스의 우려가 얼마나 직접적으로 반영되어 있는지 담겨있다. 섹션 1은 "거래를 제한하기 위한" 계약, 조합 및 음모를 금지한다. 섹션 2는 시장을 독점하려는 모든 시도를 불법으로 규정한다. 이러한 목표를 달성하기 위해 정부 기관이 필요하다는 견해는 나중에 클레이튼 법과 연방거래위원회법에도 반영되었다.

반독점정책은 초기에 주로 섹션 1의 권한에 따라 가격을 인상하기 위한 담합을 기소하고 방지하는 데 중점을 두었다. 1897년과 1898년에 각각 발생한 *미주리 횡단 화물 협회*와 *애디스턴 파이프* 사건과 같은 초기 사례는 이러한 전통을 확립했다. 지난 15년 동안 농산물 대기업인 아처 다니엘스 미들랜드, 세계 양대 경매회사인 소더비와 크리스티, 세계적인 제약회사 호프만-라로슈, LCD 제조업체인 AU 옵트로닉스, LG 디스플레이, 삼성, 전자책 가격책정과 관련한 대형 출판사들을 성공적으로 기소한 사례에서 알 수 있듯이, 독점금지법은 오늘날까지 반독점정책의 핵심으로 남아 있다.[3]

그러나 섹션 1 법령과 달리 독점에 대한 섹션 2의 집행은 더 제한적이었다. 산업혁명 이후 등장한 많은 거대 기업들이 독점권을 남용하고 악용했다는 대중의 인식에도 불구하고, 이들 중 하나인 뉴저지의 스탠다드 오일 컴퍼니가 섹션 2에 따라 기소되기까지는 12년이 걸렸었다.[4] 이 사건은 결국 1911년 스탠다드 오일이 석유 정제 산업을 불법적으로 독점했다는 유명한 대법원 판결로 이어졌다. 담배[5]를 비롯한 다른 유사한 판결도 빠르게 이어졌다. 그러나 가격담합 사건과는 달리 이러한 독점 판결에서는 어떤 행위가 불법인지에 대한 판단이 명확하지 않았다. 특히, 법원은 독점 사건에 대한 "합리성 원칙 *rule of reason*" 프레임워크를 확립하여 법원이 산업 독점이 발생했는지 여부뿐만 아니라 독점이 발생했다면 그 독점을 형성한 시장 상황과 이를 달성하기 위해 사용된 비즈니스 관행을 조사할 수 있도록 허용했다. 이러한 추가 조사를 통해 명백한 독점 의도 또는 명백한 독점력 남용이 발견되는 경우에만 진정한 위반이 있는 것으로 간주하였다.

이는 실제로 이러한 접근 방식은 정확히 어떤 행위가 불법인지에 대해 모호한 부분이 많다는 것을 의미했다. 이에 따라, 두 가지 중요한 결과를 가져왔다. 첫째, 이러한 법적 체계로 인해 독점금지법 집행이 약화될 수 있다고 우려한 사람들은 셔먼법 제2조가 "종이 이빨 호랑이"가 되

2 19세기 미국 반독점 정서에 대한 역사는 Ritter's (1997)을 참조하시오.

3 *United States v. Trans-Missouri Freight Association* 166 U.S. 290 (1897) and *United States v. Addyston Pipe & Steel Co.*, 85 F. 271 (6 Cir. 1898).

4 *Standard Oil Co. of New Jersey v. United States*, 221 U.S. 1 (1911) and Posner (1970).

5 *United States v. American Tobacco Co.*, U.S. 221 U.S. 106 (1911).

지 않도록 추가적인 개혁을 추진하게 되었다.[6] 그 결과 1914년 스탠다드 오일이 지배력을 확립하는 데 사용했던 리베이트, 담합, 독점 계약 등 여러 비즈니스 관행의 사용을 제한하여 초기 독점을 막기 위한 클레이튼 법 *Clayton Act* 이 통과되었다. 이후 1950년대에 개정된 섹션 7은 반경쟁적 행위를 방지하기 위해 통과되었다.

이러한 우려로 인해 1914년 연방거래위원회법이 통과되어 클레이튼 법 위반을 처리할 수 있는 조사 및 판결 권한을 부여받은 행정 기관인 연방거래위원회(FTC)가 설립되었다. 이후 개정된 이 법은 "불공정한 경쟁 방법"과 "불공정하고 기만적인 행위 또는 관행"도 금지했다. FTC의 설립으로 독점금지 정책은 법무부(DOJ)에 이어 두 번째 법 집행 기관을 갖게 되었다.

합리성 원칙 접근법의 채택으로 인한 두 번째 주요 결과는 1920년 *미국 철강* 사건에서 나타났다. 이 사건에서 법원은 "법은 단순한 규모나 행사되지 않은 힘의 존재를 위법으로 간주하지 않으며, 경쟁을 강요하거나 가능한 모든 것을 요구하지 않는다"는 점을 명확히 했다.[7] 그 결과, 일련의 합병을 통해 미국 철강 생산 능력의 70% 이상을 지배하는 기업으로 성장한 U.S. Steel은 반독점법 위반 혐의에 대해 무죄 판결을 받았다.

U.S. Steel 판결은 철강 산업과 미국 법률 체계 모두에 큰 영향을 미쳤다. 그러나 이 사건이 중요한 이유는 산업조직 분야에 중요한 지적 자극을 주었기 때문이다. 1920년 판결을 통해 많은 분석가들이 내린 결론은 불완전경쟁을 이해할 수 있는 좋은 경제 로드맵이 없다면 독점 금지 정책을 수립하는 것은 어려운 제안이라는 것이었다. 이후 로드맵을 제공하기 위한 노력으로 현재 우리가 산업조직이라고 부르는 분야가 시작되었다.

하버드 대학의 Edward Chamberlin(1933)과 Edward Mason(1939)과 같은 경제학자들이 그 길을 이끌었다. 이들이 보기에 당시의 미시경제학은 정책입안자나 법률 체계에 시장이 만들어낼 수 있는 결과를 결정하는 데 어떤 증거가 유용할지에 대한 지침을 거의 제공하지 못했었다. 미국 철강 사건에서 정부의 독점 혐의에 대한 대법원의 기각은 독점력 남용이나 독점 의도가 입증되지 않았다는 주장에 근거했다. 미국 철강의 시장점유율이 높다는 사실만 문서화되어 있었으며, "*법은 규모만을 근거해 위법 행위를 판단하지 않는다*"고 주장했다. 높은 시장점유율이 독점에 대한 강력한 증거를 제공한다고 믿을 만한 타당한 이유가 없거나 불법 행위를 암시하는 다른 관찰 가능한 특성을 식별하는 일관된 주장이 없는 한, 법원의 결정은 상당한 정당성을 가졌다.

당시 경제학자들은 정보에 입각한 법적 판단을 내리려면 관찰 가능한 증거를 통해 해당 산업이 완전경쟁에 가까운지 아니면 독점에 가까운지 판단할 수 있는 실질적인 방법이 필요하다는 사실을 깨달았다. 따라서 산업 경제학자들은 기업규모나 기타 구조적 특징으로부터 불법 행위를 유추할 수 있는지 여부와 그 방법을 결정하는 것이 산업 경제학의 최우선 과제라고 생각했다. 이러한 정책 가이드를 제공하기 위해 산업조직학이라는 분야가 등장하기 시작했다. 이 분야의 이름인 산업조직은 바로 이때부터 시작되었다.

따라서 초기 연구는 다음과 같은 질문에 집중하였다. 산업의 생산은 어떻게 조직되어 있는가? 시장은 어떻게 구조화되어 있는가? 얼마나 많은 기업이 존재하며 기업 간에 얼마나 큰 규

---

6 Berki, Sylvester (1966), ix.

7 *United States v. United States Steel Corporation*, 251 U.S. 417 (1920).

모의 회사가 있는가? 명확한 진입장벽이 있는가? 그러나 이러한 질문에 답하는 것만으로는 입법자와 법원이 독점금지법 위반 여부를 판단하는 데 필요한 법적 프레임워크를 제공하기에 충분하지 않다는 것을 처음부터 인식했다. 이 목표를 달성하려면 산업의 구조적 특징을 밝혀야 할 뿐만 아니라 구조와 시장결과 사이의 명확한 연관성도 파악해야 했다. 즉, 산업 경제학자들은 가격, 이익, 시장구조에 대한 데이터를 확보한 다음 이러한 데이터를 사용하여 다양한 시장구조와 산업 성과 간의 통계적 관계를 파악해야 했다.

1939년 Edward Mason은 "내가 보기에 문제는 산업조직에 관한 방대한 데이터를 시장구조의 분류를 통해 일종의 질서로 환원하는 것이다."라는 글을 통해 이 의제를 명시적으로 발표했다. 시장구조의 차이는 궁극적으로 기술적 요인으로 설명할 수 있다. 그러나 경제적 문제는 시장구조와 기업 조직에 대한 조사를 통해 가격, 생산 및 투자 정책을 포함한 경쟁 관행의 차이를 설명한다.[8] 요약하자면, 초기 산업조직 경제학자들은 시장구조와 시장 내 기업의 행위 사이의 연관성을 밝히는 것을 목표로 삼았다. 그리고 이러한 행위는 경제적 효율성 또는 일반적인 사회복지 측면에서 시장의 결과 또는 성과를 결정할 것이라고 생각했다. 이러한 이유로 이러한 초기 접근 방식은 일반적으로 구조-행위-성과(SCP) 접근법이었다. 아마도 특정 산업의 구조에 따른 결과가 충분히 나쁘다면, 그 구조가 만들어낼 수 있는 행위를 변경하거나 필요한 경우 구조 자체를 변경하기 위한 법적 조치가 정당화될 수 있었다.

SCP 패러다임의 기본 원칙은 완전경쟁과 독점을 모든 시장이 놓여 있는 시장구조의 스펙트럼의 반대편 끝으로 유용하게 볼 수 있다는 것이다. 시장구조의 자연스러운 척도 중 하나는 집중도, 즉 해당 산업에서 가장 큰 기업이 생산하는 시장 생산량의 비율이다. 따라서 당시 산업경제학의 관행은 첫째, 다양한 시장의 구조를 정확하게 설명하고 둘째, 가격-비용 마진, 혁신 노력 및 기타 성과 측정 측면에서 구조와 결과 간의 경험적 관계를 도출하는 것이었다. 따라서, 연구는 SCP 패러다임이 암시하는 시장구조와 성과에 대한 광범위한 가설을 통계적으로 검증하는 데 중점을 두었다. 여기서 구조는 종종 집중 정도 또는 소수 대기업이 전체 시장 생산량에서 차지하는 비율로 식별되었다. 정책 로드맵을 찾는다는 것은 집중도가 조금 더 높아지거나 진입장벽이 조금 더 높아지면 가격이 원가 이상으로 얼마나 상승할 것인가와 같은 질문에 대한 수치적 답을 제공하는 것을 의미한다고 해석되었다.

1930년대와 1940년대에는 산업 성과, 즉 수익성과 집중도와 같은 산업의 구조적 특징 사이의 연관성을 문서화하고 측정하려는 수많은 연구가 진행되었다. 어떤 측면에서는 이러한 목표가 달성되기도 했다. 예를 들어, 어떤 연구에서는 산업 집중도 측정치와 산업 수익 사이에 긍정적인 연관성이 있으며, 광고와 수익성 사이에도 마찬가지로 긍정적인 연관성이 있는 것으로 나타났다. 첫 번째 결과는 대기업이 한 개 이상이지만 여전히 소수에 불과한 산업이 실제로 독과점에 어느 정도 근접해 있다는 견해를 뒷받침했다. 두 번째 결과는 기업이 광고를 통해 고객 충성도를 높이고 다른 기업의 시장진입을 억제한다는 증거로 해석되었다. 결과적으로 기존기업들은 독점적 지위와 이익을 누릴 수 있게 되었다.

8 Mason (1939), 61 – 74.

1.3.1 "새로운" 셔먼법과 구조 기반 분석의 지배력

SCP 학자들의 초기 연구 결과는 기업의 "단순한 규모"가 충분히 크다면 법적 위반이 될 수 있다는 것을 암시하는 것처럼 보였다. 그런 다음 실질적인 질문은 이러한 발전이 독점금지법에 영향을 미칠지 여부였다. 이 질문은 1945년 알코아에 대한 대법원 판례에서 긍정적인 답변을 얻을 수 있었다.

알코아는 북미에서 가장 큰 알루미늄 제조업체였다. 1945년 사건 이전에도 여러 차례 독점금지법 위반으로 기소된 적이 있었다. 실제로 1945년 당시 대법관 중 상당수가 알코아와 소송 경험이 있었기 때문에 이 소송에 참여할 수 없었고, 그 결과 대법원에서는 사건을 심리할 정족수가 부족했다. 이러한 이유로 1945년 판결은 3명의 순회법원 판사로 구성된 특별 패널에 의해 내려졌다. 이 패널은 주요 판결에서 하급 지방법원의 무죄 판결을 뒤집고 셔먼법 제2조에 따라 알코아에 대해 독점 유죄 판결을 내렸다. 법원이 명시적으로 고려한 것은 규모 문제였다.[9] 알코아의 시장점유율은 시장을 어떻게 측정하느냐에 따라 결정적으로 달라졌기 때문에 이 문제에 많은 관심을 기울였다. 결국 법원은 알코아의 관련시장을 1차 알루미늄 잉곳 생산으로 정의했다. 이 정의에 따라 법원은 알코아가 해당 시장의 90%를 공급하고 있다고 판단했으며, 이러한 결정은 SCP 접근법에 대한 주요 정책적 검증이었다.

대기업의 시장 지배에 대한 새로운 우려를 반영하는 다른 판례도 곧이어 나왔다. 1946년 대법원은 국내 담배 생산량의 75%를 장악하고 있던 아메리칸 토바코, 리겟 앤 마이어스, R.J. 레이놀즈 등 3대 담배 회사에 대해 독과점 유죄 판결을 내렸다.[10] 이후 20년 동안 유사한 소송이 계속되었고, 1962년 *브라운 슈즈* Brown Shoe 사건과 1964년 그리넬 코퍼레이션에 대한 소송 등 잘 알려진 사건으로 절정에 달했다. 이 모든 사건은 현재 또는 과거의 행위에 대한 기소로서 시장구조에 점점 더 많은 비중을 두었다.[11] 유명한 가격차별 사건인 1967년 *유타 파이 사건* Utah Pie 도 소수의 대기업이 시장을 지배하게 되는 모든 결과에 대한 기소로 읽힐 수 있다.[12] 이 사건에서 법원은 4년 동안 대기업의 점유율이 증가했다는 이유로 전국적인 대기업의 가격책정 전략을 소규모 기업에 대한 약탈적 의도의 증거로 간주했다. 요컨대, 1945년부터 1960년대 후반까지의 기간은 반독점정책에 대한 주요 지적 영향력으로서 SCP 프레임워크의 지배력이 커지고 있음을 반영한다.[13]

1.3.2 변화의 물결—시카고 학파와 그 너머

1970년대에 들어서면서 상황이 바뀌기 시작했다. 이는 부분적으로는 학자들 사이에서 SCP 패러다임에 중대한 결함이 있다는 인식이 커지고 있음을 반영하는 것이었다. 그중 하나는 SCP 연구자들이 축적해온 방대한 경험적 연구 결과가 실제로는 다른 해석의 대상이 될 수 있다는 것이다. 예를 들어, 시장점유율이 큰 기업이 더 많은 수익을 얻는 경향이 있다는 빈번한 연구들이 있

9 *United States v. Aluminum Co. of America (ALCOA)*, 148 F.2d 416 (2 Cir. 1945).

10 *American Tobacco Company v. United States*, 328 U.S. 781 (1946).

11 *Brown Shoe Co. v. United States*, 370 U.S. 294 (1962) and *United States v. Grinnell Corp.*, 236 F.Supp. 244 (D.R.I. 1964).

12 *Utah Pie Co. v. Continental Baking Co., et al.*, 386 U.S. 685 (1967).

13 Mueller(1996)는 미국의 반독점정책에 대해 잘 정리해주고 있다.

다. 이는 기업의 시장점유율이 클수록 독점력이 커지고 수익이 높아진다는 SCP의 기본 관점을 입증하는 것으로 받아들여질 수 있다. 그러나 이 증거에 대한 보다 긍정적인 해석도 가능하다. 가장 효율적이거나 비용이 가장 낮은 기업이 시장에서 가장 큰 점유율을 차지하며, 따라서 큰 규모와 건전한 이익은 단순히 기업의 우수한 기술이나 인재를 반영하는 것일 수 있다.[14]

그러나 SCP 접근 방식에서 정말 불만족스러웠던 점은 중간 연결고리인 기업의 행동을 고려할 때 전략적 상호작용에 거의 또는 전혀 주의를 기울이지 않았다는 것이다. 전략적 상호작용을 고려하지 않으면 SCP 패러다임의 중대한 실패에 직면하게 된다. 그 실패는 구조를 외생적 요인, 즉 기업 행동을 결정하지만 그것에 의해 결정되지는 않는 요인으로 취급한다는 것이다. 그러나 기업의 행동이 시장구조에 중요한 영향을 미친다는 것은 분명하다. 예를 들어, 기존기업 간의 치열한 가격 경쟁은 상대적으로 집중도가 높은 산업이 가격 경쟁력이 있는 산업이 될 수 있는 결과를 초래하여 신규 진입을 매력적이지 않게 만들 수 있으며, 이는 기본적인 SCP 접근 방식으로는 쉽게 설명할 수 없는 결과이다.

확실히 SCP 전통에서 일하는 사람들 중 일부, 특히 Joe Bain(1956)은 이러한 한계를 이해했다. 특히 Joe Bain은 진입 고려 사항이 산업 경제학의 일부가 되어야 한다는 것을 처음으로 이해한 사람 중 한 명이다. 이 중요한 통찰은 훨씬 후 Baumol, Panzar, Willig(1982)이 개발한 "경쟁 가능성" 이론에서 중심적인 역할을 했다. 그러나 이는 양날의 검과도 같다. 신규 기업이 쉽게 진입할 수 있는 것은 적어도 부분적으로는 이미 시장에 진출한 기업이 취한 조치의 결과이다. 즉, 기존기업은 다른 잠재적 라이벌의 진입 결정에 영향을 미치기 위한 전략적 행동을 추구할 수 있다는 것이다. SCP 패러다임에서는 이 문제를 쉽게 해결할 수 없었다.

SCP 패러다임의 약점은 위에서 언급한 보다 공격적인 반독점 집행에 대해 많은 사람들이 느끼는 불편함을 수반했다. 예를 들어, *브라운 슈즈* 사건에서 법원은 두 회사(브라운과 키니)가 전국 시장의 약 5%(개별 지역 시장에서는 더 많은 비율을 차지함)만을 지배하고 있었음에도 불구하고 두 회사의 합병을 불허했다. 마찬가지로 *유타 파이* 사건도 경쟁사 보호보다는 특정 경쟁사(유타 파이)를 보호하는 데 더 많은 노력을 기울인 결정으로 보였다.

SCP 접근 방식과 이 접근 방식이 조장한 공공정책의 결함에 대한 우려가 커지면서 Richard Posner, Robert Bork, Sam Peltzman 등 시카고 학파의 변호사와 경제학자들이 주도하는 반대 운동이 일어났다. 이들과 다른 학자들은 법원이 경쟁과 경제적 복지에 해롭다고 간주해 온 많은 관행이 기업 전략과 전술의 관점에서 보면 실제로는 경제적 효율성을 개선하고 소비자에게 혜택을 주는 것으로 볼 수 있다는 점을 지적하기 시작했다. 이 연구는 처음에는 기업과 공급업체 또는 기업과 유통업체 간의 수직적 관계에 초점을 맞추었다. 이러한 많은 수직적 계약에는 가맹점에게 독점 지역을 부여하거나 유통업체가 최소한의 가격으로 판매해야 하는 등의 제한 사항이 포함되어 있었다. 시카고 학파의 경제학자들은 이러한 관행에 정당한 경제적 이유가 있으며 이러한 제한이 실제로 소비자에게 이익을 가져다준다고 주장했다. 시간이 지남에 따라 이러한

14 나중에 살펴볼 것이지만 이러한 결과는 서로 다른 비용을 갖는 기업들로 이루어진 쿠르노 모형에서는 당연히 나타나는 것이다. P가 시장가격이고, η가 그 가격에서의 시장수요의 가격탄력성이고, c_i와 s_i가 각각 i번째 기업의 단위비용과 시장점유율이라면 $\frac{P - c_i}{P} = \frac{s_i}{\eta}$라는 결과가 나타난다. 따라서 더 낮은 비용을 발생시키는 기업은 더 큰 시장점유율, 더 큰 이윤, 더 큰 총이윤을 갖게 된다.

주장은 성공적이었고, 이전에는 그 자체로 불법이거나 명백한 불법으로 판명되었던 많은 관행이 이제 법원에서 사례별로 "합리성"으로 검토하기 시작했다.[15]

수직적 관계에 대한 시카고 학파의 영향은 곧 반독점정책으로 확산되었다. 1974년 미국 대법원은 General Dynamics Corporation과 관련된 사건에서 대규모 합병을 막으려는 정부의 노력을 거부했다.[16] 이전에는 막을 수 있었던 많은 합병이 비용 절감과 신규진입자가 새로 합병된 기업의 독점력 행사 시도를 제한할 수 있다는 이유로 정당화되면서 이루어졌다. 또한 정부는 셔먼법 위반으로 코닥과 IBM과 같은 대기업을 독점 혐의로 고발한 여러 주요 소송에서도 패소했다. 또한 *유타 파이* 사건의 선례는 이후 몇 년 동안 단호하게 거부되었다. 특히 일본 텔레비전 제조업체 7곳이 경쟁업체를 몰아내려 했다는 Zenith Corporation의 고소와 관련된 사건에서 법원이 보기에 원가 이하로 가격을 책정하여 경쟁업체를 제거하려는 노력은 거의 의미가 없다는 것이 점점 더 분명해졌다.[17]

시카고 학파의 공헌은 과소평가하기 어려우며 오늘날까지도 법적 영향력을 발휘하고 있다. 이 학자들은 기업 행위의 논리와 합리성을 검토할 필요성을 지적한 것은 옳았다. 그러나 당시까지만 해도 이러한 전략적 행동을 일관성 있게 바라볼 수 있는 프레임워크가 아직 개발되지 않았다는 사실 때문에 어려움을 겪었다. 그러나 그러한 프레임워크는 등장하고 있었다. 노벨상 수상자인 Reinhard Selten, John Harsanyi, Michael Spence, Thomas Schelling은 Von Neumann, Morgenstern(1944)과 Nash(1951)의 연구를 바탕으로 게임이론이 전략적 상호작용을 모델링하는 언어가 될 수 있도록 여러 가지 중요한 공헌을 했다. 앞서 언급했듯이, 지난 20년 동안 게임이론은 불완전한 경쟁의 거의 모든 측면을 분석하기 위해 급속도로 확산되었다. 그 결과, 산업조직 분야는 다시 한번 변모하여 이제는 일부에서는 포스트 시카고적 관점이라고 부르는 것과 다른 일부에서는 단순히 "새로운 IO"라고 부르는 것을 부분적으로나마 반영하고 있다.[18]

우리는 이미 기업의 전략적 상호작용에 대한 게임이론적 이해를 추구하면 많은 것을 얻을 수 있다고 언급했다. 이 시점에서 주목해야 할 점은 불완전경쟁시장에서 기업의 행동을 모델링하고 분석할 수 있는 방법을 제공한 것이 바로 게임이론이라는 점이다. 게다가 현대 산업조직에 게임이론 분석이 확산되면서 그 통찰력이 어느 정도는 시카고 학파의 영향력을 약화시켰다. 그러나 게임이론 모델과 시카고 학파 이후 새로운 접근법의 출현을 시카고 학파의 연구를 완전히 거부하는 것으로 간주하는 것은 잘못된 것이다. 예를 들어, 연방거래위원회와 법무부가 공동으로 채택한 합병 가이드라인은 15장에서 자세히 설명하는 쿠르노-내쉬 게임 *Cournot-Nash* 이론 모델에 깊은 뿌리를 두고 있다. 이러한 가이드라인은 모든 합병을 허용하는 것은 아니지만, 1950년대와 1960년대 "뉴 셔먼법" 시절에 합법적으로 이루어졌던 것보다 훨씬 더 많은 합병을 허용하고 있다.

15 *Continental T.V. Inc. v. GTE Sylvania, Inc.*, 433 U.S. 36 (1977) & *State Oil v.Khan, et al*, 522 U.S. 3 (1997) & *Leegin Creative Leather Products, Inc. v. PSKS, Inc.*, 551 U. S. 877 (2007).

16 *United States v. General Dynamics Corp.* 415 U.S. (1974).

17 *Matsuhita Electric Industrial Co. v. Zenith Radio Corp.*, 475 U.S. 574 (1986).

18 Schmalensee(1988)는 당시의 '새로운 IO'에 대한 설문조사를 제공하였다. Kovacic와 Shapiro(2000)는 게임이론이 현대 반독점정책에 미치는 영향을 조사하였다. Kwoka와 White(2004)는 최근 반독점 사례에 대한 논의를 제공한다.

이 간략한 검토의 요점은 산업조직이 처음부터 반독점정책과 연관되어 있다는 것이다. 그러나 그 이상으로 산업조직은 기업 간의 전략적 상호작용에 대한 연구의 중심지로 부상했다. 이와 관련하여 산업조직의 목표는 비즈니스 전술과 기업 전략이 시장에 대해 미친 영향을 이해하는 것이다. 따라서 산업조직은 비즈니스에 대한 상당한 통찰력을 제공하며, 이러한 이해는 어느 정도는 그 자체로 목표가 되었다. 우리는 기업이 시장지배력을 가질 때 어떻게 경쟁하는지, 경쟁이 어떤 의미를 갖는지, 불완전경쟁시장이 경쟁 이상에 가까운 결과를 달성하도록 돕는 데 공공정책의 역할이 무엇인지, 기업이 어떤 대응 전략을 사용할 수 있는지 탐구해가며 이러한 질문에 대한 해답을 찾는 것이 바로 우리가 산업조직을 연구하는 이유이다.

1.4 실증적 적용: 전 세계 반독점법

앞서 언급했듯이, 불완전경쟁에 관한 산업조직 연구의 주요 동기는 독점 금지 정책에 대한 통찰력이다. 반독점 문제가 정부의 주요 관심사라면 산업조직은 어디에서나 유용하게 사용될 수 있다. 어떤 국가에 적용될 수 있을까? 전 세계적으로 독점금지법이 얼마나 광범위하고 깊이 있게 적용되고 있을까?

경제학자 Michael Nicholson(2008)은 2005년 현재 52개국의 반독점법 정도를 측정하는 반독점법 지수를 작성하여 위의 질문에 대한 최근의 답변을 제공했다. Nicholson(2008)은 각 국가별로 1) 가격을 인상하거나 거래를 제한하는 담합 행위, 2) 경쟁업체를 몰아내기 위한 원가 이하 가격책정 등 독점력 남용, 3) 합병의 세 가지 광범위한 반독점 우려 영역을 조사하였다. 여기에 법률에 명시된 구제책과 민간 당사자가 반독점 소송을 제기할 수 있는지 여부에 대한 것을 추가로 고려하였다. 각 영역에서 Nicholson은 명시적인 법률이 있는지 살펴보고, 해당 국가에 그러한 법률이 있으면 1점, 그렇지 않으면 0점을 부여한다. 예를 들어, (대기업) 기업이 합병 의사를 당국에 사전 통지하도록 요구하는 법률이 있는 국가는 전체 반독점 점수에 1점이 추가되고, 그렇지 않은 국가는 0점을 받게 된다. 마찬가지로 가격담합을 금지하는 명시적인 법률이 있는 경우에도 1점이 부여된다. 이러한 모든 항목에서 가능한 최고 점수는 31점이다.

앞서 언급한 바와 같이 Nicholson(2008)은 52개 국가에 대한 독점금지법 지수를 구성하였다. 이 지수는 몰타와 칠레의 4부터 미국의 21까지 다양한 국가에 걸쳐 있다. 모든 국가의 중간값은 약 14이며, 국가별 지수 값의 전체 집합은 표 1.1에 나와 있다.

또한, Nicholson(2008)은 이러한 국가별 차이의 원인을 간략하게 살펴보았다. 한 가지 분명해 보이는 점은 신흥 경제국은 특히 강력한 독점금지법을 이미 시행하고 있는 유럽연합과 같은 국제무역 그룹에 가입하기를 희망할 때 광범위한 독점금지법을 채택하는 경우가 많다는 것이다. Nicholson은 독점금지법 지수가 처음에는 GNP와 함께 하락하지만 궁극적으로는 GNP와 함께 상승한다는 증거를 제시하였다. 결과적으로 소규모 경제와 대규모 경제는 중간 규모의 경제보다 독점금지법 지수가 더 높을 것이다.

표 1.1 **전 세계 반독점법 지수, 최고 점수 32점.**

미국	21	이탈리아	15	덴마크	12
우크라이나	20	체코 공화국	14	브라질	11
터키	19	이스라엘	14	코스타리카	11
벨기에	18	대한민국	14	핀란드	11
라트비아	18	슬로베니아	14	노르웨이	11
폴란드	18	대만	14	독일	10
루마니아	18	베네수엘라	14	자메이카	10
아르헨티나	17	잠비아	14	뉴질랜드	10
리투아니아	17	호주	13	파나마	10
남아프리카 공화국	17	캐나다	13	스리랑카	10
우즈베키스탄	17	인도네시아	13	튀니지	10
프랑스	16	마케도니아	13	일본	9
아일랜드	16	멕시코	13	영국	9
케냐	16	페루	13	유고슬라비아	8
슬로바키아	16	스페인	13	네덜란드	7
스웨덴	16	태국	13	칠레	4
크로아티아	15	아르메니아	12	몰타	4
에스토니아	15				

요약

산업조직은 불완전한 경쟁을 연구하는 학문이다. 산업 경제학자들은 현실 세계에서 우리가 실제로 마주치는 시장에 관심을 갖는다. 그러나 이러한 현실 세계의 시장은 다양한 형태와 특징을 가지고 있다. 예를 들어, 몇몇 대기업으로 구성된 시장도 있고, 한 개의 대기업과 여러 개의 소규모 기업으로 구성된 시장도 있다. 어떤 시장에서는 제품이 크게 차별화되어 있는 반면, 어떤 시장에서는 거의 동일한 제품이 존재한다. 일부 기업은 가격을 가능한 한 낮게 유지하려고 노력함으로써 경쟁한다. 광고 및 기타 형태의 비가격 경쟁이 지배적인 전략인 시장도 존재한다. 이러한 다양한 가능성으로 인해 시간이 지남에 따라 산업조직은 실제 비즈니스 행동과 공공정책에 관한 실용적인 통찰력이 풍부한 분야가 되었다. 이 책은 이러한 발전에 관한 모든 것을 담고 있다.

불완전경쟁 산업에 속한 기업은 전략적 의사 결정, 즉 경쟁기업, 공급업체, 유통업체 등 시장의 다른 참여자에게 영향을 미칠 수 있는 결정을 내려야 한다. 따라서 이러한 선택을 내릴 때는 필연적으로 게임의 다른 플레이어가 어떻게 반응할지에 대한 고려가 필요하다. 이러한 전략적 선택 변수의 예로는 가격, 제품 디자인, 용량 확장 결정, 신제품 연구 및 개발에 대한 집중 투자 여부 등이 있다. 이 책은 이러한 전략적 상호작용과 관련된 시장 상황에 대한 현대적 분석, 즉 비협조적 게임이론에 뿌리를 둔 분석을 제시한다. 이 분석을 통해 이슈의 종류가 왜 그렇게 많은지, 기업들이 어떻게 가격담합을 유지하는지, 광고와 제품 혁신이 경쟁의 본질에 어떤 영향을 미치는지 등의 문제를 살펴본다. 또한 이러한 모델의 예측이 어떻게 테스트되었는지도 설명한다.

이 책의 주요 관심은 특정 시장 상황에서 기업이 채택해야 하는 이익 극대화 전략을 결정하는 것 그 이상이다. 경제학자로서 우리는 기업이 그러한 전략을 채택할 때 발생하는 시장결과와 그 결과가 경쟁적 이상에 가까운지 여부에 관심이 있다. 그렇지 않다면 우리는 공공정책이 시장 배분을 개선할 수 있는지, 그리고 어떻게 개선할 수 있는지 질문해야 한다. 우리의 희망은 경제연구의 가치와 "경제학자처럼 생각하는 법"을 배움으로써 얻을 수 있는 이득을 전달하는 것이다. 더 일반적으로는 이론과 실제 모두에서 산업조직의 활력과 관련성을 입증하고자 한다.

연습 문제

1. 경쟁이 치열하다고 생각하는 시장 세 곳과 그 이유를 설명하라.
2. 완벽하게 경쟁적인 시장이 전략적 상호작용의 설정을 반영하지 않는 이유를 설명하라.
3. 이 장의 부록에는 미국의 주요 반독점 관련 법률이 나열되어 있다. 클레이튼 법의 섹션 2와 7을 검토하라. 이 섹션은 경쟁에 대한 어떤 잠재적 위협을 다루고 있는가?
4. 통계 연구를 통해 다른 모든 조건이 동일할 때 산업 집중도가 높아질수록 근로자 생산성이 증가한다는 명확한 증거가 나왔다고 가정해 보겠다. 이 결과를 어떻게 해석해야 하는가?
5. 미국 법원이 여러 기업 간의 가격담합은 일관되게 허용하지 않으면서도 한 기업의 시장지배력에는 관대한 이유는 무엇인가?

참고문헌

Bain, Joseph. 1956. *Barriers to New Competition*. Cambridge: Harvard University Press.

Baumol, W. J., J. C. Panzar, and R. D. Willig. 1982. *Contestable Markets and the Theory of Market Structure*. New York: Harcourt, Brace, Jovanovich.

Berki, Sylvester, ed. 1996. *Antitrust Policy: Economics and Law*. Boston: D.C. Heath and Company.

Chamberlin, E. H. 1933. *The Theory of Monopolistic Competition*. Cambridge: Harvard University Press.

Keynes, J. M. 1935. *The General Theory of Employment, Interest and Money*. New York: Harcourt Brace and Company.

Kovacic, W. E., and C. Shapiro. 2000. "Antitrust Policy: A Century of Legal and Economic Thinking." *Journal of Economic Perspectives*, 14:43–60.

Kwoka, J. E., and L. J.White. 2004. *The Antitrust Revolution: Economics, Competition, and Policy*. 4th Edition. Oxford: Oxford University Press.

Mason, E. S. 1939. "Price and Production Policies of Large Scale Enterprise." *American Economic Review*, 29:61–74.

Mueller, Dennis C. 1996. "Lessons from the United State's Antitrust History." *International Journal of Industrial Organization*, 14:415–45.

Nash, J. 1951. "Noncooperative Games." *Annals of Mathematics*, 54:286–95.

Nicholson, M. W. 2008. "AnAntitrust Law Index for Empirical Analysis of International Competition Policy." *Journal of Competition Law and Economics*, 4 (December): 1009–1029.

Posner, Richard. 1970. "A Statistical Study of Antitrust Enforcement." *Journal of Law and Economics*, 13 (October): 365–419.

Ritter, G. 1997. *Goldbugs and Greenbacks: The Anti-Monopoly Tradition and the Politics of Finance in America, 1865–1896*. Cambridge: Cambridge University Press.

Schelling, T. 1959. *The Strategy of Conflict*. New York: Oxford University Press.

Schmalensee, R. 1988. "Industrial Economics: An Overview." *Economic Journal*, 98:643–81.

Smith, A. 1776. *An Inquiry into the Nature and Causes of the Wealth of Nations*. (Reprint). Oxford: Oxford University Press, 1993.

Von Neumann, J., and O. Morgenstern. 1944. *Theory of Games and Economic Behavior*. Princeton: Princeton University Press.

부록

Excerpts from Key Antitrust Statutes

THE SHERMAN ACT

Sec. 1. Every contract, combination in the form of trust or otherwise, or conspiracy, in restraint of trade or commerce among the several States, or with foreign nations, is declared to be illegal. Every person who shall make any contract or engage in any combination or conspiracy hereby declared to be illegal shall be deemed guilty of a felony, and, on conviction thereof, shall be punished by fine not exceeding $100,000,000 if a corporation, or, if any other person, $350,000, or by imprisonment not exceeding three years, or by both said punishments, in the discretion of the court.

Sec. 2. Every person who shall monopolize, or attempt to monopolize, or combine or conspire with any other person or persons, to monopolize any part of the trade or commerce among the several States, or with foreign nations, shall be deemed guilty of a felony, and, on conviction thereof, shall be punished by fine not exceeding $100,000,000 if a corporation, or, if any other person, $350,000, or by imprisonment not exceeding three years, or by both said punishments, in the discretion of the court.

THE CLAYTON ACT, INCLUDING KEY AMENDMENTS OF THE ROBINSON-PATMAN ACT AND CELLER-KEFAUVER ACT

Sec. 2.

(a) Price; selection of customers

It shall be unlawful for any person engaged in commerce, in the course of such commerce, either directly or indirectly, to discriminate in price between different purchasers of commodities of like grade and quality, where either or any of the purchases involved in such discrimination are in commerce, where such commodities are sold for use, consumption, or resale within the United States or any Territory thereof or the District of Columbia or any insular possession or other place under the jurisdiction of the United States, and where the effect of such discrimination may be substantially to lessen competition or tend to create a monopoly in any line of commerce, or to injure, destroy, or prevent competition with any person who either grants or knowingly receives the benefit of such discrimination, or with customers of either of them: Provided, That nothing herein contained shall prevent differentials which make only due allowance for differences in the cost of manufacture, sale, or delivery resulting from the differing methods or quantities in which such commodities are to such purchasers sold or delivered: Provided, however, That the Federal Trade Commission may, after due investigation and hearing to all interested parties, fix and establish quantity limits, and revise the same as it finds necessary, as to particular commodities or classes of commodities, where it finds that available purchasers in greater quantities are so few as to render differentials on account thereof unjustly discriminatory or promotive of monopoly in any line of commerce; and the foregoing shall then not be construed to permit differentials based on differences in quantities greater than those so fixed and established: And provided further, That nothing herein contained shall prevent persons engaged in selling goods, wares, or merchandise in commerce from selecting their own customers in bona fide transactions and not in restraint of trade: And provided further, That nothing herein contained shall prevent price changes from time to time where in response to changing conditions affecting the market for or the marketability of the goods concerned, such as but not limited to actual or imminent deterioration of perishable goods, obsolescence of seasonal goods, distress sales under court process, or sales in good faith in discontinuance of business in the goods concerned.

(b) Burden of rebutting prima-facie case of discrimination

Upon proof being made, at any hearing on a complaint under this section, that there has been discrimination in price or services or facilities furnished, the burden of rebutting the prima-facie case thus made by showing justification shall be upon the person charged with a violation of this section, and unless justification shall be affirmatively shown, the Commission is authorized to issue an order terminating the discrimination: Provided, however, That nothing herein contained shall prevent a seller rebutting the prima-facie case thus made by showing that his lower price or the furnishing of services or facilities to any purchaser or purchasers was made in good faith to meet an equally low price of a competitor, or the services or facilities furnished by a competitor.

(c) Payment or acceptance of commission, brokerage, or other compensation

It shall be unlawful for any person engaged in commerce, in the course of such commerce, to pay or grant, or to receive or accept, anything of value as a commission, brokerage, or other compensation, or any allowance or discount in lieu thereof, except for services rendered in connection with the sale or purchase of goods, wares, or merchandise, either to the other party to such transaction or to an agent, representative, or other intermediary therein where such intermediary is acting in fact for or in behalf, or is subject to the direct or indirect control, of any party to such transaction other than the person by whom such compensation is so granted or paid.

(d) Payment for services or facilities for processing or sale

It shall be unlawful for any person engaged in commerce to pay or contract for the payment of anything of value to or for the benefit of a customer of such person in the course of such commerce as compensation or in consideration for any services or facilities furnished by or through such customer in connection with the processing, handling, sale, or offering for sale of any products or commodities manufactured, sold, or offered for sale by such person, unless such payment or consideration is available on proportionally equal terms to all other customers competing in the distribution of such products or commodities.

(e) Furnishing services or facilities for processing, handling, etc.

It shall be unlawful for any person to discriminate in favor of one purchaser against another purchaser or purchasers of a commodity bought for resale, with or without processing, by contracting to furnish or furnishing, or by contributing to the furnishing of, any services or facilities connected with the processing, handling, sale, or offering for sale of such commodity so purchased upon terms not accorded to all purchasers on proportionally equal terms.

(f) Knowingly inducing or receiving discriminatory price

It shall be unlawful for any person engaged in commerce, in the course of such commerce, to be a party to, or assist in, any transaction of sale, or contract to sell, which discriminates to his knowledge against competitors of the purchaser, in that, any discount, rebate, allowance, or advertising service charge is granted to the purchaser over and above any discount, rebate, allowance, or advertising service charge available at the time of such transaction to said competitors in respect of a sale of goods of like grade, quality, and quantity; to sell, or contract to sell, goods in any part of the United States at prices lower than those exacted by said person elsewhere in the United States for the purpose of destroying competition, or eliminating a competitor in such part of the United States; or, to sell, or contract to sell, goods at unreasonably low prices for the purpose of destroying competition or eliminating a competitor.

Sec. 3.

Sale, etc., on agreement not to use goods of competitor

It shall be unlawful for any person engaged in commerce, in the course of such commerce, to lease or make a sale or contract for sale of goods, wares, merchandise, machinery, supplies, or other commodities, whether patented or unpatented, for use, consumption, or resale within the United States or any Territory thereof or the District of Columbia or any insular possession or other place under the jurisdiction of the United States, or fix a price charged therefore, or discount from, or rebate upon, such price, on the condition, agreement, or understanding that the lessee or purchaser thereof shall not use or deal in the goods, wares, merchandise, machinery, supplies, or other commodity of a competitor or competitors of the lessor seller, where the effect of such lease, sale, or contract for sale or such condition, agreement, or understanding may be to substantially lessen competition or tend to create a monopoly in any line of commerce.

Sec. 7.

No person engaged in commerce or in any activity affecting commerce shall acquire, directly or indirectly, the whole or any part of the stock or other share capital and no person subject to the jurisdiction of the Federal Trade Commission shall acquire the whole or any part of the assets of another person engaged also in commerce or in any activity affecting commerce, where in any line of commerce or in any activity affecting commerce in any section of the country, the effect of such acquisition may be substantially to lessen competition, or to tend to create a monopoly.

기본 미시경제학

Basic Microeconomics

▶ 차례

2.1 ▸ 경쟁과 독점: 시장 성과의 극과 극
2.2 ▸ 경제적 효율성과 사회적잉여
2.3 ▸ 독점력에 대한 시간 간 고려 사항 및 제약 사항
2.4 ▸ 실증적 적용: 코즈 내구재 모델 테스트
요약
연습 문제

시장행동의 본질과 시장결과에 대한 아담 스미스의 독창적이고 직관적인 통찰이 공식적인 모형으로 전환되기까지는 상당한 시간이 걸렸다. 그 후 이러한 공식적인 이해가 표준적인 전문 연구문헌으로 자리 잡는 데는 더 많은 시간이 걸렸다. 그러나 19세기 후반에 이르러서는 Alfred Marshall의 ***경제학 원리*** *Principles of Economics* ***제1권***(1890)의 출판에서 알 수 있듯이 경쟁과 독점의 이점에 대한 엄격한 이해가 확립되었다. 우리는 궁극적으로 경쟁과 독점 사이에 있는 영역을 모델링하는 데 관심이 있지만, 그럼에도 불구하고 완전경쟁시장과 순수독점시장에 대한 올바른 이해는 상당히 통찰력이 있다. 실제로 이러한 모델은 일상적인 비즈니스 언론에서 읽은 많은 내용을 해석하는 데 유용한 출발점을 제공한다. 또한 독점력을 제한하기 위해 고안된 공공정책의 주요 지적인 힘을 보여준다. 이러한 이유로 이 장에서는 완전경쟁과 독점의 기본 모델에 대해 간략하게 살펴본다.

2.1 경쟁과 독점: 시장 성과의 극과 극

우리는 기업의 이익 극대화 행동과 그러한 행동이 의미하는 시장결과에 초점을 맞춘다. 우리는 관심 시장을 정의하는 제품에 대한 총 소비자 수요를 도출하는 것을 당연한 것으로 간주한다. 이 시장수요곡선은 소비자가 재화 단위당 지불할 의사가 있는 금액과 소비되는 재화의 총 수량 간의 관계를 설명한다. 그림 2.1은 시장수요곡선의 한 예로, 보다 구체적으로 $P = A - BQ$ 방정식으로 설명할 수 있는 선형 시장수요곡선을 보여준다. 가격을 왼쪽에 두고 이러한 방식으로 수요곡선을 작성할 때 이를 역수요곡선이라고 한다.[1] 수직 절편 A는 최대 지불의향 가격 또는

1 이러한 용어를 사용하는 이유는 전통적으로 미시경제학에서는 수요량을 종속변수(방정식의 왼쪽)로, 가격을 독립변수(방정식의 오른쪽)로 생각하기 때문이다. 그러나 기업이 수량을 선택하고 가격이 조정되어 시장을 정리할 때는 시장가격을 왼쪽에 두는 것이 바람직하므로 역수요함수를 사용하는 것이 좋다. 시장수요곡선은 각 소비자의 개별 수요곡선을 수평으로 합한 것으로 생각할 수 있다는 점을 분명히 해야 하며, 하지만 이는 각 기업이 직면한 수요곡선의 수평 합은 아니다.

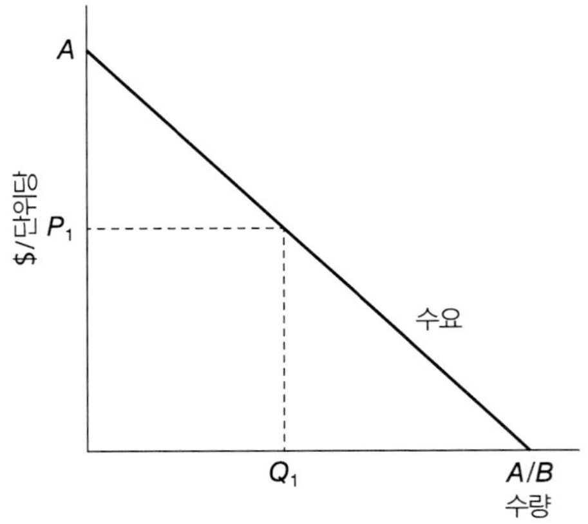

그림 2.1 시장수요곡선
가격 P_1은 현재 생산량이 Q_1일 때 추가 생산량 단위에 대한 한계 소비자 평가이다.

소비자가 이 재화를 얻기 위해 지불할 의향이 있는 최대 수요 가격이다. 시장가격이 A보다 높으면 이 시장에서는 아무도 제품을 구매하지 않으려 한다. 시장가격이 A 아래로 떨어지면 제품에 대한 수요가 증가한다. 예를 들어, 재화의 시장가격이 P_1인 경우 소비자는 해당 재화의 수량 Q_1을 구매하고자 한다. 또는 P_1를 소비자의 지불의향으로 볼 수도 있다. 즉, P_1는 소비자가 재화의 마지막 또는 Q_1번째 단위에 대해 지불할 수 있는 최대 금액이다.

수요곡선을 그릴 때는 재화가 소비되는 기간을 암묵적으로 고려한다. 예를 들어, 제품에 대한 소비자 수요를 주별, 분기별 또는 연간 단위로 살펴볼 수 있다. 마찬가지로 재화를 생산하는 기업에 대해 이야기할 때 해당 기업의 주별, 분기별 또는 연간 재화 생산량을 고려할 수 있다. 소비자 수요와 기업의 생산을 정의하는 시간적 기간은 일반적으로 기업이 재화를 생산하기 위해 사용할 수 있는 생산기술에 영향을 미친다. 기간이 짧을수록 기업이 생산을 변경할 수 있는 옵션이 줄어든다. 미시경제학의 전통에 따라 우리는 일반적으로 두 가지 기간, 즉 단기기간과 장기기간으로 구분한다. 단기는 업계에서 새로운 생산 시설, 즉 새로운 공장 및 장비를 가동할 수 없을 정도로 충분히 짧은 기간이다. 단기적으로는 기업수나 각 기업의 고정 자본을 변경할 수 없다. 반면, 장기기간은 기업이 시장수요를 충족하기 위해 새로운 생산 시설을 구축할 수 있을 만큼 충분히 긴 생산 기간이다.

단기 또는 장기 시나리오의 경우, 우리는 시장이 언제 균형에 도달하는지 판단하는 데 관심이 있다. 이는 시장이 "안정된" 결과를 찾는 것을 의미한다. 시장 균형에 대한 유용한 해석은 시장의 어떤 소비자나 기업도 구매 또는 판매량에 대한 결정을 변경할 인센티브가 없는 상황이라는 것이다. 물론 이 정의의 정확한 의미는 단기적인 측면을 고려하느냐, 장기적인 측면을 고려하느냐에 따라 달라질 수 있다. 하지만 두 경우 모두 본질적인 특징은 동일하다. 균형은 누구도 자신의 거래 결정을 변경할 인센티브가 없어야 한다는 것이다.

2.1.1 완전경쟁

완전경쟁시장에서 기업은 "가격 결정자 *price taker*"이다. 제품의 가격은 완전경쟁기업이 선택하는 것이 아니다. 대신, 그 가격은 해당 재화에 대한 시장의 모든 기업과 소비자의 상호작용에 의해 결정되며, 완전경쟁기업 중 어느 한 기업의 영향력 밖에서 결정된다. 이 특성은 각 기업의 잠재적 제품 공급이 해당 제품에 대한 시장수요에 비해 "작은" 경우에만 의미가 있다. 한 기업의 재화 공급량이 시장에 비해 크다면 해당 기업이 재화 판매 가격에 영향을 미칠 수 있을 것으로 예상할 수 있다. "작은" 기업의 예로는 캔자스주의 밀 농부나 뉴욕증권거래소에서 IBM 주식을 거래하는 브로커를 들 수 있다. 각각은 너무 작아서 그들의 행동에 가능한 변화가 있어도 밀과 IBM 주식의 가격은 변하지 않는다.

완전경쟁기업은 상품이 거래되는 시장가격에 영향을 미칠 수 없기 때문에 해당 가격에 원하는 만큼 또는 원하는 만큼만 판매할 수 있다. 기업이 시장가격에 원하는 만큼 판매할 수 없는 상황에서, 더 많이 판매하려면 가격을 인하해야 한다는 의미이다. 이는 해당 기업이 시장가격에 어느 정도 영향력을 가지고 있다는 것을 뜻하므로, 이러한 기업은 완벽한 경쟁자가 될 수 없다. 해당 기업이 시장가격에 영향을 미칠 수 없다는 것은 해당 기업의 행동이 다른 생산자에게 영향을 미치지 않는다는 의미이기도 하다. 다시 말해, 완전경쟁기업은 수많은 경쟁자들과 전략적으로 상호작용하지 않는다는 것을 의미한다.

완전경쟁기업의 생산량 결정은 시장가격에 영향을 미치지 않으므로 이러한 기업이 직면한 역수요곡선 그래프는 현재 시장가격에서 수평선으로 나타난다. 기업이 생산량을 얼마나 많이 또는 얼마나 적게 생산하든 해당 가격은 변하지 않는다. 이는 전체 산업이 직면한 수요를 설명하는 시장수요곡선이 하향 경사를 그리는 경우에도 마찬가지이다.[2] 이 시장수요곡선은 모든 기업의 총생산량이 어떤 식으로든 증가하면 시장가격이 하락한다는 것을 나타낸다. 다시 말하지만, 완전경쟁기업의 특징은 그 규모가 너무 작아서 생산량 선택이 전체 산업 생산량, 즉 시장수요곡선상의 산업에 미치는 영향이 크지 않다는 것이다.

모든 기업과 마찬가지로 완전경쟁기업도 각자의 이익을 극대화하는 생산량 수준을 선택할 것이다. 이익은 기업의 수익과 총 비용의 차이로 정의되며, 수익은 시장가격인 P에 기업의 생산량인 q를 곱한 값이며, 기업의 총 비용은 함수 $C(q)$에 따라 기업의 생산 수준에 따라 상승한다고 가정한다. 기업의 비용에는 기업 자본의 소유자(즉, 주주)에게 정상 또는 경쟁 수익을 지급하는 데 필요한 금액이 포함된다는 점을 이해하는 것이 중요하다. 이는 투입 비용이 기회 비용으로 적절하게 측정된다는 것을 의미한다. 즉, 각 투입은 최소한 다음 차선책으로 대체할 수 있는 고용에서 얻을 수 있는 만큼의 대가를 지불해야 한다. 이는 기업이 사용하는 노동력과 원자재에 대해서도, 기업이 사용하는 자본에 대해서도 마찬가지이다. 일반적으로 기업의 자본에 대한 기회 비용은 자본이 다른 산업에 투자되었을 때 얻을 수 있는 수익률로 측정된다. 그런 다음 이 비용은 총 비용 $C(q)$ 측정에 포함된다. 다시 말해, 우리가 사용하는 이익의 개념은 경제적 이익의 개념이다. 이는 회사의 모든 투입물에 대해 최소한 대체 고용을 통해 얻을 수 있는 금액을 지불하는 데 필요한 금액 이상의 순이익을 반영하며, 이 점이 중요한 이유는 기업이 경제적 이익을 얻지 못한다고 해서 주주가 빈손으로 사라지는 것은 아니다. 이는 단순히 해당 주주가 정상적인 투자 수익보다 더 많은 수익을 얻지 못한다는 것을 의미할 뿐이다.

이윤극대화를 위해 필요한 일차 조건은 기업이 마지막으로 생산한 단위에 대해 받는 수익,

2 이는 완벽한 경쟁자의 정의에서 비롯된다. 산업 수요는 우하향하는데 어떻게 각 기업이 수평 수요곡선에 직면할 수 있는지 궁금할 수 있다. 답은 산업이 직면한 수요곡선은 각 기업이 직면한 개별 수요가 아니라 각 소비자가 제시한 개별 수요의 합계를 반영한다는 것이다.

즉 한계수익이 마지막 단위를 생산하기 위해 발생한 비용, 즉 한계비용과 같도록 생산량 수준을 선택하는 것이다. 이윤극대화를 위한 이 조건은 완전경쟁기업이든 독점기업이든 모든 기업의 생산량 선택에 적용된다. 총 수익은 생산량에 따라 달라지므로 한계수익도 한계수익 함수인 $MR(q)$에 의해 설명되는 것처럼 q에 따라 달라진다. 완전경쟁기업은 시장가격으로 원하는 만큼 판매할 수 있기 때문에 생산 및 판매되는 추가 생산 단위는 현재 시장가격과 정확히 동일한 추가 수익을 창출한다. 즉, 경쟁기업의 한계수익 함수는 $MR(q) = P$이다. 마찬가지로 총 비용은 총 산출량인 q의 함수이므로 한계비용함수도 $MC(q)$ 함수에 따라 q에 따라 달라진다. 이 함수는 기업이 생산한 각 연속적인 생산 단위마다 발생하는 추가 비용을 설명한다.

그림 2.2(a)와 2.2(b)에 각각 표시된 것과 같은 도표는 완전경쟁기업과 완전경쟁시장이라는 표준 교과서 모델을 설명하는 데 자주 사용된다. 어떤 시장이 균형 상태에 있으려면 앞서 언급한 필수 조건이 각 기업에 대해 유지되어야 한다. 경쟁시장의 경우, 이는 각 기업이 생산량 단위에 대해 받는 가격이 마진에서 해당 생산량을 생산하는 비용과 정확히 같다는 것을 의미한다. 이 조건은 그림 2.2(a)와 2.2(b)에 설명되어 있다. 초기 산업 수요곡선은 D_1이고 시장가격은 P_C이다. 생산량 q_C를 생산하면 해당 가격과 동일한 생산 한계비용 $MC(q_C)$가 발생한다. 한계비용곡선에 표시된 것처럼 생산량 한 단위를 더 생산하면 추가 비용 MC이 발생하며, 이는 생산량 한 단위가 판매되는 가격을 초과한다. 반대로, q_C보다 적게 생산하면 수익 감소에 비해 비용 절감 효과가 더 적게 된다. 기업이 q_C를 생산하여 시장가격인 P_C로 판매하면 이익을 극대화할 수 있다. 따라서 생산량 선택을 변경할 인센티브는 없으며, 경쟁균형에서 각 기업은 한계비용이 가격과 동일한 지점에서 생산해야 한다.

총 시장 공급량인 Q_C는 각 기업의 생산량인 q_C의 합이다. 각 기업은 이윤을 극대화하기 때문에 $P = MC(q_C)$ 조건이 각 기업에 대해 유지된다. 제품에 대한 수요가 증가하고 시장가격이 P_1로 상승하면 각 기업은 생산 결정을 수정하고 생산량을 q_1로 늘릴 것이며, 여기서 $P_1 = MC(q_1)$이 된다. 이렇게 되면 총생산량은 Q_1로 증가한다. 이는 실제로 기업의 생산 결정은 한계비용에 의해 결정되기 때문에 각 기업의 한계비용 곡선은 주어진 시장가격에서 전체 산업을 결정하는 기초를 제공한다. 가격이 상승하면 각 기업은 새로운 가격에서 한계비용함수를 $P = MC(q)$가 되는 지점까지 끌어올려 이윤을 극대화하는 생산량을 조정한다. 그런 다음 모든 기업의 수정된 결정을 합산하여 현재 공급되는 총생산량을 계산한다. 다양한 가격에 대해 이 작업을 반복하면 주어진 시장가격에 공급되는 총생산량을 나타내는 산업 공급함수가 나타난다. 이는 그림 2.2(b)의 곡선 S_1로 설명된다. 각 기업의 가격은 한계비용과 같으므로 모든 기업의 공급함수의 각 지점에서 마지막으로 생산된 생산물 한 단위의 증분 비용이 해당 가격과 같아야 한다.

그림 2.2(a)와 같이 각 기업의 한계비용 곡선이 곡선이 아닌 선형인 간단한 선형 예시를 생각해 보겠다. 구체적으로 각 기업의 한계비용이 $MC(q) = 4q + 8$라고 할 때, 시장가격 P가 주어졌을 때, 한 경쟁기업의 최적 생산량은 $4q + 8 = P$와 같다. 그리고 이것은 각 회사의 최적 생산물이 $q = \frac{P}{4} - 2$.를 만족한다.

이러한 기업이 80개라면, 가격 P에서 산업 총생산량 Q는 q의 80배 또는 $Q^S = 20P - 160$이다. P를 풀면 그림 2.2(a)와 2.2(b)에서 가격이 세로축에 표시된 형태로 공급곡선이 나타나게

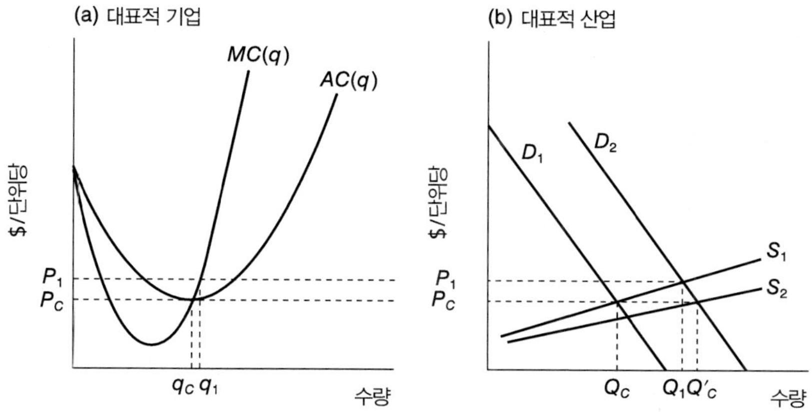

그림 2.2 장기적인 경쟁균형

가격 P_1은 기업 한계비용이 P_1과 같은 지점에서 생산하는 단기균형과 일치한다. 그러나 P_1 가격은 평균비용을 초과하고 각 기업은 양의 경제적 이익을 얻는다. 이는 신규 기업의 진입을 촉진하여 (b)와 같이 공급곡선을 이동시킨다. 장기 경쟁균형은 각 기업이 생산량 수준 q_C를 생산하고 가격은 평균비용과 한계비용 모두와 같은 P_C에서 발생한다.

된다. 이렇게 하면 $P = 0.05Q^S + 8$이 도출된다. 가격이 8 이하인 경우 각 기업 생산량은 0이 되며, 산업 생산량도 0이 된다. P가 12로 상승하면 각 기업은 산량 1단위로 올리도록 유도하여 산업 생산량이 80으로 증가한다. P가 16으로 더 상승하면 모든 기업은 생산량을 2단위로 늘려 총 공급량은 160이 된다. 이러한 과정이 여러 번 반복되어 매번 다른 가격을 선택할 수 있다. 이러한 각 가격에 대한 산업 생산량을 그리면 산업 공급곡선이 생성된다. 여기서 이해해야 할 중요한 점은 이러한 공급곡선의 도출에는 이익 극대화를 위한 기본 일차 조건, 즉 각 경쟁기업이 $P = MC(q)$가 되도록 이익을 극대화하는 생산량 수준을 선택한다는 점이다.

그림 2.2(a) 및 2.2(b)에 표시된 예에서 시장은 처음에 가격 P_C에서 청산된다. 수요곡선 D_1이 주어졌을 때 이 균형은 각 기업이 $P = MC(q)$와 같은 산출물을 생산한다는 1차 조건과 일치한다. 각 기업의 한계비용이 시장가격과 동일한 곳에서 생산한다는 요건은 단기적으로 경쟁균형에 필요한 거의 필수적인 조건이다.[3] 그러나 장기적인 경쟁균형이 되려면 충족되어야 하는 추가 조건이 있다. 장기 균형에서는 각 기업이 0의 경제적 이익을 얻는다는 조건이다. 이 조건은 그림 2.2(a)에 표시된 초기 균형에서도 충족된다.

생산량 q_C에서 각 기업은 자본 고용 비용과 노동 및 기타 투입물을 포함한 생산비용만을 충당하고 있다. 다시 말해, 장기적인 경쟁균형은 기업이 "손익분기점"만 넘기고 생산적 투입물을 산업으로 끌어들이는 데 필요한 금액을 초과하는 경제적 이윤을 얻지 않아야 한다. 이 요건은 다르게 정의할 수 있다. 장기적으로 재화의 가격은 재화를 생산하는 평균 또는 단위당비용과 같아야 한다. 다시 말하면, 이 0의 이윤 조건과 가격이 한계비용과 같아야 한다는 추가 요건은 산업 수요곡선이 D_1이고 가격이 P_C인 초기 균형에서 모두 충족된다.

3 평균가변비용과 한계비용 사이에 차이가 있을 수 있기 때문에 "거의"라고 표현했다. 기업이 평균가변비용을 충당할 수 있는 수준에서 생산할 수 없다면, 단기적으로는 생산이 전혀 이루어지지 않는다.

수요가 갑자기 D_2로 이동하게 되면, 기존 산업 기업들은 생산량을 늘리는 방식으로 대응할 것이다. 이렇게 함으로써 이 기업들은 각자가 생산해야 하는 기본 요건($P = MC(q)$)을 다시 충족시켜 수익을 극대화한다. 이는 각 기업이 생산량을 q_C에서 q_1으로 확대하도록 유도하여 시장 생산량을 Q_1으로 증가시킨다. 그러나 이러한 단기적 대응은 장기경쟁균형에서의 0의 이익 조건을 충족시키지 못한다. 가격 P_1에서 시장가격은 각 기업의 한계비용과 같지만 각 기업의 평균비용을 초과하게 된다. 따라서 각 기업은 판매하는 각 1단위에서 $P_1 - AC(q_1)$의 양의 경제적 이익을 얻는다.

이러한 수익은 신규 기업의 업계 진입을 유도하거나 기존기업의 확장을 유도한다. 이러한 확장은 균형가격이 다시 평균비용을 커버할 때까지 산업 공급곡선을 바깥쪽으로 이동시킨다. 그림 2.2(b)는 산업 공급곡선이 S_2로 이동하는 것을 보여준다. 그림에서 보는 바와 같이, 이러한 이동은 초기 가격인 P_C를 재설정한다. 각 기업은 산업 가격이 해당 기업의 한계비용과 평균비용이 모두 같아지는 생산량 q_C를 생산한다. 물론 이제 산업 총생산량은 Q'_C로 더 높아진다. 각 기업이 산출물 q_C를 생산하는 동안 이제 더 많은 기업이 있게 된다. 이 예는 균형에 대한 정의의 핵심 요소, 즉 어떤 기업도 생산 계획을 변경할 인센티브가 없다는 것을 보여준다. 장기적으로는 어떤 기업도 시장을 떠나거나 진입하기를 원하지 않는다는 개념도 포함된다.

2.1 ▸ 실습문제

휴대폰 제조가 완전경쟁 산업이라고 가정해보겠다. 휴대전화에 대한 시장수요는 선형 수요함수로 설명된다: $Q^D = \dfrac{6000 - 50P}{9}$. 휴대폰 제조업체는 50개가 있고, 각 제조업체의 생산비용은 동일하며, 이는 장기 총 비용과 한계비용으로 설명된다. $TC(q) = 100 + q^2 + 10q$, $MC(q) = 2q + 10$.

a. 이 산업에 속한 기업이 $q = \dfrac{P - 10}{2}$을 생산하여 이윤을 극대화하는 것을 설명하시오.
b. 산업 공급곡선을 도출하고 $Q^S = 25P - 250$임을 보이시오.
c. 균형 상태에서 거래된 시장가격과 총 수량을 구하시오.
d. 각 기업의 생산량은 얼마인가? 각 기업이 균형 상태에서 0의 이윤을 얻는 것을 보이시오.

2.1.2 독점

완전경쟁시장에서 각 기업의 재화 생산량은 시장 전체에 비해 매우 작다. 하지만 이 작은 판매자들이 모두 한 회사로 통합된다면, 즉 시장이 독점된다면 어떻게 될까? 왜냐하면, 단일 기업이 재화의 유일한 공급자인 경우, 해당 기업의 수요곡선은 시장수요곡선과 동일하게 된다. 경쟁기업과 완전히 대조적으로, 이 독점기업은 자신의 선택이 전체 시장에 영향을 미치기 때문에 시장가격에 결정적인 변화를 가져올 수 있다. 이러한 효과를 인식하는 독점기업의 이윤극대화 행동은 경쟁기업의 행동과 다를 것이므로 시장 균형이 바뀔 것이다.

독점자의 수요곡선은 아래쪽으로 기울어져 있기 때문에 독점자의 생산량 증가는 가격 하락

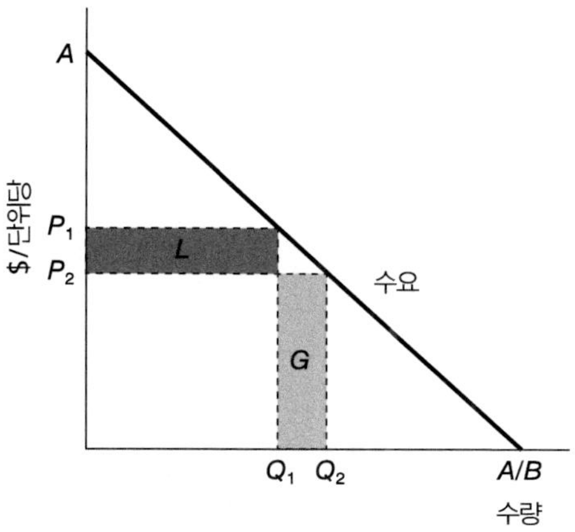

그림 2.3 독점기업의 생산량 증가에 따른 한계수익

Q_1기에서 Q_2로 생산량이 증가하면 면적 G로 추정되는 수익이 증가하고 면적 L로 추정되는 수익은 감소한다. 따라서 순 변화 또는 한계수익은 $G - L$이다. 이 회사는 독점기업이기 때문에 가격을 P_1에서 P_2로 인하함으로써 발생하는 순 수익이기도 하다.

으로 이어진다. 그림 2.3에서 Q_1 또는 Q_2 단위의 판매를 고려하는 독점자는 다음과 같은 딜레마에 직면하게 된다. 생산량을 Q_1 단위로 제한하면 시장가격은 P_1이 되지만, 대신 생산량을 Q_2로 설정하면 시장가격은 P_2로 떨어지게 된다. 따라서 독점기업은 추가로 판매할 때마다 현재 시장가격과 동일한 수익을 얻을 수 있다고 생각하는 경쟁기업과 매우 다른 생각을 하게 된다. 독점기업은 판매되는 모든 단위가 기존 가격보다 낮은 한계수익을 가져올 것이라는 것을 알고 있다. 가격이 하락해야만 추가적으로 생산량을 판매할 수 있기 때문에, 추가 판매 단위의 한계수익은 시장가격이 아니라 그보다 적은 금액이 된다.

그림 2.3에서 독점기업의 한계수익 구성 요소는 음영처리된 영역 G와 L로 표시되어 있다. 이 영역은 독점기업이 생산량을 Q_1에서 Q_2로 증가시켜 가격을 P_1에서 P_2로 하락시킬 때 독점기업의 수익에 영향을 미치는 두 가지 영향을 반영한다. 영역 G는 새로운 가격 P_2에 생산량 증가분인 $Q_2 - Q_1$을 곱한 값과 같다. 이는 더 많은 유닛을 판매할 때 발생하는 수익 증가이다. 영역 L은 $P_1 - P_2$에 원래 생산량 수준인 Q_1를 곱한 값이다. 이는 가격을 P_2로 인하한 결과 초기 Q_1 단위에서 손실된 수익을 반영한다. 독점자의 수익의 순 변화는 이득과 손실의 차이, 즉 $G - L$로 나타난다.

여기서 우리는 좀 더 정확한 계산을 할 수 있다. $\Delta Q = Q_2 - Q_1$와 $\Delta P = P_1 - P_2$로 가정하면, 독점자의 (역)수요곡선의 기울기는 $\frac{\Delta P}{\Delta Q}$로 표현할 수 있다. 만약 우리가 이 수요함수(물론 이는 시장수요곡선임)를 선형관계로 표현한다면, $P = A - BQ$로 표현할 수 있다. 여기서 기울기는 $-B$ ($\frac{\Delta P}{\Delta Q}$ =)이다. 다시 말해, 생산량 ΔQ[4]의 증가는 가격 ΔP 하락으로 이어지며, 이

4 완전경쟁 하에서 기업 생산량은 산업 생산량과 다르다. 따라서 기업 산출량에는 소문자 q를, 산업 산출량에는 대문자 Q를 사용한다. 독점 하에서는 기업 산출량이 시장 산출량이므로 Q를 사용하여 두 가지를 모두 설명한다.

는 $-B\Delta Q$와 같다. 총 수익은 단위당 가격에 판매된 단위 수를 곱한 값으로 정의되므로 총 수익은 기업의 생산량 결정의 함수로, $R(Q) = P(Q)Q = (A - BQ)Q$로 쓸 수 있다. 그림 2.3에 표시된 것처럼 생산량 ΔQ의 증가로 인한 수익 $\Delta R(Q)$의 변화는 두 가지 효과의 합이다. 첫 번째는 수익 이득, $P_2\Delta Q$이다. 두 번째는 수익 손실, $Q_1\Delta P$이다. 따라서

$$\Delta R(Q) = P_2\Delta Q - Q_1\Delta P = (A - BQ_2)\Delta Q - Q_1(B\Delta Q) \qquad (2.1)$$

여기서 수요곡선을 사용하여 오른쪽의 첫 번째 항에서 $A - BQ_2$를 P_2로 대체했다. $MR(Q)$는 단위당 기준으로 측정된다. 따라서 방정식 (2.1)에 표시된 수익의 변화를 생산량 ΔQ의 변화로 나누어 한계수익을 구해야 한다. 그러면 다음과 같은 결과가 도출된다.

$$MR(Q) = \frac{\Delta R(Q)}{\Delta Q} = A - BQ_2 - BQ_1 \approx A - 2BQ \qquad (2.2)$$

여기서는 근사치인 $B(Q_1 + Q_2) \approx 2BQ$를 사용했다. 이는 결과값의 작은 변화에 대해 이야기를 할 때, 즉 Q_2가 Q_1에 상당히 근접할 때 타당하게 된다.

방정식 (2.2)는 "두 배로 가파른 규칙"이라고도 불리며 매우 중요하므로 본문 전체에서 자주 언급될 것이다. 이 방정식은 독점자의 한계수익이 현재 가격보다 적다는 것을 보여줄 뿐만 아니라 선형 수요의 경우 가격과 한계수익 사이의 정확한 관계를 보여준다. 독점자의 한계수익 함수에 대한 방정식 $MR(Q) = A - 2BQ$는 독점자의 수요곡선과 가격 절편 A는 같지만 기울기가 $-2B$로 두 배나 크다. 즉, 시장수요곡선이 선형인 경우 독점자의 한계수익 곡선은 해당 수요곡선과 동일한 수직 절편에서 시작하지만 두 배 더 가파른 기울기를 갖는다. 따라서 독점자의 한계수익 곡선은 역수요곡선 아래에 위치해야 한다.

그림 2.4에서는 독점기업이 직면한 시장수요곡선과 그에 상응하는 한계수익 곡선을 모두 보여준다. 다시 말하지만, 이윤극대화를 위해서 기업은 마지막 생산 단위와 관련된 한계수익이

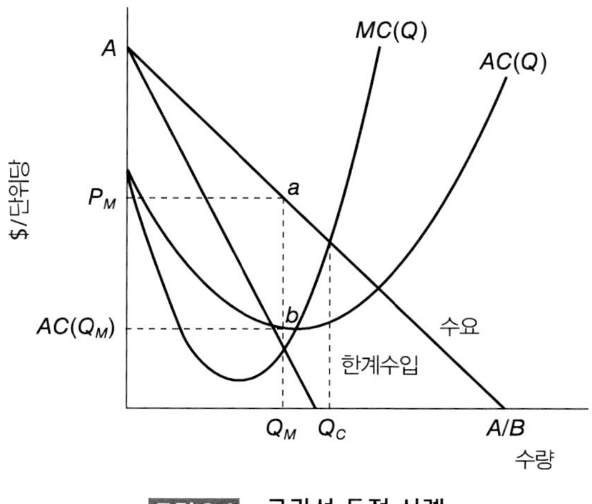

그림 2.4 교과서 독점 사례

독점자는 한계수익이 한계비용과 같아지는 생산량 Q_M을 선택함으로써 이익을 극대화한다. 이 생산량을 판매할 수 있는 가격은 수요곡선에 의해 한계비용을 초과하는 P_M으로 표시된다. 이윤은 $P_MabAC(Q_M)$이다. 경쟁 산업에서는 대신 Q_C를 생산했을 것이며, 이 시점에서 가격은 한계비용과 같다.

해당 생산 단위의 한계비용을 충당하는 지점까지만 생산해야 한다. 이는 독점기업뿐만 아니라 완전경쟁기업에도 해당된다. 여기서 중요한 차이점은 독점기업의 경우 한계수익이 가격보다 적다는 것이다. 독점기업의 경우 한계수익이 한계비용과 같다는 이윤극대화 법칙, 즉 $MR(Q) = MC(Q)$인 산출량 Q_M에서 유지된다. 따라서 독점기업은 이 수준에서 생산하고 각 단위를 가격 P_M으로 판매한다. 이 생산량 수준에서 마지막 단위의 생산량 MR을 판매하여 얻은 수익은 해당 생산량을 판매한 가격보다 작다($MR(Q_M) < P_M$). 이 사실 때문에 독점자는 경쟁 산업의 (단기) 균형 산출량인 Q_C보다 낮은 산출량을 생산하게 된다.

또한 그림 2.4는 독점기업의 평균비용함수가 그려져 있다. 평균비용 곡선에서 $AC(Q_M)$으로 설명되는 생산량 Q_M의 단위당비용은 독점기업이 재화를 판매하는 가격 P_M보다 낮다. 물론 이는 총 수익이 총 비용을 초과하고 독점사업자는 양의 경제적 이익을 얻는 것을 의미한다. 이익은 직사각형 $P_MabAC(Q_M)$로 표시된다. 또한 독점기업이 이 시장에서 유일한 기업이고 다른 기업이 이 재화에 진입하여 공급할 수 없다고 가정하기 때문에 이 시장결과는 장기적으로 균형이다. 각 소비자는 원하는 만큼의 재화를 P_M 가격에 구매하며, 이러한 비용 수요 조건을 고려할 때 독점자는 더 많이 팔거나 더 적게 팔 유인이 없다.

2.2 ▸ 실습문제

연습 문제 2.1에서 설명한 휴대 전화 시장이 독점되어 있다고 가정한다. 이 독점기업은 해당 문제에서 설명한 것과 동일한 비용함수를 가진 50개의 동일한 공장을 운영한다. 따라서 다중 공장 독점기업[5]의 한계비용함수는 $MC(Q) = 10 + Q/25$로 설명된다. 시장수요도 다음과 같다고 가정한다. $Q^D = \dfrac{6000 - 50P}{9}$

a. 독점자의 한계수익 함수는 $MR(Q) = 120 - 18Q/50$임을 보이시오.
b. 독점자의 이윤을 극대화하는 생산량 수준이 $Q_M = 275$임을 보이시오. 독점자는 이 수준의 생산량을 판매하기 위해 어떤 가격을 설정하는가?
c. 독점사업자의 각 공장에서 벌어들이는 수익은 얼마인가?

2.2 경제적 효율성과 사회적잉여

완전경쟁시장과 순수독점시장의 결과를 설명하였으니 이제 경제학자들이 완전경쟁을 찬양하고 순수독점을 가혹하게 평가하는 이유를 살펴보겠다. 두 경우 모두 기업은 이윤극대화를 추구한다. 또한 두 경우 모두 기업은 주어진 가격에 얼마를 구매할지 결정하는 소비자에게 물건을 판

5 모든 다공장 기업의 비용 최소화를 위해서는 한계 생산량 단위는 한계비용이 가장 낮은 공장에서 생산되어야 한다. 생산량을 분할할 수 있는 경우, 이는 이윤극대화를 추구하는 독점기업이 각 공장에서 마지막 생산 단위를 생산하는 데 드는 한계비용이 동일하도록 50개 공장에 총생산량을 할당하기 원한다는 것을 의미한다. 따라서 독점자는 경쟁 산업의 공급함수를 구성한 방법과 유사한 방식으로 전체 한계비용함수를 도출한다. 4장, 각주 3 및 부록을 참조하시오.

매한다. 한 시장은 좋은 시장이고 다른 시장은 그렇지 않은 이유는 무엇일까? 이 질문에 대한 답은 지나친 이윤이나 소비자를 "바가지 씌우는" 기업에 대한 우려를 반영하지 못한다는 것이다. 대신 효율성이라는 경제적 개념에서 답을 찾을 수 있다. 경제학에서 효율성은 매우 정확한 의미를 가지고 있다. 간단히 말해 자본, 노동, 재화 또는 서비스의 배분에서 다른 사람에게 피해를 주지 않으면서 한 개인의 복지를 향상시킬 수 있는 작은 변화를 찾을 수 없을 때 시장결과를 효율적이라고 한다.[6] 누군가를 더 잘 살게 할 수 있는 유일한 방법이 다른 누군가를 더 나쁘게 만드는 것이라면, 시장이 작동하는 방식에 비효율성이 존재하지 않는 것이다. 반면에 어떤 방식으로든 한 사람은 더 많은 재화와 서비스를 갖고 다른 사람은 더 적게 가질 수 있는 변화를 상상할 수 있다면, 현재의 시장결과는 효율적이지 않다. 독점 시장이 바로 이런 경우이다. 적어도 한 개인에게는 더 많은 것을, 다른 개인에게는 더 적은 것을 가져다줄 수 있는 독점 결과의 변화를 생각해 볼 수 있다.

효율성 기준을 구현하기 위해서는 어떤 시장결과에서 소비자와 기업이 얼마나 잘 살고 있는지를 측정해야 한다. 이를 위해 소비자잉여와 생산자잉여라는 개념을 사용한다. 재화의 한 단위를 소비함으로써 얻는 소비자잉여는 소비자가 해당 단위에 대해 지불할 의사가 있는 최대금액과 소비자가 실제로 지불하는 금액의 차이로 정의된다. 그런 다음 시장에서 총 소비자잉여는 시장에서 구매한 재화의 각 단위에 대해 이 차이를 합산하여 측정한다. 이와 유사하게, 재화의 단일 단위를 생산하여 얻은 생산자잉여는 판매자가 해당 재화의 단위에 대해 받는 금액과 재화의 생산비용 간의 차액이다. 그런 다음 시장에서 총 생산자잉여는 판매된 재화의 각 단위에 대해 이 차이를 합산하여 측정된다.

2.2.1 경쟁시장에서의 경제적 효율성 및 잉여 효과

이러한 개념은 그림 2.5에 설명되어 있다. 경쟁 결과에서 재화 Q_C 단위가 사고 팔린다. 소비자가 마지막 단위인 Q_C에 대해 지불할 의사가 있는 최대 금액은 바로 균형가격 P_C가 된다. 그러나 소비자가 첫 번째, 두 번째, 세 번째 등에 대해 지불할 의사가 있는 최대 금액은 Q_C 단위까지 가격 P_C보다 크다. 주어진 판매량에서 수요곡선은 소비자가 한 개를 더 구매하기 위해 지불할 의사가 있는 최대 금액을 정확하게 측정하기 때문에 이를 알 수 있다. 따라서 수요곡선 아래에 있지만 시장 균형가격인 P_C보다 높은 영역은 소비자잉여가 된다. 이는 소비자가 경쟁 결과에서 실제로 지불한 금액보다 더 적은 금액을 지불할 의사가 있는지를 측정한 것이다. 이는 그림 2.5에서 면적 *abc*로 표시된다.

경쟁 생산자의 경우 공급곡선은 각 단위를 생산하는 데 드는 한계비용을 알려주며,[7] 소비자잉여와 마찬가지로 생산자잉여의 척도를 나타낸다. 판매된 재화의 각 단위에 대해 생산자잉여는 시장가격 P_C와 공급곡선상의 해당 유보 *reservation* 공급 가격 간의 차이로 측정된다. 각 생산량 값에 대해 경쟁 생산량까지 더하면 총 생산자잉여를 구할 수 있다. 이는 그림 2.5의 면적 *cbd*로 설명된다.

6 이러한 효율성 개념은 19세기 후반 이탈리아의 위대한 사회 사상가인 빌프레도 파레토의 이름을 따서 파레토 최적성(Pareto Optimality)이라고도 한다.

7 다시 한번 설명하자면, 시장 공급곡선은 각 경쟁기업의 한계비용 곡선의 수평 합계이므로, 공급곡선은 재화의 각 단위를 생산하고 판매하는 기업의 기회 비용을 정확히 알려준다.

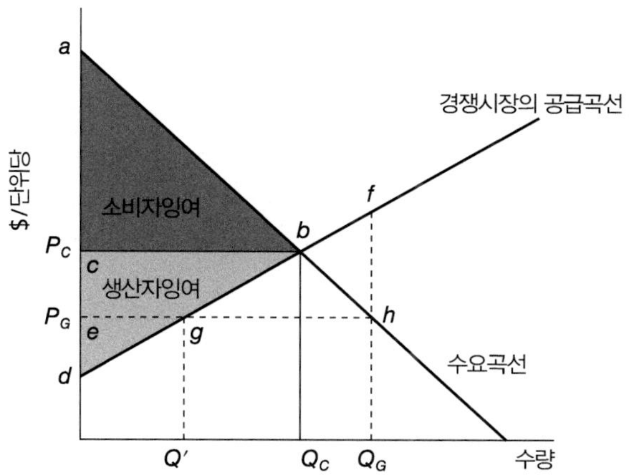

그림 2.5 경쟁은 총잉여를 극대화한다.

경쟁가격의 P_C와 생산량 Q_C로 소비자는 삼각형 *abc*와 같은 잉여를 누린다. 생산자는 삼각형 *cbd*와 같은 잉여를 누린다. 이것이 최대값이다. 더 적게 생산하면 삼각형 *abd*에 의해 주어진 총잉여의 일부를 잃게 된다. 생산량에 보조금을 지급하여 Q_G를 생산하면 가격이 P_G로 낮아진다. 이때 필요한 보조금은 *gfh*이며, 소비자는 추가 잉여 *cbge*를 얻게 된다. 그러나 이 금액은 생산자잉여를 소비자로 이전하는 것이다. 따라서 총잉여금에는 추가되는 순이익이 없다. 소비자도 삼각형 *gbh*를 얻지만, 이는 필요한 보조금에 필요한 자금으로 상쇄된다. 보조금의 나머지 부분인 삼각형 *bfh*는 자중손실로 대체 용도에서 더 높은 가치를 지닌 자원이 생산한계 가치가 P_G에 불과한 해당 산업으로 이전된다.

재화의 균형 수량인 Q_C가 생산되어 가격 P_C에 판매되는 경우, 소비자와 생산자에 대한 총잉여 또는 후생은 면적 *abd*로 나타낼 수 있다.[8]

이 시장에서 Q_C보다 큰 생산량(예: Q_G)이 생산되었다고 가정해 보겠다. 소비자가 이 수량의 재화를 구매하려면 가격이 P_G로 떨어져야 한다. 이러한 생산량과 판매량의 증가는 소비자잉여의 증가를 초래한다. 구체적으로, 소비자잉여는 *aeh*로 증가한다. 그러나 생산자잉여는 감소한다. 게다가 소비자잉여의 증가보다 더 큰 폭으로 감소한다. 소비자잉여가 생산 Q_G로 이동하여 발생하는 소비자잉여 증가의 대부분, 특히 음영처리된 부분인 *cbge*는 총잉여의 증가가 아니다. 이는 단순히 생산자에서 소비자로 잉여가 이전된 것을 반영할 뿐이다. 소비자잉여의 증가분(삼각형 *gbh*)은 생산자잉여 감소분(삼각형 *gfh*)보다 분명히 적다. 이제 생산자는 처음 생산한 *Q* 단위에서만 양의 잉여를 얻는다. 소비자잉여의 증가가 생산자잉여의 감소보다 적기 때문에, 생산량 Q_G에서의 전체 잉여는 생산량 Q_C잉여보다 적다. Q_C보다 큰 산출량에 대해 이러한 분석을 반복하는 것은 어렵지 않다. 요컨대, 경쟁 수준 이상으로 생산량을 늘림으로써 총잉여를 증가시킬 수는 없으며 오로지 감소시킬 수만 있는 것이다.

비슷한 사고 실험을 통해 Q_C보다 낮은 생산량 수준도 총잉여를 감소시킨다는 것을 알 수 있다(연습 문제 2.3 참조). 이는 생산량을 Q_C 보다 낮게 제한하면 생산자잉여를 증가시키는 것

8 소비자 및 생산자잉여 영역의 측정 단위가 달러라는 것을 확인할 수 있다. 면적을 계산하려면 세로축에서 측정한 단위당 달러와 가로축의 단위를 곱해야 한다. 이렇게 하면 달러로 측정할 수 있는데, 이는 이 재화가 생산량 Q_C 수준에서 생산되어 판매됨으로써 창출되는 후생에 대한 금전적 척도이다. 산출량은 Q_C에서 결정되며 가격 P_C에서 판매된다.

보다 소비자잉여를 더 많이 감소시키기 때문이다. 따라서 Q_C보다 낮은 생산량에서의 전체 잉여는 완전경쟁 하에서의 잉여보다 작을 수밖에 없다. Q_C에서 생산량을 늘리거나 줄이면 총잉여가 증가하지 않고 감소할 뿐이라고 말하는 점은 총잉여가 Q_C에서 최대가 된다고 말하는 것과 동일하다고 할 수 있다. 그러나 총잉여를 증가시킬 수 없다면 누군가를 더 나쁘게 만들지 않으면서 누구도 더 잘 살게 만들 수 없다. 즉, 파이의 크기를 더 크게 만들 수 없다면 다른 사람에게 덜 주면서 일부 개인에게 더 많이 줄 수 있다. 이것이 완전경쟁 하에서 일어나는 일이기 때문에 완전경쟁의 산출물은 효율적이라고 할 수 있다.[9]

2.3 ▸ 실습문제

휴대폰 산업이 완전경쟁 산업으로 조직되었을 때의 상황을 가정하겠다. 연습 문제 2.1의 정보를 사용하여 경쟁균형에서 소비자잉여와 생산자잉여를 계산하시오.

a. $Q^C = 500$개, $P^C =$ 단위당 \$30일 때 소비자잉여는 \$22,500이고 생산자잉여는 \$5,000임을 보이시오. 이럴 경우, 총잉여는 \$27,500가 된다.
b. 이 산업에서 275대의 생산량이 생산될 때, 소비자와 생산자의 잉여의 합계가 \$21,931.25로 떨어짐을 보이시오.

2.2.2 독점자와 사회적잉여

이제 독점 결과를 생각해 보자. 이것이 비효율적이라면, 독점 산출량 Q_M과는 다른 산출량을 생산함으로써 총잉여가 증가한다는 것을 보여줄 수 있어야 한다. 이를 보여주는 방법은 연습 문제 2.3의 해법과 유사하며 그림 2.6에 나와 있다. 이 그림은 그림 2.5와 마찬가지로 각각 경쟁 생산량과 가격, Q_C와 P_C를 보여준다. 그러나 그림 2.6에서는 산업이 독점되었을 때 어떤 일이 일어나는지도 보여준다. 독점자는 생산량 Q_M을 생산하고 가격 P_M을 설정한다. 그러면 소비자잉여는 삼각형 *jax*이다. 독점자의 Q_M에서의 이윤은 면적 *jxzk*로 측정된다. 이 두 잉여의 합은 *axzk*이다. 이는 완전경쟁 결과에서 얻은 총잉여를 측정하는 면적 *ayk*보다 분명히 작다.

총잉여는 독점 상태보다 완전경쟁 상태에서 더 크지만, 생산자잉여는 그 반대라는 점에 주목할 필요가 있다. 사실, 독점에서 경쟁으로 전환하면 생산자잉여가(*wyz*) 증가한다. 그러나 이러한 이득을 얻으려면 가격을 P_C로 설정해야 하며, 그에 따른 회사의 잉여 손실 *hjxw*이 발생한다. 즉, 손실이 이익보다 크게 된다.

독점으로 인한 소비자잉여의 감소는 순전히 독점자의 잉여가 증가했기 때문만이 아니다. 오히려 총잉여의 감소는 독점자의 이득이 소비자의 손실보다 적다는 사실을 알려준다. 즉, 경쟁 산업에서 독점 산업으로 전환한 결과 소비자는 독점기업이 얻는 이익보다 더 많은 손실을 입게 된다. 또한 독점기업에게 이전되는 잉여의 일부를 넘어서는 추가 금액(그림 2.6의 *xwy* 영역)을 잃게 된다.

9 여기서는 할당 또는 정적 효율성의 개념에 중점을 두어 주어진 기술로 주어진 상품과 서비스를 생산하기 위해 자원을 할당하는 최선의 방법을 검토한다. 새로운 재화 및 새로운 생산기술의 개발을 촉진하기 위해 자원 할당을 고려하는 동적 효율성은 20장에서 명시적으로 다룬다.

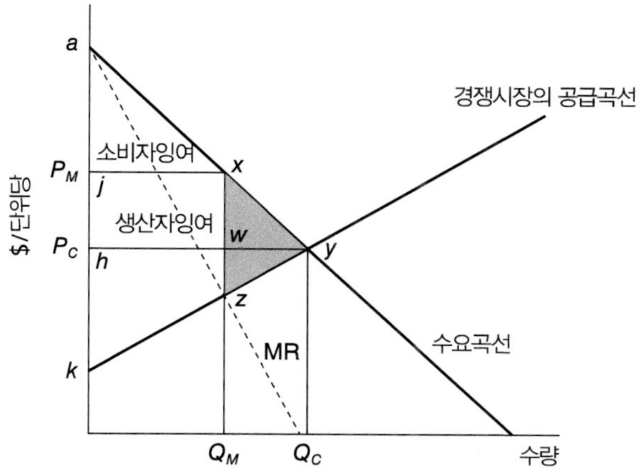

그림 2.6 독점으로 인한 자중손실(dead weight)

독점업자는 Q_M 단위를 생산하고 각각 P_M 가격으로 판매한다. 경쟁 산업은 Q_C 단위를 생산하고 각각 P_C 가격으로 판매한다. 경쟁에서 독점으로의 전환으로 인한 자중손실 *dead weight* 은 삼각형 *xyz*이다.

음영처리된 삼각형의 면적(*xyz*)은 독점 하에서의 비효율성을 정확히 측정할 수 있는 척도이다. 이 삼각형의 위쪽 경계는 소비자의 수요곡선에 있는 점들로 구성된다. 이 경계에 있는 모든 점은 소비자의 Q_M을 초과하는 생산량의 연속적인 증가에 대한 가치를 나타낸다. 이 삼각형의 아래쪽 경계는 추가 생산물을 생산하는 데 드는 한계비용을 추적한다. 따라서 삼각형 *xyz*는 잉여를 발생시키지만 독점 상태에서 발생하지 않는 모든 거래를 반영한다. 이 삼각형 안에는, 소비자가 기꺼이 지불할 가격이 추가 생산비용을 초과하는 경우 이 차액은 산업 독점으로 인해 손실된 잉여, 즉 아무도 얻지 못한 잉여가 된다. 이 추가 생산물이 생산된다면, 독점자의 이익이나 다른 개인의 복지를 낮추지 않고도 이를 분배하여 한 사람이 더 잘 살 수 있는 방법이 있을 것이다. 이 삼각형을 흔히 독점의 자중손실 *deadweight loss* 이라고 한다. 이는 또한 산업을 경쟁적인 산업으로 재편함으로써 얻을 수 있는 이득에 대한 좋은 근사치이기도 하다.

다시 한번 강조하지만, 그림 2.6의 자중손실은 독점자의 초과 이윤 때문이 아니다. 경제적 효율성의 관점에서 볼 때, 시장에서 발생한 잉여가 완전경쟁 하에서와 같이 소비자에게 돌아가든 생산자에게 돌아가든 상관하지 않는다. 그림 2.6의 후생 삼각형은 효율적인 산출물이 생산되었다면 누군가(소비자 또는 생산자)에게 돌아갔을 잠재적 잉여를 반영하기 때문에 손실을 의미한다. 경제적 효율성에 의해 해결되는 것은 잉여의 분할이 아니라 잉여의 총액이다.

효율성은 기본 논리와 명시적인 계산이 가능하기 때문에 강력한 개념이다. 경제학자들은 적절한 통계 기법을 사용하여 특정 산업에 대한 그림 2.6의 자중손실을 계산할 수 있다. 따라서 더 경쟁적인 시장으로 이동함으로써 얻을 수 있는 잠재적 이득을 추정할 수 있다.

2.4 ▸ 실습문제

물은 정부에서 생산하고 판매한다. 물 수요는 선형 함수 $Q = 50 - 2P$로 표현되며 물 생산에 대한 총 비용함수 역시 선형 함수이다: $TC(Q) = 100 + 10Q$. 또한 생산량을 생산하는 데 드는 총 비용을 해당 생산량으로 나눈 값인 $AC(Q)$로 표시되는 평균 생산비용 $(TC(Q)/Q)$과 생산량을 하나 더 생산하기 위해 추가로 발생하는 비용인 $MC(Q)$로 표시되는 한계 생산비용도 모두 계산되어야 한다.

a. 효율적인 물 배분을 위해 정부는 물 단위당 얼마의 요금을 부과해야 하는가?
b. 물 판매로 수익을 극대화하려면 얼마를 청구해야 하는가?
c. 파트 a에서 결정된 가격이 아닌 파트 b에서의 가격을 청구할 때 발생하는 효율성 손실은 얼마인가?

2.3 독점력에 대한 시간 간 고려 사항 및 제약 사항

이전 섹션에서 설명한 경쟁 모델과 독점 모델 모두 시간과 관련하여서는 다소 모호하였다. 단기와 장기를 어느 정도 구분하고 있지만 두 개념 모두 하루, 일주일, 한 달 또는 1년과 같은 시간 단위 또는 그러한 단위가 얼마나 많은 기간을 구성하는지에 대한 개념을 명시적으로 다루고 있지 않다. 예를 들어, 장기적으로 이익을 극대화하려면 기업이 최적의 수준에서 생산하기 위해 필요한 모든 투입을 조정한 다음 모든 개별 기간에서 이러한 투입–산출량 조합을 반복적으로 선택해야 한다. 의사 결정의 관점에서 볼 때, 장기적 관점에서는 하나의 시장 기간으로 간주되며 기업이 이윤극대화를 추구할 것이라는 가정은 그 의미가 모호하지 않다.

그러나 장기 투자란 미래까지 이어지는 개별적이고 유한한 기간의 연속이라는 인식은 각 기간이 동일하지 않을 가능성도 제기한다. 즉시 이익을 얻을 수 있는 행동을 취하는 것과 많은 기간이 지난 후에야 더 큰 이익을 얻을 수 있는 행동을 취하는 것 사이에서 선택해야 할 수도 있다. 이러한 환경에서는 수익극대화의 의미가 명확하지 않다. 나중에 더 많은 이익을 얻고 지금 이익이 줄어드는 것이 더 좋은 선택인가? 아니면 더 나쁜 선택인가? 혹은 한 기간의 수익을 다른 기간의 수익과 어떻게 비교할 수 있을까? 시간 경과에 따른 기업 간의 전략적 상호작용에 대한 유용한 분석을 제공하려면 이러한 질문에 답해야 한다.

현재 이익을 희생한다는 것은 곧 비용 발생을 의미한다. 따라서 방금 설명한 문제는 나중에 실현될 이익에 대한 대가로 현재에 비용이 발생할 때마다 발생한다. 기업들은 종종 이러한 트레이드 오프 *trade-off* 에 직면한다. 대표적인 예로 새로운 제조 공장을 건설하기로 결정한 경우를 들 수 있다. 지금 공장을 건설하면 건축가와 건설 노동자를 고용하고 건축 자재, 기계 및 장비를 구입하는 비용이 즉시 발생한다. 공장이 건설되고 원활하게 운영되고 난 후에야 회사가 실제로 수익을 올리거나 투자에 대한 수익을 얻기 시작할 것이다.

2.3.1 할인, 현재가치 및 시간 간 거래

기업이 비용과 편익을 한 시점이 아닌 여러 기간에 걸쳐 의사 결정을 어떻게 내리는지 이해하기 위해 금융 시장에서 몇 가지 인사이트를 빌려온다. 결국, 서로 다른 시점에 받은 소득(또는 포기한 소득)을 비교하는 것이 금융 시장의 핵심이다. 잠시 예시를 들어보겠다. 예를 들어 Microsoft의 주식을 매수했다면 오늘 일부 자금, 즉 Microsoft의 주가에 매수한 주식 수를 곱한 금액을 포기해야 한다. 물론 투자자들은 매일 이 작업을 수행한다. 매일 수천 개의 Microsoft 주식이 매수

된다. 따라서 투자자들은 카리브해 휴양지, 옷장 또는 기타 소비재를 구입하는 데 사용할 수 있는 현재 재산의 일부를 희생하여 이 주식을 구입하고 있다. 투자자들은 왜 이렇게 할까? 그 답은 해당 주식이 배당금을 지급하고 시간이 지남에 따라 가치가 상승할 것이라는 기대감에서 그렇게 하기 때문이다. 즉, 주주는 해당 주식을 소유함으로써 나중에 배당금과 자본 이득의 형태로 소득을 창출할 수 있기를 바라며 지금 주식을 구입하고 관련 투자 비용을 부담하는 것이다.

요컨대, 금융 시장은 미래수익을 위해 현재를 거래하는 데 명시적으로 관여한다. 따라서 이러한 시장의 기법을 사용하여 기업이 얻을 수 있는 현재 수익과 미래수익의 유사한 거래를 평가할 수 있다. 금융 시장에서 차용하는 핵심 인사이트는 현재가치 또는 할인이라는 개념이다. 할인의 개념을 이해하기 위해 친구가 12개월 동안 1,000달러를 빌려달라고 요청했다고 가정해 보겠다. 친구에게 돈을 빌려주려면 연 3%의 이자를 지급하는 당좌 예금 계좌에서 1,000달러를 인출해야 한다고 가정해 보겠다. 즉, 이 인출을 통해 약 $30의 이자 수입을 잃게 된다. 친구를 매우 좋아하지만, 친구에게 30달러를 선물해야 하는 이유를 정확히 알지 못할 수도 있다. 따라서 1년 후 친구가 원금 1,000달러와 이자 30달러를 추가로 지급한다면 오늘 1,000달러를 빌려주기로 동의한다. 친구도 동의할 가능성이 높다. 결국 그녀가 은행에서 직접 빌렸다면 적어도 그 정도는 갚아야 할 것이다. 은행이 자금을 대출할 때 최소한 그 정도의 이자율을 부과하지 않는다면 은행은 연 3%의 이자를 지불할 여력이 없다. 실제로 은행은 비용을 충당하기 위해 이자율을 조금 더 높게 부과할 것이다. 따라서 친구가 오늘 1,000달러를 주고 12개월 후에 1,030달러를 주는 것에 동의하는 것은 합리적이다.

분명히 말하자면, 귀하와 귀하의 친구는 방금 미래 자금과 같은 선물 자금 거래를 협상했다. 실제로 이러한 거래가 이뤄질 수 있는 정확한 조건을 설정한 것이다. 오늘 1,000달러를 1년 후 1,030달러로 교환할 수 있다. 물론 은행의 예금 이자율이 5%였다면 상황은 조금 달라졌을 것이다. 이 경우 원래 빌린 1,000달러를 초과하여 친구에게 50달러(1,000달러의 5%)를 상환해 달라고 요청했을 것이다. 그래야만 은행 예금에 대한 이자 손실을 보상할 수 있는 유일한 상환이었을 것이다. 일반적으로 이자율을 r로 표시하면 다음과 같다. 오늘 1,000달러는 1년 후에 $(1 + r)$ 1,000달러로 교환된다. 이제 좀 더 일반화하여 초기 대출 금액이 1,000달러와 다른 경우, 예를 들어 Y라고 가정하면 동일한 논리에 따라 현재 Y가 12개월 후에 $(1 + r)Y$로 거래된다는 것을 금방 알 수 있다.

그러나 방금 설명한 거래를 다른 방식으로 볼 수 있는 방법이 있다. 지금 1,000달러(또는 Y)를 포기하면 1년 후에 얼마나 많은 돈을 받을 수 있는지 묻는 대신 질문을 반대로 바꿔볼 수 있다. 즉, 현재로부터 1년 후에 특정 금액을 받으려면 오늘 얼마를 지불해야 하는지 물어볼 수 있다. 예를 들어, 거래 상대방이 1년 후에 1,030달러를 지불해야 하는 계약을 구매하기 위해 지금 당장 얼마를 지불해야 하는지 물어볼 수 있다. 이자율이 3%라면 답은 간단하다. 간단히 $1,000이다. 사실, 이것이 방금 고려한 친구와의 계약이다. 당신은 1년 후 1,030달러를 지급하겠다는 친구의 약속을 구매하기 위해 1,000달러를 지불했다. 이자율이 3%일 때 은행과 금융 시장은 1,000달러를 예치하는 대가로 1년 후 1,030달러를 지급하겠다고 약속하고 있다는 것을 직관적으로 알 수 있다. 즉, 우리가 생각하고 있는 계약을 은행으로부터 정확히 1,000달러에 살 수 있다는 뜻이다. 다른 사람으로부터 더 많은 금액을 지불하는 것은 의미가 없으며, 더 적은 금액을 받는 사람도 없다. 따라서 이자율이 3%인 경우, 1년 후 1,030달러를 지급하기로 한 계약의 현재 가격은 정확히 1,030달러/(1.03) 또는 1,000달러라고 시장에서는 말하고 있다. 가격은 경제학자가 가치를 나타내는 용어일 뿐이므로 이를 현재가치 또는 더 정확하게는 12개월 후 만기인 1,030달러의 현재 할인 가치라고 부른다.

일반적으로 소유자에게 한 기간에 Z를 지급하기로 약속한 서류(예: 대출 계약서 또는 주식)의 현재가치는 $Z/(1 + r)$에 불과하다. $1/(1 + r)$이라는 용어는 일반적으로 할인율이라고 불리며, 흔히 $R = 1/(1 + r)$로 표시된다. 따라서 1년 후 Z 달러의 현재가치는 종종 RZ로 표기된다. 따라서 할인의 출처는 명확해야 한다. 1년 후가 되어서야 도착하는 소득은 오늘 받은 소득만큼 가치가 없다. 대신, 그러한 미래 소득의 가치는 할인된다. 이는 인플레이션이나 시간이 지남에 따라 통화가치가 절하될 가능성과는 아무런 관련이 없다. 이는 단순히 개인이 지금 소비하는 것을 선호하고 기다리도록 설득하기 위해 프리미엄(이자율 수익)을 지불해야 한다는 사실을 반영한 것이다.

대출 기간이 2년이었다면 어떻게 되었을까? 이자율 3%의 1,000달러 대출이라는 원래의 예로 다시 돌아가 보겠다. 친구가 처음에 2년 동안 자금을 빌려달라고 요청했다면 다음과 같이 추론했을 수 있다. 친구에게 2년 대출을 하려면 오늘 당좌 예금 계좌에서 1,000달러를 인출해야 한다. 대출을 하지 않으면 1,000달러가 은행에 그대로 남게 된다. 이 경우 향후 12개월 동안 3%의 이자를 받게 되며, 이에 따라 내년에는 1,030달러를 은행에 예치하고 시작한다. 그러면 이 금액에 대해 내년 또는 내후년 동안 3%의 이자를 받을 수 있다. 따라서 친구의 부탁을 거절하고 은행에 자금을 보관하면 2년 후 $1,030(1.03) = $1,060.90을 예치할 수 있다. 따라서 지금부터 24개월 후 대출이 만료될 때 친구가 은행에서 받을 수 있었던 것과 동일한 1,060.90달러를 지급하겠다고 약속하는 경우에만 2년 동안 친구에게 자금을 빌려줄 수 있다. 1,060.90달러는 $1,000(1.03)(1.03) = $1,000(1.03)^{2}으로 표현할 수도 있다. 일반적으로 오늘 Y금액을 대출하면 2년 후 $Y(1 + r)^2$ 또는 $Y R^{-2}$이 된다. 더 나아가, t년 동안 Y달러를 대출하면 t년 후 만기 시 $Y(1 + r)t$ 또는 $Y R^{-t}$의 수익률을 얻을 수 있다.

이전과 마찬가지로 질문을 바꿔서 미래의 특정 날짜 t 기간에 Z달러를 받으려면 현재 얼마를 지불해야 하는지 물어볼 수 있다. 위의 작업에서 바로 답이 나온다. R^tZ. 이것을 어떻게 알 수 있을까? 오늘 이자가 붙는 계좌에 R^tZ달러를 넣으면 앞의 논리에 따라 t 기간 동안 인출할 수 있는 금액은 $(R^tZ)R^{-t} = Z$이다. 따라서 미래 t 기간 후에 받을 금액 Z의 현재 할인 가치는 R^tZ에 불과하다.

여기서 남은 유일한 문제는 미래의 다른 날짜에 다른 금액을 제공하는 클레임의 가치를 어떻게 평가할 것인가 하는 것이다. 예를 들어, 1년 후 완공 후의 순수익이 Z_1, 2년 후 순수익이 Z_2, 3년 후 순수익이 Z_3 등으로 발생하는 공장을 건설한다고 가정해 보겠다. 이 미래 순수익 흐름의 현재가치는 얼마일까?

한 기간의 Z_1의 현재가치는 알다시피 RZ_1이다. 마찬가지로 두 기간에 받을 Z_2의 현재가치는 R^2Z_2이다. 이런 식으로 계속 진행하면 각 특정 날짜에 받은 소득의 현재가치를 계산할 수 있다. 전체의 현재가치는 이러한 모든 개별 현재가치의 합이 될 것이다. 일반적으로 T 기간 동안 여러 날짜에 받을 수입의 현재가치 PV는 다음과 같다:

$$PV = RZ_1 + R^2Z_2 + R^3Z_3 + \ldots + R^TZ^T = \sum_{t=1}^{T} R^t Z_t \tag{2.3}$$

방정식 (2.3)의 특수한 경우는 각 기간 Z_t에서 받은 소득이 동일한 경우, 즉 $Z_1 = Z_2 = \ldots = Z_T = \overline{Z}$일 때 발생한다. 이 경우 총 흐름의 현재가치는 다음과 같다:

$$PV = \frac{\overline{Z}}{(1 - R)}(R - R^{T+1}) \tag{2.4}$$

더 특별한 경우는 소득 수령액이 $Z = \overline{Z}$에서 일정할 뿐만 아니라 흐름이 무한한 미래까지 지속되어 최종 기간 T가 무한대에 가까워질 때 발생한다. 이 경우 할인계수 R이 1보다 작기 때문에 방정식 (2.4)의 R^{T+1} 항은 0이 된다. 따라서 흐름이 일정하고 영구적인 경우 현재가치 공식은 다음과 같다:

$$PV = \overline{Z}\left(\frac{R}{1 - R}\right) = \frac{\overline{Z}}{r} \tag{2.5}$$

따라서 이자율 r이 3%인 경우, $30를 영원히 일정하게 지급하겠다는 약속의 현재가치는 PV = $30/0.03 = $1,000이 된다. 모든 현재가치 공식에서 실질 이자율 r의 증가는 할인율 R의 감소를 의미하며, 이는 다시 말해 이자율의 상승은 특정 미래 소득 흐름의 현재가치가 감소한다는 것을 의미한다.

다시 한번 강조하지만, 이러한 방정식이 개발된 맥락을 기억하는 것이 중요하다. 기업의 의사 결정에는 종종 시간적 차원이 있다. 실제로 장기 균형에 초점을 맞춘다는 것은 그러한 결정을 고려하고 있다는 것을 의미한다. 따라서 시간이 지남에 따라 발생하는 트레이드 오프도 고려해야 한다. 미래의 특정 날짜에 추가 수익을 거두기 위해 지금 비용을 지출해야 할 수도 있다. 이러한 경우 이익 극대화라는 단순한 원칙은 명확한 의미를 갖지 못한다. 시간이 지남에 따라 이러한 트레이드 오프의 바람직성을 평가하는 유일한 방법은 할인, 즉 미래의 달러 유입을 현재 또는 현재가치로 환산한 다음 이러한 미래 수입을 확보하는 데 필요한 현재 비용과 비교하는 것이다. 미래 수입의 현재가치가 적어도 필요한 비용의 가치만큼 크지 않다면 절충안이 유리하지 않다. 예를 들어, 공장을 건설하는 데 300만 달러의 비용이 들지만 할인된 현재가치가 200만 달러에 불과한 미래수익을 창출할 수 있다면 이는 바람직한 투자가 아니며, 합리적인 기업이라면 이를 수행할 것으로 기대하지 않을 것이다.[10] 요컨대, 기업이 이익을 극대화한다는 가정은 이제 기업이 현재와 미래의 모든 이익의 현재가치를 극대화한다는 의미로 수정되어야 한다. 물론 단기간 문제의 경우 이는 기업이 단순히 이윤을 극대화한다는 가정과 동일하다. 그러나 이 책의 후반부에서 담합, 연구 및 개발과 같이 다기간의 차원을 갖는 문제를 다룰 때는 할인 개념과 미래 이익의 현재가치에 익숙해져야 한다.

10 우리는 이 문제를 현재 비용과 미래 수입 중 하나로 처리했다. 물론 미래 비용도 할인되어야 한다.

현실 체크포인트

티켓 할인

미국 도로교통안전국의 최근 연구에 따르면 거의 80%의 운전자가 최근 한 달 이내에 과속을 인정했으며 25%는 당일 과속을 인정한 것으로 나타났다. 과속이 무엇인지에 대한 태도와 불법 행위를 기꺼이 인정하는 태도를 고려할 때, 약 50%의 운전자가 다차선 고속도로에서 언제든지 게시된 제한 속도를 초과하여 운전하고 있을 것으로 예상할 수 있다.

물론 경찰이 차를 세우고 티켓을 발부할 가능성이 있다는 것은 지나친 과속운전을 억제한다. 벌금은 주마다 다르지만 제한 속도보다 15마일을 초과하면 200달러의 벌금이 부과되는 것이 일반적이며, 이 벌금은 비용의 일부에 불과하다. 또 다른 중요한 부분은 과속 유죄 판결이 자동차 보험에 미치는 영향이다. 예를 들어 매사추세츠주에서는 과속 딱지 한 장으로 다음 네 가지 영역에서 보험료가 30% 추가된다: 1) 신체 상해, 2) 재산 피해, 3) 개인 상해, 4) 충돌로 최소 3년 동안 연간 보험료가 총 300달러 추가된다. 할인율을 $R = 0.97$(이자율 약 3%)로 가정할 경우, 과속 딱지 비용은 $\$200 + \$300 + R\$300 + R^2\ \$300 = \$1073$이다.

모든 과속 운전자가 적발되는 것은 아니다. 매사추세츠와 버지니아의 대략적인 조사 결과에 따르면 일반적인 운전자는 평균 10~15% 정도 과속하는 것으로 나타났다. 제한 속도보다 15마일을 초과하면 매년 약 15%의 확률로 티켓이 발부된다. 따라서 3년 동안 두 번째 과속 딱지를 받을 확률이 기본적으로 0인 평균 연령 운전자의 예상 과속 비용은 다음과 같다: $0.15{*}\$1073 + 0.15R\$1073 + 0.15R^2\$1073 = \$469$. 이 비용은 Escort의 Passport 9500i, Cobra의 XR5-R9G 또는 Beltronics Bel STi Driver와 같은 고품질 레이더(및 라이더) 감지기를 구입하면 절약될 수 있다. 이러한 감지기는 450~500달러에 판매되며 약 3년 정도 사용하다가 잘못된 경고가 많이 발생하여 운전자가 감지기를 끄거나 경찰이 기술을 업데이트하여 해당 세대의 감지기를 쓸모없게 만들 수 있다.

따라서 일반적인 운전자가 감지기를 구입함으로써 얻을 수 있는 순이익은 적다. 그러나 정기적으로 가속 페달을 밟아 티켓을 받을 확률이 상당히 높은 과속 운전자에게는 감지기를 구입하는 것이 좋은 투자로 보일 수 있다. 하지만 속도를 늦추면 더 저렴하다.

출처: J. Welsh "No Radar Detectors Give Speed Freaks a Rush," *Wall Street Journal*, January 10, 2008, p. D1. National Highway Traffic Safety Administration, *National Survey of Speeding and Unsafe Driving Attitudes & Behaviors*, (2003).

2.5 ▸ 실습문제

Suite Enterprises는 현지 시장을 장악하고 있는 대형 레스토랑 용품 회사이다. 하지만 Loew Supplies라는 라이벌 회사가 존재한다. 이러한 경쟁으로 인해 Suite는 연간 10만 달러의 수익을 올리고 있다. 하지만 가격을 인하하여 비용을 절감하고 Loew를 몰아낼 수 있다. 이렇게 하려면 Suite는 1년 동안 모든 수익을 포기하고 0달러를 벌어야 한다. 그 해가 지나면 Loew는 영원히 사라지고 Suite는 연간 110,000달러의 수익을 올릴 수 있다. Suite가 직면하는 이자율은 연 12%이므로 할인계수 $R = 0.8929$이다.

a. Loew를 시장에서 퇴출시키는 것이 Suite에 좋은 "투자"인가?
b. Suite가 오늘 Loew를 $80,000에 인수한 후 새로 합병된 회사(Suite & Loew)를 독점적으로 운영하여 이후 모든 기간 동안 $110,000의 수익을 올리는 대체 전략을 고려해 보시오. 이것이 좋은 투자인가?

2.3.2 시간과 산업구조의 진화

시간을 고려하면 독점권력의 행사 및 그에 따른 후생손실 규모에 대한 잠재적 제약이 발생할 수 있다. 이러한 메커니즘 중 하나는 산업구조의 역학 관계를 반영한다. 위의 교과서적인 분석에서는 단순히 시장이 경쟁 또는 독점 구조 중 하나라고 가정했다. 이러한 구조가 어떻게 형성되었는지 또는 안정적인지 여부는 묻지 않았다. 이런 의미에서 이 분석은 단기적인 성격이 강하다. 그렇다고 이 분석이 부정확하다는 것은 아니다. 독점 가격책정과 관련된 후생손실은 실제로 존재한다. 하지만 그 손실이 오래 지속될 것인지에 대해서는 의문이 있을 수 있다. 그 여부는 부분적으로 독점기업이 얻는 경제적 이익 또는 잉여가 시간이 지남에 따라 진입과 경쟁을 유도할 수 있는지 여부에 달려 있다.

앞서 언급한 바와 같이, 장기적으로 균형이 유지되기 위한 합리적인 요건은 산업구조가 변화할 유인이 없어야 한다는 것이다. 즉, 어떤 기업이 업계에서 퇴출하거나 진입할 유인이 없어야 한다. 이 조건을 부과하는 방법에는 여러 가지가 있다. 그러나 가장 일반적인 방법은 해당 산업에 속한 각 기업이 0의 경제적 이익을 얻어야 한다고 가정하는 것이다.[11] 즉, 각 기업에 대해 총 수익 Pq_i는 총 비용 $C(q_i)$와 같다. 각 변을 기업의 생산량인 q_i로 나누면 이는 시장가격이 평균비용과 같아질 때까지 기업이 퇴출하거나 진입한다는 제약 조건을 부과하는 것과 동일하다는 것을 알 수 있다. 여기서 평균비용은 총생산량 대비 총 비용 또는 단위당비용의 비율로 정의된다.

평균(및 한계) 비용에 대한 보다 자세한 논의는 생산기술과 그것이 기업의 비용에 미치는 영향을 다루는 4장에서 다시 다루겠다. 여기서는 가격이 평균비용과 같다는 장기 균형 조건을 부과하는 것이 산업의 균형 구조를 결정하는 방법을 제공한다는 점에 주목해야 한다. 해당 구조에 두 개 이상의 기업이 참여하는 경우, 즉 시간이 지남에 따라 경쟁자의 시장진입이 허용되는 경우, 독점기업이 한계비용을 훨씬 초과하는 가격을 유지할 수 있는 능력은 감소할 것이다. 실제로 시장에 단 하나의 기업만 존재하더라도, 시장에 쉽게 진입하여 가격을 낮출 수 있는 잠재적 진입자의 위협으로 인해 해당 기업이 한계비용 이상의 가격을 책정할 수 있는 능력이 급격히 줄어들 수 있다. 이것이 바로 경쟁 가능한 시장이라는 개념의 기본 개념이다.[12]

동시에 독점력을 가진 기업은 시간이 지남에 따라 경쟁 진입자로부터 그 힘을 보호하고 시장구조를 독점으로 밀어붙이는 조치를 취할 수 있다. 요컨대, 특정 시점의 시장구조는 해당 산업의 경쟁 강도를 정확하게 측정하는 척도가 아닐 수 있다. 독점기업조차도 실제 또는 잠재적 진입 가능성에 의해 제약을 받을 수 있다. 진입과 진입억제 모두 일반적으로 미래의 더 높은 수익에 대한 대가로 현재 비용을 부담해야 하기 때문에, 이러한 문제를 분석하려면 필연적으로 여러 시점의 수익비교와 방금 논의된 할인 기법을 사용해야 한다.

2.3.3 내구재와 코즈 가설

시간에 대한 고려에 주의를 기울일 때, 독점력의 제약을 드러낼 수 있는 두 번째 방법은 내구재

11 다른 접근 방식은 산업 내 각 기업이 마이너스가 아닌 이익을 얻도록 요구하며(따라서 떠날 인센티브는 없음), 해당 산업에 속하지 않은 기업이 진입하면 양수가 아닌 이익을 얻도록 하는 것이다(따라서 진입할 인센티브가 없음).

12 Baumol, Panzar, and Willig (1982).

와 관련하여 발생한다. 예를 들어 식품과 달리 가전제품이나 자동차와 같은 많은 상품은 수년 동안 지속된다. 이는 결국 독점자는 처음에 설정한 가격과 현재 판매되는 물량에 대해 신중하게 생각해야 한다. 그 공급량은 한두 기간 후에도 여전히 시장결과에 영향을 미칠 수 있기 때문이다. 노벨 경제학상 수상자인 로널드 코즈 *Ronald Coase* 는 거의 40년 전(Coase 1972)에 독점자가 현재 기간에도 효율적 수준 이상으로 가격을 책정할 수 있는 능력을 없애지는 못하더라도 이러한 지속성이 크게 감소할 수 있다고 주장한 바 있다.

다음 예제를 살펴보겠다. 두 개의 개별 기간이 있다. 독점사업자는 감가상각으로 인한 손실 없이 두 기간 각각에 소유자에게 서비스를 제공할 내구재 두 대를 보유하고 있다. 이러한 잠재적 소비자는 두 명이다. 한 소비자는 재화의 서비스 가치를 기간당 \$50로 평가한다. 다른 하나는 이러한 서비스의 가치를 기간당 \$30로 평가한다. 따라서 고가치 소비자의 경우 재화의 서비스 현재가치는 $\$50 + R\$50 = (1 + R)\$50$이고, 저가치 소비자의 경우 $(1 + R)\$30$이다. 독점자는 이미 두 단위를 가지고 있기 때문에 한계 생산비용은 0이다. 따라서 이 시장에서 가능한 최대 총잉여는 $(1 + R)\$80$이다. 이 잉여를 산출하는 모든 결과는 효율적이지만, 총잉여가 $(1 + R)\$80$보다 적은 결과는 비효율적이다.

물론 독점자는 전체 잉여가 아니라 자신의 잉여를 극대화하려고 한다. 이 과정에서 그는 다음과 같은 제약 조건을 인식하게 된다. 첫째, 첫 번째 기간 가격이 $(1+ R)\$30$보다 낮으면 두 소비자 모두 첫 번째 기간에 재화를 구매하게 되고 시장 과정은 사실상 종료된다(즉, 두 번째 기간에는 더 이상 판매가 발생하지 않는다). 독점자는 두 번째 기간에 판매할 재화가 남지 않으며, 두 소비자 모두 재화가 내구성이 있기 때문에 계속해서 재화의 서비스를 누릴 수 있다. 둘째, 가격이 $(1 + R)\$30$보다 높으면 첫 번째 기간에 $(1 + R)\$50$보다 낮은 경우 한 개를 판매하고, 그보다 높으면 한 개도 판매하지 못한다. 첫 번째 경우 독점자는 한 개가 남은 상태에서 두 번째 기간에 진입하게 되며, 이 경우 저가치 소비자에게 \$30에 판매할 수 있다. 두 번째 경우, 독점자는 두 개를 모두 30달러에 판매하거나 한 개를 50달러에 판매해야 하는 선택에 직면하게 된다. 이 경우 가장 좋은 선택은 두 개 모두 30달러에 판매하여 총 60달러의 이익을 두 번째 기간에 얻는 것이다.

앞서 살펴본 분석의 중요한 시사점은 모든 두 번째 기간 판매는 30달러의 가격으로 이루어져야 한다는 것이다. 독점자가 이 금액 이상의 두 번째 기간 가격에 대해 신뢰할 수 있는 첫 번째 기간 약정을 할 수 있는 방법은 없다. 이 점을 감안할 때, 이제 해당 소비자의 관점에서 고가치 소비자에게 $(1 + R)\$50$의 가격으로 첫 번째 기간에 한 번의 판매를 하는 전략을 고려할 수 있다. 그러면 이 전략의 어려움이 바로 드러나게 된다. 첫 번째 기간의 가격이 $(1 + R)\$50$인 경우, 고가치 소비자는 첫 번째 기간에 구매하여 잉여가 0이 되거나, 가격이 30달러가 되어 현재가치 측면에서 20달러의 잉여가 발생한다는 것을 알고 두 번째 기간으로 구매를 연기할 수 있다. 가치가 높은 소비자는 당연히 후자를 선택할 것이다. 따라서 독점자는 첫 번째 기간에 $(1 + R)\$50$에 판매하기를 기대할 수 없다. 두 번째 기간의 가격이 \$30여야 한다는 사실 때문에 불가능하다.

가격이 $(1 + R)\$50$보다 낮지만 $(1 + R)\$30$보다 높으면 어떨까? 첫 번째 기간 가격인 $(1 + R)\$(30 + \varepsilon)$를 생각해 보겠다. 여기서 ε는 작은 양의 상수이다. 이러한 가격은 고가치 소비자에게 $(1 + R)\$(20 - \varepsilon)$의 잉여를 제공한다. 대신 소비자가 기다렸다가 다음 기간에 재화를 \$30에 구매하면 현재가치가 $R\$20$인 잉여가 발생한다. 따라서 독점자가 첫 번째 기간에 이 소비자에게 판매하기 위해서는 독점자가 다음과 같은 가격을 제시해야 한다.

$$(1 + R)\$(20 - \varepsilon) > R\$20 \rightarrow \varepsilon \leq \frac{\$20}{1 + R} \tag{2.6}$$

즉, 독점자가 첫 번째 기간에 단 하나의 유닛을 판매하기 위해 설정할 수 있는 최대 가격은 $(1 + R)\left(\$30 + \frac{\$20}{1 + R}\right) = (1 + R)\$30 + \$20$이다.

위의 내용을 고려하면 이제 독점자의 문제를 크게 단순화할 수 있다. 판매 첫 번째 기간에 각각 $(1 + R)\$30$의 가격으로 두 개; 또는 첫 번째 기간에 $(1 + R)\$30 + \$20$의 가격으로 한 개, 다음 기간에 \$30의 가격으로 한 개; 또는 첫 번째 기간에는 판매가, 두 번째 기간에는 모두 \$30의 가격으로 거래할 수 있다. 해당 수익은 표 2.1에 나와 있다.

약간의 대수학을 통해 표 2.1의 첫 번째 행 옵션이 현재가치 측면에서 가장 큰 이익을 제공한다는 것을 확인할 수 있다. 즉, 독점사업자는 첫 번째 기간 가격을 $(1 + R)\$30$으로 설정하고 각 소비자에게 하나씩 즉시 두 단위를 모두 판매함으로써 이익을 극대화한다. 그러면 독점자는 $2(1 + R)\$30$의 잉여를 얻게 된다. 고가치 소비자는 $(1 + R)\$20$의 잉여를 얻고 저가치 소비자는 0의 잉여를 얻게 된다. 따라서 총잉여는 $2(1 + R)\$30 + (1 + R)\$20 = (1 + R)\$80$이 되며, 이는 가능한 최대 금액이 된다. 즉, 재화의 내구성이라는 특성은 독점자가 잉여를 극대화하는 효율적인 가격을 책정하도록 제약을 가하며, 이것이 코즈의 추측이다. 내구성이 독점 가격책정을 제약하여 자중손실을 제거한다는 가정이다.

그러나 독점 행위에 대한 규율로서 진입의 효과가 약화될 수 있는 것처럼 내구성의 영향도 약화될 수 있다. 만약 저가치 소비자가 내구재 서비스의 가치를 기간당 20달러 또는 총액 $(1 + R)$20달러로만 평가했다면 위의 예가 어떻게 달라졌을지 생각해보자. 이 경우 이제 더 이상 모든 두 번째 기간의 판매가 저가치 소비자의 최대 가격인 20달러로 이루어져야 하는 것은 아니다. 독점자가 첫 번째 기간에 판매한 유닛이 없고 두 번째 기간에 두 개의 유닛을 판매할 경우, 두 유닛을 모두 개당 20달러에 판매하는 것보다 고가치 소비자에게 한 개만 50달러에 판매하는 것이 더 유리할 것이다. 고가치 소비자는 더 이상 첫 번째 기간에 그렇게 공격적으로 흥정할 수 없기 때문이다. 이 소비자는 이제 잉여가 0인 두 번째 기간의 50달러 가격보다 $(1 + R)\$(50 - \varepsilon)$의 잉여를 제공하는 첫 번째 기간의 $(1 + R)\$\varepsilon$ 가격을 선호할 것이다. 따라서 독점자는 ε를 임의로 작게 만들어 첫 번째 기간에 고가치 소비자에게 구매를 유도한 다음 두 번째 기간에 저가치 소비자에게 \$20의 가격으로 판매할 수 있다. 두 소비자 모두 잉여를 얻지 못하지만 독점자는 $(1 + R)\$50 + R\$20$의 이익을 얻게 된다. 쉽게 확인할 수 있듯이 이 경우 가능한 최대 잉여는 $(1 + R)\$70$이며, 이는 실제로 실현된 잉여보다 \$20 더 크다. 여기서 내구성은 독점으로 인한 자중손실을 제거하지 못한다.

표 2.1 내구재 독점업체의 가격 옵션 및 해당 이익

1기 가격	2기 가격	수익의 현재가치
$(1 + R)\$30$	NA	$2(1 + R)\$30$
$(1 + R)\$30 + \$20$	\$30	$(1 + R)\$30 + \$20 + R\$30$
$> (1 + R)\$50$	\$30	$2R\$30$

두 경우의 차이는 소비자 가치 평가의 분포를 반영한다. 두 경우 모두 이 분포는 불연속적이다. 그러나 두 번째 경우에는 한 평가에서 다음 평가로의 점프가 더 크다. 휴리스틱적으로 볼 때, 이러한 환경에서는 평가가 연속적이지 않다. 이는 코즈 *Coase* 가설에 대한 일반화를 시사한다. 소비자 가치 평가가 연속적일수록 내구성이 내구재에 대한 독점적 가격책정을 효율적으로 제약한다. 실제로 분포가 완벽하게 연속적이게 되면 독점자는 경쟁 가격을 책정해야 할 수도 있다. 일반적으로 내구성은 잠재적 진입과 마찬가지로 독점력의 착취와 그에 따른 후생손실의 정도에 어느 정도 제한을 가한다.[13]

2.3.4 경제적 효율성에 대한 비잉여 접근법[14]

위의 코즈 가설에 대한 논의에서 코즈 가설이 실패한 두 번째 예로 돌아가 보겠다. 효율적인 첫 번째 기간 가격은 $(1 + R)\$20$이고 총잉여는 $(1 + R)\$70$이지만, 독점자가 대신 초기 가격을 $(1 + R)\$50$, 후속 두 번째 기간 가격을 $20로 설정하여 총 $20의 자중손실이 발생한다는 점을 생각해보자. 이제 독점자가 단 두 개의 유닛만 가지고 있다고 가정하고 고가치 소비자 50명과 저가치 소비자 50명이 있다면 상황이 어떻게 달라질 수 있는지 알아볼 수 있다.

가장 먼저 주목해야 할 것은 현재 시장에서 사용 가능한 총잉여가치는 $2(1 + R)\$50$이라는 점이다. 첫 번째 기간 가격인 $(1 + R)\$50$에 두 대가 50명의 고가치 소비자 중 두 명에게 판매되고 이 잉여분은 모두 독점자에게 돌아간다. 사실상 다른 가격은 불가능하다. 아무도 더 높은 가격에 구매하지 않을 것이며, 게다가 더 낮은 가격에서도 고가치 소비자는 가격이 다시 $(1 + R)\$50$까지 올라갈 때까지 더 높은 입찰가로 적극적으로 경쟁할 것이다. 다음은 독점사업자의 이익 극대화가 효율적인 자원할당과 일치하는 또 다른 경우이다.

왜 이런 일이 발생하는 걸까? 두 그룹 간의 소비자 가치 평가에 상당한 차이가 있음에도 불구하고 독점 가격책정에는 자중손실이 없는 이유는 무엇일까? 그 해답은 독점으로 인한 자중손실이 무엇을 의미하는지 좀 더 깊이 생각해 보면 알 수 있다. 독점으로 인한 자중손실은 실제로는 생산량이 효율적인 수준으로 증가했을 때 독점자가 창출할 수 있는 추가 잉여에 불과하다. 그림 2.2(b)와 같은 기존 환경에서의 독점자 문제는 독점자가 이 한계 잉여의 전체 가치를 적절히 배분할 수 없다는 것이다. 추가 생산량이 판매되고 가격이 수요곡선을 따라 내려가면 점점 더 낮은 가격에 판매된다. 독점자가 한계 단위의 잉여를 모두 포착하더라도 이제 한계 이하의 단위에서 얻는 수익이 적기 때문에 순이익은 이보다 적게 된다.

독점으로 인한 후생손실의 핵심은 독점자가 생산에서 발생하는 모든 잉여를 적절히 분배하지 못한다는 점이다. 그러나 고가치 소비자가 50명이고 독점사업자가 판매할 수 있는 제품이 두 개뿐이라면 이 문제는 더 이상 존재하지 않게 된다. 독점자는 한계 소비자에게 가격을 낮추지 않고도 효율적인 양을 판매할 수 있게 된다. 가능한 판매 범위 내에서 독점자는 판매할 때마다 $(1 + R)\$50$의 잉여를 창출하고 이 잉여를 모두 취득하여 보유할 수 있다.

고가치 소비자가 50명인 경우, 독점자의 생산 잠재력은 전체 시장에 비해 작다. 마진에서

13 Stokey (1981)는 코즈 가설의 공식적인 도출을 제시한다. Thepot(1998) 또한 참조하시오.

14 이 섹션과 이전 섹션에서는 Makowski와 Ostroy(1995)에서 개발한 비잉여 접근법을 광범위하게 활용한다. 이 접근법은 시장 참여에 대한 이해에 중요한 영향을 미쳤다. 또한 Brandenburger와 Nalebuff(1996)가 주창한 비즈니스 전략에서 중심적인 역할을 한다.

판매를 한 단위 늘리거나 줄여 (1 + R)$50에 판매하기로 결정해도 다른 도든 시장 참여자의 잉여는 영향을 받지 않는다. 한계 소비자는 두 경우 모두 0의 잉여를 얻는다. 이는 완전경쟁의 경우와 유사하다. 이 경우에도 각 기업은 시장에 비해 충분히 작기 때문에 다른 모든 참가자가 벌어들이는 잉여에 영향을 미치지 않는다. 한 경쟁기업의 이익은 0이며, 이는 시장 거래로 인해 발생하는 잉여 또는 후생에 대한 해당 기업의 기여도와 정확히 동일하다. 전체 시장에 비해 규모가 작은 독점기업도 마찬가지다.

비효율적인 결과를 초래하는 결정적인 요인을 이해한다는 것은 다른 참가자의 잉여를 변경할 수 있는 시장 참가자가 있다는 것을 알고 있다는 것을 의미하며, 이를 경제 분석에 대한 비잉여 접근법이라고 한다. 우리의 목적상, 후생손실을 초래하는 것은 판매자의 수가 아니라 시장 대비 판매자의 규모라는 점을 중요하게 지적한다. 즉, 독점자가 유일한 판매자라는 사실이 아니라 독점자가 시장에 비해 규모가 크다는 사실이 비효율적인 결과를 초래한다는 것이다.[15]

2.4 실증적 적용: 코즈 내구재 모델 테스트

내구재를 판매하는 독점기업이 여전히 경쟁력 있는 가격을 책정하라는 시장의 압력에 직면할 수 있다는 코즈의 주장은 소비자가 오늘날의 구매 결정을 내릴 때 미래 지향적이며 합리적인 소비자 행동 모델 가정에 근거하고 있다. 하지만 구매자가 정말 그렇게 이성적인지는 의문의 여지가 있다. Judith Chevalier와 Austan Goolsbee(2009)는 대학 교과서 시장을 분석하여 이 문제를 조사한다. 그들의 직관은 간단하다: 표준 모델이 소비자 행동을 정확하게 설명한다면, 교과서를 구매하는 학생은 교과서를 다 읽은 후 중고 도서 시장에서 다시 판매하고자 할 때 새 판이 나올 가능성을 고려해야 한다. 특히 새 판이 곧 나올 것이라는 전망은 중고 버전을 판매하기 어렵게 만들므로 학생의 책에 대한 수요를 감소시켜야 한다.

이 문제를 조사하기 위해 Judith Chevalier와 Austan Goolsbee는 1997년부터 2001년까지 생물학, 경제학, 심리학 교과서에 대한 데이터를 학기별, 학급별로 수집했다. 각 학급에 배정된 교과서와 해당 학급에 몇 명의 학생이 있는지 파악했다. 또한 각 교과서의 총 새 책 판매량과 중고 버전의 총 판매량도 알고 있다. t학년 교과서 i에 대해, N_{it}를 해당 교과서를 새로 구매한 학생 수, A_{it}를 해당 교과서가 배정된 수업의 총 학생 수라고 할 때, $S1_{it} = N_{it}/A_{it}$는 해당 책을 새로 구입한 잠재적 학급 시장의 점유율이다. 마찬가지로 $S2_{it}$은 대학 서점에서 중고 버전을 구입한 학생의 점유율이다. 마지막으로, $S3_{it}$은 할당된 텍스트를 전혀 구매하지 않은 학생의 점유율이다. 그러면 $S1_{it}/S3_{it}$ 변수는 어떤 형태로든 책을 구매하지 않은 경우와 비교하여 사용하지 않은 새 책에 대한 수요를 측정한 값이다. 이것을 새 책의 가격 p_{it} 및 다른 독립변수 X_{it}와 선형적으로 연관시켜 간단한 선형을 구할 수 있다:

$$S1_{it}/S3_{it} = \beta \mathrm{X}_{it} - \alpha_1 p_{it} + u_{it} \tag{2.7}$$

여기서 β는 책이 입문서인지 고급 텍스트인지, 학습 가이드 및 기타 부록과 함께 제공되는

15 비잉여 접근법은 Makowski and Ostroy(1995)에서 개발되었다. 이 접근법은 시장 참여에 대한 우리의 이해에 중요한 영향을 미쳤다. 또한 비잉여 접근법은 Brandenburger and Nalebuff(1996)가 주창한 비즈니스 전략에서 핵심적인 역할을 한다.

지 여부, 책의 난이도 등을 포함하는 X_{it} 변수에 대한 계수 벡터이며, α_1는 사용하지 않은 새 텍스트의 학생 구매에 대한 책 가격의 효과를 측정한다. 그러나, Chevalier와 Goolsbee는 $S1_{it}$와 $S3_{it}$ 변수 모두 양의 분수이므로 그 비율도 항상 양수여야 한다는 것을 알고 있다. 그러나 데이터에 따라 0 미만의 값을 예측하는 β 및 α_1의 추정치가 나올 수 있다. 또한 방정식 (2.7)에 표현된 간단한 관계로는 학생들이 교과서를 구매할 때 미래 지향적인지 여부를 직접 테스트할 수 없다.

따라서 Chevalier와 Goolsbee(2009)는 위의 단순 모델에 두 가지 변경을 가한다. 첫째, 종속변수의 자연 로그, 즉 $\ln(S1_{it}/S3_{it}) = \ln(S1_{it}) - \ln(S3_{it})$를 사용하여 로짓 변환으로 만든다. 로그는 음수일 수 있으므로 데이터가 "자유롭게 말할" 수 있도록 한다. 둘째, 두 번째 가격 변수 $= 0.5(1 - D_{it})p_{it}$를 포함시킨다. 여기서 D_{it}는 1, 0 더미변수로, 한 학기 후에 새 판이 나오는 학기에는 1을, 그렇지 않으면 0을 취한다. 이 두 번째 아이디어는 간단하다. 새 교과서 구매의 실제 가격은 처음에 지불한 가격인 p_{it}에서 학기 말에 학생들이 책을 되팔 수 있는 할인된 가격을 뺀 값이다. Chevalier와 Goolsbee는 이 재판매 가격이 일반적으로 최초 가격의 50~75%, 즉 $0.5p_{it}$ 정도이며 이는 거의 모든 서점이 따르는 환매에 대한 경험 법칙을 반영한다고 밝혔다. 그러나 새 버전의 텍스트가 곧 출시될 경우($D_{it} = 1$), 재판매 가격은 0으로 떨어진다. 따라서 새 책 구매의 실제 가격은 다음과 같이 주어진다: $p_{it} - R0.5(1 - D_{it})p_{it}$. 여기서 R은 학생이 책을 판매할 때 미래에 받게 될 금액에 적용하는 할인율을 반영하는 것으로, 직접 관찰할 수 없는 변수이다.

종합하여 방정식 (2.7)은 아래 방정식으로 표현될 수 있다.

$$\ln(S1_{it}) - \ln(S3_{it}) = \beta X_{it} - \alpha_1[p_{it} - R0.5(1 - D_{it})p_{it}] + u_{it} \tag{2.8}$$

또는 더 일반적으로는 다음과 같다,

$$\ln(S1_{it}) - \ln(S3_{it}) = \beta X_{it} - \alpha_1 p_{it} + \alpha_2(1 - D_{it})p_{it} + u_{it} \tag{2.9}$$

$\alpha_2 = \alpha_1 0.5R$ 값은 학생이 미래 지향적인지 여부를 나타낸다. $\alpha_2 = 0$이면 학생은 근시안적이며 초기 가격만 고려한다. 그러나 α_2가 0이 아닌 경우 학생은 최초 구매 결정 시 텍스트의 미래 재판매 가치를 고려하지만, $D_{it} = 1$이 되어 미래 재판매 가치가 0인 연도를 제외하면 학생은 근시안적이게 된다. 또한 $\lambda = \alpha_2/\alpha_1 = 0.5R$로 비율을 정의할 수 있다. 따라서 α_1 및 α_2의 추정치가 있으면 일반적인 학생의 할인계수 R을 추론할 수 있다.

Chevalier와 Goolsbee(2009)는 각각의 경우에 몇 가지 추가 독립변수 X_{it}를 포함하는 대체 회귀 기법(OLS 및 GMM)을 사용하여 방정식 (2.9)를 추정한다. 다음은 한 해에서 다음 해로 넘어가는 교과서 수요의 일반적인 변화를 파악하기 위한 시간 더미이다. 텍스트가 포함된 특정 분야에 대해 텍스트가 추가 소프트웨어와 함께 제공되는지 여부; 해당 책이 단순히 배정된 것이 아니라 수업에 필요한 책이었는지에 대한 시간비율(고려된 모든 도서에 대해 0.90보다 큼); 해당 책을 배정받은 학생의 평균 SAT 점수, 판형 혹은 단행본인지 여부 등을 고려한다.[16] 코즈

16 계량경제학에 대한 지식이 있는 학생이라면 가격 변수가 내생적이며 따라서 도구 변수(IV) 접근 방식이 필요하다는 것을 인식할 수 있다. 실제로 Chevalier와 Goolsbee는 비영리 출판사에서 책을 출판했는지 여부를 나타내는 더미변수, 같은 과목을 위해 고안된 교과서 중 비영리 출판사의 점유율, 교과서가 출판된 연도의 해당 과목 출판사 허핀달지수 등 IV 접근 방식을 채택하고 있다.

표 2.2 교과서 수요에 대한 현재 가격 및 미래 재판매 가격의 추정 효과(괄호 안의 표준 오차)

계수	OLS 추정	GMM 추정
α_1	−0.060 (0.008)	−0.061 (0.012)
α_2	0.033 (0.003)	0.037 (0.003)
λ	0.55 (0.092)	0.61 (0.15)

관점을 테스트하기 위한 목적, 특히 학생들이 미래 지향적이라는 기본 가정을 테스트하기 위해 가격 변수에 대한 기본 결과만을 제시한다. 결과는 표 2.2에 나와 있다.

이러한 결과는 학생들이 확실히 미래 지향적이라는 모델과 가설을 모두 확인시켜 준다. 현재 가격은 새 교과서 수요에 매우 유의미하고 음의 영향을 미치는 반면, 재판매 가격은 미래 지향적인 소비자의 경우와 마찬가지로 유의미하게 양의 영향을 미친다. 실제로 λ의 추정치는 1을 초과하는 학생 할인계수를 의미한다. 이것이 문자 그대로 사실이라면, 학생들은 근시안적이라기보다는 교재를 구매할 때 최초 구매 가격보다 미래의 재판매 가치를 더 중요하게 생각한다는 의미일 것이다. 그러나 λ의 추정치가 정확하지 않기 때문에 $R = 0.98$과 같은 보다 일반적인 한 학기 할인 요인을 배제할 수 있다.

요컨대, Chevalier와 Goolsbee(2009)의 추정치는 소비자 또는 적어도 생물학, 경제학, 심리학 수업을 듣는 대학생들이 미래 지향적이라는 것을 암시한다. 실제로 이러한 학생들의 가격 민감도는 새 버전의 교재가 예상되지 않는 해($D_{it} = 0$)와 예상되는 해($D_{it} = 1$)에 큰 차이를 보였다. 전자의 경우, 표 2.2의 추정치에 따르면 초기 구매 가격이 10% 상승해도 학기 말에 가격 상승분의 절반을 돌려받을 계획이기 때문에 초기 판매량은 16.3%만 감소한다. 이와는 대조적으로, 신간으로 인해 재판매가 없을 것으로 예상하는 학생의 경우, 초기 구매 가격이 10% 상승하면 판매량이 거의 40% 감소한다. 다소 역설적이지만, 재판매 시장이 존재하면 학생들이 나중에 책을 재판매할 수 있다고 생각하여 기꺼이 그 가격을 지불하기 때문에 초기 가격이 더 높아진다.

교과서를 직접 집필한 저자로서 우리는 학생들 사이에서 중고 도서와의 경쟁을 없애 수익을 높이기 위해 새 판이 도입된다는 믿음이 널리 퍼져 있다는 것을 알고 있다. 그러나 Chevalier와 Goolsbee(2009)는 학생들이 얼마나 미래 지향적이고 책의 예상 재판매 가치에 얼마나 민감한지를 고려할 때 경제학 교과서의 예상 판매 수익은 개정 빈도에 따라 거의 변하지 않기 때문에 경제학 교과서에는 그러한 인센티브가 없다는 것을 추정치를 통해 보여준다. 개정이 빠르면 중고 도서 경쟁을 없애는 데 따른 이득이 기본적으로 상쇄되는 방식으로 초기 판매량이 감소한다. 따라서 이 증거는 내구재 독점기업이 직면한 가격 제약에 관한 Coase의 주장을 상당히 강력하게 뒷받침한다.

요약

우리는 완전경쟁 또는 완전 독점을 특징으로 하는 시장에 대한 기본적인 미시경제학적 분석을 공식적으로 제시했다. 두 경우 모두 모든 기업의 목표는 이윤을 극대화하는 것으로 가정한다. 이를 위해 필요한 조건은 이윤극대화는 기업이 한계수익이 한계비용과 같아지는 수준에서 생산하는 것이다. 경쟁시장에 있는 기업들은 시장가격을 주어진 것으로 간주하기 때문에 가격은 경쟁기업의 한계수익과 같다. 결과적으로, 경쟁적 시장 균형은 가격이 한계비용과 동일한 곳에서 설정된다. 즉, 경쟁적 시장 균형은 생산자와 소비자잉여의 합을 최대화한다는 점에서 효율적이라는 의미이다.

순수독점 사례는 효율적인 결과를 도출하지 못한다. 독점기업은 시장가격에 영향을 미칠 수 있다는 것을 알고 있으며, 이는 독점기업의 한계수익이 가격보다 낮다는 것을 의미한다. 시장수요곡선이 선형인 경우, 이 차이는 독점기업의 한계수익 곡선의 가격 절편은 같지만 수요곡선보다 두 배 가파른 경사도를 가지고 있다는 사실에 기인한다. 독점기업은 이윤극대화를 위해 한계수익과 한계비용을 동일시하기 때문에 경쟁균형보다 비효율적으로 생산량을 산출하게 된다. 독점된 상품의 생산에 너무 적은 자원이 사용되기 때문에 자원이 비효율적으로 할당된다. 이러한 비효율성을 흔히 독점으로 인한 폐해 또는 후생손실이라고 한다.

그러나 독점력에는 몇 가지 자연스러운 한계가 있다. 우선, 기존기업이 시장지배력을 심각하게 남용할 경우 독점적 이익은 진입을 유인하여 상당한 시장점유율을 가진 기업은 잠재적 진입자가 고객을 (아마도 영구적으로) 빼앗아 갈 수 있다. 또한 내구재 독점기업은 이전에 생산한 제품을 여전히 판매하는 업체와의 경쟁에 직면하게 된다. 이로 인해 회사의 가격책정에 규율이 생기고 소비자의 유보가격분포에 따라서 완벽한 경쟁 가격을 책정하도록 강요할 수 있는 가격긴장이 발생한다. 이에 따라, 이러한 규율은 소비자가 미래 지향적인 태도를 취하게 하며, 최초 구매 시 미래의 중고가격을 고려하게 한다. 학생용 교과서 시장의 증거는 이것이 사실임을 확인하는 경향이 있다.

완전경쟁과 독점은 시장구조의 극과 극을 이루는 두 가지 사례이다. 이 두 경우의 기업 행동과 시장결과의 본질은 상당히 잘 알려져 있다. 남은 질문은 이 두 극단 사이에 있는 훨씬 더 일반적인 경우에는 어떤 일이 일어나는가 하는 것이다. 그러나 이 문제를 직접적으로 다루기 전에 시장 환경을 보다 엄격하게 특성화하고 특정 시장구조를 야기하는 기술적 및 비용적 특징에 대해 더 깊이 이해할 필요가 있다. 다음 두 장에서 다룰 주제는 바로 이 부분이다.

연습 문제

1. Prozac, Paxil, Zoloft와 같은 처방 항우울제에 대한 연간 수요가 역수 형태로 다음과 같이 주어졌다고 가정해 보겠다: $P = 1000 - 0.025Q$. 경쟁 공급곡선이 다음과 같이 주어졌다고 가정해 보겠다: $P = 150 + 0.033Q$.
   a. 항우울제의 균형가격과 연간 수량을 계산하라.
   b. 이 경쟁균형에서 i) 생산자잉여와 ii) 소비자잉여를 계산하라.

2. 유제품 산업이 초기에 완벽한 경쟁균형 상태에 있다고 가정한다. 장기적으로 기술이 발전하여 모든 생산량 수준에서 평균비용이 일정하다고 가정한다. 생산자들이 협회를 결성하고 이윤을 극대화하는 독점기업처럼 행동하기로 합의했다고 가정한다. (a) 시장가격, (b) 균형 생산량, (c) 경제적 이윤, (d) 소비자잉여, (e) 효율성에 미치는 영향을 도표로 명확하게 설명하라.

3. 지역 마을에 있는 일반적인 회사의 피자 생산 총 비용이 다음과 같이 주어졌다고 가정해 보겠다: $C(q) = 2q + 2q^2$. 그러면 한계비용은 다음과 같이 주어진다: $MC = 2 + 4q$. (미적분을 알고 있다면 한계비용에 대한 이 식을 도출할 수 있을 것이다.)
   a. 전형적인 피자 회사의 경쟁적 공급 행동은 다음과 같이 설명됨을 보여라: $q = \dfrac{P}{4} - \dfrac{1}{2}$.
   b. 업계에 100개의 회사가 있다면, 각각이 완전경쟁자 역할을 하는 시장 공급곡선은 역 형태로 다음과 같이 주어짐을 보여라: $P = 2 + Q/25$.

4. 위젯에 대한 시장수요를 Q = 1000 − 50P로 설명한다. 위젯이 단위당 10달러의 일정한 평균 및 한계비용으로 생산될 수 있다고 가정한다.
   a. 완전경쟁과 독점 하에서 시장 생산량과 가격을 계산하라.
   b. 특정 가격과 수량 조합에서 수요의 점탄력성 ε_D를 가격 대비 수량 비율에 수요곡선의 기울기인 ΔQ/ΔP를 곱한 값에 −1을 곱한 값으로 정의한다. 즉, $\eta_D = -\frac{P}{Q}\frac{\Delta Q}{\Delta P}$. 경쟁균형에서 수요의 탄력성은 얼마인가? 독점균형에서 수요의 탄력성은 얼마인가?
   c. 한계비용을 MC로 표시한다. 이럴 때, 독점 균형에서 다음 조건이 만족됨을 나타내라: $\frac{P - MC}{P} = -\frac{1}{\eta_D}$.

5. 옷걸이에 대한 역수요가 다음과 같이 주어졌다고 가정해 보겠다: $P = 3 - Q/16{,}000$. 옷걸이를 생산하는 한계비용이 1달러로 일정하다고 가정한다.
   a. 시장이 경쟁적일 경우 옷걸이의 균형가격과 수량은 얼마인가?
   b. 시장이 독점적일 경우 옷걸이의 균형가격과 수량은 얼마인가?
   c. 이 시장에서 독점으로 인한 자중 또는 후생손실은 얼마인가?

6. 한 회사가 일정한 평균 및 한계비용인 AC = MC = 10으로 생산할 수 있는 단일 레버, 볼형 수도꼭지 전체 시장을 독점하고 있다. 원래 이 기업은 Q = 60 − P로 주어진 시장수요곡선에 직면해 있다.
   a. 이 기업의 이윤극대화를 위한 가격과 수량을 계산하라. 기업의 이윤은 얼마인가?
   b. 시장수요곡선이 바깥쪽으로 이동하여 더 가파르게 된다고 가정한다. 이제 시장수요는 Q = 45 − 0.5P로 설명된다고 할 때, 기업의 이윤을 극대화하는 가격과 수량 조합은 무엇인가? 기업의 이윤은 얼마인가?
   c. 파트 b에서 가정한 수요함수 대신 시장수요가 바깥쪽으로 이동하여 더 평탄해진다고 가정한다. 이는 Q = 100 − 2P로 설명될 수 있다. 이제 기업의 이윤을 극대화하는 가격과 수량 조합은 무엇인가? 이 기업의 이윤은 얼마인가?
   d. 파트 a, b, c의 세 가지 상황을 그래프로 표시하고, 관찰한 내용을 바탕으로 독점력을 가진 기업에 대한 공급곡선이 없는 이유를 설명하라.

참고문헌

Baumol, W. J., J. C. Panzar, and R. D. Willig. 1982. *Contestable Markets and the Theory of Market Structure.* New York: Harcourt, Brace, Jovanovich.

Brandenburger, A., and B. Nalebuff. 1996. *Co-opetition*. Cambridge: Harvard University Press.

Chevalier, J., and A. Goolsbee. 2009. "Are Durable Goods Consumers Forward-Looking? Evidence from College Textbooks," *Quarterly Journal of Economics* 124 (November): 1853–84.

Coase, R. L. 1972. "Durability and Monopoly," *Journal of Law & Economics* 15 (April): 143–50.

Makowski, L., and J. Ostroy. 1995. "Appropriation and Efficiency: A Revision of the First Theorem of Welfare Economics," *American Economic* Review 85: 808–27.

Marshall, Alfred. 1890. *Principals of Economics*, London: Macmillan Publishers.

Stokey, Nancy L. 1981. "Rational Expectations and Durable Goods Pricing," *Bell Journal of Economics* 12 (Spring): 112–28.

Thepot, Jacques. 1998. "A Direct Proof of the Coase Conjecture," *Journal of Mathematical Economics* 29 (January): 57–66.

부록

The Calculus of Competition

The competitive firm's problem may be solved by first writing the firm's profit π as a function of its output, $\pi(q)$ in turn defined as revenue $R(q)$ less cost $C(q)$. Price-taking behavior implies $R(q) = Pq$. Hence:

$$\pi(q) = R(q) - C(q) = Pq - C(q) \quad (2.A1)$$

Standard maximization then yields:

$$\frac{d\pi}{dq} = P - C'(q) = 0 \quad (2.A2)$$

$P =$ marginal cost $C'(q)$ under perfect competition.

For the monopoly firm, its output is the same as industry output Q, that gives $P(Q)$, via the inverse demand curve. Hence, the monopolist's profit maximization problem is to choose output Q so as to maximize:

$$\pi(Q) = R(Q) - C(Q) = P(Q)Q - C(Q) \quad (2.A3)$$

Again, standard maximization techniques yield:

$$\frac{d\pi}{dQ} = P(Q) + QP'(Q) - C'(Q) = 0 \quad (2.A4)$$

$P(Q) + QP'(Q)$, is the firm's marginal revenue. The monopolist will maximize profit by producing where marginal cost equals marginal revenue. For a linear demand curve of the form of $P(Q) = A - BQ$ we have $P'(Q) = -B$. In this case, the firm's marginal revenue is $A - BQ - BQ$, or $A - 2BQ$. The monopolist's marginal revenue curve has the same intercept as its demand curve twice the slope.

Note that the profit-maximizing condition above can also be written as

$$P(Q) - C'(Q) = -QP'(Q) \quad (2.A5)$$

Dividing both sides by $P(Q)$, we then have

$$\frac{P(Q) - C'(Q)}{P(Q)} = -\frac{QP'(Q)}{P(Q)} = \frac{1}{\eta} \quad (2.A6)$$

where η is what economists call the elasticity of demand—a measure of how responsive the quantity demanded is to price movements. It is formally defined as:

$$-\eta = \frac{P(Q)}{Q}\frac{1}{P'(Q)} \quad (2.A7)$$

제 3 장

시장구조와 시장지배력

Market Structure and Market Power

차례

3.1 ▸ 시장구조 설명
3.2 ▸ 시장영향력 측정
3.3 ▸ 실증적 적용: 독점력—얼마나 나쁜가?
요약
연습 문제

구조-행위-성과 *Structure-Conduct-Performance* 프레임워크에 기반한 초기 산업 경제학은 산업구조를 고려한 기업의 의사 결정을 조사했다. 그러나 보다 현대적인 분석에서는 기업의 전략적 행동이 실제로 시장구조의 주요 결정 요인이라는 점을 인정한다. 그러나 이러한 관점의 변화에도 불구하고 현대 산업 경제학은 여전히 시장구조, 즉 산업의 생산자가 조직되는 방식에 대한 문제를 다루어야 한다는 점은 분명하다. 이를 위해서는 시장구조와 가까운 시장지배력을 서로 다른 구조 또는 서로 다른 수준의 시장지배력을 구분할 수 있는 방식으로 잘 이해해야 한다.

예를 들어, 우리는 시장이 최소한의 시장점유율을 가진 수많은 회사로 구성될 때 시장이 잘 작동한다는 것을 알고 있다. 하지만 현실 세계에서는 이러한 시장이 상대적으로 드물다. 어떤 시장에는 두세 개의 기업만 존재한다. 어떤 시장에는 10개 또는 12개의 서로 다른 규모의 기업이 존재한다. 이 차이는 어떤 면에서 중요할까? 20개의 기업이 있는 경우, 한 기업이 시장의 60%를 차지하고 나머지 19개 기업이 각각 2%를 조금 넘는다고 해서 중요할까? 아니면 시장지배력을 어느 정도 유추할 수 있는 방식으로 시장구조를 측정할 수 있을까? 시장구조가 경쟁적 이상에 얼마나 근접해 있는지 또는 얼마나 멀리 떨어져 있는지 말할 수 있는 지표를 만들 수 있을까? 이러한 로드맵은 정책입안자들에게 큰 도움이 될 수 있으므로, 이 질문에 대해 자세히 살펴볼 가치가 있다.

3.1 시장구조 설명

산업구조를 생각하는 한 가지 방법은 다음과 같은 간단한 절차를 수행하는 것이다. 먼저, 해당 산업의 모든 기업을 가장 큰 기업부터 가장 작은 기업까지 규모에 따라 1은 가장 큰 기업, 2는 그 다음 큰 기업 등으로 순위를 매긴다. 예를 들어 생산량을 규모의 척도로 사용한다고 가정해 보겠다. 그런 다음 업계 전체 생산량에서 가장 큰 기업이 차지하는 비율을 계산한 다음, 가장 큰 두 기업을 합친 다음, 가장 큰 세 기업을 합친 다음 그 비율을 계산할 수 있다. 이렇게 하면 점점

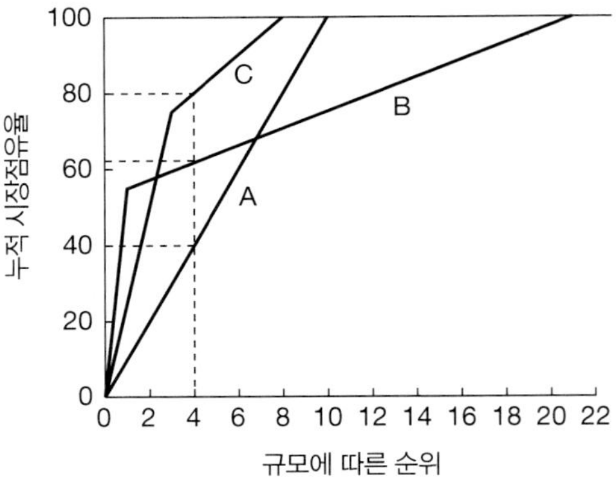

그림 3.1 몇 가지 가능한 집중도곡선

더 작은 기업을 포함할 때 업계 총생산량에서 차지하는 누적 비율을 알 수 있다. 이 관계를 그려보면 집중도곡선이 생성된다. 집중도곡선은 소수의 기업에 생산량이 집중되는 정도를 설명하기 때문에 집중도곡선이라고 부른다.

그림 3.1은 세 가지 대표 산업별 집중도곡선을 보여준다: 가로축을 따라 기업은 규모에 따라 순위가 매겨진다. 누적 시장점유율은 세로축에서 측정된다. 예를 들어, 산업 A에는 각각 10%의 시장점유율을 가진 10개 기업이 있다. 산업 B에는 21개 기업이 있으며, 이 중 가장 큰 기업의 시장점유율은 55%이다. 나머지 20개 기업은 각각 2.25%의 점유율을 가지고 있다. 마지막으로, 산업 C에는 시장점유율이 25%인 기업이 3개, 시장점유율이 5%인 기업이 5개 있다. 산업 B의 경우 집중도곡선의 가로 값 1과 2에 해당하는 세로 좌표는 각각 55와 57.25이다. 이는 최대 기업이 시장의 55%, 상위 2개 기업이 57.25%를 차지하고 있다는 사실을 반영한다.

집중도곡선은 유용한 설명 장치이다.[1] 집중도곡선을 통해 산업 생산이 기업 간에 어떻게 배분되는지 빠르게 시각적으로 파악할 수 있다. 하지만 하나의 매개변수나 지표만으로 산업구조를 요약해야 하는 경우가 많다. 자주 사용되는 측정값 중 하나는 4개 기업 집중도비율(CR_4) 또는 상위 4개 기업이 산업 매출에서 차지하는 비율이다. 위에서 설명한 세 가지 가상의 산업에 대해 CR_4 집중도를 매우 쉽게 식별할 수 있다. 가로축의 값 4에서 관련 집중도곡선까지 수직선을, 그리고 그 지점에서 가로축 좌표를 세로축 좌표로 읽어내기만 하면 된다. 보시다시피 CR_4은 A, B, C에 대해 각각 40, 61.75, 80이다. 비슷한 계산을 하면 종종 보고되는 8대 기업 비율 CR_8이 산출된다. 시장 A, B, C의 값은 각각 80, 70.75, 100이다.

따라서 임의의 n에 대해 CR_n을 n-기업 집중도비율로 정의할 수 있다. 조금만 생각해보면 CR_n이 업계 집중도곡선의 특정 지점에 해당한다는 것을 금방 알 수 있다. 이러한 측정의 주요 단점은 곡선의 다른 정보가 생략된다는 것이다. 예를 들어 A, B, C 산업에 대해 4개 기업과 8개 기업의 집중도를 비교해 보겠다. CR_8 측정값을 사용하면 산업 A가 산업 B보다 더 집중된 것으로 보이지만, CR_4 지수로 평가하면 집중도가 낮아진다.

1 일반적으로 소득 불평등을 측정하는 데 사용되는 GINI 계수에 익숙한 사람들은 집중도곡선을 GINI 계수가 파생된 로렌츠 곡선과 유사한 산업구조로 인식할 것이다. 자세한 내용은 Damgaard (2007)를 참조하시오.

표 3.1 C 산업에 대한 HI 계산

	기업순위	시장점유율 (%) s_i	제곱된 시장점유율 s_i^2
	1	25	625
	2	25	625
	3	25	625
	4	5	25
	5	5	25
	6	5	25
	7	5	25
	8	5	25
합계		100	2000 (HI)

집중도곡선에 더 많은 정보를 반영하려는 CR_n의 대안으로 허핀달-허쉬만지수 또는 더 간단하게 HI가 있다. *N*개의 기업이 있는 산업의 경우, 이는 다음과 같이 정의된다:

$$\text{HI} = \sum_{i=1}^{N} s_i^2 \tag{3.1}$$

여기서 s_i는 *i*번째 기업의 시장점유율이다. 즉, HI는 해당 산업에 속한 모든 기업의 시장점유율의 제곱의 합이다. 표 3.1은 예시에서 산업 C에 대한 HI 계산을 보여준다. 시장점유율을 소수점으로 측정하여 시장의 25%를 점유한 기업의 점유율 s_i가 0.25가 되도록 하면, 산업 C에 대한 HI는 0.2이다. HI의 최대값은 1.0으로, 해당 산업에서 한 기업이 모든 생산량을 차지하는 순수독점 산업인 경우의 HI가 된다. 그러나 일반적으로 점유율을 백분율로 측정하는 경우가 많은데, 이 경우 산업 C의 HI는 2000이며 이러한 방식으로 점유율을 측정할 때 최대 순수독점 값인 HI = 10,000과 비교된다. 산업 A와 B의 경우에도 비슷한 방식으로 계산하면 각각 HI = 1,000과 HI = 3,126.25가 산출된다.

집중도비율과 마찬가지로 HI 측정법에도 단점이 있다. 하지만 CR_4 또는 CR_8과 같은 척도에 비해 매우 강력한 장점이 있다. 즉, HI는 불균등한 기업규모와 몇몇 대형 기업의 활동 집중도 모두의 영향을 반영한다는 것이다. 즉, 집중도곡선의 한 지점만을 반영하는 것이 아니라, HI는 단일 수치로 해당 곡선의 모양에 대한 보다 완전한 정보를 제공한다. 평균 기업규모와 기업간 규모의 불평등을 모두 반영하는 이러한 기능 때문에 경제학자들은 CR_4과 같은 단순한 집중도비율보다 HI를 선호한다. 이 예에서 산업 B는 기업규모에 가장 큰 격차가 있는 산업이기 때문에 가장 높은 HI 값을 얻게 된다.

3.1 ▸ 실습문제

각각 10개의 회사로 구성된 두 개의 산업을 생각해 보겠다. A 산업에서 가장 큰 기업의 시장점유율은 49%이다. 다음 3개 회사의 시장점유율은 각각 7%이고 나머지 6개 회사의 점유율은 각각 5%로 동일하다. B 산업에서는 상위 4개 기업이 각각 19%로 시장의 대부분을 차지한다. 다음으로 규모가 큰 회사가 14%를 차지하고, 나머지 5개 회사가 업계의 나머지 10%를 균등하게 공유한다.

a. 각 산업에 대한 4개 기업 집중도비율과 HI를 계산하시오. 두 산업의 측정값을 비교하시오. 어떤 산업이 더 경쟁적인 구조를 보인다고 생각하는가? 이를 더 잘 나타내는 척도는 무엇이라고 생각하는가?
b. 이제 A 산업에서 두 번째로 큰 세 회사가 합쳐서 21%의 시장점유율을 유지한 채로 사업을 합병한다고 가정한다. 산업 A의 HI를 다시 계산해보시오.

3.1.1 측정의 중요성: 시장이란 무엇인가?

시장구조의 전반적인 척도로 CR_4을 사용하든 HI를 사용하든, 그러한 측정을 할 수 있는 능력은 애초에 잘 정의된 시장을 식별할 수 있는 능력이 전제되어야 한다는 점을 분명히 해야 한다. 사실 이것은 종종 쉬운 일이 아니다. 예를 들어 청량음료 펩시를 생각해 보자. 펩시는 다른 탄산음료와만 경쟁할까, 아니면 과일 주스, 아이스티, 향이 첨가된 우유와 같은 제품도 이 시장에 포함시켜야 할까? 또는 다른 기능 중에서도 넷플릭스나 HBO GO와 같은 스트리밍 서비스를 위한 플랫폼과 DVR의 역할을 할 수 있는 *Xbox*와 같은 다용도 제품을 생각해 볼 수 있다. *Xbox*의 관련시장은 단순히 비디오 게임 시장인가, 아니면 TiVo와 같은 제품도 포함할까? 이러한 질문에 답할 수 있는 명확한 기준이 없다면 HI와 같은 시장구조에 대한 측정치는 연구자의 마음대로 상향 또는 하향 조작할 수 있는 임의의 통계가 될 것이다. 분석가는 시장을 넓게 또는 좁게 정의하여 CR_4 또는 HI를 임의로 작거나 크게 만들 수 있다.

일반적으로 사용되는 시장정의 중 하나는 미국 인구조사국(다른 기관과 협력하여)에서 북미 산업 분류 시스템(NAICS)으로 알려진 집합이다. 미국 인구조사국은 먼저 미국 내 사업체의 생산량을 제조업, 1차 금속, 농업, 임산물과 같은 광범위한 경제 부문으로 분류하고, 각 부문에는 숫자 코드를 부여한다. 그런 다음 이러한 부문을 더 세분화하여 각각 두 자리 코드를 부여한다. 예를 들어 제조업은 코드 31-33, 소매업은 코드 44-45, 금융업은 코드 52로 분류된다. 각각의 경우 2자리 코드는 3자리, 4자리, 5자리, 6자리 수준으로 더 세분화된다. 각 추가 숫자는 초기 분류의 세분화를 나타낸다. 조사국은 기업을 조사하여 각 공장을 주로 생산 공정의 유사성을 기준으로 정의된 특정 6자리 산업에 할당한다. 두 개 이상의 제품을 생산하는 공장의 경우, 관세청은 매출액으로 측정한 공장의 주요 제품을 기준으로 배정한다. 모든 사업장이 가장 세분화된 수준에서 할당되면 상위 수준까지 쉽게 추가할 수 있다. 또한 모든 집계 수준에서 모든 산업에 대해 누가 어떤 공장을 소유하고 있는지에 따라 시장점유율과 집중도 지수를 계산하는 것도 간단하다. 이러한 데이터는 인구조사국에서 정기적으로 발표한다. 표 3.2는 잘 알려진 NAICS 산업 샘플에 대한 CR_4 및 HI를 모두 보여준다.[2]

산업 집중도를 측정하는 두 가지 지표인 CR_4과 HI는 상관관계가 높으며, 이는 각각 산업구조에 대해 거의 동일한 설명을 제공한다는 것을 의미한다. 그러나 CR_4과 HI 측정값은 동일한

2 자세한 내용은 온라인(http://www.census.gov/epcd/www/naics.html)에서 확인할 수 있다.

표 3.2 일부 산업에 대한 집중도

산업	CR_4	*HI*
아침 시리얼	80.4	2425.5
신발 제조	40.9	602.8
자동차	67.6	1448.8
섬유 공장	19.6	160.2
제지 제조	24.0	227.8
석유 정제소	47.5	306.5
살충제	58.2	1109.1
제약	29.5	359.1
비누 및 세제 제조	67.1	2025.3
알루미늄 시트/플레이트/포일	70.5	1995.3
컴퓨터 및 주변기기	63.4	2030.7
전구 및 부품	75.4	2258.3
인형, 장난감 및 게임	33.6	388.8
항공기	81.3	2652.2
배터리 제조	58.1	1079.1
전화 장치	60.5	2078.5
농기계	59.0	1828.5
타이어 제조	72.8	1539.6
청량음료 제조	58.1	1094.5
의료 장비 및 소모품	19.2	167.6

출처: "Concentration Ratios in Manufacturing," Bureau of the Census, 1997; U.S. Census Bureau, Census of Manufactures, 2001, 2002

이야기를 전달하지만, 중요한 질문은 그것이 올바른 이야기인지 여부이다.[3] 조금만 생각해 보면 금방 알 수 있듯이, 이것이 사실인지 의심할 만한 이유가 있다.

NAICS에 기반한 산업구조 측정에 대한 잠재적 불만의 원인은 이러한 측정이 생산기술의 공통성에 더 많이 기반하고 있으며, 여러 사업장의 생산물이 실제로 서로 경쟁하는지 여부에 덜 기반한다는 것이다. 일반적으로 생산 시설에서 생산하는 상품이 소비에서 가까운 대체재인 경우 생산 시설을 동일한 시장에 포함시키고자 한다. 그러나 앞서 언급한 바와 같이 NAICS 절차는 생산기술의 유사성에 더 중점을 둔다. 예를 들어, 목재 바닥재, 탄력성 바닥재(예: 리놀륨 타일), 세라믹 타일은 모두 바닥재 제품이지만 NAICS 분류에서는 세 자리 수 이상의 서로 다른 산업에 속한다(목재 바닥재는 321, 탄력성 바닥재는 326, 세라믹 타일은 327). 또한 NAICS 데이터에 의해 식별된 산업은 신문 및 레미콘 콘크리트와 같은 여러 상품 숫자에 대한 실질적인 사항을 고려할 때 국가 시장을 기준으로 시장점유율을 계산한다는 것이다. 이는 여객기나 자동차 제조업체 경쟁은 국제적인 경쟁이지만, 기업 간 경쟁은 지역 또는 국지적 경쟁이라는 것이다.

만약, 진정한 상품 시장이 판매되는 다양한 상품 간의 대체 가능성에 의해 정의된다면, 그

3 각 비율의 장점과 단점에 대한 가독성 높은 논의는 Sleuwaegen과 Dehandschutter(1986), Sleuwaegen, Dehandschutter, DeBondt(1989)를 참조하시오.

현실 체크포인트

집중도에 집중

한 산업의 생산량에서 가장 큰 기업이 차지하는 비율을 측정할 수 있는 것처럼, 경제 전체 생산량인 GDP에서 가장 큰 기업이 차지하는 비율을 측정할 수 있다. 그러나 단일 산업에 대해 이야기할 때 상위 4~8개 기업만을 기준으로 집약 지수를 말하는 것이 어느 정도 의미가 있을 수 있지만, 이렇게 적은 수의 기업이 GDP에서 차지하는 비중이 너무 적어 진지하게 고려하기에는 무리가 있다. 따라서 총 경제 활동의 경우 CR_{50} 또는 CR_{200}과 같은 집중도비율을 고려한다. 이러한 측정은 인구조사국의 제조업체 센서스 데이터를 사용하여 구성할 수 있다. 경제학자 Lawrence White는 20세기 말까지 여러 해에 걸쳐 미국을 대상으로 이러한 계산을 수행했다. 그의 결과 중 일부는 다음과 같다.

제조업 총 집중도(부가가치 기준):
선택된 연도, 1947-97년

연도	CR_{50}	CR_{100}	CR_{200}
1947	17%	23%	30%
1958	23	30	38
1967	25	33	42
1977	24	33	44
1987	25	33	43
1992	24	32	42
1997	24	32	40

이 데이터에 따르면 적어도 1950년대 이후 제조업의 총 집중도는 증가하거나 감소하는 추세를 보이지 않았다. 1997년에도 상위 50개, 100개, 200대 기업 모두 1958년과 거의 동일했다. 화이트는 모든 비금융 기업을 대상으로 하거나 고용 또는 이익 점유율에 초점을 맞추면 다소 유사한 결과를 얻을 수 있음을 보여준다. 물론 이것이 기업의 규모가 커지지 않는다는 것을 의미하지는 않는다. 각 기업이 경제 성장률과 같은 속도로 성장한다면, 급여가 안정적이더라도 시간이 지남에 따라 우리 각자는 점점 더 큰 조직에 고용될 것이다. 화이트는 이러한 현상이 실제로 일어나고 있으며, 그에 따라 평균적인 기업의 규모도 커졌다는 것을 보여준다.

최근에는 Elaine Tan(2008)이 White(2002)보다 약간 더 긴 기간, 즉 1931년부터 2000년까지 총자산을 사용하여 기업규모를 측정하고 기업규모 분포가 챔퍼노우 *Champernowne* 분포에 의해 생성된다고 가정하여 집중도 추세와 기업규모 불평등 추세를 모두 추정했다. 로지스틱 *logistic* 분포와 마찬가지로 챔퍼노우 분포는 "더 뚱뚱한 꼬리"가 있다는 점을 제외하면 정규 분포와 비슷하다. Tan(2008)은 4개 기업 집중도비율을 살펴보는 대신 미국 500대 기업의 자산 점유율을 전체 기업 및 비금융 기업으로 한정하여 살펴보았다. 두 가지 경우 모두, Tan은 상위 500대 기업이 보유한 총 자산에서 차지하는 비중이 1931년부터 2차 세계대전 중반까지 증가했다는 것을 발견했다. 또한, 그 비중은 1990년대에 꾸준히 증가했지만, 2000년에는 그 비중이 1942년과 거의 같다는 결과(55%)와 함께 변동했다는 것을 발견했다. 여기에 더해, 기업규모 간의 불평등이 커졌다는 것도 발견했다. 이 두 결과는 모두 White의 이전 연구 결과와 일치한다.

출처: L. White. 2002. "Trends in Aggregate Concentration in the United States," *Journal of Economic Perspectives* (Fall): 137 – 60; and E. S. Tan. 2008. "Champernowne Model Estimates of Aggregate Concentration in the US, 1931 – 2000," *Working Paper*, University of London, Royal Halloway.

러한 대체 가능성의 직접적인 측정에 기초하여 대체재를 정의하는 것이 이상적일 것이다. 이러한 관계를 포착하는 공식적인 척도는 경제학자들이 수요의 교차가격탄력성(η_{ij})이라고 부르는 것이다. 이는 다른 재화 j의 가격이 1% 변동할 때 발생하는 재화 i에 대한 수요의 백분율 변화로 정의된다. 이 탄력성의 수학적 정의는 다음과 같다.

$$\eta_{ij} = \frac{\Delta q_i}{\Delta p_j}\frac{p_j}{q_i} \tag{3.2}$$

간단히 말해, η_{ij}가 크고 양수이면 상품 i와 j는 합리적으로 가까운 대체재로 간주된다.[4] 하지만 정확히 어떤 값의 η_{ij}가 크고 양수로 간주되어야 하는지는 바로 명확하지 않다.

교차 탄력성 측정을 암시적으로 구현하는 시장정의에 대한 실용적인 접근 방식은 법무부와 연방거래위원회에서 합병을 평가할 때 사용하는 방식이다.[5] 이를 일반적으로 SSNIP 표준이라고 한다. 이는 "작지만 중요하고 일시적이지 않은 가격 상승"의 약자이다. 기본적으로 당국은 가능한 가장 좁은 범위의 시장정의에서 시작한다. 예를 들어, 홀푸드와 같은 천연 유기농 제품을 판매하는 식료품점을 고려할 수 있다. 이 경우 SSNIP 테스트는 이러한 모든 천연 식품 식료품점이 독점적일 경우 독점사업자가 상품 가격을 소폭(보통 5%) 인상하여 이익을 얻을 수 있는지 여부를 판단한다. 대답이 '예'라면 이러한 식료품점은 그 자체로 관련 제품시장을 구성한다. 이 시장에서 제외된 다른 상점이 가까운 대체품을 제공하지 않는 경우에만 가상의 독점업체가 수익성 있게 가격을 인상할 수 있으므로 분석 대상이 되는 시장이 잘 정의되어 있다는 것을 직관적으로 알 수 있다. 그러나 SSNIP 테스트의 답이 '아니오'인 경우, 잠재적 시장은 자연적으로 모든 식료품점으로 확대되고 가상 독점업체의 수익성 있는 가격 인상 테스트가 반복된다. 여전히 대답이 '아니오'인 경우, 이 과정은 '예'가 실현될 때까지 소매 식품 시장을 더욱 광범위하게 정의하는 과정을 계속한다.

그러나 SSNIP 표준은 명확하지만 그 구현은 그렇지 않다. 예를 들어, 2000년대 초반에 오라클, 피플소프트, SAP는 기업이 대규모 조직을 관리하는 데 사용하는 복잡한 소프트웨어를 개발, 제조, 마케팅, 서비스하는 주요 기업 세 곳이었다. 이러한 소프트웨어는 기업의 여러 부분에 대해 별도의 모듈로 세분화되는 경우가 많다. 따라서 인적 자원 관리(HRM), 재무 관리(FM), 공급망 관리(SCM), 고객 관계 관리(CRM)를 위한 소프트웨어 모듈이 있다. 이미 언급한 세 회사 외에도 이러한 모듈 중 하나만 전문으로 하는 소규모 회사도 많이 있었다. 법무부는 오라클과 피플소프트의 합병 제안을 막기 위한 소송을 제기했다. 소송에서 법무부는 SSNIP 테스트에 근거한 관련시장은 스탠포드, 프린스턴 등 주요 대학, 뱅크 오브 아메리카 등 주요 은행, 국방부 등 대형 정부 기관을 포함한 크고 복잡한 기업에 판매되는 유형의 고급 비즈니스 소프트웨어 시장이라고 주장했다. 법무부는 이러한 복잡한 기업들에게 비즈니스 소프트웨어를 제공하기 위한 경쟁이 3대 공급업체만 참여할 수 있는 경매 시장에서 이루어졌으며, 각 기업들은 매우 상세하고 고유하게 구성된 소프트웨어 계획을 요구한 것에 그 이유가 있다고 주장했다. 이는 많은 소규모 기업들은 소규모 기업에는 적합하지만 복잡한 대기업의 요구 사항을 충족할 수 없는 단순하고 표준화된 제품을 판매하고 서비스하는 데 주력했기 때문에 이러한 계약에 경쟁할 수 없었다. 법무부는 SSNIP 테스트를 통해 이러한 시장정의가 확인되었다고 주장했다. 그러나 오라클은 이에 동의하지 않았고, SSNIP 표준을 적절하게 적용하려면 비즈니스 소프트웨어를 준비하

---

4 그러나 독점 가격이 높으면 교차탄력성 측정값이 부풀려질 수 있는데, 이는 원래 Stocking과 Mueller(1955)가 강조한 사항이다. 한계 소비자는 재화의 가격이 경쟁적으로 책정되었다면 찾지 않았을 높은 독점 가격에 직면했을 때 대체재를 찾을 수 있기 때문에, 현재 산업가격으로 측정한 교차탄력성이 지나치게 클 수 있다.

5 1997년부터 유럽연합 집행위원회도 이 표준을 시장정의의 도구로 명시적으로 인정하고 있다.

는 모든 기업을 포함한 훨씬 더 광범위한 시장정의가 적절하다고 주장했다.[6] 따라서 표준은 명확할 수 있지만 이를 적용하는 적절한 방법은 더 모호하다.

3.1.2 측정의 중요성 지리 및 수직적 관계

위의 SSNIP 표준의 적용은 어떻게 제품이 시장을 정의하냐에 따라 달라진다. 어떤 제품이 시장에 포함되고 어떤 제품이 포함되지 않을까? 그러나 분명한 것은 시장의 지리적 공간을 정의해야 할 필요성이 똑같이 존재한다는 것이다. 예를 들어 같은 도시에 서비스를 제공하는 신문을 생각해 보겠다. 인쇄된 뉴스 미디어가 관련 상품 시장으로 결정되었다고 가정하더라도, 도시 전체의 신문 시장을 구성하는 인쇄 매체를 결정해야 한다. 도시 내에서 인쇄되어 판매되는 신문만 포함할까? 아니면 *뉴욕 타임즈*나 *USA 투데이*와 같이 도시를 벗어나 인쇄되는 전국 신문도 시장에 포함될까?

또는 글로벌 시장에 판매하는 소프트웨어 생산업체가 다수 있는 지역을 생각해 볼 때, 이러한 회사의 고객 대부분이 지역 외부에 거주하는 경우 지리적 경계를 확장해야 한다. 마찬가지로, 지역 생산자가 광범위한 지역 또는 글로벌 시장에 판매하는 경우도 마찬가지이다. 결과적으로 대부분의 지역 소비자는 지역 생산자로부터 구매하지만, 지역 외부에 많은 소비자가 존재한다는 것은 관련 지역 시장이 지역을 넘어 확장된다는 것을 의미한다.

원칙적으로 특정 제품시장을 결정하는 상품을 정의하는 데 사용되는 것과 마찬가지로 지리적시장을 구성하는 위치를 정의하는 데 SSNIP 테스트를 사용할 수 있다. 즉, 관련 제품시장을 정의한 후 도시와 같은 지역을 정의하고 이 지역 내에서 생산을 독점한 기업(예: 신문 또는 소프트웨어)이 작지만 상당한 규모의 일시적 가격 인상을 부과할 수 있는지 여부를 물어볼 수 있다. 대답이 '예'라면 해당 도시가 관련 지리적시장을 정의한 것이다. 대답이 '아니오'라면 더 넓은 지리적 영역을 고려해야 한다.

실제로 법무부와 공정거래위원회에서 발표한 합병 가이드라인은 정확히 이러한 종류의 테스트를 지적하고 있다. 그러나 실제로는 관련 지리적시장을 정의하기 위해 다른 접근 방식을 사용하는 경우가 많다. 이와 관련하여 흔히 사용되는 테스트는 1978년 엘징가-호가티 *Elzinga-Hogarty* 테스트이다. 이 테스트는 지리적 지역의 두 가지 특징을 고려하여 해당 지역이 합법적인 지역 시장을 나타내는지 여부를 결정한다. 첫 번째는 1에서 지역 내에서 소비되는 모든 제품에서 지역 외부에서 생산되는 제품의 비율을 뺀 값으로 정의되는 LIFO (Little in from Outside)이다. 신문의 예로 돌아가서, 지역 내 전체 신문 구독의 20%가 전국 신문이라면 LIFO는 80%가 된다. Elzinga-Hogarty(1978) 테스트의 또 다른 측정법은 LOFI (Little out from Inside)이다. 이는 1에서 지역 내 생산량에서 지역 외부 소비자에게 배송되는 비율을 뺀 값이다. 다시 말해, LIFO는 수입 비율에서 1을 뺀 대략적인 측정치이며, LOFI는 수출 비율에서 1을 뺀 대략적인 측정치이다. Elzinga와 Hogarty(1978)는 역사적인 증거를 검토한 결과, LIFO와 LOFI 측정값이 모두 75%를 초과하거나 평균이 90%를 초과하는 지역의 경우 해당 지역이 잘 정의된 지리적시장이라는 추정이 강력하다고 제안한다.

그러나 Elzinga와 Hogarty(1978)의 표준은 이해하고 측정하기 쉽지만, 명확한 시장을 설정

6 31 F. Supp. 2d 1098; 2004-2 Trade Cas. (CCH) ¶4,542. 결국 법원은 오라클의 견해를 받아들여 합병이 진행되도록 허용했다.

하는 데 필요한 임계값은 그렇지 않다. 앞서 언급했듯이 Elzinga와 Hogarty(1978)는 실용적인 경험법칙으로 75/90 임계값을 제안한다. 그러나 이 임계값은 신뢰 구간을 구성하거나 통계적 유의성을 테스트할 수 있는 확률 분포에 근거한 것이 아니라 경제적 직관과 실행 가능한 것에 대한 대략적인 감각에 근거한 것이다. 예를 들어, 65와 80의 임계값이 실제 시장 경계를 포착하는 데 왜 덜 나은지 명확히 설명하지 않는다. 또한 제품시장의 정의는 지리적시장의 정의에 영향을 미치며, 그 반대의 경우도 마찬가지이다. 예를 들어 오라클의 경우, 제품시장이 빅3 기업이 판매하는 개별 비즈니스 소프트웨어로만 구성되는지 아니면 모든 기업이 판매하는 모든 비즈니스 소프트웨어로 구성되는지에 따라 LIFO 및 LOFI 측정값이 달라진다.

제품 및 시장정의와 관련된 또 다른 문제는 생산 프로세스의 여러 단계에서 운영되는 기업 간의 관계와 관련이 있다. 고객에게 최종 상품이나 서비스를 제공하는 것은 여러 단계 중 마지막 단계에 해당하는 경우가 많다. 여기에는 원자재 구입, 반제품 *semi-finished good* 으로의 전환, 반제품을 최종 소비재로 정제하는 과정, 그리고 그 이후 소매업이 포함된다. 경제학 전문 용어로 초기 원자재 단계는 일반적으로 상류 *upstream* 단계로 설명되며, 그 후 제품이 다양한 단계를 거쳐 소비자에게 최종 판매되기까지 '하류 *downstream* '로 흐른다. 따라서 상류와 하류 단계 간의 관계는 수직적 관계이며, 이 관계에는 여러 가지 형태가 있다. 상류 생산자가 모든 후속 단계를 소유할 수 있으며, 이 경우 수직적으로 통합된 기업이라고 할 수 있다. 또는 상류 생산자가 하류 판매자에게 프랜차이즈 계약 또는 장기 계약을 제공할 수도 있다. 이러한 관계의 존재와 가변성으로 인해 어느 한 생산 단계의 시장구조를 측정하는 데 어려움을 겪을 수 있다. 예를 들어, 병입 회사 *bottling companies* 가 많기 때문에 병입 캔 및 청량음료 산업의 시장 집중도에 대한 기존의 측정치는 다소 낮다. 이는 결과적으로 상당히 경쟁적인 시장임을 시사한다. 그러나 현실은 대부분의 병입 회사가 서로 경쟁하는 것이 아니라 코카콜라나 펩시와 같은 국내 상류 공급업체 중 한 곳을 사용하도록 엄격한 계약을 통해 묶여 있다.[7] 따라서 병입회사 간의 경쟁은 집중도 측정이 시사하는 것보다 훨씬 적을 수 있다.

요컨대, CR_4 및 HI와 같은 구조적 시장 척도를 해석하는 것은 구조가 내생적이라는 사실부터 시작하여 다양한 요인으로 인해 매우 복잡하다. 대부분의 데이터 수집은 대체성 측정보다는 유사한 생산기술을 기준으로 시장을 구성한다. SSNIP와 같은 보다 적절한 시장 측정을 구현하려면 증거를 신중하게 적용하고 해석해야 한다. Elzinga와 Hogarty(1978)의 기준과 같은 지리적 정의는 이해하기 쉽지만, 해당 기준의 어떤 값이 시장 결정의 기준이 되어야 하는지는 명확하지 않다. 따라서, 이 책에서 다루는 많은 이론적 작업은 시장을 잘 이해하는 데 도움이 되지만, 실제 시장을 측정하는 데는 어려움이 따를 수 있다. 그와 동시에 사례를 과장해서는 안 된다. 예를 들어, 공유 생산기술의 근접성을 기준으로 산업을 분류하는 것이 반드시 경쟁에 필요한 대체 가능성을 나타내는 것은 아니다. 그러나 생산비용이 유사한 기업을 그룹화할 가능성이 높다는 장점이 있다. 산업 구성을 기술 및 비용의 기본 구조와 연결하는 분석은 생산기술이 충분히 유사하여 일반적인 기업의 비용구조에 대한 산업 전반의 일반적인 진술을 할 수 있는 경우에만 의미가 있기 때문에 이 점을 유념해야 한다.

7 Gort(1962), 그리고 최근에는 Davies와 Morris(1995)와 같은 일부 연구자들은 수직적 통합의 정도에 대한 정확한 정량적 측정을 시도한 바 있다.

3.2 시장영향력 측정

이 장 전체에서 우리는 문자 그대로 산업의 생산물이 여러 기업에 어떻게 배분되는지에 대한 시장구조에 대해 생각해 왔다. 인구조사에서 한 지역의 가족 수와 규모를 설명하기 위해 유사한 통계를 사용하는 것과 마찬가지로, CR_4 또는 HI와 같은 요약 통계가 산업 내 기업의 이러한 구성을 설명하려고 시도하는 방법을 살펴보았다. 이러한 측정의 동기의 대부분은 완전경쟁이라는 이상에 비추어 산업이 어느 정도 위치에 있는지를 간결하게 요약하고자 하는 동기에서 비롯된다. 특정 구조가 반드시 특정 결과를 의미하는 것이 아니라는 것을 염두에 둔다면 이러한 구조적 접근 방식에 문제가 있는 것은 아니다.

어떤 산업이 고도로 집중되어 있다고 말할 때, 이는 경쟁 모델과 연관된 구성과 달리 소수의 기업이 산업 생산량을 지배하고 있다는 의미이다. 그렇다면 이 산업에서 부과되는 가격이 완전경쟁시장에서의 가격보다 높다는 것을 의미할까? 대답은 그렇게 간단하지 않다. 다음 장에서 살펴보겠지만, 기업이 두세 개에 불과한 시장에서도 때때로 경쟁적이거나 효율적인 결과를 산출하는 데 상당히 근접할 수 있다.

러너지수는 효율성의 관점에서 시장의 성과를 측정하는 한 가지 방법이다. 러너지수(Lerner Index, *LI*)는 경쟁시장과 얼마나 멀리 떨어져 있는지를 측정한다.

$$LI = \frac{P - MC}{P} \tag{3.3}$$

러너지수는 가격과 한계비용 사이의 불일치를 직접적으로 반영하기 때문에 시장지배력 *행사*와 관련하여 우리가 관심을 갖는 많은 부분을 포착한다. 경쟁기업의 경우, 한계비용으로 가격을 책정하기 때문에 러너지수는 0이다. 반면에 순수독점기업의 경우, 러너지수는 수요탄력성의 역으로 나타낼 수 있다. 즉, 수요탄력성이 낮을수록 가격−한계비용 왜곡이 커진다. (공식적인 도출은 2장 부록을 참조하시오.) 독점자의 추가 생산량 한 단위 판매의 한계수익을 다음과 같이 쓸 수 있다. $MR = P + \frac{\Delta P}{\Delta Q}Q$. 수익극대화를 위해 한계수익을 한계비용과 동일하게 설정한다. $P + \frac{\Delta P}{\Delta Q}Q = MC$. 이 수식들을 재정렬하고 가격 P로 나누면 다음과 같이 된다.

$$\frac{P - MC}{P} = -\frac{\Delta P}{\Delta Q}\frac{Q}{P} = \frac{1}{\eta} \tag{3.4}$$

여기서 $1/\eta$은 수요탄력성의 역수이다. 수요의 탄력성이 낮거나 η이 작을수록 독점 상황에서 시장가격과 한계비용의 차이가 커진다. 요점을 이해하기 위해 완전경쟁기업은 무한히 탄력적이거나 수평적인 수요곡선에 직면한다는 점을 상기해 보겠다. 이렇게 큰 값을 탄력성 항에 대입하면 방정식 (3.4)는 러너지수가 0이 된다. 다시 말하지만, 완전경쟁기업은 한계비용과 동일한 가격으로 판매한다. 러너지수는 1을 초과할 수 없으며 한계비용이 0일 때만 최대값에 도달할 수 있다.

기업수가 많지 않은 산업에서 러너지수를 측정하는 것은 더 복잡하며 한계비용의 평균 지수를 구해야 한다. 이와 관련하여 특히 간단한 경우는 해당 상품이 동질적이어서 모든 기업이 정확히 동일한 가격에 판매해야 하는 경우이다. 이 경우 다음과 같이 시장 전체의 러너지수를 측정한다.

$$LI = \frac{P - \sum_{i=1}^{N} s_i MC_i}{P} \tag{3.5}$$

여기서, 이전과 마찬가지로 s_i i번째 기업의 시장점유율이고 N은 총 기업수이다.

러너지수는 매우 유용한 개념적 도구이므로 이 책의 나머지 부분에 걸쳐 설명한다. CR_4 또는 HI와 마찬가지로 러너지수는 요약 지표이다. 차이점은 러너지수는 산업의 생산구조가 어떻게 구성되어 있는지를 측정하는 것이 아니라 시장결과를 측정한다는 것이다. 러너지수가 클수록 시장결과가 경쟁의 경우와 거리가 멀고 시장지배력이 더 많이 악용되고 있다는 것을 의미한다. 이러한 의미에서 러너지수는 시장 경쟁의 정도를 직접적이고 유용하게 측정할 수 있는 척도이다.

예를 들어 Ellison(1994)은 카르텔 행동의 게임이론적 모델에 대한 증거를 얻으려고 한다. 이를 위해 그는 19세기 후반 시간 경과에 따른 철도 가격을 연구한다. 그는 가격 전쟁 기간을 제외하면 러너지수가 순수독점 가격의 약 85% 수준이었다고 추정한다. 즉, 당시 철도의 담합 행위는 순수독점 가격 왜곡의 15% 이내에서 이루어질 수 있었다는 것이다.

그러나 구조적지수와 마찬가지로 러너지수에도 문제가 있다. 우선, 산업에 대한 러너지수를 계산할 때 시장정의 문제가 발생한다. 또한 시장정의가 합리적으로 명확하더라도 러너지수는 측정하기 어렵다. 한 산업에 속한 다양한 기업의 수를 세고 그 규모를 추정하는 것은 또 다른 문제이다. 수요의 탄력성을 측정하는 것은 더 까다로우며, 한계비용을 측정하는 것 또한 어렵다. 안타깝게도 데이터에 대한 가정을 조금만 변경해도 예상가격-비용 마진에 상당한 차이가 발생할 수 있다. 예를 들어, Ellison(1994)의 연구는 Porter(1983)가 이전에 연구한 데이터에 의존했다. 그러나 담합 기간 동안의 가격 왜곡에 대한 Porter(1983)의 추정치는 Ellison(1994)의 추정치의 절반에 불과하다.

또한 러너지수를 정확하게 측정하더라도 그 해석이 모호할 수 있다. 예를 들어 한 산업에 속한 각 기업이 설립과 관련된 일회성 매몰비용 F를 부담해야 한다고 가정해 보겠다. 또한 각 기업의 한계비용이 일정하다고 가정한다. 각 기업은 매몰비용을 충당하기에 충분한 영업이익을 벌어야 하므로 균형가격 수준은 한계비용 이상으로 상승해야 한다. 즉, 러너지수는 양수여야 한다. 그러나 그 차이가 양수일수록, 즉 가격-비용 마진이 클수록 일회성 매몰비용을 감당할 수 있는 기업의 수가 늘어난다. 따라서 기업수는 많지만 규모가 크지 않은 환경에서 높은 러너지수를 관찰할 수 있다. 이러한 경우, 높은 러너지수는 시장지배력이 큰 기업이 없음에도 불구하고 경쟁이 거의 없는 것으로 잘못 표시될 수 있다.[8]

반대로 러너지수는 비용 절감 혁신이 중요한 환경에서는 시장지배력을 과소평가할 수 있다. 예를 들어 한 산업에 오래되고 효율성이 높지 않은 기존기업이 있고 한계비용이 높다고 가정해 보겠다. 수요가 어느 정도 탄력적이라면 이러한 기업은 상대적으로 한계비용에 가까운 가격을 책정할 수밖에 없다. 동시에 기존기업은 저비용 경쟁자의 시장진입을 막기 위해 할 수 있는 모든 조치를 취할 큰 인센티브가 있다. 이 경우, 관련성이 있지만 비교할 수 없는 잠재적 경

8 Elzinga (1989)

쟁자의 한계비용이 더 낮은 가격일 때 기존 사업자의 한계비용에 비해 가격이 낮기 때문에 러너 지수는 경쟁이 상당히 치열하다는 것을 기만적으로 나타낸다.[9]

3.3 실증적 적용: 독점력—얼마나 나쁜가?

반독점정책에서 반복되는 질문은 불완전경쟁이 경제 전반에 얼마나 많은 비용을 초래하는가 하는 것이다. 독점력으로 인한 손실이 크지 않다면, 그러한 손실을 막기 위해 독점금지법 집행에 막대한 자원을 투입하는 것은 그만한 가치가 없을 것이다. 이러한 희소한 자원은 국토 안보를 강화하거나 허리케인 피해자를 구호하는 데 사용하는 것이 더 나을 수 있다. 그러나 시장지배력의 경제적 비용이 크다면 시장지배력의 남용을 막기 위해 자원을 할당하는 것이 타당할 수 있다. 따라서 경제학자들이 독점적 힘으로 인한 손실이 실제로 얼마나 심각한지 어느 정도 파악하고 있다면 매우 유용할 것이다.

원칙적으로 경제학자들은 독점으로 인한 경제적 손실을 명확하게 측정할 수 있다. 한계비용을 초과하는 가격으로 인해 발생하는 자중손실 *deadweight loss* 이 바로 그것이다. 그러나 실제로 이 손실을 측정하는 것은 그리 쉬운 일이 아니다. 비용 및/또는 수요를 추정해야 하는데, 모든 추정치가 그렇듯이 이러한 값에는 약간의 오차가 있을 수 있기 때문이다. 안타깝게도 추정치의 작은 변화로 인해 비용의 추정치가 크게 달라질 수 있다.

관련된 문제를 이해하기 위해 한계비용을 초과하는 가격책정으로 인해 발생하는 후생 또는 자중손실의 기본 측정부터 시작하겠다. 2장에서 살펴본 바와 같이, 이 영역의 높이는 가격 P와 한계비용 MC의 차이로 주어지며, 그 기준은 $P = MC$일 때 판매되는 경쟁 생산량 Q^C와 실제 가격 P로 판매되는 실제 시장 생산량 Q의 차이로 주어진다. 따라서 후생손실 WL은 다음과 같다:

$$WL = \frac{1}{2}(P - MC)(Q^C - Q) \tag{3.6}$$

이 손실을 총 판매수익 PQ의 비율로 표현한 식은 다음과 같다.

$$WL' = \frac{WL}{PQ} = \frac{1}{2}\frac{(P - MC)}{P}\frac{(Q^C - Q)}{Q} \tag{3.7}$$

수요의 탄력성 η은 주어진 비례적인 가격 하락에 대한 생산량의 비례적인 증가라는 점을 기억해야 한다. 가격이 현재 P 수준에서 경쟁 수준인 $P = MC$로 떨어지면 생산량은 경쟁 수준인 Q^C로 증가한다.

$$\eta = \frac{(Q^C - Q)/Q}{(P - MC)/P} \quad \Rightarrow \quad \frac{(Q^C - Q)}{Q} = \eta\frac{(P - MC)}{P} \tag{3.8}$$

또한 업계 러너지수가 $(P - MC)/P$라는 것을 알고 있으므로 방정식 (3.7)을 다음과 같이 다시 작성할 수 있다:

9 Hovenkamp (1994)도 이러한 주장을 펼쳤다.

$$WL' = \frac{WL}{PQ} = \frac{1}{2}\eta(LI)^2 \tag{3.9}$$

이제 앞 장의 방정식 (3.4)에서 순수독점자의 경우 러너지수는 다음과 같이 주어진다: $LI = (P - MC)/P = 1/\eta$. 그러면 이 경우 산업 매출 대비 자중손실은 다음과 같다:

$$WL' = \frac{WL}{PQ} = \frac{1}{2}\frac{1}{\eta} \tag{3.10}$$

즉, 완전 독점의 경우 현재 산업 매출의 일부분인 자중손실은 러너지수의 절반에 불과하거나 수요탄력성의 두 배가 넘는다. 직관적으로 수요탄력성이 증가하면 독점된 재화를 대체할 수 있는 다른 재화가 점점 더 많아지기 때문에 후생손실이 줄어든다는 것을 알 수 있다. 탄력성 추정치에 대한 후생손실의 민감도에 더 주목해야 한다. $\eta = 1.5$로 추정하면 수익의 33%에 해당하는 후생손실이 발생한다. 추정치 $\eta = 2$는 이 금액은 수익의 25%로 감소한다. 즉, 탄력성 추정치가 0.5 변경되면 후생손실이 8% 변경된다.

앞서 설명한 것을 따라 대규모 스케일로 계산한 최초의 사람은 Arnold Harberger(1954)였다. Harberger(1954)는 73개 제조업 표본을 사용하여 해당 산업의 5년 평균 수익률과 전체 제조업의 5년 평균 수익률의 차이를 *LI*의 근사치로 삼았다. 그는 산업 데이터로 작업했고, 어떤 산업도 순수독점 산업이 아니었기 때문에 Harberger(1954)는 방정식 (3.10)에서와 같이 자신의 *LI* 추정치가 수요탄력성의 역수라고 가정할 수 없었다. 대신, 그는 *LI* 추정치를 방정식 (3.9)의 수요탄력성 $\eta = 1$로 가정한 것과 결합했다. 그런 다음 이러한 추정 왜곡의 달러 가치를 WL'에 산업 매출 *PQ*를 곱하여 구한다. Harberger(1954)는 이러한 달러 가치를 더하고 그 결과를 전체 경제에 걸쳐 추정했을 때 독점으로 인한 복지 비용이 국내총생산의 10분의 1 정도로 놀랍도록 작다는 사실을 발견했다. 따라서 Harberger(1954)의 낮은 추정치는 반독점정책과 소송의 비용 효율성에 대한 심각한 의문을 제기했다.

그러나 Harberger(1954)의 접근 방식은 비판을 받지 않았다. Bergson(1973)은 Harberger(1954)의 절차가 본질적으로 부분 균형 프레임워크를 사용하여 일반 균형 측정값을 얻었다고 이야기했다. 그는 원칙적으로 Harberger(1954)의 추정치가 실제 손실을 상당히 과소평가했다는 것을 의미할 수 있음을 보여주었다. Cowling과 Mueller(1978)는 미국 734개 기업과 영국 103개 기업에 대한 기업 수준 데이터를 사용했다. 기업 수준의 데이터를 사용했다는 것은 Cowling과 Mueller(1978)가 방정식 (3.10)을 직접 적용할 수 있었다는 것을 의미한다. 이들이 추정한 독점 복지 비용은 미국의 경우 GDP의 4~13%, 영국의 경우 4~7%에 달하며, 이는 Harberger(1954)의 추정치보다 훨씬 큰 규모이다.

Robert Hall(1988)은 생산 이론 접근법을 사용하여 미국의 20개 광범위한 제조업 부문에 대한 러너지수의 추정치를 도출했다. 그 결과는 표 3.3에 나와 있다. Domowitz, Hubbard, Petersen(1988)은 원자재 사용량 변화를 보정하여 Hall(1988)의 접근법을 사용하여 유사하지만 일반적으로 더 낮은 러너지수 추정치를 얻었다. Hall(1988)은 평균가격–원가 마진이 0.577임을 발견한 반면 Domowitz, Hubbard, Petersen(1988)은 평균이 0.37에 불과한 것으로 추정했다. 그러나 이보다 낮은 수치라도 비경쟁적 가격책정으로 인해 제조업 부문에서 상당한 수준의 후생손실이 발생하고 있음을 나타낸다.

표 3.3 Hall(1988)의 일부 산업에 대한 러너지수 추정치

산업	러너 인덱스
식품 및 친족 제품	0.811
담배	0.638
섬유 공장 제품	−0.214
의류	0.444
목재 및 목재	0.494
가구 및 비품	0.731
종이 및 제휴 제품	0.930
인쇄	0.950
고무 및 플라스틱	0.337
가죽 제품	0.524
돌, 점토 및 유리	0.606
1차 금속	0.540
가공 금속	0.394
기계	0.300
전기 장비	0.676
악기	0.284
기타 제조	0.777
커뮤니케이션	0.972
전기, 가스 및 위생 서비스	0.921
자동차	0.433
평균	0.57

Cowling과 Mueller(1978)의 분석에서 중요한 변화의 원인은 LI를 측정할 때 광고비용을 어떻게 취급하는가이다. 이는 후생손실을 결정할 때 한계비용 측정의 중요성에 대한 주의를 환기시킨다. 이 문제는 Aiginger와 Pfaffermayr(1997)에 의해 보다 최근에 다루어졌다. 이들은 완전경쟁의 압력이 없다면 기업들은 각기 다른 비용 효율성을 가진 산업에서 운영될 수 있다는 점을 인식하는 것에서 출발한다. 따라서 평균 산업 한계비용 $\overline{MC}$는 완전경쟁일 경우 강제되는 최소 평균비용이 아닐 가능성이 높다. Aiginger와 Pfaffermayr(1997)는 표준 과점 모델에서 얻은 결과(9장에서 도출할 것임)를 활용한다. 그 결과 $\overline{MC}$를 사용한 산업 가격−비용 마진 측정값은 산업 허핀달지수 HI (0에서 1까지 척도)를 산업 수요의 탄력성으로 나눈 값과 동일하다. 즉

$$\frac{P - MC}{P} = \frac{HI}{\eta} \quad \Rightarrow \quad \eta = HI\left(\frac{P}{P - \overline{MC}}\right) \tag{3.11}$$

이 결과를 방정식 (3.9)에 대입하면 다음과 같은 결과를 얻을 수 있다.

$$WL' = \frac{WL}{PQ} = \frac{1}{2}\left(\frac{P - MC}{P}\right)\left(\frac{P - MC}{P - \overline{MC}}\right)HI \tag{3.12}$$

위 용어 $\left(\frac{P - MC}{P - \overline{MC}}\right)$는 MC가 한계비용이기 때문에 1보다 크다. Aiginger와 Pfaffermayr(1997)는 이러한 MC를 경쟁력 있는 기업이 생존하는 데 필요한 비용 효율성이라는 가정

하에 업계에서 산업에서 가장 효율적인 기업의 한계비용으로 간주한다. 이 접근법을 사용하면 시장지배력의 후생 비용을 두 가지로 효과적으로 분해할 수 있다. 하나는 가격이 *산업* 평균 한계비용인 $P - \overline{MC}$와 같지 않기 때문에 발생하는 전통적인 후생손실 측정치이다. 다른 하나는 시장지배력이 최소 비용보다 높은 기업의 생존을 허용한다는 사실에 기인한다($\overline{MC} - MC$). 유럽연합의 시멘트 및 제지 회사 10,000곳의 데이터를 사용하여 Aiginger와 Pfaffermayr(1997)는 이러한 산업에서 시장지배력으로 인한 총 후생손실이 산업 매출의 9~11%에 이른다는 사실을 발견했다. 놀랍지 않게도 이 연구자들은 이러한 후생손실이 불완전한 경쟁이 허용하는 비용 비효율성 때문이라는 사실을 발견했다. 따라서 전통적인 복지 손실 측정치에 대한 이들의 추정치는 2~3% 정도이며, 비용 비효율성 손실은 7~7.5% 정도이다. 이러한 추정치를 전체 경제로 외삽하면 Harberger(1954)가 얻은 결과보다 Cowling과 Mueller의 추정치(1978)에 훨씬 더 가까운 결과를 얻을 수 있다.

이러한 모든 추정치를 평가할 때 적어도 두 가지 주의 사항을 염두에 두는 것이 중요하다. 첫째, 이 모든 계산에서 암묵적으로 가정하는 것은 모든 산업에서 완전경쟁이 가능하다는 것이다. 그러나 다음 장에서 살펴보겠지만, 비용과 기술로 인해 이러한 결과는 실현 가능성이 낮다. 모든 산업이 이러한 시장지배력에서 벗어날 수 있는 방법이 없기 때문에 독과점 가격 왜곡으로 인한 후생손실 추정치는 너무 높다. 둘째, 이러한 측정은 적극적인 반독점법 집행이 일반화된 데이터에서 취해진 조치이다. 이런 의미에서 이러한 측정은 독점으로 인한 후생손실의 잠재력을 과소평가한 것이다. 반독점법 집행이 없었다면 아마도 더 많은 시장지배력 남용이 있었을 것이며 관련 후생손실도 더 컸을 것이다.

요약

이 장에서는 시장구조와 시장지배력의 측정에 초점을 맞췄다. 우리는 종종 한 산업이 경쟁적 이상에서 어느 정도 벗어났는지를 하나의 수치나 지수로 요약하는 데 관심이 많다. 그런 다음 문제는 그러한 요약 측정을 구성할 수 있는지 여부와 방법이다.

집중도 지수(CR_4 또는 HI)는 시장구조에 대한 명시적인 척도이다. 두 지표 모두 기업 점유율을 업계 전체 생산량의 일부로 간주한다. 두 지표 모두 관련시장을 정확하게 정의하기 어렵다는 문제점이 있다. 그러나 일반적으로 경제학자들은 HI가 상위 기업 점유율뿐만 아니라 상대적인 기업규모의 차이도 반영한다는 사실로 인해 HI를 선호한다.

시장지배력을 명시적으로 측정하는 지표는 러너지수 Lerner Index 이다. 이 지수는 가격과 한계비용의 비교를 기반으로 하기 때문에 시장결과가 경쟁 이상에서 벗어나는 정도를 직접적으로 다룬다. 그러나 다른 측정 문제와 함께 한계비용을 정확하게 측정해야 하기 때문에 러너지수는 구조적지수만큼 사용하기 어렵다. 러너지수의 추정치는 독과점의 실제 효율성 비용을 추정하는 데 유용한 출발점 역할을 하기도 한다. 시장지배력의 문제가 실제로 얼마나 심각한지에 대한 일반적인 견해를 얻기 위해 많은 노력을 해왔다. 이러한 경험적 연구를 통해 GDP 대비 총 자중손실에 대한 다양한 추정치가 도출되었다. 하한 추정치는 독점력이 GDP의 10분의 1에 불과한 작은 비효율 비용만을 부과한다는 것이다. 그러나 상한 추정치는 14%에 달한다. 이러한 연구에서 중요한 매개변수는 일반적인 것으로 가정한 수요의 탄력성이다.

앞서 언급한 문제가 해결되는 한 CR_4, HI, 러너지수는 산업의 경쟁력을 특징짓는 데 유용한 출발점이 될 수 있다. 그러나 산업의 집중도 및 가격-비용 마진은 하늘에서 뚝 떨어지는 것이 아니다. 대신, 이러한 지표는 모두 여러 요인의 상호작용에서 비롯된다. 이러한 요인 중 하나는 생산비용의 특성이다. 다음 장에서는 산업 결과를 형성하는 데 있어 기술과 비용이 어떤 역할을 하는지 살펴본다.

연습 문제

1. 다음 표는 1994년 세 가지 종이 제품시장에 대한 미국 시장점유율 데이터를 백분율로 나타낸 것이다.

페이셜티슈		화장지		페이퍼 타올	
회사	점유율 %	회사	점유율 %	회사	점유율 %
Kimberly-Clark	48	Proctor & Gamble	30	Proctor & Gamble	37
Proctor & Gamble	30	Scott	20	Scott	18
Scott	7	James River	16	James River	12
Georgia Pacific	6	Georgia Pacific	12	Georgia Pacific	11
Other	9	Kimberly-Clark	5	Scott	4
		Other	16	Other	18

a. 각 산업에 대한 4사 집중 비율을 계산하라.
b. 각 산업의 HI 지수를 계산하라.
c. 어떤 산업이 가장 집중도가 높다고 생각하는가?

2. 세 개의 회사로 구성된 시장을 생각해 봅시다. 기업 1은 기간당 23대를 생산하고 판매한다. 기업 2는 기간당 19개를 생산하고 판매하는 반면, 기업 3의 주기적 생산량과 판매량은 15개이다. (역) 시장수요는 다음과 같이 추정된다: $P = 100 - Q$, 여기서 Q = 총생산량 $= q_1 + q_2 + q_3$. 시장가격과 시장수요의 탄력성, 각 기업의 시장점유율을 결정하라. 이제 방정식 (3.5)를 사용하여 각 기업의 한계비용을 결정하라. 한계비용과 시장점유율 사이에는 어떤 관계가 있는가?

3. 모노폴리 에어는 지역 교통 당국에 현재도 모노폴리 에어 비행기는 일반적으로 예약된 좌석의 60%만 비행하고 있기 때문에 추가 항공 서비스에 대한 시장의 필요성과 시장 공간이 없다고 주장하고 있다. 따라서 효율적인 규모의 항공사 두 개를 유지할 만큼 시장이 충분히 크지 않다고 주장한다. 이 주장을 평가하라. 모노폴리 에어 항공편의 예약률이 낮은 이유는 무엇인가? 이는 새로운 경쟁자를 위한 "시장 공간"이 없다는 것을 증명하는 것인가?

4. 러너지수를 $LI = 1/\mu$로 정의했는데, 여기서 μ는 수요탄력성의 절대값이다. 또한 LI는 $(P - MC)/P$로도 표현할 수 있음을 보여주었다. 이러한 관계를 사용하여 LI는 절대 1을 초과할 수 없음을 보여라. 이것이 독점사업자에 대해 관찰해야 하는 최소 수요탄력성이란 무엇을 의미한가?

참고문헌

Aiginger and Pfaffermayr. 1997. "Looking at the Cost Side ofMonopoly," *Journal of Industrial Economics* 44 (September): 245–67.

Bergson, A. 1973. "On Monopoly Welfare Losses," *American Economic Review* 63 (December): 853–70.

Cowling, K., and D. C. Mueller. 1978. "The Social Cost of Monopoly Power," *Economic Journal* 88 (December): 727–48.

Damgaard, C. 2007. "Lorenz Curve." From *MathWorld*–A Wolfram Web Resource, created by Eric W. Weisstein. http://mathworld .wolfram.com/LorenzCurve.html

Davies, S. W., and C. Morris. 1995. "A New Index of Vertical Integration: Some Estimates for UK Manufacturing," *International Journal of Industrial Organization* 13:151–78.

Domowitz, I., R. G. Hubbard, and B. Petersen. 1988. "Market Structure and Cyclical Fluctuations in Manufacturing," *Review of Economics and Statistics* 70 (February): 55–66.

Ellison, G. 1994. "Theories of Cartel Stability and the Joint Executive Committee," *Rand Journal of Economics* 25 (Spring): 37–57.

Elzinga,K. 1989. "Unmasking Monopoly Power: Four Types of Economic Evidence," in R. Larner and J. Meehan, Jr., eds., *Economics and Antitrust Policy*.

Westport, CT: Greenwood Press.

Elzinga, K., and Hogarty. 1978. "The Problem of GeographicMarketDelineationRevisited: The Case of Coal," *Antitrust Bulletin* 23 (Spring): 1–18.

Gort,M. 1962. *Diversification and Integration in American Industry*. Princeton: Princeton University Press.

Hall, R. 1988. "The Relation Between Price and Marginal Cost in U. S. Industry," *Journal of Political Economy* 96 (October): 921–47.

Harberger, A. 1954. "Monopoly and Resource Allocation," *American Economic* Review 45 (May): 77–87.

Hovenkamp, H. J. 1994. *Federal Antirust Law Policy: The Law of Competition and Its Practice*. St. Paul: West Publishing.

Porter, R. 1983. "A Study of Cartel Stability: The Joint Executive Committee, 1880–1886," *Bell Journal of Economics* 14 (Autumn): 301–14.

Sleuwaegen, L., and W. V. Dehandschutter. 1986. "The Critical Choice between the Concentration Ratio and the H-Index in Assessing Industry Performance," *Journal of Industrial Economics* 35 (December):193–208.

Sleuwaegen, L., W. V. Dehandschutter, and R. DeBondt. 1989. "The Herfindahl Index and Concentration Ratios Revisited," *Antitrust Bulletin* 34 (Fall): 625–40.

Stocking, G., and W. Mueller. 1955. "The Cellophane Case and the New Competition," *American Economic Review* 45 (March): 29–63.

Industrial Organization

Contemporary Theory and Empirical Applications

제 4 장

기술 및 비용

Technology and Cost

차례

4.1 ▸ 단일제품 기업을 위한 생산기술 및 비용 함수
4.2 ▸ 매몰비용 및 시장구조
4.3 ▸ 비용 및 다중제품 회사
4.4 ▸ 실습을 통한 학습 및 경험곡선
4.5 ▸ 산업구조의 비용 결정 요인
4.6 ▸ 실증적 적용: 은행업의 규모 및 범위의 경제
요약
연습 문제

2001년 말, Microsoft는 최초의 *Xbox* 비디오 게임 콘솔을 출시했다. 몇 가지 게임만 제공되던 비교적 단순한 이 모델은 300달러의 소매가로 판매되었다. 2004년에는 Microsoft가 새로운 *Xbox 360* 시리즈 출시를 준비하면서 기술적 개선에도 불구하고 가격이 150달러로 떨어졌다. 2005년에는 기본 또는 *코어* 모델 360이 300달러에 출시되었는데, 60GB 하드 드라이브가 장착된 *아케이드* 시리즈로 대체되면서 2008년에는 200달러로 가격이 떨어졌다. 이후 2년 동안 하드 드라이브 용량이 250GB로 커지고 더 많은 기능과 게임이 추가되었음에도 불구하고 가격은 더 떨어졌다. 이 글을 쓰고 있는 지금, *Xbox 360S* 시리즈와 전신 게임을 즐길 수 있는 *키넥트* 스캐너를 번들로 묶어 250달러에 판매하고 있다. 요약하면, 지난 10년 동안 다른 소비재 가격이 25%(연간 약 2.6%) 이상 상승했음에도 불구하고, 특히 크게 개선된 기술 기능을 고려하면 *Xbox* 게임 콘솔의 가격은 하락했다.

Microsoft의 가격 전략은 소니, 닌텐도 등 다른 비디오 게임 플랫폼 제작사와의 경쟁을 부분적으로 반영한 것이 분명하다. 그러나 가격 선택의 수익성은 해당 가격으로 판매되는 총 판매량의 각 단위를 생산하는 데 드는 비용에 따라 크게 달라지기 때문에 위의 가격에는 *Xbox* 생산비용도 반영되어야 한다. 일반적으로 생산비용은 기업의 행동과 산업구조에 모두 영향을 미친다. 제너럴 밀스, 켈로그, 제너럴 푸드(포스트), 퀘이커 오츠 등 4개 기업은 현재 미국 즉석 아침식사 시리얼 업계에서 매출의 약 80%를 차지하고 있다. 반면, 게임과 장난감의 경우 상위 4개 제조업체가 전체 제품의 35~45%를 차지하며, 비디오 게임은 포함되지 않는다. 이 장에서는 이러한 산업구조의 극적인 차이를 이해하는 데 도움이 되는 주요 비용 개념을 소개한다.[1]

1 Panzar (1989)는 이 주제를 더 자세히 다루고 있다.

4.1 단일제품 기업을 위한 생산기술 및 비용함수

기업의 기술이란 무엇인가? 여기서 말하는 기업의 기술이란 주어진 투입물이 어떻게 기업의 산출물로 변환되는지를 설명하는 생산 관계이다. 이러한 의미에서, 기업은 전적으로 생산 단위로 구상하는 전통적인 신고전주의 접근 방식을 채택한다. 이 생산 단위의 목표는 이익 극대화이며, 이는 다시 특정 수준의 생산량을 만드는 데 드는 비용을 최소화하는 것을 의미한다.

신고전주의적 접근법에도 약점이 없는 것은 아니다. 투입 및 산출 가격의 변화에 따라 기업의 생산 계획이 어떻게 변화하는지는 설명하지만, 그 계획이 실제로 어떻게 실행되거나 관리되는지에 대해서는 거의 설명하지 않는다. 즉, 기업 내부에서 어떤 일이 일어나는지, 특히 생산 계획의 설계 및 실행 과정에서 경영진, 근로자, 주주의 다양한 이해관계가 어떻게 조정되는지에 대해서는 거의 설명하지 않는다.[2]

또한, 기업 내부에서 어떤 일이 일어나든 이러한 내부 관계는 기업과 고객 및 공급업체와 같은 기업 외부에 존재하는 외부적인 관계와 다르다는 것은 분명하다. 시장은 일반적으로 이러한 외부 관계를 매개한다. 고객과 공급업체는 시장가격에 따라 기업으로부터 구매하고 기업에 판매한다. 그러나 기업 내부의 관계는 계층적 통제와 같은 비시장적 방법으로 조직화된다. 따라서 노벨 경제학상 수상자 Ronald Coase(1937)가 설득력 있게 주장한 것처럼, 기업의 경계는 실제로 비시장적 비즈니스 거래와 시장적 거래의 사용 사이의 경계이다. Coase가 제기한 질문은 무엇이 이 경계를 결정하는가 하는 것이다. 재화의 생산이 소수의 대기업이 아닌 여러 기업에 분산되어 있는 이유는 무엇일까? 실제로 모든 생산을 하나 또는 소수의 거대하고 다각화된 다품종 소량 생산 기업이 조직하는 데에는 어떤 한계가 있을까?

Coase(1973)가 제기한 질문은 기업에 대한 단순한 신고전주의적 관점으로는 답할 수 없다. 그렇다고 경제학이 이러한 문제를 전혀 다룰 수 없다는 것은 아니다. 수년에 걸쳐 많은 학자들이 일반적으로 두 가지 사실에 대한 인식에 뿌리를 둔 기업 이론을 개발해 왔다. 첫째, 일반적으로 가능한 모든 우발적 상황을 포괄하는 계약서를 작성하는 것은 불가능하다. 따라서 계약은 불완전할 수밖에 없다. 둘째, 정보는 비대칭적인 경우가 많다. 관리자는 주주가 접근할 수 없는 정보를 가지고 있다. 직원들은 관리자가 모르는 것을 알고 있다.

계약이 완전할 수 없다는 사실은 일반적으로 계약에 포함되지 않은 모든 우발적 상황을 처리하기 위한 수단으로 회사 내에서 권한 관계가 필요할 수 있다(Williamson 1975). 특히 두 계약 당사자, 즉 기업과 공급업체가 계속 협력해야만 수익을 낼 수 있는 특수한 투자가 필요한 경우 더욱 그렇다. 그렇지 않으면, 일단 그러한 투자가 이루어지면 그 비용을 지불한 당사자는 이러한 자산에 대한 대체 용도가 거의 없기 때문에 공급 가격 등 계약 조건을 설정할 때 불리한 입장에 처할 수 있다(Williamson 1975, Grossman and Hart 1986, Hart and Moore 1990, Hart 1995). 마찬가지로, 비대칭 정보의 존재는 무임승차 및 도덕적 해이 문제를 야기할 수 있으며, 이는 다른 사람의 업무 노력을 모니터링하고 그 대가로 잔여 보수를 받는 사람이 포함된 조직 구조를 통해서만 해결될 수 있다(Alchian and Demsetz 1972, Holmstrom 1982, Holmstrom and Milgrom 1994). Daniel Spulber의 최근 저서(2009)에서 알 수 있듯이 기업의 본질에 관한 이러한 문제와 관련 이슈는 경제학 연구의 중요한 주제로 계속 등장하고 있다.

2 이러한 문제에 대한 논의는 Milgrom,Roberts (1992)를 참조하시오.

그러나 기업규모와 시장구조에 대한 신고전주의적 접근법이 한계가 없는 것은 아니지만, 여전히 통찰력이 있다. 우리의 목적을 위해 기관 및 거래비용 문헌에서 제기하는 문제를 인식하는 것은 유용하지만, 이러한 문제를 모두 만족스럽게 탐구하는 것은 이 책의 범위를 넘어서는 것이다. 한계를 인정하는 한 신고전주의적 기업 관점을 통해 우리는 많은 목표를 달성할 수 있을 것이다. 따라서 다음 논의에서 기업은 복잡한 조직이 아니라 단순히 이익을 극대화하는 생산 단위로 해석된다는 점을 명심해야 한다.

4.1.1 주요 비용 개념

표준 미시경제학 이론은 생산기술 측면에서 기업을 설명한다. 단일제품의 수량 q를 생산하는 기업의 생산 함수는 다음과 같은 특징을 갖는다. $q = f(x_1, x_2, \ldots, x_k)$. 이 함수에서 첫 번째 투입의 x_1, 두 번째 투입의 x_2 등의 수준에서 k개의 서로 다른 투입을 통해 회사가 생산하는 수량 q를 지정한다. 이 기술은 함수의 정확한 형태인 $f(\ )$에 반영된다. 결국 이 기술의 특성이 기업 비용의 핵심 결정 요인이 된다.

기업은 이익을 극대화하기 위해 산출량 q와 관련 입력 $x_1, x_2, \ldots, x_k$를 선택하는 단일 의사결정 단위로 취급된다. 이러한 선택에 접근하려면 먼저 기업의 생산량과 그에 따른 생산비용 간의 관계, 즉 기업의 비용함수를 파악하는 것이 편리하다. 즉, 특정 생산량 $\bar{q}$와 가격 $w_1, w_2, \ldots, w_k$의 입력이 주어지면 총 생산비용을 최소화하는 각 투입 레벨 $x_1, x_2, \ldots, x_k$을 선택하는 고유한 방법이 있다. 기업은 문제를 해결하는 투입 조합을 선택하여 이 해를 얻는다:

$$\underset{x_i}{Minimize} \sum_{i=1}^{k} w_i x_i \tag{4.1}$$

위 식은 $f(x_1, x_2, \ldots, x_k) = \bar{q}$라는 제약 조건이 적용된다.

다양한 수준의 산출 $\bar{q}$에 대한 문제를 해결하면 단위 시간당 가능한 각 생산 수준의 비용의 최소값을 구할 수 있다. 이러한 비용과 생산량 간의 관계를 기업의 비용함수로 설명할 수 있다. 일반적으로 기업의 비용함수를 $C(q) + F$로 표현하며 고정비용, 평균 또는 단가, 한계비용이라는 세 가지 주요 비용 개념을 도출할 수 있다.

1. *고정비용*: 고정비용 개념은 F라는 용어에 반영되어 있다. 이 용어는 기업이 각 기간에 발생해야 하는 특정 지출 금액을 나타내며, 이는 기업이 생산하는 생산량과 관련이 없다. 즉, 기업이 0개를 생산하든 천 개를 생산하든 F가 발생해야 하므로 고정이라는 용어가 사용된다. 이는 생산량 변화에 따라 달라지는 $C(q)$로 설명되는 가변비용 부분과 구별된다. 고정될 수 있는 비용에는 특정 규모의 공장에 대한 자금 조달과 관련된 이자 비용 및 광고비용이 포함된다. 그러나 이러한 비용은 단기적으로만 고정될 수 있는 경우가 많다. 장기간에 걸쳐 회사는 운영하고자 하는 공장 규모와 홍보 활동을 조정할 수 있다. 이에 따라, 이러한 비용은 장기간에 걸쳐 고정이 되지 않을 수 있다.
2. *평균비용*: 기업의 평균비용은 단순히 생산 단위당 지출을 측정한 것으로, 총 비용을 총 생산량으로 나눈 값이다. 이 비용 측정값은 생산량에 따라 달라지므로 대수적으로 $AC(q) = [C(q) + F]/q$로 표현할 수 있다. 평균비용을 고정비용과 변동비용으로 분해할 수 있다. 평균고정비용은 단순히 산출 단위당 총 고정비용, 즉 F/q이다. 평균가변비용 $AVC(q)$

는 마찬가지로 산출 단위당 총 가변비용인 $C(q)/q$에 불과하다. 또는 평균가변비용은 평균비용에서 평균고정비용을 뺀 값으로, $AVC(q) = AC(q) - F/q$이다.

3. *한계비용*: 기업의 한계비용 $MC(q)$는 생산량을 한 단위 늘릴 때 발생하는 총 비용에 추가되는 비용으로 계산된다. 또는 기업이 생산량을 한 단위 감소시킴으로써 실현되는 총 비용의 절감액으로 정의될 수도 있다.[3]

이제 네 번째 핵심 비용 개념인 *매몰비용*을 설명해 보겠다. 고정비용과 마찬가지로 매몰비용은 생산량과 무관한 비용이다. 그러나 매 기간마다 발생하는 고정비용과 달리 매몰비용은 특정 날짜 이전, 즉 진입일 이전에만 발생하는 비용이다. 예를 들어, 의사는 수술을 하기 위해 면허를 취득해야 한다. 마찬가지로 기업이 시장에 진입하기 전에 시장 및 제품 조사를 수행하거나 고도로 전문화된 장비를 설치해야 할 수도 있다. 라이선스 비용, 연구 비용, 전문 자산에 대한 지출은 후속 생산량과 무관할 가능성이 높으므로 이러한 의미에서 고정된 비용이라 할 수 있다. 더 중요한 것은 의사나 회사가 나중에 폐업을 결정할 경우 이러한 특수 지출 중 일부만 회수할 수 있다는 것이다. 다른 의사에게 면허를 판매하는 것은 어려울 것이며 첫 번째 의사가 지불한 가격으로는 확실히 어려울 것이다. 마찬가지로 연구 비용도 폐업 시 회수할 수 없으며, 전문 자산을 초기 취득 비용에 가까운 가격으로 판매하는 것도 불가능하다. 예를 들어, 시멘트 제조에 필요한 가마는 고철로 사용하는 것 외에는 대체할 수 있는 용도가 거의 없다. 도요타가 미국 자동차 제조 공장을 건설하는 데 투자한 생산 라인, 로봇, 기타 고도로 전문화된 기계 등 자본 비용의 대부분은 다른 용도가 없다. 이와는 대조적으로, 젯블루가 보스턴과 마이애미 사이의 새로운 노선을 개설하는 데 사용한 비행기는 해당 노선의 승객 수가 운영을 계속하기에 충분하지 않은 것으로 판명되면 재배치할 수 있다. 즉, 매몰비용은 나중에 시장에서 철수하기로 결정할 경우 회수할 수 없는 초기 진입 비용이다.

4.1.2 비용 변수 및 산출량 결정

그림 4.1은 표준 교과서 평균비용함수인 $AC(q)$와 그에 상응하는 한계비용함수인 $MC(q)$를 보여준다. 2장에서 설명한 것처럼, 어떤 기간 동안 이익을 극대화하려면 기업은 한계수익이 한계비용과 같은 곳에서 생산해야 한다. 따라서 한계비용은 기업이 생산해야 하는 양을 결정하기 위한 관련 비용 개념이다. 한 가지 주의할 점은 한계비용은 기업이 어떠한 생산량을 생산할 것이라는 점을 고려할 때, 얼마나 생산해야 하는지 결정하는 데 중요하다는 것이다.

예를 들어 수요가 매우 약하다고 가정해 보겠다. 이러한 경우 한계비용과 한계수익을 동일시하면 가격이 평균비용 이하로 떨어질 수 있다. 가격이 평균비용보다 낮으면 회사는 판매하는 모든 단위에서 손실을 보게 된다. 장기적으로는 이런 상황이 지속될 수 없다. 따라서 가격이 평균비용보다 낮게 유지되면 회사는 결국 문을 닫게 된다. 이러한 폐쇄가 더 빨리 또는 더 늦게 발생하는지 여부는 가격과 평균가변비용인 $AVC(q)$ 사이의 관계에 따라 달라진다. 가격이 평균변동비용을 초과하면 기업은 단기적으로는 계속 운영될 것이다. 가격이 평균변동비용보다 높으면

3 한계비용은 총 비용함수의 기울기이므로 미분 항으로 정의된다: $MC(q) = dC(q)/dq$(부록 참조). 다공장 기업의 경우, 총생산량은 그대로 둔 채 생산물 한 단위를 공장 J에서 공장 I로 생산량을 이동하면 총 비용이 $MC_i - MC_j$에 의해 일정량 변경된다는 점에 유의해야 한다. 따라서 $C(q)$가 최소화된 한계비용이라면 모든 공장의 한계비용은 동일해진다.

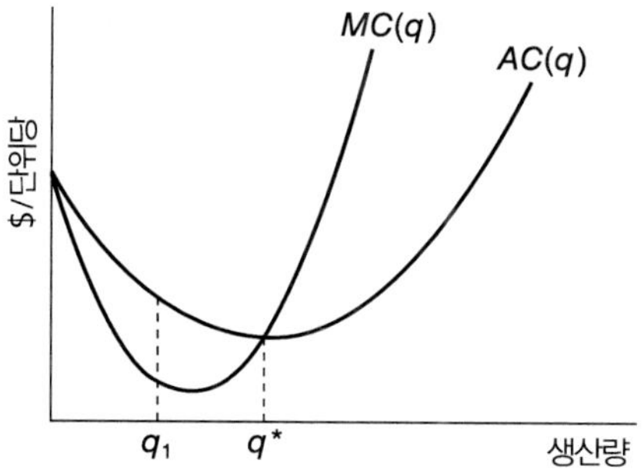

그림 4.1 일반적인 평균 및 한계비용 곡선

기업은 판매하는 각 유닛에서 약간의 영업이익을 얻을 수 있으며, 이를 통해 고정비용의 일부를 충당할 수 있는 자금을 확보할 수 있다. 그러나 가격이 평균변동비용보다 낮으면 회사는 즉시 문을 닫게 된다.

가격과 평균비용을 고려하면 기업의 의사 결정에서 매몰비용이 어떤 역할을 하는지 파악할 수 있다. 다시 말하지만, 어떤 기간의 단위당 수익은 단순히 가격에서 평균비용인 $P - AC(q)$를 뺀 값이다. 모든 기간의 총 수익은 단위당 수익에 단위 수를 곱한 값, 즉 $[P - AC(q)]q$이다. 기업은 산업에 진입하기 전에 최소한 손익분기점을 예상해야 한다. 진입에 라이선스 비용이나 연구 비용과 같은 매몰비용이 발생하면 기업은 초기 매몰비용을 충당할 수 있을 만큼 후속 기간에 충분한 수익을 올릴 수 있다고 믿어야 한다. 그렇지 않으면 시장에 진입하지 않을 것이다. 공식적으로, 미래 예상 수익의 할인된 현재가치는 적어도 진입 매몰비용만큼 커야 한다. 하지만 일단 시장에 진입하면 매몰비용은 더 이상 의미가 없다는 것에 유의해야 한다. 진입 결정이 내려지고 매몰비용이 발생하면 기업이 할 수 있는 최선은 위의 처방을 따르는 것이다. 단기적으로 가격이 평균변동비용보다 크다면 한계수익이 한계비용과 같은 곳에서 생산하고, 그렇지 않다면 문을 닫는 것이다. 장기적으로는 가격이 평균비용보다 크면 한계수익이 한계비용과 같을 때 생산하고, 그렇지 않으면 철수한다. 매몰비용은 진입 결정에 영향을 미치며, 진입 후 얼마를 생산할지 결정하거나 퇴출을 결정할 때 영향을 미치지 않는다.

요약하면, 평균비용의 개념은 기업이 장기적으로 양의 산출물을 생산할지 여부와 관련이 있으며, 평균변동비용의 개념은 기업이 단기적으로 양의 산출물을 생산할지 여부와 관련이 있다. 한계비용의 개념은 기업이 양의 양을 생산하기로 선택했을 때 얼마나 많은 양의 산출물을 생산할 것인가와도 관련이 있다. 매몰비용은 애초에 시장에 진입하기로 한 결정에 관련이 있다.

4.1.3 비용 및 시장구조

그림 4.1을 자세히 살펴보면 평균비용과 한계비용 사이에 중요한 관계가 있음을 알 수 있다. 산출 q_1에서와 같이 한계비용이 평균비용보다 작을 때, 생산량을 확대하면 평균비용이 감소한다. 반대로, 한계비용이 평균비용보다 큰 경우, 생산량을 늘리면 평균비용이 증가한다. 그림에서 한계비용은 평균비용이 지속적으로 감소하는 범위인 q^*보다 작은 모든 산출량에 대해 평균비용보다 작다. 반대로, 평균비용이 지속적으로 상승하는 범위인 q^*보다 큰 경우, 한계비용은 평균비

표 4.1 평균 및 한계비용

산출량	총 비용($)	평균비용($/산출)	한계비용(Δ$/Δ 산출)	규모의 경제지수(S)
5	725	145	–	–
6	816	136	96	1.42
7	917	131	104	1.26
8	1024	128	113	1.13
9	1143	127	123	1.03
10	1270	127	132	0.96
11	1408	128	151	0.85
12	1572	131	–	–

용보다 크다. 이러한 특성은 모든 비용함수에 적용된다. 한계비용이 평균비용보다 낮을 때마다 평균비용은 하락하며, 한계비용이 평균비용을 초과할 때마다 평균비용은 상승한다. 평균비용이 최소화되면 바로 한계비용과 평균비용이 같다는 것을 알 수 있다.

기본 비용 관계는 표 4.1에 가상의 예를 들어 설명되어 있다(이 표의 매개변수 S는 아래에 설명되어 있다). 이 표는 가상의 회사에 대한 총비용, 평균비용, 한계비용 데이터의 측정값을 제공한다.[4] 이 표는 평균비용이 한계비용보다 높으면 떨어지고, 한계비용보다 낮으면 상승하며, (수치가 이산 근사치이므로) 최소 평균비용 값에서는 본질적으로 한계비용과 같다는 점을 위에서 설명한 내용을 설명한다. 이 장의 부록에서는 비용 측정과 비용함수에 대한 공식적인 도출을 제시한다.

위에서 언급한 바와 같이, 기업 생산이 수익을 내기 위해서는 손익분기점을 예상해야 한다. 즉, 평균비용과 매몰비용 모두 시장구조를 결정하는 데 중요한 역할을 한다. 먼저 평균비용에 대해 고려해 보겠다.

생산량이 증가함에 따라 평균비용이 감소한다는 것은 운영 규모가 증가함에 따라 생산량 단위당비용이 감소한다는 것을 의미한다. 이러한 상황을 규모의 경제가 있는 상태라고 설명하는 것은 당연하다. 그러나 생산량이 증가함에 따라 단가가 상승하면 규모의 경제가 존재하지 않는다고 말한다. 근본적으로 규모의 경제 또는 규모의 비경제의 존재여부는 기반하고 있는 기술을 반영한다. 일부 생산 요소는 단순히 작은 생산 수준으로 축소할 수 없다. 예를 들어, 네브래스카주 오마하와 링컨을 잇는 여객 철도 서비스를 제공하려면 하루 열차 운행 횟수가 1편이든 20편이든 약 60마일의 선로가 필요하다. 따라서 현재 선로를 소유하고 있는 화물 회사로부터 선로를 임대하는 여객 열차 회사는 승객이 많든 적든 동일한 임대료를 지불해야 한다.

하지만 규모의 경제를 실현하는 것은 단지 고정비용이 많기 때문만은 아니다. 많은 생산적인 프로세스에서, 규모가 커짐에 따라 발생하는 효율성이 있다. 우선, 200여 년 전 애덤 스미스가 언급한 것처럼 규모가 커지면 분업이 더 잘 이루어진다.[5] 이는 다시 전문화와 보다 효율적인 생산을 가능하게 한다. 때로는 단순한 수학이 중요한 규모의 효과를 낳기도 한다. 예를 들어, 컨

4 표 4.1에서 한계비용은 한 단위 더 생산하는 비용의 증가와 한 단위 덜 생산하는 비용의 감소의 평균으로 계산된다.

5 스미스의 고전인 *국부론*에는 핀 공장에서의 분업과 이를 통한 생산성 향상에 대한 유명한 설명이 포함되어 있다.

테이너의 비용은 표면적(기본적으로 반지름의 제곱)에 비례하여 상승하는 반면, 용량은 부피(기본적으로 반지름의 제곱)에 비례하여 상승한다는 것은 잘 알려진 사실이다. 따라서 10 × 10 × 10 입방체는 1,000입방피트를 담을 수 있는 반면, 20 × 20 × 20 입방체는 8,000입방피트를 담을 수 있다. 재료 및 인건비 측면의 비용은 표면적에 따라 달라지지만 생산량은 부피에 따라 달라지므로 컨테이너 크기가 커질수록 비용도 비례하지 않게 증가한다는 것을 알 수 있다. 이는 생산량이 증가함에 따라 단가가 감소한다는 것을 의미한다. 구체적으로, 생산량이 10% 증가할 때마다 단가는 약 3% 감소한다.[6] 파이프라인을 통해 천연가스를 분배하거나 용융 유리를 대형 오븐에 보관하는 유리 제품 제조와 같은 다양한 공정의 경우, 대량으로 운영하는 것이 단위당비용이 적게 든다는 것을 시사한다.[7]

규모의 경제 원천이 무엇이든, 규모의 경제가 평균비용의 하락으로 나타난다는 사실은 규모의 경제의 존재를 정확하게 측정할 수 있는 방법을 제공한다. 평균비용의 감소는 한계비용이 평균비용보다 낮을 때만 관찰할 수 있다는 것을 알고 있기 때문이다. 마찬가지로 규모의 비경제가 존재하거나 평균비용이 상승하려면 한계비용이 평균비용보다 높아야 한다. 따라서 측정값 S를 평균비용과 한계비용의 비율로 정의하면 규모의 경제 정도를 정확하게 파악할 수 있다. 즉,

$$S = \frac{AC(q)}{MC(q)} = \frac{[C(q) + F]/q}{MC(q)} = \frac{C(q) + F}{qMC(q)} \tag{4.2}$$

S가 1을 초과할수록 규모의 경제의 범위가 커진다. 이러한 설정에서는 생산량이 1% 증가해도 비용은 1% 미만 증가한다. 반대로 S가 1 미만인 경우 규모의 경제가 존재한다. 생산량 1% 증가는 이제 1% 이상의 비용 증가로 이어진다. 마지막으로, $S = 1$일 때는 규모의 경제나 규모의 비경제가 모두 존재하지 않는다. 이 경우 생산기술이 일정한 규모의 수익률을 나타낸다.

우리는 *최소효율규모* **minimum efficient scale** 를 규모의 경제가 소진되는 가장 낮은 수준의 생산량, 즉 $S = 1$로 정의한다. 그림 4.1에서 최소 효율 규모는 q^*이다.

표 4.1에서 $q = 6$에서 S 값은 다음과 같이 근사화할 수 있다. 추가로 생산량을 6에서 7로 늘리는 데 드는 총 비용은 $101이다. q를 한 단위 감소시키는 총 비용의 감소는 $91이다. 따라서 정확히 $q = 6$에서 한계비용의 대략적인 측정값은 이 두 숫자의 평균, 즉 $96이다. $q = 6$에서의 평균비용은 $136이다. 따라서 $S = 136/96 = 1.42$가 된다. S는 총 산출의 증가율을 총 비용의 증가율로 나누어 추정할 수도 있다. 예를 들어, 생산량이 6에서 7로 증가하면, 비율은 다음과 같다:

$$\frac{1}{6} \times 100\% = 16.67\%$$

한편, 이러한 생산량 증가는 총 비용의 백분율 증가를 유도한다.

6 천연가스 파이프라인에 대한 Chenery(1949)의 고전적인 연구는 이러한 기술적 관계를 보여준다.

7 여기에 제시된 기술적 설명은 특정 생산기술과 관련된 규모의 경제를 단일 기업 내에서 활용해야 하는 이유를 명확하게 설명하지 못한다는 점에서 신고전주의적 접근법의 단점을 반영한다. 예를 들어, 두 개 이상의 기업이 파이프라인을 공동으로 소유할 수 있다. 실제로 자연독점의 경우 직접 규제의 대안으로 공동 소유 또는 공동 소유를 사용하는 것에 대한 지지가 증가하고 있다. Gale(1994)을 참조하시오.

$$\frac{917 - 816}{816} \times 100\% = 12.37\%$$

그러면 이 두 비율의 비율은 16.67%/12.37% = 1.35%이다. 이는 평균비용과 한계비용값의 비율을 사용하여 구한 S (=1.42)의 측정값과 크게 다르지 않다. 실제로 생산량을 더 연속적으로 변경할 수 있어서 6.5개 또는 6.25개 생산비용을 고려할 수 있다면 두 측정값은 동일할 것이다.

생산량 변화율에 대한 총 비용 변화율의 비율을 생산량 대비 비용의 탄력성이라고 한다. 방금 살펴본 바와 같이 이 비율의 역수(산출량 변화율을 비용 변화율로 나눈 값)는 규모의 경제를 나타내는 좋은 지표이다. 즉, S는 주어진 비용의 비례적 증가에 대해 얻을 수 있는 산출량의 비례적 증가를 측정한다.

4.1 ▸ 실습문제

산출량 $q = 11$에서 표 4.1의 규모경제지수가 실제로 0.85가 되는지 확인하시오.

평균비용 또는 규모의 경제의 정도는 산업구조와 어떤 관련이 있을까? 그림 4.1로 돌아가서, q^*보다 작은 모든 산출량 수준에서 $S > 1$임을 알 수 있다. 이 범위의 모든 산출량 수준에서 규모의 경제가 존재한다. 이와 대조적으로, q^*보다 큰 모든 산출량에서 $S < 1$이다. 이제 가격이 0으로 하락하더라도 시장의 최대 범위가 q^* 미만인 조건을 나타내는 다른 정보가 있다고 가정해 보겠다. 그러면 관련 생산 범위 전체에 규모의 경제가 존재한다고 말할 수 있다. 다시 말해, 이러한 시장에서는 규모의 경제가 전체적 *global* 으로 존재한다.

규모의 경제가 글로벌한 경우 해당 시장은 자연독점 시장이다. "자연적"이라는 용어는 한 기업이 전체 시장을 공급하는 것이 두 개 이상의 기업이 공급하는 것보다 저렴하기 때문에 이 시장에서 독점이 (거의) 불가피한 결과라는 의미를 반영하기 위한 것이다. 예를 들어, 그림 4.1에서 q^* 수량을 생산하는 가장 저렴한 방법은 한 기업이 전체 양을 생산하는 것이다. 대신 두 기업이 이 생산량을 균등하게 나누어 각각 생산량 $q_1 = q^*/2$를 생산한다면, 이 두 기업의 평균비용은 단일 기업이 생산량 q^*보다 높을 것이다.

이제 시장구조를 결정하는 데 있어 규모의 경제의 역할이 명확해졌다. 경제가 글로벌화되면 효율적인 시장에는 기업이 하나 이상 존재하지 않을 것이다. 글로벌 기업이 아니라 단순히 규모가 큰 경우에도 효율성을 위해 모든 생산이 한 기업에서 이루어져야 할 수 있다. 일반적으로 규모의 경제 범위가 클수록, 즉 평균비용이 최소화되는 생산량이 클수록 시장에서 효율적으로 운영할 수 있는 기업의 수는 줄어든다. 따라서 규모의 경제가 커지면 시장이 집중되는 경향이 있다.

4.2 ▸ 실습문제

다음 비용 관계를 고려하시오: $C = 50 + 2q + 0.5q^2$.

a. 평균비용에 대한 식을 유도하시오. $q = 4$, $q = 8$, $q = 10$, $q = 12$, 그리고 $q = 15$에 대한 평균비용을 그려보시오.

b. 한계비용은 생산량이 한 단위 증가할 때 발생하는 비용 상승(ΔC)으로 근사화할 수 있다($\Delta q = 1$). 그러나 생산량이 한 단위 감소할 때 발생하는 비용 하락($\Delta q = -1$)으로 근사화할 수도 있다. 이 두 가지 측정값은 완전히 동일하지 않을 수 있으므로 평균을 사용하는 경우가 많다. 위의 비용 관계에 따라 다음과 같은 한계비용 추정치가 도출되는 것을 보이시오. $MC = 2 + q$.

c. 규모의 경제 지수 S를 계산하시오. 어떤 값의 q에 대해 다음과 같은 경우가 발생하는가? $S > 1$, $S = 1$, $S < 1$?

현실 체크포인트

호텔 전화 요금이 고정될 수 있다.

솔트레이크시티의 Hampton Inn에 들르는 비즈니스 여행객들은 종종 휴대폰 전원을 끄고 훨씬 비싼 요금에도 불구하고 객실 전화기에만 의존하는 경우가 많다. 일부 호텔에서는 객실 전화 사용료가 국내 전화의 경우 분당 2달러 이상, 국제 전화의 경우 그 10배 이상에 달할 수 있다. 이는 휴대폰 통화 요금이 거의 무료인 것과 비교된다. 그렇다면 호텔 객실 전화를 사용하는 이유는 무엇일까?

가장 큰 이유는 휴대전화가 항상 작동하는 것은 아니기 때문이다. 수신 상태가 좋지 않아 휴대전화 서비스를 받지 못할 수도 있다. 많은 여행객은 다른 사람과 전화 연락이 필요하기 때문에 호텔 객실 전화기의 높은 가격을 기꺼이 지불한다. 또한, 호텔 객실 전화 요금이 비싼 이유는 전화기를 많이 사용하든, 조금 사용하든, 전혀 사용하지 않든 간에 호텔이 부담해야 하는 고정비용 때문이기도 하다. 이러한 비용에는 회선당 고정 임대료, 교환원 고용 비용, 장비 유지보수 비용 등이 포함되며, 이 모든 비용은 객실 전화의 사용 강도와 관계없이 발생한다. 호텔에서는 이러한 고정비용을 회수하기 위해 한계비용을 훨씬 상회하는 높은 요금을 부과한다.

안타깝게도 휴대폰의 등장으로 객실 전화 수익이 급격히 감소했다. 실제로 미국의 객실 전화기당 연간 운영 수익은 2000년 644달러에서 2004년 152달러로 감소했다. 이러한 매출 및 이익 감소의 원인으로 인해 일부 호텔에서는 휴대폰 경쟁에서 이기기 위해 다소 특이한 방법을 사용하기도 했다. 2003년 스코틀랜드 신문 *데일리 레코드*는 현지 회사인 일렉트론 일렉트리컬 엔지니어링 서비스Electron Electrical Engineering Services가 호텔과 민박 시설에 개당 135~200달러에 휴대폰 전파 방해 장치를 판매하고 있다는 증거를 보도했다. 이러한 장치는 고객이 인지하지 못하는 사이에 휴대폰 수신을 차단할 수 있다. 고객은 전화를 거는 위치에서 "서비스를 사용할 수 없습니다"라는 메시지만 보게 된다. 텔아비브에 있는 Netline Communications Technologies의 마케팅 및 영업 이사인 로린 하임-케이저*Loreen Haim-Cayzer*는 자신의 회사가 전 세계 호텔에 수백 대의 휴대폰 방해 전파를 판매했지만 미국에서는 아직까지 한 대도 판매하지 않았다고 인정했다.

물론 현명한 휴대폰 사용자에게는 다른 옵션이 있다. 휴대폰 신호가 잡히지 않을 때마다 사용할 수 있는 전화 카드를 휴대할 수 있다. 하지만 그렇지 않은 고객은 객실 내 전화기에 의존하고 관련 요금을 지불해야 한다. 이러한 고객들은 이러한 전화기 비용이 고정된 것 이상이라고 생각한다면 용서받을 수 있을 것이다.

출처: C. Elliot, "Mystery of the Cell Phone that Doesn't Work at the Hotel," New York Times, 7 September, 2004, p. C8, and C. Page "Mobile Phones Jam Scam," *The Daily Record*, 26 August, 2003, p1.

4.2 매몰비용 및 시장구조

매몰비용도 규모의 경제의 역할과 개념적으로 유사한 방식으로 시장구조에 영향을 미치는 역할을 한다. 다시 말하지만, 기업은 최소한 손익분기점을 넘길 수 있다고 생각하는 경우에만 시장에 진입한다. 즉, 진입과 관련된 매몰비용이 양수인 경우, 기업은 이러한 진입 비용을 충당하기 위해 실제 운영 기간 동안 매번 양의 이익을 얻어야 한다. 이 경우에 진입이 이루어진다. 이러한 관점은 자연스럽게 장기 균형의 정의로 이어진다. 각 기간의 운영 수익이 진입에 필요한 초기 매몰비용을 충당할 수 있을 때 기업은 산업 진입을 중단하고, 따라서 기업수는 균형 수준에 도달하게 된다.

앞서 설명한 논리를 통해 시장구조를 결정하는 매몰비용의 역할을 명확히 알 수 있다. 예를 들어 각 기업이 동일한 재화를 생산하고 수요곡선 전체에서 수요탄력성이 정확히 1($\eta = 1$)인 시장을 상상해 보겠다. 즉, 제품에 대한 총 소비자 지출은 1이기에 일정하다. 가격의 1% 감소는 판매수량의 1% 증가로 균형을 이룬다. 이 일정한 총 지출을 E로 표시한다. P가 시장가격이고 Q가 총 시장 생산량이라면 다음과 같다: $E = PQ$. 그러나 총 산출량 Q는 각 기업의 산출량 q_i와 기업의 수 N을 곱한 값, 즉 $Q = Nq_i$와 같다. 두 관계를 종합하면 다음 식을 얻게 된다:

$$q_i = E/NP \tag{4.3}$$

이제 3장에서 설명한 러너지수를 떠올려 보겠다. 모든 기업이 동일하고 각 기업이 일정한 한계(및 평균) 생산비용 c를 가지고 있다고 가정하면 이 지수는 다음과 같이 주어진다: $(P - c)/P$. 이 지수는 독과점 정도를 측정하는 지표이므로 기업수인 N이 증가할수록 감소한다고 가정하는 것이 당연하다. 이 아이디어를 다음과 같이 산업 러너지수가 기업 N의 수와 음의 관계를 갖는다고 가정할 수 있다:

$$(P - c)/\mathrm{P} = A/N^{\alpha} \tag{4.4}$$

여기서 A와 α는 모두 임의의 양수 상수이다. 마지막으로, 기업이 손익분기점을 맞추기 위해 한 기간만 운영한다고 가정해 보겠다: $(P - c)q_i = F$. 여기서 F는 매몰 진입 비용이다.[8] 이 손익분기점 조건을 방정식 (4.3)에 대입하고 방정식 (4.4)와 함께 사용하면 각 참가자가 매몰 진입 비용 F를 충당하는 균형 기업수 N^e는 다음과 같이 구할 수 있다:

$$N^e = \left[\frac{AE}{F}\right]^{\frac{1}{1+\alpha}} \tag{4.5}$$

분명히 N^e은 F가 증가함에 따라 감소한다. 방정식 (4.5)의 정확한 결과는 예시에 대한 특정 가정을 반영하지만, 그 결과의 근간이 되는 직관은 상당히 일반적이다. 매몰 진입 비용이 소비자 지출의 높은 비율을 차지하는 시장에 산업구조는 더 집중될 가능성이 높다.

4.3 비용 및 다중제품 회사

규모의 경제는 생산량 증가에 따른 비용의 움직임을 설명하는 것이므로, 어떤 산업에서 규모

8 또는 F가 매몰 진입 비용의 연간 가치라고 가정할 수도 있다.

의 경제가 존재하는지 조사하려면 해당 산업에 속한 기업의 생산량을 측정해야 한다. 하지만 이것이 항상 쉬운 일은 아니다. 예를 들어 철도의 경우를 생각해 보겠다. 생산량을 측정할 수 있는 한 가지 방법은 수송된 톤 수에 각 톤이 이동하는 평균 마일 수를 곱한 값으로 정의되는 철도 톤 마일이다. 그러나 모든 철도가 동일한 유형의 화물을 운송하는 것은 아니다. 일부는 주로 광업 및 임산물을 운송하고 일부는 공산품을 운송하며 일부는 농산물을 운송한다. 또한 금세기 전반까지 많은 미국 민간 철도는 화물뿐만 아니라 승객도 운송했다. 전 세계 다른 지역에서도 여전히 그렇다. 이러한 다양한 종류의 서비스는 모두 운송비용이 다르기 때문에 각 철도의 생산량을 총 톤–마일과 같은 단순한 측정치로 집계하면 비용 분석에 혼란을 줄 수 있다. 이러한 집계 방식으로는 철도 간 비용 차이가 규모 차이 때문인지 아니면 제공되는 운송 서비스의 종류 차이 때문인지 파악할 수 없다.

철도의 예는 기업에 대한 분석에서 부족한 점을 지적한다. 특히 두 가지 이상의 재화를 생산하는 기업, 즉 다품종 기업의 비용을 조사하기 위해 분석을 확장할 필요성이 있음을 시사한다. 이러한 필요성은 오늘날 그 어느 때보다 더 중요해졌다. 예를 들어 Bernard, Redding, Schott(2009)는 미국 제조 기업의 39%가 두 가지 이상의 주요 제품을 생산하며 이러한 기업이 미국 전체 생산의 87%를 차지한다는 사실을 발견했다. 따라서 주요 자동차 회사들은 트럭과 버스도 생산한다. Microsoft는 *Windows* 운영체제와 해당 시스템용으로 작성된 여러 응용 프로그램을 모두 생산한다. 소비자 가전 회사는 TV, 스테레오, 게임 콘솔 등을 생산한다. 이러한 기업의 총생산량을 단일 지수로 측정하는 것은 분명 간단하지 않다. 기업에 대한 기술적 접근 방식을 사용하여 산업구조를 어느 정도 이해하려면 다품종 기업을 다루기 위해 이러한 접근 방식을 확장해야 한다. 즉, 다품목 기업의 비용 분석을 개발해야 한다. 그렇다면 단일제품 사례에 대해 개발된 유사한 개념만큼 정확하고 명확한 다제품 기업의 평균비용 및 규모의 경제 측정치를 도출할 수 있는지 여부가 문제이다.

4.3.1 다중제품 규모 및 범위경제성

앞선의 질문에 대한 답은 몇 가지 제한이 있지만 가능하다는 것이다. 이는 Baumol, Panzar, Willig(1982)의 주요 공헌 중 하나이다. 이 저자들은 철도의 경우 여객 서비스 1단위당 화물 서비스 2단위와 같이 주어진 제품 조합에 대한 평균비용을 측정한다는 것에 제한이 있음을 보여준다. 그런 다음 이 비율을 일정하게 유지하기만 하면 모든 생산 수준에서 평균비용을 측정할 수 있다. 이를 Baumol, Panzar, Willig(1982)은 레이평균비용(RAC, Ray Average Cost)이라고 부른다. 이들은 단일제품 사례의 규모의 경제 측정과 개념적으로 매우 유사한 RAC 측정에 기반하여 규모의 경제 측정값을 도출할 수 있음을 보여준다.

레이평균비용의 기본 개념을 이해하기 위해 두 개의 제품, q_1와 q_2이 있는 회사를 생각해 보겠다. 이 두 제품을 결합하여 $q = q_1 + q_2$라는 복합 재화를 만들 수 있다고 가정해 보겠다. 그러나 이 복합 재화는 우리가 얼마나 많이 가지고 있는지에 따라 달라진다. 제품 1의 1단위와 제품 2의 5단위로 구성된 복합재는 제품 1의 3단위와 제품 2의 1단위로 구성된 복합재와 다르다. 특정 제품에 대한 비용을 고려하고 싶기 때문에 두 재화가 항상 같은 비율로 생산되는 생산선을 선택한다. 예를 들어, 가능한 생산 레이는 재화 1의 생산량이 항상 재화 2의 두 배인 경우, 즉 $q_1 = 2q_2$이다. 이제 이 비율이 유지되는 모든 생산량 수준에서 비용을 고려할 수 있다($q_1 =$

2 및 $q_2 = 1$, $q_1 = 20$ 및 $q_2 = 10$). 특정한 생산 레이에 집중함으로써, 우리는 생산수준의 변화로 인한 비용변화만을 분리하고 제품믹스변화로 인한 비용변화는 분리하지 않는다.

예제를 계속 진행하면서 $q_1 = 60$이므로 $q_2 = 30$이라고 가정한다. 그러면 $q = q_1 + q_2 = 90$이 된다. 이를 $q_1 = (60/90)q$ 및 $q_2 = (30/90)q$로 대체하여 작성할 수도 있다. 보다 일반적으로 주어진 제품믹스 또는 생산 레이에 대해 $q_1 = \lambda q$ 및 $q_2 = (1 - \lambda)q$로 쓸 수 있으며, 여기서 $\lambda/(1 - \lambda)$는 고려 중인 생산 레이를 따라 제품믹스의 고정비율을 나타낸다. 이 예에서 $\lambda = 2/3$, $1 - \lambda = 1/3$이므로 $\lambda/(1 - \lambda) = 2$가 된다.

어떤 수준에서든 두 제품을 생산하는 데 드는 총 비용을 $C(q_1, q_2) + F = C[\lambda q, (1 - \lambda)q] + F = C(q) + F$로 표시한다. 재화 1과 2의 한계비용을 각각 MC_1와 MC_2로 표시한다. 단일제품 사례의 경우, 규모의 경제 측정값은 평균비용과 한계비용의 비율이다[방정식 (4.2)]. 이와 유사하게 다중제품(이 경우에는 2개 제품) 규모의 경제를 다음과 같이 정의할 수 있다:

$$S^M = \frac{C(q_1, q_2) + F}{q_1 MC_1 + q_2 MC_2} \tag{4.6}$$

다중제품의 경우 규모의 경제에 대한 명시적인 정의가 있는 것은 앞으로 살펴보겠지만 매우 유용하다. 그러나 Baumol, Panzar, Willig(1982)의 더 중요한 통찰은 *범위*의 경제라는 똑같이 중요한 척도를 도입한 것이다. 범위의 경제는 한 기업에서 재화 세트를 생산하는 것이 두 개 이상의 기업에서 생산하는 것보다 비용이 적게 드는 경우에 존재한다고 한다. 두 재화인 q_1과 q_2를 생산하는 데 드는 비용은 $C(q_1, q_2) + F$로 주어진다. 두 재화를 생산하는 경우 범위의 경제는 $C(q_1, 0) + F_1 + C(0, q_2) + F_2 - [C(q_1, q_2) + F] > 0$이면 존재한다. 이 방정식의 처음 두 항은 제품 1 생산의 총 비용이다. 즉 이 재화만 생산되는 경우, 이 재화와 관련된 고정비용과 가변비용의 합이다. 다음 두 항은 재화 2만 생산되는 경우의 비용 측정치이다. 물론 마지막 항은 동일한 회사에서 이러한 제품을 생산하는 데 드는 총 비용이다. 이 차이가 양수이면 범위의 경제가 존재하고, 음수이면 범위의 경제가 존재하지 않는다. 0이면 범위의 경제도 범위의 비경제도 존재하지 않는다. 이러한 경제의 정도 S^C는 비율로 정의된다:

$$S^C = \frac{C(q_1,\ 0) + F_1 + C(0,\ q_2) + F_2 - [C(q_1,\ q_2) + F]}{C(q_1,\ q_2) + F} \tag{4.7}$$

범위의 경제 개념은 다중 제품 기업의 존재에 대한 핵심적인 기술적 이유를 제공하는 중요한 개념이다. 범위의 경제는 크게 두 가지 이유로 발생할 수 있다. 첫 번째는 특정 산출물이 공통의 투입물을 공유한다는 것이다. 철도의 예에서 공통 투입물은 범위의 경제가 발생하는 원천이다. 또 다른 예로는 동일한 브랜드 이름을 가진 모든 제품에 혜택을 주는 회사의 광고지출을 들 수 있다.

범위의 경제의 또 다른 원천은 비용보완성의 존재이다. 비용보완성은 한 재화를 더 많이 생산하면 다른 재화를 생산하는 데 드는 비용이 낮아질 때 발생한다. 이러한 상호작용이 일어날 수 있는 방법은 다양하다. 예를 들어, 유정을 탐사하고 시추하면 석유뿐만 아니라 천연가스도 생산되는 경우가 많다. 따라서 원유 생산에 참여하면 가스 탐사 비용을 낮출 수 있다. 마찬가지로 컴퓨터 소프트웨어를 제조하는 회사도 컴퓨터 컨설팅 서비스를 쉽게 제공할 수 있다.

범위의 경제는 유연제조시스템이라고 하는 새로운 제조 기술이 도입된 이후 최근 수십 년

현실 체크포인트

팔과 다리... 범위의 경제 및 병원 통합

의료 산업은 적어도 1990년대부터 변혁을 거듭해 왔다. 30년 전 GDP의 6~7%에 불과했던 의료비 지출이 오늘날 18%에 육박할 정도로 꾸준히 증가함에 따라 환자, 보험회사, 의사 및 병원 서비스 제공업체 모두 새로운 시장 압력에 적응해야만 했다. 이러한 변화를 단적으로 보여주는 것이 바로 병원 합병과 통폐합이 지속되고 있다는 점이다. 1997년 이후 대도시 지역의 병원 서비스 평균 허핀달지수(HI)는 4200에서 현재 거의 4800까지 상승했다. 법무부/공정거래위원회 합병 가이드라인에서는 지수가 2500을 초과하는 시장을 집중도가 높은 시장으로 정의하고 있으며, 이러한 시장에서 100포인트 이상 증가하면 상당한 것으로 간주하기 때문에 이러한 데이터는 전형적인 도시 병원의 시장지배력이 상당히 커지고 있음을 보여준다.

비용 효율성은 병원 합병의 주요 동기가 되어 왔으며, 범위의 경제는 이러한 비용 절감의 중요한 원천이 될 수 있다. 예를 들어, 절단 환자와 고관절 또는 슬관절 치환술 환자와 같이 수술 및 후속 병원 내 치료가 필요한 환자와 지속적인 장애 관리 및/또는 재활이 필요한 환자 간에는 필요한 간호 및 모니터링 서비스가 동일하기 때문에 중요한 범위의 경제가 있을 수 있다. 입원 치료와 외래 치료 사이에도 유사한 범위의 경제가 존재할 수 있다. 또한, 다양한 기능 영역을 전문으로 하는 사람들과 해당 영역 및 다른 영역에 영향을 미치는 질병을 치료하는 일반의를 한 병원에서 결합함으로써 범위의 경제를 실현할 수 있다. 예를 들어 전립선과 대장은 가장 흔한 종류의 암이기 때문에 같은 병원에 종양 의사와 직장 및 비뇨기과 전문가를 두는 것이 비용이 덜 들 수 있다.

물론 시장지배력을 확보하는 것도 병원 합병 물결의 또 다른 동기가 될 수 있다. 이러한 문제는 최근 미국 연방거래위원회가 프로 메디카 헬스 시스템과 오하이오주 톨레도에 있는 세인트 루크 병원의 합병을 막으면서 수면 위로 떠올랐다. 합병 병원들은 특히 건강보험개혁법에 의해 제정된 변화에 비추어 치료를 조정하고 비용을 통제하기 위해 합병이 필요하다고 주장했다. FTC는 이러한 합병이 톨레도 지역 병원 시장의 집중도를 상당히 증가시킬 것이라는 데이터를 제공했다. 또한 프로 메디카의 입원료가 가장 높다는 증거도 제시했다. 공정위 관계자는 이 합병을 저비용 경쟁업체를 제거(매수)하려는 전형적인 사례로 간주했다. 공정위가 보기에 범위의 경제가 현실화되더라도 새로 합병된 회사가 갖게 될 시장지배력을 고려할 때 이러한 절감 효과가 국민에게 전가될 것이라는 보장은 없었다. 공정위는 생명과 사지를 더 효율적으로 구하는 것에 반대하지 않았다. 다만 그것이 결국 환자들의 팔과 다리를 잃게 하는 결과를 초래하지 않기를 바랐을 뿐이었다.

출처: R. Pear, "Regulator Orders Hospitals to Undo a Merger in Ohio," *New York Times*, April 3, 2012, p. A11.

동안 더욱 강력해졌을 가능성이 높다. 이는 "최소한의 수작업으로 다양한 개별 제품을 생산할 수 있는 생산 단위"로 정의할 수 있다"(U.S. Office of Technology Assessment, 1984, p. 60). 여기서 중요한 것은 생산 프로세스는 상당한 비용 부담 없이 제품의 한 변형에서 다른 변형으로 쉽게 전환할 수 있어야 한다는 것이다.

예를 들어 인기 의류 제조업체인 베네통 *Benetton* 을 생각해 보자. 이 이탈리아 가족 기업은 전 세계에 2,500개 이상의 소매점을 보유하고 있다. 각 매장에는 어떤 품목이 어떤 색상, 사이즈, 스타일로 판매되는지에 대한 정보를 수집하고 전송하는 특수한 금전 등록기가 설치되어 있다. 이 정보는 중앙 제조 시설로 전송된다. 중앙 제조 시설은 수많은 소규모 하청업체와 함께 시장신호에 신속하게 대응한다. 베네통의 유명한 염색은 공정의 마지막 단계로, 매장으로 제품을 배송하기 직전의 마지막 순간에 이루어진다. 이 모든 과정은 베네통이 CAD/CAM(컴퓨터 지원 설계/컴퓨터 지원 제조) 기술을 광범위하게 사용하여 색상별로 차별화된 다양한 제품을 생산할 수 있기 때문에 가능한 일이다.

4.3.2 다양한 제품 대 다양한 버전

지금까지 다품종 기업에 대한 논의에서는 여객 및 화물 철도 서비스처럼 두 산출물이 어느 정도 연관성이 있는 경우와 향수 및 셔츠처럼 두 상품이 실질적으로 다른 제품인 경우를 구분하지 않았다. 후자의 경우, 두 제품은 상당히 다른 생산 공정을 사용하므로 범위의 경제 존재가 덜 설득력이 있어 보인다. 생산되는 재화가 유사한 생산기술을 사용할 때 범위의 경제가 발견될 가능성이 더 높아 보이는데, 그 이유는 공유된 투입물과 비용보완성을 발견할 가능성이 더 높기 때문이다.

이와 관련하여 발생하는 문제는 동일한 상품의 다른 상품과 다른 버전을 구분하는 것이다. Campbell's는 통조림 수프와 캔 음료(주로 *V8*)를 모두 생산한다. 이는 일부 범위 효과를 반영할 수 있지만, Campbell's에서 범위의 경제의 진정한 원천은 의심할 여지 없이 한 회사에서 30가지 이상의 통조림 수프를 생산하는 것이 30개 이상의 개별 회사에서 각각 그 종류 중 하나를 생산하는 것보다 더 저렴하다는 사실에 있다. 마찬가지로, 로레알이 50가지 이상의 *리쉬 립스틱* 색상을 제공하고 자회사인 메이블린과 랑콤을 통해 립스틱을 포함한 다른 화장품을 제공하는 데에는 강력한 범위의 경제가 작동하고 있는 것이 거의 확실하다.

기업은 한 제품 범주 내에서 여러 종류의 제품을 판매할 뿐만 아니라 하나 이상의 고유 재화를 마케팅하는 경우가 많으므로, 기본 재화가 여러 가지 차별화 버전으로 판매되는 시장을 모델링하는 방법을 사용하는 것이 유용하다. 이를 위한 한 가지 방법은 특정 특성이 재화의 여러 버전을 구분하는 중요한 특징이라고 상상하는 것이다. 자동차의 경우 이 특성은 속도 또는 가속도일 수 있다. 청량음료의 경우 당도가 될 수 있다. 그런 다음 이 특징을 측정하기 위한 지수를 만들 수 있다. 가속력이 낮은 것부터 높은 것, 당도가 낮은 것부터 높은 것 등 지수의 각 지점은 각기 다른 제품다양성을 나타낸다. 어떤 소비자는 가속이 빠른 자동차나 매우 단 음료를 선호하는 반면, 어떤 소비자는 가속이 덜 되어 운전하기 편한 자동차나 당도가 매우 낮은 음료를 선호할 수 있다.

예를 들어 한 청량음료 회사가 (1) 다이어트 또는 무설탕, (2) 전체 당 함량이 있는 Super, (3) Super의 당 함량이 절반에 불과한 중간급 콜라 LX의 세 가지 버전의 기본 콜라 마케팅을 고려하고 있다고 가정해 보겠다. 이 경우 각 제품 유형을 구분하는 특징은 당 함량이므로 당 함량에 대한 지수를 구성하려고 한다. 이러한 지수는 0에서 1 사이의 범위가 되도록 정규화하는 것이 일반적이다. 따라서 가상 회사의 제품 스펙트럼은 지수의 0점에 위치한 다이어트부터 1점에 위치한 Super까지 다양하며, LX는 0.5점의 정중앙에 위치한다. 이는 그림 4.2에 설명되어 있다.

그림 4.2에 표시된 스펙트럼은 거리로 해석할 수도 있다. 이 거리에서 소비자는 서로 다른 "주소"에 위치한다고 간주할 수 있다. 설탕을 정말 좋아하는 소비자는 Super 제품 라인에 가까운 주소를 가지고 있을 것이다. 반대로 칼로리 섭취를 주의해야 하는 소비자는 다이어트 제품

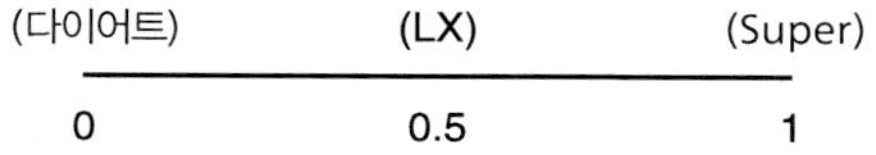

그림 4.2 당 함량 라인에 따른 콜라 제품의 위치

라인 근처에 주소를 가질 것이다. 마찬가지로 중간 이상의 설탕을 선호하지만 Super보다는 선호하지 않는 소비자는 LX와 Super 사이에 주소를 갖게 된다.

범위의 경제가 존재한다면 기업은 이를 활용하려는 강력한 인센티브를 갖게 된다. 이 논리를 한 제품 범주 내에 여러 종류가 있는 경우로 확장하면, 그러한 시장의 기업은 다양한 제품 유형을 생산해야 한다는 의미가 된다. 이 논리는 Eaton, Schmitt(1994)에 의해 공식화되었다. 이 저자들은 재화의 가능한 버전이 *k*개 있는 유연한 제조에 대한 공식적인 모델을 제시한다. 이들은 범위의 경제가 매우 강할 때 업계의 각 기업이 전체 범위의 *k* 제품을 생산하는 것이 자연스럽다는 것을 보여준다.

물론 완전히 다른 제품 범주에 걸친 범위의 경제에도 동일한 인센티브가 적용된다. 실제로 다품종 생산 분석에서 중요한 통찰력은 방정식 (4.7)에서 확인된 *범위*의 경제의 존재이며 이것은 방정식 (4.6)에서 확인된 다품종 *규모*의 경제를 활용할 수 있게 한다. 항공 산업은 또 다른 좋은 예이다. 수년 동안 주요 항공사는 허브 앤 스포크 시스템을 중심으로 서비스를 조직해 왔다. 이 시스템에서는 허브로 지정된 중심 대형 공항이 집결지 역할을 한다. 허브 간 항공편은 일반적으로 승객 마일당 비용이 낮은 대형 항공기를 운항하며, 이 항공기는 거의 만석에 가까울 때 운항한다. 반면, 스포크 공항은 상대적으로 작은 항공기를 사용하여 여러 위치의 승객을 허브로 모아서 허브 간 항공편에 투입하여 대형 항공기의 효율성을 활용하는 데 필요한 승객 수를 창출하는 "피더*feeder*" 역할을 한다. 따라서 다품목 규모의 경제는 스포크 시장과 허브 시장 모두에서 운영해야만 실현할 수 있다.

전반적으로 범위의 경제가 커지면 두 가지 방식으로 시장구조가 더욱 집중화된다. 첫째, 정의상 범위 효과는 여러 개별 기업이 아닌 한 기업 내에서 다양한 제품 및 다양한 제품버전의 생산을 통합하려는 인센티브를 창출한다. 둘째, 강력한 범위의 경제는 또한 중요한 다품목 규모의 경제를 발생시켜 시장규모에 비해 기업의 규모가 커지게 한다.[9]

4.4 실습을 통한 학습 및 경험곡선

규모의 경제는 단위 시간당 생산량으로 정의되는 더 큰 규모로 운영할 때 발생하는 낮은 단가를 반영한다. 자동차 생산에 상당한 규모의 경제가 있다면, 제너럴 모터스가 2013년에 340만 대의 자동차를 생산하는 대신 380만 대를 생산한다면 단가가 더 낮아질 것이다. 그러나 기업의 비용에 영향을 미칠 수 있는 또 다른 규모 요인이 있다. 이것은 전체 기간 동안의 총 누적 생산량이다. 이 요소가 중요한 경우, 340만 대의 자동차만 생산하는 회사라도 전년도에 많은 자동차를 생산했다면 상대적으로 단가가 낮을 수 있다.

다른 조직과 마찬가지로 회사와 직원들은 경험을 통해 배울 수 있다. 일반적으로 디자인, 생산, 영업을 조직하는 방법에는 여러 가지가 있으며, 시행착오를 통해서만 최선의 방법을 배

9 일반적으로 비용 문제에 대한 좋은 논의는 Panzar(1989)를 참조하시오. 전화 산업의 범위의 경제에 대한 증거는 Evans, Heckman(1986)과 Roller(1990), 고등 교육의 범위의 경제에 대한 증거는 Cohn, Rhine, Santos(1989)와 DeGroot, McMahon, Volkwein(1991), 금융의 범위의 경제에 대한 증거는 Gilligan, Smirlock, Marshall(1984)과 Pulley와 Braunstein(1992)을 참조하시오.

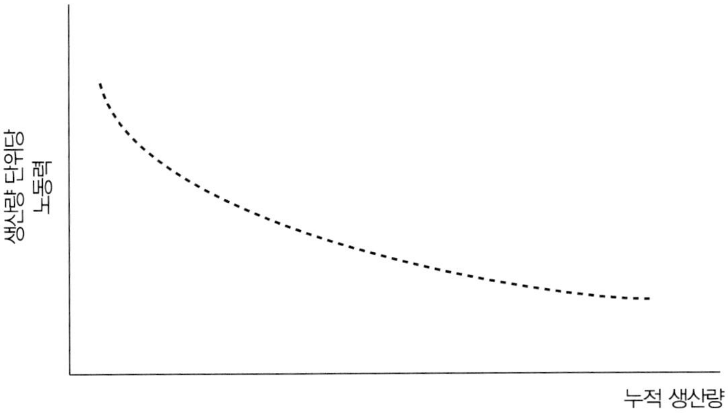

그림 4.3 가상의 경험 또는 학습곡선

울 수 있다. 기업의 누적 경험이 쌓일수록 이러한 시도를 더 많이 할 수 있고, 이를 통해 얻은 인사이트는 향후 생산성을 높이는 데 활용될 수 있다. 당시의 기존 문헌을 조사한 결과, Argote와 Epple(1990)은 일반적인 미국 제조 기업의 경우 누적 생산량이 두 배로 증가하면 인건비가 20% 감소한다는 사실을 발견했다. Ramanarayanan(2006)은 심장 외과의의 경우 관상동맥 우회술을 한 번 더 시행할 때마다 후속 환자의 사망 확률이 0.14%씩 낮아진다는 사실을 발견했다. 이러한 결과는 그림 4.3에서 볼 수 있듯이 조직학습으로 인한 비용 절감이 중요하다는 것을 시사한다.

하지만 조직이 배울 수 있다면 잊어버릴 수도 있다. 고령 근로자가 은퇴하거나 퇴사하고 조직의 기억이 사라지면 기업은 후퇴하고 단가가 상승할 수 있다. Benkard(2000, 2004)는 항공기 생산에서 학습과 망각의 증거를 발견했다. 기업이 학습하고 망각함에 따라 산업구조의 역학 관계는 복잡해진다.

그러나 학습 효과가 시장구조에 얼마나 중요한 영향을 미칠 수 있는지에 대한 기본적인 직관은 비교적 간단하다. 기본적으로 학습 효과는 일반적으로 학습에 가장 오랜 시간을 할애한 첫 번째 움직이는 기업 혹은 초기 진입기업에게 더 많은 이점을 제공하기 때문에 더욱 집중된 시장구조로 이어진다. 전략적 고려 사항은 이러한 결과를 더욱 강화할 가능성이 높다. 새로운 경쟁자가 등장할 가능성이 있는 경우, 기존기업은 더 많은 제품을 판매하기 위해 인위적으로 가격을 낮게 책정하는 것이 최선이라고 판단하는 경우가 많다. 이는 기존기업이 학습곡선 자체를 낮추는 데 도움이 될 뿐만 아니라 라이벌도 같은 방식으로 접근하기 어렵게 만든다. 또한, 학습한 내용이 잊혀질 수 있다는 전망은 기존 업체가 가격을 낮게 책정하고 더 많은 경험을 쌓아 지식의 일부를 잃더라도 여전히 우위를 점할 수 있는 추가적인 동기를 부여한다. 따라서 경험학습은 그 자체로 그리고 그것이 유발하는 전략적인 대응 때문에, 초기 사업자가 지배력을 유지하고 심지어 확장하는 더욱 집중된 시장으로 이어질 가능성이 높다.[10]

10 이러한 문제에 대한 자세한 내용은 Besanko, et al (2010)을 참조하시오.

4.5 산업구조의 비용 결정 요인

지금까지는 기업규모와 산업구조의 주요 결정 요인으로 비용 관계, 특히 규모와 범위의 경제 역할에 중점을 두었다. 그러나 중요한 역할을 할 수 있는 다른 요인들도 있다. 여기서는 세 가지 요인을 구체적으로 언급한다. 이는 다음과 같다: 1) 시장규모, 2) 수요 측면에서의 네트워크 외부효과 존재 여부, 3) 정부정책의 역할이다.

4.5.1 시장규모 및 경쟁 산업

시장규모가 산업구조에 미치는 영향은 Sutton(1991, 2001)에 의해 광범위하게 조사되었다. 기업이 최소한의 효율적인 운영 규모에 도달하기 위해 규모가 커야 한다는 사실 그리고 만약 문제제기된 시장이 그러한 기업을 다수 가지고 있다고 해도 이것들이 반드시 고도로 집중된 구조를 의미하지 않는다. 마찬가지로, 여러 기업에서 생산하는 것보다 한 기업에서 다양한 제품(또는 동일한 제품의 여러 버전)을 생산하는 것이 더 저렴하다는 사실이 반드시 소수의 기업이 지배하는 시장을 의미하지는 않는다. 대부분의 농장은 두 가지 이상의 작물을 생산한다. 그러나 농업은 농산물 시장이 매우 광범위하기 때문에 부분적으로는 매우 경쟁적으로 구조화된 산업이다.

소수 기업의 지배를 피하려면 시장이 얼마나 커야 할까? 답은 "상황에 따라 다르다"이다. 예를 들어 분할 불가능한 투입물과 관련된 매몰비용 또는 고정비용이 상대적으로 큰 경우와 같이 규모의 경제가 광범위할 경우, 더 많은 기업을 수용하려면 시장규모가 더 커야 한다. 따라서 시장구조와 시장규모 간의 관계는 조사 대상인 특정 시장에 따라 달라질 수 있다.

규모의 경제가 어느 시점에서 소진되고 매몰 진입 비용이 시장규모에 따라 증가하지 않는다면, 시장규모가 충분히 커지면 집중도가 감소하는 것을 볼 수 있어야 한다. 이러한 효과에 대한 직접적인 증거는 Bresnahan과 Reiss(1991)에 의해 제시되었다. 이들은 미국 서부에 흩어져 있는 200개 이상의 도시에서 다양한 직업과 서비스에 대한 데이터를 수집했다. 그 결과 인구 800~900명 정도의 마을에는 단 한 명의 의사만 필요하다는 사실을 발견했다. 마을의 인구가 약 3,500명으로 늘어나면 일반적으로 두 번째 의사가 들어온다. 5명의 의사로 구성된 산업을 창출하려면 9,000명 이상의 인구가 필요하다. 시장규모와 기업수 사이의 긍정적인 관계는 다른 직업에서도 동일하게 발견된다. 예를 들어 타이어 딜러의 경우, Bresnahan과 Reiss는 한 타이어 딜러를 지원하기 위해 500명의 인구만 있는 마을이 필요하며, 마을의 인구가 6,000명이 되면 5개의 타이어 딜러가 생겨난다는 것을 발견했다. 의사가 아닌 타이어 딜러를 지원하는 데 필요한 시장 요구 사항이 더 적다는 것은 무엇보다도 의사가 타이어 딜러보다 고정/매몰비용이 더 높다는 사실을 반영하는 것일 수 있다.

그러나 Sutton(1991, 2001)은 시장규모에 따라 집중도가 감소할 것이라는 생각에 중요한 전제 조건을 제시한다. 그는 여러 산업, 특히 가공식품과 같이 광고나 제약과 같은 R&D를 통한 경쟁이 치열한 산업에서는 이러한 관계가 유지되지 않는 것으로 보인다고 지적한다. Sutton은 이러한 지출이 매몰적일 뿐만 아니라 내생적이라고 주장한다. 프로모션 캠페인이나 제품 디자인에 대한 지출은 한 번 발생하면 회수할 수 없다는 점에서 매몰비용이라고 할 수 있다. 이러한 종류의 산업에서는 매몰비용 F가 고정되어 있지 않고 시장규모가 커짐에 따라 실제로 증가한다는 점에서 내생적이라고 할 수 있다.

Sutton 논증의 논리는 방정식 (4.5)의 매몰 진입 비용 항 F에 초점을 맞추면 알 수 있다. 이 항이 광고 및/또는 R&D 지출을 반영한다고 가정해 보겠다. 그러나 이러한 지출이 단순히 어떤 외생적 지출 F와 같다고 가정하는 것이 아니라, 대신 시장규모와 관련이 있다고 가정한다. 예를 들어 다음과 같은 형태의 선형 관계를 가정할 수 있다:

$$F = K + \beta(AE) \tag{4.8}$$

여기서 A는 상수(K도 상수)이고 E는 업계의 총 소비자 지출이다.

방정식 (4.8)을 사용하면 이제 방정식 (4.5)를 다음과 같이 쓸 수 있다:

$$N^e = \left[\frac{1}{\left(\frac{K}{AE}\right) + \beta}\right]^{\frac{1}{1+\alpha}} \tag{4.9}$$

방정식 (4.9)는 시장규모 AE가 증가함에 따라 산업 내 균형 기업수가 증가하지만 이 과정에는 점근적 한계가 있음을 나타낸다. 구체적으로, 시장이 아무리 커지더라도, 기업의 수는 $(1/\beta)^{1/(1+\alpha)}$을 초과하지 않는다. 예를 들어 $\alpha = 1$, $\beta = 0.0625$라고 가정해 볼 때, 시장규모에 관계없이 해당 산업의 균형 기업수는 4개를 초과하지 않는다.[11]

이와 유사하게, 방정식 (4.5) 도출에서는 다음과 같이 기업수가 증가함에 따라 가격 원가 마진이 감소한다고 가정했다: $(P - c)/P = A/N^{\alpha}$. 그러나 가격 원가 마진과 기업수 사이의 관계에는 산업별로 체계적인 차이가 있을 수 있다. 특히 기업이 동질적인 제품을 판매하고 수요에 맞춰 생산량을 빠르게 변경할 수 있는 시장에서는 가격 원가 마진이 매우 작을 수 있다. 이러한 동질적인 재화 시장에서 특히 수요를 충족하기 위해 생산량을 쉽게 조정할 수 있는 경우에는 가장 낮은 가격을 제시하는 기업이 모든 고객을 확보하기 때문이다. 대수적으로 이것은 위의 매개변수 α가 시장마다 다르다는 것을 의미한다. 경쟁이 자연적으로 더 치열한 시장에서는 α가 더 클 것이다. 이러한 시장에서는 균형 기업의 수가 그에 상응하여 더 작을 것이다.

4.5.2 네트워크 외부효과와 시장구조

데스크톱 및 노트북 컴퓨터용 운영체제 시장의 약 85%를 Microsoft의 *Windows*가 차지하고 있으며, 나머지 15%는 거의 모두 Apple의 *Mac* 제품이 차지하고 있다는 사실은 이 책을 읽는 사람이라면 누구나 알고 있는 사실이다.[12] *Microsoft Word*와 *Microsoft Excel*은 각각 워드 프로세싱 및 스프레드시트 시장에서 비슷한 규모의 지배적인 시장점유율을 차지하고 있다. 규모와 범위의 경제는 의심할 여지 없이 이러한 시장의 고도로 집중된 특성을 설명하는 일부이다. 운영체제 또는 응용 소프트웨어의 기본 프로그램을 설계하는 데 비용이 매몰되면 제품을 여러 번 복제하는 데 드는 비용은 매우 적다. 또한 이러한 설계 비용에 큰 공통 요소가 있을 가능성이 높다. 그러나 1999~2000년 Microsoft 반독점 사건에서 많은 증인이 증언했듯이, Microsoft의 지배력 뒤에 숨어 있는 또 다른 중요한 요인은 *네트워크 외부*효과의 존재이다. 이러한 네트워크 효과는 일부 제품의 경우 해당 제품을 구매하는 다른 소비자의 수가 증가함에 따라 재화나 서비

11 이 점에 대한 몇 가지 증거는 Baldwin(1995)을 참조하시오.

12 www.statowl.com/operating_system_market_share.php.

스에 대한 소비자의 지불의향이 증가한다는 사실을 반영한다.

네트워크 효과는 *직접적*이거나 *간접적*일 수 있다. 전화 서비스는 직접적인 네트워크 외부효과를 나타낸다. 전화 시스템에 접속하는 소비자 한 명의 유용성이나 가치는 본질적으로 0이다. 하지만 시스템에 접속하는 사람이 늘어나면 잠재적인 통화 횟수가 증가하고 따라서 전화기 소유의 효용도 증가한다. 운영체제, Amazon의 *Kindle*과 같은 플랫폼, 신용카드 서비스는 각각 다른 제품과의 상호 보완성으로 인해 간접적인 네트워크 효과를 나타낸다. 예를 들어 운영체제의 경우, 애플리케이션의 설계 및 생산에 상당한 규모의 경제가 존재하기 때문에 컴퓨터 앱을 마케팅하는 기업은 가능한 한 많은 네트워크와 호환되도록 만들고 싶어한다. 마찬가지로 소비자들은 사용 가능한 애플리케이션의 수가 가장 많은 운영체제를 사용하기를 원한다. 이는 긍정적인 피드백 루프를 형성한다. *Windows*의 시장점유율이 증가함에 따라 더 많은 애플리케이션 회사가 *Windows* 운영체제에서 실행되도록 애플리케이션을 설계하려고 할 것이다. 더 많은 애플리케이션이 *Windows*용으로 개발될수록 *Windows* 시스템에 대한 수요가 증가하고 이에 따라 *Windows*의 시장점유율도 증가한다. 마찬가지로 Kindle에서 더 많은 책이 제공되고 더 많은 소매업체에서 *아메리칸 익스프레스* 카드를 사용할수록 더 많은 소비자가 Kindle 리더와 Amex 신용카드를 사용하고자 하며, 이에 따라 이들 회사의 시장점유율도 증가한다.

네트워크 외부효과에 대해서는 22장에서 보다 광범위하게 다룬다. 하지만 위의 간략한 논의를 통해 네트워크 외부효과가 중요한 시장은 소수의 초대형 기업이 존재하는 시장일 가능성이 높다는 것을 비교적 쉽게 알 수 있을 것이다. 즉, 비용 측면에서는 규모의 경제가 존재하지 않더라도 고도로 집중된 구조를 가질 가능성이 높다. 실제로 많은 분석가들은 네트워크 외부효과를 시장의 수요 측면에 존재하는 규모의 경제의 한 사례로 보고 있다.

4.5.3 정부정책의 역할

1934년부터 1990년대 중반까지 보스턴에서 택시의 법적 소유권을 인정하는 택시 메달리온 *taxi medallion* 수는 1,525개로 고정되어 있었다. 지역 인구가 50% 이상 증가하고 소득과 경제 활동 수준이 몇 배 이상 증가했음에도 불구하고 그 기간 동안 단 한 건의 추가 메달리온도 발급되지 않았다. 이러한 고정된 산업구조의 원인은 비용과 기술이 아니었다. 보스턴 택시 산업에 대한 진입이 제한되었던 가장 큰 이유는 정부정책 때문이었다. 시와 주 정부는 의도적으로 택시 메달리온의 수를 제한했는데, 이는 주로 첫 번째 메달리온을 획득한 운이 좋은 택시 소유주들의 이익을 위한 것이었다. 1990년대 중반 법원 명령에 따라 이후 5년 동안 메달리온이 300개 가까이 증가했다. 하지만 메달리온 가격이 급격히 상승하는 것을 막기에는 역부족이었다.[13]

1930년대부터 1970년대까지 주간 노선을 운항하는 소위 간선 항공사의 수가 16개를 넘지 않았고 70년대 말에는 10개로 감소하는 등 비슷한 현상이 두드러졌다. 전국적인 규모로 볼 때 전체 항공사 수는 적었을 뿐만 아니라 개별 도시 간 시장에서는 그 수가 더욱 적었다. 이들 중 상당수는 한두 개의 항공사만 운항하는 경우가 많았다. 여기에서도 주요 원인은 정부정책이었다. 이 경우, 1938년 항공 산업의 경제 규제 기관으로 설립된 연방 기관인 민간항공위원회(CAB)가 이러한 정책을 시행했다. CAB는 설립 이래로 의도적으로 진입을 제한하고 미국 국내

13 C. Berdik, "Boston's Fare Game," *Boston Magazine*, September 2004: 19

항공 산업에 대한 높은 집중도를 유지했다. 실제로 40년 동안 화물 및 전세 항공사가 정기 여객 서비스를 제공할 수 있는 권한을 부여받기 위한 수많은 신청이 있었고, 기존 항공사가 새로운 도시 간 시장에 진출하기 위한 신청도 빈번하게 이루어졌다. 거의 모든 요청이 거절되었다. CAB는 이 정책이 항공 산업의 안정과 건전한 발전을 촉진하기 위해 필요하다고 주장했다. 이 정책이 소기의 목표를 달성했는지, 그리고 그러한 목표가 적절했는지는 다른 곳에서 답을 찾아야 할 문제이다. 택시와 항공사의 사례에서 알 수 있는 핵심은 정부의 명시적인 정책이 시장구조를 결정하는 데 중요한 역할을 한다는 점이다.

위의 두 예에서 볼 수 있듯이 정부정책의 역할은 대부분 시장 집중도를 높이는 것이었다. 그러나 일부 정부정책은 산업 내 기업수를 늘리기 위해 작동하기도 한다. 반경쟁적이라고 판단되는 경우 대기업의 가격 할인을 금지하는 로빈슨-패트만 법 *The Robinson-Patman Act* 은 독립 소매업체의 사업을 유지하려는 의식적인 노력을 반영한다. 이들은 일반적으로 대형 소매 체인점에 의해 시장에서 쫓겨났을 소규모 기업들이다. 마찬가지로, 2차 세계대전 후 미국 정부가 알코아 Alcoa 의 전시 알루미늄 공장 일부를 카이저 *Kaiser* 와 레이놀즈 *Reynolds* 에 강제로 매각하도록 결정한 것도 경쟁 구조를 촉진하기 위한 노력의 일환이었음이 분명하다. 가장 분명한 것은 연방거래위원회나 법무부가 기업 합병을 막는 반독점정책도 산업 내 균형적인 기업수를 증가시킨다는 점이다.

4.6 실증적 적용: 은행업의 규모 및 범위의 경제

기반 기술과 관련 비용의 영향은 산업구조의 핵심 결정 요인이기 때문에 경제학자들은 오랫동안 비용 관계에 대한 증거를 확보하는 데 관심을 가져왔다. 안타깝게도 생산기술에 대한 직접적인 증거는 거의 없다. 따라서 기업 비용함수를 추정하는 것은 까다로운 작업일 수 있다. 그러나 기본적인 미시경제 이론을 적용하면 이 과정을 크게 용이하게 할 수 있다.

기본 아이디어는 충분히 명확하다. 이윤극대화를 추구하는 기업은 일련의 투입물 가격이 주어졌을 때 가장 낮은 비용으로 주어진 산출량을 생산하기 위해 투입물을 선택한다. 단일제품 기업의 경우, 이는 비용이 단순히 총 산출량과 투입 가격의 함수임을 의미한다(이 관계의 공식적인 도출은 부록을 참조하시오). 이러한 변수가 특정 시점의 기업마다 또는 동일한 기업에서 서로 다른 시기(또는 둘 다)에 따라 달라지는 데이터를 사용하면 이 관계를 추정하여 총 비용이 산출량에 따라 어떻게 달라지는지 측정하고, 이에 따라 규모의 경제의 정도를 추정할 수 있다. 예를 들어, 하나의 산출물 Q와 두 개의 투입물인 자본과 노동이 있고 투입 가격이 각각 r과 w인 경우 아래의 단순 대수 관계를 추정할 수 있다:

$$\ln C = \text{Constant} + \delta_1 \ln r + \delta_2 \ln w + \delta_3 \ln Q \tag{4.10}$$

이 경우 계수 δ_3는 생산량에 대한 총 비용의 탄력성을 직접적으로 측정하는 값이다. 따라서 $1/\delta_3$는 단일제품 규모의 경제를 측정한다.

방정식 (4.10)을 매우 간단하게 확장하여 두 개의 산출량, 즉 q_1와 q_2를 가진 기업을 다루기 위해 대신 다음과 같은 형태의 비용함수를 가정할 수 있다:

$$\ln C = \text{Constant} + \delta_1 \ln r + \delta_2 \ln w + \delta_3 \ln q_1 + \delta_4 \ln q_2 + \delta_5 (\ln q_1)(\ln q_2) \tag{4.11}$$

여기서 마지막 항은 두 산출 간의 상호작용을 허용하므로 가능한 범위의 경제를 허용한다. 매우 광범위한 기본 생산함수와 일치하는 방정식 (4.10)은 더 복잡한 확장은 트랜스로그 비용함수이며, 이 경우 다음과 같이 나타난다:

$$\begin{aligned} \text{In } C = &\text{Constant} + \delta_1 \ln\, r + \delta_2 \ln\, w + \delta_3 \ln q_1 + \delta_4 \ln q_2 + \delta_5 (\ln q_1)(\ln q_2) \\ &+ \delta_6 (\ln r)(\ln w) + \delta_7 (\ln r)^2 + \delta_8 (\ln w)^2 + \delta_9 (\ln q_1)^2 + \delta_{10} (\ln q_2)^2 \\ &+ \delta_{11} (\ln r)(\ln q_1) + \delta_{12} (\ln w)(\ln q_1) + \delta_{13} (\ln r)(\ln q_2) + \delta_{14} (\ln w)(\ln q_2) \end{aligned} \quad (4.12)$$

방정식 (4.12)에는 특수한 경우로 방정식 (4.11) 및 (4.10)이 포함되어 있다.

비용함수 매개변수(δ들)가 추정되면 원칙적으로 본문에 설명된 규모의 경제 및 범위의 경제 측정값을 도출하는 것은 간단하다. Christensen과 Green(1976)은 이 접근법을 사용하여 전력 생산에서 중요한 규모의 경제를 찾아내는 동시에 대부분의 전력 생산 기업이 충분히 커서 이러한 규모의 경제가 충분히 활용되고 있음을 발견했다. DeGroot, McMahon, Volkwein(1991)은 이 트랜스로그 접근법을 사용하여 세 가지 대학 산출물을 가정하고 미국 연구 대학의 비용구조를 모델링했다: 1) 학부 교육, 2) 대학원 교육, 3) 연구. 그 결과, 일반적인 대학의 생산물 구성에 상당한 규모의 경제(레이평균비용의 감소)가 존재한다는 사실을 발견했다. 그러나 학생 집약도가 낮은 상위 사립학교의 구성에서는 규모의 경제가 거의 발견되지 않았다. 또한 대학원 교육과 학부 교육 간에는 상당한 규모의 경제가 존재하지만, 다소 놀랍게도 대학원 교육과 연구 간에는 규모의 경제가 존재하지 않는 것으로 나타났다.

Pulley와 Braunstein(1992)은 이와 동일한 접근법을 한 가지 중요한 수정을 가하여 상업은행에 적용한다. 다시 두 개의 산출이 있는 경우를 생각해 보자. 이 경우 범위의 경제 측정값은 $\{[C(q_1, 0) + F_1 + C(0, q_2) + F_2] - [C(q_1, q_2) + F]\}/[C(q_1, q_2) + F]$이다. 그러나 하나의 결과물만 생산하는 기업이 없는 것으로 판명될 수 있다. 따라서 범위의 경제의 모든 추정치는 실제 대응 사례가 없는 가상의 사례에 기반으로 해야 한다. 이러한 이유로 Pulley와 Braunstein(1992)은 준범위경제의 척도를 도입했다. 이 개념을 이해하기 위해 두 가지 변수가 있는 경우를 생각해 보겠다. 실제로 한 가지 제품에 완전히 전문화된 기업은 없지만, 일부 기업은 단일 산출물에 90%의 노력을 기울이고 나머지 산출물에 10%를 투입함으로써 상대적으로 근접할 수 있다. 따라서 다음과 같은 비용 불이익을 고려할 수 있다. $\{[C(0.9q_1, 0.1q_2) + F_1 + C(0.1q_1, 0.9q_2) + F_2] - [C(q_1, q_2) + F]\}/[C(q_1, q_2) + F]$. 보다 일반적으로 ε가 부차적 활동에 투입되는 비율인 경우, Pulley와 Braunstein(1992)은 두 가지 산출물에서 준범위경제를 다음과 같이 정의했다.

$$\begin{aligned} \text{quasi-}S^C = &\{[C((1-\varepsilon)q_1,\ \varepsilon q_2) + F_1 + C(\varepsilon q_1, (1-\varepsilon)q_2) + F_2] \\ &- [C(q_1, q_2) + F]\}/[C(q_1, q_2) + F] \end{aligned} \quad (4.13)$$

Pulley와 Braunstein(1992)은 다양한 ε값을 사용하여 은행업에서 범위 효과의 중요성에 대한 견고한 추정치를 추론할 수 있었다.

이를 위해 Pulley와 Braunstein(1992)은 네 가지 뱅킹 산출을 정의한다: 1) 요구불예금과 저축 및 소액 정기예금, 2) 부동산 대출, 3) 상업 및 산업 대출, 4) 할부 및 신용카드 대출이다. 아래 표 4.2는 기본 비용 방정식의 다양한 변형과 ε의 다양한 값에 대해 얻은 (준)범위 및 규모

표 4.2 미국 상업 은행의 (준)범위 및 규모의 경제 추정치(괄호 안은 표준 오차)

	복합 비용함수 준범위경제	트랜로그 비용함수 준범위경제
$\varepsilon = 0.10$	0.23 (0.06)	0.18 (0.28)
$\varepsilon = 0.15$	0.19 (0.05)	0.15 (0.13)
$\varepsilon = 0.20$	0.16 (0.05)	0.15 (0.05)
규모의 경제 추정치	0.04 (0.01)	0.06 (0.02)

추정치를 보여준다.

Pulley와 Braunstein(1992)의 추정에 따르면 미국 상업 은행업에서 규모에 따른 이점이 통계적으로 유의미하게 크다는 것을 알 수 있다. 한 회사에서 네 가지 활동을 모두 결합하면 훨씬 더 전문화된 네 개의 개별 은행에서 이러한 산출물을 생산하는 비용에 비해 15~23%의 비용을 절감할 수 있다. 통계적으로 유의미하지만 상대적으로 작은 규모의 효과도 발견된다. 초대형 은행은 소형 은행에 비해 약 5%의 비용만 절감하는데, 이는 사소한 수준은 아니지만 시장지배력이 큰 대형 은행의 부정적인 영향을 상쇄하기에는 충분하지 않을 수 있으며, "너무 커서 실패할 수 없는" 경우 정부가 구제해야 할 수도 있다.

요약

이 장에서는 기술, 주요 비용 개념, 그리고 이러한 개념이 산업구조에 미치는 영향에 중점을 두었다. 규모의 경제는 시장 집중도를 높이는 경향이 있다. 범위의 경제는 단일 기업 내에서 다양한 제품의 생산을 집중시키는 것과 유사한 효과를 가져온다. 범위의 경제는 또한 일반적으로 중요한 다품목 규모의 경제를 발생시킨다. 특히 다양한 제품이 완전히 다른 상품이 아니라 동일한 상품의 다른 버전인 경우 더욱 그렇다. 이러한 제품차별화 시장에서는 범위의 경제와 규모의 경제가 존재한다는 것은 다시 한번 더 집중적인 구조를 의미한다. 비용과 관련된 또 다른 요인은 항공기 제조와 같은 일부 산업을 특징짓는 경험 또는 학습곡선에 의해 포착된다. 이러한 시장에서 기업은 시간이 지나면서 총생산량이 증가함에 따라 가치 있는 비용 절감 기술을 배우게 된다. 이 역시 초기 진입자가 후발 경쟁자보다 비용 우위를 점하기 때문에 다소 집중된 시장을 형성하는 경향이 있는데, 이는 기존 업체들이 학습곡선에서 더 멀리 아래에 있기 때문이다.

다른 요인들도 시장구조에 영향을 미친다. 그중 하나가 시장규모이다. 시장규모가 크면 시장에는 여러 기업이 참여할 수 있는 여지가 있기 때문에, 규모가 큰 시장은 규모가 작은 시장보다 집중도가 낮은 경향이 있다. 그러나 시장규모가 커진다고 해서 매몰비용도 함께 증가하는 시장에서는 집중도가 낮아지지 않는다. 이러한 시장은 일반적으로 광고 또는 연구개발 비용이 중요한 역할을 하는 시장이다.

시장구조의 또 다른 중요한 결정 요인은 네트워크 외부효과라는 형태로 시장의 수요 측면에서 비롯된다. 네트워크 외부효과는 다른 소비자들이 제품을 사용할수록 한 소비자가 느끼는 제품의 가치가 증가하는 것을 의미한다. 이러한 외부효과는 수요 측면에서 규모의 경제와 매우 유사하게 작용하며 시장 집중을 촉진한다.

정부정책 또한 시장구조를 결정하는 매우 중요한 요소이다. 지역 택시 시장과 항공 산업에 오랫동안 적용되어 온 규제는 일반적으로 신규 기업의 시장진입을 제한한다. 반독점정책은 합병 제안을 차단하여 시장 내 기업수를 늘릴 수 있다.

경제 이론을 주의 깊게 적용하면 비용 관계에서의 통계적 측정에 대한 명확한 시사점을 얻을 수 있다. 이러한 작업은 규모와 범위의 경제를 파악하는 데 매우 유용했다. 예를 들어, 생산비용 이론에 기반한 회귀 분석에서는 여러 은행 활동 간에 상당한 범위의 경제를 발견했지만 규모의 경제에 대한 유의한 증거는 거의 발견되지 않았다. 다른 연구에서도 전력 생산에서 중요한 규모의 경제 효과와 대학원 교육과 학부 교육 간의 중요한 규모의 경제가 발견되었다.

연습 문제

1. 비용함수가 $C = 100 + 4q + 4q^2$일 때, 평균비용에 대한 식을 유도하라. 한계비용에 대한 식을 유도하라. 규모의 경제가 특징인 생산 범위가 있는가? 어느 생산 수준에서 규모의 경제가 소진되는가?

2. 한 도시 고속철도 노선은 출퇴근 시간에는 혼잡한 열차(차량당 승객 200명)를 운행하지만, 한가한 시간에는 거의 텅 빈 열차(차량당 승객 10명)를 운행한다. 한 경영 컨설턴트는 이 노선을 한 번 운행하는 데 드는 비용은 승객 수에 관계없이 약 50달러라고 주장하며, 따라서 승객당 비용은 러시아워에는 약 25센트이지만 비수기에는 5달러로 상승한다는 결론을 내렸다. 따라서 컨설턴트는 비수기에는 사업을 중단하는 것이 좋다고 조언한다. 컨설턴트는 훌륭한 경제학자인가? 왜 또는 왜 안 될까?

3. 단일제품 회사의 다음 비용 관계를 고려한다:

   $q \leq 7$의 경우 $C(q) = 50 + 0.5q$

   $q > 7$의 경우 $C(q) = 7q$

   a. 7보다 작거나 같은 모든 정수 산출물에 대한 평균비용과 한계비용을 유도하라.
   b. 7을 초과하는 모든 산출물의 평균과 한계비용은 얼마인가?

4. 위의 문제에서 이러한 비용 관계가 암시하는 최소한의 효율적인 공장 규모가 있는가? 그렇다면 그것은 무엇인가?

5. P를 산업 가격, Q를 산업 총생산량이라고 하자. 산업 수요곡선이 $P = 84 - 0.5Q$인 경우, 문제 3의 데이터를 사용하여 산업이 유지할 수 있는 효율적 규모의 최대 기업수를 결정하라.

6. 대신 업계 수요가 $P = 14 - 0.5Q$라면 질문 5의 답은 어떻게 바뀌겠는가? 설명하라.

7. 시멘트 산업에 대한 일부 추정치는 생산 능력과 평균비용 간의 관계는 다음과 같이 제시된다.

생산 능력 (천 톤)	평균비용
250	28.78
500	25.73
750	23.63
1,000	21.63
1,250	21.00
1,500	20.75
1,750	20.95
2,000	21.50

   a. 어느 생산 수준에서 규모의 경제가 소진되는가?
   b. 생산 수준 500, 750, 1,000, 1,500, 1,750에 대한 규모의 경제 지수를 계산하라.

8. 최근 기사(J. Peder Zane, "It Ain't for the Meat; It's for Lotion," *New York Times*, Sunday May 5, 1996: E5)에서는 시장에 출시된 소에 대한 다음 데이터를 제시했다:

소의 부위	용도	가격 ($)
Horns	Gelatin	0.42
	Collagen	
Cheek	Sausage	0.55
	Baloney	
Adrenal Gland	Steroids	2.85
Meat	Beef	1.05
Lips	Taco Filling	0.19
Hide	Footwear	0.75
	Clothing	

이 예가 보여주는 범위의 경제에 대해 논평하라. 그러한 경제의 원천은 무엇인가? 이러한 경제의 존재는 가축, 소고기, 젤라틴 분말과 같은 제품의 공급에 대해 무엇을 의미하는가?

참고문헌

Alchian, A. A., and Demsetz, H. 1972. "Production, Information Costs, and Economic Organization," *American Economic Review* 62(December): 772–95.

Argote, L., and D. Epple. 1990. "Learning Curves in Manufacturing," *Science* 247 (February 23, 1990): 920–24.

Baldwin, John R. 1995. *The Dynamics of Industrial Competition: A North American Perspective*. Cambridge: Cambridge University Press.

Baumol, W. J., J. C. Panzar, and R. D. Willig. 1982. Contestable Markets and the Theory of Industry Structure. New York: Harcourt, Brace, Jovanovich.

Benkard, L. 2000. "Learning and Forgetting: The Dynamics of Aircraft Production," *American Economic Review* 90 (December): 1034–54.

_______. 2004. "A Dynamic Analysis of theMarket for Wide-bodied Commercial Aircraft," *Review of Economic Studies* 71: 581–611.

Bernard, A., S. J. Redding, and P. K. Schott. 2009. "Products and Productivity," *Scandinavian Journal of Economics* 111 (December): 681–709.

Besanko, D.,U.Doraszelski, Y. Kryukov, andM. Satterwaite. 2010. "Learning-By-Doing, Organizational Forgetting, and Industry Dynamics," (with Ulrich Doraszelski, Yaroslav Kryukov, andMark Satterthwaite); *Econometrica*, 78 (March): 453–508.

Bresnahan, T., and P. Reiss. 1991. "Entry and Competition in Concentrated Markets," *Journal of Political Economy* 99 (October): 977–1009.

Caves, D., L. Christensen, andM.W. Tretheway. 1980. "Flexible Cost Functions for Multiproduct Firms," *Review of Economics and Statistics* 62 (August):477–81.

Chenery, H. 1949. "The Engineering Production Function," *Quarterly Journal of Economics* 63 (May):507–31.

Christensen, L., and W. Greene. 1976. "Economies of Scale in U.S. Electric Power Generation," *Journal of Political Economy* 84 (August): 655–76.

Coase, R. H. 1937. "The Nature of the Firm," *Economica* 4 (March):386–405.

Cohn, E., S. L. Rhine, and M. C. Santos. 1989. "Institutions of Higher Education as Multi-Product Firms: Economies of Scale and Scope," *Review of Economics and Statistics* 71 (May):284–90.

De Groot, H., W. McMahon, and J. F. Volkwein. 1991. "The Cost Structure of American Research Universities," *Review of Economics and Statistics* 73 (August):424–31.

Eaton, B. C., and N. Schmitt. 1994. "Flexible Manufacturing and Market Structure," *American Economic Review* 84 (September):875–88.

Evans, D., and J. Heckman. 1986. "A Test for Subadditivity of the Cost Function with Application to the Bell System," *American Economic Review* 74 (September):615–623.

Gale, I. 1994. "Price Competition in Noncooperative Joint Ventures," *International Journal of Industrial*

Organization 12:53–69.

Gilligan, T., M. Smirlock, and W. Marshall. 1984. "Scale and Scope Economies in the Multi-Product Banking Firm," *Journal of Monetary Economics* 13 (May):393–405.

Grossman, S. J., and , O. D. Hart. (1986), 'The Costs and Benefits of Ownership: A Theory of Vertical and Lateral Integration," *Journal of Political Economy* 94: 691–719.

Hart, O. 1995. *Firms, Contracts, and Financial Structure.*New York: Oxford University Press.

Hart, O., and J. Moore. 1990. "Property Rights and the Nature of the Firm," *Journal of Political Economy* 98 (December):1119–58.

Holmstr¨om, B. 1982. "Moral Hazard in Teams," *Bell Journal of Economics* 13 (Autumn): 324–40.

Holmstr¨om, B., and P.Milgrom, 1994. "The Firm as an Incentive System," *American Economic Review* 84 (September): 972–91.

Milgrom, P., and J. Roberts. 1992. *Economics, Organization, and Management*. Upper Saddle River, NJ: Prentice Hall.

Panzar, J. C. 1989. "Technological Determinants of Firm and Industry Structure." In R. Schmalensee and R. Willig, eds., *Handbook of Industrial Organization. Vol.* 1. Amsterdam: North-Holland, 3–60.

Pulley, L. B., and Y. M. Braunstein. 1992. "A Composite Cost Function for Multiproduct Firms with an Application to Economies of Scope in Banking," *Review of Economics and Statistics* 74 (May):221–30.

Ramanarayanan S. 2006. "Does Practice Make Perfect?: An Empirical Analysis of Learning-By-Doing in Cardiac Surgery." Working Paper, UCLA Anderson School of Management.

Roller, L. 1990. "Proper Quadratic Cost Functions with Application to the Bell System," *Review of Economics and Statistics* 72 (May):202–10.

Smith, Adam. 1776. *The Wealth of Nations.*

Spulber, Daniel. 2009. The Theory of the *Firm: Microeconomics with Endogenous Entrepreneurs, Firms, Markets, and Organizations.* Cambridge: Cambridge University Press.

Sutton, John. 1991. *Sunk Costs and Market Structure.* Cambridge, MA: The MIT Press.

__________, 2001. *Technology and Market Structure.* Cambridge, MA: The MIT Press.

Williamson, O. E. 1975. *Markets and Hierarchies: Analysis and Antitrust Implications.* New York: Free Press.

부록

AVERAGE COST, MARGINAL COST, AND COST MINIMIZATION

Average cost is defined to be $AC(q) = [C(q) + F]/q$. Differentiate this with respect to output to yield:

$$\frac{dAC(q)}{dq} = \frac{q\frac{dC(q)}{dq} - [C(q) + F]}{q^2} = \frac{q\left(MC\,(q) - \frac{[C(q)+F]}{q}\right)}{q^2} = \frac{[MC(q) - AC(q)]}{q} \quad (4.A1)$$

The denominator is positive. So, if marginal cost exceeds average cost, the slope is positive. Raising output raises average cost. If average cost exceeds marginal cost, the slope is negative. Raising output lowers average cost. Minimizing average cost curve requires that the AC slope be zero, or that average cost and marginal cost are equal.

Derivation of total and average cost functions assumes that firms produce each output level at minimum cost. A necessary condition for such minimization is that the following equation be satisfied for any pair of inputs i and j:

$$\frac{MP_i}{MP_j} = \frac{w_i}{w_j}; \text{ which is equivalent to } \frac{MP_i}{w_i} = \frac{MP_j}{w_j} \tag{4.A2}$$

In other words, inputs should be used up to the point where the marginal product of the last dollar spent on input i equals the marginal product of the last dollar spent on input *j*.

THE SCALE ECONOMY INDEX AND THE ELASTICITY OF TOTAL COST

The standard definition of the elasticity η_C of costs with respect to output is the proportionate increase in total cost that results from a given proportionate increase in output. This can be written as:

$$\eta_C = \frac{d(C(q)+F)}{C(q)+F} / \frac{dq}{q} = \left(\frac{dC\,(q)+F}{dq}\right)\left(\frac{q}{C\,(q)+F}\right) = \frac{MC(q)}{AC(q)} \tag{4.A3}$$

As the scale economy index S is defined as the ratio of average cost to marginal cost, it follows that: $S = 1/\eta\text{C}$.

RAY AVERAGE COST AND MULTIPRODUCT SCALE ECONOMIES

Scale economies are indicated by declining average cost, or declining Ray Average Cost (RAC) for a multiproduct firm. If a firm has 2 products so that its cost function is $C(q_1, q_2) + F$ we may implicitly define total output q by the equations $q_1 = \lambda_1 q$, and $q_2 = \lambda_2 q$, where λ_1 and λ_2 sum to unity. Then ray average cost is:

$$RAC(q) = \frac{C(\lambda_1 q, \lambda_2 q) + F}{q} \tag{4.A4}$$

Multiproduct scale economies imply that RAC declines as output expands or that

$$\frac{dRAC(q)}{dq} = \frac{q(\lambda_1 MC_1 + \lambda_2 MC_2) - C(\lambda_1 q, \lambda_2 q) - F}{q^2} < 0 \tag{4.A5}$$

where MC_i is the marginal cost of producing good i. It follows immediately that the sign of $dRAC(q)/dq$ is determined by the sign of the numerator of this expression. In other words, if $q_1 MC_1 + q_2 MC_2 > C(q_1, q_2) + F$ then $dRAC(q)/dq > 0$, while if $q_1 MC_1 + q_2 MC_2 < C(q_1, q_2) + F$ then $dRAC(q)/dq < 0$. Now define the ratio

$$S^M = \frac{C(q_1, q_2) + F}{q_1 MC_1 + q_2 MC_2} \tag{4.A6}$$

If $S^M > 1$ ray average cost decreases with output and so exhibits multiproduct increasing returns to scale. If $S < 1$, ray average cost is increasing, and so exhibits multiproduct decreasing returns to scale. If $S = 1$, neither scale economies nor diseconomies exist for the multiproduct firm.

FORMAL COST FUNCTION ANALYSIS AND EMPIRICAL ESTIMATION: THE COBB–DOUGLAS CASE

Assume that production is generated from capital K and labor L inputs via a Cobb-Douglas production function:

$$Q = K^{\alpha}L^{\beta} \tag{4.A7}$$

If r is the rental price of capital and w is the wage rate of labor, then total cost $C = rK + wL$. Cost minimization requires choosing the capital and labor inputs that minimize cost for achieving a given level of output. If we denote the target output level as $\overline{Q}$, the firm's problem then becomes:

Minimize $C = rK + wL$ subject to $\overline{Q} = K^{\alpha}L^{\beta}$

Since the production relation implies: $L = \overline{Q}^{\frac{1}{\beta}}K^{-\frac{\alpha}{\beta}}$, the cost function becomes $C = rK + w\overline{Q}^{\frac{1}{\beta}}K^{-\frac{\alpha}{\beta}}$. Minimizing this with respect to capital and solving for K yields:

$$K = \left(\frac{\alpha}{\beta}\frac{w}{r}\right)^{\frac{\beta}{\alpha+\beta}}\overline{Q}^{\frac{1}{\alpha+\beta}} \tag{4.A8}$$

Substituting this value into the labor input implied by the production constraint, the cost-minimizing labor input is:

$$L = \left(\frac{\beta}{\alpha}\frac{r}{w}\right)^{\frac{\beta}{\alpha+\beta}}\overline{Q}^{\frac{1}{\alpha+\beta}} \tag{4.A9}$$

Together, the optimal K and L equations imply that the minimal cost for producing any given level of output $\overline{Q}$ is:

$$C = w\left(\frac{\beta}{\alpha}\frac{r}{w}\right)^{\frac{\beta}{\alpha+\beta}}\overline{Q}^{\frac{1}{\alpha+\beta}} + r\left(\frac{\alpha}{\beta}\frac{w}{r}\right)^{\frac{\beta}{\alpha+\beta}}\overline{Q}^{\frac{1}{\alpha+\beta}} = \left[\left(\frac{\alpha}{\beta}\right)^{\frac{\beta}{\alpha+\beta}} + \left(\frac{\beta}{\alpha}\right)^{\frac{\alpha}{\alpha+\beta}}\right] r^{\frac{\alpha}{\alpha+\beta}}w^{\frac{\beta}{\alpha+\beta}}\overline{Q}^{\frac{1}{\alpha+\beta}} \tag{4.A10}$$

The exponents for each factor price, r and w, sum to unity so that the cost function is homogeneous of degree one in factor prices. Since the exponent on the output level is $1/(\alpha + \beta)$ there will be constant returns to scale if $\alpha + \beta = 1$; scale economies if $\alpha + \beta > 1$; and scale diseconomies if $\alpha + \beta < 1$.

$$\ln C = \ln\left[\left(\frac{\alpha}{\beta}\right)^{\frac{\beta}{\alpha+\beta}} + \left(\frac{\beta}{\alpha}\right)^{\frac{\alpha}{\alpha+\beta}}\right] + \left(\frac{\alpha}{\alpha+\beta}\right)\ln r + \left(\frac{\beta}{\alpha+\beta}\right)\ln w + \left(\frac{1}{\alpha+\beta}\right)\ln \overline{Q} \tag{4.A11}$$

For estimation purposes, this can easily be translated into: $\ln C = \text{Constant} + \delta_1 \ln r + \delta_2 \ln w + \delta_3 \ln Q$. With observations on input prices and output levels, estimation of the coefficients δ_i allow us to recover the underlying production parameters, α and β.

If the assumption of Cobb-Douglas technology is incorrect, the estimated coefficients will not satisfy theoretical restrictions. Hence, empirical analysis often employs a more flexible specification that includes Cobb-Douglas as a special case. One such specification is the translog cost function. For the two-input case above, this function is:

$$\begin{aligned}\ln C = {} & \text{Constant} + \delta_1 \ln r + \delta_2 \ln w + 0.5[\delta_{11}(\ln r)^2 + \delta_{12}(\ln w)(\ln r) \\ & + \delta_{21}(\ln w)(\ln r) + \delta_{22}(\ln w)^2] + \delta_3 \ln Q \\ & + \delta_{31}(\ln Q)(\ln r) + \delta_{32}(\ln Q)(\ln w) + 0.5\delta_{33}(\ln Q)^2 \end{aligned} \quad (4.A12)$$

As before, we expect δ_1 and δ_2 to be positive fractions that sum to unity. However, the measure of scale economies $S = 1/\frac{\partial \ln C}{\partial \ln Q}$ now depends on the level of output. That is we now have: $S = 1/\frac{\partial \ln C}{\partial \ln Q} = 1/(\delta_3 + \delta_{33} \ln Q + \delta_{31} \ln r + \delta_{32} \ln w)$. Only if $\delta_{31} = \delta_{32} = \delta_{33} = 0$, will the index of scale economies be independent of the level of Q.

제2부

이론과 실제에서의 독점력

Monopoly Power in Theory and Practice

2부에서는 2장에서 제시한 단순한 교과서적인 사례보다 훨씬 더 자세히 순수독점 사례를 고려한다. 특히 하향 경사 수요곡선에 직면한 단일 기업과 그 기업이 사용할 수 있는 가격 및 비가격 전략을 고려한다. 단일 기업에 초점을 맞추면 많은 전략적 상호작용이 생략되지만, 현실적인 경우도 있다. 예를 들어, 많은 지역에서는 반경 50마일 이내에 스키 리프트 운영업체가 한 곳뿐이고 더 넓은 지역에 서비스를 제공하는 놀이공원은 단 한 곳뿐이다. 둘째, 더 중요한 것은 수량할인 및 번들링과 같은 전술은 여러 경쟁자가 있는 환경에서도 사용할 수 있다는 것이다. 그러나 전략적으로 연결된 경쟁자가 없는 단일 기업이 이러한 전략을 사용하는 것을 보면 경쟁이 치열한 환경에서 이러한 전략의 역할을 훨씬 더 쉽게 이해할 수 있다.

5장에서는 시장 세분화와 같은 선형 가격차별 전술을 살펴보는 것으로 시작한다. 또한 2003년 Scott-Morton, Zettelmeyer, Silva-Risso의 신차 판매 가격차별에 관한 연구에 대한 분석도 포함되어 있다. 이어서 6장에서는 2분할 관세와 같은 비선형 가격차별 기법에 대한 논의가 이어진다. 이 장에서는 Stavins(2001)가 제시한 항공사 가격차별에 대한 증거에 대한 논의도 포함된다.

7장에서는 제품 품질 선택에 대해 살펴본다. 이를 통해 소비자들이 무엇이 고품질의 제품을 만드는지에 대해서는 동의하지 않지만 더 높은 품질의 가치에 대해서는 동의할 수 있는 수평적 차별화와, 소비자들이 서로 다른 상품의 품질 순위에 대해서는 동의하지만 일반적으로 품질의 한계 가치에 대해서는 동의하지 않는 수직적 차별화라는 두 가지 개념을 소개할 수 있다. 이 두 가지 개념, 특히 수평적 차별화의 개념은 다음 장에서 광범위하게 사용될 것이다. 또한 신문 품질과 시장규모를 연결한 Berry와 Waldfogel(2010)의 경험적 분석도 소개한다.

8장에서는 번들링과 연계 판매의 고전적인 기법을 검토한다. 여기서는 이러한 전략의 잉여 추출 측면뿐만 아니라 한 시장에서 다른 시장으로 시장지배력을 활용할 수 있는 잠재력도 고려한다. 이를 통해 반독점정책의 관련(그리고 광범위한) 발전에 대해 논의할 수 있다. 이 장은 케이블 TV의 번들링에 대한 Crawford(2008)의 실증적 연구를 바탕으로 번들링이 가져올 수 있는 기본적인 수익 증대 효과를 설명하는 그림으로 마무리한다.

Industrial Organization
Contemporary Theory and Empirical Applications

제 5 장

가격차별 및 독점: 선형 가격책정

Price Discrimination and Monopoly: Linear Pricing

차례

5.1 ▸ 가격차별의 타당성
5.2 ▸ 3차 가격차별 또는 그룹 가격책정
5.3 ▸ 3차 가격차별 또는 그룹 가격책정 시행
5.4 ▸ 제품다양성 및 3차 가격차별 또는 그룹 가격책정
5.5 ▸ 3차 가격차별 또는 단체 가격책정 및 사회복지
5.6 ▸ 실증적 적용: 신차시장에서의 가격차별화
요약
연습 문제

가격차별의 표준 정의는 판매자가 동일한 제품을 다른 구매자에게 다른 가격으로 판매하는 것이다. 가격차별의 예는 무수히 많다. 예를 들어 처방약과 일반 의약품 시장을 생각해보자. 우연한 경험적 증거와 공식적인 경험적 증거 모두 캐나다의 브랜드 처방약 가격이 미국보다 평균적으로 낮다는 것을 보여준다. 표 5.1은 최근 두 개의 연구, 즉 Skinner와 Rovere(2008)의 연구와 Quon, Firszt, Eisenberg(2005)의 연구를 통해 이를 입증한다. 각 연구에서 다루는 정확한 약물은 다소 다르지만 각 연구의 기본 결론은 동일하다. 미국 소비자는 캐나다 소비자보다 처방약에 대해 평균 24%에서 57% 더 많은 비용을 지불한다.

처방약의 사례는 고립된 사례가 아니다. 여행이 잦은 사람이라면 누구나 쉽게 알 수 있듯이, 여객 항공사와 호텔 체인은 완곡한 표현으로 "수익률 관리"의 대가들이다. 대부분의 기업 간 거래에서 가격은 장기간의 협상을 통해 합의에 도달한다. 이스탄불의 그랜드 바자르에 방문하는 수준 높은 여행객들은 모든 가격이 협상 가능하다는 것을 알고 있으며, 협상을 담당하는 이스탄불 현지인과 동행하는 경우 일반적으로 가격이 더 낮아진다! 집에서 가까운 곳에서 중고 자동차를 구매할 때는 일반적으로 똑같이 집중적인 협상이 필요하다. 이러한 가격 협상의 경우, 한 구매자에게 제시된 가격이 다른 구매자에게 제시된 가격과 동일할 것이라고 믿을 이유가 없다.

판매자가 가격차별을 광범위하게 사용하는 것은 두 가지 의문을 제기한다. 첫째, 어떤 시장 조건이 가격차별을 가능하게 하는가? 둘째, 가격차별이 수익성이 있는 이유는 무엇인가? 결국, 차별적 가격책정이 광범위하게 사용되고 있지만 수익성이 없다는 것은 믿기 어렵다! 기본적으로 이번 장과 다음 장에서 우리의 목표는 기업이 모든 사람에게 동일한 가격을 부과하는 것에 비해 이익을 증가시키는 방식으로 가격차별을 구현하는 데 사용할 수 있는 방법을 분석하는 것이다.

이는 또 다른 중요한 문제를 제기한다. 가격차별에 따른 이익 증가는 소비자잉여의 감소, 시장 효율성 개선 또는 이 두 가지의 조합에서 비롯된 것이어야 한다는 것이다. 정책적 관점에

표 5.1 미국과 캐나다의 처방약 가격 비교(일부 약품)

브랜드 이름	미국 가격에 대한 캐나다 가격감소율 [Skinner & Rove (2008)]	미국 가격에 대한 캐나다 가격감소율 [Quon, Firszt, Eisenberg(2005)]
아큐프릴	43%	17%
Altace	54%	40%
아트로텍	67%	—
아티반	88%	—
아반디아	—	27%
셀러브렉스	62%	53%
커버실	57%	—
크레스토	57%	21%
디오반 HCT	54%	27%
플로맥스	—	40%
포소맥스	—	30%
리피토	40%	34%
Lopressor	96%	—
뉴론틴	—	14%
프로작	—	50%
Vasotec	21%	—
비아그라	—	−37%
제스트릴	46%	—
평균	**57.08%**	**26.33%**

서 볼 때, 이 중 어느 것이 중요한지는 매우 중요하다. 따라서 가격차별이 후생에 미치는 영향도 살펴보고자 한다. 마지막으로, 차별적 가격은 시장 경쟁에도 영향을 미칠 수 있다는 점에 주목할 필요가 있다. 이는 구매자가 최종 소비자가 아니라 약국과 같은 소매업체일 때 발생한다. 대형 약국 체인이 독립된 소규모 약국과 다른 도매가격을 받는다면, 이 두 그룹 간의 소매 경쟁은 평평한 운동장에서 이루어지지 않을 것이다. 우리는 다음 장 그룹에서 이 문제들을 다룬다.

5.1 가격차별의 타당성

시장지배력을 가진 기업은 하향 경사 수요곡선에 직면한다. 따라서 기업이 각 소비자에게 동일한 가격을 부과하는 경우(비차별적 가격책정의 표준 사례), 추가 생산 단위를 판매하여 얻는 한계수익은 부과된 가격보다 적다. 추가 단위를 판매하려면 기업은 추가 단위를 구매하는 소비자뿐만 아니라 다른 모든 소비자에게도 가격을 낮춰야 한다. 추가 소비자를 확보하기 위해 모든 고객에게 가격을 낮춰야 한다면 독점기업은 더 많은 소비자에게 서비스를 제공하려는 인센티브가 약화된다. 결과적으로 독점은 효율적인 결과에 비해 상대적으로 제품을 과소 공급하게 된다.

독점사업자의 비차별적인 가격책정은 잠재적인 비효율성의 원인이 된다. 이는 특히 자사 제품에 많은 비용을 지불할 의향이 있는 소비자들의 잉여를 수익으로 전환하는 기업의 능력에 제약을 가하는 요소이기도 하다. 가격차별은 기업의 수익을 크게 높일 수 있는 강력한 기법이다. 경우에 따라 가격차별은 독점기업이 더 많은 생산량을 판매하도록 유도하여 경쟁 결과에 더 가까워지고 시장 효율성을 향상시킬 수 있다.

독점사업자는 가격차별을 통해 이익을 늘릴 수 있지만, 가격차별이 항상 쉽게 이루어지지는 않는다는 점을 인식하는 것이 중요하다. 그 이유는 표준 교과서 사례에서는 각 고객이 동일한 가격을 지불한다고 가정한다. 차별을 성공적으로 수행하려면 독점기업은 두 가지 주요 장애물을 극복해야 한다. 첫 번째는 *식별문제* identification problem 이다. 기업은 시장수요곡선에서 누가 누구인지 식별할 수 있어야 한다. 두 번째는 *차익거래* arbitrage 의 문제로, 낮은 가격을 제시받은 사람이 높은 가격을 제시한 사람에게 재판매하는 것을 방지할 수 있어야 한다.

식별문제를 고려할 때, 교과서적인 독점 모델에서 흔히 볼 수 있는 가정, 즉 기업이 각 가격에서 요구되는 수량을 알고 있다는 가정을 떠올리는 것이 유용하다. 이러한 지식이 없다면 기업은 한계수익 곡선을 알 수 없으므로 이윤을 극대화하는 생산량을 결정할 수 없다. 이 가정이 실제로 어떤 의미를 갖는지 좀 더 자세히 살펴본다.

자전거, TV, DVD 플레이어 또는 미용과 같은 일부 제품의 경우, 각 소비자는 주어진 기간 동안 최대 한 단위의 재화를 구매한다. 그런 다음 회사의 시장수요곡선은 각 소비자가 지불할 의사가 있는 최고 가격인 유보 *reservation* 가격을 기준으로 소비자를 명시적으로 줄세운다. 이러한 재화의 경우 수요곡선에 대한 지식은 독점자는 수요곡선의 윗부분에는 구매하려는 재화 한 단위에 대해 상대적으로 많은 금액을 지불할 의향이 있는 소비자로 구성되어 있는 반면, 수요곡선의 아랫부분에는 적은 금액만 지불할 의향이 있는 소비자로 구성되어 있다는 것을 알고 있다는 것을 의미한다.

영화, CD, 다과, 테니스 레슨과 같은 다른 제품의 경우 시장수요곡선의 구성이 조금 더 복잡하다. 개별 소비자는 가격이 인하(인상)될수록 재화의 수량이 증가(감소)할 것으로 예상할 수 있기 때문이다. 따라서 이러한 재화의 경우 시장수요곡선은 소비자 간 지불의향의 차이뿐만 아니라 한 소비자가 제품을 더 많이 구매할 때 지불의향의 차이도 반영한다.

독점기업이 균일한 가격을 책정하는 경우 이러한 구분은 의미가 없다. 이 경우 기업이 수요곡선을 알고 있다는 가정은 *전체 시장에서* 재화에 대한 지불의향이 판매되는 재화의 수량에 따라 어떻게 달라지는지 알고 있다는 의미일 뿐이다. 가격차별을 실행할 수 있으려면 독점사업자가 표준 모델에서 가정하는 것보다 더 많은 소비자 정보를 획득하고 활용할 수 있어야 한다. 독점자는 개별 소비자 수요곡선으로부터 시장수요곡선이 어떻게 구성되었는지 알고 있어야 한다. 즉, 독점사업자는 소비자 유형에 따라 재화에 대한 수요가 어떻게 다른지 알아야 한다.

일부 판매자에게는 이 작업이 다른 판매자보다 더 쉽다. 예를 들어 세무사는 특정 연도에 각 고객에게 한 단위의 서비스를 효과적으로 판매한다. 또한 세무사는 고객의 수입을 정확히 파악하고 있으며, 더 중요한 것은 세금 부채 감소를 통해 고객에게 얼마나 많은 비용을 절감해 주는지 알고 있다. 이 정보를 사용하여 고객의 지불의향을 파악할 수 있다. 마찬가지로 자동차 딜러는 일반적으로 고객에게 자동차 한 대를 판매한다. 딜러는 잠재 구매자에게 거주지, 직장, 쇼핑 장소 등을 물어보고 협상 과정을 통해 지불의향이 가장 높거나 낮은 구매자를 식별할 수 있다. 부동산업자, 치과 의사, 변호사도 마찬가지이다.

하지만 리테일 상품 판매자는 익명의 시장이 더 많다. "얼리버드" 특가나 토요일 오전 세일 등 구매 시간에 따라 가격을 달리하거나 쿠폰을 제공하는 등 다양한 방식을 통해 소매업체는 수요곡선에서 "누가 누구인지"를 식별할 수 있다. 그럼에도 불구하고 식별문제는 여전히 극복하기 어려운 과제이다. 또한 주말 세일이나 쿠폰 제도를 통해 각기 다른 소비자를 성공적으로 식별할 수 있다고 하더라도 이러한 제도를 구현하기에는 비용이 너무 많이 들 수 있다.

독점사업자가 식별문제를 해결할 수 있다고 해도 가격차별의 두 번째 장애물인 차익거래가 여전히 존재한다. 앞서 언급한 바와 같이, 차별을 성공적으로 수행하려면 독점기업은 낮은 가격을 제시받은 소비자들이 높은 가격을 제시하고자 하는 다른 소비자들에게 그들의 구매품을 재판매하는 것을 막을 수 있어야 한다. 다시 말하지만, 일부 상품과 서비스에서는 다른 상품과 서비스보다 재판매가 더 쉽게 이루어진다. 의료, 법률 및 교육 서비스는 쉽게 재판매되지 않는다. 한 소비자가 자신의 맹장 수술을 다른 소비자에게 팔 수 없다! 마찬가지로, 노인이 할인된 영화관 티켓을 10대에게 쉽게 재판매할 수 없다. 다른 시장, 특히 자전거나 자동차와 같은 내구재의 경우 재판매 또는 다른 시장에서의 판매를 방지하기 어렵다. 이는 이 장의 서두에서 언급한 의약품 가격책정에 대한 이야기에서 중요한 부분이다. 제약회사는 미국과 캐나다 시장을 분리할 수 있을 때, 즉 차익거래를 방지할 수 있을 때만 성공적으로 가격차별을 할 수 있다.

요약하자면, 독점력을 가진 기업은 가격차별을 시도할 것으로 예상된다. 이는 결국 이러한 기업이 상품을 구매하는 다양한 유형의 소비자를 식별하고 이들 간의 재판매 또는 소비자 차익거래를 방지할 수 있는 기술을 개발할 것으로 예상해야 한다는 것을 의미한다. 이를 수행할 수 있는 능력과 가격차별을 달성하기 위한 최선의 전략은 기업마다, 시장마다 다를 것이다.

이제 가격차별의 관행에 대해 알아보고 널리 사용되는 몇 가지 기법을 살펴보겠다. 경제학에서는 이러한 기법을 크게 1차, 2차, 3차로 가격차별을 3가지로 분류하는 전통이 있다.[1] 최근에는 이러한 유형의 가격책정 방식을 각각 개인별 가격책정, 메뉴 가격책정, 그룹 가격책정이라고 부른다.[2] 이 장에서는 3차 가격차별 또는 그룹 가격책정에 중점을 둔다.

5.2 3차 가격차별 또는 그룹 가격책정

3차 가격차별 또는 그룹 가격책정은 세 가지 주요 특징에 의해 정의된다. 첫째, 연령, 소득, 지리적 위치 또는 교육 상태와 같이 쉽게 관찰할 수 있는 특성을 기준으로 독점업체가 제품에 대한 지불의향에 따라 소비자를 그룹화할 수 있다. 둘째, 독점사업자는 다른 그룹 간의 차익거래를 방지할 수 있다. 이 장의 시작을 알린 처방약 사례에서 이는 미국에서 캐나다로 처음 수출된 처방약이 미국으로 재수입되는 것을 막을 수 있다는 것을 의미한다. 마지막으로, 3차 가격차별의 핵심적인 특징은 독점사업자가 다른 그룹에 다른 단가를 제시하는 반면, 특정 그룹 *내의* 모든 소비자에게는 동일한 단가를 제시한다는 것이다. 그런 다음 각 그룹의 소비자는 견적된 가격으로 얼마를 구매할지 결정한다.

그룹 가격책정은 한 소비자 그룹에 책정된 가격이 *동일한 재화*에 대해 다른 그룹에 책정된 가격과 동일하지 않기 때문에 가격차별의 한 예인 것이다. 이러한 유형의 가격 정책은 경제학 교과서에서 가장 흔히 볼 수 있는 정책이며, 산업조직학 문헌에서는 *선형 가격책정*(이 장의

1 가격차별은 흥미로운 주제이며 경제학자들의 관심은 산업조직 분야를 훨씬 뛰어넘는다. 1, 2, 3차 차별의 구분은 Pigou(1920)의 연구에 따른 것이다. 보다 현대적인 접근 방식은 Phlips(1983)에 등장한다.

2 이 용어는 Shapiro와 Varian(1999)에 의해 처음 만들어졌다.

표 5.2 미국 경제 협회의 연간 회원 회비

연간	수입구독 가격
$70,000 미만	$20
$70,000~$105,000	$30
$105,000 이상	$40

제목)이라고 한다. 한 그룹 내의 소비자는 견적된 가격으로 원하는 만큼 자유롭게 구매할 수 있으므로 각 소비자가 지불하는 단위당 평균가격은 마지막으로 구매한 단위의 한계 가격과 동일하다.

세상에는 3차 가격차별의 사례로 가득하다. 노인 할인과 "어린이는 무료" 프로그램이 그 예이다. 경제학자들에게 익숙한 흥미로운 사례는 미국의 경제학자들을 위한 주요 전문 단체인 *전미경제학회* *American Economic Association* 의 회비 체계이다. 회원은 회비를 지불하면 전문 공지 사항, 뉴스레터, 그리고 분기별로 발행되는 세 가지 중요한 전문 저널인 *The American Economic Review, The Journal of Economic Perspectives, The Journal of Economic Literature*를 받아볼 수 있는 자격이 주어진다.

2012년 수수료 일정은 표 5.2에 나와 있다. 표에서 볼 수 있듯이 소득에 따라 가격을 차별화하는 것이 목표이다. 이 제도의 특히 흥미로운 특징은 협회가 예비 회원이 신고한 소득의 진위를 확인하려는 시도를 하지 않는다는 것이다. 협회는 경제인들이 정직하거나 심지어 자랑스럽게 소득을 신고할 것이라는 믿음에 의존하는 것처럼 보인다. 또한 협회는 낮은 가입비를 지불하는 주니어 교수진이 높은 가입비를 지불하는 선임 교수진에게 재판매하는 차익거래 문제를 피하기를 희망해야 한다. 일반적인 관찰에 따르면 재판매는 드물다.

전미경제학회의 관행은 독특하지 않다. 많은 학술지가 대학 도서관과 같은 기관에 개인과 다른 가격을 부과한다. 예를 들어, *경제학 및 경영 전략 저널* *Journal of Economics and Management Strategy* 의 2012년 인쇄 및 온라인 구독료는 개인은 59달러이지만 기관은 446달러이다.

항공사는 특히 3차 가격차별을 적용하는 데 능숙하다. 특정 항공편의 이코노미 클래스 승객에게 부과되는 요금의 수가 승객 수와 거의 같다는 의견도 있다! 이러한 유형의 가격차별의 일반적인 특징은 항공권의 특성에 대한 제한에 의해 시행된다는 것이다. 여기에는 항공편을 예약해야 하는 사전 시간, 항공편 변경 가능 여부, 출발과 귀국 사이의 일수, 여행에 토요일 밤 숙박이 포함되는지 여부 등에 대한 제약이 포함된다. 이 장의 뒷부분에서 항공사의 사례로 돌아가겠다.

3차 가격차별의 다른 예로는 레스토랑의 "얼리버드 스페셜"과 쿠폰을 스크랩한 고객에 대한 슈퍼마켓 할인이 있다. 마찬가지로 시즌이 끝날 때 의류 가격을 낮추는 백화점은 구매 시점의 관찰 가능한 특성에 따라 다른 가격을 책정하려고 시도하고 있다.[3] 구매 시점에 따라 소비자를 세분화하는 것은 다른 시장에서도 분명하게 나타난다. 소비자들은 일반적으로 나중에 집에서 다운로드한 영화로 보는 것보다 영화가 새로 개봉했을 때 개봉 극장에서 영화를 보는 데 더

3 시간이 지남에 따라 체계적으로 할인을 실시하면 소비자가 향후 가격이 하락할 것을 알면 구매를 연기할 위험이 있다. 구매를 연기하는 고객의 수가 "너무" 많으면 시즌 할인은 좋은 전략이 되지 못한다.

많은 비용을 지불한다.

모든 3차 가격차별 체계의 필수적인 특징은 독점사업자가 소비자 지불의향의 차이를 잘 대변할 수 있는 쉽게 관찰할 수 있는 특성을 가지고 있다는 것이다. 이 특성은 시장을 두 개 이상의 그룹으로 나누고 각 그룹에 다른 가격을 부과하는 데 효과적으로 사용될 수 있다. 다음으로 독점사업자는 낮은 가격을 제안받은 사람이 높은 가격을 제안받은 사람에게 제품을 재판매하는 것이 불가능하도록 보장할 수 있어야 한다. 항공사의 예를 다시 생각해 보겠다. 토요일 밤에 숙박해야 한다는 요건은 출장으로 여행하는 소비자와 그렇지 않은 소비자를 차별하기 위해 고안된 것이다. 노인 할인은 일반적으로 나이 증명을 요구하지만, 그 자체만으로는 차익거래를 방지하기에 충분하지 않다. 예를 들어 지역 슈퍼마켓에서 노인 할인을 제공한다고 가정해 보겠다. 근처에 노부모가 있는 40~50대는 부모님이 식료품을 구매하도록 할 인센티브를 갖게 될 것이다. 그렇기 때문에 대부분의 노인 할인은 연령 증명과 소비 증명(예: 극장 또는 영화 티켓)을 모두 요구한다.

서로 다른 소비자 그룹이 식별되고 분리되면 3차 가격차별을 특정짓는 일반적인 규칙은 다음과 같다. *수요탄력성이 낮은 소비자에게는 상대적으로 수요탄력성이 높은 소비자보다 더 높은 가격을 부과해야 한다.*

5.3 3차 가격차별 또는 그룹 가격책정 시행

가격책정 규칙의 기본 논리는 매우 간단하다. 여기서는 간단한 예제를 통해 이를 설명하고 공식적인 설명은 이 장의 마지막에 있는 부록으로 미룬다.

J.K 롤링의 해리 포터 시리즈 마지막 권인 *해리 포터와 죽음의 성물* 시리즈의 출판사가 미국에서는 이 책 역수요를 $P_U = 36 - 4Q_U$, 유럽에서는 $P_E = 24 - 4Q_E$로 추정한다고 가정해 보겠다. 각각의 경우 가격은 첫 번째 출판 당시 판매된 수백만 권의 책에서 달러와 수량으로 측정된다. 한계비용은 각 시장에서 동일한 책당 \$4로 가정한다. 출판사는 표지 디자인 및 프로모션과 같은 다른 비용도 발생하지만, 이러한 비용은 판매량과 무관한 고정비용으로 간주하여 분석에서 무시한다.

벤치마크로서, 출판사가 두 시장을 하나의 통합된 시장으로 취급하여 미국과 유럽의 소비자에게 동일하고 차별 없는 가격을 제시한다고 가정해 보겠다. 수익을 극대화하는 가격을 계산하려면 먼저 출판사는 모든 가격 P에서 총 시장수요를 계산해야 한다. 즉, 두 시장수요곡선을 *수평*으로 더해야 한다. 미국의 경우 $P = 36 - 4Q_U$가 있으며, 이를 반전시켜 $P \leq \$36$이면 $Q_U = 9 - P/4$가 된다. 유럽의 경우 $P = 24 - 4Q_E$가 있으므로 $P \leq \$24$이면 $Q_E = 6 - P/4$가 된다. 이렇게 하면 총합 수요 방정식은 다음과 같다.

$$Q = Q_U + Q_E = 9 - P/4 \qquad \$36 \geq P \geq \$24\text{의 경우}$$
$$Q = Q_U + Q_E = 15 - P/2 \qquad P < \$24\text{의 경우} \tag{5.1}$$

이를 좀 더 일반적인 역의 형태로 작성하면 다음과 같다:

$$P = 36 - 4Q \qquad 36 \geq P \geq \$24\text{의 경우}$$
$$P = 30 - 2Q \qquad P < \$24\text{의 경우} \tag{5.2}$$

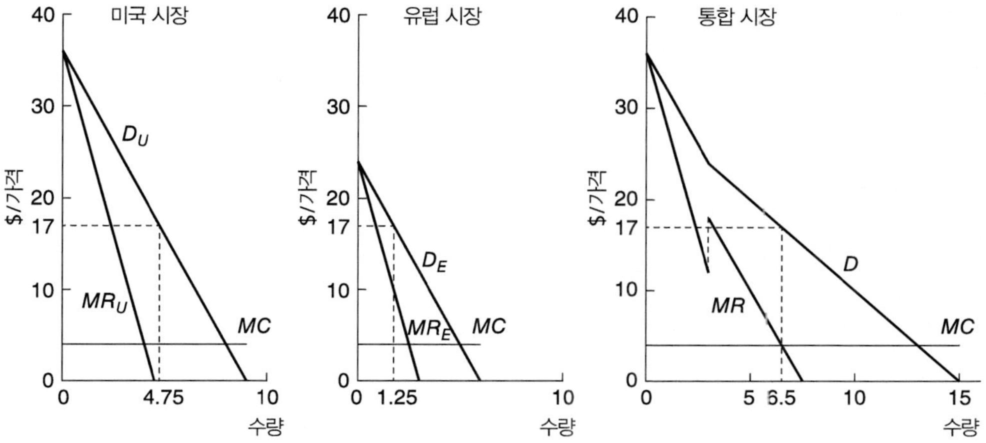

그림 5.1 비차별적 가격책정—상수 한계비용

기업은 총수요와 관련된 한계수익을 식별한다. 그리고 기업은 한계수익이 한계비용과 같은 곳에서 총산출을 선택하고 총수요함수를 통해 비차별적 가격을 선택한다. 각 시장의 생산량은 시장 청산 생산량이다.

이 수요 관계는 그림 5.1에 나와 있다. 가격이 24달러이고 수량이 300만 권일 때 총수요함수의 점프현상이 발생하는 이유는 가격이 24달러를 초과하면 미국에서만 책이 판매되는 반면, 가격이 24달러 이하로 떨어지면 두 시장 모두 활성화되기 때문이다. 이 수요함수와 관련된 한계수익 함수는 일반적인 "두 배로 가파른" 규칙을 만족한다:

$$MR = 36 - 8Q \qquad Q < 3\text{의 경우}$$
$$MR = 30 - 4Q \qquad Q > 3\text{의 경우} \tag{5.3}$$

이는 그림 5.1에도 나와 있다. 수량이 300만 개일 때 한계수익 함수가 급증하는 것은 가격이 24달러를 조금 넘는 수준에서 24달러 바로 밑으로 떨어지면 비활성화된 유럽 시장이 활성화되기 때문이다. 즉, 가격이 다음 가격 바로 24달러 아래로 떨어지면 새로운 소비자층을 확보할 수 있다.

방정식 (5.1)~(5.3)을 사용하여 각 시장에서 가격, 총 수량 및 수량을 최대화하는 수익을 계산할 수 있다. 두 시장이 모두 활성화되어 있다고 가정하고 한계수익과 한계비용을 동일시하면 $30 - 4Q = 4$이므로 $Q^* = 650$만 개가 된다. 총수요곡선(5.2)으로부터 $P^* = \$17$의 가격이 도출된다. 개별 시장수요(5.1)로부터 미국에서 475만 권, 유럽에서 175만 권의 책이 판매될 것임을 알 수 있다. 총 이익(고정 및 기타 설정 비용을 모두 무시)은 $(17 - 4)*6.5 = \$84.5$백만이다.

이 가격 전략이 독점사업자가 채택할 수 있는 최선의 전략이 아니라는 것은 그림 5.1을 보면 알 수 있다. 방금 계산한 균형에서는 유럽에서 마지막으로 판매된 책의 한계수익이 한계비용보다 큰 반면, 미국에서 마지막으로 판매된 책의 한계수익은 한계비용보다 작다(이 예에서는 실제로 마이너스이다!). 따라서 미국에서 판매된 도서 중 일부를 유럽 시장으로 이전하면 수익이 증가한다.

이를 좀 더 명확하게 설명할 수 있다. 3차 가격차별 하에서 이윤극대화를 위한 필수 조건은 독점사업자가 서비스를 제공하는 *각* 시장에서 한계수익이 한계비용과 같아야 한다는 것

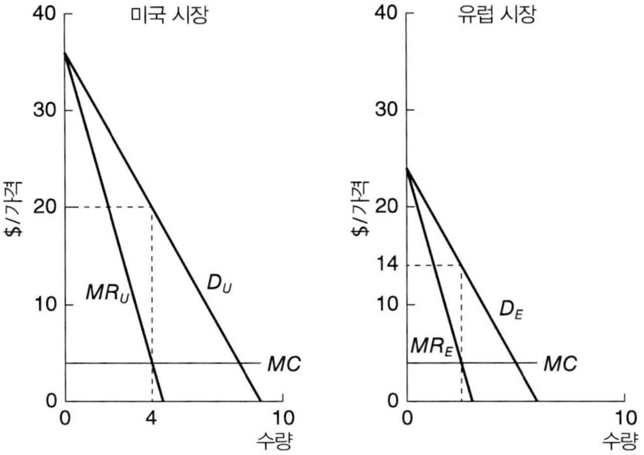

그림 5.2 3차 가격차별 또는 그룹 가격—상수 한계비용

회사는 각 시장에서 한계수익이 한계비용과 같아지는 생산량을 설정하고 각 시장에서 시장 청산 가격을 설정한다.

이다. 특정 시장에서 그렇지 않다면, 해당 시장에서 마지막으로 판매된 단위는 수익보다 비용이 더 많거나 적게 발생하게 될 것이다. 따라서 해당 시장에서 총생산량을 줄이거나 늘리면 수익이 증가한다. 우리의 경우처럼 각 시장에 서비스를 제공하는 데 드는 한계비용이 동일하다면, 이 조건은 각 시장에서 마지막으로 판매된 단위의 한계수익이 동일하다는 것을 의미한다. 이 조건이 성립하지 않으면 독점사업자는 한계수익이 낮은 시장에서 높은 시장으로 판매를 이동시킴으로써 생산량을 늘리지 않고(따라서 비용도 증가시키지 않고) 매출과 이익을 높일 수 있다.

이러한 원칙을 예시에 적용하는 방법은 그림 5.2에 설명되어 있다. 미국 시장의 수요는 $P_U = 36 - 4Q_U$, 유럽에서는 $P_E = 24 - 4Q_E$이다. 즉, 미국의 한계수익은 $MR_U = 36 - 8Q_U$이고 유럽의 한계수익은 $MR_E = 24 - 8Q_U$이다. 이제 한계수익은 한계비용과 같다는 규칙을 다음에 적용한다. 이렇게 하면 미국에서 $P_U^* = \$20$의 가격으로 $Q_U^* = 4$백만 권, 유럽에서는 $P_E^* = \$14$ 가격으로 $Q_E^* = 250$만 권으로 수익을 극대화할 수 있다. 미국에서의 판매 수익은 6,400만 달러, 유럽에서의 판매 수익은 2,500만 달러로 총 수익(고정 및 기타 설정 비용은 모두 무시)은 8,900만 달러로 비차별적 수익보다 450만 달러가 증가했다.

위 결과는 위에서 제시한 탄력성 규칙과 어떤 관련이 있을까? 선형 수요곡선의 중요한 특성은 수요곡선을 따라 내려갈수록 수요의 탄력성이 무한대에서 0으로 부드럽게 떨어진다는 점이다. 즉, 24달러 미만(0보다 큰 가격)의 경우 미국 시장의 수요탄력성이 유럽 시장보다 낮다는 것을 의미한다. (두 시장이 모두 활성화된 모든 가격에서 두 시장의 수요탄력성을 평가하면 이를 확인할 수 있다.) 따라서 이 규칙에 따르면 예시에서와 같이 유럽보다 미국에서 더 높은 가격을 찾아야 한다.

한계비용이 일정하지 않은 경우 분석에 어떤 영향을 미칠까? 동일한 기본 원칙이 적용되지만 한 가지 중요한 변화가 있다. 한계 생산비용이 일정하지 않으면 두 시장을 독립적으로 취급할 수 없다. 예를 들어 독점기업이 미국에 공급하기로 선택한 생산량은 유럽에 공급하는 한계비

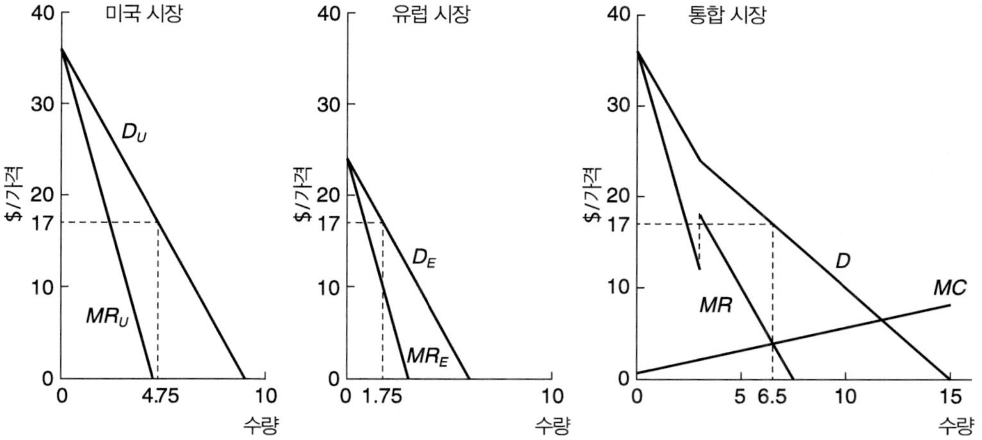

그림 5.3 한계비용이 일정하지 않은 비차별적 가격책정
기업은 총수요와 관련 한계수익을 식별한다. 총수요함수에서 한계수익이 한계비용과 같은 곳에서 전체 산출량을 선택하며, 총수요함수로부터 비차별적 가격을 선택한다. 각 시장의 산출량은 시장 청산 산출량이다.

용에 영향을 미친다. 따라서 우리는 서로 다른 시장을 함께 살펴볼 필요가 있다. 그럼에도 불구하고 우리는 여전히 이러한 시장에서 독점기업의 가격 결정을 안내하는 간단한 규칙을 가지고 있다.

이 점을 설명하기 위해 *해리 포터와 죽음의 성물* 출판사가 미국과 유럽 시장용 책을 생산하는 단일 인쇄 시설을 보유하고 있고 한계비용이 $MC = 0.75 + Q/2$로 주어지며, 여기서 Q는 인쇄된 총 책 수라고 가정한다.

그림 5.3은 독점사업자가 가격차별을 하지 않기로 선택한 경우의 이익 극대화 행동을 보여준다. 이 프로세스의 기본 분석 단계는 다음과 같다:

1. 위와 같이 총 시장수요를 계산한다.
2. 이 총수요함수에 대한 한계수익 함수를 구한다. 예제에서 Q가 3보다 커서 두 시장이 모두 활성화된 경우 $MR = 30 - 4Q$가 된다.
3. 한계수익과 한계비용을 동일시하여 총생산량을 결정한다. 따라서 $0.75 + Q/2 = 30 - 4Q$는 $Q^* = 6.5$만 권이 된다.
4. 총수요함수에서 균형가격을 구한다. 두 시장이 모두 활성화되어 있으므로 총수요함수의 관련 부분은 $P = 30 - 2Q$이며, 균형가격은 $P^* = \$17$이다.
5. 이 가격으로 각 시장의 수요를 계산해보시오: 미국 475만 권, 유럽 175만 권.

이제 독점사업자가 가격차별을 선택한다고 가정해 보겠다. 이 결과는 그림 5.4에 설명되어 있다. 기본 프로세스는 분명히 다르며, 이윤극대화를 위한 가격차별을 구현하는 단계는 다음과 같다:

1. 각 시장의 한계수익을 도출하고 이를 *수평*으로 더하여 총 한계수익을 구한다. 미국의 한계수익은 \$36 이하일 경우 $MR = 24 - 8Q_U$이다. 유럽에서는 한계수익이 \$24 미만일 경우 $MR = 24 - 8Q_E$이다. 이를 변환하면 $Q_U = 4.5 - MR/8$, $Q_E = 3 - MR/8$이 된다. 이를

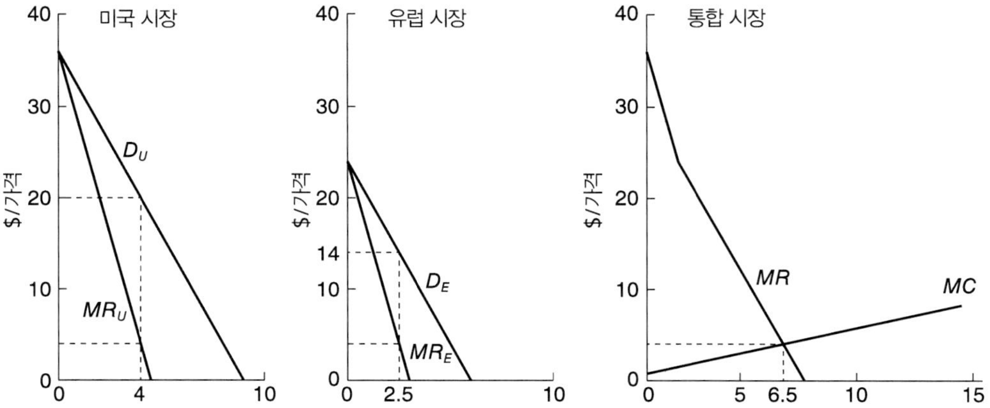

그림 5.4 **한계비용이 일정하지 않은 3차 가격차별 또는 그룹 가격책정**

기업은 총 한계수익을 계산하고 이를 한계비용과 동일시한다. 각 시장의 생산량은 총 한계수익과 총 한계비용을 동일시한다. 각 시장의 가격은 시장 청산 가격이다.

합산하면, 총 한계수익이 도출된다.

$$Q = Q_U + Q_E = 4.5 - MR/8 \qquad Q \leq 1.5\text{의 경우}$$
$$Q = Q_U + Q_E = 7.5 - MR/4 \qquad Q > 1.5\text{의 경우} \tag{5.4}$$

이를 반전시켜 총 한계수익을 보다 일반적인 형태로 만들 수 있다.

$$MR = 36 - 8Q \qquad Q \leq 1.5\text{의 경우}$$
$$MR = 30 - 4Q \qquad Q > 1.5\text{의 경우} \tag{5.5}$$

이 단계는 비차별적인 경우와 어떻게 다른지 주목하시오. 후자의 경우 두 시장이 하나로 취급되므로 총수요부터 시작하여 관련 한계수익을 도출한다. 반면, 차별적 가격책정의 경우 두 시장은 개별적으로 공급되며, 두 시장 모두에서 $MC = MR$이라는 수익극대화 조건이 적용되므로 총수요가 아닌 총 한계수익이 필요하다,

2. 총 한계수익과 한계비용을 동일시하여 균형 총 수량과 한계수익을 식별한다. 따라서 $30 - 4Q = 0.75 + 2Q$는 $Q^* = 6.5$가 된다. 결과적으로 균형 한계수익은 $4이며, 이는 마지막으로 생산된 단위의 한계비용과 동일하다.
3. 개별 시장의 한계수익을 균형 한계수익 및 한계비용과 동일시하여 각 시장의 균형 수량을 식별한다. 미국의 예에서는 $36 - 8Q_U = 4$ 또는 Q_U^*는 4백만 권이며 유럽에서는 $24 - 8Q_U = 4$ 또는 $Q_E^* = 250$만 권이다.
4. 개별 시장수요함수에서 각 시장의 균형가격을 파악하여 미국에서는 $20, 유럽에서는 $14의 가격을 구한다.

앞서 설명한 절차는 다시 3차 가격차별을 통해 독점 가격 결정을 안내하는 두 가지 간단한 규칙에서 파생된다. 이러한 규칙은 독점자의 한계비용함수의 형태에 관계없이 적용된다. 규칙은 다음과 같다:

1. 한계수익은 각 시장에서 마지막으로 판매된 유닛에 대해 동일해야 한다.
2. 한계수익은 한계비용과 같아야 하며, 여기서 한계비용은 총산출 레벨에서 측정된다.

균일 가격책정(가격차별 없음)과 3차 가격차별의 대조와 관련하여 주목할 만한 흥미로운 점이 한 가지 더 있다. 수요가 선형적이고 두 가격 체계 모두에서 두 시장이 모두 활성화되어 있는 경우, *총수요는 두 가격 정책에서 동일하게 나타난다*는 것이다. 이는 부록 장에서 공식적으로 증명된다. 직관적으로도 쉽게 알 수 있다. 두 시장이 모두 활성화되면 총 한계수익은 두 가격 정책에서 동일하다(그림 5.3에서 MR의 불연속성 아래에 있다). 따라서 총 한계수익을 총 한계비용과 동일시하면 총 산출량이 동일해야 한다. 이 경우 3차 가격차별이 더 수익성이 높은 이유는 총생산량이 두 시장에 더 수익성 있게 할당되어 각 시장에서 마지막으로 판매된 단위의 한계수익이 동일하기 때문이다.

이 섹션에서는 특정 시장 부문에서 설정된 가격과 수요탄력성 사이의 관계를 명시함으로써 3차 가격차별에 대한 논의를 마무리한다. 2장과 3장에서 독과점과 시장지배력에 대한 검토는 우리가 어떤 시장에서도 가격과 수요의 점탄력성과 관련한 기업의 한계수익을 어떻게 표현할 수 있는지를 설명했다. 구체적으로, 시장 i의 한계수익은 $MR_i = P_i\left(1 - \frac{1}{\eta_i}\right)$이며 여기서 η_i는 수요의 탄력성(절대값)이다. η_i이 커질수록, 이 시장의 수요는 더 탄력적이게 된다. 이제 3차 가격차별은 이윤을 극대화하는 총생산량을 각 시장에서 한계수익이 균등하게 되도록 할당해야 한다는 것을 상기해야 한다(물론 한계비용과 동일함). 예를 들어 두 개의 시장이 있는 경우 $MR_1 = MR_2$이다. 다음에서 위의 방정식을 대체하면, 우리는 $MR_1 = P_1\left(1 - \frac{1}{\eta_1}\right) = MR_2 = P_2\left(1 - \frac{1}{\eta_2}\right)$이 되는 것을 알고 있다. 여기서 우리는 두 가격의 비율을 위해 다음과 같이 풀 수 있다.

$$\frac{P_1}{P_2} = \frac{(1 - 1/\eta_2)}{(1 - 1/\eta_1)} = \frac{\eta_1\eta_2 - \eta_1}{\eta_1\eta_2 - \eta_2}. \tag{5.6}$$

이를 통해 수요탄력성이 높은 시장에서는 가격이 실제로 더 낮아질 것이라는 점을 알 수 있다. 직관적으로 소비자가 가격에 민감한 시장에서는 가격이 더 낮아야 한다는 것이다. 이러한 가격민감도는 가격을 인상하면 너무 많은 고객을 잃게 되고, 이러한 손실은 고객당 잉여 이익의 증가를 상쇄할 수 있다는 것을 의미한다. 달리 말하면, 소비자가 가격에 민감한 경우 가격을 낮추는 전략은 많은 추가 구매를 유도하기 때문에 오히려 독점업체의 총잉여를 증가시킬 수 있다. 분석의 동기가 된 다양한 사례를 수요탄력성의 관점에서 재해석해 보기 바란다. 예를 들어, 출장 여행객이 휴가 여행객보다 특정 시기에 항공 여행에 대한 수요탄력성이 낮을 것이라고 생각하는 것이 합리적일까?

5.1 ▸ 실습문제

지역 영화관의 매니저는 영화 상영 시간에 따라 영화 수요가 달라진다고 생각한다. 오후 5시 이전에 영화를 보러 가는 조기 영화 관객은 저녁 영화 관객보다 가격에 더 민감하다. 관리자는 시장 조사를 통해 주간(D) 및 저녁(E) 영화 관람객의 수요곡선이 각각 $Q_D = 100 - 10P_D$ 및 $Q_E = 140 - 10P_E$라는 것을 발견했다. 영화 상영의 한계비용은 일정하며 영화 상영 시간에 관계없이 고객당 3달러로 동일하다. 여기에는 티켓팅 및 청소 비용이 포함된다.

a. 매니저가 주간 및 야간 관람에 대해 동일한 가격을 청구하는 경우 수익을 극대화하는 가격 정책은 무엇인가? 각 공연의 참석자 수와 하루 총 수익은 얼마인가?
b. 이제 관리자가 낮과 저녁 가격을 다르게 설정하는 3차 가격차별 방식을 채택한다고 가정해 보겠다. 수익을 극대화하는 가격은 얼마인가? 각 세션의 출석률은 얼마인가? 총 참석자 수가 (a)와 같은지 확인한다. 하루 총 수익은 얼마인가?

5.4 제품다양성 및 3차 가격차별 또는 그룹 가격책정

지금까지 가격차별은 기업이 동일한 제품을 두 명 이상의 구매자에게 서로 다른 가격으로 판매할 때 발생하는 것으로 정의했다. 하지만 제품이 동일하지 않다면 어떨까? 예를 들어 Ford는 조금씩 다른 특징을 가진 수백 가지(어쩌면 수천 가지) 종류의 Ford *토러스* Taurus 를 제공한다. 프록터 앤 갬블은 다양한 맛, 색상 및 의학적 효능을 주장하는 다양한 치약을 제공한다. 켈로그는 곡물, 맛, 농도, 색상이 다양한 수십 가지의 아침 시리얼을 제공한다.

판매자가 이러한 *차별화* 제품을 제공할 때 3차 가격차별 또는 그룹 가격책정으로 보이는 많은 예가 발생한다. 예를 들어, 책은 처음에는 고가의 양장본으로 출시되고 나중에는 저렴한 문고판으로 출시된다. 스키장의 호텔은 여름보다 겨울에 더 비싸다. 일등석 항공 여행은 일반석보다 더 비싸다. 이러한 예의 공통점은 모두 기본 상품의 변형이라는 점이다. 이는 식당 식사, 냉장고, 전자 제품 및 기타 많은 상품과 서비스를 구매할 때 매일 마주치는 현상이다. 이러한 상황에서 우리가 관찰하는 것은 기업이 색상, 소재 또는 디자인으로 구분되는 동일한 상품의 다양한 종류를 판매하는 것이다. 일반적인 레스토랑 메뉴를 간단히 살펴보면 알 수 있듯이, 우리가 일반적으로 관찰하는 것은 다양한 종류가 다른 그룹을 겨냥하고 다른 가격으로 판매된다는 것이다.

이를 가격차별의 적용으로 간주할 때는 주의해야 한다. 양장본과 문고판 책, 일등석과 일반석 항공권과 같이 서로 다른 유형의 상품을 생산할 때 발생하는 비용이 다르기 때문이다. Philips(1983)는 제품차별화를 허용할 경우 3차 가격차별 또는 그룹 가격책정에 대한 가장 좋은 정의를 제시한다: "가격차별은 두 가지 종류의 상품이 (동일한 판매자가) 두 명의 구매자에게 서로 다른 순 net 가격으로 판매되는 것을 의미하며, 순가격은 제품차별화와 관련된 비용을 보정된 (구매자가 지불한) 가격이다."

이 정의를 적용하면, 브레이크가 장착된 차량을 조립하는 데 750달러의 추가 비용이 드는 경우 잠금방지 브레이크가 장착된 차량에 750달러의 추가 요금을 부과하는 것은 차별이 되지 않는다. 반면, 보스턴과 런던을 오가는 코치 클래스 요금 450달러와 일등석 요금 8,000달러의 가격 차이는 승객 1인당 일등석 서비스를 제공하는 데 드는 추가 비용이 7,550달러의 가격 차이보다 훨씬 적기 때문에 거의 전적으로 가격차별을 반영하는 것으로 보아야 한다. 즉, 동일한 재화의 다른 버전 간의 가격차별은 가격 차이가 기본 비용의 차이로 인해 정당화되지 않는 경우에만 존재하며, 이것이 바로 필립스가 의미하는 *순가격*이다.

제품다양성을 고려하면 매우 중요한 질문으로 이어진다. 다양한 종류의 제품을 제공하면 독점업체가 다양한 순가격을 책정할 수 있는 능력이 향상될까? 즉, 시장지배력을 가진 기업이 다양한 버전의 제품을 제공함으로써 가격차별 능력을 높일 수 있을까? 앞으로 살펴보겠지만, 일반적인 대답은 '그렇다'이다.

성공적인 차별이 극복해야 하는 두 가지 문제, 즉 식별과 차익거래를 떠올리면 이 문제에 대한 통찰력을 어느 정도 얻을 수 있다. 가격차별을 하려면 기업은 수요곡선에서 누가 누구인지 파악한 다음 개별 소비자 간의 재판매를 방지할 수 있어야 한다. 독점기업은 제품의 다양한 버전이나 모델을 제공함으로써 이 두 가지 문제를 해결할 수 있다. 소비자마다 다른 버전의 상품을 구매할 수 있으므로 구매 결정을 통해 자신이 누구인지 알 수 있다. 또한 고객마다 다른 품종을 구매하기 때문에 재판매 문제가 상당히 줄어든다.

수익 향상을 위한 상품 차별화의 잠재력을 보여주는 예로 보스턴과 암스테르담 간 직항 여객 항공편을 운항하는 델타항공(DA)이라고 하는 항공사를 생각해 보겠다. DA는 이 항공편을 이용하는 고객이 일등석 여행을 선호하는 고객, 비즈니스석 여행을 원하는 고객, 일반석으로 여행하는 데 불편함이 없는 고객 등 세 가지 유형으로 나뉜다는 것을 알고 있다. 물론 차익거래 문제의 한 부분은 쉽게 해결할 수 있다. 일등석에 앉으려면 일등석 항공권이 필요하다. 그러나 이 문제에는 또 다른 측면이 있다. 예를 들어, 소비자가 더 높은 등급의 여행에 부여하는 가치에 비해 가격 차이가 충분히 크다면 비즈니스 클래스 여행객은 일반석 항공권을 선택할 수 있다. 간단하게 설명하기 위해 이러한 차익거래 또는 자기 선택 문제가 발생하지 않는다고 가정한다. 즉, 일등석 승객은 비즈니스석이나 일반석에 앉기보다는 여행하지 않는 것을 선호하고, 비즈니스석 승객도 마찬가지로 일반석 여행을 고려하지 않을 것이며, 좌석 유형 간의 품질 차이에 충분히 높은 가치를 부여하기 때문에 가격을 낮추지 않을 것이라고 가정한다. (이 사례의 예는 장 끝 연습문제 5 참조.)[4]

DA의 시장 조사에 따르면 이 노선의 일등석 여행의 일일 수요는 $P_F = 18{,}500 - 1{,}000Q_F$, 비즈니스석 여행의 경우 $P_B = 9{,}200 - 2500Q_B$, 일반석 여행의 경우 $P_C = 1500 - 5Q_C$로 나타났다. 한계비용은 일반석 승객의 경우 \$100, 비즈니스석 승객의 경우 \$200, 일등석 승객의 경우 \$500로 추정된다.

이러한 유형의 차별화 제품에 대한 이익 극대화하는 3차 가격차별 체계는 동종 제품과 본질적으로 동일한 규칙을 충족한다. 간단히 말해, DA는 각 좌석 클래스에 대해 한계수익과 한계비용을 동일시하는 수량을 파악한 다음 관련 수요함수에서 균형가격을 파악해야 한다. 일등석 승객의 경우 $MR_F = 18{,}500 - 2{,}000Q_F = 500$ 또는 $Q_F^* = 9$, 따라서 일등석 요금은 $P_F^* = \$9{,}500$이다. 비즈니스 클래스의 경우 $MR_B = 9{,}200 - 500Q_B = 200$ 또는 $Q_B^* = 18$. $P_B^* = \$4{,}700$이다. 마지막으로 일반석의 경우 $1500 - 10Q_C = 100$ 또는 $Q_C^* = 140$, $P_C^* = \$800$이다.

방금 제시한 예시에서는 서로 다른 유형의 여행자가 특정 유형의 여행에 전념한다고 가정하여 차익거래 문제를 해결했다. 물론 항상 그렇지는 않을 수도 있다. 예를 들어, 2011년까지 경제 활동이 침체되면서 많은 기업이 비용 절감 방법을 모색하게 되었다. 특히 비즈니스 출장자

4 일반석 혹은 비즈니스 여행객이 트레이드 업을 원할 가능성도 있다. 이 예에서 도출한 균형가격은 이러한 가능성을 배제한다.

현실 체크포인트

테마의 변형—브로드웨이 티켓 가격

뉴욕에서는 매일 밤 20,000명 이상의 사람들이 브로드웨이 공연을 관람한다. 열렬한 공연 애호가라면 알겠지만, 공연 티켓 가격은 끝없이 상승하고 있다. 브로드웨이 공연의 최고 가격은 1998년과 2004년 사이에 31% 올랐고 그 이후에도 두 배 이상 상승했다. 하지만 쿠폰, 2+1 행사, 학생 특별 가격, 타임스퀘어의 TKTS 부스 등을 통해 제공되는 할인 혜택은 이러한 가격 상승의 영향을 크게 줄여준다.

왜 이렇게 할인을 많이 할까? 비행기 좌석과 마찬가지로 극장 좌석의 가치는 매우 변하기 쉽다. 공연이 시작되거나 비행기가 이륙하면 좌석의 가치는 거의 없어진다. 따라서 좌석을 전혀 채우지 않는 것보다 저렴한 가격에 좌석을 채우는 것이 좋다.

스탠퍼드 대학교의 경제학자 필립 레슬리 *Phillip Leslie* 는 1996년 브로드웨이 연극 세븐 기타 *Seven Guitars* 의 세부를 사용하여 브로드웨이 티켓 가격차별을 조사했다. 14만 명이 넘는 사람들이 이 연극을 관람했으며, 이들은 17가지 가격대의 티켓을 구매했다. 일부 차이는 좌석 품질(오페라석 대 중층석 대 발코니석)에 따른 것이었지만, 품질을 조정한 후에도 여전히 많은 가격 차이가 남아있다. 특정 날짜에 무작위로 선택된 두 표의 평균차이는 약 평균가격의 약 40%였다. 이는 항공권의 가격 변동폭과 비슷한 수준이다.

Leslie는 고급 계량경제학 기법을 사용하여 다양한 소득 계층이 다양한 카테고리의 티켓에 지불하는 가치를 추정했다. 그는 일반적으로 브로드웨이 프로듀서들이 수익을 극대화하는 데 꽤 능숙하다는 사실을 발견했다. 그는 *세븐 기타*의 평균가격이 약 55달러인 반면, Leslie의 추정에 따르면 수익을 극대화할 수 있는 가치는 $60에 매우 근접한 수준이라는 것을 발견했다. 그의 데이터에 따르면 최적의 균일 가격은 50달러가 조금 넘는 것으로 나타났다. 다시 말하지만, 가격차별은 부과되는 평균가격보다는 소비자의 지불의향에 따라 가격을 달리하는 것이다. 이와 관련하여 Leslie는 최적의 가격차별이 최적의 균일 가격보다 6% 이상 더 많은 고객을 유치한다는 사실을 발견했다.

출처: P. Leslie. "Price Discrimination in Broadway Theatre," *Rand Journal of Economics* 35 (Autumn, 2004): 520–41.

의 경우 회사에서 이코노미 클래스를 요구하는 경우가 점점 더 많아지고 있다. 이러한 유형의 여행객은 일반 여행객이나 휴가 여행객보다 항공 여행에 대해 더 많은 비용을 지불할 의향이 있다(이전만큼 많지는 않지만). 그러나 이제 항공사가 이러한 지불의향의 차이를 악용할 경우 심각한 차익거래 문제에 직면할 수 있다.

이를 보다 명확하게 이해하기 위해 문제를 단순화하여 항공사에 비즈니스맨과 휴가객이라는 두 가지 유형의 고객만 있다고 가정해 보겠다. 비즈니스맨은 왕복 항공권의 유보 *reservation* 가격 또는 지불의향이 높은 것으로 알려져 있으며, 이를 V^B로 표시한다. 반면 휴가객은 V^V로 표시되는 낮은 유보가격을 가지고 있다. 가정에 따르면 $V^B > V^V$이며, 항공사는 비즈니스 고객에게는 높은 가격을, 휴가객에게는 낮은 가격을 부과하여 이 차이를 이용하고 싶을 것이다. 그러나 항공사는 단순히 이러한 구분을 적용할 수 없다. 비즈니스 고객에게 휴가객보다 더 많은 요금을 부과하는 정책을 명시적으로 적용하면 모든 고객이 휴가 중이며 업무 중이 아니라고 주장하는 것으로 이어질 수 있다. 항공사가 실제로 휴가 중인 승객을 식별하려고 시도할 수도 있지만, 이 경우 비용이 많이 들고 고객이 소외될 가능성이 높다.

이것이 이야기의 끝이라면, 항공사는 항공권을 단일하고 균일한 가격으로 판매할 수밖에 없는 것처럼 보일 것이다. 그러면 일반적인 교과서적인 독점 딜레마에 직면하게 된다. 높은 가격을 책정하면 항공권을 구매하는 모든 고객으로부터 큰 수익을 얻을 수 있지만, 대부분 비즈니스 승객의 수가 줄어들게 된다. 반대로 가격이 낮으면 더 많은 사람들이 비행기를 타게 되지만, 안타깝게도 한 명의 고객으로부터 얻는 이익은 거의 없게 된다.

하지만 비즈니스 여행객과 휴가 여행객은 비행 동기와 다른 측면에서 차이가 있다고 가정해보자. 구체적으로 비즈니스 여행객은 3일 이내에 여행을 마치고 귀국하기를 원하지만 휴가 여행객은 최소 1주일 동안 여행을 떠나기를 원한다고 가정해 보겠다. 또한 항공사가 설문조사 및 기타 시장 조사를 통해 비즈니스 여행객이 선호하는 3일 이내에 귀국 항공편을 보장받을 수 있다면 일반 항공권 가격 이상의 프리미엄을 지불할 의향이 있다는 사실을 알게 되었다고 가정해 보겠다. 이 경우 최소 체류 기간이 1주일인 항공권과 최소 체류 기간이 없는 항공권으로 상품을 차별화하면 항공사는 각 유형의 소비자로부터 상당한 잉여를 창출할 수 있다.

전체 전략은 다음과 같다: 먼저, 최소 1주일 전에 귀국해야 하는 항공권의 가격을 V^V으로 낮게 설정한다. 휴가 여행객은 7일 동안 자리를 비워도 상관없고, 항공권 가격이 유보가격을 초과하지 않기 때문에 기꺼이 이 항공권을 구매할 것이다. 이러한 여행객은 유보가격을 지불하기 때문에 항공사는 전체 소비자잉여를 추출하여 자체 수익으로 전환했다.[5]

둘째, 항공사는 최소 체류 기간이 없는 항공편에 대해 가능한 한 V^B에 가까운 가격을 책정해야 한다. 추가 숙박을 위한 호텔 비용, 3일 이내에 귀국할 수 있는 대체 교통수단의 가격 및 관련 고려 사항 등이 항공사의 가격책정 능력에 제한이 될 수 있다. 이러한 다른 요소의 달러 가치를 M으로 표시한다. 빠른 귀국을 원하는 비즈니스맨은 총 요금이 V^B보다 작다면 1주일 요금 V^V에 M의 가치까지 프리미엄을 기꺼이 지불할 것이다. (정확한 조건은 $V^V + M < V^B$이다.) 이러한 방식을 사용하면 항공사는 비즈니스 고객으로부터 상당한 잉여금을 추출하는 동시에 휴가객으로부터 전체 잉여금을 추출할 수 있다.

요컨대, 항공사가 시장에서 전체 소비자잉여를 짜낼 수 없더라도 두 가지 종류의 항공권을 제공함으로써 수익을 크게 향상시킬 수 있다. 이것이 의심할 여지 없이 방금 설명한 관행이 항공사 및 기타 운송 회사들 사이에서 매우 일반적인 이유이다. (현실 체크포인트 참조.) 이러한 회사들은 고객이 다양한 그룹으로 스스로 선택하도록 하는 수단으로서 다양한 종류의 상품을 제공한다. 자동차 및 가전제품 제조업체도 비슷한 전략으로 소득이나 지불의향이 다른 소비자들에게 어필하기 위해 다양한 제품군을 제공한다. Stiglitz(1977)는 이러한 메커니즘을 다음과 같은 이유로 *선별장치*로 분류한다. 왜냐하면, 지불의향이라는 차원에 따라 정확하게 고객을 선별하거나 분리하기 때문이다.

다소 흥미로운 종류의 검열은 *Mathematica*® 소프트웨어 패키지의 제조업체인 Wolfram Research에서 설명한다. Wolfram은 학생용 버전의 소프트웨어를 만들 때 정식 학술용 또는 상용 버전에서 사용할 수 있는 여러 기능을 비활성화한다. 2011년에 Wolfram은 *Mathematica*® 정식 버전을 약 2,495달러, 학술용 버전은 약 1,095달러, 학생용 버전은 약 140달러에 제공했다. 이는 순가격에서 상당한 차이가 있는 사례이다.

5 저렴한 요금을 적용받기 위해 여행자가 토요일 밤에 숙박해야 한다는 조건은 자주 사용되는 또 다른 구분이다. 아마도 회사에서는 회사 업무가 아닌데 직원들의 숙박비를 부담하고 싶지 않을 것이다. 또한 비즈니스 여행객은 일반적으로 주말을 가족 및 사랑하는 사람들과 함께 보내고 싶어 한다. 두 가지 측면에서 토요일 밤 요건은 자체 분리 장치로 작동한다.

현실 체크포인트

돌아오기 전에는 갈 수 없습니다

화요일에 출발하여 목요일에 빠르게 돌아오는 일반행 요금이 화요일에 출발하여 일주일 후에 돌아오는 일반행 요금의 두 배가 훨씬 넘는 경우가 종종 있다. 따라서 이틀 만에 돌아오고 싶은 여행자의 경우에는 10일 목요일에 출발하여 17일 목요일에 돌아오는 왕복 항공권과 15일 화요일에 출발하여 22일 화요일에 돌아오는 왕복 항공권을 두 장 구입하는 것이 확실한 전략이 될 수 있다. 승객은 15일 화요일에 두 번째 항공권의 출발편을 사용한 다음 17일에 출발하는 첫 번째 항공권의 귀국편으로 돌아올 수 있다. 이러한 현명한 여행객과 각 항공편의 미사용 부분을 사용할 수 있는 학생 및 기타 필요한 소비자에게는 안타깝지만 항공사들은 이러한 관행에 대해 경계하고 있다. 특히 승객이 항공편을 체크인할 때 항공사는 승객에게 귀국 항공편의 미사용 부분이 있는지 확인한다. 그렇다면 요금은 자동으로 더 높은 요금으로 조정된다. 항공사는 이틀 후에 돌아오기 위해 추가 요금을 지불할 의향이 있는 승객이 실제로 요금을 지불하도록 하기 위해 큰 인센티브를 제공한다.

로스앤젤레스에 거주하는 피터 사보는 이 사실을 어렵게 깨달았다. 그는 보스턴에서 뉴욕을 거쳐 필라델피아로 가는 여행을 계획하고 있었다. 그는 435달러를 지불하고 필라델피아에서 돌아오는 보스턴행 US Airways 항공편과 보스턴에서 필라델피아까지 중간 기착지로 맨해튼에 정차하는 버스를 이용하기로 했다. 그런데 출국 일주일쯤 전, 사보와의 거래에 관심이 있던 뉴욕의 한 비즈니스 회사가 사보를 만나고 싶다며 무료로 뉴욕으로 데려다 주겠다고 제안했다. 그래서 사보는 원래 항공권의 후반부를 사용하여 뉴욕에 먼저 간 다음 보스턴에 갔다가 필라델피아에서 돌아오는 것으로 여정을 수정했다. 하지만 곧 이것이 불가능하다는 것을 알게 되었다. 전반권을 사용하지 않았기 때문에 후반권을 사용할 수 없었기 때문이다. 지금 필라델피아에서 출발하려면 편도 항공권을 새로 구매하고 150달러의 항공권 변경 수수료를 내야 했다.

출처: "Why It Doesn't Pay to Change Planes or Plans," *London Daily Telegraph* 11 March, 2000, p. 27; D. Lazarus. "Using Just Half of a Round Trip Ticket Can Be Costly," *Los Angeles Times* 11 January, p. B3

제품차별화를 통한 이러한 선별의 동기는 분명해 보인다. Wolfram은 일부 고객은 소프트웨어의 정식 버전이 필요하지 않거나 적어도 그다지 많은 비용을 지불하고 싶지 않다는 것을 알고 있다. Wolfram은 이러한 고객을 위해 저렴한 가격의 *Mathematica*® 버전을 판매하고, 개선된 제품에 대한 지불 의사가 높은 고객에게는 확장 버전을 판매한다. 두 제품은 적어도 소비자에게는 몇 가지 중요한 점에서 실제로 차이가 있어야 한다. 만약 Wolfram이 학생용 버전의 기능을 줄이지 않으면, 학생들이 교수를 위해 구매하는 등 두 고객 그룹 간의 차익거래에 대해 걱정해야 한다!

방금 설명한 Wolfram의 예는 마케팅 전문가들이 "제품 크림핑 *crimping the product* "이라고 부르는 스크리닝의 한 유형이다. Deneckere와 McAffee(1996)는 가격차별화 능력을 향상시키기 위해 제품을 고의적으로 손상시키는 크림핑은 역사적으로 제조업체에서 빈번하게 행해져 왔다고 주장한다. 그 예로 (1) 고가의 최고급 레이저 프린터를 의도적으로 느리게 만든 IBM의 *레이저 프린터 E*, (2) 소금이 너무 많이 첨가되어 마실 수 없는 일반 테이블 와인인 심플 쿠킹 와인 등을 들었다. 일부 사람들은 미국 우체국이 2일 우선 및 익일 우편 서비스에 대한 수요를 늘리기 위해 표준 일등석 서비스의 품질을 의도적으로 낮춘다고 주장하기도 한다.

이러한 각 예는 순가격의 차이를 명확하게 보여주는 사례이다. 품질이 낮은 제품은 더 낮은 가격에 판매되지만, 고품질 제품에서 시작하여 크림핑에 추가 비용이 들기 때문에 실제로는 품질이 낮은 제품을 만드는 데 더 많은 비용이 든다. 왜 기업들은 처음부터 단순히 저품질 제품을 생산하지 않고 고품질 제품을 압착하여 저품질 제품을 생산할까? 가장 분명한 대답은 생산비용과 관련이 있다. Wolfram과 같이 독점력을 가진 기업은 다양한 유형의 소비자가 다양한 종류의 제품을 구매하고자 한다는 것을 알고 있으므로, 이러한 소비자 유형에 "가까운" 제품을 공급할 수 있는 방법을 결정해야 한다. *Mathematica*®의 학생용 버전은 소프트웨어 패키지의 다른 버전을 제조하는 데 전용으로 별도의 생산 라인을 설치하는 것보다 전체 버전을 크림핑하여 제작하는 것이 더 저렴할 수 있다.

이 장에서 고려하는 제품차별화의 마지막 유형은 *판매 위치별* 차별화이다.[6] 많은 경우, 한 지역에서 판매되는 제품이 다른 지역에서 판매되는 동일한 제품과 동일하지 않다. 위스콘신주에서 판매되는 *Lipitor*® 같은 처방약은 뉴욕주에서 판매되는 동일한 처방약과 동일하지 않다. 정교한 인터넷 검색 엔진의 등장에도 불구하고 한 주에서 판매되는 새 자동차는 다른 주에서 판매되는 동일한 새 자동차와 동일하지 않다.

이러한 유형의 제품차별화가 가격차별화로 이어질 수 있는 이유를 설명하기 위해 독점 브랜드의 클램 차우더를 판매하는 보스턴 씨푸드(BSF)라는 회사가 있다고 가정해 보겠다. BSF는 보스턴에서 자사 차우더에 대한 수요가 $P_B = A - BQ_B$이고 맨해튼에서 수량이 수천 파인트 단위로 측정되는 $P_M = A - BQ_M$이라는 것을 알고 있다. 즉, 회사는 이 두 시장의 수요가 동일하다고 믿는다. BSF의 한계비용은 차우더 1000파인트당 c로 일정하다. 보스턴 시장에 도달하기 위한 운송비용은 무시할 수 있지만, 맨해튼까지 천 파인트의 차우더를 운송하는 데는 BSF에 t의 비용이 든다.

BSF가 선형 가격책정 방식을 채택하는 상황에서, BSF는 두 시장에서 어떻게 수익을 극대화할 수 있을까? BSF는 우리가 이미 개발한 규칙을 적용해야 한다. 각 시장에서 한계수익과 한계비용을 동일시해야 한다. 보스턴 시장에서는 이를 위해 다음이 필요하다. $A - 2BQ_B = c$이므로 $Q_B^* = (A - c)/2B$이고 보스턴 가격은 $P_B^* = (A + c)/2$이다. 반면 맨해튼 시장에서는 $A - 2BQ_M = c + t$이므로, $Q_M^* = (A - c - t)/2B$가 되며 맨해튼 가격은 $P_M^* = (A + c + t)/2$이다.

왜 이 결과가 3차 가격차별의 예가 될까? 차별화된 제품을 통한 가격차별에 대한 정의를 상기해보자. 이러한 차별이 *발생하지 않으려면* 가격 차이가 상품차별의 비용 차이와 같아야 한다. BSF의 예에서 보스턴에서 맨해튼으로 차우더를 보내는 데 드는 비용은 1,000파인트당 BSF t이지만 두 시장의 가격 차이는 $t/2$에 불과하다. 즉, BSF는 차우더를 맨해튼으로 보내는 운송비용의 50%를 흡수함으로써 가격차별화를 실현하고 있다.

BSF의 예에서 차익거래 문제는 어떻게 될까? 맨해튼 주민들은 보스턴 시장에서 직접 차우더를 구매하고 싶을지 모르지만, 보스턴에서 휴가를 보내기로 선택한 사람들 이외에는 BSF가 고용한 것보다 적어도 50% 이상 저렴한 운송 기술을 이용할 수 있는 경우에만 그렇게 하는 것이 경제적이다.

표 5.1의 예시로 돌아가서, 미국 3개 지역의 가격 차이에 대한 한 가지 가능한 설명은 이 세 지역에 공급하는 데 드는 비용의 차이일 수 있다. 물론 다른 하나는 세 지역의 인구 통계 또는

6 7장에서 공간 차별화에 대해 더 자세히 설명한다.

소득 차이로 인해 발생하는 수요의 차이일 수 있다.

5.2 ▸ 실습문제

비레거시푸드(NS)는 보스턴, 뉴욕, 워싱턴에서 우수한 클램 차우더를 판매하고 있다. NS는 이 세 시장의 수요를 각각 $Q_B = 10{,}000 - 1{,}000P_B$, $Q_{NY} = 20{,}000 - 2{,}000P_{NY}$, $Q_W = 15{,}000 - 1{,}500P_W$로 추정했다. 여기서 수량은 하루 클램 차우더의 파인트이다. 보스턴 시설의 클램 차우더 파인트 한 잔을 만드는 데 드는 한계비용은 1달러이다. 또한 뉴욕으로 배송하는 데는 파인트당 1달러, 워싱턴으로 배송하는 데는 파인트당 2달러의 비용이 든다.

a. 이 세 가지 시장에서 NS가 설정해야 하는 이익 극대화 가격은 얼마인가? 각 시장에서 하루에 얼마나 많은 차우더가 판매되는가?
b. NS는 각 시장에서 어떤 이익을 얻는가?

5.5 3차 가격차별 또는 단체 가격책정 및 사회복지

"가격차별"이라는 용어는 불평등을 암시하며, 사회적 관점에서 보면 "나쁜 것"처럼 들린다. 그럴까? 이 질문에 답하기 위해서는 사회복지에 대한 경제학자의 접근 방식과 표준 독점 모델에서 제기하는 문제를 상기해야 한다. 경제학자들은 거래 당사자 모두에게 더 나은 결과를 가져올 수 있는 잠재적 거래가 있을 때, 그 거래는 사회적으로 최적이 아닌 것으로 간주한다. 이것이 표준 독점이 최적이 아닌 이유이다. 교과서적인 독점자는 획일적인 가격책정을 통해 생산량을 제한한다. 마진에서 소비자는 독점자가 제품을 생산하는 데 드는 비용보다 *더 많은* 가치를 부여한다. 잠재적으로 상호 이익이 되는 거래가 존재하지만 획일적 가격책정 하에서는 그러한 거래가 발생하지 않는다.

이 섹션에서 고려할 질문은 3차 가격차별이 이러한 독점 왜곡을 악화시키는지 또는 완화시키는지 여부이다. 3차 차별이 획일적 가격책정의 경우보다 효율성이 떨어질 수 있다는 직관적인 이유는 본질적으로 이러한 정책이 두 개 이상의 개별 시장 내에서 획일적인 가격책정에 해당하기 때문이다. 따라서 독점력의 생산량 감소 효과를 배가시킬 위험이 있다.

Schmalensee(1981)의 연구를 통해 3차 가격차별의 후생효과에 대해 좀 더 구체적으로 살펴볼 수 있다. 그림 5.5는 두 가지 경우를 예로 들어 설명한다. 이 그림에서 P_1와 P_2는 각 시장에서 한계수익과 한계비용을 동일시하여 얻은 이익을 극대화하는 차별 가격이며, P_U는 최적의 비차별 가격이다. 차별적 가격이 균일 가격보다 높기 때문에 시장 2를 강세 시장이라고 하고 시장 1을 약세 시장이라고 한다. ΔQ_1와 ΔQ_2는 각각 약한 시장과 강한 시장에서 차별적 산출량과 비차별적 산출량의 차이이다. 물론 $\Delta Q_1 > 0$과 $\Delta Q_2 < 0$이 된다.

후생에 대한 일반적인 정의는 소비자잉여와 생산자잉여의 합계이다. 이 정의를 사용하면 그림 5.5에서 3차 가격차별에 따른 잉여 증가의 상한은 면적 G에서 면적 L을 뺀 값이며, 다음과 같은 방정식을 구할 수 있다. (방정식 (5.7)을 작성할 때 $\Delta Q_2 < 0$이라는 속성을 사용했다.)

$$\Delta W \leq G - L = (P_U - MC)\Delta Q_1 + (P_U - MC)\Delta Q_2 = (P_U - MC)(\Delta Q_1 + \Delta Q_2) \quad (5.7)$$

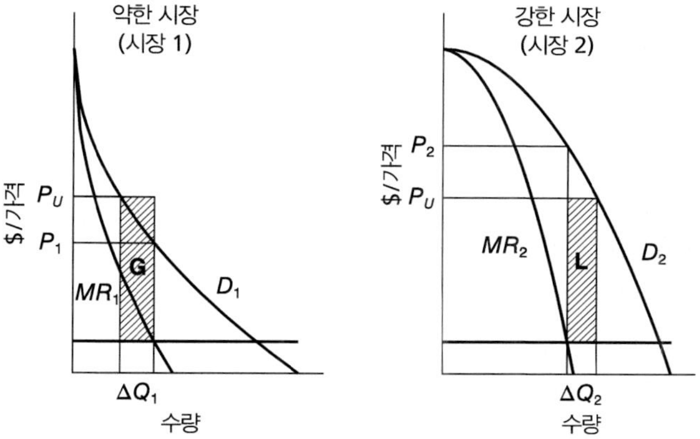

그림 5.5 **3차 가격차별 또는 그룹 가격책정의 후생효과**
후생 이득의 상한은 영역 G이고 후생손실의 하한은 영역 L이다. 순 후생 영향의 상한은 G—L이며 차별적 가격책정 시 총생산량이 비차별적 가격책정 시보다 큰 경우에만 양수이다.

이 분석을 n개의 시장으로 확장하면 다음과 같다.

$$\Delta W \leq (P_U - MC)\sum_{i=1}^{n} \Delta Q_i \tag{5.8}$$

방정식 (5.8)에서 $\Delta W \geq 0$의 경우 $\sum_{i=1}^{n} \Delta Q_i \geq 0$이 필수적이다. 즉, 3차 가격차별이 후생을 증가시키기 위한 필수 조건은 총생산량을 증가시키는 것이다.

해리 포터의 예(부록보다 일반적인 프레젠테이션)를 통해 다양한 시장의 수요가 선형적일 때 총생산량은 차별적 가격책정 및 비차별적 가격책정에서 동일하다는 것을 알 수 있다. 선형수요에 따라 3차 가격차별은 총후생을 감소시켜야 한다. 이윤의 증가는 소비자잉여의 감소에 의해 상쇄되는 것 이상이다. Schmalensee는 다음과 같이 말한다.

> "수요곡선이 볼록한 만큼 오목할 가능성이 높다고 생각한다면 ... (이는)...독점적 3차 가격차별을 금지해야 한다는 결론에 도달할 수 있다." (Schmalensee 1981, 246) Shih, Mai, Lui (1988) 참조.

그러나 제안된 결론에 도달하기 전에 한 가지 중요한 주의 사항을 알아둘 필요가 있다. 우리의 분석은 동일한 시장에 가격차별이 있는 경우와 없는 경우를 암묵적으로 가정하고 있다. 실제로는 그렇지 않을 수도 있다. 특히 우리가 아직 고려하지 않은 가격차별의 한 가지 속성은 차별 없는 가격으로 서비스를 제공하지 않을 시장에 서비스를 제공하는 것이 수익성을 높일 수 있다는 것이다. 이 경우, 3차 가격차별이 도입된 새로운 시장에서 발생하는 추가적인 후생이 이전에 서비스를 제공하던 시장에서 발생하는 후생손실을 상쇄할 수 있다.

간단한 예시를 통해 이 점을 이해할 수 있다. 북미에서 특허를 받은 에이즈 치료제에 대한 월별 수요가 $P_N = 100 - Q_N$이고 사하라 사막 이남 아프리카에서 $P_S = \alpha 100 - Q_S$이며, 아프리카 소비자의 소득이 훨씬 적기 때문에 수요가 낮다는 가정을 반영하여 $\alpha < 1$이라고 가정해 보겠다. 또한 매월 치료제를 생산하는 데 드는 한계비용은 단위당 $c = 20$으로 일정하고 아프리

카 시장으로의 운송비용은 무시할 수 있다고 가정한다.

이제 특허 보유자가 두 제품 간 가격차별을 하지 못하도록 제약을 받는다고 가정해 보겠다. 이전과 마찬가지로 수요함수를 전환하여 다음과 같이 시작한다, $Q_N = 100 - P$, $QS = \alpha 100 - P$. 가격이 두 시장에서 구매자를 유치할 수 있을 만큼 낮으면 총수요는 다음과 같다: $Q = (1 + \alpha)100 - 2P$ 또는 $P = (1 + \alpha)50 - Q/2$,이고, 한계수익은 $MR = (1 + \alpha)50 - Q$이다. 한계수익을 한계비용 $c = 20$과 동일시하면 균형 생산량은 $Q = (1 + \alpha)50 - 20 = 30 + \alpha 50$, 가격 $P = 35 + 25\alpha$가 된다.

이제 두 시장이 가격차별이 없다고 가정해 보겠다. 이 가정이 유지되려면 가격차별이 없을 때의 균형가격이 사하라 사막 이남 아프리카 소비자들이 지불할 의사와 능력이 있는 최대 가격 ($\alpha 100$)보다 낮아야 한다. 즉, 우리의 가정이 성립하려면 $35 + 25\alpha < \alpha 100$이어야 한다. 이는 결국 두 시장이 가격차별 없이 활성화되려면 $\alpha > 35/75$ 또는 $\alpha > 0.466$이 되어야 한다는 것을 의미한다. 즉, 사하라 사막 이남 아프리카 시장에서 에이즈 치료제가 공급되려면 해당 시장의 최대 지불 의사가 북미 시장의 최대 지불 의사의 47% 이상이어야 한다.

또한 α가 0.466을 초과하더라도 사하라 사막 이남 아프리카 시장에는 서비스를 제공하지 못할 수도 있다. 특허 보유 기업의 입장에서는 두 시장에 모두 서비스를 제공할 경우 최대 지불 의사가 청구 가격을 초과하는 것만으로는 충분하지 않다. 독점기업은 항상 더 높은 가격을 선택하고 북미 시장에만 서비스를 제공할 수 있기 때문이다. 이 장의 마지막 문제 6에서는 어떤 이유로 가격차별이 금지되어 있을 때 두 시장에 모두 서비스를 제공하는 것이 수익성이 있는 경우 $\alpha > 0.531$임을 보여 달라는 문제가 있다.

이 예에서 기업의 가격차별을 허용하면 총 후생이 증가하는 이유는 무엇일까? 독점기업이 가격차별을 허용하든 허용하지 않든, 그 기업은 미국에서 독점 가격을 설정할 것이므로 미국의 총잉여에는 변화가 없다. 사하라 사막 이남 시장은 어떻게 될까? 독점자가 이 시장에 기꺼이 공급하기 위해서는 예약 가격 100α이 한계비용 20달러보다 크거나 $\alpha > 0.2$여야 한다. 이 조건이 충족되면 총잉여는 3차 가격차별로 인해 증가한다. 왜냐하면 그렇지 않으면 제공되지 않을 시장이 개방되어 있기 때문이다.

5.3 ▸ 실습문제

연습 문제 5.1로 돌아가서 총 후생이 3차 가격차별보다 비차별 가격책정 시 더 크다는 것을 확인해보시오.

5.6 실증적 적용: 신차시장에서의 가격차별화

앞서 살펴본 바와 같이 시장지배력을 가진 기업은 다양한 소비자에게 부과하는 가격을 차별화하여 지불 의사가 가장 큰 소비자로부터 최대한의 가격을 받고, 재화의 가치가 낮은 소비자에게는 더 낮은 가격으로 판매를 체결하는 데 매우 큰 관심을 갖는다. 앞서 살펴본 것처럼 시간대별 가격책정과 같은 명시적인 가격책정 규칙을 사용하면 이러한 효과를 얻을 수 있다. 그러나 많은 경우 실제 지불되는 가격은 명시적인 가격책정 일정의 결과가 아니라 판매자와 구매자 간의 협상 과정의 결과를 반영한다. 신차 구매가 좋은 예이다.

자동차에는 제조업체 권장 소매가격(MSRP)이 표시되어 있지만, 소비자가 실제로 지불하는 가격은 일반적으로 구매자와 자동차 딜러 간의 협상 과정의 결과이다. 따라서 소비자마다 다른 가격을 지불하게 된다. 이는 부분적으로는 월말 판매보너스 또는 인근 경쟁 딜러의 수와 같이 딜러의 가격 인하 의지에 영향을 미치는 요인에 따라 달라진다. 그러나 이러한 요인을 통제하는 것은 소비자 수요탄력성의 변화를 반영해야 한다. 소득이 평균보다 높은 소비자는 더 많은 금액을 지불할 가능성이 높고, 다른 딜러의 자동차 가격에 대한 정보를 잘 알고 있는 소비자, 즉 검색비용이 낮은 소비자는 가격에 더 민감하게 반응하여 더 낮은 가격을 협상할 수 있다. 성별이나 인종과 같은 다른 요인에 따른 명백한 차별도 있을 수 있다.

Scott Morton, Zettelmeyer, Silva-Risso(2003) (앞으로 SZS로 지칭)는 1999년 1월 1일부터 2000년 2월 28일까지 14개월 동안 3,500개 이상의 딜러에서 671,000건 이상의 실제 신차 거래 가격을 조사했다. 저자들은 시장 조사 회사와 협력하여 각 거래에 대해 지불한 가격, 자동차의 제조사, 모델 및 트림 수준, 거래에 수반된 금융 및 트레이드-인 가치, 판매를 진행한 딜러, 구매자의 이름, 주소 및 나이, 그리고 매우 중요한 구매자가 온라인 자동차 추천 서비스인 Autobytel을 사용했는지 여부에 관한 데이터를 수집할 수 있었다.

SZS는 각 구매자의 이름과 주소를 특정 인구조사 블록 그룹(미국 인구조사국이 집계한 지리적 구역의 약 4분의 1을 구성하는 1,100명의 정확한 이웃)과 일치시킬 수 있다. 이러한 각 인구 조사 블록에 대해 작성자는 흑인, 히스패닉, 아시아계 인구의 비율(따라서 이러한 인종 그룹에 속하지 않는 인구 비율)에 대한 데이터를 보유하고 있다. 또한 중위 가구 소득, 주택 소유 비율, 대학 졸업 비율, 전문가, 기업 임원, 블루칼라 근로자, 기술자 간의 직업 분류 등 해당 블록의 다른 사회경제적 변수에 대한 데이터도 보유하고 있다.

그런 다음 SZS는 관련된 제조사, 모델 및 트림 *trim* 에 따라 834개의 특정 "자동차"를 식별한다. 이러한 각 자동차에 대해 거래 가격으로 구매자가 지불한 순가격을 제조업체의 리베이트를 차감한 값을 측정하고, 또한 거래 차량에 할당된 값과 해당 자동차의 장부 가치 간의 차이로 측정한 거래에 대해 주어진 초과 값을 차감한 값으로 측정한다. 모든 옵션 기능을 제어할 수 없기 때문에 DVehCost라는 추가 특수 기능을 나타내는 변수가 포함된다. 이는 차량의 기록된 송장(딜러 비용)과 해당 유형의 차량에 대한 평균비용의 차이로 측정된다. 앞서 언급했듯이, SZS는 인근 경쟁 딜러의 수, 차량의 "인기도"(처음 출시된 지 얼마나 되었는지), 월말 판매량 및 기타 다양한 딜러 특성도 제어한다. 본 연구의 목적에 따른 SZS 연구의 주요 결과 중 첫 번째 결과는 표 5.3에 나와 있다. 해석을 쉽게 하기 위해 모든 계수 추정치에 100을 곱했다.

종속변수는 순 구매 가격의 자연 로그이므로 계수는 자연스럽게 백분율 가격효과로 해석된다. 이러한 관점에서 먼저 딜러 통제 변수는 일반적으로 올바른 부호를 가지며 통계적으로 유의미하다는 점에 유의해야 한다. 예를 들어, 차량 가격을 딜러 평균보다 높이는 관찰되지 않은 기능이 포함되면 최종 가격이 상승하고, 딜러가 지불한 보상 판매 가격의 일부를 회수하려고 하는 보상 판매의 존재 여부도 최종 가격을 상승시킨다. 인근 경쟁 딜러의 수로 측정되는 경쟁은 가격을 크게 낮춘다.

가격차별과 관련하여 가장 먼저 주목해야 할 점은 가장 탄력적인 수요를 가진 구매자, 즉 가장 낮은 가격을 지불하는 구매자는 일반적으로 소득이 낮거나 교육 수준이 높은 인구 조사 블

표 5.3 실제 지불한 신차 가격의 결정 요인

변수	예상 계수	표준 오차
검정	0.015	(0.00054)*
히스패닉	0.011	(0.001)*
아시아	−0.004	(0.00096)*
여성	0.210	(0.01)*
나이	0.005	(0.00063)*
연령 > 64세	−0.170	(0.03)*
중간 소득	−0.00002	(1.39e-06)*
(중위 소득)^2	1.3e-10	(7.58e-12)*
대학 졸업자	−0.0031	(0.00095)*
% < 고등학교	0.0039	(0.0013)*
홈 소유자	−0.0027	(0.00045)*
전문가	0.0046	(0.0014)*
임원	−0.00013	(0.0015)
블루칼라	0.00018	(0.001)
기술자	0.0046	(0.0035)
중간 주택 가치	2.7e-06	(1.28e-07)*
월말	−0.3500	(0.015)*
주말	0.1100	(0.016)*
DVehCost	88	(0.13)*
경쟁	−0.02	(0.0035)*
모든 거래	0.31	(0.01)*
상수	1,001	(0.13)*
R^2	0.97	

*1% 수준에서 유의미하다.

록의 구매자인 경향이 있다는 것이다. 따라서 두 소득 변수의 계수는 구매자가 속한 인구조사 블록의 중간 가구 소득이 8만 달러 이상으로 증가함에 따라 가격이 급격히 상승한다는 것을 의미한다. 또한 고등학교 이하의 학력을 가진 사람의 가격이 눈에 띄게 높고, 대학 학력을 가진 사람의 가격은 크게 떨어진다. 이러한 요인에 대한 해석은 간단하다. 상대적으로 소득이 높은 사람들은 시간 가치가 높기 때문에 검색비용이 높다. 따라서 이들은 더 나은 거래를 찾기 위해 더 많은 시간을 투자하기보다는 기꺼이 높은 가격을 지불하고 자동차를 구매한다. 마찬가지로 교육 수준이 낮은 사람들은 검색이 어렵다고 생각하기 때문에 다른 모든 요인이 동일할 경우 더 높은 가격을 지불할 의향이 있다.

SZS는 인종과 성별 효과에 특히 주의를 기울인다. 인종 변수는 인구조사 블록에서 특정 인종의 비율이므로, 이를 해당 블록의 구매자가 해당 인종일 확률을 추정하는 것으로 간주할 수 있다. 따라서 %흑인 또는 %히스패닉을 100으로 설정하면 이 계수는 흑인 또는 히스패닉 구매자가 백인에 비해 지불하는 가격 차이를 나타낸다. 따라서 데이터에 따르면 히스패닉 및 흑인 자동차 구매자는 백인 구매자에 비해 각각 1.1%와 1.5% 더 많은 비용을 지불하는 것으로 나타났다.

성별 변수(주로 이름 기준으로 할당됨)로 전환하면 초기 추정치에 따르면 여성이 남성보다 새 차에 대해 0.2% 더 많은 비용을 지불하는 것으로 나타났다. SZS는 구매자가 공식적으로 여성으로 기록되는 경우 형제, 아버지, 남자 친구 또는 남편이 함께 있는 경우가 많기 때문에 성별 효과가 과소평가될 수 있다고 생각한다. 따라서 구매자의 98%가 부부인 미니밴 구매와 구매자의 48%만이 부부인 소형 및 스포티 차량 구매를 별도로 조사했다. 미니밴의 경우 여성 가격프리미엄은 본질적으로 사라지지만 소형차 구매의 경우 10분의 4 이상으로 증가한다.

평균 자동차 가격이 2만 3,000달러라고 가정할 때, 소수인종(253달러~345달러)과 여성(98달러)에 대해 SZS가 추정하는 가격프리미엄은 적지 않은 금액으로 환산할 수 있다. 이러한 추가 요금이 인종 및 성별 편견에 기인하는 것은 당연하다. 그러나 SZS는 인종과 성별 변수가 검색비용 난이도의 추가 척도를 포착하는 것이기 때문에 딜러의 편견이 그렇게 크지 않다고 제안한다. 저자들은 구매자가 구매 요청을 제출할 때 인터넷 서비스인 오토바이텔을 사용했는지 여부를 나타내는 데이터도 보유하고 있다는 점을 기억해야 한다. 전체 구매자의 3%에 불과한 이 구매자 그룹의 경우 검색비용이 훨씬 더 적어야 한다. 따라서 이 구매자 그룹은 다른 모든 조건이 동일할 때 더 낮은 가격을 지불해야 한다. 더 중요한 것은 여성과 소수자가 지불하는 프리미엄이 주로 검색비용 때문이라면, 오토바이텔을 사용하면 이러한 구매자에게 특히 도움이 될 것입니다.

아래 표 5.4는 오토바이텔 사용이 단독으로 사용될 때와 각 주요 구매자 그룹과 상호작용할 때의 영향에 대해 SZS가 추정하는 효과를 보여준다. 여기에는 인터넷 효과에 대한 최대한 완전한 추정치를 얻기 위해 인구조사 블록 데이터를 보완하기 위해 시장조사 기관의 인종 할당(히스패닉 또는 아시아계)도 포함된다.

오토바이텔의 인터넷 서비스를 이용하면 분명 요금 절감에 도움이 된다. 특히 이러한 효과는 여성과 소수 민족에게 특히 중요하다. 위의 계수를 보면 오토바이텔을 사용하는 흑인 및 히스패닉 구매자의 경우, 이전에 지불했던 1.1~1.5%의 보험료가 사실상 사라진 것으로 나타났다. 이 서비스를 이용하는 여성의 경우 그 효과는 더 작지만 여전히 매우 중요하다.

요컨대, 검색비용이 높은 소비자는 탄력적인 수요가 적기 때문에 결국 더 높은 가격을 지불하게 된다는 SZS의 결과는 우리의 분석을 뒷받침한다. 자동차 구매자의 경우, 특히 소득이 높고 교육 수준이 낮은 구매자가 여기에 해당한다. 또한 소수 민족과 여성 구매자도 포함된

표 5.4 인터넷 사용(오토바이텔)이 실제 지불한 차량 가격에 미치는 영향

변수	예상 계수	표준 오차
오토바이텔	−0.88	0.045 †
오토바이텔 프랜차이즈	−0.46	0.015 †
오토바이텔* %흑인	−0.12	0.0028 †
— * %히스패닉	−0.02	0.0038 †
— * %아시아	−0.007	0.0033 †
— *히스패닉	−0.57	0.15 †
— *아시아	0.14	0.16
— *여성	−0.12	0.058

*5% 수준에서 유의미함.
†1% 수준에서 유의미함.

다. 따라서 인터넷 기반 자동차 구매 서비스를 이용하면 특히 이러한 구매자들이 혜택을 볼 수 있다.

요약

이 장에서는 비용과 관련이 없어 보이는 처방 전 약의 가격 차등에 대한 논의로 시작했다. 잘 작동하는 시장에서는 시장지배력을 가진 기업이 소비자 그룹에 따라 다른 가격을 책정할 수 있는 어떤 요인이 있을 때만 이러한 차별이 발생할 수 있다. 우리는 독점력을 가진 기업이 소비자를 유형별로 구분하고 유형별로 다른 가격을 부과할 수 있는 방법을 알아낼 수 있다면 수익을 높일 수 있다는 것을 보여주었다. 우리의 분석은 3차 가격차별(국가 또는 그룹 가격책정)에 초점을 맞췄는데, 이는 기업이 소비자 그룹별로 다른 가격을 제시하되, 제시된 가격으로 얼마를 구매할지는 소비자가 결정하도록 하는 방식이다. 이를 종종 선형 가격책정(linear pricing)이라고 한다.

3차 가격을 구현하기 위해 기업은 두 가지 문제를 해결해야 한다. 첫째, 다양한 소비자 그룹을 식별할 수 있는 관찰 가능한 특성, 즉 식별문제가 필요하다. 둘째, 기업은 낮은 가격을 지불한 소비자가 높은 가격을 제시한 소비자에게 판매하는 것을 방지할 수 있어야 한다: 차익거래 문제. 이 두 가지 문제를 모두 극복할 수 있다면 독점사업자가 가격을 책정할 때 참고할 수 있는 간단한 원칙이 있다. 수요탄력성이 낮은 시장에서는 높은 가격을 책정하고 수요탄력성이 높은 시장에서는 낮은 가격을 책정한다. 기업이 하나의 동종 제품을 만들 때, 이는 다양한 소비자 그룹이 다음에 대해 서로 다른 가격을 지불한다는 것을 의미한다. 회사가 차별화된 제품을 판매한다면, 이는 다른 품종의 가격이 한계 생산비용의 차이가 아닌 다른 요인에 의해 달라질 수 있음을 의미한다.

신차 구매에 대한 최근의 경험적 증거는 협상된 자동차 가격이 구매자의 탄력성에 따라 반비례하여 달라지고, 이는 다시 구매자의 검색비용에 따라 반비례하여 달라진다는 가설을 뒷받침한다. 교육 수준이 높거나 시간 기회비용이 낮거나 특히 인터넷 구매 프로그램을 사용하여 검색비용이 낮은 구매자는 신차를 구매할 때 훨씬 낮은 순 가격을 지불하는 경향이 있다. 이 마지막 메커니즘은 다른 그룹에 비해 0.2~1.5% 더 많은 비용을 지불하는 경향이 있는 소수인종과 여성에게 특히 중요하다.

3차 가격차별 또는 그룹 가격책정은 의심할 여지 없이 수익성이 있지만, 사회적으로 바람직한지는 분명하지 않다. 여기서도 우리를 안내할 수 있는 간단한 원칙이 있다. 3차 가격차별이 사회적후생을 증가시키기 위해서는 생산량 증가로 이어지는 것이 필요하지만 충분하지는 않다. 이는 직관적으로 이해가 된다. 결국, 우리는 균일한 가격이나 비가격차별 하에서 독점기업이 생산량을 제한함으로써 이윤을 창출한다는 것을 알고 있다. 가격차별이 생산량 증가로 이어진다면 독과점 왜곡이 줄어들 수 있다. 하지만 이는 매우 어려운 주문이며, 일반적으로 여러 시장의 수요함수 형태와 관련하여 매우 제한적인 조건이 필요하다. 예를 들어, 수요가 선형적이고 동일한 시장에 가격차별이 있든 없든 서비스를 제공할 때 *결코* 충족되지 않는 조건이다.

그러나 동일한 시장에 서비스를 제공한다는 조건은 매우 중요하다. 그룹 가격차별이 독점업체가 서비스를 제공하지 않았을 시장에 서비스를 제공하도록 장려하는 유익한 효과를 가져오는 경우가 있을 수 있다. 예를 들어, 독점사업자가 차별적인 가격을 책정할 수 없었다면 저소득층이 많이 거주하는 시장에는 공급이 이루어지지 않았을 수도 있다. 가격차별을 통해 독점사업자가 추가 시장에 서비스를 제공하게 되면, 사회 후생이 증가할 가능성은 높다.

마지막으로 3차 가격차별에 초점을 맞추는 것의 한 가지 한계를 지적하며 결론을 내린다. 독점사업자에게 단순하고 선형적인 형태의 가격차별로 제한하는 것은 각 개별 시장에서 독점 가격을 부과하도록 허용하는 것과 질적으로 동일하다. 그러나 우리는 어떤 시장에서든 독점 가격을 부과하면 잉여가 줄어든다는 것을 알고 있다. 독점기업도 이 사실을 알고 있기 때문에 더 복잡한 가격 전략, 즉 비선형 가격 전략을 사용하면 독점기업이 잠재적 잉여를 더 많이 이윤으로 포착할 수 있는지 궁금해할 수밖에 없다. 다음 장에서는 이 질문에 대한 답을 찾아보겠다.

연습 문제

1. 참 또는 거짓: 가격차별은 항상 단일하고 균일한 독점 가격으로 달성할 수 있는 것보다 경제적 효율성을 높인다.

2. 근처 피자 가게에서는 스몰, 미디엄, 라지 세 가지 사이즈의 피자를 판매한다. 해당 가격표는 \$6, \$8, \$10이다. 이 데이터는 회사가 가격차별을 하고 있음을 나타내는 것인가? 왜 또는 왜 아닌가?

3. 독점기업에는 두 세트의 고객이 있다. 그룹 1의 역수요는 $P = 200 - X$로 표현되며, 그룹 2의 역수요는 $P = 200 - 2X$이다. 독점사업자는 40의 일정한 한계비용에 직면한다.

   a. 두 시장을 하나로 취급할 경우, 독점자의 총 수요는 다음과 같음을 보여준다:
      $x = 0$; $P \geq 200$
      $x = 200 - P$; $100 < P \leq 200$
      $x = 300 - (3/2)P$; $0 < P \leq 100$

   b. 두 그룹에 동일한 가격을 부과할 경우 독점자의 이윤 최대화 가격은 $P = 120$임을 보여라. 이 가격에서 그룹 1의 구성원에게 얼마를 판매하고 그룹 2의 구성원에게 얼마를 판매하는가? 각 그룹의 소비자잉여는 얼마인가? 총 이익은 얼마인가?

4. 이제 #3의 독점사업자가 두 그룹을 분리하고 각 그룹에 이익을 극대화하는 별도의 가격을 부과할 수 있다고 가정해 보겠다.

   a. 이 가격은 얼마인가? 소비자잉여는 무엇인가? 총 이윤은 얼마인가?

   b. 총잉여가 소비자잉여와 이윤을 더한 값이라면, 가격차별은 총잉여에 어떤 영향을 미쳤는가?

5. 코카콜라에서 외부 온도에 따라 가격을 청구하는 새로운 유형의 자판기를 사용한다고 가정해 보겠다. 외부 온도가 섭씨 25도 이상인 날로 정의되는 "더운" 날에는 자판기 청량음료에 대한 수요가 많다: $Q = 300 - 2P$. 외부 온도가 섭씨 25도 이하인 "시원한" 날의 수요는 다음과 같다: $Q = 200 - 2P$. 캔 청량음료의 한계비용은 20센트이다.

   a. "더운" 날에는 자판기에서 청량음료의 가격을 얼마로 책정해야 하는가? "시원한" 날에는 어떤 가격을 청구해야 하는가?

   b. 하루의 절반은 "더운" 날이고 나머지 절반은 "시원한" 날이라고 가정해 보겠다. 코카콜라가 날씨에 관계없이 동일한 가격을 청구하도록 프로그래밍된 기존 자판기를 사용하는 경우 어떤 가격을 설정해야 하는가?

   c. 날씨에 민감한 기계와 기존의 균일한 가격책정 기계에서 코카콜라의 수익을 비교하라.

6. 5.5절의 마지막 예로 돌아가서, 에이즈 약에 대한 수요가 북미에서는 $Q_N = 100 - P$이고 사하라 사막 이남 아프리카에서는 $Q_S = \alpha 100 - P$라고 가정한다. 이러한 의약품의 한계비용이 20일 때, 의약품 제조업체가 각 시장에서 동일한 가격을 책정하면서 두 시장에 모두 서비스를 제공하려면 $\alpha > 0.531$이어야 함을 보여라. (힌트: 북미에만 서비스를 제공할 경우 총 수익을 계산한 다음 두 시장에 모두 서비스를 제공할 경우 총 수익을 계산하고 그런 다음 두 시장에 모두 서비스를 제공할 때의 이익이 적어도 그만큼 큰 α의 값을 구한다.)

7. 프랭크 버클리는 토론토와 몬트리올에서 맛은 나쁘지만 매우 효과적인 기침약을 판매하고 있다. 이 두 도시 지역의 수요함수는 각각 다음과 같다: $P_T = 18 - Q_T$, $P_M = 14 - P_M$이다. 버클리의 공장은 두 도시의 대략 중간 지점인 온타리오주 킹스턴에 위치해 있다. 결과적으로 기침 시럽을 생산하여 각 도시로 배송하는 데 드는 비용은 다음과 같다: $2 + 3Q_i$. 여기서 $i = T, M$.

   a. 두 시장이 분리되어 있는 경우 토론토와 몬트리올에서 버클리의 기침약의 최적가격을 계산하라.

   b. 토론토와 몬트리올을 하나의 시장으로 취급할 경우, 버클리의 기침약의 최적가격을 계산하라.

8. 마운트 선번 애슬레틱 클럽에는 에이스와 네터라는 두 종류의 테니스 선수가 회원으로 가입되어 있다. 일반적인 에이스의 주간 수요는 $Q_A = 6 - P$이고, 일반적인 네터의 주간 수요는 $Q_N = 3 - P/2$이다. 코트의 한계비용은 0이고 각 유형의 플레이어는 1,000명이다. MSAB가 누가 플레이하든 시간당 동일한 요금을 부과한다면, 클럽 수익을 극대화하려면 어떤 요금을 부과해야 하는가?

참고문헌

Deneckere, R., and R. P. McAffee. 1996. "Damaged Goods," *Journal of Economics and Management Strategy* 5 (Summer): 149–74.

Leslie, P. 2004. "Price Discrimination in Broadway Theatre," *Rand Journal of Economics* 35 (Autumn): 520–41.

Quon, B., R. Firszt, and M. Eisenberg. 2005. "A Comparison of Brand Name Drug Prices between Canadian-Based Internet Pharmacies and Major U.S. Drug Chain Pharmacies," *Annals of Internal Medicine*, 143: 397–403.

Philips, L. 1983. *The Economics of Price Discrimination*. Cambridge: Cambridge University Press.

Pigou, A. C. 1920. *The Economics of Welfare*. London: MacMillan.

Schmalensee, R. 1981. "Output and Welfare Implications of Monopolistic Third-Degree Price Discrimination," *American Economic Review* 71 (March): 242–47.

Scott Morton, F., F. Zettelmeyer, and J. Silva-Risso. 2003. "Consumer Information and Discrimination: Does the Internet Affect the Pricing of New Cars to Women and Minorities?" *Quantitative Marketing and Economics* 1 (March): 65–92.

Skinner, B., and M. Rovere. (2008). *Seniors and Drug Prices in Canada and the United States*. Fraser Alert, Fraser Institute, Canada.

Stiglitz, J. 1977. "Monopoly, Nonlinear Pricing, and Imperfect Information: The Insurance Market," *Review of Economic Studies* 44 (October): 407–30.

Shapiro, C. and H. R. Varian. 1999. *Information Rules*. Boston: Harvard Business School Press.

Shih, J., and C. Mai, and J. Liu. 1988. "A General Analysis of the Output Effect under Third-Degree Price Discrimination," *Economic Journal* (March): 149–58.

부록

DISCRIMINATORY AND NONDISCRIMINATORY PRICING

Let a monopolist supply two groups of consumers with inverse demand given by:

$$P_1 = A_1 - B_1Q_1$$
$$P_2 = A_2 - B_2Q_2 \tag{5.A1}$$

We assume that $A_1 > A_2$ so that group 1 is the "high demand" group whose demand is the less elastic at any given price. Inverting the inverse demands gives the direct demands at some price P:

$$Q_1 = (A_1 - P)/B_1; Q_2 = (A_2 - P)/B_2 \tag{5.A2}$$

Aggregate demand is:

$$Q = Q_1 + Q_2 = \frac{A_1B_2 + A_2B_1}{B_1B_2} - \frac{B_1 + B_2}{B_1B_2}P \tag{5.A3}$$

Of course, this holds only for any price less that A_2. Aggregate inverse demand for the two groups, again for any price less than A_2 is:

$$P = \frac{A_1 B_2 + A_2 B_1}{B_1 + B_2} - \frac{B_1 B_2}{B_1 + B_2} Q \tag{5.A3}$$

The marginal revenue associated with this aggregate demand is:

$$MR = \frac{A_1 B_2 + A_2 B_1}{B_1 + B_2} - 2\frac{B_1 B_2}{B_1 + B_2} Q \tag{5.A4}$$

Without loss of generality, assume that marginal cost is zero. Equilibrium aggregate output Q^U and price P^U with uniform pricing is then:

$$Q^U = \frac{A_1 B_2 + A_2 B_1}{2B_1 B_2}; \quad P^U = \frac{A_1 B_2 + A_2 B_1}{2(B_1 + B_2)} \tag{5.A5}$$

Substituting this price into the individual demands then gives equilibrium output in each market

$$Q_1^U = \frac{(2A_1 - A_2)B_1 + A_1 B_2}{2B_1(B_1 + B_2)}; \; Q_2^U = \frac{(2A_2 - A_1)B_2 + A_2 B_1}{2B_2(B_1 + B_2)} \tag{5.A6}$$

With third-degree price discrimination, marginal revenue equals marginal cost for each group. Hence:

$$Q_1^D = \frac{A_1}{2B_1}; \; Q_2^D = \frac{A_2}{2B_2}. \tag{5.A7}$$

Comparison of (5.A6) and (5.A7) confirms that 1) $Q_1^D < Q_1^U$; and 2) $Q_2^D > Q_2^U$.

Industrial Organization
Contemporary Theory and Empirical Applications

제 6 장

가격차별 및 독점: 비선형 가격책정

Price Discrimination and Monopoly: Nonlinear Pricing

▶ 차례

6.1 ▸ 1차 가격차별 또는 개인화된 가격책정
6.2 ▸ 2차 가격차별 또는 메뉴 가격책정 (Menu Pricing)
6.3 ▸ 1차 및 2차 가격차별의 사회 후생
6.4 ▸ 실증적 적용: 가격차별 및 독점 대 불완전 경쟁
요약
연습 문제

뉴*요커* 잡지를 가판대에서 구입하는 경우 호당 \$4.99 또는 47호를 모두 구매하면 \$234.53이다. 대신 연간 구독을 구매하면 47호를 69.99달러에 구독할 수 있으므로 가판대 가격보다 약 70% 저렴하다. 마찬가지로 야구 팬이라면 시즌 패스의 티켓 한 장당 가격이 경기별 티켓 한 장당 가격보다 훨씬 저렴하다는 것을 알고 있을 것이다. 식료품 쇼핑을 할 때 코카콜라 24캔이 6캔이나 1캔보다 캔당 가격이 더 저렴하다는 것을 알 수 있다. 이는 모두 수량할인을 반영하는 가격차별의 예로, 많이 구매할수록 단위당 가격이 저렴해진다.

수량할인은 기업이 *비선형* 가격을 사용한다는 것을 나타내는 한 가지 방법일 뿐이다. 단위당 가격은 일정하지 않고 소비자의 소득, 시간 가치, 구매 수량 또는 기타 특성에 따라 구매 계약의 일부 특징에 따라 달라진다. 이러한 가격책정 전략은 5장에서 설명한 선형 가격차별 방법과는 다르다. 비선형 가격책정의 목표는 판매자가 개별 소비자의 지불 의사를 가능한 한 많이 매출과 수익으로 전환할 수 있도록 하는 것이다. 이러한 기법은 판매자가 *각 소비자*의 지불의향에 더 가까운 가격을 설정할 수 있기 때문에 일반적으로 3차 가격차별이나 선형 가격책정보다 수익성이 더 높다는 것을 알 수 있다. 결과적으로 비선형 가격책정은 독점사업자가 더 많은 수익을 올리는 데 도움이 된다.

이 장에서는 비선형 가격책정 전략의 설계와 구현에 중점을 둔다. 시장지배력을 가진 기업이 어떤 상황에서 어떻게 이러한 가격책정 체계를 구현할 수 있는지 살펴보고, 그 후생 특성을 검토한다. 전통적으로 비선형 가격책정은 1차 가격차별과 2차 가격차별, 또는 Shapiro와 Varian(1999)이 분류한 것처럼 개인화된 가격책정 및 메뉴 가격책정의 두 가지 일반적인 범주로 나뉜다. 가격차별 범주에 대한 자세한 내용은 Pigou(1920)와 Philips(1983)를 참조하시오.

6.1 1차 가격차별 또는 개인화된 가격책정

1차 또는 완전 가격차별은 독점사업자가 판매되는 제품의 *각* 단위에 대해 각 소비자가 기꺼이 지불할 수 있는 최대 가격을 책정할 수 있을 때 실행된다. 각각 클래식 포드 *모델 T*인 골동품 자동차 5대를 상속받았고 그것들을 대학교육비 마련을 위해 판매한다고 가정해보겠다. 이 차량은 귀하에게 다른 가치가 없다. 시장 조사에 따르면 *모델 T* 구매에 관심이 있는 구매자가 여러 명 있다고 한다. 이러한 구매자의 자동차 구매 의향에 따라 순위를 매기면 가장 열성적인 구매자는 최대 $10,000까지, 두 번째 구매자는 최대 8,000달러, 세 번째는 최대 6,000달러, 네 번째는 4,000달러, 다섯 번째는 2,000달러이다. 1차 가격차별은 첫 번째 차량을 $10,000, 두 번째 차량은 $8,000, 세 번째 차량은 $6,000, 네 번째 차량은 $4,000, 다섯 번째 차량은 $2,000에 판매할 수 있다는 의미이다. 이러한 차별적인 가격 정책으로 인한 수익은 $30,000이다. 당연히 이 전략을 개인 맞춤형 가격책정이라고도 한다.

반면에 골동품을 동일하고 균일한 가격으로 판매하기로 결정했다면 어떻게 될까? 자동차 3대를 판매하여 총 수익(및 이익)이 18,000달러가 되는 가격을 6,000달러로 설정하는 것이 최선이라는 계산은 쉽게 할 수 있다. 가격이 높거나 낮으면 수익이 낮아진다. 즉, 균일 가격책정에서는 가능한 최고 수익이 18,000달러인 반면, 1차 가격차별화에 성공하면 훨씬 더 높은 수익인 30,000달러를 얻을 수 있다. 왜 그럴까? 1차 가격차별을 통해 자동차 판매에서 발생하는 모든 잉여를 추출할 수 있기 때문이다. 이 정도까지 차별화에 성공하면 소비자잉여가 남지 않지만, 가격을 균일하게 책정하면 가장 예리한 구매자는 4,000달러의 소비자잉여를, 두 번째로 예리한 구매자는 2,000달러의 소비자잉여를 얻게 된다.

1차 가격차별, 즉 개인화된 가격책정은 소비자잉여를 기업에게 돌려주기 때문에 독점자의 이윤극대화 생산량을 증가시킬 것으로 예상할 수 있다. 실제로 앞으로 살펴보겠지만, 1차 가격차별을 사용하면 독점자는 사회적으로 효율적인 산출량, 즉 완전경쟁 하에서 달성할 수 있는 산출량을 선택한다. *모델 T*의 예에서는 상호 이익이 되는 거래가 이루어지지 않고 5대의 자동차가 모두 판매된다. 반면, 가격을 균일하게 책정하면 세 대의 자동차만 판매되고 두 대의 자동차는 "잘못된" 손에 넘어간다. 자동차의 가치를 훨씬 더 높게 평가하는 두 명의 잠재적 구매자가 있기 때문이다. 더 많은 것을 얻을 수 있다.

더 일반적인 경우에도 마찬가지이다. 1차 가격차별을 할 수 있는 독점사업자의 경우, 추가 단위를 판매하더라도 다른 단위에 대한 가격을 낮출 필요가 없다. 추가 판매되는 각 유닛은 판매되는 가격과 정확히 동일한 추가 수익을 창출한다. 따라서 1차 가격차별의 경우 한계수익은 가격과 동일하다. 따라서 이러한 독점자의 경우 한계수익이 한계비용과 같다는 이윤극대화 규칙은 가격도 한계비용과 같은 생산량 수준을 산출한다. 알다시피, 이는 경쟁 산업에서 생성될 수 있는 생산량 수준이다.

6.1 ▶ 실습문제

독점 판매자가 자신의 수요곡선이 선형이라는 것을 알고 있으며, 40달러의 가격에서는 5개를 판매할 수 있고 25달러의 가격에서는 10개를 판매할 수 있다는 것을 알고 있다고 가정해 보겠다.

a. 각 잠재 소비자가 단 한 개만 구매하는 경우, 지불의향이 가장 큰 소비자의 예약 가격은 얼마인가?
b. 독점자가 (a)에서 구한 수요곡선이 소비자가 처음 구매하는 단위에만 적용되며, 실제로 각 소비자가 두 번째 단위는 한 개만 구매하는 가격보다 8달러 낮은 가격에 구매한다는 사실을 발견했다고 가정한다. 34달러의 가격으로 판매되는 단위는 몇 개인가? (전체 달러 금액 사용.)

언뜻 보기에 1차 차별은 이론적 호기심에 불과한 것처럼 보일 수 있다. 어떻게 독점사업자가 구매한 단위별로 각기 다른 개인화된 가격이 부과되는 가격체계를 효과적으로 구현하기 위해 잠재적 구매자에 대한 충분한 정보와 차익거래를 방지할 수 있는 능력을 갖출 수 있을까? 신원 확인과 차익거래 방지의 문제는 극복할 수 없는 것처럼 보인다. 그러나 어떤 경우에는 독점판매자가 실제로 개인화된 가격책정 결과를 달성할 수 있는 능력이 있을 수도 있다. 세무사는 고객의 재무 상황을 잘 알고 있다. 경영 컨설턴트는 일반적으로 개별 고객과 수수료를 협상한다. 좀 더 가까운 예로, 미국의 (비싼) 사립 대학에 지원하는 학생들이 지불하는 수수료를 들 수 있다. 재정 지원을 신청할 때 학생들은 재정 수단에 대한 자세한 설명서를 작성해야 한다. 물론 대학은 이 정보와 SAT 점수 및 기타 데이터를 사용하여 지원금을 결정하고 각 예비 학생이 지

현실 체크포인트

쇼핑을 많이 할수록 더 많은 것을 알게 됩니다.

Facebook이 공개 주식 시장에서 회사 주식을 판매하기 전에 자산과 수입원을 보여주는 비즈니스 모델을 공개해야 했다. 물론 광고 수익이 가장 큰 비중을 차지하지만, Facebook이 실제로 판매하는 것은 액세스이다. Facebook은 타겟 고객에게 도달하고자 하는 기업에게 광고 공간을 판매하여 수익을 창출한다. 광고주는 관계 상태, 위치, 활동, 좋아하는 책, 직업 등 집중할 키워드 또는 특성을 선택한다. 그러면 Facebook은 수백만 명의 사용자 중 타겟팅된 그룹을 대상으로 광고를 게재한다. 와인을 좋아하고, 특정 지역에 거주하며, 파티를 주최한다고 밝히면 지역 주류 가게에서 페이지에 광고를 게재할 수 있다.

물론 Facebook만 그런 것은 아니다. Amazon.com이나 Wine.com과 같은 다른 이커머스 리테일러들도 지속적으로 사용자의 구매 행태를 추적한다. 이를 통해 개별 소비자에게 맞춤형 광고와 특별 프로모션 혜택을 제공할 수 있다. 타사 트래커도 중요하다. 예를 들어, NebuAd는 인터넷 서비스 제공업체와 계약을 맺고 이메일, 웹 검색, 인터넷 구매에서 사용자 활동을 모니터링한다. 이 모든 정보는 보다 효과적인 광고를 만들기 위해 수집되어 광고주에게 판매된다. 건강 제품 프로모션은 특정 연령, 성별, 특정 웹 검색 이력이 있는 소비자에게 더 적절하게 타겟팅될 수 있다. 연령, 위치, 인터넷 검색 기록에 따라 다른 휴가 패키지 상품을 다른 소비자에게 다시 보여줄 수 있다. Spokeo는 광고와 잠재적 고용주와 같은 다른 사람들에게 재판매하기 위해 데이터를 수집한다. 실제로 이 서비스 중 하나는 유료로 여성에게 남자친구의 이메일 주소를 제출하도록 유도하고 그 대가로 여성이 "그가 바람을 피우는지"를 알아내는 데 필요한 정보를 제공하도록 제안한다. Facebook에서의 관계 상태가 어떻든 간에, 우리 각자의 사이버 자아가 친밀하게 알려져 있다는 것은 의심할 여지가 없다.

출처: Shapiro and Varian. 1999. *Information Rules: A Strategic Guide to the Internet Economy*, Harvard Business School Press: Boston.
L. Andrews, "Facebook is Using You," *New York Times* February 5, 2012, p SR7

불해야 하는 순 등록금을 결정할 수 있다. 주변을 둘러보자. 총 수업료를 수업별로 세분화하면 많은 반 친구들이 여러분과 다른 수업료를 지불하고 있을 가능성이 있다!

물론 회계사, 컨설턴트, 대학교의 사례는 고객이 서비스 구매 계약을 체결한 *후에* 수수료가 책정되는 경우가 많기 때문에 다소 특수한 경우이다. 이제 우리가 고려해야 할 것은 수수료를 미리 알려야 하는 경우에도 판매자가 동일한 효과를 얻을 수 있는 가격책정 전략이 있는지 여부이다. 대답은 '그렇다'이다. 이러한 전략 중 하나는 *두 부분으로 구성된* 가격책정 방식이다. 다른 하나는 *블록 가격책정*이다. 각각에 대해 차례로 살펴보겠다.

6.1.1 두 부분으로 구성된 가격

두 부분으로 구성된 가격책정 방식은 다음과 같이 구성되는 가격책정 전략이다: 1) 소비자에게 상품이나 서비스를 구매할 수 있는 자격을 부여하지만 구매자가 실제로 구매하는 수량과는 무관한 회비와 같은 고정요금, 2) 소비자가 실제로 구매하는 각 유닛에 대해 부과되는 가격 또는 사용료. 많은 클럽이 이러한 두 가지 가격책정 방식을 사용한다. 클럽 멤버십에 대해 고정 연회비(연령 또는 기타 회원 특성에 따라 차등 적용되기도 함)를 부과하고 특정 시설을 이용하거나 특정 상품 또는 서비스를 구매할 경우 단위당 추가 요금을 부과한다. 컨트리 클럽, 운동 클럽, 할인 쇼핑 클럽 등이 이러한 유형의 가격책정을 사용하는 조직의 좋은 예이다. 테마파크에서 사용하는 두 부분으로 구성된 가격책정의 또 다른 예로는 공원 입장 시 정액 요금을 부과하고 놀이기구 또는 놀이기구별로 추가 요금(때로는 0으로 설정)을 부과하는 방식이 있다.[1]

현실 체크포인트

콜 옵션

비선형(non-linear) 요금제는 일상 생활에서 점점 더 보편화되고 있다. 미국의 4대 이동통신사인 AT&T/Cingular, Verizon, Sprint/Nexus, T-Mobile에서 제공하는 휴대폰 서비스 패키지를 생각해 보자. 거의 모든 요금제에는 두 부분으로 나뉜 가격 및 수량할인이 포함되어 있다. 예를 들어 패밀리 요금제는 고정 월 요금으로 두 개의 회선을 제공한다. 그 후에는 지정된 최대 한도까지 매 1분당 통화가 무료이다. 낮은 수준의 요금제는 월 70달러의 요금으로 700분 정도의 무료 통화를 제공하는 반면, 높은 수준의 요금제는 약 90달러의 요금으로 약 2배의 무료 통화를 제공한다. 약 150달러에 판매되는 3,000분 요금도 있다. 가족 요금제에 휴대폰을 추가할 경우 월 10달러의 추가 요금이 부과된다. 단일 회선 요금제와 종량제 요금제도 있다. 후자는 기본적으로 30분 또는 90분 통화 시간을 각각 15달러 또는 25달러에 판매하는 콜링 카드 요금제이다. 이 요금제는 할인을 많이 받아도 통화를 몇 번 이상 할 수 없는 분들을 위한 요금제이다.

출처: L. Magid, "BASICS: Plain Cellphones Can Overachieve, with a Little Help," *New York Times*, January 25, 2007, p. c14; and "The Bottom Line on Calling Plans," *Consumer Reports*, February, 2004, pp. 11 – 18.

1 이러한 계획의 버전은 예를 들어 디즈니 월드와 같은 공원에서 사용된다. 중요한 논의는 Oi(1971)를 참조하시오. Ekelund(1970)가 지적했듯이, 많은 현대적 분석은 19세기 프랑스 경제학자이자 엔지니어인 Jules Dupuit의 연구에 의해 예상되었다. Varian(1989)은 이 장에서 논의된 가격차별 전략에 대한 광범위한 조사를 제공한다.

두 부분으로 구성된 가격책정을 통해 1차 가격차별을 달성하는 방법을 알아보기 위해 지역 독점업체가 소유하고 운영하는 콜로라도의 한 스키 리조트를 예로 들어 보겠다. 이 리조트의 고객이 노년층과 젊은 층의 두 가지 유형으로 나뉜다고 가정해 보겠다. 리조트의 스키 리프트를 사용하는 일반적인 노년층 고객의 역수요곡선은 다음과 같다:

$$P = V_O - Q_O \tag{6.1}$$

각 젊은 층 고객의 수요곡선은 반대의 곡선을 보인다:

$$P = V_Y - Q_Y \tag{6.2}$$

여기서 Q_i는 유형 i (O 또는 Y)의 고객이 구매한 스키 리프트 탑승 횟수이고, P는 리프트 탑승당 가격이며, V_i는 유형 Q_i 고객이 한 번의 리프트 탑승에 대해 지불할 수 있는 최대 금액이다. 젊은 고객은 주어진 리프트 탑승 횟수에 대해 나이 든 고객보다 더 많은 금액을 지불할 의향이 있다고 가정한다(즉, $V_O < V_Y$). 결국, 그들은 더 젊고 더 건강할 가능성이 높다. 또한 스키 리조트 소유주는 리프트 탑승 횟수당 한계비용 c와 매일 리조트를 운영하는 데 드는 고정비용 F가 발생한다고 가정한다. 즉, 리조트의 일일 총 비용함수는 다음과 같다:

$$C(Q) = F + cQ \tag{6.3}$$

여기서 Q는 판매 및 탑승한 리프트 탑승 횟수이다.

이 예는 그림 6.1에 나와 있다. 일반적인 스키어에 대한 수요곡선은 V_i에서 시작하여 수량축에 도달할 때까지 기울기 −1로 감소한다. 일정한 한계비용 곡선은 값 c를 통과하는 수평선이다.

스키장 소유주가 신분증을 확인하여 각 스키어의 실제 유형을 식별할 수 있고, 서로 다른 색상의 스키 리프트 탑승권을 판매하여 차익거래를 방지할 수 있다고 가정한다. 먼저 스키장 주인이 3차 가격차별을 사용한다고 가정해 보겠다. 리조트 입장은 무료이며, 리조트 소유주는 각 유형의 스키어에게 스키 리프트 탑승권당 가격을 책정하고 스키어는 해당 가격으로 몇 장의 리프트 탑승권을 구매할지 결정한다.

5장에서 개발한 원칙을 적용하기만 하면 된다. 리조트 소유주는 일반적인 2단계 프로세스를 사용하여 수익을 극대화한다. 먼저 각 스키어 유형에 대한 한계수익과 한계비용을 동일시하여 소유주가 각 스키어 유형에 판매하고자 하는 리프트 탑승 수량을 파악한다. 둘째, 방정식 (6.1)과 방정식 (6.2)의 수요함수에서 이러한 수량에 대해 부과할 수 있는 가격을 식별한다.

표준 "두 배 가파른" 규칙을 사용하면 방정식 (6.1)과 (6.2)에서 관련 한계수익이 다음과 같다는 것을 알 수 있다:

$$\begin{aligned} &\text{젊은 그룹}: MR_Y = V_Y - 2Q_Y \\ &\text{나이 든 그룹}: MR_O = V_O - 2Q_O \end{aligned} \tag{6.4}$$

한계수익을 한계비용 c와 동일하게 설정하면 각 유형의 스키어에게 판매할 수익 최대화 산출량(리프트 탑승 횟수)이 된다:

$$\begin{aligned} &\text{젊은 그룹}: MR_Y = V_Y - 2Q_Y = c \Rightarrow Q_Y = \frac{V_Y - c}{2} \\ &\text{나이 든 그룹}: MR_O = V_O - 2Q_O = c \Rightarrow Q_O = \frac{V_O - c}{2} \end{aligned} \tag{6.5}$$

이러한 수량을 수요함수에 대입하면 각 유형의 스키어에 대한 리프트 탑승당 수익극대화 가격을 구할 수 있다:

$$\text{젊은 그룹} : P_Y = V_Y - \frac{V_Y - c}{2} = \frac{V_Y + c}{2}$$
$$\text{나이 든 그룹} : P_O = V_O - \frac{V_O - c}{2} = \frac{V_O + c}{2} \quad (6.6)$$

$V_o < V_Y$라는 가정에 따르면 5장에서 살펴본 것처럼 수요가 많은 그룹(이 경우 젊은 스키어)이 수요가 적은 그룹(노년층 스키어)보다 단위당 더 많은 비용을 지불한다는 결과를 얻을 수 있기 때문이다. 이 가격 정책을 통해 각 유형의 스키어가 얻는 수익은 다음과 같다:

$$\text{젊은 그룹} : \pi_Y = (P_Y - c)Q_Y = \frac{(V_Y - c)^2}{4}$$
$$\text{나이 든 그룹} : \pi_O = (P_O - c)Q_O = \frac{(V_O - c)^2}{4} \quad (6.7)$$

그림 6.1에서 각각 *bdhi*와 *fgjk* 영역이다.

예를 들어 V_o가 \$12, V_Y가 \$16, c가 \$4인 경우 스키 리프트 탑승당 최적의 가격은 젊은 스키어에게는 \$10, 나이 든 스키어에게는 \$8이다. 젊은 스키어는 각각 6회, 나이 든 스키어는 각각 4회의 리프트 탑승권을 구매한다. 이 전략에 따라 리조트 소유주는 각 젊은 스키어로부터 (\$10 − \$4)*6 = \$36, 각 노인 스키어로부터 (\$8 − \$4)*4 = \$16의 수익을 얻게 된다. 하루에 노인 스키어 100명과 젊은 스키어 100명이 있는 경우 스키장 소유주는 매일 발생하는 고정비용 *F*를 뺀 5,200달러의 수익을 얻게 된다.

스키장 소유주가 이 결과를 개선할 수 있다는 것을 확인하려면 먼저 방정식 (6.6)에 주어진 가격에서 스키장의 모든 고객이 약간의 소비자잉여를 누린다는 점에 유의해야 한다. 각 젊은 스키어는 그림 6.1(a)의 삼각형 *abd*에 의해 주어진 소비자잉여를, 각 노인 스키어는 그림 6.1(b)의 면적 *efg*에 의해 주어진 소비자잉여를 갖는다. 이러한 면적은 표준 기하학적 기법에 따라 계산된다:

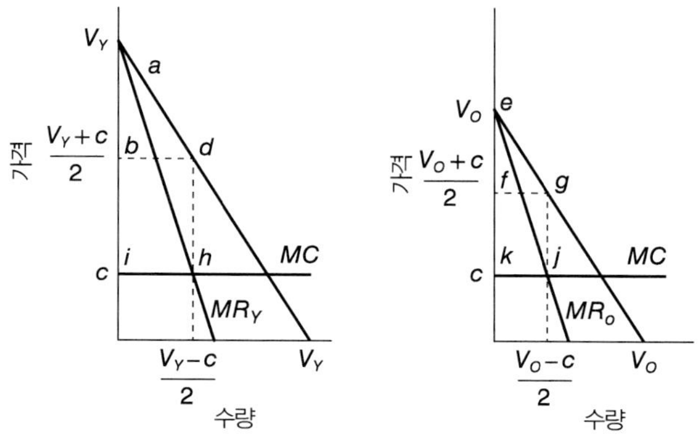

그림 6.1 **가격차별**

가격차별을 하지 않으면 두 유형의 소비자 모두에게 독점업체가 이윤으로 전환하고자 하는 소비자잉여가 남게 된다.

$$\text{젊은 그룹} : CS_Y = (V_Y - P_Y)Q_Y = \frac{1}{2}(Q_Y)^2 = \frac{(V_Y - c)^2}{8}$$
$$\text{나이 든 그룹} : CS_O = (V_O - P_O)Q_O = \frac{1}{2}(Q_O)^2 = \frac{(V_O - c)^2}{8} \quad (6.8)$$

수치적 예시에서 각 젊은 고객은 18달러의 소비자잉여를, 각 노년 고객은 8달러의 소비자잉여를 가지고 있다. 이는 리조트 소유주가 추출하지 못한 잉여를 측정한 것이다. 리조트 소유주는 이 잉여의 일부 또는 전부를 적절히 반영하는 가격책정 방식을 선호할 것이다.

한 가지 가능성은 리조트 소유주가 스키어가 리조트에 입장할 수 있는 커버 요금과 리프트 탑승 시마다 추가 요금이 부과되는 비선형 가격 체계로 전환하는 것이다. 이러한 가격책정 방식을 2부 요금제 *two-part tariff* 라고도 한다. 각 노년층 스키어에게는 입장료 $E_O = \frac{(V_O - c)^2}{8}$가 부과되며, 반면, 젊은 스키어에게는 $E_Y = \frac{(V_Y - c)^2}{8}$가 부과된다. 입장료는 두 부분으로 구성된 가격 중 첫 번째 고정 부분이다. 그리고 두 번째 부분은 각 스키어 유형에 대한 리프트 탑승당 가격이며, 이는 P_O 또는 P_Y이다. 숫자 예시에서는 각 노년층 스키어에게는 $8의 입장료가 부과되고 각 젊은 층 스키어에게는 18달러가 부과된다. 리프트 탑승권은 노년층 스키어에게는 8달러, 젊은 층 스키어에게는 10달러에 판매된다. 리조트에 입장할 때와 스키 리프트를 이용할 때 신분증을 확인하면 차익거래와 신분 확인 문제가 모두 해결된다.[2] 또한 스키어들은 여전히 리조트를 애용할 의향이 있다. 입장료를 지불하면 잉여가 0으로 줄어들지만 마이너스가 되지는 않는다. 잉여금은 지불 의사를 나타내는 척도이다. 마지막으로, 입장료는 각 스키어가 실제로 구매하는 리프트 탑승 횟수와 무관하므로 각 고객은 이전과 동일한 수의 리프트 탑승권을 계속 구매하게 된다. 입장료는 차별적이지만 선형적인 가격 정책 하에서 각 스키어가 이전에 누렸던 소비자잉여와 동일하기 때문에, 이 두 부분으로 나뉜 요금의 즉각적인 효과는 전체 소비자잉여를 추출하여 리조트 소유주의 수익으로 전환하는 것이다. 이는 노년층 스키어 1인당 E_O와 젊은 층 스키어 1인당 E_Y의 이익 증가를 의미한다. 이 예에서 다시 말하지만, 이는 노년층 스키어당 8달러, 젊은 층 스키어당 18달러의 수익 증가를 의미한다.

우리가 계산한 입장료와 단가는 확실히 리조트 소유주의 수익을 증가시키지만, 리조트 소유주가 할 수 있는 최선의 방법과는 거리가 멀다. 리프트 탑승 가격을 *낮춤으로써* 리조트 소유주는 각 스키어의 잠재적 소비자잉여를 늘릴 수 있다. 이를 통해 리조트 소유주는 입장료를 인상하여 추가 잉여를 창출하고 수익을 더욱 늘릴 수 있다. 수익을 극대화하는 두 가지 가격책정 방식 *two-part pricing schem* 은 그림 6.2에 나와 있으며, 다음과 같은 속성을 가진다[3]:

---

2 우리는 스키 선수가 신분증을 위조하고 나이를 속이는 비용이 젊은 스키 선수들이 더 높은 가격을 지불함으로써 잃는 잉여보다 더 많다고 가정한다.

3 이러한 속성이 유지되는 이유를 확인하려면 특정 유형의 소비자에 대한 두 부분으로 구성된 가격의 고정 부분을 T로 표시하며 사용자 요금을 p로 표시한다. 이러한 소비자에 대한 수요곡선을 역함수인 $p = D(q)$로 표현하고 기업의 총 비용함수는 $C(q)$라고 가정한다. 독점자의 문제는 이러한 유형의 소비자를 위한 생산 수준인 q^*를 선택해야 하며, 이는 수익을 최대화하는 가격 $p^* = D(q^*)$를 의미한다. 수익 $\Pi(q) = \int_0^q D(x)dx - C(q)$를 의미한다. 그런 다음 이익을 극대화하기 위해서는 항상 한계비용과 동일한 가격 또는 사용자 요금을 설정해야 하며, 그 가격에서 발생하는 소비자잉여와 동일한 고정요금 T를 설정해야 한다는 것을 보여준다.

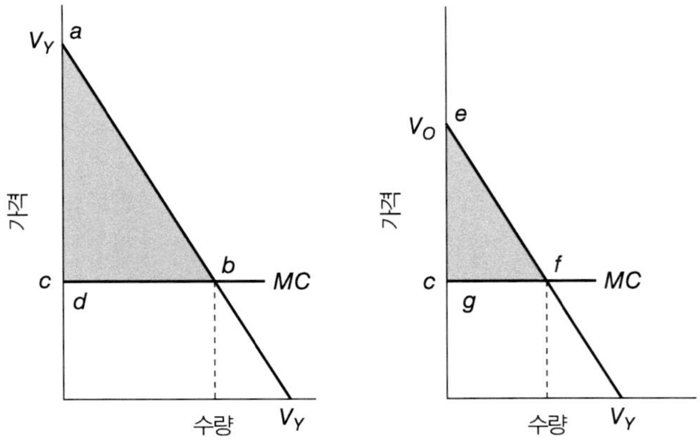

그림 6.2 **2부 요금제를 통한 1차 가격차별**
독점사업자는 각 유형의 소비자에게 한계비용과 동일한 단가를 책정한다. 그런 다음 독점사업자는 각 소비자에게 소비자잉여에 해당하는 입장료 또는 멤버십 요금을 부과한다.

1. 단위당 가격(리프트 탑승당)을 한계비용 c와 동일하게 설정한다.
2. 각 고객 유형에 대한 입장료를 1로 주어진 가격에서 해당 고객의 소비자잉여금과 동일하게 설정한다.

스키장 예제에서는 스키어 유형에 관계없이 리프트 탑승당 가격이 c로 설정되어 있다. 삼각형 abd 및 efg 면적은 이 가격에 대한 젊은 스키어와 노년층 스키어의 소비자잉여를 나타낸다. 이 공간은 $CS_O = \frac{1}{2}(V_O - c)^2$ 그리고 $CS_Y = \frac{1}{2}(V_Y - c)^2$이다. 결과적으로 스키 리조트 소유자는 이제 노년층 입장료를 CS_O로 젊은 층 입장료를 CS_Y로 인상할 수 있다.

이 최적의 가격 체계에서는 각 스키어의 리프트 탑승당 수익이 0이 되는데, 이는 리프트 탑승권은 원가로 판매되기 때문이다. 이 가격 전략은 스키어들이 리프트 탑승권을 많이 구매하도록 유도하여 더 많은 소비자잉여를 창출할 수 있다는 장점이 있다. 이를 통해, 리조트 소유주는 최적의 입장료를 부과하여 이러한 잉여를 적절히 활용할 수 있다. 입장료로 조성된 자금은 수익이며, 실제로 입장료는 리조트 소유주의 유일한 수익원이다. 전체 수익은 다음과 같이 증가했다.

$$\Pi_f = n_O \frac{(V_O - c)^2}{2} + n_Y \frac{(V_Y - c)^2}{2} - F \tag{6.9}$$

여기서 n_O는 하루당 노년층 스키어 수이고 n_Y는 하루당 젊은 스키어 수이다.

예제에서는 리프트 탑승당 가격이 4달러로 설정되어 있다. 노년층 스키어는 8개의 놀이기구를 구매하고 젊은 스키어 12개를 구매한다. 이제 노년층 스키어 1인당 입장료와 수익은 32달러, 청소년 스키어 1인당 입장료와 수익은 72달러이다. 이는 기존 36달러 및 고정수수료 없이 16달러의 수익을 얻거나 "잘못된" 2부 요금제로 54달러와 24달러의 수익을 얻었다. 이는 엄청난 수익 증가이다.[4]

4 일률적이고 선형적인 가격 정책을 채택할 경우 스키 리조트 소유주의 수익이 2부 요금제로 얻는 수익보다 적다는 것도 쉽게 알 수 있다.

수익의 증가도 상당하고 중요하지만, 두 부분으로 나뉜 가격은 그에 못지않게 중요한 또 다른 결과를 가져왔다. 각 고객이 이제 리프트 수량을 구매하고 있다는 점에 유의해야 한다. 리프트 놀이기구의 가격이 한계비용으로 경쟁적으로 책정되었다면 각각 구매했을 전형적인 노년층 고객의 경우 $V_O - c$, 전형적인 젊은 고객의 경우 $V_Y - c$이다. 1차 가격차별을 실행할 수 있는 능력은 독점사업자가 생산량을 확대하도록 유도하여 경쟁수준으로 끌어올렸다. 즉, 시장결과는 이제 효율적이게 되었다. 총잉여가 극대화되고, 그 총잉여는 전적으로 독점자가 가져가게 된다.

6.2 ▸ 실습문제

독점적으로 운영되는 놀이공원을 생각해 보자. 그림 6.3은 놀이공원을 이용하는 일반적인 소비자의 수요곡선을 보여준다. 고정비용은 없다. 각 놀이기구와 관련된 한계비용은 일정하다. 이는 두 부분으로 구성되며 각 부분도 상수이다. 인건비 및 장비의 놀이기구당 비용 k와 티켓 인쇄 및 수거의 놀이기구당 비용 c가 있다. 한 경영 컨설턴트가 이 공원에 대해 두 가지 대안 가격 정책을 제안했다. 정책 A: 고정 입장료 T와 놀이기구당 요금 r을 부과한다. 정책 B: 고정 입장료 T'와 놀이기구당 요금 0원을 부과한다.

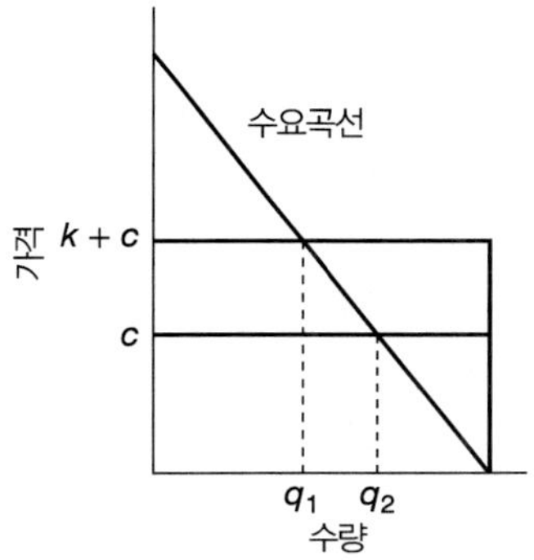

그림 6.3 놀이공원 문제에 대한 다이어그램

a. 가격 정책 A의 경우, 그래프에 수익을 극대화할 수 있는 입장료(T)와 탑승당 가격(p)을 표시하시오.
b. 가격 정책 B의 경우, 수익을 최대화할 수 있는 단일 입장료 T'를 그래프에 표시하시오.
c. 두 정책을 비교해 보시오. 각 정책의 상대적인 장점은 무엇인가? 어떤 정책이 더 높은 수익으로 이어지는지 결정하는 요인은 무엇인가?

6.1.2 블록 가격책정(Block Pricing)

스키장 소유주가 동일한 수준의 수익을 달성할 수 있는 두 번째 비선형 가격책정 전략이 있다. 이 방식은 블록 가격책정 *block pricing* 이다. 이 유형의 가격책정을 사용하면 판매자는 판매하고자 하는 수량과 해당 수량에 설정하고자 하는 총 요금을 *묶는다* *bundle* . 스키장 예시에서 소유자는 "입장권과 스키 리프트 탑승권 X개를 Y달러에 판매"하는 식의 가격 정책을 설정한다. 최대 수익을 얻고 모든 잠재적 소비자잉여를 적절히 처리하기 위해 두 가지 간단한 규칙에 따라 최적의 블록 가격책정 전략이 결정된다:

1. 각 소비자 유형에 제공되는 스키 리프트 탑승 횟수를 해당 소비자 유형이 경쟁력 있는 가격으로 구매할 수량, 즉 한계비용과 동일한 가격으로 구매하는 수량과 동일하게 설정한다.
2. (1)에서 확인된 수량에 대한 총 지불의향 금액으로 각 소비자 유형에 대한 고정요금을 설정한다.

스키장 예시에서 이것이 어떻게 작동하는지 살펴보겠다. 규칙 1을 적용하면, 리프트 이용료가 한계비용으로 책정된 경우 각 젊은 고객은 리프트 이용권 $V_Y - c$를, 각 노인 고객은 리프트 이용권 $V_O - c$를 구매할 것임을 알 수 있다. 젊은 고객과 노인 고객이 각각 이 수량에 대해 지불할 총 의향은 이 수량에 대한 관련 수요곡선 아래의 영역이다:

$$\text{젊은 그룹} : WTP_Y = \frac{1}{2}(V_Y - c)^2 + (V_Y - c)c = \frac{1}{2}(V_Y^2 - c^2)$$
$$\text{나이 든 그룹} : WTP_O = \frac{1}{2}(V_O - c)^2 + (V_O - c)c = \frac{1}{2}(V_O^2 - c^2) \tag{6.10}$$

규칙 2를 적용하면 다음과 같은 가격 정책이 적용된다. 각 노인 고객에 입장권과 리프트 이용 $V_O - c$을 합한 $\frac{1}{2}(V_O^2 - c^2)$를 제공하고 젊은 고객 입장에 리프트 이용 $V_Y - c$을 합한 $\frac{1}{2}(V_Y^2 - c^2)$을 제공한다.

스키장 예시에서 이 전략을 어떻게 구현할 수 있을까? 한 가지 방법은 리조트에 입장할 때 각 고객의 신원을 확인한 다음 각 젊은 고객에게 "입장료와 리프트 승차권 $V_Y - c$을 합한 $\frac{1}{2}(V_Y^2 - c^2)$"를 패키지로 제공하고 노인 고객에게는 "입장료와 리프트 승차권 $V_O - c$을 합한 $\frac{1}{2}(V_O^2 - c^2)$"을 제공하는 것이다. 유형 i의 고객에게서 얻는 이익은 WTP_i에서 승차 비용을 뺀 $c(V_i - c)$ 금액 혹은 $\frac{1}{2}(V_Y - c)^2$ 금액을 젊은 고객에게서, $\frac{1}{2}(V_O - c)^2$를 노인 고객에게서 얻을 수 있다. 이는 정확히 2부 가격시스템이다.

이 예에서는 각 젊은 스키어에게 "입장권과 스키 리프트 12회 탑승권을 \$120에 제공하는 패키지"를, 각 노년층 스키어에게는 "입장권과 스키 리프트 8회 탑승권을 \$64에 제공하는 패키지"를 제공하는 것과 같다. 두 부분으로 구성된 가격 전략에서와 같이 각 젊은 스키어 패키지의 수익은 \$120 − 48 = \$72이고, 각 노인 스키어 패키지의 수익은 \$64 − 32 = \$32이다.

이 섹션을 떠나기 전에 앞서 설명한 두 가지 유형의 1차 가격차별에 대해 한 가지 더 흥미로운 특징을 지적할 수 있다. 2부 요금제와 블록 가격 체계 모두 스키장 소유주는 노인 고객에게 입장료와 리프트 승차권 $V_O - c$을 합한 전체 $\frac{1}{2}(V_O^2 - c^2)$를 팔고, 젊은 고객에게 입장료와 리프트 승차권 $V_Y - c$의 합인 $\frac{1}{2}(V_Y^2 - c^2)$를 팔게 된다. 따라서 각 케이스에서, 노인 고객들의 리프트 승차당 지불하는 평균가격은 $\frac{1}{2}(V_O^2 - c^2)/(V_O - c) = \frac{1}{2}(V_O + c)$이다. 마찬가지로, 각 젊은 고객들은 리프트 승차당 지불하는 평균가격은 $\frac{1}{2}(V_Y + c)$이다. 식 (6.6)에서 쉽게 확인할 수 있는 것은 스키장 소유자가 3차 가격차별을 적용할 경우 부과되는 리프트 승차당 가격이 정확히 같다는 것이다. 그러나 수익 결과는 다르다.

각 경우의 평균가격이 동일함에도 불구하고 1차 및 3차 가격차별이 매우 다른 수익으로 이어지는 이유는 두 가격 체계의 성격이 매우 다르기 때문이다.[5] 수요함수의 각 점은 소비자가 해당 단위를 소비함으로써 얻는 한계 편익을 측정한다는 점을 기억해야 한다. 수요된 수량은 한계 편익과 마지막 단위를 구매할 때 소비자가 부담하는 한계비용과 동일하며, 물론 여기서 소비자의 한계비용은 마지막 단위에 대한 가격이다. 3차 가격차별 또는 선형 가격책정에서는 마지막 단위(실제로는 모든 단위)에 대해 지불하는 가격이 한계비용보다 크므로 리조트 소유자는 이 가격책정 방식을 통해 수익을 창출할 수 있다. 더 중요한 것은 3차 가격차별을 통해 판매되는 마지막 리프트 탑승에 부과되는 가격은 한계 편익과 같지만, 판매되는 다른 모든 리프트 탑승에 부과되는 가격은 한계 편익보다 낮기 때문에 "테이블 위에 남은" 돈(지불의향)이 있다는 것이다. 반면, 비선형 2부 가격책정 방식에서는 스키장 소유주가 리프트 탑승 단가를 한계비용으로 설정하여 소유주의 스키장 판매량을 크게 늘릴 수 있다. 이로 인해 소비자잉여가 발생하지만 고정요금은 이러한 소비자잉여를 이윤으로 전환시킨다. 즉, "테이블 위에 남은" 돈은 없게 된다. 블록 가격책정에서는 구매자에게 단위당 가격이 제공되지 않는다. 대신 수량과 총 요금이 "총 요금 Y달러에 X개"라는 패키지로 묶여 있으며, 패키지는 X개에 대한 총 지불 의사를 추출하도록 설계되어 있다. 다시 말하지만, "테이블 위에 남은" 돈은 없다.

6.2 2차 가격차별 또는 메뉴 가격책정*(Menu Pricing)*

스키 리조트 소유주는 두 가지 이유로 1차 가격차별 또는 맞춤형 가격책정 *personalized pricing* 이 가능하다. 첫째, 리조트의 다양한 고객 유형은 간단하고 관찰 가능한 특성으로 구분할 수 있다. 둘째, 리조트 소유주는 정해진 입장료를 지불하지 않는 고객의 입장을 거부할 수 있다. 모든 서비스를 이러한 방식으로 마케팅할 수 있는 것은 아니다. 예를 들어, 독점 판매자가 스키 리조트가 아닌 캠퍼스 센터에 위치한 다과 판매점인 경우 커버 요금를 통해 접근을 제한하는 것은 불가능하다.

스키장 사례에서도 소비자 지불의향의 차이가 리조트 소유자가 관찰할 수 없는 어떤 특성에 기인하는 경우, 2차 요금제에 의한 1차 차별은 불가능하다. 예를 들어, 수요가 많은 고객과 수요가 적은 고객을 구분하는 것이 연령이 아니라 소득이라고 가정해 보겠다. 수치적 예시에서 스키 리조트는 이제 고소득 고객에게 72달러의 입장료를 부과하고 저소득 고객에게 32달러의 입장료를 부과하는 1차 가격차별 체계를 구현하려는 시도가 성공할 가능성이 없다는 것을 알게 될 것이다. 모든 고객은 더 낮은 입장료를 지불하기 위해 소득이 낮다고 주장할 것이며, 리조트 소유주가 더 높은 입장료를 강제할 수 있는 명백한(또는 합법적인) 방법은 없다.

입장권과 스키 리프트 12회 탑승권을 $120에 제공하고 입장권과 스키 리프트 8회 탑승권을 $64에 제공하는 블록 가격 전략은 어떨까? 이것이 효과가 있을까? 다시 말하지만, 대답은 '아

5 물론 두 가격 체계에서 평균가격이 정확히 동일하다는 것은 수요함수가 선형이라는 가정에 따른 결과이다. 하지만 그렇다고 해서 1차 가격차별이 3차 가격차별이나 가격차별이 없는 경우보다 훨씬 더 수익성이 높다는 사실이 바뀌지는 않는다.

니오'이다. 고소득 고객은 입장료와 스키 리프트 8회 탑승에 최대 96달러까지 기꺼이 지불할 의향이 있음을 쉽게 알 수 있다. 따라서 (8회 탑승, \$64) 패키지에서는 32달러의 소비자잉여가 발생하지만 (12회 탑승, \$120) 패키지에서는 소비자잉여가 발생하지 않는다. 이들은 비록 리프트 탑승 횟수가 적더라도 고소득자임을 고백하기보다는 낮은 요금을 지불하고 약간의 잉여를 누리기 위해 저소득자인 척하는 것을 선호할 것이다.

물론 독점사업자는 입장료를 72달러로 설정하거나, (12회 탑승, \$120) 패키지만 제공하여 고소득층 고객만 입장할 수 있도록 제한할 수 있지만, 이렇게 하면 저소득층 고객으로부터 비즈니스(및 수익)를 잃게 된다. 예를 들어, 저소득층 고객(N_O)과 고소득층 고객(N_Y)이 있다고 가정한다. 고소득 고객에게만 판매할 때의 수익은 $\$72N_Y$이다. 두 유형의 고객을 모두 유치하기 위해 입장료를 더 낮게 설정하거나, (8회 탑승, \$64) 패키지만 제공하면 $\$32(NY + N_O)$의 수익이 발생한다. 분명히 $32N_O > 40N_Y$인 경우 후자의 전략이 더 수익성이 높다. 즉, 저소득층과 고소득층 고객의 비율(N_O/N_Y)이 1.25:1(스키어당 수익 차이를 젊은 스키어당 수익으로 나눈 값)을 초과하는 경우 입장료를 높게 설정하거나, (12회 탑승, \$120) 패키지만 제공하는 정책은 모든 고객에게 낮은 입장료 또는 (8회 탑승, \$64) 패키지만 제공하는 것보다 수익이 적게 발생한다.

요점은 판매자가 다양한 유형의 구매자를 식별하거나 구매자 간의 차익거래를 방지할 수 있는 능력을 줄이면(또는 둘 다), 완벽한 가격차별을 통한 완전한 잉여 추출이 더 이상 불가능해진다는 것이다. 2부 요금제 결정 메커니즘과 블록 가격 결정 메커니즘은 여전히 선형 가격으로 얻은 이익 이상으로 이익을 높이는 데 사용될 수 있지만, 이전만큼의 이익을 얻을 수는 없다. 이제 신원 확인 및 차익거래 문제를 해결하는 데 많은 비용이 소요된다. 독점사업자는 여전히 고객이 자신의 신원을 밝히도록 유도하고 구매를 분리하는 가격 체계를 설계할 수 있지만, 이렇게 하는 유일한 방법은 약간의 비용, 즉 잉여 추출을 줄이는 데 반영되는 비용을 발생시킨다. 이러한 가격책정 방식을 2차 가격차별 또는 메뉴 가격책정이라고 한다.

2차 가격차별은 다양한 소비자 유형을 대상으로 수량할인을 제공하는 방식으로 구현하는 것이 가장 일반적이다. 어떻게 작동하는지 알아보기 위해 그림 6.4의 스키장 예시를 계속 이어서 수치로 살펴보겠다. 다시 말하지만, 높은 수요 고객은 (역)수요 $P_h = 16 - Q_h$를 가지며 수요가 적은 고객은 (역)수요 $P_l = 12 - Q_l$를 가진다. 그러나 스키장 소유주는 소비자 간 차이의 원인을 본질적으로 관찰할 수 없기 때문에 누가 누구인지 구분할 수 있는 수단이 없다. 스키장 주인이 아는 것은 두 가지 유형의 소비자가 존재하고 둘 다 스키장을 자주 방문하기를 원한다는 것뿐이다.

이 경우 2부 요금제를 적용하려는 시도는 효과가 없다. 두 유형의 고객은 모두 더 낮은 입장료인 32달러를 지불하기 위해 리조트에 입장할 때 저수요 유형이라고 주장할 것이다. 리조트에 입장한 *후에야* 두 유형의 고객이 누구인지 드러날 것이다. 스키 리프트 탑승당 가격이 한계비용 4달러로 설정되어 있기 때문에 고수요 고객은 12회 탑승권을 구매하고 자신이 고수요 고객임을 밝히는 반면, 저수요 고객은 8회 탑승권을 구매하고 자신이 저수요 고객임을 밝힐 것이다.

리조트 소유주가 다음과 같은 전략을 사용하여 1차 가격차별을 시행할 수 있다고 생각할 수 있다. 스키어는 리조트에 입장할 때 정해진 최대 스키 리프트 탑승 횟수를 구매할 수 있다. 32달러의 입장료를 지불하면 최대 8개의 스키 리프트 탑승권을 구매할 수 있고, 72달러를 지

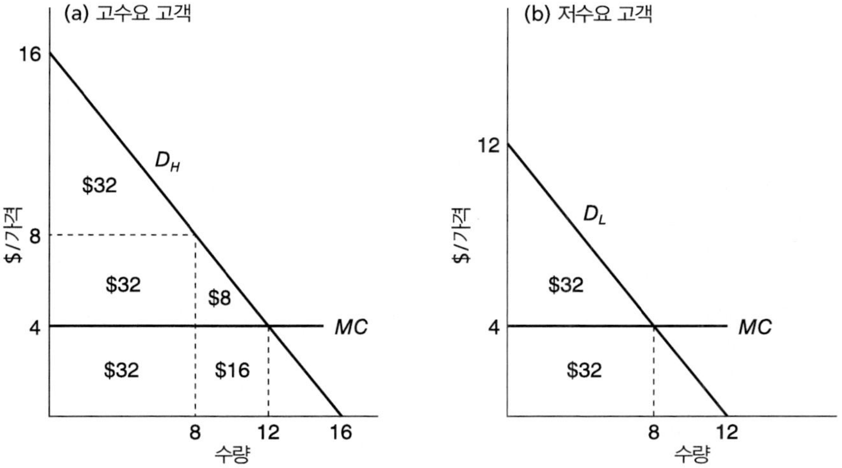

그림 6.4 **2차 가격차별**

수요가 적은 고객은 입장료와 음료 8잔에 $64를 지불할 의향이 있다. 수요가 높은 고객은 입장료와 음료 8잔에 최대 $96를 지불할 의향이 있으므로 음료 8잔, 64달러 패키지에서 32달러의 잉여를 얻는다. 따라서 이들은 음료 12잔, 88달러 패키지를 구매할 의향이 있으며, 이 경우에도 32달러의 잉여가 발생한다.

불하면 최대 12회의 탑승권을 구매할 수 있다. 그러나 이 접근 방식은 (12회 탑승, $120) 및 (8회 탑승, $64) 패키지를 제공하는 블록 가격책정 전략이 실패한 것과 같은 이유로 이 접근 방식도 효과가 없을 것이다. 고수요 고객은 다시 저수요 고객인 것처럼 가장하여 입장료 32달러만 지불하고 스키 리프트 탑승권 8회를 각각 4달러씩 총 64달러에 구매할 이유가 충분하다. 그림 6.4(a)에서 볼 수 있듯이 스키 리프트 탑승권 8회에 대한 총 지불의향은 96달러이므로 고수요 소비자는 이 속임수를 통해 32달러의 흑자를 누리게 된다. 반면, 72달러의 입장료를 지불하고 12개의 놀이기구를 구매하는 경우에는 총 지출이 120달러가 되어 12회의 스키 리프트 탑승에 대한 지불의향과 정확히 같기 때문에 잉여를 누리지 못한다. 결과적으로 구매할 수 있는 스키 리프트 탑승권 수가 제한되더라도 수요가 많은 고객은 수요가 적은 것처럼 더 나은 상태를 유지하는 경우가 있다.

성공하지는 못했지만, 다양한 입장권과 리프트 탑승권 조합을 다른 패키지로 제공하는 아이디어에는 스키 리조트 소유주가 수익을 늘리는 데 사용할 수 있는 전략의 힌트가 담겨 있다. 요점은 앞서 설명한 *블록 가격책정* 전략의 변형을 사용하는 것이다. 차이점은 다양한 유형의 고객을 식별하고 구분할 수 있는 쉬운 방법이 없기 때문에 블록 가격책정 전략 자체를 이러한 목적을 달성하도록 설계해야 한다는 것이다. 이는 리조트 소유주에게 새로운 제약이나 비용을 부과하므로 1차 가격차별만큼의 수익을 창출하지는 못한다. 하지만 단순히 모든 고객에게 (64달러, 리프트 8회 탑승)이 포함된 패키지를 제공하여 각각 32달러의 수익을 얻는 것보다 훨씬 더 나은 결과를 얻을 수 있다.

블록 가격책정을 사용하여 가격차별에 필요한 식별 및 구분을 달성하는 방법을 알아보기 위해 수요가 적은 고객부터 시작하겠다. 스키 리조트 소유자는 이러한 고객이 리프트 8회 탑승에 총 64달러를 지불할 의향이 있다는 것을 알고 있다. 즉, 리조트 소유자는 입장료와 리프트 8

회 탑승 패키지를 $64 가격으로 제공할 수 있다. 이 패키지는 수요가 적은 고객에게는 매력적일 것이며, 각 고객으로부터 32달러의 잉여를 효과적으로 추출할 수 있다. 문제는 수요가 많은 고객도 입장료와 리프트 8회 탑승 비용이 96달러이기 때문에 이 패키지를 구매할 의향이 있다는 것이다. 리조트 소유주는 이 패키지를 구매하는 고수요 고객으로부터 32달러의 수익을 얻지만, 해당 고객 자신은 여전히 96달러 − 64달러 = 32달러의 잉여를 누리고 있다.

이 시점에서 리조트 소유주의 최적의 전략은 수요가 많은 소비자를 대상으로 두 번째 패키지를 제공하는 것이다. 소유주는 수요가 많은 고객이 입장료와 리프트 12회 탑승에 대해 총 120달러를 지불할 의향이 있다는 것을 알고 있다. 그러나 소유주는 (8회 탑승, 64달러) 패키지를 구매하면 32달러의 소비자잉여를 누릴 수 있기 때문에 고수요 고객이 이 정도의 비용을 기꺼이 지불하지 않을 것이므로 리프트 12회 탑승에 대해 120달러를 청구할 수 없다는 것도 알고 있다. 대체 패키지가 고수요 고객에게 매력적이려면 경제학자들이 (8회 탑승, 64달러) 패키지와 *호환되는 인센티브가* 포함되어야 한다. 즉, 모든 대체 패키지는 수요가 많은 고객이 최소 32달러의 잉여를 누릴 수 있어야 한다.

이 요건을 충족하면서도 클럽 소유주에게 추가 수익을 창출할 수 있는 패키지는 입장권과 리프트 12회 탑승권이 포함된 패키지로, 총 요금은 $88이다. 수요가 많은 고객들은 입장료와 리프트 12회 탑승권을 120달러에 더 선호한다는 사실을 알고 있다. 이 패키지를 88달러에 제공함으로써 리조트 소유자는 이러한 고객이 이 패키지를 구매할 때 32달러의 잉여금을 얻을 수 있으며, 이는 (8회 탑승, 64달러) 패키지에서 전환할 수 있는 충분한 가격이다.[6] 수요가 많은 소비자는 이 패키지에서 32달러의 잉여금을 얻게 되지만 리조트 소유자의 수익은 (8회 탑승, $64) 패키지보다 높다. 후자의 경우 소유자는 $32를 벌지만 새 패키지에서는 $88 − ($4 × 12) = $40을 벌게 된다. 물론 수요가 적은 고객은 리프트 12회 탑승에 대한 최대 지불 의사가 72달러에 불과하기 때문에 (12회 탑승, $88) 패키지를 구매하지 않을 것이다. 그럼에도 불구하고 리조트 소유자는 이러한 소비자에게 (8회 탑승, $64) 패키지를 계속 판매하여 32달러를 벌게 된다. 따라서 리조트 소유주의 총 수익은 증가한다.

두 가지 메뉴 옵션은 고객이 구매를 통해 자신이 누구인지 스스로 밝히도록 유도하여 신원 확인 및 차익거래 문제를 해결하기 위해 신중하게 설계되었다. 리조트 소유주는 이제 64달러에 입장권과 리프트 8회 탑승권 또는 88달러에 입장권과 리프트 12회 탑승권을 제공하는 메뉴를 제공하여 다양한 유형의 고객을 구분할 수 있도록 설계했다. 이러한 이유로 이 전략을 *메뉴 가격책정*이라고도 한다. 여기에는 한 가지 중요한 특징이 있다. 이전과 마찬가지로 (8회 탑승, $64) 패키지의 리프트 탑승당 평균가격은 $8이지만, (12회 탑승, $88) 패키지의 리프트 탑승당 평균가격은 $7.33라는 점에 유의해야 한다. 따라서 두 번째 패키지는 첫 번째 패키지에 비해 *수량할인*을 제공한다.

수량할인은 일반적이다. 영화관, 레스토랑, 콘서트홀, 스포츠 팀, 슈퍼마켓 등 모든 곳에서 팝콘을 사용한다. 팝콘은 작은 용기를 여러 개 사는 것보다 큰 용기를 한 개 사는 것이 더 저렴하다. 유리잔으로 판매되는 와인은 병으로 판매되는 와인보다 단위당 가격이 더 비싸다. 코카콜

6 깔끔함을 유지하기 위해 반올림 숫자로 작업하고 있다. 스키장 소유주가 실제로 할 수 있는 일은 수요가 많은 고객이 (8회 탑승, 64달러) 패키지보다 이 패키지를 선호하도록 입장료와 리프트 12회 탑승 패키지를 87.99달러로 책정하는 것이다.

라 24팩은 개별 병 24개보다 저렴하다. 좋아하는 축구 팀의 홈 경기 시즌 구독권을 구입하는 것이 개별 경기 입장권을 구입하는 것보다 경기당 더 저렴하다. 방금 살펴본 것처럼 스키장 종일권은 반나절 리프트 이용권보다 1회당 가격이 더 저렴하다. 이 외에도 많은 경우에서 판매자는 수요가 많은 소비자를 유치하기 위해 수량할인을 사용한다.

고려해야 할 또 다른 반전이 있다. 스키 리조트 소유주가 수요가 적은 고객을 위해 설계된 패키지에 리프트 탑승 횟수를 더 적게(예: 7회) 제공하기로 결정한 경우 어떻게 해야 할까? 수요가 적은 고객이 입장료와 리프트 7회 탑승에 대해 지불할 수 있는 최대 금액은 $59.50이므로 이 새로운 패키지는 (7회 탑승, $59.50)이 된다. 각 고객으로부터 창출되는 수익은 31.50달러로, (8회 탑승, 64달러) 패키지보다 50센트 더 적다. 하지만 이제 수요가 많은 고객을 생각해 본다. 7개의 놀이기구에 대한 최대 지불의향은 87.50달러이므로 이 새 패키지를 구매하면 28달러의 소비자잉여가 발생한다. 결과적으로 스키 리조트 소유자는 12회 리프트 탑승 패키지의 가격을 인상할 수 있다. 수요가 많은 고객에게 32달러의 소비자잉여가 발생하도록 가격을 책정하는 대신, 이제 소유자는 28달러의 잉여만 발생하도록 가격을 책정할 수 있다. 즉, 두 번째 패키지(입장료와 리프트 12회 탑승)의 가격을 $120 − 28 = $92로 인상하여 각 패키지에서 소유자의 수익을 $44로 늘릴 수 있다.

이 예는 인센티브 호환성 제약의 중요성을 보여준다. 수요가 낮은 고객을 유치하기 위해 설계된 패키지는 독점사업자가 수요가 높은 고객으로부터 잉여를 추출하는 능력을 제약한다. 다시 말하지만, 고수요 고객이 저수요 고객을 위해 설계된 패키지를 구매하는 것을 막을 수 없기 때문에 항상 소비자잉여를 누릴 수 있기 때문이다. 결과적으로 독점사업자는 고수요 고객을 대상으로 하는 패키지의 가격을 인상할 수 있기 때문에 저수요 고객에게 제공되는 유닛 수를 줄이는 것이 더 수익성이 높다고 판단할 것이다. 심지어 독점자가 다른 고객에게 부과될 수 있는 가격에 제약이 따르기 때문에 이 논리를 극단적으로 밀어붙이고 수요가 적은 고객에게는 전혀 서비스하지 않는 것을 선호하는 상황도 발생할 수 있다.

독점자가 저수요 소비자에게 서비스를 제공할 인센티브가 있는지 여부는 고수요 소비자 대비 저수요 소비자의 수에 따라 달라진다. 고수요 소비자에 비해 저수요 소비자의 수가 적을수록 저수요 소비자에게 서비스를 제공하려는 노력은 고수요 소비자로부터 잉여를 추출하는 데 인센티브 호환성 제약을 부과하기 때문에 저수요 소비자에게 서비스를 제공하는 것이 덜 바람직하다.

분석을 두 가지 이상의 소비자 유형이 있는 보다 일반적인 경우로 확장하면 이익 극대화를 위한 2차 가격차별 또는 메뉴 가격책정 방식 *menu pricing* 은 몇 가지 주요 특징을 보여준다. 특히 소비자의 지불의향을 유형별로 명확하게 구분할 수 있다면 최적의 2차 가격차별 체계가 될 것이다:

1. 가장 낮은 수요 유형의 전체 소비자잉여를 추출하되 다른 모든 유형에 대해서는 일부 소비자잉여를 남겨둔다;
2. 가장 수요가 많은 유형을 제외한 모든 소비자 유형에 대해 사회적으로 최적의 수량보다 적은 수량을 포함한다;
3. 수량할인.

2차 가격차별은 독점사업자가 소비자잉여를 수익으로 전환하는 능력을 향상시키지만, 1차 차별에 비해 그 효과는 떨어진다. 다양한 유형의 소비자를 구별할 수 있는 비용이 들지 않는 방법이 없기 때문에 독점자는 식별 및 차익거래 문제를 해결하기 위해 일종의 블록 가격 체계에 의존해야 한다. 그러나 이러한 체계가 충족해야 하는 인센티브 호환성 제약으로 인해 기업이 모든 소비자잉여를 추출할 수 있는 능력이 제한된다. 대신, 기업은 수요가 적은 구매자 *low-demand* 에 대한 판매 손실을 감수하고 높은 요금을 설정하는 것과 수요가 많은 구매자 *high-demand* 로부터 얻을 수 있는 상당한 잉여를 포기하고 낮은 요금을 설정하는 것 사이에서 타협을 해야 한다. 그리고 많은 소비자가 생각하는 것과는 달리, 대량 구매 시 더 낮은 가격이 부과되는 것은 규모의 경제와 전혀 관련이 없다. 이 예에서 스키장 소유주에게 고정비용이 없다면 규모의 경제가 존재하지 않는다. 그럼에도 불구하고 스키장 소유주는 수요가 많은 고객에게 수량할인을 제공하는 것이 수익성이 있다고 판단한다.

6.3 ▸ 실습문제

독점사업자가 서비스를 제공하는 고객이 역수요가 $P_l = 12 - Q_l$인 저수요 고객과 $P_h = 16 - Q_h$인 고수요 고객의 두 가지 유형으로 나뉜다고 가정한다. 그러나 독점자는 어떤 고객이 어떤 유형의 고객인지 알지 못한다. 생산비용은 단위당 $4이다.

a. 이 예제의 경우 아래 표를 작성하시오.

저수요 고객(low-demand)			고수요 고객(high demand)			
패키지 내 유닛 수	패키지 요금 청구*	패키지당 수익	저수요 패키지로 인한 소비자잉여	12개 유닛에 대한 최대 지불의향	12개 단위 패키지 요금	12개 단위로 구성된 각 패키지의 수익
0	0	0	0	$120.00		$72.00
1	$11.50		$4.00	$120.00	$116.00	
2		$14.00	$8.00	$120.00		$64.00
3						
4	$40.00	$24.00		$120.00		
5	$47.50	$27.50	$20.00	$120.00	$100.00	$52.00
6	$54.00			$120.00		$48.00
7	$59.50	$31.50	$28.00	$120.00	$92.00	$44.00
8	$64.00	$32.00	$32.00	$120.00	$88.00	$40.00
9						
10	$70.00	$30.00	$40.00	$120.00		
11						
12	$72.00		$48.00	$120.00	$72.00	

*수요가 적은 고객(low-demand)이 패키지에 포함된 단위 수에 대해 지불 의사가 있는 최대 금액이다.

b. 수요가 많은 고객과 수요가 적은 고객의 수가 같다고 가정한다. 수요가 적은 고객을 대상으로 하는 패키지에 제공해야 하는 이윤극대화 단위 수는 얼마인가?

c. 이제 수요가 적은 고객이 수요가 많은 고객보다 두 배 더 많다고 가정한다. 독점사업자의 이익을 극대화하는 패키지 쌍은 무엇일까?

d. 독점사업자가 6개 유닛과 12개 유닛이 포함된 두 가지 패키지를 제공하는 것을 고려하고 있다. 이러한 패키지가 제공될 요금은 얼마인가? 독점기업이 수요가 많은 고객에게만 공급하는 것보다 더 낫게 만드는 고수요 고객과 저수요 고객의 비율은 얼마인가?

6.3 1차 및 2차 가격차별의 사회 후생

가격차별의 후생효과를 이해하는 한 가지 방법은 특정 소비자 그룹을 고려하는 것이다. 이 그룹의 각 소비자가 역수요를 가지고 있다고 가정한다:

$$P = P_i(Q) \tag{6.11}$$

또한 독점사업자의 단위당 한계비용이 일정하다고 가정한다. 이제 그룹 i의 각 소비자가 특정 가격 정책으로 제공받는 수량을 Q_i라고 한다. 그러면 그림 6.5에 표시된 것처럼 이 가격 정책 하에서 각 소비자에 대해 발생하는 총잉여(소비자잉여에 이윤을 더한 값)는 역수요함수와 한계비용함수 사이의 수량 Q_i 영역에 불과하다.

기업이 선택한 가격 정책은 각 유형의 소비자에게 제공되는 수량에 영향을 미치며, 이는 이윤과 소비자잉여 사이의 총잉여 분배를 변경한다. 첫 번째 효과는 후생에 영향을 미치는 반면, 두 번째 효과는 총 후생의 변화를 의미하는 것이 아니라 소비자와 생산자 간의 잉여의 이전을 의미한다. 결과적으로 *가격차별은 해당 그룹에 제공되는 수량을 증가(감소)시키면 소비자 그룹 i의 사회적후생을 증가(감소)시킨다.*

1차 가격차별은 모든 소비자잉여를 추출하더라도 항상 사회 후생을 증가시킨다는 것을 즉시 알 수 있다. 이 가격 정책을 통해 우리는 독점 판매자가 각 소비자 그룹에 사회적으로 효율적인 수량(가격을 한계비용으로 설정할 경우 선택될 수량)을 공급한다는 것을 확인했다. 따라서 1차 차별은 항상 총 수량을 균일 가격 하에서 판매되었을 수량을 초과하는 수준[그림 6.5의

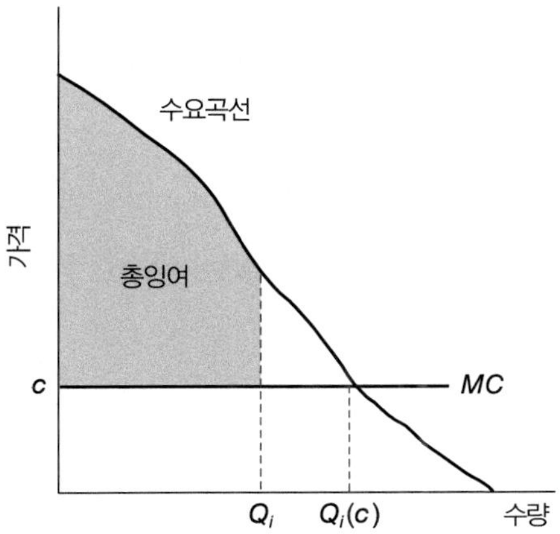

그림 6.5 **총잉여금**

소비된 총 수량이 Q_i일 때 총잉여량은 음영처리된 영역으로 표시된다. 총잉여는 수량 $Q_i(c)$에서 최대화된다.

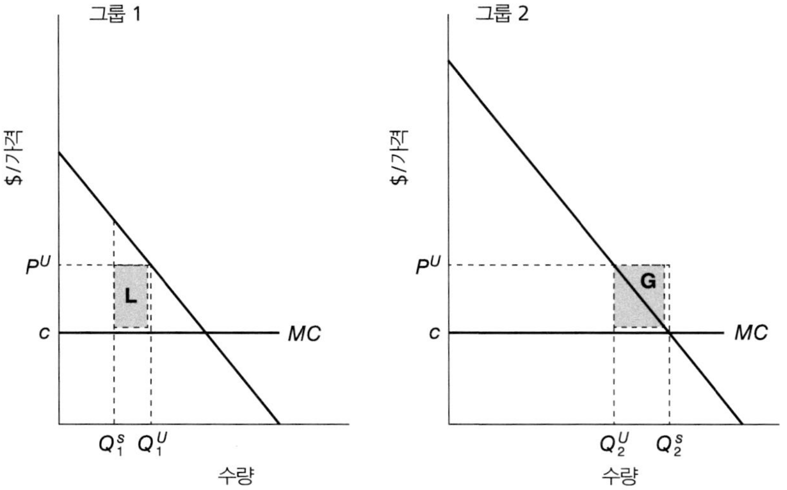

그림 6.6 2차 가격차별이 복지에 미치는 영향
2차 가격차별로 인해 발생하는 총잉여금 변화의 상한은 이익의 상한인 G에서 손실의 하한인 L을 뺀 값이다.

$Q_i(c)$]으로 증가시킨다.

2차 가격차별의 경우 문제는 그렇게 간단하지 않다. 앞서 살펴본 바와 같이, 이러한 유형의 가격차별은 수요가 많은 그룹에 사회적으로 효율적인 수준에 "근접한" 수량을 공급하는 결과를 초래한다. 그러나 판매자는 수요가 낮은 그룹에 공급되는 수량을 제한하고, 경우에 따라서는 이러한 그룹에 전혀 공급하지 않으려 할 것이라는 점도 확인했다. 따라서 생산량에 대한 순 효과는 선험적으로 명확하지 않다.

그럼에도 불구하고 5장에서 사용한 것과 거의 동일한 기법을 사용하여 2차 가격차별이 사회복지에 미치는 영향을 도출할 수 있다. 그림 6.6과 같이 수요를 가진 두 소비자 그룹이 있다고 가정해 보겠다(즉, 그룹 2는 수요가 높은 그룹이다). 이 그림에서 P^U는 비차별적 동일한 가격이다. Q_1^U 및 Q_2^U는 해당 그룹의 각 소비자에게 판매되는 수량이다. 반면, Q_1^S와 Q_2^S는 2차 가격차별이 있는 두 그룹에 공급되는 수량이다.[7]

$$\Delta Q_1 = Q_1^s - Q_1^U; \quad \Delta Q_2 = Q_2^s - Q_1^U \tag{6.12}$$

그림의 경우 $\Delta Q_1 < 0$와 $\Delta Q_2 > 0$이다. 이는 2차 가격차별에 따른 총잉여 증가의 상한이 면적 G에서 면적 L을 뺀 값임을 나타내며, 방정식을 통해 알 수 있다:

$$\Delta W \leq G - L = (P_U - MC)\Delta Q_1 + (P_U - MC)\Delta Q_2 = (P_U - MC)(\Delta Q_1 + \Delta Q_2) \tag{6.13}$$

분석을 n개의 시장으로 확장하면 다음과 같다:

$$\Delta W \leq (P_U - MC)\sum_{i=1}^{n} \Delta Q_i \tag{6.14}$$

7 그룹 2는 수요가 많은 그룹이므로 $Q_2^s = Q_2(c)$이다.

따라서 $\Delta W \geq 0$의 경우 $\sum_{i=1}^{n} \Delta Q_i \geq 0$이 필요하다. 즉, 필요한 것은 2차 가격차별이 후생을 증가시키기 위한 조건은 단일가격체제와 비교했을 때, 총 산출량을 증가시키는 것이다.

이전 장에서 3차 가격차별과 선형 수요의 경우 일반적으로 이 요건이 충족되지 않는다는 것을 알 수 있는데, 그 이유는 독점자가 균일한 가격을 책정할 때와 동일한 총량을 공급하므로 3차 가격차별은 후생을 증가시키지 않기 때문이다. 반대로 2차 가격차별이 두 시장에 공급되는 수량을 증가시켜 사회적후생을 증가시키는 경우도 있을 수 있다. 예를 들어 스키장 소유주의 경우, 수요가 많은 고객과 수요가 적은 고객이 같은 수인 경우 이에 해당한다. (이 문제는 이 장의 마지막 문제 7에 나와 있다.)

6.4 실증적 적용: 가격차별 및 독점 대 불완전경쟁

이번 장과 이전 장에서 가격차별에 대한 논의는 모두 독점 시장의 틀에서 이루어졌다. 그러나 학생들이 자주 지적하듯이, 우리가 설명한 차별적 관행 중 상당수는 항공사, 레스토랑, 호텔, 심지어 테마파크와 같이 독점 시장과는 거리가 먼 시장에서도 관찰된다. 물론 이러한 가격차별 전략을 사용하는 기업은 경쟁 판매자와 대립하기는 하지만 각각의 경우 어느 정도의 시장지배력을 보유해야 한다. 완벽하게 경쟁하는 기업 정의는 시장가격을 주어진 것으로 간주해야 하므로 어떤 방식으로든 가격을 조작하거나 추가 잉여를 추출할 수 없다. 하지만 불완전경쟁기업들은 차별적인 힘을 가지고 있다. 게다가 불완전경쟁 환경에서는 순수독점기업에게 동기를 부여하는 잉여 추출 고려 사항 외에 가격차별을 해야 하는 추가적인 압력이 존재한다는 것이 밝혀졌다.

기업이 불완전한 라이벌인 경우, 경쟁의 특성상 경쟁 전략의 일환으로 차별적인 가격을 책정하는 경우가 많다. Borenstein(1985)이 처음 강조한 이 점은 간단한 예시를 통해 설명할 수 있다. 미네소타에서 유일하게 두 곳의 서핑보드 가게(하나는 Minneapolis에, 다른 하나는 St. Paul)를 소유한 독점사업자가 있다고 가정해 보겠다. 두 도시가 서로 가깝기 때문에 소비자가 어느 매장을 이용할지 선택할 때 교통비는 고려 요소가 되지 않는다. 잠재 고객 $2N$은 두 도시에 고르게 분포되어 있으며 각 고객은 서핑보드에 대해 V만큼 기꺼이 지불할 의향이 있다. 그러나 소비자들은 지불의향이 비슷하지만 한 가지 다른 점에서 차이가 있다. 소비자의 절반은 자신이 사는 마을의 상점에 대해 설명할 수 없을 정도로 충성도가 높다. 즉, 소비자의 4분의 1은 항상 Minneapolis 매장에서 구매하고, 4분의 1은 다른 매장의 가격에 관계없이 가격이 V보다 낮으면 항상 St. Paul 매장에서 구매한다. 나머지 N명의 소비자는 정반대이다. 이 소비자들은 V만큼 지불할 의향이 있지만 항상 가격이 가장 낮은 곳에서 쇼핑한다.

약간의 경제적 추론을 통해 가상의 독점사업자가 두 상점에서 모두 V의 가격을 책정하고 $2N$의 모든 고객에게 서비스를 제공할 것이라는 것을 확신할 수 있다. 분명히 이보다 높은 가격을 책정할 수 없으며, 그렇지 않으면 어떤 고객도 제품을 구매하지 않을 것이다. 하지만 가격을 낮출 필요는 없다. 첫 번째 소비자 그룹은 지역 매장 이외의 다른 위치에서는 가격을 고려하지 않을 것이다. 두 번째 그룹은 더 낮은 가격을 찾지만 각 상점의 가격이 V이므로 이 그룹도 두 상점에 균등하게 분배된다. 그러면 독점사업자는 두 매장에 균등하게 분배된 $2(V - c)N$의 총 이익을 얻게 된다. 아무리 가격을 차별해도 이 값을 높일 수 없다.

이제 두 매장을 서로 다른 두 기업, 즉 기업 1과 기업 2가 소유하고 있다면 어떻게 될지 생각해 보겠다. 각 상점에는 해당 상점에 완전히 고정되어 있고 상점이 V를 청구하고자 하는 고객이 $N/2$명이 있다. 그러나 가격에 관심이 있는 두 번째 소비자 그룹에 대한 경쟁이 있을 수 있다. Minneapolis에 있는 기업 1이 이 그룹에 V를 청구하면 St. Paul에 있는 기업 2는 가격을 1달러 낮게, 즉 $V-1$을 청구하여 모든 고객을 유치할 수 있다. 이에 대응하여 Minneapolis 매장은 가격을 $V-2$로 낮출 수 있으며, 이는 St. Paul의 추가 가격 인하를 유도할 수 있다. 결국, 가격에 민감한 N명의 소비자를 대상으로 한 경쟁으로 인해 두 매장 모두에서 가격이 한계비용에 가까워진다. 문제는 각 매장이 이러한 경쟁이 고정된 소비자에게까지 확산되는 것을 어떻게든 막을 수 있느냐는 것이다. 물론 답은 '그렇다'이다. 두 가지 익숙한 조건이 충족된다면 기업 1과 기업 2는 각각 충성도가 높은 고객에게 높은 가격을 계속 부과할 수 있다. 이것이 바로 5장에서 도출한 식별 조건과 차익거래 금지 조건이다. 가격에 민감하지 않은 소비자를 식별하고 가격에 민감한 소비자와 의미 있는 방식으로 구분할 수 있다면, 각 매장은 서핑보드에 대해 이 소비자에게는 V를 청구하고 다른 모든 소비자에게는 c의 가격으로 판매할 수 있다.

차등 가격 전략으로 이어지는 것은 경쟁(불완전)이라는 점을 강조하는 것이 중요하다. 다시 말하지만, 시장이 독점되었다면 가격차별은 나타나지 않았을 것이다. 가격은 모든 소비자에게 V로 동일했을 것이다. 이것이 바로 불완전경쟁시장이 차별적 가격을 불러일으키는 추가적인 힘을 만들어낸다는 말의 의미이다. 가격차별은 자사 제품에 대한 대안을 인지하는 소비자에게는 적극적으로 경쟁하고 그렇지 않은 소비자에게는 여전히 높은 가격을 부과하는 것을 허용한다. 이 예에서는 다른 매장이 하나뿐이므로 가격이 두 가지로 나뉜다. 일부 고객은 V를 지불하고 다른 고객은 c를 지불한다. 만약 대신 3~4개의 매장을 운영한다면, 일부 소비자는 다른 Minneapolis나 St. Paul 매장을 대체할 수 있다고 생각할 수 있으므로 고정 고객 수가 줄어들 수 있다. 이 경우 점점 더 복잡한 가격 파괴가 발생할 수 있다.

앞서 언급한 직관은 항공 업계에서 차별적 가격책정에 대한 경쟁의 영향을 조사한 Stavins(2001)의 논문의 핵심에 있다. 이를 위해 1995년 9월의 특정 목요일에 12개 노선에 걸쳐 5,804건의 항공편에 대한 가격 및 기타 정보를 조사했다. 하루를 선택하면 다른 요일, 특히 주말 비행으로 인한 가격 차이를 제거할 수 있기 때문에 유용하다. 또한 9월을 선택하면 여름과 겨울의 성수기 수요 기간을 모두 피할 수 있다. Stavins(2001)가 살펴본 주요 특징은 다음과 같다: 1) 토요일 밤 숙박이 필요한지 여부와 2) 14일 전 사전 구매가 필요한지 여부이다.

5장에서 설명한 바와 같이, 이러한 각 제한 사항은 항공사가 고객의 시간 가치와 유연성에 대한 필요성에 따라 고객을 식별하고 구분하는 수단으로 사용된다. 토요일 밤 숙박이 필요하거나 출발 14일 전에 구매해야 하는 비행의 가격은 다른 비행보다 저렴하게 판매되어야 한다. 테스트할 가설은 이러한 제한된 비행의 가격 할인은 해당 노선에 경쟁이 많을수록 더 커진다는 것이다. Stavins(2001)는 해당 시장의 경쟁 압력을 대략적으로 측정하기 위해 각 노선에 대해 허핀달Herfindahl-Hirschman 지수 HI를 구성한다.

이 가설을 테스트하기 위해 Stavins(2001)는 두 가지 회귀 분석을 실행한다. 첫 번째는 승차 제한이 실제로 차별적인 가격 차이로 이어진다는 것을 확인하기 위한 것이다. 기본적인 형태는 다음과 같다.

$$p_{ijk} = \beta_0 + \beta_1 R_{ijk} + \beta_2 HI_i + \beta_3 S_{ij} + \beta_4 First_{ijk} + \beta_5 Days_{ijk} + \beta_6 Z_i + \varepsilon_{ijk} \qquad (6.15)$$

여기서 p_{ijk}는 도시 간 시장 i에서 항공사 j가 판매한 k번째 승차권의 (로그) 가격이다. R_{ijk}는 항공편에 제한이 있는 경우(토요일 밤 숙박 또는 사전 구매 요건) 1, 그렇지 않은 경우 0이 되는 더미변수이다. HI_i는 i번째 시장에 대한 허핀달−허쉬만지수이다. S_{ij}는 시장 j에서 i항공사의 시장점유율이다. $First_{ijk}$는 일등석 운임으로 탑승한 경우 1, 그렇지 않은 경우 0인 더미변수이다. $Days_{ijk}$는 해당 항공편의 요금이 마지막으로 제공된 출발 전 일수이다. Z_i는 평균 소득 및 인구와 같은 기타 시장 i 특성의 벡터이다. 오차 항 ε_{ijk}는 평균이 0인 정규 분포로 가정한다.

승차 제한이 가격차별을 구현하는 수단으로 사용되는 경우, R_{ijk}에 대한 계수 β_1은 음수여야 한다. 이는 같은 항공사의 같은 항공편을 이용하는 승객이 토요일 밤에 숙박하거나 사전에 구매해야 한다는 조건을 수락할 경우 더 낮은 가격을 지불한다는 것을 의미한다.

그러나 단순히 β_1이 음수라는 것은 가격차별이 발생한다는 것을 보여줄 뿐이다. 이러한 차별의 정도와 시장의 경쟁 정도 사이에 어떤 연관성이 있는지는 알려주지 않는다. 이 가설을 테스트하기 위해 Stavins(2001)는 기본 형태의 회귀 분석을 실행한다:

$$p_{ijk} = \beta_0 + \beta_1 R_{ijk} + \beta_2 HI_i + \beta_3 (HI_i x R_{ijk}) + \beta_4 S_{ij} + \beta_5 First_{ijk} + \beta_6 Days_{ijk} + \beta_7 z_i + \varepsilon_{ijk} \tag{6.16}$$

이 회귀식은 이전 회귀식과 완전히 동일하지만, 이제 상호작용항 용어($HI_i x R_{ijk}$), 즉 집중도 지수 및 제한된 여행 변수의 곱이 포함된다는 점이 다르다. 이 항의 계수가 양수이면, 예를 들어 토요일 밤 숙박 요건과 관련된 할인은 집중도가 높아질수록 감소한다는 것을 의미한다. Stavins(2001)의 결과는 표 6.1에 나와 있다.

처음 네 개의 열은 승객이 차량 이용에 적용되는 제한 사항에 따라 실제로 다른 가격을 지불한다는 것을 나타낸다. 이러한 효과는 통계적으로 유의미할 뿐만 아니라 경제적으로도 상당하다. 예를 들어, 토요일 밤 이후까지 귀국하지 않는다는 조건을 수락한 승객은 동일한 항공편 서비스를 이용하더라도 이 제한을 수락하지 않은 승객에 비해 평균 25% 더 적은 비용을 지불했다.

그러나 실제 문제는 HI로 측정한 시장의 경쟁 정도에 따라 이러한 할인이 어떻게 달라지는가 하는 것이다. 다음 네 개의 열은 경쟁 또는 집중과 승차 제한이라는 용어가 상호작용할 때 어떤 일이 일어나는지 보여주기 때문에 이 부분과 관련이 있다. 두 경우 모두 상호작용 항에 대한 추정 계수는 양수이다. 이는 탑승 제한이 여전히 가격 인하로 이어지지만, 항공 노선의 경쟁이

표 6.1 **탑승 제한 및 항공 요금**

변수	계수	t-통계	계수	t-통계	계수	t-통계	계수	t-통계
토요일−밤	−0.249	−2.50	—	—	−0.408	−4.05	—	—
숙박 필수								
토요일−밤	—	—	—	—	0.792	3.39	—	—
스테이−오버 x HI								−5.53
사전 구매	—	—	−0.007	−2.16	—	—	−0.023	
요구 사항								8.38
사전 구매	—	—	—	—	—	—	0.098	
요구 사항 x HI								

덜 치열해지거나 집중도가 높아지면 이러한 효과가 감소한다는 것을 나타낸다.

Stavins(2001)가 연구한 12개 노선에서 관찰된 *HI* 값의 범위를 고려할 때, 경쟁이 가장 치열한 시장에서는 토요일 밤 숙박 요건이 약 253달러의 가격 인하를 가져온 반면, 경쟁이 가장 낮은 시장에서는 동일한 제한이 165달러의 가격 인하에 그쳤다고 추정한다. 마찬가지로 사전 구매 요건은 경쟁이 가장 치열한 시장에서는 111달러의 가격 인하 효과를 가져왔지만 경쟁이 가장 덜 치열한 시장에서는 41달러의 인하 효과에 그쳤다.

요약

이 장에서는 가격차별에 대한 분석을 기업이 보다 정교한 비선형 가격책정 방식을 사용하는 경우로 확장했다. 이러한 비선형 가격책정 방식에서 흔히 관찰되는 사례에 초점을 맞추었다. 다음과 같다: 1) 고정수수료에 단위당 가격을 더한 이부가격책정 방식과 2) 제공되는 수량과 해당 수량에 대한 총 요금을 묶은 블록 가격책정 방식이 있다. 두 방식 모두 기존 판매에 대한 잉여금을 늘리거나 새로운 시장으로 판매를 확대하여 독점자의 이익을 늘리기 위한 두 가지 모두를 목표로 한다.

가장 완벽한 형태의 가격차별, 즉 1차 가격차별 또는 맞춤형 가격책정은 기업이 식별 및 차익거래 문제를 비용 없이 해결할 수 있을 때만 실행할 수 있다. 기업은 다양한 유형의 소비자를 식별할 수 있어야 하며, 이들을 구분할 수 있어야 한다. 이것이 가능하다면, 2부 요금제와 블록 가격책정은 원칙적으로 *모든* 소비자잉여를 기업의 수익으로 전환할 수 있다. 긍정적인 측면은 기업이 각 소비자 유형에 사회적으로 효율적인 수준의 생산량을 공급한다는 것이다. 부정적인 측면은 모든 사회적잉여가 이윤의 형태를 취한다는 점에서 잠재적으로 심각한 분배 불평등이 발생할 수 있다는 것이다.

완전 가격차별을 실행하는 데 필요한 요건이 충족되지 않으면 독점 판매자는 그렇게 큰 이익을 얻을 수 없다. 그러나 독점 판매자는 비선형 가격책정의 또 다른 형태인 2차 가격차별 또는 메뉴 가격책정을 사용할 수 있다. 2차 가격차별은 가격 메커니즘 자체(일반적으로 수량할인을 나타내는 블록 가격)에 의존하여 소비자들이 자신의 정체성이나 수요곡선 상에서 자신이 누구인지 드러나는 그룹으로 *스스로 선택하도록* 유도한다는 점에서 1차 및 3차 가격차별과 다르다.

수량할인을 사용하여 소비자를 분류하거나 선별하려면 항상 다양한 소비자 유형에 걸쳐 *인센티브 호환성* 제약을 충족해야 한다. 이 제약 조건은 소비자잉여를 추출하는 독점자의 능력을 약화시킨다. 따라서 독점기업은 인센티브 적합성 제약이 이윤에 악영향을 미치기 때문에 독점자는 저수요 시장에 대한 서비스를 거부함으로써 이를 회피할 수 있으며, 그 결과 저수요 유형의 소비자는 분명히 더 악화된다. 따라서 2차 가격차별의 후생효과는 명확하지 않다. 그러나 3차 차별의 경우(적어도 선형 수요곡선이 있는 경우)와 달리, 2차 가격 전략은 상황을 개선할 수 있는 긍정적인 확률이 있다.

시장지배력은 가격차별을 위한 필수 요건이다. 완전경쟁기업은 시장가격을 당연한 것으로 간주하고 모든 고객에게 해당 가격을 부과해야 한다. 이러한 이유로 가격차별에 대한 논의를 독점에 대한 맥락으로 설정했다. 그러나 독점 프레임워크는 편리하지만, 엄밀히 말하면 불완전경쟁을 전제로 해야만 한다. 이와 관련하여 기업이 가격차별을 사용하는 것은 기업이 불완전하게 경쟁하는 라이벌일 때 경쟁을 구현하는 수단이 될 수 있다는 점에 주목할 필요가 있다. 가격차별을 통해 시장지배력을 가진 기업은 가격에 민감하지 않은 기존 고객에게는 가격 인하를 제공하지 않고 경쟁 브랜드 고객에게는 가격 인하를 제공할 수 있다. 이러한 견해를 뒷받침하는 증거는 항공사 경쟁에 관한 Stavins(2001)의 연구를 비롯한 많은 연구에서 찾을 수 있다. 이러한 이론과 증거를 종합하면, 기업 간 경쟁을 위한 도구로서의 가격차별은 불완전한 경쟁을 경쟁 이상에 더 가깝게 만들 수 있다.

연습 문제

1. 많은 대학에서 학부생에게 재정 지원을 할당하는 기준이 있다. 이러한 관행은 자선을 반영하는 것인가, 아니면 가격차별을 반영하는 것인가? 가격차별을 반영하는 경우 1차 차별에 가깝다고 볼 수 있는가, 아니면 3차 차별에 가깝다고 볼 수 있는가?

2. 식품 협동조합은 g로 표시되는 식료품이라는 균질 재화를 판매한다. 이 협동조합의 비용함수는 다음과 같이 설명된다: $C(g) = F + cg$; 여기서 F는 고정비용을 나타내고 c는 단위당 상수 변동비용이다. 협동조합 이사회 회의에서 한 젊은 경제학자가 다음과 같은 마케팅 전략을 제안한다: 고정 회비 M과 조합원이 지불하는 식료품의 단위당 가격 P_M을 설정한다. 또한 생협이 비조합원에게 식료품을 판매할 단위당 가격을 P_M보다 높은 P_N으로 설정한다.

   a. 이 전략이 효과가 있으려면 다양한 고객의 수요에 대해 어떤 사실이 사실이어야 하는가?
   b. 이 전략은 어떤 종류의 가격차별을 사용하는가?

3. 스타벅스 커피숍에서는 노트북으로 인터넷 서핑을 하면서 라떼와 카푸치노를 마실 수 있다. 이러한 연결은 일반적으로 T-Mobile과 같은 무선 회사에서 제공하는 연결을 통해 이루어진다. 고객은 신용카드를 사용하여 다양한 패키지로 인터넷 시간을 구매할 수 있다. 현재 1시간 패키지는 평균 6달러에 판매되고 있으며, 향후 24시간 동안 사용할 수 있는 일일 이용권은 10달러에 판매되고 있다. 7일 패스는 약 \$40에 판매된다. 이러한 옵션에 반영된 가격책정 전략에 대해 간략하게 설명하라.

4. 나이트클럽 주인은 학생과 성인 고객을 모두 보유하고 있다. 일반적인 학생의 음료 수요는 $Q^S = 18 - 3P$이다. 일반적인 성인의 음료 수요는 $Q^A = 10 - 2P$이다. 학생과 성인의 수는 동일하다. 각 음료의 한계비용은 \$2이다.

   a. 두 그룹을 구분할 수 없는 경우 클럽 주인은 어떤 가격을 책정할 것인가? 이 가격에서 총 수익은 얼마인가?
   b. 클럽 주인이 두 그룹을 구분하여 3차 가격차별을 할 수 있다면, 각 그룹의 회원에게 음료 한 잔당 얼마의 가격을 부과할 것인가? 이 경우 클럽 주인의 이익은 얼마인가?

5. 문제 4의 클럽 주인이 손님들을 "카드"로 분류하여 그중 누가 학생이고 누가 아닌지를 결정하고 각 그룹에 커버 요금과 음료 토큰 수를 제공하여 각 그룹에 서비스를 제공할 수 있다면, 학생에 대한 커버 요금과 토큰 수는 얼마인가? 성인에게 제공되는 커버 요금과 토큰 수는 얼마인가? 이 제도 하에서 클럽 주인의 수익은 얼마인가?

6. 한 지역 전화 회사에는 무선 서비스를 위한 세 가지 가족 요금제가 있다. 이러한 각 요금제에 따라 가족은 두 개의 회선(전화)을 사용하며, 월 총 사용 분수가 요금제 최대 한도를 초과하지 않는 한 시내 및 장거리(미국 및 캐나다 내) 통화를 무료로 이용할 수 있다. 각 요금제의 요금과 월 최대 통화 시간은 다음과 같다: 플랜 1: \$50에 500분, 플랜 2: \$62.50에 750분, 플랜 3: \$75.00에 1,000분. 각 그룹에 동일한 수의 소비자가 있고 각 그룹의 한계 분의 가치가 1분 사용당 0.0004달러의 비율로 감소한다고 가정하고 이 가격책정에 맞는 수요곡선을 계산한다면, 각 소비자 그룹은 어떤 잉여를 누리게 될까?

7. 이제 텍스트의 스키장 주인으로 돌아가서, 수요가 낮은 소비자의 역수요는 다음과 같고 수요가 높은 소비자의 역수요는 다음과 같다: $P = 12 - Q$이고, 수요가 높은 소비자의 수요는 역수요 $P = 16 - Q$이다: 리프트 탑승당 한계비용은 다시 \$4이다. 수요가 높은 고객 N_h와 수요가 낮은 고객 N_l이 있지만 스키장 주인은 각 스키어의 유형을 모른다고 가정한다. 이러한 상황에서 회사는 저수요 고객에게만 서비스를 제공할 것임을 보여라. 즉, 저수요 소비자가 적어도 고수요 소비자만큼 많은 경우에만 두 패키지를 모두 제공한다는 것을 보여라. 다시 말해, 수요가 적은 소비자에게 서비스를 제공하려면 $\frac{N_h}{N_l} \leq 1$이어야 한다.

참고문헌

Borenstein, S. 1985. "Price Discrimination in Free-Entry Markets," *Rand Journal Economics* 16 (Autumn): 380–97.

Ekelund, R. 1970. "Price Discrimination and Product Differentiation in Economic Theory: An Early Analysis," *Quarterly Journal of Economics* 84 (February): 268–78.

Oi, W. 1971. "A Disneyland Dilemma: Twopart Tariffs for a Mickey Mouse Monopoly," *Quarterly Journal of Economics* 85 (February): 77–96.

Philips, L. 1983. *The Economics of Price Discrimination*, Cambridge: Cambridge University Press.

Pigou, A. C. 1920. *The Economics of Welfare*, London: Macmillan Publishing.

Shapiro, C., and H. Varian. 1999. *Information Rules: A Strategic Guide to the Internet Economy*, Boston: Harvard Business School Press.

Schmalensee, R. 1981. "Output and Welfare Implications of Monopolistic Third-Degree Price Discrimination," *American Economic Review* 71 (March): 242–47.

Stavins, J. 2001. "Price Discrimination in the Airline Market: The Effect of Market Concentration," *Review of Economics and Statistics* 83 (February): 200–02.

Varian, H. "Price Discrimination." in *The Handbook of Industrial Organization, Vol.* 1, R. Schmalensee and R. Willig, eds., Amsterdam: North-Holland (1989), 597–654.

제 7 장

독점에 따른 제품다양성 및 품질

Product Variety and Quality Under Monopoly

차례

7.1 ▸ 수평적 제품차별화를 위한 공간적 접근 방식
7.2 ▸ 독점 및 수평적 차별화
7.3 ▸ 제품 종류가 너무 많은 것인가?
7.4 ▸ 가격차별을 통한 독점 및 수평적 차별화
7.5 ▸ 수직적 제품차별화
7.6 ▸ 실증적 적용: 제품 품질 및 시장규모
요약
연습 문제

대부분의 기업은 두 가지 이상의 제품을 판매한다. Microsoft는 운영체지와 인터넷 브라우저뿐만 아니라 워드프로세싱 패키지인 *Word*, 스프레드시트 소프트웨어인 *Excel*, 프레젠테이션 패키지인 *PowerPoint* 등 다양한 제품을 제공한다. Apple과 같은 하이테크 기업에서는 태블릿 컴퓨터, 음악 플레이어, 휴대폰 등 다양한 종류의 컴퓨터를 판매한다. Toyota와 같은 주요 자동차 제조업체는 다양한 중형 자동차와 *Lexus* 등 다른 브랜드 이름으로 다양한 고급 자동차를 제공한다. Comcast와 같은 회사는 전화, 텔레비전, 인터넷 서비스를 제공한다. Ralph Lauren과 같은 패션 디자이너는 여성과 남성 모두를 위한 스포츠웨어부터 오트 쿠튀르까지 다양한 의류를 제공한다.

실제로 소비자 시장을 아무리 피상적으로 살펴봐도 다품종 소량 생산 기업이 예외가 아니라 일반화될 가능성이 높다는 것을 알 수 있다. Kellogg 같은 회사를 예로 들어 보겠다. Kellogg가 판매하지 않는 맛, 색상, 식감의 아침 시리얼이 있을까? 또는 12가지 이상의 *헤드 앤 숄더* 샴푸와 더 많은 종류의 *Crest* 치약을 제공하는 대형 소비재 회사인 Procter & Gamble을 생각해 보자.

이는 기업이 얼마나 다양한 제품을 제공해야 하는지에 대한 질문으로 이어진다. 실제로 Procter & Gamble은 1990년대 초 제품 전략을 재검토할 때 같은 질문을 스스로에게 던졌다. 1996년에는 1991년에 비해 제품 목록을 3분의 1로 줄였다. 그러나 모든 증거는 지난 10년 동안 회사가 다시 한번 제품 범위를 확장했음을 시사한다.

아침 식사, 헤어 또는 치아 관리 등 본질적으로 동일한 제품을 다양한 종류로 제공하려는 기업의 인센티브는 쉽게 이해할 수 있다. 이는 기업이 매우 다른 취향을 가진 소비자들에게 어필하고 판매할 수 있는 방법이다. 소비자마다 가장 선호하는 색상, 맛, 질감 등이 다르기 때문에 많은 소비자에게 성공적으로 판매하려면 각자에게 조금씩 다른 것을 제공해야 한다. 특히, 소비자의 구매를 유도하기 위해 기업은 소비자가 가장 선호하는 버전과 상당히 유사한 제품을 마케팅해야 한다. 기업이 다양한 소비자 취향에 대응하여 다양한 제품을 제공하는 것을 *수평적 제품*

차별화 전략 *horizontal product differeutiation* 이라고 한다.

소비자들이 "좋은" 제품을 만드는 제품 기능에 동의하는 다른 사례도 있다. 예를 들어, 모든 소비자는 안티록 브레이크가 있는 자동차가 없는 자동차보다 낫다는 데 동의할 가능성이 높다. 마찬가지로, *3시리즈* BMW가 매력적인 차이기는 하지만 *7시리즈*에 비해서는 다소 떨어진다는 점에는 모두 동의할 것이다. 모두는 보스턴에서 샌프란시스코까지 일등석으로 비행하는 것이 일반석으로 비행하는 것보다 낫다는 데 동의할 가능성이 높다. 이러한 경우 소비자들이 다른 점은 어떤 기능이 바람직하다고 생각하는지가 아니라 원하는 기능이 얼마나 가치가 있는지에 있다. 즉, 소비자들은 제품 품질에 대한 순위가 아니라 안티록 브레이크, 더 좋은 BMW 또는 일등석 항공료에 대해 얼마나 기꺼이 지불할 의사가 있는지에 따라 다르다. 기업이 동일한 제품의 다른 품질을 제공함으로써 소비자의 품질에 대한 지불의향의 차이에 대응하는 것을 *수직적 제품차별화* *vertical product differentiation* 라고 한다.

이 장에서는 독점기업의 수평적 및 수직적 제품차별화 전략을 분석하고, 특히 기업이 수익성을 높이기 위해 제품차별화를 어떻게 사용할 수 있는지에 중점을 둔다. 또한 이러한 전략의 후생 속성도 고려한다.

7.1 수평적 제품차별화를 위한 공간적 접근 방식

아침 시리얼, 헤어 트리트먼트, 자동차 등 고려 중인 제품의 품질과 해당 제품에 대한 지불의향에 대해 소비자가 모두 동의하는 시장을 고려하는 것으로 시작한다. 그러나 소비자는 제품을 매력적으로 만드는 제품의 특정 기능에 대해서는 서로 다를 수 있다. 예를 들어, 가장 선호하는 맛, 색상 또는 제품의 위치가 다를 수 있다. 즉, 모든 소비자는 마르게리타 피자와 같은 제품이 집에서 가까운 상점에서 판매된다면 그 제품의 품질과 지불의향에 대해 동의할 수 있다. 하지만 모든 소비자가 상점에서 같은 거리에 있는 것은 아니다. 어떤 소비자는 가깝고 어떤 소비자는 멀리 떨어져 있다. 이동에 필요한 시간과 노력을 고려할 때, 상점에서 멀리 떨어진 곳에 사는 사람들의 지불의향은 더 낮을 것이다. 반대로 가까운 곳에 거주하여 이동 비용이 들지 않는 사람들은 더 높은 가격을 지불할 의향이 있을 것이다. 집에서 가까운 곳에서 판매되는 상품과 멀리 떨어진 곳에서 판매되는 상품이 다르다는 사실은 수평적 상품 차별화의 좋은 예이다. 이러한 차별화는 각 소비자가 선호하는 상점이나 제품의 위치, 즉 소비자 자신의 주소와 가까운 위치를 가지고 있다는 특징이 있다.

소비자 시장이 지리적 위치에 따라 차별화되어 있는 경우 기업은 제품 판매처 선택을 통해 제품 전략을 수립한다. 예를 들어 조르지오 아르마니나 버버리와 같은 고급 디자이너는 모든 쇼핑객이 반드시 방문해야 하는 한 중앙 위치에서만 제품을 판매할 수 있다. 또는 도시 곳곳에 위치한 여러 지점에서 제품을 제공하기로 결정할 수도 있다: 맥도날드, 던킨도너츠, 서브웨이가 대표적인 예이다. 고객은 이러한 대체 전략에 무관심하지 않다. 한 곳에서만 판매하는 경우, 도시 한가운데에 살지 않는 사람들은 매장을 방문하기 위해 이동 비용을 부담해야 한다. 이러한 비용은 중심지에서 가장 멀리 떨어진 곳에 사는 사람들에게 가장 크다. 여러 위치에서 판매하는 대안 전략은 더 많은 소비자가 멀리 가지 않고도 상품을 구매할 수 있도록 한다.

지리를 고려하고 여행 비용이 많이 드는 경우, 소비자는 자신의 지리적 위치에서 가까운 곳에서 판매되는 제품에 대해 더 많은 비용을 지불할 의향이 있다. 이 경우 제품은 판매되는 위치에 따라 차별화된다. 이 설정을 Hotelling(1929)이 개척한 *제품차별화의 공간적 모델* *spatial model of product differentiation* 이라고 한다.[1]

모델을 공식적으로 발표하기 전에 강조해야 할 모델의 매우 중요한 특징이 있다. 쉽게 해석할 수 있는 지리적 표현을 사용하여 모델을 개발하는 것이 편리하다는 것이 입증되었다. 그러나 약간의 상상력만 있다면 지리적 공간은 "제품" 또는 더 적절하게는 "특성 공간"으로 변형될 수 있다. 이러한 공간에서 각 소비자의 "위치"는 해당 소비자가 가장 선호하는 색상, 스타일 또는 기타 기능과 같은 제품특성을 반영한다. 앞서 4장에서 당도가 다른 제품 라인을 제공하는 청량음료 회사에 대해 논의한 내용을 기억해 보자. 이 예는 바로 이러한 유형의 수평적 또는 공간적 차별화를 활용했다.

비유를 확장하면, 지리적 모델의 이동 비용은 소비자가 가장 선호하는 유형과 "먼" 특성을 가진 재화를 구매해야 할 때 발생하는 심적 또는 유틸리티 비용으로 해석할 수 있다. 소비자가 집에서 가까운 비디오 상점에 가는 것을 선호하는 것처럼, 개인이 선호하는 스타일에 "가까운" 옷이나 선호하는 당도에 가까운 청량음료를 구매하는 것을 선호한다. 실제로 Hotelling은 그의 중요한 논문에서 이러한 해석을 제안했다:

> 우리가 예시로 사용한 거리는 품질 차이가 크다는 것을 비유적으로 표현한 용어일 뿐이다. 지리적으로 분리된 동일한 상품의 판매자 대신 사이다 판매자 두 명 중 한 명이 다른 한 명보다 더 단 액체를 판매한다고 생각할 수 있다. 사이다 소비자들이 원하는 신맛이 무한히 다양하다고 생각하면 이전과 거의 동일한 상황이 발생한다. 이제 신맛의 척도는 거리를 나타내며, 운송비 대신 소비자가 원하는 사이다와 다소 다른 사이다를 얻는 데 따른 불만이 있다. (Hotelling, 1929, 54)

7.2 독점 및 수평적 차별화

길이가 1마일인 하나의 도로를 따라 펼쳐진 마을이 있고 이를 메인 스트리트라고 가정한다. 이 도로를 따라 마을의 한쪽 끝에서 다른 쪽 끝까지 균등한 간격으로 거주하는 소비자가 N명 있다. 예를 들어 패스트푸드를 독점하고 있는 기업은 이러한 소비자에게 가장 큰 이익을 제공하는 방법을 결정해야 한다. 즉, 독점기업은 운영할 소매점 또는 상점의 수, 메인 스트리트의 위치, 가격책정 방식을 선택해야 한다. 제품차별화를 단맛이 다른 음료에 비유하면, 독점사업자는 얼마나 다양한 음료를 제공할지, 정확한 단맛의 정도는 얼마인지, 가격은 얼마인지 결정해야 한다. 보다 일반적으로, 독점업체는 어떤 범위의 제품을 시장에 출시해야 하며 가격은 어떻게 책정해야 할까? 다음에서는 명확성을 위해 이 모델의 지리적 해석을 사용하지만, 훨씬 더 광범위한 해석을 항상 염두에 두어야 한다는 점을 다시 한번 강조한다.

이 섹션에서는 독점사업자가 서비스를 제공하는 소비자 간에 가격차별을 하지 않는 경우를 고려한다.[2] 소비자가 제품을 구매하기 위해 소매점으로 이동하는 경우 소비자에게는 운송비가

---

1 Hotelling(1929)은 두 매장 간의 경쟁을 분석하는 데 중점을 두었지만, 여기서는 두 매장이 같은 회사 소유이므로 협력적으로 행동하는 경우를 고려한다.

2 독점자가 가격을 차별하는 경우는 7.4절에서 설명한다.

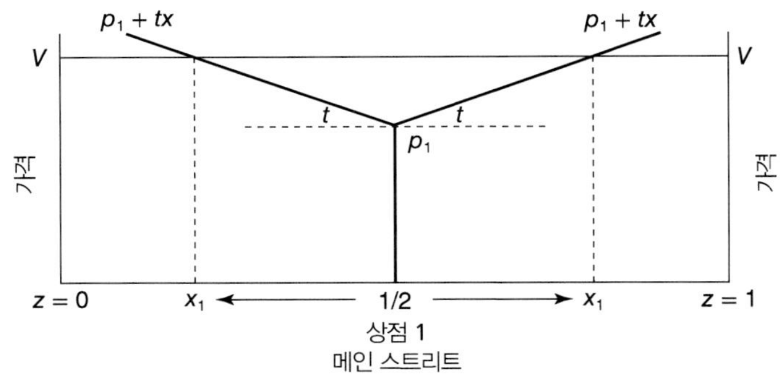

그림 7.1 메인 스트리트에 있는 상점의 전체가격

소비자가 상점에서 멀리 떨어진 곳에 거주할수록 운송비를 포함한 전체가격이 상승한다.

발생한다. 운송비용은 이동 거리(왕복) 단위당 t라고 가정한다. 주소나 위치를 제외하고 소비자는 서로 동일하다. 또한 각 기간에 각 소비자는 운송비를 포함하여 지불한 가격 *full price* 이 유보가격 *reservation price* 보다 작을 경우 독점사업자가 판매하는 제품을 정확히 한 단위씩 구매할 의향이 있다고 가정하며, 이를 V로 표시한다.

독점사업자가 단 하나의 소매점만 운영하기로 결정했다고 가정해 보겠다. 그렇다면 이 매장은 메인 스트리트의 중심에 위치하는 것이 합리적이다. 이제 독점사업자의 가격 결정을 고려해 보겠다. 분석의 핵심은 그림 7.1에 나와 있다. 가장 서쪽에 있는 거주자(다이어그램의 왼쪽 끝에 거주)의 주소는 $z = 0$이고, 가장 동쪽에 있는 거주자의 주소는 $z = 1$이며, 상점은 $z = 1/2$에 위치한다.

그림 7.1의 세로축은 가격을 측정한다. 이 다이어그램에서 V의 가격은 각 소비자의 유보가격이다. 각 소비자가 지불하는 전체가격은 두 부분으로 구성된다. 첫째, 독점사업자가 실제로 설정한 가격 p_1가 있다. 둘째, 소비자가 상점까지(그리고 집으로 돌아갈 때) 발생하는 추가 비용이 있다. 왕복 거리 단위로 측정할 때, 시내 중심가에서 x 거리에 거주하는 소비자가 실제로 지불하는 *전체가격*은 독점업체의 가격에 교통비를 더한 가격, 즉 $p_1 + tx$이다. 이 전체가격은 그림 7.1에서 Y자 모양의 선으로 표시되어 있다. 이는 시내 중심에 있는 소비자(운송비가 발생하지 않는 소비자)가 지불하는 전체가격은 p_1에 불과함을 나타낸다. 그러나 Y의 가지에서 알 수 있듯이 시내 중심에서 동쪽과 서쪽에 있는 소비자 모두의 전체가격은 p_1 이상으로 꾸준히 상승한다. 상점과의 거리가 x_1 미만이면 소비자의 유보가격 V는 정가 $p_1 + tx$를 초과하며, 이러한 소비자는 독점자의 제품을 구매한다. 그러나 거리가 x_1를 초과하는 경우 정가 V가 초과하므로 이러한 소비자는 제품을 구매하지 않는다. 다시 말해, 독점사업자는 시내 중심에서 x_1단위의 거리 내에 거주하는 모든 사람들에게 서비스를 제공한다.

거리 x_1는 어떻게 결정될까? 상점에서 x_1 거리에 거주하는 소비자는 제품을 구매하는 것과 전혀 구매하지 않는 것 사이에 무차별하다. 이 소비자에게는 전체가격 $p_1 + tx_1$이 V와 같으므로 다음과 같다:

$$p_1 + tx_1 = V \text{ which implies that } x_1 = \frac{V - p_1}{t} \tag{7.1}$$

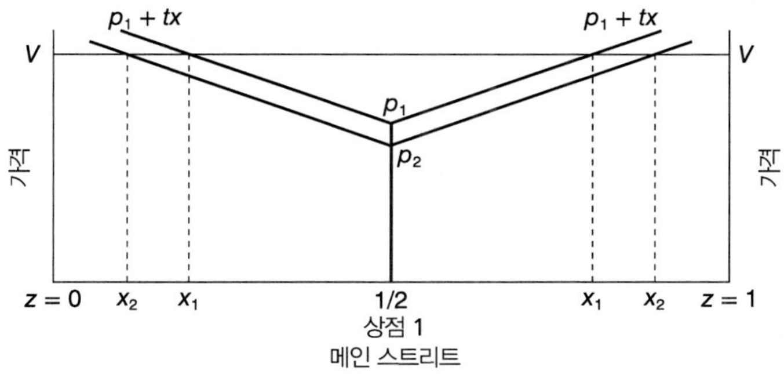

그림 7.2 메인 스트리트의 상점에서 가격 낮추기
상점 가격이 하락하면 동쪽 서쪽 모두에서 추가 고객을 유치할 수 있다.

x_1는 일부에 불과하다는 점에 유의하는 것이 중요하다. 마을의 길이는 1마일이므로 x_1는 1마일의 일부이고 소매점은 전체 마을의 $2x_1$의 일부에 해당하는 소비자에게 판매한다(상점에서 x_1보다 멀리 떨어져 있지 않은 한 시장 센터의 왼쪽과 오른쪽에 있는 소비자에게 판매하기 때문이다). 메인 스트리트에 N명의 소비자가 고르게 분포되어 있다고 가정한다. 따라서 제품 가격이 p_1인 경우 각각 한 개씩 구매할 의향이 있는 소비자는 $2x_1N$명이다. 가격 p_1 수준에서 방정식 (7.1)의 x_1을 독점자가 서비스하는 고객 수 $2x_1N$에 대입하면, 단 한 곳의 상점만 운영한다는 점을 감안할 때 독점자의 제품에 대한 총수요는 다음과 같다:

$$Q(p_1, 1) = 2x_1N = \frac{2N}{t}(V - p_1) \tag{7.2}$$

방정식 (7.2)는 우리에게 흥미로운 것을 알려준다. 각 소비자가 독점자의 제품을 정확히 한 개 또는 전혀 구매하지 않는다고 가정했음에도 불구하고, 방정식 (7.2)의 수요함수는 독점자가 가격을 낮추면 총수요가 원활하게 증가한다는 것을 보여준다. 그 이유는 그림 7.2에 설명되어 있다. 판매 가격을 p_1에서 p_2로 낮추면, *더 많은 소비자가 더 낮은 가격에 제품을 구매하려고* 하기 때문에 수요가 증가한다. 이제 상점으로부터 x_2 거리 내에 있는 모든 소비자가 제품을 구매한다.

여기서 중요한 질문이 생긴다. 독점사업자가 마을의 모든 고객에게 판매하기를 원한다고 가정해 보겠다. 독점사업자가 설정할 수 있고 여전히 모든 소비자들에게 판매할 수 있는 *최고* 가격은 얼마인가? 답은 상점에서 가장 멀리 떨어진 소비자, 즉 0.5마일 떨어진 소비자가 기꺼이 구매할 의향이 있는 가격이어야 한다. 어떤 상점 가격 p에서든 이 소비자들은 $p + t/2$의 전체가격을 지불하므로 $p + t/2 \leq$ V인 경우에만 구매할 것이다. 이를 통해 알 수 있는 것은 시장 중심에 하나의 소매점이 있는 경우, 독점사업자가 하나의 매장을 통해 N명의 소비자로 구성된 시장 전체에 공급하면서도 부과할 수 있는 최대 가격은 다음과 같이 주어질 수 있다는 것이다:

$$p(N, 1) = V - \frac{t}{2} \tag{7.3}$$

독점업체의 한계 생산비용이 판매 단위당 c라고 가정한다. 또한 각 소매점에 F의 설치비용이 있다고 가정한다. 이러한 설치비용은 부지 매입 비용, 건물 시운전 비용 등과 관련될 수 있다. 제품차별화 비유에서 설정 비용은 신제품을 디자인하고 마케팅하는 데 드는 비용일 수 있다. 프레임워크가 무엇이든, 전체 시장을 공급하는 단일 소매점을 가진 독점업체의 이익은 다음과 같다.:

$$\pi(N, 1) = N[p(N, 1) - c] - F = N\left(V - \frac{t}{2} - c\right) - F \tag{7.4}$$

이제 이 단일 상점이 실제로 시내 중심부에 위치해야 한다는 것을 확인할 수 있다. 간단히 말해서, 이 단일 상점이 시장 전체에 가능한 한 높은 가격에 공급할 수 있도록 하는 위치이다. 그 이유를 알아보려면 가격 $p = V - \frac{t}{2}$에서 동쪽으로 조금만 이동했을 때, 마을의 동쪽 끝에는 새로운 고객을 확보할 수 없지만, 도시 서쪽 끝의 일부 고객을 잃게 된다. 다시 말해, 회사가 중앙에서 이동하면 전체 고객에게 계속 서비스를 제공할 수 있는 유일한 방법은 마을의 가격을 $V - \frac{t}{2}$ 이하로 낮추는 것이다. 단일 소매점을 중앙에 배치해야만 $V - \frac{t}{2}$만큼 높은 가격으로 모든 고객에게 도달할 수 있다.

물론 독점사업자가 실제로 하나의 소매점을 운영하기를 원할 것이라고 믿을 이유는 없다. 메인 스트리트에 소매점이 두 개, 세 개 또는 n개가 있으면 어떻게 될까? 이전과 마찬가지로 각 상점의 판매 단위당 단가는 c이고 각 상점의 설치비용은 F라고 가정한다. 즉, 여러 상점을 운영해도 범위의 경제가 발생하지 않는다. 먼저 소매점 수를 두 개로 늘리면 어떻게 되는지 알아보겠다. 메인 스트리트에 있는 시장의 각 세그먼트가 동일하고 각 상점의 비용이 동일하므로 독점사업자는 각 상점의 가격을 동일하게 설정하려고 할 것이다. 또한 독점자는 전체 시장에 도달하면서 한 상점에서 부과하는 가격을 최대화하기 위해 이 두 상점의 위치를 조정하려고 할 것이다. 즉, 하나의 상점이 있는 중앙 위치를 정당화하는 것과 동일한 직관을 사용하여 두 개의 상점이 있는 최적의 위치 전략은 그림 7.3에서와 같이 메인 스트리트의 왼쪽 끝에서 1/4마일, 오른쪽 끝에서 1/4마일 떨어진 곳에 두 개의 상점 중 하나를 배치하는 것임을 보여줄 수 있다.[3]

방금 설명한 대로 소매점이 두 개 있는 경우, 소비자가 소매점까지 이동해야 하는 최대 거리는 1/4마일로 소매점이 하나만 있는 경우의 1/2마일보다 훨씬 짧다. 결과적으로 독점사업자

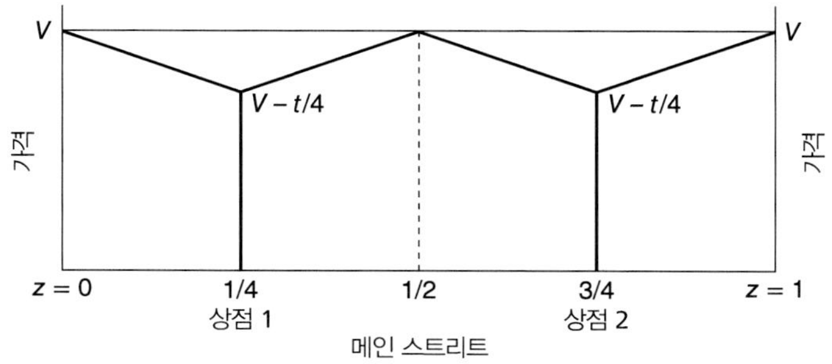

그림 7.3 메인 스트리트에 두 개의 상점 열기
최대 가격은 상점이 두 개일 때 한 개일 때보다 높다.

3 관심 있는 독자를 위해 이 결과에 대한 공식적인 증명은 이 장의 수학 부록 1에 나와 있다.

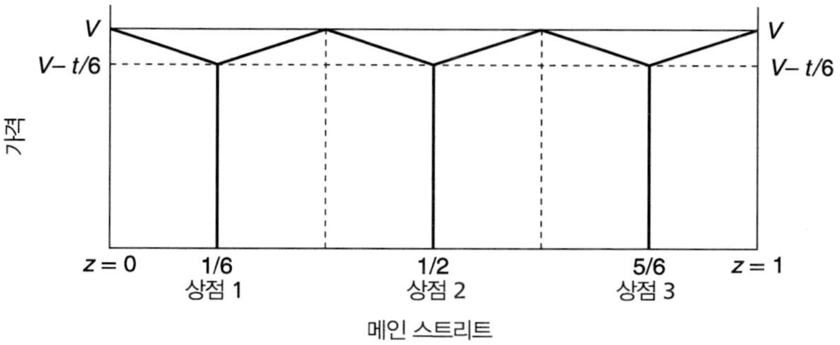

그림 7.4 메인 스트리트에 3개의 매장 열기

가 전체 시장에 부과하고 공급할 수 있는 최고 가격은 다음과 같다:

$$p(N,2) = V - \frac{t}{4} \tag{7.5}$$

이는 단일 소매점의 가격보다 높다. 독점업체의 이익은 아래와 같다:

$$\pi(N,2) = N\left(V - \frac{t}{4} - c\right) - 2F \tag{7.6}$$

이제 독점사업자가 세 개의 상점을 운영하기로 결정했다고 가정해 보겠다. 위와 똑같은 논리로, 이 상점들은 그림 7.4와 같이 시장의 왼쪽 끝에서 1/6마일, 1/2마일, 5/6마일에 대칭적으로 위치하여 각각 시장의 1/3을 공급해야 한다. 현재 소비자가 이동해야 하는 최대 거리는 1/6마일이므로 각 상점의 가격은 다음과 같다(물론 모든 소비자에게 서비스를 제공한다고 가정한다):

$$p(N,3) = V - \frac{t}{6} \tag{7.7}$$

수익은 아래와 같다.

$$\pi(N,3) = N\left(V - \frac{t}{6} - c\right) - 3F \tag{7.8}$$

여기에 일반적인 규칙이 있다. 독점사업자가 전체 시장에 서비스를 제공하는 소매점을 n개 보유하고 있다면, 이 소매점은 시장의 왼쪽 끝에서 $1/2n$, $3/2n$, $5/2n$, . . . , $(2i - 1)/2n$, . . . , $(2n - 1)/2n$ 거리에 위치한다. 모든 소비자가 상점까지 이동해야 하는 최대 거리는 $1/2n$마일이므로, 독점자가 전체 시장에 공급하면서 각 상점에 부과할 수 있는 가격은 다음과 같다.

$$p(N,n) = V - \frac{t}{2n} \tag{7.9}$$

이 가격에서 수익은 다음과 같다.

$$\pi(N,n) = N\left(V - \frac{t}{2n} - c\right) - nF \tag{7.10}$$

이 분석의 중요한 특징에 주목해야 한다. 소매점 n의 수가 증가함에 따라 각 소매점에서의 독점업체의 가격은 소비자의 유보가격 V에 점점 더 가까워진다. 즉, 독점사업자는 상점 수를 늘림으로써 각 소비자에게 소비자의 최대 지불 의사액인 V에 훨씬 가까운 가격을 부과할 수 있으며, 따라서 소비자잉여의 훨씬 더 많은 부분을 적절히 배분할 수 있다.

특히 메인 스트리트라는 지리적 공간을 보다 일반적인 상품 공간으로 해석할 때 앞서 설명한 분석의 교훈은 명확하다. 범위의 경제가 존재하지 않더라도 독점자는 다양한 종류의 재화를 제공하려는 인센티브가 있다. 그렇게 함으로써 독점사업자는 다양한 소비자 취향을 활용하여 소비자가 가장 선호하는 유형에 매우 높은 가격을 청구할 수 있다. 왜냐하면 각각은 소비자가 특정한 선호 유형과 비슷하게 제공되기 때문이다. 따라서 자동차, 청량음료, 치약, 헤어 샴푸, 카메라 등과 같은 실제 시장에서 이처럼 광범위한 제품이 확산되는 것은 놀라운 일이 아니다.[4]

그러나 이러한 다양성이나 판매처의 확산을 제한하는 요인이 있을 것이다. 우리는 길모퉁이마다 맥도날드가 있거나, 개인 맞춤형 포드 *포커스*가 있거나, 각 개인이 맞춤형으로 디자인한 아침 시리얼이나 청량음료가 있는 것을 보지 못한다! 따라서 우리는 독점사업자가 점점 더 많은 소매점이나 제품 변형을 추가하는 것을 제약하는 요인이 무엇인지 생각해 볼 필요가 있다. 방정식 (7.10)이 단서를 제공한다. 물론 소매점을 추가하면 독점업체는 가격을 인상할 수 있다. 그러나 새로운 상점이나 새로운 제품 변형을 추가할 때마다 추가 설치비용이 발생한다. 예를 들어 독점사업자가 소매점을 $n + 1$개로 운영하기로 결정한 경우 수익은 다음과 같다.

$$\pi(N, n+1) = N\left(V - \frac{1}{2(n+1)} - c\right) - (n+1)F \tag{7.11}$$

이 추가 상점, 다양한 음료 또는 신제품 변형은 $\pi(N, n + 1) > \pi(N,n)$일 경우에만 수익을 증가시키며, 이를 위해서는 다음과 같은 조건이 필요하다:

$$\frac{t}{2n}N - \frac{t}{2(n+1)}N - F > 0$$

다음과 같이 간단해진다:

$$n(n+1) < \frac{tN}{2F} \tag{7.12}$$

예를 들어 시장에 5백만 명의 소비자가 있어 $N = 5{,}000{,}000$이고 각 상점과 관련된 고정비용 $F = \$50{,}000$이 있다고 가정해 보겠다. 또한 운송비용 $t = \$1$이라고 가정한다. 따라서 $tN/2F = 50$이다. 그런 다음 n이 6보다 작거나 같으면 방정식 (7.12)가 충족되어 상점을 추가하는 것이 수익성이 있음을 나타낸다. 그러나 독점자가 $n = 7$개의 상점을 설치하면 방정식 (7.12)는 더 이상 만족되지 않으며, 이는 더 이상 상점을 추가하는 것이 수익성이 없음을 나타낸다. (독점자는 42보다 크지만 56보다 작은 $tN/2F$ 값에 대해 정확히 7개의 상점을 운영해야 한다는 것을 쉽게 확인할 수 있다.)

소매점 수 n이 정수여야 한다는 사실을 무시하면 이익을 극대화하는 소매점 수(또는 제품 이형 상품 수)를 더욱 정확하게 구할 수 있다. 이 장의 부록에서 다음을 설정하여 소매점 수 n에 대해 방정식 (7.10)에 주어진 대로 독점자가 이익을 극대화한다는 것을 보여준다.

4 이커머스 시장의 제품다양성에 관한 유사한 논거는 Shapiro와 Varian(1999)을 참조하시오.

$$n^* = \sqrt{\frac{tN}{2F}} \tag{7.13}$$

방정식 (7.12)와 (7.13)은 사실 간단하고 매력적인 직관력을 가지고 있다. 독점사업자는 제품다양성 증가로 인한 가격 및 수익 증가와 다양성 증가에 수반되는 추가 설치비용 간의 균형을 맞춰야 한다. 이를 통해 소비자가 많은 시장(N이 큰 시장), 또는 제품다양성을 증가시키는 설정비용이 낮은 시장(F가 작은 시장), 또는 소비자가 제품특성과 관련하여 강력하고 뚜렷한 선호도를 갖는 시장(t가 큰 시장)에서 더 많은 제품다양성을 발견할 수 있을 것으로 기대된다는 것을 알 수 있다.

처음 두 가지 조건은 분명해야 한다. 시카고에 피오리아보다 소매점이 더 많은 이유, 같은 패스트푸드 체인점이지만 고급 레스토랑이 아닌 프랜차이즈 상점이 더 많은 이유, 한 도시에 메리어트 호텔보다 서브웨이 상점이 더 많은 이유를 알 수 있다. 세 번째 조건은 무엇을 의미할까? 주어진 상점 수 n에 대해 방정식 (7.12)는 운송비용 t가 클수록 추가 상점 $(n + 1)$이 점점 더 바람직하다는 것을 알려준다. 따라서 t가 증가함에 따라 독점업체의 최적 상점 수 또는 제품 다양성 정도도 증가한다.

직관적으로 알 수 있는 것은 t가 높으면 소비자가 가장 선호하는 브랜드가 제공되지 않을 경우 매우 큰 비용이 발생한다는 것이다. 즉, t의 값이 크다는 것은 소비자가 선호하는 제품 유형이나 위치에 매우 강한 애착을 가지고 있으며, 상당한 가격 할인이 제공되지 않는 한 이 유형에서 크게 벗어난 제품을 구매하거나 제품을 구매하기 위해 먼 거리를 이동하지 않으려는 경향이 있음을 의미한다. 독점업체가 높은 가격을 유지하면서 소비자를 계속 유치하려면 각 소비자의 고유한 수요에 맞춰 제품을 더욱 세밀하게 조정해야 하며, 이를 위해서는 더 다양한 제품을 제공하거나 더 많은 소매점을 운영해야 한다.

요약하자면, 이러한 종류의 시장에서 새로운 상점이나 새로운 제품 변형을 추가하는 것이 반드시 상품의 총 공급량을 늘리는 것을 의미하지는 않다. 대신 기존 품종 중 일부를 일부 고객의 특정 취향에 더 잘 맞는 대체 품종으로 교체하는 것을 의미한다. 앞서 살펴본 바와 같이, 이를 통해 기업은 더 높은 가격을 책정할 수 있다. 하지만 이러한 이점은 공짜로 주어지는 것이 아니다. 회사는 새로운 상점 또는 제품 변형마다 설정 비용 F를 부담해야 한다.

이것은 또 다른 중요한 질문을 제기한다. 독점사업자가 전체 시장에 서비스를 제공하는 것이 실제로 수익성이 있을까? 이 질문에 답하기 위해서는 독점사업자가 전체 시장이 아닌 일부 시장에만 공급하는 것을 선호할지 여부를 결정하는 조건을 파악해야 한다.

시장의 일부만 서비스를 제공하는 경우, 그림 7.5에서와 같이 각 소매점은 시장 영역이 나머지 소매점의 시장 영역에 닿지 않는 사실상 “독립형” 상점이다. 다시 한번 수학적 부록을 사용하여 시장의 일부만 제공될 때 이윤을 극대화하는 가격은 $p^* = (V + c)/2$이며, 이는 독점업체가 보유한 상점 수나 제품 변형에 의존하지 않는다는 것을 보여준다. 이는 전체 시장에 서비스를 제공할지 여부를 결정하는 간단한 규칙으로 이어진다. 소매점이 n개 있다고 가정해 보겠다. 그러면 방정식 (7.9)를 통해 전체 시장에 서비스를 제공할 수 있는 가격은 $p(N, n) = V - t/2n$이라는 것을 알 수 있다. 따라서 전체 시장에 서비스를 제공하는 것이 시장의 일부에만 공급하는 것보다 $p(N, n) > p^*$ 더 낫다. 이를 위해서는 다음이 필요하다:

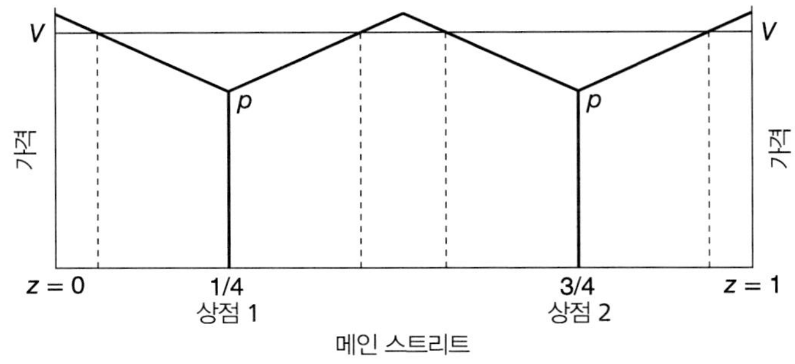

그림 7.5 메인 스트리트에 있는 비경쟁 소매점

$$V - \frac{t}{2n} > \frac{V + c}{2} \Rightarrow V > c + \frac{t}{n} \tag{7.14}$$

이 규칙을 다른 방식으로 표현할 수 있다. 방정식 (7.14)에서 알 수 있는 것은 독점사업자의 최적가격 정책을 다음과 같이 설명할 수 있다는 것이다:

1. 한계 생산비용에 단위당 운송비를 더한 값을 소매점 수로 나눈 값인 $c + t/n$이 소비자의 유보가격 V보다 크면 독점자는 각 상점에 $p^* = (V + c)/2$의 가격을 설정하고 시장의 일부만 공급해야 한다.
2. 한계 생산량에 단위당 운송비를 더한 값을 소매점 수로 나눈 값인 $c + t/n$이 소비자의 유보가격 V보다 작으면 독점자는 각 상점에 $p(N, n) = V - t/2n$의 가격을 책정하고 전체 시장에 공급해야 한다.

이 규칙의 직관은 비교적 간단하다. 소비자 유보가격이 생산 및 운송비용에 비해 낮고 판매처가 적을 때 전체 시장에 공급하려고 하면 독점업체는 운영 비용에 비해 매우 낮은 마진을 얻게 되고 심지어 손해를 보고 판매할 수도 있다. 반대로 소비자 유보가격이 생산 및 운송비용에 비해 높고 판매처가 많은 경우, 독점업체가 전체 시장에 공급할 수 있는 가격은 비용 대비 합리적인 마진을 제공한다. 이러한 후자의 상황에서는 독점업체가 판매를 희생하는 높은 가격을 설정하고 싶지 않을 것이다. 판매되는 모든 유닛의 한계수익이 생산비용을 크게 초과하기 때문에 독점업체는 가능한 모든 유닛을 판매하고자 할 것이다.

7.3 제품 종류가 너무 많은 것인가?

이전 섹션의 분석은 시장지배력을 가진 이윤극대화 기업이 각 소비자에게 가장 선호하는 제품에 가까운 제품을 제공하여 높은 가격을 이끌어내기 위해 많은 수의 판매처 또는 제품 종류를 만들려는 인센티브가 있을 수 있음을 살펴보았다. 순수독점기업은 아니지만 상당한 시장지배력을 가지고 이 전략을 사용하는 실제 기업을 생각하면 쉽게 이해할 수 있다. 예를 들어 자동차 제조업체는 다양한 종류의 소형, 중형, 대형 럭셔리급 자동차를 판매한다. 맥도날드나 서브웨이와 같은 프랜차이즈 기업은 독점적 지리적 권리를 부여하여 상점을 한 지역에 고르게 배치하고 인근 프랜차이즈 간의 경쟁을 피한다. 디지털 카메라는 놀라울 정도로 다양한 스타일과 색상으로 출시된다. 청량음료, 시리얼, 아이스크림 회사들은 최소한의 차별화를 통해 다양한 상품을 제공한다.

때때로 우리가 자주 관찰하는 압도적인 수준의 제품다양성은 다양한 제품 유형을 제공하려는 인센티브가 너무 강한 것은 아닌지 의문을 제기한다. 독점사업자가 사회적후생을 극대화하는 데 부합하는 수준의 제품다양성을 제공할까? 아니면 인센티브가 너무 강해서 독점사업자가 지나치게 다양한 제품을 제공하는 것일까? 이 질문에 답하기 위해서는 먼저 사회적으로 최적의 제품다양성 정도를 설명할 필요가 있다. 일반적인 용어로도 논의할 수 있지만, 전체 시장을 대상으로 하는 경우에 대한 답을 찾는 것이 가장 쉽다.

효율성 기준을 사용하여 제공되는 다양한 상품의 최적성을 결정한다. 이를 위해서는 총잉여를 극대화하는 제품다양성의 정도를 선택해야 하며, 총잉여는 평소와 같이 총 소비자잉여에 생산자 이익을 더한 값으로 정의된다.

소매점이 n개 있다고 가정한다. 모든 소비자가 제품을 구매할 때 독점사업자의 생산에 대한 총 소비자 가치는 NV이다. 총 소비자잉여를 계산하려면 이 평가액에서 소비자가 지불한 총 지출, 즉 제품 가격인 $Np(N, n)$에 운송비를 더한 금액을 공제해야 한다. 소매점 수가 n인 총 운송비용을 $T(N, n)$로 표시된다. 그러면 총 소비자잉여는 다음과 같다.

$$CS(N, n) = NV - Np(N, n) - T(N, n) \tag{7.15}$$

총 이익은 제품 가격에서 생산비용과 설정 비용을 뺀 금액을 소비자로부터 받는 것이다.[5] 즉, 총 생산자 이익은 다음과 같다.

$$\Pi(N, n) = Np(N, n) - Nc - nF \tag{7.16}$$

이를 합하면 총잉여금이 산출된다:

$$TS(N, n) = NV - Nc - T(N, n) - nF \tag{7.17}$$

처음 두 항 $TS(N, n)$은 회사가 설립한 소매점 수에 독립적이다. 실제로 N명의 소비자에게 서비스를 제공한 후에는 매장이나 제품 종류가 추가될 때 두 가지 요소만 변경된다. 그중 하나는 일반 소비자 또는 평균 소비자에게 발생하는 운송비용이다. 분명한 것은 더 많은 상점이 추가될수록 더 많은 소비자가 매장에 더 가까워지고 이 비용은 감소한다는 것이다. 이는 좋은 소식이다. 나쁜 소식은 상점을 더 추가하면 상점당 F의 추가 설치비용이 발생한다는 것이다. 따라서 독점사업자가 너무 많은(또는 너무 적은) 상점을 제공하는지 여부에 대한 우리의 질문은 좋은 소식과 나쁜 소식 중 어느 것이 더 우세한지를 판단하는 것으로 귀결된다.

보다 공식적으로 모든 소비자에게 서비스를 제공할 때 총잉여는 총 가치 NV에서 총 생산비용 Nc를 뺀 값에서 총 운송 및 설치비용을 뺀 값이다. 처음 두 항은 상점 수에 관계없이 고정되어 있으므로 총잉여를 최대화하는 것은 운송 및 설치비용의 합을 최소화하는 것과 같다. 독점업체의 전략이 이 결과를 얻을 수 있을까?

독점 결과의 한 가지 특징은 이 질문에 조금 더 쉽게 답할 수 있게 해준다. 독점사업자는 상점 수에 관계없이 항상 메인 스트리트를 따라 균등하게 상점을 배치한다. 즉, 하나의 상점은 중앙에, 두 개의 상점은 1/4과 3/4에 위치하는 식이다. 이렇게 하면 상점 수 n에 관계없이 소비자

5 운송비는 소비자가 부담하므로 수익 계산에 포함되지 않는다.

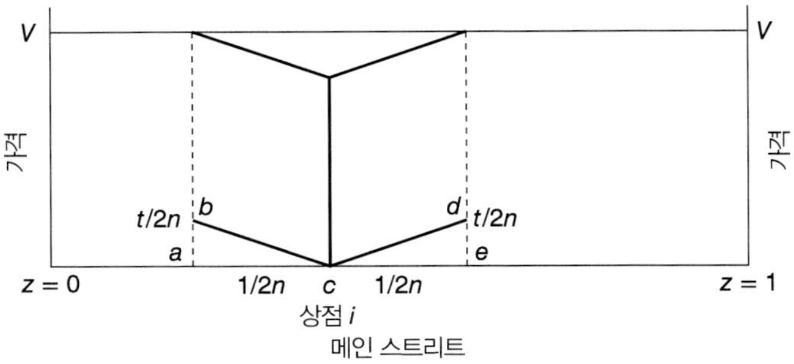

그림 7.6 상점 수가 n개일 때 고객 서비스 비용

가 부담하는 총 운송비용 계산이 크게 간소화된다.

특정 상점인 상점 i에서 구매한 소비자가 지불한 전체가격과 운송비용을 모두 보여주는 그림 7.6을 생각해 보겠다. 이전과 마찬가지로 상단 Y자형 그림은 매장 바로 옆에 위치한 소비자는 운송비용이 없고 $p = V - \frac{t}{2n}$ 가격을 지불한다. 상점에서 멀리 떨어진 소비자를 고려할 때 Y지점들은 이러한 소비자가 점점 더 많은 운송비용을 부담하기 때문에 전체가격이 상승한다는 것을 보여준다. 그림의 아래쪽 분기는 이러한 각 소비자의 운송비용을 직접 측정한 것이다. 다시 말하지만, 매장 바로 옆에 위치한 소비자의 운송비용은 0이다. 이 비용은 상점에서 최대 거리에 거주하는 소비자가 지불하는 운송비용인 $t/2n$까지 점진적으로 증가한다. 상점 t의 소비자에 대한 총 운송비용은 각 소비자의 개별 운송비용의 합계이다.

이는 그림 7.6의 대칭 삼각형 abc와 cde의 영역으로 표시된다. 이 삼각형의 각각은 높이가 $t/2n$이다. 또한 각각의 밑변은 $1/2n$이다. 따라서 각각의 면적은 $t/8n^2$이다. 밑변은 상점 i가 어느 방향에서든 서비스를 제공하는 총 N명의 소비자 중 일부를 반영한다는 점을 기억해야 한다. 즉, 이 면적을 상점 i의 소비자가 지불하는 실제 운송비용 달러로 변환하려면 N을 곱해야 한다. 그 결과 동쪽에서 상점 i를 이용하는 고객은 서쪽에서 상점 i를 이용하는 고객과 마찬가지로 총 운송비용 $tN/8n^2$을 지불한다. 따라서 상점 i의 모든 소비자가 부담하는 총 운송비용은 이 두 금액의 합계, 즉 $tN/4n^2$이다. 이제 여기에 상점 수 n을 곱하면 모든 n 상점과 관련된 총 운송비용은 간단히 $T(N, n) = tN/4n$이라는 것을 알 수 있다. 동일한 연습을 통해 모든 n개 상점의 총 설치비용은 nF임을 알 수 있다. 따라서 모든 N 고객에게 서비스를 제공하고 n개의 상점을 운영하는 데 관련된 총 운송비와 설치비용은 다음과 같다:

$$C(N, n) = \frac{tN}{4n} + nF \tag{7.18}$$

같은 논리로 $(n + 1)$개의 상점이 있는 총 운송비와 설치비용은 다음과 같다.

$$C(N, n+1) = \frac{tN}{4(n+1)} + (n+1)F \tag{7.19}$$

우리의 목표는 이 총 비용을 최소화하는 것임을 기억해야 한다. 따라서 총 비용을 줄일 수 있다면 상점을 하나 더 추가하고 싶다. 방정식 (7.19)와 (7.18)을 비교하면 다음과 같은 경우, 즉 $C(n + 1) < C(n)$이 될 것임을 알 수 있다:

$$\frac{tN}{4n} - \frac{tN}{4(n+1)} > F \tag{7.20}$$

이 차이를 단순화하면 기존 상점 또는 제품 종류를 n개로 제한하는 한, 상점 또는 제품 종류를 하나 더 추가하는 것이 사회적으로 이익이 된다는 것을 알 수 있다:

$$n(n+1) < \frac{tN}{4F} \tag{7.21}$$

이윤을 극대화하는 소매점 수를 계산할 때와 마찬가지로 n에 대한 정수 제약을 무시한다고 가정한다. 그런 다음 수학 부록 4에서 사회적잉여를 극대화하는 소매점 수는 (7.14)와 같다는 것을 보여준다:

$$n^o = \sqrt{\frac{tN}{4F}} \tag{7.22}$$

이제 조건 (7.21) 또는 (7.22)를 조건 (7.12) 또는 (7.13)과 비교하여 독점자가 상점을 추가하는 것이 수익성이 있다고 판단하는 상황을 설명한다. 오른쪽 항의 분모는 방정식 (7.12)와 (7.13)에서는 $2F$이고, (7.21)과 (7.22)에서는 $4F$이다. 이는 추가 상점이 방정식 (7.21)의 요건을 충족하고 사회적으로 바람직할 가능성이 방정식 (7.12)의 요건을 충족하고 독점자의 이윤을 높이는 것보다 적다는 것을 의미한다. 즉, 독점자는 제품다양성을 확대함으로써 얻을 수 있는 사회적 이득이 모두 소진된 경우에도 제품다양성을 확대할 유인이 있다. 독점자는 너무 높은 수준의 제품다양성을 선택한다. [Spence(1976) 참조.]

앞서 $t = \$1$, $N = 5{,}000{,}000$, $F = \$50{,}000$와 같은 예를 들어 보겠다. 그러면 $tN/4F = 25$가 된다. 이 경우 방정식 (7.21)은 사회적으로 최적의 상점 수가 5개임을 의미한다. 그러나 우리는 이미 독점사업자가 이 시장에서 7개의 상점을 운영하거나 7개의 제품 종류를 제공하고자 한다는 것을 보여주었다.

일상적인 증거는 "너무 많은 다양성" 가설을 뒷받침한다. 주요 시리얼 회사에서 제공하는 무수히 많은 아침 식사 대용 시리얼, 자동차에서 선택할 수 있는 다양한 옵션, 전국 백화점에서 판매되는 수많은 고급 향수와 립스틱을 보자. 물론 이러한 상품의 생산자가 순수한 독점사업자는 아니지만 상당한 시장지배력을 행사하고 있으므로 우리가 방금 고려한 것과 동일한 영향을 많이 받을 가능성이 높다.

독점업체가 너무 많은 종류의 상품을 제공하는 기본적인 이유는 총잉여가 아닌 이윤을 극대화하기 때문이다. 다른 상점을 추가하기로 결정할 때 독점업체는 추가 설치비용과 가격 인상으로 얻을 수 있는 추가 수익의 균형을 맞춘다. 그러나 효율성의 관점에서 볼 때 이 추가 수익은 순이익이 아니다. 이는 소비자로부터 독점사업자에게 잉여가 이전되는 것에 불과하다. 진정한 사회적 최적은 추가 상점의 설치비용과 그로 인한 운송비용 절감의 균형을 맞추는 것이다. 분명히 이 기준은 독점사업자가 사용하는 기준보다 더 적은 수의 상점을 설립하도록 유도할 것이다.

추가 상점 운영은 독점사업자에게 매력적인데, 이는 멀리 떨어져 있는 소비자에게 다가갈 수 있는 가장 쉬운 방법이기 때문이다. 메인 스트리트의 중앙에 한 개의 상점만 운영하는 독점업체는 *모든 고객에게* 가격을 크게 낮춰야만 마을의 동쪽과 서쪽 끝에 있는 고객에게만 판매할 수 있다. 추가 상점 운영의 인센티브는 가격을 크게 낮추지 않고도 소비자에게 다가갈 수 있다는 점이다.

이는 5장과 6장의 논의로 돌아가는 또 다른 문제를 제기한다. 어떻게든 기업이 가까운 소비자에게는 가격을 낮추지 *않고* 먼 소비자에게는 기꺼이 지불할 수 있는 가격을 책정할 수 있다면, 단 몇 개의 상점이나 몇 가지 품종으로 먼 소비자에게 다가가는 것이 더 매력적일 수 있다. 즉, 독점사업자가 가격을 차별화할 수 있다면 다양성 과잉 공급 경향이 훨씬 덜 강해질 수 있다. 이제 이러한 가능성을 살펴보겠다.

7.4 가격차별을 통한 독점 및 수평적 차별화

지금까지의 논의에서는 독점사업자가 고객 간 가격차별을 하지 않는다고 가정했다. 이는 고객이 상품을 구매하기 위해 상점을 방문하지만 독점자에게 자신의 주소나 신원을 밝히지 않을 때 의미가 있다. 대신 독점사업자가 제품의 배송을 통제하기 때문에 시장에서 주소로 누가 누구인지 알고 있다고 가정해 보겠다. 독점기업이 어떤 가격 정책을 채택할 것으로 예상할 수 있을까?

독점업체가 배송을 통제하면 모든 소비자에게 소비자의 유보가격 V를 청구한다는 점을 분명히 해야 한다. 이를 *균일 배송 가격* *uniform delivered pricing* 이라고 하는 가격 정책이다. 이러한 가격 정책을 채택하는 회사는 모든 소비자에게 동일한 가격을 부과하고 제품을 배송하는 데 드는 운송비용을 흡수한다. 이는 소비자가 동일한 가격을 지불하더라도 이 가격은 다른 지역의 소비자에게 제품을 공급하는 데 드는 실제 비용을 반영하지 않기 때문에 차별적인 가격책정이다. 비유하자면, 뉴욕에서 제조된 제품에 대해 샌프란시스코의 소비자에게 뉴욕의 소비자와 동일한 가격을 부과하는 것은 뉴욕에 거주하는 두 소비자에게 이 제품에 대해 다른 가격을 부과하는 것과 마찬가지로 차별적인 가격책정이다.

가격차별 금지 사례에서와 마찬가지로, 독점기업이 실제로 모든 소비자에게 공급하기를 원하는지 확인해야 한다. 이전과 마찬가지로 이 회사가 메인 스트리트를 따라 균등한 간격으로 n개의 소매점을 운영한다고 가정해 보겠다. 그러면 회사가 소매점에서 가장 멀리 떨어진 소비자에게 공급할 때 발생하는 운송 및 생산비용은 $c + t/2n$이다. 이러한 판매에서 얻을 수 있는 이익은 다음과 같다:

$$V > c + t/2n \tag{7.23}$$

이는 가격차별이 없는 방정식 (7.14)보다 약한 조건임을 알 수 있다. 이것은 가격차별의 전형적인 속성을 보여주는 또 다른 예이다. 이를 통해 독점사업자는 서비스를 받지 못할 수도 있는 소비자에게 서비스를 제공할 수 있다.

이제 가격차별 독점기업이 얼마나 많은 상점(또는 제품 종류)을 운영할지 생각해 보자. 이 기업이 전체 시장에 공급하고 모든 소비자에게 소비자 유보가격 V를 부과한다고 가정하면, 기업의 총 수익은 NV로 고정된다. 총 비용은 가변 생산비용으로, Nc로 고정된 생산비용에 회사가 흡수하는 운송비용 $T(N, n)$와 설치비용 nF를 더한 값이다. 이 두 후자의 비용은 방정식 (7.18)의 총 비용 $C(N, n)$에 불과하다. 따라서 가격차별 독점자의 이윤은 다음과 같다:

$$\pi(N, n) = NV - Nc - \left(\frac{tN}{4n} + nF\right) \tag{7.24}$$

이 경우 독점자는 어떻게 이윤을 극대화할까? (7.24)의 처음 두 항은 n과 무관하게 고정되어 있기 때문에, 이윤극대화는 비용 $C(N, n)$를 최소화함으로써 달성된다. 그러나 이는 *차별 독점자가 사회적으로 효율적인 수준의 제품다양성을 제공하기로 선택한다는 것*을 의미한다.

5장에서 가격차별에 대해 논의한 내용을 기억한다면 이 내용이 그리 놀랍지 않을 것이다. 우리는 그 장에서 1차 가격차별에 관여하는 독점자가 모든 소비자잉여를 추출하고, 따라서 효율적인 생산량을 생산하고자 한다는 것을 보았다. 방금 얻은 결과를 제품차별화 시장의 경우로 확장한다. 이러한 시장에서 1차 가격차별을 달성할 수 있는 기업은 사회적으로 효율적인 산출량뿐만 아니라 사회적으로 효율적인 제품다양성도 생산한다. 완벽한 가격차별을 통해 기업은 모든 소비자잉여를 수용한다. 결과적으로 총 이윤을 극대화하는 제품다양성의 정도는 총잉여를 극대화하는 제품다양성의 정도에 불과하다. 사회적으로 최적의 제품다양성 정도를 넘어서는 인센티브는 존재하지 않는다.

지리적 공간 모델에서 가격차별은 명확한 해석을 가지고 있다. 독점기업은 배송 비용을 발생시키고 그렇게 함으로써 동일한 상품에 대해 서로 다른 순가격을 부과한다. 지리적 공간이 아닌 제품특성 공간에서 가격차별을 어떻게 해석할 수 있을까? 또는 독점기업이 위치가 아닌 특성에 따라 차별화되는 제품의 "배송"을 어떻게 통제할 수 있을까? MacLeod, Norman, Thisse(1988) [Borenstein(1985) 참조]가 이에 대한 유추를 제시한다.

> 제품차별화의 맥락에서 가격차별은 생산자가 "기본 제품"으로 시작한 다음 이 제품을 고객의 사양에 맞게 재설계할 때 발생한다. 즉, 이제 회사는 단일제품이 아닌 수평적으로 차별화된 제품 *밴드*를 생산한다. 운송비용은 더 이상 효용 손실로 해석되지 않고 고객의 요구 사항에 맞게 제품을 조정하는 데 발생하는 추가 비용으로 해석된다. ... (따라서) 제품 설계가 생산자의 통제하에 있는 한, 즉 생산자가 운송을 통제하는 것과 동일하게, 설계 변경에 대한 전체 비용을 청구할 필요는 없다. (1988, 442-3쪽)

예를 들어 포드 *Taurus*를 구입한다고 가정해 보자. 한편으로는 표준 모델 중 하나를 선택할 수도 있다. 또는 영업사원이 다른 사운드 시스템, 다른 휠, 차를 더 스포티하게 만들어주는 측면의 매력적인 스트라이프 등을 선택하도록 설득할 수도 있다. 사실상 영업사원은 귀하가 선택한 옵션을 통해 귀하의 실제 "주소"를 공개하도록 유도하는 것이며, 이는 아마도 귀하가 더 많은 돈을 벌 수 있도록 하려는 의도로 보인다.

하지만 기업이 이러한 유형의 제품 맞춤화를 제공하는 것이 얼마나 쉬울까? 결국 제품 맞춤화는 규모의 경제를 희생하여 비용을 증가시키는 것을 의미하는 것처럼 보일 수 있다. 하지만 날이 갈수록 제품 맞춤화는 더 쉬워지고 비용도 낮아지고 있다는 사실에 놀랄 것이다. 이러한 유형의 제품 범위를 제공할 수 있는 능력은 "최소한의 수작업으로 다양한 개별 제품을 생산할 수 있는 생산 단위"로 정의되는 *유연제조시스템*을 구별하는 요소이다(미국 기술 평가국, 1984, 60페이지). 4장에서 이러한 유형의 제조 프로세스의 특성에 대해 설명했으며, 점점 더 보편화되고 있다. 리바이 스트라우스, 커스텀 슈즈, 이탈리아 세라믹 타일 제조업체, 포드, 미쓰비시, 히타치와 같은 기업들은 모두 유연제조시스템을 운영하고 있다. Amazon.com과 같은 웹 리테일러를 자주 이용하시는 분이라면 사이트에 들어갔을 때 표시되는 초기 페이지가 시간이 지남에 따라 사용자의 구매 습관을 반영하여 변경되는 것을 봤을 것이다. 결국에는 나만의 맞춤형 진입 페이지에 나만의 맞춤형 가격이 표시된다.[6]

7.1 ▶ 실습문제

Henry Shortchap은 체스트넛 트리의 작은 마을에서 유일한 대장장이이다. 이 마을은 마을 중심가를 따라 1/10마일 간격으로 고르게 분포된 21가구로 구성되어 있다. 각 가구는 한 달에 최대 한 대의 대장간 서비스를 이용한다. 또한 각 가구는 헨리의 대장간에서 10마일 떨어진 곳까지 왕복 교통비 0.50달러를 부담해야 한다. 이러한 서비스에 대한 각 가구의 유보가격은 $10이다. 헨리가 대장간 서비스를 제공하는 데 드는 비용은 개당 2달러이다. 그러나 그는 최대 하나의 상점만 운영할 수 있다. 헨리가 자신의 상점을 어디에 위치시키고 가격은 얼마로 책정해야 할까? 대신 헨리가 고객의 집에서 서비스를 제공할 수 있는 이동식 대장간을 운영할 수 있다고 가정해 보겠다. 하지만, 그가 대장간을 옮기는 데 드는 교통비는 10분의 1마일당 0.75달러가 들 것이다. 그가 이 이동 서비스로 바꿔야 할까?

7.5 수직적 제품차별화

수평적 제품차별화의 특징은 소비자가 선호하는 제품 종류에 대해 동의하지 않는다는 것이다. 따라서 두 가지 다른 품종이 같은 가격에 제공되면 일부 소비자는 한 품종을 구매하고 다른 소비자는 다른 품종을 구매할 가능성이 높다. *수직적 차별화* vertical differentiation 는 다르다. 이 경우 모든 소비자는 선호하는 제품, 가장 좋은 제품, 차선책 제품 등에 대해 동의한다. 고품질 상품과 저품질 상품이 같은 가격에 제공된다면 모든 소비자는 고품질 상품을 구매할 것이다. 품질이 낮은 상품은 충분히 낮은 가격으로 제공될 때만 시장을 찾을 수 있다. 쉐보레는 캐딜락보다 훨씬 저렴하다. 젯블루나 사우스웨스트와 같은 저가 항공사는 유나이티드나 아메리칸 항공과 같은 대형 항공사에 비해 큰 폭의 할인을 제공하기 때문에 고객을 유치할 수 있다. 뉴욕의 엠파이어 호텔은 월도프 아스토리아보다 훨씬 저렴하다. 그러나 모든 소비자는 최고 품질에서 최저 품질까지 제품의 순위를 매기는 데는 동의하지만 품질에 대한 지불의향에는 차이가 있다. 이는 소비자의 소득이 매우 다르거나 단순히 품질의 가치에 대한 태도가 다르기 때문에 발생할 수 있다.

우리는 독점기업이 다양한 품질의 제품을 제공하기 위해 제공하는 인센티브와 이에 대해 부과하는 가격을 이해하고자 한다. 이 목적을 위해 사용하는 분석은 단순화된 분석이다. 그럼에도 불구하고 이 분석은 보다 일반적인 많은 특징을 포착한다.[7]

6 전자 상거래 기업이 가격차별을 크게 조장한다는 견해에 대한 명확하고 간략한 표현은 P. Krugman, "Reckonings: 가격 공정성이란 무엇인가"에서 찾을 수 있다. *뉴욕 타임즈*, 2000년 10월 4일, p. A16.

7 이 문제에 대한 최초이자 고전적인 해법은 Mussa와 Rosen(1978)이다. 안타깝게도 이 역시 다소 복잡한 분석이다.

7.5.1 단 하나의 제품으로 가격 및 품질 선택

먼저 기업이 하나의 제품만 제공하고 각 소비자가 최대 한 단위의 재화를 구매할 때 품질 변화가 소비자 수요에 미치는 영향을 고려한다. 이를 통해 품질 또는 제품 디자인이 기업의 이익을 향상시키는 데 어떻게 사용될 수 있는지에 대한 아이디어를 얻을 수 있다. 이제 두 가지 이상의 제품 품질을 제공함으로써 회사의 수익을 높일 수 있는 방법을 살펴보겠다. 기업은 소비자가 평가하는 제품 품질을 측정하는 데 사용할 수 있는 몇 가지 기능 또는 기능 집합이 있다는 것을 알고 있다. 기업이 이러한 기능을 선택할 수 있다는 것은 가격뿐만 아니라 제품의 품질도 선택할 수 있다는 것을 의미한다.

그렇다면 회사가 각 소비자가 더 높은 품질의 제품을 얻기 위해 추가 비용을 지불할 의향이 있다는 것을 알고 있지만 정확한 추가 비용은 소비자마다 다르다는 것을 알고 있다고 가정해 보겠다. 어떤 소비자는 품질에 높은 가치를 두고 품질 개선을 위해 상당한 프리미엄을 기꺼이 지불할 것이다. 다른 소비자는 품질에 덜 신경을 쓰며, 가격 인상이 미미하지 않는 한 품질은 더 좋지만 가격이 더 비싼 상품을 구매하지 않을 것이다. 즉, 각 소비자는 제품의 가격과 품질, 그리고 제품을 소비함으로써 얻을 수 있는 효용을 검토한다. 만약 소비자가 제공되는 제품의 품질에 부과되는 가격보다 더 큰 가치를 부여한다면, 소비자는 해당 재화(예: CD 플레이어)를 구매한다. 그렇지 않은 경우 소비자는 구매를 아예 하지 않는다.

독점자가 직면한 수요곡선은 판매되는 제품의 정확한 품질에 따라 달라진다. 이는 역수요함수에 반영되는데 $P(Q, z)$로 표시되며, 여기서 시장 청산 가격 P는 기업이 얼마나 많은 Q를 생산하는지 뿐만 아니라 이러한 단위의 품질 z에 따라 달라진다. 조금 다르게 표현하자면, 품질 z가 증가하면 주어진 수량 Q에 대한 시장 청산 가격이 상승한다. 제품 품질 z가 증가함에 따라 수요곡선은 바깥쪽(또는 위쪽)으로 이동한다.

품질이 향상되면 역수요곡선 $P(Q, z)$가 이동하는 두 가지 다른 방식을 구분하는 것이 유용하다. 이는 각각 그림 7.7에 설명되어 있다. 이 다이어그램을 더 잘 이해하려면 주어진 품질 z의 재화에 대한 소비자의 지불의향이 다양하고 각 소비자가 최대 한 단위의 재화를 구매하기 때문에 수요곡선은 실제로 특정 품질 z의 재화에 대한 유보가격 측면에서 소비자의 순위를 반영

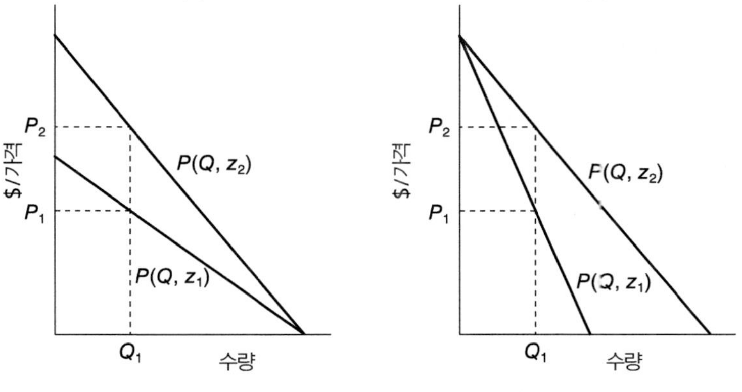

그림 7.7 품질이 수요에 미치는 영향

한다는 것을 인지해야 한다. 재화에 대해 가장 많은 지불의향이 있는 소비자의 유보가격은 절편 항이다. 다음으로 지불 의사가 높은 소비자의 유보가격은 오른쪽으로 이동함에 따라 수요곡선의 다음 지점이 된다. 그림 7.7(a)와 7.7(b) 모두에서 초기 생산량은 Q_1이고 초기 품질은 z_1이다. 이 수량–품질 조합에 대한 시장 청산 가격은 P_1이다. 방금 설명한 대로 이 가격은 Q_1번째 소비자의 지불의향 또는 유보가격임에 틀림없다. 가격 P_1에서 이 소비자는 재화의 품질이 z_1인 경우 재화를 구매하는 것과 전혀 구매하지 않는 것 사이에 차이가 없다. 이 소비자를 한계 소비자 *marginal consumer* 라고 한다. 왼쪽에 있는 소비자, 즉 제품을 구매하기도 하는 소비자를 *비*한계 소비자 *inframarginal consumer* 라고 한다.

그림 7.7(a)는 한계 소비자의 지불 의사를 높이는 것보다 한계 비소비자의 지불 의사를 높이는 품질의 증가가 있을 때 역수요곡선이 어떻게 이동하는지를 보여준다. 품질이 z_1에서 z_2로 증가하면 수량 Q_1이 P_1에서 P_2로 판매되는 가격이 상승한다. 그러나 유보가격의 증가는 이미 제품을 구매하고 있던 소비자에게 가장 크므로 수요곡선은 가격 축을 따라 "미끄러지면서" 이동한다. 그림 7.7(b)는 다른 경우를 보여준다. 여기서 품질이 z_1에서 z_2로 증가하면 Q_1번째 또는 한계 소비자의 지불 의사는 한계 비소비자의 유보가격을 상승시키는 것보다 비례적으로 더 많이 증가한다. 다시 한번, 이러한 품질 증가는 수량 Q_1의 시장가격을 P_1에서 P_2로 상승시킨다. 그러나 이제 수요곡선은 수량 축을 따라 "슬라이딩"하여 이동한다.[8]

수요가 그림 7.7(a)로 설명되든 7.7(b)로 설명되든, 독점기업에게 품질 선택은 실제로 어떤 수요곡선에 직면할지 결정하는 것과 같다는 것을 알 수 있다. 품질향상은 수요곡선을 회전시켜 주어진 가격에서 기업의 수익을 증가시키기 때문에 매력적이다. 그러나 일반적으로 제품 품질을 높이는 데는 많은 비용이 든다. 따라서 독점사업자는 품질향상으로 인한 수익 증가의 이익과 품질향상으로 인한 비용 증가의 균형을 맞춰야 한다. 더 정확하게 말하면, 품질을 선택하는 독점사업자는 생산량이나 가격을 선택할 때와 비슷한 방식으로 이익 극대화를 위한 미적분계산을 생각해야 한다. 주어진 생산량 선택에 대해 독점자는 품질향상에 따른 한계수익이 품질향상에 따른 한계비용과 같아지는 품질 수준을 선택해야 한다. 즉, 제품의 품질과 양을 모두 통제하는 독점사업자는 *두 가지* 이윤극대화 조건을 만족해야 한다. 이는 다음과 같다:

1. 주어진 품질 선택에 대해 마지막으로 판매된 단위의 한계수익은 해당 품질로 해당 단위를 만드는 데 드는 한계비용과 같아야 한다;
2. 주어진 수량 선택에 대해 각 생산량 단위의 품질향상에 따른 한계수익은 해당 생산량 단위의 품질향상에 따른 추가 (한계) 비용과 같아야 한다.

수요가 그림 7.7(a)에 표시된 유형이라고 가정하여 품질 또는 제품 디자인 선택을 설명한다. 좀 더 구체적으로 수요함수가 방정식으로 주어졌다고 가정한다:

$$P = z(50 - Q) = 50z - zQ \tag{7.25}$$

방정식 (7.25)는 제품의 품질에 관계없이 가격이 0일 때 총 50개가 판매되지만 품질이 향상되면 수요함수가 $Q = 50$ 지점을 중심으로 시계 방향으로 회전한다고 말한다.

8 그림 7.7(b)의 사례에 기반한 모델의 경우, 시장의 최종 규모를 제한하기 위해 약간의 주의를 기울여야 한다. 즉, 품질이 향상된다고 해서 주어진 가격에 요구되는 수량이 무한정 확대될 수는 없다.

또한 품질 개선 비용을 매몰 설계 비용으로 가정하여 한계 *생산*비용이 제품의 품질과 무관하다고 가정하여 예제를 단순화해 보겠다. 더 좋은 영화나 소프트웨어 패키지를 만들기 위해서는 각각 더 비싼 대본이나 프로그래밍이 필요할 수 있지만, 영화를 상영하거나 CD를 인쇄하는 데 드는 실제 비용은 제품의 품질과는 무관하다. 문제를 더 단순화하기 위해 제작 비용이 일정할 뿐만 아니라 제로라고 가정해 보겠다. 그러나 디자인 비용은 선택한 품질 수준에 따라 증가한다. 구체적으로 디자인 비용은 다음과 같다고 가정하겠다:

$$F(z) = 5z^2 \tag{7.26}$$

이것은 제품 품질을 높이는 데 드는 한계비용이 $10z$임을 의미한다(부록 5 참조).[9] 이제 회사의 이윤을 다음과 같이 쓸 수 있다:

$$\pi(Q, z) = P(Q, z)Q - F(z) = z(50 - Q)Q - 5z^2 \tag{7.27}$$

먼저 수익을 극대화하는 산출량 선택을 고려한다. 이 경우 매우 간단한 것으로 밝혀졌다. 평소와 마찬가지로 한계수익은 수요함수와 동일한 절편을 가지지만 기울기는 두 배이다. 따라서 수요함수 $P = 50z - zQ$를 사용하면 한계수익은 $MR = 50z - 2zQ = z(50 - 2Q)$라는 것을 알 수 있다. 이를 한계비용과 등가시키면 이윤극대화 산출량 조건은 $z(50 - 2Q) = 0$이 된다. 따라서 이윤극대화 산출량은 다음과 같다: $Q^* = 50/2 = 25$.

이 간단한 예에서 독점자의 수량 선택은 품질 선택과 무관하다. 이윤을 극대화하는 산출량은 품질 선택에 관계없이 $Q^* = 25$로 일정하게 유지된다. 수요함수로 돌아가서, 이윤을 극대화하는 가격은 $P^* = z(50 - Q^*)$로 주어지므로 최적가격은 다음과 같다: $P^* = 25z$. 생산량과 달리 이윤을 극대화하는 가격은 품질 선택에 영향을 받는다. 또한 품질 선택은 회사의 설계 비용에도 영향을 미친다. 품질이 높은 디자인 z를 선택하면 독점자는 가격을 인상하고 더 많은 수익을 올릴 수 있지만 회사의 비용도 증가한다. 이것이 바로 독점사업자가 평가해야 하는 트레이드오프인 것이다.

이윤을 극대화하는 품질을 선택하려면 독점자는 품질이 높아질 때 필요한 설계 비용의 증가와 z의 증가로 인한 추가 수익을 비교해야 한다. 판매수량은 $Q^* = 25$로 일정하므로 품질 증가에 따른 추가 수익은 이 생산량 수준에 품질 증가에 따라 부과할 수 있는 가격 차이를 곱한 값이다. 이 예에서 방정식 (7.20)을 통해 이윤을 극대화하는 가격 $P^* = 25z$를 청구할 때 제품 품질 z에서 회사의 수익 PQ는 다음과 같다는 것을 알 수 있다:

$$P^*Q^* = 25z25 = 625z \tag{7.28}$$

따라서 제품 품질을 한 "단위" 높이면 매출이 $625 증가하므로 품질향상에 따른 한계수익이 된

9 직관적인 이해를 위해 한계비용은 z의 정확한 값으로 측정된다는 점을 기억하시오. 예를 들어 품질 한계비용은 $z = 2$ 또는 $z = 8$이라고 생각해 보겠다. 그러나 한계비용을 측정할 때는 품질이 소량 증가했을 때의 비용 증가분과 품질이 소량 감소했을 때의 비용 절감분을 *모두* 포착해야 한다. 원칙적으로 이 두 질문에 대한 답은 동일해야 한다. 그러나 품질이 한 단위 증가하는 것을 고려하면 비용의 변화는 다음과 같다: $5(z + 1)^2 - 5z^2 = 5(2z + 1)$. 반면 품질이 한 단위 감소하는 것을 고려하면 비용 절감액은 다음과 같다: $5z^2 - 5(z - 1)^2 = 5(2z - 1)$. 한계비용을 품질향상에 따른 증가로 측정할지, 아니면 품질 감소에 따른 감소로 측정할지에 따라 약간 다른 답을 얻을 수 있고, 단 하나의 답을 원하기 때문에 이 둘의 평균을 구하면 품질향상에 따른 한계비용 $= 5 \times 2z = 10z$를 얻을 수 있다.

다. 또한 방정식 (7.25)에서 품질향상에 따른 한계비용은 $10z$라는 것을 알 수 있다. 그러면 한계수익과 한계비용을 동일시하면 이익을 극대화하는 품질 선택이 가능하다:

$$z^* = 625/10 = 62.5 \tag{7.29}$$

독점자의 품질 선택과 관련하여 제기되는 흥미로운 질문은 그 선택이 사회적으로 최적의 선택과 어떻게 비교되는가 하는 것이다. 독점업체는 너무 높은 품질의 재화를 생산하는가? 아니면 너무 낮은 품질의 재화를 생산하는가? 그림 7.7(a)를 보면 이 경우 독점자의 품질 선택이 너무 낮다는 것을 알 수 있다. 그 이유는 간단하다. z가 증가하면 수요곡선이 위쪽으로 회전하고 항상 판매되는 25개 단위에서 얻는 총잉여가 증가하기 때문이다. 사회적 최적은 이 총잉여의 증가가 추가 설계 비용을 초과하는 한 품질을 증가시킬 것을 요구한다. 그러나 독점자는 품질향상으로 인해 발생하는 생산자잉여의 증가분만 보유할 수 있다. 결과적으로 이윤극대화를 추구하는 독점기업은 추가 생산자잉여가 추가 설계 비용을 충당하는 한에서만 품질을 향상시킨다. 생산자잉여가 총잉여보다 적기 때문에 독점기업은 사회적으로 최적의 품질을 생산하지 못한다. 물론 독점자는 최적량보다 낮은 수량도 보유하게 된다.

그러나 우리의 주요 목표는 독점력을 가진 기업이 너무 낮은 품질의 제품을 판매하거나 너무 높은 품질의 제품을 판매하는지 여부를 판단하는 것이 아니다. 요점은 그러한 기업에게는 품질 선택이 중요하다는 것을 보여주는 것이다. 제품 가격과 함께 제품 품질을 신중하게 선택함으로써 독점기업은 다시 시장에서 더 많은 잉여를 추출할 수 있다.

7.2 ▸ 실습문제

윌 배럿은 Percyville이라는 작은 시골 마을의 유일한 변호사이다. 그의 법률 서비스에 대한 주간 수요는 역수요곡선에 반영된 대로 그가 제공하는 서비스의 품질에 따라 달라진다: $P = 4 - Q/z$. 여기서 P는 건당 가격이고, Q는 건수 또는 고객 수이며, z는 윌이 제공하는 서비스 품질이다. 윌의 비용은 윌이 실제로 처리하는 케이스 수와는 무관하지만 품질에 따라 상승한다. 더 구체적으로 윌의 비용은 다음과 같다: $C = z^2$.

a. 주어진 품질 z에 대한 윌의 수요곡선을 그려보시오. z의 증가는 수요곡선에 어떤 영향을 미치는가?
b. $z = 1$, $z = 2$, $z = 3$의 세 가지 옵션을 고려하시오. 이러한 각 선택에 대한 이익 최대화 산출량을 도출해보시오.
c. 위의 세 가지 선택 사항 각각에 대한 시장가격과 품질 비용의 이익 순을 계산해보시오. 어떤 품질 선택이 가장 높은 수익을 가져오는가?

7.5.2 수직적으로 차별화된 시장에서 두 가지 이상의 제품 제공

이제 제품 품질이 시장수요에 미치는 영향에 대한 기본 사항을 살펴보았으므로 이제 다중제품 전략을 고려해 보겠다. 간단하게 설명하기 위해 독점업체가 품질에 대한 지불의향으로 구분되는 두 가지 유형의 소비자만 알고 있다고 가정해 보겠다. 각 소비자 유형은 기간당 최대 한 단위

현실 체크포인트

룸서비스? 아기랑 최고급 샴페인 한 병 주세요

병원은 항상 비용 절감에 대한 압박을 받고 있지만, 적어도 비용을 지불할 의향이 있는 환자들을 위해 품질을 높일 수 있는 방법을 항상 모색하고 있다. 이러한 편의 시설을 선호하고 기꺼이 비용을 지불할 의사가 있는 환자들에게 고급 병실과 서비스를 제공하는 것은 부유층 환자로부터 더 많은 수익을 창출할 수 있는 방법이다. 그 결과, 지난 10년 동안 deluxe 객실에 대한 지출이 매우 건전하게 증가했다. 예를 들어, 점점 더 많은 산부인과 병동에서 조금 더 비용을 지불할 의향이 있는 산모는 개인실, 월풀 욕조, 인터넷 접속, 최고급 요리 등을 이용할 수 있다. 인디애나폴리스의 세인트 빈센트 병원에서는 추가 비용을 내면 마사지와 전문 사진작가의 서비스를 받을 수 있다. 뉴저지의 로버트 우드 존슨 병원은 환자가 레스토랑 스타일의 메뉴를 주문할 수 있도록 하고 매일 오후 3시에 "하이 티"를 제공한다. 이러한 서비스 제공은 몇 년 전부터 고객, 특히 부유층 고객을 유치하기 위한 수단으로 시작된 트렌드를 반영한 것이다. 홍콩의 마틸다 병원은 특히 부유층 고객을 유치하는 여러 럭셔리 병원 중 하나이다. 3일간의 출산 패키지는 몰딩으로 장식된 높은 천장, 체리 마감 목재 바닥, 바다가 내려다보이는 발코니가 있는 아름다운 개인실에 머무르며 샴페인을 곁들인 4성 요리 식사 서비스를 1박에 $1,800로 제공한다. 마찬가지로, 뉴욕 Presbyterian/Weill Cornell 병원의 엘리트 펜트하우스 동인 그린버그 14 사우스도 1박에 2,400달러에 대리석 욕실, 고급스러운 침대, 집사와 함께 풀 룸서비스를 제공하며, 환자는 웅장한 바닥 길이의 창문을 통해 200피트 아래 도시와 이스트강의 아름다운 경치를 감상할 수 있다. 수직적 차별화에 대해 이야기해 보세요!

출처: J. Barshay, "Luxury Rooms Are Latest Fads for Private Hospitals in Asia," *월스트리트 저널*, 2001년 1월 26일, A1면 및 P. Davies, "Hospitals Build Deluxe Wings for New Moms," *월스트리트 저널*, 2005년 2월 8일; 및 N. Bernstein, "Chefs, Butlers,Marble Baths: Chefs Vie for the Affluent," *뉴욕 타임즈*, 2012년 1월 22일, p. A1.

의 회사 제품을 구매한다. 어떤 품질의 제품을 구매할지 결정할 때, 소비자는 가장 큰 소비자잉여를 산출하는 품질의 제품을 구매한다. 소비자 유형 i의 경우 품질 z의 제품을 가격 p에 소비함으로써 얻는 소비자잉여는 다음과 같다:

$$V_i = \theta_i(z - \underline{z}_i) - p \quad (i = 1,2) \tag{7.30}$$

이 방정식에서 θ_i는 유형 i의 소비자가 품질에 부여하는 가치의 척도이고 $\underline{z}_i$는 유형 i의 소비자가 선택하지 않는 품질 하한선이다. 우리는 $\theta_1 > \theta_2$을 가정한다. 즉, 유형 1 소비자는 유형 2 소비자보다 품질에 더 높은 가치를 부여하는데, 이는 유형 1 소비자가 유형 2 소비자보다 소득이 높거나 일반적으로 품질에 대한 선호도가 더 강하기 때문일 수 있다. 또한 $\underline{z}_1 > \underline{z}_2 = 0$이라고 가정한다. 즉, 유형 1 소비자는 적어도 품질 $\underline{z}_1$이 아니면 독점업체의 제품을 구매하지 않는다. 이들은 기내에서 비행기를 타거나 패스트푸드점에서 식사를 하거나 할인점에서 쇼핑을 해도 "죽지 않을" 소비자들이다. 이와 대조적으로 유형 2 소비자는 소비자잉여가 마이너스가 아니라는 전제하에 어떤 품질이든 독점기업의 제품을 기꺼이 구매한다. 안타깝게도 기업은 이러한 다양한 소비자 유형이 존재한다는 것을 알고 있지만, 각 유형을 구분할 수 있는 객관적인 척도가 없다.

2차 가격차별과 유사하게, 독점사업자는 다양한 유형의 고객을 식별하고 구분하는 제품 라인을 선택하고자 한다. 독점자는 유형 1 소비자에게는 높은 품질 z_1을 높은 가격에 구매하도록 유도하고, 동시에 유형 2 소비자에게는 낮은 품질 z_2을 지불 의사와 동일한 낮은 가격에 구매하도록 유도하고자 한다. 회사가 품질 범위 $[\underline{z}, \overline{z}]$의 모든 품질을 생산할 수 있다고 가정한다. 분석을 (합리적으로) 단순하게 유지하기 위해, 또한 생산의 한계비용은 모든 제품 품질에 걸쳐 일정하고 동일하며 0으로 설정되어 있다고 가정한다.[10] 마지막으로 다음과 같은 중요한 가정을 한다(아래 설명 참조):

$$\text{가정 1: } \overline{z} > \frac{\theta_1 \underline{z}_1}{(\theta_1 - \theta_2)}$$

가정 1은 θ_1와 θ_2의 차이가 상대적으로 클 때 가장 쉽게 충족된다.

먼저 품질에 대한 지불의향이 낮은 유형 2의 소비자를 살펴보겠다. 기업은 이 소비자에게 품질이 낮은 제품을 구매할 의향이 있을 정도로 낮은 가격을 부과할 것이다. 방정식 (7.30)에서 $z_2 = 0$이라고 가정할 때 소비자 유형 2는 $p_2 \leq \theta_2 z_2$인 경우 z_2를 구매할 것이며, 이는 제품 2의 가격이 다음과 같음을 의미한다.

$$p_2 = \theta_2 z_2 \tag{7.31}$$

이제 품질에 대한 선호도가 더 높은 유형 1의 소비자를 생각해 보겠다. 물론 이 소비자는 품질이 낮은 제품을 구매할 수 있다. 따라서 고품질 제품의 가격을 책정할 때 회사는 2차 가격차별을 논의할 때와 동일한 유형의 *인센티브 호환성 제약* incentive compatibility contraint 에 직면하게 된다. (유형 2 소비자는 고품질 제품이 아닌 저품질 제품을 구매한다는 제약도 있다. 아래를 참조하시오.) 유형 1 소비자가 고품질 제품을 구매하려면 다음이 필요하다:

$$\begin{aligned} &\theta_1(z_1 - \underline{z}_1) - p_1 \geq \theta_1(z_2 - \underline{z}_1) - p_2 \\ &\theta_1(z_1 - \underline{z}_1) - p_1 \geq 0 \end{aligned} \tag{7.32}$$

(7.32)의 첫 번째 식은 유형 1 소비자가 고품질 재화를 구매함으로써 얻는 소비자잉여가 유형 1 소비자가 저품질 재화를 구매했을 때 얻을 수 있는 소비자잉여보다 크거나 같아야 한다는 것을 말한다. 두 번째 식은 유형 1 소비자가 고품질 재화를 구매함으로써 얻는 소비자잉여가 음이 아니어야 함을 나타낸다.

(7.31)의 $p_2 = \theta_2 z_2$를 (7.32)의 첫 번째 식에 대입하면 다음과 같다:

$$p_1 \leq \theta_1 z_1 - (\theta_1 - \theta_2) z_2 \tag{7.33}$$

방정식 (7.33)에 따르면 고품질 제품에 대해 부과할 수 있는 최대 가격 p_1은 $p_1 \leq \theta_1 z_1 - (\theta_1 - \theta_2) z_2$이다. 이 가격은 두 유형의 소비자가 품질에 부여하는 값 θ_1와 θ_1이 클수록, 그리고 z_1과 z_2 사이의 품질 차이가 클수록 더 커진다. 즉, 모든 소비자가 품질을 더 높게 평가할 때 더 높은 가격을 책정할 수 있다. 또한 독점사업자는 품질이 다른 두 제품을 제공함으로써 효과적으로 자신과 경쟁하고 있기 때문에 독점사업자는 제품 간의 품질 차이를 늘리려는, 즉 두 제품을 더 차별화하려는 인센티브가 있다. 이렇게 하면 제품 간 경쟁이 약화되고 고품질 제품의 가격을 인상할 수 있다. $p_1 \leq \theta_1 z_1 - (\theta_1 - \theta_2) z_2$일 때, 유형 1의 소비자가 고품질 재화를 구매할 때 비음수 잉여를 얻는 조건은 이제 $\theta_1(z_1 - \underline{z}_1) - p_1 \geq 0 \Rightarrow (\theta_1 - \theta_2) z_2 - \theta_1 \underline{z}_1 \geq 0$으로 쓸 수 있다.

10 예를 들어, 회사 비용의 대부분이 설치비용이고 고품질 제품을 압착하면 품질이 낮은 제품이 만들어진다고 가정할 수 있다. 이 가정을 완화해도 크게 달라지지 않으며, 가정을 완화하면 분석이 조금 더 쉬워진다.

가정 1 $\bar{z} > \frac{\theta_1 \underline{z}_1}{(\theta_1 - \theta_2)}$을 고려할 때, 음수가 아닌 소비자잉여의 조건은 $z_2 \leq \bar{z}$와 같을 수 있다.

유형 2 소비자의 경우 인센티브 호환성 제약 조건이 항상 만족된다는 것을 쉽게 확인할 수 있다. 이 유형의 소비자가 고품질 제품을 구매하지 *않으려면* $\theta_2 z_1 - p_1 < 0$이어야 한다. $p_1 \leq \theta_1 z_1 - (\theta_1 - \theta_2)z_2$가 주어지면, 이는 $-(\theta_1 - \theta_2)z_1 + (\theta_1 - \theta_2)z_2 < 0$을 의미한다. $z_1 > z_2$ 그리고 $\theta_1 > \theta_2$이므로, 이는 참이어야 한다. 즉, 식 (7.30)과 (7.32)에 의해 주어진 가격은 유형 1 소비자는 고품질 제품을 구매하고 유형 2 소비자는 저품질 제품을 구매하도록 보장한다.

이제 각 유형의 N_i 소비자가 있다고 가정한다. 또한 가변 생산비용은 품질에 의존하지 않으므로 단순화를 위해 각 재화의 단위 생산비용을 $c_1 = c_2 = 0$으로 설정한다. 다시 한번 단순화를 위해 고정비용도 없다고 가정한다. $p_1 = \theta_1 z_1 - (\theta_1 - \theta_2)z_2$와 $p_2 = \theta_2 z_2$가 주어지면 회사의 총 이익은 다음과 같다.

$$\begin{aligned}\Pi = N_1 p_1 + N_2 p_2 &= N_1\theta_1 z_1 - N_1(\theta_1 - \theta_2)z_2 + N_2\theta_2 z_2 \\ &= N_1\theta_1 z_1 - (N_1\theta_1 - (N_1 + N_2)\theta_2)z_2 \end{aligned} \quad (7.34)$$

이제 우리가 다루고자 하는 문제는 어떤 재화의 품질, 즉 z_1와 z_2는 회사의 이익을 극대화할 것인가 하는 것이다. 방정식 (7.34)에서 z_1의 계수는 $N_1\theta_1$에 의해 양수라는 것을 알 수 있다. 즉, z_1이 상승하면 이익이 증가하므로 기업은 z_1을 가능한 한 높게 설정해야 한다.

$$z_1^* = \bar{z} \quad (7.35)$$

회사는 최고 품질의 제품의 품질을 가능한 최대 품질 수준으로 설정해야 한다.

z_2의 경우 문제는 그렇게 간단하지 않다. z_2가 독점자의 이익에 미치는 영향은 계수 $N_1\theta_1 - (N_1 + N_2)\theta_2$ 부호에 따라 달라진다. 이 항이 양수이면 z_2가 증가함에 따라 독점자의 이익은 감소한다. 음수인 경우, z_2가 증가함에 이익은 따라 증가한다. 이 두 가지 경우를 별도로 살펴볼 필요가 있다.

Case 1: $N_1\theta_1 < (N_1 + N_2)\theta_2$

만약 $N_1\theta_1 < (N_1 + N_2)\theta_2$라면, (7.34)에서 이익이 z_2에서 증가한다는 것을 알 수 있다. 이 케이스에서는 회사는 $z_2 = z_1 = \bar{z}$를 설정해야 한다. 즉 기업은 단 하나의 제품만 제공해야 하며 그 제품은 가능한 최고 품질이어야 한다. 이제 이 경우 기업이 두 유형의 소비자에게 모두 판매할 수 있도록 고품질 제품의 가격을 책정해야 하는지 아니면 유형 1 소비자에게만 판매할 수 있도록 가격을 책정해야 하는지가 문제가 있다.

두 유형의 소비자에게 모두 판매하려면 제품 가격을 $p^* = \theta_2\bar{z}$로 책정해야 한다. 유형 2 소비자는 모든 소비자잉여를 가져가지만, 가정 1을 고려할 때 유형 1 소비자는 약간의 소비자잉여를 누린다. 기업은 $(N_1 + N_2)\theta_2\bar{z}$의 총 이윤을 얻는다. 대신 독점자가 유형 1 소비자에게만 판매하기로 선택한 경우, 제품 가격은 $p = \theta_1(\bar{z} - \underline{z}_1)$로 책정되며 유형 2 소비자를 공급하지 않음으로써 유형 1 소비자로부터 모든 소비자잉여를 추출한다. 이 전략은 회사에 총 이익 $N_1\theta_1(\bar{z} - \underline{z}_1)$를 제공한다. 이 두 가지 전략을 비교하면 두 가지 유형의 소비자에게 모두 판매하는 것이 더 이익이 된다는 것을 알 수 있다.

$$N_1\theta_1(\overline{z} - \underline{z}_1) < (N_1 + N_2)\theta_2\overline{z} \Rightarrow N_1\theta_1 < (N_1 + N_2)\theta_2\frac{\overline{z}}{(\overline{z} - \underline{z}_1)} \tag{7.36}$$

이 경우는 $N_1\theta_1 < (N_1 + N_2)\theta_2$라는 조건에 의해 정의된다. 추가로 $\frac{\overline{z}}{\overline{z} - \underline{z}_1} > 1$도 기억해야 한다. 즉, 방정식 (7.35)가 유지된다. 우리는 케이스 1 $N_1\theta_1 < (N_1 + N_2)\theta_2$에서 독점자는 두 유형의 소비자에게 모두 판매하기 위해 품질 $\overline{z}$의 단일제품을 제공하고 가격을 $p^* = \theta_2\overline{z}$로 책정한다.

Case 2: $N_1\theta_1 > (N_1 + N_2)\theta_2$

(7.34)에서 이 경우 이익이 z_2에서 감소하고 있으므로 회사는 가능한 한 차별화된 두 가지 품질을 제공하려는 인센티브가 있다는 것을 알 수 있다. 이 기업은 $z_1^* = \overline{z}$를 선택하고 z_2를 가능한 한 낮게 설정할 것이다. 하지만 그렇다고 해서 z_2를 최소값인 $\underline{z}_2$로 줄일 수 있다는 의미는 아니다. 또한 유형 1 소비자는 고품질 재화를 구매함으로써 음이 아닌 소비자잉여를 얻는다는 제약조건도 충족해야 한다는 것을 기억해야 한다. 즉, $\theta_1(z_1^* - \underline{z}_1) - p_1 \geq 0$을 만족해야 한다. 그러나 우리는 $z_1^* = \overline{z}$이고, 식 (7.33)으로부터 $p_1 = \theta_1 z_1^* - (\theta_1 - \theta_2)z_2$임을 알고 있다. 이를 비음수 제약 조건에 대입하면 $(\theta_1 - \theta_2)z_2 - \theta_1\underline{z}_1 \geq 0$을 얻는다. 즉 독점자가 다음을 선택한다:

$$z_2^* = \frac{\theta_1\underline{z}_1}{\theta_1 - \theta_2} \tag{7.37}$$

여기서 우리는 독점자가 두 가지 소비자 유형을 구분할 수 없다는 가정이 미치는 영향을 볼 수 있다. 독점자는 방정식 (7.37)에서 암시하는 것보다 z_2를 더 낮게 설정하고 싶지만, 소비자가 자신의 실제 유형으로 스스로 선택할 수 있는 제품을 제공해야 하는 경우 그렇게 할 수 없다.

이제 두 상품의 이익을 극대화하는 가격을 계산할 수 있다. 식 (7.37)을 식 (7.31)로 대체하면 우리는 $p_2^* = \frac{\theta_2\theta_1\underline{z}_1}{\theta_1 - \theta_2}$를 발견할 수 있다. 마찬가지로 (7.37)과 $z_1^* = \overline{z}$를 $p_1 = \theta_1 z_1^* - (\theta_1 - \theta_2)z_2$로 대체하면, 우리는 $p_1^* = \theta_1(\overline{z} - \underline{z}_1)$를 발견할 수 있다. 즉, 유형 1 소비자에게는 최대한 높은 품질에 대한 그들의 최대 지불의사 $\overline{z}$를, 유형 2 소비자에게는 낮은 품질에 대한 그들의 최대 지불 의사인 $z_2^* = \frac{\theta_1\underline{z}_1}{\theta_1 - \theta_2}$이 청구된다. 두 재화를 모두 제공할 때 독점자는 모든 소비자잉여를 추출하지만 제공되는 품질에 대해서는 타협해야 한다는 것이다. 총 이익은 다음과 같다.

$$\Pi = N_1\theta_1(\overline{z} - \underline{z}_1) + N_2\frac{\theta_2\theta_1\underline{z}_1}{\theta_1 - \theta_2} \tag{7.38}$$

독점기업이 두 경우에 책정하는 가격을 비교할 때, 우리는 한 경우에는 독점기업이 한 가지 (높은) 품질의 재화만 제공하기를 원하는 반면, 다른 경우에는 기업이 고품질과 낮은 품질의 재화를 모두 제공하기를 원하는 결과에 대한 직관을 확인할 수 있다.

고품질의 재화가 하나만 제공되는 경우 두 유형의 소비자에게 모두 판매하기 위해 가격이 $p^* = \theta_2\overline{z}$로 책정되는 것을 확인했다. 고품질의 상품과 저품질의 상품이 제공되는 경우, 고품질 재화의 가격은 $p_1^* = \theta_1(\overline{z} - \underline{z}_1)$이고 저품질 재화의 가격은 $p_2^* = \frac{\theta_2\theta_1\underline{z}_1}{\theta_1 - \theta_2}$이 된다. 이는 $p_1^* > p^*$

와 $p_1^* < p^*$라는 가정을 따른다. 두 가지 품질 차별화 상품을 제공하면 독점사업자는 유형 1 소비자에게는 더 높은 가격을 책정할 수 있지만 유형 2 소비자에게는 가격을 낮출 수밖에 없다. 이 전략이 수익성이 있으려면 유형 2 소비자에 비해 "충분히 많은" 유형 1 소비자가 있어야 한다. 이는 두 제품 전략이 $N_1\theta_1 > (N_1 + N_2)\theta_2$ 경우에만 채택되어야 한다는 조건이 정확히 포착하는 속성이다.

7.3 ▸ 실습문제

General Foods는 독점기업이며, Bran Flakes 시장에 두 가지 유형의 소비자가 있다는 것을 알고 있다. 유형 A 소비자는 간접 효용 함수 $V_a = 20(z - z_1)$이며 유형 B 소비자는 간접 효용 함수 $V_b = 10z$이다. 각각의 경우 z는 제품 품질의 척도로, [0,2] 구간에서 선택할 수 있다. 시장에는 N명의 소비자가 있으며, 이 중 일부 η는 유형 A이고 나머지는 유형 B라는 것을 General Foods가 알고 있다.

a. General Foods가 다양한 소비자 유형을 구분할 수 있으므로 동일한 품질의 아침 시리얼에 대해 서로 다른 가격을 책정할 수 있다고 가정해 보겠다. General Foods의 수익극대화 전략은 무엇인가?

이제 General Foods가 어떤 유형의 소비자가 어떤 소비자인지 모른다고 가정해 보겠다.

b. 수익극대화 전략이 η에 의해 어떻게 결정되는지 보이시오.
c. $z_1 = 0$일 때 수익을 극대화하는 전략은 무엇인가?

7.6 실증적 적용: 제품 품질 및 시장규모

수직적으로 차별화된 시장을 공식적으로 고려할 때 얻을 수 있는 중요한 통찰력 중 하나는 시장규모가 커질수록 품질이 향상되는 경향이 있다는 것이다. 이러한 통찰력은 역수요곡선이 일반적인 형태인 수직적 품질 시장에 대한 초기 논의에서 가장 쉽게 확인할 수 있다:

$$P = z(K - Q) \tag{7.39}$$

이 사양의 장점은 시장규모를 매개변수 K로 완전히 파악할 수 있다는 것이다. 따라서 앞의 예에서와 같이 $K = 50$이면 $P = \$0$에서 최대 시장수요는 $Q = 50$이다. 그러나 $K = 100$이면 $P = \$0$에서 최대 수요는 $Q = 100$이다. 다른 모든 가격에서도 이 비교를 반복할 수 있으며 동일한 상대적 결과가 나타난다. 품질 z를 일정하게 유지하면 모든 가격 P에서 시장의 총 수요는 K가 클수록 커진다.

이제 한계 생산비용은 품질 z와 무관하며 편의상 0으로 설정하고 간접비 설계 비용은 이차식, 즉 $F(z) = 5z^2$로 설정한 이전 예제를 생각해 보겠다. 이전과 마찬가지로 한계수익이 $MR = zK - 2zQ$로 인식하여 최적의 수량을 구할 수 있다. 이를 가정한 한계비용 값인 0과 동일시하면 다음과 같은 결과가 도출된다:

$$Q = \frac{K}{2} \Rightarrow P = z\frac{K}{2} \tag{7.40}$$

이는 곧 회사의 수익이 다음과 같이 발생한다는 것을 의미한다:

$$\pi(z) = \frac{K^2}{4}z - 5z^2 \tag{7.41}$$

따라서 품질 z가 증가할 때마다 수익은 $K^2/4$만큼 증가하며, 이러한 품질 증가에는 $10z$의 한계비용이 발생한다는 것을 이미 알고 있다. 이 한계수익과 한계비용을 동일시하면 다음과 같은 결과가 도출된다.

$$z = \frac{K^2}{40} \tag{7.42}$$

다시 말하지만, $K = 50$일 때 초기 예제에서 찾은 것처럼 $z = 62.5$가 된다는 것을 쉽게 확인할 수 있다. 하지만 일반적으로 수익을 극대화하는 z의 선택은 시장규모의 척도인 K에 따라 증가한다는 점에 유의해야 한다.

앞서 설명한 직관은 매우 일반적이다. 이는 품질에 따라 한계 생산비용이 상승하는 경우에도 적용된다. 사실, 경쟁이 있어 여러 회사가 서로 다른 품질의 제품을 제공할 때에도 적용되지만, 여기서는 일반적으로 시장규모에 따라 상승하는 것이 최고의 제품 품질이라는 의미이다.

요컨대, 시장이 클수록 더 좋은 품질의 제품을 제공해야 한다는 일반적인 예측이 있다. Berry, Waldfogel(2010)은 최근 논문에서 이러한 예측을 테스트한다. 이를 위해 그들은 신문 시장과 레스토랑 시장의 두 가지 지역 시장을 조사했는데, 각 지역 시장은 미국 인구조사국이 정의한 283개의 대도시 통계 지역 중 하나에 해당한다. 여기서 신문 시장의 결과에 초점을 맞춘 이유는 이 시장이 위의 직관적인 논거에 가장 근접하기 때문이다.

Berry, Waldfogel(2010)은 신문의 품질을 여러 가지 방법으로 정의한다. 콘텐츠가 많을수록 품질이 좋아야 하므로 신문의 페이지 수를 측정하는 것도 한 가지 방법이 될 수 있다. 여러 신문이 모인 경우, 평균 페이지 수(평균 페이지 수)를 사용하거나 위의 분석에 따라 가장 큰 신문의 페이지 수(최대 페이지 수)를 사용할 수 있다. 또 다른 투입기반 품질 측정은 직원 기자 수로, 이 역시 모든 신문의 평균을 구하거나(AVESTAFF) 특정 커뮤니티에서 가장 큰 값으로 구할 수 있다(MAXSTAFF). 직원 기자 수는 신디케이트된 전국 단위의 보도가 아닌 지역 뉴스를 다루는 정도를 반영할 가능성이 높기 때문에 지역 수준에서 특히 중요할 수 있다.[11]

그런 다음 신문 품질에 대한 다양한 측정치를 시장규모의 척도인 대도시 지역 인구 측정치와 품질 선택에 영향을 미칠 수 있는 다양한 요인[대도시 평균 소득, 대학 교육을 받은 인구 비율, 젊은 층(35세 미만) 비율, 고령층(65세 이상) 비율]을 통제하기 위한 다른 변수들과 함께 회귀 분석한다. 품질 및 시장규모 변수의 자연 로그를 사용하여 추정 계수가 자연스럽게 탄력성, 즉 백분율 변화의 비율로 처리되도록 한 회귀에 대한 Berry와 Waldfogel(2010)의 결과는 아래 표 7.1에 나와 있다.

첫 번째 행의 추정치는 시장규모에 따라 제품 품질이 상승한다는 가설을 강력하게 확인시

11 평균은 인쇄부 가중 평균이다.

표 7.1 신문 품질 및 시장규모*

	종속변수			
	ln(AVEPAGE)	ln(AVESTAFF)	ln(MAXPAGE)	ln(MAXSTAFF)
ln(POP)	0.208	0.475	0.287	0.560
	(0.021)	(0.025)	(0.015)	(0.025)
중간 소득	−0.001	0.009	0.005	0.025
	(0.005)	(0.006)	(0.004)	(0.006)
%대학	1.106	0.900	1.025	0.961
	(0.388)	(0.479)	(0.275)	(0.477)
%젊은 층(35세 미만)	2.387	1.73	1.119	0.428
	(1.115)	(1.380)	(0.790)	(1.375)
%나이(> 65세)	2.480	0.183	1.982	0.006
	(1.113)	(1.377)	(0.789)	(1.371)
상수	2.59	2.611	3.165	3.010
	(0.549)	(0.680)	(0.389)	(0.677)

*괄호 안의 표준 오차.

켜 준다. 따라서 인구가 10% 증가하면 평균 및 최대 대도시 지역의 페이지 수는 각각 2%와 3% 증가하며, 각 결과는 1% 수준에서 통계적으로 유의미한다. 마찬가지로 대도시 인구가 10% 증가하면 평균 신문사와 최대 신문사의 직원 기자 수는 각각 48%와 56% 증가한다. 이 결과 역시 통계적으로 매우 유의미한 결과이다.

또한 최고 품질의 신문은 시장점유율이 가장 높은 신문이기도 한다. 예를 들어, 뉴욕에서 가장 많은 페이지를 발행하는 신문은 *뉴욕 타임즈*이며, 뉴욕 타임즈의 대도시 시장점유율은 그 다음으로 큰 두 신문인 *데일리 뉴스와 포스트*를 합산한 것과 비슷하다. 따라서 최고 품질의 선택은 항상 시장점유율이 가장 높은 회사의 결정이며, 이는 이 장의 분석 목적에 조금 더 부합하다.[12] 전반적으로 신문의 품질과 시장규모는 매우 긍정적인 상관관계가 있는 것으로 보인다.

요약

이 장에서는 독점기업이 다양한 취향을 가진 소비자에게 판매할 때 사용할 수 있는 제품차별화 전략에 대해 살펴보았다. 다양한 제품을 제공함으로써 기업은 소비자잉여를 더 잘 수용하고 수익을 높일 수 있다. 먼저 수평적 제품 차별화를 고려했다. 이 시나리오에서 소비자는 특정 제품 특성에 대한 선호도가 다르다. 어떤 사람은 노란색, 어떤 사람은 검은색, 어떤 사람은 부드러운 것, 어떤 사람은 딱딱한 것, 어떤 사람은 단맛, 어떤 사람은 신맛을 선호한다. 독점기업은 다양한 종류의 제품을 판매함으로써 시장을 확장하는 동시에 고객이 가장 선호하는 맛, 색상 또는 디자인에 가까운 다양한 제품을 판매하는 대가로 고객에게 더 높은 가격을 청구할 수 있는 능력을 향상시킨다.

이러한 종류의 시장의 특징은 독점업체가 너무 많은 종류의 상품을 제공하는 경향이 있다는 점인데, 이러한 예측은 상당한 근거가 있다. 그러나 독점업체가 가격차별화를 할 수 있다면 다양성을 과도하게 공급하려는 인센티브는 완화된다. 사실, 완벽한 또는 1차 가격차별은 기업이 소비자에게 사회적으로 최적의 경우와 동일한 양의 다양

12 그러나 구조(및 시장점유율)는 내생적이라는 1장에서의 경고를 기억해야 한다. 기업의 시장지배력이 신문의 높은 품질에 영향을 미치는 것만큼이나 신문의 높은 품질이 해당 신문의 시장점유율에 영향을 미친다.

성을 제공하도록 장려한다.

또한 제품이 수직적으로 차별화되었을 때 독점자의 전략에 대해서도 조사했다. 이 경우 모든 소비자는 품질이 높을수록 좋다는 데 동의하며, 여기서 품질은 제품의 관찰 가능한 기능 또는 기능 집합으로 측정된다. 그러나 소비자들은 품질에 대한 지불의향이 다르다. 독점업체가 한 가지 유형의 제품만 제공하고 품질에 비용이 많이 드는 경우, 독점업체가 너무 낮은 품질을 선택할 수 있다는 사실을 발견했다. 또한 수직적으로 차별화된 경우 독점자는 소비자선호도의 차이를 이용하기 위해 다양한 품질을 제공하려는 인센티브를 가질 수 있다. 그러나 이 과정에서 기업은 인센티브 호환성 제약에 직면하게 되며, 다양한 유형의 소비자가 자신의 유형에 맞는 품질을 구매할 수 있도록 품질과 가격을 선택해야 한다. 이러한 제약 조건은 6장의 2차 가격차별에 발생한다. 이 분석에서 나온 한 가지 경험적 예측은 수직적으로 차별화되는 제품에서는 시장규모가 커질수록 더 나은 제품을 만드는 데 규모의 경제를 충분히 활용할 수 있기 때문에 최고 제품의 품질이 상승하는 경향이 있다는 것이다. 평균 직원 규모나 평균 페이지 수와 같은 변수로 품질을 측정하는 도시 신문 시장의 증거가 이 가설을 뒷받침한다.

우리는 주로 독점의 맥락에서 이론적 논의를 진행했다. 그러나 우리가 설명한 관행은 상당한 경쟁자가 없는 완벽한 독점기업과는 거리가 먼 기업에서 채택하는 경우가 많다. 이는 불완전경쟁기업이 수평적 차별화든 수직적 차별화든 다양한 차별화 제품을 제공하려는 매우 강력한 인센티브를 가지고 있다는 사실을 반영한다. 실제로 불완전경쟁기업은 경쟁사를 상대하기 위한 중요한 전략으로 이러한 차별화를 추구하려는 매우 강력한 인센티브를 가지고 있는 경우가 많다. 이 점에 대해서는 다음 장에서 논의하겠다. 여기서는 이 장에서 보고된 도시별 신문시장에 대한 실증 연구도 이러한 견해를 뒷받침하는 경향이 있다는 점을 간단히 언급한다. 같은 도시에 있는 두 신문이 독자들에게 동일한 품질의 뉴스를 제공하는 경우는 거의 없다.

연습 문제

1. 독점사업자는 다음과 같은 역수요곡선에 직면한다: $P = (36 - 2Q)z$; 여기서 P는 가격, Q는 총생산량, z는 판매되는 제품의 품질이다. **z**는 두 가지 값 중 하나만 취할 수 있다. 독점사업자는 **z**가 1인 저품질 제품을 판매할 수 있다. 또는 독점자는 $z = 2$인 고품질 제품을 판매하도록 선택할 수 있다. 한계비용은 품질과 무관하며 0으로 일정하다. 그러나 고정비용은 제품 설계에 따라 달라지며 선택한 품질에 따라 증가한다. 구체적으로 고정비용은 $65z^2$와 같다.
   a. 이윤이 최대화되고 품질이 낮은 디자인을 선택한 경우 독점자의 이윤을 구하라.
   b. 이윤이 최대화되고 고품질의 설계가 선택되었을 때 독점자의 이윤을 구하라.
   c. 1(a)와 1(b)의 답을 비교했을 때, 독점자는 어떤 품질 선택을 해야 하는가?
2. 1970년대 초, 6개의 대형 아침 식사 시리얼 제조업체가 시장의 95%를 점유했다. 그 후 20년 동안 이 제조업체들은 80여 종의 새로운 시리얼을 출시했다. 이 장의 앞부분에서 설명한 호텔링 공간 모델의 관점에서 이 전략을 어떻게 평가하면 되겠는가?
3. 크레페 크리에이션은 5마일 길이의 헤르모자 해변에서 노점상들을 대상으로 자사 고유의 크레페 브랜드를 프랜차이즈화하는 방안을 고려하고 있다. CC는 평균적으로 하루에 1,000명의 일광욕객이 해변에 고르게 분포되어 있으며, 각 일광욕객은 가격과 기타 불편 비용이 5달러를 넘지 않는다면 하루에 크레페 한 개를 구매할 것으로 추정한다. 각 일광욕객은 크레페를 사기 위해 쉬다가 일어나서 해변으로 돌아올 때 발생하는 불편 비용으로 CC 매점에 가기 위해 ¼마일마다 25센트를 부담해야 한다. 각 크레페를 만드는 데 0.50달러의 비용이 들며 CC는 노점 운영에 하루에 $40의 간접비가 발생한다. 노점상들이 받을 수 있는 가격을 결정하고 노점상들과 수익 공유 로열티 체계를 갖는다는 가정 하에 CC는 몇 개의 프랜차이즈를 수주해야 하는가? 각 가판대의 크레페 가격은 얼마인가?
4. 위의 문제 3으로 돌아가 보자. 이제 CC가 각 노점상에게 자신의 지정된 구역에서 크레페를 배달하도록 요구한다고 가정해 보겠다. 노점상들의 노력 비용이 일광욕을 하는 사람들의 노력 비용과 같다는 표준 가정을 하면 이제

몇 개의 프랜차이즈가 주어져야 하는가? 노점상들의 노력 비용이 일광욕을 하는 사람들의 노력 비용의 절반이라면, 즉 거리 1마일당 12.5센트의 비용이 든다면 답은 어떻게 달라지는가?

5. Dell이 두 가지 버전의 새 노트북을 고려하고 있다고 가정해 보겠다. 한 버전은 고성능 표준을 충족한다. 다른 하나는 중간 성능 표준만 충족한다. 두 번째 제품을 만들기 위해 Dell은 더 저렴한 재료를 사용한 다음 고성능 컴퓨터의 키보드를 크림핑하여 각 제품의 한계비용이 동일한 500달러가 되도록 한다. 새 노트북에는 두 가지 유형의 소비자가 있다. "기술자"는 (간접) 효용 함수 $V_t = 2000(z - 1)$을 갖는다. "일반인"은 (간접) 효용 함수 $V_n = 1000z$를 가지며, 여기서 z는 제품 품질의 척도이다. Dell은 중간 성능의 컴퓨터가 고성능 컴퓨터보다 품질이 낮다는 제한이 있을 뿐, 간격 (1,3)에서 각 컴퓨터에 대한 품질 수준 z를 선택할 수 있다. Dell이 N_t와 N_n이 있다는 것을 알고 있고 어떤 소비자가 어떤 유형인지도 파악할 수 있다면 최적의 가격 및 제품 품질 전략은 무엇인가?

6. 위의 문제 5로 돌아가 보자. Dell이 각 고객을 식별할 수 없고 각 유형의 숫자만 알고 있다고 가정하자. Dell의 수익극대화 전략이 각 유형의 상대적인 수에 의해 결정된다는 것을 보여라.

7. 독점사업자는 다음과 같은 역수요곡선에 직면한다: $P = 22 - Q/100z$, 여기서 z는 품질 지수이다. 독점사업자는 단위당 다음과 같은 비용이 발생한다: $c = 2 + z^2$.
   a. 제품 품질 z의 증가는 수요에 어떤 영향을 미치는가?
   b. 이 기업이 세 가지 품질 수준 중 하나를 선택해야 한다고 가정해 보겠다: $z = 1$, $z = 2$, $z = 3$. 어떤 품질 선택이 기업의 이윤을 최대화하는가? 이 이윤을 극대화하는 품질 수준과 관련된 이윤극대화 생산량과 가격은 얼마인가?

8. 위의 문제 7로 돌아가 보자. 사회적후생을 최대화할 수 있는 품질 선택은 무엇인가? 독점기업이 이 사회적으로 최적의 품질을 생산하도록 제약을 받는다면, 독점기업은 어떤 가격을 책정할 것인가?

참고문헌

Berry, S., and J. Waldfogel. 2010. "ProductQuality and Market Size," *Journal of Industrial Economics* 58 (March): 1–31.

Hotelling, H. 1929. "Stability in Competition," *Economic Journal* 39 (January): 41–57.

Macleod, W. B., G. Norman, and J. F. Thisse. 1988. "Price Discrimination and Equilibrium in Monopolistic Competition," *International Journal of Industrial Organization* 6 (December), 429–46.

Mussa, M., and S. Rosen. 1978. "Monopoly and Product Quality," *Journal of Economic Theory* 18: 301–17.

부록

LOCATION CHOICE WITH TWO SHOPS

Shops have identical costs. Symmetry implies each is located a distance d from each market endpoint.

1. $d \leq 1/4$: If d is less than ¼, then the maximum full price that can be charged if all consumers are to be served is determined by the consumers at the market center ($x = ½$) and is equal to a price p such that when transport costs are included, they pay a full price equal to V. Hence, the maximum price is:

$$p(d) + t\left(\frac{1}{2} - d\right) = V \Rightarrow p(d) = V - t\left(\frac{1}{2} - d\right) \qquad (7.A1)$$

Aggregate profit at this price is also a function of d and is given by:

$$\pi(d) = [p(d) - c]N = \left(V + td - \frac{t}{2} - c\right)N \qquad (7.A2)$$

This profit increases as d gets larger. It follows therefore that d should never be lessthan ¼.

2. $d > 1/4$. If d is greater than 1/4, the maximum price if all consumers are to be served is determined by consumers at the market endpoints ($x = 0,1$). The maximum price now satisfies:

$$p(d) + td = V \Rightarrow p(d) = V - td \qquad (7.A3)$$

Aggregate profit is now

$$\pi(d) = [p(d) - c]N - (V - td - c)N \qquad (7.A4)$$

This is decreasing in d. Hence, d should never exceed ¼. Given that d should also never be less than ¼, that profit maximization implies that $d = 1/4$ exactly.

THE PROFIT MAXIMIZING NUMBER OF RETAIL OUTLETS

Recall that the profit to the firm if it has n outlets (or product variants) is:

$$\pi(N, n) = N\left(V - \frac{t}{2n} - c\right) - nF \qquad (7.A5)$$

If we ignore the integer constraint on n we can find the profit-maximizing number of retail outlets by differentiating (7.A5) with respect to the number of retail outlets n to give the first-order condition:

$$\frac{\partial \pi(N, n)}{\partial n} = \frac{Nt}{2n^2} - F = 0 \qquad (7.A6)$$

Solving for n gives the profit-maximizing number of retails outlets

$$n^* = \sqrt{\frac{Nt}{2F}} \qquad (7.A7)$$

OPTIMAL PARTIAL MARKET PRICE

Assume that the left-hand shop is located ¼ mile from the left-hand end of the market. At a price p this shop sells to consumers located within distance r on each side such that $p + tr = V$, or $r = (V - p)/t$. Total demand to this shop is, as before, $2rN$. Profit to this shop is, therefore:

$$\pi = 2N(p - c)(V - p)/t \qquad (7.A8)$$

Differentiating with respect to p gives the first order condition:

$$\frac{\partial \pi}{\partial p} = \frac{2N}{t}(V - 2p + c) = 0 \tag{7.A9}$$

Solving for the optimal price p^* then gives:

$$p^* = (V + c)/2 \tag{7.A10}$$

At this price, profit to each retail outlet is:

$$\pi = \frac{N}{2t}(V - c)^2 \tag{7.A11}$$

THE SOCIALLY OPTIMAL NUMBER OF RETAIL OUTLETS

The optimal number of retail outlets (product variants) minimizes total transportation and set-up costs:

$$C(N, n) = \frac{tN}{4n} + nF \tag{7.A12}$$

Minimizing (7.A12) with respect to the number of retail outlets n yields:

$$n^o = \sqrt{\frac{Nt}{4F}} \tag{7.A14}$$

OPTIMAL CHOICE OF OUTPUT AND QUALITY

Let demand be given by:

$$P = z(\theta - Q) \tag{7.A15}$$

Let marginal production costs be zero but the design cost be quadratic in quality z so that:

$$C(Q, z) = \alpha z^2 \tag{7.A16}$$

It follows that the firm's profit function is:

$$\pi(Q, z) = PQ - C(Q, z) = z(\theta - Q)Q - \alpha z^2 \tag{7.A17}$$

Solving for the optimal output Q^* then gives:

$$Q^* = \theta/2 \tag{7.A19}$$

Now differentiate the profit function with respect to quality choice z to give the first-order condition:

$$\frac{\partial \pi(Q, z)}{\partial z} = (\theta - Q)Q - 2\alpha z = 0 \tag{7.A20}$$

Substituting the optimal quantity Q^* from (7.A19) in (7.A20) gives:

$$z^* = \theta^2/8\alpha \tag{7.A21}$$

Industrial Organization
Contemporary Theory and Empirical Applications

제 8 장

상품번들링 및 제휴판매

Commodity Bundling and Tie-In Sales

차례

8.1 ▸ 상품번들링 및 소비자 가치 평가
8.2 ▸ 필수 제휴판매
8.3 ▸ 보완재, 네트워크 외부효과, 독점적 가격 책정
8.4 ▸ 독점 금지, 번들링 및 제휴판매
8.5 ▸ 실증적 적용: 케이블 TV에서의 번들링
요약
연습 문제

1999년 11월 5일, 토마스 펜필드 잭슨 판사는 Microsoft 반독점 재판에서 "사실관계 확인서"를 발표했고, 이 판결은 5개월 후인 2000년 4월 3일에 열린 재판에서 잭슨 판사가 유죄 판결을 내리는 데 근거가 되었다. 무엇보다도 잭슨 판사는 Microsoft의 *Windows* 운영체제와 *Internet Explorer* 웹 브라우저는 원칙적으로 독립적으로 존재할 수 있는 별개의 제품이지만 Microsoft가 하나의 패키지로 묶어 판매했다고 결론지었다. 잭슨 판사는 이러한 번들링 bundling 이 Microsoft의 운영체제 독점을 브라우저 시장으로 확장하기 위한 두 제품의 불법적인 결합이라는 점에 중점을 두었다. 이 혐의에 대해 변호인은 독점력 확대와 관련이 없는 번들링에 대한 설명을 제시해야 한다.

잭슨 판사가 명령한 구제책은 Microsoft를 운영체제를 생산하는 회사와 Microsoft *Office* 및 *Internet Explorer*와 같은 소프트웨어 구성 요소를 생산하는 회사로 분리하는 것이었다. 잭슨 판사의 판결은 항소심에서 뒤집혔고, Microsoft가 애플리케이션 프로그래밍 인터페이스를 공유함으로써 *Windows* 기반 애플리케이션을 제공하려는 경쟁업체가 *Windows* 플랫폼에서 원활하게 작동하도록 하는 합의안이 제시되었다.

이후 유럽위원회는 Microsoft가 *Windows* 운영체제에 *WMP* (*Windows Media Player*)를 번들로 제공함으로써 지배적 지위를 남용하고 있다고 비난하며 제소했다. 2003년에 내려진 예비 판결에 따르면 Microsoft는 *WMP*가 포함되지 않은 *Windows* 버전을 제공하고 경쟁업체가 *Windows* 플랫폼에서 효과적으로 작동하는 미디어 플레이어를 제공하는 데 필요한 정보를 제공해야 했다. 또한 Microsoft는 2004년 판결의 이행을 지연했다는 이유로 4억 9,700만 유로(€)의 벌금을 부과받았으며, 2012년에는 8억 6,000만 유로(€)로 벌금이 증액되었다.

Microsoft의 이러한 행동은 이 기술 회사에만 국한된 것일까? 전혀 그렇지 않다. 사실 시장 지배력이 있는 기업과 없는 기업을 Rl론하고 대부분의 기업은 두 가지 이상의 상품을 판매하며, 한 기업의 여러 제품을 번들링하거나 끼워파는 행위는 자주 관찰된다. 제품 판매를 끼워팔기 함으로써 기업이 얻을 수 있는 이득은 무엇일까? 잭슨 판사와 유럽연합 집행위원회가 우려하는

반경쟁적, 진입 저해적 동기만 있을까? 번들링이 수익과 효율성을 모두 높일 수 있을까, 아니면 효율성을 희생하면서 수익을 올릴 수 있을까? 이러한 번들링과 끼워팔기 전략으로 인해 소비자는 이득을 볼까, 아니면 손해를 볼까? 이 장에서는 이러한 질문에 대해 살펴본다.

번들링(묶음판매)을 통해 소비자가 실제로 얻을 수 있는 이득은 Microsoft가 *Windows* 운영체제가 아닌 소프트웨어 애플리케이션에 대해 부과하는 가격을 살펴보면 알 수 있다. Microsoft *Office* 제품군은 가장 인기 있는 애플리케이션 패키지 중 하나이다. *오피스 프로페셔널* 2010에는 *Word, Excel, Outlook, PowerPoint, Access, OneNote* 프로그램이 포함되어 있으며, 2012년 9월 가격은 400달러이다. 개별 구성 요소를 별도로 구매할 수 있으며 *Word, Excel, Outlook, Access*는 각각 140달러, *OneNote*는 80달러, 총 780달러에 판매된다. 즉, 380달러의 번들 할인이 적용된다. 그렇다면 Microsoft가 이러한 번들을 제공하는 데 어떤 인센티브가 있을까? *Office* 번들을 제공하는 것이 Microsoft의 수익 증대에 어떻게 도움이 될까?

계속 진행하기 전에 분석을 좀 더 정확하게 해야 한다. Microsoft와 같은 회사에서는 두 개 이상의 제품을 개별 구성 요소의 정해진 양으로 구성된 명시적인 번들로 판매하는 경우도 있다. 따라서 *오피스* 제품군에는 구성 프로그램 각각이 정확히 한 개씩 포함되어 있고, 레스토랑의 고정 가격 메뉴에는 포함된 코스 각각이 하나씩 포함되어 있으며, 휴가 여행 패키지에는 런던 왕복 항공권 *1매*, 5박 숙박권, 웨스트엔드 연극 *3편*이 명시되어 있을 수 있다.

번들링의 대안으로 흔히 *끼워팔기 tying* 라고 하는 방법이 있다. 이 전략에서 기업은 한 제품의 판매를 다른 제품의 구매와 *연계*하지만 두 제품이 소비되는 비율은 통제하지 않는다. 한 재화(끼워팔기 재화)를 일정량 구매하면 구매자는 두 번째 재화(끼워팔기 재화)를 구매해야 한다. 예를 들어, 초창기 비즈니스용 기계와 컴퓨터의 경우 IBM은 구매자가 IBM에서 제작한 표 계산 카드도 사용해야 한다는 조건으로 기계를 판매했다. 즉, 기계 구매는 IBM 카드의 추가 구매와 연계되어 있었다.[1] IBM은 소비자가 구매해야 하는 카드의 개수를 지정하지 않았기 때문에 이를 상품번들링(묶음판매)과 구분한다.

끼워팔기의 최근 사례는 어렵지 않게 찾을 수 있다. 컴퓨터 프린터를 구입하면 해당 프린터에 맞는 고유 잉크 카트리지도 함께 구입하게 된다. 휴렛팩커드 카트리지는 캐논 프린터에 맞지 않으며, 그 반대의 경우도 마찬가지이다. 마찬가지로 소니의 *플레이 스테이션* 게임 카트리지는 닌텐도 *Wii*나 마이크로소프트 *엑스박스* 시스템에서 작동하지 않는다. 이 모든 경우에 묶여 있는 것은 수량이 아니라 관련 제품의 브랜드(및 판매자)이다. 실제로 인쇄하는 학기말 시험지 초안 매수를 스스로 엄격하게 제한하면 Hewlett-Packard 잉크 카트리지에 대한 수요를 언제든지 줄일 수 있다! 이러한 현대적 끼워팔기의 예는 IBM의 사례처럼 *계약*이 아닌 *기술* 기반이다. 하지만 계약적이든 기술적이든 우리가 다루고자 하는 문제는 끼워팔기와 번들링 *budling* 관행의 동기와 그 함의이다. 이제 이러한 질문에 대해 보다 공식적인 분석으로 넘어가겠다.

1 이 끼워팔기 정책은 *International Business Machines* v. *U.S.*, 298 U.S. 131 (1936)에서 클레이튼 법 위반으로 이의를 제기당했다. 이후 수십 년 동안 IBM을 상대로 한 수많은 민간 반독점 소송에서 유사한 혐의가 반복적으로 제기되었다.

8.1 상품번들링 및 소비자 가치 평가

약 30년 전 노벨상 수상자인 조지 스티글러가 번들링을 소비자들의 상품에 대한 가치 평가의 차이를 이용하는 수단으로 처음 이해한 이야기부터 시작하겠다.[2] 스티글러가 간단한 분석을 발표할 당시 그는 최근 영화 산업과 관련된 대법원 판례에 대응하고 있었다. 1950년대와 1960년대 내내 할리우드 예전 영화의 방영은 텔레비전 요금의 상당 부분을 차지했다. 영화에 대한 권리를 소유한 영화 배급사는 지역 방송사에 상영권을 유료로 판매했다. 그러나 영화를 단품으로 판매하는 경우는 거의 없었다. 대신 <*카사블랑카*>나 <*시에라 마드레의 보물*> 같은 명작과 <*고릴라 맨*>이나 <*최루탄 부대*> 같은 "B급" 영화를 결합한 패키지로 판매했다.[3] 스티글러의 통찰력은 모든 텔레비전 방송국이 처음 두 영화(또는 비슷한 품질의 다른 영화)를 마지막 두 영화보다 더 중요하게 생각하지만, 두 유형의 영화에 대한 상대적 평가는 방송국마다 다를 수 있다는 점을 인식한 것이었다. 이러한 차이가 번들링이 관찰되는 동기를 제공한다.

스티글러의 예시를 수정한 버전은 다음과 같다. 두 개의 영화 X와 Y가 있고 두 개의 방송국(서로 다른 도시에 위치)이 있으며, 두 영화에 대한 각 방송국의 유보가격 *reservation price* 은 다음과 같다고 가정한다:

	영화 X에 대한 최대 지불의향	영화 Y에 대한 최대 지불의향
방송국 A	\$8,000	\$2,500
방송국 B	\$7,000	\$4,000

이전 장에서 다루었지만, 영화 배급사는 차별적인 가격을 적용하여 이러한 서로 다른 가치 평가를 활용할 수 있다. 그러나 기억하겠지만, 가격차별은 어느 방송국이 어느 방송국인지를 식별하고 방송국 간의 차익거래를 피해야 하는 두 가지 문제를 극복해야 한다. 이것이 불가능하다고 가정해 보겠다. 그렇다면 배급사는 각 영화에 대해 균일한 가격을 책정해야 하며, 이 경우 가장 좋은 방법은 영화 X는 7,000달러, 영화 Y는 2,500달러로 청구하는 것이다. 이 가격으로 두 방송국이 두 영화를 모두 구매하면 배급사의 총 수익은 19,000달러가 된다.

그러나 번들링을 사용하면 더 많은 수익을 올릴 수 있다. 배급사가 두 영화를 개별적으로 판매하는 대신 두 방송국에 번들로 묶어 총 10,500달러의 가격으로 제공한다고 가정해 보겠다. 두 방송국 모두 이 번들의 가치를 높게 평가하기 때문에 배급사는 두 영화를 두 방송국에 모두 판매한다. 이제 수익은 \$21,000로 증가한다.

번들링이 매출을 증가시키는 이유는 간단하다. 번들링은 소비자의 지불의향의 편차를 줄여주기 때문이다. 결과적으로 이러한 분산 감소는 수요곡선을 효과적으로 탄력적으로 만들어 상대적으로 작은 가격 인하로도 상당한 수요 증가를 가져올 수 있다. 위의 영화 예시에서 영화 X를 한 개 판매할 때 가격을 1,000달러 인하해야 하는 반면, 영화 Y를 한 개 판매할 때 가격을 1,500달러 인하해야 하는 것은 각각 개별적으로 판매할 때와 같다. 그러나 번들로 제공하면 두 번째 패키지 단위를 판매할 때 가격을 500달러만 인하하면 된다. 번들링은 개별 제품을 함께 패키징하면 개별 제품에 대한 지불의향의 편차가 줄어들기 때문에 효과적이다.

2 Stigler (1968).

3 *United States v. Loew's Inc.*, 371 U.S. 38 (1962) 참조

번들링에 대한 스티글러의 통찰력은 분명 유효하다. 그러나 그의 분석은 여러 측면에서 불완전하다. 첫째, 그의 모델은 번들링이 수익성이 있으려면 소비자 가치가 특정한 방식으로 분배되어야 한다는 것을 암시한다. 예를 들어 방송국 B의 영화 Y에 대한 가치가 2,500달러라고 가정해 보겠다. 이 경우 번들 가격은 9,500달러이므로 번들링으로 총 수익은 19,000달러이며, 이는 영화를 개별적으로 제공하는 것보다 낫지 않다는 것을 의미한다. 이 경우 영화 Y에 대한 지불의향에는 변화가 없으므로 번들링은 수익 증대 전략이 아니다. 둘째, 스티글러의 분석은 미국 법무부와 유럽연합 집행위원회의 핵심 관심사인 진입억제전략를 위한 번들링을 다루지 않았다. 셋째, 스티글러의 모델은 *혼합번들링 mixed bundling* 전략, 즉 두 제품을 번들뿐만 아니라 개별적으로도 판매하는 전략을 고려하지 않았다. 이제 이러한 문제를 살펴보겠다.

이를 위해 Nalebuff(2007)가 개발한 (비교적) 간단한 모델의 변형으로 시작하겠다. 1과 2로 표시된 두 개의 재화가 있다고 가정한다. 이 두 재화는 각각 일정한 한계(및 평균) 비용으로 생산되며, 현재로서는 0이라고 가정한다. 즉, 다품종 생산의 비용 이점이 없다고 가정한다. 특히 4장에서 논의한 유형의 범위의 경제는 존재하지 않는다. 따라서 각 재화의 한 단위로 구성된 번들 또는 패키지를 생산하는 데 드는 한계비용도 0이다.

청구된 가격이 해당 재화의 유보가격 *reservation price* 보다 낮다면 각 소비자는 단위 시간당 각 재화를 정확히 한 개씩 구매한다고 가정한다. 재화 1에 대한 소비자의 유보가격, 즉 최대 지불의향은 R_1이고 재화 2에 대한 소비자의 예약 가격은 R_2이다. 또한 재화 번들에 대한 소비자의 유보가격은 $R_B = R_1 + R_2$과 같다고 가정한다. 번들에 대한 유보가격은 각 개별 재화의 유보가격 합이라는 가정은 일반적인 가정이며, 스티글러도 이 가정을 사용했다. 하지만 이 가정은 적어도 일부 상황에서는 제한적일 수 있다. 두 재화가 너트와 볼트처럼 상호 보완적인 재화인 경우 이 가정은 거의 틀린 가정이다. 너트가 없는 경우 볼트에 대한 지불의향은 상당히 낮을 것으로 예상되며, 그 반대의 경우도 마찬가지이다. 즉, 보완재의 경우 번들에 대한 유보가격이 개별적으로 소비되는 각 재화의 개별 예약 가격의 합보다 높을 가능성이 높다. 그러나 $R_B = R_1 + R_2$이라는 가정은 제한적이지만 유용하기도 하다. 이를 통해 번들링의 이익 및 기타 동기에 명시적으로 집중할 수 있기 때문이다. 8.3절의 보완재의 경우로 돌아가 보겠다.

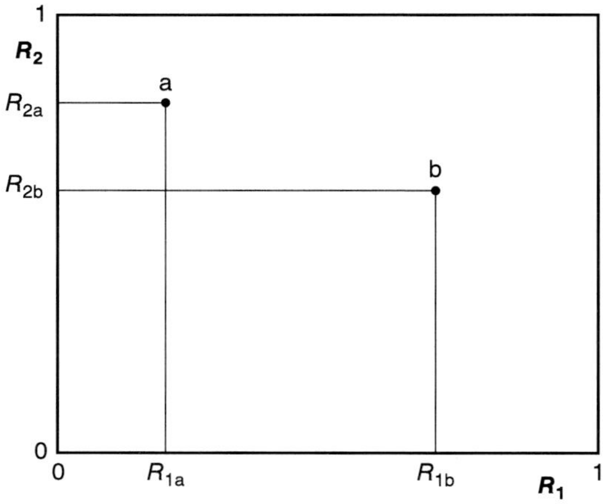

그림 8.1 소비자 유보가격

두 재화에 대한 소비자들의 개별적인 평가가 다르다고 가정한다. 즉, R_1과 R_2의 값(R_B)이 소비자마다 다르다고 가정한다. 어떤 소비자는 R_1이 높고 R_2는 낮지만 다른 소비자는 그 반대이다. 어떤 소비자는 두 재화 모두에 높은 가치를 부여한다. 다른 소비자에게는 R_1과 R_2이 모두 매우 낮다. 그림 8.1에서와 같이 가로축에 R_1, 세로축에 R_2이 있는 사분면을 그리면 가정을 통해 각각 소비자의 타입을 (R_1, R_2) 사분면의 한 점으로 정의할 수 있다. 예를 들어, 그림 8.1에서 유형 a 소비자는 재화 1에 대해 유보가격 R_{1a}을 가지며 재화 2에 대해서는 R_{2a}를 가진다. 반면에 유형 b 소비자는 재화 1에 대해 유보가격 R_{1b}을 가지며 재화 2에 대해서는 R_{2b}를 가진다.

여기에서 두 가지 가정을 더 해보겠다. 먼저, 소비자의 가치 평가가 R_1과 R_2이 [0, 1] 범위에 분포되어 있어 그림 8.1에서와 같이 "시장"을 단위 제곱으로 설명할 수 있다고 해보겠다. 둘째, 소비자들이 이 시장에 밀도 D로 균일하게 분포되어 있다고 가정한다. 즉, 시장에는 유형 *a*의 소비자 수만큼 유형 *b* 또는 다른 유형의 소비자 수가 존재한다. 언뜻 보기에 이러한 가정은 제한적인 가정으로 보일 수 있지만, Nalebuff(2007)에 따르면 오히려 번들링이 수익을 높이고 진입을 억제하는 힘을 과소평가하는 것으로 나타났다.

8.1.1 번들링 및 수익성

먼저 그림 8.2와 같이 회사가 두 제품의 가격을 별도로 책정하여 재화 1의 가격을 p_1, 재화 2의 가격을 p_2로 설정한다고 가정해 보겠다. 유보가격이 $R_1 \geq p_1$인 모든 소비자는 재화 1을 구매하고, 유보가격이 $R_2 \geq p_2$인 모든 소비자는 재화 2를 구매한다. 그림 8.2에서 지역 A의 모든 소비자는 재화 1만 구매하고, 지역 B의 소비자는 재화 2만 구매하며, 지역 C의 소비자는 재화 1과 2를 모두 구매하고, 지역 D의 소비자는 두 재화를 모두 구매하지 않는다. 이 이탤릭체로 표시되지 않은 D는 시장 공간의 일부를 의미하고 이탤릭체로 표시된 D는 시장 밀도를 의미한다. 재화 1에 대한 총수요는 직사각형 A + C에 있는 소비자 수이고 재화 2에 대한 총수요는 직사각형 B + C에 있는 소비자 수, 즉 $q_1 = D(1 - p_1)$ 및 $q_2 = D(1 - p_2)$이다.

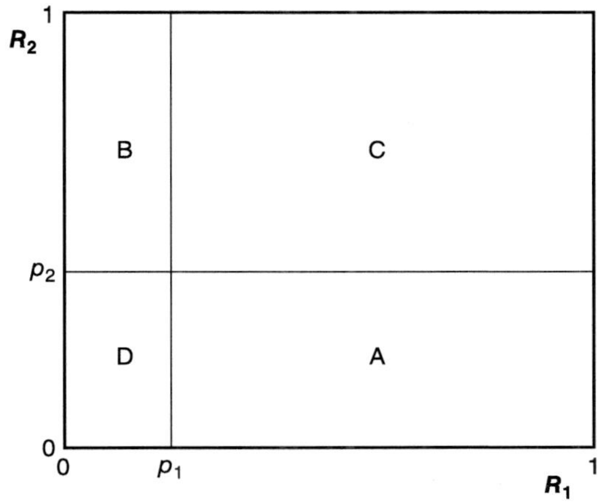

그림 8.2 **소비자의 유보가격 및 단순 독점 가격**

독점 가격 p_1와 p_2에서 그룹 A는 제품 1만 구매하고, 그룹 B는 제품 2만 구매하며, 그룹 C는 두 제품을 모두 구매하고, 그룹 D는 두 제품 모두 구매하지 않는다.

이러한 수요함수를 우리에게 익숙한 역함수 형식으로 나타나면 다음과 같다:

$$p_1 = 1 - q_1/D;\ p_2 = 1 - q_2/D \tag{8.1}$$

이를 통해 한계수익을 도출할 수 있다:

$$MR_1 = 1 - 2q_1/D;\ MR_2 = 1 - 2q_2/D \tag{8.2}$$

한계수익과 한계비용(0으로 가정)을 동일시하면 다음과 같은 결과가 도출된다.

$$q_1 = q_2 = D/2$$

또한 식 (8.1)을 통해

$$p_1 = p_2 = 1/2.$$

이는 두 제품을 별도로 판매할 때의 독점 가격이다. 이 비-번들링 전략의 이익은 다음과 같다:

$$\pi_{nb} = 0.5D$$

여기에 회사가 두 제품을 번들로만 제공하기로 결정하고 번들 가격은 $p_B < 1$이라고 가정한다.[4] 이는 그림 8.3에 설명되어 있다.

이제 소비자는 두 그룹으로 나뉜다. 지역 E의 각 소비자는 두 재화에 대한 유보가격의 합계가 p_B보다 크므로 그들을 구매한다. 반대로, 지역 F의 각 소비자는 두 재화에 대한 예약 가격의 합계가 p_B보다 작으므로 번들을 구매하지 않는다. 번들에 대한 총 수요는 지역 E의 소비자 수이며, 이는 잠재 소비자 D의 총 수에서 삼각형 F의 소비자 수를 뺀 값이다. 즉, 가격 p_B에서 번들에 대한 총수요는 다음과 같다.

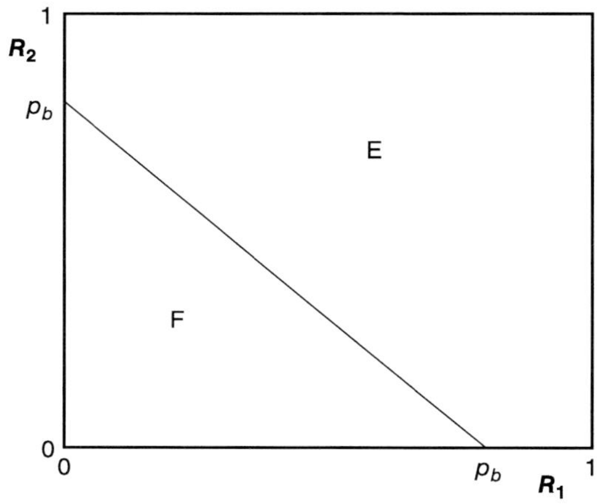

그림 8.3 재화 1과 2의 순수 번들에 대한 독점 가격책정

그룹 E의 소비자는 번들 가격 p_B로 번들을 구매하고 그룹 F의 소비자는 구매하지 않는다.

[4] 아래와 같이 최적의 번들 가격은 항상 비번들 독점 가격의 합계보다 낮다.

표 8.1 번들링으로 인한 이익

번들 가격 p_B	이익
1	0.5D
0.9	0.536D
0.8	0.544D
0.7	0.529D
0.6	0.492D
0.5	0.438D

$$q_B(p_B) = D - Dp_B^2/2 = D(1 - p_B^2/2) \tag{8.3}$$

이 번들링 전략의 이익은(한계비용을 0으로 가정) 다음과 같다:

$$\pi_B(p_B) = p_B D(1 - p_B^2/2) \tag{8.4}$$

표 8.1은 다양한 번들 가격에 대해 이 수익 함수를 평가한 것으로, 이를 통해 최적의 번들 가격은 대략 $p_B = 0.8$이라는 결론을 내릴 수 있다. (이 장의 부록에서 이익을 극대화하는 번들 가격은 실제로 $p_B = 0.816$이며 번들링 전략의 결과 이익은 0.5443D임을 보여준다.)

보시다시피 번들링은 수익을 약 8.8% 증가시키는데, 이는 나쁘지 않지만 반독점당국에 우려를 표명할 정도는 아닐 수 있다. 번들링이 진입을 억제하는 장치라는 다른 가능성도 있다.

8.1.2 번들링 및 진입억제

단순 모델을 계속 사용하되, 이번에는 고정 진입 비용 F를 발생시켜 기존기업의 제품 2를 완벽하게 대체할 수 있는 잠재적 도전자의 진입 위협에 직면했다고 가정해 보겠다. 진입 여부와 관계없이 기존기업은 제품 1의 유일한 생산자로 남아 있다.[5]

먼저 기존 사업자가 번들링 전략을 채택하지 않는다고 가정해 보겠다. 이 기업은 제품 1 시장에서 아무런 도전에 직면하지 않으므로 해당 제품의 가격은 $p_1 = 1/2$로 영향을 받지 않고 제품 1 판매로 인한 이익은 $D/4$로 유지된다. 반면, 제품 2 시장에서는 기존 사업자가 진입을 억제할 수 있는 가격을 책정해야 한다. 기존 사업자가 $p_2 < 1/2$의 가격을 책정한다고 가정해 보겠다. 잠재적 진입자가 취할 수 있는 최선의 전략은 이 가격보다 낮게 책정하여 기존 사업자의 제품 2 소비자를 모두 빼앗는 것이다. 그림 8.4에서 지역 A와 C의 소비자는 기존 사업자로부터 제품 1을 구매하고, 지역 B와 C의 소비자는 신규진입자가 p_2보다 "약간 낮은" 가격 $p_2 - \varepsilon$을 책정할 경우 진입자로부터 제품 2를 구매하도록 전환한다.

진입자에게 돌아가는 이익은 다음과 같다.

$$\pi_E = Dp_2(1 - p_2) - F \tag{8.5}$$

진입을 억제하기 위해 기존 사업자는 $\pi_E < 0$이 되도록 p_2를 설정해야 한다. $f = F/D$를 통해

5 진입자가 하나의 제품만 제공할 수 있다고 가정하면 Microsoft의 예와 유사하다. Nalebuff(2007)는 진입자가 무작위로 재화 1과 재화 2 중 하나를 생산할 수 있다고 가정하는데, 이는 우리가 피하고 싶은 복잡성을 야기한다. 다음 장에서 두 가지 제품이 있는 경우의 진입억제의 신뢰성에 대해 다루겠다.

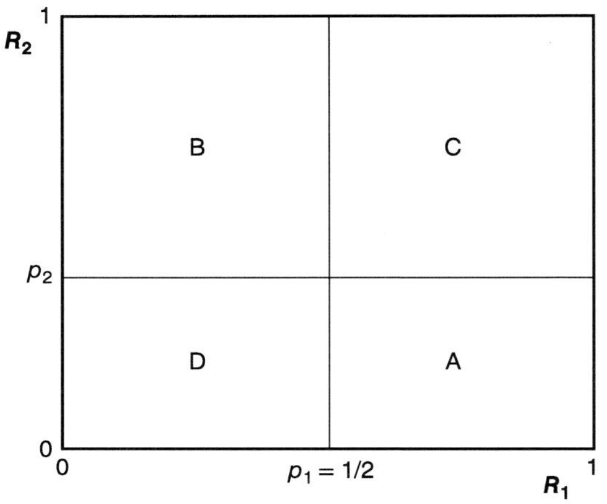

그림 8.4 번들링이 없는 진입으로 인해 위협받는 기존 사업자
참가자는 그룹 B와 C의 소비자에게 제품 2를 판매하고, 기존 업체는 그룹 A와 C의 소비자에게 제품 1을 판매한다.

f는 소비자당 진입 비용을 나타낸다. 기존 사업자의 진입억제 가격은 다음과 같다.

$$p_2^{nd} = \frac{1}{2}(1 - \sqrt{1 - 4f}) \tag{8.6}$$

그러나 미적분을 사용하는 대신 더 간단한 접근 방식을 채택한다. 방정식 (8.5)를 사용하면 제품 2의 가격 범위에서 수익성이 낮아 진입이 억제되는 소비자당 진입 비용을 파악할 수 있다. 예를 들어, 기존 사업자가 가격을 p_2를 0.4로 설정한다고 가정했을 때, 방정식 (8.5)에서 이 가격보다 조금만 낮추면 진입자는 $0.4D(1 - 0.4) - F = 0.24D - F$의 이윤을 얻게 된다. 이는 마이너스이며, $f = F/D \geq 0.24$이므로 진입이 억제된다. 이 분석 결과는 표 8.2에 나와 있다.

이제 이를 다른 방식으로 생각해 보겠다. 소비자당 진입 비용이 $f = 0.24$일 경우, 표 8.2에서 기존 사업자는 제품 2의 가격을 0.4보다 "약간 낮은" 가격, 즉 진입을 완전히 제한하는 가격으로 설정함으로써 진입을 억제할 수 있음을 알 수 있다. 이러한 *제한 가격* limit price 을 적용하면 기존 사업자는 총 이익 $D(0.25 + 0.24) = 0.49D$를 얻는다. 괄호 안의 첫 번째 항은 제품 1의 독점이윤이고, 두 번째 항은 진입을 억제하기 위해 가격이 설정되었다는 가정 하에서의 제품 2 이윤이다. 보다 일반적으로 표 8.2에서 진입자의 소비자당 진입 비용이 f인 경우, 진입억제는 기존 총 이윤 $D(0.25 + f)$을 산출한다.

표 8.2 진입억제—제품 번들링 없음

제품 2의 기존 가격	소비자 f당 진입억제 비용	기존기업 총 이익 집계
0.5	0.25	$0.5D$
0.4	0.24	$0.49D$
0.3	0.21	$0.46D$
0.2	0.16	$0.41D$
0.1	0.09	$0.34D$

이러한 종류의 진입억제는 f가 0보다 크면 항상 기존 사업자에게 이익이 된다. 또한 기존 사업자가 제품 2에 대해 단순 독점 가격을 채택하더라도 f가 0.25보다 크면 사실상 진입이 봉쇄된다는 점에 유의해야 한다.

이제 기존 사업자가 제품 번들링 전략을 채택하여 번들 가격을 $p_B \leq 1$으로 설정하고 잠재적 진입자가 제품 2 가격을 p_2로 설정한다고 가정한다. 소비자는 세 가지 선택지에 직면한다: 번들을 계속 구매하거나, 진입자로부터 제품 2를 구매하는 것으로 전환하여 결과적으로 제품 1을 구매할 수 없게 되거나, 아무것도 구매하지 않는 경우로 나뉜다. 소비자는 평소와 마찬가지로 소비자잉여를 극대화하는 옵션을 선택한다.

유보가격 (R_1, R_2)을 가진 소비자를 생각해 보자. 이 소비자가 기존 업체로부터 번들을 구매하는 경우 소비자잉여는 $CS_B = R_1 + R_2 - p_B$이고, 진입자로부터 제품 2만 구매하는 것으로 전환하는 경우 소비자잉여는 $CS_2 = R_2 - p_2$이다. 진입자로 전환하는 소비자는 두 가지 제약 조건을 만족하는 유보가격을 가지고 있다:

$$CS_2 > CS_B \Rightarrow R_2 - p_2 > R_1 + R_2 - p_B \Rightarrow R_1 < p_B - p_2 \tag{8.7}$$

$$CS_2 > 0 \Rightarrow R_2 > p_2 \tag{8.8}$$

제약 조건 (8.7)은 소비자가 기존 업체로부터 제품 1과 제품 2를 번들로 구매하는 것보다 신규 업체로부터 제품 2를 구매하는 것을 선호하는 것을 나타내며 제약 조건 (8.8)은 소비자가 아무것도 구매하지 않는 것보다 신규 업체로부터 제품 2를 구매하는 것을 선호하는 것으로 보인다.

이러한 제약 조건은 번들 구매에서 진입자의 제품 2 구매로 전환하는 소비자는 (i) 포기하는 제품 1의 유보가격이 상대적으로 낮고, (ii) 계속 구매하는 제품 2의 유보가격이 상대적으로 높은 소비자라는 것을 알려준다. 직관적으로 보면, 기존 업체의 번들 상품과 경쟁하는 진입자는 제품 2를 정말 좋아하지만 제품 1의 가치를 낮게 평가하는 소비자를 확보할 가능성이 가장 높다.

이러한 제약 조건은 그림 8.5에 설명되어 있다. 제약 조건 (8.8)을 간단히 설명한다. 이제 제약 조건 (8.7)을 고려한다. 선 p_Bp_B 기울기가 -1이기 때문에 거리 ab는 거리 bc와 같고 ab와 bc 모두 $p_B - p_2$이다. 따라서 수직선 dce의 왼쪽에 유보가격을 가진 모든 소비자는 제약 조건 (8.7)을 만족하고 지역 A + B의 모든 소비자는 제약 조건 (8.7)과 (8.8)을 모두 만족한다.

진입이 없는 경우 지역 B, C, D의 소비자는 번들을 구매하고 지역 A, E, F의 소비자는 구매하지 않는다. 진입 후, 지역 A와 B의 소비자는 진입자로부터 제품 2를 구매하고, 지역 C와 D의 소비자는 기존 업체로부터 번들을 계속 구매하며, 지역 E와 F의 소비자는 번들이나 진입자의 제품 2를 모두 구매하지 않는다.

여기서 우리는 번들링이 왜 진입억제 전략이 될 수 있는지에 대한 설명의 시작을 볼 수 있다. 기존 업체가 번들링 대신 두 제품의 가격을 개별적으로 책정하여 제품 2의 가격을 p_2로, 제품 1의 가격을 $p_1 = p_B - p_2$로 책정했다고 가정해 보겠다. 만약 진입자가 분석에서와 같이 제품 2의 가격을 p_2보다 "약간 낮은" 가격으로 책정한 경우, 참가자는 A, B, C 지역의 모든 소비자를 확보하게 되며, 이는 기존 번들보다 훨씬 많은 소비자를 확보하게 된다.

이를 더 정확하게 표현할 수 있다. 그림 8.5에서 보았듯이, 기존 사업자가 번들 가격을 p_B로 설정하면, 신규 사업자는 제품 2의 가격을 p_2로 설정하여 $(1 - p_2)(p_B - p_2)$의 영역인 지역

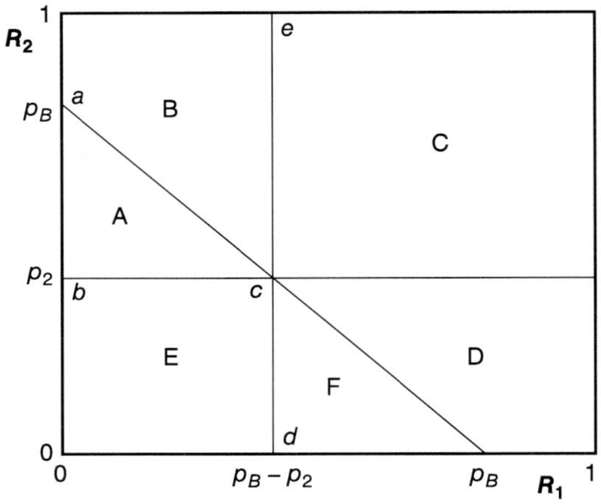

그림 8.5 순수번들링의 진입으로 인해 위협받는 기존 사업자

진입 후 그룹 A와 B의 소비자는 진입자로부터 제품 2를 구매하고, 그룹 C와 D의 소비자는 기존 업체로부터 번들을 구매하며, 그룹 E와 F의 소비자는 기존 업체나 진입자 중 누구에게도 구매하지 않는다.

A + B의 소비자를 확보할 수 있다. 그러면 진입자의 이익은 다음과 같다:

$$\pi_E = Dp_2(1 - p_2)(p_B - p_2) - F \tag{8.9}$$

방정식 (8.5)와 비교하면 방금 제안한 것처럼 기존 사업자의 번들링 전략은 진입을 훨씬 덜 수익성 있게, 즉 억제하기 쉽게 만든다는 것을 알 수 있다.

번들링의 경우, 기존 사업자는 진입저지 전략을 수립할 때 실제로 두 단계의 사고 과정을 거쳐야 한다. 먼저, 번들 가격에 대해 기존 사업자는 방정식 (8.9)와 같이 진입자가 자신의 이익을 극대화할 수 있는 진입 가격을 선택할 것으로 예상해야 한다. 부록에서 참가자의 최적가격을 도출한다. 둘째, 이 진입자 가격이 주어졌을 때, 기존 사업자는 진입을 억제하는 번들 가격을 파악해야 한다.

그러나 이러한 분석적 접근 방식 대신 간단한 수치 분석을 제시함으로써 번들링을 사용하지 않는 경우를 반영한다. 표 8.3은 번들 가격 p_B와 진입자 가격 p_2의 다양한 조합에 대한 잠재적 진입자의 이윤을 자신의 *진입 비용을 무시*한 채 제공한다. 앞 절에서 분석한 바와 같이, 우리는 0.8 미만의 번들 가격에 관심을 집중할 수 있다.

표 8.3 진입자의 총 이익—제품 번들링

	번들 가격 P_B			
p_2	0.8	0.7	0.6	0.5
0.35	0.102	0.080	0.057	0.034
0.3	0.105	0.084	0.063	0.042
0.25	0.103	0.0844	0.066	0.047
0.2	0.096	0.08	0.064	0.048
0.15	0.083	0.07	0.057	0.045
기존 수익	0.544*D*	0.529*D*	0.492*D*	0.438*D*

먼저 기존 사업자가 진입 위협이 없는 독점사업자로 행동하고 번들 가격을 0.8로 설정한다고 가정해 보겠다. 그러면 표 8.3은 진입자가 할 수 있는 최선은 제품 2의 가격을 약 0.3으로 설정하여 진입자에게 $0.105D - F$의 이익을 주는 것임을 알려준다. 이는 소비자당 진입 비용 f가 0.105를 초과하는 경우 번들링 전략으로 진입이 봉쇄된다는 것을 알려준다. 이를 비번들링 전략과 대조해 보겠다. 여기서 진입이 봉쇄되려면 f가 0.25를 초과해야 한다는 것을 알 수 있다. 즉, 번들링은 특정 진입억제 가격을 채택할 필요 없이 기존기업이 진입 위협에서 벗어날 수 있는 진입 비용의 범위를 크게 증가시킨다.

우리는 번들의 다른 기존 가격에 대해 이 분석을 반복할 수 있다. 예를 들어 번들의 가격이 0.7이라고 가정해 보겠다. 그러면 진입자는 제품 가격 p_2를 약 0.25로 설정하여 $0.0844D - F$의 수익을 얻게 된다. 이를 다른 방식으로 설명할 수 있다. 소비자당 진입 비용 f가 0.0844라고 가정해 보겠다. 그러면 기존 사업자는 번들 가격을 0.7보다 "약간 작게" 설정하여 진입을 억제하고 $0.529D$의 이윤을 얻을 수 있다. 마찬가지로 소비자당 진입 비용 $f = 0.066$인 경우, 기존 사업자는 번들 가격을 0.6보다 "약간 낮게" 설정하여 진입을 억제하고 $0.492D$의 이익을 얻을 수 있으며, 소비자당 진입 비용 $f = 0.048$인 경우 번들 가격 0.5로 진입을 억제하여 $0.438D$의 이익을 얻을 수 있다.

이러한 결과를 표 8.4에 요약하면 진입억제 장치로서 번들링의 실제 전략적 힘을 확인할 수 있다. f가 0.25를 초과하는 경우, 기존 번들링과 번들링이 수익을 증가시키는지 여부와 관계없이 진입이 차단되지만 그 효과는 8.8%에 불과하다. 만약 $0.25 > f > 0.105$인 경우, 번들링 없이도 진입이 가능하지만 번들링으로 인해 진입이 봉쇄된다. 제품 번들링은 수익을 최대 53%까지 증가시킨다. 소비자당 진입 비용이 낮을수록 번들링의 수익성은 떨어지지만, f가 0.048로 낮더라도 번들링은 수익을 47%까지 증가한다.

이 분석에서 도출할 수 있는 결론은 간단하다. 제품 번들링은 실제로 강력한 진입억제 전략이며, 이는 반독점당국이 이 전략에 대해 우려하는 바를 정당화한다.

8.1.3 혼합번들링(mixed bundling)

Microsoft는 *Windows* 운영체제의 판매와 관련하여 순수한 번들링 전략(*Windows*와 *Explorer* 및 *Windows Media Player*를 번들링)을 적용하려고 시도한 반면, *Office* 프로그램 제품군에 대해서는 다소 다른 전략을 적용하고 있다. 위에서 언급한 바와 같이, 소비자는 *Office* 프로그램

표 8.4 번들링 및 진입억제

소비자 F당 진입 비용	기존 진입억제 이익		번들링에 의한 수익증대
	비번들링	번들링	
0.25	$0.5D$	$0.544D$	8.8%
0.20	$0.45D$	$0.544D$	20.9%
0.15	$0.40D$	$0.544D$	36%
0.105	$0.355D$	$0.544D$	53.2%
0.0844	$0.3344D$	$0.529D$	58.2%
0.066	$0.316D$	$0.492D$	55.7%
0.048	$0.298D$	$0.438D$	47%

전체 제품군을 구매할 수도 있고 개별 프로그램 중 일부만 구매할 수도 있다. 이는 *혼합번들링*의 한 예이다.

전략의 차이에 대한 한 가지 가능한 설명이 제시될 수 있다. Microsoft는 *Windows* 프로그램을 통해 운영체제를 효과적으로 독점하고 있었기 때문에 이러한 독점력을 브라우저와 미디어 플레이어 소프트웨어에 활용할 수 있는 잠재력을 가지고 있었다. 반면, Microsoft는 워드 프로세싱, 스프레드시트, 프레젠테이션 프로그램을 제공하는 기존기업들과의 경쟁에 직면해 있다. Microsoft가 할 수 있는 최선은 일종의 수익극대화 전략을 채택하는 것이며, 혼합번들링도 그러한 전략 중 하나이다.

지난 두 섹션의 간단한 모델로 돌아가서, 혼합번들링 전략을 적용하는 독점사업자는 두 재화를 각각 p_1 및 p_2(반드시 독점 가격일 필요는 없음)의 지정된 가격으로 개별적으로 판매하고, 또한 번들로 묶어 p_B(역시 반드시 독점 순수 번들 가격일 필요는 없음)의 가격으로 판매한다. 물론 이것이 의미가 있으려면 $p_B < p_1 + p_2$의 경우여야 한다. 그렇지 않으면 번들을 구매하는 소비자는 없을 것이다. 그림 8.6은 이러한 전략을 보여준다. 독점사업자는 소비자에게 제품 1과 제품 2를 명시된 가격에 개별적으로 구매하거나 번들로 묶어 p_B 가격에 구매할 수 있는 가능성을 제공한다.

이제 이 전략에 따라 소비자가 네 그룹으로 나뉜다. 이를 위해서는 소비자가 두 가지 상품 중 하나만 구매하거나 번들 또는 아무것도 구매하지 않는 것을 선호하는 조건을 결정해야 한다.

분명히 재화 1의 가치가 p_1보다 크고 재화 2의 가치가 p_2보다 큰 사람, 즉 두 재화를 개별 가격으로 구매할 의향이 있는 사람은 번들의 가격이 개별 가격의 합보다 작기 때문에 번들을 구매할 것이다. 이제 재화 1의 유보가격이 p_1보다 작은 소비자를 생각해 보자. 이 소비자가 재화를 구매하면 번들을 구매하거나 재화 2만 구매할 것이다. 물론 소비자는 더 큰 소비자잉여를 제공하는 선택을 할 것이다. 그러면 해당 유보가격이 재화 1의 경우 R_1, 재화 2의 경우 R_2라고 가정해 보겠다. 번들을 구매하면 소비자는 p_B를 지불하고 소비자잉여 $CS_B = R_1 + R_2 - p_B$를 얻는다. 재화 2만 구매하는 경우, 소비자는 $CS_2 = R_2 - p_2$ 소비자잉여를 얻게 된다.

이 유형의 소비자는 두 가지 조건이 충족되는 경우에만 재화 2를 구매한다. 첫째, $CS_2 > CS_B$, 즉 $R_1 < p_B - p_2$이 필요하다. 둘째, $CS_2 > 0$ 즉 $R_2 > p_2$이 필요하다. 우리는 이미 진입억제에 대한 논의에서 이러한 조건을 이미 살펴봤다. 그림 8.6의 지역 *hef* 내 모든 소비자 *y*는 재화 2만 구매한다.

정확히 같은 논리로 소비자는 두 가지 조건, 즉 첫 번째 $R_2 < p_B - p_2$과 두 번째 $R_1 > p_1$이 충족되는 경우 재화 1만 구매할 것이다. $p_B - p_1$의 차이가 그림 8.6에 선 *jad*로 표시되어 있으며, *ab*의 오른쪽에 있는 모든 점은 $R_1 > p_1$인 소비자를 나타낸다. 따라서 소비자 *x*와 같이 영역 *dab*에 있는 모든 소비자는 재화 1만 구매한다.

이제 $R_2 > p_B - p_1$와 $R_1 > p_B - p_2$인 소비자를 생각해 보자. 이 소비자는 재화 1의 예약가격이 *jeh*의 오른쪽에 있고 재화 2의 예약 가격이 *jad*보다 위에 있는 소비자이다. 이러한 소비자가 번들을 구매하면 재화 1만 구매하거나 재화 2만 구매하는 것보다 더 많은 소비자잉여를 제공하기 때문에 번들을 구매하게 된다. 이 소비자가 번들을 구매하려면 $R_1 + R_2 > p_B$가 필요하며, 이는 유보가격이 그림 8.6의 선 *caeg* 위에 있어야 함을 의미한다. 즉, 소비자 *z*와 같이 지역 *daeh*에 있는 모든 소비자는 번들을 구매할 것이다.

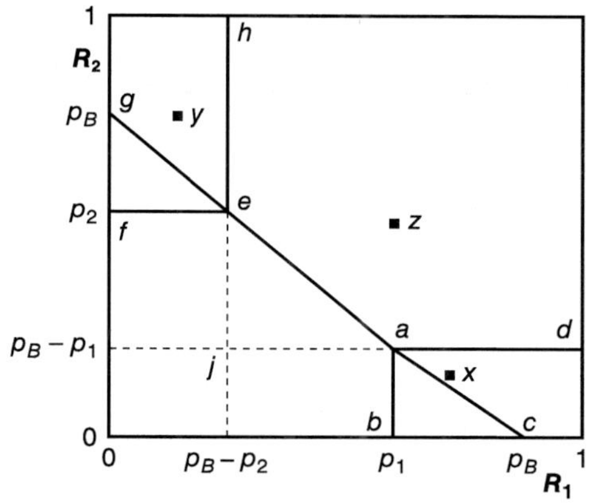

그림 8.6 혼합번들링을 통한 독점 가격책정

회사는 제품 1의 가격을 p_1, 제품 2의 가격을 p_1, 번들의 가격을 p_B로 설정한다. *dab*에 속한 소비자는 제품 1만 구매하고, *hef*에 속한 소비자는 제품 2만 구매하며, *daeh*에 속한 소비자는 번들을 구매하고, *feab*에 속한 소비자는 아무것도 구매하지 않는다.

이렇게 하면 *feab* 지역만 남게 된다. 이러한 유형의 소비자는 어떤 선택을 할까? 이들의 유보가격은 두 재화의 개별 가격보다 낮으므로 두 재화를 개별적으로 구매하지 않을 것이다. 또한 유보가격의 합계가 번들 가격보다 낮으므로 번들을 구매하지 않는다. 즉 *feab*의 소비자는 아무것도 구매하지 않는다.

"단순" 모델에 대한 최적의 개별 및 번들 가격을 도출하는 것은 실제로 매우 복잡하다. 관심 있는 독자를 위해 이 장의 부록에 도출 방법이 나와 있다. 이 모델에서 이러한 가격은 $p_1 = p_2 = 2/3$ 및 $p_B = 0.862$이며, 독점자의 총 이익은 $0.549D$로 단순 독점 가격이나 순수번들링보다 더 크다.

8.1.4 실제 예시

순수번들링과 혼합번들링을 단순 독점 가격책정과 비교할 때, 혼합번들링이 항상 독점사업자의 *매출*을 증가시킨다는 것은 분명하다. 하지만 번들링이 독점사업자의 *수익*을 증가시키는지 여부는 명확하지 않다. 우리가 예상해야 할 것은 재화 번들링의 이익 영향은 제공되는 재화에 대한 소비자선호도의 분포와 해당 재활을 만드는 데 드는 비용에 따라 달라질 수 있다는 점인데, 공식적인 모델에서 우리는 이 사항들이 고려하지 않았다. 예시를 통해 이 문제와 지금까지 소개한 몇 가지 다른 아이디어를 설명하겠다.

독점사업자가 각각 재화 1과 2를 구매할 의향이 있는 네 명의 소비자, 즉 A, B, C, D가 있다는 것을 알고 있다고 가정해 보겠다. 재화 1의 한계비용은 $c_1 = \$100$이고 재화 2의 한계비용은 $c_2 = \$150$이다. 각 소비자는 표 8.5에 주어진 것처럼 이 두 재화에 대한 유보가격을 가지고 있으며, 가격이 해당 재화의 유보가격보다 낮다면 어느 기간에나 두 재화를 정확히 한 단위씩 구매한다. 각 소비자는 번들 가격이 유보가격의 합계보다 작다면 상품을 번들로 구매하는 것을 고려할 것이다.

독점사업자가 상품을 번들 없이 판매하기로 결정하고 단순 독점 가격을 채택한다고 가정

표 8.5 소비자 예약 가격

소비자	재화 예약 가격 1	재화 예약 가격 2	예약 가격 합계
A	50	450	500
B	250	275	525
C	300	220	520
D	450	50	500

표 8.6 단순 독점 가격의 결정

가격	요구 수량	총 수익($)	수익($)	가격	요구 수량	총 수익($)	수익($)
450	1	450	350	450	1	450	300
300	2	600	400	275	2	550	250
250	3	750	450	220	3	660	210
50	4	200	−200	50	4	200	−400

해 보겠다. 표 8.6을 통해 두 재화에 대한 이윤을 극대화하는 독점 가격을 확인할 수 있다. 재화 1의 이윤은 가격을 250달러로 설정하고 소비자 B, C, D에게 판매하면 450달러로 최대화되고, 재화 2의 이윤은 가격을 450달러로 설정하고 소비자 A에게만 판매하면 300달러로 최대화가 된다. 따라서 단순 독점 가격책정에 따른 총 이윤은 750달러가 된다.

이제 순수번들링 전략을 생각해 보겠다. 회사는 다음과 같이 할 수 있다: 1) 소비자 B만을 끌어올 수 있도록 번들 가격 $525를 선택, 2) 소비자 B와 C를 유치할 수 있는 번들 가격 $520, 3) 4명의 소비자를 모두 유치할 수 있는 번들 가격 $500를 선택할 수 있다. 세 번째 전략의 총수익은 4($500−$100−$150), 즉 $1,000이므로 선호된다. 이 경우 순수번들링이 단순 독점 가격책정보다 선호된다. 그러나 번들링에서는 소비자 A는 재화 1을, 소비자 D는 재화 2를 각각 한계 생산비용보다 낮은 가격에 소비할 수 있다. (이는 이전 모델에 0이 아닌 한계비용을 도입할 경우 순수번들링의 특징이기도 하다.)

혼합번들링 전략이 더 나은 성과를 낼 수 있을까? 먼저 독점사업자가 단순 독점 전략과 순수번들링 전략만을 결합한다고 가정해 보겠다. 즉, 이 회사는 재화 1에 $250, 재화 2에 $450, 번들에 $500로 가격책정을 하면, 소비자는 이 가격책정 및 제품 제공에 어떻게 반응할까? 소비자 A는 재화 1만 구매하지 않고 번들을 구매하든 재화 2만 구매하든 무관심할 것이다. 어떤 경우든 소비자는 잉여를 얻지 못하기 때문이다. 하지만 회사가 무관심한 것은 아니다. 소비자 A가 재화 2만 구매하면 회사는 300달러의 이익을 얻지만 번들을 구매하면 250달러의 이익만 얻는다. 따라서 회사는 소비자 A가 재화 2만 선택하도록 유도하는 방법을 찾고자 한다.

이제 소비자 D를 생각해 보겠다. 이 소비자는 재화 1만 구매할 경우 가장 큰 잉여를 얻으며, 이 경우 소비자잉여는 $200이다. 따라서 소비자 D는 재화 1만 구매하고 이 판매로 인해 독점자가 얻는 이익은 $150가 된다. 이 소비자의 경우, 독점기업이 실제로 소비자 D가 500달러에 번들을 구매하여 독점기업이 250달러의 이익을 얻는 것을 선호할 것이다. 마지막으로 소비자 B와 C를 생각해 보겠다. 이들은 각각 명시된 가격으로 두 상품을 개별적으로 구매하지 않으려 한다. 그러나 각각은 번들을 구매하여 독점기업이 두 상품 판매로 얻은 총 이익은 500달러이다.

판매 및 관련 수익을 합산하면, 제안된 혼합번들링 전략은 소비자 A가 번들을 구매하느냐 아니면 재화 2만 구매하느냐에 따라 독점사업자에게 총 900달러 또는 950달러의 수익을 가져다준다는 것을 알 수 있다. 이는 앞서 도출한 단순 독점 가격책정 이익인 750달러보다는 확실히 낫다. 하지만 500달러의 가격에 번들만 판매하는 순수번들링의 경우 얻는 1,000달러의 이익에는 미치지 못한다.

그러나 조금만 생각해보면 독점업체가 현재의 혼합번들링 전략을 변경하여 수익을 더 높일 수 있는 방법을 쉽게 알 수 있다. 인사이트는 가격을 변경하여 고객을 다양한 구매 선택지로 분류하는 것이다. 우리는 이미 소비자 A가 현재 가격으로 재화 2만 구매하는 것과 번들을 구매하는 것에 무관심하다는 것을 알았다. 번들 가격을 520달러로 약간 올리면 이 소비자는 분명히 재화 2를 구매하는 쪽으로 기울 것이다. 또한 회사가 재화 1의 가격도 450달러로 인상하여 새로운 가격 구성은 다음과 같게 된다: $p_B = \$520$, $p_1 = \$450$, $p_2 = \$450$. 이제 소비자 A가 재화 2를 구매한다. 소비자 D는 재화 1을 계속 구매하고 소비자 B와 C는 번들을 계속 구매할 것이다. 그러나 재화 1과 번들의 가격이 각각 인상되면 독점사업자는 재화 1을 소비자 D에게 판매하여 200달러의 추가 이익을 얻는다. 또한, 소비자 A로부터 $300의 수익을 보장하면서 소비자 B와 C에게 번들을 판매하여 40달러의 이익을 얻는다. 총 수익은 300달러 + 270달러 + 270달러 + 350달러 = 1,190달러로 순수번들링 최대치를 초과한다.

이는 실제로 이 예에서 독점기업이 할 수 있는 최선이다. 즉, 독점사업자는 소비자 A, C, D의 소비자잉여금 전체와 소비자 B의 소비자잉여금 중 5달러를 제외한 나머지를 모두 빼앗은 것이다. 다시 말해, 독점사업자는 1차 가격차별을 도입할 수 있었다면 할 수 있었던 것과 거의 비슷한 성과를 거둔 셈이다.

혼합번들링(번들 가격이 각 구성 요소를 개별적으로 구매하는 가격보다 낮은 경우)은 항상 순수번들링만큼 수익성이 높다. 그 이유는 간단하다. 혼합번들링 전략이 할 수 있는 최악의 상황은 개별 가격을 임의로 높게 설정하고 번들 가격을 순수 번들 가격과 동일하게 설정하여 순수번들링 전략을 복제하는 것이다. 그러나 개별 구성 요소 가격을 한 가지 품목만 원하는 고객을 유치할 수 있을 정도로 충분히 낮게 설정하되 번들에서 얻을 수 있는 수익보다 더 많은 수익을 얻을 수 있을 정도로 높게 설정하면 일반적으로 이를 개선할 수 있다.

하지만 혼합번들링이 순수번들링에 비해 항상 수익을 개선하지만, 어떤 종류의 번들링이 전혀 번들링이 없는 경우보다 항상 수익성이 높은 것은 아니라는 점에 유의해야 한다. 앞의 예에서 설명한 번들링의 단점은 번들을 구매하는 소비자 중 일부가 실제로 상품 중 하나의 유보가격이 한계 생산 원가보다 낮은 결과를 초래할 수 있다는 것이다. 이는 비효율적이므로 회사 입장에서도 다른 가격책정 방식을 선호할 것이다. 또한 이 예는 순수번들링이든 혼합번들링이든 소비자들의 상품 가치 평가 차이가 클 때만 번들링이 수익성이 있을 수 있음을 보여준다. 예시에서 하나의 상품을 구매하는 소비자 A와 D는 개별 상품에 대해 매우 다른 가치를 평가한다. 반면, 번들 상품을 구매하는 소비자 B와 C는 매우 유사한 가치를 평가한다. Adams과 Yellen(1976)은 번들링으로 인한 이득이 소비자 가치 평가의 차이에서 비롯된다는 점을 분명히 했다.

> 어떤 사람은 애피타이저(추운 날의 수프)를 상대적으로 높게 평가할 수 있고, 어떤 사람은 디저트(집에서 구할 수 없는 구운 알래스카)를 상대적으로 높게 평가할 수 있지만, 모든 사람이 완전한 저녁 식사를 위해 거의 같은 금액을 지불하고 싶어 할 수 있다. 단품 메뉴는 특정 요리에 대한 가치가 매우 높은 미식가들의 잉여 소비를 포착하기 위해 고안된 반면, 정식 메뉴는 편차가 적은 미식가들을 유지하기 위해 고안된 것이다. (Adams와 Yellen 1976, 488)

앞서 설명한 스티글러 예시의 맥락에서도 동일한 기본 사항을 확인할 수 있다. 방송국 A가 두 영화의 가치를 8,000달러로 평가하고 방송국 B가 두 영화의 가치를 3,500달러로 평가한다면, 제품의 상대적 가치 차이는 사라질 것이다. 이 경우 번들링은 더 이상 수익성 있는 전략이 될 수 없다.

또한 번들 가격 p_B가 개별 가격의 합계 $(p_1 + p_2)$보다 작으므로 번들링은 차별적인 가격책정으로 간주될 수 있다. 더 낮은 번들 가격은 두 상품 중 하나 또는 다른 상품에 상대적으로 낮은 가치를 부여하지만 번들에 대해 합리적인 금액을 지불할 의향이 있는 소비자를 유치하는 데 사용된다. 두 개의 개별 가격은 제품 중 하나에 대해서만 높은 가격을 지불할 의향이 있는 고객으로부터 잉여를 추출하는 역할을 한다. 따라서 독점력을 가진 대부분의 다품목 기업은 일종의 혼합번들링에 참여할 것으로 예상할 수 있다.

혼합번들링은 사실 일반적인 관행이다. 레스토랑에서는 모듬 요리를 제공하기도 하고, 개별 메뉴도 제공한다. 리조트는 종종 음식과 숙박을 개별적으로 제공하기도 하고 패키지로 제공하기도 한다. 소프트웨어 회사는 개별 제품을 판매할 뿐만 아니라 Microsoft의 *Office* 패키지와 같이 여러 애플리케이션으로 구성된 패키지도 제공한다. 여기에는 가격차별화 노력이 반영된 것이 분명해 보인다.

8.1 ▶ 실습문제

케이블 회사에는 두 가지 서비스가 있다. 하나는 기본 서비스 채널이다. 다른 하나는 월트 디즈니 영화 채널이다. 학생, 가족, 호텔, 학교, 청년, 은퇴자 등 이 두 서비스의 잠재적 가입자는 이 두 서비스를 상호 보완적인 상품이 아닌 별개의 대안으로 간주한다. 따라서 두 서비스에 대한 수요는 모든 소비자와 전혀 관련이 없다. 각 구매자는 아래 표에 표시된 것처럼 한 쌍의 유보가격을 특징으로 한다. 각 서비스의 한계비용은 $3이며, 각 카테고리에 동일한 수의 소비자가 있다고 가정한다.

a. 서비스를 번들로 제공하지 않고 개별적으로 판매하는 경우 케이블 사업자는 각 서비스에 대해 어떤 가격을 책정해야 할까? 어떤 이익을 얻게 되는가? 어떤 소비자가 어떤 서비스에 가입하게 되는가?
b. 사업자가 혼합번들링 전략을 추진하기로 결정했다고 가정해 보겠다. 번들 서비스의 가격은 어떻게 설정해야 하는가? 개별적으로 구매할 경우 각 서비스에 대해 어떤 가격을 책정해야 하는가? 어떤 소비자가 어떤 옵션을 구매하며, 케이블 사업자의 수익은 어떻게 되는가?
c. 각 서비스를 생산하는 데 드는 한계비용이 3달러가 아니라 10달러였다면 처음 두 질문에 대한 답변이 어떻게 달라지는가?

가입자 유형별 각 케이블 서비스 예약 가격		
	기본 서비스($)	디즈니 채널($)
학생	5	15
가족	11	9
호텔	14	6
학교	4	16
청소년	0	17
퇴직자	17	0

8.2 필수 제휴판매

끼워팔기 *tie-in sale* 는 번들 상품 중 하나 이상을 구매해야 하는 금액을 정하지 않고 두 개 이상의 상품을 함께 구매한다는 점에서 번들링과 다르다. 일반적으로 관찰되는 또 다른 차이점은 끼워팔기 상품은 일반적으로 서로 보완적인 관계를 나타내는 반면, 번들 상품은 그렇지 않다는 점이다. 이제 끼워팔기가 효과적인 마케팅 전략인 이유를 설명하기 위해 다소 마술 같은 예를 들어보겠다.

Rowling이라는 한 회사에서만 생산되는 *매직캠* *Magicam* 이라는 가상의 제품을 생각해보겠다. *매직캠*은 한 가지 예외를 제외하면 일반 카메라와 매우 비슷하다. *매직캠* 사진 속 인물이 실제로 움직일 수 있고 심지어 사진을 보는 사람에게 손을 흔들 수도 있는데, 이는 Rowling이 특허를 받은 마법 같은 방법으로 필름에 이미지를 배치하기 때문이다. 그러나, *매직캠*은 다른 측면에서는 일반 카메라와 본질적으로 동일하다. 특히 *매직캠*과 일반 카메라 모두 하루에 혹은 한 달에 매우 많은 수의 사진을 찍을 수 있다. 일정 기간 동안 얼마나 많은 사진을 찍을지는 소유자가 결정할 수 있다.

이 사실이 *매직캠*을 사용하는 모든 소비자가 엄청난 수의 스냅 샷을 찍는다는 것을 의미하지는 않는다. 결국, 그들은 필름 카트리지 비용을 지불하고 다른 일을 하는 것보다 사진을 찍는데 시간을 할애해야 한다. 아마도 소비자들은 이 점에서 차이가 있을 것이다. 월별 사진 수요량이 $Q = 12 - P$와 같은 저수요 소비자와 $Q = 16 - P$와 같은 고수요 소비자가 각각 천 명씩 있다고 가정해 보겠다. 즉, 필름 카트리지가 무료라면 첫 번째 소비자 그룹은 한 달에 12장, 두 번째 그룹은 16장의 사진을 각각 찍을 것이다. 안타깝게도 Rowling사는 이러한 서로 다른 유형을 식별할 수 있는 방법이 없다.

*매직캠*에 통합된 기술의 민감한 특성으로 인해 Rowling사가 카메라를 판매하지 않고 독점적 지위를 이용해 카메라의 마법 속성을 유지하기 위한 서비스를 포함한 월별 임대 계약을 통해 제공한다고 가정한다.[6] 2,000명의 소비자가 각각 *매직캠*을 임대하도록 임대료가 책정되어 있다고 가정하면 카메라의 제조 비용은 사실상 Rowling사의 고정비가 된다. 카메라 필름도 마찬가지이다. 필름 생산이 경쟁 조건에서 이루어지고 필름 생산의 한계비용이 필름으로 찍을 수 있는 사진 한 장당 2달러라고 가정해 보겠다. 물론 이는 필름의 가격이 경쟁 가격인 장당 2달러로 책

6 실제로 이 전략은 IBM, 코닥, 제록스가 초창기에 그들의 제품 사용했던 전략이다.

정된다는 것을 의미한다. 이제 카메라 임대에 대한 Rowling사의 잠재적 전략을 생각해 보겠다.

*매직캠*과 카메라 필름만 있으면 멋진 사진을 찍을 수 있어 Rowling사는 다소 답답한 상황에 처할 수 있다. 회사는 소비자 유형을 구분할 수 없기 때문에 각 유형에 따라 *매직캠*을 다른 가격으로 임대할 수 없다. Rowling사가 할 수 있는 최선은 월 임대료를 50달러로 책정하는 것뿐이다. 왜 그럴까? 이는 사진 한 장당 2달러의 필름 가격에 직면한 저수요 소비자가 벌어들이는 소비자잉여금이며, Rowling사는 두 소비자 유형에 대해 가격을 차별화할 수 없기 때문이다. (필름 가격이 장당 2달러일 때 이것이 실제로 저수요 소비자의 소비자잉여인지 확인해야 한다.)

두 유형의 소비자 모두 카메라를 임대한다. 수요가 많은 소비자는 한 달에 14장의 사진을 찍는 데 카메라를 사용하고, 수요가 적은 소비자는 한 달에 10장의 사진을 찍는다. Rowling은 임대된 카메라 2,000대(저수요 유형에 1,000대, 고수요 유형에 1,000대)에 대해 각각 50달러씩, 즉 월 10만 달러의 수익을 얻게 된다.

상황은 절망적이지는 않지만, 수익을 극대화하는 다른 기업들처럼 Rowling은 어떻게든 회사가 더 잘할 수 있을지 궁금해한다. 고민 끝에 Rowling 경영진은 카메라를 재설계하고 약간의 영리한 마케팅을 통해 *매직캠* 임대를 자체 *매직필름* 사용과 연계할 수 있다는 사실을 깨닫는다. 이에 Rowling은 아이디어를 떠올린다. *매직필름* 카트리지를 노출당 4달러에 판매하는 끼워팔기 전략을 실행하면 어떨까?

이제 수요가 적은 소비자와 수요가 많은 소비자 모두 사진 한 장에 4달러의 마진을 지불한다. 따라서 수요가 적은 소비자는 *매직캠* 사진에 대한 월간 수요를 8장으로 줄일 수 있다. 그리고 수요가 적은 소비자가 *매직필름*의 사진 한 장당 4달러의 가격을 지불하면 32달러의 잉여를 얻게 된다. 따라서 이 잉여는 Rowling이 *매직캠*을 임대할 수 있는 임대료가 된다. (6장에서 이 사례와 두 부분으로 나뉜 가격책정에 대한 논의 사이의 연관성에 주목하시오.) 그 결과, Rowling은 카메라 대여를 통해 수요가 적은 소비자 1,000명당 32달러, 카트리지 판매로 16달러를 벌어들여 총 48,000달러의 수익을 얻게 된다.

수요가 많은 소비자는 *매직캠*을 32달러에 임대하지만, 필름 비용이 사진 한 장당 4달러이므로 이 소비자는 한 달에 12장의 사진을 촬영한다. 따라서 Rowling은 고수요 고객 1,000명당 카메라에서 32달러, 필름 카트리지에서 24달러의 수익을 얻게 되어 이 그룹에서 총 5만 6,000달러의 수익을 얻게 된다. 이제 Rowling은 총 10만 4,000달러의 수익을 올렸으며, 이는 제휴를 맺지 않았을 때의 10만 달러보다 더 많은 수익이다. 카메라 사용과 필름 사용을 *연계하는* 기능을 활용하여 이러한 수익 증가를 달성했다.

묶음이 Rowling에게 도움이 되는 방식을 이해하려면 먼저 수요가 많은 소비자는 두 제도 중 하나에 따라 수량할인을 받는다는 점에 유의해야 한다. *매직캠*을 50달러에 임대하고 필름을 장당 2달러에 경쟁적으로 구매할 경우, 수요가 많은 소비자는 14장의 사진을 찍고 장당 5.57달러만 지불하는 반면, 수요가 적은 소비자는 10장의 사진을 찍고 장당 7달러를 지불한다. 필름 묶음 요금제에서는 고수요 소비자는 12장의 사진에 대해 총 80달러, 즉 사진당 6.67달러의 요금을 지불한다. 반면, 수요가 적은 소비자는 총 64달러를 지불하고 한 달에 8장, 즉 장당 8달러의 사진만 촬영한다. 따라서 끼워팔기 판매는 단순히 수량할인이 가능하다는 이유만으로 매력적이지 않다.

끼워팔기를 통해 Rowling은 *매직필름*의 독점 판매자로서의 임대 후 지위를 이용하여 식별 및 차익거래 문제를 해결할 수 있게 된다. 이제 필름 구매를 통해 수요가 많은 소비자가 Rowling에게 노출되고, 수량할인을 통해 수익이 증가하는 방식으로 작동한다. 차익거래도 이 차별을 되돌릴 수 없다. 결국 카메라와 필름은 모든 소비자가 동일한 가격으로 쉽게 구입할 수 있다. 하나의 *매직캠*이 수요가 적은 소비자와 수요가 많은 소비자 모두에게 똑같이 잘 사용될 수 있다는 점을 감안할 때, 식별 및 차익거래 문제를 해결하려면 소비자의 유형에 따라 사용량이 달라지는 다른 제품에 *매직캠*을 연결해야만 가능하다. 어떤 소비자도 *매직캠*을 두 대 이상 임대하지는 않지만, 구매하는 *매직필름*의 양은 다를 것이다.

이제 Rowling의 사례에서 한 걸음 더 나아가 보겠다. 우리가 사용한 저수요 및 고수요함수는 여러분에게 익숙해 보일 수 있다. 6장에서 2차 가격차별이 있는 수량할인에 대해 논의할 때 사용한 것과 동일한 함수이다. 앞의 예시를 다시 살펴보면 Rowling이 카메라를 어떻게 재설계하고 패키징하여 더 나은 성능을 발휘할 수 있는지 아이디어를 얻을 수 있다. 예를 들어, Rowling이 *매직캠*을 재설계하여 *매직필름*의 카트리지가 카메라를 망가뜨리지 않고 Rowling의 필름 현상업자만 꺼낼 수 있는 카메라의 필수 부품이 되었다고 가정해 보겠다.

그런 다음 Rowling은 새로운 통합형 *매직캠*을 두 가지 종류로 설계할 수 있는데, 하나는 10발, 다른 하나는 14발 용량의 *매직캠*이다.[7] 이 회사는 10발 매직캠을 월 70달러에, 14발 *매직캠*을 월 88달러에 임대할 수 있다. 두 경우 모두 임대 계약에 따라 무료 현상과 카트리지 무료 교체가 제공된다. 6장의 분석을 통해 이 경우 어떤 일이 벌어질지 알 수 있다. 수요가 적은 소비자는 10샷 *매직캠*을 임대하고 수요가 많은 소비자는 14샷 *매직캠*을 임대할 것이다. 그러면 Rowling은 $50,000 + $58,000 = $108,000의 수익을 얻는다. 이러한 기술 통합과 월별 리스 계약을 통해 Rowling은 다양한 고객을 식별하고 분리하여 훨씬 더 높은 수익성을 확보할 수 있다.

8.2 ▸ 실습문제

매직캠 예시를 다시 생각해보겠다. 다시 수요가 많은 소비자 1,000명과 수요가 적은 소비자 1,000명이 있다고 가정하고, 이들의 역수요함수가 각각 $P = 16 - Q$ 및 $P = 12 - Q$라고 가정한다. 사진 한 장당 4달러의 가격이 실제로 필름을 카메라와 별도로 판매될 때 *매직필름*의 이윤을 극대화하는 가격임을 보여준다. 이제 Rowling사가 카메라와 필름 카트리지를 8매와 14매로 결합한 통합형 카메라를 생산한다고 가정한다. 두 가지 종류에 대해 어떤 임대료 요금이 부과되는가? Rowling 주식회사의 수익은 얼마가 되는가? 마지막으로, 수요가 적은 소비자 1,000명과 수요가 많은 소비자 N_h 있다고 가정해 보겠다. 다른 타입이 아래와 같다면, Rowling이 통합형 *매직캠*의 14샷 품종만 생산하려면 수요가 높은 소비자가 몇 명이나 있어야 하는가?

a. 10샷;

b. 8샷.

번들링과 마찬가지로 끼워팔기 *tie-in* 를 사용하여 가격차별 체계를 구현할 수 있다는 것을 확인했다. 특히 가상의 *매직캠*처럼 구성 요소 중 하나가 매우 넓은 범위를 커버하는 서로 다른

7 한계 필름 비용이 2달러이므로 사회적으로 효율적인 수량을 제공할 수 있다.

사용 강도를 가질 수 있는 상황에서 끼워팔기는 자주 사용된다. 컴퓨터 초창기 IBM이 펀치 카드 기계 사용자에게 펀치 카드 사용을 요구한 경우처럼 계약에 의한 끼워팔기도 있다. *매직캠*과 *매직필름*의 예나 폴라로이드 즉석 사진 카메라가 폴라로이드 필름만 사용했던 실제 사례처럼 기술적으로 강제된 경우도 있다. *닌텐도 64* 플레이어와 *게임보이*는 닌텐도 또는 닌텐도 라이선스 게임만 사용한다. 모든 컴퓨터 프린터 제조업체는 자체 잉크 카트리지만 사용하도록 프린터를 설계한다. 다시 말하지만, 이는 시장에서 잉여를 추출하는 데 매우 유용한 제품 설계 전략이 될 수 있다.

그러나 가격차별만이 번들링 및 끼워팔기 관행을 관찰할 수 있는 유일한 이유는 아니다. 스티븐스 판사가 분명히 밝힌 바와 같이, 이러한 관행이 독점력을 강화할 수 있다는 점이 또 다른 이유이다. 동시에, 실제 비용을 고려한 번들링과 끼워팔기는 차별적 관행과 거의 관련이 없는 상대적으로 경쟁이 치열한 시장에서 관찰될 수 있다는 점도 인식해야 한다. 보완재 가격책정의 몇 가지 측면을 먼저 고려한 후 곧바로 이러한 문제를 살펴보겠다.

8.3 보완재, 네트워크 외부효과, 독점적 가격책정

*매직캠*과 *매직필름*은 상호 보완적인 상품이다. 디지털 카메라가 등장하기 전에는 필름을 함께 구입하지 않으면 매직캠이든 다른 카메라든 카메라를 구입할 필요가 없었다. 오늘날에는 CD를 구매하지 않고 CD 플레이어를 소유하거나, 전자책을 구매하지 않고 전자책 리더기를 소유하거나, 일부 소프트웨어 애플리케이션을 구매하지 않고 PC를 소유하거나, 너트를 구매하지 않고 볼트를 구매하는 것은 거의 의미가 없다. 여객기 제조에는 엔진과 항공 전자 장비가 모두 필요하다.

보완재 중 하나 이상의 시장이 상당히 경쟁적인 경우도 있다. 같은 기업이 두 상품을 모두 지배하는 경우도 있다. 하지만 세 번째 가능성도 있다. 보완재 각각이 서로 다른 독점기업에 의해 생산되는 경우이다. 카메라 회사와 필름 회사가 각각 하나씩만 있을 수 있다. 프랑스의 수학 경제학자 오귀스탱 쿠르노 Augustin Cournot 가 150여 년 전에 인식했듯이, 이러한 마지막 상황은 수익과 효율성 모두에 특히 나쁜 영향을 미칠 수 있다.

쿠르노(1838)의 기본적인 통찰은 아주 간단하게 설명할 수 있다. 문제의 두 가지 보완재를 너트와 볼트라고 가정해 보겠다. 별도의 독점기업이 각각을 생산하며, 단순화를 위해 각 기업의 한계 생산비용은 0이라고 가정한다. (부록에서 두 회사가 서로 다른 한계비용을 갖도록 허용하는 대안 솔루션을 제공한다.) 두 재화는 완벽한 보완재이다. 볼트 100개를 구매하고자 하는 소비자는 너트 100개도 구매하고자 한다. 즉, 두 재화는 항상 1대 1의 고정 비율로 소비된다. 이러한 이유로 소비자는 그들의 수요를 결정할 때, 결합된 가격인 $P_B + P_N$을 고려한다. 보다시피 두 제품에 대한 수요는 분명히 상호 연관되어 있다. 볼트 가격은 너트 수요에 영향을 미치며, 그 반대의 경우도 마찬가지이다.

너트 및 볼트 쌍에 대한 수요가 수요함수에 의해 주어진다고 가정한다.

$$Q = 12 - (P_B + P_N) \tag{8.10}$$

소비자는 항상 볼트 1개당 너트 1개라는 두 재화를 함께 구매하기 때문에 방정식 (8.10)은 각 독점자가 직면한 개별 수요도 설명한다. 즉, 볼트 생산자와 너트 생산자는 각각 수요곡선에

현실 체크포인트

번들 하늘(The Bundled Skies)

지난 1~2년 동안 항공권을 구매해 본 적이 있다면, 일반석으로 제한하더라도 더 이상 통로, 중앙 또는 창가 중 하나를 선택하는 것만으로는 충분하지 않다는 것을 알 수 있다. 요즘 항공 승객은 "초이스 플러스", "캐빈 익스프레스", "어센드" 또는 "리프트"와 같은 옵션 중에서 선택할 수 있다. 항공사들은 케이블 회사, 자동차 제조업체 등과 마찬가지로 다양한 옵션을 패키지로 묶는 데 빠르게 능숙해지고 있다.

예를 들어, 아메리칸 항공은 현재 *초이스 에센셜*과 *초이스 플러스* 여행 옵션을 모두 제공한다. 68달러를 추가하면 첫 번째 옵션은 무료 위탁 수하물 1개를 허용하고 승객을 첫 번째 그룹에 배정하여 탑승할 수 있다. 두 번째 옵션은 *초이스 에센셜*의 혜택에 알코올 음료와 50% 추가 상용고객 마일리지가 추가되어 88달러를 더 내면 이용할 수 있다. 델타항공의 *어센드* 패키지는 42달러가 추가되지만 승객에게 우선 탑승과 무료 Wi-Fi를 제공한다. 젯블루는 단 $120에 코치 항공권, 추가 다리 공간, 우선 탑승, 빠른 보안 검색이 포함된 "더 많은 공간" 번들을 제공한다.

원래 이러한 옵션은 항공사 웹사이트에서 "추가 옵션"으로 제공되었다. 항공권을 구매하려는 승객은 먼저 일반행 가격을 확인한 다음, 각 추가 혜택과 그에 따른 추가 요금을 확인한다. 그러나 점점 더 많은 항공사가 번들을 한 번에 제공하는 추세이다. 따라서 보스턴에서 LA로 가는 항공편을 검색하기 위해 미국 웹사이트를 방문하면 일반 항공권을 전혀 찾지 못할 수도 있다. 대신 고객은 초이스 *에센셜*, *초이스 플러스* 등 다양한 옵션을 보고 하나를 선택해야 한다. 실제로 델타항공은 고객의 선택 사항을 추적하여 다음 번 여행 시 해당 고객을 위한 고객별 번들을 설계함으로써 이러한 번들링 관행을 한 단계 발전시키고 있다. 따라서 이미 한 번 델타항공을 이용한 적이 있는 재방문 비즈니스 고객에게는 귀국 시 무료 와이파이와 렌터카가 포함된 옵션이 제공될 수 있다.

예상대로 이러한 번들링 노력은 성과를 거둔 것으로 보인다. 여러 추정에 따르면 항공사 수익이 10% 증가한 것으로 나타났다. 이러한 추가 수익이 가장 큰 수확일 수 있다.

출처: S. McCartney, "Bundles of Travel Deals for Fliers," *Wall Street Journal*, January 31, 2013, p. D1.

직면한다.

$$Q_B = 12 - (P_B + P_N) \qquad \text{볼트 수요곡선}$$
$$Q_N = 12 - (P_B + P_N) \qquad \text{너트 수요곡선} \qquad (8.11)$$

여기서 분리 생산의 문제점을 쉽게 알 수 있다. 너트 생산자의 가격 결정은 볼트 생산자의 수요곡선에 영향을 미치며, 그 반대의 경우도 마찬가지이다. 너트 가격의 변화는 너트 시장뿐만 아니라 볼트 시장에서도 수요량을 변화시킨다. 이는 각 기업의 가격 결정이 자신뿐만 아니라 다른 기업에도 이익에 영향을 미친다는 것을 의미한다. 즉, 두 기업 중 한 기업의 가격 정책은 다른 기업에게 외부효과를 낳게 한다. 이러한 상황에서 두 기업이 합병하거나 비즈니스 네트워크를 구축하여 가격 결정을 조정하면 외부효과와 관련된 시장 실패를 적어도 부분적으로나마 수정함으로써 두 기업에게 상당한 이점을 제공할 것으로 합리적으로 기대할 수 있다. 덜 분명함에도 불구하고 앞으로 살펴보겠지만, 이러한 조정을 통해 소비자가 이득을 볼 가능성도 있다.

두 기업의 이익 극대화 결정을 먼저 두 기업 간 조정이 없는 경우와 있는 경우로 나누어 계산해 보겠다. 방정식 (8.11)의 수요곡선을 역 형태로 다시 표현할 수 있다.

$$P_B = (12 - P_N) - Q_B \qquad \text{볼트 역수요곡선}$$
$$P_N = (12 - P_B) - Q_N \qquad \text{너트 수요곡선} \qquad (8.12)$$

이를 통해 각 회사가 직면한 한계수익 곡선은 다음과 같다는 것을 알 수 있다.

$$MR_B = (12 - P_N) - 2Q_B \quad \text{볼트 한계수익}$$
$$MR_N = (12 - P_B) - 2Q_N \quad \text{너트 한계수익} \tag{8.13}$$

당연하게 각 기업의 수요곡선이 다른 기업의 가격에 의존하는 것처럼, 각 기업의 한계수익도 다른 기업의 가격에 영향을 받는다. 각 기업이 독립적으로 이윤을 극대화할 때 각 기업은 한계수익이 한계비용과 같고, 여기서는 0이라고 가정한 산출물을 선택할 것이다. 따라서 (8.13)의 각 방정식을 0으로 설정하고 Q_B와 Q_N을 풀면 다음과 같다.

$$Q_B = (12 - P_N)/2 \quad \text{볼트 생산량}$$
$$Q_N = (12 - P_B)/2 \quad \text{너트 생산량} \tag{8.14}$$

이제 이러한 산출물을 개별 수요곡선에 대입하면 다음과 같이 각 기업의 최적가격을 다른 기업의 가격에 대한 함수로 구할 수 있다:

$$P_B = (12 - P_N)/2 \quad \text{볼트 가격 법칙}$$
$$P_N = (12 - P_B)/2 \quad \text{너트 가격 법칙} \tag{8.15}$$

이 방정식은 각 생산자의 해당 이익 극대화 가격이 다른 회사가 설정한 가격에 따라 달라진다는 것을 보여준다. 또는 이 방정식은 다른 회사의 가격을 고려할 때, 각 회사의 이윤극대화 가격 선택을 식별하게 된다. 너트 회사가 부과하는 가격은 볼트 생산자가 직면한 수요곡선에 미치는 영향을 통해 볼트 회사에게 전달된다. 너트 가격이 높으면 수요곡선이 낮아진다. 반대로 너트 가격이 낮으면 볼트 수요가 강세를 보일 것이다. 수요곡선이 주어졌을 때 볼트 생산자는 익숙한 이윤극대화 $MR = MC$ 규칙을 사용하여 이윤을 극대화하는 가격-수량 조합을 선택하기만 하면 된다.

방정식 (8.15)를 두 가격 P_B와 P_N을 축으로 한 다이어그램에 그래프로 표시하면 두 시장의 가격 균형이 무엇인지 파악할 수 있다. 이는 그림 8.7에서 확인할 수 있다. 완만하게 기울어진 선은 볼트 회사가 모든 너트 가격인 P_N에 대해 가장 잘 선택할 수 있는 P_B를 나타낸다. 예를 들어, 너트 가격이 0인 경우 이윤을 극대화하는 볼트 가격은 6달러이다. 너트 가격이 12달러 근처까지 상승하면 이윤을 극대화하는 볼트 가격은 0에 가깝게 떨어진다. 너트 가격이 상승하면 볼트 수요가 감소하고 볼트 회사의 이윤극대화 가격이 낮아진다. 더 가파르게 경사진 선은 너트 회사의 관점에서 동일한 전략적 선택을 설명한다. 이 선은 모든 P_B 선택에 대해 이익을 극대화하는 P_N의 선택을 나타낸다.

교차점에서 균형이 발생한다. 이 시점에서 각 회사는 상대 회사의 가격 선택을 고려할 때 가장 좋은 가격을 선택했다. 따라서 어느 쪽도 변경할 인센티브가 없다. 이러한 균형을 파악하기 위해, 예를 들어 너트 가격에 대한 방정식을 볼트 가격에 대한 방정식으로 대입한다. 이렇게 하면 다음과 같은 결과가 나온다.

$$P_B = \frac{1}{2}(12 - P_N) = \frac{1}{2}\left(12 - \frac{1}{2}(12 - P_B)\right) = \frac{12}{4} + \frac{P_B}{4} \text{ so that } \frac{3P_B}{4} = 3 \text{ or } P_B = 4 \tag{8.16}$$

이것은 이윤을 극대화하는 볼트 가격이 $P_B = \$4$임을 알려준다. 방정식 (8.15)에 대입하면

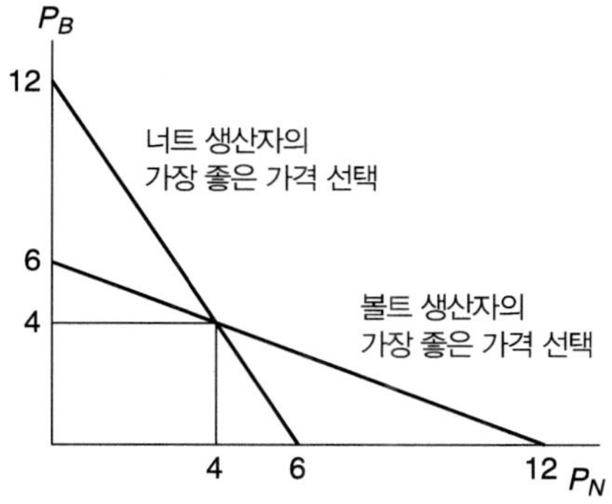

그림 8.7 보완재의 가격책정: 너트와 볼트의 경우

이윤을 극대화하는 너트 가격이 $P_N = \$4$가 된다. 결과적으로 너트와 볼트를 합친 가격은 $P_B + P_N = \$8$이며, 수요 방정식 (8.10)에서 판매되는 볼트와 너트 쌍의 수는 4개이다. 볼트 회사는 너트 생산자와 마찬가지로 $P_BQ_B = \$16$의 이익을 얻는다.

이제 두 회사가 합병하고 새로 합병된 회사가 단일 "번들 너트 및 볼트" 제품을 판매하는 경우를 생각해 보겠다. 이러한 기업은 방정식 (8.10)의 공동 수요곡선에 직면하므로 고객에게 적절한 가격은 개별 볼트와 너트 가격의 합계 또는 번들 너트–볼트 제품에 대해 지불한 총 가격이라는 것을 인식한다. 방정식 (8.10)의 수요곡선과 관련된 한계수익 곡선은 $MR = 12 - 2Q$이며, 여기서 Q는 판매된 너트–볼트 쌍의 수이다. 한계수익을 한계비용과 동일시하면 판매할 너트–볼트 쌍의 최적 수량을 파악할 수 있다. 한계비용이 0이라고 가정했으므로 합병된 독점기업이 판매해야 하는 너트–볼트 쌍의 최적 수량은 $Q^* = 6$임을 쉽게 알 수 있다. 그러면 수요함수는 각 쌍을 $P^* = 6$달러(또는 각각 3달러의 개별 가격)의 결합된 가격으로 판매할 수 있음을 알려준다. 합병된 회사의 총 이익은 $P^*Q^* = \$36$이다.

이 값을 앞서 두 회사가 서로 독립적으로 가격을 책정했을 때 얻은 값과 비교하면 두 회사의 합병이 두 회사가 개별적으로 행동할 때보다 더 낮은 가격과 더 많은 생산량으로 이어진다는 것을 알 수 있다. 이는 합병된 기업이 두 제품 간 수요의 상호작용을 잘 이해하고 있기 때문이다. 너트와 볼트의 생산량과 가격을 조정한 결과, 합병을 통해 소비자들은 더 나은 혜택을 누리게 된다. 게다가 합병기업의 이익은 두 개별 기업이 벌어들인 이익의 합계를 초과한다. 이것이 쿠르노의 기본 요지이다.[8] 두 기업의 상호 의존성을 내재화함으로써 소비자와 생산자 모두 이익을 얻을 수 있다.

하지만 합병만이 이러한 결과를 달성할 수 있는 유일한 방법은 아니다. 두 회사의 개별적인 결정을 조정할 수 있는 다른 방법도 존재한다. 예를 들어, 상품 네트워크를 형성하기로 결정할 수 있다. 현금 자동 입출금기(ATM) 네트워크, 항공사 전산 예약 시스템(CRS), 부동산 다중 목록 서비스(MLS), 컴퓨터 CPU 및 주변기기와 같은 대화형 부품 시장, 장거리 및 시내 전화 서비스 등이 그 예이다. 이러한 네트워크가 존재하는 경우, 이러한 네트워크는 기업의 상호 보완

8 Allen(1938)은 상호 보완적인 두 상품 독점기업의 합병에 따른 가격 인하 효과와 관련하여 동일한 주장을 펼쳤다. 보다 일반적인 형태의 분석에 대한 미적분 기반 프레젠테이션은 부록에 나와 있다.

적인 제품에 대한 수요 간의 상호작용을 더 잘 고려하기 위해 여러 기업의 공동 행동에 의해 만들어졌다.

또는 두 시장 중 하나 또는 둘 다 경쟁이 치열해지기를 바랄 수도 있다. 만약 두 시장 중 볼트 시장에서만 이런 일이 발생한다면 볼트 가격은 한계비용으로 떨어질 것이며, 이 경우에는 0으로 가정한다. 볼트 시장의 각 기업은 너무 작아서 너트 생산 독점에 외부효과를 줄 수 없을 것이다. 볼트의 가격이 0이라고 가정하면 방정식 (8.15)는 너트의 이윤극대화 가격, 즉 너트와 볼트 조합의 이윤극대화 가격이 6달러라는 것을 의미한다. 따라서 이 결과는 합병 시 발생하는 결과와 중복될 수 있다. 두 시장 모두 경쟁이 치열해지면 볼트 가격과 너트 가격은 각각 한계비용으로 떨어질 것이다. 물론 이렇게 되면 총잉여가 최대가 되고 그 잉여는 모두 소비자에게 돌아간다.

보완재 시장에서 경쟁의 출현을 방해할 수 있는 요인이 있다. 바로 네트워크 외부효과이다. 일부 재화와 서비스의 경우 시장수요 측면에서 작동하는 규모의 경제 *scale economy* 효과가 있다. 예를 들어, 전화 시스템에 연결된 소비자가 많을수록 기존 소비자와 신규 소비자에게 전화 시스템의 가치는 높아진다. 전화 시스템에 연결되는 각 소비자는 이미 연결된 모든 소비자에게 외부이익을 창출하고 잠재적 소비자에게 시스템을 더 매력적으로 만든다. 때때로 이 기능은 긍정적인 피드백 *positive feedback* 으로 설명되기도 한다.

여기서 논의한 종류의 제품 상호 보완성 또한 긍정적인 피드백을 불러올 수 있다. Microsoft의 사례를 생각해보면, Microsoft의 운영체제 *Windows*는 워드 프로세싱 패키지, 컴퓨터 게임, 그래픽 아트 프로그램과 같은 소프트웨어 애플리케이션을 시작할 수 있는 플랫폼 역할을 한다. 이 관계의 기술적 측면은 특정 애플리케이션의 코드가 운영체제에서 작동하려면 애플리케이션 프로그램 인터페이스(API)를 포함해야 한다는 것이다. 일반적으로 한 운영체제에서 작동하는 API는 다른 운영체제에서는 작동하지 않는다. 즉, *Stata* 또는 *Mathematica*와 같은 애플리케이션은 *Windows*, *Mac OS* 또는 *Linux*와 같은 특정 운영체제에서 작동하도록 작성되어야 한다. 따라서 애플리케이션과 운영체제는 서로 보완적인 관계에 있다.

애플리케이션 프로그램의 설계 및 제작에 있어 두 가지 추가적인 특징도 중요하다. 첫째, 생산 과정에서 상당한 규모의 경제를 실현할 수 있다는 점이다. 비용은 거의 전적으로 설계 단계에서 발생한다. 기본 소스 코드가 작성되면 프로그램을 CD-ROM(또는 웹사이트)에 담아 수백만 명의 소비자에게 거의 비용 없이 판매(또는 다운로드)할 수 있다. 둘째, 더 많은 사람들이 애플리케이션을 사용할수록 더 많은 소비자가 애플리케이션을 사용하고 싶어한다는 점에서 네트워크 외부성이 있다. 프레젠테이션 그래픽을 메모리 스틱이나 이메일 첨부 파일에 넣음으로써, 멀리 떨어져 있는 동료가 같은 그래픽 소프트웨어를 사용할 수 있다. 이러한 두 가지 이유 때문에 이러한 소프트웨어 애플리케이션을 만드는 기업들은 가장 널리 사용되는 운영체제에서 작동하도록 설계하려는 인센티브가 있는데, 이는 기업이 이러한 공급 측면과 수요 측면의 규모의 경제를 보다 효과적으로 활용할 수 있다.

똑같은 논리로 소비자가 가장 원하는 운영체제는 애플리케이션이 가장 많은 운영체제이다. 애플리케이션과 운영체제의 상호 보완적인 관계는 Microsoft의 *Windows*에 대한 매우 긍정적인 피드백으로 이어졌다. *Windows*가 지배적인 운영체제가 되면서 이 운영체제에서 실행되도록 작성된 애플리케이션이 점점 더 많아졌다. 결과적으로 계속 확장되는 애플리케이션 메뉴는 지배적인 시스템으로서 *Windows*의 입지를 크게 강화했다. 이러한 상호작용을 *애플리케이션 진입장벽* applications barrier to entry 이라고 부르기도 한다. 이 개념은 경쟁 운영체제가 시장에 진입하는 데 큰 어려움을 겪게 된다는 것이다. 애플리케이션 생산자는 대체 시스템이 상당한 시장점유율을 확보하기 전까지는 대체 시스템에서 실행되도록 제품을 설계할 인센티브를 갖지 못한다. 하지만 해당 시스템을 위한 애플리케이션이 개발되지 않는 한 해당 시스템은 상당한 시장점유율을 확보하지 못할 것이다.

이 분석이 시사하는 바는 보완재의 생산과 마케팅에서 긴밀한 협업을 통해 얻을 수 있는 이익에 상쇄되는 힘이 존재한다는 것이다. 너트와 볼트의 예에서 알 수 있듯이 일반적으로 협력이 수익성이 있고 소비자에게 이익이 되는 것은 사실이지만, 보완재 생산에 독점력이 있는 경우 네트워크 효과와 이로 인해 발생하는 긍정적 피드백은 독점력을 강화할 수 있음을 의미한다. 이는 한 제품군의 독점력이 다른 제품군으로 확장되거나 활용될 수 있는 한 가지 방법이다.

8.4 독점 금지, 번들링 및 제휴판매

이제 번들링(묶음판매)과 끼워팔기로 인해 제기되는 반독점 문제를 고려할 수 있는 더 나은 위치에 서게 되었다. 주요 질문은 상당한 시장지배력을 가진 기업이 경쟁사 또는 잠재적 경쟁사에 대해 이러한 관행을 사용하여 지배력을 유지하거나 확장할 수 있는지 여부이다. 먼저 이 장의 서두를 장식한 Microsoft 사례를 검토하여 이러한 문제를 설명한다. 그런 다음 이 분야의 다른 사례와 법적 발전에 대해 간략하게 논의한다. (보다 자세한 논의는 Economides와 Salop(1992) 참조.)

8.4.1 번들링과 Microsoft 사례

Microsoft에 대한 정부 소송의 핵심 쟁점은 Microsoft가 경쟁 브라우저인 Netscape의 *네비게이터*를 시장에서 제거하기 위해 자사의 브라우저인 *인터넷 익스플로러*를 운영체제인 *Windows*에 직접 통합하거나 번들로 제공했다는 주장이었다. Microsoft가 운영체제 시장에서 독점적 지위를 가지고 있었기 때문에 이제 모든 *Windows* 소비자는 *Internet Explorer*를 기본 브라우저로 사용하게 되어 Netscape의 시장점유율이 사라지거나 크게 감소할 것이라는 주장이었다. 이러한 주장을 증명하고 독점 금지법 위반을 입증하기 위해 정부는 다음 사항을 입증해야 했다. 1) Microsoft가 독점적 지위를 보유하고 있고, 2) 운영체제와 브라우저는 서로 연관되어 있지만 밀접하게 묶을 필요가 없는 별개의 제품이며, 3) Microsoft의 관행이 지배적 지위를 유지 또는 확대하려는 회사의 욕망에 따른 권력 남용에 해당한다는 것이다.

앞서 언급한 내용을 고려할 때 잭슨 판사의 세 가지 주요 사실 관계를 상기해 볼 필요가 있다. 첫째, 판사는 Microsoft가 셔먼법의 의미에서 실제로 독점에 해당한다고 판단했다. 이 판결에 대한 증거는 상당히 강력해 보인다. 재판 당시 *Windows*는 운영체제 시장의 90% 이상을 점유하고 있었으며 10년 넘게 그 점유율을 유지해 왔다. 또한 Microsoft가 혼합번들링 및 기타 가격차별적 관행을 사용한 것은 경쟁시장이 아니라는 추가적인 증거를 제공했다. 구조적 증거와 행동적 증거는 모두 Microsoft가 독점력을 보유하고 있다는 잭슨 판사의 판단을 어느 정도 뒷받침했다.

판사의 두 번째 판결은 운영체제와 인터넷 브라우저는 상호 보완적인 제품이지만 별개의 제품이라는 것이었다. Microsoft는 브라우저는 최신 운영체제의 통합된 일부일 뿐이라고 주장했다. 과거에는 별도로 판매되던 플래시 전구가 기술 발전으로 카메라에 내장된 것처럼, Microsoft는 비슷한 기술 발전으로 인해 브라우저인 *Internet Explorer*가 *Windows* 운영체제의 필수 요소로 자리잡게 되었다고 주장했다. 또한 Microsoft는 둘 중 하나 이상을 손상시키지 않고는 둘을 분리할 수 없다고 주장했다. 그러나 Netscape는 여전히 *내비게이터* 브라우저를 독립적으로 판매하고 있었으며, 이는 소비자들이 통합 운영체제와 브라우징 환경을 요구하지 않았음을 시사하는 사실로 남았다. 또한, 두 제품 모두에 해를 끼치지 않으면서도 Microsoft가 번들로 제공한 운영체제에서 *Internet Explorer*를 분리하는 것이 비교적 쉽다는 증거가 재판에서 제시되었다. 따라서 *Windows*와 *Internet Explorer*가 별개의 제품이라는 잭슨 판사의 판단도 정당화될 수 있다.

이 두 가지 조사 결과에 비추어 볼 때, Microsoft가 유일하게 방어할 수 있는 것은 독점적 지위를 가지고 있기는 하지만 각기 다른 운영체제와 브라우저 제품을 번들로 제공하는 관행이 "나쁜 행위"에 해당하지 않는다는 것이다. 즉, *Windows*와 *Internet Explorer*의 통합이 경쟁을 해칠 목적으로 이루어진 것이 아니라 반독점법 위반 혐의를 피하기 위해 소비자를 돕기 위한 것이라고 주장할 수 있다. 이러한 항변을 하는 한 가지 방법은 위에서 설명한 조정 주장을 펼치는 것이다. 즉, Microsoft는 운영체제와 브라우저의 상호 보완성 때문에 소비자가 두 제품을 모두 저렴한 가격에 구매할 수 있도록 두 제품의 마케팅을 조정해야 한다는 주장을 통해, Microsoft는 자사의 행위가 실제로는 소비자를 위한 것이라고 주장할 수 있다.

이전 섹션에서 살펴본 바와 같이, 두 제품 간에 상호 보완적인 관계가 존재하지만 각 제품이 별도의 독점에 의해 생산되는 경우 심각한 비효율을 초래할 수 있다. 소프트웨어 산업이 바로 그런 경우이다. Microsoft의 *Windows*는 운영체제 시장에서 가장 큰 점유율을 차지하고 있고, Netscape의 *Navigator*는 상호 보완적인 브라우저 시장을 장악하고 있었다. 이 두 제품의 마케팅을 조정할 수 있는 어떤 메커니즘이 필요하다는 주장이 제기되었다. 이러한 조정을 달성하는 한 가지 방법은 두 회사의 합병이다.[9] 하지만 두 회사 중 한 곳이 합병을 원하지 않는다면 어떻게 될까?

예를 들어, Netscape가 훨씬 작은 회사로서 합병이 이루어질 경우 Microsoft에 삼켜져 경영상의 독립성을 모두 잃게 될 것이라고 생각한다고 가정해 보겠다. 그러면 경영진은 합병 제안을 거부하고 브라우저의 별도 마케팅을 계속하기로 결정할 수 있다. 이러한 상황에서는 Microsoft가 자체 브라우저를 만들어 운영체제와 함께 번들로 제공하기로 결정할 수도 있다.

간단한 너트/볼트의 예를 통해 시장결과가 어떻게 변화할 수 있는지 다시 한번 설명할 수 있다. 운영체제와 웹 브라우저를 모두 원하는 소비자의 수요가 다음과 같이 주어졌다고 가정해 보겠다.

$$Q = 12 - (P_O + P_B). \tag{8.17}$$

여기서 아래 첨자 "O"와 "B"는 각각 운영체제와 브라우저를 나타낸다. 다시 한번, 두 제품의 한

9 1995년 6월, Microsoft는 실제로 Netscape에 브라우저 시장에서 협력할 것을 제안했고, 심지어 합병까지 제안한 것으로 알려졌지만 Netscape는 이 제안을 거부했다.

계비용이 0이라고 가정하여 단순화해 보겠다. (앞서 소프트웨어의 경우 이 가정이 실제로 매우 현실적이라고 언급했다.)

위의 너트/볼트 예시를 통해 독립적으로 운영되는 경우 Microsoft는 운영체제를 $P_O = \$4$에 판매하고 Netscape는 브라우저를 $P_B = \$4$에 판매하므로 운영체제와 브라우저 서비스를 합친 가격은 $8라는 것을 알 수 있다. 또한 이는 비효율적인 결과라는 사실도 알 수 있다. 만약, 두 회사가 협력하거나 하나의 회사가 되면 통합 시스템의 가격은 6달러로 떨어지고, 두 회사의 총이익은 동시에 상승한다.

Netscape와의 합병이 거부되면 Microsoft는 자체 브라우저를 개발할 수 있으며, 이 브라우저는 한계비용 0으로 생산할 수 있다고 가정한다. 그러면 Microsoft는 운영체제를 3달러, 브라우저를 3달러 또는 패키지 가격 6달러에 제공할 수 있을 것으로 보인다. 그러나 이는 Netscape와의 경쟁을 무시한 것이다. Microsoft가 이 계획을 진행한다면 Netscape는 더 이상 4달러의 가격으로 브라우저를 제공할 수 없다. 하지만 2달러의 가격으로 브라우저를 판매하겠다고 제안을 할 수는 있다. 결국 이 가격도 여전히 한계비용을 훨씬 상회하는 가격이다. 게다가 이 가격은 충분히 낮기 때문에 소비자들은 Microsoft의 운영체제를 3달러에 구매하면서도 Netscape 브라우저에 매력을 느낄 것이다. 물론 Microsoft는 브라우저 가격을 1.95달러로 낮추려고 할 것이다. 그러면 Netscape는 브라우저를 1.80달러에 판매하는 등의 방식으로 대응할 것이다.

방금 설명한 것은 브라우저 시장에서 가격 경쟁의 발발이다. 이러한 가격 경쟁의 궁극적인 효과는 브라우저 가격을 한계비용(이 경우에는 0)으로 끌어내리는 것이다. 이는 Netscape에게는 분명 나쁜 소식이다. Microsoft는 어떨까? 방정식 (8.17)을 통해 Microsoft의 최적가격 전략을 검토해 보면, 브라우저 가격이 0으로 떨어지면 운영체제에 대한 Microsoft의 최적가격은 6달러로 상승한다. 또한 브라우저 가격이 0이라는 것은 운영체제와 브라우저 패키지를 결합한 최적의 가격도 6달러라는 것을 의미하며, 이는 두 회사가 합병할 때와 똑같다. 또한 합병으로 인한 이익 증가도 실현되지만, 지금은 전적으로 Microsoft에 돌아간다. 다시 말해, 합병만이 조정 문제를 해결할 수 있는 유일한 방법은 아니다. 시장 중 하나에 경쟁이 생기면 각 시장이 독점되고 독점업체가 가격 조정에 실패할 때 발생하는 비효율이 제거된다. 가격은 낮아지고 소비자 및 생산자잉여가 모두 증가한다.

방금 설명한 "브라우저 전쟁"의 결과는 최종 브라우저 가격이 0이라는 점에 주목해야 한다. 즉, 균형 상태에서 Microsoft는 운영체제를 6달러에 판매한 다음 브라우저를 무료로 제공한다. 이는 번들링과 매우 비슷해 보이지만, Netscape도 무료 브라우저를 제공하고 있기 때문에 브라우저 시장의 점유율을 유지할 것으로 예상할 수 있다는 점이 복잡해 보인다.

앞서 설명한 시나리오를 검토하면 Microsoft가 독점적 지위를 악용하여 경쟁업체에 피해를 주기 위해 브라우저를 운영체제와 함께 번들로 제공했다는 비난에 이의를 제기할 수 있음을 분명히 알 수 있다. Microsoft는 가격 경쟁을 촉진하는 방식으로 행동했을 뿐이며 브라우저 가격이 낮아진 것은 이러한 사실을 반영한 것일 뿐이라고 정당하게 주장할 수 있다. 이러한 관점에서 볼 때 Microsoft의 행동은 반경쟁적인 것이 아니라 친경쟁적인 것이다.

그러나 이 경우 고려해야 할 또 다른 측면이 있다. 바로 상호 보완적인 제품과 네트워크 외부효과 간의 상호작용이다. 운영체제와 이를 위해 작성된 애플리케이션 간의 상호 보완성은 Microsoft에 상당한 긍정적 피드백 루프를 만들어냈다. *Windows*가 운영체제를 독점하고 있었기 때문에 대부분의 애플리케이션은 *Windows*에서 실행되도록 작성되었다. 결과적으로 대부분의 애플리케이션이 *Windows*용으로 개발되었기 때문에 다른 운영체제가 *Windows*의 아성에 도전할 수 없었다. 그러나 인터넷 브라우저는 이 문제를 해결할 수 있는 잠재적인 방법을 제시했다. 썬 마이크로시스템즈에서 개발한 자바(JAVA) 프로그래밍 언어의 등장과 기타 기술 발전으로 인터넷 브라우저에서 애플리케이션을 실행할 수 있게 되었다. 따라서 브라우저 자체가 애플리케이션을 실행하는 플랫폼 역할을 할 수 있게 되었다.

*내비게이터*가 애플리케이션 플랫폼 역할을 할 수 있다면 *Internet Explorer*가 개발된 이후에도 *내비게이터*는 브라우저 시장에서 상당한 점유율을 유지할 수 있을 것으로 예상된다. 결국, 상당한 시장점유율을 가진 대체 플랫폼이 존재한다는 것은 디자인 회사들이 *Windows* 대신 다른 플랫폼에서 실행되는 애플리케이션을 개발하기 시작할 수 있다는 것을 의미한다. 이렇게 되면 *내비게이터*도 *Windows*가 누렸던 것과 같은 긍정적인 피드백의 혜택을 누릴 수 있었다. 브라우저에서 더 많은 애플리케이션을 실행할 수 있게 되면서 브라우저의 인기는 더욱 높아질 것이고, 더 많은 애플리케이션이 브라우저용으로 개발될 것이다. 분명 이러한 발전은 플랫폼 시장에서 치열한 경쟁을 불러일으켜 Microsoft의 성공의 핵심을 건드리게 될 것이다. 재판의 증언에 따르면 Microsoft 경영진은 이러한 상황을 인지하고 있으면서도 두려워하고 있었다.

앞서 설명한 내용에 비추어 볼 때, Microsoft가 *Windows* 운영체제에 *Internet Explorer*를 명시적으로 번들로 제공하는 것은 다른 시각에서 바라볼 수 있다. Microsoft의 번들링은 상호보완적인 제품 간의 조정 비효율을 줄이는 경쟁 행위가 아니라, Netscape의 브라우저 시장점유율을 낮추어 Netscape 브라우저가 애플리케이션 설계자에게 매력적이지 않은 대안이 되도록 하려는 의도적인 노력으로 볼 수도 있다. 이렇게 되면 Netscape가 Microsoft의 운영체제 독점에 위협이 되지 않게 된다. 실제로 Microsoft는 처음에 *Windows*를 운영체제로 설치한 Compaq, Dell과 같은 PC 제조업체에 *Windows* 데스크톱에 표시되는 기본 브라우저로 *Internet Explorer*도 설치하도록 요구했다. 이는 대부분의 소비자가 무료로 두 번째 브라우저를 사용할 수 있더라도 하나의 브라우저만 사용한다는 가정 하에 그렇게 한 것으로 보인다. 이후 *Windows* 소프트웨어에 Internet Explorer가 통합된 것은 계약 번들링을 기술 번들링으로 대체하려는 시도로 볼 수 있다.

그러나 번들링의 유형이 무엇이든, 앞서 살펴본 분석에서는 Netscape가 Microsoft에 대항할 수 있는 경쟁자를 개발하는 것을 막으려는 동기는 동일하다고 본다. Microsoft의 행동에 대한 이러한 대안적 해석은 Microsoft가 주로 독점을 유지하고 경쟁을 해치기 위해 권력을 남용했다고 주장하기 때문에 독점금지법 위반을 암시한다. 법무부는 이러한 주장을 뒷받침하기 위해 많은 시사적인 증거를 제시했는데, 여기서는 그중 일부만 요약해 보겠다.

첫째, Netscape가 애플리케이션 플랫폼으로서 *Window*의 지배력에 잠재적인 위협이 될 수 있다는 경영진의 우려를 드러내는 Microsoft 내부 문서가 있었다. 둘째, 악의적인 의도를 보여주는 몇 가지 추가 증거는 *Windows* 사용자가 *Internet Explorer*를 기본 브라우저로 사용하도록 사실상 강제하는 번들링 전략과 더불어, Microsoft가 매킨토시에도 *Internet Explorer*를 기본 브라우저로 지원하도록 압력을 가했다는 점이다. 매킨토시가 이에 응하지 않으면 매킨토시 컴퓨터용 *Office* 제품 등의 응용 프로그램 개발을 거부하는 방식으로 압박을 가했다. 매킨토시 컴퓨터는 *Windows* 운영체제를 사용하지 않기 때문에 이러한 조치는 내장 플래시 장치가 카메라를 개선한 것과 같이 *Windows*의 기술적 개선을 반영한 것으로 정당화하기 어려웠다. 마지막으로, 어쩌면 더 치명적인 문제는 마이크로소프트가 실제로 아메리카 온라인(AOL)과 같은 인터넷 서비스 제공업체에 자사 브라우저를 채택하도록 돈을 지불하고, 심지어 *Window* 바탕화면에 AOL의 공간을 제공했다는 사실일 수 있다. AOL은 Microsoft의 자체 인터넷 서비스와 직접적으로 경쟁했기 때문에, 이 조치는 Netscape에게 AOL 시장을 빼앗기려는 의도가 아니라면 이해하기 어려운 행동이다. [Rubinfeld(2003) 참조.]

결국 잭슨 판사는 Microsoft가 시장지배력을 남용하고 번들링을 사용하여 브라우저 시장에 대한 지배력을 확대했다는 증거가 설득력이 있다고 판단했다. 이는 나중에 항소 법원에서도 어느 정도 인정한 내용이다. 그러나 이 법원은 90년 전에 존 록펠러의 스탠다드 오일이 분리된 것처럼 Microsoft를 별도의 회사로 분리하는 것이 법 위반에 대한 적절한 구제책이라는 잭슨 판사의 의견과 크게 달랐다. 대신 법원은 사건을 Colleen Kollar-Kotelly 판사에게 돌려보냈고, Colleen Kollar-Kotelly 판사는 Microsoft의 행위를 제한하는 동시에 이러한 제한이 시행되는지 모니터링하는 등 덜 과감한 구제책을 마련했다.[10] 이 합의가 진행되어 소송은 종결되었지만, 소송에서 제기된 문제는 현재까지도 남아 있다. 이 장의 도입부에서 언급했듯이, Microsoft는 특히 시청각 소프트웨어인 *미디어 플레이어*와 관련하여 유럽 반독점 소송의 대상이 되었다. 마찬가지로 구글과 안드로이드 운영체제는 번들링/끼워팔기 및 상호 보완성(예: 안드로이드 운영체제와 여러 모바일 애플리케이션)과 관련하여 반독점 조사의 초점이 되어 왔다.

8.4.2 독점 금지 정책, 번들링 및 끼워팔기: 추가 개발 사항

Microsoft 사건에서 제기된 문제는 새로운 것이 아니다. 대기업이 시장지배력을 남용하여 경쟁을 방해하거나 제거할 수 있다는 우려는 반독점정책의 핵심이다. 1장에서 살펴본 바와 같이 셔먼법 제1조는 독점력이 경쟁을 약화시킬 때마다 이를 명시적으로 금지하고 있다. 또한, 후속 클레이튼법은 번들링 또는 끼워팔기 문제에 대해 다소 직접적으로 언급하고 있다: "임차인 또는 구매자가 임대인 또는 판매자의 경쟁자 또는 경쟁자의 상품을 . . . 사용하거나 거래하지 않는다는 조건, 합의 또는 이해 하에 . . . 상품을 임대(또는 판매)하는 것은 불법이며, 그 효과가 . . . *상거래에서 경쟁을 실질적으로 감소시키거나 독점을 형성하는 경향*이 있는 경우"[강조 추가]. 반경쟁적 전술에 대한 공식적인 분석은 12장과 13장으로 미루지만, 지금이 바로 번들링과 끼워팔기의 반경쟁적 잠재력에 대한 반독점정책 대응을 고려하기에 좋은 시기이다.

두 가지 주요 판례가 끼워팔기 요건에 대한 명확한 법적 추정을 확립했다. 첫 번째는 1922년 유나이티드 슈즈 사건이다. 50여 차례의 합병을 통해 유나이티드 슈 *United Shoe* 회사는 20세기 초 80~90%의 시장점유율을 가진 신발 제조 기계의 지배적인 제조업체로 부상했다. 그러나 신발 제조에는 여러 가지 기계가 사용되며, 유나이티드 슈는 적어도 일부 라인에서 경쟁에 직면했다. 이 회사는 신발 제조업체에 기계를 임대할 때 제조업체가 다른 경쟁 제조업체의 기계와 유나이티드 슈의 기계를 함께 사용할 수 없으며, 신발 제조업체는 특정 소모품을 유나이티드 슈에서만 구매해야 한다고 규정했다. 25년 후, 법원은 인터내셔널 솔트 컴퍼니 *International Salt Company* 와 비슷한 소송에 직면했다. 이 회사는 임차인이 인터내셔널 솔트 컴퍼니로부터 모든 소금을 구매하는 데 동의하지 않는 한 소금 가공 기계 임대를 거부했다. 이 사건에서 법원은 인터내셔널 솔트가 기계에 대한 특허를 보유하고 있다는 사실에 근거하여 인터내셔널 솔트의 독점력을 추론했다. 법원은 유나이티드 슈즈와 인터내셔널 솔트의 담합 요건이 모두 독점금지법을 위반했다고 판단했다.[10] 이 사건과 다른 사건(IBM 관련 사건 포함)에서 법원은 피고 회사의 끼워팔기 상품에 대한 독점력을 강조했다. 그 결과, 지배적인 대기업이 부과하는 담합 요건은 그 *자체*로 독점금지법 위반에 해당한다는 것이 기존 법조계의 통념이었다.

수년에 걸쳐 끼워팔기에 대한 법원의 견해는 완화되었다. 이는 부분적으로는 시카고 학파의 중요한 통찰력의 결과였다. 이 통찰은 한 시장에서 기업의 힘을 다른 시장에서의 힘에 활용하는 수단으로 계약을 묶는 것은 다양한 종류의 사건에서 거의 의미가 없다는 것이었다. 너트와 볼트의 예를 떠올려 보겠다. 볼트는 독점적이지만 너트는 경쟁적이라고 가정해 보자. 앞서 살펴본 것처럼 볼트 독점기업은 가격을 6달러로 책정하고 36달러의 이윤을 얻는다. 이제 이 독점 볼트 기업이 끼워팔기 조항을 사용하여 자사 너트 사용을 요구함으로써 독점력을 두 번째 시장으로까지 확대한다고 가정해 보겠다. 우리는 이 회사가 너트 가격을 가령 $2로 인상할 수 있다는 것을 알고 있다. 그러나, 소비자가 실제로 원하는 것은 너트와 볼트의 조합이고 그 조합의 이윤극대화 가격은 여전히 6달러이며 최대 이윤은 여전히 36달러이기 때문에 회사는 볼트 가격을 4달러로 낮춰야 한다. 이 시카고 학파의 주장의 핵심은 이 두 시장에는 잠재적인 최대 독점이윤이 있으며, 너트 시장이 경쟁적일 경우 독점자는 볼트 시장의 모든 이윤을 얻을 수 있으므로 끼워팔기 요건을 통해 독점권을 너트로 확장할 유인을 제거할 수 있다는 것이다.

그러나 Nalebuff(2007)의 이론적 모델과 Microsoft 사례에서 드러난 역사적 관행에서 알 수 있듯이, 이 주장에는 한 가지 전제가 있다. 끼워팔기 재화의 시장에 상당한 규모의 경제 또는 범위의 경제가 존재하는 경우, 기존 사업자는 끼워팔기(및 번들링)를 통해 한 시장의 힘을 다른 시장으로 활용할 수 있으며, 이를 통해 수익을 창출할 수 있다는 것이다. 기존 사업자가 이러한 관행을 전략적으로 사용하면 경쟁자 및 잠재적 진입자에게 이러한 경제를 거부하여 끼워팔기 상품 시장에서 경쟁할 수 있는 능력을 약화시키거나 제거할 수 있다. 그 결과, 기존 사업자는 이러한 경제 효과를 스스로 거둠으로써 이익을 보존하고 늘릴 수 있다.

시장지배력의 영향력이 때때로 반경쟁적일 수 있다는 인식에 따라 법원은 끼워팔기 및 번들링에 대한 이전의 엄격한 규정을 완화하는 데 조심스럽게 움직이고 있다. 1960년 대법원은 케이블 텔레비전 시스템과 커뮤니티 안테나 텔레비전(CATV) 산업의 선구자였던 제롤드 일렉트로닉스 코퍼레이션과 관련된 사건에서 끼워팔기 판매 조항의 사용을 허용했는데, 그 이유는 이것이 초기 개발 산업 단계에서 서비스의 품질 성능을 보장하는 합법적인 방법이라고 판단했기 때문이다.[11] 그 후 1984년 *제퍼슨 패리시 Jefferson Parish* 사건에서 대법원은 그러한 계약 *자체*가 불법이라는 명확한 가이드라인을 제시하려고 시도했다. 이 사건은 제퍼슨 패리시 병원이 수술 서비스를 이용하려면 병원과 독점 계약을 맺은 마취과 전문의 그룹을 이용해야 한다는 요구와 관련된 것이었다. 법원은 병원의 손을 들어준 판결에서 독점금지법 위반이 성립하려면 세

10 *United Shoe Machinery Corp.* v. *United States*, 258 U.S. 451 *International Salt Co. v. United States*, 332 U.S. 392 (1947). Peterman(1979)은 기업이 더 저렴할 경우 인터내셔널 솔트 컴퍼니 소금 이외의 생산자의 소금을 사용할 수 있었다는 사실은 담합의 실제 목적이 인터내셔널 솔트 컴퍼니에 경쟁사의 가격책정 관행을 공개하는 것이었다고 주장한다.

11 *United States v. Jerrold Corporation*, 187 F. Supp. 545 (1960)에서 *직권으로* 확정됨. 363 U.S. 567(1961).

가지 조건을 모두 충족해야 한다고 명시했다.[12]

1. 두 개의 다른 제품, 즉 끼워파는 제품과 끼워팔기 당하는 제품의 존재;
2. 끼워팔기하는 회사가 끼워파는 상품의 구매를 강제할 수 있을 만큼 시장에서 충분한 독점력을 가지고 있어야 한다.
3. 끼워팔기 약정은 상당한 규모의 거래를 압류하거나 압류할 가능성이 있어야 한다.

이러한 조건의 논리는 충분히 명확하다. 예를 들어 컴퓨터와 전원 코드를 두 개의 개별 제품으로 간주하고 불법적인 담합을 주장하는 것은 잘못된 것이다. 마찬가지로 시장지배력의 반경쟁적 남용은 애초에 기업이 그러한 힘을 가지고 있을 때만 그럴듯한 논리가 성립한다. 그러나 실제로 이러한 노력의 결과는 *그 자체* 기준과 합리성의 법칙 기준이 기묘하게 혼합되어 있다. 한편으로 *제퍼슨 패리시* 기준은 번들링과 끼워팔기 *자체*가 불법이 되는 조건을 설정하기 위한 것이다. 다른 한편으로, 이러한 기준의 해석은 충분히 다양한 해석이 가능하기 때문에 적용 여부에 대한 일종의 합리적 규칙이 등장했다. 이러한 모호성에도 불구하고 반독점당국은 번들링 조정보다 끼워팔기 조정을 더 가혹하게 보는 경향이 있다. 그 결과 원고 측에서 번들링 관행이 실제로는 끼워팔기 조정이라고 주장할 수 있다.

앞서 살펴본 판례의 역사에서 문제가 되는 한 가지 특징은 번들링과 끼워팔기의 비용 기반 이유에 대해 거의 관심을 기울이지 않았다는 점이다. 그러나 이러한 비용 효율성이 존재한다는 것은 의심의 여지가 없다. 가격차별이나 독점력 확대가 동기가 될 수 없는 많은 경쟁 상황에서 번들링 및 끼워팔기 요건이 존재하기 때문이다. 이 점은 특히 Evans, Salinger(2005)와 Evans(2006)의 일련의 논문에서 강조된 바 있다.

Evans, Salinger(2005)의 주장에 대한 직관을 이해하려면 감기 치료제의 경우를 생각해봐야 한다. 일부 감기 환자들은 주로 두통과 인후통을 호소한다. 이러한 소비자들이 원하는 주된 치료법은 통증 완화이다. 그러나 다른 사람들은 부비동 충혈 *sinus congestion* 과 자극이 주요 악화 증상이라고 생각한다. 이러한 소비자들은 감기약에서 충혈 완화제를 원한다. 물론 진통제와 충혈 완화제를 모두 원하는 세 번째 그룹도 있다.

구체적인 예로, 처음 두 그룹에 각각 50명, 세 번째 그룹에 100명이 있다고 가정해 보겠다. 각 그룹의 구성원은 항상 제품을 구매할 만큼 충분히 높은 유보가격을 가지고 있다. 또한 이 감기약을 각각 생산, 포장 및 판매하는 데 300달러의 고정비용이 발생한다고 가정해 보겠다. 또한 진통제 한 병과 충혈 완화제 한 팩을 생산하고 포장하는 데 드는 한계비용은 4달러이지만, 진통제와 충혈 완화제를 함께 사용하는 제품의 한계비용이 $7에 불과하도록 두 제품을 한 알에 넣는 데에는 약간의 비용 절감 효과가 발생한다고 가정하겠다. 마지막으로, 완전경쟁시장이라고 가정하는 대신 회사가 하나만 있다고 가정하겠다. 그러나 진입이 쉽고 비용이 들지 않는다고 가정하여 해당 기업은 손익분기점을 넘길 수 있는 가격으로 제품을 제공해야 한다는 제약을 받는다. 표 8.7은 가능한 제품 제공과 관련 손익분기점 가격을 보여준다.

먼저 진통제와 충혈 완화제를 따로 판매하는 회사를 생각해 보자. 첫 번째 소비자 그룹은 진통제를, 두 번째 그룹은 충혈 완화제를, 세 번째 그룹은 두 제품을 모두 구매하려고 할 것이다. 따라서 각 제품에 대한 수요는 150이므로 각 약품의 평균고정비용은 $300/150 = $2이다.

12 *Hyde v. Jefferson Parish Hospital District No. 2, et al.*, 466 U.S. 2, 15 – 18 (1984).

표 8.7 지속 가능한 균형으로서의 순수번들링

수요량	제품		
	통증 완화 50	충혈 완화제 50	번들 100
비용			
고정비용	$300	$300	$300
한계비용	$4	$4	$7
가능한 가격 미만:			
상품 분리	$6	$6	—
순수번들링	—	—	$8.5
혼합번들링	$10	$10	$10
번들 및 재화 1	$10	—	$9
번들 및 재화 2	—	$10	$9

여기에 한계비용인 $4를 더하면 손익분기점은 $6이다. 그러나 이 결과는 균형이 아니다. 어떤 회사든 시장에 진입하여 번들만 $10에 판매할 수 있다. 이렇게 되면 두 가지 유형의 약을 모두 받기 위해 현재 6달러를 지불하는 100명의 소비자를 모두 끌어들일 수 있다. 결과적으로 이러한 고객을 잃게 되면 두 가지 개별 제품의 평균가격이 10달러로 상승하기 때문에 6달러의 가격으로 두 가지 제품을 계속 제공하는 것이 불가능해진다. 실제로 이 가격이 번들 가격과 동일하기 때문에 이러한 소비자 중 일부는 원하는 완화제와 약간의 추가 혜택이 제공되는 번들을 실제로 구매할 것이라고 생각할 수 있다. 하지만 이렇게 되면 고정비용 절감으로 인해 번들 가격은 더 하락하고 개별 가격은 더 상승해야 한다. 이렇게 하면 200명의 고객이 모두 번들을 구매하게 되고, 이 시점에서 번들의 손익분기점 가격은 $8.50로 떨어진다. 사실 이것이 유일하게 지속 가능한 가격 및 제품 조합이다. 따라서 이것이 불완전하지만 경쟁이 치열한 이 시장에서 균형점이 된다.[13]

방금 설명한 시나리오는 생각해 볼 가치가 있다. 경쟁 압력은 시장을 통제하고 가격을 동일한 비용으로 강제한다. 그럼에도 불구하고 이 회사는 진통제와 충혈 완화제 두 가지 상품을 하나의 패키지로만 판매한다. 어떤 소비자도 충혈 완화제를 구매하지 않고는 이 회사의 진통제를 구매할 수 없다. 이것은 분명 담합에 해당한다. 하지만 이 담합은 가격차별이나 독점력 확대를 위한 것이 아니다. 이는 저렴한 약을 제공해야 한다는 경쟁 압력의 또 다른 결과일 뿐이다.

경쟁이 우리가 관찰하는 많은 끼워팔기와 번들링의 근간을 이룬다는 생각은 바로 Evans와 Salinger(2005)와 Evans(2006)가 지적한 바이다. 그들의 견해에 따르면 이러한 관행은 가격차별이나 독과점 동기로 설명하기에는 너무 흔하다. 또한 가격차별이 원인이라 하더라도 시장결과는 정책적 개입의 가치가 없다고 지적한다. 따라서 끼워팔기나 번들링이 확실히 해로운 경우는 시장지배력을 활용하기 위해 사용될 때뿐이다. 시장지배력 활용 주장이 힘을 얻기 위해서는 어느 정도 큰 규모의 경제와 범위의 경제가 필요하다는 점을 감안할 때, 이 저자와 다른 저자들은 그 *자체*로 불법적인 규칙을 만들려는 모든 시도는 잘못된 것이라고 주장한다. 대신, 이들은

13 표 8.7을 검토하면 혼합번들링이나 번들과 하나의 상품을 별도로 제공하는 것이 왜 균형이 될 수 없는지 명확히 알 수 있다.

시장지배력을 확장하려는 의도와 능력이 명시적으로 드러나지 않는 한 끼워팔기가 합법적이라는 일반적인 추정을 전제로 한 합리적 규칙을 명시적으로 사용할 것을 요구한다.

8.5 실증적 적용: 케이블 TV에서의 번들링

앞서 살펴본 바와 같이, 시장지배력을 가진 기업이 번들링을 통해 얻을 수 있는 수익성 향상은 소비자들의 지불의향의 편차를 줄이는 데서 비롯된다. 결과적으로 많은 소비자에게 번들을 판매할 경우 각 제품을 개별적으로 판매할 때보다 훨씬 적은 가격 인하가 필요하다. 다시 말해, 번들링은 수요를 가격에 더 민감하게 만들어 가격탄력성을 높인다.

번들링이 수요를 더 탄력적으로 만들고 결과적으로 기업의 수익을 향상시키는 데 사용될 수 있다는 예측은 경제학자 Gregory Crawford(2008)의 최근 연구에서 케이블 텔레비전의 구체적인 사례를 통해 살펴본다. 직관은 간단하다. 하나의 케이블 채널에는 그 채널을 매우 좋아하고 많은 비용을 지불할 의향이 있는 시청자와 그다지 중요하게 생각하지 않고 케이블 서비스의 일부로 포함되는 것에 대해 전혀 비용을 지불할 의향이 없는 시청자가 있을 수 있다. 따라서 케이블 서비스 제공업체는 기본 서비스 상품에 더 많은 방송국을 결합함으로써 극단적인 값을 없애고 전체 번들에 대한 고객들의 지불의향이 분산되는 것을 줄일 수 있다.

예를 들어, 변수의 분산을 측정하는 유용한 방법은 변수의 평균에 대한 표준 편차의 비율로 정의되는 변동 계수이다. 소비자 i가 네트워크 j에 대해 지불할 의향이 α_{ij}라고 가정하고, 이것이 모든 네트워크에 공통적으로 평균 $\overline{\alpha}$와 분산 σ^2로 소비자 집단 전체에 정규분포되어 있다고 가정한다. 따라서 n개의 네트워크가 포함된 케이블 서비스의 경우 소비자 i의 전체 케이블 서비스 V_i에 대한 지불의향은 다음과 같다:

$$V_i = \sum_{j=1}^{n} \alpha_{ij} \tag{8.18}$$

물론 케이블 네트워크에 대한 평균 지불의향은 다음과 같다: $\overline{V} = n\overline{\alpha}$.

만약, 각 α_{ij}가 독립적으로 분포한다고 가정하면, 총 지불의향의 표준 편차 V_i는 $\sigma\sqrt{n}$로 주어진다. 따라서 변동 계수인 V_i는 아래와 같게 된다.

$$\text{변동 계수} = \frac{\sigma\sqrt{n}}{n\overline{\alpha}} = \frac{\sigma}{\overline{\alpha}\sqrt{n}} \tag{8.19}$$

이는 패키지에 함께 묶인 케이블 방송국 수가 n개 증가함에 따라 분명히 줄어든다. 또한, 독립적인 방송국 평가 대신 적어도 일부 방송국의 평가가 음의 상관관계를 갖는다면 이 감소 폭은 훨씬 더 커질 것이다. 즉, 방송국 1에 대한 가치 평가가 매우 높거나 매우 낮은 경향이 있는 고객이 방송국 2에 대한 가치 평가가 역으로 매우 낮거나 또는 매우 높은 경우, 이 두 방송국을 하나의 케이블 패키지에 결합하면 번들의 변동이 더욱 줄어들 것이다.

Crawford(2008)는 1996년 미국 전역에서 제공된 1,159개 케이블 시스템의 데이터를 사용하여 이러한 효과를 조사했다. 케이블 서비스 사업자는 일반적으로 다양한 유형의 번들 패키지를 제공한다. 이 중 하나는 기본 서비스 패키지로, 일반적으로 ABC, CBS, FOX, NBC와 같은 주요 방송 네트워크와 ESPN, CNN, MTV와 같은 케이블 네트워크가 포함된다. 최근에는 기본 서비스 패키지가 방송 및 케이블 네트워크의 일부만 제한된 번들과 이러한 네트워크가 더 많이 포함된 확장된 기본 서비스로 더욱 세분화되었다. 또한 케이블 사업자는 일반적으로 고객이 기본 또는 확장 기본 서비스 외에 가입할 수 있는 HBO와 같은 번들되지 않은*unbundled* 프리미엄 채널도 제공한다. 그러나 Crawford(2008)의 조사의 초점은 전체 패키지의 일부로만 구성 요소 방송국에 접근할 수 있는 고정 번들이다.

특히 Crawford(2008)는 두 가지 가설을 테스트하기 위해 케이블 서비스에 대한 수요 방정식을 추정한다. 첫째, 번들에 네트워크가 추가될수록 수요가 더 탄력적으로 증가하는가? 둘째, 다른 네트워크의 가치와 음의 상관관계가 있을 가능성이 있는 네트워크가 번들에 추가될 때 탄력성의 증가가 특히 큰가?

Crawford(2008)의 접근 방식의 핵심적인 내용은 다음과 같다. 그의 데이터에서 다루는 기간 동안 가장 중요한 15개 케이블 네트워크는 다음과 같다: WTBS, 디스커버리 채널, ESPN, USA, CSPAN, TNT, 패밀리 채널, 내쉬빌 채널, 라이프타임, CNN, A&E, 날씨 채널, QVC, 학습 채널, MTV. 대부분의 베이직 서비스(또는 확장 베이직 서비스) 패키지는 방송 네트워크 외에도 이러한 채널 중 일부를 제공한다. 일부는 모든 방송을 제공한다. 이러한 케이블 네트워크 중 일부는 일반적이지 않고 보다 좁은 소비자 관심사에 호소하는 방송국이라는 점에 유의해야 한다. 예를 들어, MTV는 젊은 성인을 대상으로 하는 반면 라이프타임은 주로 성인 여성의 관심사에 초점을 맞추고 있다. 소비자 가치가 일반 관심사 방송국의 소비자 가치와 부정적으로 관련될 가능성이 가장 높은 것은 이러한 특수 관심사 채널이다. 따라서 특히 이러한 방송국이 포함될수록 수요의 탄력성이 높아져야 한다.

따라서 Crawford(2008)는 케이블 서비스 수요 방정식을 다음과 같이 정의한다:

$$w^*_{sn} = X'_{sn}\beta + D'_n\theta_s + (\alpha_s + X'_{sn}\gamma + D'_n\theta^p)p_{sn} + u_{sn} \tag{8.20}$$

여기서 w^*_{sn}은 케이블 시스템 s에 가입한 시장 n의 소비자 점유율을 측정한 값이고, X'_{sn}은 15개의 주요 케이블 네트워크 시스템 중 어느 것을 제공하는지를 나타내는 벡터이며, D'_n은 시장 n 인구의 연령, 교육 등 인구통계학적 특성을 측정하고, p_{sn}은 시장 n에서 서비스 s의 가격이며, u_{sn}은 케이블 서비스 수요에 영향을 미치는 관찰되지 않은 요인을 반영하는 무작위 오차 항이다. 개별 방송국(X'_{sn})은 수요에 두 가지 영향을 미친다. 이들은 벡터 β의 계수로 표시된 것처럼 수요 수준을 변화시킬 뿐만 아니라 계수 벡터 γ를 통해 시스템 가격 p_{sn}이 케이블 수요에 미치는 영향을 실질적으로 변경한다. 케이블 방송국의 추가가 수요를 더 탄력적으로, 즉 가격에 더 민감하게 만드는 경우 γ 추정치는 음수가 되어야 한다. Crawford(2008)의 기본 추정치와 수요 탄력성에 대한 함의는 표 8.8에 나와 있다. 굵게 표시된 값은 통계적으로 유의미한 추정치를 나타낸다.

물론 수요 수준의 변화와 기울기의 변화는 각각 추정 가격탄력성에 영향을 미친다. 따라서 표 8.7의 세 번째 열이 중요하다. 이는 수준(level) 효과와 기울기 효과를 모두 고려할 때, 수요 탄력성에 미치는 궁극적인 영향을 보여준다. 여기서 수요의 가격탄력성은 음수로 간주된다. 따라서 탄력성이 훨씬 더 음수가 되면 수요는 가격에 더 민감해지며, 이것이 바로 번들링에 대한 가설적 효과이다.

15개 주요 케이블 상품 중 11개 상품이 케이블 서비스 수요의 가격탄력성을 증가시키며,

표 8.8 케이블 방송국이 번들 케이블 서비스(기본 또는 확장 기본 서비스) 수요탄력성에 미치는 영향 (괄호 안의 표준 오차)*

변수	수준 효과	기울기 효과	탄력성 효과
WTBS	**1.14**	**−0.06**	**−0.53**
	(0.19)	(0.01)	(0.11)
Discovery	0.07	−0.01	−0.04
	(0.12)	(0.01)	(0.07)
ESPN	**0.58**	**−0.06**	**−0.40**
	(0.23)	(0.02)	(0.05)
USA	−0.19	0.01	0.10
	(0.14)	(0.01)	(0.09)
CSPAN	**0.47**	**−0.03**	**−0.22**
	(0.23)	(0.01)	(0.10)
TNT	**0.28**	**−0.02**	**−0.14**
	(0.13)	(0.01)	(0.06)
Family	0.02	−0.01	−0.02
	(0.15)	(0.01)	(0.08)
Nashville	0.10	−0.01	**−0.12**
	(0.13)	(0.01)	(0.07)
Lifetime	**0.28**	**−0.02**	**−0.25**
	(0.17)	(0.01)	(0.07)
CNN	**0.32**	**−0.03**	**−0.23**
	(0.14)	(0.01)	(0.08)
A&E	−0.33	0.01	0.07
	(0.23)	(0.01)	(0.09)
Weather	−0.10	0.00	0.01
	(0.14)	(0.01)	(0.04)
QVC	0.09	−0.01	**−0.18**
	(0.20)	(0.01)	(0.09)
Learning	**0.71**	**−0.05**	**−0.47**
	(0.33)	(0.02)	(0.15)
MTV	−0.23	0.01	0.00
	(0.25)	(0.01)	(0.13)
다른 네트워크	−0.14	—	—
	(0.03)		
번들 크기	—	0.72	—
		(0.18)	
상위 15개 평균 효과	**0.21**	**−0.02**	**−0.16**
	(0.03)	(0.00)	(0.04)

*잠재적 내생적 가격에 사용되는 도구 변수.

이 중 9개 상품의 경우 이러한 효과가 통계적으로 유의미하다는 것을 쉽게 알 수 있다. 물론 이는 번들링 문헌에서 예측한 것과 정확히 일치한다. 전반적으로 상위 15개 방송국의 평균 효과는 탄력성의 절대값을 0.16 증가시키는 것이다.

또한 특화된 취향을 충족시키는 케이블 방송국에서 가장 강력한 탄력성 상승 효과가 나타난다는 점도 주목할 만하다. Crawford(2008)는 TBS, USA, TNT, 패밀리 채널, A&E, 내쉬빌 네트워크가 주로 일반적인 관심사를 다루는 채널인 반면, 디스커버리, ESPN, 라이프타임, 날씨 채널, QVC, MTV, 학습 채널은 보다 전문적인 관심사를 가진 소비자에게 서비스를 제공한다고 밝혔다. 실제로 Crawford(2008)의 추정에 따르면 기본 케이블 서비스에 특화된 네트워크 중 하나를 추가할 경우 평균 탄력성 효과는 (절대적인 측면에서) 0.197로 매우 큰 폭으로 증가하는 것으로 나타났다. 이와는 대조적으로, 일반 관심 방송국 중 하나를 추가하면 탄력성이 0.1 증가한다는 훨씬 더 미미한 효과가 있다. 다시 말하지만, 이것은 바로 이론이 예측하는 바이다.

요컨대, Crawford(2008)의 분석은 케이블 서비스 회사가 채널을 한데 묶어 기본 서비스 또는 확장된 기본 서비스 패키지로 제공할 때 무엇을 해야 하는지 잘 알고 있다는 것을 말하고 있다. 게다가 이러한 번들링은 효과가 있다. 소비자선호도와 개별 방송국 각각에 대한 지불의향에 대한 간단한 모델을 상기해 보겠다.

Crawford의 다음 단계는 위의 표 8.7에 표시된 탄력성 효과를 취하고 각 효과와 일치하는 최종 수익 및 소비자잉여를 계산하는 것이다. 그의 추정치를 감안할 때, 그는 케이블 사업자의 번들에 최상위 특별 관심 케이블 네트워크 중 하나를 추가할 때의 효과에 초점을 맞춘다. 그는 이 경우 일반적으로 회사의 수익은 4.7% 증가하는 반면 소비자잉여는 5% 감소한다는 사실을 발견했다. 따라서 대부분의 가격차별 제도와 마찬가지로 생산자는 이익을 얻고 소비자는 손해를 보게 된다. Crawford의 모델에서는 생산자잉여가 처음부터 조금 더 크기 때문에 전체 잉여가 약간 증가한다. 번들링은 실제 몇 개의 방송국만 이용하고 싶어하지만 결국 방송국을 이용하기 위해 전체 번들을 구매하는 소비자에게 피해를 준다. 다시 말하지만, 이것은 경제 이론이 예측하는 바이다.

요약

이 장에서는 두 개 이상의 제품 라인에서 독점력을 가진 기업이 가격담합을 할 수 있는 추가적인 기회를 가질 수 있음을 살펴보았다. 두 상품을 패키지로 번들링 *bundling* 하여 판매하거나, 더 일반적으로 한 상품의 판매와 다른 상품의 구매를 끼워팔아 *tying* 판매함으로써, 기업은 고객이 구매에 따라 스스로 분류하도록 유도하고 *사후에* 누가 누구인지 식별할 수 있게 되었다. 이를 통해 더 많은 비용을 지불할 의사가 있는 소비자에게 더 높은 순가격을 부과할 수 있다.

한 상품의 가격이 하락하면 두 상품 모두의 수요량이 증가하는 보완적인 두 상품의 경우, 가격차별이 아닌 다른 이유로 판매 조정이 발생할 수 있다. 예를 들어, 합병이나 비즈니스 네트워크를 통해 이러한 조정이 이루어지지 않는 경우, 보완적인 두 제품을 별도로 생산하고 시장에 출시하면 일반적으로 가격이 상승하고 생산량이 감소하며 이익이 감소한다. 각 제품에 대한 수요 간의 상호관계를 고려함으로써 조정은 잠재적으로 소비자와 기업 모두에게 이점을 제공할 수 있다.

하지만 번들링과 끼워팔기 판매 모두 단점이 있을 수 있다. 대규모 경제가 존재하는 경우, 이러한 전략을 통해 한 기업이 한 제품에서의 시장지배력을 다른 제품군으로 확장할 수 있다. 실제로 번들링은 강력하고 신뢰할 수 있는 진입저지 관행이 될 수 있다는 것이 분석 결과이다. 이는 Microsoft에 대한 혐의였으며, 끼워팔기 요건과 관련된 반독점 사건의 핵심 쟁점이기도 하다.

그러나 이러한 결과가 우세하기 위해서는 상당히 강력한 시장 조건이 충족되어야 한다는 점을 인식할 필요가 있다. 또한 대부분의 끼워팔기 및 번들링이 상당히 경쟁이 치열한 시장에서 발생한다는 점을 기억할 필요가 있다. 이러한 경우에는 이러한 관행이 비용 효율적이라는 가정이 있다. 따라서 동일한 전략을 사용하는 시장지배력을 가진 기업들을 관찰할 때, 비용 최소화라는 목표가 그 이유일

수 있다.

지금까지는 독점기업이 단독으로 행동하거나 독점하고 있는 제2의 시장에서 상호작용하는 전략적 선택에 초점을 맞춰 분석했다. 다음 단계는 상호작용하는 기업이 한 개 또는 여러 개가 아닌 몇 개뿐인 불완전경쟁상황에서 기업의 전략을 고려하는 것이다. 이러한 환경에서 기업은 더 이상 소비자로부터 어떻게 하면 더 많은 잉여를 창출할 수 있는지에 대한 문제만 다룰 수 없다. 이제 각 기업은 자사의 생산 및 가격책정 전략이 소비자뿐만 아니라 다른 경쟁기업에도 어떤 영향을 미치는지 고려해야 한다. 이것이 바로 게임이론의 핵심이며, 이제 이 주제에 대해 살펴본다.

연습 문제

1. 한 대학은 학생들이 숙식 수요와 관련하여 두 가지 범주에 속한다고 판단했다. 대학 기획자들은 이 두 가지 유형을 수면형과 식사형이라고 부른다. 기숙사 방의 예약 가격과 두 유형의 기본 식사 플랜은 다음과 같다:

	수면형	식사형
기숙사 방	\$5,500	\$3,000
식사 플랜	\$2,500	\$6,000

현재 대학은 학생들에게 기숙사 방만 \$3,000에, 식사 플랜만 \$2,500에, 또는 두 가지 모두를 총 \$5,500에 선택할 수 있는 옵션을 제공한다. 한 경제 컨설턴트가 대학 측에 두 상품을 별도로 제공하는 것을 중단하고 대신 하나의 숙식 패키지로만 판매할 것을 조언한다. 컨설턴트의 전략을 설명하고 대학이 결합 상품에 대해 어떤 가격을 책정해야 하는지 결정하라.

2. 번들링이 비번들링보다 항상 우월한 것은 아니다. 이를 이해하기 위해 전화 서비스와 고속 모뎀 서비스를 모두 제공하는 통신 회사를 예로 들어 보겠다. 이 회사에는 두 가지 서비스에 대해 월 임대료를 지불할 의향이 다른 두 가지 유형의 소비자가 있다.

	Talkers	Hackers
전화 서비스	\$30	\$*a*
고속 연결	\$16	\$24

번들링하지 않을 때보다 번들링하는 것이 더 이익이 되는 가치를 결정하라.

3. 수년 전만 해도 복사할 때 xerography 주요 대안은 전자팩스 복사 프로세스였다. Electrofax 기계는 두꺼운 왁스 필름으로 코팅된 특수 용지를 사용했다. Xerox와 마찬가지로 Electrofax 회사들도 기계 사용료는 저렴했지만 페이지당 용지 가격을 4센트로 책정했다. 실제로 용지 제조의 실제 및 한계비용은 페이지당 1센트에 불과했다.
   a. Electrofax의 가격 정책을 설명하라. 생산자의 가격 정책을 설명하라.
   b. 전자팩스 용지의 높은 가격 인상으로 인해 곧 새로운 회사들이 훨씬 저렴한 가격으로 용지를 공급하겠다고 새로운 회사들이 생겨났다. 어떻게 Electrofax가 이 경쟁에 어떻게 대응할 것이라고 예상하는가? 경쟁에 어떻게 대응하는가?

4. 컴퓨터 소프트웨어인 S와 하드웨어인 H는 컴퓨터 서비스를 생산하는 데 사용되는 상호 보완적인 제품이다. 고객은 하드웨어를 한 번 구매하지만 다양한 양의 소프트웨어를 구매한다. 즉, 하드웨어를 구매하면 추가 컴퓨터 서비스의 가격은 소프트웨어의 단위 가격인 P_S이다. 소프트웨어 시장은 경쟁이 치열하다. 그러나 하드웨어 시장은 HAL이라는 회사가 독점하고 있다. 소프트웨어와 하드웨어의 생산비용은 각각 c_S와 c_H이다.:
   a. 컴퓨터 서비스의 모든 사용자가 비슷하다고 가정하고, 즉 컴퓨터 서비스에 대한 수요곡선이 동일하다고 가정하자. 그래프를 사용하여 HAL이 청구할 수 있는 이윤을 극대화하는 가격을 설명하라.
   b. 경쟁 가격으로 소프트웨어를 구입하여 자체 브랜드로 브랜딩한 다음 HAL 브랜드 소프트웨어를 사용하는 고객에게만 하드웨어를 판매하면 HAL은 어떤 이득을 얻을 수 있는가?

5. LRW는 뉴욕에서 필라델피아까지 철도 노선인 LRW 라인을 운영하고 있다. 현재는 고정비용이 상당히 커서 다른 업체가 시장에 진입하기 어렵다. 나중에 냇 스케이프는 필라델피아에서 워싱턴까지 두 도시 간 여객 서비스를 제공할 수 있을 만큼 충분히 큰 여행 시장이 있다는 사실을 발견하였다. 그 서비스는 NSRR이라고 불린다. 시간이 지나면서 LRW 라인과 NSRR은 필라델피아에서 워싱턴으로 가는 승객 중 전부는 아니지만 상당수가 실제로는 뉴욕에서 출발한 승객이라는 사실을 알게 되었다.

   a. LRW 노선과 NSRR 간에는 어떤 가격 문제가 발생하는지 설명하라.
   b. 필라델피아-워싱턴 노선을 설립하는 데 드는 매몰비용을 지불하고 나면, 약간의 경험을 바탕으로 NSRR이 뉴욕-필라델피아 시장에 성공적으로 진입할 수 있을 것이라고 상상해 보자. 그러한 진입이 이루어지기 전에 LRW 라인이 워싱턴까지 연장선을 건설하여 뉴욕에서 출발하는 승객에게 열차를 갈아탈 필요 없이 워싱턴까지 운행하는 이점을 제공한다고 상상해 보자. 반독점정책입안자들은 이러한 상황에 어떻게 대응해야 하는가?

6. 표 8.6으로 돌아가 보자. 다음과 같은 경우 균형 상품 오퍼링과 연관 가격은 어떻게 될까?

   a. 처음 두 그룹에 각각 100명의 소비자가 있고 진통제와 충혈 완화제를 모두 원하는 그룹에 50명만 있다는 점을 제외하고 모든 값이 변하지 않았다면?
   b. 진통제를 원하는 소비자가 100명, 진통제와 충혈 완화제를 모두 원하는 소비자가 100명, 충혈 완화제만 원하는 소비자가 50명이라는 점을 제외하고 모든 값은 변경되지 않았다면?

7. Nalebuff 모델로 돌아가 보자. 제품 1과 2를 생산하는 한계비용은 모두 단위당 c이고 번들을 생산하는 한계비용은 단위당 $2c$라고 가정하자.

   a. 번들링이 없는 경우와 순수번들링이 있는 경우의 독점 가격을 도출하라.
   b. $p_B < 1$이 되도록 c에 대한 제약 조건을 구하라.
   c. 순수번들링이 있는 경우와 없는 경우의 이익을 비교하라.

참고문헌

Adams, W. J., and J. Yellen. 1976. "Commodity Bundling and the Burden of Monopoly," *Quarterly Journal of Economics* 90 (May): 475–98.

Allen, R. G. D. 1938. *Mathematical Analysis for Economists*. New York: St. Martin's Press.

Cournot, A. 1838. Researches into the Mathematical Principles of the Theory of Wealth, Paris: Hachette, (English Translation by N.T. Bacon, New York: Macmillan,1897).

Crawford, Gregory. 2008. "The Discriminatory Incentives to Bundle in the Cable Television Industry," *Quantitative Marketing and Economics* 6 (March): 41–78.

Economides, N., and S. Salop. 1992. "Competition and Integration among Complements, and Network Market Structure," *Journal of Industrial Economics* 40 (March): 105–23.

Evans, D. 2006."Tying: The Poster Child for Antitrust Modernization," in R. Hahn, ed., *Antitrust Policy and Vertical Restraints*. Washington, D.C.: Brookings Institution Press, 65–88.

_______, andM. Salinger. 2005. "Why Do Firms Bundle and Tie? Evidence from Competitive Markets and Implications For Tying Law," *Yale Journal on Regulation* 22 (Winter).

Nalebuff, Barry. 2007. "Bundling as an Entry Barrier," *Quarterly Journal of Economics* 119 (February): 159–87.

Peterman, J. 1979. "The International Salt Case," *Journal of Law and Economics* 22:351–64.

Rubinfeld, Daniel. 2003. "Maintenance of Monopoly: U.S. v. Microsoft (2001)" in J. E. Kwoka, Jr., and L. J.White, *The Antitrust Revolution: Economics, Competition, and Policy*, 4th ed. Oxford, Oxford University Press.

Stigler, G. 1968. "Note on Block Booking," in *The Organization of Industry*. Homewood, IL: Irwin.

부록

Bundling, Entry Deterrence, and Optimal Pricing

OPTIMAL PURE BUNDLE PRICE

From equation (8.3)

$$q_B(p_B) = D - Dp_B^2/2 = (1 - p_B^2/2) \tag{8A.1}$$

and profit from the pure bundling strategy from equation (8.4)

$$\pi_B(p_B) = Dp_B(1 - p_B^2/2) \tag{8A.2}$$

Maximization of π_B with respect to pB yields: $p_B = \sqrt{2/3} = 0.816$.

ENTRY–DETERRING LIMIT PRICE

From equation (8.5) the profit of the entrant is:

$$\pi_E = Dp_2(1 - p_2) - F \tag{8A.3}$$

Equating this to zero using the substitution $f = F/D$ gives:

$$p_2^2 - p_2 + f = 0$$

The solution to this consistent with the constraint $p_2 < 1$:

$$p_2^{nd} = \frac{1 - \sqrt{1 - 4f}}{2} = \frac{1}{2}(1 - \sqrt{1 - 4f}) \tag{8A.4}$$

OPTIMAL ENTRY PRICE WITH PURE BUNDLING

If the incumbent adopts pure bundling with bundle price p_B, the entrant's profit equation (8.9) is:

$$\pi_E = Dp_2(1 - p_2)(p_B - p_2) - F. \tag{8.A5}$$

Maximizing this with respect to p_2 again yields a quadratic equation with relevant solution:

$$p_2^b = \frac{1}{3}(1 + p_b - \sqrt{1 - p_b + p_b^2}) \tag{8A.6}$$

OPTIMAL MIXED BUNDLING PRICES

From Figure 8.6, mixed bundling splits consumers into four groups: those who purchase only product 1, those who purchase only product 2, those who purchase the bundle and those who purchase nothing.

Consumers who purchase only product 1 are those in the rectangle *dab* whose area is $(1 - p_1)(p_b - p_1)$. Consumers who purchase only product 2 are those in the rectangle *hef* whose area is $(1 - p_2)(p_b - p_2)$. Consumers who purchase the bundle lie in the market area deah, which is defined by the rectangle of area $(1 - (p_b - p_1))(1 - (p_b - p_2))$ minus the triangle of area $(p_1 - (p_b - p_2))(p_2 - (p_b - p_1))/2$. It follows that the profit from mixed bundling is given by:

$$\pi_{mb} = D\begin{bmatrix} p_1\left(1 - p_1\right)\left(p_b - p_1\right) + \\ p_2(1 - p_2)(p_b - p_2) + \\ p_b((1 - (p_b - p_1))(1 - (p_b - p_2)) - (p_1 - (p_b - p_2))(p_2 - (p_b - p_1))/2) \end{bmatrix} \tag{8A.7}$$

Differentiating with respect to p_1, p_2, and pb gives the three first-order conditions

$$\begin{aligned} \frac{\partial \pi_{mb}}{\partial p_1} &= (p_b - p_1)(2 - 3p_1) = 0 \\ \frac{\partial \pi_{mb}}{\partial p_2} &= (p_b - p_2)(2 - 3p_2) = 0 \\ \frac{\partial \pi_{mb}}{\partial p_b} &= \frac{1}{2}(2 + 4p_1 - 3p_1^2 + 4p_2 - 3p_2^2 - 8p_b + 3p_b^2) = 0 \end{aligned} \tag{8A.8}$$

The first two equations imply $p_1 = p_2 = 2/3$. Substitution into the third equation then implies:

$$\frac{3p_b^2}{2} - 4p_b + \frac{7}{3} = 0 \tag{8A.9}$$

which gives the bundle price $p_b = (4 - \sqrt{2})/3 = 0.862$ implying that profit $= 0.549D$.

FIRMS WITH COMPLEMENTARY GOODS AND NONZERO MARGINAL COSTS

Let demand for nuts and bolts be: $Q_N = Q_B = A - P_N - P_B$. Let marginal cost of the nut and bolt production be c_N and c_B respectively. With separate production, profit of the nut producer is: $\pi_N = (P_N - c_N)Q_N = (P_N - c_N)(A - P_N - P_B)$. Maximization with respect P_N yields:

$$P_N = (A + c_N - P_B)/2 \tag{8A.10}$$

By symmetry it follows immediately that the profit-maximizing bolt-pricing rule is:

$$P_B = (A + c_B - P_N)/2 \tag{8A.11}$$

Jointly solving (8A.10) and (8A.11) yields:

$$P_N = \frac{A + 2c_N - c_B}{3}; \quad \text{and} \quad P_B = \frac{A + 2c_B - c_N}{3} \tag{8A.12}$$

If the two firms merge, their joint profit is:

$$\pi_M = (P - c_N - c_B)(A - P) \tag{8A.13}$$

Maximization with respect to P yields:

$$P = \frac{A + c_n + c_B}{2} \tag{8A.14}$$

Comparison of this price P with the sum of P_N and P_B in (8A.12) reveals that P is lower by $\frac{A - c_n - c_B}{6}$, while profits are higher. Both consumers and producers gain from coordinating the prices of these two complementary goods.

Industrial Organization
Contemporary Theory and Empirical Applications

제 3 부

전략적 상호작용과 기본 과점 모델

Strategic Interaction and Basic Oligopoly Models

다음 세 장에서는 소수의 기업만 존재하는 시장, 즉 과점시장에 대한 분석을 제시한다. 이러한 환경에서는 한 기업의 행동이 해당 기업뿐만 아니라 모든 기업의 시장 환경(예: 시장가격)을 변화시킬 수 있다. 따라서 이러한 행동은 반작용을 유발하고, 이는 다시 다른 행동을 촉발하는 등의 방식으로 이어진다. 이러한 상호작용은 당연히 각 기업이 인지하고 있으며 각 기업의 전략적 선택을 결정하는 데 중요한 역할을 한다. 게임이론은 전략적 상호작용을 분석하는 공식적인 프레임워크이므로 다음 세 장에서는 과점 행동에 대한 기본적인 게임이론적 모델을 제시한다.

9장에서는 내쉬균형 개념을 소개한다. 그런 다음 수량 경쟁의 쿠르노 모델을 개발하여 기업수가 두 개 이상으로 확대되고 기업 간 비용 차이가 발생하는 경우에도 내시 균형 개념과 일치함을 보여준다. 마지막으로 항공사의 경쟁 모델링이 쿠르노의 예측과 일치한다는 Brander와 Zhang(1990)의 논문을 기반으로 한 실증적 적용을 통해 결론을 내린다.

게임이론의 중요한 통찰력은 모든 게임의 결과가 게임의 규칙에 크게 좌우된다는 것이다. 쿠르노 모델에서 기업은 수량 또는 생산 수준에서 경쟁한다. 따라서 10장에서는 쿠르노 모형의 주요 경쟁자, 즉 기업이 가격 경쟁을 한다고 가정하는 베르트랑 모형을 소개한다. 기업이 동질적인 상품을 판매하는 경우 가격 경쟁이 특히 치열할 수 있기 때문에 베르트랑 가정은 기업이 제품을 차별화하려는 중요한 동기를 부여하기도 한다. 따라서 이 장에서는 호텔링(1929)이 처음 고려한 공간적 환경에서의 가격 경쟁에 대해서도 소개한다. 1990년대 남부 캘리포니아의 휘발유 가격에 대한 Hasting(2004)의 실증 연구를 검토하여 소비자 취향이 차별화되는 환경에서의 가격 경쟁을 살펴본다.

마지막으로 11장에서는 쿠르노 분석의 다른 변형, 즉 플레이 순서를 고려한다. 11장의 스태켈버그 모델은 수량 경쟁에 대한 쿠르노 가정을 유지하지만, 이제 한 기업이 경쟁사보다 먼저 생산 수준을 선택하는, 즉 한 기업이 먼저 플레이한다고 가정한다. 이를 통해 현존의 이점과 선점자의 이점을 보다 일반적으로 고려할 수 있다. 그런 다음 스테켈버그 모델과 쿠르노 모델에 대한 실험적 증거를 제공하는 Huck M¨uller와 Normann(2001)의 실험적 연구에 대해 논의한다.

Industrial Organization
Contemporary Theory and Empirical Applications

제 9 장

정적 게임 및 쿠르노 경쟁

Static Games and Cournot Competition

차례

9.1 ▸ 전략적 상호작용: 게임이론 입문
9.2 ▸ 우월(Dominant) 및 열등(Dominated) 전략
9.3 ▸ 솔루션 개념으로서의 내쉬균형
9.4 ▸ 과점의 정적 모델: 쿠르노 모델
9.5 ▸ 쿠르노 테마의 변형: 많은 회사와 다양한 비용
9.6 ▸ 쿠르노 모델의 집중도 및 수익성
9.7 ▸ 실증적 적용: 항공사의 독과점 경쟁에서 쿠르노 경쟁
요약
연습 문제

비즈니스 역사상 가장 성공적인 기업 중 하나는 코카콜라이다. 실제로 "코카콜라"는 세계에서 두 번째로 잘 알려진 단어이며, 첫 번째로는 "괜찮아"라고 한다.[1] 그러나 미국 대중문화에서 코카콜라가 갖는 상징적인 지위에도 불구하고 코카콜라는 독점이 아니다. 코카콜라는 경쟁사인 펩시코와 탄산음료 시장점유율을 공유하고 있다. 이 두 회사는 거의 100년 동안 시장점유율을 놓고 치열한 경쟁을 벌이고 있다. 콜라 전쟁은 여러 가지 전략을 진행해 왔는데, 그중 하나는 새로운 청량음료 제품을 자주 출시하는 것이었다. 펩시는 한 해 앞서 *바닐라 콜라*를 출시한 코카콜라에 대응하여 2003년 여름에 *펩시 바닐라*를 출시했다. 코카콜라는 2006년에 새로운 다이어트 음료인 *코카콜라 제로*를 출시하며 22년 만에 가장 큰 규모의 새로운 브랜드 캠페인을 시작했다. 이후 펩시는 아스파탐 대신 스플렌다 감미료로 만든 *펩시 원* 브랜드를 다시 활성화했다.

이러한 콜라 전쟁에서 각 기업은 청량음료 업계에서 경쟁 우위를 확보하는 데 가장 적합하다고 판단되는 전략을 파악하고 실행해야 한다. 코카콜라가 독점기업이라면 라이벌을 걱정할 필요가 없다. 완벽한 경쟁기업도 마찬가지이다. 순수독점기업에는 경쟁자가 없고 완전경쟁시장에 있는 기업은 경쟁자에게 아무런 영향을 미치지 않는다. 이러한 각 기업은 너무 작아서 그 결정이 업계에 전혀 영향을 미치지 않는다.

그러나 코카콜라, 펩시, 그리고 대다수의 다른 현실 기업들은 전략적 상호작용이 일상화되어 있으며 눈에 보이는 경쟁자가 있는 *과점*의 중간 지대에 살고 있다. 각 기업은 자신의 행동이 다른 기업에 영향을 미친다는 것을 알고 있으며, 따라서 즉각적인 *대응*을 해야 한다. 따라서 각

1 "코카콜라는 괜찮아(Coca-Cola is okay)"는 다른 어떤 문장보다 더 많은 사람들이 더 많은 곳에서 이해한다고 주장된다(Tedlow 1996).

기업은 가격, 생산량 또는 기타 비즈니스 행동에 대한 결정을 내릴 때 이러한 상호작용을 고려해야 한다. *게임이론*은 전략적 상호작용을 공식적으로 분석하는 데 사용되는 분석 프레임워크이다. 따라서 게임이론과 과점 연구는 밀접하게 연관되어 있다. 이 장에서는 몇 가지 기본적인 게임이론 분석을 소개하여 과점시장을 이해하는 데 게임이론이 어떻게 활용될 수 있는지 논의한다.

게임이론 자체는 *비협조적* *noncooperative* 게임이론과 *협동적* *cooperative* 게임이론의 두 가지로 나뉜다.[2] 이 두 가지의 근본적인 차이점은 비협조적 게임에서 분석 단위는 개별 의사결정자 또는 플레이어(예: 기업)이다. 이와는 대조적으로, 협동 게임이론에서는 분석 단위를 기업 그룹과 같은 플레이어의 집단 또는 연합으로 간주한다. 여기서는 거의 전적으로 비협조적 게임이론에 초점을 맞추겠다. 개별 플레이어는 기업이 될 것이다. *게임의 규칙* *rules of the game* 은 서로 다른 플레이어 또는 기업 간의 경쟁이 어떻게 이루어지는지를 정의한다. 비협조적인 환경은 각 플레이어가 자신의 이익을 극대화하는 데만 관심을 가질 뿐, 보다 일반적인 집단 이익을 증진하는 데는 관심이 없다는 것을 의미한다. 하지만 앞으로 살펴보겠지만, 협력이 때때로 각 플레이어의 복지를 극대화하는 것으로 밝혀지기 때문에 이러한 비협조적인 행동은 때때로 협동적인 행동과 매우 흡사하게 보일 수 있다.

비협조적 게임이론을 과점에 적용하는 데에는 두 가지 기본 가정이 깔려 있다. 첫 번째는 *기업이 합리적*이라는 가정이다. 기업은 잘 정의된 목표, 즉 주로 이윤극대화를 추구한다. 두 번째 기본 가정은 기업이 *전략적으로 추론하는* 과정에 합리성을 적용한다는 것이다. 즉, 각 기업은 의사결정을 내릴 때 자신이 가진 모든 지식을 활용하여 다른 기업이 어떻게 행동할지에 대한 기대치를 형성한다. 이러한 가정을 하게 된 동기는 우리의 궁극적인 목표가 실제 기업이 어떻게 행동할지 이해하고 예측하는 것이기 때문이다. 우리가 기업이 합리적이며 전략적으로 행동한다고 가정하는 이유는 실제 기업도 그렇게 행동하거나 시장의 압력에 의해 그렇게 행동할 것이라고 생각하기 때문이다. 따라서 합리적이고 전략적인 행동이 무엇을 의미하는지 이해하는 것은 실제 결과를 이해하고 예측하는 데 유용할 것이다.

과점 연구를 소개할 때 반드시 포함해야 할 한 가지 주의 사항이 있다. 교과서에 나오는 경쟁이나 독과점 사례와 달리 과점에는 하나의 표준적인 과점 모델이 없다는 것이다. 플레이어 수, 다양한 플레이어가 이용할 수 있는 정보, 각 플레이어의 행동 타이밍과 같은 게임 규칙의 차이로 인해 여러 가지 가능한 시나리오가 만들어진다. 과점에 대한 단일한 이론이나 모델은 없지만, 다양한 과점 모델에서 공통적인 주제와 인사이트를 발견할 수 있다. 이러한 광범위한 개념을 이해하는 것이 다음 세 장의 목표이다. 또한 하나의 과점 모델이 없다는 것이 전적으로 좋지 않은 것이 아니라는 점을 덧붙여야 한다. 오히려 특정 조사를 위해 선택할 수 있는 다양한 모델이 있다는 것을 의미한다. 어떤 환경에서는 한 모델이 적합하고, 다른 환경에서는 다른 모델이 적합할 수 있다. 실제 비즈니스 환경은 매우 다양하기 때문에 다양한 분석 결과를 도출할 수 있는 다양한 모델을 보유하는 것이 유용하다. 여기서는 세 가지 과점 모델을 소개한다. 이 장에서는 쿠르노(1836)의 과점 모델을, 다음 장에서는 베르트랑 *Bertrand* 모델을, 11장에서는 스테켈버그 *Stackelberg* 모델을 소개한다.

---

2 Rasmusen(2007)은 게임이론과 경제학에 대한 응용을 보다 공식적으로 다루는 좋은 교과서이다.

9.1 전략적 상호작용: 게임이론 입문

게임이론에서는 각 플레이어의 결정 또는 행동 계획을 *전략* strategy 이라고 한다. 각 플레이어가 선택할 수 있는 하나의 특정 전략을 보여주는 전략 목록을 *전략 조합* strategy combination 이라고 한다. 주어진 전략 조합에 따라 게임의 *결과*가 결정되며, 이는 각 플레이어가 얻는 보상 또는 최종 순이익을 설명한다. 과점 이론의 맥락에서 이러한 보상은 자연스럽게 각 기업의 이익으로 해석된다.

게임이 재미있으려면 적어도 한 명의 플레이어가 두 가지 이상의 전략 중에서 선택할 수 있어야 하며, 두 가지 이상의 *전략 조합*이 가능하므로 게임의 결과도 두 가지 이상 나올 수 있어야 한다. 그러나 가능한 결과는 많지만 모든 결과가 *균형 상태*인 것은 아니다. 여기서 균형이란 어떤 기업도 현재 사용 중인 전략을 변경하지 않는다는 점에서 현재 사용하고 있는 전략을 *변경할* 인센티브가 *없는 전략 조합*을 의미한다. 이 경우, 아무도 자신의 행동을 바꾸지 않기 때문에 여러 기업의 전략 조합은 변경되지 않고 그대로 유지되며, 시장이나 게임은 멈추게 된다. 노벨 경제학상 수상자인 존 내쉬는 비협조적인 게임에서 균형 전략 조합이라는 개념을 개발했다. 내쉬를 기리기 위해 이를 내쉬균형 Nash equilibrium 개념이라고 부른다.[3]

다음 세 장에서 공부할 과점 모델에서 기업의 전략은 가격 선택 또는 생산량 선택에 초점을 맞춘다. 각 기업은 자사 제품에 대해 설정할 가격 또는 해당 제품의 생산량을 선택한다. 따라서 해당 내쉬균형은 각 기업에 대해 하나씩 존재하는 가격 집합이거나, 다른 모든 기업의 가격(수량) 결정을 고려할 때 어떤 기업도 자신의 가격(수량) 결정을 변경하지 않으려는 생산 수준 집합이 될 수 있다.

여기서 괄호 안에는 독점의 경우와 달리 과점 모델에서는 가격 전략 결과가 수량 전략 결과와 다르다는 점에 유의해야 한다. 독점사업자의 경우, 가격 선택은 시장수요곡선을 통해 고유한 생산량을 의미한다. 즉, 독점기업은 이윤을 극대화하는 가격을 선택하든 이윤을 극대화하는 생산량을 선택하든 동일한 시장결과를 달성할 수 있다.[4] 하지만 과점 환경에서는 상황이 달라진다. 기업들이 전략적으로 상호작용할 때 각 기업이 가격을 선택할 때 얻는 시장결과는 일반적으로 각 기업이 생산량 수준을 선택할 때 얻는 결과와 다를 것이다. 게임 규칙이 가격 전략을 지정하는지, 아니면 수량 전략을 지정하는지에 따라 결과가 달라진다는 사실은 과점에 대한 연구가 유일한 이론적 예측을 내놓지 못하는 이유 중 하나가 된다.

과점 기업에게 상호작용은 핵심적인 사실이기 때문에 합리적인 전략적 행동을 위해서는 이러한 상호작용을 인식해야 한다. 예를 들어, 과점시장의 한 기업이 가격을 낮추면 경쟁사들은 가격 인하로 인해 고객을 잃게 되므로 그 효과를 알아차릴 것이다. 그러면 다른 기업들도 가격을 낮추면 기존 고객을 되찾을 수 있다. 업계 전반의 가격이 하락했기 때문에 각 기업의 수요량은 증가할 것이다. 그러나 각 기업은 이제 더 낮은 가격으로 더 낮은 마크업을 받아 그 수요를

3 내쉬는 1994년 상을 다른 두 명의 게임이론가인 R. Selten과 J. Harsanyi와 공동 수상했다. 세 명의 게임이론가에게 수여된 이 상은 게임이론이 경제 분석 사고 방식으로서의 중요성을 널리 알리는 역할을 했다. 전략 분석의 직관적인 기초에 대해서는 Schelling(1960)의 중요한 연구를 참조하시오.

4 가격과 수량 중 어떤 선택변수를 선택할지에 대해 경쟁기업은 선택할 수 없다. 경쟁기업은 정의상 가격 선택을 할 수 없다. 그들은 판매하는 생산량의 양만 선택할 수 있다.

충족하게 될 것이다. 과점 기업이 합리적인 전략적 행위자라는 가정은 이 기업이 이러한 일련의 사건을 이해하고 예측할 것이며, 애초에 가격을 낮출지 여부를 결정할 때 이러한 정보를 포함할 것이라는 의미이다.

탄산음료에 대한 첫 번째 이야기는 이러한 상호작용의 한 예이지만, 코카콜라와 펩시는 가격 결정 대신 제품 디자인에 대한 선택을 하고 있었다. 이 과정에서 두 회사는 경쟁사가 어떻게 반응할지 어느 정도 예상한다. 실제로 코카콜라는 펩시가 반응하지 않는 것이 펩시의 이익에 부합하지 않는다는 것을 알고 있는데도 펩시가 아무런 반응을 보이지 않을 것이라고 예상하는 것은 *비합리적*일 수 있다. 마찬가지로 코카콜라가 청량음료의 가격을 인하할 경우, 펩시가 코카콜라의 가격 인하에 맞출 것이라는 것을 코카콜라가 알고 있는 상황에서 펩시가 계속 높은 가격을 책정하기를 바라는 것은 이치에 맞지 않다.

과점 사업자가 특정 행동에 대한 경쟁사의 반응을 어떻게 예측할 수 있을까? 이러한 예측을 하는 가장 좋은 방법은 다른 기업이 선택할 수 있는 전략과 시장구조에 관한 정보를 확보하는 것이다. 모든 기업이 동일한 대칭적인 상황에서, 이러한 정보는 쉽게 이용할 수 있다. 어느 기업이든 "내가 상대방이라면 어떻게 할 것인가?"라는 질문을 스스로에게 던지면서 진행할 수 있다. 때로는 기업이 대칭적이지 않더라도 충분한 경험, 비즈니스 "노하우" 또는 기타 정보를 통해 경쟁사의 행동에 대해 상당히 확신할 수 있는 경우도 있다. 나중에 살펴보겠지만, 기업이 서로에 대해 정확히 어떤 정보를 가지고 있는지는 게임의 최종 결과를 결정하는 중요한 요소이다.

게임의 결과를 결정하는 또 다른 중요한 요소는 전략적 상호작용의 시간적 차원이다. 코카콜라와 펩시처럼 두 기업이 과점 또는 *과점 상태인 경우* duopoly 한 기업(예: 코카콜라)이 먼저 *바닐라 콜라*를 출시하기로 선택한다고 가정해 보겠다. 그런 다음, 다음 기간에 다른 기업, 즉 펩시가 그 선택을 따른다. 이 경우 전략적 상호작용은 *순차적* sequential으로 이루어진다. 각 기업은 순서대로 움직이며, 자신의 차례가 되면 자신이 선택하려는 행동 방침이 상대 기업의 향후 행동에 어떤 영향을 미칠지, 그리고 그러한 *반응이* 자신의 향후 선택에 어떻게 피드백될지 전략적으로 생각해야 한다. 체스와 체커는 각각 2인 순차 게임의 대표적인 예이다. 순차적 게임은 종종 동적 dynamic 게임이라고도 한다.

또는 두 플레이어가 *동시에* simultaneously 선택을 하여 상대방이 실제로 무엇을 했는지에 대한 지식 없이 행동할 수도 있다.[5] 하지만 상대 플레이어의 선택은 알 수 없지만, 상대 플레이어가 사용할 수 있는 전략 선택에 대한 지식이 있으면 한 플레이어는 다른 플레이어가 무엇을 선택할지 합리적이고 전략적으로 생각할 수 있다. 어렸을 때 즐겨 하던 "가위바위보"는 2인 동시 게임의 대표적인 예이다. 이러한 동시 게임을 종종 정적 static 게임이라고 한다.

게임이 순차적이든 동시적이든, 전략 기업이 경쟁사의 선택을 합리적으로 예측해야 한다는 요건은 동일하다. 이 작업을 수행한 후 기업은 자신에게 가장 이익이 되는 행동을 선택할 수 있다. 다시 말해, 합리적이라는 것은 기업이 선택한 전략이 경쟁사의 예상되는 최적 행동에 대한 최적의(이익을 극대화하는) 선택이라는 것을 의미하다. 각 기업이 이렇게 할 때, 그리고 각 기업이 합리적 전략의 결과로 다른 기업의 선택을 정확하게 예측했을 때, 우리는 내쉬균형을 얻게

5 동시 게임에서 중요한 점은 관련된 회사들이 실제로 동시에 의사 결정을 내린다는 것이 아니다. 그보다는 어떤 기업도 자신의 선택을 하기 전에 다른 기업의 선택을 *관찰*할 수 없다는 것이다. 이러한 정보 부족으로 인해 각 기업의 행동은 사실상 동시에 이루어진다.

된다. 이 장에서는 동시 또는 정적 게임에서 내쉬균형을 푸는 데 초점을 맞추겠다.

9.2 우월(*Dominant*) 및 열등(*Dominated*) 전략

때때로 내쉬균형은 다소 쉽게 결정할 수 있다. 이는 한 기업의 가능한 전략 중 일부가 *우세*할 수 있기 때문이다. 예를 들어, 한 시장에 A와 B라는 두 기업이 있고, A의 전략 중 하나는 B의 선택과 관계없이 *결코* 이윤을 극대화하는 전략이 아니라고 가정해 보겠다. 즉, 기업 A에게는 문제의 전략보다 더 높은 이윤을 내는 대체 전략이 항상 존재한다. 그러면 우리는 문제의 전략이 열등 *dominated* 이라고 말한다. 이 전략은 결코 합리적으로 선택되지 않는다. 플레이어 A는 절대 열등 전략을 선택하지 않을 것이다. 왜냐하면 그렇게 하면 A의 이익이 극대화되지 않기 때문이다. B가 무엇을 하든, 열등 전략은 A의 다른 전략 중 하나보다 A에게 더 나쁜 결과를 가져온다. 다시 말해, 게임의 균형을 결정할 때 열등 전략을 포함하는 전략 조합에 대해 걱정할 필요가 없다는 뜻이다. 이러한 전략은 절대 발생하지 않으므로 균형 결과에 포함될 수 없다.

열등 전략은 하나씩 제거할 수 있다. 한 회사의 열등 전략이 제거되면 다른 회사로 전환하여 첫 번째로 조사한 회사의 전략이 아직 남아 있는 상태에서 다른 회사의 전략 중 열등 전략이 있는지 확인할 수 있다. 각 플레이어가 사용할 수 있는 비열등 *non-dominated* 전략만 남을 때까지 모든 열등 전략을 제거하면서 회사별로 진행할 수 있다. 항상 그런 것은 아니지만, 이렇게 반복적으로 열등 전략을 제거하면 한 명 이상의 플레이어가 선택할 수 있는 전략이 하나만 남게 되는 경우가 많다.[6] 그러면 게임의 결과를 결정하는 것은 간단한 문제인데, 이러한 기업의 경우 행동 방침이 명확하기 때문이다.

예를 들어 델타 항공과 아메리칸 항공이라는 두 항공사가 각각 보스턴에서 부다페스트까지 매일 운항하는 항공편을 제공한다고 가정해 보겠다. 각 회사가 이미 항공편 가격을 책정했지만 출발 시간은 아직 결정되지 않았다고 가정한다. 이 게임에서는 출발 시간이 전략의 선택이다. 또한 두 회사가 동시에 출발 시간을 선택한다고 가정한다. 어느 쪽도 자신의 출발 시간을 선택하기 전에 상대방이 선택한 출발 시간을 관찰할 수 없다. 그러나 각 항공사의 관리자는 아메리칸 항공의 관리자가 선택을 위해 회의를 하는 바로 그 시간에 델타 항공의 관리자도 회의를 하고 있다는 것을 알고 있다. 두 항공사는 사실상 동시에 움직이는 전략적 게임을 하고 있는 것이다.

출발 시간 선택은 부분적으로 소비자의 선호도에 따라 달라질 수 있다. 시장 조사 결과 해당 항공편의 잠재 고객 중 70%가 저녁에 보스턴을 출발하여 다음 날 아침에 부다페스트에 도착하는 것을 선호한다고 가정해 보겠다. 나머지 30%는 아침에 보스턴에서 출발하여 같은 날 저녁 늦게 부다페스트에 도착하는 일정을 선호한다고 가정해 보겠다. 두 회사 모두 이러한 소비자 선호도 분포를 알고 있다. 또한 두 항공사가 같은 비행 시간을 선택하면 시장이 분할된다는 사실도 알고 있다. 각 항공사의 수익은 수송 승객 수에 정비례하므로 각 항공사는 시장점유율을 최대화하고자 한다.

델타 항공의 관리자가 합리적이고 전략적인 사람이라면 다음과 같이 추론할 것이다: 아메

6 이 과정이 각 플레이어에게 하나의 전략만 남을 때까지 계속된다면, 우리는 반복적인 우월 평형을 찾은 것이다.

표 9.1 비행 출발 게임에서 전략 조합과 기업 보상

		아메리칸 항공	
		아침	저녁
델타 항공	아침	(15, 15)	(30, 70)
	저녁	(70, 30)	(35, 35)

리칸 항공이 아침에 비행하는 경우 델타 항공은 야간에 비행하여 시장의 70%를 서비스하거나, 아메리칸 항공과 마찬가지로 아침에 출발하여 시장의 15%(두 항공사가 합쳐서 서비스하는 30%의 절반)를 서비스할 수 있다. 반면에 아메리칸 항공이 저녁 비행 시간을 선택하면 델타 항공도 야간 출발을 선택하여 시장의 35% (70%의 절반)에 취항하거나, 대신 아침 비행을 제공하여 시장의 30%에 취항할 수 있다.

조금만 생각해보면 *아메리칸 항공은 고객이 어떤 출발 시간을 선택하든* 저녁 항공편을 예약하는 것이 더 유리하다는 것을 알 수 있다. 다시 말해, *아침* 출발 시간을 선택하는 것이 열등 전략이다. 델타 항공이 수익극대화에 관심이 있다면 절대로 아침 항공편 옵션을 선택하지 않을 것이다. 물론 아메리칸 항공의 관리자들도 비슷한 추론을 할 것이다. 그들은 델타 항공의 선택과 상관없이 야간 비행이 최선의 선택이라는 것을 인식할 것이다. 이 게임의 유일한 균형 결과는 두 항공사가 모두 저녁 출발 시간을 선택하는 것이다.

표 9.1은 방금 설명한 논리적 결과를 보여준다. 표에는 각각 한 쌍의 값으로 구성된 네 개의 항목이 표시된다. 이 항목들은 게임에서 가능한 네 가지 전략 조합과 관련된 보상, 즉 시장점유율을 설명한다. 아메리칸 항공의 전략 선택은 열로 표시되어 있고 델타 항공의 선택은 행으로 표시되어 있다. 각 행과 열의 교차점에 있는 값 쌍은 특정 전략 조합이 발생할 경우 각 항공사가 얻을 수 있는 보상을 나타낸다. 각 쌍의 첫 번째(왼쪽) 값은 델타 항공으로 향하는 총 잠재승객 시장의 결과이며, 두 번째(오른쪽) 값은 아메리칸 항공의 결과이다.

이제 델타 항공 관리자의 입장이 되어 아메리칸 항공이 오전 항공편을 선택하는 경우 델타 항공이 어떻게 해야 하는지 먼저 생각해 보겠다. 답은 뻔하다. 델타 항공도 아침 항공편을 선택하면 델타 항공의 시장점유율은 15%가 될 것이고, 저녁 항공편을 선택하면 시장점유율은 70%가 될 것이다. 저녁 항공편이 분명히 더 나은 선택이다. 이제 아메리칸 항공이 저녁 항공편을 선택할 경우 델타 항공의 대응을 생각해 보겠다. 델타 항공이 아침 출발을 선택하면 시장점유율은 30%인 반면, 저녁 출발을 선택하면 시장점유율은 35%이다. 다시 한번 말하지만 저녁 출발이 더 나은 선택이다. 다시 말해, 아메리칸 항공이 어떤 선택을 하든 델타 항공은 절대 아침 출발을 선택하지 않는다. 균형의 결과가 무엇이든 델타 항공이 저녁 출발 항공편을 선택해야 한다.

이제 아메리칸 항공 입장에서 생각해 보면 같은 결과를 얻을 수 있다. 아침 비행은 결코 아메리칸 항공의 합리적인 선택이 아니다. 델타 항공이 그랬던 것처럼 아메리칸 항공도 아침 비행이 열등 전략이다. 따라서 델타 항공과 마찬가지로 아메리칸 항공도 항상 저녁 출발 시간을 선택할 것이다.

이제 게임의 결과가 완전히 결정되었다. 두 항공사는 저녁 출발편을 선택하고 해당 시간대를 선호하는 보스턴-부다페스트행 잠재 고객 중 70%를 균등하게 배분할 것이다. 이것이 내쉬

균형이라는 것은 열등 전략 논증을 통해 쉽게 알 수 있다. 어느 항공사도 어떤 경우에도 아침 비행 시간을 선택하지 않을 것이기 때문에 어느 항공사도 저녁에서 아침으로 변경할 인센티브가 없다.

각 항공사가 두 가지 전략만 가지고 있고 그 전략 중 하나인 아침 출발 항공편이 열등 전략이기 때문에 비행기 출발 게임을 풀기는 쉬워졌다. 다른 말로 표현하자면, 저녁 출발 전략을 *우월* *dominant* *전략*이라고 할 수 있다. 우월 전략은 *경쟁사가 어떻게 하든* 기업의 다른 모든 전략보다 더 나은 성과를 내는 전략이다. 즉, 경쟁업체가 어떤 전략을 선택하든 상관없이 기업이 추구할 수 있는 다른 어떤 전략보다 높은 수익(또는 매출, 성장, 또는 목표가 무엇이든)을 창출하는 전략이다. 이는 우월 전략이 경쟁사보다 더 높은 수익을 창출한다는 것을 의미하지는 않는다. 단지 기업이 그러한 전략을 선택할 경우 최선을 다할 것이라는 의미일 뿐이다. 그 보상이 경쟁사가 얻는 보상과 같거나 더 나은지는 게임의 구조에 따라 달라진다.

선택 가능한 전략의 수가 두 가지인 경우를 제외하고, 기업은 *열등* 전략(더 나은 전략이 있기 때문에 결코 좋은 전략이 될 수 없는 선택)이 몇 가지 있지만 *우월* 전략이 없거나 항상 다른 모든 전략보다 더 나은 결과를 가져오는 선택이 없을 수 있다. 때로는 열등 전략도 없고 우월 전략도 없는 기업도 있다. 하지만 우월 전략을 가지고 있는 기업의 경우 선택은 명확하다. 바로 그것을 선택하는 것이다. 그런 기업은 다른 기업이 무엇을 하는지 별로 생각할 필요가 없다.

출발 시간 게임을 재구성하여 적어도 한 회사가 열등한 혹은 우월한 전략을 취하지 않도록 해보겠다. 이를 위해 이제 상용 고객 우대 프로그램 때문에 보스턴-부다페스트 간 잠재 고객 중 일부는 두 항공사가 동시에 출발하더라도 델타 항공을 선호한다고 가정해 보겠다. 구체적으로, 이제 같은 시간에 출발해도 두 항공사의 고객이 균등하게 분배되지 않는다고 가정해 보겠다. 대신 두 항공사가 동일한 출발 시간을 예약할 때마다 델타 항공이 승객의 60%를 차지하고 아메리칸 항공은 40%만 차지한다. 표 9.2에는 각 전략 조합에 대한 새로운 수익이 나와 있다.

표에서 볼 수 있듯이 저녁 항공편은 여전히 델타 항공의 주요 전략이다. 델타 항공은 아메리칸 항공이 어떻게 하든 항상 아침 항공편보다 저녁 항공편을 선택해 더 많은 승객을 수송한다. 그러나 아메리칸 항공의 전략 선택은 더 이상 명확하지 않다. 델타 항공이 아침 항공편을 선택하면 아메리칸 항공은 밤 항공편을 선택해야 한다. 하지만 델타 항공이 저녁 출발 시간을 선택하면 아메리칸 항공은 아침에 비행하는 것이 더 유리하다.

그러나 각 항공사가 표 9.2에 설명된 보상을 알고 있다고 가정해도 게임의 결과는 여전히 명확하다. 표를 보면 아메리칸 항공은 델타 항공이 항상 저녁 항공편을 선택한다는 것을 쉽게 알 수 있다. 델타 항공이 저녁 출발을 선택할 것이라는 것을 알기 때문에 아메리칸 항공은 아침 출발을 최선의 대응으로 선택하는 것은 쉬운 문제이다. 따라서 이 수정된 출발 시간 게임의 균형 결과는 이전 버전의 균형 결과와 마찬가지로 투명하다. 이 경우 균형은 델타 항공이 저녁 항

표 9.2 수정된 비행 출발 게임에서 전략 조합 및 기업 보상

		아메리칸 항공	
		아침	저녁
델타 항공	아침	(18, 12)	(30, 70)
	저녁	(70, 30)	(42, 28)

공편을 선택하고 아메리칸 항공이 아침 항공편을 선택하는 것을 포함한다. 다시 말해 균형이 내쉬 기준을 쉽게 충족함을 확인했다.

앞의 두 게임을 풀 때, 우리는 열등 전략을 배제하고 가능한 경우 우월 전략에 집중하는 방식을 광범위하게 활용했다.[7] 이 과정을 통해 얻은 결과가 내쉬균형 결과라는 것을 보여주었다. 그러나 많은 게임에서 열등하거나 우세한 전략을 찾을 수 없다. 이러한 경우 내쉬균형 개념은 단순히 분석을 확인하는 기준 이상의 의미를 갖는다. 내쉬균형 개념은 솔루션 절차 자체의 일부가 된다. 합리적이고 전략적인 기업이라면 자신의 전략적 선택에 대한 경쟁사의 반응을 판단할 때 내쉬 개념을 사용할 것이기 때문이다. 예를 들어 방금 설명한 출발 시간 변경 게임에서 델타 항공은 저녁 출발을 선택하면 경쟁사인 아메리칸 항공이 아침 출발을 선택한다는 사실을 알아낼 수 있다. 따라서 델타 항공은 내쉬의 관점에서 두 항공사가 밤에 비행하는 전략 조합이 결코 균형이 될 수 없다는 것을 추론할 수 있다. 왜냐하면 그러한 결과가 발생하면 아메리칸 항공은 선택을 변경할 분명한 인센티브를 갖게 되기 때문이다.

9.3 솔루션 개념으로서의 내쉬균형

내쉬균형 개념을 사용하여 게임을 푸는 방법을 더 깊이 이해하기 위해 보스턴에서 부다페스트까지의 게임을 가격 게임으로 변경해 보겠다.

실제로 각 회사에서 사용할 수 있는 가격 전략은 다양하지만 여기서는 저가, 중가, 고가의 세 가지로만 한정하겠다. 이렇게 하면 가능한 전략 조합이 9가지가 된다. 이러한 각 조합에 대한 보상(이 경우 수익)은 표 9.3에 표시된 새로운 항공료 게임 매트릭스에 의해 설명된다고 가정하겠다. 현재 관례대로 각 행-열 교집합의 보상 항목은 각 경우의 첫 번째 항목으로 행 플레이어(델타 항공)의 이익을 표시한다.

원칙적으로 표 9.3의 행렬의 각 셀을 확인하여 어느 항공사도 전략을 변경하고 싶지 않다는 내쉬균형 요건을 충족하는지 확인할 수 있다. 예를 들어, 왼쪽 상단 모서리 셀을 살펴보면 이 경우 각 항공사는 다음과 같이 전략 조합 $P_D = P_A =$ *저가*는 내쉬균형이 아니라는 것을 금방 알 수 있다. 왜냐하면, 각 항공사들은 중간 가격으로 전환할 인센티브를 갖기 때문이다. 마찬가지로 왼쪽 열의 가운데 셀인 $P_D =$ *중간*, $P_A =$ *저가*는 내쉬균형이 아니다. 델타 항공은 아메리칸 항공이 낮은 요금을 부과하고 있기 때문에 수익을 개선할 수 없지만, 아메리칸 항공은 델타 항공이 이미 요금을 인상하고 있기 때문에 자체 요금을 중간 수준으로 인상하는 것이 더 유리할 것이다. 그러나 아메리칸 항공이 이러한 성향을 따른다면 게임은 매트릭스 중앙의 $P_D = P_A =$ *중간* 셀로 이동하게 되며, 이러한 전략 조합이 내쉬균형이라는 것을 쉽게 알 수 있다. 실제로 다른 모든 셀에 대해서도 동일한 절차를 따르면 $P_D = P_A =$ *중간*이 게임의 고유한 내쉬균형임을 알 수 있다.

---

7 지배 전략을 배제할 때는 약간의 주의를 기울여야 한다. *엄격하게* 열등한 *strictly dominated* 전략은 합리적인 선택으로 배제할 수 있지만, *약하게* 열등한 *weakly dominated* 전략은 그렇게 배제할 수 없다. 어떤 전략이 더 나을 수는 있지만 결코 나쁘지 않은 다른 전략이 존재하고, 어떤 전략 조합에서는 더 높은 보상을 얻을 수 있지만 결코 더 낮은 보상을 얻을 수 없는 경우, 그 전략은 *약하게* 우세한 전략이 된다. 내쉬균형은 약우위 전략의 배제 순서에 따라 영향을 받을 수 있다. Mas-Colell 외(1995), 238-41 참조.

표 9.3 항공료 게임의 보상 매트릭스

		아메리칸 항공					
		P_A = *저가*		P_A = *중간*		P_A = *고가*	
델타 항공	P_D = *저가*	\$15,000	\$15,000	\$25,000	\$22,000	\$40,000	\$20,000
	P_D = *중간*	\$22,000	\$25,000	\$35,000	\$35,000	\$38,000	\$33,000
	P_D = *고가*	\$20,000	\$40,000	\$33,000	\$38,000	\$30,000	\$30,000

더 매력적인 접근 방식은 높은 가격을 설정하는 전략이 두 회사 모두에게 결코 최선의 전략이 아니라는 점을 파악하는 것부터 시작하는 것이다. 즉, 델타 항공과 아메리칸 항공의 경우 각각 P_D = *고가* 및 P_A = *고가*는 열등 전략이다. 따라서 우리는 세 번째 열과 세 번째 행 셀은 고려 대상에서 제외한다. 이렇게 하면 각 회사가 낮은 가격 또는 중간 가격을 설정하는 간단한 2×2 게임만 남게 된다. 그러나 이러한 선택지 내에서 우리는 이제 P_D = *저가*와 P_A = *저가*는 각각 P_D = *중간*과 P_A = *중간*이 보다 열등하다는 것을 알 수 있다. 따라서 앞서 제안한 대로 열등 전략을 벗겨내면 이 게임의 고유한 내쉬균형은 $P_D = P_A$ = *중간*이라는 결과에 도달할 수 있다.

어떤 게임에서든 내쉬 평형을 식별하는 방법이 여러 가지가 있다는 사실은 각 방법의 이면에 내쉬 개념의 공통적이면서도 더 깊은 의미가 숨어 있음을 시사한다. 플레이어가 합리적이라면 두 회사 모두 $P_D = P_A$ = *저가*로 설정하며 델타 항공이 P_D = *중간*을 선택한 다음 아메리칸 항공이 동일한 작업을 수행하는 첫 번째 해법이 제안한 경로를 따라 위 게임이 진화할 것이라고 예상하지 못할 것이라는 점에 주목함으로써 보다 근본적인 통찰력은 명확해질 수 있다. 대신, 두 플레이어가 위의 보상 행렬과 게임 규칙을 알고 있다는 사실을 고려할 때, 각 플레이어는 처음부터 중간 가격을 선택해야 한다. 왜 그럴까? 델타 항공의 경영을 다시 한번 생각해 보겠다. 게임을 다시 생각해볼 때, 아메리칸 항공은 절대 P_A = *고가*로 설정하지 않는다는 것을 알 수 있다. 따라서 P_A = *고가*는 열등 전략이라는 것을 인식하면 델타 항공은 아메리칸 항공의 가능한 선택지를 P_A = *저가* 혹은 P_A = *중간*으로 제한할 수 있다. 그러나 좀 더 고려해보면 델타 항공이 P_D = *고가*로 설정할 것이라고 생각하는 경우 아메리칸 항공은 P_A = *저가*를 선택할 수밖에 없는데, 델타 항공이 낮은 가격이나 중간 가격을 선택하면 아메리칸 항공도 중간 가격을 선택하는 것이 더 유리하기 때문이다. 그러나 아메리칸 항공은 델타 항공이 P_D = *고가*로 선택할 것이라고 생각하는 것은 합리적이지 않다. 왜냐하면 동일한 표를 보면 아메리칸 항공은 아메리칸 항공이 낮은 가격을 설정하든 중간 가격을 설정하든 델타 항공은 항상 P_D = *중간*을 선택하는 것이 가장 좋다는 것을 알 수 있기 때문이다. 따라서 아메리칸 항공이 P_A = *저가*로 설정하는 것은 어리석은 일이다. 따라서 델타 항공은 아메리칸 항공이 같은 행동을 할 것이라는 완전한 확신을 가지고 P_D = *중간*으로 설정할 수 있으며, 더 중요한 것은 델타 항공의 중간 가격 선택이 밝혀졌을 때 아메리칸 항공의 예상 전략인 P_A = *중간*이 실제로는 델타 항공이 P_D = *중간*을 선택했을 때 아메리칸 항공이 하고자 하는 선택이라는 점이다. 물론 아메리칸 항공도 똑같은 추론을 따를 수 있다. 결과적으로 각 회사는 처음부터 중간 가격 전략을 선택하게 된다. 결국 $P_D = P_A$ = *중간* 조합으로 수렴하는 행동과 반응은 없을 것이다. 이러한 논리적 일관성, 즉 각 기업의 전략 선택이 경쟁사에 대해 예측된 선택에 대한 최선의 반응을 반영하고, 이는 다시 기업이 선택한 전략에 대한 경쟁사의 최선의 반응이라는 사실이 내쉬균형 개념에 진정한 힘을 부여한다.

9.1 ▸ 실습문제

회사 1과 회사 2는 영화 제작사이다. 각각 블록버스터 로맨스 영화 또는 블록버스터 서스펜스 영화를 제작할 수 있다. 네 가지 가능한 전략 조합 각각에 대한 보상(천 단위)을 표시하는 행렬이 아래에 나와 있으며, 회사 1의 보상이 가장 먼저 나열되어 있다. 게임은 동시에 진행된다. 내쉬균형 결과를 구하시오.

		회사 2	
		로맨스	서스펜스
회사 1	로맨스	(\$900, \$900)	(\$400, \$1,000)
	서스펜스	(\$1,000 \$400)	(\$750, \$750)

9.4 과점의 정적 모델: 쿠르노 모델

이전 섹션의 모든 게임은 단일 기간 또는 정적*static* 게임이다. 예를 들어 델타 항공과 아메리칸 항공은 나중에 다시 게임을 할 가능성은 고려하지 않고 동시에 출발 시간이나 항공료를 선택한다고 가정한다. 이는 과점시장 모델링에 대한 초기 연구의 특징이다. 이 모델에서 기업들은 "단 한 번만 만나고" 시장은 단번에 청산된다. 시간이 지남에 따라 순차적으로 이동하거나 상호작용이 반복되지 않는다. 따라서 한계가 있을 수 있지만, 이 분석은 여전히 중요한 인사이트를 도출할 수 있다. 또한 이러한 정적 모델을 연구하는 것은 나중에 동적 모델을 검토하기 위한 좋은 준비 과정이다.

가장 잘 알려진 정적 과점 모델은 쿠르노 모델과 베르트랑 모델로, 각각 저자의 이름을 따서 명명되었다. 두 모델 모두 19세기에 완성되었기 때문에 현대 게임이론의 공식 언어로 표현되지 않았다. 그럼에도 불구하고 각 모델의 저자가 제안한 균형은 내쉬 개념을 충분히 예측한다. 실제로 이러한 이유로 이 두 초기 학자와 내쉬의 결과에 대한 기대에 대한 경의를 표하기 위해 쿠르노-내쉬 또는 베르트랑-내쉬균형이라고 불리는 결과를 종종 볼 수 있다. 두 모델을 제시함으로써 게임이론을 공부하는 모든 학생들이 알아야 할 중요한 점, 즉 게임의 규칙이 매우 중요하다는 점을 강조하는 데에도 도움이 된다. 쿠르노 게임과 내쉬 게임의 규칙은 전략적 선택이라는 변수를 제외하면 모든 면에서 동일하다. 쿠르노 모형에서 변수는 기업의 생산량 수준인 반면, 내쉬 모형에서는 가격이다. 하지만 이 작은 변화는 게임 결과에 엄청난 영향을 미친다.

프랑스의 수학자 오귀스탱 쿠르노는 1836년에 이 모델을 발표했다. 그 후 100년 동안 쿠르노의 통찰력은 크게 인정받지 못했지만, 지금은 과점시장 모델의 근간이 되었다. 쿠르노는 자신의 분석에 동기를 부여하기 위해 다음과 같은 이야기를 했다. 한 기업이 현재 독과점 기업이 공급하는 시장에 진입하고자 한다고 가정해 보겠다. 이 진입자는 기존 독점기업과 모든 면에서 동일한 제품을 제공할 수 있고 동일한 단가로 생산할 수 있다. 진입이 매력적인 이유는 비용이 일정하고 동일하다는 가정 하에 독점기업이 한계비용보다 높은 가격으로 생산하고 있다는 것을 알 수 있고, 이는 곧 가격 또한 진입하고자 하는 기업의 한계비용을 초과한다는 것을 의미하기 때문이다. 따라서 신규 진입기업은 이 시장에서 일정량을 수익성 있게 판매할 수 있다는 것을 알 수 있다. 그러나 쿠르노는 신규진입자는 *독점기업이 판매하는 생산량을 고려한 후* 자신의 이익을 극대화하는 생산량 수준을 선택할 것이라고 추론했다.

물론 진입이 일어나고 새로운 기업이 선택한 생산량을 생산하면 독점기업은 이에 대응할 것이다. 진입 전에 독점기업은 다른 경쟁자가 없다고 가정하고 이윤을 극대화하는 생산량을 선택했다. 이제 이전 독점기업은 최적화를 다시 시도하고 새로운 수준을 선택해야 한다. 이 과정에서 독점기업은 (이전에 신규진입자가 그랬던 것처럼) *새로운 경쟁기업이 판매하는 생산량을 감안해* 이익을 극대화하는 생산량 수준을 선택할 것이다.

각 기업이 상대방의 산출량 선택에 따라 조건부로 산출량을 선택하는 이 과정은 반복되어야 한다. 기존기업 1이 산출량을 선택할 때마다 신규진입자인 기업 2는 이윤을 극대화하는 고유한 반응을 보이고, 그 반대의 경우도 마찬가지이다. 쿠르노는 이러한 반응의 그래프 표현을 반응 곡선 Reaction Curve 이라고 불렀다. 각 기업에는 고유한 반응 곡선이 있으며, 이 반응 곡선은 q_1q_2 사분면으로 그래프화할 수 있다. 쿠르노가 내쉬를 예측한 것은 이 과정의 균형 결과를 각 기업의 생산량 선택이 상대방의 생산량에 대한 이윤을 극대화 반응인 한 쌍의 생산량 수준으로 설명했다는 사실에서 알 수 있다. 그렇지 않다면 적어도 한 기업은 생산 수준을 바꾸려고 할 것이라고 쿠르노는 추론했다. 쿠르노의 이중독점 모델의 또 다른 매력은 두 기업의 생산량 선택에 따른 균형가격이 순수독점 결과보다 낮다는 점이다. 그러나 두 기업이 아니라 다수의 기업이 존재하고 순수 경쟁이 우세할 경우의 결과보다 더 높다. 즉, 쿠르노 모형은 경쟁이 많은 것이 적은 것보다 좋다는 직관적인 함의를 담고 있다.

Cournot의 분석을 좀 더 공식적으로 보이기 위해 산업 역수요곡선[8]이 선형이며 다음과 같이 설명할 수 있다고 가정한다:

$$P = A - BQ = A - B(q_1 + q_2) \tag{9.1}$$

여기서 Q는 각 회사의 생산량, 즉 시장에서 판매된 총량을 합한 값이다; q_1은 현존하는 기업 1이 선택한 생산량이고, q_2은 새로운 진입자인 기업 2의 생산량이다. 앞서 언급했듯이 각 기업이 동일하고 일정한 한계 생산비용인 c에 직면해 있다고 가정한다.

이제 기업 2만을 고려하고 기업 1의 생산량인 q_1를 주어진 것으로 간주하면 기업 2를 향하는 역수요곡선은 다음과 같다:

$$P = A - Bq_1 - Bq_2 \tag{9.2}$$

이는 (9.1)과 형식적으로 동일하다. 그러나 기업 2의 관점에서 보면 오른쪽의 처음 두 항은 의사결정의 일부가 아니며 주어진 것으로 간주할 수 있다. 즉, 이 두 항이 함께 기업 2의 인식된 수요곡선의 밑변을 형성하므로 기업 2는 자신의 생산량 선택이 가격에 미치는 유일한 영향은 방정식의 마지막 항, 즉 $-Bq_2$에 의해 주어진다는 것을 이해할 수 있다. 그러나 기업의 예상 생산량 선택의 변화는 기업 2의 지각된 수요곡선의 변화를 통해 기업 2에 전달된다는 점에 유의해야 한다. 그림 9.1은 이 점을 보여준다.

---

8 기업이 특정 가격에 제공되는 생산량과 관련된 공급 일정에서 경쟁하는 모델에 대해서는 Green and Newberry(1992)와 Wolfram(1999)을 참조하시오.

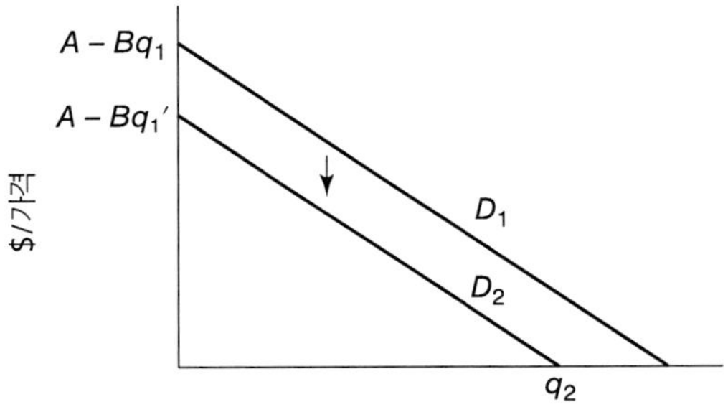

그림 9.1 **쿠르노복점 게임에서 기업 2의 수요곡선은 기업 1의 생산량에 따라 달라진다.**
q_1이 q_1'으로 증가하면, 기업 2가 직면하는 수요곡선 D_2는 아래쪽으로 이동한다.

그림 9.1에서 볼 수 있듯이, 기업 1이 생산량을 다르게 선택하면 기업 2의 수요곡선도 달라지고, 그에 따라 기업 2의 이윤을 극대화하는 생산량도 달라진다. 따라서 q_1의 각 선택에 따라 q_2의 최적 수준도 달라진다. 이 관계를 다음과 같이 대수적으로 풀 수 있다. 그림 9.1에 표시된 각 수요곡선과 연관된 한계수익 곡선은 2장에서 설명한 것보다 두 배 가파른 경사를 이루고 있다. 즉, 기업 2의 한계수익 곡선은 다음과 같이 주어진 q_1의 함수이기도 하다:

$$MR_2 = (A - Bq_1) - 2Bq_2 \tag{9.3}$$

각 기업의 한계비용은 c에서 일정하다. 이윤극대화에 필요한 대로 한계수익 MR_2을 한계비용 c와 동일하게 설정하고 q_2^*을 구하면 기업 2의 반응 곡선이 나온다. 따라서 $MR_2 = c$가 되며, 이는 $A - Bq_1 - 2Bq_2^* = c$ 또는 $2Bq_2^* = A - c - Bq_1$를 의미한다. 이를 더 단순화하면 기업 2의 반응 곡선이 도출된다:

$$q_2^* = \frac{(A - c)}{2B} - \frac{q_1}{2} \tag{9.4}$$

방정식 (9.4)는 q_1의 모든 선택에 대해 기업 2의 최적 생산량 선택인 q_2^*을 설명한다. 이 관계는 음의 관계라는 점에 유의해야 한다. 기업 1의 생산량이 증가할 때마다 기업 2의 수요 및 한계수익 곡선이 낮아지고, 한계비용이 일정할 경우 기업 2의 이윤극대화 생산량도 낮아진다.

물론 문제는 양방향으로 작동한다는 것이다. 산업 수요곡선을 대칭적으로 재작업하여 기업 1의 개별 수요가 기업 2의 생산량 선택에 유사하게 의존한다는 것을 보여줄 수 있으며, 따라서 q_2가 변하면 이윤을 극대화하는 선택인 q_1도 변한다. 그런 다음, 기업 1의 반응 곡선을 유추하여 가능한 각 대안 값인 q_2에 대해 최선의 선택인 q_1를 도출할 수 있다. 기업 2와 대칭을 이루면, 이는 다음과 같이 주어진다:

$$q_1^* = \frac{(A - c)}{2B} - \frac{q_2}{2} \tag{9.5}$$

기업 2의 경우와 마찬가지로, 기업 1의 이윤 최대화 산출량 수준 q_1^*은 q_2가 증가함에 따라 감소

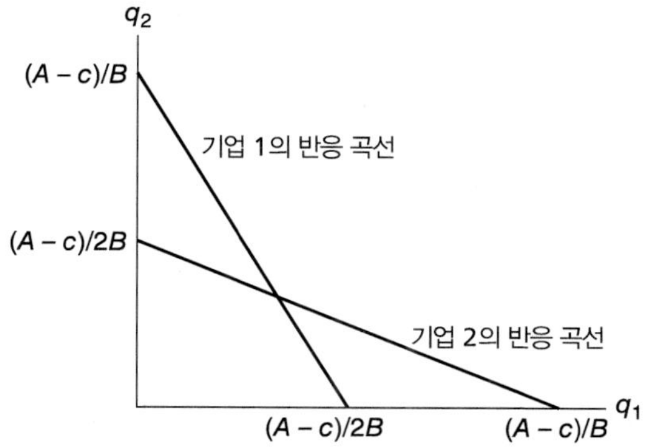

그림 9.2 **쿠르노복점 모델에 대한 최적 응답(반응) 곡선**

한다.[9] 각 기업의 반응 곡선은 각 기업의 전략 변수와 기업 산출량을 축으로 하여 그림 9.2로 표시할 수 있다.

먼저 초기 독점기업인 기업 1의 반응 곡선을 생각해 보자. 이 곡선은 기업 2가 아무것도 생산하지 않는다면 기업 1이 최적으로 생산해야 하는 수량 $\frac{(A-c)}{2B}$을 생산하며, 이는 실제로 기업 1이 먼저 생산한다고 가정한 순수독점 수준이다. 이제 기업 2의 반응 곡선을 생각해 보자. 이 곡선은 기업 1이 가정된 수준 $\frac{(A-c)}{2B}$에서 생산하는 경우, 기업 2의 최선의 방법은 $\frac{(A-c)}{4B}$ 수준에서 생산하는 것이며, 이는 기업 2가 시장에 진입하게 된다. 하지만 기업 2가 이 수준을 선택하게 되면, 기업 1은 더 이상 독점 수준을 생산함으로써 최선의 결과를 얻지 못한다. 대신, 기업 1은 $\frac{3(A-c)}{8B}$ 생산함으로 이익을 극대화할 수 있다.

쿠르노가 이해했듯이, 방금 설명한 산출량이나 전략 조합 중 어느 것도 균형 결과에 해당하지 않는다. 각각의 경우에 한 기업의 반응은 다른 기업의 산출량 선택에 따른 것으로, 그 자체가 최초 선택자의 선택에 대한 다른 기업의 최선의 반응이 아니다. 결과가 균형이 되려면 각 기업이 라이벌의 (최적) 선택에 대해 최적으로 대응하는 경우여야 한다. 그러기 위해서는 두 회사 모두 각각의 반응 곡선 위에 있어야 한다. 이는 그림 9.2의 한 지점, 즉 두 반응 곡선이 교차하는 지점에서만 발생한다.

이것이 어떻게 작동하는지 보려면 회사 2의 반응 함수를 떠올려봐야 한다: $q_2^* = \frac{(A-c)}{2B} - \frac{q_1}{2}$. 기업 2는 균형에서 기업 1도 반응 곡선 또는 $q_1^* = \frac{(A-c)}{2B} - \frac{q_2}{2}$ 위에 있어야 한다는 것을 알고 있다. 이를 회사 2의 반응 곡선에 대입하여, 기업 2는 해를 구할 수 있다.

$$q_2^* = \frac{A-c}{2B} - \frac{1}{2}\left(\frac{A-c}{2B} - \frac{q_2^*}{2}\right) = \frac{A-c}{4B} + \frac{q_2^*}{4} \tag{9.6}$$

9 우리는 기업 2의 수익 함수인 Π^2을 매출에서 비용을 뺀 값으로 하여 q_2^*를 풀 수 있다: $\Pi^2(q_1, q_2) = (A - Bq_1 - Bq_2)q_2 - cq_2 = (A - Bq_1 - c)q_2 - Bq_2^2$. 이 식을 q_2에 대해 미분하여 결과를 0과 같게 설정하여 q_2^*를 풀면 식 (9.4)와 같은 결과를 얻을 수 있다. q_1^*을 구하는 데에도 유사한 절차가 사용될 수 있다.

따라서 이것은 $\frac{3q_2^*}{4} = \frac{A-c}{4B}$이 되며 $q_2^* = \frac{(A-c)}{3B}$을 암시한다. 왜냐하면 두 기업은 공식적으로 동일하기 때문에 $q_1^* = \frac{(A-c)}{3B}$를 따른다. 이 시장의 전체 산출량은 $Q^* = \frac{2(A-c)}{3B}$이다. 이를 수요함수에 대입하면 균형가격이 나온다: $P = A - BQ = \frac{A+2c}{3}$. 각 회사의 총 수익에서 총 비용을 뺀 값으로는 다음과 같다: $\pi_i = \frac{(A-c)^2}{9B}$

그림 9.2에서 알 수 있듯이, 방금 제시한 쿠르노복점 모델은 독특한 내쉬균형을 가지고 있다. 하지만 안타깝게도 쿠르노의 원래 논의는 앞서 강조한 근본적인 내쉬 통찰을 다소 모호하게 만든다. 특히 쿠르노의 이야기는 균형에 도달할 때까지 두 기업이 행동하고 반응하며 반응 곡선을 따라 이동하는 일종의 시행착오 학습 과정을 제시한다. 하지만 내쉬균형의 강점은 이러한 반복적인 절차를 실시간으로 수행할 필요가 없다는 것이다. 진입자인 기업 2가 합리적이고 전략적인 기업이라면, 자신의 생산 수준을 선택할 때 기존기업 1이 자신의 이익을 극대화하는 행동을 할 것이라고 *예상해야 한다*. 예를 들어, 기업 2가 시장에 진입한 후 $\frac{(A-c)}{4B}$를 생산한 후에, 기존기업이 계속해서 독점 산출량인 $\frac{(A-c)}{2B}$를 생산한다고 예상하는 것은 합리적인 기대가 아니다. 왜냐하면, 그것은 기업 2의 생산 선택에 대한 기업 1의 최선의 대응이 아니기 때문이다. 즉 기업 2는 절대 $q_1 = \frac{(A-c)}{2B}$라고 예측해서는 안 된다. 기업 2가 할 수 있는 오직 합리적인 예측은 내쉬균형에서 $q_1 = \frac{(A-c)}{3B}$ 이라는 것이다. 만약 기업 2가 q_1가 $\frac{(A-c)}{3B}$와 같다고 예측한다면, 기업 2는 같은 산출량을 *최적으로* 선택해야 한다. 결과적으로 기업 2의 이러한 생산량은 기업 1이 만약 이익을 극대화하기를 원한다면, 기업 1이 $\frac{(A-c)}{3B}$의 수준으로 생산해야 한다는 것을 의미한다. 물론 기업 2의 산출량에 대한 기업 1의 기대치에도 동일하게 작동한다. 다시 말해, 각 기업에 대해 논리적으로 일관성 있는 예측은 경쟁사가 $\frac{(A-c)}{3B}$를 생산한다는 것이며, 이 경우 각 회사도 정확히 그 양을 생산하여 기대치를 충족시킨다는 것이다. 합리적으로 전략적 기업은 순수한 사고 실험으로 쿠르노 모델을 통해 작업할 수 있으며, 내쉬균형 생산량인 $q_i^* = \frac{(A-c)}{3B}$를 시간이 많이 소요되는 실제 시행착오 없이 선택한다. 이러한 이유로 이 책의 저자를 비롯한 많은 경제학자들은 "반응 곡선 *Reaction Curve*" 대신 "*최적 반응 함수 best response function*"라는 용어를 선호한다. 요점은 쿠르노 모형의 올바른 내쉬 해석은 행동과 반응이 아니라 각 판매자가 자신의 선택이 논리적으로 일관성이 있다는 것을 인식함으로써 직접적으로 균형이 달성된다는 점을 강조하기 위한 것이다.[10]

토스터 오븐용 컴퓨터 칩을 시장에 공급하는 두 회사, 즉 Untel과 Cyrox를 예로 들어 보겠다. Untel의 칩은 Cyrox의 칩을 완벽하게 대체할 수 있으며, 그 반대의 경우도 마찬가지이다. 칩에 대한 시장수요는 $P = 120 - 20Q$로 추정되며, 여기서 Q는 구입한 칩의 총 수량(백만 개)

10 프리드먼(1977)은 이러한 문제에 대한 간략한 논의를 담고 있으며, 특히 경제 사상의 역사에 관심이 있는 사람들에게 유용한 자료이다. 그는 프랑스 경제학자 왈라스의 아버지와의 우정 덕분에 쿠르노의 운명이 완전히 알려지지 않은 것은 아니었다고 말한다. 영국의 경제학자 마샬 역시 쿠르노의 업적을 잘 알고 있었고 영향을 받은 것으로 보인다.

이다. 두 회사 모두 생산량 단위당 20이라는 일정한 한계비용을 가지고 있다. Untel과 Cyrox는 생산할 수량을 독립적으로 선택한다. 그런 다음 생산된 칩의 총 수량에 따라 가격이 조정된다. Untel은 얼마의 생산량을 생산할까? Cyrox는 얼마의 생산량을 생산할까? 컴퓨터 칩의 가격은 얼마이며 각 회사는 얼마나 많은 이익을 얻을 수 있을까?

Untel의 경영진이 되어 Untel의 관점에서 문제를 살펴보자. Untel이 직면한 수요곡선은 $P = 120 - 20q_c - 20q_u$로 나타낼 수 있으며, 여기서 q_c는 Cyrox의 산출량이고 q_u은 Untel의 산출량이다. Untel의 한계수익 곡선은 $MRu = 120 - 20q_c - 40q_u$이다. 이윤을 극대화하기 위해 Untel은 한계수익이 한계비용과 같도록 생산량 q_u^*를 선택한다. 즉, $120 - 20q_c - 40q_u^* = 20$이다. 수익극대화를 위한 이 조건은 다음을 의미한다:

$$q_u^* = \frac{120-20}{40} - \frac{20}{40}q_c \quad or \quad q_u^* = \frac{5}{2} - \frac{1}{2}q_c \tag{9.7}$$

이것은 Cyrox의 주어진 산출 수준에 대한 최적의 선택을 설명하는 Untel의 최적 반응함수이다. 그러나 Untel은 Cyrox가 수익을 극대화하는 도구이기도 하다는 것을 알고 있으므로, Cyrox가 수익극대화를 위해 동일한 최적 반응조건을 만족시키기 위해 q_c^*를 생산하기를 원할 것으로 예상한다. 즉, 방금 살펴본 것과 정확히 동일한 논증을 통해 Untel은 Cyrox의 최적 반응 함수가 유사하다는 것을 알 수 있다: $q_c^* = \frac{120-20}{40} - \frac{20}{40}q_w$ 혹은 $q_c^* = \frac{5}{2} - \frac{1}{2}q_{u^*}$ Untel은 Cyrox의 선택이 Untel에 따라 달라진다는 것을 인지할 수 있다. 또한 Untel은 Cyrox가 Untel이 수익을 극대화한다는 것을 알고 있다는 것, 그리고 Cyrox가 Untel이 수익을 극대화하는 생산량 수준 q_u^*을 택할 것이라고 예상할 것이라는 것을 알고 있다. 따라서 Untel은 Cyrox가 $q_c^* = \frac{5}{2} - \frac{1}{2}q_u^*$를 선택할 것이라는 것을 예측한다. 이 예측을 Untel의 최적 반응 함수에 대입하면 Untel은 다음을 생산한다.

$$q_u^* = \frac{5}{2} - \frac{1}{2}q_c^* = \frac{5}{2} - \frac{1}{2}\left(\frac{5}{2} - \frac{1}{2}q_u^*\right) \Rightarrow q_u^* = \frac{5}{3}$$

이제 Cyrox의 경영진이 되어 연습을 반복해 보겠다. 두 회사가 *동일하기* 때문에 Cyrox가 Untel과 다른 일을 할 이유가 없으므로 Cyrox가 $q_c^* = \frac{5}{3}$를 생산한다는 결론에 빠르게 도달할 수 있다. Untel이 $\frac{5}{3}$를 생산할 때, Cyrox의 최적 반응 함수는 $q_c^* = \frac{5}{3}$를 생산하는 것이며, 마찬가지로 Cyrox가 $\frac{5}{3}$를 생산할 때, Untel의 최적 반응 함수는 $q_u^* = \frac{5}{3}$만큼 생산하는 것이다. 총 시장 생산량은 $Q^* = \frac{10}{3}$이며, 따라서 시장을 청산하는 가격 $P^* = 120 - 20\left(\frac{10}{3}\right) = \$53.33$가 된다. 각 회사의 단가 대비 가격 마진은 33.33달러이므로 각 회사는 $55.55의 이익을 얻는다.

9.2 ▸ 실습문제

역수요함수가 $P = 100 - 2Q$로 주어지는 시장에 서비스를 제공하는 두 개의 동일한 기업이 있다고 가정한다. 각 기업의 한계비용은 단위당 $10이다. 각 기업의 쿠르노 균형 산출량, 제품 가격, 각 기업의 이윤을 계산해 보시오.

9.5 쿠르노 테마의 변형: 많은 회사와 다양한 비용

크르노의 모델은 기업 간의 상호작용을 다루는 데 있어 통찰력이 뛰어나고 접근 방식이 놀라울 정도로 현대적이다. 하지만 이것이 유일한 강점은 아니다. 앞서 언급했듯이 쿠르노의 분석은 경제적 직관과도 잘 어우러진다는 또 다른 장점이 있다. 위에서 설명한 간단한 쿠르노복점 모델에서 각 기업은 내쉬균형 산출량 $\frac{(A-c)}{3B}$를 생산한다. 이는 산업 총생산량이 $\frac{2(A-c)}{3B}$임을 의미한다. 이것은 분명히 독점 산출량인 $Q^M = \frac{(A-c)}{2B}$보다 크다. 그러나 또한 완전경쟁 생산량인 $Q^C = \frac{(A-c)}{B}$보다 작으며, 여기서 가격은 한계비용과 같다. 따라서, 쿠르노 모델에서 시장청산 가격 $P = \frac{(A+2c)}{3}$은 독점 가격인 $P^M = \frac{(A+c)}{2}$보다 작다. 하지만, 한계가격과 같은 경쟁가격인 c보다 높다. 즉 쿠르노의 복점 모델은 두 회사의 상호작용이 독점 하에서 발생하는 것보다 낮은 가격으로 더 많은 산업 생산량을 산출하지만 완벽한 경쟁 하에서 발생하는 결과보다 높은 가격으로 더 적은 생산량을 산출한다는 직관적으로 그럴듯한 결과를 가지고 있다.

기업의 수가 3개, 4개 또는 N개로 늘어날 때 앞서 설명한 결과가 쿠르노 모델에 일반화되는지 묻는 것은 당연하다. 즉, 세 번째 기업을 도입해도 산업이 여전히 경쟁적 이상에 가까워질 수 있는지, 그렇다면 네 번째 기업을 도입해도 더 가까워질 수 있을까? 쿠르노 모델은 기업이 많을 때 가격이 한계비용에 수렴한다는 개념과 일치할까?

이 질문에 대한 답은 우리가 사용했던 선형 수요 프레임워크에서 간단해진다. 이를 확인하기 위해 두 개가 아닌 동일한 재화를 생산하고 각각 동일하고 일정한 한계비용을 가진 N개의 동일한 기업이 있다고 가정한다. 산업 수요는 다시 $P = A - BQ$로 주어지며, 여기서 Q는 총생산량이다. 하지만 우리는 이제 $Q = q_1 + q_2 + \dots + q_N = \sum_{i=1}^{N} q_i$를 가지고 있으며, $P = A - B\sum_{i=1}^{N} q_i$로 표현될 수 있다. 여기서 q_i는 i번째 기업의 생산물이다. 다시 말해, 기업 1과 같은 단일 기업만을 대상으로 하는 수요곡선은 다음과 같이 쓸 수 있다: $P = (A - Bq_2 - Bq_3 - \dots - Bq_N) - Bq_1$. 괄호 안의 표현은 기업 1의 경우 이 합계는 통제할 수 없으며 단지 기업 1의 수요곡선에서 절편으로만 나타난다는 사실을 반영한다. Q_{-1} 표현은 기업 1의 생산량을 *제외한* 모든 산업 생산량의 합계를 나타내는 약식 표기법이다. 이 표기법을 사용하면 기업 1의 수요곡선을 다음과 같이 더 간단하게 작성할 수 있다: $P = A - BQ_{-1} - Bq_1$. 분명히 기업 1의 수익은 통제할 수 없는 Q_{-1}에 달려있으며, 자유롭게 선택할 수 있는 자체 생산 수준인 q_1에 따라 달라진다. 일정한 단가인 c가 주어지면 기업 1의 이윤 Π^1은 다음과 같이 표현될 수 있다: $\Pi^1(Q_{-1}, q_1) = (A - BQ_{-1} - Bq_1)q_1 - cq_1$. 차례로, 두 배로 가파른 규칙은 기업 1의 한계수익이 $A - BQ_{-1} - 2Bq_1$로 주어짐을 의미한다. 따라서 이윤극대화에 필요한 조건 $MR = MC$는 다음을 의미한다:

$$(A - BQ_{-1}) - 2Bq_1^* = c \tag{9.8}$$

이 방정식을 풀면 기업 1에 대한 *최적의 응답* 함수를 구할 수 있다:

$$q_1^* = \frac{(A-c)}{2B} - \frac{Q_{-1}}{2} \tag{9.9}$$

모든 기업이 동일하기 때문에 동일한 논리를 확장하여 모든 기업에 대한 최적의 반응 함수를 도출할 수 있다. 동일한 약식 표기법 Q_{-1}을 사용하면 기업 i의 생산량을 제외한 전체 산업 생산량을 표현할 수 있으며, 모든 기업 i에 대한 최적 반응 함수는 다음과 같다.

$$q_i^* = \frac{(A-c)}{2B} - \frac{Q_{-i}}{2} \tag{9.10}$$

내쉬균형에서, 각 기업 i는 다른 $N-1$ 기업이 선택할 산출량에 대한 올바른 예측을 반영하는 최선의 반응인 q_i^*을 선택한다. 생산량 q_i^*을 제외한 모든 산출량의 합은 Q_{-i}^*로 표시한다. 또한, 총합의 각 요소가 *각 회사의 최적 산출량 반응결정*이다. 내쉬균형을 대수적으로 표현하면 다음과 같다:

$$q_i^* = \frac{(A-c)}{2B} - \frac{Q_{-i}^*}{2}; \quad \text{for } i = 1,2, \ldots N \tag{9.11}$$

그러나 N개의 기업이 동일하기 때문에 각 기업은 균형 상태에서 *동일하게* 생산할 것이다. $q_1^* = q_2^* = \ldots = q_N^*$ 혹은 줄여서 $q*$라고 한다. 따라서 모든 기업 i에 대해 $Q_{-i}^* = (N-1)q^*$로 정의할 수 있다. 이에 따라, 방정식 (9.11)을 다음과 같이 쓸 수 있다:

$$q^* = \frac{(A-c)}{2B} - \frac{(N-1)q^*}{2} \tag{9.12}$$

모든 위 방정식으로부터 쿠르노-내쉬균형에서 각 기업의 균형 산출량을 구할 수 있다:

$$q^* = \frac{(A-c)}{(N+1)B} \tag{9.13}$$

만약 모든 N 기업이 방정식 (9.13)대로 q^*를 생산한다면, 쿠르노-내쉬균형 산업 생산량인 $Q^* = Nq^*$와 쿠르노-내쉬균형 산업 가격인 $P^* = A - BQ^*$를 다음과 같이 쉽게 도출할 수 있다:

$$Q^* = \frac{N(A-c)}{(N+1)B}; \quad P^* = \frac{A}{(N+1)} + \frac{N}{(N+1)}c \tag{9.14}$$

(9.14)의 두 방정식을 주의 깊게 살펴보겠다. $\frac{(A-c)}{B}$이 경쟁산업의 산출물이기 때문에, 선형수요와 일정한 비용의 경우에, N-기업 쿠르노 모델의 산업 산출량은 경쟁 생산량의 $\left(\frac{N}{N+1}\right)$배이다. 때때로 $\left(\frac{N}{N+1}\right)$규칙이라고 불리는 이 규칙은 독점 산출량이 경쟁 산출량의 ½이라고 (정확하게) 예측한다. 여기서 복점시장으로 이동하게 되면, 이 법칙은 산업 산출량은 경쟁 산출량의 2/3로 증가함을 보여준다. 세 회사에서는 그 비율이 3/4으로 올라간다. 즉, 앞의 결과가 일반화된다. 쿠르노 시장 산출량은 기업 N의 수가 증가함에 따라 경쟁 산출량에 점차 가까워진다. 마찬가지로 가격 방정식 (9.14)를 자세히 살펴보면, 균형 쿠르노 가격은 N이 증가함에 따라 경쟁균형가격 $P = c$에 점진적으로 가까워진다는 것을 알 수 있다.

요컨대, 쿠르노 모형은 시장에 동일한 기업의 수가 증가함에 따라 산업 균형이 완전경쟁 하에서 나타나는 균형에 점점 더 가까워진다는 것을 의미한다. 즉, 이 대칭적 사례에서 쿠르노 모형은 시장 집중도가 낮아질수록 시장결과가 개선될 것으로 예측한다는 매력적인 특징을 가지고 있다.

시장에서 경쟁하는 기업들이 동일하지 않다면 어떻게 될까? 특히, 각 기업의 한계비용이 서로 다르다면 어떻게 될까? 먼저 두 기업이 있는 경우를 가정하여 이 문제를 다루겠다. 기업 1의 한계비용이 c_1이고 기업 2의 한계비용이 c_2라고 가정한다. 복점 모델에서와 동일한 접근 방식을 사용하여 기업 1의 수요함수부터 시작하여 다음과 같이 작성할 수 있다:

$$P = (A - Bq_2) - Bq_1$$

관련 한계수익 함수는 $MR_1 = (A - Bq_2) - 2Bq_1$이다.

이전과 마찬가지로 기업 1은 한계수익과 한계비용을 동일시하여 이익을 극대화한다. 따라서 $MR_1 = c_1$를 설정하고 q_1를 풀면 회사 1에 대한 최적 반응 함수는 다음과 같다:

$$q_1^* = \frac{(A - c_1)}{2B} - \frac{q_2}{2} \tag{9.15a}$$

정확히 대칭적으로, 회사 2에 대한 최적 반응 함수는 다음과 같다:

$$q_2^* = \frac{(A - c_2)}{2B} - \frac{q_1}{2} \tag{9.15b}$$

쿠르노 모델에 대한 초기 분석과 유일한 차이점은 이제 각 기업의 최적 반응 함수에 고유한 한계비용이 반영된다는 점이다.

기업이 동일할 때 가려지는 이러한 최적 반응 함수의 중요한 특징은 각 기업의 최적 반응 함수의 *위치*가 한계비용의 영향을 받는다는 것이다. 예를 들어, 기업 2의 한계비용이 c_2에서 c_2'로 증가하면 최적 응답 곡선은 안쪽으로 이동한다.

그림 9.3은 이 점을 보여준다. 그림 9.2에서와 같이 각 기업의 비용이 동일하다고 가정하면 각 기업에 대한 최적의 응답 함수를 보여준다. 그런 다음 기업 2의 단가가 상승할 때 어떤 일이 발생하는지 보여준다. 방정식 (9.15b)에서 알 수 있듯이, 이러한 비용 증가는 주어진 q_1 수준에 대한 기업 2의 최적 산출 응답을 *낮춘다*. 즉, 기업 2의 최적 응답 곡선을 안쪽으로 이동시킨다. 기업 2의 최적 반응 함수의 이러한 변화는 두 기업이 선택할 균형 산출량에 영향을 미친다. 다

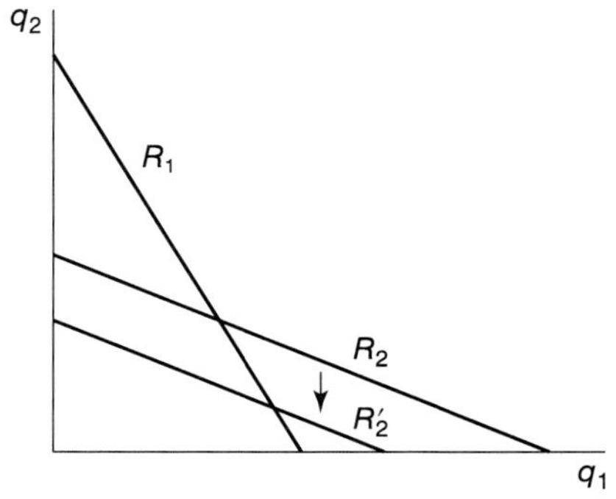

그림 9.3 기업 간 비용이 다른 쿠르노복점 모델

기업 2의 단가가 상승하면 기업 2 최적 응답 함수가 R_2에서 R_2'로 하향 조정된다. 새로운 평형을 이루면 기업 1은 이전보다 더 많이 생산하고 기업 2는 더 적게 생산한다.

이어그램에서 볼 수 있듯이, 기업 2의 한계비용 상승은 한계비용은 기업 1이 초기 균형에서보다 더 많이 생산하고 기업 2는 더 적게 생산하는 새로운 균형으로 이어진다. 이는 직관적으로 이해가 된다. 우리는 일반적으로 저비용기업이 고비용기업보다 더 많이 생산할 것으로 예상해야 한다. 그러나 이러한 변화는 상쇄되지 않는다. 기업 2의 생산량이 기업 1의 생산량보다 더 많이 감소하여 새로운 균형은 원래 균형보다 총생산량이 적은 것이 특징이다. (이유를 추정해볼 수 있을까?)

쿠르노-내쉬 방정식은 이전과 마찬가지로 q_1^*를 해결하기 위해 q_2^*에 대한 식을 기업 1의 최적 반응으로 대체한다. 다음, 우리는 이 값을 사용하여 q_2^*를 구할 수 있다. 즉 우리는 아래의 식을 가질 수 있다.

$$q_1^* = \frac{(A - c_1)}{2B} - \frac{1}{2}\left(\frac{(A - c_2)}{2B} - \frac{q_1^*}{2}\right)$$

여기서 q_1이 균형을 가질 수 있도록 아래와 같은 식을 구할 수 있다.

$$q_1^* = \frac{(A + c_2 - 2c_1)}{3B} \tag{9.16a}$$

정확히 대칭으로 인해, 기업 2의 균형 산출량은 아래와 같다.

$$q_2^* = \frac{(A + c_1 - 2c_2)}{3B} \tag{9.16b}$$

이 두 기업의 상대적 생산량은 한계비용의 상대적 크기에 의해 결정된다는 것을 쉽게 확인할 수 있다. 한계비용이 더 낮은 기업이 더 높은 생산량을 갖게 돈다.

토스터 오븐용 컴퓨터 칩을 생산하는 두 회사인 Untel과 Cyrox의 예로 돌아가서 이 이야기를 조금 바꿔 보겠다. 여전히 Untel의 칩이 Cyrox의 칩을 완벽하게 대체할 수 있고 그 반대의 경우도 마찬가지라고 가정하지만, 더 이상 두 칩의 비용이 동일하다고 가정하지 않는다. 대신, 이제 Untel은 생산 단가가 20인 저비용기업이고 Cyrox는 생산 단가가 40인 고비용기업이라고 가정한다. 칩에 대한 시장수요는 여전히 $P = 120 - 20Q$이며 여기서 Q는 구입된 팁의 총 수량이다. 이제 Untel과 Cyrox가 독립적으로 생산할 수량을 선택하면 어떻게 될까? Untel은 어떤 수량의 생산물을 생산할까? Cyrox는 어떤 수량의 생산물을 생산할까?

다시 한번 우리는 Untel의 경영진이 되어 Untel의 관점에서 문제를 살펴보자. Untel이 직면한 수요곡선은 여전히 $P = 120 - 20q_c - 20q_u$이며, 여기서 q_c는 Cyrox의 생산량이고 q_u는 Untel의 생산량이다. Untel의 한계수익은 다시 $MR_u = 120 - 20q_c - 40q_u$이다. 여기서 수익을 극대화하기 위해 Untel은 그 수량에서 한계수익이 한계비용과 같도록 산출량 q_u^*을 판매해야 한다. 즉 $120 - 20q_c - 40q_u^* = 20$이며, 수익극대화를 위한 조건은 다음과 같다:

$$q_u^* = \frac{5}{2} - \frac{1}{2}q_c \tag{9.17}$$

Untel의 이윤을 극대화하는 생산량 선택은 여전히 더 높은 비용의 경쟁사인 Cyrox가 생산하기로 선택한 생산량에 따라 달라진다. 마찬가지로 중요한 것은, 방정식 (9.16)과 (9.6)을 비교하면 Untel의 최적 반응 함수가 Cyrox의 한계비용 증가에 영향을 받지 않는다는 것을 알 수 있다. Cyrox는 어떨까? 같은 논리로, Cryox가 직면한 수요곡선은 $P = 120 - 20q_u - 20q_c$이고 한계수익 곡선은 $MR_c = 120 - 20q_u - 40q_c$이다. 이를 한계비용 40과 동일시하고 q_c를 풀면 Cyrox의 최적 반응 함수 $q_c^* = \frac{120-40}{40} - \frac{20}{40}q_u$ 혹은 $q_c^* = 2 - \frac{1}{2}q_u$ 같이 계산된다. 우리가 예상하듯이, Cryox의 최적 반응 함수는 가정된 한계비용 증가만큼 아래로 이동한다.

Untel은 고비용 Cyrox도 이윤을 극대화한다는 것을 알고 있으므로 Cyrox가 이윤을 극대화하는 q_c^*를 생산하기를 원할 것으로 예상한다. 또한 이전과 마찬가지로, Untel은 Cyrox가 Untel이 수익극대화하며, Cyrox가 Untel이 q_u^*의 이윤극대화 수준을 선택할 것으로 예상할 것이라는 것을 알고 있다. 이 모든 것은 Untel이 Cyrox가 $q_c^* = 2 - \frac{1}{2}q_u^*$를 선택할 것이라는 것을 예측한다는 것을 의미한다. 이 새로운 예측을 Untel의 최적 반응 함수에 대입하면 Untel은 $q_u^* = \frac{5}{2} - \frac{1}{2}q_c^* = \frac{5}{2} - \frac{1}{2}\left(2 - \frac{1}{2}q_u^*\right) \Rightarrow q_u^* = 2$을 생산한다.

이제 우리는 Cyrox의 관리팀에 들어가 연습을 반복한다. 추적을 자르기 위해, 우리는 Cyrox의 최적 반응 함수가 $q_c^* = 2 - \frac{1}{2}q_u$을 알고 있다. 게다가 Cyrox는 Cyrox가 최적 반응을 생산할 것이라는 예측을 바탕으로 Untel이 최적 반응을 보일 것이라고 예측한다. 즉, Cyrox는 Untel이 $q_u^* = \frac{5}{2} - \frac{1}{2}q_c^*$를 생산할 것을 예측한다. 이러한 예측을 Cyrox의 최적 반응 함수에 대체하면 다음을 얻는다. $q_c^* = 2 - \frac{1}{2}q_u^* = 2 - \frac{1}{2}\left(\frac{5}{2} - \frac{1}{2}q_c^*\right) \Rightarrow q_c^* = 1$. 다시 한번 주목할 것은 Untel이 2를 생산할 때, Cyrox의 최적 반응은 $q_c^* = 1$을 생산하는 것이며, 마찬가지로 Cyrox가 1을 생산할 때, Untel의 최적 반응은 $q_u^* = 1$를 생산하는 것이다.

위의 분석은 두 회사에 국한된 것이지만 여전히 중요한 인사이트를 얻을 수 있다. 첫째, 고비용기업에 단점이 있다. 이는 시장점유율이 낮고 수익이 적다는 것을 의미한다. 둘째, 단점이 있는 것은 사실이지만 치명적이지는 않다. 고비용기업이 도산하는 것은 아니며, 단지 경쟁사보다 덜 성공할 뿐이다. 마지막으로, 비용이 기업마다 다를 경우, 균형 쿠르노 산출량 Q^*은 너무 낮을 뿐만 아니라(즉, 경쟁 수준보다 낮을 뿐만 아니라) 비효율적으로 생산된다. 우리가 4장을 통해 알다시피, 2개 혹은 그 이상 회사 간의 효율적인 생산은 최종 구성에서 각 기업의 한계비용이 동일하도록 생산량을 할당하는 것이다. 예를 들어, 산업이 이윤을 극대화하는 단일 독점기업으로 구성된 경우의 결과일 것이다. 이 결과는 완전경쟁 하에서도 얻을 수 있다. 그러나 쿠르노-내쉬균형의 비협조적 특징은 기업의 한계비용이 균등하지 않다는 것을 의미한다.[11] 따라서 비용이 다를 때 균형 상태에서의 생산량 배분은 효율적이지 않다.

9.3 ▸ 실습문제

Untel이 저비용 생산자이고 Cyrox가 고비용 생산자인 위의 경우 총생산량, 시장가격, Untel의 이윤, Cyrox의 이윤은 얼마인가? 두 회사가 동일하고 단가가 20으로 일정할 때 여러분이 구한 답과 비교하시오.

11 이 예에서는 기업마다 한계비용이 일정하지만 서로 다르다고 가정했다. 기업 i의 한계비용인 c_i가 산출량인 q_i의 일반 함수로 표현되는 보다 일반적인 표현에서도 동일한 인사이트를 쉽게 얻을 수 있다: $c_i = c_i(q_i)$.

9.6 쿠르노 모델의 집중도 및 수익성

이제 여러 기업의 사례를 동일하지 *않은* 비용의 가정과 함께 결합해 보겠다. 즉, 기업 i의 한계비용이 c_i가 되도록 각각 고유한 (상수) 한계비용을 가진 N개의 기업이 있는 쿠르노 모형을 분석해 보겠다. 각 기업 i의 이윤극대화를 위한 일차 조건인 방정식 (9.8)을 사용하여 이 방정식에서 c를 c_i로 대체할 수 있다. 그러면 다음과 같은 결과가 나온다:

$$A - BQ_{-i} - 2Bq_i^* - c_i = 0 \tag{9.18}$$

여기서 Q_{-i}는 다시 i번째 기업을 제외한 모든 기업이 차지하는 산업 생산의 약어이다.

내쉬균형에서 *각 기업 i에 대한* 균형 산출량 q_i^*은 1차 이윤극대화 조건을 만족해야 한다. 따라서 내쉬균형에서 Q_{-i}라는 용어는 "i가 아닌" 각 기업에 대한 *최적* 산출량 q_j^*의 합이어야 한다. 이 균형합을 Q^*_{-i}로 정의하면 다음과 같이 다시 식 (9.18)을 쓸 수 있다.

$$A - BQ^*_{-i} - 2Bq_i^* - c_i = 0 \tag{9.19}$$

정의에 따르면, 총 균형 산출량인 Q^*은 Q^*_{-i}과 q_i^*의 합과 같다. 따라서 (9.19)는 다음과 같이 의미한다.

$$A - B(Q^* - q_i^*) - 2Bq_i^* - c_i = 0$$

위 식을 다음과 같이 다시 쓸 수 있다.

$$A - BQ^* - c_i = Bq_i^* \tag{9.20}$$

또한 내쉬균형가격인 P^*는 내쉬균형 산출량을 산업 수요곡선 산출량인 $P^* = A - BQ^*$에 대입하면 구할 수 있다. 이를 방정식 (9.20)에 대입하면 다음과 같다:

$$P^* - c_i = Bq_i^* \tag{9.21}$$

식 (9.21)을 P^*로 나누고 오른변에 $\frac{Q^*}{Q^*}$를 곱하면 우리는 아래의 식을 얻는다.

$$\frac{P^* - c_i}{P^*} = \frac{BQ^*}{P^*}s_i^* \tag{9.22}$$

여기서 $s_i^* = \frac{q_i^*}{Q^*}$는 균형 상황에서 i번째 기업의 시장점유율을 말한다.

방정식 (9.22)를 단계별로 살펴보자. 왼쪽 항은 시장가격에 대한 비율로서 가격과 기업 i의 한계비용의 차이이다. 이것이 바로 3장에서 살펴본 *러너 독점력 지수*이다. 이 개념은 기업 i의 시장지배력이 클수록 가격을 한계비용 이상으로 유지할 수 있는 능력이 크다는 것을 의미한다.

(9.22)의 오른쪽에는 두 개의 항이 있다. 첫 번째 항은 산업 수요곡선의 기울기에 산업 생산량과 가격의 비율을 곱한 값이다. 하지만 기울기는 $B = -\Delta P/\Delta Q$에 불과하여 $\frac{BQ^*}{P^*} = -\frac{\Delta P}{\Delta Q}\cdot\frac{Q^*}{P^*}$을 얻는다. 수요의 가격탄력성 정의를 떠올려 보자: $\eta = -\frac{\Delta Q}{\Delta P}\cdot\frac{P}{Q}$. 따라서 방정식 (9.22)의 오른쪽에 있는 첫 번째 항은 수요의 가격탄력성의 역수이다. 두 번째 항은 i번째 기업의 시장점유율, 즉 전체 산업 생산량 대비 해당 기업의 생산량이다. 따라서 방정식

(9.22)는 다음과 같이 다시 쓸 수 있다:

$$\frac{P^* - c_i}{P^*} = \frac{s_i^*}{\eta} \tag{9.23}$$

여기서 η은 산업 수요의 가격탄력성이다.

식 (9.23)은 이제 다양한 비용을 가진 많은 기업을 고려할 수 있도록 확장된 쿠르노 모델의 추가적인 함의를 담고 있다. 이 방정식의 의미는 다음과 같다: 수요가 상대적으로 비탄력적이고 시장점유율이 상대적으로 큰 산업에서 생산하는 기업은 러너지수 또는 기업의 가격 한계비용 왜곡으로 추정될 때, 상당한 수준의 시장지배력을 가진 기업이 될 것이다.

방정식 (9.23)에 설명된 관계는 기업 수준에서의 시장지배력에 대해 알려준다. 3장에서는 러너지수로 측정한 시장지배력을 *산업*구조와 연결하는 산업조직의 구조-행위-성과(SCP) 패러다임에 대해 논의했다. 남은 과제는 기업 수준에서 식 (9.23)의 관계를 전체 산업 수준으로 확장할 수 있는지 여부이다.

방법을 알아보려면 먼저 방정식 (9.23)의 각 변에 해당 기업의 시장점유율인 s_i^*를 곱한 다음, 기업 1에 대한 수정된 방정식과 기업 2에 대한 수정된 방정식, 기업 3에 대한 수정된 방정식을 차례로 더하여 수정된 방정식 N개 모두 합산해 보자. 이 방정식 N의 총합의 왼쪽은 다음과 같다:

$$\sum_{i=1}^{N} s_i^* \left(\frac{P^* - c_i}{P^*}\right) = \frac{\left(\sum_{i=1}^{N} s_i^* P^* - \sum_{i=1}^{N} s_i^* c_i\right)}{P^*} = \frac{P^* - \overline{c}}{P^*}$$

여기서 $\overline{c}$는 가중 평균 생산 단가이며, 가중치는 업계 내 기업의 시장점유율이다. 합산된 N 방정식의 오른쪽은 다음과 같다:

현실 체크포인트

쿠르노 이론과 공공정책: 1982년 합병 가이드라인

1장의 반독점정책 검토에서 1982년에 발생한 합병 처리와 관련된 정책의 극적인 변화에 주목했다. 그 해에 법무부는 *수평적 합병 가이드라인*의 새 버전을 발표했다. 이 버전은 1968년에 발표된 기존 가이드라인을 대체했다. 첫 번째 가이드라인과 마찬가지로 1982년 문서에는 정부가 수평적 합병에 이의를 제기할 수 있는 조건이 명시되어 있었다. 그러나 이전 지침과 달리 새 지침은 허핀달지수를 명시적으로 기반했다. 구체적으로, 산업 허핀달지수가 1,000 미만인 경우 합병을 불허한다고 명시했다. 또한 허핀달지수가 1,000 이상 1,800 미만인 경우에도 합병에 이의를 제기하지 않기로 했으며, 만약 합병이 허핀달지수를 100점 이상 상승시키지 않은 경우 합병에 이의를 제기하지 않기로 했다. 허핀달지수가 1,800점을 초과하며, 지수를 50점 이상 상승시키는 합병은 우려를 불러일으키고 이의를 제기할 가능성이 높다.

이러한 가이드라인과 최근 수정된 내용에 대해서는 다음 장에서 다시 설명하겠다. 현재로서는 허핀달지수를 명시적으로 사용하는 것은 본문에서 볼 수 있듯이 이 지수를 독점력의 가격-비용 마진 측정치와 직접 연결하는 쿠르노 모델을 따르는 것으로 볼 수 있다는 점에 주목해야 한다.

출처: 법무부, *수평적 합병 가이드라인*(1982, 1984).

$$\frac{\sum_{i=1}^{N}(s_i^*)^2}{\eta} = \frac{HI}{\eta}$$

여기서 HI는 4장에서 집중도의 척도로 정의한 허핀달지수이다(여기서는 분수 점유율을 사용하여 표현한다. 예를 들어 10%의 점유율은 $s_i = 0.10$으로 기록된다). 따라서 산업 수준에서 집계된 방정식 (9.23)은 다음과 같다:

$$\frac{(P^* - \bar{c})}{P^*} = \frac{HI}{\eta} \tag{9.24}$$

따라서 일반화된 쿠르노 모델은 집중도(여기서는 업계의 허핀달지수로 측정)가 증가함에 따라 가격도 한계비용 이상으로 점점 더 상승한다는 견해를 이론적으로 뒷받침한다.

식 (9.24)의 관계의 변형은 Marion 등(1979)에서 식료품에 대해 테스트되었다. 이들은 94개 식료품 바구니에 대한 가격 데이터와 32개 미국 표준 대도시 통계 지역에서 활동하는 36개 기업의 시장점유율 데이터를 수집한 결과, 허핀달지수가 높은 시장에서 가격이 훨씬 더 높다는 것을 발견했다. 마찬가지로 Marvel(1989)은 미국 22개 도시에서 허핀달지수로 측정한 휘발유 소매시장의 집중도가 휘발유 평균가격에 상당한 영향을 미친다는 사실을 발견했다.

9.7 실증적 적용: 항공사의 독과점 경쟁에서 쿠르노 경쟁

위의 예는 쿠르노 모형의 함의 중 적어도 일부가 실제 데이터와 일치한다는 것을 시사한다. 그러나 이러한 결과는 이 장에서 제시한 쿠르노 모형의 정확한 가정과 중요한 측면에서 다른 모형과도 양립할 수 있다. 그러한 차이점 중 하나는 경쟁업체가 자신의 산출량 선택에 어떻게 반응할지에 대한 쿠르노 기업의 이해와 관련이 있다.

선형 수요곡선이 있는 기본 복점 모델을 다시 생각해 보겠다: $P = A - BQ$. 이전과 마찬가지로 각 기업의 한계비용이 일정하다고 가정한다. 위에서 설명한 것처럼 각 기업이 인식하는 산업 수요는 $P = A - Bq_1 - Bq_2$로 설명된다. 기업 1을 생각해 보자. 쿠르노 모델 가설은 생산량 변화의 영향을 계산할 때, 즉 한계수익을 계산할 때 기업 1은 기업 2의 생산량이 변하지 않는다고 가정하는 것이다. 따라서 방정식 (9.3)에서와 같이 기업 1의 이윤극대화 생산량은 $\text{MR}_1 = A - Bq_2 - 2Bq_1 = c$를 만족한다. 그러나 이 방정식을 약간 다르게 작성하여 쿠르노 모형의 핵심을 살펴보고자 한다. $A - Bq_1 - Bq_2 = P$라는 점을 인식하면 기업 1의 이윤극대화 조건을 다음과 같이 다시 쓸 수 있다:

$$P - q_1 B = c \tag{9.25}$$

$B = -\left(\frac{\Delta P}{\Delta Q}\right)$은 물론 단순히 산업 생산량의 변화가 산업가격에 미치는 (음)의 영향을 특징짓는 기울기 항이다. 그 존재는 기업 1이 자체 생산량에서 약간의 한계 증가 Δq_1를 할 때 q_2는 변하지 않는다는 쿠르노 가정이 $\Delta Q = \Delta q_1$을 의미하므로, 결과적으로 가격하락은 B임을 반영한다. 이를 기업 1의 현재 생산량에 곱하면 q_1의 추가 증가에 따른 단점을 포착할 수 있다. 마찬가지로, 쿠르노 모델은 기업 2도 생산량 q_2의 작은 변화에 대해 아무런 반응을 기대하지 않는다고

가정하여 $\Delta Q = \Delta q_2$로 인식한다고 가정한다.

그러나 각 기업이 아무런 반응을 보이지 않는 대신 초기 기업이 자신의 생산량을 변경하면 경쟁기업이 생산량을 조정할 것으로 예상할 수도 있다. 즉, 기업 1은 $\Delta q_2 = v\Delta q_1$라고 믿어 기업 1이 생산량을 변경할 때 산업 생산량의 총 변화는 이제 $\Delta Q = (1 + v)\ \Delta q_1$가 된다고 생각할 수 있다. 마찬가지로 기업 2는 $\Delta Q = (1 + v)\ \Delta q_2$라고 생각할 수 있다. 결과적으로, 기업 1의 생산량에서 마진이 조금만 증가해도 가격의 움직임은 $B(1 + v)$가 된다. 따라서 이제 방정식 (9.25)의 이윤극대화 일차 조건은 다음과 같다:

$$P - q_1B(1 + v) = c \tag{9.26a}$$

대칭적으로, 기업 2의 이익 극대화 조건은 다음과 같다.

$$P - q_2B(1 + v) = c \tag{9.26b}$$

매개변수 v는 기업의 선택이 유도할 산출량 반응에 대한 기업의 추측을 반영하기 때문에, 종종 추측변동 매개변수 ***conjectural variations parameter*** 라고도 불린다. 약간의 직관력을 발휘하면 방정식 (9.26a)와 (9.26b)를 사용하여 v가 취할 수 있는 값에 어느 정도 한계를 설정할 수 있다. 이와 관련하여 $v = -1$인 경우 두 방정식은 $P = c$를 의미한다. 즉, $v = -1$은 가격이 한계비용으로 유도되는 완전경쟁 행동에 해당한다. $v = 1$일 경우의 함의를 확인하려면 독점 가격이 $P^M = \dfrac{A+c}{2}$이 되도록 하는 독점 생산량이 $Q^M = \dfrac{A-c}{2B}$이라는 점을 상기해야 한다. 각 기업은 기업들이 카르텔처럼 행동할 때처럼 독점 생산량의 절반을 생산한다는 것을 가정한다. 따라서, $q_1 = q_2 = \dfrac{A-c}{4B}$이 된다. 다음 우리의 조정된 방정식은 각각 $P = \dfrac{A+c}{2}$을 산출하는데 이것은 독점 가격이다. 따라서 추정 변동 매개변수는 완전경쟁 행동을 반영하는 하한값 $v = -1$과 카르텔 또는 독점 행동을 반영하는 상한값 $v = +1$ 사이에 위치해야 한다. 중간값인 $v = 0$은 쿠르노 행동을 반영한다.

이제 두 기업의 한계비용 c_i이 서로 다르고, 따라서 시장점유율이 서로 다르다고 가정해 보겠다. 그런 다음 기업 i의 생산량 $q_i = s_iQ$를 인식하면 방정식 (9.25a)와 (9.25b)를 다음과 같이 일반화할 수 있다:

$$P - s_iQB(1 + v_i) = c_i;\ i = 1,2 \tag{9.27}$$

v_i를 풀고 η이 수요탄력성(양수로 표현)인 $\dfrac{1}{BQ} = \dfrac{\eta}{P}$을 되게 하는 $B = -\left(\dfrac{\Delta P}{\Delta Q}\right)$를 인식하면, 식 (9.27)은 아래와 같이 쓰일 수 있다.

$$v_i = \left(\frac{P - c_i}{P}\right)\frac{\eta}{s_i} - 1 \tag{9.28}$$

Brander와 Zhang(1990)은 1980년대 시카고에서 출발하는 33개의 항공사 노선 중 아메리칸 항공과 유나이티드 항공이라는 두 항공사만 운항하는 노선의 데이터를 사용한다. 이들의 기준 사례는 $\eta = 1.6$(다른 연구에 근거)이라는 가정된 탄력성과 각 기업의 운영 비용에서 도출된 한계비용 추정치(탄력성 0.5로 비행 시간에 따라 달라지는 한계비용에 대한 허용치 포함)를 사용한다. 각 시장의 각 기업에 대해 계산된 v_i는 표 9.4에 나와 있다.

표 9.4 시카고와 짝을 이루는 33개 도시 시장에서 아메리칸 항공사와 유나이티드 항공사에 대한 추정된 추정 변동 매개변수

짝 도시	아메리칸 항공사 추정치	유나이티드 항공사 추정치
Grand Rapids	0.82	1.02
Indianapolis	−0.11	1.95
Columbus	1.46	0.41
Des Moines	1.50	0.34
Omaha	1.74	0.02
Buffalo	0.39	0.35
Rochester	0.39	0.81
Tulsa	0.00	1.08
Wichita	0.25	0.90
Syracuse	0.19	0.59
Baltimore	0.62	0.16
Oklahoma	0.17	0.82
Albany	−0.10	0.82
New York	0.20	0.48
Charleston	−0.50	−0.62
Hartford	0.79	0.01
Dallas	−0.39	1.33
Providence	−0.14	0.28
Austin	−0.72	−1.43
San Antonio	−0.13	−0.20
Albuquerque	−0.78	−0.31
Phoenix	−0.08	−0.70
Tucson	−0.79	−0.17
Las Vegas	−0.75	−1.15
Reno	−0.80	−0.77
Ontario, CA	−0.28	−0.49
San Diego	−0.28	−0.58
Seattle	−0.11	−0.32
Los Angeles	−0.16	0.02
Portland	−0.84	−0.35
Sacramento	−0.08	−0.31
San Jose	0.33	0.04
San Francisco	0.26	−0.20
Mean	**0.06**	**0.23**
Overall Mean	**0.09**	

이러한 측정값을 대략적으로 계산해 보면 상당한 노이즈가 포함된다는 것을 알 수 있다. 그럼에도 불구하고 66개의 추정된 v_i의 모수 중 압도적인 다수인 57개가 이론적 상한과 하한인 1과 −1 범위 내에 있다. 더 중요한 것은 추정된 평균은 기업과 전체 표본에 매우 가깝다. 고전적인 통계 테스트는 v가 1 또는 −1이라는 귀무가설을 거부하지만, $v = 0$이라는 쿠르노 가설은 거부하지 않는다. 따라서 이 대략적인 연습은 실제 행동에 대한 유용한 설명으로서 쿠르노 모델을 상당히 강력하게 지지한다.

요약

상대적으로 적은 수의 기업이 존재하는 산업에서 전략적 상호작용은 삶의 일부이다. 각 기업은 자신의 결정이 경쟁사에 상당한 영향을 미친다는 사실을 잘 알고 있다. 각 기업은 행동 방침을 결정할 때 경쟁사의 예상되는 반응을 고려하고자 할 것이다. 따라서, 기업의 예상이나 기대는 합리적이라고 믿는 것이 합리적이다.

게임이론은 합리적인 전략적 상호작용을 연구하는 현대의 공식적인 기법이다. 게임에서 각 플레이어는 선택할 수 있는 일련의 전략을 가지고 있다. 전략 조합은 각 플레이어가 선택할 수 있는 전략의 집합을 말한다. 이러한 각 전략 조합은 각 플레이어의 특정 보상 또는 최종 결과를 의미한다. 내쉬균형은 다른 모든 플레이어가 선택한 전략이 *주어졌을 때* 각 플레이어가 자신의 보상을 극대화하는 전략 조합이다. 내쉬균형에서 어떤 플레이어도 일방적으로 행동을 바꿀 인센티브가 없다.

이 장에서는 잘 알려진 쿠르노 경쟁 모델을 소개했다. 이 모델은 과점의 정적 또는 죄수 시장 기간 모델이다. 이 모델은 공식적인 게임이론이 개발되기 전에 개발되었지만, 쿠르노가 제안한 결과는 기본적인 게임이론의 원리, 특히 내쉬균형 허를 잘 포착하고 있다.

쿠르노 모델은 기업이 상호의존성을 인식하고 이해하는 것이 얼마나 중요한지를 명확히 보여준다. 또한 이 모델은 허핀달지수에서 알 수 있듯이 경쟁 가격과의 격차가 산업구조와 직접적으로 연관될 수 있다는 직관적인 함의를 담고 있다. 쿠르노 모델만이 불완전한 경쟁의 유일한 게임이론 모델은 아니지만, 그 예측 중 다수는 실증적 증거를 통해 입증되었다.

하지만 4장에서 지적했듯이 시장구조는 내생적이라는 점을 기억하는 것이 중요하다. 기존기업이 기대 이상의 수익을 창출하는 전략은 신규 기업의 진입을 유도할 수 있다. 동시에 기존기업은 이러한 진입을 억제하는 조치를 취할 수 있다. 우리는 이러한 문제를 검토할 수 있는 방식으로 분석을 확장할 필요가 있다.

또한 이 장에서 연구한 쿠르노 모델에서는 기업이 한 번만 상호작용하는 것으로 가정한다. 물론 실제로는 기업들이 전략적 상호작용을 반복적으로 수행한다. 이러한 환경에서는 학습, 평판 구축, 신뢰성과 같은 문제가 상당히 중요해질 수 있다. 11~13장에서는 시간에 따른 전략적 상호작용의 특성이 시장구조에 어떤 영향을 미치는지 살펴본다.

연습 문제

1. 해리슨과 타일러는 봄 학기가 끝나고 여름이 시작되기 전 시험 마지막 날 우연히 만난 두 학생이다. 다행히도 그들은 서로를 매우 좋아했다. 불행히도 그들은 주소를 교환하는 것을 잊었다. 다행히도 두 사람은 그날 밤 캠퍼스 파티에 참석한다는 이야기를 나눈 것을 기억하고 있었다. 불행히도 그런 파티가 두 개나 있었다. 한 파티는 규모가 작다. 이 파티에 참석하면 반드시 만날 수 있다. 다른 파티는 거대하다. 이 파티에 각각 참석하면 인파 때문에 만나지 못할 가능성이 있다. 물론 서로 다른 파티에 참석하면 만나지 못할 수도 있다. 파티 선택의 조합에 따른 각각의 보상은 아래에 표시되어 있으며, 타일러의 보상이 먼저 나열되어 있다.

		해리슨	
		소규모 파티에 감	**대규모 파티에 감**
타일러	소규모 파티에 감	(1,000, 1,000)	(0, 0)
	대규모 파티에 감	(0, 0)	(500, 500)

   a. 이 문제에 대한 내쉬 평형을 구하라.
   b. 이 "두 당사자" 시스템에 대한 파레토 최적 결과를 구하라.

2. 문제 1의 소규모 파티는 기존 캠퍼스 파티의 대안을 마련하려는 남녀 학생 20명으로 구성된 "아웃캐스트"가 주최한다고 가정해 보겠다. 이 파티에는 아웃캐스트 20명 전원이 참석할 것이다. 하지만 해리슨과 타일러와 달리 다른

많은 학생들은 특별한 사람이 아닌 일반인만 참석할 것으로 예상되는 파티에 참석한다. 결과적으로 소규모 파티의 총 참석자 A는 모든 사람이 참석할 것으로 *예상하는* 사람 X의 수에 따라 달라진다. A와 X의 관계를 다음과 같이 표현할 수 있다: $A = 20 + 0.6X$

a. 이 방정식을 설명하라. 절편이 20인 이유는 무엇일까? A와 X의 관계가 양수인 이유는 무엇인가?
b. 균형이 파티 참석자들의 기대치가 정확해야 한다는 조건이 성립한다면, 추방자 파티의 균형 참석률은 얼마인가?

3. 학부생과 10대 소년 모두에게 잘 알려진 게임은 "치킨"이다. 두 명의 플레이어가 각각 도로 중앙에서 반대 방향으로 차를 몰고 내려간다. 각 플레이어는 STAY 또는 SWERVE 중 하나를 선택한다. STAY를 선택하면 청소년들의 찬사를 받고 상대방이 SWERVE를 선택하면 큰 보상을 받는다. 방향을 바꾸면 체면을 잃고 상대 플레이어가 머물러 있으면 보상이 적다. 하지만 두 플레이어가 모두 STAY를 선택했을 때 두 플레이어가 각각 심하게 다치는 경우의 보상보다는 여전히 낫다. 이러한 결과는 아래에 설명되어 있으며, 플레이어 A의 보상이 먼저 나열되어 있다.

		플레이어 B	
		Stay	**Swerve**
플레이어 A	Stay	(−6, −6)	(2, −2)
	Swerve	(−2, 2)	(1, 1)

a. 이 게임에서 내쉬균형을 구하라.
b. 이 게임은 혼합 전략을 소개하기에 좋은 게임이다. 플레이어 A가 5분의 1의 확률로 STAY 전략을 채택하고 5분의 4의 확률로 SWERVE 전략을 채택할 경우, 플레이어 B는 STAY와 SWERVE 전략 중 어느 쪽에도 무관심할 것임을 보여라.
c. 두 플레이어가 이 확률 혼합을 사용할 경우, 두 플레이어가 모두 크게 다칠 확률은 얼마인가?

4. 당신은 소규모 '위젯' 생산 회사의 관리자이다. "위젯"을 생산하는 회사는 귀사를 포함하여 두 곳뿐이다. 게다가 여러분의 회사와 경쟁사도 동일하다. 두 회사는 동일한 재화를 생산하며 다음과 같은 총 비용함수에 의해 설명되는 동일한 생산비용에 직면한다: 총 비용 $= 1500 + 8q$. 여기서 q는 개별 기업의 생산량이다. 위젯을 대중에게 판매할 수 있는 시장 정리 가격은 당신과 경쟁사가 얼마나 많은 위젯을 생산하기로 선택했는지에 따라 달라진다. 한 시장 조사 회사에 따르면 위젯에 대한 시장수요는 다음과 같이 설명할 수 있다: $P = 200 - 2Q$. 여기서 $Q = q_1 + q_2$, 여기서 q_1은 당신의 생산량이고 q_2는 경쟁사 생산량이다. 이사회에서 회사의 이익을 *극대화*할 수 있는 생산량 수준을 선택하라는 지시를 받았다. 이익 극대화 목표를 달성하기 위해 회사가 생산해야 하는 위젯의 수는 몇 개인가? 또한 이사회에 전략을 제시하고 왜 이 정도의 위젯을 생산하는 것이 이윤을 극대화하는 전략인지 설명하라.

5. 당신은 여전히 소규모 위젯 제작 회사의 관리자이다. 하지만 이제 업계에는 귀사를 포함하여 14개의 회사가 있다. 각 회사는 동일한 제품을 생산하고 생산비용도 동일하다. 귀사와 다른 각 회사는 동일한 총 비용함수를 가지고 있다: 총 비용 $= 200 + 50q$. 여기서 q는 개별 회사의 생산량이다. 위젯을 판매할 수 있는 가격은 다음과 같이 추정된 시장수요에 따라 결정된다: $P = 290 - \frac{1}{3}Q$. 여기서 Q는 이 업계에서 생산되는 모든 개별 기업의 생산량을 합한 값이다. 예를 들어 업계에서 120개의 위젯이 생산되면 시장 정리 가격은 250이 되고, 300개의 위젯이 생산되면 시장 정리 가격은 190이 된다. 이사회에서 회사의 이익을 극대화하는 생산량 수준을 선택하라고 지시했다. 여러분은 이 회사의 수익 성과에 따라 직책과 급여가 달라지므로 수익을 극대화하려는 인센티브가 있다. 또한 이사회에 이익 극대화 전략을 제시하고 이 정도의 생산량이 회사의 이익을 극대화하는 이유를 설명할 수 있어야 한다.

6. 팩스 용지에 대한 역 시장수요는 $P = 400 - 2Q$로 주어졌다. 팩스 용지를 생산하는 두 회사가 있다. 각 회사의 생

산 단가는 40이며, 이들은 시장에서 수량 경쟁을 한다. 즉, 두 기업은 생산할 수 있는 수량을 선택할 수 있으며, 동시에 수량 선택을 한다.

a. 이 게임에 대한 쿠르노–내쉬균형의 도출 방법을 보여라. 균형 상태에서 기업의 이윤은 얼마인가?

b. 독점 생산량, 즉 산업 총 이윤을 최대화하는 생산량은 얼마인가? 독점 산출량의 절반을 생산하는 것이 내쉬균형 결과가 아닌 이유는 무엇인가?

7. 문제 6으로 돌아가서, 이제 기업 1이 비용 우위를 가지고 있다고 가정한다. 기업 1의 단가는 일정하고 25와 같지만 기업 2는 여전히 40의 단가를 가지고 있다. 이제 쿠르노의 결과는 어떻게 되는가? 각 기업의 이익은 얼마인가?

8. 쿠르노 모델을 사용하여 균형 산업구조를 도출할 수 있다. 이를 위해 어떤 기업도 해당 산업을 떠나거나 진입할 인센티브가 없는 구조를 균형 산업구조로 정의하겠다. 한 기업이 해당 산업을 떠나면 대체 경쟁시장에 진입하게 되며, 이 경우 해당 기업은 (경제적) 이윤이 0이 된다. 이미 n개의 기업이 있는 산업에 한 기업이 추가로 진입하는 경우, 신규 기업의 이윤은 $n + 1$개의 기업과의 쿠르노 균형에 의해 결정된다. 이 문제에서는 각 기업이 비용함수를 가지고 있다고 가정한다: $C(q) = 256 + 20q$. 또한 시장수요는 다음과 같이 설명된다고 가정한다: $P = 100 - Q$.

a. 이 산업에 속한 기업의 장기 균형 수를 구하라.

b. 장기 균형의 특징이 되는 산업 생산량, 가격, 기업이윤 수준은 무엇인가?

참고문헌

Abraham, C. 1999. "Measuring Duopoly Power in the British Electricity Spot Market," *American Economic Review* 89 (September), 804–26.

Brander, J., and A. Zhang. 1990. "Market Conduct in the Airline Industry: An Empirical Investigation," *Rand Journal of Economics* 4 (Winter): 567–83.

Cournot, A. 1835. *Researches into the Mathematical Principles of the Theory of Wealth*, Paris: Hachette. (English Translation by N.T. Bacon, 1897, New York: Macmillan.)

Friedman, J. 1977. *Oligopoly Theory*, Amsterdam: North Holland Press.

Green, R. J., and D. Newberry. 1992. "Competition in the British Electricity Spot Market," *Journal of Political Economy* 100 (October): 929–53.

Marion, B.W., W.F Mueller, R.W. Cotterill, F.E. Geithman, and J.R. Schmelzer. 1979. *The Food Retailing Industry Market Structure, Profits and Prices*, New York: Praeger.

Marvel, H. 1989. "Concentration and Price in Gasoline Retailing," in Leonard Weiss (ed.), *Concentration and Price*, Cambridge, MA: MIT Press.

Mas-Colell, A., M.D. Whinston, and J. Green, 1995. *Microeconomic Theory*, New York: Oxford University Press.

Rasmusen, E., 2007. *Games and Information, An Introduction to Game Theory*, 4th ed. Cambridge: Basil Blackwell.

Schelling, T. 1960. *The Strategy of Conflict*, Cambridge Mass.: Harvard University Press.

Tedlow, R. 1996. *New and Improved: The Story of Mass Marketing in America*. Boston: Harvard Business School Press, 2nd ed.

Wolfram, C. 1999. *Measuring Duopoly Power in the British Electricity Spot Market: American Economic Review*, 89 (September), 805–26.

제 10 장

과점적 가격 경쟁

Oligopolistic Price Competition

차례

10.1 ▸ 베르트랑복점 모델
10.2 ▸ 베르트랑 재검토
10.3 ▸ 공간적 배경의 베르트랑 모델
10.4 ▸ 전략적 보완 및 대체품
10.5 ▸ 실증적 적용: 브랜드 경쟁과 소비자선호도—캘리포니아 소매 휘발유시장에서의 증거
요약
연습 문제

2007년, Amazon은 399달러의 가격으로 최초의 *Kindle* 전자책 리더기를 출시했다. 이 제품은 빠른 성공을 거두었다. 그러나 Barnes & Noble이 곧 자체 *Nook* 전자책 리더를 출시할 것이라는 발표에 따라 2008년 가격을 259달러로 인하했다. 2009년 *Nook*이 출시되자 경쟁이 치열해졌고 Amazon은 가격을 199달러로 인하했다. 2010년 3월, Apple은 전자책 기능이 포함된 새로운 *iPad* 제품의 주문을 받기 시작했다. 이 글을 쓰고 있는 현재 *Kindle Touch*와 *Nook Simple Touch*는 모두 99달러에 판매되고 있으며, 뷰어와 게임 플랫폼의 기능을 겸비한 최신 최고급 *Kindle Fire*는 139달러에 판매되고 있다. 이러한 전자책 가격의 급격한 하락은 품질이 거의 비슷하게 급격히 향상되었다는 점에서 더욱 주목할 만하다. 초창기 제품에 비해 현재 *Kindle*과 *Nook*은 50% 이상 가벼워졌고, 배터리 수명은 2배 이상 길어졌으며, 저장 용량은 100배 이상 커졌다.

디지털 및 모바일 기술 시장은 식당, 전기 기사, 이삿짐센터, 컨설팅 회사, 금융 서비스 등 많은 시장과 유사하게 소비자들이 가장 낮은 가격에 자신의 취향에 가장 잘 맞는 제품을 선호한다. 이러한 시장에서는 실제로 기업의 가격 선택이 수요와 수익을 크게 결정하며, 기업마다 가격을 다르게 책정할 수 있다. 이는 매우 그럴듯해 보일 수 있지만, 쿠르노 모델에서 경쟁이 작동하는 방식과는 상당히 다르다. 이 모델에서는 각 기업이 독립적으로 생산 수준을 선택한다. 그 후에야 시장가격이 조정되어 소비자는 모든 기업의 총생산량을 각 기업에 대해 동일한 가격으로 구매할 수 있다.

물론 독점 시장에서는 기업이 처음에 가격을 정한 다음 그 가격에 소비자가 요구하는 만큼 생산하든, 아니면 먼저 생산량을 정하고 그 생산량을 판매하는 데 필요한 수준에서 가격이 결정되도록 내버려두든 차이가 없다. 이윤극대화를 추구하는 독점기업이 가격을 최적으로 설정할 때, 그 선택은 수요곡선을 통해 특정 생산량 수준을 암시한다. 이 최적가격은 독점기업이 처음부터 이윤을 극대화하는 생산량을 선택했다면 나타났을 가격이다.

그러나 독과점의 세계를 벗어나면 가격과 생산량 전략의 동등성은 사라진다. 과점시장에서

는 기업이 쿠르노처럼 수량으로 경쟁하느냐, 아니면 위의 전자책 기업처럼 가격으로 경쟁하느냐가 매우 중요하다. 이러한 차이점을 이해하기 위해 우리는 두 회사가 동일한 재화를 판매하지만 이제 생산수준 대신 가격을 먼저 설정하여 경쟁하는 단순한 복점 사례를 조사하는 것으로 쿠르노 모델을 살펴보자. 이를 베르트랑 *Bertrand* 모델이라고 한다. 이 장의 후반부에서는 제품이 완벽하지 않은 대체재이거나 차별화될 수 있도록 하는 것을 허용한다. 9장에서와 마찬가지로 단일 시장 기간에 국한된 정적 또는 동시 가격 경쟁 모델에도 초점을 맞춘다.

10.1 베르트랑복점 모델

수량 전략이 아닌 가격 전략의 관점에서 재구성된 표준 복점 모델을 일반적으로 베르트랑 모델이라고 부른다. 조셉 베르트랑은 프랑스의 수학자로, 1883년 쿠르노의 연구가 *Journal des Savants*에 발표된 지 거의 50년이 지난 후 이를 검토하고 비평했다. 베르트랑은 경제학에서 수학적 모델링에 비판적이었으며, 자신의 주장을 증명하기 위해 수량보다는 가격 측면에서 쿠르노 모델을 분석했다. 그러나 베르트랑이 남긴 유산은 경제학의 "유사 수학"에 대한 비판이 아니다. 그 대신 베르트랑는 전략적 상호작용의 결과가 전략적 변수의 특성, 즉 수량 대 가격에 따라 크게 달라진다는 사실을 인식하는 데에 공헌을 했다. 이는 이전 장의 서두에서 언급한 요점을 표현하는 한 가지 방법일 뿐이다. 게임의 규칙은 매우 중요하다.

따라서 9장의 단순 복점 모델을 고려하되, 이제 각 기업이 생산할 수량 대신 부과할 가격을 선택하도록 한다. 그러나 다른 모든 가정은 변하지 않는다. 각 기업은 동일한 재화를 동일한 상수 한계비용 c로 생산하며, 동시에 전략을 선택한다. 각 기업은 시장수요의 구조와 경쟁사의 비용뿐만 아니라 총수요가 $P = A - BQ$라는 사실도 알고 있다. 이 경우 산출량을 종속 변수로 사용하여 수요함수를 작성하는 것이 더 편리하다.[1] 따라서

$$Q = a - bP; \quad \text{where} \quad a = \frac{A}{B} \quad \text{and} \quad b = \frac{1}{B} \tag{10.1}$$

먼저 기업 2의 관점에서 가격 문제를 생각해 보자. 경쟁사에 대한 최적의 가격 대응을 결정하기 위해 기업 2는 먼저 p_2로 표시되는 자신의 가격과 p_1로 표시되는 기업 1의 가격을 *조건으로* 자사 제품에 대한 수요를 계산해야 한다. 합리적으로 말하자면, 기업 2의 추론은 다음과 같다. $p_2 < p_1$인 경우 기업 2는 생산량을 판매하지 않는다. 제품은 균질하므로 소비자는 항상 가장 저렴한 공급처에서 구매한다. 따라서 기업 1의 가격보다 높은 가격을 설정하면 기업 2는 고객에게 서비스를 제공하지 않게 된다. 그 반대의 경우 $p_2 > p_1$도 마찬가지이다. 기업 2가 더 낮은 가격을 설정하면 전체 시장에 공급하고 기업 1은 아무것도 판매하지 않는다. 마지막으로, $p_2 = p_1$인 경우 두 회사는 시장을 균등하게 분할한다. 두 회사가 동일한 가격을 책정하는 경우, 각 회사의 수요가 해당 가격의 전체 시장수요의 절반이라고 가정한다.

앞서 설명한 추론에 따르면 기업 2의 생산량 q_2에 대한 수요는 다음과 같이 설명할 수 있다:

1 기업이 수량을 선택하는 경우(쿠르노의 모델에서처럼) 역수요곡선으로 작업하고 가격을 종속 변수로 취급하는 것이 더 쉬운 경우가 많다. 베르트랑의 분석에서처럼 기업이 가격을 선택할 때는 수량을 종속 변수로 삼는 것이 가장 좋다.

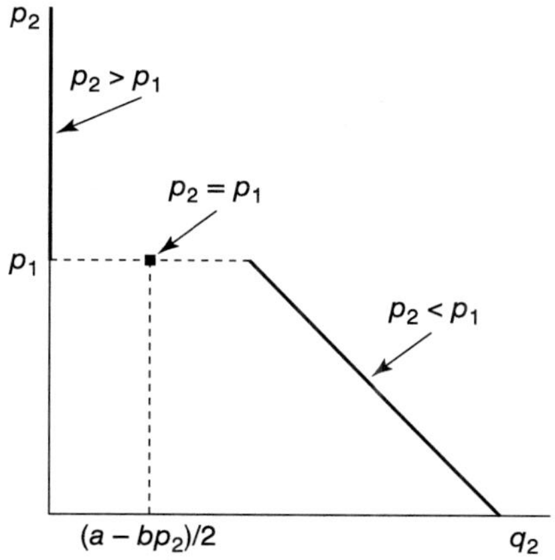

그림 10.1 베르트랑 모델에서 기업 2의 수요곡선

같은 산업 수요는 p_1보다 작은 모든 p_2에 대한 기업 2의 수요와 동일하다. $p_2 = p_1$이면 두 기업은 총수요를 동일하게 공유한다. $p_2 > p_1$일 경우, 기업 2의 수요는 0이 된다.

$$\begin{aligned} q_2 &= 0 && \text{if } p_2 > p_1 \\ q_2 &= \frac{a - bp_2}{2} && \text{if } p_2 = p_1 \\ q_2 &= a - bp_2 && \text{if } p_2 < p_1 \end{aligned} \tag{10.2}$$

그림 10.1에서 볼 수 있듯이 이 수요함수는 연속적이지 *않다*. p_2보다 큰 경우, q_2의 수요는 0이다. 그러나 p_2가 하락하여 p_1과 정확히 같아지면 수요는 0에서 $\frac{a - bp_2}{2}$로 점프한다. 이후 p_2가 더 하락하여 p_2보다 아래일 경우, 수요는 다시 $a - bp_2$로 점프한다.

기업 2의 수요곡선에서 이러한 불연속성은 수량 경쟁의 쿠르노 모델에는 존재하지 않았으며, 이는 기업의 전략 측면에서 중요한 차이를 만드는 것으로 밝혀졌다. 수요의 불연속성은 이익의 불연속성으로 이어진다. 기업 2의 이윤인 Π_2는 p_1과 p_2의 함수이다:

$$\begin{aligned} \Pi_2(p_1, p_2) &= 0 && \text{if } p_2 > p_1 \\ \Pi_2(p_1, p_2) &= (p_2 - c)\frac{a - bp_2}{2} && \text{if } p_2 = p_1 \\ \Pi_2(p_1, p_2) &= (p_2 - c)(a - bp_2) && \text{if } p_2 < p_1 \end{aligned} \tag{10.3}$$

기업 2의 *최적 반응* 함수를 찾으려면, 주어진 p_1 선택에 대해 기업 2의 수익 $\Pi_2(p_1, p_2)$을 최대화하는 가격 p_2를 구해야 한다. 예를 들어, 기업 1이 순수독점 가격 $p^M = \frac{a + bc}{2b}$보다 매우 높은 가격을 선택한다고 가정한다.[2] 그 이유는 기업 2는 p_1보다 낮은 가격을 선택함으로써 전체 시장을 점유할 수 있기 때문에, 최적의 반응은 순수독점 가격 p^M을 선택하고 순수독점이득을 얻는 것이다.

2 물론 이것은 8장에서 설명한 수량 버전의 모델에 대해 $a = A/B$, $b = 1/B$로 표기법을 변경한 것과 동일한 독점 가격이다.

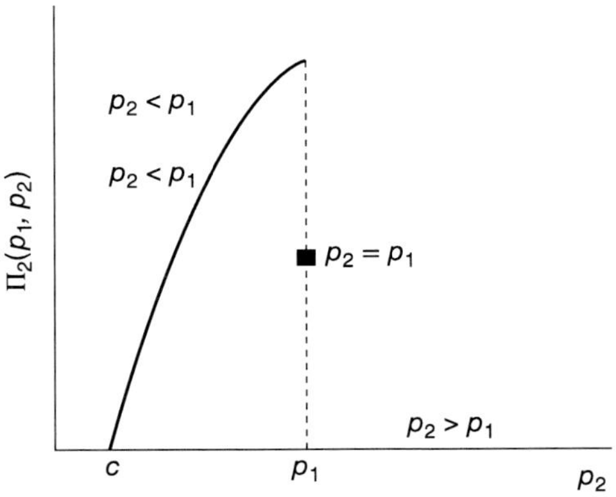

그림 10.2 **기업 1의 가격이 원가보다 높지만 순수독점 가격보다 낮을 때 p_2의 함수로서 기업 2의 이익**
기업 2의 수익은 가격이 한계비용 수준인 c에서 기업 1의 가격 바로 밑으로 상승함에 따라 지속적으로 상승한다. p_2이 p_1과 같을 때, 기업 2의 이익은 p_2가 p_1 바로 아래일 때 얻는 이익에 비해 상대적으로 감소한다. p_2가 p_1보다 크면 기업 2는 0의 이익을 얻는다.

반대로, 기업 1이 매우 낮은 가격, 즉 단가 c보다 낮은 가격을 책정했다면 어떻게 될까? 이는 비정상적인 선택이지만, 기업 2에 대한 완전한 *최적 반응* 함수를 구성하려면 p_1이 취할 수 있는 *모든* 가능한 값에 대해 그 값을 결정해야 한다. $p_1 < c$ 경우, 기업 2는 가격을 p_1보다 높은 수준으로 설정하는 것이 가장 좋다. 이는 기업 2가 아무것도 판매하지 않고 0의 이익을 얻는다는 것을 의미한다. $p_2 \leq p_1 < c$를 설정하면 기업 2는 양의 생산량을 판매하지만 단가보다 낮은 가격으로 판매하여 판매할 때마다 손해를 보게 되므로 이익이 *마이너스가 된다*.

기업 1이 가격을 한계비용 c보다 높게 책정하지만 순수독점 가격 p^M와 같거나 낮게 책정하면 어떻게 될까? 이러한 상황에서 기업 2는 어떻게 최적으로 대응해야 할까? 간단한 답은 *p_1보다 약간 낮은* 가격을 책정해야 한다는 것이다. 이 전략에 대한 직관은 그림 10.2에 설명되어 있으며, 가격 p_1이 주어지면 $\frac{a+bc}{2b} \geq p_1 > c$를 만족하는 기업 2의 이익을 보여준다.

기업 2의 수익은 p_2가 c에서 p_1 바로 밑으로 상승함에 따라 지속적으로 증가한다. p_2가 p_1보다 작을 때마다 기업 2는 아무것도 판매하지 않는다. 그러나 p_1이 p^M보다 작거나 같을 때, 기업 2가 p_1를 낮춤으로써 얻는 독점력은 제한된다. 특히, 이 회사는 순수독점 가격인 p^M으로 판매하여 관련 이익을 얻을 수 없는데, 그 가격에서는 회사 2가 모든 고객을 잃게 되기 때문이다. 그럼에도 불구하고 회사는 가능한 한 그 결과에 근접하기를 원할 것이다. 물론 기업 1의 가격과 정확히 일치할 수도 있다. 하지만 그렇게 할 때마다 경쟁사와 동등하게 시장을 공유하게 된다. 대신 기업 2가 p_2을 p_1 수준보다 *약간만* 낮추면 판매량은 두 배가 되지만 판매 단위당 수익률은 극히 미미하게 감소할 것이다. 그림 10.2에서 알 수 있듯이 이는 충분히 가치 있는 거래이다. 다시 말해, $p^M \geq p_1 > c$에 대해 기업 2의 최선의 반응 $p_2^* = p_1 - \varepsilon$로 설정하는 것이며, 여기서 ε는 임의로 작은 양이다.

마지막으로 고려해야 할 경우는 기업 1이 원가로 가격을 책정하여 $p_1 = c$가 되는 경우이다. 분명히 기업 2는 이 값인 p_1을 낮출 인센티브가 없다. 그렇게 하면 기업 2는 손해를 볼 뿐이다. 대신, 기업 2는 p_2를 p_1 이상으로 설정하는 것이 최선일 것이다. p_1 이상으로 가격을 책정하면 기업 2는 아무것도 팔지 않고 0의 이익을 얻게 된다. p_1와 일치하면 판매량은 증가하지만 판매되는 모든 단위에서 손익분기점을 넘기게 된다. 따라서 기업 2는 후자의 경우에도 0의 이익을 얻게 된다. 따라서 $p_1 = c$일 때 기업 2의 *최선의 대응*은 p_2를 p_1보다 크거나 같게 설정하는 것이다.

앞서 논의한 내용은 기업 2의 최적가격 반응에 대한 설명으로서 다음으로 요약할 수 있다:

$$\begin{aligned} p_2^* &= \frac{a+bc}{2b} && \textit{if}\ \ p_1 > \frac{a+bc}{2b} \\ p_2^* &= p_1 - \varepsilon && \textit{if}\ \ c < p_1 \le \frac{a+bc}{2b} \\ p_2^* &\ge p_1 && \textit{if}\ \ c = p_1 \\ p_2^* &> p_1 && \textit{if}\ \ c > p_1 \ge 0 \end{aligned} \tag{10.4}$$

비슷한 추론으로, 주어진 값 p_2에 대한 기업 1의 최적 응답 p_1^*은 다음과 같다.

$$\begin{aligned} p_1^* &= \frac{a+bc}{2b} && \textit{if}\ \ p_2 > \frac{a+bc}{2b} \\ p_1^* &= p_2 - \varepsilon && \textit{if}\ \ c < p_1 \le \frac{a+bc}{2b} \\ p_1^* &\ge p_2 && \textit{if}\ \ c = p_2 \\ p_1^* &> p_2 && \textit{if}\ \ c > p_2 \ge 0 \end{aligned} \tag{10.5}$$

이제 가격으로 플레이할 때 복점 게임의 내쉬균형을 결정할 수 있다. 내쉬균형은 어느 기업도 전략을 변경할 인센티브가 없는 균형이다. 예를 들어 전략조합 $\left[p_1 = \frac{a+bc}{2b}, p_2 = \frac{a+bc}{2b} - \varepsilon\right]$는 균형을 이룰 수 *없다*. 왜냐하면 이 조합에서 기업 2는 기업 1의 가격을 낮추고 독점 수준 바로 아래의 가격으로 판매한다. 그러나 이 경우 기업 1은 고객이 없어 수익이 0이 된다. 기업 1은 기업 2가 설정한 가격 바로 밑으로 가격을 낮추면 상당한 이익을 얻을 수 있기 때문에 그렇게 하려고 할 것이다. 따라서 이 전략은 내쉬균형이 될 수 없다. 다시 말해, 기업 2는 기업 1이 독점 가격을 $p_1 = (a + c)/2b$로 설정할 것이라고 기대할 수 없는데, 이는 기업 1이 그렇게 하면 기업 2가 그 가격을 ε만큼 낮추고 기업 1의 고객을 모두 빼앗아 이윤이 0이 된다는 것을 알기 때문이다.

결과적으로 베르트랑복점에 대한 내쉬균형은 단 하나뿐이다. 이는 같은 가격이다($p_1^* = c$, $p_2^* = c$).[3] 기업 1이 이 가격을 기업 2가 그렇게 할 것이라고 기대할 수 있으며, 기업 2가 정확히 같은 방식으로 행동한다면 어느 쪽도 변경할 유인이 없다. 따라서 베르트랑복점 게임의 결과는 시장가격이 한계비용과 같다는 것이다. 물론 이것은 완전경쟁 하에서 정확히 일어나는 일이다. 유일한 차이점은 여기에는 다수의 소규모 기업 대신 시장 대비 규모가 큰 두 개의 기업만 존재한다는 것이다.

베르트랑이 수량을 전략적 변수로 대체했을 때 얻을 수 있는 다른 결과에 주목한 것은 당연

3 이 결과는 가격이 지속적으로 변동될 수 있다고 가정한 결과이다.

한 일이다. 이 대체 설명은 외관상이나 사소한 변화와는 달리 극적인 영향을 미친다. 따라서 이 강력한 효과의 본질과 근원을 보다 면밀히 살펴보는 것이 유용하다.

10.1 ▸ 실습문제

탄산수에 대한 시장수요를 $Q^D = 100 - 5P$로 하겠다. 탄산수를 생산하는 두 회사가 있고, 각 회사의 한계비용은 2라고 가정한다.

a. 각 기업이 수량을 선택하는 쿠르노복점 기업으로 행동할 때 시장 균형가격과 수량은 얼마인가? 각 기업은 어떤 이익을 얻는가?
b. 각 기업이 가격을 선택하는 베르트랑복점 기업처럼 행동할 때 시장 균형가격과 수량은 얼마인가? 각 기업이 현재 얻는 확고한 이익은 얼마인가?

10.2 베르트랑 재검토

쿠르노와 마찬가지로 복점 시장에 대한 베르트랑 분석도 비판이 없는 것은 아니다. 베르트랑 모델에 대한 비판의 주요 원인 중 하나는 두 기업 간의 가격 차이가 발생하면 더 높은 가격을 책정하는 기업에 대한 수요가 즉각적으로 완전히 사라진다는 가정이다. 물론 이 가정 때문에 두 기업의 수요와 수익 함수에 불연속성이 발생하게 된다. 또한 각 기업의 최적 반응 함수와 $P = MC$에서의 교차점을 도출하는 기초가 되는 것도 바로 이 가정이다.

경쟁사보다 높은 가격을 책정하기로 한 기업이 모든 고객을 완전히 잃지 않는 데에는 두 가지 타당한 이유가 있다. 한 가지 이유는 일반적으로 경쟁기업이 낮은 가격으로 제품이나 서비스를 요구하는 모든 고객에게 서비스를 제공할 수 있는 능력이 없기 때문이다.[4] 두 번째는 소비자가 두 제품을 완벽한 대체품으로 여기지 않을 수 있기 때문이다.

수용 인원 제약의 중요성을 이해하기 위해 뉴잉글랜드의 작은 지역에 각각 노먼 산의 서로 다른 면에 위치한 두 개의 스키 리조트, 즉 Pepall Ridge와 Snow Richards가 있는 가상의 경우를 생각해 보겠다. 스키어들은 두 리조트의 서비스가 동일하다고 생각하고 가능하면 가장 낮은 리프트권 가격을 제시하는 리조트에서 스키를 타려고 한다. Pepall Ridge와 Snow Richards는 거의 같은 규모이며 각각 하루에 1,800명의 스키어를 수용할 수 있다. 또한 마운트 노먼의 전체 스키 수요는 다음과 같다고 가정한다: $Q = 6000 - 60P$, 여기서 P는 일일 리프트권 가격이고 Q는 일일 스키어 수이다.

두 리조트는 가격 경쟁을 하고 있다. 리프트 서비스 제공의 한계비용이 각 리조트에서 동일하고 스키어당 10달러라고 가정해 보겠다. 그러나 각 리조트가 한계비용과 동일한 가격을 책정하는 결과는 내쉬균형이 될 수 *없다.* 리프트 티켓 가격이 10달러일 때의 수요는 두 리조트의 총 수용 인원을 훨씬 초과하는 5,400명의 스키어에 해당한다. 물론 각 리조트가 수요의 정도를 파악했다면 수용 인원을 늘리기 위해 리프트, 스키장, 주차 시설을 추가로 건설했을 수도 있다. 그럼에도 불구하고 내쉬균형에 따라 각 리조트가 스키어 1인당 한계비용인 10달러와 동일한 리

4 Edgeworth(1925)는 용량 제약이 베르트랑 분석에 미치는 영향을 최초로 연구한 경제학자 중 한 명이다.

프트 티켓 가격을 책정할 가능성은 여전히 높지 않다. 왜 그럴까? 이렇게 생각해 보겠다. Pepall Ridge가 11달러의 가격을 책정했다면, Snow Richards는 이보다 낮은 가격(예: 10.90달러의 리프트 티켓)으로 모든 스키어에게 서비스를 제공할 수 있는 경우에만 이 가격을 낮추는 것이 수익성이 있다고 판단할 것이다. 그러나 P = 10.90달러의 총수요는 Q = 5346이므로 현재 수용 능력인 1,800명으로는 그렇게 할 수 없는 것이 분명하다.

그렇다면 어떻게 각 리조트의 수용 인원이 1,800명에 불과하게 되었는지 물어볼 수 있다. 각 리조트가 수용 인원을 늘리면 상대방의 가격을 낮추고 더 많은 수익을 얻을 수 있기 때문에 서로에게 이익이 되지 않았을까? 하지만 이 질문에 대한 답은 '아니오'이다. 각 회사가 5,400개의 초기 용량을 선택했다고 가정해 보겠다. 분명히 각 기업이 가격을 10달러로 인하하겠다는 믿을 만한 위협을 하려면 그러한 선택이 필요한다. 그러나 각 회사가 이 한계비용으로 가격을 인하한다고 해도, 각 회사는 시장의 절반, 즉 하루에 2,700명의 스키어에게만 서비스를 제공할 수 있다. 용량을 구축하는 데 비용이 많이 든다는 점을 감안할 때, 각 회사가 한계비용 = $10와 동일한 가격을 책정하고 각 회사가 2,700명의 스키어에게만 서비스를 제공하고 비용이 많이 들지만 사용되지 않는 용량을 동일하게 보유하는 균형을 의미하므로 어느 회사도 초기 용량 5,400명을 선택하지 않을 것이다.

용량 제약에 구속력이 있는 경우, 경쟁사보다 높은 가격을 책정하는 기업은 경쟁사가 고객에게 서비스를 제공할 수 있는 용량이 있는 경우에만 모든 고객을 잃게 된다는 것을 알 수 있다. 또한 두 회사 모두 P = 한계비용 = $10 범위에서는 이러한 용량 선택이 가능하지 않다는 것을 알 수 있다. 따라서 용량 제약을 고려하면 베르트랑이 제안한 해법. $p_1 = p_2 =$ 한계비용은 더 이상 내쉬균형이 아니다. 하지만 이는 각 기업의 용량 선택이 정확히 어떤 의미가 있는지에 대한 질문, 즉 내쉬균형 용량 선택이 무엇인지에 대한 의문을 남긴다.

용량 제약이 작용하면 두 회사 간의 게임은 실제로 두 단계로 나뉘게 된다. 첫 번째 단계에서는 두 회사가 용량 수준을 선택한다. 두 번째 단계에서는 가격 경쟁을 한다. 이런 관점에서 보면, 베르트랑이 제안한 것처럼 가격 경쟁이 이루어지더라도 결과는 쿠르노 해법에 가까울 가능성이 높다는 것을 쉽게 알 수 있다.[5] 이 점을 더 명확하게 이해하기 위해 Pepall Ridge와 Snow Richards 간의 스키장 경쟁으로 돌아가 보겠다. 어떤 리조트가 최대 수용 인원을 초과하는 수요를 가진 가격에서, 리조트가 서비스를 제공하는 스키어는 가장 열성적이고 지불 의사가 가장 높은 스키어라고 가정해 보겠다.[6] 예를 들어 각 리조트에서 리프트 가격을 $30로 책정했다고 가정해 보겠다. 그러면 총 시장수요는 4,200명으로 두 회사의 총 수용 능력인 3,600명을 훨씬 초과한다. 따라서 각 리조트는 어떤 식으로든 실제로 스키를 탈 스키어들을 배분하거나 선택해야 한다. 효율적 배분 가정이라고도 하는 이 가정은 리조트가 지불 의사가 있는 순서대로 고객에게 서비스를 제공함으로써 이를 수행한다는 것이다. 예를 들어, Pepall Ridge는 지불 의사가 가장 높은 1,800명의 잠재적 스키어에게 서비스를 제공할 것이다. 결과적으로 효율적인 배급을 가정하면 어떤 가격에서든 Snow Richard에 대한 잔여 수요곡선 *residual demand curve* 을 도출할 수 있다.

---

5 이 결과는 Kreps와 Scheinkman(1983)의 2단계 게임에서 공식적으로 모델링된 결과이다.

6 또한 첫 번째 단계에서는 용량에 상관없이 설치비용이 들지 않지만 일단 설치하면 두 번째 단계에서는 용량을 확장할 수 없다고 암묵적으로 가정한다.

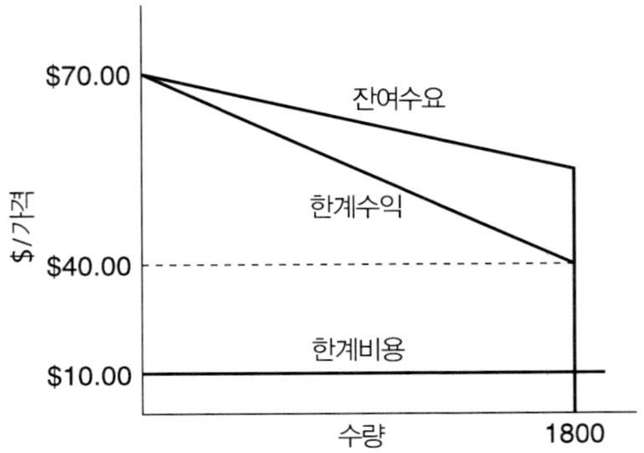

그림 10.3 Snow Richards 잔여 수요곡선

특히 관심 있는 가격은 \$40이다. 그런 다음 두 리조트가 모두 $p_1 = p_2 =$ \$40로 가정해 보겠다. 이 가격에서 총수요는 3,600명으로, 두 리조트의 총 수용 인원과 같다. 이것이 내쉬균형일까? 위의 논리를 사용하여 Pepall Ridge가 가격을 \$40로 설정할 때 Snow Richard가 직면하는 수요함수를 결정하면 이 질문에 답할 수 있다. 효율적인 배급을 가정하면 이는 그림 10.3에 나와 있다. 이는 원래의 수요곡선이 1,800단위 왼쪽으로 이동한 것으로, 즉 $Q = 4200 - 60P$(또는 역으로 $P = 70 - Q/60$)이다. 관련 한계수익 곡선 MR $= 70 - Q/30$로 표시된다.

가격이 변하면 수요량도 변하지만, Snow Richard는 항상 용량인 1,800개까지만 공급해야 한다는 제약이 있다는 점에 유의해야 한다. 이것이 바로 그림 10.3에 해당 생산량 수준에서 잘린 잔여 수요 및 한계수익 곡선이 표시된 이유이다. 더 중요한 것은 Pepall Ridge가 가격을 \$40로 설정하면 Snow Richards는 $MR = MC$의 생산량이 1,800개와 정확히 같음을 발견했으며, 이것은 Snow Richards에게 최고의 반응임을 암시한다. 또한 이 리조트의 가격도 \$40을 의미한다. 결과적으로 두 회사 모두 40달러의 가격을 책정함으로써 Pepall Ridge의 하루 1,800명의 스키어 수용 능력을 최대한 활용할 수 있게 되었다. 그렇다면 두 회사 모두 수용 인원을 1,800명으로 선택한다면 가격 = \$40가 내쉬균형이라는 것은 의심의 여지가 없다. 하지만 이것이 적절한 용량 수준일까? Pepall Ridge의 선택이 주어졌을 때, Snow Richards는 더 큰 용량 또는 더 작은 용량을 선호했을까?

예를 들어 Snow Richards는 처음에 1,700개의 용량을 선택했고, 앞서 언급했듯이 Pepall Ridge는 1,800개의 용량을 선택했다고 가정해 보겠다. 이 경우 총수요(3,600)가 총 용량(3,500)을 초과하기 때문에 두 회사 모두 40달러를 더 이상 가격으로 책정할 수 없다. 새로운 가격 균형은 어떻게 될까? 먼저 두 회사가 설정한 가격이 \$41.67, 즉 총수요와 생산 능력 3,500이 같아지는 가격 지점이 \$41.67일 경우 어떻게 되는지 살펴보자. 각 회사가 리프트 티켓 한 장당 \$41.67를 받는다면, Pepall Ridge는 하루에 1,800명의 스키어에게 서비스를 제공하고 Snow Richards는 1,700명에게 서비스를 제공하게 되며, 시장은 깨끗해질 것이다. 한 회사만 가격을 올리면 경쟁사(수용 인원을 채우고 있는)에 고객을 빼앗기지는 않지만, 리프트 티켓을 더 이상 지불하지 않으려는 한계 소비자를 잃게 된다. 즉, 각 기업에 대해 경쟁사의 가격 및 용량 선택이 주어지면 잔여 수요곡선과 관련 한계수익 곡선을 다시 계산할 수 있다.

Snow Richards —잔여 수요 : $P = 70 - Q/60$

—잔여 한계 수요 : $MR = 70 - Q/30$

Pepall Ridge —잔여 수요 : $P = 71.67 - Q/60$

—잔여 한계 수요 : $MR = 71.67 - Q/30$

이윤극대화는 각 기업이 한계수익이 한계비용을 초과하고 여유 생산 능력이 있는 한 생산량을 늘리고 가격을 낮추려고 한다는 것을 의미한다. 그러나 각 기업의 생산 능력 한계(각각 1,700개와 1,800개)에서 각 기업의 한계수익이 한계비용을 초과하거나 같기 때문에 각 기업은 최소한 생산 능력까지 생산하려고 할 것임을 보여주는 것은 매우 직관적이다. 다시 말해, 각 회사가 $41.67 가격을 책정하고 각각 생산 능력까지 생산할 경우, 가격을 올리면 비용 절감보다 수익 손실이 더 크기 때문에 어느 회사도 가격을 올리고 싶어하지 않을 것이다. 물론, 두 회사 모두 용량을 초과하여 추가 고객에게 서비스를 제공할 수 없기 때문에 가격을 낮추고 싶어 하지 않는다. 따라서 Snow Richards가 Pepall Ridge의 용량 선택인 1,800에 대응하여 더 낮은 용량인 1,700을 선택하면, 각 회사는 리프트 티켓당 $41.67를 청구하는 것이 실제로 내쉬균형가격일 것이다. 그러나 Snow Richards의 입장에서 보면 이 내쉬균형은 앞서 Pepall Ridge의 수용 인원 1,800명 선택에 대해 Snow Richards가 수용 인원도 1,800명을 선택함으로써 대응할 때 도출한 균형만큼 수익성이 높지 않다. 쉽게 확인할 수 있듯이 Snow Richards는 용량을 1,700으로 설정하면 $53,833.33을 얻지만 1,800으로 설정하면 $54,000를 얻는다. 요컨대, Pepall Ridge의 수용 인원이 1,800명이라면 Snow Richards는 더 적은 인원을 원하지 않을 것이다.

또한 더 이상 원하지 않을 것이다. 예를 들어 Snow Richards에 1,900명의 스키어 수용 능력이 있다고 가정해 보겠다. 이 경우 적어도 한 업체는 가격을 38.33달러로 낮춰야 시장을 정리할 수 있다. 하지만 Pepall Ridge는 그런 가격 인하에 관심이 없다. 가격을 $40로 유지하면 Snow Richards 가격과 상관없이 1,800명의 스키어를 수용할 수 있다. 왜냐하면, 1,900명의 스키어에게만 서비스를 제공할 수 있기 때문이다. 따라서 Snow Richards가 수용 인원을 100명 늘릴 경우 Pepall Ridge가 가격을 인하할 이유가 없다. 즉, Snow Richards는 원래의 내쉬균형에서와 똑같은 상황에 직면하지만, 이제 잔여 한계수익 곡선 $MR = 70 - Q/30$이 잘리기 전에 1,900대의 생산량까지 확장된다는 점을 제외하면 완전히 동일한 상황에 처하게 된다. 그러나 회사의 생산량이 1,800대를 넘어서자마자 한계수익이 한계비용인 10달러를 밑돌고 있다. Snow Richards가 추가적인 용량을 가지고 있다면, 그 용량을 사용하고 싶지 않을 것이다. 따라서 애초에 추가적인 100대 용량을 설치하는 것은 의미가 없다.

앞의 주장은 대칭적이기 때문에 Snow Richards가 용량을 1,800개에서 늘리거나 줄이기를 원하지 않는 것처럼 Pepall Ridge 역시 마찬가지이다. 따라서 각 회사가 생산 능력을 1,800개로 선택하고 가격을 40달러로 설정하는 것이 이 가격 경쟁 게임에서 내쉬균형이다. 더 중요한 것은 이 결과가 용량 제약이 없지만 각 기업의 한계비용이 10으로 일정하고 시장수요가 $Q = 6000 - 60P$로 설명되는 시장에서의 쿠르노 결과와 정확히 일치한다는 점이다. 즉, 용량 제약을 고려하고 효율적인 배분을 가정하면 베르트랑 가격 경쟁은 쿠르노 수량 경쟁 결과를 산출한다. 이는 주요 가정을 조건으로 하는 상당히 일반적인 결과이다. 물론 실제로는 여기서 가정한 것보다 용량이 더 확장될 수 있고 배분이 효율적이지 않을 수도 있다. 그럼에도 불구하고 이 분석은 단순 베르트랑 모델의 극적인 한계비용 가격책정에 대한 강력한 반론을 제시한다.

10.2 ▸ 실습문제

이제 스키에 대한 시장수요가 $Q^D = 9000 - 60P$로 증가한다고 가정해 보겠다. 그러나 환경 규제 때문에 Pepall Ridge나 Snow Richards는 수용 인원을 늘려 현재 수준인 1,800명보다 더 많은 스키어에게 서비스를 제공할 수 없다. 이 경우의 내쉬균형가격 결과는 어떻게 되는가?

10.3 공간적 배경의 베르트랑 모델

가격이 한계비용과 같다는 베르트랑의 단순 효율적 결과가 발생하지 않는 두 번째 이유가 있다. 베르트랑이 가정한 것처럼 두 회사가 동일한 제품을 생산하지 않는 경우가 많기 때문이다. 예를 들어 미용실을 생각해 보자. 두 명의 헤어 스타일리스트가 똑같은 방식으로 머리를 자르고 스타일링하는 경우는 없다. 또한 미용실마다 정확히 같은 종류의 장비나 기구가 없을 것이다. 또한 두 회사가 나란히 있지 않는 한 위치가 다를 수 있다. 이는 종종 다른 가격이 부과되더라도 일부 소비자들이 한 미용실 또는 다른 미용실을 선호하게 만들기에 충분하다. 요컨대, 위치, 가구, 커트 스타일 등의 차이만으로도 한 미용실이 경쟁사보다 다소 높은 가격을 책정해도 모든 고객을 즉시 잃지 않을 수 있다.

우리는 7장에서 제품차별화의 공간적 모델을 제시했다. 거기서 우리의 목표는 독점기업이 고객으로부터 추가 잉여를 창출하기 위해 이러한 차별화를 사용하는 것을 이해하는 것이었다. 그러나 경쟁기업이 차별화 제품을 출시할 때 가격 경쟁의 본질을 이해하는 데에도 동일한 모델을 사용할 수 있다. 앞서 제시한 기본 설정을 살펴보겠다. 소비자들이 균일하게 분포되어 있는 단위 길이(예: 1마일)의 선이 있다. 이 시장에는 두 개의 상점이 제품을 공급한다. 하지만 이번에는 같은 회사가 두 매장을 운영하지 않는다. 경쟁 회사가 운영한다. 마을의 서쪽 끝에 위치한 한 회사의 주소는 $x = 0$이고, 마을의 동쪽 끝에 위치한 다른 회사의 위치는 $x = 1$이다. 각 회사에는 동일한 상수 단위 생산비용 c가 있다.

우리는 이 시장에서 소비자의 "위치"를 해당 소비자가 가장 선호하는 제품 또는 스타일로 정의한다. 따라서 "소비자 x"는 시장의 왼쪽 끝에서 X만큼 떨어진 곳에 위치하며, 여기서 거리는 공간 모델에서 지리적일 수도 있고 보다 일반적인 제품차별화의 의미에서의 특성으로 측정될 수도 있다. 소비자들이 가장 좋다고 생각하는 재화의 변형이나 위치는 다르지만, 가장 선호하는 제품에 대한 유보가격 *reservation price* V는 동일하다. 또한 유보가격 V가 생산 단가 c보다 훨씬 크다고 가정하고, 각 소비자는 최대 한 개의 제품만 구매한다고 가정한다. 소비자 x가 이상적인 제품이 아닌 상품을 구매하면 소비자는 효용 손실을 입게 된다. 구체적으로, 소비자 x는 재화 1 ($x = 0$)을 소비할 경우 비용 tx를, 재화 2 [($x = 1$)에 위치]를 소비할 경우 비용 $t(1 - x)$를 부담하게 된다. 소비자가 재화 1을 가격 p_1로 구매하면 소비자는 소비자잉여 $V - p_1 - tx$를 누리고, 재화 2를 가격 p_2로 구매하면 소비자잉여 $V - p_2 - t(1 - x_2)$가 발생한다. 물론 소비자잉여가 0보다 크다면 소비자는 더 큰 소비자잉여를 제공하는 재화를 구매할 것이다. 그림 10.4는 이 시장 설정을 설명한다.

여기서 소개한 위치 개념은 제품 간의 모든 종류의 질적 차이에 대한 은유로 사용된다는 점을 다시 한번 강조한다. 지리적으로 떨어져 있는 두 개의 매장이 아니라 청량음료의 경우 당도,

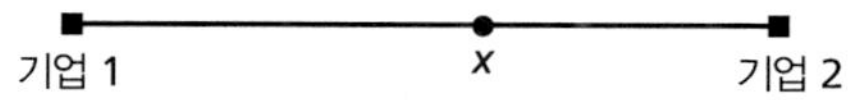

그림 10.4 "메인 스트리트" 공간 모델 기본 구조

패스트푸드의 경우 지방 함량, 자동차의 경우 연비 등 어떤 특성으로 차별화되는 두 개의 제품을 두 개의 다른 회사에서 판매하는 경우를 생각해 볼 수 있다. 각 경우의 단위 라인은 이러한 특성으로 차별화되는 제품의 스펙트럼을 나타내며, 각 소비자는 이 라인에서 가장 선호하는 제품 사양을 가지고 있다. 청량음료의 경우 펩시와 코카콜라를 예로 들 수 있다. 패스트푸드의 경우 맥도날드와 버거킹이 될 수 있고, 자동차의 경우 포드와 GM이 될 수 있다.

단순한 베르트랑 모델에서와 마찬가지로, 두 회사는 가격 p_1 및 p_2을 각각 책정하여 고객을 유치하기 위해 경쟁한다. 이들은 동시 선택되며, 우리는 내쉬균형의 해를 구한다. 만약 $V > c$라면, 균형 상태에서는 두 회사의 시장점유율이 모두 양수인 경우여야 한다. 어떤 균형이든 두 회사가 단위당 최소 c의 가격을 책정해야 하고, 고객은 어떤 공통 가격이든 항상 더 가까운 매장을 선호하기 때문에 어느 한 회사가 경쟁사로부터 모든 고객을 빼앗을 수 있는 방법은 없다. 여기서는 $V > c$뿐만 아니라 V가 충분히 커서 전체 시장에 서비스를 제공할 수 있다고 가정한다. 즉, 시장결과는 모든 소비자가 기업 1 또는 기업 2에서 제품 한 개를 구매하는 것이다.[7] V가 크면 각 고객에게 충분히 높은 가격을 부과하여 각 판매의 수익성을 높일 수 있다.

전체 시장이 공급되는 경우, 기업 1과 기업 2 중 어느 쪽에서 구매하든 무관심한 한계 소비자 x^m가 존재해야 한다. 즉, 이 소비자는 어느 쪽이든 동일한 소비자잉여를 누린다. 대수적으로 아래와 같이 표현할 수 있다.

$$V - p_1 - tx^m = V - p_2 - t(1 - x^m) \tag{10.6}$$

방정식 10.6을 풀면 한계 소비자의 주소 또는 위치를 찾을 수 있다,

$$x^m(p_1, p_2) = \frac{(p_2 - p_1 + t)}{2t} \tag{10.7}$$

가격 p_1와 p_2 어느 가격에서 x^m의 왼쪽에 있는 모든 소비자는 기업 1에서 구매한다. x^m의 오른쪽에 있는 모든 소비자는 기업 2에서 구매한다. 즉, x^m은 시장에서 기업 1에서 구매하는 비율이고 $(1 - x^m)$은 기업 2에서 구매하는 비율이다. 총 소비자 수가 N이고 이들이 시장 공간에 균등하게 분포되어 있다면, 전체 시장에 공급되는 모든 가격 조합 (p_1, p_2)에서 기업 1을 마주하는 수요함수는 다음과 같다:[8]

$$D^1(p_1, p_2) = x^m(p_1, p_2) = \frac{(p_2 - p_1 + t)}{2t}N \tag{10.8}$$

마찬가지로 기업 2의 수요함수는 다음과 같다:

$$D^2(p_1, p_2) = (1 - x^m(p_1, p_2)) = \frac{(p_1 - p_2 + t)}{2t}N \tag{10.9}$$

---

7 이 점에 대한 논의는 7장의 그림 7.3을 참조하시오.

8 여기서는 시장의 *소비자* 수를 나타내기 위해 N을 사용한다.

이러한 수요함수는 각 기업의 수요는 자체 가격에서는 감소하지만 경쟁사 가격에서는 증가한다는 점에서 의미가 있다. 또한 10.1절의 단순 베르트랑복점 모델과 달리, 여기서 두 기업이 직면하는 수요함수는 p_1와 p_2 모두에서 연속적이라는 점에 유의해야 한다. 이는 상품이 차별화되었을 때, 기업 1이 경쟁사의 가격 p_2보다 조금 더 높은 p_1를 결정한다고 해서 기업 1이 모든 고객을 잃는 것은 아니기 때문이다. 일부 고객은 단순히 기업 2가 판매하는 스타일(또는 위치)보다 해당 버전의 상품을 선호하기 때문에 더 높은 가격에도 불구하고 여전히 재화 1을 선호할 수 있다.[9]

수요함수의 연속성은 이윤 함수 *profit functioni* 로 이어진다. 기업 1의 수익 함수는 다음과 같다:

$$\Pi^1(p_1, p_2) = (p_1 - c)\frac{(p_2 - p_1 + t)}{2t}N \tag{10.10}$$

마찬가지로 회사 2의 수익은 다음과 같이 주어진다:

$$\Pi^2(p_1, p_2) = (p_2 - c)\frac{(p_1 - p_2 + t)}{2t}N \tag{10.11}$$

기업 1의 최적 반응 가격 전략을 계산하려면 기업 2가 설정한 주어진 가격 p_2에 대응하여 기업 1이 가격 p_1를 변경할 때 기업 1의 수익이 어떻게 변하는지를 계산해야 한다. 가장 간단한 방법은 p_1에 대한 이윤 함수(10.10)의 도함수를 구하는 것이다. 도함수를 0으로 설정하면 기업 2가 설정한 주어진 가격 p_2에 대한 기업의 최적 반응 가격 p_1^*을 구할 수 있다.[10]

그러나 기업 1의 수요곡선을 역의 형태로 변환하고 한계수익이 한계비용과 같아지는 지점을 해결하는 대안 해법을 신중하게 적용하는 것도 효과가 있을 것이다. 식 (10.7)에서 기업 1의 역수요곡선을 기업 2의 가격 p_2로 쓸 수 있다: $p_1 = p_2 + t - \frac{2t}{N}q_1$. 따라서 기업 1의 한계수익 곡선은 $MR_1 = p_2 + t - \frac{4t}{N}q_1$이다. 기업 1의 한계수익과 그 한계비용을 동일시하면 이윤극대화를 위한 1차 조건이 된다: $p_2 + t - \frac{4t}{N}q_1 = c$. 기업 1의 생산량에 대한 최적의 값을 해결하기 위해, 다시 기업 2가 선택한 가격을 고려하면, 우리는 다음을 얻는다.

$$q_1^* = \frac{N}{4t}(p_2 + t - c) \tag{10.12}$$

방정식 (10.12)에서 q_1^*의 값을 기업 1의 역수요곡선에 대입하면 기업 2가 설정한 가격의 값이 주어졌을 때 기업 1이 설정할 최적가격을 구할 수 있다. 다음은 정의상 기업 1의 최적 반응 함수이다:

$$p_1^* = \frac{p_2 + c + t}{2} \tag{10.13}$$

여기서 t는 소비자가 부담하는 단위 거리당 운송 또는 유틸리티 비용이다. 물론 기업 2에 대해서도 이 절차를 반복할 수 있다. 두 기업은 대칭이므로 각 기업의 최적 반응 함수는 경쟁기업의

9 시장 전체에 서비스가 제공되는 균형이라는 가정은 연속성 결과에 매우 중요하다.

10 방정식 (10.10)에서 $\partial\Pi^1(p_1, p_2)/\partial p_1 = 0$을 설정하면 즉시 $p_1^* = (p_2 + c + t)/2$가 산출된다.

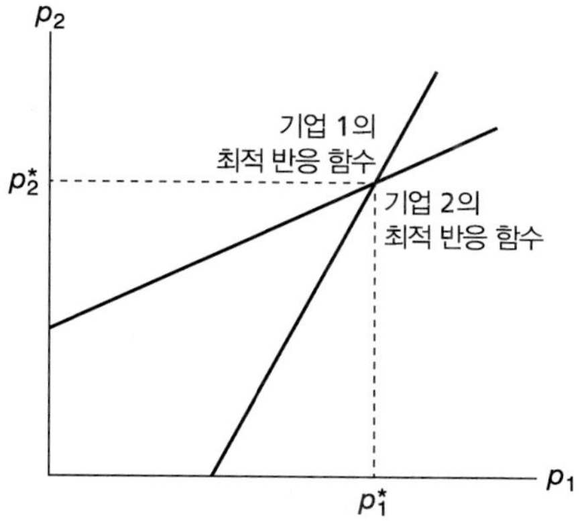

그림 10.5 불완전한 대체재와의 가격 경쟁에 대한 최적 대응 함수

대응 함수와 거울 이미지이다. 따라서 기업 2의 최적가격 반응 함수는 다음과 같다:

$$p_2^* = \frac{p_1 + c + t}{2} \tag{10.14}$$

두 회사에 대해 (10.13)과 (10.14)에 설명된 최적의 반응 함수가 그림 10.5에 나와 있다. 이 함수는 상향의 기울기를 이루고 있다. 물론 내쉬균형가격 집합은 이러한 최적 반응 함수가 교차하는 지점이다. 즉, 내쉬균형은 한 쌍의 가격 (p_1^*, p_2^*)으로서, p_1^*는 p_2^*에 대한 기업 1의 최적 반응이고, p_2^*은 p_1^*에 대한 기업 2의 최적 반응이다. 따라서 (10.13) 및 (10.14)의 방정식 오른쪽에 있는 p_1 및 p_2를 각각 p_1^* 및 p_2^*로 대체할 수 있다. 쌍 (p_1^*, p_2^*)의 내쉬균형을 풀면 다음과 같다.

$$p_1^* = p_2^* = c + t \tag{10.15}$$

균형에서 각 기업은 단위 생산비용에 t를 *더한* 값을 가격으로 책정하며, 여기서 t는 소비자가 선호하는 재화에서 일정 거리 떨어진 재화를 구입할 때 발생하는 거리 단위당 효용 비용이다. 이 가격에서 기업들은 시장을 분할한다. 한계 소비자는 $x = 1/2$ 주소에 위치한다. 각 기업이 얻는 이익은 동일하며, $(p_i^* - c)N/2 = tN/2$와 같다.

예를 들어 메인 스트리트에 1마일 떨어진 곳에 위치한 두 개의 미용실을 생각해 보겠다. 모든 잠재 고객은 메인 스트리트의 이 구간에 거주하며 균일하게 분포되어 있다. 각 소비자는 소비자의 집에서 머리를 자르는 데 최대 50달러를 지불할 의향이 있다. 그러나 소비자가 이발을 하기 위해 이동해야 하는 경우 1마일당 5달러의 왕복 교통비가 발생한다. 각 미용실은 한 번에 10달러의 일정한 단가로 머리를 자를 수 있으며, 각 미용실은 미용실의 수익을 극대화할 수 있는 이발건당 가격을 책정하려고 한다. 이 모델은 이 마을에서 이발의 균형가격이 이발의 한계비용보다 큰 15달러가 될 것으로 예측한다.

이 결과와 관련하여 두 가지 점을 짚어볼 필요가 있다. 먼저, 매개변수 t의 역할에 주목해야 한다. 이는 각 소비자가 가장 선호하는 버전의 제품을 얻는 데 부여하는 가치를 측정한 값이다. t가 클수록 소비자는 선호하는 위치, 제품 또는 스타일에서 "멀리 떨어진" 제품을 구매할 의향이 적다. 즉, t값이 높다는 것은 소비자가 가장 선호하는 제품에 대한 선호도가 높고 이상적이지 않은 제품을 소비해야 하는 데 따른 효용 손실이 크다는 것을 나타낸다. 결과적으로 소비자는 자

현실 체크포인트

불편한 하늘: 항공시장의 가격전쟁

1977년 규제 완화 이후, 주요 항공사들은 전반적으로 수익이 감소하고 변동성이 커지는 등 험난한 길을 걸어왔다. 이러한 하락세의 원인 중 하나는 가격 전쟁이 끊임없이 되풀이되고 있기 때문이다. Morrison과 Winston(1996)은 이러한 가격 갈등을 한 분기 내에 평균 항공료가 20% 이상 하락하는 도시 간 노선 시장으로 정의한다. 이 정의에 따르면 1979~1995년 기간 동안 항공사 도시 간 노선의 81% 이상이 이러한 전쟁을 경험한 것으로 추정된다. 이렇게 확인된 전쟁에서 실제로 평균 운임은 일반적으로 37% 이상 하락했으며 때로는 79%까지 하락하기도 했다. 이러한 갈등은 1990년대 후반에 완화되었지만, 2000년대 초반에 새로운 전쟁이 발생하여 10년 동안 6건 이상의 파산과 다수의 합병으로 이어졌다. 계속되는 가격압박은 크게 두 가지 요인에서 비롯되었다. 첫째, 사우스웨스트항공과 젯블루항공과 같은 저가 항공사의 지속적인 압박 성장이다. Berry와 Jia(2010)는 소비자들이 저가 항공사를 기존 항공사의 대체재로 인식하게 되면서 이러한 압력이 점점 더 강해졌다고 기록한다. 둘째, 닷컴 버블과 서브프라임 모기지 붕괴로 인한 경기 침체 이후 기업 수요는 가격에 훨씬 더 민감해졌다. 이러한 요인으로 인해 가격이 한계비용에 가까워지고 소비자잉여가 증가했지만 항공사 경영진에게는 이것이 큰 위안이 되지 못했다.

출처: Source: S. Morrison and C. Winston, 1996. "Causes and Consequences of Airline Fare Wars," *Brookings Papers on Economic Activity*, Microeconomics: 85 – 124.; M. Maynard, "Yes, It Was a Dismal Year for Airlines; Now for the Bad News," *New York Times*, December 16, 2002, p. C2.; S. Berry and P. Jia, 2010. "Tracing the Woes: An Empirical Analysis of the Airline Industry," *American Economic Journal* 2 (August): 1 – 43.

신이 선호하는 스타일에서 "멀리 떨어진" 저가의 대안을 구입하는 것보다 그 가격을 지불하는 것을 선호하기 때문에 두 회사 모두 높은 가격을 책정할 때 크게 걱정할 필요가 없다. t가 크면 두 회사 간의 가격 경쟁이 완화된다. 즉, t의 값이 크다는 것은 제품차별화로 인해 가격 경쟁이 훨씬 덜 치열해진다는 것을 의미한다.

그러나 *시간*이 지날수록 소비자들은 자신이 가장 선호하는 스타일을 얻는 것에 가치를 두지 않고 낮은 가격에 더 민감해진다. 이는 가격 경쟁을 심화시킨다. 한계점에서 $t = 0$이 되면 제품차별화는 소비자에게 아무런 가치가 없다. 소비자는 모든 상품을 본질적으로 동일하게 취급한다. 가격 경쟁이 치열해져 한계점에서는 원래의 베르트랑 모델에서와 마찬가지로 가격이 한계비용에 도달하게 된다.

두 번째 요점은 회사의 위치에 관한 것이다. 우리는 단순히 두 회사가 도시의 양쪽 끝에 있다고 가정했다. 그러나 기업의 위치나 제품 디자인도 기업 전략의 일부이다. 두 회사가 가격과 입지 전략을 동시에 선택하도록 허용하면 여기서 모델을 풀기에는 너무 복잡해진다. 그럼에도 불구하고 입지 선택에 대한 직관은 유익하다. 가격과 입지 선택에 영향을 미치는 두 가지 상반된 힘이 있다. 한편으로, 두 회사는 같은 지점에 위치하는 것을 피하고 싶어할 것이다. 그렇게 하면 두 제품 간의 모든 차이가 사라지기 때문이다. 이 경우 원래의 베르트랑 모델에서와 마찬가지로 가격 경쟁이 치열할 것이다. 반면에 각 업체는 도심 근처에 위치해야 하는 인센티브도 있다. 이를 통해 기업은 가능한 한 큰 시장에 도달할 수 있다. 이 두 가지 힘의 균형을 평가하는

것이 균형 결과의 해를 구하는 것을 어렵게 만든다.[11]

10.3 ▶ 실습문제

메인 스트리트에 위치한 두 미용실의 단가가 더 이상 같지 않다고 상상해 봅시다. 특히 한 미용실의 단가는 10달러로 일정한 반면 다른 미용실의 단가는 20달러로 일정하다. 저렴한 미용실인 Cheap-Cuts는 마을의 서쪽 끝에 위치하며 $x = 0$이고, 고가의 미용실인 The Ritz는 동쪽 끝에 위치하며 $x = 1$이다. 1마일 구간에 거주하는 잠재 고객은 100명이며, 이들은 1마일을 따라 균일하게 분포되어 있다. 소비자는 집에서 이발을 하는 데 50달러를 기꺼이 지불할 의향이 있다. 소비자가 이발을 하기 위해 이동해야 하는 경우 1마일당 5달러의 이동 비용이 발생한다. 각 미용실은 미용실 수익을 극대화할 수 있는 이발 가격을 책정하려고 한다.

a. 두 살롱이 직면한 수요함수는 현재 한 살롱이 고비용이고 다른 살롱이 저비용이라는 사실에 영향을 받지 않는다. 그러나 살롱의 최적 반응 함수는 영향을 받는다. 각 살롱에 대한 최적의 반응 함수를 계산해 보시오. 한 살롱의 단가 상승이 다른 살롱의 최적 응답에 어떤 영향을 미치는가?

b. 이 모델에 대한 가격의 내쉬균형을 계산해 보시오. 이 가격을 두 미용실의 단가가 10달러로 동일한 경우의 텍스트에서 도출한 가격과 비교하시오. 가격이 왜 그렇게 변했는지 설명하시오. 미용실이 동일할 때 최적의 반응 함수를 도출하고 미용실의 비용이 다를 때와 비교하면 설명에 도움이 될 수 있다.

10.4 전략적 보완 및 대체품

동시 이동 게임에서 최적 반응 함수는 내쉬균형 결과가 의미하는 바를 이해하는 데 매우 유용한 도구이다. 하지만 이러한 함수를 분석하는 것은 다른 유용한 목적도 있다. 특히 최적 반응 함수의 속성을 분석하면 전략적 상호작용이 어떻게 작동하는지, 어떻게 상호작용의 경쟁력을 "더" 또는 "덜" 만들 수 있는지 이해하는 데 도움이 될 수 있다.

그림 10.6은 표준 쿠르노복점 모델에 대한 최적 반응 함수와 제품차별화된 베르트랑복점 모델에 대한 최적 응답 함수를 모두 보여준다. 다이어그램에서 한 가지 특징을 바로 알 수 있다. 쿠르노 수량 모델의 최적 반응 함수는 *음의* 기울기를 갖는다. 즉, q_2의 증가에 대한 기업 1의 최적 반응은 q_1를 *감소*시키는 것이다. 그러나 베르트랑 가격 모델의 최적 반응 함수는 *양의* 기울기를 갖는다. p_2의 증가에 대한 기업 1의 최선의 반응은 p_2도 증가시키는 것이다.

최적 반응 함수의 기울기가 음의 기울기인지 양의 기울기인지는 매우 중요하다. 기울기는 제품시장에서 경쟁의 본질에 대해 많은 것을 알려준다. 이를 확인하기 위해 기업 2의 단가 c_2의

11 이 주제에 대한 풍부한 문헌이 있으며, 그 결과는 종종 가정하는 정확한 함수 형태에 따라 달라진다. 예를 들어, Eaton(1976), D'Aspremont, Gabszewicz, Thisse(1979), Novshek(1980), Economides(1989) 등을 참조하시오.

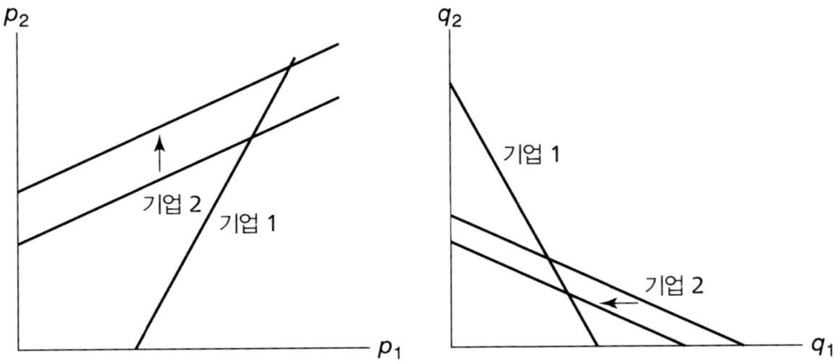

그림 10.6 쿠르노(수량) 경우와 베르트랑(가격) 경우의 최적 반응 함수

기업 2의 비용이 상승하면 쿠르노 모델에서는 반응 함수가 안쪽으로 이동하지만 베르트랑 모델에서는 바깥쪽으로 이동한다. 기업 1은 쿠르노 사례에서 시장점유율을 높이기 위해 공격적으로 반응한다. 베르트랑 가격에서는 가격을 *인상함으로써* 완만하게 반응한다.

증가가 미치는 영향을 고려해 보겠다. 쿠르노 모델 분석에 따르면 c_2의 증가 효과는 기업 2의 최적 반응 곡선을 *안쪽*으로 이동시키는 것으로 나타났다. 그림 10.6에서 볼 수 있듯이, 이로 인해 기업 2는 c_2가 상승하기 전보다 생산량을 줄이고 기업 1은 생산량을 늘리는 새로운 내쉬균형에 도달하게 된다. 즉, 쿠르노 수량 모델에서 기업 2의 불운에 대한 기업 1의 대응은 기업 2를 희생시키면서 시장점유율을 확대할 기회를 포착하는 다소 공격적인 대응이다.

이제 상품 차별화 베르트랑 모델의 맥락에서 c_2의 상승이 미치는 영향을 생각해 보겠다. 이 경우의 상승은 기업 2의 최적 반응 함수를 *상향*으로 이동시킨다. 비용 상승을 감안할 때, 기업 2는 주어진 p_1 값에 대한 반응으로 이전보다 더 높은 p_2를 설정할 것이다. 기업 1은 어떻게 대응할까? 쿠르노 사례와 달리 기업 1의 반응은 덜 공격적이다. 기업 1은 이제 기업 2가 낮은 가격을 책정할 수 없게 된 것을 보고 기업 2와의 가격 경쟁이 덜 치열해졌다는 것을 깨닫게 된다. 따라서 기업 1은 이제 p_1을 올리는 방식으로 반응한다.

최적 반응 함수가 상향 경사면, 우리는 전략(베르트랑 사례의 가격)이 *전략적 보완* *strategic complements* 이라고 말한다. 최적 반응 함수가 하향 경사면인 경우, 우리는 전략(쿠르노의 경우 수량)이 *전략적 대체물* *strategic substitutes* 이라고 말한다.[12] 이 시점에서 분명히 알아야 할 것은 전략적 대체 변수인지 보완 변수인지에 대한 기업 경쟁 모델링의 선택이 매우 중요하다는 것이다. 특정 산업의 경쟁 역학을 이해하려면 전략적 변수 선택을 결정할 해당 산업의 근본적인 특징을 알아야 한다. 예를 들어, 기업이 상품을 시장에 판매하기 훨씬 전에 생산 일정을 정하는 산업에서는 기업이 수량 경쟁을 한다고 가정하는 것이 좋다. 항공기 생산업체, 커피 재배업체, 자동차 제조업체 등이 그 예이다. 은행, 보험, 항공 여행과 같이 생산 수준을 빠르게 조정할 수 있는 많은 서비스 산업에서는 가격 경쟁의 관점에서 생각하는 것이 훨씬 더 자연스럽다.

12 이 용어는 Bulow, Geanakopolos, Klemperer(1985)에서 유래되었으며, 소비자 수요 이론에서도 유사한 용어를 사용하고 있다.

10.5 실증적 적용: 브랜드 경쟁과 소비자선호도—캘리포니아 소매 휘발유시장에서의 증거

휘발유는 일반적으로 정유사에서 생산한 후 중앙 유통 지점으로 배송된다. 그런 다음 휘발유는 레이스트랙과 같은 브랜드가 없는 독립 소매업체나 엑손 또는 쉐브론 주유소와 같은 브랜드 제품을 판매하는 주유소에서 구매한다. 후자의 경우 브랜드 고유의 특수 첨가제를 첨가해야 한다. 즉, "쉐브론" 휘발유를 판매하려면 주유소에서 연료에 *Techronas*^{TM}을 첨가해야 한다. 따라서 각 특정 브랜드는 자체 첨가제 사용으로 차별화된다. 그러나 독립주유소에서는 첨가제 없이 기본 휘발유만 판매한다. 여기서는 남부 캘리포니아에서 휘발유 도매시장의 가격 경쟁을 연구한 Justine Hastings(2004) 논문을 간략하게 설명한다.

연구 배경은 다음과 같다. 1997년 6월, 유명 정유 및 소매 브랜드인 Atlantic Richfield Company (ARCO)는 로스앤젤레스와 샌디에이고 인근에서 독립 소매업체 Thrifty가 운영하던 약 260개의 주유소를 인수했다. 그런 다음 ARCO는 이 주유소를 ARCO 주유소로 전환했으며, 이 과정은 같은 해 9월에 사실상 완료되었다. 따라서 ARCO-Thrifty 인수로 인해 남부 캘리포니아의 많은 독립주유소가 퇴출되었고, 이 주유소들은 부분적으로 ARCO 판매자로 대체되었다.

Hastings(2004)는 ARCO-Thrifty 거래가 소매 휘발유 가격에 어떤 영향을 미쳤는지 묻는다. 원칙적으로 이 효과는 소비자선호도에 따라 긍정적이거나 부정적일 수 있다. 소비자가 브랜드주유소는 품질이 높고 독립주유소는 품질이 낮다고 인식하는 경우, 브랜드가 없는(품질이 낮은) 주유소를 ARCO 브랜드로 전환하면 이들 주유소가 다른 브랜드 제품과 더 가까운 대체품을 판매하게 된다. 이렇게 되면 가격 경쟁이 심화되고 브랜드 휘발유 가격이 *낮아질* 것이다. 그러나 많은 소비자들이 더 높은 품질을 위해 지불할 의사가 제한되어 있고 가능한 한 저렴하게 휘발유를 구매하기를 원하기 때문에 브랜드 라벨에 반응하지 않는다면, 알뜰 주유소가 사라지면 이러한 저가 대안이 사라지고 휘발유 가격이 *인상*될 수 있다.

ARCO-Thrifty 합병의 영향을 알아보기 위해 Hastings(2004)는 로스앤젤레스와 샌디에이고 지역의 주유소가 Thrifty와 경쟁하는지 여부에 따라 부과하는 가격이 어떻게 달라지는지 조사했다. 그녀의 데이터는 4가지 시점에 측정된 699개 주유소의 가격을 다루고 있다: 1997년 2월, 1997년 6월, 1997년 10월, 1997년 12월이다. 처음 두 날짜는 전환 전 가격이고 마지막 두 날짜는 전환 후 가격이라는 점에 유의해야 한다. 그런 다음 각 역의 경쟁자를 1마일 이내의 다른 모든 역으로 하는 하위 시장을 정의한다. 합병의 효과를 포착할 수 있는 간단한 회귀 분석은 다음과 같다:

$$p_{it} = Constant + \alpha_i + \beta_1 X_{it} + \beta_2 Z_{it} + e_{it} \tag{10.16}$$

여기서 p_{it}는 t 시점에 주유소 i가 부과하는 가격, α_i는 각 주유소마다 절편이 달라질 수 있는 기업별 더미, X_{it}는 t 시점에 주유소 i가 독립(Thrifty)과 경쟁하는 경우 1, 그렇지 않은 경우 0의 값을 갖는 더미 변수, 마찬가지로 Z_{it}는 주유소 i의 경쟁자가 메이저 브랜드의 가맹점 또는 임차인이 아닌 메이저 브랜드 소유의 주유소가 된 경우 1, 그렇지 않으면 0을 갖는다. 마지막 변수인 Z_{it}은 메이저 브랜드와 해당 브랜드를 판매하는 판매점 간의 계약 관계에 따른 차별적 효과의 영향을 포착하기 위한 것이다. 그러나 우리가 관심을 갖는 핵심 변수는 X_{it}이다. 우리는 추정 계수 β_1가 음수인지, 즉 독립 경쟁자가 있으면 일반적으로 가격이 낮아지는지, 아니면 양수인지, 즉 독립 경쟁자가 있으면 경쟁이 완화되고 가격이 높아지는지 알고자 한다.

그러나 방정식 (10.16)을 추정하는 데는 잠재적으로 심각한 문제가 있다. 문제는 1997년 한 해 동안 남부 캘리포니아 전역에서 휘발유 가격이 전반적으로 상승하고 있었다는 것이다. 방정식 (10.16)은 이러한 일반적인 상승 추세를 허용하지 않는다. 핵심 변수 X_{it}을 생각해 보겠다. 데이터에서 10월과 12월보다 2월과 6월에 합병되기 전에 훨씬 더 많은 스테이션에 대해 1이 될 것이다. 결과적으로 계수 β_1는 9월과 12월(합병으로 인해 Thrifty 스테이션이 제거된 후)보다 2월과 6월(독립 스테이션이 더 많았던 시기)에 가격이 더 낮았기 때문에 음수가 될 가능성이 높다. 즉, β_1는 독립적인 효과뿐만 아니라 시간효과도 포착하기 때문에 편향될 것이다. 이 문제에 대한 해결책은 이 시간 효과를 명시적으로 분리하는 변수를 포함시켜 이 효과를 제거한 후 남은 것은 독립 휘발유 소매업체가 시장가격에 미치는 영향에 대한 순수한 측정치로 만드는 것이다. 이에 따라 Hastings(2004)는 2월, 6월, 9월에 대한 위치별 시간 더미를 넣었다. (물론 12월의 효과는 회귀 상수에 포함되어 있다.) 즉, 다음과 같은 방정식을 추정하게 된다:

$$p_{it} = Constant + \alpha_i + \beta_1 X_{it} + \beta_2 Z_{it} + \beta_3 T_i + e_{it} \tag{10.17}$$

여기서 T_i 또는 시간은 연속 변수가 아니라 각 위치에서 특정 시간의 순서를 포착하는 더미 변수에 의해 포착된다. 시간 더미를 사용했을 때와 사용하지 않았을 때의 결과는 아래 표 10.1에 나와 있다(단, 회사의 특정한 절편은 제외).

먼저 위치 시간 더미가 포함된 방정식의 결과 열을 살펴보겠다. 여기서 β_1, 즉 주유소의 지역 시장에 Thrifty 또는 독립적인 경쟁자가 있을 때의 계수 추정치는 이 주유소가 갤런당 약 5센트의 가격을 낮췄음을 의미한다. 이 추정치의 표준 오차는 매우 작기 때문에 이 측정치에 대해 매우 확신할 수 있다. 시간 효과를 제외한 첫 번째 열에 표시된 회귀 결과에서 측정된 효과와 어떻게 대조되는지 주목해 보겠다. 이 추정치는 한 주유소에 독립적인 경쟁자가 있을 때 갤런당 10센트 하락이 훨씬 더 큰 영향을 미친다는 것을 시사한다. 다시 말하지만, 시간 효과를 제외하

표 10.1 브랜드 경쟁과 휘발유 가격

변수	위치-시간 더미 제외 계수(표준 오차)	위치-시간 더미 포함 계수(표준 오차)
Constant	1.3465 (0.0415)	1.3617 (0.0287)
X_{it}	−0.1013 (0.0178)	−0.0500 (0.0122)
Z_{it}	−0.0033 (0.0143)	−0.0033 (0.0101)
LA*February		0.0180 (0.0065)
LA*June		0.0243 (0.0065)
LA*December		0.1390 (0.0064)
SD*February		−0.0851 (0.0036)
SD*June		−0.0304 (0.0036)
SD*December		0.0545 (0.0545)
R^2	0.3953	0.7181

종속 변수 = 일반 무연 연료의 갤런당 가격

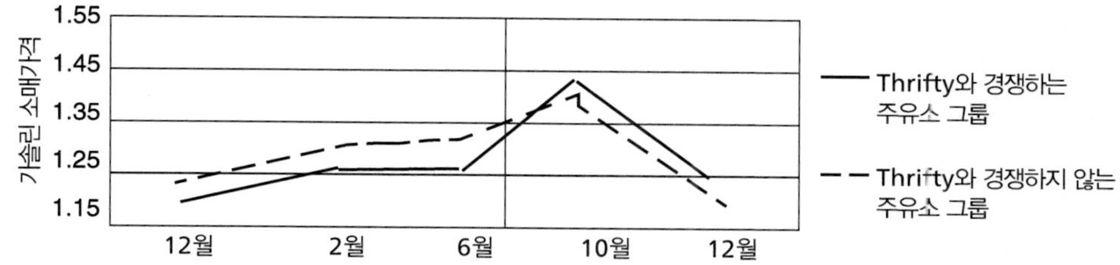

그림 10.7 남부 캘리포니아의 "Thrifty" 경쟁과 휘발유 가격

면 회귀 분석에서 지역 전체의 휘발유 가격이 전반적으로 상승한 것이 합병 때문이라고 잘못 판단하기 때문인데, 실제로는 다른 이유로도 가격이 상승한 것이 분명하다. 또한 β_2에 대한 계수 추정치가 두 방정식 모두에서 유의하지 않다는 점에 유의해야 한다. 따라서 주요 브랜드의 소유 유형은 소매 휘발유 가격에 중요하지 않은 것으로 보인다.

한 장의 그림이 많은 말을 대신할 수 있는 경우가 많다. 아래 그림 10.7의 그래프는 Hastings의 데이터에 포함된 기간 동안 남부 캘리포니아 휘발유 가격의 움직임을 1) Thrifty 주유소와 경쟁한 처치 그룹과 2) 그렇지 않은 주유소의 대조군으로 나눈 두 그룹 각각에 대해 설명한다.

10월까지 두 그룹의 가격이 전반적으로 상승한 것을 주목해 보겠다. 분명히 이것은 휘발유 시장 전반에서 공통적으로 나타나는 현상이며, 합병에 따른 결과가 아니다. 그러나 데이터를 자세히 살펴보면 합병이 어느 정도 영향을 미쳤음을 알 수 있다. 합병 전 몇 달 동안 Thrifty와 경쟁했던 판매점의 가격은 대조군보다 2~3센트 *낮았다*. 그러나 합병 시점인 6월부터 그 이후에도 같은 방송국들은 대조군보다 2~3센트 더 높은 가격을 유지했다. 앞의 표의 마지막 열에 표시된 것은 바로 이 약 5센트의 효과이다.[13] 합병 전에 처음에 Thrifty와 경쟁했던 그룹과 그렇지 않은 그룹 모두 1997년 초와 말의 가격 차이가 있다. 합병의 효과를 분리하기 위해서는 시간이 지남에 따라 두 그룹 간에 이러한 차이가 어떻게 달라졌는지 살펴볼 필요가 있다. 처치 그룹의 경우 합병 초기에는 $X_{it} = 1$이지만 합병 후에는 0이고, 대조군 기업의 경우 항상 0이라는 점을 상기하면 두 그룹의 가격 행동은 다음과 같다:

	합병 전	**합병 후**	**차이점**
처치 그룹:	$\alpha_i + \beta_1$	α_i + **시간효과**	$-\beta_1$ + **시간효과**
통제 그룹:	α_j	α_j + **시간효과**	**시간효과**

따라서 회귀에서 β_1는 처치 그룹과 대조군 그룹의 시간 경과에 따른 차이를 반영한다. 이러한 이유로 β_1를 *이중 차분 추정* *difference-in-differences* 이라고도 한다.

13 최근에는 C. Taylor, N. Kreisle, P. Zimmerman(2010)이 대체 데이터 세트를 사용하여 합병의 영향이 Hastings(2004)가 발견한 효과보다 훨씬 적은 가격 상승을 가져왔다고 제안한다.

요약

베르트랑 모델에서 기업은 가격 경쟁을 한다. 베르트랑 경쟁의 단순 모델에서는 기업이 두 개만 있어도 가격이 한계비용으로 밀려난다. 이 결과는 기업수가 많지 않은 한 가격이 한계비용보다 훨씬 높게 유지되는 수량 경쟁 또는 쿠르노 경쟁의 결과와 뚜렷한 대조를 이룬다. 또한 고비용기업은 쿠르노 경쟁에서 살아남을 수 있는 반면, 단순 베르트랑 경쟁에서는 도태될 수 있다. 요컨대, 베르트랑의 초기 분석은 기업수가 매우 적을 때에도 경쟁적이고 효율적인 시장결과를 미리 예측한다.

그러나 단순 베르트랑 모델에서 예측하는 효율적인 결과는 두 가지 주요 가정에 따라 달라진다. 첫 번째는 기업이 경쟁사의 가격을 낮춘 후 경쟁사의 모든 고객에게 서비스를 제공할 수 있을 정도로 확장된 생산 능력을 갖추고 있다는 가정이다. 두 번째 핵심 가정은 두 기업이 동일한 제품을 생산하여 상대적 가격이 소비자가 브랜드를 선택할 때 가장 중요한 요소라는 것이다. 이러한 가정 중 어느 하나라도 완화되면, 간단한 베르트랑 모델의 효율성 결과를 더 이상 얻을 수 없다. 기업이 생산 능력을 미리 선택해야 하는 경우, 베르트랑 가격 경쟁의 결과는 쿠르노 모델에서 발생하는 결과에 더 가까워진다. 제품이 차별화되면 가격은 다시 한계비용 이상으로 유지될 가능성이 높다. 실제로 가격 경쟁의 치열함을 고려할 때 기업은 제품을 차별화할 실질적인 인센티브가 있다.

제품차별화의 유용한 모델로는 4장에서 처음 소개한 Hotelling(1929)의 공간 모델이 있다. 이 모델은 지리적 위치를 동일한 제품의 여러 버전 간의 보다 일반적인 차이에 대한 은유로 사용한다. 따라서 차별화된 제품을 판매하는 기업 간의 가격 경쟁을 고려할 수 있다. 이 모델은 차별화 제품에 대한 베르트랑 경쟁이 효율적인 한계비용 가격책정을 초래하지 않는다는 점을 명확히 보여준다. 또한 이러한 가격책정의 차이는 소비자가 다양성을 얼마나 중시하느냐에 따라 달라진다는 점을 분명히 보여준다. 일반적인 소비자가 자신이 가장 선호하는 브랜드나 버전의 제품을 얻는 데 더 큰 가치를 부여할수록 가격은 한계비용 이상으로 상승한다.

궁극적으로 쿠르노와 베르트랑 경쟁의 차이점은 전략적 변수인 수량과 가격의 근본적인 차이를 반영한다. 쿠르노 기업이 선택한 수량은 전략적 대체물로서, 한 기업의 생산량 증가는 경쟁사의 생산량 감소로 이어진다. 이와는 대조적으로 베르트랑 경쟁사들이 선택한 가격은 전략적 보완재이다. 한 기업의 가격이 상승하면 경쟁사도 가격을 인상할 수 있다. 어떤 산업을 정확하게 분석하려면 경쟁이 전략적 대체 또는 전략적 보완의 환경에서 진행되는지 여부를 결정하는 산업의 특징을 잘 알고 있어야 한다.

소비자선호도와 인지된 품질에 기반한 가격 경쟁 모델은 경제학자와 정책입안자 모두에게 매우 유용한 프레임워크를 제공해 왔다. 이와 관련하여 특정 브랜드와 디자인에 대한 소비자의 선호도가 모델링되는 정확한 메커니즘을 파악하는 것이 중요하다. 예를 들어, 소비자선호의 특성에 따라 고품질 기업과 저품질 기업이 합병하여 저품질 기업의 매장이 고품질 매장으로 전환되는 경우 저품질 경쟁자가 제거되어 경쟁이 약화될 수도 있고, 고품질 공급이 증가하여 경쟁이 심화될 수도 있다. 남부 캘리포니아의 소매 휘발유시장의 경우, Hastings(2004)의 연구에 따르면 합병으로 인해 저품질 기업이 제거되면서 가격이 상승한 것으로 나타났지만, Taylor, Kreisle, Zimmerman(2010)의 후속 연구에 따르면 대조적인 증거 결과가 나타났다.

연습 문제

1. 기업 1과 기업 2가 각각 동일한 제품을 생산하고 $Q = 5000 - 200P$로 설명되는 시장수요곡선에 직면해 있다고 가정한다. 기업 1의 생산 단가 c_1은 6이고 기업 2의 생산 단가 c_2는 10으로 더 높다.

   a. 베르트랑-내쉬균형 결과는 무엇인가?

   b. 각 기업의 이윤은 얼마인가?

   c. 이 결과가 효율적인가?

2. 골프 공에 대한 시장수요가 $Q = 90 - 3P$로 설명되고, 여기서 Q는 공의 킬로그램 단위로 측정된다고 가정해 보겠다. 시장에 공급하는 두 회사가 있다. 회사 1은 일정한 단가인 15달러로 1킬로그램의 공을 생산할 수 있고, 회사 2는 일정한 단가인 10달러로 1킬로그램의 공을 생산할 수 있다.

a. 두 회사가 수량 경쟁을 한다고 가정해 보겠다. 쿠르노 균형에서 각 기업은 얼마를 판매하는가? 시장가격은 무엇이며 각 기업의 이윤은 얼마인가?
b. 두 기업이 가격 경쟁을 한다고 가정하고, 베르트랑 균형에서 각 기업은 얼마를 판매하는가? 시장가격은 무엇이며 각 기업의 이윤은 얼마인가?

3. 문제 2에서 설명한 골프공 시장을 다시 참조하라.

a. 단가가 20달러인 회사가 하나이고 단가가 10달러인 회사가 둘이라면 2b의 답이 달라지겠는가?
b. 회사 1의 골프공이 녹색이고 타이거 우즈가 보증하는 반면, 회사 2의 골프공은 일반 흰색이라면 2b의 답이 달라지겠는가? 그 이유 또는 그렇지 않은 이유를 설명하라.

4. 터프츠빌에서는 모두가 10마일 길이의 메인 스트리트를 따라 살고 있다. 1,000명의 주민들이 메인 스트리트의 위아래로 고르게 분포되어 있으며, 매일 메인 스트리트의 양쪽 끝에 위치한 두 상점 중 한 곳에서 각각 과일 스무디를 구입한다. 고객들은 모터 스쿠터를 타고 매장을 오가며 1마일당 0.50달러의 기름값을 지불한다. 고객은 가장 낮은 가격을 제시하는 매장에서 스무디를 구입하는데, 이는 매장의 가격에 고객의 왕복 교통비를 더한 가격이다. 벤은 메인 스트리트의 서쪽 끝에 있는 매장을 소유하고 있고 윌은 메인 스트리트의 동쪽 끝에 있는 매장을 소유하고 있다.

a. 벤과 윌이 모두 스무디 한 개당 1달러를 받는다면, 하루에 각각 몇 개를 판매하는가? 벤이 스무디 한 개당 1달러를 받고 윌이 1.40달러를 받는다면, 하루에 각각 몇 개의 스무디를 판매하는가?
b. 벤이 스무디 한 개당 3달러를 청구한다면, 윌이 하루에 250개의 스무디를 판매할 수 있는 가격은 얼마인가? 하루에 500개의 스무디? 하루에 750개의 스무디? 하루에 1,000개의 스무디?
c. 벤이 1달러를 받고 윌이 2달러를 받는다면, 벤의 가게와 윌의 가게 중 어느 가게에 갈지 고민하는 고객의 위치는 어디인가? 윌의 가게에 가는 고객은 몇 명이고 벤의 가게에 가는 고객은 몇 명인가? 벤과 윌이 직면하는 수요함수는 무엇인가?
d. 왼쪽의 p_1을 사용하여 벤의 수요함수를 다시 작성하라. 벤의 한계수익 함수는 무엇인가?
e. 스무디의 한계비용이 벤과 윌 모두에게 일정하고 1달러라고 가정한다. 또한, 두 사람은 스무디를 판매할 수 있는 권리를 위해 터프츠빌에 하루에 250달러를 지불한다. 균형가격, 판매수량 및 라이선스 비용 250달러를 뺀 이윤을 구하라.

5. 터프츠빌의 메인 스트리트로 돌아가 보자. 이제 조지가 메인 스트리트의 한가운데에 다른 가게를 열고 싶다고 가정해 보겠다. 그는 이 새 가게를 운영하기 위해 터프츠빌에 하루에 250달러를 추가로 지불해야 한다.

a. 벤과 윌이 가격을 변경하지 않는다면, 조지가 청구할 수 있는 최적의 가격은 얼마인가? 조지는 얼마의 이윤을 얻을 수 있는가?
b. 조지가 메인 스트리트 한가운데에 다른 가게를 열면 어떤 일이 일어날 것이라고 예상할 수 있는가? 벤과 윌이 가격을 변경할 인센티브가 있는가? 그들의 위치는? 둘 중 하나 또는 둘 다 시장을 떠날까?

6. 볼트와 너트라는 상호 보완적인 재화를 생산하는 두 개의 기업, 즉 기업 B와 기업 N이 있다고 가정해 보겠다. 각 기업의 수요곡선은 다음과 같이 설명된다:

$$Q_B = Z - P_B - P_N \text{ 그리고 } Q_N = Z - P_N - P_B$$

간단하게 하기 위해 각 회사가 일정한 생산 단가인 $c = 0$에 직면해 있다고 가정해 보겠다.

a. 각 회사의 이익은 $\Pi^B = P_B = (P_B)(Z - P_B - P_N)$ 그리고 $\Pi^N = P_N(Z - P_B - P_N)$으로 표현할 수 있음을 보여라.
b. 각 기업의 최적가격은 최적 반응 함수에 의해 주어진 대로 상대방이 선택한 가격에 따라 달라짐을 보여라. $P_B^* = (Z - P_N)/2$ 그리고 $P_N^* = (Z - P_B)/2$

c. 이 함수를 그래프로 그려라. 내쉬균형가격은 다음과 같음을 보여라. $P_B = P_N = Z/3$
d. 두 회사가 각각 설정한 가격은 전략적 보완재인가, 아니면 전략적 대체재인가?

7. 두 회사가 서로 다른 제품을 판매하며 다음과 같은 수요곡선에 직면해 있다고 가정한다:

$$q_1 = 15 - p_1 + 0.5p_2 \text{ 그리고 } q_2 = 15 - p_2 + 0.5p_1$$

a. 각 기업에 대한 최적의 대응 함수를 도출하라. 이는 가격이 전략적 대체물인지 아니면 전략적 보완물인지를 나타내는 것인가?
b. 이 시장에서 균형가격 세트는 무엇인가? 해당 가격에서 어떤 이윤이 발생하는가?

참고문헌

Berry, S., and P. Jia, 2010. "Tracing the Woes: An Empirical Analysis of the Airline Industry," *American Economic Journal* 2 (August): 1–43.

Bertrand, J. 1883. "Review," Journal des Savants 68: 499–508, reprinted in English translation by James Friedman in A.F. Daughety (ed.) 1988. *Cournot Oligopoly*, Cambridge: Cambridge University Press.

Bulow, J., J. Geanakopolos, and P. Klemperer, 1985. "Multimarket Oligopoly: Strategic Substitutes and Complements." *Journal of Political Economy* 93 (June): 488–511.

D'Aspremont, C., J. Gabszewicz, and J. Thisse, 1979. "On Hotelling's Stability in Competition," *Econometrica* 47 (September): 1145–50.

Eaton, B. C. 1976. "Free Entry in One-Dimensional Models: Pure Profits and Multiple Equilibrium," *Journal of Regional Science* 16 (January): 21–33.

Economides, N. 1989. "Symmetric Equilibrium Existence and Optimality in Differentiated Products Markets," *Journal of Economic Theory* 27 (February): 178–94.

Edgeworth, F.Y. 1925. "*The Pure Theory of Monopoly*", in Papers Relating to Political Economy Volume I, London: McMillan, 111–142.

Hastings, J. 2004. "Vertical Relationships and Competition in Retail Gasoline Markets: Empirical Evidence from Contract Changes in Southern California," *American Economic Review* 94 (March): 317–28.

Hotelling, H. 1929. "Stability in Competition," *Economic Journal* 39 (January): 41–57.

Kreps, D., and J. Scheinkman. 1983. "Quantity Precommitment and Bertrand Competition Yield Cournot Outcomes," *Bell Journal of Economics* 14 (Autumn): 326–37.

Morrison, S., and Winston, C. 1996. "Causes and Consequences of Airline Fare Wars," *Brookings Papers on Economic Activity: Microeconomics*: 85–124.

Novshek, W. 1980. "Equilibrium in Simple Spatial (or Differentiated Products) Models," *Journal of Economic Theory* 22 (June): 313–26.

Taylor, C., N. Kreisle, and P. Zimmerman. 2010. "Vertical Relationships and Competition in Retail Gasoline Markets: Empirical Evidence from Contract Changes in Southern California: Comment," *American Economic Review* 100 (June): 1269–76.

제 11 장

다이내믹 게임과 선발주자, 후발주자

Dynamic Games and First and Second Movers

▶ 차례

11.1 ▸ 물량경쟁의 스테켈버그 모델
11.2 ▸ 순차적 가격 경쟁
11.3 ▸ 동적 게임에 대한 위협 및 내쉬균형의 신뢰성
11.4 ▸ 체인점의 역설
11.5 ▸ 실증적 적용: 스테켈버그가 쿠르노를 이긴다
요약
연습 문제

2007년, Apple은 최초의 *iPhone*을 출시했다. 다른 고급 무선 전화기(주로 RIM의 *Blackberry*)는 이미 존재했지만, 스타일러스나 키패드가 아닌 멀티터치 스크린을 통해 입력할 수 있고 다운로드 가능한 애플리케이션과 호환되는 것은 *iPhone*이 처음이었다. 음악 재생 및 웹 브라우징 성능도 당시의 어떤 제품보다 훨씬 뛰어났다. 요컨대, 이것은 현대의 "스마트" 휴대폰 중 최초의 제품이다.

경쟁은 얼마 지나지 않아 시작되었다. 2008년, Google은 다른 하드웨어 및 소프트웨어 생산업체가 사용할 수 있는 오픈 소스 플랫폼으로 운영체제 *Android*를 출시했다. T-Mobile은 *HTC Dream* 휴대폰을 먼저 출시했지만 곧 Motorola와 Samsung이 자체 *Android* 기반 휴대폰을 마케팅하기 시작했다. 이 글을 쓰고 있는 지금도 Apple은 (적어도 미국 내에서는) 선도적인 스마트폰 제조업체로서 여전히 지배적인 위치를 차지하고 있다. 하지만 이제 *Android* 운영체제는 모든 제조업체를 합친 것보다 더 많은 스마트폰에 탑재되어 있다.[1]

위에서 살펴본 Apple과 경쟁사 간의 전략적 상호작용의 핵심적인 특징은 순차적 *sequential* 이라는 점이다. 즉, 이전 두 장에서 논의한 동시적 게임과 달리 이 경쟁은 시간이 지남에 따라 역동적으로 진화했다. 먼저 Apple이 어떤 행동을 취하고, 그 행동을 관찰하고 관찰한 후 경쟁사, 주로 Google이 자신의 행동으로 대응하는 방식이다. 이러한 역동적인 게임이 이 장의 초점이다. 원칙적으로 이러한 게임에는 스테이지라고도 하는 여러 라운드의 플레이가 있을 수 있다. 여기서는 편의상 스테이지가 두 개뿐인 게임과 두 개의 회사만 있는 게임에 주로 초점을 맞춘다. 일반적으로 한 회사는 첫 번째 라운드에서 선발주자로, 다른 회사는 두 번째 라운드에서 후발주자로 플레이한다.

1 닐슨 미디어 리서치, "모바일 미디어 보고서: Q3 2011.

대중적인 비즈니스 문헌에는 선발주자*first mover*에 대한 이야기가 가득하다.[2] 이 중 상당수는 Apple 스마트폰의 예처럼 선발주자가 초기 진입자로서 지배적인 지위를 확보한 후 후발주자와의 경쟁에 직면하는 구체적인 사례에 초점을 맞추고 있다. 예를 들어, 19세기 후반에 Campbell은 북미에서 통조림 수프 시장의 지배적인 제조업체로 부상했다. 마찬가지로 Heinz도 영국 통조림 수프 시장에 처음 진출했다. 이후 Heinz 다음으로 Campbell이 영국 시장에 진출했고, 마찬가지로 Heinz 다음으로 Campbell이 미국 시장에 진출했다. 하지만 각 시장의 선발주자는 계속하여 지배하고 있다. Campbell은 미국 시장의 약 63%를 점유하고 있지만 영국 시장의 점유율은 9%에 불과한 반면, Heinz는 영국에서 41%의 시장점유율을 차지하고 있고 미국에서는 상대적으로 미미한 시장점유율을 차지하고 있다.[3]

순차적*sequential* 진입과 동적*dynamics* 게임은 매우 일반적이기 때문에 명시적인 경제분석이 필요하지만, Campbell과 Heinz 사례에서 알 수 있듯이 시장에 처음 진입한 기업이 후발 진입기업과의 경쟁에서 중요한 이점을 얻을 수 있기 때문에 더욱 중요하다. 진입은 할당 메커니즘으로서 경쟁시장의 성공 사례에서 핵심적인 부분이라는 점을 기억해야 한다. 기존기업의 시장 지배력을 약화시키고 독점 시장을 경쟁시장으로 전환하는 것은 진입 또는 진입의 위협이다. 그러나 이러한 강제 메커니즘은 기존기업과 후발 경쟁자 사이에 비대칭성이 존재할 경우 약화된다. 따라서 이러한 비대칭성을 이해하는 것은 산업 경제학에서 중요한 문제이다.

다음 두 장에서는 진입기업과 기존기업이 시장의 전략적 플레이어일 때의 진입 프로세스를 자세히 살펴보자. 이 시점에서 알아두어야 할 점은 진입은 순차적인 과정이며, 어떤 기업은 일찍 진입하고 어떤 기업은 늦게 진입한다는 것이다. 따라서 동적 게임에 대한 이해는 나중에 과점시장의 진입과 진입억제를 조사하는 데 좋은 토대가 된다.

먼저 기업이 동시에 움직이지 않고 순차적으로 움직일 때의 수량 및 가격 경쟁을 살펴보자. 가격 경쟁과 수량 경쟁은 서로 다르며, 경쟁의 종류에 따라 선발주자 또는 후발주자가 유리할 수 있다는 사실을 다시 한번 알아볼 것이다. 이는 기업이 선발주자*first mover* 또는 후발주자*second mover*가 될 수 있는지 여부와 방법에 대한 흥미로운 질문을 제기한다. 원하는 포지션과 그에 따른 높은 수익을 달성하기 위한 열쇠는 종종 시장이 거래에 개방되었을 때 기업이 전략에 대한 신뢰할 수 있는 약속을 할 수 있는 능력이다. 게임이론에서 신뢰성이란 무엇이며, 동적 모델의 균형 해법 개념에 어떤 영향을 미치는지 살펴보자.

전통적인 쿠르노*Cournot* 또는 베르트랑*Bertrand* 모델과 같은 동시 게임은 경쟁기업 간의 시장 상호작용이 단 한 번만 일어나는 것으로 설명한다. 일부 순차적 게임에서도 거래가 이루어지는 시장 기간은 단 한 번이지만, 여러 단계에 걸쳐 발생할 수도 있다. 그러나 더 가능성이 높은 시나리오는 경쟁기업이 현재 시장에서 상호작용하고 거래한 후 미래에 다시 상호작용하는 것이다. 게다가 경쟁기업들은 현재 미래의 상호작용 가능성을 이해하고 있다. 이러한 시장 상호작용이 계속해서 반복되면 일반적으로 반복게임*repeated game*이라고 하는 다소 다른 유형의 동적 게임이 발생하게 된다. 반복게임에 대한 논의는 14장으로 미루겠다.

2 Lieberman과 Montgomery (1988).

3 Sutton(1991)을 참조하시오.

11.1 물량경쟁의 스테켈버그 모델

스테켈버그(1934)의 복점 모델은 쿠르노 모델과 매우 중요한 한 가지 차이점을 제외하면 유사하다. 두 기업은 이제 *동시에* 수량을 선택하지 않고 *순차적으로* 선택한다. 먼저 움직여 생산량 수준을 먼저 선택하는 기업이 리더기업이다. 두 번째로 움직이는 기업은 추종*follower* 기업이다. 생산량을 순차적으로 선택하는 것이 게임을 역동적으로 만드는 요소이다. 그러나 기업들은 시장에서 상품을 단 한 번만 거래하며, 이들의 상호작용은 "단 한 번만" 시장을 청산하는 결과를 낳는다.

시장수요를 다시 선형 역수요함수 $P = A - BQ$로 나타낼 수 있다. 기업 1은 먼저 움직이는 리더이고 기업 2는 리더의 선택이 이루어진 후 생산량을 선택하는 추종자이다. 각 기업은 동일한 생산비용 c를 갖는다. 총 산업 생산량 Q는 각 기업의 생산량 합계와 같다: $Q = q_1 + q_2$.

기업 1이 먼저 행동하여 q_1을 선택하면 어떻게 해야 할까? 두 기업 모두 합리적이고 전략적이며 두 기업 모두 이것을 알고 있으며, 서로가 이것을 알고 있다는 것을 알고 있다. 결과적으로, 기업 1은 자신이 선택한 q_1에 대한 기업 2의 합리적 반응에 대한 최선의 추측을 고려하여 선택을 하게 된다. 즉, 기업 1은 q_1의 각 값에 대한 기업 2의 최선의 반응을 계산하고, 그 최선의 반응을 자신의 의사 결정에 반영한 다음, 기업 2의 최선의 반응이 주어질 때 기업 1의 이익을 최대화하는 q_1를 선택하게 된다.

9장의 쿠르노 모델에서 했던 것과 똑같이 기업 2의 최적 반응 함수 q_2^*를 풀 수 있다. 어떤 출력 q_1를 선택하더라도 기업 2는 역수요 및 한계수익 곡선에 직면하게 된다:

$$\begin{aligned} P &= (A - Bq_1) - Bq_2 \\ MR_2 &= (A - Bq_1) - 2Bq_2 \end{aligned} \tag{11.1}$$

한계수익을 한계비용과 동일하게 설정하면 기업 2의 최적 응답은 q_2^*는 1차 조건*first-order condition* 으로 산출된다.

$$A - Bq_1 - 2Bq_2^* = c \tag{11.2}$$

여기서 다음을 얻는다.

$$q_2^* = \frac{(A - c)}{2B} - \frac{q_1}{2} \tag{11.3}$$

기업 1이 합리적이라면, 기업 1은 방정식 (11.3)이 기업 2가 가능한 각 q_1 선택에 대해 어떤 행동을 할 것인지를 설명한다는 것을 이해할 것이다. 방정식 (11.3)은 $q_2^*(q_1)$으로 요약할 수 있다. 기업 2의 이러한 행동을 예상하여 기업 1은 수요 $q_2^*(q_1)$에서 q_2로 대입할 수 있어, 역수요함수를 다음과 같이 표현할 수 있다.

$$P = A - Bq_2^*(q_1) - Bq_1 = \frac{A + c}{2} - \frac{B}{2}q_1, \tag{11.4}$$

이는 곧 수익 함수*profit function* 를 의미한다.

$$\Pi_1(q_1, q_2^*(q_1)) = \left(\frac{A + c}{2} - \frac{B}{2}q_1 - c\right)q_1 = \left(\frac{A - c}{2} - \frac{B}{2}q_1\right)q_1 \tag{11.5}$$

치환을 통해 기업 1의 수요와 이윤은 자신의 생산량 선택인 q_1에만 의존하게 된다. 이는 기업 2

의 최적 반응 함수에 따라 기업 2가 q_1에 대응하여 q_2를 선택하고, *기업 1이 이를 예상하기* 때문에 기업 1이 효과적으로 q_2도 설정하기 때문이다. 즉, 선발주자는 후발주자의 최적 반응을 정확하게 예측하고 이 예측을 의사 결정 미적분에 통합한다.

기업 1의 이윤을 극대화하는 생산량 q_1^*을 풀기 위해 기업 1의 한계수익 곡선 $MR_1 = \frac{A+c}{2} - Bq_1$을 (11.4)에서 찾고, 한계수익이 한계비용과 같아지는 산출량 q_1^*를 구한다. 또는 q_1^*에 대한 식 (11.5)의 이윤 함수를 극대화할 수 있다. 어느 쪽이든 간에 다음과 같은 사항을 발견할 수 있다:

$$q_1^* = \frac{(A-c)}{2B} \tag{11.6}$$

기업 1의 이러한 산출량 선택이 주어지면, 기업 2는 방정식 (11.3)에 따라 최선의 반응을 선택하며, 그 결과는 다음과 같다:

$$q_2^* = \frac{(A-c)}{4B} \tag{11.7}$$

방정식 (11.6)과 (11.7)은 각 기업의 스테켈버그–내쉬균형 생산 수준을 설명한다. 리더의 생산량은 단순 균일 가격 독점기업이 선택한 생산량 수준과 정확히 일치한다는 점에 유의해야 한다. 이는 수요가 선형이고 비용이 일정할 때 나타나는 스테켈버그 모델의 잘 알려진 특징이다.

물론 총 산업 생산량은 방정식 (11.6) 및 (11.7)에 표시된 두 산출량의 합계이다. 이 합은 $Q^S = \frac{3(A-c)}{4B}$이다. 이 시장 생산량을 이전 쿠르노–내쉬균형 산업 생산량 $Q^C = \frac{2(A-c)}{3B}$과 비교한다. 분명한 것은 스테켈버그 모델은 더 큰 산업 생산량을 산출한다. 따라서 균형가격은 쿠르노 모델보다 스테켈버그 모델에서 더 낮다. 가격 및 산출량 결과는 그림 11.1에 나와 있다.

스테켈버그 모델의 핵심적인 특징은 두 기업의 상대적 결과의 차이이다. 소비자선호도와 생산기술의 관점에서 볼 때 두 기업은 동일하다는 점을 기억해야 한다. 두 기업은 동일한 상품

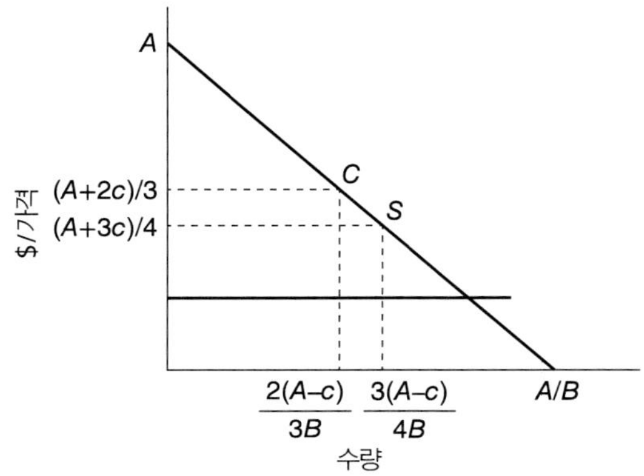

그림 11.1 쿠르노와 스테켈버그의 결과 비교

C = 쿠르노 균형; S = 스테켈버그 균형

을 생산하고 동일한 일정한 단가로 생산한다. 그러나 한 기업이 먼저 움직이기 때문에 두 기업의 결과는 다르다. q_1^*과 q_2^*를 비교하면 리더의 시장점유율이 훨씬 더 높으며, 추종자보다 더 큰 수익을 얻음을 알 수 있다. 먼저 움직이면 분명 장점이 있다. 반대로 시장에 늦게 진입하면 단점이 있다.

스테켈버그 모델에서 기업 2가 불리한 결과에 대한 흥미로운 측면은 기업 2가 산출량 선택인 q_1에 대한 완전한 정보를 가지고 있음에도 불구하고 이러한 결과가 발생한다는 것이다. 실제로 기업 2는 q_2를 선택하기 전에 해당 선택을 실제로 관찰한다. 쿠르노복점 모델에서 기업 2는 그러한 구체적인 정보를 가지고 있지 않다. 쿠르노 모델은 동시 이동을 기반으로 하기 때문에 각 기업은 경쟁사의 산출물 선택에 대해 (합리적) 추측만 할 수 있다. 역설적이게도, 기업 2는 기업 1의 선택에 대한 완전한 정보를 가지고 있을 때(스테켈버그 사례) 정보가 완전하지 않을 때(쿠르노 사례)보다 더 나쁜 결과를 낳는다. 정보가 구체적이라는 말은 기업 2가 관찰하는 시점에서 기업 1의 선택은 되돌릴 수 없다는 말과 같기 때문이다. 스테켈버그 모델에서, 기업 2가 움직일 때쯤이면 기업 1은 이미 $q_1 = \dfrac{(A - c)}{2B}$에 대해 완전히 헌신하고 있다. 쿠르노 상황에서, $q_1 = \dfrac{(A - c)}{2B}$는 $q_2 = \dfrac{(A - c)}{4B}$에 대한 최선의 반응은 *아니며*, 따라서 기업 2는 기업 1이 해당 수량을 생산할 것으로 예상하지 못한다. 이와는 대조적으로, 스테켈버그 모델에서는 기업 1의 선택을 $q_2 = \dfrac{(A - c)}{4B}$에 대한 최선의 반응으로 도출하지 않는다. 그 대신에, 기업 1이 기업 2의 결정이 기업 1이 이미 내린 산출량 선택을 조건으로 q_2의 최선의 값을 선택하는 것이라고 올바르게 예측할 때 기업 1의 산출량 선택을 이윤극대화 산출량으로 도출했다. 바로 순차적 이동에 대한 기본 가정을 반영하는 사실이 스테켈버그 모델을 구별하는 요소이다.

스테켈버그의 기본 쿠르노 모델에 대한 수정은 중요하다. 이는 한 기업이 종종 시장에서 지배적 또는 선도적 위치를 차지하는 현상을 포착하는 데 유용한 방법이다. 스테켈버그 모델은 먼저 움직이는 것이 유리할 수 있으며, 따라서 전략적 상호작용의 중요한 측면이 될 수 있음을 보여준다.

11.1 ▸ 실습문제

다음 게임을 생각해 보자. 리더인 기업 1이 생산량 q_1를 선택하면 추종자인 기업 2가 q_1의 선택을 관찰한 후 자신의 생산량 q_2를 선택한다. 결과 가격은 산업 수요곡선 $P = 200 - q_1 - q_2$를 만족하는 가격이다. 두 기업 모두 고정비용이 0이고 한계비용이 60이다.

a. 추종기업의 최적 반응 함수에 대한 방정식을 도출한다. 이 방정식을 그래프에 그려서 세로축에 q_2, 가로축에 q_1을 표시한다. 최적 반응 함수의 수직 절편, 수평 절편 및 기울기를 표시한다.

b. 리더-추종자 게임에서 각 기업의 균형 산출량을 결정한다. 이 균형이 기업 2의 최적 반응 함수에 놓여 있음을 보여준다. 이 균형에서 기업 1의 이익은 얼마인가?

c. 이제 두 기업이 동시에 생산량을 선택하도록 한다. 쿠르노 균형 생산량과 산업 가격을 계산한다. 두 기업이 스테켈버그 게임 대신 쿠르노 게임을 할 때 누가 손해를 보고 누가 이득을 보는가?

11.2 순차적 가격 경쟁

이제 위의 동적 게임 프레임워크를 유지하되 전략 변수를 생산량에서 가격으로 변경하면 어떻게 될지 생각해 보겠다. 그렇지 않으면 모델은 이전과 완전히 동일하다. 각 기업은 동일한 재화를 동일하고 일정한 한계비용인 c로 생산하며, 소비자는 가장 낮은 가격을 제시하는 기업으로부터 재화를 구매한다. 동일한 가격을 책정하면 각 기업이 시장의 절반을 공급하게 된다.

가격을 책정할 때 기업 1은 당연히 기업 2의 최선의 반응을 예상해야 한다. 기업 1이 단가 c보다 크고 독점 가격보다 낮거나 같은 가격을 책정할 때마다 기업 2는 기업 1의 가격보다 약간 낮은 가격을 책정할 인센티브를 갖게 될 것이 분명하다. 이 경우, 언더커팅 *undercutting* 을 통해 기업 2는 전체 시장에 서비스를 제공하고 모든 잠재적 이익을 얻게 된다. 반면에 기업 1이 단가 c보다 낮은 가격을 책정하면 기업 2는 판매할 때마다 손해를 보는 상황에서 판매를 할 이유가 없기 때문에 기업 1의 가격과 일치하거나 낮추지 않을 것이다. 마지막으로, 기업 1이 단가 c와 동일한 가격을 설정하면 기업 2의 최선의 대응은 가격을 일치시키는 것이다. 2단계에서 기업 2의 예상되는 행동은 기업 1을 곤경에 빠뜨린다. 단가 c보다 높은 가격을 책정하면 매출이 0이 되며 단가 c보다 낮은 가격을 책정하는 것은 의미가 없다. 이때 기업 1이 할 수 있는 최선은 단가 c와 동일한 가격을 책정하는 것이다. 다음 단계에서 기업 2의 최선의 대응은 기업 1의 가격과 일치하는 것이다.

그러나 10장에서 살펴본 바와 같이 두 회사가 동일한 제품을 판매하지 않는다면 상황은 매우 달라진다. 이 경우 모든 소비자가 가격이 더 낮은 기업에서 구매하는 것은 아니다. 제품차별화는 가격 경쟁의 결과를 변화시킨다. 차별화 제품을 통한 가격 경쟁의 본질을 설명하기 위해 앞서 개발한 제품차별화의 공간 모델을 떠올려 보겠다. 소비자가 균일하게 분포하는 단위 길이의 제품 스펙트럼이 있다. 두 회사가 이 시장에 제품을 공급한다. 한 회사는 선상에서 주소 또는 제품 디자인이 $x = 0$이고 다른 회사는 위치가 $x = 1$이다. 각 기업의 생산 단가 c는 동일하다.

이 시장에서 소비자의 위치는 소비자가 가장 선호하는 제품 또는 스타일을 나타낸다. "소비자 x"는 시장의 왼쪽 끝에서 x만큼 떨어진 곳에 위치한다. 소비자는 자신이 가장 좋다고 생각하는 재화의 변형이나 위치, 즉 이상적인 제품에 대해서는 다르지만 가장 선호하는 제품에 대한 유보가격 V는 동일하다. 유보가격 V가 생산단가 c보다 훨씬 크다고 가정하고, 각 소비자는 최대 한 개의 제품만 구매한다고 가정한다. 소비자 x가 이상적인 제품이 아닌 재화를 구매할 경우, 재화 1 ($x = 0$에 위치)을 소비하면 효용 손실이 tx가 발생하고, 재화 2 ($x = 1$에 위치)를 소비하면 효용 손실이 $t(1 - x)$가 발생한다.

두 기업은 각각 가격 p_1와 p_2를 설정하여 고객을 유치하기 위해 경쟁한다. 그러나 단순 베르트랑 모델과 달리, 기업 1이 먼저 가격 p_1를 설정하고 기업 2가 그 뒤를 이어 p_2를 설정한다. 가격 p_1와 p_2에서 두 기업이 직면한 수요를 구하기 위해 이전 장에서와 마찬가지로 기업 1과 기업 2의 구매에 무차별한 한계 소비자 x^m를 식별한다. 무차별함은 소비자 x^m가 두 제품에서 동일한 소비자잉여를 얻는 것을 만족한다는 것을 의미한다:

$$V - p_1 - tx^m = V - p_2 - t(1 - x^m) \tag{11.8}$$

방정식 (11.8)에서 한계 소비자 x^m의 위치를 구할 수 있다:

$$x^m\ (p_1, p_2)\ =\ \frac{(p_2 - p_1 + t)}{2t} \tag{11.9}$$

어떤 가격 집합인 p_1와 p_2에서 x^m의 왼쪽에 있는 모든 소비자는 기업 1에서 구매하고, x^m의 오른쪽에 있는 모든 소비자는 기업 2에서 구매한다. 즉, x^m는 시장에서 기업 1에서 구매하는 비율이고 $(1 - x^m)$는 기업 2에서 구매하는 비율이다. 총 소비자 수를 N으로 표시하고 이들이 제품 스펙트럼에 균등하게 분포되어 있다면, 모든 가격 조합에서 기업 1을 향하는 수요함수는 (p_1, p_2)이다:

$$D^1(p_1, p_2) = x^m(p_1, p_2) = \frac{(p_2 - p_1 + t)}{2t}N \tag{11.10}$$

마찬가지로 기업 2의 수요함수는 다음과 같다:

$$D^2 = (p_1, p_2) = (1 - x^m(p_1, p_2)) = \frac{(p_1 - p_2 + t)}{2t}N \tag{11.11}$$

기업 1은 먼저 행동하여 자신의 가격 p_1를 설정한다. 이 과정에서 기업 1은 기업 2가 기업 1이 설정한 가격 p_1에 대해 가장 좋은 반응을 보일 것으로 예상한다. 즉, 기업 1은 가능한 각 가격 p_1에 대한 기업 2의 최적 반응을 계산한 다음, 해당 가격에 대한 기업 2의 최적 반응이 주어질 때 자신의 이익을 극대화하는 가격 p_1를 선택한다. 기업 2의 최적 반응 함수 p_2^*는 10장의 3절[방정식 (10.4)]에서 하였듯, 정확하게 풀 수 있다.

$$p_2^* = \frac{p_1 + c + t}{2} \tag{11.12}$$

기업 1은 방정식 (11.12)이 기업 2가 기업 1이 설정할 수 있는 각 가격 p_1에 대해 어떤 행동을 할 것인지를 설명한다는 것을 알고 있다. 방정식 (11.12)는 $p_2^*(p_1)$로 요약할 수 있다. 기업 1은 자신이 먼저 가격 p_1을 설정하면 기업 2는 가격 $p_2^*(p_1)$를 설정할 것이라는 것을 알고 있다. 결과적으로, 기업 1의 수요 (11.10)은 다음과 같이 나타낸다.

$$D^1(p_1, p_2^*(p_1)) = q_1 = \frac{(p_2^*(p_1) - p_1 + t)}{2t}N = \frac{N}{4t}(c + 3t - p_1) \tag{11.13}$$

기업 1의 역수요함수는 따라서 아래와 같다.

$$p_1 = c + 3t - \frac{4t}{N}q_1 \tag{11.14}$$

두 배 가파른 규칙에 따라 기업 1의 한계수익은 다음과 같이 주어진다: $MR = c + 3t - \frac{8t}{N}q_1$. 이를 한계비용 c와 동일시하면 기업 1의 최적 산출량은 $q_1^* = \frac{3N}{8}$으로 산출된다. 차례로, 이는 기업 1의 이익 극대화 가격이 다음과 같음을 의미한다.

$$p_1^* = c + \frac{3t}{2} \tag{11.15}$$

기업 1의 가격 선택이 주어지면 기업 2는 방정식 (11.12)를 사용하여 최적의 가격을 선택한다.

$$p_2^* = c + \frac{5t}{4} \tag{11.16}$$

10.3절에서 동시 가격 경쟁이 있는 시장을 분석했을 때 각 기업이 동일한 가격 $p_1^* = p_2^* = c + t$를 설정하고 각각 시장의 절반을 공급하는 대칭적인 결과가 나왔다는 것을 기억해 보자. 그러나 순차적 게임에서는 변동이 있다. 이제 두 회사 모두 더 높은 가격을 책정하지만 가격은 더 이상 동일하지 않다. 가격 리더인 기업 1은 이제 추종자인 기업 2보다 더 높은 가격을 책정한다. 그 결과, 이제 기업 2의 시장점유율이 5/8로 기업 1의 3/8에 비해 더 커졌다.

기업 1의 가격 리더십이 두 기업 모두에게 도움이 되었다는 점에 유의해야 한다. 동시 게임에서 두 기업은 각각 $Nt/2$의 이익을 얻는다. 이제 기업 1은 $9Nt/16$에 해당하는 이익을 얻고, 기업 2는 $25Nt/32$에 해당하는 더 큰 이익을 얻는다. 즉, 가격 주도권 게임 하에서는 두 기업 모두 더 유리하지만(소비자는 더 불리하다), 가장 큰 이익을 얻는 것은 두 번째 기업 또는 추종기업이다. 그런데 이 가격 게임에서는 선발주자에게 중요한 *불*이익이 있다. 기업 1이 가격을 책정하면 기업 2가 낮춰야 할 고정 목표가 된다. 그러나 상품이 차별화되어 있기 때문에 기업 2가 정말 낮은 가격을 책정하지 않는 한 기업 1의 고객을 모두 빼앗기는 것은 어렵다. 이것이 수익성이 없다는 것을 알고 있고, 따라서 기업 2가 가격을 너무 낮추지 않을 것이라는 것을 알기 때문에 기업 1은 처음부터 상당히 높은, 더 수익성이 높은 가격을 책정하게 된다. 소비자가 재화를 완벽한 대체재로 간주하여 매개변수 $t = 0$이 되면 원래의 베르트랑 모델에서와 같이 가격이 다시 한계비용으로 떨어지고 선발주자 또는 후발주자 우위가 존재하지 않게 된다.

11.2 ▸ 실습문제

길이가 1마일인 메인 스트리트에 두 개의 미용실이 있다고 가정한다. 하나는 마을의 동쪽 끝에 위치하며 $x = 0$이고 다른 하나는 동쪽 끝에 위치하며 $x = 1$이다. 1마일 길이에 거주하는 잠재고객은 100명이며, 이들은 1마일 길이를 따라 균일하게 분포되어 있다. 소비자는 자신의 집에서 이발을 하는 데 50달러를 지불할 의향이 있다. 소비자가 이발을 하기 위해 왕복 이동해야 하는 경우 1마일당 5달러의 이동 비용이 발생한다. 각 미용실의 단가는 헤어컷당 10달러로 동일한다.

a. 동쪽 끝 미용실에서 먼저 이발 가격을 게시한 다음 서쪽 끝 미용실에서 이발 가격을 게시한다고 가정해 보겠다. 두 미용실은 어떤 가격을 책정하는가? 각 미용실은 몇 명의 고객에게 서비스를 제공하는가? 수익은 얼마인가?
b. 두 미용실이 동시에 가격을 책정했을 때의 가격과 비교한[10장, 방정식 (10.15)]. 가격이 그렇게 바뀐 이유를 설명하시오.

기업은 일반적으로 생산량 경쟁을 순차적으로 할 때보다 가격 경쟁을 순차적으로 할 때 더 나은 성과를 내는 것으로 보인다. 가격 경쟁이 동시적이지 않고 순차적일 때 평균가격이 더 높고 두 기업 모두 더 높은 이윤을 얻는다. 반대로 수량 경쟁이 동시적이지 않고 순차적일 때는 업계 가격이 하락하고 한 기업만 더 높은 이익을 얻는다. 이 차이는 또 다른 차이점과 관련이 있다. 수량 게임에서 확실한 우위를 점하는 것은 선발주자인 반면, 가격 게임에서는 마지막에 움

현실 체크포인트

TV 시장에서의 선발주자우위: 더 많은 요리와 더 높은 가격

기업이 새로운 상품이나 서비스를 출시할 때 소비자는 제품의 모든 기능을 최대한 활용할 수 있도록 사용법을 익히는 데 시간이 걸릴 수 있다는 점을 이해한다. 예를 들어, Apple *아이폰*의 사용법을 완전히 익히거나 e-Bay에서 거래하는 방법을 배우려면 경험이 필요하다. Gabszewicz, Pepall, Thisse (GPT, 1992)는 소비자 학습이 어떻게 신제품을 최초로 출시하는 기업에 선발주자우위를 부여할 수 있는지를 보여주는 2단계 모델을 개발했다. 기업 1은 새로운 재화의 버전으로 시장을 선도한다. 기업 2는 동일한 재화의 자체 변형을 가지고 2단계에 진입한다. GPT(1992)는 1단계에서 기업 1의 제품을 구매한 소비자들은 이제 그 제품을 효과적으로 사용하는 방법을 알지만, 기업 2의 제품에는 그러한 정보가 없다고 주장한다. 따라서 이들은 기업 2 제품이 더 낮은 가격에 판매되더라도 기업 1 제품을 선호하는 경향이 있다고 주장했다.

GPT는 가격책정에 미치는 영향이 매우 새롭다는 것을 보여준다. 학습이 후발 진입자에 비해 유리할 것으로 예상한 기업 1은 기업 2가 진입하기 전에 많은 소비자가 제품을 사용해보고 경험을 쌓도록 유도하기 위해 1단계에서 가격을 매우 낮게 책정할 인센티브를 갖는다. 이렇게 하면 제품의 작동 방식을 알게 된 2단계에서 기업 1의 제품에 대해 더 높은 가격을 지불할 의향이 있는 소비자 그룹이 형성된다. 따라서 기업 2가 진입할 때, 기업 1은 실제로 가격을 올리면서도 신규진입자의 다른 버전의 상품 사용법을 배우는 데 귀찮아하지 않는 많은 소비자를 보유하게 된다. 선발주자의 이점이 있을 뿐만 아니라 새로운 경쟁자가 등장할 때 가격이 상승하는 등, 단순한 교과서적 분석과는 정반대의 결과가 나타난다.

케이블과 접시 TV의 경쟁이 이 점을 잘 설명해준다. 케이블은 일반적으로 이 시장에서 가장 먼저 등장했으며, 현재 미국 가정의 70% 이상이 케이블 서비스를 받고 있을 정도로 빠르게 확산되었다. 소비자들이 위성 접시를 통해 수신하는 직접 방송 위성(DBS) TV가 그 뒤를 이었다. 교과서적인 분석에 따르면 DBS 경쟁은 케이블 가격 인하로 이어질 것이다. 그러나 Goolsbee와 Petrin(2004)은 반대로 접시형 TV의 보급으로 인해 연간 케이블 요금이 약 34.48달러 증가했다는 사실을 발견했는데, 이는 정확히 선발주자의 이점이다.

출처: Gabszewicz, J., Pepall, L.와 J-F. Thisse, 1992. "Sequential Entry with Brand Loyalty Caused by Consumer Learning-By-Doing", *Journal of Industrial Economics* 60 (12월): 397-416; Goolsbee, A.,와 A. Petrin, 2004. "The Consumer Gains from Direct Broadcast Satellite and Competition with Cable TV," *Econometrica* 72 (3월): 351 – 81.

직이는 기업이 가장 잘하는 기업이다.[4]

위의 동적 게임이 동시 게임과 다른 결과를 낳는 핵심적인 이유를 이해하는 것이 중요하다. 다시 말하지만, 순차적 플레이는 추종자가 움직일 때 기업 1의 움직임이 되돌릴 수 없거나 주어진 것으로 간주되기 때문이다. 달리 말하면, 기업 1이 기업 2가 플레이한 후에 자신의 선택을 변경하지 않겠다는 *신뢰할 수 있는 약속*을 할 수 있을 때만 게임이 진정한 의미의 순차적 플레이가 된다. 예를 들어, 기업 2가 움직인 후 기업 1이 생산량이나 가격을 변경할 수 있다면, 위에서 설명한 생산량 또는 가격 게임에서 내쉬균형은 9장과 10장의 동시 게임에서와 동일할 것이다. 신뢰성이 매우 중요하기 때문에 동적 게임을 하는 기업들도 신뢰할 수 있는 전략과 신뢰할 수 없는 전략을 구분할 것으로 예상해야 한다. 따라서 우리는 동적 게임에서 무엇이 전략을 신뢰할 수 있게 만드는지 이해해야 한다.

다음 절에서는 동적 신뢰도를 시장진입 게임의 맥락에서 살펴본다. 이 게임은 산업조직 경

4 시장이 수직적으로 차별화되어 있고 선발주자가 최고 품질의 상품을 보유한 기업이라면 이런 상황은 일어나지 않을 것이다.

제학자들이 큰 관심을 가져온 게임이다. 이 게임에서 기존기업은 실제 진입에 대한 자사의 반응을 약속하는 전략을 발표한다. 그러면 진입자는 기존기업의 위협 반응을 고려하여 진입 여부를 결정한다. 문제는 어떤 위협이 신빙성이 있느냐는 것이다.

11.3 동적 게임에 대한 위협 및 내쉬균형의 신뢰성

먼저 모든 다이내믹 게임에 중요한 개념인 서브게임 *subgame* 의 개념을 소개한다. 서브게임은 전체 게임의 일부분으로, 그 자체로 하나의 게임으로 독립할 수 있다. 서브게임은 게임 속의 게임이다. 동시 게임에는 서브게임이 있을 수 없지만, 동적 게임에는 서브게임이 있을 수 있다. 2기간 *two-period* 모델에서 서브게임의 예로는 더 큰 두 기간 게임 내의 단발성 게임인 두 번째 *second period* 경쟁이 있다.

서브게임의 개념과 밀접한 관련이 있는 개념이 노벨 경제학상 수상자 Reinhard Selten (1978)이 처음 소개한 서브게임 완전성 개념이다. 역동적인 게임에서 기업의 전략이 신뢰할 수 있는지 여부를 이해할 수 있도록 해주는 것이 서브게임 완벽의 개념이다. 이 용어는 매우 기술적으로 들리지만 실제로는 매우 간단하다. 기본적으로 서브게임 완성도 *subgame perfection* 란, 게임을 시작할 때 선택한 전략이 최적이라면 이후 플레이가 진행되는 모든 시점에서도 그 전략을 고수하는 것이 최적이어야 한다는 뜻이다.

서브게임 완성도의 개념을 실제로 적용해 보면 더 쉽게 이해할 수 있다. 이제 두 개의 소프트웨어 회사, 즉 Microhard라는 거대 소프트웨어 회사가 시장의 기존기업이고 다른 하나는 시장에 진입하고자 하는 신생 기업 Newvel이 역동적인 게임을 하고 있다고 상상해 보겠다. 이 게임에서 잠재적 진입자인 Newvel은 Microhard의 시장에 진입할지 아니면 계속 남아 있을지를 선택한다. Newvel이 시장에 진입하지 않는다면 Newvel은 경제의 다른 곳에 존재함으로써 정상적인 이윤을 얻게 되고(예: $\Pi = 1$), Microhard는 소프트웨어 시장에서 계속 독점이윤을 얻게 된다(예: $\Pi = 5$). Newvel이 시장에 진입하면 Microhard는 신규진입자를 수용하여 시장을 공유하거나 가격을 인하하여 신규진입자와 싸울 수 있다. Microhard가 Newvel의 진입을 수용하면 각 기업은 $\Pi = 2$의 이익을 얻는다. 반면에 Microhard가 경쟁하면 두 기업 모두 이익을 얻지 못하므로 각 기업의 이익은 $\Pi = 0$이 된다.

동작이 순차적으로 이루어지는 역동적인 게임은 단일 동시 게임보다 프레젠테이션에 더 많은 주의를 기울여야 한다. 동시 게임에서 기업은 한 번에 동시에 움직이기 때문에 그 *행동*은 *전략*과 동일하다. 동적 게임에서 기업의 전략은 게임에서 생각할 수 있는 모든 상황에서 어떤 *행동*을 선택해야 하는지를 알려주는 완전한 지침 세트이다. 그러나 9장에서 소개한 유형의 보상 행렬을 사용하여 Microhard와 Newvel 사이의 이 진입 게임 분석을 시작할 수 있다. 이 게임의 경우 이 행렬은 표 11.1에 나와 있다.

조합(진입, 경쟁)으로 시작한다. 이것은 균형에 해당할 수 *없다*. 진입은 Newvel의 시장진입을 유도할 것이다. Microhard가 경쟁 전략을 채택했다면 이러한 진입에 매우 공격적으로 대응해야 한다. 그러나 보상 매트릭스에서 알 수 있듯이, 그러한 공격적인 행동은 Newvel의 진입에 대한 Microhard의 최선의 대응이 아니다. 이제 (진입, 수용)을 시도해 보겠다. 이것은 전략의 내쉬균형이다. Newvel이 진입을 선택하고 Microhard가 수용 전략을 채택한 경우, 관련 결과는

표 11.1 Newvel-Microhard 진입 게임의 보상 매트릭스

		Microhard	
		경쟁	수용
Newvel	진입	(0, 0)	(2, 2)
	퇴출	(1, 5)	(1, 5)

Newvel과 Microhard 모두에게 최선의 대응이다. 즉, Microhard가 수용 전략을 채택한 경우 진입은 Newvel에 대한 최선의 대응이고, Newvel이 진입 전략을 채택한 경우 수용은 Microhard에 대한 최선의 대응이다. 따라서 이 조합(진입, 수용)은 내쉬균형이다.

(퇴출, 경쟁) 조합은 어떨까? 이 또한 내쉬의 정의를 만족한다. Newvel이 퇴출을 선택하면 경쟁 전략이 Microhard에 대한 최선의 대응이 되고, Microhard가 경쟁 전략을 선택하면 퇴출이 Newvel에 대한 최선의 대응이 된다. 따라서 (퇴출, 경쟁) 전략도 내쉬균형에 해당한다. 전략 조합(퇴출, 수용)이 내쉬균형이 아니라는 것은 독자의 몫으로 남겨두겠다.

다시 한번 강조하지만, 내쉬균형은 서로에 대한 최선의 대응 전략이라는 측면에서 정의된다는 점을 이해하는 것이 중요하다. 두 번째 내쉬균형(퇴출, 경쟁)에서 Microhard는 실제로 싸우는 행동을 취하거나 실행하지 않는다. 대신, Newvel의 진입을 저지하기 위한 장치로 *위협*에 전적으로 의존하고 있다. 내쉬균형 개념은 시장에서 실제로 관찰되는 행동이 아니라 관찰되는 행동의 기저에 깔려 있는 사고나 전략에 기초한다. 이것이 바로 기업의 전략 측면에서 내쉬균형을 정의해야 한다고 말하는 의미이다.

그렇다면 이 게임에는 두 가지 내쉬균형이 존재하는 것으로 보인다. 그러나 이 중 하나인 내쉬균형(퇴출, 경쟁)에 문제가 있다. Microhard가 "경쟁"이라는 전략에 전적으로 전념했다면, Newvel이 취할 수 있는 최선의 전략은 "퇴출"이다. 그러나 Newvel은 그러한 노력이 실제로 가능한지 의문을 가질 수 있다. 경쟁 전략을 채택함으로써 Microhard는 Newvel에게 "당신이 퇴출하는 한 나는 가격을 높게 책정할 것이지만, 당신이 내 시장에 진입하면 가격을 인하하고 당신을 박살내겠다"고 말하는 것과 마찬가지이다. 문제는 이러한 위협이 심각한 *신뢰성* 문제를 야기한다는 것이다. 우리는 이미 Newvel이 시장에 진입한 후 반격 조치를 취하는 것이 Microhard에게 최선의 이익이 되지 않는다는 것을 알고 있다. 그러한 진입을 수용하는 것이 훨씬 더 유리하다. 따라서 Microhard는 위협을 실행할 인센티브가 없다. 그렇다면 왜 Newvel이 애초에 그 위협을 믿어야 할까?

우리가 방금 발견한 것은 신뢰할 수 없는 위협에 기반한 내쉬균형 전략 조합이 그다지 만족스럽지 않다는 것이다. 이는 이러한 전략 조합을 배제하기 위해 내쉬균형에 대한 정의를 강화해야 한다는 것을 의미한다. 바로 이 지점에서 서브게임 완전성, 즉 서브게임 완전 내쉬균형이라는 개념이 중요해진다. 내쉬균형은 게임에서 플레이어가 약속이나 위협을 이행해야 하는 시점에 정확히 약속이나 위협을 이행하는 것이 플레이어의 최선의 반응일 때만 서브게임 완전성으로 간주된다. 다시 말해, 한 기간에 약속이나 위협을 한 경우, 이후에도 약속이나 위협을 이행할 기회가 발생하면 이를 이행하는 것이 내쉬균형의 일부가 된다. Microhard가 진입 시 싸움을 하겠다는 위협이 포함된 전략을 채택했다면, 그 전략이 서브게임에서 완벽하다면 Microhard는 Newvel이 진입할 경우, 즉 Newvel이 진입 결정을 내린 후 2기간에 설정된 서브게임에서 싸우

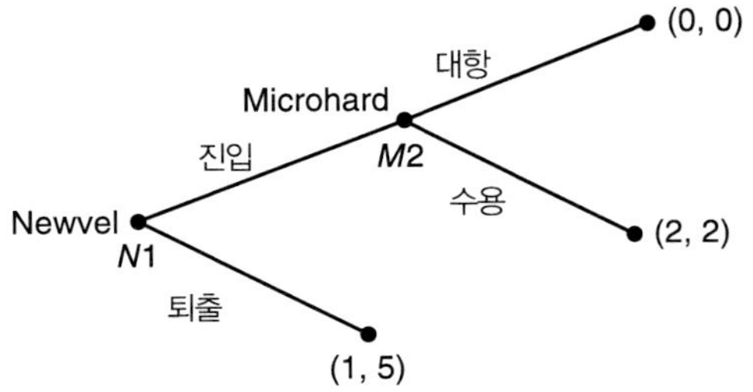

그림 11.2 Microhard-Newvel 게임의 광범위한 형태

는 것이 최선이어야 한다. 그렇지 않으면 경쟁을 포함하는 어떤 결과도 서브게임의 완벽한 내쉬 균형에 포함될 수 없다.

일반적으로 게임의 행렬 표현을 사용하여 서브게임의 완성도를 테스트하는 것은 더 어렵다. 이것이 바로 위 게임에서 두 개의 내쉬균형을 발견한 이유이다. 동적 게임의 경우 게임의 광범위한 표현이나 트리 표현을 사용하는 것을 선호한다.

게임의 광범위한 형태는 브랜치 *branch*, 노드 *node*, 보상 *payoff* 벡터로 구성된다. 노드는 게임의 결정 지점이다. 그림 11.2는 Newvel과 Microhard 사이의 진입 게임의 광범위한 형태를 보여준다. 여기서 노드는 해당 위치에서 어떤 회사가 움직이느냐에 따라 N (Newvel) 또는 M (Microhard)이라는 레이블이 붙는다. 노드에서 그려지는 브랜치는 해당 노드에서 플레이어가 선택할 수 있는 행동의 선택을 나타낸다. 각 브랜치는 추가 행동이 이루어지는 다른 노드 또는 보상 벡터(Newvel의 보상이 먼저 표시됨)를 가리키며, 이는 이 특정 행동으로 게임이 종료되었음을 의미한다. 마지막으로, 어떤 노드에서든 플레이어는 해당 노드에 도달하기까지의 플레이 과정을 알 수 있다.

시퀀스 게임을 광범위한 형태로 표현할 때 서브게임을 쉽게 식별할 수 있다. 서브게임은 단일 노드와 해당 노드에서 발생하는 모든 액션으로 정의된다. 그림 11.2에 표시된 확장 게임에는 두 개의 서브게임이 있다. 노드 *N*1에서 시작하는 전체 게임이 있다(전체 게임은 항상 서브게임이다). 그리고 노드 *M*2에서 시작하여 이 노드로부터 이어지는 모든 후속 행동을 포함하는 서브게임이 있다. 각 플레이어의 전략이 전체 게임의 모든 서브게임에서 다른 플레이어의 전략에 대한 최선의 대응인 경우 전략 조합은 서브게임에 완벽하다. 현재 노드 *M*2에서 시작되는 서브게임에서 Microhard에게 가장 좋은 대응 전략은 싸우지 *않고* 수용하는 것임을 쉽게 알 수 있다. 따라서 전략 조합(퇴출, 경쟁)은 서브게임에서 완벽한 균형에 해당할 수 없다. 이 경우 유일한 균형은 (진입, 수용)의 균형이다.

노드 수가 한정된 게임을 푸는 데 중요한 기술이 있다. 이러한 게임에서 서브게임 완전 균형을 식별하는 가장 간단한 방법은 역방향으로 작업하여 게임 트리를 각 노드에서 하나의 가지가 있는 것으로 축소할 때까지 취할 수 없는 가지를 제거하는 것이다. 이는 서브게임의 완전 균형 전략 조합이 각 서브게임에서 내쉬균형이어야 한다는 속성을 활용한다. 이 예제에서는 노드 *M*2에서 시작한다. 이미 노드 *M*2에서 "경쟁" 브랜치를 제거하고 "수용" 단일 분기만 남길 수 있음을 확인했다. 이제 트리를 노드 *N*1로 전달한다. 이제 Newvel은 Stay Out이 보상 1을 가져오고, Enter가 *M*2와 Microhard의 Accommodate로 이어져 Newvel에게 보상 2를 준다는 것을 알 수 있다. 따라서 퇴출 브랜치를 제거할 수 있다. 이제 게임 트리에 *N*1에서 하나의 가지와 *M*2에서 하나의 가지가 있으므로 게임을 해결했다. Newvel은 진입을 선택하고 Microhard는 수용을 선택한다. 다시 말해, 이 절차는 완벽한 내쉬균형으로서 조합(퇴출, 경쟁)을 제거했다.

11.3 ▸ 실습문제

지네는 "1달러를 획득"할 수 있는 기회와 관련된 잘 알려진 변형 게임이다. 이 게임은 다음과 같이 두 명의 플레이어가 진행한다. 중립적인 제3자, 즉 자연*Nature*이 다음과 같은 정보를 제공한다. 테이블에 1달러가 있다. 플레이어 1은 이 1달러를 "잡거나" "기다릴" 수 있다. 플레이어 1이 1달러를 가져가면 게임은 끝나고 플레이어 1은 1달러를, 플레이어 2는 아무것도 얻지 못한다. 하지만 플레이어 1이 기다리면 자연은 테이블에 있는 금액을 *세 배로 늘려* $3로 만든다. 이 시점에서 플레이어 2가 움직일 차례가 된다. 플레이어 2의 선택은 다음과 같다: 3달러를 모두 가져가거나 플레이어 1과 균등하게 돈을 나누는 것이다.

a. 플레이어 1의 행동을 "잡기" 또는 "기다림"으로, 플레이어 2의 행동을 "잡기"(3달러 전체) 또는 "공유"로 하여 이 게임에 대한 2 × 2 보상 행렬을 구성하시오. 보상은 플레이어가 받는 돈의 양과 같다고 가정한다.
b. 광범위한 형태*extensive form*로 게임을 그려보시오.
c. 플레이어 2가 플레이어 1에게 플레이어 1이 기다림을 선택하면 공유를 선택하겠다고 약속했다고 가정해 봅시다. 이 약속을 신뢰할 수 있는가? 아니면 왜 안 되는가?

11.4 체인점의 역설

Microhard와 Newvel 게임에서 시장은 하나이고 잠재적 진입자는 한 명뿐이며, 그 진입자와 싸우는 것은 최적의 진입 대응이 아니었다. 하지만 Microhard가 두 명 이상의 진입자와 맞닥뜨린다면 어떨까? 한 진입자와 싸우면 공격적인 행동으로 평판이 쌓여 이후 진입자들이 겁을 먹게 될 수도 있다. 싸움의 평판 효과를 고려하면 Microhard의 최적 전략이 바뀔 수 있다. 경쟁사에 대해 약탈적인 행동을 취하는 것은 비용이 많이 들더라도 다른 시장에 있는 경쟁사나 나중에 나타날 수 있는 경쟁사에 대한 위협을 신뢰할 수 있게 만드는 데 도움이 *된다면* 유용할 수 있다. 이 가능성을 예시에 도입해 보면, 싸움꾼으로서 평판을 쌓음으로써 다른 시장에서 얻을 수 있는 이득이 충분히 크기 때문에 Microhard의 싸움 위협이 신뢰할 수 있는 것이 될 수 있을까? 다시 말해, 평판 효과로 인해 싸움을 신뢰할 수 있고 전략 조합(퇴출, 경쟁) 서브게임이 완벽해질 수 있을까?

위의 게임을 여러 시장(시간 또는 공간에 걸쳐 분산된)과 다른 경쟁업체로 확장해도 다른 결과가 나오지 *않을* 수 있다는 사실은 Selten이 "체인점 역설"이라고 이름 붙인 유명한 결과이다.[5] 이 수수께끼 같은 결과의 논리를 이해하기 위해 Microhard가 20개의 시장, 즉 20개의 서

5 Selten(1978). 여기서는 분명히 유한반복게임만 고려하도록 제한했다. 무한히 반복되는 게임은 다음 장에서 다루겠다.

로 다른 도시에 각각 운영 부서를 설립한 상황을 생각해 보겠다. 각 도시에서 Microhard는 소규모 경쟁업체 한 곳의 잠재적 진입에 직면해 있다. 현재로서는 이러한 잠재적 경쟁자 중 어느 누구도 사업을 시작할 자본을 가지고 있지 않다. 하지만 시간이 지나면 하나둘씩 필요한 자금을 마련할 것이다. 간단히 설명하기 위해 20개 시장 각각에 대한 보상이 이전 섹션의 보상 매트릭스와 같다고 가정해 보겠다. Microhard가 직면한 문제는 이러한 일련의 잠재적 진입자에 어떻게 대응할 것인가 하는 것이다. 특히 첫 번째 진입자에 대해 공격적인 대응을 취해 퇴출시켜야 할까? 이 전략이 Microhard에게 무자비하다는 평판을 얻어 다른 시장의 후속 진입자들이 Microhard의 메시지를 듣고 진입하지 않기로 결정하게 만들까?

다시 말하지만, 거꾸로 생각하면 서브게임에서 완벽한 전략을 파악하는 데 도움이 될 수 있다. 이제 Microhard가 마지막 20번째 시장에서 마지막 잠재적 진입자를 상대하는 한 가지 가능한 시나리오부터 살펴보자. Microhard는 첫 번째 시장뿐만 아니라 그 이전의 19개 시장에서도 가격을 인하하고 모든 진입자를 몰아내겠다는 위협을 실행에 옮겼을 수 있다. 이러한 공격적인 진입 대응이 마지막 남은 잠재적 진입자를 설득해 Microhard가 마지막까지 살아남을 수 있을지 관심이 쏠리고 있다.

그러나 20번째 시장에 진입한 기업의 관점을 생각해 보자. 이 회사는 후속 진입자가 없기 때문에 위에서 설명한 1기간 게임과 똑같은 게임을 하고 있다는 것을 알게 될 것이다. 따라서 이 마지막 진입자는 Microhard가 이 마지막 시장에서 싸울 인센티브가 없다는 것을 이해할 것이다. Microhard는 더 이상 무자비함을 보여줘서 얻을 수 있는 이득이 없기 때문에 이 마지막 경우[6]에서 "서로 살고 보자"는 전략을 따르는 것이 더 큰 이익을 가져다준다. 더 이상 인상을 줄 다른 진입자가 남아 있지 않는다! 다시 말해, 이 마지막 서브게임에서는 (진입, 수용)이 내쉬균형이 되어야 한다.

Microhard가 20번째 시장진입을 확실하게 저지할 수 없다고 해서, 경쟁 위협을 통해 초기 경쟁자의 진입을 저지하는 것은 가능하다고 생각할 수 있다. 그러나 이것이 왜 불가능한지 알아보려면 20번째보다는 19번째 시장의 잠재적 진입자를 생각해봐야 한다. 다시 한번, Microhard가 이전 18개 시장에서 약탈적 또는 전투적 조치를 취한 극단적인 경우를 가정해 보겠다. 이제 19번째 시장의 잠재적 진입자는 우리만큼이나 추론할 수 있다. 결과적으로 이 회사는 앞선 사례의 논리를 적용하여 Microhard가 20번째 시장에서 경쟁하지 않을 것이라고 정당하게 결론을 내릴 것이다. 그러면 19번째 시장 또는 그 다음으로 마지막 시장에 진입한 업체는 다음과 같이 추론할 것이다: "Microhard는 마지막 경쟁기업이 살아남는 것이 더 수익성이 높기 때문에 살아남도록 내버려둘 것이다. 그러나 이는 Microhard나 저 모두 19번째 시장에서 어떤 일이 일어나더라도 마지막 경쟁기업의 진입에 도전하지 않을 것이라는 것을 알고 있다는 것을 의미한다. 그렇다면 Microhard가 여기서 강경하게 행동할 이유가 없다. 그렇게 해야 할 유일한 이유는 다음 시장에서 진입자를 설득하는 것이다. 이것이 불가능하기 때문에 19번째 시장에서 싸울 유일한 명분이 사라진 것이다." 다시 한번 말하지만, Microhard의 싸움에 대한 약속은 신뢰할 수 없다. 다음 경쟁기업에게 보여줌으로써 Microhard가 얻을 수 있는 것은 아무것도 없다. 이러한 평판

6 여기에는 진입자를 수용하는 것이 가격 전쟁에 참여하는 것보다 단기적으로 더 이익이 된다는 가정이 내포되어 있다.

효과가 없다면, 19번째 시장진입에 대한 Microhard의 최선의 대응은 다시 수용하는 것이다. 이를 알고 있는 19번째 시장의 잠재적 진입자는 진입할 것이다.

이런 식으로 반복해서 초기 시장으로 돌아갈 수 있다. 모든 단계에서 우리는 진입이 이루어진 후 싸우는 전략은 Microhard의 이익에 부합하지 않는다는 것을 알게 될 것이다. 따라서 진입이 발생하면 싸운다는 위협이 포함된 전략은 신뢰할 수 없으며 따라서 서브게임이 완벽하지 않다. 이는 20번째 시장에서 19번째 시장까지, 그리고 첫 번째 시장에서 시작하여 전체 게임으로 거슬러 올라가면 각 노드에서 마찬가지이다. 이 간단한 모델에서는, 기존 사업자가 공격적인 저가 대응으로 진입을 위협할 수 있는 방법이 없다.

이것이 이야기의 끝이라면 약탈적 행위에 대한 우리의 관심은 분명 매우 낮을 것이다. 왜 우리는 일어나지 않을 것 같은 사건에 대해 걱정해야 할까? 그 답은 실제 싸움이 아닌 다른 방법으로 싸움의 위협을 믿을 수 있게 만들 수 있기 때문이다.[7] 다음 두 장에서는 기업이 약탈적 위협을 신뢰할 수 있게 만들고 진입을 크게 억제할 수 있는 전술을 살펴볼 것이다.

11.5 실증적 적용: 스테켈버그가 쿠르노를 이긴다

이 장과 이전 장에서 연구한 쿠르노, 베르트랑, 스테켈버그의 과점 모델은 매우 복잡한 현실을 단순화한 추상화일 뿐이다. 이러한 모델을 배우는 학생들은 종종 실제로 이런 식으로 생각하는 사람이 있는지, 즉 게임이론이 암시하는 방식으로 모델을 통해 최적의 선택을 도출하는 사람이 실제로 있는지 묻는다.

물론 사람의 마음속에서 일어나는 일을 정확히 이해하거나 증명하기는 어렵다. 하지만 다양한 환경에서 사람들의 행동을 관찰함으로써 그들의 사고 과정을 지능적으로 추론할 수는 있다. 이를 위한 비교적 최근의 방법은 통제된 환경에서 실제 사람을 대상으로 실험을 수행하는 것이다. 이러한 연구의 한 예로 Huck, Muller, Normann(2001)의 "스테켈버그가 쿠르노를 이기다: 실험 시장에서의 담합과 효율성"이라는 논문이 있다.

간단히 설명하자면 Huck, Muller, Normann(2001)은 134명의 학생을 한 쌍으로 나누어 쿠르노와 스테켈버그의 2인 게임을 시뮬레이션으로 진행했다. 두 학생 플레이어는 각각 자신이 두 회사 중 하나라고 말하며, 각 회사는 $c = 6$의 일정한 한계비용으로 동일한 제품을 얼마만큼 생산할 것인지 선택해야 하며, 아래와 같은 역수요곡선을 가진다.

$$P(Q) = P(q_1 + q_2) = 30 - Q;\ \text{for } Q \leq 30;\ \text{그렇지않으면 } 0 \tag{11.17}$$

스테켈버그 게임에서는 한 학생이 추종자 역할을 맡고 리더 역할을 맡은 학생을 관찰한 후에야 게임을 진행한다. 쿠르노 게임에서는 각 학생이 다른 학생의 선택을 모르게 선택하여 효과적으로 동시에 플레이할 수 있다. 게임을 시작하기 전에 플레이어는 가능한 모든 전략 조합에 대해 "탈러"라는 가상의 화폐로 측정된 각 기업의 이익을 보여주는 보상 테이블을 받았다. 두 플레이어 간의 한 게임은 실제로 10라운드의 게임으로 구성되었으며, 플레이어는 학습을 위해 10번 연속으로 결과를 선택하게 된다. 플레이어는 10번의 라운드 중 2번이 무작위로 선택되고,

---

7 Schelling(1960)은 동적 게임의 균형 개념을 개발하는 데 초창기부터 지속적인 공헌을 했다. Tirole(1988)과 Rasmusen(2007)도 참고하시오.

표 11.2 스테켈버그 및 쿠르노 실험의 실제 및 예측 결과

	스테켈버그		쿠르노	
	실제 리더/추종자	예상 리더/추종자	실제 각 복점	예측된 각 복점
개별 회사 산출량	10.19/8.32	12/6	8.07	8
총 시장 생산량	18.51	18	16.14	16
총 합산 이익	93.48	108	116.60	128
총 소비자잉여	175.37	162	135.38	108
종합 잉여	268.85	270	251.98	236

그 후 10달러의 수익당 1유로의 비율로 실제 돈(유로)을 받을 수 있다는 사실을 알고 있기 때문에 수익을 극대화하려는 동기가 부여되어 있다. 아래 결과에서는 전체 게임이 시작되기 전에 경쟁 플레이어가 무작위로 배정된 게임의 결과에 초점을 맞췄다.

수요와 비용구조를 고려할 때, 표준 스테켈버그 결과는 리더가 12개를 생산하고 추종자가 6개를 생산하는 것이며, 표준 쿠르노 결과는 각 기업이 8개를 생산하는 것임을 인식해야 한다. 결국, 이러한 결과는 스테켈버그 시장의 총생산량이 쿠르노 시장의 총생산량을 초과한다는 의미도 내포하고 있다. 실험실 실험에서는 어떤 일이 일어났을까?

표 11.2는 각 시나리오에 대한 이론적 예측과 함께 게임 샘플의 평균 결과를 보여준다. 몇 가지 결과를 쉽게 관찰할 수 있다. 첫째, 쿠르노 실험의 결과는 경제 이론에서 예측한 결과와 매우 유사하며, 각 쿠르노 학생-기업은 일반적으로 8에 매우 가까운 결과값을 선택한다. 둘째, 스테켈버그 실험은 리더기업의 더 큰 산출량과 선발주자우위를 유지하면서도 리더기업의 산출량은 예측보다 작고 추종기업의 산출량은 예측보다 크다는 점에서 스테켈버그 이론 모델에서 다소 벗어나는 결과를 도출한다. 셋째, 이러한 후자의 결과에도 불구하고 일반적인 스테켈버그 게임은 이론이 예측하는 대로 여전히 일반적인 쿠르노 게임보다 더 많은 총 산출량을 가져온다.

Huck, Muller, Normann(2001)은 실제 플레이어의 행동이 암시하는 최적 반응 함수와 이론이 예측하는 최적 반응 함수를 먼저 비교함으로써 실제와 이론의 스테켈버그 예측의 차이를 좀 더 자세히 살펴본다. 후자는 당연히 $q_F = 12 - 0.5q_L$이다. 저자들은 선형 회귀를 사용하여 무작위 쌍 실험에서 추종자가 다음과 같은 반응 함수를 갖는 것으로 가장 잘 설명된다는 사실을 발견했다:

$$q_F = 10.275 - 0.178q_L \tag{11.18}$$

이 추정된 행동의 기울기는 예상보다 훨씬 평탄하며, 이는 추종기업이 리더의 생산량 선택에 대응하여 예상만큼 생산량을 줄이지 않는다는 것을 의미한다. 예를 들어, 리더의 예상 생산량이 12인 경우, (11.18)의 반응 함수는 추종자의 생산량이 8.35로 이론적 최적 반응 함수가 예측한 6보다 훨씬 높다는 것을 의미한다.

요컨대 Huck, Muller, Normann(2001)은 추종자가 이론이 예측하는 것보다 더 공격적이라는 사실을 발견했다. 이들은 추종자가 자신의 이익뿐만 아니라 리더와 추종자의 이익 사이의 불평등에도 신경을 쓴다는 점에서 *불평등 회피* inequality aversion 가 있기 때문이라고 가설을 세웠다. 특히 저자들은 팔로워 플레이어가 이익을 극대화하는 대신 다음과 같은 효용 함수를 극대화할 수 있다고 제안한다:

$$U(\pi_F, \pi_L) = \pi_F - \alpha \ \max(\pi_L - \pi_F, 0) - \beta \ \max(\pi_F - \pi_L, 0) \tag{11.19}$$

여기서 α와 β는 일반적으로 양의 분수로 간주한다. 따라서 방정식 (11.19)는 리더와 추종자의 이익이 같을 때, 즉 $\pi_F = \pi_L$일 때 추종자 플레이어는 기존 모델에서처럼 자신의 이익을 극대화하는 데만 신경을 쓴다는 것을 의미한다. 그러나 $\pi_L > \pi_F$ 또는 $\pi_F > \pi_L$인 경우, 추종자는 효용을 일부 잃게 된다. 따라서 추종자는 α와 β의 크기에 따라 약간의 이익을 희생할 의향이 있다. 일반적으로 $\alpha > \beta$로 가정하는데, 이는 추종자가 리더가 더 큰 이익을 얻는 것에 더 신경을 쓴다는 것을 의미한다.

예를 들어, 실험에서 발견된 10.19의 일반적인 리더 산출량을 생각해 보겠다. 이 산출량을 주어진 것으로 간주하면 추종기업은 다음과 같은 역수요곡선에 직면하게 된다: $P = 19.81 - q_a$. 따라서 한계수익 곡선은 $\text{MR} = 19.81 - 2q_F$이다. 이를 한계비용인 6과 동일시하면 추종기업은 $q_F = 6.9$에서 이익을 극대화할 수 있으며, 이는 가격이 12.91임을 의미한다. 그러나 이는 $\pi_L - \pi_F = 70.41 - 47.68 = 22.73$을 의미하며, 이러한 이익의 불평등은 $\alpha > 0$인 경우 추종자의 효용을 감소시킨다. 하지만 추종자는 이에 대해 무언가를 할 수 있는 위치에 있다는 점에 유의해야 한다. 추종자가 생산량을 조금 늘리면 가격이 낮아지고 리더의 이익이 감소한다. 또한 추종자의 이익도 감소하지만, 추종자의 생산량은 증가하는 반면 리더의 생산량은 가정에 따라 정해져 있기 때문에 리더의 이익만큼은 감소하지 않는다. 따라서 생산량을 늘리면 두 기업 간의 이익 차이가 줄어든다.

β는 $\pi_F > \pi_L$ 때는 관련이 없으므로 이제 추종자의 효용 함수를 다음과 같이 쓸 수 있다:

$$U(\pi_F, \pi_L) = (1 + \alpha)\pi_F - \alpha\pi_L \tag{11.20}$$

효용의 변화 ΔU는 다음과 같이 만족한다:

$$\Delta U = (1 + \alpha)\Delta\pi_F - \alpha\Delta\pi_L \tag{11.21}$$

최적점에서 추종자는 생산량 증가가 가져오는 더 큰 이익 동등과 증가로 인해 발생하는 실제 이익 손실의 균형을 맞추고 있다. 따라서 최적점에서 $\Delta U = 0$은 α가 만족한다는 것을 의미한다:

$$\frac{\alpha}{1 + \alpha} = \frac{\Delta\pi_F}{\Delta\pi_L} \tag{11.22}$$

스테켈버그 실험에서 관찰된 실험 평균 산출량에서 $\Delta\pi_F/\Delta\pi_L = 0.277$, 즉 추종자의 산출량이 증가하면 리더의 산출량이 감소하는 것만큼 이익이 약 28% 감소한다는 것을 쉽게 알 수 있다. 이를 통해 이 "대표" 사례의 경우 $\alpha = 0.3845$라는 것을 추론할 수 있다. 다시 말해, 추종자 플레이어들은 각 기업이 동일한 이익을 얻는 것이 각 기업의 개별 이익을 극대화하는 것보다 약 40% 더 중요하다고 생각했다. Huck, Muller, Normann(2001)이 관찰한 보다 공격적인 추종자 행동의 원인으로 간주하는 것은 바로 이러한 동일한 수익 결과에 대한 상당한 선호도이다. 이러한 선호가 실험에 참여한 학생들과는 달리 실제 비즈니스맨들의 특징인지는 아직 밝혀지지 않은 문제이다. 그러나 이러한 가능성을 염두에 두더라도, 실험 결과가 상대적인 스테켈버그 및 쿠르노 결과에 대한 이론적 예측을 얼마나 가깝게 따르는지는 여전히 주목할 만하다.

요약

순차적 시장 게임은 동시 시장 게임과 다르다. 또한, 동시 게임에서 순차 게임으로 변경했을 때 나타나는 효과는 선택 가능한 전략적 변수가 수량인지 가격인지에 따라 달라진다. 일반적으로 스테켈버그 모델이라고 불리는 기본적인 순차적 수량 게임에서는 생산을 먼저 선택하는 기업이 큰 이점을 얻는다. 선형 수요와 비용의 경우, 스테켈버그 게임에서 선발주자는 독점적 생산물을 생산한다. 추종자는 이 생산량의 절반만 생산한다. 가격은 기본 쿠르노 모델보다 낮지만, 선발주자의 시장점유율이 높기 때문에 동시 생산 게임에서 얻을 수 있는 것보다 더 많은 이윤을 얻을 수 있다.

반대로, 차별화 제품을 사용하는 순차적 가격 게임에서는 두 기업이 동시에 가격을 책정할 때보다 더 높은 수익을 얻을 수 있다. 또한, 이 경우 제품이 수평적으로 차별화되어 있는 경우 가장 마지막으로 가격을 책정하는 기업이 가장 유리하다. 따라서 순차적 가격 게임은 선발주자가 유리한 것이 아니라 후발주자가 유리한 게임의 한 예이다.

이론적 모델이 경제 현실과 얼마나 일치하는지는 항상 의문이다. 그러나 교실에서 학생들이 쿠르노와 스테켈버그 복점 게임을 하는 "실험실" 실험에 의존한 실험적 증거에 따르면, 학생들은 대체로 이러한 모델이 예측한 방식대로 크게 반응한다는 것을 시사한다. 이 학생들이 실제로 받은 금전적 보상이 평균 약 9달러에 불과했음에도 불구하고 이는 사실이다. 이러한 작은 동기가 학생 플레이어들이 이론적 예측을 거의 그대로 답습하도록 만드는 데 충분하다면, "성공"에 대한 위험이 훨씬 더 큰 실제 비즈니스 리더들이 가설에 따른 이상적인 행동에 훨씬 더 가까워질 수 있다고 주장할 수 있다.

모든 순차적 게임에서 중요한 것은 책무이행 *commitment* 의 문제이다. 기업은 어떻게 리더 또는 추종자로 자리매김할 수 있을까? 어떻게 하면 경쟁자가 신뢰할 수 있는 방식으로 생산량이나 가격 전략을 약속할 수 있을까? 이 문제는 게임을 확장된 형태로 고려하고 서브게임에서 완벽한 전략 조합, 즉 게임의 후반부에 행동을 취해야 할 때 그 행동을 취할 시점이 왔을 때 그 행동을 취하는 것이 계속 최적일 수 있는 전략 조합을 식별함으로써 가장 잘 탐구할 수 있다.

특히 한 기업이 다른 기업의 시장진입을 막거나 퇴출을 유도하려는 게임에서 위협과 추후 처벌 및 보상에 대한 약속은 매우 중요하다. 문제는 이러한 위협과 약속을 신뢰할 수 있느냐는 것이다. 만약 가능하다면, 기존기업들은 경쟁사의 진입을 두려워하지 않고 업계에서 지배적인 위치를 유지할 수 있을 것이다. 이 주제는 다음 장의 내용이다.

연습 문제

1. 두 회사 간의 수량 경쟁에 대한 스테켈버그 게임을 생각해 보겠다. 기업 1은 리더이고 기업 2는 추종자이다. 시장 수요는 역수요함수 $P = 1000 - 4Q$로 설명된다. 각 기업의 생산 단가는 20으로 일정하다.

   a. 나쉬균형 결과를 구하라.

   b. 기업 2의 생산 단가가 $c < 20$이라고 가정한 상황에서, 내쉬균형에서 리더와 추종자인 두 기업이 동일한 시장점유율을 가지려면 c는 어떤 값을 가져야 하는가?

2. 10마일 길이의 메인 스트리트를 따라 모든 사람들이 살고 있는 터프츠빌(10장)로 돌아가 보자. 1,000명의 주민들이 메인 스트리트를 오르내리며 매일 양쪽 끝에 위치한 두 개의 상점 중 한 곳에서 과일 스무디를 구입한다. 고객들은 모터 스쿠터를 타고 매장을 오가며 1마일당 0.50달러 상당의 기름을 사용한다. 고객은 가장 낮은 가격을 제시하는 매장에서 스무디를 구입하는데, 이는 매장의 가격에 고객의 왕복 교통비를 더한 가격이다. 벤은 메인 스트리트의 서쪽 끝에 있는 가게를 소유하고 있고 월은 메인 스트리트의 동쪽 끝에 있는 가게를 소유하고 있다. 스무디의 한계비용은 일정하며 벤과 월 모두에게 1달러이다. 또한 두 사람은 스무디를 판매할 수 있는 권리에 대해 터프츠빌에 하루에 250달러를 지불한다.

   a. 벤이 먼저 가격 p_1을 설정한 다음 월이 가격 p_2를 설정한다. 가격이 게시된 후 소비자들은 스쿠터를 타고 이동 비용을 포함하여 가장 낮은 가격을 제시한 상점에서 구매한다. 벤과 월은 어떤 가격을 설정하는가?

   b. 각 상점의 고객 수는 몇 명이며 수익은 얼마인가?

3. 센티피드[8]에는 두 명의 플레이어가 있다: 플레이어 1이 먼저 움직이고, 플레이어 2가 두 번째로 움직인다. 최대 두 번의 이동이 끝나면 게임이 종료된다. 게임은 테이블 위에 1달러가 놓여 있는 상태에서 시작된다. 플레이어 1은 1달러를 가져가거나 기다릴 수 있다. 플레이어 1이 1달러를 가져가면 게임이 종료되고 플레이어 1은 1달러를 갖게 된다. 플레이어 1이 기다리면 1달러는 4달러로 4배가 된다. 이제 플레이어 2의 차례이다. 플레이어 2는 4달러를 모두 가져가거나 플레이어 1과 4달러를 균등하게 나눌 수 있다.

   a. 센티피드(Centipede) 게임을 위한 광범위한 형태를 그려보라.
   b. 이 게임의 균형은 무엇인가? 돈을 나누는 플레이어 2의 전략이 게임의 균형 결과에 포함될 수 있는가?
   c. 이제 센티피드가 세 개의 수를 가지고 있다고 가정해 보자. 이제 플레이어 2는 기다리거나 돈을 나누거나 4달러를 가져갈 수 있다. 플레이어 2가 기다리면 테이블의 돈이 다시 네 배가 되고 플레이어 1은 모두 가져가거나 나누거나 둘 중 하나를 선택할 수 있다. 새 게임에 대한 광범위한 형태를 그리고 균형 결과를 보여라.

4. 드라이 걸치에는 두 곳의 물 공급원이 있다. 하나는 수정처럼 맑지만 탄산이 들어 있지 않은 Northern Springs이다. 다른 하나는 자연적으로 탄산이 함유되어 있지만 다소 "딱딱한" 물을 공급하는 Southern Pelligrino이다. 각 회사의 마케팅 부서는 각 회사에서 부과하는 2갤런 용기당 가격에 따라 다음과 같은 수익 매트릭스를 작성했다. Southern Pelligrino의 수익이 각 쌍의 첫 번째 항목으로 표시되어 있다.

		Northern Springs 가격:			
		3	4	5	6
Southern Pelligrino's 가격:	3	24,24	30,25	36,20	42,12
	4	25,30	32,32	41,30	48,24
	5	20,36	30,41	40,40	50,36
	6	12,42	24,48	36,50	48,48

   a. 두 회사가 동시에 가격을 책정할 경우 내쉬균형은 무엇인가?
   b. Northern Springs가 가격을 먼저 책정하고 이를 고수해야 하며, Southern Pelligrino는 Northern Springs의 가격에 최대한 대응할 수 있는 자유가 있다면 내쉬균형은 무엇인가?
   c. *가격*을 먼저 선택하는 것이 Northern Springs에 불리하다는 것을 보여라. 왜 그런가?

5. 기업 1이 재화 A, 재화 B, 두 가지 재화 또는 아무것도 생산하지 않을 수 있다고 가정해 보겠다. 반면에 기업 2는 재화 C만 생산하거나 아무것도 생산하지 않을 수 있다. 각 가능한 판매 상품 시나리오에 해당하는 기업의 이익은 다음 표에 설명되어 있다:

제품 선택	기업 1의 이익	기업 2의 이익
A	20	0
A,B	18	0
A,B,C	2	−2
B,C	−3	−3
C	0	10
A,C	8	8
B	11	0

   a. 두 기업이 동시에 제품 세트를 선택하는 경우에 대한 정규 형태 게임을 설정한다. 내쉬균형(또는 평형)은 무엇인가?

8 Rosenthal (1981)에 의해 처음 고안되었다.

b. 이제 기업 1이 기업 2보다 먼저 제품 선택을 확정할 수 있다고 가정한다. 이 게임의 광범위한 형태를 그리고 그 서브게임인 완벽한 내쉬균형을 구하라. 앞선 답과 비교하여 설명하라.

c. 이 게임은 (b)의 게임과 같지만, 이제 기업 1이 기업 2의 선택을 관찰한 후 결정을 번복할 수 있고 이 가능성이 상식이라고 가정한다. 이것이 게임에 영향을 미치는가? 그렇다면 새로운 결과를 설명하라. 그렇지 않다면 그 이유를 설명하라.

6. 개별 기업이나 업계에서 "이 제안은 제한된 기간 동안만 유효하다"라는 전략을 신뢰할 수 있는 전략으로 만드는 다양한 방법의 세 가지 예를 찾아보라.

7. 기즈모 회사는 기즈모 생산을 독점하고 있다. 시장수요는 다음과 같이 설명된다. 기즈모 1개당 1,000달러의 가격으로 25,000개가 판매되는 반면 600달러의 가격으로 30,000개가 판매될 것이다. 생산에 드는 비용은 공장 건설에 드는 초기 매몰비용뿐이다. 기즈모는 이미 최대 25,000개를 생산할 수 있는 생산 능력에 투자했다.

a. 이 산업에 진입한 기업이 공장을 짓는 데 1,000만 달러를 투자하면 시장의 50%를 점유할 수 있다고 가정해 보겠다. 그 회사는 진입하겠는가? 왜 또는 왜 안 될까?

b. 기즈모가 5백만 달러를 투자하여 40,000개의 기즈모 생산 능력을 확장할 수 있다고 가정할 때, 이 전략이 진입을 억제하는 수익성 있는 방법인가?

참고문헌

Gabszewicz, J., Pepall, L., and J.F. Thisse. 1992. "Sequential Entry with Brand Loyalty Caused by Consumer Learning-By-Doing," *Journal of Industrial Economics* 60 (December): 397–416.

Goolsbee, A., and A. Petrin. 2004. "The Consumer Gains from Direct Broadcast Satellite and Competition with Cable TV," *Econometrica* 72 (March): 351–81.

Huck, S., W. M¨uller, and H. T. Normann 2001. "Stackelberg Beats Cournot: On Collusion and Efficiency in Experimental Markets," *The Economic Journal* 111 (October): 749–65.

Lieberman, Marvin. B., and David. B. Montgomery, 1988. "First Mover Advantages," Strategic *Management Journal* 9 (Summer): 41–49.

Rasmusen, E. 2007. *Games and Information*, 4th ed. Cambridge, MA: Basil Blackwell, Inc.

Rosenthal, R.W. 1981. "Games of Perfect Information, Predatory Pricing, and the Chain Store Paradox," *Journal of Economic Theory* 25 (August): 92–100.

Schelling, T. 1960. *The Strategy of Conflict, Cambridge Mass.*: Harvard University Press.

Selten, R. 1978. "The Chain Store Paradox," *Theory and Decision* 9 (April): 127–59.

Stackelberg, H. von, 1934. *Marktform und Gleichgewicht*, Berlin and Vienna. English translation by A.T. Peacock, (1952) London: William Hodge.

Sutton, J. 1991. *Sunk Cost and Market Structure*, Cambridge, MA: The MIT Press.

Tirole, J. 1988. The *Theory of Industrial Organization*, Cambridge: MIT Press.

제 4 부

반경쟁적 행동과 반독점정책

Anticompetitive Behavior and Antitrust Policy

이 섹션의 장에서는 이전 세 장의 게임이론적 분석을 바탕으로 기업이 경쟁 압력을 무력화하여 초경쟁적 이익을 얻기 위해 사용할 수 있는 전술을 살펴본다. 12장에서는 Dixit(1980)이 강조한 과잉 설비 투자와 8장 초반에 논의한 번들링 기법 등 신규진입자에 대한 기존 사업자의 선발자 우위를 활용하는 다양한 전술을 고려한다. 또한 텍사스 호텔 산업에 대한 Conlin과 Kadiyali(2006)의 연구를 바탕으로 초과 생산량 사용에 관한 몇 가지 실증적 증거를 제시한다.

13장에서는 소위 약탈적 행동에 대한 분석을 확장하여 고전적인 Milgrom과 Roberts(1982)의 한계 가격책정 논문에서처럼 기존 사업자가 가진 정보 우위를 이용하거나 Bolton과 Scharfstein(1990)의 논문에서처럼 소규모 진입자가 채권자에 대해 가질 수 있는 불이익을 이용하는 전술을 포함하도록 한다. 그런 다음 장기 계약을 사용하여 소비자를 "묶어두고" 신규진입자가 규모의 경제를 활용하는 데 필요한 고객 기반을 거부하는 경우를 살펴본다. 이 장의 실증적 적용은 주요 특허가 만료될 때 잠재적인 새로운 제네릭 경쟁자에 직면한 제약회사의 광고 결정에 대한 Ellison과 Ellison(2011)의 연구를 기반으로 한다.

마지막으로 14장에서는 기업이 담합하여 경쟁 압력을 억제하는 능력을 고려한다. 이러한 가격담합은 반독점법의 주요 관심사이다. 실제로 지난 15년 동안 기록적인 수의 가격담합 카르텔이 성공적으로 기소되었다. 담합이 성공하려면 카르텔구성원들이 극복해야 하는 어려움에 대한 분석부터 시작한다. 그런 다음 무한한 기간의 게임에서 담합이 어떻게 균형의 결과가 될 수 있는지 보여준다. 이를 통해 이러한 장애물을 극복할 수 있는 조건을 설명하는 잘 알려진 민속 정리를 도출한다. 이를 통해 당국에 협조하는 최초의 카르텔구성원에게 관용을 베푸는 최근의 관행과 이것이 국제 카르텔을 깨는 데 얼마나 중요한지 등 반독점정책에 대해 논의할 수 있다. 이 장은 워싱턴 DC 지역에서 경매를 담합한 부동산 카르텔의 영향에 대한 Kwoka(1997)의 실증적 분석에 대한 논의로 마무리된다.

Industrial Organization
Contemporary Theory and Empirical Applications

제 12 장

진입억제 및 약탈

Entry Deterrence and Predation

차례

12.1 ▸ 시간 경과에 따른 시장구조: 무작위 프로세스 및 양식화된 사실
12.2 ▸ 약탈적 행위 및 가격 제한
12.3 ▸ 선점(Preemption) 및 번들링(Bundling)
12.4 ▸ 약탈적 진입억제: 과거 사례
12.5 ▸ 실증적 적용: 텍사스 호텔의 초과 수용 능력 확장
요약
연습 문제

2장의 발표와 같이 미시경제학에 대한 교과서에서는 독과점을 일시적인 현상으로 설명하는 경우가 많다. 한 기업이 시장지배력을 획득하고 비정상적인 이윤을 얻을 때마다 신규 진입이 일어나고 신규진입자가 경쟁시장을 재구축할 것이라는 주장이다. 그러나 실제 시장을 관찰하는 사람들은 이 시나리오가 규칙보다는 예외에 가깝다는 것을 알고 있다. 예를 들어, Campbell's는 100년 넘게 미국 통조림 수프 판매량의 60% 이상을 차지하며 독보적인 지위를 유지해 왔다. 20년 동안 개인용 컴퓨터 운영체제 시장에서 Microsoft의 *Windows*는 태블릿 컴퓨터를 포함하면 점유율은 80% 가까이 떨어지지만, 90% 이상의 점유율을 유지해 오고 있다.[1] 최근 중국 및 기타 신흥 경제국 기업들의 확장에도 불구하고, Sotheby와 Christie는 20년 동안 전 세계 미술품 경매 시장의 약 55%를 점유해 왔으며, 그중 상당 기간 동안에는 70%까지 점유했다.[2] 이러한 지속적인 지배력은 흔한 사례이다. 또한 이러한 증거는 Baldwin(1995)과 Geroski와 Toker(1996)의 연구에 의해 뒷받침되고 있다. 위 저자들은 평균적으로 업계 1위 기업이 17년에서 28년 동안 그 자리를 유지한다는 사실을 발견했다. 요컨대, 교과서적인 분석과는 달리 시장지배력이 지속된다는 증거가 풍부하다는 것이다. 그렇다면 이러한 기업들이 어떻게 이익을 창출하는 지위를 유지할 수 있는지에 대한 의문이 제기된다. 시장점유율과 수익을 빼앗아갈 새로운 경쟁자가 나타나지 않는 이유는 무엇일까? 이를 방지하기 위해 지배적 기업이 채택할 수 있는 전략이 있을까? 그렇다면 이러한 전략은 무엇이며 시장결과에 미치는 영향은 무엇인가?

방금 제기한 질문이 이번 장의 초점인 부분이며 이 질문들은 단순한 학문적 관심사 그 이상이다. 기존 대기업이 경쟁업체의 진입을 막거나 제거할 수 있는 가능성은 애초에 독점금지법이 제정된 주요 동기였다. 이러한 우려는 2000년 극적인 Microsoft 반독점 소송을 포함하여 그 이

1 Gartner 보도 자료, "Windows 7 Will Become Leading Operating System in 2011," http:/www.gartner.com/it/page.jsp? id=17626149 (August, 2011).

2 Art Market Monitor, "Art World Expansion Erodes Sotheby's/Christie's Market Share," http://artmarket-monitor.com (June 23, 2011).

후 많은 반독점 소송에서 지속되어 왔다.[3] 셔먼법 *Sherman Act* 제2조는 "무역 또는 상업의 어떤 부분을 독점하거나 독점하려는 시도"를 불법으로 간주한다. 이 조항을 시행하려면 기업이 시장을 "독점"하기 위해 무엇을 할 수 있는지에 대한 이해가 필요하다.

경쟁기업의 시장 경쟁을 억제할 때만 이익을 얻을 수 있는 전술을 사용하는 것을 경제학자들은 *약탈적* *predatory* 행위라고 부른다.[4] 약탈적 행위를 하는 기업은 현재 시장에 진출해 있거나 진입을 고려하고 있는 경쟁사의 행동에 영향을 미치기를 원한다. 약탈적 행위에는 종종 위협을 가하는 것이 포함되며, 필요한 경우 그러한 위협이 *신뢰할 수 있는* 방식으로 실제로 실행하는 것이 포함된다. 약탈 행위가 성공하기 위해서는 신뢰성이 절대적으로 필요하다. 지난 장의 "체인점의 역설"에서 배운 것처럼 "말은 싸구려 *cheap* "이기 때문이다. 경쟁자의 시장진입을 막기 위한 위협은 신뢰할 수 있을 때만 원하는 효과를 거둘 수 있다. 이러한 위협은 경쟁자나 먹잇감이 약탈자가 정말로 "진심"을 가지고 있다고 믿을 때 효과가 있으며, *경쟁자가 위협을 무시하기로 선택하면* 약탈 행위를 추구할 것이다.

이 장에서는 경쟁사의 시장진입을 저지하거나 기존 경쟁사의 퇴출을 유도하기 위해 고안된 행위를 살펴본다. 이러한 행위에 대한 두려움이 초기 반독점 조항의 근본적인 동기로, "거래 또는 상업의 일부를 독점"하고 "경쟁을 실질적으로 감소"시키려는 노력에 초점이 맞춰졌다.[5] 물론 이러한 입법적 우려의 근거는 기존 경쟁자들과 진입 위협이 제거된 상태에서 지배적 기업이 효율성을 감소시키는 독점적 관행을 추구할 것이라는 두려움 때문이다. 이 장에서는 완전한 정보를 가진 경우로 한정한다. 불완전한 정보 또는 불확실성하에서의 약탈적 행위에 대한 검토는 다음 장으로 미룬다.

12.1 시간 경과에 따른 시장구조: 무작위 프로세스 및 양식화된 사실

경쟁사의 진입을 억제하고 경쟁사의 퇴출을 유도하기 위한 기존기업의 전략을 모델링하기 전에, 시간이 지남에 따라 산업구조가 어떻게 진화할 수 있는지에 대해 어떤 이론과 증거가 우리에게 알려줄 수 있는지를 더 충분히 고려해야 한다. 간단한 예로, 각 기업의 매출이 1,000만 달러인 256개의 회사로 구성된 산업을 생각해 보겠다. 어떤 기간에 각 기업의 매출이 0.25의 확률로 30% 감소하거나, 0.5의 확률로 동일하게 유지되거나, 어떤 규모의 기업이든 0.25의 확률로 이전 수준으로 돌아간다고 가정해 보겠다. (이러한 성장 또는 감소율이 크게 보이면 기간을 3~4년이라고 생각하면 된다.) 표 12.1은 단 4개의 기간에 걸친 기업규모의 변화를 보여준다. 이 짧은 기간 동안에도 기업규모 분포가 매우 불균등해지고 있음을 알 수 있다. 이제 가장 큰 기업은 가장 작은 기업의 9배에 달하며, 상위 9개 기업이 하위 40개 기업과 거의 같은 생산량을 차지한다. 이러한 불평등은 이 과정을 더 오랜 기간 동안 방치할수록 더욱 커질 것이다.

불평등이 증가하는 추세는 어떤 기간의 성장이 기업규모나 이전 성장률과 무관한 무작위 변수인 모든 과정의 공통적인 특징이다. 이 법칙은 1931년 로버트 지브랏 *Robert Gibrat* 의 이름을 따서 지브랏 *Gibrat* 의 법칙이라고도 불린다. X_t를 t 시점에서의 기업규모로 정의한다. 이를

---

3 *United States v. Microsoft Corp.*, 87 F. Supp. 2d 30 (D.D.C. 2000).

4 Fisher(1991)를 참조하시오.

5 우리의 정의는 Ordover와 Willig(1981)의 정의와도 유사하다.

표 12.1 동일 규모 기업 256개를 기준으로 4년 후 기업규모 분포도

	매출(백만 달러)								
	\$2.40	\$3.43	\$4.90	\$7.00	\$10.00	\$13.00	\$16.90	\$21.97	\$28.56
기간 0	0	0	0	0	256	0	0	0	0
기간 1	0	0	0	64	128	64	0	0	0
기간 2	0	0	16	64	96	64	16	0	0
기간 3	0	4	24	60	80	60	24	4	0
기간 4	1	8	28	56	70	56	28	8	1

다음과 같은 확률적 프로세스에 의해 $t - 1$ 시점에서의 크기와 연관시킨다:

$$X_t = (1 + v_t)X_{t-1} \tag{12.1}$$

여기서 v_t는 정규 분포이고 평균 μ와 분산 σ^2을 갖는다고 가정하는 무작위 교란 항이다. 다음으로 양변의 자연 로그를 취한다. t와 $t - 1$ 사이의 시간 간격이 짧으면 $\ln(1 + v_t) \approx v_t$라는 근사식을 사용할 수 있으며, 여기서 소문자를 사용하여 로그를 나타낸다. 따라서 이제 다음과 같이 쓸 수 있다:

$$x_t = x_{t-1} + v_t \tag{12.2}$$

$t = 0$ 시점의 x를 x_0로 표시하면 반복적으로 표현할 수 있다:

$$x_t = v_t + v_{t-1} + v_{t-2} + v_{t-3} + \dots + x_0 \tag{12.3}$$

이 마지막 방정식은 t 시점의 기업규모는 그 시점까지 발생한 모든 무작위 성장 충격의 누적을 반영하는 무작위 변수일 뿐이라는 것을 말해 준다. 각 충격은 그 자체로 정규 분포에서 도출된 무작위 변수이다. 따라서 k 기간에 걸쳐 x_0의 중요도가 0에 가까워지면 x_t는 평균 $k\mu$과 분산 $k\sigma^2$의 무작위 변수로 수렴한다. 이는 차례로 기업규모 자체의 분산이 $e^{k(2\mu + \sigma^2)}(e^{k\sigma^2} - 1)$이 될 것을 의미하며, 이는 당연히 $k\sigma^2$보다 크다. 실제로 오랜 기간에 걸쳐 누적된 모든 충격의 합은 정규 확률 변수이기도 하다. 하지만 로그는 지수를 반영한다는 점을 기억해야 한다. 기업 자산의 로그가 두 배가 되면 해당 자산의 실제 규모는 제곱이 된다. 따라서 기업규모의 로그가 정규 분포일지라도 실제 기업규모의 분포는 왜곡될 수 있다. 기업규모 로그의 평균값이 평균 이상인 기업은 로그 없이 규모를 측정할 때 평균값의 몇 배에 달하는 값을 갖게 된다.

앞서 설명한 바와 같이, 시간이 지남에 따라 시장 집중도가 내생적으로 증가한다는 결과는 일반적으로 그 창시자인 로버트 지브랏(1931)의 이름을 따서 지브랏의 법칙 *Gibrat's law* 이라고 불린다. 이 법칙은 과점 또는 독점이 자연스러운 시장결과라는 것을 암시하기 때문에 큰 관심을 불러일으켰다. 이는 앞서 인용한 지배적 기업이 상당한 기간 동안 시장지배력을 유지한다는 증거와 대체로 일치한다. 실제로 Kalecki(1945)는 지브랏의 연구에서 영감을 얻은 초기 연구에서 이러한 자연적인 집중화 경향을 지지하는 몇 가지 증거를 제시했다.

그러나 지브랏의 법칙에 대한 후속 연구는 대부분 분석이 무엇을 포함하느냐보다는 무엇을 제외하느냐에 초점을 맞추고 있다. 이는 지브랏 프로세스가 매우 기계론적이기 때문이다. 기업의 성장을 촉진하는 연구와 비용 절감 혁신에 대한 이야기는 나오지 않는다. 시간이 지남에 따라 합병과 기업 결합에 대한 고려도 없다. 아마도 우리의 현재 목적과 가장 관련이 높은 신

규 기업의 산업 진입이나 기존기업의 퇴출, 또는 그러한 진입과 퇴출 뒤에 어떤 전략적 상호작용이 있을 수 있는지에 대한 논의는 없다. 후속 연구에서는 이러한 누락을 보완하고 이러한 특징이 포함된 산업 진화에 대한 이론적 모델을 개발하기 위해 노력해 왔다[예: Jovanovic(1982), Nelson and Winter(1982), Sutton(1997), Klepper(2002) 참조].

물론 모든 이론적 모델은 궁극적으로 현실 세계의 사실과 마주해야 한다. 지난 25년 동안 경제학자들은 데이터를 검토하고 나타나는 경험적 규칙성이나 양식화된 사실을 문서화하기 위해 열심히 노력해 왔다. 이러한 연구들을 조사한 결과, 모든 산업 진화 이론이 반드시 설명해야 하는 네 가지 정형화된 사실이 있음을 알 수 있었다.

첫 번째는 *진입이 일반적*이라는 것이다. Dunne 등(1988, 1989)은 1963년과 1982년 사이의 미국 인구조사 데이터를 사용하여 두 자릿수 SIC 제조업의 횡단면 자료에 대한 진입률을 계산했다. 이들이 추정한 제조업 평균 진입률(해당 기간 초기의 기존기업수 대비 5년 동안의 *신규* 기업수로 정의)은 41.4%에서 51.8% 사이(연간 약 8~10%)였다. 영국의 경우, Geroski(1995)는 87개의 세 자릿수 제조업 표본을 대상으로 다소 작지만 여전히 유의미한 연간 진입률을 추정했다. 이 수치는 1974년부터 1979년까지 2.5%에서 14.5% 사이였다. Cable과 Schwalbach(1991)는 다양한 선진국에서 비슷한 진입률이 존재한다는 것을 보여준다. 최근에는 Jarmin 등(2004)의 연구에 따르면 소매업의 경우 진입률이 훨씬 더 높으며, 특히 경제 번영기에 진입률이 60%를 훨씬 상회할 수 있다고 나타났다.[6]

두 번째로 정형화된 사실은 진입이 발생하면 대체로 *소규모 진입*이라는 점이다. Dunne 등(1988, 1989)의 연구에 따르면 한 산업에서 진입자의 총 시장점유율은 5년 간격으로 13.9~18.8%에 이르는 것으로 나타났다.[7] 이와 유사하게 영국의 Geroski(1995)의 연구에서도 신규진입자의 시장점유율은 1.45~6.35%로 매우 낮은 것으로 나타났다. 미국의 Cable과 Schwalbach(1991)는 신규진입자가 일반적으로 한 해 동안 해당 산업에 속한 기업의 7.7%를 차지하지만, 생산량에서는 3.2%에 불과하다는 사실을 발견했다. Jarmin 등(2004)에 따르면 소매업에서 신규진입자의 일반적인 비중은 25%에 가까울 정도로 눈에 띄게 크지만, 최근 몇 년 동안 이 수치가 감소하고 있다는 사실도 발견했다.

세 번째로 정형화된 사실은 *신규 진입기업의 생존율이 상대적으로 낮다*는 것이다. Dunne 등(1988, 1989)의 연구에 따르면 전체 신규 진입기업의 약 61.5%가 진입 후 5년 이내에, 79.6%가 10년 이내에 퇴출한 것으로 나타났다. Jarmin 등(2004)이 소매업에서 발견한 해당 퇴출 비율은 59%에서 82%로 매우 유사하다. Birch(1987)는 제조업을 포함한 미국의 모든 부문에 대해 Dun과 Bradstreet의 데이터를 사용한 결과, 신규 진입기업의 약 50%가 첫 5년 이내에 실패한다는 사실을 발견했다.

모든 연구에서 공통적으로 나타나는 마지막 정형화된 사실은 *진입률*과 *퇴출률*은 산업별로 다르지만, *진입률이 높은 산업은 퇴출률도 높다*는 것이다. 즉, 진입률과 퇴출률은 밀접한 상관관계가 있다. Cable과 Schwalbach(1991)는 진입률 7.7%는 산업 생산량의 3.2%를 차지하고,

6 Dunne 등(1988, 1989)의 진입(및 퇴출) 추정치는 기업의 다제품 및 다공장 특성을 명시적으로 인식하고 있기 때문에 다른 연구자들이 얻은 추정치보다 일반적으로 더 높다.

7 Dunne 등(1988)은 다각화를 통해 새로운 시장에 진입하는 기존기업들이 일반적으로 신규 진입기업보다 더 큰 규모로 진입한다는 사실을 발견했다.

퇴출률은 7.0%이며 마찬가지로 산업 생산량의 3.3%를 차지하는 것으로 나타났다. 이 결과는 진입이 정상 이익 이상에 반응하여 발생하거나 퇴출이 정상 이익 이하를 반영한다는 가설과 일치하지 않는 것으로 보이기 때문에 다소 의외이다. 만약 이익이 높다면, 진입은 매력적이게 되며 기업이 떠날 이유가 없다. 마찬가지로, 이익이 너무 낮아 기업이 업계를 떠나도록 유도된다면 신규진입자가 나타날 유인이 거의 없어야 한다.

위에 나타난 사실을 종합하면, 대부분 소규모 기업이 진입했다가 실패하고 퇴출한 후 새로운 소규모 진입자 집단으로 대체되는 일종의 회전문 *revolving-door* 환경을 암시하는 것으로 읽을 수 있다. 이러한 관점에서 볼 때, 산업 간 주요 차이점은 이러한 진입–실패–퇴출 사이클이 진행되는 속도이다. 이러한 증거에 대한 한 가지 해석은 소규모 기업이 기존 대기업이 장악하고 있는 시장에 진입하려는 시도가 반복적으로 이루어지고, 마찬가지로 반복적으로 실패하는 것을 반영한다는 것이다. 이는 진입률과 퇴출률 간의 상관관계를 설명하는 데 도움이 될 수 있다. 가장 매력적인 타깃으로 보이는 시장의 기존기업은 신규진입자에 맞서 가장 열심히 싸우는 기업일 수 있다.

이러한 회전문 해석에 대한 보다 공식적인 지지는 현직의 이점에 관한 Urban 등(1984)의 연구에서 제공된다. 이들은 미국 12개 시장에서 자주 구매하는 129개 소비재 브랜드를 연구한 결과, 시장점유율이 브랜드 진입 순서에 따라 감소하는 함수를 보인다는 사실을 발견했다. 다른 모든 조건이 동일할 때 초기 진입자가 더 큰 시장점유율을 누렸다. Lambkin(1988), Mitchell(1991), Brown과 Lattin(1994)도 비슷한 결과를 발견했다.[8]

이론적 무작위 프로세스와 실제 시장 데이터를 결합한 보다 최근의 분석은 23년 동안 45개 일본 산업에 대한 Sutton(2007)의 조사 결과이다. 시장점유율의 초기 분포와 해당 점유율에 대한 충격의 분산을 감안할 때, Sutton(2007)은 15년 또는 20년 후 무작위 충격으로 인해 지위를 잃게 될 초기 업계 리더의 예상 수를 계산할 수 있다. 두 경우 모두, 그는 그러한 리더십 손실의 실제 수가 예상보다 훨씬 적다는 것을 발견했다. 즉, 시장 리더들은 주식의 일반적인 무작위성을 고려할 때의 예상보다 훨씬 더 많은 지위를 유지한다는 것이다. 따라서 이 발견은 선도 기업이 일반적으로 예상하는 것보다 더 오랫동안 지배력을 유지한다는 것을 시사한다.

물론 시장지배력의 지속성은 초기에 시장 리더로 부상한 기업의 우수한 비용 효율성이나 높은 제품 품질을 반영하는 것일 수 있다. 그러나 초기 진입자가 업계 지배적 지위를 유지할 수 있는 능력은 신규진입자를 몰아내거나 애초에 진입을 막으려는 의도적인 행동이 반영된 결과라는 주장도 종종 제기된다(특히 실패한 경쟁업체에 의해). 이것이 이 장과 다음 장에서 다루는 주요 쟁점이다.

12.2 약탈적 행위 및 가격 제한

위에서 언급한 바와 같이, 경쟁사의 진입에 대한 합리적인 경쟁적 대응과 진정한 약탈적 행동에는 차이가 있다. 예를 들어, 정적 모형인 쿠르노 모델과 베르트랑 모델 모두 이전에 독점적이었

8 그러나 Caves(1998)가 지적했듯이, 기업 성장률에는 평균을 향한 회귀가 존재한다. 즉, 큰 기업은 작은 기업보다 더 느리게 성장하는 경향이 있다. 이러한 특징은 지브랏의 법칙이 암시하는 집중도 증가 경향을 무디게 한다.

던 시장에 두 번째 기업이 진입할 경우, 초기 사업자의 대응이 (아마도 급격한) 가격 하락으로 이어질 것이라고 예측한다. 이로 인해 신규 진입기업의 수익성은 떨어질 수 있지만, 이는 경쟁 압력에 대한 정상적인 경쟁 반응 외에는 아무것도 반영하지 않는다. 진정한 약탈이 일어나려면 경제학자들은 기업이 취하는 행동이 기존 경쟁자를 시장에서 몰아내거나 잠재적 경쟁자의 시장 진입을 억제하는 *경우에만* 이익이 될 것을 요구한다.

다소 느슨하게 표현하자면, 약탈적 행위는 약탈 기업의 이익을 감소시키기 위해 표면적으로 "비합리적"인 것처럼 보여야 한다. 이러한 행위의 합리성은 해당 행위가 경쟁을 제한하는 데 성공할 *경우에만* 약탈자가 얻는 추가 이익이 될 수 있다.

문제가 되는 "비합리적" 또는 약탈적 행위가 경쟁업체를 사업에서 몰아내기 위해 초저가로 가격을 책정하는 경우 이를 *약탈적 가격책정* predatory pricing 이라고 한다. 역사적으로 이러한 약탈적 가격책정에 대한 고발은 가장 흔한 약탈 혐의 사례 중 하나이다. 그러나 낮은 가격을 책정하여 잠재적 경쟁자가 애초에 시장에 진입하지 못하도록 하는 것도 약탈적 가격책정에 해당할 수 있다. 진입 제한 가격을 일반적으로 *한계 가격* limit price 이라고 한다. 생산량이 전략적 변수인 경우, 이와 유사한 진입억제 생산량을 *한계 생산량* limit output 이라고 부른다. 이 장에서는 한계 가격에 대한 두 가지 접근 방식을 검토하는 것으로 중요한 작업을 시작한다. 첫 번째 접근법은 이 문제를 게임이론적으로 다루기 이전의 초기 접근법이다. 두 번째 접근법은 첫 번째 접근법의 통찰력을 바탕으로 기존 사업자와 신규진입자 간의 역동적 게임에 뿌리를 둔 진입억제에 대한 보다 근본적인 설명을 도출한다.

12.2.1 진입억제 비공식 모델

진입억제에 대한 전통적인 한계 가격 이론은 Bain(1956)의 연구에서 시작되었고, 이후 Sylos-Labini(1962)에서 모델링되었다. 초기의 산업조직 경제학자들은 일상적인 비즈니스 관행을 예리하게 관찰하여 약탈적 가격책정 및 진입억제 행위가 발생한다는 믿을 만한 근거를 가지고 있었다. 스테켈버그 Stackelberg 모델의 간단한 변형을 통해 한계 가격책정 전략의 본질을 설명할 수 있다. 이전 장에서 스테켈버그 모델의 전략 변수는 수량이라는 점을 상기해 보자. 따라서 우리가 제시하는 분석은 한계 가격 모델이라기보다는 한계 산출 모델이라고 부르는 것이 더 적절할 수 있다. 그러나 진입을 억제하기 위해 전략 변수를 설정한다는 기본 아이디어는 두 경우 모두 동일하며, 특히 지배적 기업의 생산량 선택이 산업 가격에 큰 영향을 미친다. 즉, 우리 모델에서 결과 가격을 한계 가격으로 간주할 수 있다.

그림 12.1은 이 모델의 핵심적인 특징을 보여준다. 기존기업은 스테켈버그의 리더이며 자신의 산출량을 먼저 선택할 수 있다. 이 선택이 무엇이든, 진입자는 자신의 시장진입이 리더의 산출량 선택을 바꾸지 않을 것이라고 믿는다는 간단하지만 강력한 가정부터 시작한다. 즉, 진입자는 기존 사업자가 자신의 산출량 선택에 대해 취소할 수 없는 확신을 가지고 있다고 간주한다. 또 다른 중요한 가정은 진입자의 평균비용이 적어도 초기 낮은 생산 수준 범위에서 감소한다는 것이다. 이 두 가지 가정이 모두 성립하면, 진입 전 생산량 수준을 올바르게 선택함으로써 기존 사업자는 진입자의 수익 계산을 조작하고 진입을 방해할 수 있다.

그림 12.1에서, 진입을 억제하기 위해 기존 사업자가 약속해야 하는 적정 생산 수준은 $\overline{Q}$이다. 그리고 진입자가 계속 남아 있다면 시장가격은 $\overline{P}$를 의미한다. 만약 진입자가 지금 어떤 양

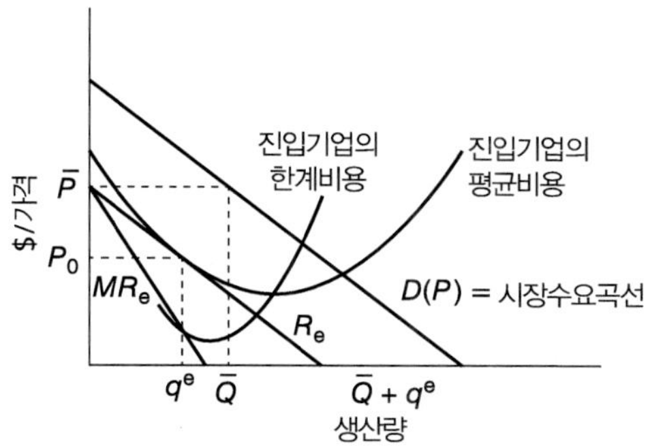

그림 12.1 한계 산출량 모델

$\bar{Q}$를 생산함으로써 기존 사업자는 수익성 있는 진입을 막을 수 있다.

의 생산량을 생산한다면 시장가격은 어떻게 될까? 그림 12.1에 답이 나와 있다. 진입자는 기존 사업자가 $\bar{Q}$를 유지할 것이라고 믿기 때문에, 어떤 가격 P에서든 신규진입자가 직면하는 수요는 해당 가격에 요구되는 총 수량인 $D(P)$에서 $\bar{Q}$를 뺀 값이다. 즉, 진입자는 *잔존 수요곡선* *residual demand curve* R^e에 직면하게 되는데, 이 경우 잔존 수요곡선은 단순히 시장수요곡선 $D(P)$가 가로축을 따라 안쪽으로 이동한 양 $\bar{Q}$만큼이다. 이 잔존 수요곡선에 대응하는 것이 진입자의 한계수익 곡선 MR^e이다. 진입자는 자신의 한계수익이 한계비용과 일치하는 생산량 q^e를 선택함으로써 이윤을 극대화한다. 그림 12.1에서 볼 수 있듯이, 이 생산량을 기존기업의 생산량 $\bar{Q}$에 더하면 시장가격은 P_0가 되고 이 가격은 진입자의 평균비용을 간신히 충당하는 수준이다. 다시 말해, 기존기업은 산출량 $\bar{Q}$를 약정함으로써 신규진입자가 실제로 시장에 참여할 수 있는 이익 유인을 제거한다.

12.1 ▶ 실습문제

시장수요가 $P = 100 - (Q + q)$로 설명되며 여기서 P는 시장가격, Q는 기존기업의 생산량, q는 잠재적 시장진입자의 생산량이라고 가정해 보겠다. 기존기업의 총 비용함수는 $TC(Q) = 40Q$이고, 신규진입자의 비용함수는 $C(q) = 100 + 40q$이며, 여기서 100은 시장에 진입하기 위해 발생하는 매몰비용 *sunk cost* 이다.

a. 진입자가 기존 생산자가 Q_0 단위의 생산량을 생산하고 있고 이 생산량 수준이 유지될 것으로 예상한다면, 진입기업이 직면하는 잔여 수요곡선의 방정식을 적으시오.

b. 진입기업이 (a)에서 잔여 수요곡선을 감안할 때 이익을 극대화할 경우 진입기업은 어떤 산출량 q^e를 산출하는가? (Q_0 함수 형태로 적어보시오.)

c. 진입자를 시장에서 퇴출시키려면 기존기업이 얼마나 많은 생산량을 생산해야 하는가? 즉, 한계 생산량 $\bar{Q}$를 풀어보시오. 기존 사업자는 한계 생산량을 어떤 가격에 판매할 것인가?

방금 설명한 유형의 성공적인 약탈 행위는 기존기업이 진정으로 그 행동에 전념하고 있다는 진입자의 믿음에 따라 결정적으로 달라진다는 점을 분명히 해야 한다. 지난 장의 표현을 빌리자면, 전략은 서브게임에서 완벽해야 한다. 문제는 이것이 가능한지 여부이다. 신규진입자가 시장에 진입하더라도 기존 사업자가 진정으로 산출량 $\overline{Q}$를 생산하겠다고 약속할 수 있을까?

Bain(1956)이나 Sylos-Labini(1962)와 같은 초기 학자들은 신뢰성 문제를 공식적으로 다루지 않았다. 그럼에도 불구하고 이들은 진입을 저지하기 위해서는 기존기업이 약탈적 행동에 전념하거나 "고착화"해야 한다는 점을 이해했던 것으로 보인다. 그들은 기존기업의 생산량 $\overline{Q}$를 조정하는 데 "매우" 많은 비용이 든다고 가정함으로써 그러한 약속을 달성할 수 있다고 가정했다. 따라서 잠재적 진입자는 기존기업의 산출량이 변화되기엔 값비싸기 때문에 $\overline{Q}$ 수준에 머물 것이라는 것을 가정하는 것이 옳았다. 즉, 이미 특정 수준에서 생산하고 있는 경우 조정 비용이 존재하기 때문에 진입에도 불구하고 기존 사업자가 생산량 $\overline{Q}$를 고수하는 메커니즘으로 작용한다.

이 아이디어는 그럴듯하게 들리며 사실일 수도 있다. 안타깝게도 앞서 언급했듯이 이는 다소 *임시방편적*이다. 조정 비용이 어떻게 발생하는지, 두 기업 간의 전략적 상호작용에 대한 완전한 분석에 어떻게 부합하는지에 대한 구체적인 설명이 없다면, 조정 비용 이야기는 기존 사업자의 산출량이 주어졌기 때문에 주어진다는 진술에 지나지 않는다. 시장에 진입하여 생산할 생산량 수준을 선택하는 진입자에 대한 기존 사업자의 최선의 대응이 $\overline{Q}$일 때만 생산량 산출은 진정으로 신뢰할 수 있다. 한계 가격은 진입자가 발생하더라도 기존기업이 한계 생산량을 생산하겠다고 약속할 수 있는 경우에만 작동할 수 있다.

12.2.2 신뢰할 수 있는 진입저지 약속으로서의 생산량 확장

Spence(1977)는 주요 논문에서 한계 가격을 신뢰할 수 있는 억제 전략으로 만드는 것은 기존기업이 생산량에 대한 사전적이고 취소 불가능한 투자를 할 수 있는 능력, 특히 한계 생산량 $\overline{Q}$를 생산할 수 있는 *능력*에 대한 투자라는 점을 인정했다. Spence의 연구에 이어 Dixit(1980)은 기존기업이 진입 후 시장에서 진입 전 생산량과 동일한 산출량을 생산할 수 있다는 것을 보장할 수 있는 정확한 메커니즘을 찾아냈다[Gilbert와 Harris(1984), Gilbert(1989) 참조]. 결과적으로, 이런 일이 일어날 것이라는 잠재적 진입자의 믿음은 합리적이며, 전략은 서브게임에서 완벽하다. 아래에서 Dixit 모델의 핵심을 소개한다. 이 모델은 어려운 작업임을 독자들에게 미리 경고한다. 분석의 어느 하나도 어렵지 않지만, 모든 조각을 조합하는 데는 상당한 주의가 필요하다.

Dixit이 두 기업 사이에서 가정한 게임은 이전 장에서 다룬 것과 같은 2단계의 역동적인 게임이다. 첫 번째 단계에서는 기존기업이 단독으로 $\overline{K_1}$의 생산량 수준을 선택한다. 이 경우 기업은 고정비용 $r\overline{K_1}$를 부담하게 된다. 여기서 r은 생산량 단위당비용이다. 한 단위의 생산량은 한 단위의 산출량을 생산하는 데 필요한 한 단위의 투입량 K를 제공한다. 따라서 게임의 첫 번째 단계에서 생산량 $\overline{K_1}$에 투자함으로써 기존기업은 게임의 두 번째 단계가 시작될 때 $\overline{K_1}$보다 작거나 같은 생산량을 생산할 수 있는 능력을 갖게 된다. 그러나 기존기업의 생산량은 게임의 2단계에서 더 늘어날 수 있다. 이 경우에도 단위당 r의 비용이 발생한다. 차이점은 이때는 한계 결정이라는 점이다. 입력 K를 한 단위만 추가할 수도 있고, 한 단위당 r의 비용을 지불하고 여러 단위를 추가할 수도 있다. 반대로 초기 $\overline{K_1}$ 단위의 생산량은 줄일 수 없다. 이는 2단계에서 고정비용을 나타내며, 회사는 생산 수준에 관계없이 $r\overline{K_1}$를 지불하게 된다.

잠재적 진입자는 1단계에서 기존기업의 산출량 선택을 관찰한다. 이러한 관찰을 거친 후에야 잠재적 진입자는 2단계에서 진입 결정을 내린다. 진입이 이루어지면 게임의 2단계에서 두 기업은 생산량에서 쿠르노 게임을 하게 된다. 2단계에서 제품에 대한 시장수요는 $P = A - B(q_1 + q_2)$로 설명된다. 여기서 두 기업은 2단계에서 산출량(q_1, q_2)과 투입량 $K(K_1, K_2)$를 동시에 선택한다는 점이 매우 중요한다. 기존기업의 경우, 2단계의 생산량은 1단계에서 선택한 생산량보다 작을 수 없기 때문에(즉, $K_1 \geq \overline{K_1}$) 이 투입 선택은 제약을 받는다. 기존기업은 2단계에서 생산량을 늘릴 수는 있지만 미리 약속한 수준 이하로 줄일 수는 없다.

우리는 생산량 선택 $\overline{K_1}$와 관련된 비용 외에 현존하는 기업이 부담하는 대몰비용을 F_1로 표시한다. 단순화를 위해, 생산되는 모든 단위에는 투입량 K와 함께 노동력 1단위가 투입된다고 가정하고, 노동력을 임금 w로 고용할 수 있다면, 2단계에서 현존하는 기업의 산출량에 대한 한계생산비용은 w이다. 그러나 기존기업이 q_1보다 더 큰 생산량을 생산하려면 단위당 r의 가격으로 K를 추가로 고용하여 생산량을 확대하고 단위당 w의 비용으로 더 많은 노동력을 고용해야 한다. 즉, $\overline{K_1}$ 이상의 모든 생산량 단위는 한계비용 $w + r$을 갖는다. 이러한 관계는 다음 게임 2단계의 기존 사업자의 비용함수에 대한 설명에 반영되어 있다:

$$C_1(q_1, \overline{K}_1, w, r) = F_1 + r\overline{K}_1 + wq_1; \quad \text{for } q_1 \leq \overline{K}_1 \text{ 한계비용} = w$$
$$C_1(q_1, \overline{K}_1, w, r) = F_1 + r\overline{K}_1 + r(q_1 - \overline{K}_1) + wq_1, \quad \text{for } q_1 > \overline{K}_1 \text{ 한계비용} = w + r \tag{12.4}$$

기존 사업자의 한계비용은 $\overline{K_1}$까지의 생산량에 대해서는 w이지만, 그 이상의 수준에서는 $w + r$이다. 이제 진입자가 시장 참여로 인해 발생하는 매몰비용을 F_2로 표시한다. 진입자의 비용함수는 아래와 같이 어떤 산출량을 선택하든 항상 한계비용이 $w + r$을 의미한다:

$$C_2(q_2, w, r) = F_2 + (r + w)q_2 \quad \text{한계비용} = w + r \tag{12.5}$$

$\overline{K_1}$과 동일한 생산량을 완전히 활용하는 모든 생산량 q의 경우, 기존 사업자의 총 비용은 신규 사업자가 동일한 생산량을 생산하는 데 드는 비용, 즉 $(w + r)q$와 동일하다는 점에 유의해야 한다. 즉, 기존 사업자의 초기 생산량 투자는 총 비용 측면에서 이점을 제공하지 않는다. 대신, 그 투자가 달성하는 것은 기존 업체의 비용 구성에 변화를 가져오는 것이다. 생산 수준 $\overline{K_1}$까지의 비용은 이제 $r\overline{K_1}$의 추가 고정비용과 wq_1의 변동비용을 반영한다. 특히, 기업 1의 장점은 $\overline{K_1}$보다 작거나 같은 생산량까지는 2단계에서 *한계*비용이 w에 불과한 반면, 진입자는 모든 생산량 수준에서 한계비용이 $w + r$에 직면한다는 점이다. 이 차이는 두 기업의 한계비용 곡선을 그린 그림 12.2에 반영되어 있다. 이 다이어그램은 산출량에 대한 투자가 약정 가치를 가질 수 있는 이유를 제시한다. 최소한 $\overline{K_1}$만큼만 생산하겠다는 기존기업의 약속은 해당 생산 수준까지 한계비용이 *상대적으로* 낮다는 사실에 의해 더욱 신빙성이 높아진다.

순차적 *sequential* 게임에서는 첫 번째 단계에서 기존기업의 최적 움직임을 풀기 위해 마지막 단계에서 어떤 일이 일어날지부터 계산한다. 서브게임에서 기존기업의 완전 균형 전략을 풀기 위해서는 두 기업이 2단계에서 경쟁할 때 1단계에서 기존기업의 생산량 선택이 시장결과에 어떤 영향을 미치는지 파악해야 한다. 따라서 먼저 특정 수준의 생산량에 대해 2단계에서 어떤 일이 벌어지는지 계산한다. 그 다음, 2단계에서 기존기업의 이익을 극대화하는 생산량을 선택함으로써 1단계에서 어떤 일이 일어날지 결정한다.

2단계에서는 기업들이 수량에서 쿠르노 게임을 하고 있다. 9장의 분석을 통해 각 기업의 한

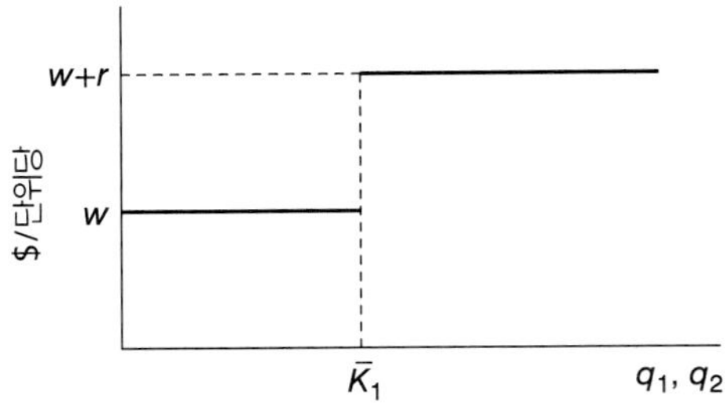

그림 12.2 **이전에 확보한 생산량이 현재 한계비용에 미치는 영향**

기존 사업자는 이전에 생산량 $\overline{K_1}$을 획득했기 때문에 이 생산 수준까지만 한계비용이 발생한다. 이보다 높은 수준의 경우, 한계비용은 $w + r$이다. 진입자는 이전에 획득한 생산량이 없다. 모든 생산 수준에서 한계비용은 $w + r$이다.

계수익은 다음과 같다는 것을 알 수 있다:

$$\text{기존기업 한계수익: } MR_1 = A - 2Bq_1 - Bq_2$$
$$\text{진입기업 한계수익: } MR_2 = A - Bq_1 - 2Bq_2 \tag{12.6}$$

항상 그렇듯이, 각 기업의 이윤을 극대화하는 생산량은 한계수익이 한계비용과 같을 때 생산하는 것이다. 진입자에게 이 규칙의 의미는 명확하다. 진입자의 한계비용은 항상 $w + r$이므로, 최적의 생산량 선택은 항상 최적의 반응 함수에 의해 주어진다:

$$q_2^* = \frac{(A - w - r)}{2B} - \frac{q_1}{2} \tag{12.7}$$

그러나 기존기업의 한계비용은 기업이 초기 설비 투자 $\overline{K_1}$를 초과하여 생산하고 있는지 여부에 따라 달라진다는 점을 기억해야 한다. 따라서 기존기업의 최적 반응 함수도 생산량이 $\overline{K_1}$에 비해 어디에 있는지에 따라 달라진다. 특히, 우리는 아래와 같은 생산량을 가진다.

$$q_1^* = \frac{(A - w)}{2B} - \frac{q_2}{2} \quad q_1^* \leq \overline{K_1}\text{일 때, 그리고}$$
$$q_1^* = \frac{(A - w - r)}{2B} - \frac{q_2}{2} \quad q_1^* > \overline{K_1}\text{일 때} \tag{12.8}$$

즉, 기존기업의 최적 반응 함수가 산출량 수준 $q_1^* = \overline{K}_1$에서 점프한다는 것을 의미한다. 게임의 두 번째 단계에서 기존기업의 최적 반응 함수를 그리면 이 점프를 더 명확하게 볼 수 있다. 그림 12.3에서 한계비용이 w일 때 최적 반응 함수는 $L'L$로 표시되고, 한계비용이 $w + r$일 때 최적 반응 곡선은 $N'N$으로 표시된다. 다시 말하지만, 기존 사업자의 실제 최적 반응 곡선은 이 두 선분의 합성으로, 2단계에서 주어지지만 게임의 1단계에서 선택된 기존 사업자의 생산량인 $\overline{K_1}$에서 저비용 곡선 $L'L$에서 고비용 곡선 $N'N$으로 전환된다.

더 나아가기 전에 한 가지 강조할 점은 진입자의 최적 반응 함수 (12.7)은 진입자가 전혀 생산하지 않기로 결정한 경우, 즉 $q_2 > 0$인 경우에만 적용된다는 것이다. 최적 반응 함수는 한계조건을 사용하여 도출되었기 때문에 잠재적 진입자가 실제로 진입을 결정할 경우 발생하는 매몰비용 F_2는 고려하지 *않았다*. q_2에 축에 있는 식 (12.7)의 절편, 즉 $(A - w - r)/2B$는 현재가

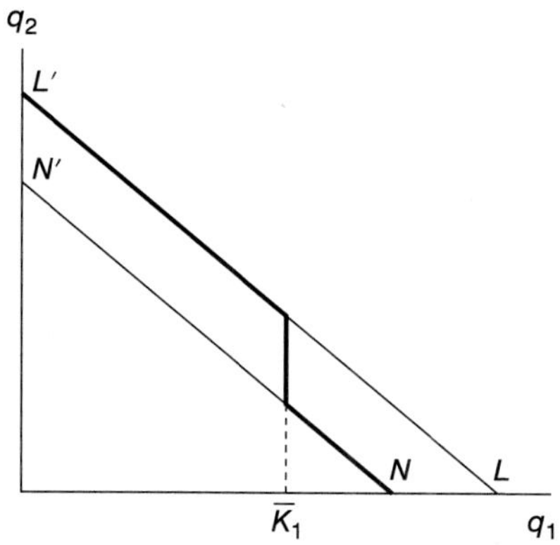

그림 12.3 기존기업의 최적 반응 함수는 1단계 산출량 선택에 따라 달라진다.
$\overline{K_1}$보다 작은 산출량의 경우, 기존 방식은 낮은 한계비용을 가지며 더 높은 반응 함수 $L'L$에서 작동한다. $\overline{K_1}$보다 큰 산출량의 경우, 기존 방식은 높은 한계비용을 가지며 더 낮은 최적 반응 함수 $N'N$에서 작동한다.

어떻게든 아무것도 생산하지 않기로 결정한 경우 진입자의 최적 산출량이다. 이는 해당 진입자가 독점사업자에 해당하며 거의 확실하게 양의 이윤을 의미한다(그렇지 않으면 처음부터 진입을 배제할 수 있다). 그러나 진입자의 최적 반응 함수를 따라 왼쪽에서 오른쪽으로 이동하면, 진입자의 생산량은 기존 사업자의 점점 더 큰 생산량 선택에 적응하면서 더 작아진다. 이러한 감소는 진입자의 고정비용 F_2가 분산될 수 있는 규모를 제한한다. 결과적으로 기업 2의 평균 총비용은 생산량이 감소함에 따라 상승한다. 기존기업의 생산량 q_1이 충분히 큰 어느 시점에서는 두 기업의 생산량을 합친 시장가격이 *최적 반응 곡선이 암시하는 이윤극대화 생산량을 생산하더라도* 진입자의 평균비용을 충당하지 못할 가능성이 높다. 만약 고정비용이 이미 발생했으면 해당 비용은 소멸되고 진입자는 계속 생산할 것이다. 그러나 비용 F_2는 진입할 경우에만 발생하므로, 기업 2는 진입하지 않기로 선택함으로써 이 비용을 피할 수 있다. 물론 진입할 경우 내쉬균형이 해당 비용 F_2을 충당할 만큼 충분한 영업이익을 창출하지 못할 것으로 예상되는 경우 진입하지 않을 것이다. 이 점은 아래에서 다시 살펴보겠다.

이제 기존기업의 초기 생산량 선택 $\overline{K_1}$을 생각해 보자. 이 선택이 2단계의 내쉬균형에 결정적인 영향을 미친다는 것은 분명하다. $\overline{K_1}$이 클수록 2단계 균형은 오른쪽으로 더 멀리 있는 기존기업의 최적 반응 함수를 따라, 즉 현업의 한계비용이 $w + r$이 아닌 w인 지점에서 발생할 가능성이 높아진다. 기존기업은 1단계에서 이 선택을 어떻게 해야 할까?

11장의 분석을 조금만 생각해 보면, 한계비용이 $w + r$일 때 $\overline{K_1}$에 대한 기존기업의 선택이 생산량에 대한 스테켈버그 리더의 선택보다 결코 작지 않다는 것을 알 수 있다. 이 장에서 우리는 산출량 수준이 $q_1 = \dfrac{(A - w - r)}{2B}$라는 것을 알고 있으며, 우리는 앞으로 이 산출량 수준을 M_1으로 표시하겠다. 또한 회사 1이 다음과 같이 생산한다면, 기업 2의 최선 반응은 $q_2 = \dfrac{(A - w - r)}{4B}$로 설정하는 것이며 앞으로 우리는 M_2로 표시하겠다. 실제로 기존기업이 M_1보다 적은 초기 산출량을 선택하지 않는 이유를 이해하는 것은 매우 간단하다.

우리는 다음을 고려해 보아야 한다. 기존 사업자가 스테켈버그 리더 수준에서 생산할 경우,

진입자는 시장에서 완전히 철수하거나 진입하여 스테켈버그 생산량에 대한 최선의 대응, 즉 M_2를 생산할 것이다. 철수 결정은 만약 진입할 경우 진입자의 고정비용이 충분히 높아서 기존 사업자의 스테켈버그 생산량에 대한 최선의 대응을 생산하더라도 여전히 손실을 볼 것이라는 사실을 반영하다(M_2를 생산할 때). 즉, 기존 사업자의 M_1 생산이 M_2 이하의 어떤 생산량으로도 진입자가 수익적으로 진입할 수 없는 정도로 가격에 충분한 하방 압력을 가한다면, 기존 사업자는 독점사업자로서 시장에 홀로 남게 된다. 그러나, 이는 스테켈버그 리더 생산량 M_1이 정확히 독점자가 선택한 생산량수준이라는 것을 알기 때문에 기존 사업자가 정확히 적정량을 생산하고 있다는 것을 의미한다. 실제로 이 산출량 수준을 M_1로 지정한 이유가 바로 여기에 있다. 이 경우 실제 약탈이 일어나지 않는다는 점에 유의해야 한다. 기존 사업자는 단순히 독점 생산량을 생산하여 독점자 역할을 하는 것만으로도 그 자체로 진입을 차단하고 기존 사업자의 독점적 지위를 공고히하는데 충분하다.

진입이 허용되는 경우, 기존기업은 2단계에서 실제 경쟁기업과 맞붙게 된다. 그러나 진입을 완전히 막을 수 없는 경우에도 여전히 제한될 수 있다. 또한, 스테켈버그 리더의 산출량인 $M_1 = \dfrac{(A - w - r)}{2B}$는 정의상 목적에 가장 적합한 산출량이다. 이것은 진입자 $M_2 = \dfrac{(A - w - r)}{4B}$를 제한한다.

위의 두 이벤트 중 하나가 서브게임의 완벽한 결과가 되려면, 기존 사업자가 스테켈버그 산출량 M_1을 생성하겠다는 약속을 신뢰할 수 있어야 한다. 특히, 해당 산출량은 진입자의 선택에 대한 최선의 반응이어야 한다. M_1은 독점적 결과이므로, 진입자가 진입하지 않는다면 이는 분명한 경우이다. 그러나 기존 쿠르노 모델에서 기존 사업자는 일정한 한계비용 $w + r$에 직면하여 경쟁자가 M_2을 생산할 때 자신의 생산량을 M_1 이하로 줄이려고 하는 것과 달리, 생산량에 대한 *전체적* 투자는 여기서도 M_1이 신규진입자의 M_2 선택에 대한 최선의 반응이 된다. 이것은 그림 12.4에 나와 있다. 이 그림에서 경사진 점선은 다양한 한계비용 하에서 기존 사업자의 최적 반응 곡선을 반영한다. 안쪽 점선은 높은 한계비용인 $w + r$을 반영하고, 바깥쪽 점선은 낮은 한계비용인 w일 때 기존기업의 최적 반응 곡선의 아래쪽 부분을 반영한다. 나머지 최적 반응은 바깥쪽 점선의 실선 확장에 반영되어 있다. 이 실선은 산출량 $q_1 = M_1$을 통과하는 세로 실선과 함께 기존 사업자의 최적 반응 함수 R_1을 설명한다. 참가자의 최적 반응 함수 R_2은 모든 산출량 선택에 대해 높은 한계비용 $w + r$을 반영하므로 덜 복잡하다.

산출량 $\overline{K_1} = M_1$에 *미리* 투자함으로써, 기존 업체는 산출량 수준 M_1 정도의 한계비용을 스스로 보장한다. 이것이 바로 우리가 R_1 산출량 수준이 $M_1 = \dfrac{(A - w - r)}{2B}$을 통해 수직 부분을 포함하고 있다고 말하는 이유이며 이것이 현재 M_1을 선택한 진입자의 $M_2 = \dfrac{(A - w - r)}{4B}$에 대한 최상의 반응을 포함하여 다양한 진입자 생산 수준에 대한 최상 반응임을 암시한다. 따라서, 기존기업의 M_1에 대한 공약이 신뢰할 수 있고 산출량 조합 $q_1 = \dfrac{(A - w - r)}{2B}$과 $q_2 = \dfrac{(A - w - r)}{4B}$은 서브게임의 완전한 내쉬균형이다.

방금 우리는 기존 업체는 초기 생산량에 투자하지 않을 것임을 보여주었다($\overline{K_1} < M_1$). 게다가 초기 투자에 대한 하한선 외에도 상한선도 있다. 이는 그림 12.4에서 V_1으로 표시된 생산량

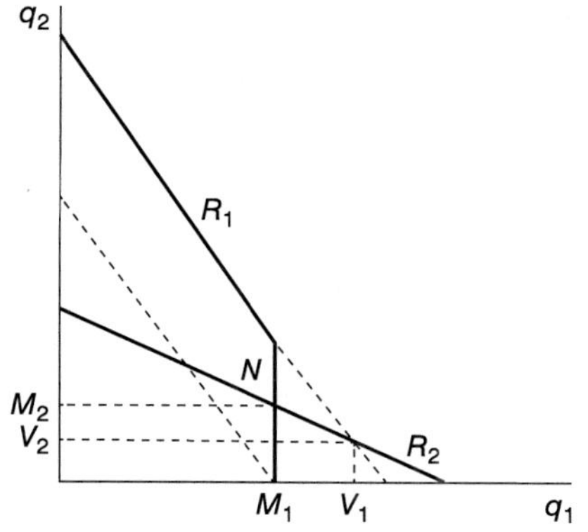

그림 12.4 가능한 기존 사업자 생산량 선택 및 진입자의 반응

기존 사업자는 점 M과 V 사이, 즉 M_1에서 V_1구간 어딘가에 초기 생산량 투자를 할 것이다. 기존 사업자는 다음과 같은 경우 M_1의 스테켈버그 독점 생산량을 선택한다: 1) 만약 진입자가 M_2보다 작은 산출량에서도 손익분기점을 넘지 못하거나, 2) 진입자가 V_2보다 낮은 산출량 수준에서도 손익분기점을 넘을 수 있는 경우. 첫 번째 경우, 기존 사업자는 약탈적이지 않은 이윤극대화 추구 행동을 하고 있다. 두 번째 경우, 스테켈버그 산출량을 선택함으로써 진입을 제한할 수 있을 뿐, 방지할 수는 없다. 약탈적 진입억제는 진입자가 M_2보다 작지만 V_2보다 큰 산출량 수준에서도 최상의 대응 곡선 R_2에 도달할 수 있을 때 발생할 수 있다. 이 경우, 기존 사업자가 M_1을 초과하는 초기 생산량에 투자하면 진입을 막을 수 있다.

수준이며, 기존기업이 생산 전반에 걸쳐 낮은 한계비용을 가질 때 내쉬균형에 해당한다. 그 이유는 분명하다. 기존 사업자가 $\overline{K_1} > V_1$를 설정하는 것은 가능하지만, 진입 후 게임에서 이러한 높은 생산량은 내쉬균형의 일부가 될 수 없다. 기존 사업자의 최적 반응 함수 R_1이 진입자 R_2의 최적 반응 함수와 교차하는 V의 오른쪽에는 아무런 지점이 없다. 기존 사업자는 V_1 이상의 생산을 원하지 않기 때문에 $\overline{K_1} > V_1$ 초기 생산량에 투자하고 싶지 않을 것이다.

지금까지는 기존 사업자가 M_1보다 작거나 V_1보다 큰 생산량에 1단계 투자를 하지 않음을 보였다. 즉 $M_1 \leq \overline{K_1} \leq V_1$을 보였다. 남은 질문은 기존 사업자가 이 상한과 하한 사이 어딘가에서 초기 생산량 $\overline{K_1}$를 선택할지 여부이다. 즉, $\overline{K_1}$이 M_1을 초과하지만 V_1보다 작은 서브게임 완전균형이 가능할까? 이것이 왜 가능한지 알아보기 위해 그림 12.4에서 초기 생산량 선택이 정확히 $\overline{K}_1 = M_1 = \dfrac{(A - w - r)}{2B}$한 경우를 생각해 보겠다. 이 선택은 차례로 2단계 균형이 M 지점(스테켈버그)에 있고 기업 1은 생산량 M_1, 기업 2는 생산량 $M_2 = 0.5M_1$을 생산하는 것을 의미한다. 이 균형에서 진입자의 생산량 M_2가 고정비용 F_2를 충당하기에 충분한 영업이익을 창출한다고 가정해 보자. 따라서 이 균형에서 진입자는 손익분기점을 넘긴다. 즉 시장가격은 진입자의 평균 총 비용을 충당하게 된다.

이 시점에서 방정식 (12.7)을 보면, 기존 사업자가 생산량을 $M_1 + 1$로 1단위 늘리면, 신규 사업자의 생산량은 ½ 단위로 감소한다는 것을 알 수 있다. 따라서 총생산량은 ½ 단위로 증가하여 시장가격이 하락할 것이다. 그러나 이제 고정 간접비 F_2를 더 적은 양에 분산시킬 것이므로 참가자의 평균비용은 상승할 것이다. 따라서 이전 시장결과에서 손익분기점을 넘겼다면 이제 단위당 가격은 하락하고 단위당비용은 상승했기 때문에 진입자는 손해를 보게 될 것이다. 그러나 이를 예상했다면 진입자는 애초에 진입하지 않았을 것이다. 진입했다가 실제로 손해를 보는 것보다는 진입하지 않고 0을 버는 것이 낫다. 즉, 이는 기존 사업자가 $M_1 + 1$의 산출량을 약속함으로써 신규 사업자가 시장에 진입하는 것을 아예 저지할 수 있는 상황이다. 확실히, 산출량 $M_1 + 1$은 이윤을 극대화하는 독점 산출량 $M_1 = \frac{(A - w - r)}{2B}$보다 조금 더 높다. 그러나 우리가 본 것처럼, 높은 산출량 레벨에 대한 약속이 처음에 독점을 가능하게 한 것임을 알 수 있다. M_1의 낮은 산출량 선택은 진입자들이 스테켈버그 추종자로 경쟁할 수 있도록 한다. 이 경우, 이러한 경쟁은 진입에 직면하지 않은 독점기업이었을 때보다 약간 더 많은 산출량을 선택하는 데 드는 비용보다 기존 사업자의 이익을 더 많이 감소시킬 것이다. 다시 말해, 기존 사업자의 선택은 다음과 같이 귀결된다. 진입자가 진입하여 $M_1 = \frac{(A - w - r)}{2B}$를 생산하게 하여 기존기업은 스테켈버그 리더의 이익을 얻게 하는 $M_2 = \frac{(A - w - r)}{4B}$ 생산에 전념하거나 진입자가 시장에 진입하는 것을 방지하게 하여 기존기업에 독점적 이익을 남기게 하는 $M_1 + 1$ 생산을 하는 것이다(이는 진입하지 않는 순수한 독점자보다 약간 적다). 후자의 선택이 종종 더 바람직하다는 것은 분명하다. 실제로 진입을 억제하기 위해 초기 생산량 투자를 $M_1 + 2$ 또는 $M_1 + n$으로 늘려야 한다고 해도, 기존 사업자가 V_1보다 큰 수준의 생산량을 약속할 정도로 n이 크지 않다면 그렇게 하는 것이 이익이라고 판단할 수 있다.

요약하면, Dixit(1980) 모델에는 세 가지 가능성이 있다. 첫 번째는 진입자의 고정비용 F_2이 충분히 높아서 최적 반응 곡선의 어느 지점에서도 수익성 있는 운영을 할 수 없고, 그 결과 산출량이 스테켈버그 추종자(그림 12.4의 $\leq M_2$)보다 작거나 같을 경우이다. 두 번째 가능한 결과는 진입자의 고정비용 F_2이 충분히 낮아 내쉬균형(그림 12.4의 점 V)에서도 수익성 있게 진입할 수 있으며, 이 경우 기존 사업자의 한계비용은 노동 투입량만을 반영하는 w에 불과하여 진입자의 산출량이 매우 낮다(그림 12.4의 V_2 또는 그 이하). 이 두 경우 모두 기존 사업자는 산출물 수준 $\overline{K}_1 = M_1 = \frac{(A - w - r)}{2B}$을 약정하는 것이 최적이라는 것을 알게 된다. 진입자가 진입할 수 없는 경우, 이 값은 독점자가 선택할 수 있는 산출량 수준이므로 올바른 값이다. 진입자를 차단할 수 없는 경우, 이는 진입 범위를 가장 잘 제한하는 산출량 수준이다. 그러나 진입자 고정비용 F_2의 범위는 기존 사업자의 수준 $\overline{K}_1 > M_1 = \frac{(A - w - r)}{2B}$에 대한 약속이 진입을 억제할 정도로 크지는 않지만 충분히 커서 $V_1 \geq \overline{K_1} > M_1$을 만족하는 산출량 $\overline{K_1}$에 대한 약속은 충분한 규모의 경제를 달성하지 못하기 때문에 기존 사업자의 선택에 최선의 대응을 하더라도 진입자에게 손실을 초래할 수 있다. 이 경우, 약탈적 진입억제는 가능하다. 우리가 약탈적이라고 하는 이유는 모든 진입을 억제한다는 사실, 즉 진입억제 효과로 인해 해당 행위가 이익을 얻는다는 사실을 제외하고는 일반적으로 기존 사업자가 초기 생산량을 $\overline{K_1} > M_1$으로 선택하지 않기 때문이다. 이것이 시장 약탈적 행동의 일반적인 정의이다. 실습문제 12.2는 이 분석의 예를 제공한다. Dixit(1980) 모형에 대한 공식적인 분석은 이 장의 부록에서 찾을 수 있다.

12.2 ▸ 실습문제

역수요함수가 $P = 120 - (q_1 + q_2)$이며, 여기서 q_1은 기존기업의 산출량이고, q_2는 신규진입자의 산출량이라고 가정한다. 단위당 노동 비용과 자본 비용을 모두 30, 즉 $w = r = 30$으로 한다. 또한 각 기업의 고정비용은 $F_1 = F_2 = 200$이라고 가정한다(그림 12.5 참조).

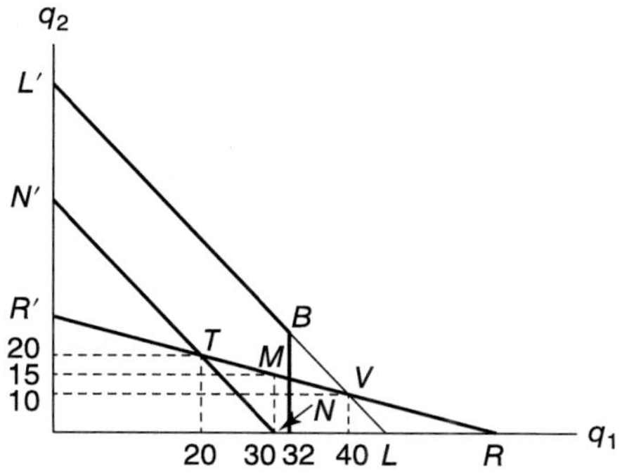

그림 12.5 진입억제의 예시

1단계에서 32의 산출량에 처음 투자함으로써, 기존기업은 2단계에서 이 산출량 수준까지 응답 함수 *L′L*로 작동할 것임을 보장한다. 이는 또한 잠재적 진입자에게 기존기업이 이 나중 단계에서 $q_1 \geq 32$의 산출물을 생산할 것이라는 신호를 보낸다. 이 생산 수준에 대한 진입자의 최적의 반응은 $q_2 = 14$로 설정하는 것이다. 그러나 진입자는 이 최선의 대응으로도 비용을 충당하지 못할 것이다. 따라서 기존 사업자는 산출량을 $q_1 = 32$로 약정함으로써 실제 진입을 억제한다.

a. 1단계에서 기존기업이 산출량 $\overline{K_1}$에 투자한다고 가정해 보겠다. 두 번째 단계에서 기존기업의 최적 반응 함수는 $q_1 \leq \overline{K_1}$일 때 $q_1 = 45 - \frac{1}{2}q_2$, 그리고 $q_1 \leq \overline{K_1}$일 때, $q_1 = 30 - \frac{1}{2}q_2$이다.

b. 2단계에서 진입자의 최적 반응 함수가 $q_2 = 30 - \frac{1}{2}q_1$임을 보이시오.

c. 독점 또는 스테켈버그 리더의 산출량이 30임을 보이시오. 만약 기존기업이 생산량 $\overline{K_1} = 30$인 수준에서 생산하기로 약속할 때, 두 번째 단계에서 진입자가 들어와서 15와 같은 산출량을 생산할 것임을 보이시오. 이 경우 진입자인 기업 2는 \$25의 이익을 얻는 반면, 기존기업은 \$250의 이익을 얻는다는 것을 보이시오.

d. 이제 1단계에서 기존 사업자가 $\overline{K_1} = 32$를 선택하면, 2단계에 진입한 사업자는 시장에 진입해도 양의 이윤을 얻을 수 없음을 보이시오. 이 경우, 기존 사업자는 독점사업자보다 약간 더 많은 생산량을 생산하여 632달러의 이윤을 얻게 되는데, 이는 부분 (c)에서 얻은 이윤보다 훨씬 더 큰 이윤이다.

Dixit(1980) 모델은 현존하는 기업이 우위를 점하고 있음을 분명히 보여준다. 더 중요한 것은 이 모델이 그 우위의 원천을 정확하게 보여준다는 점이다. 그것은 바로 1단계에서 선택한 생산량에 따라 2단계에서 특정 생산량 수준을 신뢰성 있게 약속할 수 있는 기존기업의 능력이다. 사실상 기존 업체는 최소한 처음 설치한 생산량만큼만 생산하기로 약속하는데, 그보다 적은 양

을 생산하려면 투자 비용의 일부를 버려야 하기 때문이다. 이러한 측면에서 이 모델에서 주목할 만한 두 가지 측면이 더 있다. 첫째, 기존 사업자가 진입을 저지할 때는 초기 생산량에 고의적으로 *과잉* 투자함으로써 진입을 저지한다. 즉, M_1보다 더 큰 초기 생산량을 설치하는 것은 경쟁을 제거한다는 사실이 아니라면 수익성이 없을 것이다. 따라서 이러한 생산량 확장은 일반적인 의미에서 약탈적이라고 할 수 있다.

둘째, 생산량 *capacity* 확장은 한 번 구축된 생산량이 매몰비용이 되는 범위 내에서만 억제 전략으로 신뢰할 수 있다는 점에 유의해야 한다. 사용하지 않는 플랜트 생산량을 유료로 매각할 수 있다면, 생산량은 진정으로 유연하며 이를 확보하는 데 기업의 실질적인 노력이 반영되지 않는다. 이러한 유연성이 불가능한 경우(종종 발생하는 경우)에는 단순히 낮은 가격을 약속하는 것보다 생산량 투자가 전략을 억제하는 데 훨씬 더 효과적인 방법이다. 가격 약정은 쉽게 변경될 수 있기 때문에 신뢰도가 훨씬 떨어진다. 실제 약속을 이행하려면 일반적으로 비용이 많이 든다. Dixit 모델에서 이 비용은 기존 사업자가 순수독점의 이윤극대화 선택보다 더 높은 수준의 생산량으로 운영한다는 사실을 반영한다. 그러나 독점을 가능하게 하는 것은 바로 이러한 약속을 하고 비용을 부담하는 행위이다. 실습문제 12.3은 약정을 통한 약탈의 또 다른 모델을 제시한다.

이제 이 장의 서두에서 살펴본 진입에 대한 경험적 증거를 다시 한번 생각해 보자. 양식화된 두 가지 사실은 다음과 같다: (1) 진입은 일반적으로 넓은 범위의 횡단면 *cross-section* 산업에서 관찰된다. (2) 시장점유율로 측정된 시장 침투율 *penetrationi* 이 상대적으로 낮다는 점이다. 이러한 양식화된 사실은 이 모델과 일치한다. 기존 사업자는 생산량에 가장 먼저 투자할 수 있는 전략적 이점이 있으며, 이러한 이점을 전략적으로 활용하여 시장진입의 영향을 제한하거나 아예 제거할 수도 있다.

12.3 ▸ 실습문제

기존기업과 진입기업 간의 동적 게임에 대한 광범위한 형태는 그림 12.6에 설명되어 있다. 기존기업이 먼저 움직여 공격적 능력을 강화하기 위한 수단으로 C를 사용할지 여부를 선택한다. 다음으로 진입자가 움직여 시장에 진입할지 여부를 결정한다. 진입자가 시장에 진입하면 기존기업은 새로운 경쟁자를 수용할지 아니면 싸울지 결정한다. 진입자가 진입하지 않으면 기존 사업

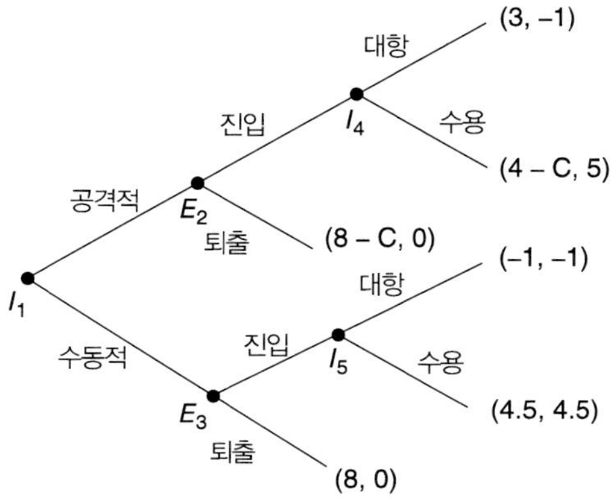

그림 12.6 ▸ 실습문제 12.3의 확장

I라고 표시된 노드에서는 기존기업이 이동할 차례이다. E라고 표시된 노드에서는 진입자의 차례이다.

자가 해당 지출을 했을 때 8에서 C를 뺀 값을 얻으며, 해당 지출이 없을 때에는 8을 얻는다. 진입자가 진입한 경우, 기존 참가자의 보상은 싸울 것인지 아니면 수용할 것인지에 따라 달라진다. 기존기업이 C를 지출하지 않았을 때 싸우면 3의 보상이 주어지며, C를 지출했을 때 수용하면 그 투자 비용이 낭비된다. 최종 보상은 괄호 안에 설명되어 있으며, 첫 번째는 기존 플레이어의 보상이고 두 번째는 진입자의 보상이다.

a. C가 1보다 크거나 같을 경우, 기존 플레이어는 그렇게 할 수 있는 능력에 투자한 *경우*, 즉 처음에 C를 지출한 경우 항상 싸울 것임을 보이시오.
b. C가 3.5보다 크거나 같을 경우, 기존기업이 초기 투자 C를 하지 않음을 보이시오.

12.3 선점*(Preemption)* 및 번들링*(Bundling)*

Dixit(1980) 모델을 움직이는 핵심적인 힘은 규모의 경제가 존재한다는 것이다. 평균비용이 충분히 낮아지려면 참가자의 고정비용 F_2이 충분히 많은 양의 생산량에 분산되어야 한다. 이는 발전소 생산량의 규모가 연속형이 아닌 이산형 변수인 경우가 많기 때문이며, 특정 고정된 양에서만 사용할 수 있다. 이와 같은 규모의 경제 특성은 다른 진입억제 전략에서도 중요한 역할을 하지만, 논리적으로 Dixit(1980) 모델의 메커니즘과는 구별되는 전략도 있다. 이러한 전략에는 일반적으로 선점이라고 하는 투자 타이밍 전략과 번들링의 전략적 사용이 포함된다. 각 전략에 대해 차례로 살펴보겠다.

12.3.1 선점

선점 분석의 기본이 되는 직관은 오래전부터 이해되어 왔지만, 최초의 공식적인 분석은 Eaton과 Lipsey(1979)에 의한 것으로, 4장, 7장, 10장에서 소개한 유형의 공간 시장 프레임워크를 배경으로 하고 있다. 여기서는 간단한 수치형 쿠르노의 예를 통해 기본 개념을 설명하겠다.

다음과 같이 주어진 현재 수요에 직면한 독점사업자를 생각해 보자: $Q = 30 - P$이므로 역수요는 $P = 30 - Q$이다. 이 시장에서 운영하려면 공장이 필요하며, 이 공장은 한 가지 크기만 존재한다. 구체적으로, 각 공장은 최대 15대 생산량까지 생산할 수 있다. 이러한 공장은 즉시 건설하여 활용할 수 있고 영원히 지속될 수 있지만, 이 생산량의 공장을 인수하려면 150달러의 일회성 비용이 필요하다. 간단하게 설명하기 위해 다른 모든 비용은 0이라고 가정한다. 따라서 공장이 건설되면 회사의 한계비용은 0이 된다. 두 배의 가파른 규칙(2장) 또는 N이 1인 쿠르노 $N/(N+1)$ 규칙(9장)을 사용하면 독점기업의 생산량 극대화 이윤은 $Q^M = 15$이며, 이는 독점 가격 $P^M = \$15$ 영업이익 \$225 또는 필요한 공장 건설 비용이 포함된 순 독점이윤 $\pi_1^M = \$75$를 의미한다는 것을 쉽게 알 수 있다.

이제 이 설정을 두 가지 추가 기능으로 복잡하게 만들었다. 첫 번째는 실제로 진입이 이루어질 경우 독점사업자가 쿠르노복점 사업자로서 경쟁할 잠재적 진입자가 존재한다는 것이다. 두 번째는 수요가 증가하는 후속 시장 기간이 존재한다는 것이다: $Q = 42 - P$. 즉, 시장이 시간이 지남에 따라 40% 증가한다고 알려져 있다. 이것이 매우 빠른 성장으로 보인다면 기간을

현실 체크포인트

구매 및 대금지불(Take or Pay)... 그리고 승리!

기업은 일반적으로 주요 공급업체와 구매해야 할 투입물의 양과 내년에 지불해야 할 가격을 명시한 계약을 체결한다. 특히 천연가스, 전기, 원자재 공급과 관련하여 이러한 계약의 일반적인 추가 조항은 "구매 및 대금지불" 조항이다. 구매 및 대금지불 조항이 포함된 계약은 구매 회사가 처음에 계약한 투입량을 모두 사용하거나, 그보다 적은 양을 주문하더라도 남은 추가 금액에 대해 일반적으로 전체 계약 가격보다 적은 금액을 지불하도록 요구한다.

구매 및 대금지불 계약은 생산 일정과 공급업체의 수익을 모두 안정화한다. 그러나 아시다시피 다른 목적도 있다. 바로 Dixit 진입억제 전략을 구현하는 간단한 방법이다.

예를 들어, Corning은 광섬유 케이블을 제조하는 선도적인 기업 중 하나이다. Corning의 주요 공급업체 중 하나는 특수 가스 생산업체인 Praxair이다. Corning이 Praxair와 1,000,000입방피트의 헬륨(광섬유 케이블 생산 시 냉각제로 사용됨)을 1,000입방피트당 400달러에 구매한다는 계약을 체결했다고 가정해 보겠다. 이 계약에는 1,000,000입방피트 중 사용하지 않은 양에 대해서는 Corning이 입방피트당 300달러를 지불해야 하는 사용 후 지불 계약도 포함되어 있다. 이를 통해 Corning의 비용구조를 효과적으로 변화시킬 수 있다. Corning이1,000,000입방피트를 모두 주문하면 헬륨 요금은 다음과 같다: ($400/1000) × 1,000,000 = $400,000. Corning이 90만 입방피트의 헬륨만 사용한다고 가정해 보겠다(아마도 새로운 경쟁업체가 Corning의 일부 고객을 빼앗아갔기 때문일 것이다). 구매 및 대금지불 조항으로 인해 주문하지 않은 10만 입방피트에 대해서는 여전히 1,000입방피트당 300달러를 지불해야 한다. 따라서 이 경우 Corning의 총 헬륨 비용은 다음과 같다: ($400/1000) × 900,000 + ($300/1000) × 100,000 = $390,000. 즉, 마지막 100,000입방피트의 헬륨을 사용해도 Corning의 총 헬륨 요금은 10,000달러만 인상된다. 사실상 이 계약으로 인해 Corning의 헬륨 한계비용은 1,000입방피트당 400달러에서 100달러로 변경되었다. 100만 입방피트의 헬륨을 사용하는 데 드는 총 비용은 변하지 않았다. 이 계약은 이러한 비용 중 일부를 고정비용으로 전환하여 100만 입방피트까지는 Corning의 한계비용이 매우 낮아졌다.

물론 구매 및 대금지불 계약에는 단점이 있다. 예를 들어 영국의 광섬유 생산업체인 Marconi와 같은 대형 경쟁업체가 이미 존재하고 두 회사가 헬륨 공급업체와 구매 및 대금지불 계약을 체결할 경우, 업계는 베르트랑 경쟁을 통해 가격이 한계비용의 낮은 수준까지 하락하는 지독한 가격 전쟁에 휘말릴 수 있다는 것이다. 일부에서는 이것이 통신 버블이 터진 후 광섬유 시장에서 일어난 일의 일부라고 생각한다.

출처: A. M. Brandenburger와 B. J. Nalebuff, 1996. *Co-opetition*. New York: Doubleday; 및 F. Norris, "Corning의 재난: 적어도 대차 대조표는 튼튼하다", *뉴욕 타임즈*, 2001년 7월 13일, p. C2.

10년으로 가정하여 연간 3.4%의 성장률을 반영한다고 생각하면 된다. 물론 이 시간 요소는 할인이 관련되어 있음을 의미한다. 정기 이자율을 50%(기간이 10년인 경우 연 4.1%)로 가정한다. 이는 할인계수 $R = 0.67$을 의미하다.

진입 위협이 없는 경우 기존 사업자는 다음과 같이 추론할 수 있다. 다른 공장을 건설하여 생산량을 추가하지 않는다면 2기에 15대를 판매할 것이다. 수요 증가를 감안할 때, 이 단위들은 개당 27달러의 가격에 판매되고 회사는 405달러의 이익을 얻게 된다. 할인율을 감안할 때 이 이익의 현재가치는 $R\$405 = \$270$이다. 또는 지금 또는 두 번째 기간에 \$150에 두 번째 공장을 인수할 수도 있다. 현재가치 관점에서 볼 때, 비용의 현재가치는 $R\$150 = \$100$에 불과하므로 후자의 옵션이 분명히 더 낫다. 생산량이 30대라면, 규칙(9.5절) $\left(\frac{N}{N+1}\right)$을 사용하면 $N = 1$일 때 독점 산출량 기간 2는 21개이므로 가격은 \$21, 수익은 \$441이다. 현재가치로 환산하면

$R\$441 = \$294$의 가치가 있다. 따라서, 생산량을 확장하기 위해 두 번째 공장을 추가하는 현재가치는 $\$294 - \$100 = \$194$이다. 이는 단순히 현재 생산량인 15개에서 생산할 때의 현재가치(\$405)보다 작기 때문에, 기존 업체는 진입 위협이 없는 경우 생산량을 추가하지 않을 것이다.

이제 잠재적 진입자를 살펴보겠다. 이 회사는 1기에 기존 업체를 관찰한 후 2기에 진입할지 여부를 결정한다. 그렇게 하려면 당연히 이 회사는 공장에 150달러를 투자해야 한다. 그러나 이 회사는 이 투자를 언제 해야 하는지에 대한 선택권이 있다. 지금 공장에 투자하고 현재가치 150달러를 지불할 수도 있고, 한 기간을 기다렸다가 현재가치 $R\$150 = \$100$를 지불할 수도 있다. 두 번째 기간의 쿠르노복점으로서 $N/(N + 1)$ 규칙은 신규진입자와 기존 사업자 모두 2기에 14개의 단위를 생산할 것임을 의미한다. 따라서 두 번째 기간의 가격은 \$14가 된다. 따라서 각 기업이 벌어들이는 영업이익의 현재가치는 $R\$196 = \$130.67$이다. 분명히 이것은 현재 공장에 투자하는 비용을 충당하기에는 충분하지 않지만 투자가 한 기간 지연될 경우 비용을 충당하기에 충분하다. 따라서 참가자는 시장진입에 필요한 공장을 확보하기 위해 두 번째 기간까지 기다리게 된다.

이제 기존 사업자로 돌아가 보겠다. 위 분석의 논리를 이해하면 진입자가 2기에 투자에 진입하여 독점적 지위를 종료할 것임을 알 수 있다. 이를 방지하기 위해 기존 사업자가 사용할 수 있는 전략이 있을까?

여기서 한 가지 더 가정을 해보겠다. 두 기업이 한계비용이 0인 상태에서 동시에 투자하면 대칭적인 쿠르노복점 기업으로 경쟁하지만, 한 기업이 다른 기업보다 먼저 생산량을 증설하면 그렇지 않다는 것이다. 보다 구체적으로, 한 기업이 다른 기업보다 먼저 생산량을 추가하면 새로운 생산량까지 공급할 수 있는 모든 소비자를 확보하게 된다. 수요가 확장된 최대 생산량보다 많을 경우에만 경쟁사가 고객을 확보할 수 있다. 이는 경쟁사보다 먼저 소비자를 계약에 가입시킬 수 있기 때문일 수도 있고, 다른 이유 때문일 수도 있다. 공간 모델 설정에서는 기업이 한 번 시장 지위를 확보하면 움직일 수 없다는 사실을 반영한다. 그러나 이유가 무엇이든, 이제 기존 사업자는 1기에 투자하여 진입자의 확장을 선점함으로써 독점적 지위를 유지할 수 있는 인센티브를 얻게 된다.

기존 사업자의 새로운 전략의 논리는 간단하다. 신규진입자가 2기에 진입해도 여전히 수익성이 있기 때문에 2기에 새로운 생산량에 투자할 필요가 없다. 따라서 기존 사업자의 선택은 기존 전략에 따라 전혀 투자하지 않거나 1기에 생산량을 확장하는 것으로 귀결된다. 전자의 경우, 신규진입자가 진입하고 기존 사업자는 2기 영업이익 \$196를 얻게 된다. 그러면 시간 경과에 따른 이익의 현재가치는 다음과 같다: $-\$150 + \$225 + R\$196 = \$205.66$. 또는, 기존 사업자가 처음에 두 개의 공장을 건설하여 생산량을 확장하면 복점 가격인 14달러에 요구되는 모든 생산량을 공급하기에 충분한 30개의 생산량을 확보할 수 있다. 결과적으로 신규진입자는 진입하는 것에 수익성이 없다는 것을 알게 되고 기존 사업자는 독점적 지위를 유지할 수 있게 된다. 이제 2기에 30개의 생산량을 가진 기존 사업자는 이윤을 극대화하는 생산량인 21개를 생산할 것이며, 이는 가격 \$21와 영업이익 \$441를 의미한다. 이 경우 현금 흐름의 현재가치는 다음과 같다: $-\$300 + \$225 + R\$441 = \$219$. 그렇다면 지금 추가 생산량에 투자하는 것이 더 수익성이 높은 전략임이 분명하다. 따라서 기존 사업자는 진입자를 선점하고 독점력을 유지하기 위한 수단으로 1기간에 공장을 추가할 것이다.

기존 사업자는 1기에 생산량을 확장할 수 있는 반면 신규 사업자는 그렇지 못한 이유는 간단하다. 기존 사업자는 독과점 이윤을 지키기 위해 싸우는 반면, 신규 사업자가 기대할 수 있는 최선은 복점 이윤이기 때문이다. 따라서 초기 생산량 확장에 대한 보상은 진입자보다 기존 사업자에게 더 크다.

방금 설명한 선제적 생산량 확장의 두 가지 특징에 주목해야 한다. 첫째, 이 전략은 1기에는 기존 사업자가 많은 과잉 생산량을 가지고 운영한다는 것을 의미한다. 즉, 30대의 생산량을 갖추고 있지만 생산량은 그 절반에 불과할 것이다. 둘째, 이보다 더 중요한 점은 이 투자가 진입방지를 위한 것이 아니라면 기존 사업자의 1기 생산량 확장은 수익성이 없을 것이며, 기존 사업자는 이를 실행하지 않을 것이라는 점이다. 이러한 관점에서 볼 때 이러한 선점 전략은 정말 약탈적인 전략이다.

12.3.2 진입억제를 위한 번들링(Bundling)

8장에서는 번들링이 가격차별 기법이자 약탈적 전략으로 사용되는 사례를 Microsoft 사례를 중심으로 살펴보았다. 이 두 번째 역할에 대한 근본적인 분석은 Nalebuff(2004)에 의해 이루어졌는데, 여기서 간단한 수치적 예를 통해 살펴볼 가치가 있다. 이를 위해 10명의 잠재적 구매자가 각각 다른 두 가지 상품인 A와 B의 가치를 다음과 같이 평가한다고 가정해 보겠다.

소비자	상품 A의 가치	상품 B의 가치	두 상품의 가치
1	0.5	5.0	5.5
2	1.0	8.0	9.0
3	1.5	6.0	7.5
4	2.0	3.0	5.0
5	2.5	3.9	6.4
6	3.0	4.0	7.0
7	3.4	3.9	7.3
8	4.0	6.0	10.0
9	4.5	8.0	12.5
10	5.0	10.0	15.0

현재 사업자는 각 재화의 단위당 1달러의 한계비용을 가지고 있다. 각 소비자는 가격이 소비자의 가치보다 높거나 낮은지 여부에 따라 두 재화를 최대 한 개까지만 구매할 것이다. 약간의 실험을 통해 금방 알 수 있듯이, P_A와 P_B를 별도로 판매할 경우 두 가격의 이윤극대화 값은 $P_A = 3$달러, $P_B = 3.9$달러이다. 이 가격에서 5명의 소비자는 제품 A를 구매하고 9명의 소비자는 제품 B를 구매한다. 결과적으로 기존 업체는 시장 A에서 10달러, 시장 B에서 26.1달러의 영업이익을 얻게 되어 총 36.1달러의 이익을 얻게 된다. 대신 이 기업이 두 제품을 하나의 패키지로 묶어 판매하는 경우, 이윤을 극대화하는 번들 가격은 8명의 소비자가 패키지를 구매할 가격인 6.4달러이다. 번들의 생산비용은 \$2이며, 이러한 전략은 영업이익 $\$35.2 = 8 \times (\$6.4 - \$2)$를 가져온다. 이는 36.1달러보다 적기 때문에 기존 사업자가 순수번들링에 참여하지 않는 경우이다.

그러나 경쟁기업의 잠재적 진입으로 인해 상황이 달라질 수 있다. *A* 시장에 더 효율적인 경쟁자가 등장한다고 가정해 보자. 이 경쟁자는 기존 업체의 제품 *A*를 완벽하게 대체할 수 있는 제품을 더 낮은 비용으로 제공한다. 구체적으로 이 경쟁기업의 고정비용은 5달러이지만 한계비용은 0이다. 분명히 이 기업이 진입하면 1달러(또는 그 이하)의 가격 P_A를 설정하고 기존 업체의 A 시장 고객을 모두 빼앗을 수 있다. 기존 업체는 여전히 B 제품군에서 26.1달러의 영업이익을 얻지만 A 제품에서는 아무것도 얻지 못한다. 한편, A를 1달러에 9개 판매하면 참가자는 9달러의 수익을 올리게 되는데, 이는 변동비용(0달러)과 고정비용(5달러)을 충당하기에 충분한 금액이다.

번들링은 이러한 진입을 방지할 수 있는 수단을 제공할 수 있다. 8장에서 언급했듯이, 번들링을 통해 기업은 제품 B에도 큰 가치를 두는 잠재적 A 소비자를 유치할 수 있다. 이러한 소비자를 충분히 유치할 수 있다면 신규진입자가 고정 간접비를 감당할 수 없게 만들 수 있다. 예를 들어, 기존 사업자가 상품 A와 B를 번들로 묶어 6달러의 가격에 제공하는 반면, 신규 사업자는 계속해서 상품 A를 $P_A = 1$달러의 가격에 제공한다고 가정해 보겠다. 이제 각 소비자는 신규 사업자로부터 1달러의 가격에 상품 A만 구매하거나 기존 사업자가 6달러의 가격에 제공하는 번들로 상품 A와 B를 함께 구매할 수 있다. 소비자는 구매를 통해 얻는 잉여를 극대화하기 때문에 소비자 1은 두 대안 모두 구매하지 않으며 소비자 4~7은 상품 A만 구매한다. 그러나 4달러의 수익은 진입자의 고정비용을 충당하기에 충분하지 않으므로 진입이 일어나지 않을 것이다(진입이 일어나더라도 곧 퇴출이 뒤따를 것이다). 따라서 기존 사업자는 6달러에 번들을 판매하고, 경쟁 상품이 없는 경우 8명의 소비자에게 판매하여 8($6 − $2) = $32의 순이익을 얻게 된다. B 시장에서 경쟁사의 진입을 수용하고 단순히 이익 극대화 가격인 3.9달러를 책정하면 이 이익은 현재의 이익보다 많기 때문에, 기존기업은 이제 결합하는 것이 이익이라는 것을 알게 될 것이다.

앞의 예에서 번들링에 대한 기존 사업자의 결정은 신규진입자를 차단하기 때문에 수익성이 있다는 점을 기억하는 것이 중요하다. 진입 위협이 없는 초기 시장 환경에서는 번들링이 수익성이 없다고 판단한 것이다. 번들링이 수익성 있는 전략이 되는 것은 신규 진입을 막거나 기존 경쟁자를 몰아낼 수 있는 번들링의 능력 때문이다. 다시 말하지만, 경제학자들이 약탈적 행동에 대해 이야기할 때 의미하는 바는 바로 이것이다.

12.4 약탈적 진입억제: 과거 사례

앞서 살펴본 Dixit-Spence 모델과 선점 모델은 모두 지배적 기업이 진입을 억제하기 위한 수단으로 생산량을 빠르게 확장할 수 있음을 시사한다. 한 가지 경우, 이는 진입이 발생할 경우 공격적인 가격책정을 할 수 있는 비용구조의 변화를 반영하는 것이다. 다른 경우에는 미래 고객에 대한 선점 효과를 노린 것이다. 경쟁사 진입에 따른 생산량 확장이 실제로 발생한다는 증거가 있습니까?

이 질문에 대한 답은 "상황에 따라 다르다"이다. 이용 가능한 증거가 기존기업이 일반적으로 그러한 행동을 한다는 견해를 뒷받침한다고 말하는 것은 부정확할 수 있다. 예를 들어, Lieberman(1987)은 38개 화학 산업에서 과잉 생산량과 시장 성장에 직면한 기존기업과 신규 진입기업의 자본 투자 행동을 조사했다. 그는 두 유형의 기업 행동에 차이가 없음을 발견했다. 이는 기존기업이 진입을 억제하기 위한 목적으로 자본 투자를 하지 않는다는 것을 시사한다. 또한,

자본 집약적인 산업에서 투자 투입 전략이 더 많이 발생하기 때문에 다른 모든 것이 동일하고 선제적 확장이 일반적이라면 이러한 산업에서 수익성이 더 높을 것으로 예상할 수 있다. 그러나 Caves와 Ghemawat(1986)의 초기 연구에서는 이러한 결과를 뒷받침하는 근거를 찾지 못했다.

그러나 진입억제로 인한 생산량 확대가 경험적으로 규칙적이라는 증거를 찾지 못하는 것과 그러한 행동이 전혀 일어나지 않는다는 증거를 찾지 못하는 것에는 차이가 있다. 우선, 시장마다 조건이 다르면 어떤 진입억제 행동을 기대할 수 있는지에 대한 함의가 달라진다. 예를 들어, 위에서 설명한 모델은 독과점 상황을 가정한 것이지만, 실제로는 그러한 잠재적 경쟁자가 두 개 이상 존재하는 경우가 많다. 이 경우 한 기업이 성공적으로 진입하면 더 많은 기업이 진입하여 최초 진입자의 수익성을 잠식하는 무임승차자 문제가 발생할 가능성이 있다. 이러한 환경에서는 기존 사업자의 생산량 확장이 거의 필요하지 않아 진입을 억제할 수 있다. 따라서 잠재적 진입자가 많다고 해서 그러한 시장에서 과도한 자본 투자가 일어나지 않는다고 해서 진입억제가 일어나지 않는다고 단정할 수는 없다. 두 번째 무임승차 문제는 기존 사업자가 두 명 이상일 때 발생한다. 한 기업의 생산량 확장이 진입을 억제하기에 충분하다면, 각 기존기업은 그 비용을 현재의 경쟁자가 부담하도록 결정할 수 있으며, 그 결과 진입억제 능력에 대한 관찰된 초과 투자는 다시 작아진다.[9]

생산량 확장을 통한 진입억제의 일반화된 모델을 공식적으로 테스트하는 것이 어렵기 때문에, 대신 잘 정의된 특정 시장에서 그러한 행동을 찾는 대안적 접근 방식에 의존해야 한다. 이것이 바로 우리가 여기서 취하는 접근 방식이다. 다음 절에서는 텍사스에서 운영 중인 호텔 체인의 증거를 바탕으로 한 공식적인 분석을 제시한다.

진입억제를 위한 생산량 확장의 가장 명확한 사례는 1945년 Alcoa 사건(*U.S. v. Aluminum Co. of America*, 148 F. 2d 416 (1945))에서 찾아볼 수 있다. 법원이 Alcoa를 불법 독점 혐의로 유죄로 판결하면서 지적했듯이, 지배적인 알루미늄 정제업체는 1912년부터 1934년 사이에 생산량을 8배나 확장했다. 법원은 이로 인해 충분한 시장점유율을 확보하지 못해 실패한 두 번의 시도를 제외하고는 모두 업계 진입을 막았다고 판단했다.

Weiman과 Levin(1994)은 미국 중남부 및 동부 남부 지역의 시내 전화 서비스 시장을 독점하기 위해 Southern Bell Telephone (SBT)이 선제적 투자를 노골적으로 활용했다고 밝혔다. Bell의 특허가 만료된 후 이 시장은 경쟁이 치열해져 1902년에는 버지니아에서 앨라배마, 플로리다에 이르는 지역 내 전화 서비스의 60%를 독립기업이 차지하게 되었다. Weiman과 Levin(1994)은 회사 기록을 자세히 검토한 결과, SBT의 리더였던 Edward J. Hall이 시장 발전을 예상하고 경쟁사를 선점하려는 분명한 목표를 가지고 지역 유료 전화망을 구축하기 위해 공격적인 자본 확장 프로그램을 시작했음을 보여준다. 4년 만에 SBT는 시스템의 지리적 도달 범위를 2,000마일에서 8,600마일로 늘렸다. 더욱 인상적인 것은 유료 유선 커버리지로 측정한 통화 생산량이 5,000마일에서 55,000마일 이상으로 늘어났다는 점이다. 이 모든 것은 경쟁에 직면한 시장과 경쟁이 예상되는 시장 모두에서 공격적인 가격 인하 캠페인과 함께 이루어졌다. 무엇보다도 이는 경쟁사들이 자체 확장을 위해 사용할 수 있는 투자 자금을 제한하는 효과를 가져

9 쿠르노 환경에서 시장 집중도가 떨어질수록 생산량 확장이 증가한다는 상반된 견해에 대해서는 Gilbert와 Vives(1986)를 참조하시오.

온 반면, SBT는 모기업인 AT&T의 막대한 자금에 의존할 수 있었다. 계획은 성공했다. 1912년, SBT는 남부 지역 전화 시장을 사실상 완전히 장악했다.

세 번째 사례는 1960년대와 1970년대 초의 앨버타주 에드먼턴 마을을 배경으로 한다. 당시 에드먼턴의 주요 소매 식료품점은 Safeway였다. 그러나 1960년대 초에 다른 식료품 체인점들이 에드먼턴 시장에 진출하기 시작했다. 여기에는 온타리오에 있는 두 개의 회사, Loblaws와 Dominion과 캐나다 서부에 있는 한 개의 회사, Tom Boy가 포함되었다. 1960년에서 1963년 사이에 이 세 회사는 에드먼턴 지역에 12개의 신규 매장을 열었다. 1964년에는 총 21개의 매장을 운영하게 되었는데, 이는 당시 Safeway의 총 매장 수인 25개에 크게 뒤지지 않는 수치였다. Safeway는 이들 업체를 비롯한 다른 업체들의 지속적인 진출이 현실적인 가능성이 있음을 분명히 인식하고 신속하게 대응했다. 1963~1964년에 4개, 1965~1966년에 4개, 1968년에 5개 매장을 새로 열었다. 게다가 Safeway는 신규 매장의 위치를 매우 신중하게 선택했다. 인구 증가와 현재 인근에 다른 매장이 없어 잠재적 진출 지역으로 보이는 지역에 매장을 배치했다. 또한, 의도의 진중함을 강조하기 위해 일부 신규 매장은 경쟁업체가 이미 매장을 운영 중인 지역 바로 옆에 위치하기도 했다. 전략은 통했다. 1973년까지 Safeway는 에드먼턴 지역에서 35개의 매장을 운영한 반면, 세 개의 주요 경쟁업체는 폐업으로 인해 10개의 매장만 운영했다.[10]

마지막 사례는 이산화티타늄 시장에서 나왔다. 이산화티타늄은 페인트, 종이, 플라스틱 등의 제품에서 미백제로 사용되는 화학 첨가제이다. 이야기 당시에는 세 가지 공정 중 하나를 통해 생산할 수 있었다. 그중 하나는 일메나이트 광석을 사용하는 황산염 공정이다. 다른 하나는 루틸 광석을 사용하는 염화물 공정이다. 이 두 가지 공정은 모든 생산자가 알고 있었고 사용할 수 있었다. 그러나 세 번째 공정은 특수 염화물 공정으로, 법적 제한으로 인해 DuPont만이 사용할 수 있는 것으로 알려져 있었다. 황산염 공정과 마찬가지로 DuPont의 공정은 일메나이트 광석을 사용한다. 하지만 일반 염화물 공정과 마찬가지로 DuPont의 공법은 오염을 거의 배출하지 않는다. 오염에 나쁜 영향을 미치는 황산염 공정은 그렇지 않다.

1970년대에는 국내 7개 기업이 이산화티타늄 시장에서 활발히 활동했다. 이 중 DuPont이 시장의 약 34%를 점유하며 가장 큰 규모를 자랑했지만, 황산염 공법을 사용하던 NL산업이 근소한 차이로 2위를 차지했다. 그러던 중 1970년대 초에 DuPont이 결정적인 우위를 점하게 된 두 가지 사건이 발생했다. 첫째, 루틸 광석의 가격이 상승하여 일반 염화물 공법을 사용하는 다른 생산업체들이 생산량을 줄여야 할 수도 있다는 것을 의미했다. 둘째, 황산염 공정을 매우 비싸게 만드는 엄격한 오염 규제가 시행되었다. 그런데 갑자기 일메나이트 광석을 기반으로 한 DuPont의 독점적인 염화물 기술이 개발되면서 DuPont은 비용 측면에서 우위를 점하게 되었다. 전략적인 기업이라면 이러한 우위를 활용하는 데 시간을 허비하지 않을 것이다. 황산염을 사용하는 생산업체들이 확장할 가능성이 낮다는 것을 알고 있을 것이다. 또한 루틸이 언젠가 다시 저렴해질 수 있다는 것을 인식할 수도 있다(실제로 그렇게 되었다). 또한 산화티타늄 시장의 모든 참여자들과 마찬가지로 수요가 증가할 것으로 예상했다면 DuPont과 같은 입장에 있는 기업은 즉시 생산량을 확장하고 싶을 수도 있다. 이렇게 하면 루틸 기반 기술을 사용하는 경쟁사들

10 Safeway는 1972년 에드먼턴 시장을 독점한 혐의로 기소되었고, 1973년 말에는 3년 반 동안 에드먼턴에서 총 면적을 확장하는 것을 금지하는 동의 명령에 서명했다. von Hohenbalken과 West(1986)를 참조하시오.

이 루틸 가격이 하락할 때 생산량을 늘리지 못하게 되어 DuPont은 시장 성장과 황산염 기반 생산량 감소로 인한 간극을 온전히 자신만의 것으로 만들 수 있다.

실제로 DuPont은 업계가 전반적으로 정체된 가운데서도 향후 5년 동안 생산량을 60% 이상 늘렸다. 1977년에는 DuPont의 시장점유율이 46%까지 상승했다. 게다가 DuPont이 계획된 확장 공사를 시작하기 직전인 1974년, 경쟁사인 Kerr-McGee가 새 공장을 건설하기 시작하자 DuPont은 업계 전체에 자사의 계획을 대대적으로 홍보하기 시작했다. 이는 의도적으로 Kerr-McGee의 확장 계획을 넘어서는 경쟁사의 확장을 억제하려는 의도로 보였다.[11]

요컨대, 진입억제를 위해 생산량 확장을 사용하는 것을 뒷받침하는 여러 개별 사례가 있는 것으로 보인다. 또한 Dixit 모델에서 생산량 확장의 역할은 기업의 총비용이 아닌 비용구조를 변화시키는 것임을 기억합시다. 이와 동일한 결과를 달성하기 위한 계약 및 기타 방법이 있을 수 있다(현실 체크포인트, "구매 및 대금지불" 참조). 따라서 기업이 이러한 노력을 기울일 가능성을 쉽게 배제할 수는 없다. 다음 섹션에서는 생산량 확장에 대한 명시적인 계량경제학적 분석을 살펴보겠다. 그러나 그 전에 번들링을 진입억제 수단으로 사용하는 것에 대한 증거도 있는지 살펴본다. 여기에서도 답은 다시 구체적인 사례에 따라 달라진다. 분명한 것은 대기업이 경쟁업체에 피해를 주기 위해 번들링을 사용하는 문제가 2000년 Microsoft 사건의 핵심이었다는 점이다.[12] 이 사건의 핵심 논점은 Microsoft가 자사의 웹 브라우저인 *Internet Explorer*를 일반 *Windows* 운영체제에 사실상 무료로 번들로 제공함으로써 *Netscape Navigator* 브라우저의 생존을 거의 불가능하게 만들었다는 것이었다. 이 문제는 Microsoft의 *미디어 플레이어*와 관련해서도 제기되었으며, 유럽 위원회는 또한 경쟁에 해롭다고 판단했다.[13]

이와 관련하여 번들링(및 묶음)이 다소 정교한 방식으로 작동할 수 있다는 점에 유의하는 것이 유용하다. 예를 들어, Goolsbee와 Syverson(2008)은 할인 항공사 사우스웨스트가 진입할 확률이 높은 노선을 운항하는 항공사들이 실제 진입하기 전에 가격을 극적으로 인하한다고 밝혔다. 항공사의 상용고객 우대 프로그램을 고려할 때, 이는 현재뿐만 아니라 미래에도 기존 고객의 시장수요를 확대할 수 있다. 사실상 상용고객 우대 프로그램은 시간별로 구분되는 두 가지 상품, 즉 현재의 항공 여행과 미래의 항공 여행을 묶은 것으로 생각할 수 있다. 이 전략은 미래의 항공 승객을 고정시킴으로써 사우스웨스트 항공의 실제 시장진입을 더욱 어렵게 만들 수 있다.

11 Ghemawat (1984) 참조. DuPont의 행동이 Dixit 모델과 일치한다는 증거는 Hall(1990)을 참조하시오.

12 *United States v. Microsoft Corp* 판결(97 F. Supp. 2d 59 (D.D.C. 2000))에서 Sherman Act를 위반한 불법 담합에 대한 조사 결과를 발표했다.

13 유럽 위원회는 2004년 판결을 통해 Microsoft에 불법 담합에 대한 유죄 판결을 내리고 4억 9,700만 달러(6억 1,300만 원)의 벌금을 부과했다. 또한 경쟁사와 기술 문서를 공유하고 *미디어 플레이어*가 없는 Windows 버전을 출시할 것을 명령했다. *Microsoft Corp. v. Commission of the European Communities, T-201/04*, 2004년 3월 24일 참조.

12.5 실증적 적용: 텍사스 호텔의 초과 수용 능력 확장

진입억제 전술의 사용은 전략적 고려를 반영하기 때문에 완전경쟁기업이 이를 사용하는 경우는 관찰되지 않는다. 또한, 각 기존기업이 다른 기업의 진입억제 조치에 무임승차하려는 유혹을 받기 때문에 완전경쟁시장이 아닌 시장에서도 진입억제 노력은 제한적일 수 있다. 기존 사업자가 시장점유율이 높을 때만 진입억제 행위를 할 가치가 있다고 판단할 것이다. 따라서 진입억제 전략은 보다 집중된 시장[14]과 대기업에서 더 일반적으로 사용되어야 한다는 것이 전반적인 직관이다.

Conlin과 Kadiyali(2006)는 1991년부터 1997년까지 텍사스 254개 카운티의 호텔 시장에 앞서 언급한 통찰력을 적용했다. 위의 Dixit(1980) 및 Eaton과 Lipsey(1979) 모델의 직관에 따라, 이들은 초과 수용 능력으로 진입억제를 파악한다.[15] 따라서 이들의 기본 가설은 더 집중된 시장과 더 큰 시장점유율을 가진 기업일수록 더 많은 초과 수용 능력, 즉 비어 있는 객실의 비율이 높을 것이라는 것이다.

Conlin과 Kadiyali(2006)는 지역 호텔 시장에 대한 네 가지 정의를 적용한다. 하나는 카운티 단위로 앤더슨 카운티의 모든 호텔이 하나의 호텔 시장을 형성하는 것이다. 두 번째는 보다 지역적인 도시 시장으로, 휴스턴의 모든 호텔이 하나의 시장을 형성한다. 이 두 가지 기본 정의 각각에 대한 변형은 풀 서비스, 제한 서비스, 장기 숙박의 세 가지 호텔 부분 중 어느 부분이 호텔 비즈니스의 핵심을 형성하는지를 고려하는 데서 비롯된다. 예를 들어 앤더슨 카운티의 풀 서비스 호텔 시장과 휴스턴의 리미티드 서비스 호텔 시장을 들 수 있다. 이러한 데이터를 바탕으로 Conlin과 Kadiyali(2006)는 이러한 각 시장에 대한 허핀달지수 *Herfindahl Index* 를 만든다. 또한 100% × (1 − *평균 점유율*)로 정의되는 각 연도의 각 시장에서 초과 수용 능력 비율을 측정한다. 그런 다음 모든 표본 연도에 걸쳐 각 시장 그룹에 대해 다음과 같은 회귀를 추정한다:

$$\text{초과 수용 능력 비율}_{m,t} = \alpha_t + \beta(\text{허핀달지수})_{m,t} + \varphi X_{m,t} + \varepsilon_{m,t} \tag{12.9}$$

종속변수는 시장 m과 연도 t의 초과 수용 능력 비율이다. 절편은 각 연도의 일반적인 경제 상황을 고려하여 시간에 따라 달라진다. t 연도의 시장 m에 대한 허핀달지수는 시장 초과 수용 능력에 양(+)의 영향을 미칠 것이며, 즉 집중된 시장이 더 많은 진입억제 행동을 보일 것이라는 가설을 반영하여 β가 양(+)이 될 것으로 예상한다. 그러나 저자들은 실업률, 1인당 소득, 인구, 세금 등 초과 생산량에 미치는 다양한 다른 영향을 통제하기 위해 변수 $X_{m,t}$ 벡터를 포함시켰다. 물론 각 회귀 관측치와 관련된 무작위 오차항 $\varepsilon_{m,t}$도 존재한다. 각 네 가지 시장정의 회귀에 대한 핵심변수 β의 추정치는 위의 표 12.2에 나와있다.

이 결과는 텍사스 호텔 시장에서 집중도 증가가 초과 수용 능력 증가와 관련이 있다는 가설을 확인하는 경향이 있다. 4개의 추정 집중도 계수는 모두 양수이며 3개 계수는 통계적으로 유의미하다. 따라서 이러한 결과는 시장지배력을 가진 기업이 진입억제 수단으로 생산량 확대를 추구한다는 견해를 뒷받침한다.

---

14 진입억제 생산량 확장이 집중에 따라 감소한다는 다른 견해에 대해서는 Gilbert와 Vives(1986)를 참조하시오.

15 Bulow 등(1985)은 Dixit 모델에서 수요가 비선형일 때, 기존 사업자가 초과 생산량을 보유하게 된다는 것을 보여준다.

표 12.2 시장 집중도가 텍사스 지역 호텔 시장의 초과 수용 능력에 미치는 영향

시장정의	측정된 HHI 회귀계수	표준오차
County	0.478*	(0.167)
County-Sector	0.159	(0.154)
City	0.345*	(0.129)
City-Sector	0.240**	(0.129)

*1% 수준에서 유의
**10% 수준에서 유의

그러나 Conlin과 Kadiyali(2006)는 기본 가설을 지지하면서도 이러한 결과가 결정적이지 않다는 점을 인정한다. 그 이유는 앞서 언급하였듯이 실업률, 인구 등 시장 간 관찰 가능한 다른 많은 차이를 통제했지만, 이러한 결과를 초래하는 관찰할 수 없는 다른 차이가 있을 수 있기 때문이다. 예를 들어, 과잉 수용 능력으로 인해 호텔이 현지 시장에서 철수할 수 있다. 또한, 가장 규모가 작은 호텔이 먼저 퇴출할 수도 있다. 이러한 소규모 호텔이 퇴출함에 따라 시장 집중도가 증가하여 초과 수용 능력과 집중도 사이에 진입억제 전략이 전혀 반영되지 않은 양의 상관관계가 발생한다. 마찬가지로, 고도로 집중된 시장은 처음 생산량이 설치되었을 때 예상했던 것보다 더 큰 범위에서 기업 간의 암묵적인 담합을 허용하고, 그 결과 생산량을 억제해도 과잉 생산량이 발생하게 될 수 있다. 다시 한번 데이터는 집중도와 과잉 생산량 사이에 양의 상관관계가 있음을 보여주며, 이는 진입억제로 인한 것으로 볼 수 없다.

시장 간 관찰할 수 없는 차이를 처리하는 한 가지 방법은 "고정 효과*fixed effect*" 항을 넣는 것인데, 이는 회귀 절편이 각 시장마다 다를 수 있도록 하는 것이다. 이러한 고정 효과 항은 시간과 무관하게 관찰되거나 관찰되지 않는 시장 간의 모든 차이를 포착한다. 하지만 나쁜 소식은 집중도 효과를 식별할 때 시장 간 집중도 차이가 아니라 시장 내의 시간 경과에 따른 변화를 통해 집중도 효과를 식별할 수 있다는 것이다. 이러한 "고정 효과"가 방정식 (12.9)의 회귀 모델에 포함될 경우 이러한 변화는 유용한 추정치를 산출하기에 충분히 크지 않다. 따라서 Conlin과 Kadiyali(2006)는 다음과 같은 대체 방식으로 전환하여 개별 기업의 초과 생산량과 해당 기업의 시장점유율 간의 관계를 분석했다.

구체적으로, i를 기업 인덱스로 사용하고, m을 시장 인덱스로, t를 시간 인덱스로 사용하여, 다음과 같은 회귀를 추정한다:

$$\begin{aligned}\text{초과 생산량}_{i,m,t} &= \text{상수}_{m,t} + \gamma\text{시장 정유율}_{i,m,t} \\ &\quad + \rho(\text{관련 호텔의 총 수용인원 중 점유율})_{i,m,t} \\ &\quad + \eta(\text{기존 확장})_{i,m,t} + \theta(\text{진입자 확장})_{i,m,t} + u_{i,m,t} \qquad (12.10)\end{aligned}$$

방정식 (12.10)의 첫 번째 항은 가설 효과를 직접적으로 다루고 있다. 대기업이 진입억제 전략의 일환으로 과잉 생산량을 유지하면 γ의 추정치는 양수가 된다. 다른 변수는 다음과 같다: 1) 해당 기업이 시장의 다른 기업과 계열사인지 여부(예: 홀리데이 인은 홀리데이 익스프레스와 계열사 관계), 2) 해당 기업이 최근 확장한 기존기업인지 여부, 3) 해당 기업이 최근 확장한 신규진입자인지 여부이다. 이 추정은 기업 수준에서 수행되며 특정 시장에서 기업의 점유율은 시간에 따라 많은 변화가 있기 때문에 고정 효과 추정기를 사용하여 이 방정식을 추정할 수 있다.

표 12.3 시장점유율이 텍사스 지역 호텔의 초과 수용 능력에 미치는 영향

시장정의	측정된 시장 점유 회귀계수	표준오차
County	0.4115*	(0.027)
County-Sector	0.177*	(0.035)
City	0.106*	(0.022)
City-Sector	0.157*	(0.300)

*1% 수준에서 유의

그 결과는 아래 표 12.3에 나와 있다.

여기서도 이러한 효과는 초과 생산량을 진입억제 장치로 사용하는 것을 뒷받침한다. 초과 생산량은 기업의 시장점유율이 증가함에 따라 크게 증가한다. 전반적으로, 기업의 시장점유율이 10% 포인트 증가하면 기업의 초과 생산량이 1.2% 포인트 증가하는 한계 효과가 발생한다. 이러한 결과에는 진입억제 외에 다른 설명이 있을 수 있지만, 표 12.2의 결과에 표 12.3의 결과를 더하면 진입억제가 적어도 설명의 일부분이라는 상당히 설득력 있는 증거를 제공한다.

요약

이 장에서는 기업이 해당 업계에서 장기간 지배적인 시장 지위를 유지할 수 있는 능력을 조사했다. 일화적 증거와 공식적 증거 모두 이러한 지속적인 시장지배력이 널리 퍼져 있음을 보여준다. 이는 결국 기존기업의 이익을 빼앗아 갈 수 있는 새로운 경쟁자의 진입이 미시경제학의 기본 이론에서 제시하는 것처럼 현실 세계에서는 그다지 강력하지 않다는 것을 의미한다. 기존기업이 시장 지위를 유지하고 경쟁자의 진입을 성공적으로 방어할 수 있는 요인이 존재한다.

시장구조가 시간이 지남에 따라 초기 기업의 지배력을 유지하거나 강화하는 방식으로 진화했다는 사실 자체만으로는 진입억제의 증거가 될 수 없다. Gibrat의 법칙과 같은 랜덤 프로세스는 비대칭적으로 지배적인 시장이 일반적임을 시사한다. 기업이 규모가 커지고 경험이 많아질수록 혁신이 쉬워지는 Klepper(2002)와 같은 보다 풍부한 이론적 모델도 균형의 결과로 과점이 나타난다. 그러나 진입이 이루어지더라도 규모가 작고 실패로 끝나는 경우가 많다는 추가적인 증거와 함께, 처음 독점금지법이 제정된 동기가 되었던 경험, 그리고 수많은 법원 판례와 일화적인 관찰 결과를 종합하면 진입이 억제되고 있다고 의심할 수밖에 없을 만큼 명확한 패턴으로 통합된다. 그러나 이러한 의심은 그러한 약탈이 합리적이고 공식적인 증거로 뒷받침되는 논리적으로 일관된 모델을 가지고 있을 때만 확인하거나 부정할 수 있다.

Spence(1977), Eaton and Lipsey(1979), Dixit(1980), 그리고 Nalebuff(2004)는 모두 공식적인 진입억제 모델을 개발하려는 현대적 노력의 예이다. 이러한 모델은 기존기업이 진입에 직면했을 때, 일반적으로 상당한 자본 투자를 통해 대규모 생산량을 달성할 수 있는 능력에 달려 있다. 많은 사례 연구에서 Alcoa나 DuPont와 같은 기업이 이러한 진입억제 전술을 사용했음을 시사한다. 이러한 행동을 경험적 규칙성으로 통계적으로 문서화하는 것은 더 어렵지만 Conlin과 Kadiyali(2006)와 같은 연구는 진입억제 행동 모델과 일치하는 시장지배력과 자본 과잉 사이의 명확한 연관성을 시사한다. 따라서 이러한 전술이 실제 기업들 사이에서 일반적이라고 믿을 만한 이유가 있다. 여전히 약탈 행위와 정상적인 경쟁 행동을 구별하기 어려운 경우가 많다는 것을 인식해야 한다.

이론과 실무 모두에서 신규 기업의 진입을 막는 것과 기존기업의 폐업을 유도하는 것 사이에는 차이가 있다. 이 장에서는 진입억제, 즉 약탈적 행위의 문제에 초점을 맞추었으며, 완전한 정보가 있는 환경에서 이를 수행했다. 이러한 전략 중 일부는 경쟁업체를 진입시키지 않고 퇴출시키는 데에도 동일하게 적용될 수 있지만, 다음 장에서는 경쟁업체를 퇴출시키기 위한 명시적인 노력에 대해 다룰 것이다. 또한 불완전한 정보의 맥락에서 진입에 대한 기존기업의 대응에 대한 분석을 확장할 것이다.

연습 문제

1. 소형 전문 계산기 및 이와 유사한 사무기기의 국내 시장은 현재 회사 I라고 하는 한 회사가 서비스하고 있으며, 이 호사의 원가율은 다음과 같다고 가정한다: $TC(q_I) = 0.025q_I^2$ 및 $MC(q_I) = .05q_I$이다. 시장수요는 $P = 50 - 0.1Q$이며, 현재 시장에 존재하는 유일한 회사가 현존하는 회사 I이므로 현재 q는 q_I와 같다.

   a. 기존 사업자가 단순 독점사업자로 행동한다면 어떤 가격을 책정하고 어떤 수준의 생산량을 생산할 것인가?

   b. 이제 외국의 한 계산기 생산업체가 미국 시장으로의 수출을 고려하고 있다고 가정해 보겠다. 운송비용과 관세 때문에 이 외국 기업은 국내 기업보다 비용 면에서 불리한 상황에 직면해 있다. 구체적으로 이 외국 기업의 비용 일정은 다음과 같다: $TC(q_E) = 10q_E + 0.025$, $MC(q_E) = 10 + .05q_E$. 기존기업이 독점 수준의 생산량에 전념하고 있다고 가정해 보겠다. 잠재적 진입자가 직면한 수요곡선은 무엇인가? 이 수요에 직면한 외국 기업은 실제로 국내 시장에 어떤 수준의 생산량을 수출하는가? 새로운 산업 가격은 어떻게 되는가?

   c. 외국 기업의 시장진입을 저지하기 위해 기존기업이 어느 정도의 생산량을 투입해야 하는가? (힌트: 진입자가 기존기업이 $q*$를 생산할 것이라고 믿는다면, 진입자의 이윤극대화 반응은 $= 0$이 되도록 생산하는 것이라는 속성을 사용하여 생산량 수준 $q*$를 풀어야 한다.) 기존기업의 이윤은 얼마인가?

2. 문제 1로 돌아가 보자. 기존기업과 신규진입자가 쿠르노 게임을 할 때, 신규진입자가 진입한다고 가정해 보겠다. 이 경우 기업의 이익은 어떻게 되는가? 기존 사업자가 진입을 저지하기 위해 $q*$를 지키려고 노력할 것이라고 믿는 것이 합리적인가? 왜 그런가?

3. 역수요함수는 다음과 같이 설명된다고 가정한다: $P = 100 - 2(q_1 + q_2)$, 여기서 q_1은 기존기업의 생산량이고 q_2는 신규진입자의 생산량이다. 단위당 인건비를 $w = 20$, 단위당 자본 비용을 $r = 20$이라고 가정한다. 또한 각 기업의 고정비용은 $F_1 = F_2 = \$100$이라고 가정한다.

   a. 1단계에서 기존기업이 생산량 $\overline{K}_1$에 투자한다고 가정한다. 2단계에서 기존기업의 최적 반응 함수는 $q_1 \leq \overline{K}_1$일 때 $q_1 = 20 - q_2/2$이고, $q_1 > \overline{K}_1$일 때 $q_1 = 15 - q_2/2$임을 보여라.

   b. 2단계에서 진입자의 최적 반응 함수는 $q_2 = 15 - q_1/2$임을 보여라.

4. 문제 3으로 돌아가 보자. 이제 기존 사업자가 생산량 $= 15$를 약속하면, 진입자는 7.5를 생산하여 12.5달러의 이윤을 얻는 것이 최선이고 기존 사업자는 125달러의 이윤을 얻는다는 것을 보여 준다.

   a. 기존 사업자가 1단계에서 생산량 $= 16$으로 커밋하는 경우, 참가자의 최선의 2단계 반응은 $q_2 = 7$을 생산하는 것이며, 이 경우 참가자는 양의 이윤을 얻지 못함을 보여라.

   b. 2(d)의 답에 비추어, 생산량 16을 투입하면 기존 사업자에게 $348의 이윤이 발생한다는 것을 보여라.

5. 두 기업, 즉 기업 1과 기업 2는 새로운 산업에 진입할지 여부를 결정해야 한다. 산업 수요는 $P = 900 - Q$로 설명되며, 여기서 $Q = q_1 + q_2$, $q_j \geq 0$이다. 이 산업에 진입하려면 기업은 소형 또는 대형 중 한 가지 유형의 생산 시설을 건설해야 한다. 소규모 시설은 $50,000의 투자가 필요하며, 단위 생산비용이 0인 재화를 100개까지 생산할 수 있다. 또는 17만 5,000달러를 지불하고 대형 시설을 건설하여 생산 단가를 0으로 하여 원하는 만큼의 생산량을 생산할 수 있다. 소규모 생산 시설을 보유한 기업은 생산량에 제약이 있는 반면, 대규모 시설을 보유한 기업은 그렇지 않다. 기업 1이 먼저 진입 결정을 내린다. 진입 여부와 진입할 경우 어떤 종류의 생산 시설을 건설할지 선택해야 한다. 기업 1의 행동을 관찰한 후 기업 2는 동일한 대안 중에서 선택한다. 한 기업만 해당 산업에 진입하면 생산량을 선택하고 해당 가격에 판매한다. 두 기업이 모두 해당 산업에 있는 경우 이들은 쿠르노 기업으로 경쟁한다. 시장 단계의 모든 생산량 결정에는 생산 시설의 생산량 제약이 적용된다. 시장은 한 기간 동안만 지속된다.

   a. 1과 2 사이에서 진행되는 진입 게임을 나타내는 광범위한 트리를 그려보라.

   b. 결과는 무엇인가? 기업 1은 어떤 규모로 진입할 것인가? 기업 2는 어떤 규모로 진입하는가?

6. 손으로 날린 유리 꽃병에 대한 수요를 $q = 70000 - 2000P$로 가정하고, 여기서 q는 연간 소비되는 유리 꽃병의 수량이고 P는 꽃병의 달러 가격이다. 이 유리 꽃병의 동일한 소규모 판매자가 1000명 있다고 가정해 보겠다. 이러한 판매자의 한계비용함수는 $MC(q) = q + 5$이며, 여기서 q는 회사의 생산량이다.

   a. 이 시장에서 각 소규모 판매자가 가격 결정자 역할을 한다고 가정하고 시장 공급곡선과 균형가격 및 거래수량을 도출하라.
   b. 꽃병을 생산하는 새로운 기계화 기술이 발견되어 어떤 회사가 이를 독점하고 있다고 가정하고, 이를 "BIG"의 약자로 B 회사라고 부른다. 이 기술을 사용하면 꽃병 하나당 15달러의 일정한 평균 및 한계비용으로 꽃병을 생산할 수 있다. 소비자는 기존 기법으로 생산된 꽃병과 새로운 기법으로 생산된 꽃병의 차이를 구분할 수 없다. 소규모 판매자가 존재한다고 가정할 때, 기업 B가 직면한 수요곡선은 무엇인가?
   c. 이 수요곡선 앞에서, 기업 B가 생산하는 이윤을 극대화하는 수량은 얼마인가? 이 회사가 설정하는 가격과 시장에서 거래되는 전체 꽃병의 양은 얼마인가?

7. 위젯과 가젯 시장에는 10명의 소비자가 있다. 각 재화에 대한 소비자 평가는 아래 표와 같이 양의 상관관계가 있으며, 소비자는 두 재화를 최대 한 개까지만 구매한다. 기존 사업자는 각 제품에서 독점적 지위를 가지고 있다. 각각을 생산하는 데는 $40의 한계비용이 발생한다. 또한 각 재화의 생산과 관련된 20달러의 고정비용도 있다.

소비자	위젯에 지불할 비용	가젯에 지불할 비용
1	$10	$10
2	$20	$20
3	$30	$30
4	$40	$40
5	$50	$50
6	$60	$60
7	$70	$70
8	$80	$80
9	$90	$90
10	$100	$100

   a. 상품을 별도로 판매할 경우 $P_{Widget} = P_{Gadget} = \$70$의 가격이 회사의 수익을 극대화할 수 있음을 보여라.
   b. 판매자가 상품을 묶어서 하나의 위젯과 하나의 가젯으로 구성된 패키지로 판매할 인센티브가 없음을 보여라.
   c. 가젯 시장에 기존 사업자와 동일한 제품을 판매하며 가격 경쟁을 벌이는 잠재적 사업자가 있다고 가정해 보겠다. 참가자의 한계비용이 개당 30달러이고 고정비용이 20달러인 경우, 기존 사업자가 위젯과 가젯을 별도로 판매한다면 진입자가 가젯 시장에 진입하여 기존 사업자와 성공적으로 경쟁할 수 있을까?
   d. 기존 사업자가 위젯과 가젯을 각 재화를 한 묶음으로만 100달러의 가격에 판매한다면 신규 사업자를 성공적으로 견제할 수 있음을 보여라. 이 전략이 기존 사업자에게 이익이 되는가?

8. [미적분] 두 회사가 새로운 시장에 진출하기 위해 경쟁하고 있다고 가정해 보겠다. 각 회사 입장에서는 시간을 들여 제품을 완성하면 소비자가 더 많은 비용을 지불하고 수익성이 높아지기 때문에 이점이 있다. 그러나 기다리는 데에는 이자 기회 비용 r이 발생한다는 단점도 있다. 진입 시간을 0에서 1(년)까지 다양하게 하고, 회사 1의 진입과 회사 2의 진입 선택을 각각 t_1과 t_2로 표시한다. (대칭) 수익 함수는 다음과 같다:

$$\pi^1(t_1, t_2) = \begin{cases} e^{(1-r)t_1}; & if\ t_1 < t_2 \\ e^{\left(\frac{1}{2}rt_1\right)}; & if\ t_1 = t_2 \\ e^{(1-t_2)-rt_1}; & if\ t_1 > t_2 \end{cases}$$

$$\pi^2(t_1, t_2) = \begin{cases} e^{(1-r)t_2}; & if\ t_2 < t_1 \\ e^{\left(\frac{1}{2}rt_2\right)}; & if\ t_2 = t_1 \\ e^{(1-t_1)-rt_2}; & if\ t_2 > t_1 \end{cases}$$

내쉬균형 진입 시간이 $t_1 = t_2 = 1/2$임을 보여라.

참고문헌

Bain, J., 1956. *Barriers to New Competition: Their Character and Consequences in Manufacturing Industries*, Cambridge, MA: Harvard University Press.

Baldwin, J. 1995. *The Dynamics of Industrial Competition*, Cambridge: Cambridge University Press.

Birch, D. 1987. *Job Creation in America: How Our Smallest Companies Put the Most People to Work*, New York: MacMillan, Free Press.

Brandenburger, A. B., and B. J. Nalebuff. 1996. *Co-opetition*, New York: Doubleday.

Brown, C., and J. Lattin. 1994. "Investigating the Relationship between Time in Market and Pioneering Advantage," *Management Science* 40 (October): 1361–69.

Bulow, J. J. Geanakoplos, and P. Klemperer. 1985. "Holding Idle Capacity to Deter Entry." *The Economic Journal*, 95 (March), 178–82.

Cable, J., and J. Schwalbach, 1991. "International Comparisons of Entry and Exit," in P. Geroski and J. Schwalbach, eds., *Entry and Market Contestability*, Oxford: Blackwell Publishers.

Caves, R. E. 1998. "Industrial Organization and New Findings on the Turnover and Mobility of Firms," *Journal of Economic Literature* 36 (December): 1947–82.

Caves, R. E., and P. Ghemawat. 1986. "Capital Commitment and Profitability: An Empirical Investigation," *Oxford Economic Papers* 38 (July): 94–110.

Conlin,M., and V. Kadiyali. 2006. "Entry Deterring Capacity in the Texas Lodging Industry," *Journal of Economics and Management Strategy* 15 (Spring): 167–85.

Dixit, A. 1980. "The Role of Investment in Entry Deterrence," *The Economic Journal* 90 (January): 95–106.

Dunne, T., M. J. Roberts, and L. Samuelson. 1988. "Patterns of firm entry and exit in U.S. Manufacturing Industries," *RAND Journal of Economics* 19 (Winter): 495–515.

_______,1989. "The Growth and Failure of U.S. Manufacturing Plants," *Quarterly Journal of Economics* 104 (November): 671–98.

Eaton, B. C., and R. Lipsey. 1979. "The Theory of Market Preemption: The Persistence of Excess Capacity and Monopoly in Growing Spatial Market,." *Economica* 46 (February): 149–58.

Fisher, F. 1991. *Industrial Organization, Economics and the Law*, Cambridge MA: MIT Press.

Kalecki, M. 1945. "On the Gibrat Distribution," *Econometrica* 13 (April): 161–70.

Geroski, P.A. 1995. "What do we know about entry?", *International Journal of Industrial Organization* 13 (December): 421–440.

Geroski, P.A., and S. Toker. 1996. "The Turnover of Market Leaders in UK Manufacturing Industries, 1979–86," *International Journal of Industrial Organization* 14 (June): 141–58.

Ghemawat, P. 1984. "Capacity Expansion in the Titanium Dioxide Industry," *Journal of Industrial Economics* 33 (December): 145–63.

Gibrat, P. 1931. *Les inegalities economiques; applications: aux inegalities des richesses, a la concentration des enterprises, aux populations des villes, aux statistiques des familles, etc., d'une loi nouvelle, la loi de l'effet proportionnel*, Paris: Librairie du Recueill Sirey.

Gilbert, R. 1989. "Mobility Barriers and the Value of Incumbency," *Handbook of Industrial Organization, Vol. 1*, R. Schmalensee and R. Willig, eds. Amsterdam: North-Holland, 575–435.

Gilbert and R. Harris. 1984. "Competition with Lumpy Investment," *Rand Journal of Economics*, 15 (Summer): 197–212.

Gilbert, R., and X. Vives. 1986. "Entry Deterrence and the Free Rider Problem," *Review of Economic Studies* 53 (January): 71–83.

Goolsbee, A., and C. Syverson. 2008. "How Do Incumbents Respond to the Threat of Entry? Evidence from the Major Airlines," *Quarterly Journal of Economics* 123 (November): 1611–33.

Hall, E. A. 1990. "An Analysis of Preemptive Behavior in the Titanium Dioxide Industry," *International Journal of Industrial Organization* 8 (September): 469–84.

Hohenbalken von, B., and D. West. 1986. "Empirical Tests for Predatory Reputation," *Canadian Journal of Economics* 19 (February): 160–78.

Jarmin, R. S., S. D. Klimek, and J. Miranda. 2004. "Firm Entry and Exit in the U. S. Retail Sector: 1977–1997," Working Paper 04–17, Center for Economic Studies, Bureau of the Census.

Jovanovic, B. 1982. "Selection and the Evolution of Industry," *Econometrica* 50 (May): 649–70.

Klepper, S. 2002. "Firms Survival and the Evolution ofOligopoly," *Rand Journal of Economics* 33 (Summer): 37–61.

Lambkin, M. 1988. "Order of Entry and Performance in New Markets," *Management Science* 9 (Summer): 127–40.

Lieberman, M. 1987. "Excess Capacity as a Barrier to Entry: An Empirical Appraisal." *Journal of Industrial Economics*, 35 (December), 607–27.

Mitchell, W. 1991. "Dual Clocks: Entry Order Influences on Incumbent and Newcomer Market Share and Survival When Specialized Assets Retain Their Value," *Strategic Management Journal*, 12 (February): 85–100.

Nalebuff, B. 2004. "Bundling as an Entry Barrier," *Quarterly Journal of Economics* 119 (February): 159–88.

Nelson, R., and S.G.Winter. 1982. *An Evolutionary Theory of Economic Change*, Cambridge, MA, Harvard University Press.

Ordover, J., and R. Willig. 1981. "An Economic Definition of Predation: Pricing and Product Innovation," *Yale Law Journal* 91: 8–53.

Spence, A. M. 1977. "Entry, Investment, and Oligopolistic Pricing," *Bell Journal of Economics*, 8 (Fall): 534–44.

Sylos-Labini, P. 1962. *Oligopoly and Technical Progress*, Cambridge, MA: Harvard University Press.

Sutton, J. 1997. "Gibrat's Legacy," *Journal of Economic Literature* 35 (March): 40–59.

Sutton, J. 2007. "Market Share Dynamics and the "Persistence of Leadership" Debate." *American Economic Review* 97(March): 222–41.

Urban, G., T. Carter, S. Gaskin, and Z. Mucha, 1984. "Market Share Rewards to Pioneering Brands," *Management Science* 32 (June): 645–59.

Weiman, D., and R. C. Levin. 1994. "Preying for Monopoly? The Case of Southern Bell Telephone Company, 1894–1912," *Journal of Political Economy* 102 (February): 103–26.

부록

Wee present the formal analysis behind the Dixit (1980) model of entry prevention assuming the linear demand and cost relations given in the text.

Market inverse demand is given by $P = A - Q = A - (q_1 + q_2)$ where q1 is the output of the incumbent and q_2 is the output of the entrant. Production of one unit of output by firm i requires one unit of capacity input K and one unit of a variable input L. These are available at the cost of r and w per unit, respectively.

The game has two stages. In the first stage, the incumbent makes an initial capacity choice $\overline{K_1}$. The incumbent's capacity can be further increased in stage two of the game but cannot be reduced.

The potential entrant observes the incumbent's stage one capacity choice and makes its entry decision in stage two. It is only after that observation that the potential entrant makes its entry decision in stage two. If entry occurs then stage two is characterized by simultaneous quantity competition. Market demand in stage two is described by $P = A - (q_1 + q_2)$. Both firms simultaneously choose both outputs (q_1, q_2) and their final capacity levels (K_1,

K_2) in stage two. For the incumbent, however, $K_1 \geq \overline{K_1}$. Hence, the incumbent's cost function in stage two of the game:

$$C_1(q_1, q_2; \overline{K}_1) = F_1 + wq_1 + r\overline{K}_1 \quad \text{for } q_1 \leq \overline{K}_1;$$
$$= F_1 + (w+r)q_1, \quad \text{for } q_1 > \overline{K}_1; \qquad (12.A1)$$

The entrant makes no initial capacity investment in stage one. Hence, its cost function in stage two is:

$$C_2(q_2) = F_2 + (w + r)q_2; \qquad (12.A2)$$

implying a constant marginal cost of $w + r$ at all levels of production.

The incumbent firm's operating profit (revenue less variable cost) in stage 2 is:

$$\pi_1(q_1, q_2, \overline{K_1}) = [A - (q_1 + q_2)]q_1 - wq_1 \quad \text{for } q_1 \leq \overline{K_1} \qquad (12.A3a)$$

$$\pi_1(q_1, q_2, \overline{K_1}) = [A - (q_1 + q_2)]q_1 - wq_1 - r(q_1 - \overline{K_1}) \quad \text{for } q_1 > \overline{K_1} \qquad (12.A3b)$$

Maximizing either (12.A13a) or (12.A3b) with respect to q_1 yields the incumbent's best response function:

$$q_1^* = \frac{(A - w)}{2} - \frac{q_2}{2} \quad \text{when } q_1^* \leq \overline{K}_1 \text{, and} \qquad (12.A4a)$$

$$q_1^* = \frac{(A - w - r)}{2} - \frac{q_2}{2} \quad \text{when } q_1^* > \overline{K_1} \qquad (12.A4b)$$

The incumbent's best response function makes a discrete shift at $q_1 = \overline{K_1}$ due to a change in marginal cost. Total cost remains: $wq_1 + r\overline{K_1} + F_1$ regardless of the value of $\overline{K_1}$.

If it enters, the entrant's total profit in stage two is:

$$\pi_2(q_1, q_2, \overline{K_1}) = [A - (q_1 + q_2)]q_2 - [(w + r)q_2 + F_2] \qquad (12.A5)$$

Maximization with respect to q_2 yields entrant's best response function is:

$$q_2^* = \frac{(A - w - r)}{2} - \frac{q_1}{2} \qquad (12.A6)$$

Equation (12.A6) applies only so long as $\pi_2(q_1^*, q_2^*, \overline{K_1}) = [A - (q_1^* + q_2^*)]q_2 - [(w + r) q_2^* - F_2] \geq 0$. If instead $\pi_2(q_1^*, q_2^*, \overline{K_1}) \leq 0$, the entrant will not enter and firm 1 will be a monopoly.

For any choice of $\overline{K_1}$ satisfying $\frac{A - w - r}{3} \leq \overline{K}_1 \leq \frac{A - w - r}{2}$ the incumbent can commit to a second-period output of $q_1 = \overline{K_1}$. The best choice within this range is for the incumbent to commit to the Stackelberg leader output of $q_1 = \overline{K}_1 = \frac{A - w - r}{2}$. Hence, the entrant (if it enters) will produce $q_2 \leq \frac{A - w - r}{4}$. This gives rise to thee cases.

***Case* 1**: F_2 is sufficiently large that the entrant earns a negative profit at $q_2^* \leq$

$\frac{(A-w-r)}{4}$. Entry is not possible. The incumbent will choose the monopoly output $q^M = \frac{A-w-r}{2}$.

***Case* 2**: F2 is sufficiently small that the entrant earns a nonnegative profit at an output of $q_2^* \leq \frac{A-w-2r}{3}$. No credible choice of initial capacity can prevent entry. However, the entry can be limited by the profit-maximizing choice of $\overline{K_1}$ equal to the monopoly output $\overline{K}_1 = q^M = \frac{A-w-r}{2}$.

***Case* 3**: F2 is sufficiently small that the entrant can earn positive profit at $q_2 = \frac{A-w-2r}{3}$ but not at $q_2 = \frac{A-w-r}{4}$. There is an initial capacity choice $\overline{K}_1^{**}$ satisfying $\frac{A-w-r}{2} \leq \overline{K}_1^{**} \leq \frac{A-w+r}{3}$, such that the entrant's best response to $q_1 = \overline{K}_1^{**}$, i.e., $q_2 = \frac{A-w-r}{2} - \frac{\overline{K}_1^{**}}{2}$ yields non-positive profit. Hence, the incumbent can prevent entry by choosing initial capacity $\overline{K}_1^{**}$. It will do so if operating at $q_1 = \overline{K}_1^{**}$ as a monopoly yields more profit than operating as a Stackelberg leader at $q_1 = \frac{A-w-r}{2}$.

Industrial Organization
Contemporary Theory and Empirical Applications

제 13 장

약탈적 행위: 최근 동향

Predatory Conduct: More Recent Developments

차례

13.1 ▸ 약탈적 가격책정: 신화인가 현실인가?
13.2 ▸ 약탈적 행위와 불완전정보
13.3 ▸ 진입장벽으로서의 계약
13.4 ▸ 포식 및 평판
13.5 ▸ 약탈 및 독점 금지 정책
13.6 ▸ 실증적 적용: 제약 산업에서의 진입억제
요약
연습 문제

약탈적 행위는 개념적으로 잠재적 경쟁자의 시장진입을 막기 위한 행위와 기존 경쟁자를 시장에서 몰아내기 위한 행위로 구분할 수 있다. 12장에서의 논의는 크게 첫 번째 범주, 즉 잠재적 경쟁자의 진입억제를 중심으로 이루어졌다. 그러나 이 두 가지 범주는 개념적으로는 구별되지만, 실제로는 구분하기가 매우 어렵다는 점을 분명히 알아야 한다. 진입을 막는 데 사용되는 전략은 기존 경쟁자를 퇴출시키는 전략과 동일한 경우가 많다. 번들링은 유용한 진입저지 전술일 수 있다. 그러나 Microsoft가 *Windows* 운영체제에 *Internet Explorer*를 번들로 제공하는 것에 대한 우려를 불러일으킨 것은 실제 라이벌인 Netscape에 대한 파괴적인 영향이었다. 실제로 1911년 *Standard Oil* 사건 이후 약탈적 행위에 대한 반독점 소송의 대부분은 지배적 기업이 경쟁업체를 몰아내기 위해 권력을 남용했다는 혐의에 집중되어 있다.

약탈적 행위 혐의를 둘러싼 법적 역사에서 한 기업이 경쟁업체의 진입을 막는 것이 아니라 경쟁업체를 퇴출시키려는 노력을 기울였다고 주장하는 소송이 압도적으로 많은 데에는 적어도 두 가지 이유가 있다. 하나는 진입억제가 효과적이려면 신뢰성이 필요하다는 점이다. 기업이 여러 시장에서 사업을 운영하거나 단일 시장에서 시간이 지남에 따라 다수의 잠재적 진입자를 마주할 경우, 시장 방어에 대한 의지를 확립하고 추가 진입을 막기 위해 기존 경쟁자를 시장에서 몰아내는 비용을 감수하는 것이 필요하고 가치 있는 일일 수 있다.

두 번째, 어쩌면 더 중요한 이유는 약탈적 행위로 기업을 고발하는 것은 형사 범죄로 기소하는 것이기 때문이다. 이러한 혐의는 손실이 가상에 불과한 잠재적 피해자보다 손실을 입증할 수 있는 실제 피해자가 있을 때 기소하기가 훨씬 쉽다. 그러나 이러한 동기는 약탈적 전술의 주장을 해결하기 위해 법적 조치를 취하는 데 있어 위험성을 지적하는 역할을 하기도 한다. 12장에서 검토한 데이터에서 알 수 있듯이, 기업 전장의 삶은 험난하며 많은 기업이 약탈이 아니라 비효율적이거나 품질이 낮은 제품을 생산하기 때문에 실패하는 것이 현실이다. 따라서 약탈 주장을 고려할 때, 우리는 실패한 기업이 자신의 무능보다는 경쟁사의 "나쁜" 행동으로 인해 실패했다고 주장해야 하는 동기를 인식해야 한다. 따라서 비효율적인 기업이 단순히 자신의 실패를

다른 사람의 탓으로 돌리는 경우와 진정한 약탈의 사례를 구분하려면 기존 경쟁자를 사업에서 몰아내기 위한 약탈 행위가 진정으로 합리적일 수 있는 조건에 주의를 기울여야 한다.

기존 경쟁자를 제거하기 위해 원가 이하로 가격을 책정하고 나중에 경쟁자가 떠난 후 가격을 인상하는 것이 가장 흔한 약탈 행위이다. *Standard Oil* court의 Louis Brandeis 대법관은 이 "약탈적 가격책정" 이론을 특히 설득력 있게 설명한 인물이다. Brandeis는 1913년에 다음과 같이 경고했다:

> "미국인들은 가격 인하의 가치에 대해 착각해서는 안 된다. 그것은 독점의 가장 강력한 무기이며, 거대 기업이 가장 자주 의지하는 작은 라이벌을 죽이는 수단이다. 멀리 내다보는 조직화된 자본은 이를 통해 근시안적인 소비자의 협조를 얻어 자신의 파멸을 막는다. 사려 깊지 못하거나 나약한 사람은 사소한 눈앞의 이익의 유혹에 굴복하고, 자신의 타고난 권리를 팔아 조그만 화분을 사서 그 자신이 독점의 도구가 된다."[1]

Brandeis가 우려했던 약탈적 가격책정 시나리오가 가끔 발생한다는 것은 의심의 여지가 없다. 19세기 말과 20세기 초에 모굴 증기선 회사는 중국과의 무역에서 경쟁업체가 사업을 포기할 정도로 낮은 운송료를 제시함으로써 시장지배력을 유지한 것으로 보인다.[2] 마찬가지로 Sugar Trust로도 알려진 미국 설탕 정제 회사는 설탕 가격을 원가 이하로 끌어내리는 가격 전쟁으로 대규모 진입 시도에 대응한 바 있다. 동시에 앞서 강조한 역동적 게임의 논리, 특히 서브게임의 완성도에 대한 요구 사항이 약탈적 가격책정 전략의 합리성에 의구심을 불러일으킨다는 점을 인식해야 한다. 경쟁자의 이탈을 유도하기 위해서는 포식자의 경쟁자가 포식자의 전략 추구 의지를 어떻게든 확신할 수 있어야 한다. 경쟁자가 떠나더라도 그 다음에는 어떻게 해야 할까? 포식자가 가격을 올리려는 시도는 새로운 경쟁자를 끌어들여 약탈의 전체 목적을 무효화할 수 있다. 이러한 이유로 최근 월마트,[3] AT&T,[4] 도요타 및 마쓰다,[5] 아메리칸 항공과 같은 현대 기업에 대한 약탈적 가격책정 혐의는 회의적인 반응을 불러 일으켰다.

이 장에서는 12장의 내용에 이어 경쟁자 수를 제한하기 위한 전략을 추가로 조사한다. 그 중요성 때문에 약탈적 가격책정에 대한 논쟁부터 시작한다. 그 후 약탈의 논리를 더 깊이 살펴보고, 특히 약탈에 필요한 신뢰할 수 있는 약속에 초점을 맞춘다. 그 결과 정보, 특히 "누가 무엇을 알고 있는가"가 약탈적 행동에서 핵심적인 역할을 한다는 것이 밝혀졌다. 약탈 전략을 이해하려면 각 플레이어가 다른 플레이어와 시장에 대해 가지고 있는 정보를 매우 주의 깊게 살펴보는 것이 중요하다. 따라서 약탈적 가격책정 논리에 대한 면밀한 분석부터 시작한다. 기본적인 직관과 그 직관이 형식적 합리성 요건, 특히 서브게임의 완벽성 요건을 충족하는지 여부를 모두 검토한다. 그런 다음 이 주제의 변형과 12장 진입억제 및 경쟁자 퇴출 유도에 관한 아이디어를

---

1 Brandeis, L., 1913. "Cutthroat prices-the competition that kills," *Harper's Weekly* 15 (November): 10 - 12, cited in Holmes, (1996). 약탈적 가격책정 등 광범위한 진입억제전략을 위한 논의를 위해 Ordover, Saloner (1989)를 참조하시오.

2 이 경우는 Yamey(1972)에서 논의되어 있고 더 최근에는 Scott Morton(1997)에서 논의되어 있다.

3 *Economist*, "Slinging Pebbles at Wal-Mart," 10-23-93.

4 *Wall Street Journal*, "AT&T Discounts Signal a National Price War," 5-80-96, B1.

5 국제무역위원회(International Trade Commission)는 미국 자동차 시장이 실제로 Toyota와 Mazda의 가격정책에 의해 피해를 입지 않았다고 판결하였다.

고려한다. 여기서 고려하는 전략과 12장에서 분석한 전략의 주요 차이점은 이 장에서 분석하는 거의 모든 모델이 불완전한 정보 환경을 배경으로 하고 있어 특정 행동의 결과가 *사전에* 불확실하다는 점이다.

13.1 약탈적 가격책정: 신화인가 현실인가?

많은 경제학자에게 약탈적 가격책정 *predatory pricing* 이라는 용어는 John Rockefeller와 Standard Oil의 이미지를 떠올리게 한다. Standard Oil에 대한 유명한 반독점 소송은 세기의 전환기에 발생했다. 1870년부터 1899년 사이에 Standard Oil은 미국 석유 정제 업계에서 90%의 압도적인 시장점유율을 차지했다. 이를 위해 120개 이상의 경쟁사를 인수했다. 일반적인 이야기는 록펠러가 먼저 경쟁 정유사에 인수 제안을 하고 이를 거절당하면 경쟁사가 시장에서 퇴출될 때까지 가격을 인하한다는 것이다.[6] 정유 생산량과 유통에서 시장지배력을 확보한 후 Standard Oil은 석유 생산업체에 가격을 인상했다. 결국 1890년 셔먼 반독점법에 따라 1911년 연방 검찰에 기소되어 해산되었다.

겉으로 보기에는 Standard Oil이 경쟁사들과 치열한 가격 경쟁을 벌였고 정유 업계의 경쟁사들이 시장을 떠났다는 사실에는 의심의 여지가 없어 보인다. 그러나 이것이 실제로 *약탈적* 가격책정의 증거인지에 대해서는 다소 의문이 있다. 이러한 의심은 이론과 증거 모두에 근거를 두고 있다. 약탈적 가격책정이 최적의 전략이 아니므로 기업이 이를 실행할 것으로 기대해서는 안 된다는 두 가지 주장이 있다. 첫 번째 주장은 기본적으로 체인점 역설에서와 같이 약탈적 가격책정이 서브게임 *subgame perfect* 에서 완벽하지 않다는 것이다.

이 주장의 힘을 이해하기 위해 11장에서 소개한 Microhard-Newvel을 검토해 보겠다. 하지만 이 게임에는 Standard Oil과 같은 지배적인 기존기업과 소규모 라이벌을 상대하는 현실 세계와 더 비슷하게 만드는 몇 가지 새로운 요소를 추가할 것이다. 게임은 다시 두 기간으로 진행된다. 하지만 여기서는 잠재적 진입자라기보다는 신생 기업인 Newvel이 1기에 이미 시장에 진입했지만, 다른 시장에서 오랜 기간 쌓아온 기록을 바탕으로 Microhard가 이 첫 번째 기에서 약탈 행위를 할 것인지 여부를 결정할 수 있는 선발주자우위를 가지고 있다고 가정한다. 한 가지 중요한 새로운 변화는 이제 각 기업이 각 시장 기간에 1억 1,500만 달러의 고정비용이 발생한다고 가정한다는 것이다. 이 금액은 각 기간이 시작될 때 선불로 지불해야 한다. 다른 시장에서의 오랜 경험으로 내부 이익잉여금이 있는 Microhard와 달리 Newvel은 내부 자금이 없다. 따라서 Newvel은 이러한 자금을 경쟁력 있는 은행권에서 차입해야 한다.

다음으로 시장에 몇 가지 불확실성을 소개한다. Microhard의 행동과는 별개로, Newvel이 성공하여 2억 달러의 높은 영업이익을 올릴 확률은 어느 기간에나 50%이다. 또한 성공하지 못하고 1억 달러의 낮은 영업이익을 거둘 확률도 50%이다. 전자의 경우, 해당 기간 동안 Newvel의 순이익은 은행에 대출을 위해 지불해야 하는 금액에서 2억 달러를 뺀 금액이다. 두 번째 경

6 이 기간 동안 Standard Oil이 사용한 다양한 행위들에 대한 방대한 문헌이 존재한다. Standard Oil이 사용한 다른 행위들에는 차별적인 철도화물운임과 리베이트를 확보하는 것, 지역 송유관 라인을 매입하거나 경쟁 송유관 라인들을 폭파시키는 방법으로 경쟁기업들에게 원유공급을 배제시키는 것 등이 있었다. Yergin(1991) 참조.

우에는 Newvel이 대출 원금 1억 1,500만 달러를 상환할 만큼의 수익을 올리지 못한다. 결과적으로 Newvel은 채무 불이행을 선언하고 벌어들인 1억 달러를 은행에 넘기게 된다.

은행 부문은 경쟁적이기 때문에 어느 은행도 Newvel에게 제공한 대출로부터 0의 이윤을 얻는다. 할인율 R은 1이라고 가정한다(이자율은 $r = 0$이라고 가정한다). 0의 이윤을 벌기 위해 은행(또는 투자자)은 Newvel의 이윤이 높을 때 $1억3,000만의 상환을 요구하고 Newvel의 이윤이 낮을 때 $1억의 상환을 요구해야 한다. 이러한 계약하에서 은행이 $1억3,000만를 상환받을 확률은 50%이고, $1억를 상환받을 확률은 50%이다. 따라서 평균적으로 은행은 대출 원금과 같은 $1억 1,500만만을 받게 될 것이다. 은행이 이러한 위험을 선택할 인센티브를 제공하기 위해서는 은행에게 이것보다 약간 더 좋은 결과가 있어야 할 필요가 있다. 따라서 Newvel이 이윤이 높을 때 은행은 $1억3,250만의 상환을 요구할 수 있다고 가정하자. 이것은 은행에게 각 기에 0.5 × [$1억3,250만 + $1억] − $1억1,500만 = $125만의 기대 순수익 *expected net return* 을 준다. 이와는 달리 Newvel은 50%의 확률로 ($2억 − $1억3,250만) = $6,750만의 순수익을 벌고 50%의 확률로 0의 순수익을 벌게 된다. 따라서 임의의 기에 Newvel의 기대 순수익은 $3,375만이다.

이제 기존기업인 Microhard를 생각해보자. 임의의 기에 Newvel이 시장에 진입해 있으면 Microhard는 $1억5,000만의 이윤을 벌지만 Newvel이 시장을 떠나면 $3억2,500만의 독점이윤을 번다고 하자. 이에 더하여 임의의 기에 Microhard가 가격을 인하하고 $3,000만의 이윤을 희생하면, Microhard는 Newvel이 성공하지 못하고 단지 $1억만을 벌게 되는 확률을 70%로 증가시킬 수 있다고 하자. Microhard는 가격을 인하하고 Newvel의 성공 가능성을 악화시켜야 하는 인센티브를 가지는가?

Microhard-Newvel 게임의 두 번째 기를 분석하면서 논의를 시작해보자. 첫째, Microhard는 두 번째 기에서 약탈적 행위에 참여하지 않고 가격을 인하하지 않을 것이다. "다음 기 *next period* "가 없기 때문에 약탈적 행위를 실행하여 가격을 인하하는 것은 이후에 손실을 다시 회복할 전망이 없는 상태에서 이윤만을 희생시킬 것이다. 따라서 만일 Newvel이 첫 번째 기 이후에 시장에 그대로 남아 있으면, 마지막 기에서 시장결과는 각 기업이 평균적으로 $1억5,000만의 이윤을 얻는 복점이어야만 한다. 따라서 첫 번째 기에서 어떤 일이 발생했느냐에 관계없이, Newvel은 두 번째 기의 초에 자신의 고정비용을 위한 대출을 받을 수 있을 것이다. 만일 Newvel이 첫 번째 기에서 도산하여 은행이 $1,500만를 잃게 되더라도, Newvel과 은행은 두 번째 기를 위한 대출을 재협상할 인센티브를 가지게 된다. Microhard가 약탈적 행위를 하지 않을 것이기 때문에 은행은 $125만의 기대순수익을 가지게 되고, 이것은 적어도 첫 번째 기에 발생한 손실의 일부를 회수하는 데 도움을 줄 것이다. 마찬가지로 Newvel은 $3,375만 벌 것으로 기대할 수 있다.

첫 번째 기에서 Microhard는 약탈적 행위를 실행하여 Newvel을 시장에서 몰아내려고 할 것인가? 그 대답은 다시 '아니오'이다. 첫 번째 기에서 어떤 일이 발생하더라도, 두 번째 기에 Newvel은 그대로 시장에 남아 있기를 원할 것이다. 따라서 첫 번째 기에서 Microhard의 어떠한 약탈적 행위도 Newvel이 두 번째 기에서 조업하는 것을 막을 수 없다. Microhard가 Newvel이 두 번째 기에 시장에 남아 있게 된다는 것을 안다면, Microhard가 첫 번째 기에서 약탈적 가격책정을 실행하여 수입을 상실할 이유가 없다. 따라서 약탈적 행위는 발생하지 않을 것이다.

13.1 ▸ 실습문제

Newvel의 성공 가능성이 낮아져서 Newvel이 $2억의 높은 이윤을 벌게 되는 확률이 40%라고 하자. $1억 1,500만의 대출을 위해 경쟁적인 은행 부문에 있는 한 은행이 요구하는 조건부 계약은 무엇이 되겠는가? 달리 말해, Newvel의 이윤이 높을 때와 Newvel이 이윤이 낮을 때 은행은 얼마만큼의 금액을 상환할 것을 요구하겠는가? Newvel의 성공 가능성이 낮아지는 것이 첫 번째 기에서 Microhard가 가격을 인하할 인센티브에 어떤 영향을 주는가? 왜 그런가 혹은 왜 그렇지 않은가를 설명하시오.

앞서 제시한 시나리오가 기업 전장의 현실을 잘 반영한 것이라면 원가 이하 판매와 같은 약탈적 전술은 말이 되지 않으므로 실제로는 지켜지지 않아야 한다. Microhard가 어떻게든 Newvel 몰아내는 데 성공하면 완전한 독점력을 누릴 수 있다고 가정했기 때문에 방금 제시한 것보다 더 강력한 논거가 될 수 있다. 그러나 그 시기에 새로운 경쟁자가 나타나지 않을 것이라고 믿을 이유는 없다. 만약 나중에 그러한 진입이 가능하다면, Microhard가 약탈을 통해 얻을 수 있는 이득은 더욱 줄어들 것이다.

약탈적 행위가 서브게임 완전성을 가지고 있는 전략이 아니라는 주장을 넘어서서 기업이 약탈적 전략은 사용해서는 안 된다는 점을 설명해주는 두 번째 주장이 존재한다. 이는 *Standard Oil* 소송사건을 광범위하게 재검토한 후 Standard Oil이 약탈적 행위를 하지 *않았다*고 주장한 경제학자 John McGee(1958, 1980)의 주장이다. McGee는 그의 고전적 1958년 논문 "Predatory Price Cutting: The Standard Oil Case"에서 약탈적 가격책정은 두 조건이 충족될 때에만 합리적 행위라고 주장하였다. 첫 번째 조건은 약탈적 행위가 실행된 이후의 이윤 증가가 약탈적 가격전쟁이 진행되는 동안 발생한 손실을 보상하기에 충분해야 한다는 것이다. 물론 이것은 약탈적 행위가 서브게임 완전성을 가져야 한다는 것과 같은 것이다. 그러나 이러한 조건이 충족되더라도 McGee는 약탈적 전략이 충족시켜야 하는 두 번째 조건이 존재한다는 점을 지적하였다. 두 번째 조건은 같은 결과를 발생시킬 수 있는 *더 이익이 되는 전략이 존재하지 않아야 한다*는 것이다. McGee의 관심을 끌었던 것은 이 두 번째 조건이다. 그는 합병이 약탈적 가격책정보다 항상 더 이익이 되는 전략이라고 주장하였다. 따라서 약탈적 가격책정은 발생할 수가 없다는 것이다.

McGee의 논리는 간단하며 게임이론의 틀에서 이해될 수 있다. 요점은 약탈적 가격책정이 열등전략 *dominated strategy* 이고, 따라서 결코 사용되지 않을 전략이라는 것이다. 이 점은 스테켈버그 모델 *Stackelberg model* 을 사용하여 설명할 수 있다. 스테켈버그 리더기업은 잠재적 약탈기업이고, 추종기업은 약탈대상기업이라고 하자. 각 기업은 일정한 평균비용과 한계비용 c를 가지고 있다고 하자. 역시장수요함수는 $P = A - BQ = A - B(q_L + q_F)$이다. q_L은 리더기업의 생산량이고, q_F는 추종기업의 생산량이다. 12장에서 본 것처럼, 내쉬균형 결과는 $q_L = (A - c)/2B$이고 $q_F = (A - c)/4B$이다. 이에 따라 시장가격은 $p = (A + 3c)/4$가 된다. 이 가격에서 각 기업은 양(+)의 이윤을 얻는다. 리더기업은 $(A - c)^2/8B$의 이윤을 얻고 추종기업은 이것의 반을 얻는다. 리더기업의 이윤은 추종기업의 이윤보다는 크지만 순수독점기업이 얻는 이윤 $(A - c)^2/4B$보다는 적다.

리더기업은 분명히 시장에 홀로 있기를 선호할 것이다. 이제 리더기업에게 약탈적 행위에 참여할 수 있는 여지를 제공해주는 두 기간을 고려하도록 하자. 첫 번째 기에서 리더기업은 가격이 자신의 평균비용 c와 같아질 정도로 충분히 많은 생산량을 생산하는 강한 언약을 한다고 하자. 이 경우 추종기업은 가격을 보다 낮추어서 손실을 보는 경우에만 추가적인 단위들을 판매할 수 있기 때문에 추종기업은 시장으로부터 퇴출하거나 또는 시장에 진입하지 않을 것이다. 이에 따라 추종기업이 영원히 시장에 진입하지 못한다면, 두 번째 기에서 리더기업은 독점기업이 된다. 따라서 이 경우 리더기업은 독점 가격을 설정하고 독점이윤 $(A - c)^2/4B$를 얻을 수 있다.

서브게임 완전성의 쟁점과는 달리, 이러한 전략에 따른 문제점은 McGee가 지적한 것처럼 약탈적 행위보다 좋은 전략이 존재한다는 것이다. 방금 논의한 약탈적 전략하에서, 리더기업(약탈기업)은 첫 번째 기에 0의 이윤과 두 번째 기에 $(A - c)^2/4B$의 이윤을 얻는다. 추종기업(약탈대상기업)은 두 기 모두에서 0의 이윤을 예상할 수 있다. McGee의 요점은 리더기업이 첫 번째 기 초에 추종기업을 매수하거나 합병하는 것이 더 이익이 될 수 있다는 것이다. 합병기업은 독점기업으로 행동하여 두 기 모두에서 독점이윤 $(A - c)^2/4B$를 벌 수 있다. 리더기업이 이러한 첫 번째 기의 이윤을 추종기업과 1/2씩 공유해야만 한다 하더라도, 두 기업은 약탈적 행위가 이루어지는 경우 약탈기업과 약탈대상기업 모두가 첫 번째 기에서 0의 이윤을 버는 것보다 더 좋아진다. 두 번째 기의 이윤은 합병에 의해 변화하지 않기 때문에, 명백히 합병전략이 약탈적 전략보다 우월하다.

약탈이 지배적인 전략이라는 McGee(1958)의 주장은 간단하고 설득력이 있다. 약탈이 서브게임에서 완벽하지 않을 수 있다는 가능성과 함께 MaGee의 분석은 약탈적 가격책정이라는 주장에 심각한 의문을 제기하는 것처럼 보인다.

그러나 McGee(1958)의 주장에는 몇 가지 약점이 있다. 우선, 경쟁기업 간의 합병은 공개적인 사건이다. 특히 반독점당국은 합병에 대해 알고 있으며 이를 막기 위해 쉽게 소송을 제기할 수 있다. 실제로 당국은 약탈적 가격책정보다 합병에 대해 더 우려할 수 있는데, 합병으로 인해 소비자 가격이 낮았던 짧은 약탈적 기간조차 사라지기 때문이다. McGee의 합병 전략 논리의 두 번째, 그리고 아마도 더 중요한 약점은 추가 잠재적 진입자를 포함하도록 분석을 확장할 때 발생한다. Standard Oil과 같은 지배적 기업이 경쟁사를 인수할 의향이 있는 것으로 간주되면, 인수에 따른 수익성만을 보고 진입하는 진입자들이 몰려들 가능성이 높다.[7] 즉, 합병 전략이 오히려 지배적 기업이 원치 않는 진입을 조장할 수 있다는 것이다. 이러한 관점에서 약탈적 가격책정은 기존 경쟁자의 퇴출을 유도할 뿐만 아니라 후속 진입자까지 억제할 수 있기 때문에 더 매력적일 수 있다.[8]

13.2 ▶ 실습문제

시장에 두 기업이 있다고 하자. 한 기업은 지배기업이고 스테켈버그 리더기업으로 행동한다. 다른 경쟁기업은 추종기업이다. 두 기업은 생산량으로 경쟁한다. 시장수요함수는 $P = 100 - Q$

7 Rasmusen(2007)은 이러한 가능성을 살펴보았다.

8 Yamey(1972)는 이 점을 다음과 같이 지적하였다. "또한 공격적인 기업은 현재의 경쟁기업을 다루는 당면한 문제를 넘어서 멀리 바라볼 것이다. 현재의 경쟁기업을 다루는 서로 다른 전략들은 미래의 경쟁기업들의 시장 진입 정도에 서로 다른 영향을 미칠 수 있다."

이다. 한계비용은 일정하고 10이다.

a. 1기간 균형결과를 구하라. 다시 말해, 각 기업의 생산량과 이윤을 구하시오.
b. 이제 두 기간 게임을 생각해보자. 하나의 가능성은 기업이 각 기에 한 번씩 두 번 스테켈버그 게임을 하는 것이다. 다른 가능성은 첫 번째 기에서 지배기업이 매우 많은 생산량 수준을 선택하고 경쟁기업은 시장으로부터 퇴출되거나 생산물을 판매하지 않는 것이다. 두 번째 기에서 지배기업만 시장에 있고 독점기업으로 행동한다. 이러한 시나리오하에서 지배기업의 첫 번째 기 생산량과 두 번째 기 생산량을 구하라. 또한 지배기업의 총이윤을 구하시오.
c. 지배기업은 첫 번째 기 초에 경쟁기업을 매수하기 위해 경쟁기업에게 제안을 할 수 있다고 하자. 지배기업이 경쟁기업을 매수하기 위해 지불해야 하는 최대 금액은 얼마인가? 지배기업이 첫 번째 기에 약탈적 행위보다는 합병을 통하여 시장을 독점하는 것이 지배기업을 더 좋게 만든다는 것을 보이시오.

McGee의 추론에는 몇 가지 전제 조건이 있지만, 경쟁자를 제거할 수 있는 비용이 적게 드는 대체 수단의 존재와 약탈적 가격책정의 신뢰성에 대한 의구심은 지배적 기업의 약탈적 가격책정을 주장하는 경쟁자를 의심해야 하는 두 가지 좋은 이유이다. 세 번째 이유도 있다. 위에서 언급한 바와 같이, 실패한 경쟁기업은 항상 자신의 비효율성의 피해자라기보다는 약탈의 피해자라고 주장할 유인이 있다. 따라서 실패한 경쟁기업의 약탈 주장은 신중하게 받아들여야 한다.

예를 들어 1967년 미국 대법원에서 판결한 유명한 *유타 파이*[9] 사건을 생각해 봅시다. 유타 파이는 솔트레이크시티에서 냉동 디저트 파이를 생산하여 유타주와 주변 주에 있는 슈퍼마켓에 판매하는 회사였다. 1957년에는 솔트레이크시티 시장의 3분의 2 이상을 점유하고 있었다. 그러나 Continental Bakeries, Pet, Carnation 등 세 개의 전국적인 기업이 솔트레이크시티 지역에서 치열한 경쟁을 벌이기 시작했다. 그 후 3년 동안 가격이 3분의 1 이상 하락하고 유타 파이의 시장점유율이 33%까지 떨어졌지만, 이후 45%까지 상승했다. 이에 유타 파이는 세 회사가 솔트레이크시티 시장에서 다른 도시보다 낮은 가격으로 판매하고 있으며, 따라서 세 회사가 약탈적인 목적을 가지고 불법적인 가격차별을 하고 있다고 주장하며 소송을 제기했다.

그러나 유타 파이의 매출은 약탈 혐의가 제기된 기간 동안 꾸준히 증가했으며 순자산도 증가했다. 게다가 경쟁이 심화된 첫 해를 제외하고는 유타 파이는 계속해서 순이익이 흑자를 기록했다. 많은 경제학자들은 유타 파이의 진짜 불만은 약탈적 전략보다는 초기의 거의 독점적 지위와 독점력이 허용하는 높은 가격을 유지하는 데 있는 것처럼 보였다. 그러나 결국 대법원은 유타 파이의 손을 들어주었고, 이 판결은 널리 비난을 받았으며 그 이후에는 대부분 부인되었다. 하지만 요점은 여전히 남아 있다. 기업 관계자는 수익과 시장점유율 하락의 원인이 자신의 비효율성을 인정하기보다는 "공정하게 경쟁하지 않는" 경쟁사의 불법 행위라고 주장하고 싶어 할 수밖에 없다는 것이다. 그렇기 때문에 약탈적 가격책정 혐의는 최소한 소금 몇 알을 뿌려야 한다.

9 *Utah Pie Co. v. Continental Baking Co. et al.*, 386 U.S. 685 (1967).

현실 체크포인트

지연에 대한 지불—McGee 약물

1990년대에 고혈압으로 고통받는 수백만 명의 미국인들을 치료하기 위해 두 가지 주요 약물이 등장했다. 사노피(구 아벤티스)에서 생산한 *카디젬 CD*와 애보트 연구소에서 생산한 *하이트린*은 처음에는 모두 특허로 보호되었다. 그러나 1984년 해치-왁스만 법에 따라 제네릭 생산업체는 오리지널 의약품의 모든 안전성 및 효능 테스트를 복제하지 않고도 자사 의약품이 특허받은 브랜드와 생물학적 동등성이 있다는 사실만 입증하면 약식 신약 신청서(ANDA)를 제출하여 자체 의약품을 출시할 수 있게 되었다. 유일한 요건은 제네릭 신청자가 오리지널 특허가 유효하지 않거나 신약이 네임 브랜드 제품의 특허권을 실제로 침해하지 않는다는 것을 입증해야 한다는 것이다. 제네릭 의약품 제조업체는 정기적으로 이를 수행하며, 당연히 특허권자는 이러한 주장을 거부하고 특허침해를 주장하는 반소를 제기한다. 이 경우 미국 식품의약국(FDA)은 최소 30개월 또는 소송이 해결될 때까지 또는 둘 중 먼저 발생하는 시점까지 새로운 제네릭 의약품을 승인할 수 없다.

이러한 법적 장애물에도 불구하고 제네릭 제약사가 특허에 도전하고 시장에 진입하는 경우가 많은 이유는 가장 *먼저* 승인을 받은 제네릭이 다른 모든 제네릭에 대해 180일의 독점 기간을 부여받는다는 추가적인 인센티브가 있기 때문이다. 한 회사가 제네릭 대체품을 판매하기 시작하면 다른 제네릭 회사는 최소 180일 동안 이를 판매할 수 없다. Andrx가 *카디젬 CD*의 제네릭 대체품 판매 허가를 신청하고 제네바 제약이 *하이트린*의 제네릭 대체품 판매 허가를 요청했을 때 정확히 이런 일이 벌어졌다. 아벤티스와 애보트 모두 소송을 제기했고 30개월의 자동 지연이 시작되었다. 하지만 이 기간이 끝나갈 무렵 해결의 실마리가 보이지 않자 각 기존 업체는 경쟁사의 진입이 임박한 상황에 직면하게 되었다. 아마도 각 회사는 진입을 막기 위해 약탈적인 가격을 책정할 수도 있었을 것이다. 대신 각 회사는 McGee가 제안한 길을 택했다. 잠재적 경쟁자를 인수한 것이다.

아벤티스는 *카디젬* 대체제를 판매하지 *않는* 대가로 분기당 1,000만 달러와 1998년부터 진행 중인 특허 재판이 끝날 때까지 매년 6,000만 달러를 추가로 지급하기로 합의했다. 애보트와 제네바 간에도 비슷한 합의가 이루어졌다. 법에 따라 이러한 합의에 서명하면 제네릭 회사는 180일 독점권을 잃게 된다. 그러나 그 독점권은 다음 제네릭 진입자에게 넘어가지 않는다. 따라서 후발 제네릭 진입자는 더 많은 진입자와의 경쟁을 걱정해야 한다.

결국 *카디젬*과 *하이트린*의 계약은 모두 불법으로 판정되었다[*In re Cardizem CD 반독점 소송, 332 F.3d 896, 908 6th Cir. 2003*]. 그러나 곧 법원의 의견이 바뀌었다. 주요 유방암 치료제인 *타목시펜*과 슈퍼 항생제인 *시프로*를 포함한 여러 제네릭 진입 사례에서 법원은 이러한 "지연 보상금" 지급이 오히려 제네릭 진입을 촉진할 수 있다고 주장하며 이러한 "지연 보상금" 합의를 승인했다. 그러나 연방거래위원회(FTC)는 처음부터 이러한 거래에 일관되게 반대해 왔다. 2010년 내부 연구에 따르면 이러한 계약의 순 효과는 경쟁을 억제하여 소비자에게 연간 35억 달러의 비용이 발생하는 것으로 추정했다. 2012년 7월 제3순회항소법원이 FTC의 손을 들어주면서 새로운 변화가 일어났는데, 이는 머크의 쉐링-플로 사업부와 제네릭 회사인 업셔-스미스가 업셔의 저칼륨혈증 치료제의 제네릭 출시를 연기하는 대가로 돈을 지불하는 계약을 승인한 하급 법원의 판결을 뒤집은 것이었다. 이 사건은 이제 대법원으로 향하고 있다. 대법원이 항소심 판결을 유지한다면 대형 제약사들은 진통제가 필요할지도 모른다.

출처: J. Guidera and R. T. King, Jr., "Abbott Labs, Novartis Unit near Pact with FTC over Agreement on Hytrin," *Wall Street Journal* 14 March 2000, p. B6; "Pay-for-Delay: How Drug Company Payoffs Cost Consumers Billions," www.ftc.gov; and E. Wyatt, "For Big Drug Companies, a Headache Looms," *New York Times*, July 27 2012, p. B1.

약탈, 특히 약탈적 가격책정이 실제로 발생한다는 것에 대한 깊은 회의론은 시카고 학파와 밀접한 관련이 있는 관점이다. 이 견해는 약탈적 가격책정 사건에 관한 공공정책과 법원의 판결에 지대한 영향을 미쳤다. 그러나 지난 25년여 동안 포스트 시카고 학파라고 불리는 새로운 견해가 등장했다. 이 대안적 견해에서는 약탈적 가격책정 청구는 신중하게 다루어야 하지만, 약탈적 전술이 이론적으로 불가능한 것이 아니며 현실에서 약탈을 단순한 위협으로 간주해서는 안 된다고 인정하기 때문에 그러한 혐의를 *선험적으로* 기각하지 않는다.

13.2 약탈적 행위와 불완전정보

약탈을 주제로 한 시카고 이후 대부분의 문헌은 한 기업은 무언가를 알고 있고 다른 기업은 모르는 두 개의 기간 게임을 기반으로 하며, 두 기업 모두 정보의 비대칭성을 이해한다.[10] 이 절에서는 이러한 비대칭 정보의 특징을 기반으로 하는 두 가지 중요한 모델을 제시한다. 첫 번째는 Bolton과 Schaferstein(1990)의 연구로, Newvel과 같은 새로운 경쟁자와 Newvel이 차입하는 은행 간의 정보비대칭성에 초점을 맞추고 있다. 두 번째는 Milgrom Roberts(1982)의 연구로, Newvel과 같은 새로운 경쟁기업과 Microhard와 같은 지배적 기존기업 간에 존재하는 정보비대칭에 초점을 맞추고 있다.

13.2.1 약탈적 가격책정과 금융 제약

Microhard는 기존기업이고 Newvel은 각 기에 조업하기 위해 각 기 *period* 초에 $1억 1,500만를 차입해야 하는 새로운 기업이라고 상정한 두 기간 모델을 다시 생각해보자. Bolton과 Schaferstein(1990)을 따라 기본적으로 중요한 한 가지 변화를 도입하도록 하자. 이제 각 기 말에 은행이 *아닌* Newvel*만*이 Newvel의 이윤이 $1억 또는 $2억라는 것을 알고 있다고 가정하자. 이러한 정보비대칭이 은행과 거래하는 데 있어서 Newvel의 인센티브와 Newvel에게 대출해주는 데 있어서 은행의 인센티브에 어떻게 영향을 미치는지를 명확히 하기 위해, 게임에서 은행을 경기자 *player* 로 간주한다. 그림 13.1은 1기간 동안에 발생하는 은행과 Newvel 간의 상호작용을 보여준다. 은행이 먼저 대출을 해준다. 이어서 Nature가 Newvel의 이윤이 높은지 낮은지를 선

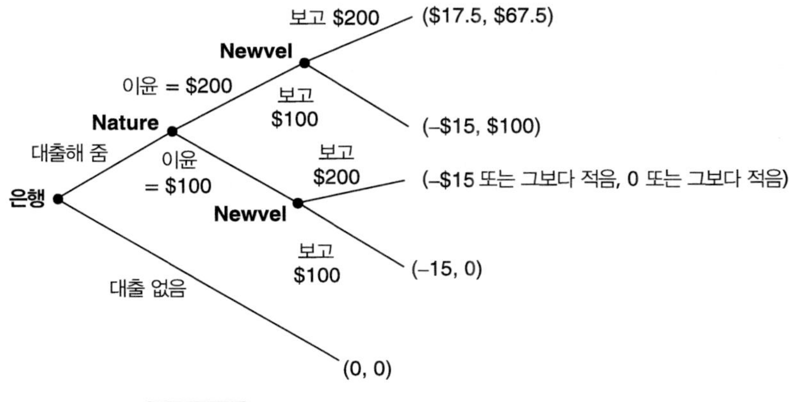

그림 13.1 은행과 Newvel의 1기간 게임($100만)

10 이러한 맥락의 주요 초기 논문들로는 Milgrom과 Roberts(1982), Benoit(1984), Fudenberg와 Tirole(1988)가 있다.

택한다. 이어서 Newvel은 높은 이윤을 보고할 것인지 낮은 이윤을 보고할 것인지를 선택한다. 각 결과에는 은행의 순이윤과 Newvel의 순이윤이 표시되어 있다. 은행이 먼저 행동하기 때문에 은행의 보수가 먼저 표시되어 있다.

1기간 게임에 초점을 맞추는 것은 많은 통찰력을 제공해준다. 그림 13.1이 명백히 보여주듯이, 게임이 1기간이라면 은행은 $1억 1,500만 Newvel에게 결코 빌려주지 않을 것이다. 그 이유는 간단하다. 1기 말에 Newvel만이 Newvel의 이윤이 얼마인지를 안다. 따라서 Newvel은 자신의 이윤이 단지 $1억라고 말하고 은행에게 $1억만을 지불하고 나머지 금액에 대하여는 채무를 상환하지 않으려는 인센티브를 가진다. Newvel의 이윤이 실제로 $1억라면, Newvel은 자신의 이윤이 $1억라고 보고할 수밖에 없다. 그러나 Newvel의 이윤이 실제로 $2억라면, 자신의 이윤이 $1억뿐이라고 거짓으로 보고하고 자기 자신을 위해 $1억를 가지고 달아날 수 있다. 달리 말해, Newvel만이 진실을 알고 있기 때문에 Newvel은 자기 자신에게 이익이 되도록 이러한 정보비대칭을 이용하려는 인센티브를 가진다. 그러나 이를 예상하면서 은행은 기간 상황에서 대부해준 $1억 1,500만에 대한 대가로 결코 $1억 이상을 받지 못할 것이라는 것을 알 것이다. 따라서 은행은 이러한 대출에 결코 동의하지 않을 것이다.

1기간 게임의 분석 결과는 2기간 게임을 위해 두 가지 시사점을 제시해준다. 첫 번째 시사점은 은행이 1기 말에 받는 상환금이 얼마이든지 간에 은행은 결코 2기 말에 $1억 이상을 받지 못할 수 있다는 것이다. 두 번째 기의 게임은 단순히 방금 설명한 1기간 게임의 반복일 것이다. 두 번째 시사점은 은행이 실제로 대출을 해주어야 한다면, 은행은 두 기간 동안에 적용되는 계약을 해야만 할 것이다. 두 개의 1기간 계약들은 같은 문제를 두 번 발생시킬 것이다. 따라서 은행과 Newvel은 두 기간 동안에 걸쳐 상환을 연결시키는 계약에 합의해야만 할 것이다.

Bolton과 Schaferstein(1990)은 최적 계약이 다음과 같은 조건들을 갖는다는 것을 보여주었다. 첫째, 은행은 2기 말에 결코 $1억 이상 상환받지 못할 것이라는 것을 인식하면서, 1기 말에 많은 상환이 이루어지는 계약을 할 것이다. 둘째, Newvel에게 1기 말에 높은 이윤을 보고하여야 하는 인센티브를 주기 위해 은행은 Newvel이 1기 말에 낮은 이윤을 보고하면 2기를 위한 대출을 거부할 것이다. Newvel은 2기 말에 은행에게 $1억만을 지불할 것이기 때문에 2기 말에 $1억5,000만 − $1억 = $5,000만 벌 수 있을 것으로 기대할 수 있다. 이러한 계약은 Newvel로 하여금 두 기간의 계약을 하도록 만들 것이다.

이 예에서 대출계약은 다음과 같은 것이 될 수 있다. 은행은 첫 번째 기의 초에 $1억 1,500만 대출한다. 첫 번째 기의 말에 Newvel이 $2억의 높은 이윤을 보고하면, Newvel은 평균(기대) 이윤인 $1억5,000만 상환하여야 한다. Newvel이 이렇게 하면 은행은 Newvel이 두 번째 기에 $1억 1,500만 대출할 것이다. 두 번째 기의 말에 은행은 1기간 대출에 관해 앞에서 설명한 논리에 의해 Newvel에게 어떤 일이 발생하는지에 관계없이 $1억를 상환받을 것이다. 이와는 달리 첫 번째 기의 말에 Newvel이 $1억의 낮은 이윤을 보고하면, 은행은 그 금액을 상환받으나 더 이상의 대출은 이루어지지 *않는다*. 이 경우 Newvel은 두 번째 기에 생존하지 못한다.

그림 13.2는 이러한 대출계약의 특성을 보여준다. 은행이 첫 번째 대출을 한 후에, 이윤 결과에 대한 Nature의 선택이 이루어진다. 이것은 첫 번째 기의 말에 Newvel의 인센티브는 Nature의 추첨을 정확하게 보고하는 것이고 은행은 이것을 이해하고 있다. 만일 기말에 Nature가 낮은 이윤을 추첨하면(Newvel의 이윤이 낮으면), 대출은 종료되고 Newvel은 퇴출한다. 만일 1

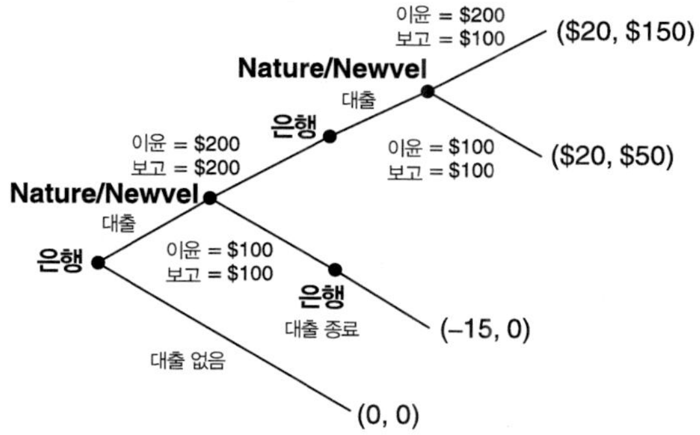

그림 13.2 2기간 대출계약의 의사결정 게임구조($100만)

기 말에 Nature가 높은 이윤을 추첨하면(Newvel의 이윤이 높으면), 대출이 두 번째 기를 위해 이루어진다. 2기 말에 Nature는 다시 이윤 결과를 추첨한다. 두 번째 기의 말에 Newvel은 항상 낮은 이윤을 보고하려는 인센티브를 가지고 있다. 보수들은 두 기간 동안 은행과 Newvel의 보수들을 보여준다. 첫 번째의 보수가 은행의 보수이다.

두 당사자는 이러한 계약하에서 더 좋은 결과를 얻는다는 점에 주목하라. 만일 첫 번째 기에 Newvel의 이윤이 낮으면, Newvel은 청산되고 은행은 $1,500만의 손실을 보면서 $1억만을 받게 된다. 만일 첫 번째 기에 Newvel의 이윤이 높으면, 은행은 $1억5,000만를 상환받고 이에 따라 $3,500만의 이익을 얻게 된다. 그러나 은행은 두 번째 기를 위해 $1억 1,500만 대출하도록 되어 있다. 두 번째 기의 말에 Newvel은 결코 높은 이윤을 보고하지 않기 때문에 $1억만을 받는다. 두 기간 계약으로부터 발생하는 은행의 기대이윤은 0.5 × [$1억 – $1억 1,500만] + 0.5 × [($1억5,000만 – $1억 1,500만) + ($1억 – $1억 1,500만)] = $250만이다. 이는 Newvel의 이윤에 대한 정보가 완전히 주어져 있을 때 은행이 두 개의 1기간 계약을 가지고 버는 이윤과 같다는 점에 주목하라.

Newvel도 양(+)의 기대이윤을 번다. Newvel은 첫 번째 기의 말에 50%의 확률로 [$2억 – $1억5,000만]의 순지급을 받고 50%의 확률로 아무것도 받지 않으므로 첫 번째 기간이 끝날 때 예상 지급금은 2,500만 달러가 된다. 마찬가지로 두 번째 기의 말에 Newvel은 50%의 확률로 [$2억 – $1억]의 순지급을 받고 50%의 확률로 아무것도 받지 못하므로, 두 번째 기의 예상 소득은 5천만 달러가 된다. 두 번째 기에 도달할 *사전* 확률이 0.5에 불과하므로 회사의 두 번째 기에 대한 *사전* 기대수익은 2,500만 달러이므로 두 기간에 대한 전체 기대수익은 5,000만 달러가 된다.

이러한 계약하에서 두 경기자 모두 양(+)의 이윤을 얻지만, 이러한 계약에는 결함이 존재한다. 50%의 확률로 Newvel은 첫 번째 기 후에 도산하고 두 번째 대출이 이루어지지 않는다. 이러한 투자는 $3,500만의 기대이윤을 가지고 있기 때문에 비효율적이다. 이러한 비효율성은 은행과 Newvel의 관계에서 정보비대칭이 존재하기 때문에 발생하는 결과이다. Newvel이 자신의 정보우위를 이용하지 못하도록 하는 유일한 방법은 Newvel이 첫 번째 기에 낮은 이윤을 보고하면 Newvel에게 자금을 주는 것을 중지한다는 약속을 하는 것이다.

이제 이 게임에 Microhard이 추가된 상황에 대하여 생각해보자. Microhard의 복점 이윤은 $1억5,000만이고, Microhard의 독점이윤은 $3억2,500만이며, 약탈적 가격책정에 의해 가격을 인하하면 Microhard의 이윤은 $3,000만만큼 감소한다고 하자. Microhard는 가격을 인하함으로써 Newvel이 도산할 확률을 50%에서 70%로 증가시킬 수 있다. 이제 Newvel은 첫 번째 기에 $2억의 이윤을 벌지 못하면 퇴출되기 때문에 약탈적 행위는 Microhard가 두 번째 기에 독점기업이 될 확률을 20%만큼 증가시킨다. 따라서 Microhard가 약탈적 가격책정을 하면 Microhard의 기대이윤은 0.5 × $1억 5,000만 + 0.5 × $3억2,500만 = $2억3,750만로부터 0.3 × $1억5,000만 + 0.7 × $3억 2,500만 = $2억7,250만로 증가한다. 약탈적 가격책정으로부터 발생되는 $3,500만의 이득은 약탈적 행위를 위한 비용인 $3,000만 부담하기에 충분하다. 앞의 경우와는 달리, 이제 약탈적 행위는 합리적인 것이 되고 이에 따라 약탈적 가격책정이 발생할 것으로 기대된다.[11]

정보비대칭이 존재하는 경우에 결과가 다르게 나타나는 이유는 간단하다. Newvel은 두 가지 이유 중 하나의 이유로 첫 번째 기의 이윤이 낮다고 보고할 수 있다. Newvel은 약탈적 행위의 희생자가 되는 나쁜 운을 가졌기 때문에 이윤이 실제로 낮거나 Newvel의 경영진이 사치스러운 사무실, 비싼 비즈니스 여행, 과다한 보상에 지출하여 실제로 발생된 높은 이윤을 숨기고 이윤이 낮다고 보고할 수 있다. 앞에서 설명한 것과 같은 계약이 없으면, 은행은 진실을 쉽게 알 수 없다. 만일 은행이 Newvel이 말하는 것을 무엇이든지 믿으면, 은행은 곧바로 Newvel이 계속해서 매 기에 낮은 이윤을 보고 이것을 나쁜 운과 약탈적 행위 탓으로 돌린다는 것을 발견할 것이다. 이에 따라 은행은 각 기에($1억 1,500만 − $1억), 즉 $1,500만의 비용만을 지불하고 아무 소득도 얻지 못하게 된다. Newvel 경영진의 기만을 막을 수 있는 유일한 방법은, 첫 번째 기에 낮은 이윤이 보고되면 두 번째 기의 대출이 이루어지지 못하게 하는 두 기간 계약을 체결하는 것이다. 그러나 이러한 계약은 Newvel이 부정직하게 보고할 가능성을 제거시키지만 약탈적 행위는 성공할 수 있는 가능성을 높여준다. 이에 따라 Microhard가 약탈적 전략에 참여할 인센티브를 증가시킨다.

두 번째 기의 초에 Newvel을 죽이는 것은 비효율적이라는 점을 다시 반복해서 언급할 필요가 있다. Microhard는 두 번째 기에서 결코 약탈적 행위를 하지 않을 것이기 때문에, 두 번째 기에서 Newvel의 기대이윤은 $1억5,000만이다. 이것은 $1억1,500만의 대출을 지불하기에 충분한 금액보다 크다. 그럼에도 불구하고 최적의 계약은 두 번째 기만 볼 수 없는 두 개의 기간으로 이루어진 계약이다. 따라서 이 계약은 Newvel의 정직성을 유지하기 위해 1기간에 좋은 결과를 보고하지 않으면 Newvel이 조기 사망하도록 해야 한다.[12]

13.3 ▸ 실습문제

위의 예에서, 이러한 행동으로 인해 Newvel이 시장에서 실패할 확률이 50%에서 70%로 20% 증가하기 때문에 Microhard는 약탈적 행동에 참여할 가치가 있다. Microhard가 약탈적 행동에 참여하도록 유도하는 불리한 확률을 가장 낮게 증가시키는 것은 얼마인가?

11 이러한 약탈적 행위는 "긴 지갑(long purse)" 또는 "깊은 주머니(deep pockets)" 모형들과 밀접하게 관련되어 있다. 예를 들어, Phlips(1995) 참조.

12 엄밀히 말하면, 기재된 계약서는 Microhard가 관찰할 수 없는 경우에만 최적의 계약서이다. Microhard가 대출의 세부 사항을 관찰할 수 있는 경우, 약탈을 방지하는 방식으로 계약서를 작성할 수 있다.

13.2.2 정보비대칭과 진입저지 가격책정

Bolton과 Schaferstein(1990) 모형에서 경쟁기업인 Newvel은 시장에 대하여 많이 알고 있다. Newvel은 자신의 수익성을 알고 있을 뿐만 아니라 Microhard가 직면하고 있는 이윤과 인센티브를 알고 있다. 현실에서 이러한 경우가 있을 가능성은 없다. 새로운 기업은 일반적으로 기존기업의 이윤과 비용을 추측할 수 있을 뿐이다. Milgrom과 Roberts(1982)는 진입기업이 완전한 정보를 가지고 있다는 가정이 완화된 모형을 제시한다. 특히 그들은 진입기업이 기존기업의 생산비용을 모른다고 가정한다. 이러한 상황에서는 진입기업이 진입하지 못하도록 기존기업이 낮은 가격을 책정하는 것이 더 이상 터무니없는 허세가 아닐 수 있다. 이제 Milgrom Roberts(1982)가 제시한 진입저지 가격책정 모형 *limit pricing model* 을 살펴보도록 하자. 이 모형의 목표는 기존 경쟁기업을 제거하는 것이 아니라 새로운 경쟁기업의 진입을 저지하는 것을 목표로 하는 전략이다.

오랜 기간 동안 시장에서 조업하고 있는 기존기업과 *잠재적* 진입기업이 존재하고 있는 두 기간 게임구조를 사용하도록 하자. 여기서 기존기업은 Microhard이고 잠재적 진입기업은 Newvel이다. 은행이나 다른 경기자는 존재하지 않는다. 첫 번째 기에 Microhard만이 시장에 존재하고 있다. 이 기간 동안 Newvel은 Microhard의 행위, 특히 Microhard가 첫 번째 기에 책정하기로 선택하는 가격을 관측하고 이어서 두 번째 기에 시장에 들어갈 것인지 들어가지 않을 것인지를 결정한다. 미래 이윤을 할인하는 문제에 대하여 걱정할 필요가 없도록 이자율은 0이라고 가정하자.

Newvel은 자신의 단위비용과 각 기의 시장수요를 알고 있으나 Microhard의 단위비용을 모른다. 반면 Microhard는 각 기의 시장수요뿐만 아니라 자신의 단위비용과 Newvel의 단위비용을 알고 있다. 두 기업 모두 이런 상황을 알고 있다. Newvel의 관점에서 보면 경영의 전문성, 장비의 질, Microhard가 공급자들과 협상한 투입요소가격과 같은 요인들에 따라서 Microhard의 단위비용은 높거나 낮을 수 있다. 이것들은 실제로 다른 기업들에 의해 쉽게 확인되지 않는 생산비용의 특성들이다. Newvel은 Microhard의 단위비용을 모르지만 Microhard가 높은 비용 또는 낮은 비용을 가지고 있을 확률에 대하여 알고 있다. 특히 Newvel은 Microhard가 낮은 비용을 가지고 있을 확률은 ρ이고, 높은 비용을 가지고 있을 확률은 $(1 - \rho)$이라는 것을 알고 있다.

모형을 더 쉽게 이해하기 위해, 구체적인 수치 예를 사용하도록 하자. 첫 번째 기에 Microhard가 낮은 비용을 가지고 있고 이윤극대화 독점기업으로 행동할 때, Microhard는 상대적으로 낮은 가격을 책정하지만 낮은 비용 때문에 \$1억의 이윤을 번다고 가정하자. 이와는 달리 Microhard가 비용효율적이지 못한 고비용 독점기업이라면, Microhard는 높은 가격을 책정하지만 비용 비효율성 때문에 \$6,000만의 더 적은 이윤을 번다. 마지막으로, Microhard가 고비용 기업이지만 저비용 기존기업에게 최적이 되는 가격을 선택하면, Microhard의 이윤은 \$4,000만 더 떨어진다고 가정하자.

두 번째 기에 Microhard의 이윤은 자신의 단위비용과 Newvel이 시장에 진입하는가 또는 진입하지 않는가에 의해 결정된다. 두 번째 기에 Microhard가 홀로 있게 되면, Microhard는 진입은 더 이상 걱정거리가 아니기 때문에 자신의 비용구조에 적정한 독점 가격을 설정한다고 가정하자. 두 번째 기에 진입이 발생하지 않을 때 Microhard는 저비용 독점이윤인 \$1억를 벌거나 또는 고비용 독점이윤인 $6,000만 번다. 또한 잠재적 진입기업인 Newvel은 시장에 진입하지 않을 때 0의 이윤을 번다고 가정한다.

두 번째 기에 진입이 발생하면, Microhard의 이윤은 감소한다. 만일 Microhard가 저비용기업이면, Microhard는 $5,000만을 번다. Microhard가 고비용기업이면, Microhard는 경쟁하기에 버거울 수 있고 이에 따라 단지 $2,000만을 번다. Newvel이 진입하여 비용효율적이지 못한 고비용 기존기업과 경쟁하면, $2,000의 이윤을 번다. 그러나 만일 Newvel이 진입하여 저비용 기존기업과 경쟁하면 Newvel은 $2,000만의 손실을 보게 된다.

이러한 진입 게임의 전개형이 그림 13.3에 그려져 있다. Newvel이 Microhard의 비용에 대하여 가지고 있는 불확실성은 먼저 기존기업의 비용을 선택하는 경기자인 Nature를 도입함으로써 모형화된다. Nature는 ρ의 확률로 저비용 기존기업을 선택하고 $(1 - \rho)$의 확률로 고비용 기존기업을 선택한다. 다음으로 Microhard가 행동하고 첫 번째 기에서 생산한 재화를 판매하기 위한 높은 가격 또는 낮은 가격을 책정한다. 이어서 Newvel은 두 번째 기에 진입하여 경쟁할 것인지 진입하지 않을 것인지를 결정한다. 각 경로의 끝에 가격과 진입에 관한 선택에 따라서 두 기간 동안 얻을 수 있는 각 기업의 보수가 제시되어 있다. Microhard의 이윤은 각 기에서 번 자신의 이윤을 합한 것이다. Newvel의 이윤은 마지막 기에서 번 이윤이다.

그림 13.3은 Microhard를 위한 3가지 가능성을 보여준다. 첫 번째 가능성은 Microhard는 고비용기업이고 첫 번째 기에 고비용에 상응하는 독점 가격을 설정하는 것이다. 두 번째 가능성은 Microhard는 고비용기업이나 더 비용효율적인 기업에게 적정한 낮은 가격을 설정하는 것이다. 마지막으로, 세 번째 가능성은 Microhard는 정말로 낮은 비용기업이고 낮은 비용에 상응하는 낮은 독점 가격을 설정하는 것이다. 저비용 Microhard가 고비용 독점 가격을 부과하는 가능성은 배제되었다는 점에 주목하라. 잠시 후에 저비용 Microhard가 그렇게 해야 할 인센티브를 가지고 있지 않다는 것을 알게 될 것이다. 여기서 한 가지 중요한 점은 마디 E_2와 마디 E_3를 점선으로 함께 표시함으로써 누가 무엇을 아는지, 즉 정보비대칭을 고려하고 있다는 것이다. 이것은 진입기업 Newvel이 첫 번째 기에서 낮은 가격을 관측할 때, Newvel은 그것이 마디 E_2 또는 마디 E_3 중 어느 상황에 해당되는지를 모르고, 기존기업인 Microhard는 진입기업인 Newvel이 그것이 어느 마디에 해당되는 상황인지를 모른다는 것을 알고 있다는 것을 의미한다.

여기에서 왜 고비용 기존기업이 낮은 이윤을 발생시키는 최적이 아닌 낮은 가격을 책정하

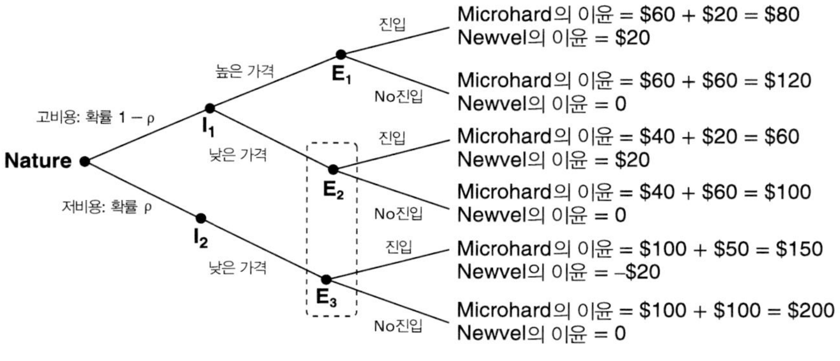

그림 13.3 비용에 관한 정보비대칭이 존재하는 순차적 진입 게임의 전개형

는지를 질문할 수 있다. 이는 두 번째 기에서 진입기업의 진입에 대한 의사결정에 영향을 미칠 수 있기 때문이다. 예를 들어 Newvel은 다음과 같이 생각할 수 있다. "만일 Microhard가 첫 번째 기에서 높은 가격을 부과하면, Microhard는 비효율적인 고비용기업임에 틀림없고 나는 진입할 것이다. 그러나 만일 Microhard가 첫 번째 기에서 낮은 가격을 부과하면, Microhard는 비용효율적인 기업임에 틀림없고 나는 시장에 진입하지 않는 것이 최선이다." 이러한 상황에서 고비용 기존기업이 첫 번째 기에서 자신의 비용구조와 다르게 행동하여 낮은 가격을 책정해야 하는 상당한 인센티브가 존재한다. 이것은 Microhard가 첫 번째 기 동안에 $6,000만 대신에 $4,000만의 이윤만을 번다는 것을 의미한다. 그러나 진입기업이 사고하는 방식을 고려하면, 이러한 희생은 두 번째 기에서 보상된다. 왜냐하면 이것은 진입을 저지하고 Microhard가 첫 번째 기에서 높은 가격을 설정하고 두 번째 기에서 진입이 이루어지는 경우에 버는 $2,000만이 아닌 $6,000만의 이윤을 벌 수 있게 해주기 때문이다.

이러한 사고방식은 저비용 기존기업이 처음에 고비용 독점 가격을 결코 설정하지 않을 것이라는 주장을 설명하는 데 도움을 준다. 이러한 선택은 단기적으로 이윤극대화 선택이 아니고 이에 더하여 진입을 유발하게 된다.

지금까지의 분석에서 이 게임에서 발생하는 일은 첫 번째 기에서 관측되는 Microhard의 행동에 대하여 Newvel이 가지는 믿음에 민감하다는 것이 명백하다. 방금 앞에서 설명한 것처럼, 만일 Newvel이 "낮은 가격은 낮은 비용을 의미하고, 높은 가격은 높은 비용을 의미한다 *low price means low cost, high price means high cost*"고 믿는다면, Newvel의 진입의사결정은 Microhard에 의해 쉽게 조정될 수 있다는 것이다. 따라서 이러한 Newvel의 믿음은 합리적인 것이 아닐 수 있다. 따라서 Newvel은 이것을 알고 있고 이에 따라 첫 번째 기에서 관측되는 Microhard의 행동을 해석하기 위한 다른 방법을 채택할 것이다.

여기서 중요한 질문은 어떤 믿음이 합리적인 것인가이다. 이제 Newvel은 다른 방식으로 생각한다고 하자. Newvel은 고비용기업과 저비용기업 모두 낮은 가격 전략을 선택할 수 있다는 것을 이해하고 있기 때문에, Newvel은 첫 번째 기에서 낮은 가격을 관측하는 것이 기존기업의 비용구조에 대하여 유용한 정보를 주지 못한다고 생각한다. 그 대신, Newvel이 첫 번째 기에서 낮은 가격을 관측할 때, Newvel은 서로 다른 비용구조들과 관련된 확률에 대하여 알고 있는 정보를 사용한다. 특히 Newvel이 낮은 가격을 관측할 때, Newvel은 간단히 Microhard는 ρ의 확률로 저비용기업이고 $(1 - \rho)$의 확률로 고비용기업이라고 결론짓는다. 그러나 저비용기업은 결코 높은 가격을 부과해야 할 인센티브를 가지고 있지 않기 때문에, Newvel은 계속해서 첫 번째 기에서 관측되는 높은 가격은 Microhard가 고비용을 가지고 있는 것을 의미한다고 믿는다. 달리 말해, Newvel의 조건부 추론은 다음과 같다.

만일 Microhard가 첫 번째 기에서 낮은 가격을 책정하면, Microhard는 ρ의 확률로 낮은 단위비용을 가지고 있고 $(1 - \rho)$의 확률로 높은 단위비용을 가지고 있다. 따라서 두 번째 기의 진입은 $[(1 - \rho) \times \$2,000\text{만} - \rho \times \$2,000\text{만}]$의 기대이윤 expected profit 을 발생시킬 것이다.

만일 Microhard가 첫 번째 기에서 높은 가격을 설정하면, Microhard는 고비용 단위비용을 가지고 있다. 두 번째 기의 진입은 확실한 $2,000만의 이윤을 발생시킬 것이다.

이러한 믿음은 합리적인 것이다. 그러나 이러한 믿음은 Newvel이 첫 번째 기에서 낮은 가격을 관측하고 진입하면, Newvel의 *기대이윤은* $-\$20\rho + \$20(1 - \rho) = 20 - 40\rho$ (in millions)이 된다는 것을 의미한다. 만일 Microhard가 저비용기업일 확률이 충분히 높으면, 주어진 예에서 $\rho > 1/2$이면, 두 번째 기의 진입에 의한 Newvel의 기대이윤은 음(−)이다. 따라서 $\rho > 1/2$인 상황에서 Newvel이 낮은 가격을 관측하면, Newvel은 진입하지 않을 것이다. Microhard도 이것을 고려할 수 있다. Microhard는 저비용기업이 될 확률이 $\rho > 1/2$이면, 실제로 고비용기업이더라도 첫 번째 기에서 저비용기업인 체하고 낮은 가격을 설정함으로써 더 좋아질 수 있다는 것을 알 것이다. 이렇게 함으로써 Microhard는 첫 번째 기에서 $4,000만의 이윤을 벌고 두 번째 기에서 $6,000만의 이윤을 벌어 두 기간 동안 $1억의 총이윤을 벌게 된다. 이러한 전략은 잠재적 진입기업에게 자신의 비용구조를 보여주고 진입이 발생하도록 하여 $8,000만의 이윤을 발생시키는 첫 번째 기에서 높은 가격을 부과하는 다른 전략보다 더 좋다. 즉 $\rho > 1/2$일 때, Microhard는 불완전한 정보를 가지고 있는 진입기업이 시장에 진입하는 것을 저지하기 위해 자신의 이윤극대화 가격보다 낮은 진입저지 가격을 책정할 것이다. 이것은 물론 약탈적 행위이다.[13]

요약하자면, Bolton과 Schaferstein(1990) 모형과 Milgrom과 Roberts(1982) 모형은 원가 이하 가격책정 또는 약탈적 가격책정이 어떻게 합리적일 수 있는지, 더 공식적으로는 역동적 게임에서 서브게임 완전 전략의 일부가 될 수 있는지를 보여준다. 투자자이든 경쟁자이든 플레이어가 불완전한 정보를 가지고 있는 경우, 기존기업은 이러한 정보비대칭성을 조작하거나 악용하여 경쟁기업을 제거할 수 있다는 사실을 발견할 수 있다.

이제 약탈적 가격책정이 경쟁사를 매수하여 제거하는 대체 전략에 의해 지배된다는 McGee(1958)의 주장을 상기해 봅시다. 앞서 언급했듯이 이 주장에는 약점이 있는데, 가장 큰 약점은 경쟁사를 매수하면 매수당하는 특권을 얻기 위해 점점 더 많은 경쟁자가 진입할 가능성이 있다는 사실이다. 하지만 이러한 문제를 잠시 무시하고 방금 설명한 정보비대칭 환경에서 약탈적 전술의 수익성이 이러한 환경에서 합병의 수익성보다 실제로 낮은지 묻는 것은 합리적이다.

간단한 대답은 더 많은 정보가 없이는 말하기 어렵다는 것이다. 약탈적 전술의 피해자로 추정되는 사람들이 제기한 수많은 민사 소송이 있으며, 이 중 합병을 선택할 수 있었던 원고는 거의 없는 것으로 보인다. 이는 앞서 제기된 McGee의 "경쟁사 매수" 전략의 실현 가능성에 대한

13 게임의 양측 모두에 불확실성을 도입함으로써 논의를 복잡하게 만들 수 있다. 예를 들어, Newvel이 진입기업과 대항함으로써 발생되는 Microhard의 보수가 얼마인지를 모르고, Microhard는 진입으로부터 발생되는 잠재적 진입기업의 보수를 모른다고 하자. 특히, 진입기업의 관점에서 Microhard는 두 가지 유형의 기업이 될 수 있다. 한편으로는 p^0의 확률로 Microhard가 저비용기업, 즉 "강한 기업"으로 여겨지고 모든 시장에서 항상 대항한다. 다른 한편으로는 $1 - p^0$의 확률로 Microhard가 고비용기업, 즉 "약한 기업"으로 여겨지고 진입을 수용한다. 이와 유사하게 Microhard의 관점에서 잠재적 기업은 q^0의 확률로 Microhard가 어떤 행동을 하느냐에 관계없이 항상 진입한다고 여겨지고 이 경우에 진입기업의 보수는 주어진 예와 같이 결정된다. Microhard가 항상 대항하는 경우는 관심대상이 아니다. 관심대상이 되는 상황은 자신이 진입을 수용하는 기업이라는 것을 알고 있는 Microhard는 자신이 실제로 항상 대항하는 기업일 수 있다는 평판을 잠재적 진입기업에게 만들어내기 위해 진입에 대항해야 할 인센티브를 가지는 경우이다. "약한" 기존기업이 대항할 용의는 p^0의 증가함수이고 q^0의 감소함수이다. 더 일반적으로 말하면, 시장의 수가 많으면 많을수록 진입이 저지되는 데 필요한 확률 p^0는 더 낮아진다. 간단히 말해, "약한" 기존기업은 진입이 발생하지 않은 남아 있는 시장의 수가 "적은" 경우보다 "많은" 경우에 진입에 대항할 가능성이 크다.

문제가 사실임을 시사한다. 그러나 이 두 가지 전략이 상호 배타적이지 않다는 보다 복잡한 해답도 있다. 실제로 약탈적 가격책정과 기업 인수는 모두 동일한 전체 전략의 일부일 수 있다. 이는 Saloner(1987)가 분석한 인수 게임에서 Bolton과 Schaferstein(1990)의 모델과 다소 유사한 아이디어이다. 이 게임에서 기존 사업자는 진입자의 수익성을 낮추기 위해 가격을 낮게 인하할 수 있는데, 이는 진입자의 수익성을 낮추면 기존 사업자가 더 낮은 비용으로 경쟁자를 인수할 수 있기 때문이다.

Burns(1986)는 아메리칸 토바코가 약탈적 가격책정 전략을 정확히 이런 방식으로 사용하여 궁극적으로 인수한 43개의 경쟁사 중 상당수를 인수했다는 증거를 제시한다. 특히 Burns(1986)는 아메리칸 토바코가 제거하고자 하는 경쟁사를 파악한 후, 해당 시장에서 경쟁 브랜드를 낮은 가격에 출시한다는 사실을 발견했다. 그 결과 대상 기업의 이익이 감소하면 Burns(1986)의 추정치보다 25% 낮은 인수 가격에 합의하도록 유도한다.[14] Brevoort와 Marvel(2004)은 NCR (National Cash Register) 기업의 유사한 전략을 보고하지만, 이 경우 특수 제품군에 대한 가격 인하와 함께 경쟁사를 NCR의 특허권 침해로 고발하는 괴롭힘 소송이 동반되었다는 점을 제외하고는 유사한 전략을 사용했다. Brevoort와 Marvel(2004)은 특히 주목할 만한 사례로 NCR이 경쟁사인 The Ideal Register사를 인수한 경우를 꼽았다. 반복되는 가격 인하와 법적 문제 제기 끝에 결국 Ideal은 회사 내부 문서에 따르면 NCR이 Ideal에 12만 5,000달러까지 지불할 의사가 있음을 시사했음에도 불구하고 약 12,000달러에 인수하는 데 동의했다.

13.3 진입장벽으로서의 계약

이전 장에서 선점에 대해 논의하면서 플랜트 생산량을 조기에 구축하는 것이 나중에 구매 계약을 체결하도록 구매자를 설득하는 데 유용할 수 있다고 제안했다. 이는 선점 이야기의 일부가 계약의 본질과 관련이 있음을 시사한다. 경험은 이러한 직관을 확인시켜 준다. 예를 들어, Microsoft 반독점 재판의 대부분은 Microsoft가 자사의 *Windows* 운영체제에 *Internet Explorer* 웹 브라우저를 번들로 제공하는 관행에 초점을 맞추었지만, 이것이 유일한 쟁점은 아니었다. 이 사건의 또 다른 중요한 쟁점은 Microsoft가 PC 제조업체와의 계약을 통해 다른 경쟁업체가 Microsoft가 사실상 독점하고 있는 운영체제 시장에 진입하는 것을 막을 수 있었는지 여부였다.

실제로 계약 요건이 경쟁사를 배제하는 데 사용될 수 있다는 우려는 100년이 훨씬 넘는 기간 동안 반독점 소송에서 중요한 쟁점이 되어 왔다. 이 기간 동안 문제가 된 계약 조항과 그에 따른 반독점 우려는 아마도 United Shoe Machinery (USM)와 관련된 사례를 통해 가장 잘 설명할 수 있다. 이 중 첫 번째는 1918년, 두 번째는 1922년, 가장 잘 알려진 것은 1953년에 결정되었다.

USM은 1899년 7개의 개별 신발 기계 회사가 합병하여 탄생한 회사이다. 일반적으로 이 회사들은 서로 다른 종류의 신발 또는 신발 제조 사업의 다른 부분과 관련된 기계를 생산했으

14 1911년에 Standard Oil에 대한 판결을 내린 직후에 미국 연방대법원은 American Tobacco에게 담배제품시장을 독점화하려 한 것에 대하여 유죄 판결을 내리고 불법적 독점 의도의 증거로 경쟁기업들이 기업을 매각하도록 유도한 약탈적 행위를 제시하였다. 한 지방법원은 American Tobacco를 해체하여 American Tobacco, Ligget, Myers and Lorillard의 3개의 독립적 기업들로 분할되도록 하는 명령을 내렸다.

며, 대부분 상호 보완적인 기계였다. 그럼에도 불구하고 새로운 USM은 북미 전체 신발 기계 제조의 60~70%를 장악하며 출발했다. USM은 처음부터 신발 제조 회사에 기계를 판매하지 않고 임대만 하는 정책을 따랐다. 이러한 임대 계약 조건 때문에 회사는 반복적으로 법정에 서게 되었다.

처음에는 USM 리스 기간이 17년으로 길었다. 기계를 사용하는 신발 회사가 생산량을 추가해야 하는 경우 다른 USM 기계를 임대해야 했다. 일반적으로 신발 제조업체는 여러 종류의 기계가 필요했고, 계약에 따라 한 종류의 USM 기계를 임대하면 다른 종류의 작업에는 다른 USM 기계를 사용해야 했다. 반대로 신발 제조업체가 한 종류의 기계에 대한 계약 조건을 위반하면 USM은 해당 회사의 모든 USM 기계에 대한 임대를 해지할 수 있는 권리를 가졌다. 이러한 조항의 일부 또는 전부가 경쟁 신발 기계 제조업체에게 시장을 빼앗기려는 목적이 분명해 보일 수 있다. 그럼에도 불구하고 대법원은 처음에 USM의 손을 들어주며 리스 전용 정책과 리스 조건이 그대로 유지되도록 허용했다. 이러한 판결을 내릴 때 법원은 주로 간단한 요점에 의존했다. 이러한 제한이 제화업체에 해롭다면 왜 계약을 체결했을까? 이것은 중요한 질문이다. 신발 제조업체가 곧 출시될 대체 기계 생산업체가 있다는 것을 알고 있다면, 나중에 이 대체 공급업체와 계약하지 못하게 하는 계약을 왜 USM과 체결해야 할까?

Bork(1978)와 Posner(1976)와 같은 저명한 시카고 학파의 학자들은 제한적 계약의 자발적 특성을 이러한 계약이 약탈적 장치라는 회의론의 주요 근거로 사용했다. 이들이 보기에 모든 계약은 공급업체뿐만 아니라 구매자에게도 서비스나 수리를 늘려주는 등의 혜택을 제공해야 한다. 이는 결국 계약에 의해 비준된 거래가 더 큰 효율성을 향한 한 걸음이어야 한다는 것을 의미한다. 시카고 학파의 지지자들은 약탈적 동기보다는 계약의 효율성 근거를 강조한다. 그러나 앞으로 살펴보겠지만, 최근의 이론은 이러한 합리적 세계에서 약탈이 발생할 수 있다는 견해를 뒷받침하는 일관된 논거를 제시하고 있다. 구매자가 공급자와 자발적으로 약탈적이고 비효율적인 계약을 체결할 수 있음을 보여주는 두 가지 기본적인 분석을 제시한다. 첫 번째는 Aghion, Bolton(1987)에 의한 것이다. 두 번째는 Rasmussen, Rasmeyer, Wiley(1991)의 연구이다. 각 모델을 차례로 설명하는 수치 예시를 간략하게 제시한다.

13.3.1 약탈적 수단으로서의 배타적 장기계약

Aghion과 Bolton(1987)은 두 기간에 걸쳐 있는 필수 중간재 시장을 고려하였다. 첫 번째 기에 단위비용이 \$50인 이 재화를 판매하는 기존 독점기업이 존재한다. 이 재화의 각 구매자는 정확히 각 기에 한 단위의 투입요소를 사용하고 이 재화에 대하여 \$100까지 지불할 용의를 가지고 있다. 두 번째 기에 새로운 진입기업이 시장에 진입할 가능성이 있다. 이것은 첫 번째 기 초에 모든 당사자들에게 알려져 있다. 그러나 두 번째 기의 구매자 또는 시장에 있는 독점 판매자는 두 번째 기에 진입할 가능성이 있는 진입기업의 단위비용 c를 모른다. 그들이 아는 것은 c가 \$0과 \$100 사이의 구간상에서 균등분포 *uniform distribution* 를 가진다는 것뿐이다.

두 번째 기를 기다리는 구매자의 관점에서 문제를 검토해 보면서 논의를 시작해보자. 진입기업이 실제로 시장에 진입하면 베르트랑 경쟁, 즉 가격 경쟁이 기존의 독점 공급기업과 새로운 진입기업 간에 나타난다고 가정하자. 그러나 만일 진입기업의 단위비용 c가 \$50를 초과하면, 이러한 경쟁이 사라질 것이다. $c > \$50$이면, 기존기업은 항상 진입기업보다 낮은 가격을 책정할 수 있다. 진입기업은 이것을 정확히 안다. 따라서 만일 진입기업이 자신의 비용이 $c >$ \$50이라는 것을 알면, 진입이 발생하지 않을 것이다. 가정에 의하면 1/2의 확률로 발생되는 이 경우에 기존기업은 계속해서 독점기업이 되고 구매자에게 이 재화에 대한 완전유보가격인 \$100를 부과할 수 있다.

그러나 만일 $c \leq$ \$50이면, 진입이 발생할 것이다. 이 경우에 진입기업과 기존기업 간의 경쟁은 기존기업이 퇴출되는 \$50까지 가격을 낮출 것이다. 그러나 이러한 일이 발생하면, 진입기업은 자신의 가격을 더 낮추어야 할 추가적인 압력을 받지 않는다. 따라서 구매자는 $c \leq$ \$50인 경우에 이 재화에 대하여 \$50를 지불하게 될 것이다. 이러한 일은 1/2의 확률로 발생한다. 정보비대칭뿐만 아니라 불확실성이 존재한다는 점에 주목해야 한다. \$0 $\leq c \leq$ \$50의 경우에 진입기업만이 자신의 진정한 비용을 알고 있고, 구매자는 그것이 얼마이든지 간에 \$50를 지불하게 될 것이다.

방금 간략히 설명한 두 가지 시나리오 중 하나가 발생해야만 한다. 따라서 구매자가 기존기업으로부터 구매해야 하는 계약이 없는 경우에 두 번째 기에서 중간재에 대한 구매자의 기대가격은 다음과 같다.

$$1/2 \times \$50 + 1/2 \times \$100 = \$75 \tag{13.1}$$

식 (13.1)은 또한 구매자가 이 재화에 대하여 \$100의 가치를 부여하고 있기 때문에 기존기업과의 계약이 없는 경우에 구매자는 \$25의 잉여를 기대한다는 것을 의미한다. 달리 말해, 이것은 기존기업이 구매자에게 구매자가 두 번째 기에서 적어도 \$25의 기대잉여를 얻을 수 있는 계약을 제안하여야 한다는 것을 의미한다. 그렇지 않으면 구매자는 기존기업과의 계약을 체결하지 않을 것이다. 문제는 독점기업이 이러한 계약을 제안할 수 있고 그렇게 할 것인가 하는 것이다. 만일 독점기업이 그렇게 하면, 이러한 계약의 효율성 측면을 살펴보아야 할 것이다.

구매자가 매력적이라고 생각할 수 있는 장기계약은 다음과 같은 계약이다. 첫 번째 기에서 구매자는 한 가지 예외적인 경우를 제외하고 두 번째 기에 기존기업으로부터 \$75에 재화를 구매하는 것에 동의한다. 한 가지 예외적인 경우는 계약위반 벌과금이 \$50면 구매자가 계약위반 벌과금을 기존기업에게 지불하고 두 번째 기에 새로운 진입기업으로부터 재화를 구매할 수 있는 경우이다.

이러한 계약은 몇 가지 특성을 가지고 있다. 첫째, 진입기업은 자신의 비용이 $c \leq$ \$25이면 시장에 진입할 것이다. 그 이유는 두 번째 기에서 구매자는 \$75에 재화를 기존기업으로부터 구매하거나 \$50의 계약위반 벌과금과 가격 p를 합한 금액으로 진입기업으로부터 구매할 수 있기 때문이다. 따라서 구매자는 공급자가 \$25보다 낮거나 같은 가격을 부과하지 않는 한, 다른 공급자에게로 이동하기보다는 기존 공급자와의 계약이행을 선호할 것이다. 그러나 진입기업이 이렇게 할 수 있는 유일한 경우는 자신의 비용이 $c \leq$ \$25일 때이다. 따라서 진입기업은 $\leq$ \$25일 때에만 시장에 진입할 것이다. 이는 계약이 진입을 제한한다는 것을 의미한다는 점을 주목하라. 계약이 없는 경우 진입은 1/2의 확률로 발생한다. 그러나 계약이 있는 경우 진입은 1/4의 확률로 발생한다.

구매자가 실제로 이러한 계약을 체결할 것인가? 이것이 계약과 관련하여 살펴볼 만한 가치가 있는 두 번째 특성에 관한 것이다. 이 계약은 어떤 일이 발생하든지에 관계없이 구매자가 재

현실 체크포인트

Coke가 텍사스 경쟁기업들을 몰아내기 위해 계약을 사용했다

미국 텍사스주의 Dangerfield는 엄청나게 덥다. 여름 기온은 일반적으로 화씨 100도를 넘어서고 그늘을 찾기가 어렵다. 이것이 아마도 Dangerfield 주민들과 이웃들이 매년 많은 소프트드링크를 마시는 이유일 것이다. 실제로 이 지역 편의점들의 매출 중 절반은 음료로부터 발생하는 것으로 추정된다. 1992년 전에 이 지역 편의점들은 Coca-Cola와 Pepsi뿐만 아니라 수많은 소규모 소프트드링크 기업들로부터 소프트드링크들을 공급받았다. 그러나 1992년 이후 모든 것이 변화하기 시작했다.

전 Coke 종업원이자 Hackett Beverages의 소유자인 Bruce Hackett는 그의 소프트드링크 병들로 가득 들어 있고 얼음이 채워진 통들을 수많은 가게들에게 공급하였다. 이러한 통들은 일반적으로 고객들이 쉽게 시원한 음료를 낚아채어 나가는 길에 지불할 수 있도록 계산대 라인 바로 옆에 전시되었다. 그러나 1992년부터 Hackett는 길 옆에 자신의 통들이 점점 더 많이 거꾸로 뒤집혀 버려져 있는 것을 발견하였다. 4년이 지난 후에 그는 52개의 가게가 자신의 통들을 가지고 있었으나 이제는 단지 2개의 가게에서만 자신의 통들을 가지게 되었다. 다른 독립적인 탄산음료 제조업자들과 소규모 음료기업도 유사한 경험을 하였다. 그들은 가게들이 그들의 제품을 전시하기 위해 주었던 냉장고들을 버리고, 시원한 소다 판매기들을 버리며, 심지어는 선반 공간을 제공하는 것조차도 거부하는 것을 발견하였다.

이러한 변화가 발생한 이유를 발견하기는 쉬웠다. Coca Cola는 공격적인 마케팅 활동을 시작했다. 이러한 과정에서 Coca-Cola는 가게 주인에게 자신의 제품을 *독점적으로* 전시하는 것에 대하여 지불하였고 그들이 그렇게 하지 않으면 Coca-Cola에 의해 공급되는 Coke 이외의 다른 음료조차도 받을 수 없도록 하였다. 한 계약에서는 Coke 제품만을 판매하는 대가로 지역 슈퍼마켓 체인인 Brookshire's에게 $200만의 보너스를 제공하였다. 다른 계약에서는 "Coca Cola 제품이 그 가게의 소프트드링크 공간의 100%를 점유할 것"을 요구하였다.

이 사건은 2000년대에 한 텍사스 지방법원의 재판에 회부되었다. Coke는 가게들이 자신이 제공한 계약거래를 원했다고 변호하였다. 가게들은 가장 좋은 조건으로 Coke 브랜드 제품들을 판매하지 않으면 소프트드링크로 판매할 만한 제품이 없다고 주장하였다. Coke는 자신들이 제안한 계약으로 인해 매장들이 그렇게 할 수 있다고 주장했다. 그러나 소규모 기업들이 시장으로부터 추출됨에 따라 Coke 제품들의 가격이 상승하였다는 것에 대하여는 논란의 여지가 없었다. 여전히 Royal Crown Cola를 판매하고 있던 유명한 Dangerfield의 편의점인 Nu-Way에서 20온스의 Royal Crown Cola가 69센트에 판매되는 반면, 같은 크기의 Coke는 92센트에 판매되고 있었다. 그러나 약간 떨어져 있는 다른 편의점인 E.Z.Mart에서는 Royal Crown Cola는 판매되지 않고 Coke는 1달러 9센트에 판매되고 있었다. 이것이 약탈적 행위에 해당되느냐 하는 것은 판단의 문제이다. 그러나 Coca-Cola 대변인인 Polly Howes의 언급은 Coke의 명분에 도움을 주지 못했다. 널리 배포된 발표문에서 Howes는 "경쟁이 없는 것이 아니라 너무 많은 경쟁이 있었다."고 말했다. 텍사스 배심원단은 CocaCola에게 반독점법을 위반한 이유로 유죄 판결을 하였다.

출처: C. Hays, "How Coke Pushed Rivals Off the Shelf," *New York Times*, August 6, 2003, section 3, p. 1.

화에 대하여 $75를 지불할 것이라는 것이다. 3/4의 확률로 잠재적 경쟁기업은 시장에 진입하지 않을 것이고 구매자는 기존기업에게 약정된 $75를 지불할 것이다. 1/4의 확률로 잠재적 경쟁기업은 $c \leq \$25$의 비용을 가질 것이다. 이 경우에 잠재적 경쟁기업은 진입할 것이고 구매자에게 재화를 판매할 수 있는 가장 높은 가격, 말하자면 $25(또는 $25보다 약간 낮은 가격)를 부과할 것이다. 구매자는 새로운 진입기업으로부터 $25(또는 $25보다 약간 낮은 가격)에 재화를 구매할 것이나 이에 더하여 기존의 기존기업에게 계약위반 벌과금으로 $50를 지불할 것이다. 이에 따라 구매자의 총 지불 금액은 $75가 되고 구매자는 $25의 잉여를 얻게 된다. 따라서 이러한 계약하에서 구매자의 기대잉여는 $25이다. 이것은 계약이 없는 경우에 발생하는 구매자의 기대잉여와 같기 때문에, 구매자는 이 계약에 기꺼이 서명할 것이다.

다음 질문은 기존 독점 판매자가 실제로 계약을 제안할 가치가 있는지 여부이다. 여기서도 답은 '그렇다'이다. 이를 확인하기 위해 이제 독점 판매자의 예상 수익을 계약이 없을 때와 있을 때를 모두 고려해야 한다.

계약이 없는 경우에 기존 독점기업은 구매자에게 1/2의 확률로 \$100에 재화를 판매할 것이다. 새로운 진입은 1/2의 확률로 더 낮은 가격을 제시할 것이다. 기존기업이 \$100에 재화를 판매할 때, 기존기업은 \$50의 이윤을 얻는다. 이러한 일은 1/2의 확률로 발생하기 때문에 계약이 없는 경우에 독점 판매자의 기대이윤은 두 번째 기에 고객당 1/2 × \$50 = \$25이다.

계약이 있는 경우에 기존기업의 이윤 계산은 약간 더 복잡하다. 기존 독점기업은 3/4의 확률로 여전히 사전에 정해진 가격인 \$75에 구매자에게 재화를 판매할 것이다. 독점기업은 \$50의 단위비용을 가지고 있기 때문에, 이러한 판매는 고객당 \$25의 이윤을 발생시킨다. 그러나 1/4의 확률로 구매자가 계약을 위반하고 새로운 진입기업으로 이동할 수 있기 때문에 독점기업은 재화를 전혀 판매하지 못할 것이다. 그러나 이것은 나쁜 소식이 아니다. 구매자가 이동한다는 것은 독점기업은 더 이상 \$25의 단위비용을 지불할 필요가 없다는 것을 의미한다. 더욱이 구매자의 계약위반은 판매자에게 \$50의 벌과금을 발생시킨다. 간단히 말해, 이 계약은 두 번째 기에 기존기업에게 다음과 같은 기대이윤을 제공한다.

$$3/4 \times (\$75 - \$50) + 1/4 \times \$50 = \$31.25 > \$25 \tag{13.2}$$

식 (13.2)가 명백히 보여주는 것처럼, 이 계약하에서 독점 판매자의 기대이윤은 \$31.25이고, 이 금액은 분명히 이 계약이 없는 경우에 발생하는 자신의 기대이윤인 \$25보다 크다. 더욱이 구매자의 기대잉여는 이 계약이 이행되느냐 또는 이행되지 않느냐에 관계없이 같다는 것은 이미 살펴보았다. 달리 말해, 이 계약에 의해 기존 독점기업은 더 좋아지고 구매자는 더 나빠지지 않는다. 따라서 기존기업은 이 계약을 원하게 되고 구매자는 이 계약에 서명하는 것과 이 계약에 서명하지 않는 것 간에 차이가 없다고 생각하기 때문에 이 계약은 제안되고 체결될 것이라고 기대할 수 있다.

그러나 사회 전체의 관점에서 보면, 이 계약은 비효율적이다. 확실히 이 계약은 구매자와 판매자의 기대잉여 합을 \$50(= \$25 + \$25)로부터 \$56.25(= \$25 +\$31.25)로 증가시켜 \$6.25의 순이득을 발생시킨다. 그러나 이 계약은 진입기업의 기대잉여를 이 금액보다 더 크게 감소시킨다. 왜 그런가?

이 계약이 없으면, 진입기업은 1/2의 확률로 시장에 진입하지 않을 것이고 1/2의 확률로 시장에 진입할 것이다. 진입기업이 진입할 때, 진입기업은 단위당 \$50의 가격에 판매할 것이다. 이러한 경우 진입기업의 단위비용 c는 \$0부터 \$50의 범위 또는 평균적으로 \$25에 있을 것이다. 이것은 진입기업은 이 계약이 존재하지 않는 경우 1/2 × (\$50 − \$25) = \$12.50의 기대이윤을 얻는다는 것을 의미한다. 기존기업이 두 번째 기에 구매자를 계약으로 묶어두면, 잠재적 경쟁기업은 1/4의 확률로 시장에 진입하고 \$25의 가격으로 판매한다. 이러한 경우 진입기업의 단위비용은 0부터 \$25의 범위, 즉 평균적으로 \$12.50에 있을 것이다. 따라서 이 계약이 체결되면, 잠재적 진입기업의 기대이윤은 단지 1/4 ×(\$25 − \$12.50) = \$3.13이 된다. 이것으로부터 계약의 체결은 잠재적 진입기업의 기대이윤을 \$12.50로부터 \$3.13, \$9.37만큼 감소시킨다. 이러한 기대이윤의 감소는 구매자와 판매자의 공동이윤 증가분인 $6.25를 초과한다. 따라서 총 사회적 잉여는 이 계약이 없는 경우보다 더 적어진다.

그러나 이러한 결과의 배후에 있는 직관은 미묘하다. 구매자의 관점에서 보면 문제는 계약이 없는 경우에 새로운 진입기업이 $0 단위비용을 가지고 있더라도 $50보다 낮은 가격에서 결코 재화를 판매하지 않을 것이라고 하는 점이다. 진입기업이 이렇게 매우 낮은 비용을 가지고 있는 경우에 구매자는 더 많은 혜택을 얻기를 원할 것이다. 그러나 이러한 계약이 없는 경우에 새로운 진입기업이 구매자에게 더 많은 혜택을 주도록 만들지 못한다. 재화의 가격이 $50로 하락하면, 기존기업은 시장에서 퇴출되고 진입기업은 자신의 가격을 더 이상 하락시킬 압력에 직면하지 않는다. 이 계약을 제안함으로써 기존 독점기업은 효과적으로 구매자가 판매자로 하여금 $25 이상으로 가격을 결코 부과하지 못하도록 만들 수 있다. 구매자는 이것을 위해 기꺼이 지불할 용의가 있다.

요점은 이 계약이 독점 공급자와 자신의 구매자에게 이익을 발생시킬 수 있더라도 진입기업의 잉여를 더 크게 감소시키면 계약은 비효율적이라는 것이다. 이러한 비효율성은 이 계약하에서 바람직한 진입이 봉쇄된다는 사실을 반영한다. 특히 새로운 경쟁기업이 $\$25 \leq c \leq \$50$을 만족시키는 단위비용 c를 가질 때, 진입기업이 독점 판매기업보다 더 효율적임에도 불구하고 진입은 발생하지 않는다. 장기계약에 포함되어 있는 계약위반에 따른 벌과금 부과 조항 때문에 진입기업은 시장에 진입할 수 없다.

13.3.2 Naked 제외

Rasmusen, Ramseyer, Wiley(1991) 모형은 불확실성보다는 계약의 외부효과 *externality* 에 초점을 맞추고 있다는 점에서 Aghion과 Bolton(1987) 모형과 다르다. $50의 단위비용을 가지고 있는 하나의 공급자와 3명의 구매자가 존재한다고 하자. 각 구매자는 투입요소 한 단위에 대하여 $100까지 지불할 용의를 가지고 있다. 다음 기에 시장에 진입하기 위해 기다리는 진입기업도 존재하고 이 진입기업은 $40의 단위비용을 가지고 있다. 그러나 진입기업은 마켓리서치 또는 제품 홍보 활동 때문에 $60의 매몰비용을 가지고 있다. 따라서 기존기업보다 낮은 가격을 제시하고 자신의 매몰비용을 회수하기 위해서 진입기업은 적어도 두 고객에게 공급해야만 한다. 만일 새로운 진입기업이 3명의 고객에게 공급하면, 진입기업은 $60만큼 낮은 가격을 부과할 수 있다. 이 경우에 각 고객으로부터 진입기업이 버는 $20의 이윤은 자신의 매몰비용을 회수하기에 충분하다. 만일 새로운 진입기업이 2명의 고객에게 공급하면, 진입기업은 기존기업보다 낮은 가격을 제시할 수 있으나 이 경우 $70보다 낮지 않은 가격을 부과해야 한다. 만일 새로운 진입기업이 1명의 고객에게 공급하면, 진입기업은 자신의 매몰비용을 회수하는 데 필요한 $60를 확보하기 위해 $100의 가격을 부과해야 한다. 물론 이 경우에 진입기업은 진입하지 않을 것이다.

물론 기존기업은 두 번째 기에서 진입기업의 가격 제시에 대응할 수 있다. 만일 진입기업이 $70의 가격으로 진입하고 기존기업이 이러한 가격에 일치시켜야 한다면, 기존기업은 3명의 고객에게 계속 공급하더라도 자신의 이윤이 $60로 하락할 것이라는 것을 알아야만 한다. 따라서 기존기업은 장기계약을 통하여 진입기업이 2명 이상의 고객들을 확보하지 못하게 해야 할 인센티브를 가진다. 이러한 계약을 체결하기 위해 기존기업은 다음과 같은 전략을 구사할 수 있다.

기존기업은 2명의 고객에게 각 고객이 다른 공급자로부터 구매하지 않을 것을 약속하는 배타적 계약에 서명하는 경우에만 $70로 투입요소를 구매할 수 있다는 제안을 할 수 있다. 왜 이것이 작동할 수 있는가?

$70의 구매 가격을 가지는 배타적 계약을 제안받은 각 구매자는 다른 구매자들이 어떻게 할 것인가에 대하여 우려해야만 한다. 두 명의 고객이 이 계약에 서명하면 이러한 제안은 세 번째 고객에게 이루어질 필요가 없다. 왜냐하면 두 구매자가 기존기업에 묶이면 진입기업은 기존기업의 가격보다 낮은 가격을 제시하여 이익을 얻을 수 없기 때문이다. 따라서 다른 두 구매자가 이 계약에 서명하면, 세 번째 구매자는 $100의 가격에 직면할 수 있다. 이러한 결과를 피하기 위해 각 구매자는 이 계약에 서둘러 서명할 것이다. 실제로 이러한 방법으로 구매자들이 서로 겨루도록 함으로써, 기존기업은 $90 가격을 약간만 인하하는 제안을 하더라도 배타적 거래 계약에 서명하도록 할 수 있다.

여기서도 계약은 비효율적으로 진입을 봉쇄한다. 잠재적 진입기업이 더 효율적인 생산자이다. 문제는 각 구매자는 이 계약이 자신의 이윤에 미치는 영향만을 고려한다는 것이다. 각 구매자는 이 계약에 서명하는 것이 시장의 경쟁과 다른 구매자들(이들 중 몇몇은 하류시장 *downstream market* 에서 구매자의 경쟁기업일 수 있다)의 이윤에 미치는 영향을 무시한다.

13.3.3 끼워팔기(tying) 계약

4장과 12장에서 진입저지 전략으로서의 번들링 *bundling* 에 대해 설명했다. 끼워팔기 *tying* 는 번들링을 어느 정도 일반화한 것이므로 비슷한 논리가 적용된다는 것은 놀라운 일이 아니다. 물론 Posner(1976)와 Bork(1978) 등이 설득력 있게 제시한 시카고 학파의 “단 하나의 이익” 접근법은 약탈 전략의 일부로 번들링이나 끼워팔기를 사용하는 것을 거부한다. 이 관점에 따르면 카메라와 필름 또는 음식과 숙박과 같은 상호 보완적인 제품을 중심으로 소비자가 진정으로 중요하게 여기는 것은 방과 식사 등 결합된 재화이다. 이 경우, 예를 들어 식사 가격이 오르면 객실 요금이 낮아질 뿐이다. 이러한 관점에서 보면, 예를 들어 작은 휴양 섬에 있는 독점 호텔 소유주는 현지 레스토랑 시장을 독점하려고 할 인센티브가 거의 없다.

그러나 시카고 학파의 분석에는 적어도 세 가지 반응이 있다. 첫째, 방문 관광객은 음식과 숙박 모두에 관심이 있을 수 있지만, 현지 주민은 식당 식사에만 관심이 있을 수 있다는 것이다. 식사 시장의 부분이 크다면 실제로는 두 개의 독립적인 상품과 그에 따른 두 개의 독립적인 시장이 존재하게 된다. 이 경우 “하나의 독점 이익”이 아니라 사실상 각 시장에 대해 2대 1의 독점 이익이 존재한다. 따라서 호텔 소유주가 이 두 번째, 거의 무관한 시장에서 독점을 확립하는 데 도움이 된다면, 즉 신생 레스토랑이 평균비용을 감당할 수 없을 정도로 두 재화를 모두 중시하는 소비자로부터 충분한 소비자를 빼앗는다면 끼워팔기는 이익이 될 수 있다.

호텔 소유주(또는 카메라 제조사 등)가 두 번째 시장에서 경쟁자를 배제하기 위해 끼워팔기 또는 번들링을 사용하려는 두 번째 이유는, 그렇게 하지 않으면 결국 기본 재화의 독점을 잃게 될 수 있기 때문이다. 따라서 호텔 소유주가 섬에 있는 경쟁 레스토랑을 제거하지 않으면 결국 그중 한 곳이 모텔을 지을 수 있다.

마지막으로 8장에서 살펴본 바와 같이 끼워팔기와 번들링도 가격차별의 기법이다. 이러한 가격차별은 경쟁이 치열한 영화 시장을 없앨 수도 있지만(Microsoft와 Netscape를 떠올려 보시오), 가격차별 동기가 가장 중요한 경우 기존기업은 경쟁자의 존재와 무관하게 이를 추구할 것이라는 점을 인정해야 한다. 따라서 이것은 약탈이 아니다. 게다가 이러한 가격차별이 시장을 확대하는 정도에 따라 후생이 증가하는 경향이 있다.

요컨대, 번들링/끼워팔기가 종종 진입억제 또는 퇴출 장려 전략의 일부라고 믿을 만한 실용적이고 이론적인 이유가 있다. 하지만 이러한 전략을 정교한 가격차별 기법의 일부로 볼 수 있는 이유도 똑같이 타당하다. 시카고의 초기 "단 하나의 이익" 분석은 실패할 가능성이 높지만, 번들링과 끼워팔기의 후생에 미치는 영향은 여전히 복잡하다. 이러한 문제는 각 시장 환경에 대한 신중한 분석을 바탕으로 사례별로 해결해야만 해결할 수 있다.

13.4 포식 및 평판

약탈의 수익성에 대해 한 가지 더 언급해야 할 것이 있다. 기업이 한 시장 또는 한 기간 동안만 영업하는 경우는 거의 없다는 것이다. 현재 한 시장에서 어떤 경쟁에 직면하든, 기업은 일반적으로 다른 시장이나 심지어 같은 시장에서 잠재적인 경쟁자가 미래에 등장할 수 있다. 이러한 경우 약탈적 활동으로 인한 이익에는 다른 시장과 시기에 이러한 잠재적 경쟁자를 억제할 수 있는 평판 구축이 포함될 수 있다.

예를 들어, Microhard와 Newvel 간의 가격 제한 게임을 다시 생각해보자. 여기에 한 가지 변화가 있다. 고비용 업체인 Microhard가 독점 업체로서 최적의 가격을 낮게 책정하면 수익이 크게 떨어진다. 특히 수익이 6,000만 달러에서 1,900만 달러로 줄어드는데, 즉 허위 표시로 인한 비용이 4,100만 달러가 된다.

이것이 유일한 변화라면, 기존 업체는 더 이상 저비용기업이라고 참가자를 속일 가치가 없다고 생각할 것이다. 이제 비용이 너무 높다. 2기 독점을 가진 고비용기업은 6천만 달러를 벌고, 고비용 독과점 기업은 2천만 달러를 벌게 된다. 따라서 신규진입자를 설득하여 시장 철수를 유도함으로써 4,000만 달러의 이익을 보존할 수 있다. 그러나 방금 언급한 바와 같이, 새로운 가정에 따르면 고비용기업임에도 불구하고 처음에 저비용기업으로 가격을 책정하여 진입을 억제하면 기존 사업자는 4,100만 달러의 비용을 부담하게 된다. 따라서 이득은 비용 대비 가치가 없는 것으로 보인다.

그러나 위의 분석은 후발 경쟁자나 기존 사업자가 진출한 다른 시장의 진입자들도 지켜보고 있다는 사실을 간과하고 있다. 이들 역시 이 시장에서 현 시점에서의 기존 사업자의 행동을 통해 그 유형과 이후 기간 및/또는 다른 시장에서의 행동을 유추할 것이다. 따라서 기존 사업자는 저비용 업체로 행동함으로써 공격적인 가격책정으로 명성을 얻게 되고, 이는 다른 경쟁업체를 견제하기에 충분할 수 있다. 이 경우, 현재 시장과 해당 기간에 "강경한 태도"를 취함으로써 얻는 이익에는 다른 기간과 시장에서도 그 지위를 유지함으로써 얻는 이익 증가가 포함된다.

말할 필요도 없이, 강경한 경쟁자로서의 명성을 쌓음으로써 얻는 이점은 그 명성이 낮은 가격, 장기 계약 고집, 구매 묶기 또는 기타 수단의 결과로 얻어진 것인지 여부와 무관하다. 지금까지 논의한 모든 약탈적 전략은 해당 전략이 적용되는 시장 외의 시장에서도 경쟁자를 억제할 수 있을 정도로 가치가 향상되었다.

평판의 호의적인 효과는 19세기 말과 20세기 초의 국립 금전 등록기(NCR) 회사의 역사에서 분명하게 드러나는데, 이는 Brevoort, Marvel(2004)이 기록한 바 있다. 금전 등록기는 이 시기에 큰 발전을 이루었다. 일반적인 금전 등록기처럼 돈을 보관할 수 있을 뿐만 아니라 고객에게 정확한 요금을 눈에 보이는 큰 숫자로 표시할 수 있었고, 가장 중요한 것은 하루의 모든 거래 내역을 기록하여 점원에게 정직함을 유지하고 관리자에게 유용한 정보를 제공할 수 있다.

John Henry Patterson은 금전 등록기의 가치를 재빨리 알아차렸다. 그는 금전 등록기를 만든 James Ritty로부터 특허권을 사들였고, 1884년 NCR을 설립하여 제품 홍보를 위한 영업 인력을 확충했다. 매출과 수익은 급격히 증가했고, 당연히 곧 경쟁 금전 등록기 회사들의 관심을 끌었다. Patterson의 대응책은 경쟁 부서라는 특별 부서를 신설하는 것이었다. 이 부서의 목적은 간단했다. 특허침해 소송 위협, 경쟁사 기계 파괴 등 판촉 및 기타 전술을 사용하여 경쟁사를 제압하는 것이었다. 특히 널리 사용되는 전략은 NCR 요원이 경쟁사 기계를 사용하는 고객을 방문하여 몰래 금속 조각이나 기타 물체를 삽입하여 기계를 오작동시키는 것이었다. 소유자가 기계를 검사하고 수리를 시도할 때 NCR 담당자가 나타나서 일반적으로 "노커"라고 불리는 NCR 모델로 기계를 교체해 주겠다고 제안했다. NCR 노커는 일반적으로 고객의 특정 취향에 맞게 다른 회사의 제품처럼 보이도록 개조한 저가형 NCR 모델이었다. 특히 판매 직원에게 지급하는 급여와 비용을 고려할 때, NCR은 노커를 원가보다 훨씬 낮은 가격에 판매했다. 이러한 방식으로 NCR은 전반적으로 가격을 인하하는 대신 경쟁업체가 등장하는 지역에 따라 선택적으로 가격을 인하할 수 있었다.[15]

경쟁사에 대한 NCR의 공격적인 캠페인의 결과는 분명했다. 1900년에는 금전 등록기 시장의 90% 이상을 점유했다. 당시 뉴스레터에 따르면 이전 10년 동안 설립된 금전 등록기 회사 중 95% 이상이 폐업했다고 한다. 우리의 목적에 있어서도 마찬가지로 중요한 사실은 그 후 20년간 이 업계에 신규진입자가 거의 없었고, 1920년 이후 진입이 시작된 것은 NCR이 공격적인 행동을 제한하기 위해 법원에서 동의 명령에 서명했기 때문이라는 점이다. 요컨대, NCR은 경쟁을 억제하기 위해 의식적으로 약탈적 전술을 사용했으며, 이를 통해 명성을 쌓은 것으로 보인다.

13.5 약탈 및 독점 금지 정책

대공황의 여파로 물가가 하락하고 많은 소규모 기업이 파산한 시기였고 Standard Oil이나 NCR과 같은 기업의 공격적인 전술의 역사가 아직 생생한 상황에서 약탈적 가격책정이 만연하고 해롭다는 광범위한 공감대가 형성된 것은 어쩌면 당연한 일이었다. 이러한 견해가 가장 눈에 띄게 드러난 것은 1936년 로빈슨-패트만 법안 통과로, 무엇보다도 소규모 기업에 불이익을 주는 대기업의 선택적 가격 할인을 금지하는 법안이 통과된 것이었다. 그러나 시간이 지나면서 이 법은 경쟁시장을 보호하는 것이 아니라 특정 경쟁업체를 더 효율적인 경쟁업체로부터 보호하는 것으로 여겨졌다. 그 후 *유타 파이* 사건과 같은 일련의 사례에 대해 시카고 학파의 McGee (1958, 1980), Koller(1971), Posner(1976), Bork(1978), Easterbrook(1984) 등의 연구는 필요한 수정이 필요함을 반영했다. 많은 기업이 지배력을 확보하는 것은 약탈이 아니라 우수한 경쟁 기술 때문이다. 따라서 "덩치"를 제한하는 정책은 경쟁적 행동에 부정적인 인센티브 효과를 가져

15 이러한 문제에 대한 논의는 Whinston(1990)을 참조하시오.

올 수 있다. 이 견해의 결론은 시장지배력이 우수한 기술이나 효율성과 관련이 없는 다른 요인에 의한 것이라면 지속되지 않을 것이라는 것이다. 실제로 이러한 주장은 나중에 Microsoft가 1998~2001년 재판과 항소 과정에서 제기한 것이다. 이러한 주장의 힘으로 인해 약탈적 행위에 대한 시카고 학파의 관점은 점점 더 큰 영향력을 갖게 되었다. 1986년 *마쓰히타* 사건에서 대법원은 "이러한 이유로 약탈적 가격책정 방식은 거의 시도되지 않으며 성공하는 경우는 더욱 드물다는 데 논자들 사이에 합의가 이루어졌다."[16] 몇 년 후 1993년 *브룩* 사건에서 법원은 더 나아가 약탈적 청구가 뒷받침되기 전에 충족해야 하는 엄격한 증거 기준을 제시했다.[17]

브룩 그룹(리겟이라고도 알려진)은 1980년에 주요 브랜드보다 훨씬 낮은 가격으로 일반 담배를 판매하기 시작한 소규모 담배 제조업체였다. 이 저렴한 담배의 출시에 대한 소비자들의 반응이 호의적이자, 브라운 앤 윌리엄슨과 다른 대형 담배 회사들은 대대적인 가격 인하로 대응했다. 브라운은 브룩을 과소 판매하기 위해 가격을 너무 낮게 인하하여 1년 이상의 기간 동안 수백만 달러의 손실을 입은 것은 분명해 보인다. 그러나 결국 브룩은 이를 따라잡을 수 없었다. 결국 담배 가격을 인상했다. 얼마 지나지 않아 브라운 앤 윌리엄슨과 다른 담배 제조업체들도 같은 조치를 취했다.

대법원은 앞서 언급한 증거가 결정적이라고 판단하지 않았다. 시카고 학파의 부흥 이후, 법원은 약탈적 가격책정이 비합리적이라는 경제학계의 합의가 있었다는 견해로 전환했다. 그러나 법원은 약탈적 가격책정 사건의 성공적인 기소를 위한 두 가지 광범위한 요건을 확립할 기회를 가졌다. 첫 번째는 원가 이하로 판매했다는 증거였다. 두 번째이자 법원이 도입한 새로운 요소는 약탈자가 약탈 기간 동안 입은 손실을 회수할 합리적인 기대가 있었다는 증거였다. 새로운 요건이 얼마나 강력한지는 브룩 판결 이후 처음 40건의 소송에서 약탈적 행위로 기소된 사례가 단 한 건도 없었다는 사실에서도 알 수 있다. 중요한 Microsoft 사건에 이르러서야 형사 유죄 판결이 내려졌다.

대법원이 *마츠히타* 판결에서 언급했던 합의는 더 이상 존재하지 않는다. 생산량 확장을 통한 약탈, 비대칭 정보, 계약상 배제는 모두 약탈 행위의 합리성을 일관되게 주장하기 위해 결합될 수 있는 특징들이다. 여기서 한 시장에서의 성공적인 약탈로 인한 평판 효과는 특히 중요하다. 기업의 손실 회복 능력을 측정할 때는 해당 기업의 평판이 다른 시장과 기간의 다른 진입 예정자에게 미치는 억제 효과로 인해 확보한 모든 이익을 계산에 포함시켜야 한다.

그러나 법원의 필요한 증거에 대한 진술은 중요한 쟁점에 대해 이야기하고 있다. 약탈 행위가 합리적이고 일어날 수 있다는 인식은 약탈 행위를 식별하고 진정으로 경쟁적인 행위와 구별할 수 있는 명확한 기준이 없다면 명확한 정책적 함의를 갖지 못한다. 어떤 항목이든 일반적으로 기존기업으로부터 어느 정도 반응을 불러일으킬 것이다. 일반적으로 이러한 반응은 가격 인하 또는 기타 소비자 혜택 확대의 형태로 나타날 수 있다. 이러한 대응은 대부분 본질적으로 약탈적이지 않다. 오히려 우리가 기대하는, 그리고 시장이 촉진하기를 바라는 바로 그런 행동이다. 마찬가지로, 규모가 크든 작든 어떤 기업이 신규진입자로서 시장에 처음 진입할 때, 소비자가 기존 브랜드를 포기하고 상대적으로 잘 알려지지 않은 신규진입자의 제품을 사용해 보도록

16 *Brooke Group v. Brown & Williamson Tobacco* 509 U.S. 209 (1993) 참조. 흥미롭게도 브룩은 초기 배심원 재판에서 실제로 승소했지만 이후 연방법원 항소에서는 패소했다.

17 Scherer(1976)와 Areeda 및 Turner(1976)의 교환을 참조하시오.

유도하기 위해 단기적으로 수익을 극대화할 수 있는 가격보다 낮은 초기 가격을 책정할 수 있다. 일단 자리를 잡으면 회사는 가격을 올릴 수 있다. 물론 이러한 프로모션 가격책정의 의도는 경쟁업체를 시장에서 몰아내기 위한 것이 아니다. 그러나 이러한 가격책정 전략을 약탈적 가격책정과 구별하기는 경험적으로 어려울 수 있다.

즉, 반독점법 집행이 약탈적 관행을 방지하고자 한다면 정책입안자들은 경쟁적 행위와 반경쟁적 행위를 구분할 수 있는 실행 가능한 법적 기준을 만들어야 한다. 이상적으로는 이러한 정책이 약탈 행위의 존재를 감지하는 데 사용할 수 있는 간단한 규칙에 의해 관리되기를 바란다. 이렇게 하면 모든 당사자가 무엇이 합법이고 무엇이 합법적이지 않은지 이해할 수 있다. 그러나 약탈의 영역에서 단순한 규칙은 거의 작동하지 않는다.

제안된 다양한 규칙 중 가장 유명한 것은 Areeda와 Turner(1975)의 규칙으로, 어떤 가격이든 한계비용의 대리인 역할을 하는 기업의 단기 평균가변비용보다 낮으면 약탈적이라고 판단하는 것이다. 안타깝게도 이는 그다지 좋은 대용물이 아니다. 실제로는 평균 변동비가 단기 한계비용보다 훨씬 낮을 수 있으므로 기업은 현재 한계비용보다 낮으면서도 평균비용보다 높은 가격을 책정할 수 있다. 이렇게 하면 많은 경제학자들이 단기 한계비용보다 낮은 가격을 약탈적이라고 판단할 수 있지만, 기업은 Areeda와 Turner 규칙이 허용하는 법적 범위 내에서 행동하는 것이다. 따라서 Scherer(1976)가 지적했듯이 평균비용 기준을 사용하면 심각한 약탈이 여전히 허용될 수 있다.[18] 또한, 평균비용이 단위 시간당 생산량에 따라 하락하는 규모의 경제와 달리 시간이 지남에 따라 기업의 누적 생산량에 따라 평균비용이 하락하는 중요한 학습곡선 효과가 있는 경우, 가격이 비용 아래로 떨어지지 않더라도 활발한 생산량 확대를 통해 약탈이 발생할 수 있다.[19]

또 다른 문제는 이 규칙이 약탈적 가격책정의 전략적 측면을 무시한다는 점이다. 간단한 예를 들자면, 한 기업이 독점적으로 운영되는 시장을 생각해 보겠다. 새로운 기업이 시장에 진입하면 독점기업과 동일한 재화를 생산하고 게임이 베르트랑 또는 가격 경쟁 중 하나라고 가정해 보겠다. 10장에서 살펴본 것처럼 이 게임의 균형은 가격이 즉시 한계비용으로 떨어지는 것이다. Areeda, Turner의 규칙에 따르면 이것은 약탈적이지 않다. 그러나 진입자가 이러한 결과를 예측한다면 매몰 진입 비용의 존재는 진입을 유도하기에 충분할 것이다. 여기서도 Areeda, Turner 규칙은 진입억제 행위를 허용할 수 있다. "가격 인하"라는 위협이 실제로 사용되지 않을 정도로 충분히 신빙성이 있는 경우에는 Areeda, Turner가 찾는 증거를 찾지 못할 것이다.

이러한 단점에도 불구하고 Areeda, Turner 법칙은 많은 미국 반독점 사건에서 적용되어 왔다. 스티븐 브레이어 대법관도 이 원칙에 자주 의존해 왔다. *캘리포니아 컴퓨터 프로덕츠, Inc. v. 인터내셔널 비즈니스 머신*[613 F. 2D 727 (9th Cir. 1979)]에서 약탈적 가격 인하 혐의에 대해 IBM에게 면죄부를 주는 데도 사용되었다. 아마도 가장 명확한 진술은 코프만 판사가 *Northeastern Telephone Company v. American Telephone and Telegraph Company* 등[651 F. 2d 76 (2nd Cir. 1981)]에서 "우리는 적어도 일반적인 경우에는 기업의 가격과 한계비용 간의 관계가 약탈적 가격책정의 가장 좋은 단일 결정 요인이라는 Areeda, Turner의 의견에 동의한다"고

18 자세한 내용은 Cabral과 Riordan(1997)을 참조.

19 *Barry Wright Corporation v. ITT Grinnell Corporation, et al.* 724F. 2d 227 (1st Cir. 1983) 참조.

쓴 것일 것이다.

그럼에도 불구하고 Areeda, Turner 법칙의 약점으로 인해 많은 경제학자들이 수정된 대안을 제안하고 있다. 이들 중 일부는 본질적으로 단일 변수의 행동에 초점을 맞춘다는 점에서 Areeda, Turner의 접근법과 유사하다. 예를 들어, Baumol(1979)은 주로 경쟁자의 진입 전과 퇴출 후의 기존 업체 가격의 행동에 초점을 맞춘다. 기본적으로 이 규칙은 진입에 직면한 지배적 기업의 가격 인하는 5년 동안 "준영구적"이어야 한다는 것을 요구한다. 진입으로 인해 유도된 가격 인하가 진입자의 퇴출 이후 빠르게 되돌려진다면, Baumol(1979)의 규칙에 따르면 약탈적 가격책정 행위로 간주될 수 있다.

이후 이 연구를 업데이트한 Baumol(1996)은 약탈자의 가격을 평균회피가능비용(AAC)의 척도와 비교할 것을 제안하기도 했다. AAC는 포식자가 약탈적 생산량 증가에 관여하지 않았더라면 피할 수 있었던 비용을 측정한 것이다. 따라서 약탈적 행위가 1년 동안 지속되었다면 AAC는 그 해에 발생한 추가 비용의 총액을 추가 *생산량*으로 나눈 값이다. 비슷한 맥락에서 Williamson(1977)은 진입 전후의 기존 사업자의 생산량을 살펴볼 것을 제안한다. 진입 후 생산량이 급격히 증가하면 포식 가능성이 있다는 신호일 수 있다는 것이다. 이 규칙에는 두 가지 장점이 있다. 첫째, 진입 후 생산량 확대로 인한 의혹 때문에 기존 사업자는 더 일찍 생산량을 확대할 수 있다. 결과적으로 이는 기존 사업자가 시장에 단독으로 존재할 때 발생할 수 있는 독점 왜곡을 일부 제거한다. 둘째, Williamson의 규칙은 또한 진입이 더 이상 신뢰할 수 없게 되면 확장 위협을 가함으로써 진입억제 전략으로서 생산량 확장을 방지할 수 있다.

Baumol(1979) 기준과 Williamson(1977)의 법칙은 모두 통찰력이 있지만, 약탈을 나타내는 단일 변수에 초점을 맞춘다는 점에서 한계가 있다. 앞서 강조했듯이 약탈적 행위는 종종 복잡한 기업 전략의 일부이다. 따라서 단일 변수의 행동에 정확하게 반영되지 않을 가능성이 높다. Dixit(1980) 모형은 가격책정을 전혀 고려하고 있지 않으며 이에 따라 생산량 확장에 의한 진입저지 행위는 Areeda-Turner 검정과 Baumol 검정에 의해 발견되지 않을 것이다. 이와 유사하게 Williamson 검정은 선제적 배제에 의한 진입저지를 발견하지 못할 것이다. 이러한 검정들 모두는 전략적 환경이 실제로 약탈적 행위를 허용하느냐에 대한 고려를 하고 있지 않다.

Joskow와 Klevorick(1979)은 전략적 프레임워크 내에서 약탈 혐의에 대한 보다 완전한 평가를 제안한 최초의 연구자 중 한 명이다. 이들의 규칙은 위에서 언급한 원가 이하 가격책정, 생산량 확대, 가격 역전이라는 개별 기준을 결합하지만, 그러한 행위가 전체 전략의 일부로 구상되었거나 적어도 구상될 수 있었다는 증거가 있어야 한다는 조건도 함께 요구한다. 특히 Joskow와 Klevorick(1979)은 기업이 의도적으로 공격적인 정책을 추구했는지 여부를 판단하기 위해 회사 문서를 검토할 것을 제안한다. 또한 이들은 약탈적 가격책정의 조건이 존재하는지 확인하기 위해 업계의 구조적 특징을 조사한다.

약탈적 고발을 평가하기 위한 포괄적인 프레임워크를 제시한 Ordover, Willig(1981), Bolton, Brodley, Riordan(2001)도 약탈적 고발을 평가하기 위해 노력했다. Ordover, Willig(1981)의 논문은 약탈적 행위를 경쟁자를 몰아내거나 애초에 진입을 막는 데 수익성이 달려 있는 모든 행위로 명확하고 현대적으로 정의했다는 점에서 중요하다. 이러한 관점에서 약탈적 가격책정은 여러 약탈 전술 중 하나에 불과하다. 두 논문은 약탈적 가격책정을 위한 전제 조건에 대한 시장구조를 점검하는 것이 중요한 첫 단계라고 주장한다. 이렇게 확인된 구조적 조건은 혐의가 있는 약탈자가 실제로 상당한 시장지배력을 가지고 있어야 하고, 경쟁자가 퇴출당해도 그 자리를 대체할 수 없을 정도로 진입이 어려워야 한다는 것이다. Bolton, Brodley, Riordan(2001)도 포식자의 행위를 명확하고 증거로 뒷받침되는 약탈 전략과 연관시켜 보상을 입증할 수 있다고 주장한다. 약탈적 가격책정의 경우, 이 저자들은 평균회피비용 측정을 벤치마크로 사용한다.

제안된 약탈적 가격책정 기준 중 어느 것도 간단하거나 법정 소송에 쉽게 적용할 수 있는 것은 없다. 한편으로는 선의의 치열한 경쟁과 다른 한편으로는 약탈적인 노력을 구별하는 것은 상당히 어렵다. 게다가 가격책정에서 이러한 구분이 어려운 만큼 다른 행위를 고려할 때는 더욱 어려울 수 있다.

예를 들어, 잘 알려진 두 사건인 *Telex 대 IBM*과 *Berkey 대 코닥*의 약탈적 제품혁신 혐의를 생각해 보겠다. 전자의 경우, 당시 메인프레임 컴퓨터 시장을 장악하고 있었지만 주변기기 시장에서 심각한 경쟁에 직면한 IBM이 새로운 장비 디자인을 개발하기 시작하여 새로운 IBM 주변기기만 IBM 메인프레임과 호환되도록 했다는 것이 텔렉스(및 기타 업체)의 주장이 쟁점이었다(끼워팔기 계약). *버키* 사건에서 버키는 사진 인화 및 카메라 제조업체로, 코닥이 버키가 카메라를 재설계하고 시장에서 생존할 수 있도록 코닥의 새로운 110 카메라 필름 출시에 대한 사전 통지를 제공했어야 한다고 주장했다. 두 사건 모두 결국 법원은 각각 원고 패소 판결을 내리고 IBM과 코닥에 유리한 판결을 내렸다. 이 두 사건에 반영된 기술적 변경이 진정으로 약탈적 고려에 의한 것이라고 믿을 만한 충분한 이유가 있을 수 있다. 그러나 이러한 행위를 처벌하는 것이 모든 혁신에 위축 효과를 가져올 수 있다는 정당한 우려도 존재한다.

13.6 실증적 적용: 제약 산업에서의 진입억제

우리는 약탈 및 진입억제 행위와 관련된 법적 소송에서 약탈을 정의하는 명확한 기준이 없는 경우가 많다는 점에 주목했다. 공식적인 계량경제학 연구에서도 그러한 노력에 대한 명확한 증거를 찾기가 어렵다. AT&T에 관한 Weiman과 Levin(1994)의 연구와 NCR을 연구한 Brevoort와 Marvel(2004)의 논문은 분명한 구체적인 사례를 제시한다. 널리 인용되는 해운 카르텔에 관한 논문에서 Scott-Morton(1997)은 19세기 말과 20세기 초에 기존 카르텔이 특히 신규진입자의 규모가 작거나 재정 자원이 열악한 경우 약탈적 가격책정을 통해 신규진입자를 저지했다는 공식적인 증거를 일부 발견했다. 그러나 또 다른 논문에서 Scott-Morton(2000)은 제약 회사가 기존 특허의 종료가 가까워질수록 광고를 성공적으로 사용하여 제네릭 진입을 억제한다는 통계적 증거를 거의 찾지 못했다.

안타까운 사실은 일련의 시장 데이터 포인트에서 체계적인 약탈적 행동을 일관되게 식별하는 데 필요한 공식 계량경제학적 요건이 상당히 까다롭다는 것이다. 그 이유 중 하나는 이러한 작업은 어떻게든 기존 사업자가 진입을 실질적인 위협으로 간주하고 이를 막을 수 있는 방법이 있다고 생각하는 경우를 식별해야 하기 때문이다. 예를 들어 데이터 세트에 두 종류의 시장이 포함되어 있다고 가정해 보겠다. 한 유형은 여러 신규 기업이 진입할 가능성이 높고 기존기업이 비용이 많이 드는 조치 X를 취함으로써 진입자 수를 줄일 수 있다는 특징이 있다. 다른 시장 유형은 진입확률이 매우 낮고 새로운 경쟁자가 기껏해야 한 명이라는 특징이 있다. 마지막으로,

현실 체크포인트

가격 인하인가, 파괴적 가격 인하인가?

1994년, 썬젯 항공은 댈러스-포트워스 공항과 플로리다주 탬파, 캘리포니아주 롱비치 등 일부 도시 간 서비스를 제공하기 시작했다. 그 후 댈러스와 캔자스시티 간을 운항하는 뱅가드 항공과 댈러스와 콜로라도 스프링스 간을 운항하는 웨스턴 퍼시픽 항공이 뒤를 이었다. 세 항공사 모두 소규모 신생 항공사로, 운영 비용이 기존 대형 항공사에 비해 훨씬 낮은 것으로 널리 알려져 있다. 실제로 이 소규모 신생 항공사들이 댈러스-포트워스 시장에서 살아남을 수 있었던 유일한 희망은 바로 이러한 비용 이점 덕분이었다. 댈러스-포트워스 공항은 아메리칸 항공의 중심 허브 공항이기 때문이다. 아메리칸 항공은 모든 도시에서 댈러스까지 직항으로 여행하는 전체 승객의 70%, 댈러스에서 출발하는 모든 직항 승객의 77%를 수송한다. 아메리칸 항공은 지역 업체로부터 양보를 받아 탑승구, 발권 데스크 등을 운영하는 데 필요한 비용을 이미 매몰했다. 법무부가 아메리칸 항공으로부터 입수한 내부 문서에 따르면 아메리칸 항공은 이러한 장점과 기타 이점으로 인해 다른 주요 항공사의 도전을 받지 않을 것이라고 확신했다. 그러나 같은 문서에 따르면 아메리칸 항공은 특히 허브 공항에서 다른 주요 항공사로부터 얼마나 많은 시장점유율을 차지했는지 관찰한 후 저가 스타트업의 진입을 우려했음을 알 수 있다.

아메리칸 항공은 세 스타트업에 공격적으로 대응했다. 어려움을 겪고 있는 시장에서 항공편을 대폭 확대하고 요금을 낮췄다. 앞서 소개한 세 시장에서 이 전략은 결국 이 스타트업을 시장에서 퇴출시키는 결과를 가져왔다. 그 직후 아메리칸 항공은 항공편을 감축하고 요금을 이전 수준 이상으로 다시 올렸다. 아래 표에 표시된 세 시장의 사례가 이에 해당한다.

이것이 약탈적 가격책정의 사례일까? 법무부는 그렇게 생각했다. 스타트업과의 경쟁에서 아메리칸 항공은 각 항공편에서 손해를 봤다고 주장했다. 추가 항공편을 제공하기 위해 수익성 있는 노선에서 수익성이 낮은 노선으로 항공기를 전환했기 때문에 실제 손실은 훨씬 더 크다고 주장한다. 아메리칸 항공은 지방법원의 1차 판결에서 승소했다. 2003년 7월, 3명의 판사로 구성된 항소법원은 하급 법원의 판결을 유지했다.

출처: D. Carney and W. Zellner, "Caveat Predator: The Justice Department is Cracking Down on 116. Predatory Pricing," *Business Week*, May 22, 2000, p. 116.

	진입 이전 #일일항공편수	가격	진입 이후 #일일항공편수	가격	퇴출 이후 #일일항공편수	#가격
Kansas City	8	$108	14	$80	11	$147
Long Beach	0	—	3	$86	0	—
Colorado Springs	5	$150	7	$81	6	$137

진입 후 경쟁이 쿠르노형이어서 신규진입자가 적을수록 기존 사업자의 입장에서는 유리하다고 가정해 보겠다.

이러한 설정에서는 두 번째 유형의 시장에서는 진입 가능성이 매우 낮기 때문에 X라는 행동 비용을 지불할 가치가 없기 때문에 기존 업체는 첫 번째 유형의 시장에서만 X라는 행동을 취하는 것을 발견할 수 있다. 이 경우 데이터는 두 그룹으로 나뉜다. 한 경우의 집합에서는 기존 사업자가 X 행동을 취하고 어느 정도 진입이 이루어진다(그렇지 않은 경우보다는 적지만). 다른 경우의 집합에서는 현직자가 X 조치를 취하지 않았지만 항목이 없다. 따라서 데이터의 균형을 고려할 때 약탈적 전술 X를 사용할 때 그렇지 않을 때보다 *더 많은* 항목이 있는 것으로 나타난다. 이러한 시장을 *선험적으로* 식별하기 위해 주의를 기울이지 않는 한, 이러한 데이터로부터 약탈이 심각한 위협이라고 결론을 내리기는 어려울 것이다.

연구자가 극복해야 할 또 다른 어려움은 진입저지 전략을 파악하는 것이다. 이 역시 생각보다 까다로운 문제이다. 11장에서 설명한 Gabszewicz, Pepall, Thisse(1992)의 선발주자, 소비자 행동 학습 모델을 생각해 봅시다. 이 모델의 첫 번째 기에 기존 사업자가 혼자 있을 때, 기존 사업자는 경쟁자가 두 번째 기에 진입한 후에도 자사 제품에 충성할 고객 집단을 "구매"하기 위해 가격을 낮게 책정하는데, 이는 이러한 고객이 기존 사업자의 브랜드를 사용하는 방법을 학습했기 때문이라고 상기해 보시오. 한편으로는 이러한 공격적인 가격책정이 후발주자가 경쟁할 수 있는 고객 수를 제한하기 때문에 진입을 막는 것처럼 보일 수 있다. 그러나 다른 한편으로는 충성도가 높고 가격에 민감하지 않은 고객층을 확보하고 있기 때문에 진입 시 기존 업체가 높은 가격을 책정하도록 유도하고, 이를 통해 진입자는 높은 가격으로 더 많은 소비자를 확보할 수 있게 된다. 물론 후자의 효과는 진입 가능성을 더 높인다.

이러한 문제를 잘 설명하는 최근 논문은 Ellison과 Ellison(2011)이다. 이 논문에서는 1986~1992년 동안 특허 상실을 앞둔 64개 약품에 대한 제약회사의 광고 및 가격책정 행태를 살펴본다. 먼저 어떤 시장이 진입에 가장 취약한지 파악하기 위해 단순 회귀 분석을 수행한다. 이를 위해 각 시장에 대해 기존 특허 만료 후 3년 이내에 제네릭 진입이 있었는지 여부를 코드화한다. 이 절차는 각 시장에 대해 Entry라는 1, 0 변수를 생성하며 이 변수는 진입이 있으면 1, 없으면 0이 된다. 그런 다음 Ellison과 Ellison(2011)은 이 진입 변수를 진입과 관련되어야 하는 세 가지 오른쪽 변수를 포함하는 방정식으로 설명하려고 시도한다. 이들은 다음과 같다. 특허 만료 전 3년 동안 기존 업체가 벌어들인 연평균 매출인 Rev_i, 특허 만료 전 해의 병원 매출로 인한 해당 의약품의 매출 비중인 Hosp_i, 급성 질환을 치료하는 경우 0을, 만성 질환을 치료하는 경우 1을 취하는 만성/급성이 그것이다. 그러면 추정 방정식은 다음과 같아진다:

$$\text{Entry}_i = \text{constant} + \beta_1\text{Rev}_i + \beta_2\text{Hosp}_i + \beta_3\text{Chronic/Acute}_i + \varepsilon_i \tag{13.3}$$

ε_i는 i번째 시장에서 진입에 영향을 줄 수 있는 임의요인들을 나타낸다.

종속변수가 연속형이 아니라 1 또는 0이기 때문에 방정식 (13.3)은 일반 최소제곱(OLS) 회귀를 통해 효율적으로 추정할 수 없다. OLS의 선형적 특징은 독립변수의 그럴듯한 값에 대해 β_k 계수의 OLS 추정치가 [0,1] 간격을 벗어난 값을 예측할 가능성이 높다는 것을 의미한다.

Ellison, Ellison(2011)은 대신 Probit이라는 대체 회귀 절차를 사용한다. 이 절차는 데이터를 효과적으로 변환하여 오른쪽 변수의 모든 값에 대해 계수 추정치가 0과 1 사이에 있는 Entry_i 값을 생성하도록 한다. 이 예측 값은 시장 특징을 고려할 때 진입확률을 측정하는 척도가 된다. 이를 통해 64개 시장을 세 가지 유형 중 하나로 분류할 수 있다: 1) 낮은 진입확률, 2) 중간 진입확률, 3) 높은 진입확률.

Ellison, Ellison(2011)은 이러한 시장진입을 저지하기 위한 광고의 전략적 사용을 고려한다. 이들은 먼저 이러한 경우 한 기업의 광고가 다른 기업의 제품에 상당한 파급력을 미친다는 점에 주목한다. 특히, 기존기업의 광고는 약의 특정 기능, 잠재적 이점, 적절한 사용법 등에 대한 주의를 환기시켜 소비자에게 후발 경쟁사의 이점을 알릴 가능성이 높다. 의사는 브랜드 의약품과 제네릭 의약품의 활성 성분이 화학적으로 동일하다는 사실을 충분히 잘 알고 있기 때문에 의약품의 경우 특히 그렇다. 약국에서 더 저렴한 제네릭 의약품이 있고 의사가 이를 명시적으로 금지하지 않은 경우 처방전을 작성하도록 법으로 규정하고 있는 주에서는 더욱 그렇다. 다시 말해, Ellison, Ellison(2011)은 오늘 기존 업체의 광고가 내일의 제네릭 진입자에게 *도움*이 될 것이라고 가정한다. 따라서 기존 사업자가 신규 진입을 억제하려면 경쟁자가 등장할 것으로 예상되는 기간 동안 광고를 *줄여야* 한다. 이는 진입억제에 대한 증거를 평가하는 데 있어 또 다른 복잡성을 내포하고 있다는 점에 유의해야 한다. 우리가 고려한 다른 전략들, 예를 들어 생산량 확장이나 가격 인하 등은 기업에게 비용이 많이 드는 조치이다. 그러나 광고를 줄임으로써 기업은 비용도 절감할 수 있다.

물론 기존기업이 진입을 억제할지 여부는 부분적으로 진입 가능성에 따라 달라질 수 있다. Ellison, Ellison(2011) 논문의 핵심 통찰은 진입확률과 전략적 억제 노력 간의 관계가 단조롭지 않을 수 있다는 것이다. 진입 가능성이 높은 시장이나 진입 가능성이 매우 낮은 시장에서는 진입억제가 비용 대비 가치가 없을 수 있기 때문이다. 첫 번째 경우에는 아무리 억지력을 발휘해도 진입을 막을 수 없다. 두 번째 경우에는 억지력이 실제로 필요하지 않다. 따라서 Ellison, Ellison(2011)은 진입확률이 낮은 값에서 중간 값으로 상승함에 따라 억제 노력이 먼저 상승하고, 진입확률이 다시 높은 값으로 상승함에 따라 하락할 것이라고 예측한다. 광고 측면에서 보면, 이는 프로비트 회귀 분석 결과 진입확률이 중간인 시장에서는 기존 업체들이 광고를 *줄이지만* 진입확률이 낮거나 높은 시장에서는 진입 위협에 대한 광고 반응을 보이지 않는다는 것을 의미한다. 이는 Ellison과 Ellison(2011)이 기존 사업자의 광고가 일반 진입자에게도 강력한 혜택을 준다고 가정했기 때문이다. 따라서 잠재적 진입 시기 이전에 광고를 줄이면 진입 가능성이 낮아질 수 있다. 어느 정도는 이것이 바로 그들이 발견한 것이다.

소위 상세 광고를 생각해 봅시다. 이는 의사와 의료 서비스 제공자를 직접 방문하고 진료실에서 직접 프레젠테이션을 함으로써 의사의 처방에 영향을 미치려는 제약회사의 홍보 활동을 의미한다. Ellison과 Ellison(2011)은 회귀 방정식을 추정하여 특허 만료 36개월 전부터 만료 후 12개월까지 매월 특허 만료 전 3년간의 평균 대비 세부 광고 가치의 시간 추이를 살펴본다:

$$\frac{Advertising_{it}}{Average\ Advertising_i} - 1 = (\beta_1 LowEntry_i + \beta_2 IntermedEntry_i + \beta_3 HighEntry_i)Time + \varepsilon_{it} \tag{13.4}$$

Time 변수는 만기일이 한 달 가까워질수록 1씩 증가하는 추세를 가지고 있다. 종속변수는 해당 시장의 월별 평균 세부 광고 대비 t번째 달에 i번째 시장의 광고 비율이다. LowEntry, IntermedEntry, HighEntry 각각 1,0의 더미 변수로, i가 어떤 진입 카테고리 시장에 속해 있는지를 나타낸다. 가설은 β_2가 β_1 또는 β_3보다 유의미하게 작을 것이며, 이는 해당 시장의 기존 업체들이 진입을 억제하기 위해 광고를 줄이려는 노력을 반영한다는 것이다. 추정 결과는 위의 표 13.1에 나와 있다.

보시다시피, β_2의 추정치는 다른 두 계수보다 (대수적으로) 눈에 띄게 작다. 즉, 이 결과는 진입 가능성이 높은 시장(β_1)에서는 기존 업체의 상세 광고가 표준에 비해 매월 1% 미만 감소하고 진입 가능성이 낮은 시장(β_3)에서는 오히려 약간 증가하는 반면, 진입 가능성이 중간 정도인 시장에서는 매월 3% 이상 감소한다는 것을 암시한다. 따라서 Ellison과 Ellison(2011)은 1980년대 후반 미국 제약 시장에서 전략적 억제 노력에 대한 흥미로운 증거를 제시한다.

표 13.1 진입확률 카테고리별 세부 광고 트렌드, 64개 제약 시장 분석

회귀계수	추정치	표준오차
β_1	−0.007	0.013
β_2	−0.032	0.009
β_3	0.009	0.007

요약

경쟁업체를 몰아내기 위해 원가 이하로 가격을 책정하거나 기타 유사한 약탈 전략에 대한 주장은 20세기 후반에 법원의 회의적인 시각이 커졌다. 이는 약탈이 비합리적이라는 시카고 학파의 견해를 반영한 것이다. 게임이론의 관점에서 보면 약탈은 서브게임에서 완벽한 전략이 아니며 일반적으로 다른 선택에 의해 지배된다는 것이 시카고 학파의 견해이다. 따라서 지난 20여 년 동안 약탈 행위로 기소된 사례는 거의 없다.

동시에 실제 약탈 행위의 역사적 사례는 분명히 존재하는 것으로 보인다. 그 결과, 현대 산업조직 이론에서 중요한 질문은 약탈 행위가 합리적이라는 그럴듯한 모델을 만들 수 있는가 하는 것이었다. 그 답은 '그렇다'로 밝혀졌고, 현재 체인점 역설의 논리를 뒤집는 수많은 게임이론적 모델이 개발되었다.

이러한 많은 모델에서 중요한 공통점은 비대칭 정보이다. 기업의 실제 수익성에 대한 대출 기관과 기업 간의 비대칭성, 또는 기존기업과 신생 기업 간의 비용에 대한 비대칭성은 약탈을 실현 가능하고 매력적인 전략으로 만들 수 있다. 이러한 불확실성이 없더라도 장기 계약 및/또는 끼워팔기 계약을 통해 경쟁자의 시장진입을 거부할 수도 있다. 그러나 이론과 실제 모두에서 약탈의 실행 가능성은 분명해 보이지만, 공공정책의 적절한 역할은 여전히 모호하다.

가장 큰 문제는 공격적인 가격책정 및 기타 경쟁 전략과 경쟁사를 폐업시키는 데 성공해야만 진정한 약탈적 이익을 얻을 수 있는 전략을 구별하는 것이다. 일부 반독점법 집행, 특히 로빈슨-패트만 법이 통과된 후 35년 동안 기소된 사건은 경쟁이 아닌 경쟁자를 보호하려는 잘못된 노력으로 보인다. 경제학자와 법원 모두 약탈에 대한 실행 가능한 정의를 구현하기 위해 계속 고군분투하고 있다. 체계적인 진입억제를 테스트하는 경험적 작업은 일련의 시장 데이터 포인트에서 약탈 행위를 식별하는 데 필요한 데이터 요구 사항으로 인해 어려움을 겪어 왔다. 그럼에도 불구하고 이 분야는 약탈적 행위에 대한 반독점법을 시행하고 집행하려는 정책입안자들에게 가능성을 제시하며 실증 산업조직학에서 활발히 연구되고 있는 분야이다.

연습 문제

1. 13.1절에서 논의한 Microhard-Newvel 게임을 다시 생각해보자. 이제 Newvel의 고정비용은 기간당 $8,000만라고 하자. 경쟁적 은행산업에 있는 한 은행이 각 기간에 Newvel에게 $8,000만 대출하기로 하는 대출계약은 어떤 것이 되겠는가? 이제 Newvel이 직면한 최악의 시나리오가 약화된다고 하자. 특히 $2억를 벌게 되는 확률이 50%이고 $4,000만을 벌게 되는 확률이 50%이다. 고정비용은 기간당 $8,000만이다. 이제 경쟁적 은행산업에 있는 한 은행이 각 기간에 Newvel에게 $8,000만 대출하기로 하는 대출계약은 어떤 것이 되겠는가?

2. 두 회사가 현지 시장을 놓고 경쟁하고 있다. 기존기업의 비용함수는 다음과 같다: $C(q_I) = 800 + 40q_I$. 신규진입자의 비용함수는 다음과 같다: $C(q_E) = 1300 + 36q_E$. 산업 역수요함수는 다음과 같다: $P = 100 - Q$, 여기서 Q는 산업 총생산량이다. 신생 기업이 진입하기 전에 기존기업은 이윤을 극대화하는 균일 가격 독점기업처럼 행동했다. 어떤 가격을 책정했을까? 고정비를 뺀 순이익은 얼마였을까? 신생 경쟁자가 진입하자 기존 사업자는 재빨리 가격을 63달러로 낮췄다. 이 가격에 대해 신규진입자가 어떻게 대응할 것이라고 생각하는가? 기존 사업자의 가격 인하는 약탈에 해당할까? 그렇지 않은 이유는 무엇인가?

3. 한 구매자가 어느 재화 한 단위에 대하여 $200까지 지불할 용의를 가지고 있다. 현재 이 재화의 공급자는 하나이

고 이 재화 한 단위를 공급하는 비용은 100이다. 다음 기에 한 경쟁기업이 이 시장에 나타날 수 있다. 이 경쟁기업이 이 재화를 공급하는 비용은 알려져 있지 않다. 이 비용은 [50, 150]의 구간상에서 일양분포를 가진다고 가정하자. 현재 공급자가 구매자에게 매력적인 동시에 현재 공급자의 독점력을 강화할 수 있는 장기 계약을 구매자에게 제안할 수 있는 경우를 설명하라.

4. 기존기업의 비용함수는 $C_I = 100 + 1.5q_I^2$이다. 따라서 기존기업의 한계비용은 $MC_I = 3q_I$이다. 최근에 신생 기업이 시장에 진입하였다. 신생 기업의 비용함수는 $C_E = 100 + 75q_E$이다. 기존기업은 74의 가격을 설정하고 이 가격에서 모든 시장수요를 충족시키고 있다고 하자. 시장수요함수는 $P = 100 - Q$이다.

   a. 기존기업의 행위는 한계비용보다 낮게 판매하는 Areeda-Turner 기준을 위반한 것인가?
   b. 평균변동비용이 한계비용의 대리변수로 사용되는 경우 기존기업의 행위는 Areeda-Turner 기준을 위반한 것인가?

참고문헌

Aghion, P., and P. Bolton. 1987. "Contracts as a Barrier to Entry," *American Economic Review* 77 (June): 388–401.

Areeda, P. E., and D. F. Turner. 1975. "Predatory pricing and related practices under section 2 of the Sherman Act," *Harvard Law Review* 88 (February): 697–733.

Areeda, P. E., and D. F. Turner. 1976. "Scherer on Predatory Pricing: A Reply," *Harvard Law Review* 89 (March): 891–900.

Baumol,W. J. 1979. "Quasi-Permanence of Price Reductions: A Policy for Prevention of Predatory Pricing," *Yale Law Journal* 89: 1–26.

Baumol,W. J. 1996. "Predation and the Logic of the Average Variable Cost Test," *Journal of Law & Economics* 39 (April): 49–72.

Benoit, J. P. 1984. "Financially Constrained Entry in a Game with Incomplete Information," *Rand Journal of Economics* 15 (Winter): 490–9.

Bolton, P., and D. Scharfstein. 1990. "A Theory of Predation Based on Agency Problems in Financial Contracting," *American Economic Review*, 80 (March): 93–106.

Bork, R. 1978. *The Antitrust Paradox*,New York: Basic Books. Brandeis, L. 1913. "Cutthroat prices-the competition that kills," *Harper's Weekly* 15 (November): 10–12.

Brevoort, K., and H. Marvel. (2004). "Successful Monopolization through Predation: The National Cash Register Company," *Research in Law and Economics* 21 (January): 85–125.

Brodley, J., P. Bolton, and M. Riordan. 2001. "Predatory Pricing: Strategic Theory and Legal Policy," *Georgetown Law Review* 88 (August): 2239–330

Burns, M. R. 1986. "Predatory pricing and the acquisition cost of competitors," *Journal of Political Economy* 94 (April): 266–96.

Cabral, L. M. B., and M. J. Riordan. 1997. "The Learning Curve, Predation, Antitrust, and Welfare," *Journal of Industrial Economics* 45 (June):155–69.

Easterbrook, F. H. 1984. "The Limits of Antitrust," *The Texas Law Review* 63 (January): 1–40.

Ellison, G., and S. Ellison. 2011. "Strategic Entry Deterrence and the Behavior of Pharmaceutical Incumbents Prior to Patent Expiration," *American Economic Journal* 3 (January): 1–36.

Dixit (1980)

Fudenberg, D., and J. Tirole. 1986. "A Signal-Jamming Theory of Predation," *Rand Journal of Economics* 17 (Autumn): 366–76.

Gabszewicz, Pepall, and Thisse (1992)

Genesove, D., and W. Mullin. 1998. "Testing Static Oligopoly Models: Conduct and Cost in the Sugar Industry, 1890–1914," *Rand Journal of Economics* 14 (Summer): 355–77.

Holmes (1996)

Joskow, P. L., and A. K. Klevorick. 1979. "A Framework for Analyzing Predatory Pricing Policy," *Yale Law Journal* 89 (December): 213–70.

Koller, R. H. II. 1971. "The Myth of Predatory Pricing: An Empirical Study," *Antitrust Law & Economics Review* 4 (Summer): 105–43.

Koller (1969)

McGee, J. S. 1958. "Predatory Price Cutting: the Standard Oil (N.J.) case," *Journal of Law and Economics* 1 (April):137 –169.

McGee, J. S. 1980. "Predatory pricing revisited," *Journal of Law and Economics* 23 (October): 289–330.

Milgrom, P., and J. Roberts. 1982. "Limit Pricing and Entry under Incomplete Information: An Equilibrium Analysis," *Econometrica* 50 (March): 443–60.

Ordover, J. A., and G. Saloner. 1989. "Predation, Monopolization and Antitrust," in *Handbook of Industrial Organization, Vol.* 1, R. Schmalensee and R. Willig, eds. Amsterdam: North-Holland, 537–95.

Ordover, J. A., and R. Willig, 1981. "An Economic Definition of Predation: Pricing and Product Innovation," *Yale Law Journal* 91 (1981): 8–53.

Posner, R. 1976. *Antitrust Law: An Economic Perspective*, University of Chicago Press.

Philips, L. 1995. *Competition Policy: A Game Theoretic Analysis*. Cambridge: Cambridge University Press.

Rasmusen, E. 2007. *Games and Information*, 4th ed. Cambridge, MA: Basil Blackwell, Inc.

Rasmusen, E., J. M. Ramseyer, and J. Wiley. 1991. "Naked Exclusion," *American Economic Review* 81 (December): 113745.

Saloner, G. 1987. "Predation, Mergers and Incomplete Information," *Rand Journal of Economics* 18 (Summer): 165–186.

Scherer, F. M. 1976. "Predatory Pricing and the Sherman Act: A Comment," *Harvard Law Review* 89 (March): 869–90.

Scott-Morton, F. 1997. "Entry and Predation: British Shipping Cartels, 1879–1929," *Journal of Economics and Management Strategy* 6 (Winter): 679–724.

Scott-Morton, F. 2000. "Barriers to Entry, Brand Advertising, and Generic Entry in the U.S. Pharmaceutical Industry," *International Journal of Industrial Organization* 18 (October): 1085–124.

Weiman and Levin (1994)

Whinston, M. 1990. "Tying, Foreclosure, and Exclusion," *American Economic Review* 80 (September): 837–59.

Williamson, O. E. 1977. "Predatory Pricing: A Strategic and Welfare Analysis," *Yale Law Journal* 87 (December): 284–340.

Yamey, B., S. 1972. "Predatory price cutting: notes and comments," *Journal of Law and Economics* 15 (April): 129–42.

Yergin, D., 1991. *The Prize*, New York: Simon and Schuster.

Industrial Organization
Contemporary Theory and Empirical Applications

제 14 장

가격고정과 반복게임 그리고 반독점정책

Price Fixing, Repeated Games, and Antitrust Policy

차례

14.1 ▸ 죄수의딜레마, 반복게임, 그리고 전승 정리(Folk Theorem)
14.2 ▸ 반복게임
14.3 ▸ 전승 정리와 담합을 용이하게 하는 요인들
14.4 ▸ 담합: 반독점당국의 역할
14.5 ▸ 실증적 적용: 가격고정의 효과 측정
요약
연습 문제

2012년 12월 5일, 유럽위원회 *European Commission* 는 서로 관련이 있지만 별개의 불법 카르텔에 가담한 7개 기업에 총 15억 달러(약 1조 9,200억 원)의 벌금을 부과한다고 발표했다. 이는 유럽연합 집행위원회가 부과한 단일 가격담합 벌금 중 최대 규모이며, 관련 기업에는 LG전자, 필립스, 삼성, 파나소닉, 도시바 등 세계 최대 전자 기업이 포함되어 있다.[1] 특히 이번 사건에서 아사히/AGC에 부과된 벌금은 해당 기업이 카르텔 조사에 협조하고 카르텔 폭로에 도움이 되는 정보를 제공한 대가로 50% 감면되어 1억 3,150만 달러로 감액되었다.

유럽 사건은 평판 TV와 컴퓨터 화면에 사용되는 액정 디스플레이와 관련된 미국의 이전 사건과 관련이 있다. 이 사건에는 히타치, 샤프, 삼성, 도시바 등 여러 주요 전자 회사도 연루되었다. 2011년 말과 2012년 초에 이 회사들과 합의한 결과 총 11억 달러의 벌금이 부과되었다. 이는 2012년 9월에 Au Optronics에 5억 달러의 최종 벌금이 부과되기 전의 금액이다. 이 벌금은 미국 당국이 가격담합 기업에 부과한 단일 벌금 중 가장 큰 금액이었다.

좋은 소식은 위의 담합이 적발되어 기소되었다는 것이다. 나쁜 소식은 이러한 담합이 드물지 않다는 것이다. 2012년 초 미국은 히터 제어 패널과 같은 주요 자동차 부품의 가격을 담합한 미국 내 일본 기업 3곳에 벌금과 징역형을 부과한 바 있다. 2009년 11월, 유럽연합 경쟁당국은 플라스틱 첨가제 가격을 담합한 혐의로 Akzo, Ciba, Elf Aquitaine 및 기타 7개 기업에 공동으로 1억 7,300만 달러(당시 2억 6,000만 달러)의 벌금을 부과했다. 2007년 유럽 규제 당국은 독일, 벨기에, 룩셈부르크, 네덜란드에서 가격을 통제하는 카르텔을 운영한 5개 엘리베이터 제조업체에 총 9억 9,200만 달러(약 1.4억 원)의 벌금을 부과했다. 엘리베이터 사건은 가스 절연 스위치 기어 제품과 관련된 또 다른 사건에서 위원회가 가격담합 카르텔에 가담한 11개 회사에 총 7억 5천만 달러의 벌금을 부과한 지 한 달 만에 나온 것이다. 몇 년 전, 미국 법무부는 동적 랜덤 액세스 메모리(DRAM) 가격을 통제하기 위해 카르텔을 운영한 기업들에게 총 7억 3,200

1 유럽연합 사례에 대한 자세한 내용은 http://ec.europa.eu/comm/competition/antitrust/cases/index.html에서 확인할 수 있다.

표 14.1 1995년 이후 미국에서 가격담합 위반으로 5천만 달러 이상의 기업 벌금이 부과된 사례

피고(들) & 연도	제품	벌금(백만 달러)
Au Optronics Corporation (2012)	Liquid Crystal Display Panels	$500
F. Hoffmann-La Roche, Ltd. (1999)	Vitamins	$500
Yazaki Corporation (2012)	Automobile Parts	$470
LG Display (2009)	Liquid Crystal Display Panels	$400
Air France / KLM (2008)	Air Transportation (Cargo)	$350
Korean Air Lines Co., Ltd. (2007)	Air Transportation (Cargo/Passenger)	$300
British Airways (2007)	Air Transportation (Cargo/Passenger)	$300
Samsung Electronics & Semiconductor (2006)	Dram	$300
BASF AG (1999)	Vitamins	$225
Chi Mei Optoelectronics Corporation (2010)	Liquid Crystal Display Panels	$220
Furukawa Electric Co. Ltd. (2012)	Automotive Wire Harnesses & Like Goods	$200
Hynix Semiconductor Inc. (2005)	Dram	$185
Infineon Technologies Ag (2004)	Dram	$160
SGL Carbon Ag (1999)	Graphite Electrodes	$135
Mitsubishi Corp. (2001)	Graphite Electrodes	$134
Sharp Corporation (2009)	Liquid Crystal Display Panels	$120
Cargolux Airlines S.A. (2009)	Air Transportation (Cargo)	$119
Japan Airlines Co. Ltd (2008)	Air Transportation (Cargo)	$110
UCAR, Inc. (1998)	Graphite Electrodes	$110
Lan Cargo S.A./Aerolinhas Brasileiras S.A. (2009)	Air Transportation (Cargo)	$109
Archer Daniels Midland Co. (1996)	Lysine & Citric Acid	$100
Embraco North America (2011)	Compressors	$ 92
Elpida Memory, Inc. (2006)	Dram	$ 84
Dupont Dow Elastomers L.L.C. (2005)	Chloroprene Rubber	$ 84
Denso Corporation (2012)	Automobile Parts	$ 78
All Nippon Airways Co., Ltd. (2011)	Air Transportation (Cargo & Passenger)	$ 73
Takeda Chemical Industries, Ltd. (1999)	Vitamins	$ 72
Bayer Ag (2004)	Rubber Chemicals	$ 66
Chunghwa Picture Tubes, Ltd. (2009)	Liquid Crystal Display Panels	$ 65
Qantas Airways Limited (2008)	Air Transportation (Cargo)	$ 61
Cathay Pacific Airways Limited (2008)	Air Transportation (Cargo)	$ 60
Bilhar Establishment (2002)	Construction	$ 54
Daicel Chemical Industries, Ltd. (2000)	Sorbates	$ 53
AbbMiddle East&Africa Participations Ag (2001)	Construction	$ 53
SAS Cargo Group, A/S (2008)	Air Transportation (Cargo)	$ 52
Crompton (2004) Rubbe	Chemicals	$ 50
Haarmann & Reimer Corp. (1997)	Citric Acid	$ 50
Asiana Airlines Inc. (2009)	Air Transportation (Cargo & Passenger)	$ 50

Source: US Department of Justice, Antitrust Division, www.usdoj.gov/atr.

만 달러 이상의 벌금을 부과한 바 있다.

표 14.1과 14.2는 이러한 담합이 단발성 사건이 아님을 보여준다. 1995년 이후 미국 법무

표 14.2 1990년 이후 유럽 위원회에서 결정한 카르텔 사건 및 수백만 달러의 관련 벌금

기간	사건	총 벌금
1990—94	10	€344
1995—99	10	€271
2000—04	30	€3,157
2005—09	33	€8,430
2010—12	16	€5,358

부는 최종 벌금이 5천만 달러 이상인 38개의 카르텔을 적발하여 성공적으로 기소했다. 천만 달러 이상의 벌금까지 포함하면 그 수는 거의 100개로 늘어난다. 표 14.2는 유럽의 사례도 비슷하다는 것을 보여준다. 1990년 이후 유럽위원회는 거의 100건에 달하는 사건에 대해 벌금을 부과했으며, 부과된 총 벌금은 180억 달러에 육박한다.

종합하면, 카르텔이 발생하고 있다는 것이다. 가격을 담합하고 경쟁을 피하기 위해 담합 계약을 체결하는 기업이 적지 않은 것 같다. 그러나 카르텔을 형성하고 유지하는 것은 밀접하게 관련된 두 가지 이유로 쉽지 않다. 첫 번째는 그러한 합의 *자체*가 불법이라는 점이다.[2] 즉, 법원이 인정할 만한 정당성이 없다는 것이다. 미국의 독점금지법과 유럽의 로마 조약에서 확립된 법적 체계는 물론 대부분의 다른 국가의 법률에서도 모든 담합을 불법으로 규정하고 있으며, 기업 임원에 대한 벌금 및 (미국의 경우) 징역형에 처할 수 있도록 명시적으로 규정하고 있다.[3]

두 번째 장애물은 담합 합의의 자동 불법성으로 인해 담합 기업 간의 암묵적 계약을 법적으로 강제할 수 없다는 점이다. 카르텔구성원 중 한 기업이 카르텔이 합의한 수준보다 낮은 가격을 책정하거나 카르텔이 승인한 생산량 할당량을 초과하여 생산하기로 결정하면 다른 구성원들은 배신 기업을 제재하기 위해 소송을 제기하거나 기타 법적 조치를 취할 수 없다. 따라서 카르텔이 성공하려면 합의를 강제할 수 있는 법적 외적인 수단을 찾아야 한다.

이 장에서는 카르텔의 형성에 대해 살펴본다. 여기에는 카르텔이 합의를 유지하기 위해 사용할 수 있는 기법과 그러한 기법이 성공할 가능성이 가장 높은 조건을 파악하는 것이 포함된다. 또한 반독점당국이 카르텔을 가장 잘 감지하고 예방할 수 있는 방법에 대해서도 다룬다.

14.1 죄수의딜레마, 반복게임, 그리고 전승 정리(*Folk Theorem*)

잠재적 카르텔이 직면해야 하는 핵심 문제는 분명하다. 각 기업이 협력하여 시장에서 생산을 억제함으로써 독과점 결과에 더 근접하게 만들면 추가 이익을 얻을 수 있다. 안타깝게도 이를 위해 필요한 가격/생산량 선택은 일반적으로 내쉬균형의 일부가 아니다.[4]

예를 들어 동일한 제품에 대한 가격 경쟁의 간단한 베르트랑 모델을 생각해 보겠다. 알다시

2 일부 규제 기관은 불법 행위 *자체*에 대해 반독점 면책 권한을 부여할 수 있다.

3 유럽연합 법의 표현에 비추어 볼 때 "의지의 일치(concordance of wills)"에 기초한 "합의에 의한 관행(concerted practice)"을 그 *자체*(*per se*) 불법으로 처리한다고 하여 가격고정 담합을 더 강하게 불법으로 표현하고 있다. 그러나 실제에서 미국과 유럽의 정책은 거의 동일하다.

4 카르텔 문제, 그리고 실제로 모든 게임이론의 근간이 되는 직관에 대한 훌륭한 안내서는 셸링(1960)이다.

피, 이 경우의 내쉬균형은 두 회사가 모두 한계비용과 동일한 가격을 책정하는 것이다. 당연히 두 회사가 모두 독점 가격을 책정할 수 있으며, 이렇게 하면 각 회사의 이익이 크게 향상될 것이다. 하지만 문제는 기업 1이 독점 가격을 설정하면 기업 2는 그 가격을 설정하지 *않고* 가격을 낮추는 것이 최선의 대응이라는 것이다. 또는 쿠르노 모델을 생각해 봅시다. 9장에서 수요가 $P = \text{A} - \text{B}Q = \text{A} - \text{B}(q_1 + q_2)$로 주어지고 각 기업이 일정한 한계비용 c를 갖는다면, 독점 생산량은 $Q^M = (\text{A} - c)/2\text{B}$이다. 따라서 독점 결과를 달성하려면 각 복점 기업은 $q_1 = q_2 = (\text{A} - c)/4\text{B}$를 생산해야 한다. 안타깝게도 이 기업들에게는 각각에 대한 최적의 반응 함수가 $q_\text{i} = (\text{A} - c)/2\text{B}\text{-}q_\text{j}/2$ $(i, j = 1,2;\ i \neq j)$이다. 따라서 한 기업이 협력하여 전체 독점 생산량의 절반을 생산할 경우, 경쟁사의 최선의 대응은 똑같이 하는 것이 아니라 독점 생산량의 4분의 3을 생산하여 가격을 독점 수준 이하로 끌어내리는 것이다.[5]

앞서 설명한 베르트랑과 쿠르노의 사례를 수요가 $P = 150 - Q = 150 - (q_1 + q_2)$로 표현되고 각 기업의 한계비용이 $c = \$30$인 시장의 특정 경우를 예로 들어 설명한다. 각 경우에 두 회사가 가격담합 계약을 체결하면 독점 가격인 90달러를 달성하기 위해 협력하기로 합의함으로써 업계 최대 이익을 얻게 된다. 이 가격에서 시장수요는 60이며 두 회사가 균등하게 공유한다고 가정하면 각 회사는 $\pi_i^M = \$1{,}800$의 이익을 얻게 된다. 베르트랑 사례에서 두 회사가 계약을 속이는 것은 매우 매력적인데, 이는 동일한 제품을 가정할 경우 어느 한 회사가 경쟁사로부터 전체 독점 시장을 빼앗아 이익을 두 배인 3,600달러로 늘리기 위해 약간의 가격 인하만 하면 된다는 것을 의미한다.

쿠르노 사례에서는 합의 이탈의 유혹이 약하지만 그럼에도 불구하고 매우 현실적이다. 여기서 기업 1이 독점 생산량인 30대를 생산할 경우 기업 2의 최선의 대응은 45대를 생산하는 것이며, 총생산량이 75대가 되면 가격은 75달러로 떨어진다. 따라서 각 기업은 이제 각 유닛에 대해 $\$75 - \$30 = \$45$의 수익을 얻게 되며, 부정 행위를 통해 기업 2는 공동 독점 결과에서 얻은 이익보다 12.5% 증가한 $2,025의 수익을 얻게 된다. 물론 두 기업의 이탈은 베르트랑과 쿠르노 사례 모두에서 비협조적인 내쉬균형에 해당한다. 표 14.3(a)와 14.3(b)는 이 두 게임에 대한 보상 행렬을 보여준다.

요컨대, 카르텔 협력은 두 기업 모두에게 내쉬균형이 아니기 때문에 협력으로 얻을 수 있는 잠재적 이익이 크다고 해도 "자연스러운" 것은 아니다. 대신, 각 회사의 최선의 대응은 경쟁사가 계속 합의를 유지하더라도 항상 합의를 탈퇴하는 것이다. 이러한 상황은 실제로 플레이어들이 이해관계의 충돌로 인해 실현할 수 없는 상호 이익의 가능성을 공유하는 많은 게임의 예이다. 이러한 게임을 흔히 "죄수의딜레마" 게임이라고 부르는데, 이 사례의 초기 예시 중 하나가 검사와 두 명의 용의자 간의 거래와 관련된 것이기 때문이다(실습문제 14.1 참조).

죄수의딜레마는 모든 잠재적 카르텔에게 분명히 현실적인 문제이다. 이 갈등을 극복할 방법이 없다면, 논리적으로 카르텔은 일어나서는 안 되기 때문에 반독점정책은 카르텔에 대해 크게 걱정할 필요가 없어 보일 수 있다. 그러나 우리가 보았듯이 카르텔은 실제로 발생한다. 담합 합의가 드물지 않고 기업들이 협력 전략을 추구한다는 증거는 설득력이 있다. 죄수의딜레마 주

5 이 장과 이어지는 장에서는 순수 전략으로 분석을 제한한다. 그러나 독자는 몇 가지 조건을 충족하면 혼합 전략을 포함하도록 분석을 확장할 수 있다는 것을 알고 있어야 한다(예: Harsanyi(1973) 참조).

표 14.3(a) 베르트랑복점 게임에서 협조(M) 및 비협조(D)에 대한 보상(천$)

		기업 2의 전략	
		협조(M)	비협조(D)
기업 1의 전략	협조(M)	(\$1.8, \$1.8)	(\$0, \$3.6)
	비협조(D)	(\$3.6, \$0)	($\$\varepsilon$, $\$\varepsilon$)

표 14.3(b) 쿠르노복점 게임에서 협조(M) 및 비협조(D)에 대한 보상(천$)

		기업 2의 전략	
		협조(M)	비협조(D)
기업 1의 전략	협조(M)	(\$1.8, \$1.8)	(\$1.35, \$2.025)
	비협조(D)	(\$2.025, \$1.35)	(\$1.6, \$1.6)

현실 체크포인트

소비자를 위한 우유—영국 소매 유제품 가격담합

2007년 9월 20일, 영국 공정거래청(OFT)은 영국의 4대 대형 슈퍼마켓인 아스다, 테스코, 모리슨(세이프웨이), 세인스버리, 그리고 4대 유제품 회사인 맥렐랜드, 데어리 크레스트, 더 치즈 컴퍼니, 와이즈먼의 우유 및 치즈 제품에 대한 가격담합 협의를 적극적으로 조사하고 있다고 발표했다. 이 요금은 2002년과 2003년에 조정된 가격 설정에 따라 부과되었다. 결국 테스코를 제외한 모든 기업은 2011년 8월에 50파운드(8,200만 달러)의 벌금을 지불하기로 합의했다. 이 사건은 적어도 세 가지 이유에서 흥미롭다. 첫째, 담합에는 우유 소매업체와 치즈 및 신선한 액상 우유를 공급하는 유제품 공급업체가 관여했지만, 초기에는 낙농가들이 담합을 주도했다. 영국의 유제품 가격 지원은 유럽연합의 정책이기 때문에 유로화로 표시된다. 1990년대 말과 2000년대 초에 파운드화가 유로화에 대해 강세를 보이자 영국 농부들은 원유 가격의 실질 가치가 하락하는 것을 발견하고 시위와 편지 캠페인을 통해 유업체에 대금 지급을 요구했다. 물론 유업체는 식료품 체인에 더 높은 가격을 책정할 수 있어야만 농부들에게 더 높은 가격을 지불할 수 있었고, 이는 결국 소매가격 상승으로 이어졌다.

두 번째로 주목해야 할 점은 조율이 이루어진 수단이다. 소매 슈퍼마켓들은 서로 직접 만날 수 없다는 것을 분명히 알고 있었다. 하지만 각 소매업체는 공급업체인 유업체와 정기적으로 합법적인 회의를 열었다. 곧 이 회의는 간접적인 조율의 장이 되었다. 공급업체 회의에서 세이프웨이와 같은 소매업체는 다른 소매업체도 똑같이 한다면 가격을 일정 부분 인상할 의향이 있음을 밝혔다. 인상 날짜도 논의되었다. 이후 이 정보는 다른 식료품 체인점들이 같은 공급업체를 만날 때 다른 식료품 체인점들에게 전달되었다. 그 결과 우유와 치즈 제품의 소매가격을 10~20% 인상하는 것으로 조율되었다. 이 인상분의 약 3분의 1이 유제품 회사에 전가되었다. 하지만 놀랍게도 소매 및 도매가격 인상이 농가의 원유 가격 인상으로 이어지지는 않은 것으로 보인다.

이 사건의 세 번째 흥미로운 특징은 시장점유율 6%의 대형 유제품 회사인 Arla가 가격담합을 OFT에 폭로한 카르텔 회원사라는 이유로 벌금을 내지 않았다는 점이다. 이는 카르텔구성원이 적발되기 전에 자수하도록 유도하기 위해 마련된 영국의 관용 프로그램의 일환이다. 대부분의 벌금은 세인즈버리, 테스코, 아스다에 약 1,000만 파운드, 모리슨에 600만 파운드 등 소매업체에 부과되었다. 유제품 업체 중에서는 Dairy Crest에 700만 파운드, Wiseman에 300만 파운드, The Cheese Company와 McLelland에 각각 100만 파운드가 조금 넘는 벌금이 부과되었다.

출처: C. Binham, “Supermarkets Fined £50 Million for Price Fixing,” *Financial Times* August 11, 2011; and Office of Fair Trading, “Investigation into Certain Large Supermarkets and Dairy Processors Regarding Retail Pricing Practices for Certain Dairy Products,” http://www.oft.gov.uk/shared_oft/ca-andcartels/ dairy-decision.pdf.

장이 전부가 될 수는 없다. 기업들 간의 카르텔 합의를 지속시킬 수 있는 인센티브를 창출할 수 있는 방법이 반드시 존재한다.

14.1 ▸ 실습문제

Jacoby와 Myers는 Zenda 소공국에서 우편 사기로 의심받고 있는 두 변호사들이다. Morse 검사는 자백을 받기 위해 이들을 소환하여 따로따로 심문하였다. 각 용의자에게는 (1) 자백하거나 (2) 자백하지 않는 선택이 주어져 있다. Morse는 각 용의자에게 만약 자백하면 석방되어 감옥에 가지 않을 것이라고 말하였다. 또한 자백하지 않은 용의자는 "엄벌에 처해져" 10년의 감옥생활을 하게 될 것이라고 말했다. Morse는 만약 두 용의자가 모두 자백하면, 그는 더 관용적이 될 것이고 각 용의자는 감옥에서 6년을 보낼 것이라고 말하였다. 두 용의자 어느 누구도 자백하지 않으면 어떻게 되는가에 대한 질문을 받았을 때, Morse는 약간의 벌금이 부과될 것이고 이 경우에 각 용의자는 적어도 1년의 감옥생활을 할 것이라고 말하였다.

Jacoby와 Myers가 가지고 있는 두 가지 가능한 행동인 자백하는 것과 자백하지 않는 것을 사용하여 이 게임의 보수행렬을 작성하고, 두 용의자들 간에 이루어지는 게임의 내쉬균형을 구하시오.

지난 30년 동안 경제학자들은 죄수의딜레마 논리를 해결할 수 있는 명확한 방법이 있다는 것을 알게 되었다. 그 비결은 기업이 정적인 쿠르노와 베르트랑 모델보다 더 역동적인 관점에서 전략적 상호작용을 바라보는 것이다. 즉, 기업은 상호작용이 시간이 지남에 따라 반복될 가능성이 높다는 점을 인식해야 한다. 이를 통해 기업은 한 기간의 선택이 현재뿐만 아니라 미래 기간의 결과에도 어떤 영향을 미칠지 고려할 수 있다. 이렇게 수정하면 담합 합의의 당사자인 기업들이 합의를 준수함으로써 "좋은" 행동을 보상하고, 카르텔의 붕괴를 보장함으로써 "나쁜" 행동을 처벌하는 것이 가능해진다. 그러나 이러한 전략을 이해하기 위해서는 동시 시장 상호작용이 여러 차례 반복되는 반복게임이라고 하는 것을 분석할 필요가 있다. 한 기간에서 여러 기간으로 이동함으로써 우리는 게임의 규칙을 바꾸고 있다.

14.2 반복게임

표 14.3(a)의 게임을 참고하라. 독점 산출량을 생산하기 위한 두 기업 간의 담합은 단일 기간 게임에 대한 내쉬균형이 아니라는 점에서 지속 가능하지 않다. 이제 기업 2가 기업 1과의 상호작용이 몇 번, 어쩌면 여러 번 일어날 것이라는 것을 알고 조금 앞을 내다본다고 가정해 보겠다. 더 나아가 기업 1이 기업 2가 협력하는 한 협조적으로 플레이하겠다고 밝혔지만, 기업 2가 결함을 보이면 기업 1은 다시는 협력하지 않을 것이라고 가정해 보겠다. 이 경우 기업 2는 다음과 같이 계산할 수 있다: "내가 카르텔을 속이면 내 수익은 2,025달러까지 올라가고 일회성 수익이 225달러 증가한다. 하지만 카르텔이 무너지고 비협조적인 쿠르노 균형으로 돌아가면 기간당 1,600달러의 수익이 발생하므로 처음부터 속임수를 쓰지 않았을 때보다 기간당 200달러의 수익이 줄어든다. 속임수를 쓸 가치가 있을까?"

정답은 '아니오'일 가능성이 높다. 기업 2가 미래 이익을 할인하는 방법과 기업 1의 처벌이 실제로 얼마나 신뢰할 수 있는지에 따라, 불공정 행위로 인한 한 기간의 짧은 이익 225달러는 이후 매 기간마다 200달러의 손실로 상쇄될 수 있다. 실제로 이것이 사실인지 여부, 즉 기업 2의 협조가 완전히 합리적인지는 아직 지켜봐야 한다. 그럼에도 불구하고 정적인 한 주기 게임에서 반복되는 게임으로 전환하면 협력적 카르텔 행동의 수익성을 극적으로 높이는 방식으로 기업의 생각이 바뀔 수 있다는 것을 알 수 있다. 기업 간의 시장 상호작용이 여러 기간에 걸쳐 지속되면 카르텔구성원이 이탈자에게 보복할 수 있는 가능성이 실제로 존재한다. 잠재적 이탈자들은 이러한 보복을 합리적으로 예상할 수 있기 때문에 이러한 처벌 위협은 비협조적인 행동이 시작되기 전에 이를 중단시키는 억지력이 된다.

반복되는 게임에 대한 전략의 공식적인 설명은 현재와 미래의 행동이 과거의 행동에 조건부이기 때문에 매우 복잡하다. 즉, 기업의 현재 행동은 이전 게임 플레이에서 어떤 일이 일어났는지에 따라 결정적으로 달라진다. 복잡성이 얼마나 빠르게 증가하는지 알기 위해 표 14.3(a)의 간단한 쿠르노 게임을 생각해 보겠다. 스테이지 게임이라고 부르는 이 게임을 세 번 연속으로 플레이한다고 가정해 보겠다. 첫 번째 라운드가 끝날 때 네 가지 가능한 결과, 즉 네 가지 가능한 기록이 있다. 두 번째 라운드가 끝나면 16개의 가능한 게임 기록, 즉 각 1라운드 결과에 대한 4가지의 2라운드 결과가 나온다. 3라운드가 되면 64개의 게임 기록이 가능하며, 이는 각 라운드에서 가능한 행동이 두 가지인 플레이어가 두 명만 있다고 가정한 것이다. 공식적으로 말하자면, 전략은 그 시점까지의 정확한 게임 기록에 따라 각 라운드에서 플레이어의 행동 방식을 정의해야 하므로, 반복되는 게임을 고려할 때 발생하는 복잡성은 엄청나다.

다행히도 우리가 사용할 수 있는 몇 가지 지름길이 있다. 이와 관련하여 중요한 개념은 내쉬균형이라는 친숙한 개념이다. 몇 가지 핵심 원칙을 명심하면 반복되는 게임의 내쉬균형 또는 평형을 비교적 빠르게 파악할 수 있다. 쿠르노 예시를 통해 이를 가장 잘 설명할 수 있다.

이 게임을 한 번 플레이했을 때 유일한 균형은 두 회사 모두 결함이 있는 것이다. 이를 "원샷" 평형 *one-shot equilibrium* 이라고 한다. 우리의 관심은 두 회사가 서로 반복해서 상호작용할 때 어떤 일이 일어나는지 보는 것이다. 우리는 상호작용이 유한한 (어쩌면 많은) 기간 동안 반복되는지 아니면 무한정 계속되는지가 핵심 요소임을 보여줄 것이다. 즉, 반복되는 게임을 (1) 반복 횟수가 유한하고 *담합 가능성이 있는 기업에게 알려진 경우*와 (2) 반복 횟수가 무한한 경우의 두 가지로 구분할 수 있다.

14.2.1 유한반복게임

어느 상황에서 기업들이 상호작용하는 기간의 수가 유한하고 이것이 *담합 기업들에게 알려져 있다*고 가정하는 것이 합리적인가? 적어도 세 가지 상황이 제시될 수 있다. 첫째, 기업들이 석유 또는 천연가스와 같이 소진될 수 있고 재생 불가능한 자원을 사용하는 상황이 이러한 상황이 될 수 있다. 둘째, 기업들이 특허에 의해 보호되는 독점적 지식을 가지고 시장에서 조업하는 상황이 이러한 상황이 될 수 있다. 모든 특허는 20년이라는 한정된 기간 동안 부여되기 때문에 특허 만료일은 많은 신규진입자가 등장하고 협력이 중단되는 시점이 될 수 있다. 예를 들어, 항정신병 약물인 *자이프렉사*와 *세로퀠*은 최근 조현병, 조울증 및 기타 중증 정신 질환 치료 시장을 장악하고 있다. 새로운 경쟁자로부터 특허를 보호받고 있는 이 두 약품의 제조사(일라이 릴리와 아스트라제네카)는 독과점자 역할을 하며 암묵적 담합을 할 수도 있다. 특허가 만료되고 신규진입자가 이들 회사의 이익을 빼앗아 경쟁할 수 있게 되면 이러한 가능성은 훨씬 줄어들게 된다.

마지막으로, 전통적으로 게임의 플레이어들은 기업들이라고 여기지만, 사실은 제품을 만들거나 가격결정을 하는 것은 궁극적으로 개인들이다. 일반적으로 경영진은 유한한 기간 동안만 활동한다. 시장에서 상호작용하는 기업들에서 경영진의 주요한 변화가 있을 때 주어진 게임이 종료될 가능성이 있다. 종종 이러한 게임의 종료시점이 예상되기도 한다.

1회 게임에서 발생하는 일은 반복의 수가 유한한 반복게임에서 발생할 수 있는 일에 대해 매우 중요한 실마리를 제공해준다. 결국, 기간 게임은 가장 유한한 게임이다. 주어진 쿠르노 수량 게임을 1기간으로부터 2기간으로 간단하게 확장하고 두 기간 유한반복게임에서 무엇이 균형이 되는지를 살펴보도록 하자.[6] 이 경우 두 기간 반복게임은 각 라운드에서 1회 게임과 같은 비협조적 결과가 균형이 된다. 그 이유를 이해하기 위해, 다음과 같은 기업 1의 전략을 생각해보자.

첫 번째 라운드: 협조한다.
두 번째 라운드: 기업 2가 첫 번째 라운드에서 협조하면 협조하고, 협조하지 않는다면 이탈한다.

이러한 전략의 배후에 있는 아이디어는 매우 명백하다. 두 기업은 우호적인 분위기에서 다정하게 출발한다. 만일 첫 번째 라운드에서 기업 2가 협조하면, 두 번째 라운드에서 기업 1은 계속해서 협조한다. 그러나 기업 2가 첫 번째 라운드에서 기업 1의 초기 협조에 보답하지 못하면 기업 1은 두 번째 라운드에서 "장갑을 벗고" 반격에 나서도록 "트리거"를 작동시킨다. 이러한 이유로 이러한 종류의 전략을 "트리거" 전략이라고 한다.

이러한 전략의 문제점은 앞의 장들에서 이미 논의하였던 약탈적 위협처럼 기본적으로 신뢰성 문제에 직면해 있다는 것이다. 그 이유를 살펴보기 위해, 기업 2가 첫 번째 라운드에서 협조하기로 선택한다고 하자. 이제 기업 1과의 두 번째이자 마지막 상호작용의 시작시점에서 기업 2의 입장을 생각해보자. 이 시점까지 게임의 역사는 두 기업이 첫 번째 라운드에서 협조적 행위를 선택했다는 것이다. 더욱이 기업 2는 기업 2가 첫 번째 라운드에서 협조하였기 때문에 기업 1은 두 번째 라운드에서 계속해서 협조할 것이라는 기업 1의 약속을 가지고 있다. 그러나 이러한 약속은 전혀 가치가 없다. 마지막 라운드의 보수행렬을 고려해볼 때, 기업 2는 기업 1의 약속에 관계없이 마지막 라운드에서 기업 1의 우월전략이 협조하지 않는 것이라는 것을 알아차릴 수 있다. 이것이 기업 1의 약속을 의미 없게 만든다. 그러나 기업 2는 약속을 지키지 않는 것에 대해 기업 1을 벌주기 위해 할 수 있는 일이 아무것도 없다. 왜냐하면 기업 1을 벌주기 위한 세 번째 라운드가 존재하지 않기 때문이다. 따라서 기업 2는 마지막 라운드에서 기업 1이 비협조적 행위를 채택할 것이라고 합리적으로 예상하여야 한다.

기업 2는 마지막 라운드에서 기업 1의 협조적 전략을 신뢰할 수 없다는 것, 즉 서브게임 완전성을 가지고 있지 않다는 것을 발견하였다. 게임의 마지막 라운드는 완전 게임의 서브게임이고 마지막 라운드에서 기업 1의 협조적 전략은 마지막 기에서 내쉬균형의 구성 부분이 될 수 없

6 게임이 두 개의 시장 기간 동안 지속되더라도 두 번째 기간의 수익은 할인되지 않는다고 가정하겠다. 즉, 할인율 $R = 1$ 또는 이에 상응하는 이자율 $r = 0\%$라고 가정하겠다. 2장에서 할인에 대한 논의를 참조하시오.

다. 첫 번째 라운드에서 발생된 것에 관계없이, 기업 1은 마지막 라운드에서 비협조적 행위를 채택할 것이라고 예상할 수 있다. 물론 기업 1의 관점에서 보아도 이러한 일이 성립한다. 마지막 라운드에서 기업 2의 전략도 마찬가지로 협조하지 않는 것이다. 간단히 말해, 두 기업은 두 번째 라운드에서 유일한 합리적 결과는 비협조적 균형이라는 것을 알고 있다. 이러한 비협조적 균형에서 각 기업은 $1,600의 이윤을 번다.

마지막 라운드에서 우리가 발견하는 균형은 2기간이 아닌 여러 기간, 예를 들어 10기간 또는 100기간이라는 긴 기간에 나타나는 균형의 한 부분일지도 모른다는 생각이 들 수 있다. 그러나 당신이 체인점 역설로부터 배운 것처럼, 마지막 라운드의 결과는 직접적으로 전체 게임의 해로 연결될 수 있다. 다시 주어진 두 기간 반복게임을 생각해보자. 첫 번째 라운드에서 기업 1은 기업 2의 첫 번째 라운드 전략이 협조하지 않는 것이라는 것을 알고 있다. 첫 번째 라운드에서 기업 2의 비협조적 행동을 단념시키기 위해 기업 1이 할 수 있는 유일한 방법은 기업 2가 오늘 협조하면 기업 1이 미래에도 협조할 것이라고 약속하는 것이다. 그러나 이러한 약속은 신뢰할 수 없다. 기업 1이 아무리 열정적으로 오늘 협조한 대가로 내일 협조할 것이라고 약속하느냐에 관계없이, 기업 2는 내일이 실제로 오면 기업 1은 협조하지 않을 것이라는 것을 알고 있다. 따라서 기업 2를 설득하여 첫 번째 라운드에서 기업 2의 비협조적 행동을 단념시키고자 하는 기업 1의 유일한 희망은 사라지게 된다.

대칭적인 상황은 기업 1의 협조를 유도하고자 하는 기업 2의 희망에 대하여도 같은 논리가 적용된다는 것을 의미한다. 따라서 전체 게임의 서브게임 완전성을 가진 균형을 알아낼 수 있다. 즉, 두 기업 각각은 첫 번째 기와 두 번째 기 *모두*에서 비협조적 전략을 채택한다는 것이다. 달리 말해, 두 기간 반복게임의 결과는 기간 게임에서 관측되는 결과와 동일한 결과가 반복되는 것과 같다.

14.2 ▸ 실습문제

앞의 예를 다시 생각하면서 두 기업 간의 상호작용이 3기간으로 확장된다고 가정하자. 마지막 기에서의 결과는 어떻게 나타날까? 이것은 두 번째 기에서 협조해야 하는 인센티브에 대하여 무엇을 제시하는가? 만일 두 기업이 두 번째 기 또는 세 번째 기에서 협조가 없을 것이라고 믿으면, 두 기업은 첫 번째 기에서 협조할 것인가?

이제 게임이 두 기간을 갖는 예에서 서브게임 완전성을 가진 균형이 발견되었다. 그러나 실습문제 14.2가 보여주는 것처럼, 같은 방식의 논리가 게임이 두 기간, 세 기간, 또는 임의의 유한 수의 기간, 즉 T 기간 동안 이루어지는 게임의 해를 구하기 위해 적용될 수 있다. 이 모든 경우에 마지막 기에서 협력적 전략은 서브게임 완전성을 가지지 못한다. 따라서 이러한 협조적 전략은 최종적인 균형의 구성 부분이 될 수 없다. 마지막 기에서 각 기업은 항상 그 시점까지 게임의 역사와 관계없이 비협조적 전략을 선택한다. 그러나 이것은 동일한 비협조적 행위가 또한 끝에서 두 번째 기, 즉 $T - 1$기에서도 이루어져야 한다는 것을 의미한다. 기업 1 또는 기업 2가 $T - 1$기에 협조하도록 유도할 수 있는 유일한 방법은 미래에도 경쟁기업이 계속해서 협조할 것이라고 약속하는 것이다. 그러나 이러한 약속은 신뢰할 수 없기 때문에, 두 기업은 $T - 1$기에 비협조적 전략을 선택한다. 달리 말해, 마지막 두 기 중 어느 기에서도 협조적 전략은 최종적인 균형의 구성 부분이 될 수 없다. 이러한 논리에 의하면 세 기간 게임은 경기자들이 단순히 1회 내쉬균형을 세 번 반복하는 게임일 수밖에 없다.

*T*가 더 큰 값을 가지는 경우에도 이러한 논리는 반복해서 적용된다. 따라서 결과는 게임의 기간이 유한하고 알려져 있는 한, 게임이 몇 라운드 시행되든지에 관계없이 각 기의 균형은 1기 게임의 내쉬균형과 같다는 것이다. 1회 내쉬균형이 *T*번 반복될 뿐이다. 각 기업은 모든 기에서 비협조적 전략을 선택한다.

이러한 결과는 결코 특별한 경우가 아니다. 이는 노벨경제학상 수상자인 Reinhard Selten(1973)에 의해 처음으로 증명된 일반 정리를 보여주는 예이다.

> Selten의 정리: 만일 유일한 해를 가지고 있는 게임이 유한한 기간 동안 반복적으로 이루어지면, 이러한 게임의 해는 이러한 균형이 매기에 반복되는 것이다. 유일한 내쉬균형을 가진 게임이 유한한 기간 동안 반복되는 것이 반복게임의 내쉬균형이다.[7]

게임이론적 분석틀에서 보면 게임을 반복하는 것은 게임의 역사에 한 가지 요소를 추가하는 것과 같다. 경기자들이 반복해서 서로 마주칠 때, 그들은 이전 기간들에서 이루어진 경기자들의 행위에 따라서 오늘의 행동을 결정하는 전략을 채택할 수 있다. 여기에 보상과 벌의 요소가 작동할 수 있다. Selten의 정리가 보여주는 것은 1회 게임의 유일한 내쉬균형이 반복적으로 성립하는 유한반복게임에서는 보상과 벌이 역할을 하지 않는다는 것이다.

14.2.2 무한반복게임

위에서 언급했듯이 유한반복이라는 가정이 매우 합리적이며 따라서 Selten의 정리가 적용되는 상황도 있다. 그러나 많은, 어쩌면 대부분의 상황에서 기업은 무한한, 더 정확하게는 무한한 수명을 가진 것으로 간주하는 것이 더 낫다. 구글이 영원히 지속되지는 않겠지만, 이 거대한 통신회사 내부나 외부에서 구글이 지금부터 *T*기간이 지난 후 언제쯤 존재하지 않게 될지 아는 사람은 아무도 없다. 따라서 모든 사람이 최종 시기를 확실하게 알고 있다고 가정하는 것은 지나치게 강한 가정일 수 있다. 더 가능성이 높은 상황은 특정 기간이 지나면 플레이어들이 게임이 한 라운드 더 지속될 확률을 긍정적으로 보는 경우이다. 따라서 기업은 게임이 영원히 지속되지 않는다는 것을 이해하지만, 특정 기간을 마지막 기간으로 예상할 수는 없다.

왜 이것이 중요한가? 게임의 유한반복은 쿠르노 수량 게임 또는 베르트랑 가격 게임에서 협조를 발생시키지 않을 것이라는 것을 보이기 위해 사용하였던 논리를 다시 생각해보자. 협조적 전략은 마지막 기 *T*에서 균형이 아니고, 따라서 $T-1$기에서도 균형이 아니고, 따라서 $T-2$기에서도 균형이 아니다. 게임이 무한히 또는 무기한 반복되는 경우에는 *마지막 기가 알려져 있지 않기 때문에* 이러한 논리는 성립하지 않는다. 라운드가 한 번 더 계속될 확률이 존재하는 한, 다음 라운드에서 협조적으로 경기가 이루어질 것이라고 기대할 이유가 존재하게 되고, 따라서 현재 기에서 협조할 이유가 존재하게 된다. 이러한 협조의 동기가 이탈의 단기적 이득을 극복하기에 충분할 만큼 강한가 또는 보상과 벌의 수단에 의해 협조하려는 동기가 만들어질 수 있는가는 아래에서 논의하는 요인들에 달려 있다. 우리는 전략적 상호작용이 무기한 계속될 것이라는 가

7 공식적인 증명은 예를 들어 Eichberger(1993)에 제시되어 있다.

능성이 존재하는 경우, 현실에서 담합이 성공할 가능성도 더 높아질 것이라는 것을 보게 될 것이다.

무한반복게임에 대한 공식적 분석을 진행해 나가는 데 있어서 먼저 기업은 무한 기간의 이윤 흐름의 가치를 어떻게 평가하는지를 고려해야 한다. 그 대답은 간단하다. 기업은 임의의 기에 발생하는 기대현금흐름에 할인율 R을 곱하여 기대현금흐름의 현재가치를 구하면 된다. 기업이 각 기에 자신의 이윤이 π가 될 것이라는 것을 알고 있다고 하자. 또한 기업은 각 기에 시장 상호작용이 다음 기에도 계속될 확률이 p라는 것을 알고 있다고 하자. 0기로부터 시작하여 1기에 도달할 확률은 p이고, 2기에 도달할 확률은 p^2이고, 3기에 도달할 확률은 p^3이고, . . . , t기에 도달할 확률은 p^t이다. 따라서 기업이 실제로 t기에 얻을 것으로 기대되는 이윤은 $p^t \pi$이다.

이제 기업의 할인율이 R이라고 가정하자. 이러한 이윤 흐름의 기대 현재가치 *expectedpresent value* 는 다음과 같다.

$$V(\pi) = \pi + pR\pi + (pR)^2\pi + (pR)^3\pi + \ldots + (pR)^t\pi + \ldots \qquad (14,1)$$

$V(\pi)$를 구하기 위해 간단한 방법을 사용하자. 식 (14.1)을 다음과 같이 다시 쓸 수 있다.

$$V(\pi) = \pi + pR\left(\pi + pR\pi + (pR)^2\pi + (pR)^3\pi \ \ldots + (pR)^t\pi + \ldots\right) \qquad (14.2)$$

이제 괄호 안에 있는 항은 바로 식 (14.1)에 나타낸 $V(\pi)$이기 때문에 식 (14.2)는 다음과 같이 다시 쓸 수 있다.

$$V(\pi) = \pi + pRV(\pi)$$

이것을 $V(\pi)$에 대하여 풀면

$$V(\pi) = \frac{\pi}{1 - pR} = \frac{\pi}{1 - \rho} \qquad (14.3)$$

이고, $\rho = pR$은 "확률조정" 할인요소 *probability-adjusted discount factor* 라고 생각할 수 있다. 이것은 이자율을 반영하는 할인율과 시장 상호작용이 한 기로부터 다음 기까지 계속해서 이루어질 확률을 곱한 것이다.

위에서 언급한 것처럼 반복은 전략 수립에 있어 역사가 역할을 할 수 있게 해준다. 실제로 유한반복게임에서는 작동하지 않는 트리거 전략의 많은 변형이 무한반복게임에서는 작동한다. 우리는 이 중 가장 단순한 방식인 각 플레이어가 지금까지의 게임 기록에서 이탈자가 나타나지 않는 한 모든 플레이어가 합의한 협동 행동을 하겠다고 약속하는 방식에 초점을 맞추고 있다. 그러나 한 플레이어라도 합의에서 이탈하면 트리거 전략 플레이어는 원샷 내쉬균형으로 영원히 되돌아가겠다고 약속한다.

베르트랑과 쿠르노 사례에 대한 간단한 독과점 예시를 다시 생각해 봅시다.[8] 두 회사가 π^M(두 회사의 이익을 합친 독점 이익의 각각 절반)을 얻는 가격담합 계약을 맺었다고 가정해 보겠다. 각 기업은 이 합의에서 최적으로 벗어날 경우 해당 기간 동안 π^D의 이익을 얻을 수 있다는 것을 알고 있다. 마지막으로, 각 기업의 내쉬균형 이윤은 π^N이다. 표 14.3의 쿠르노와 베르트랑의 예에서 $\pi^D > \pi^M > \pi^N$임을 알 수 있다.

8 이러한 분석은 아래에서 살펴보는 것처럼 n개 기업으로 구성된 과점으로 일반화될 수 있다.

이제 다음 트리거 전략을 생각해 봅시다:

0기: 협조한다.
t > *1기*: 두 기업이 모든 이전 기에서 협조했으면 협조한다. 어느 경기자가 임의의 이전 기에서 이탈하였으면 영원히 내쉬균형으로 돌아간다.

이 전략을 따르는 라이벌은 다음과 같은 선택에 직면하게 된다. 계속 협력하여 π^M을 획득하거나, 협력 플레이에서 이탈하여 한 기간 동안은 π^D를 획득하지만 이후 모든 기간에는 π^N만 획득하는 것이다. 이탈하면 경쟁사는 다음 기간에 영구적으로 비협력 균형으로 이동하게 된다.

이러한 이득과 손실을 비교할 수 있는 유일한 방법은 이러한 이득과 손실의 현재가치를 비교하는 것이다. 계약 준수에 따른 이익의 현재가치는 공식 (14.3)을 사용하여 계산할 수 있다.

$$V^C = \pi^M + \rho\pi^M + \rho^2\pi^M + \ldots = \frac{\pi^M}{1-\rho} \tag{14.4}$$

반대로, 만약 이탈했을 때 기업 2의 현재가치는 다음과 같다.

$$\begin{aligned} V^D &= \pi^D + \rho\pi^N + \rho^2\pi^N + \rho^3\pi^N + \ldots \\ &= \pi^D + \rho[\pi^N + \rho\pi^N + \rho^2\pi^N + \ldots] = \pi^D + \frac{\rho\pi^N}{1-\rho} \end{aligned} \tag{14,5}$$

$V^C > V^D$이면, 카르텔을 속이는 것이 이익을 발생시키지 않기 때문에 카르텔은 *자체적으로* 유지된다. 다음의 조건이 성립하면, $V^C > V^D$이다.

$$\frac{\pi^M}{1-\rho} > \pi^D + \frac{\rho\pi^N}{1-\rho} \tag{14.6}$$

식 (14.6)의 양변에 $(1-\rho)$를 곱하고 단순화시키면 다음과 같다.

$$V^C > V^D \Rightarrow \pi^M > (1-\rho)\pi^D + \rho\pi^N \Rightarrow \rho(\pi^D - \pi^N) > \pi^D - \pi^M$$

달리 말해, 카르텔로부터의 이탈에 대해 보상이 주어지지 않기 때문에 카르텔 협약을 자발적으로 준수하게 되는 ρ의 임계값은 다음과 같이 구해질 수 있다.

$$\rho > \rho^* = \frac{\pi^D - \pi^M}{\pi^D - \pi^N} \tag{14.7}$$

식 (14.7)에는 단순한 직관이 깔려 있다. 카르텔을 속이는 것은 $\pi^D - \pi^M$의 즉각적인 1기 이득을 발생시킨다. 그러나 다음 기를 시작으로 하여 계속하여 그 이후 모든 기에서 속인 것에 대한 벌은 $\pi^M - \pi^N$의 이윤 상실이다. 이러한 손실의 현재가치는 $(\pi^M - \pi^N)/(1-\rho)$이다. 부정 행위로 인한 이익이 실현되는 현재 시점의 현재가치는 $\rho(\pi^M - \pi^N)/(1-\rho)$이다. 만일 이득의 현재가치가 손실의 현재가치보다 적으면, 즉 $\pi^D - \pi^M < \rho(\pi^M - \pi^N)/(1-\rho)$이면 카르텔을 속이는 일이 발생하지 않을 것이다. 이 조건이 식 (14.7)과 동일한 것이라는 것을 보이는 것은 쉽다. $\pi^D > \pi^M > \pi^N$이기 때문에 $\rho^* < 1$이다. 따라서 ρ^*를 초과하는 *카르텔이 유지될 수 있는 확률조정 할인요소* probability-adjusted discount factor *ρ가 항상 존재한다.*

표 14.3에 제시되어 있는 두 가지 예를 생각해보자. 베르트랑의 경우에는 $\pi^D = 3{,}600$, π^M

$= 1{,}800$, $\pi^N = 0$이다. 베르트랑복점 기업이 카르텔을 유지할 수 있는 조정 할인요소은 $\rho_B^* = 0.5$이다. 쿠르노의 경우에 $\pi^D = 2{,}025$, $\pi^M = 1{,}800$, $\pi^N = 1{,}600$이다. 이 값들을 식 (14.7)에 대입하면, 이 수준을 초과하면 쿠르노복점 기업들이 그들의 카르텔을 유지시킬 수 있는 확률조정 할인요소의 임계값이 $\rho_C^* = 0.529$이다. 실습문제에서는 이러한 확률조정 할인요소의 임계값들이 선형 수요함수와 일정하고 동일한 한계비용을 가지는 쿠르노복점 또는 베르트랑복점의 경우에 항상 존재한다는 것을 증명해야 한다.

쿠르노 게임을 하는 두 기업이 그들의 상호작용이 항상 확실성을 가지고, 즉 $p = 1$을 가지고 반복될 것이라고 믿는다고 하자. 이 경우, 확률조정 할인요소의 임계값 ρ_C^*는 할인요소 $R = 0.529$와 일치한다. 즉 $p = 1$이면, 이자율 r이 89%를 초과하지 않는 한 어느 기업도 이탈하지 않을 것이다. 이제 두 기업이 그들의 상호작용이 한 기로부터 다음 기로 지속될 확률을 60%, 즉 $p = 0.6$이라고 인지한다고 하자. 이 경우 순수 할인요소 $R > 0.529/0.6 = 0.882$일 때에만 카르텔은 자체적으로 유지된다. 즉, 담합이 성공적으로 존재하기 위해서는 이자율 r이 14.4%를 초과해서는 안 된다. 이것은 더 제한적인 요구조건이다. 이 예는 일반적인 결과에 대해 말해주고 있다. 즉 기업들이 계속해서 상호작용할 확률이 크고 이자율이 낮을수록 카르텔이 무한히 유지될 가능성이 더 높아진다.

14.3 ▶ 실습문제

복점을 가정하고 시장수요곡선이 $P = A - bQ$라고 하자. 또한 두 기업은 동일한 한계비용 c를 가지고 있다고 하자. 다음이 성립하는 것을 보이시오.

a. 만일 두 기업이 생산량으로 경쟁하면, 담합이 유지되기 위해서는 확률조정 할인요소는 $\rho_C^* \geq 0.529$를 충족시켜야 한다.
b. 만일 두 기업이 가격으로 경쟁하면, 담합이 유지되기 위해서는 확률조정 할인요소는 $\rho_B^* \geq 0.5$를 충족시켜야 한다.

14.3 전승 정리와 담합을 용이하게 하는 요인들

지금까지의 분석은 기업의 수가 두 개 이상인 경우로 쉽게 확장될 수 있다. 이러한 작업을 위해 해야 할 일은 각 기업에 대하여 $\pi^D > \pi^M > \pi^N$을 구하고 각 기업의 확률조정 할인요소의 임계값을 구하기 위해 이 값들을 식 (14.7)에 대입하는 것이다.

14.3.1 전승 정리(Folk theorem)

그러나 위에서 설명한 트리거 전략의 일반적인 적용에도 불구하고 그 성공을 보장하기는 어렵다. 우선, 모든 트리거 전략은 카르텔 계약에 대한 부정행위가 신속하게 적발되고 처벌이 신속하게 이루어진다는 가정에 기반을 두고 있다. 반대로 부정행위자에 대한 적발과 처벌에 시간이 걸린다면, 카르텔을 이탈한 기업이 더 오랜 기간 동안 이익을 누릴 수 있고 이로 인해 이탈 유인이 높아지기 때문에 카르텔을 유지하는 것이 더 어려워진다.

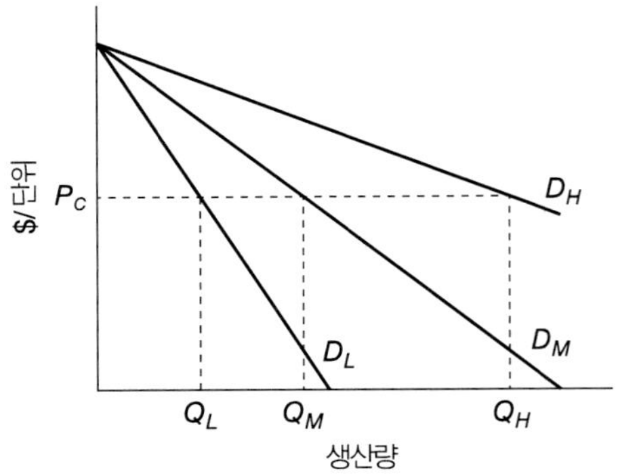

그림 14.1 불확실한 수요에 따른 카르텔 유지

수요가 불확실하고 D_M의 평균을 기준으로 D_L과 D_H 사이에서 변동하는 경우, 카르텔 회원은 생산량의 변동이 시장의 정상적인 변동인지 아니면 다른 카르텔 회원의 부정행위의 결과인지 알 수 없다.

이와 관련된 또 다른 문제는 위에서 사용한 트리거 전략이 불확실성과 잘못된 커뮤니케이션이 존재하는 세상에 너무 가혹하고 관용적일 수 있다는 점이다. 예를 들어, 그림 14.1과 같이 시장수요가 알려진 범위 내에서 변동하고 카르텔이 가격 P^C를 설정하기로 합의했거나 해당 시장가격으로 이어지는 생산 쿼터에 합의했다고 가정해 보겠다. 이 설정에서 매출 감소를 관찰한 카르텔 기업은 이러한 감소가 파트너 중 한 기업의 부정행위 때문인지 아니면 예상치 못한 수요 감소 때문인지 알 수 없다. 하지만 앞서 논의한 간단한 트리거 전략 하에서 기업은 신속하고 영구적으로 보복 행동으로 전환해야 한다. 나중에 파트너가 결백하고 불필요하게 가격 전쟁을 일으켰다는 사실을 알게 된다면 분명히 후회하게 될 것이다.[9]

일반적으로 트리거 전략의 사용에 대한 이러한 장애물은 중요하지만 원칙적으로 극복할 수 있다. 적발과 처벌이 신속하지 않더라도 확률적 할인율이 충분히 크다면, 즉 기업들이 협력을 통해 얻을 수 있는 미래의 독점적 이익에 충분히 큰 비중을 둔다면 여전히 효과적일 수 있다. 마찬가지로, 불확실성 문제는 수정된 트리거 전략을 채택함으로써 해결할 수 있다. 예를 들어, 매출이나 가격이 합의된 범위를 벗어난 경우에만 보복 조치를 취할 수 있다. 즉, 경미한 위반에 대해서는 보복 조치를 취하지 않는 것이다. 다른 수정안은 경미한 위반을 포함한 모든 위반이 관찰된 후 신속하게 처벌을 부과하되 처벌 기간을 한정된 기간으로 제한하는 것이다. 따라서 "$\tau \geq 1$ 기간 동안 합의에서 벗어날 경우 내쉬균형으로 전환하지만 그 이후에는 합의된 협력 전략으로 복귀합니다."라는 형식의 트리거 전략을 구상할 수 있다. 이 접근 방식은 무고한 카르텔구성원을 잘못 처벌할 수 있지만, 처벌 기간을 제한함으로써 나중에 카르텔을 재건할 수 있도록 허용한다.

요점은 무한히 반복되는 게임에서 카르텔 합의를 지속할 수 있는 다양한 트리거 전략이 존재한다는 것이다. 실제로 어떤 면에서는 너무 많다고 할 수 있다. 이 점은 무한반복게임에 대한

9 불확실한 수요로 인해 탐지가 어려운 과점적 행동에 대한 두 가지 다른 관점을 Green Porter(1984)와 Rotemberg, Saloner(1986)에서 찾아볼 수 있다.

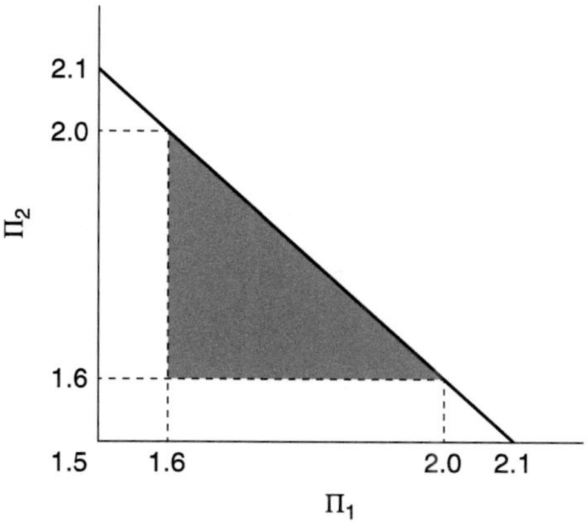

그림 14.2 전승 정리

음영 영역의 수익 분배는 통일성에 충분히 근접한 일부 할인요소에 대한 트리거 전략으로 지원할 수 있다.

전승 정리(Friedman 1971)로 알려진 다음과 같은 정리를 통해 명확히 알 수 있다.[10]

> *전승 정리*(*Folk theorem*): 무한반복게임이 각 기업과 모든 기업에 대하여 1회 내쉬균형 보수를 초과하는 보수 집합을 가지고 있다고 하자. 이 경우 할인요소가 1에 매우 가까우면, 모든 기업들이 내쉬균형에서의 보수보다 더 선호하는 보수 집합이 반복게임의 서브게임 완전성을 가진 균형이 될 수 있다.

우리의 쿠르노 예를 사용하여 전승 정리를 예시해볼 수 있다. 두 기업이 그들의 결합이윤을 극대화하기 위해 담합하면, 그들은 $3,600의 이윤을 공유한다. 두 기업이 비협조적으로 행동하면, 그들은 각각 $1,600의 이윤을 얻는다. 전승 정리에 의하면 각 기업이 $1,600 이상이면서 $3,600를 초과하지 않는 이윤을 발생시키는 카르텔 협약은 적어도 원칙적으로는 무한반복게임의 서브게임 완전성을 가진 균형이 될 수 있다고 것이다. 주어진 예에서 그림 14.2에서 음영으로 표시된 영역이 유지 가능한 카르텔에서 각 기업이 벌 수 있는 이윤들의 범위를 보여준다.

여기서 한 가지 지적할 사항이 있다. 전승 정리는 기업들이 독점기업이 버는 것과 같은 총 산업 이윤을 항상 달성할 수 있다는 것을 제시하는 것이 아니다. 전승 정리는 단순히 기업들은 비협조적 쿠르노-내쉬균형 또는 비협조적 베르트랑-내쉬균형보다 더 좋은 결과를 얻을 수 있다는 것을 제시한다. 독점을 정확하게 복제하는 것이 가능하지 않을 수 있는 이유는 독점은 한계비용과 비교하여 상대적으로 항상 가장 높은 가격을 발생시키기 때문이다. 이렇게 높은 가격에서 카르텔 회원은 누구라도 카르텔 협약으로부터 약간의 이탈만 하여도 상당한 단기 이윤을 벌 수 있다. 따라서 독점 결과를 복제하는 것은 카르텔 회원들에게 확률조정 할인요소가 상당히 크지 않으면 카르텔을 속이려는 엄청난 인센티브를 준다. 그러나 독점 결과로부터 이탈하려는 인센티브가 존재한다는 것이 카르텔이 유지될 수 없다는 것을 의미하는 것은 아니다. 기업들은

10 "전승 정리(Folk theorem)"라는 용어는 Friedman이 공식적인 증명을 하기 전에 이 정리가 오랜 기간 동안 게임이론에서 "민간전승(folklore)" 또는 구술전승(oral tradition)의 한 부분이었다는 사실에서 연유한 것이다.

산업이 발생시킬 수 있는 최대로 가능한 이윤을 얻을 수는 없을지라도 여전히 유지 가능한 카르텔 협약을 통하여 비협조적 균형에서 보다 더 높은 이윤을 벌 수 있다. 이것이 전승 정리가 제시하는 것이다.

14.3.2 담합을 조장하는 요인

요약하자면, 전승 정리에 따르면 담합은 항상 두 가지 조건이 충족될 때만 가능하다고 한다. 첫째, 확률적 할인계수가 단일성에 충분히 근접해야 한다. 둘째, 담합이 가능하더라도 담합으로 인한 이익이 비협조적인 결과에 비해 그리 크지 않을 수 있다. 그렇다면 어떤 조건에서 이러한 자격이 중요한지 묻는 것은 당연하다. 즉, 어떤 요인이 성공적이고 수익성 있는 담합을 가능하게 할까?

담합의 성공 가능성을 높이는 모든 요인을 모두 나열하면 매우 길어지겠지만, 여기서는 특히 중요한 7가지 요인에 집중하고자 한다. 1) 고집중/소수의 기업, 2) 진입장벽, 3) 빈번하고 정기적인 주문, 4) 빠른 시장 성장, 5) 기술 및 비용 유사성, 6) 제품 동질성, 7) 다중 시장 접촉이 바로 그것이다. 각 요소에 대해 차례로 설명한다.

집중된 시장/적은 수의 기업

집중도가 높은 시장에서는 적어도 두 가지 이유로 담합이 발견될 가능성이 더 높다. 첫째, 집중도가 높아지면 일반적으로 임계 확률조정 할인율 ρ^*가 감소한다. 베르트랑 모델[11]을 예로 들어 시장에 동일한 기업이 n개 있다고 가정해 보겠다. 각 기업은 카르텔에 참여할 경우 기간당 이익 π_m/n을, 이탈할 경우 일회성 총독점 이익 π_m을 얻는다. 따라서 다음과 같은 경우 편차는 수익성이 없다.

$$\frac{\pi_m}{n}(1+\rho+\rho^2+\ldots)=\frac{\pi_m}{n(1-\rho)}>\pi_m \Rightarrow \frac{1}{n}>1-\rho \Rightarrow \rho(n)>1-\frac{1}{n} \quad (14.8)$$

$n = 2$인 경우, 방정식 (14.8)은 앞서 찾은 임계 확률조정 할인율 $\rho^*(2) = 0.5$를 제공한다. 반대로 $n = 4$이면 $\rho^*(4) = 0.75$가 되고, $n = 10$이면 $\rho^*(10) = 0.9$가 된다. 직관적으로 쉽게 알 수 있다. 카르텔에 속한 기업은 다른 카르텔구성원들과 협업을 통해 얻은 이익을 공유해야 한다. 결과적으로 담합에 대한 수익률은 카르텔구성원 수가 증가할수록 감소한다. 반면, 편차에 대한 수익률은 일반적으로 n에 따라 감소하지 않는다. 즉, 편차는 산업 집중도가 떨어질수록, 즉 n이 증가할수록 수익성이 더 높아진다.

Hay와 Kelley(1974)는 집중된 산업에서 카르텔이 성공할 가능성이 높다는 이 명제를 강력하게 뒷받침했다. 1963년부터 1972년까지 미국 법무부가 기소한 62개 카르텔에 대한 이들의 분석은 아래 표 14.4에 요약되어 있다. 이 데이터는 4개 기업 집중 비율과 카르텔 형성 가능성 사이에 직접적인 상관관계가 있음을 보여준다.[12]

11 연습 문제에서는 Cournot 경쟁사에 대해 동일한 분석을 수행하도록 요청받는다.

12 이 중 50개 카르텔에 대해서만 농도 비율을 확인할 수 있었으며, 아래에서 무역 협회의 중요성에 대해 설명한다. Posner(1970)도 참조.

표 14.4 카르텔과 산업 집중도

공모자 수	2	3	4	5	6	7	8	9	10	11 – 15	16 – 20	21 – 25	> 25	합계
사건 건수	1	7	8	4	10	4	3	5	7	5	2	–	6	62
무역 협회	–	–	1	–	4	1	–	1	3	1	1	–	6	18

	4개 회사의 시장집중도비율				
시장 점유(퍼센트)	0 – 25%	25 – 50%	51 – 75%	76 – 100%	합계
사건 건수	3	9	17	21	50

Source: Hay and Kelley (1974)

현실 체크포인트

유럽 카르텔은 완전히 관형적이었다!

본문에서 언급했듯이 2012년 12월 유럽위원회가 부과한 15억 달러의 벌금은 단일 가격담합 벌금으로는 역대 최대 규모이며, 관련 기업에는 LG전자, 필립스, 삼성, 파나소닉, 도시바 등 세계 최대 전자 기업들도 포함되어 있다. 시장 성장이 담합을 촉진한다는 우리의 제안과는 달리 이 사건의 카르텔은 감소하는 시장, 즉 플라즈마 및 액정 디스플레이 기술이 등장하기 전 TV와 컴퓨터 모니터에 사용되던 구식 음극선관(CRT) 시장을 관리하기 위해 형성되었다. 카르텔이 처음 시작된 1996년에도 브라운관 시장은 여전히 강세를 보였지만, 2000~2001년 전반적인 경기 침체와 최신 디스플레이 기술의 사용 증가로 인해 쇠퇴하기 시작했다. 그럼에도 불구하고 카르텔은 최소 5년 이상 더 지속되었으며, 2007년 유럽연합 집행위원회가 두 회사의 사무실과 문서에 대한 불시 조사를 시작하지 않았다면 더 오래 지속되었을 가능성이 높다.

두 카르텔이 성공할 수 있었던 것은 각 카르텔이 보여준 높은 수준의 조직력 때문인 것으로 보인다. 10년 동안 각 회사의 관계자들은 정기적으로 만나 가격을 정하고, 시장점유율과 특정 고객을 할당하고, 각 회사의 생산량과 생산 수준을 설정하고, 기타 민감한 정보를 교환했다. 또한 담합자들은 각 회사의 생산 및 판매량을 검토하고 심지어 서로의 공장을 방문하여 생산량이 제대로 유지되고 있는지 확인함으로써 각 회원사의 합의 준수 여부를 면밀히 모니터링했다.

이러한 이행 회의는 또한 거의 모든 경영진이 신중하게 조율된 계층 구조의 정기 회의에 깊이 관여하는 것을 반영했다. 고위 관리들은 정기적으로 만나 골프 모임에서 합의의 주요 사항을 정했는데, 이 모임은 겉으로 보기에는 가벼운 사교 모임으로 보일 수 있다. 따라서 공모자들은 이러한 최고위급 회의를 "그린(들) 회의"라고 불렀다. 이는 아시아와 유럽에서 월 단위로, 때로는 주 단위로 훨씬 더 빈번하게 열렸던 "유리 회의"라고 불리는 합의 이행을 위한 하위 경영진 회의와 구별되는 특징이다.

"그린" 미팅과 "글래스" 미팅의 참가자들은 모두 이 회의의 목적이 무엇이고 불법이라는 사실을 분명히 알고 있었다. 가격책정 논의를 검토하는 한 문서에는 다음과 같은 명령이 포함되어 있었다: "*생산자들은 생산량 조절을 통해 가격 경쟁을 피해야 한다.*" 또 다른 문서는 다음과 같은 명시적인 경고로 시작되었다: "*고객이나 유럽연합 집행위원회에 공개될 경우 심각한 피해가 발생할 수 있으므로 모두 비밀로 유지해 주시기 바랍니다.*" 다음 지침이 포함된 문서도 다수 있었다: "*다음 문서를 읽은 후 폐기하십시오.*"

앞서 언급했듯이, 이번에 부과된 벌금은 유럽위원회가 가격담합에 대해 부과한 처벌 중 최대 규모이다. 그러나 미국과 달리 유럽위원회는 특정 개인을 형사 고발하거나 개인에게 벌금이나 징역형을 구형할 수 있는 권한이 없다. 많은 변호사와 공공정책 전문가들은 이 점을 유럽 제도의 가장 큰 약점으로 꼽고 있다.

출처: J. Kanter, "Europe Fines Electronics Makers $1.92 Billion," *New York Times* 5 December 2012, B3; and European Commission Press Release, Antitrust, "Commission Fines Producers of TV and Computer Monitor Tubes €1.47 Billion for Two Decade-Long Cartels," http://europa.eu/rapid/press-release_IP- 12-1317_en.htm, December 5, 2012.

유의미한 진입장벽

신규 기업이 카르텔화된 시장에 진입할 때 두 가지 중 하나가 반드시 발생해야 하기 때문에 쉬운 진입은 담합을 약화시킨다. 신규진입자가 카르텔에 가입하지 않은 상태에서 카르텔 회원사들과 자유롭게 경쟁하여 더 경쟁적으로 행동하도록 강요하거나, 신규진입자가 카르텔에 가입하여 협동적 이익을 더 많은 회원사들과 공유해야 하는 경우이다. 두 경우 모두 카르텔의 수익성이 감소하고 따라서 협동적 행동을 유지하려는 동기가 약화된다.

빈번하고 정기적인 주문

기업들이 드물고 비정기적으로 주문을 받는 산업 특성은 가격고정에 도움이 되지 않을 것이다. 주문이 드물면 카르텔 계약을 위반한 업체를 처벌하는 데 시간이 오래 걸리고, 이는 분명 부정행위를 더 매력적으로 만든다. 이러한 직관 뒤에 숨은 수학은 간단하다. 임계 할인율 ρ^*는 기간별 할인율(일, 주, 월 . . .)로, 관련 기간을 알면 이를 연간 할인율로 변환할 수 있다. 주문 사이의 시간이 길수록 임계 계수가 높아진다. 예를 들어 주문이 월 단위이고 $\rho^* = 0.9$라고 가정해 보겠다. 이는 연간 할인율 $0.9^{12} = 0.28$에 해당한다. 반대로 주문 주기가 6개월인 경우 연간 할인율은 $0.9^2 = 0.81$이다. 간단히 말해, 주문 빈도가 낮을수록 카르텔 계약을 위반한 업체를 적발하고 처벌하는 데 더 오랜 시간이 걸린다는 뜻이다.

불규칙한 규모의 주문은 또한 담합 노력을 방해한다. 베르트랑의 경우를 예로 들어 현재 기간($t = 0$)에 수익이 $\lambda\pi_m$이고 λ가 1보다 큰 대량 주문이 접수되고 이후 모든 수익이 기간당 π_m으로 돌아올 것으로 예상된다고 가정해 보겠다. 방정식 (14.8)을 약간 수정하면 이 대규모 주문에 직면했을 때 카르텔이 자생할 수 있는 조건은 다음과 같다.

$$\frac{\pi_m}{n}(\lambda + \rho + \rho^2 + \ldots) = \frac{\pi_m}{n}\left(\lambda + \frac{\rho}{(1-\rho)}\right) > \lambda\pi_m \Rightarrow \lambda + \frac{\rho}{(1-\rho)} > \lambda n \quad (14.9)$$

이 식을 ρ에 대하여 풀면, 확률조정 할인요소의 임계값은 다음과 같이 구해진다.

$$\rho^*(\lambda, n) = \frac{\lambda(n-1)}{1+\lambda(n-1)} \quad (14.10)$$

$n = 2$이고 $\lambda = 1$(큰 주문이 없음)이라고 하자. 담합을 위해 필요한 확률조정 할인요소는 $\rho(1, 2) = 0.5$보다 커야 한다는 베르트랑 조건이 구해진다. 반대로 $n = 2$이고 $\lambda = 2$라면 담합에 필요한 임계 할인계수는 $\rho > \rho(2, 2) = 2/3$이다. 방정식 (14.10)을 통해 임계 할인율 $\rho^*(\lambda, n)$이 매개변수 λ에서 증가한다는 것을 쉽게 알 수 있다. 다시 말하지만, 직관은 분명하다. 일회성 초대형 주문의 이익을 "훔치려는" 유혹은 그렇지 않았더라면 성공적인 카르텔을 훼손할 만큼 충분히 클 수 있다.[13]

급격한 시장 성장

카르텔은 성장하는 시장에서는 지속될 가능성이 높고, 쇠퇴하는 시장에서는 불안정할 가능성이 높다. 다시 한번 말하지만, 직관은 간단하다. 시장이 시간이 지남에 따라 성장할 것으로 예상되

13 수요 불확실성과 관련하여 동일한 논거가 적용된다. 무작위 수요의 경우, 때때로 다음과 같은 경우가 발생한다. 양의 수요 충격이 발생할 수 있으며 이는 본질적으로 예상치 못한 대규모 주문과 동일하다.

는 경우를 생각해 보겠다. 시장 성장 초기의 "초기" 편차는 평소와 같이 수익을 창출하지만, 시장이 성장함에 따라 카르텔이 창출할 더 큰 수익을 희생할 위험이 있다. 물론 시간이 지남에 따라 시장이 하락할 것으로 예상되는 경우에는 그 반대의 주장이 적용된다. 이 경우 부정행위를 통해 얻을 수 있는 이익이 상당히 클 때 지금 당장 빠져나오고 싶은 유혹이 더 강해진다.

기술적 혹은 비용 대칭

기술 및 비용 측면에서 업계 기업 간의 대칭성은 카르텔 형성을 뒷받침할 수 있는 또 다른 시장 특징이다. 앞서 살펴본 분석은 이러한 현상이 발생하는 한 가지 이유를 제시한다. 두 회사가 서로 다른 비용을 가지고 있는 경우, 두 회사가 모두 만족할 만한 담합 계약을 맺기가 더 어려워진다. 한 기업은 그렇지 않은 기업보다 담합을 "하는 것처럼 보이는" 기업과 담합 계약을 맺는 것이 더 쉽다. 또한 가격 및 시장점유율에 대한 세부적인 협상은 기업이 유사할 때 훨씬 더 간단하다.

이 점을 좀 더 공식적으로 이해하려면 각 기업이 생산량에 따라 증가하는 한계비용을 갖는 베르트랑 모델을 생각해 봅시다. 카르텔이 설정한 어떤 가격에서든 한계비용이 가장 빠르게 상승하는 기업은 카르텔 균형에서 가장 작은 생산량을 갖게 된다. 카르텔에 n개의 기업들이 있고 기업 i가 가져가는 이윤의 비율을 s_i라고 하자. 기업 i의 이윤을 기업 i의 몫 s_i에 산업 전체 이윤 π_m을 곱한 값, 즉 $s_i\pi_m$으로 표시하면 이윤 몫이 줄어드는 순서대로 기업수를 매길 수 있으므로, 당연히 $s_1 \geq s_2 \geq s_3 \geq . . . \geq s_i \geq . . . \geq s_n$으로 $s_1 + s_2 + \cdots + s_n = 1$이 된다. 기업 i가 카르텔에 기꺼이 남아 있기 위한 조건은 다음과 같다.

$$s_i\pi_m(1 + \rho + \rho^2 + \ldots) = \frac{s_i\pi_m}{(1 - \rho)} > \pi_m \Rightarrow s_i > 1 - \rho \Rightarrow \rho(s_i) > 1 - s_i \quad (14.11)$$

모든 기업의 이익 몫이 같을 경우 $s_i = 1/n$이면 방정식 (14.8)의 "표준" 베르트랑 사례로 단순화된다. 반대로 이익 분배가 다른 경우, 이익 분배가 가장 낮은 회사가 방정식 (14.11)에서 사용되는 구속력 있는 확률조정 할인계수를 결정한다. 가장 작은 회사의 점유율이 작을수록 담합이 지속되려면 할인계수가 더 높아야 한다.

다중 시장에서의 접촉

한 산업에서 같은 기업들이 여러 번 만난다는 사실, 즉 게임이 반복된다는 사실은 담합을 촉진하는 중요한 요소일 수 있다. 따라서 경쟁기업이 여러 시장에서 경쟁할 때 비슷한 힘이 작용하고 있다고 의심하기 쉽다. 즉, 한 시점에 여러 시장에서 동일한 경쟁자들과 경쟁하는 것은 여러 기간에 걸쳐 한 시장에서 동일한 경쟁자들과 경쟁하는 것과 어떤 면에서 유사하다. 한 기간에 부정행위를 하면 이후 여러 기간에서 처벌을 받고 카르텔 이익을 잃을 위험이 있는 반면, 한 시장에서 부정행위를 하면 다른 시장에서도 처벌을 받고 카르텔 이익을 잃을 위험이 있다. 이러한 직관은 다중 시장 접촉이 다시 담합을 용이하게 하는 특징이 되어야 함을 시사한다.

안타깝게도 시간은 실제로 공간과 다르기 때문에 앞서 언급한 직관은 다소 오해의 소지가 있다. 다중 시장의 경우 기업은 같은 시점에 서로 다른 시장에 걸쳐 모든 담합을 할 수 있는 반면, 서로 다른 기간에 걸쳐 담합을 하려면 시간이 지나야 한다. 그럼에도 불구하고 담합하는 회사들이 경쟁하는 서로 다른 시장에서 비대칭적인 시장점유율을 가지고 있는 경우에는 우리의

직관이 옳을 수 있다.[14]

예를 들어, 두 회사 A와 B가 각각 1과 2라는 두 시장에서 활동한다고 가정해 보겠다. 각 시장의 총 카르텔 수익을 기간당 π_m이라고 가정한다. 각 시장에서 기업 A의 이익 점유율은 각각 s_{A1}과 s_{A2}이며, s_{A1}은 1/2 이상이고 s_{A2}는 1/2 미만이라고 가정한다. 따라서 기업 B의 경우 $s_{B1} = 1 - s_{A1} < 1/2$이고 $s_{B2} = 1 - s_{A2} > 1/2$이다. 즉, 기업 A는 시장 1에서 "대형" 기업이고 기업 B는 시장 2에서 "대형" 기업이다. 예를 들어, A는 미국 기업이고 B는 유럽 기업이며 시장 1은 미국, 시장 2는 EU라고 가정할 수 있다. 문제를 단순화하기 위해 두 회사가 동일한 시간 선호도와 동일한 할인율을 가지고 있다고 가정해 보겠다. 즉, 확률조정 할인율이 동일하다고 가정한다. 마지막으로, 각 시장에서 경쟁이 발생하는 경우 그 경쟁은 가격 경쟁이라고 가정한다(베르트랑).

두 시장을 별도로 취급하면, 이전 절의 논의에서 시장 1에서는 각 기업의 확률조정 할인율이 $1 - s_{B1} > 1/2$보다 큰 경우에만 담합이 지속 가능하고, 시장 2에서는 각 기업의 확률조정 할인율이 $1 - s_{A2} > 1/2$보다 큰 경우에만 담합이 지속 가능하다는 것을 알 수 있다. 이제 두 시장을 함께 고려해 보겠다. 기업 A는 어느 시장에서든 담합 합의에서 벗어나면 두 시장 모두에서 처벌을 받는다는 것을 알고 있다. A 기업이 일탈을 고려하고 있다면 두 시장 모두에서 일탈을 해야 한다. 이러한 상황에서 일탈이 이익이 되지 *않으려면* 반드시 그렇게 해야 한다:

$$(s_{A1} + s_{A2})\pi_m(1 + \rho + \rho^2 + \ldots) = \frac{(s_{A1} + s_{A2})\pi_m}{(1 - \rho)} \geq 2\pi_m$$

$$\Rightarrow (s_{A1} + s_{A2}) > 2(1 - \rho) \Rightarrow \rho(s_{A1}, s_{A2}) \geq 1 - \frac{(s_{A1} + s_{A2})}{2} \tag{14.12}$$

이와 유사한 결과가 기업 B에도 적용된다.

$$\rho(s_{B1}, s_{B2}) \geq 1 - \frac{(s_{B1} + s_{B2})}{2}\rho(s_{B1}, s_{B2}) \geq 1 - \frac{(s_{B1} + s_{B2})}{2}$$

다중 시장 접촉에 대한 요점을 간단히 설명하기 위해 기업 A가 시장 1에서 이익 점유율 $s_{A1} = s$, 시장 2에서 $1 - s$를 가지며, 비대칭 포지션을 반영하기 위해 s가 1/2 이상이라고 가정해 보겠다. 이와 유사하게 기업 B는 시장 1에서 이익 점유율 $s_{B1} = 1 - s$, 시장 2에서 s를 갖는다. 식 (14.12)에서 기업 A와 기업 B가 두 시장에서 1/2보다 크거나 같은 확률조정 할인율(다시 표준 베르트랑 결과)로 영업할 때 두 기업 간의 카르텔은 지속 가능하다. 그러나 두 기업이 한 시장에서만 협력하는 경우에는 확률조정 할인계수가 s보다 커야 하며, 이는 가정에 따라 1/2보다 커야 한다. 그러면 다중 시장 접촉이 협력을 지원할 수 있다. 이를 위해 필요한 것은 첫째, 담합하는 기업들이 공동으로 영업하는 시장에서 비대칭적인 지위를 가지고 있어야 하고 둘째, 경쟁하는 모든 시장을 고려할 때 비대칭성이 감소해야 한다는 것이다. 예시에서 각 기업은 어느 한 시장에서 1/2을 초과하는 점유율을 가지고 있었다. 그러나 두 시장을 모두 합산하면 각 기업의 점유율은 1/2이다.

제품 동질성

Hay와 Kelley(1974)에서 보고된 경험적 증거와 정부 당국과 법원의 통념에 따르면 카르텔구성

14 이 인사이트에 대한 보다 자세한 분석은 Bernheim과 Whinston(1990)을 참조.

원들이 동종 또는 거의 동종 제품을 생산할 때 담합을 유지하기가 더 쉽다는 것이 일반적인 통념이다. 다시 말하지만, 카르텔 계약의 복잡성에서 비롯된 직관적인 근거가 있다. 첫째, 동질 제품은 가격담합 카르텔이 하나의 가격만 설정하고 감시하면 되는 반면, 차별화 제품 가격담합은 각 제품마다 다른 가격을 합의하고 감시해야 한다는 것을 의미한다. 이는 두 번째 문제를 제기한다. 제품이 차별화될 때 이렇게 서로 다른 가격을 설정하려면 카르텔구성원들이 실제로 얼마나 차별화되는지에 대해 합의해야 한다. 특히 이 문제를 어떻게 해결하느냐에 따라 카르텔 수익에 대한 각 기업의 몫이 크게 결정되기 때문에 이는 결코 간단한 문제가 아니다. 셋째, 차별화 제품에서는 일탈 행위에 대한 처벌이 더욱 복잡해진다. 일탈하지 않은 모든 기업이 일탈자를 처벌해야 할까, 아니면 일탈자의 제품과 가장 가까운 대체 제품을 보유한 기업에게만 처벌을 가해야 할까? 후자의 경우, 일탈 기업에만 영향을 미치도록 처벌할 수 있을까, 아니면 카르텔의 다른 구성원에게 파급효과가 있을까?

그러나 카르텔의 지속 가능성을 위해 제품차별화가 잠재적인 이점이 있다는 점에 유의해야 한다. 카르텔구성원들이 각각 상당한 브랜드 충성도를 가진 차별화된 브랜드를 판매하면 속임수에 대한 유혹이 줄어든다. 소비자들이 자신이 선호하는 브랜드에 상당한 충성도를 보인다면 편법적인 기업은 몰래 가격을 인하하더라도 많은 고객을 확보하기 어려울 것이다. 그러나 증거의 무게는 카르텔이 상당히 동질적인 제품을 제공할 때 더 성공적이고, 따라서 더 가능성이 높다는 것을 시사한다.

기타 요인들

카르텔 계약의 형성과 지속을 촉진하는 몇 가지 다른 중요한 요소도 있다. 가격을 *관찰할 수 있으면* 카르텔 합의를 모니터링하기가 더 쉽다. 따라서 카르텔이 회원사를 모니터링하고 위반 행위에 신속하게 대응하는 작업을 용이하게 하는 요인은 담합에 유리하다. 정부 기관이 받은 입찰을 공개하도록 하는 규정은 입찰 담합 카르텔의 가격 모니터링을 지원한다. 민간 부문 계약의 경우, 기업 간의 *무역 협회*는 담합입찰 행위를 촉진하는 데 도움이 될 수 있다. 위에서 언급한 헤이와 켈리 연구(표 14.4)는 "다수" 카르텔을 유지하는 데 있어 이러한 무역 협회가 얼마나 중요한지 보여주는 증거를 제시한다.

많은 소비재 시장에서 *최혜고객* *most-favored-customer* *조항*과 *경쟁 충족 조항*은 기업 간 가격담합을 유지하는 데 도움이 된다.[15] *최혜고객 조항*은 판매자가 동일한 제품을 다른 구매자에게 더 낮은 가격으로 제공할 경우 첫 번째 구매자는 두 가격의 차이만큼 리베이트를 받는 반면, *경쟁 충족 조항*은 기업이 다른 판매자가 제시한 낮은 가격에 맞추도록 보장하는 것이다. 이러한 조항이 경쟁 촉진이 아니라 반경쟁적이라고 생각하면 의외로 보일 수 있지만, 잠시만 생각해보면 각 조항이 카르텔 규율을 유지하는 데 어떻게 작용하는지 알 수 있다.

*최혜고객 조항*은 모든 이전 구매자에게도 가격 인하를 제공해야 하기 때문에 판매자가 가격을 인하하려는 유혹을 심각하게 제한한다. 마찬가지로, *경쟁 충족 조항*은 부정행위를 탐지하는 프로세스를 특히 효과적으로 만드는데, 이는 이러한 보증을 제공하는 회사가 제품을 구매한 모든 소비자를 대상으로 수많은 무보수 시장 감시자를 확보하고 있기 때문이다. 동시에 이러한

15 이러한 경쟁 조항에 대한 자세한 내용은 Salop(1986)을 참조.

표 14.5 2 × 2 가격책정 게임을 위한 보상 행렬

		기업 2의 전략	
		높은 가격	**낮은 가격**
기업 1의 전략	높은 가격	(12, 12)	(5, 14)
	낮은 가격	(14, 5)	(6, 6)

조항은 이러한 보증을 제공하는 회사의 손을 효과적으로 묶는다.

경쟁 충족 조항이 반경쟁적 효과가 있다면 왜 소비자는 그러한 보장에 끌리게 될까? 가격 일치 조항은 가능한 최고의 거래를 보장받는 한 명의 구매자에게는 가치가 있다. 그러나 그 구매자는 담합한 기업들을 대신하여 암묵적으로 가격을 감시하게 되므로, 구매자가 인지하지 못하는 외부성이 구매에 존재한다. 또한, 이러한 모니터링은 모든 소비자에게 동일한 가격임에도 불구하고 더 높은 가격을 책정하도록 유도할 수 있다. 따라서 실제로 균형의 결과는 모든 구매자가 더 손해를 보는 결과가 될 것이다.

경쟁 조항을 충족하면 기업 간의 담합 행위를 지원하는 트리거 전략도 강화할 수 있다. 이 효과가 얼마나 강력한지 알기 위해 두 회사 간의 간단한 1기간 가격 게임을 생각해 보겠다. 표 14.5에 표시된 보상 행렬은 이 죄수의딜레마 게임을 설명한다. 게임의 단발성 특성으로 인해 두 기업이 모두 낮은 가격을 책정하는 유일한 내쉬균형에 도달하게 된다. 이제 두 기업이 법적 구속력이 있고 즉각적인 구속력이 있는 경쟁 충족 보장을 발표하도록 허용하면 어떻게 되는지 생각해 보겠다.[16] 이러한 보장은 표 14.5의 대각선을 벗어난 가격 쌍을 달성할 수 없게 만든다. 각 회사가 즉시 발효되는 경쟁 충족 정책을 발표하면 카르텔 파트너의 가격을 낮출 기회가 없었다. 한 회사가 낮은 가격을 책정하고 다른 회사가 높은 가격을 책정하는 조합은 달성할 수 없으므로 어느 회사도 가격 최고가 정책에서 벗어날 인센티브가 없다. 카르텔은 이렇게 단순한 한 기간 설정에서도 작동한다.

불안정한 시장에서 카르텔이 트리거 전략을 강화하는 한 가지 방법은 유명한 드비어스 다이아몬드 카르텔에서처럼 *중앙 집중식 판매 대리점*을 설립하거나 무역 협회를 설립하는 것이다. 어느 기관이든 시장 상황과 개별 기업의 성과를 모두 모니터링하고 보고할 수 있다. 총 매출의 비율이나 지리적 영역별로 시장을 명시적으로 나누기로 합의하면 모니터링이 더욱 용이해질 수 있다.

요약하면, 담합을 쉽게 적발하고 억제할 수 있는 산업적 특성이 있을 때 가격담합 합의가 촉진된다. 이러한 요인에는 동종 제품을 합리적으로 자주 그리고 비교적 안정적인 시장 조건에서 판매하는 기업이 소수에 불과하다는 점이 포함된다. 이러한 요인들은 최근 기소된 수많은 국제 카르텔 사건에서 모두 발견되었다.[17] 지역 또는 매출에 따른 시장 분할에 대한 합의도 카르텔구성원의 행동을 더 쉽게 모니터링할 수 있게 해준다. 이러한 특징으로 인해 처벌 가능성, 경우에 따라서는 폭력의 가능성이 크게 높아지므로 절대로 과소평가해서는 안 된다.[18]

16 가격 매칭 보장은 다른 판매자에게 전달되지 않고 구매자에게만 제공되므로 완벽하게 합법적이다.

17 이러한 카르텔에 대한 상세하고 가독성 높은 분석은 Connor(2001)를 참조.

18 뉴욕의 많은 카르텔이 시장지배력을 강화하기 위해 폭력을 사용했다.

매년 기소되는 가격담합 음모 건수를 보면 위에서 설명한 조건이 충족되는 경우가 많다는 것을 알 수 있다. 이는 결국 전승 정리에 대한 분명한 지지이다. 카르텔은 일어난다. 게다가 우리는 적발된 카르텔에 대해서만 알고 있다. 우리가 (아직) 알지 못하는 더 많은 담합이 있을 수 있다. 그렇다면 다음 질문은 정책 및 정책입안자들이 담합의 잠재력에 어떻게 대처해야 하는가이다.[19]

14.4 담합: 반독점당국의 역할

카르텔은 내재된 내부 갈등의 결과로 결국 실패할 수도 있지만, 활발한 카르텔의 증거는 당국이 담합 합의를 제한하고자 할 때 이러한 힘에만 의존할 수 없다는 것을 분명히 보여준다. 실제로 Levenstein과 Suslow(2006)는 최근 다양한 카르텔에 대한 조사에서 "많은 사례 연구에서 . . . 속임수는 카르텔에 문제가 되지 않았다"고 지적한다(78). 따라서 카르텔 형성을 제한하려면 당국이 직접 명시적인 조치를 취해야 한다.[20]

14.4.1 반독점 집행: 적발 및 벌금

모든 법 집행 노력에 공통적으로 가격담합 합의 금지를 집행하는 반독점당국에는 본질적으로 서로 다르지만 관련된 두 가지 도구가 있다. 첫 번째는 적발(성공적인 기소를 포함하기 위해 취할 조치)이다. 더 엄격한 단속은 면밀한 모니터링의 형태를 취할 수 있으므로 어느 기간에든 카르텔이 적발되어 성공적으로 기소될 확률을 높일 수 있지만, 물론 더 엄격한 단속과 관련된 비용이 증가한다. (이러한 비용 때문에 당국은 $q = 1$로 설정하지 않을 것이다.) 두 번째 도구는 카르텔이 적발되어 법의 심판을 받을 때 부과되는 벌금 F이다. 당국은 이러한 일이 일어날 확률 q를 높이기 위해 자원을 소비하는 대신 유죄를 선고받은 공모자가 지불하는 벌금 F를 높일 수 있다.

적발률 q와 적발 성공 시 지불하는 벌금 F로 반독점법 집행을 모델링하는 것은 상당히 제한적으로 보일 수 있다. 하지만 이러한 단순화의 정당성은 앞서의 분석을 합리적으로 수정하여 적발과 벌금의 역할을 설명할 수 있기 때문이다. 당국이 적발 확률 q을 다음과 같이 설정했다고 가정해 보겠다. 카르텔 조사는 한 기간이 소요된다. 기간 t가 끝날 때까지 적발되면 카르텔은 기간 종료 시 해체되고 기업들은 비협조적인 게임으로 영구히 돌아간다. 또한 기간 t에 적발되면 벌금 F가 부과되며, 여기서 F는 독점 금지 당국이 설정한다. F는 기간 t의 시작 시점으로 소급된다고 생각하면 편리하다. 게임이 계속될 기본 확률은 p에 의해 주어진 대로 이전과 같으며 이는 적발 확률과 무관하다고 가정한다.

이제 어떤 초기 기간의 시작인 $t = 0$에서 어떤 일이 발생하는지 생각해 보겠다. 확률 $(1-q)$로 카르텔이 감지되지 않는 경우 카르텔은 해당 기간에 운영되고 확률 p로 기간 1을 계속한다. 기대수익은 다음과 같다.

$$V_1 = (1-q)(\pi^M + \rho V^C)$$

19 Kurt Eichenwald의 영화 *정보원*(2000)은 1990년대에 운영된 lysine 카르텔과 이 사건으로 인해 반독점당국이 겪었던 어려움을 재미있고 유익하게 보여준다.

20 Kaplow(2011)는 카르텔과 관련된 정책에 대한 훌륭한 논의를 제공한다.

두 번째 괄호 안의 첫 번째 항은 카르텔이 감지되지 않은 현재 기간(0)의 수익이다. 두 번째 항은 방정식 (14.3)을 도출하는 데 사용한 것과 동일한 추론을 사용한다. 0기간에 카르텔이 감지되지 않았다고 가정하면 "카르텔 게임"은 1기간에 다시 시작되므로 기대수익 V^C는 한 기간 동안 확률적으로 할인되어야 한다.

0기간이 끝날 때까지 카르텔이 확률 q로 적발되면 각 카르텔구성원은 벌금 F를 지불해야 하며, 이 경우 카르텔은 운영을 중단하지만 이후 각 기간에서 기업들은 확률 p로 계속 경쟁하며 이 경우의 기대 이익은 다음과 같다:

$$V_2 = q\left(\pi^M - F + \frac{\rho}{1-\rho}\pi^N\right)$$

이 방정식들을 합하면, 카르텔 회원 이익의 기대되는 현재가치는 $V^C = V_1 + V_2$이다.

$$V^C = (1-q)(\pi^M + \rho V^C) + q\left(\pi^M - F + \frac{\rho}{1-\rho}\pi^N\right) \tag{14.13}$$

V^C로 풀면 다음과 같다.

$$V^C = \frac{\pi^M - qF + \left(\dfrac{\rho q}{1-\rho}\right)\pi^N}{1-\rho(1-q)} \tag{14.14}$$

이전과 마찬가지로 이것은 카르텔에서 탈퇴함으로써 얻는 이익, 즉 $\pi^D + \dfrac{\rho}{(1-\rho)}\pi^N$과 비교해야 한다. 카르텔이 성공하기 위해 필요한 조건은 다음과 같다.

$$\rho \geq \rho^* = \frac{\pi^D - \pi^M}{(1-q)(\pi^D - \pi^N)} + \frac{qF}{(1-q)(\pi^D - \pi^N)} \tag{14.15}$$

카르텔이 적발될 확률 q와 가격 공모자들이 지불하는 벌금 F가 모두 0이 되기 때문에 방정식 (14.15)가 앞의 조건 (14.7)로 붕괴되는 것을 쉽게 알 수 있다. 그러나 q와 F가 모두 상승함에 따라 식 (14.15)는 임계 할인율 ρ^*도 상승한다는 것을 보여준다. 하지만 q와 F는 모두 중요하지만 대칭적인 관계는 아니다. q가 0이면 벌금을 지불해야 할 확률이 0이므로 벌금 F가 얼마나 큰지는 중요하지 않다. 하지만 F가 0으로 떨어지는 경우의 의미는 덜 심각하다. 이는 식 (14.15)의 두 번째 항이 사라진다는 것을 의미하지만, 첫 번째 항에서 우리는 여전히 q의 증가가 ρ^*를 높이는 데 작용한다는 것을 알 수 있다. 이는 적발이 더 이상 벌금으로 이어지지는 않지만, 일단 적발되면 카르텔이 비협조적 균형으로 되돌아간다고 가정했기 때문에 여전히 카르텔에 비용을 부과하기 때문이다.

앞서 설명한 모델은 비교적 단순하지만 한 가지 중요한 점이 있다. 반독점정책의 역할은 담합이 발생한 후 이를 시정하는 것이 아니라 처음부터 담합이 일어나지 않도록 예방하는 데 있다는 것이다. 성공적인 카르텔화에 필요한 할인율을 높이면 카르텔구성원들이 부정행위를 자제할 가능성이 줄어든다. 베르트랑의 예를 들어보겠다. $\pi^m = 1{,}800$, $\pi^D = 3{,}600$, $\pi^N = 0$이므로 강제 정책이 없을 때, 즉 $q = F = 0$일 때 임계 확률 계수는 $\rho^* = 0.5$이다. 그러나 q만 0.25로 증가하면 $\rho^* = 0.67$이 된다. 여기에 기업의 담합 이익인 1800달러에 해당하는 페널티 F를 더하면 ρ^*는 0.8333으로 더 높아진다. 또한 Block, Nold, Sidak(1981)이 일찍이 지적한 것처럼 실제로는 카르텔이 얼마나 적극적으로 독점 이익을 추구하느냐에 따라 적발 확률 q 자체가 달라질 수 있다. 그렇다면 적발되지 않으려면 카르텔은 비협조적인 가격보다는 높지만 여전히 순수 독점 가격보다 훨씬 낮은 가격으로 담합해야 할 수 있다. 이 경우 반독점 조치의 위협은 두 가지 예방 효과가 있다. 첫째, 담합으로 인한 이익을 제한함으로써 다시 담합의 가능성을 낮춘다. 둘째, 반독점정책은 카르텔구성원들이 더 낮은 가격으로 담합하도록 유도함으로써 담합이 여전히 발생하더라도 담합으로 인한 피해를 제한한다.

당국은 벌금 또는 체포 및 유죄 판결 가능성 증가 중 어떤 도구를 사용해야 할까? 가격담합 음모를 적발하고 기소하려면 면밀한 감시와 법률 작업이 필요하며, 이는 많은 비용이 소요된다. 이에 반해 벌금은 비용이 거의 들지 않는 방식으로 부과될 수 있다. 이는 실질적인 처벌에 크게 의존하는 것이 더 비용 효율적인 전략일 가능성이 높다는 것을 시사한다. 이는 결국 개인 반독점 소송에서 법이 징벌적 손해배상을 부과하는 이유를 설명하는 데 도움이 된다. 일반적으로는 적발과 벌금 모두에 어느 정도 의존하는 것이 적절하지만, 후자가 지배적인 역할을 할 수도 있다.

14.4.2 담합 적발

앞서 언급했듯이 가격담합 음모를 적발하는 것은 어려운 일이다. 담합 가능성을 높이는 조건을 알면 당국의 부족한 자원을 적재적소에 집중하는 데 도움이 될 수 있지만, 그마저도 적발이 쉽지 않다. 실제로 대부분의 적발은 고객의 불만으로 인해 이루어지며, 점점 더 많은 경우 카르텔의 한 구성원이 자신의 기소를 회피하거나 제한하기 위해 파트너에게 "찡계를 대는" 경우가 많다. 또한 당국이 운이 좋으면 카르텔에서 할당받은 지분에 불만을 품었거나 아예 배제된 업계 기업들에 의해 음모가 드러나는 경우도 있다.[21] 그러나 이러한 운은 현실적으로 기대할 수 없다.

우리가 생각하는 의미에서의 적발은 단순히 카르텔과 유사한 행위를 적발하는 것 이상을 의미하기 때문이다. 담합 합의가 존재했음을 법적으로 증명하는 것을 의미한다. 카르텔구성원들은 시장수요의 성격과 생산 및 운송비용에 대한 진정한 정보를 가지고 있다는 점에서 정부 검찰에 비해 매우 강력한 이점을 가지고 있기 때문에 이는 생각보다 어려운 일이다. 실제로 한 기업이 담합을 인정하더라도 다른 기업은 여전히 무죄를 주장할 수 있다. 당국이 할 수 있는 최선은 시장 데이터와 기업 내부 문서를 검토하여 가능한 한 설득력 있는 사례를 제시하는 것이다. 하지만 이러한 노력의 명백한 장애물은 이러한 데이터의 대부분이 조사를 받고 있는 바로 그 회사에서 제공한다는 것이다. 이러한 환경에서는 경쟁력이 있는 것처럼 보이도록 담합된 결과가 만들어질 수 있다. 이 문제를 Harstad와 Philips(1990)는 *구별 불가능성 정리*라고 불렀다.[22]

구별 불가능성 정리가 실제로 어떻게 적용되는지 보여주기 위해 유럽위원회가 유리 제조에 사용되는 원료인 소다회의 유럽 시장을 지배하는 두 회사인 ICI와 솔베이에 대해 최종적으로

21 대표적인 예로 뉴욕의 쓰레기 수거 사업을 들 수 있는데, 뉴욕의 쓰레기 수거 사업은 도시를 분할한 회사들 간의 무역 협회에 의해 통제되었다. 카르텔에 속한 회사가 다른 회원사의 사업을 빼앗으면 협회는 가해 회사에게 "월 수거 요금의 최대 40배"에 달하는 배상금을 지불하도록 강요했다. 업계에 진입하려는 모든 회사는 방화와 물리적 폭력에 직면했다. 금전적 처벌과 폭력의 피해자였던 전직 폭력배들이 카르텔을 깨는 데 필요한 증거를 제공했다. (S. Raab, "To Prosecutors, Breakthrough After 5 Years of Scrutiny," *The New York Times*, June 23, 1995, p. 3)

22 구별 불가능 정리에 대한 더 자세한 설명은 Philips(1995a)를 참조. LaCasse(1995)도 참조.

판결을 내린 사건을 예로 들어보겠다. ICI와 솔베이는 수년 동안 다수의 카르텔 계약을 운영해 왔다. 솔베이는 유럽 대륙에 공급하고 ICI는 영국, 아일랜드 및 영연방에 공급했다. 이러한 명시적인 계약은 1972년에 종료되었지만 이후 두 생산업체의 시장 침투는 없었다. 1980년대에 영국의 물가는 유럽 대륙의 물가보다 15~20% 정도 상승했는데, 이는 영국 해협을 건너는 운송비용보다 더 높았다고 위원회는 주장했다. 집행위는 특히 이러한 가격 차이에도 불구하고 두 회사 중 한 회사가 다른 회사의 전통적 지역 시장을 침범하지 않은 것은 두 회사의 암묵적 담합이 지속되었다는 강력한 증거라고 판단했다.

위원회의 판단이 타당해 보이지만 이에 대한 반론도 있다. 각 회사가 동일한 한계비용 일정을 가지고 있고 각 회사가 한계비용에 채널을 통한 운송비용을 더한 것과 동일한 가격을 책정한다면 교차 시장 침투는 발생하지 않을 것이다. 이러한 가격책정 행위는 진정한 경쟁을 반영하고 담합 수준보다 훨씬 낮은 가격으로 책정되지만, 한 기업이 다른 기업에 의해 시장을 침범하는 일은 없을 것이다. 규제 기관이 운송비용, 채널 양측의 수요 특성, 생산비용에 대한 독립적인 데이터를 가지고 있지 않은 한, 지속적인 시장 분할이 담합 행위의 결과라고 단정할 수는 없다. 이용 가능한 정보를 고려할 때, 당국은 관찰된 데이터의 담합적 설명과 경쟁적 설명을 구분하는 데 큰 어려움을 겪을 수 있다.

정부 당국이 직면한 상황은 절망적이지 않다. 데이터를 면밀히 분석하면 유죄 판결을 내리거나 카르텔구성원들이 중단에 동의하는 합의를 이끌어낼 수 있을 만큼 충분히 설득력 있는 증거를 확보할 수 있다. 그렇지 않다면 가격담합 기소는 전혀 성공하지 못할 것이다. Porter, Zona(1993)와 (1999)의 연구는 어렵고 신중한 작업이 필요하다는 것을 잘 보여준다. 이 두 연구는 카르텔 회원과 비회원의 입찰 행동의 차이를 이용해 전자를 식별한다. 첫 번째 연구는 1980년대 초 롱아일랜드의 고속도로 포장 프로젝트 입찰에 참여한 건설 회사들의 카르텔에 관한 것이다. 여기서 Porter와 Zona(1999)는 입찰에서 패한 비카르텔구성원은 비용과 밀접한 관련이 있는 입찰을 한 반면, 패한 입찰을 제출한 카르텔구성원은 그렇지 않다는 사실을 발견했다. 마찬가지로 Porter와 Zona(1999)는 카르텔이 활동 중이지만 비카르텔구성원도 입찰에 참여한 학교 우유 조달 경매를 조사했다. 여기서 그들은 예상대로 비카르텔 회원의 입찰가는 회사에서 학군까지의 거리에 따라 증가하는 반면, 카르텔 회원의 입찰가는 거리에 따라 감소하는 경우가 많다는 것을 발견했다.

Osborne, Pitchik(1987)는 담합을 탐지하기 위한 용량 기반 테스트를 제안했다. Spence (1977)와 Dixit(1980) 모델의 12장에서 대기업이 경쟁사에 대한 전략의 일환으로 추가 용량에 투자하는 경우를 생각해 봅시다. Osborne, Pitchik는 추가 생산량이 카르텔에서 유사한 규율 역할을 할 수 있다고 주장한다. 예를 들어 베르트랑 가격 경쟁의 경우, 생산량이 큰 기업만이 카르텔 부정행위자에 대한 보복을 위협할 수 있다. 따라서 담합 합의가 이루어지고 산출량이 생산량에 훨씬 못 미치더라도 카르텔구성원들이 대량의 생산량을 확보해야 할 이유가 있다. 그러나 Osborne, Pitchik가 지적한 바와 같이, 담합 합의가 실행되기 전에 기업들이 생산량을 선택할 가능성이 높기 때문에 각 기업이 정확히 동일한 생산량을 선택할 가능성은 낮다. 따라서 이후 담합이 시작되면 가격 대비 한계비용의 차이는 각 회사마다 동일할 수 있지만 생산량 단위당 이익은 생산량이 적은 회사의 이익이 더 클 것이다. 규모가 작은 기업일수록 단위 생산량당 이윤이 더 클 뿐만 아니라 Osborne과 Pitchik(1987)은 이 차이가 초과 생산량의 총량이 증가함에 따라 증가한다는 것을 보여준다.[23] 이후 Philips(1995b)는 이 결과를 사용하여 많은 영국 분석가들이 제기한 의혹, 즉 영국의 두 주요 백염 생산업체인 영국 소금(BS)과 ICI 웨스턴 포인트(WP) 사이에 담합이 있었다는 의혹을 확인했다. 그는 생산량 단위당 BS의 수익이 생산량 단위당 WP의 수익보다 30%에서 100% 이상 많았으며, 이 배수는 생산량 단위당 업계 판매 비율이 증가함에 따라 정확하게 증가한다는 사실을 발견했다.

최근의 몇몇 논문은 기업 간 그리고 시간 경과에 따른 약간의 가격 변동이 담합 활동의 신호일 수 있음을 시사한다.[24] Athey, Bagwell, Sanchirico(2004)는 무작위 비용 충격으로 인해 베르트랑 경쟁사들이 한 기간에서 다음 기간으로 가격을 변경하는 반면, 담합 기업들은 충분히 인내할 경우, 즉 할인율이 1에 가까운 경우 가격을 안정적으로 유지한다는 것을 보여 준다.

Harrington, Chen(2006)은 담합자들이 고객이 카르텔이 형성되었음을 인지할 수 있다는 유사한 결과를 도출하는 다른 모델을 제시한다. 이 모델에서는 카르텔이 형성됨에 따라 가격이 비용 대비 상승한 후 비용 충격에 거의 반응하지 않고 안정화된다. 여기서도 담합 가격은 다소 경직되는 경향이 있다.

Abrantes-Metz, Froeb, Geweke, Taylor(2006)는 1984~1989년 미군 기지에 대구, 농어, 넙치 등의 "생선" 공급업체로 구성된 카르텔을 조사했다. 이 카르텔은 이 시기가 끝날 무렵 붕괴되었고, 이 시점에 평균가격이 16% 하락했다. 더 중요한 것은 카르텔이 붕괴된 후 변동 계수(표준 편차를 평균으로 나눈 값)로 측정한 결과, 기업과 생선 종류에 따른 가격 변동이 3배 가까이 증가했다는 점이다. 이는 가격 변동이 부족하면 담합 행위의 지표로 작용할 수 있다는 이론적 주장을 뒷받침하는 경향이 있다.

비슷한 맥락에서 Marshall, Marx, Raiff(2008)는 1990년대의 유명한 lysine 카르텔을 연구한다. 이들은 카르텔의 성립과 함께 가격 공시의 성격이 변화했다는 사실을 발견했다. 카르텔이 형성되기 전에는 가격 발표가 여러 회사에서 서로 다른 시간에 이루어졌고, 가격 변동과 거의 동시에 이루어졌다. 그러나 카르텔이 형성된 후에는 훨씬 더 규칙적인 시간 간격으로 가격 발표가 이루어졌고 모든 기업이 신속하게 이를 지원했다. 이러한 발표는 실제로 가격이 변경되기 전에 상당한 리드 타임을 두고 이루어졌으며 비용과는 거의 관련이 없는 것처럼 보였다.

이러한 연구는 모두 담합의 존재에 관한 단서를 당국에 알리는 데 유용하다. 그러나 경험적으로 이 연구들은 모두 이미 적발된 카르텔을 검토할 수 있다는 장점이 있다. 문제의 핵심은 이 작업을 가장 잘 수행하는 방법에 대한 질문이다.

14.4.3 관용(사면) 프로그램 및 카르텔 탐지

흥미롭게도 최근 몇 년간 카르텔에 대한 반독점법 위반 사건의 대부분은 아니더라도 많은 경우 카르텔의 구성원이 당국에 자백한 결과로 이루어졌다. 그 이유는 분명하다. 점점 더 많은 규제 당국이 카르텔을 퇴치하기 위한 방법으로 관용 또는 사면 프로그램을 제정하고 있다. 지역마

23 Davidson, Deneckere(1990)도 비슷한 분석을 제시한다.

24 최근의 논문은 각 담합 기업이 카르텔 가격에서 "꼬인" 수요곡선에 직면한다는 Sweezy(1939)의 논문과 비슷한 맥락을 가지고 있다. 가격을 조금이라도 인상하는 기업은 고가 기업이 되어 시장의 상당 부분을 잃게 되며, 이 기업의 수요곡선은 상대적으로 평탄한다. 그러나 한 기업이 가격을 인하하면 모든 기업이 가격을 인하하는 가격 전쟁이 시작되고 한 기업의 판매량은 거의 증가하지 않으므로 수요곡선이 상대적으로 가파르게 된다. 따라서 기업은 충격에도 불구하고 가격을 그대로 유지하는 경향이 있다.

다 실제 제정된 프로그램은 세부적인 내용은 다르지만 일반적으로 다음과 같은 형태를 띠고 있다: "카르텔의 기소를 성공적으로 이끄는 증거를 최초로 제공한 카르텔구성원은 관대한 대우를 받는다. 그 외의 모든 사람은 무거운 벌금이 부과된다." 1993년 이래로 미국 당국은 당국이 아직 조사를 시작하지 않은 경우 가장 먼저 신고한 기업에게 완전한 면책권을 부여해 왔다. 그러나 조사가 시작되더라도 더 가벼운 형을 선고받거나 심지어 완전 사면을 받을 수도 있다. 수사가 진행되지 않은 상태에서 최초로 자백한 기업에 대한 전폭적인 사면은 최근 유럽에서도 도입되어 카르텔 기소의 핵심으로 입증되었다.[25] 이러한 새로운 프로그램은 당국의 눈에 크게 성공적이라는 평가를 받고 있다. 미국 법무부 반독점 부서는 다음과 같이 말했다:

> 오늘날 사면 프로그램은 대규모 사건을 가장 효과적으로 처리하는 법무부의 가장 성공적인 관용 프로그램이다. 지난 한 해 동안 사면 신청은 매월 약 2건의 비율로 접수되었으며, 이는 이전 사면 프로그램의 신청 비율에 비해 20*배* 이상 *증가한* 수치이다. 이러한 놀라운 사면 신청률을 고려할 때, 사면 프로그램의 메시지가 확실히 전달된 것으로 보인다. (http://www.usdoj.gov/atr/public/speeches/2247.htm)

사면이 카르텔을 깨는 데 성공한 이유는 무엇인가? 한 가지 이유는 이러한 프로그램이 수사가 시작되었다고 믿는 카르텔 조직원들의 자수를 유도하기 때문이다. 사면 프로그램은 당국을 대신하여 죄수들의 딜레마를 효과적으로 해결해 준다. 그러나 Motta, Polo(2003)와 Spagnolo(2004)가 지적했듯이 이러한 설명이 전부가 될 수는 없다. 관용은 일단 조사가 진행되면 자백을 유도하지만, 기소 없이 카르텔에서 벗어날 수 있는 가능성을 높여 카르텔을 시작함으로써 기대되는 순이익을 증가시킬 수 있기 때문이다.

이러한 근본적인 어려움은 억제 노력의 효과를 측정하려는 모든 시도를 괴롭히는 문제이다. 억지력이 실패했을 때, 즉 카르텔이 형성되어 적발되었을 때만 결과를 알 수 있기 때문이다. 얼마나 많은 카르텔이 형성되었지만 적발되지 않았는지, 그리고 더 중요한 것은 얼마나 많은 카르텔이 형성되었지만 적발되어 벌금을 물어야 할 위협 때문에 형성되지 않았는지 알 수 없다는 것이다.

Miller(2009)는 매우 독창적이고 중요한 논문에서 이러한 문제를 정확하게 다루고 있다. 그는 내생적 카르텔 정보에 대한 확률적 모델을 개발한 다음 사면 프로그램이 도입되었을 때 어떤 일이 일어나는지 조사한다. 이 모델은 두 가지 매우 명확한 예측을 내린다. 첫 번째는 사면 프로그램이 도입되면 적발이 증가하면 적발 및 기소되는 카르텔의 수가 즉시 눈에 띄게 증가한다는 것이다. 두 번째 예측은 첫 번째 예측이 검증된다면, 즉 사면 프로그램 도입으로 적발된 카르텔 수가 크게 증가한 후 사면 프로그램 시작 전보다 낮은 비율로 감소한다면, 사면 프로그램이 카르텔 형성을 억제하고 있다고 확실하게 추론할 수 있다는 것이다. 미국 데이터를 사용한 Miller(2009)의 시뮬레이션에 따르면 미국의 사면 프로그램이 카르텔 형성률을 약 40% 감소시킨 것으로 나타났다. 이는 반독점당국이 이 프로그램이 성공적이라고 주장하는 것을 정당화할 수 있는 근거가 된다.

25 사면이 허용될 수 있는 정확한 조건에 대한 자세한 내용은 법무부 차관보의 연설문(http://www.usdoj.gov/atr/public/speeches/2247.htm)을 참조.

현실 체크포인트

성공적인 관용 프로그램—너무 잘 운영되고 있다.

유럽연합 집행위원회 경쟁총국은 2002년에 관용 프로그램을 도입하고 2006년 12월에 이 프로그램을 업데이트했다. 새로운 프로그램 가이드라인에는 다음과 같은 조항이 포함되어 있다:

- 벌금은 카르텔의 영향을 받은 매출액의 최대 30%에 카르텔이 운영된 기간을 곱한 금액이 부과된다;
- 카르텔 회원사에는 카르텔 가입에 대한 "가입비"도 부과되며, 이는 카르텔의 영향을 받는 부문에서 연간 매출의 15~25%에 해당하는 금액이다;
- 상습 위반자는 두 번째 위반 시 벌금이 두 배, 세 번째 위반 시 세 배로 부과될 수 있다;
- 공정거래위원회의 조사에 협조하지 않는 기업 및 카르텔의 주도자에 대해서는 벌금이 더 늘어날 수 있다;
- 기업이 카르텔 조사에 전적으로 협조하는 경우 벌금이 감면될 수 있다.
- 카르텔에 대해 "내부 고발"을 하는 기업은 처벌을 완전히 면제받는다.

문제는 이 정책이 너무 성공적이라는 점이다. 면책 특권의 유혹으로 인해 2002년 이후 200건 이상의 신고가 접수되었다. 이 정책은 일련의 주목할 만한 성공으로 이어졌지만, 70명의 전문 조사관들을 압도할 위험도 있다. 면책 신청자가 제출한 증거가 있더라도 카르텔 조사는 현재 최소 3년 이상 걸린다. 면책 신청이 쇄도하면 이 기간이 더욱 길어질 수 있다. 이에 대해 Neelie Kroes 경쟁위원장은 카르텔 조사에 협조하는 대가로 벌금을 감면하고 위원회의 최종 판결에 항소하지 않겠다는 약속을 하는 "직접 합의"를 제안하는 아이디어를 내놓았다. 그러나 이 제안은 많은 현실적, 법적 장애물에 직면해 있다. 따라서 당분간은 급격히 증가하는 벌금 수입 중 일부를 추가 조사관 고용에 사용하지 않는 한 조사관들이 늘어난 업무량을 감당해야 할 것으로 보인다!

출처: "Cartels Feel Pain of Kroes Crusade," *Financial Times*, Companies International, March 29, 2007.

14.5 실증적 적용: 가격고정의 효과 측정

이 장의 앞부분에서 언급했듯이 가격담합을 적발하고 기소하려면 상당한 자원이 필요하다. 실제로 위의 분석 결과를 보면 심각한 적발률을 달성하는 것이 얼마나 어렵고, 따라서 비용이 많이 드는지 알 수 있다. 설령 카르텔이 비교적 흔하게 발생하고 그 증거가 있다고 하더라도, 가격을 소폭 인상하는 데 그친다면 부족한 자원을 카르텔 단속에 상당 부분 할당하는 것은 비용 효율적이지 않을 수 있다. 또한, 담합에 성공한 카르텔구성원에게 부과되는 벌금은 원칙적으로 담합으로 인한 피해와 관련이 있어야 한다. 두 가지 이유 때문에 담합 합의의 가격효과에 대한 추정치가 필요하다. 이를 위해서는 당국 또는 당국의 계량경제학 전문 증인이 카르텔의 활동 기간, 카르텔이 활동한 기간 동안 카르텔이 부과한 가격 및 판매수량, 카르텔이 없었다면 부과했을 가격, 즉 만약에 가격을 세 가지로 추정할 수 있어야 한다.

이 중 가장 어려운 것은 의심할 여지 없이 "카르텔이 없을 경우에 부과되었을 가격"을 결정하는 것인데, 이는 본질적으로 직접적인 방식으로 관찰할 수 없는 것을 추정해야 하기 때문이다. "카르텔이 없을 경우에 부과되었을 가격"을 추정하기 위한 몇 가지 접근 방식이 제안되었다. 첫째, 주요 수요 및 비용 매개변수를 추정하고 이를 사용하여 비협조적인 행동 모델을 시뮬레이션하여 시뮬레이션된 시장 균형에서 가격을 구할 수 있다. 둘째, 전후 접근법을 사용할 수 있다. 즉, 카르텔이 활동하지 않은 기간을 식별하고 해당 기간에 부과된 가격을 카르텔 운영 기간 동안 관찰된 가격과 비교하여 측정하는 것이다. 셋째, 시장에서 수요와 공급의 상호작용을 추정하고 카르텔의 영향을 포착하기 위해 더미 또는 기타 변수를 포함하는 축소된 형태의 시계열 계량경제학 모델을 지정하고 추정할 수 있다. 이 중 두 번째와 세 번째 방법이 가장 일반적으로 사용된다.[26]

계량경제학적 방법은 일반적으로 다음과 같은 형태의 축소형 가격 방정식을 추정하여 적용한다:[27]

$$P_{it} = \alpha + \beta \mathbf{y}_{it} + \gamma \mathbf{w}_{it} + \delta \mathbf{s}_{it} + \lambda \mathbf{D}_{it} + \varepsilon_{it} \tag{14.16}$$

여기서 P_{it}는 t 시점에 지역 i의 가격이다. $\mathbf{y}_{it}$는 수요에 영향을 주는 변수 벡터(소득, 다른 재화들의 가격들)이다. $\mathbf{w}_{it}$는 공급에 영향을 주는 변수 벡터(요소가격들)이다. $\mathbf{s}_{it}$는 시장구조변수 벡터(시장집중도, 규모의 경제 강도에 대한 척도)이다. $\mathbf{D}_{it}$는 카르텔의 효과를 포착하기 위해 사용되는 더미 변수 벡터이다. 이 방정식은 직접 추정할 수 없는 기본 구조 변수의 함수 자체인 수요와 공급함수를 동일시하는 균형 조건에서 도출되기 때문에 축소형 방정식이라고 한다.

물론 이 접근법의 잠재적 단점은 데이터에 대한 요구가 매우 높다는 점이다. 더미 변수 계수의 신뢰성 있는 추정을 위해서는 카르텔 관측의 "전후"에 충분한 데이터가 있어야 하며, 요소비용과 같은 일부 변수는 카르텔 당사자로 지목된 기업의 동의가 있어야만 얻을 수 있다. 또한 우측 변수의 내생성 문제로 인해 도구변수 추정 기법이 필요하며, "올바른" 도구 선택이 필요한 경우도 종종 있다.

그러나 계량경제학 기법의 변형이 큰 효과를 거둔 사례도 있다. 컬럼비아 특별구에서 개최된 특정 부동산 경매에서 가격을 조작하기 위해 장기간 운영된 카르텔의 가격 영향을 추정한 Kwoka(1997)가 그러한 예 중 하나이다.

이 경매는 모기지 채무 불이행으로 압류되었거나 법원의 감독 하에 매각 중인 부동산과 관련된 경매로, 후자를 nisi 경매라고 한다. 카르텔 멤버들은 이러한 유형의 부동산을 매입하고 이후 재판매하는 것을 전문으로 하는 비교적 소규모의 안정적인 부동산 투자자들로 구성되었다. 이들은 경매에서 합의된 낙찰가를 제출할 입찰자를 지정하고 다른 카르텔 멤버들은 입찰하지 않거나 고의적으로 낮은 입찰가를 제시하는 방식으로 카르텔을 운영했다. 이러한 경매에 참여한 비카르텔 멤버는 다양한 방법으로 낙찰을 방해했다. 예를 들어, 카르텔 멤버가 해당 부동산에 대해 부정적인 발언을 하거나, 비회원에게 입찰하지 말라고 돈을 주거나, 한 부동산만 구매하도록 허용할 수 있다. 이 카르텔이 신규 진입을 억제하고 카르텔을 유지하는 데 성공했다는 한 가지 척도는 1976년 1월부터 1990년 8월까지 약 14년 동안 카르텔이 성공적으로 운영된 것으로 보인다는 점이다.

각 공개 경매가 끝날 때마다 카르텔 회원들은 부동산의 최종 소유권을 결정하기 위해 그들끼리 두 번째 비공개 "녹아웃" 경매를 실시했다. 이 경매는 일반적인 오름차순 경매로 진행되었기 때문에 부동산의 가치를 가장 높게 평가한 카르텔 회원으로 추정되는 최고가 입찰자에게 부동산이 돌아갔다. 그런 다음 공개 경매의 낙찰자는 지불한 가격을 상환받고, 공개 경매 가격과 낙찰가격의 나머지 차액은 입찰 링의 구성원에게 부수적인 지불로 분배된다.

이러한 담합 장치가 입찰에 참여하는 N명의 회원들 간에 어떻게 작동하는지를 이해하기 위

---

26 Connor(2001)는 lysine 카르텔의 영향을 추정할 때 전후 방법을 사용하는 방법에 대해 자세히 설명한다.

27 Baker와 Rubinfeld(1999)는 이러한 방법을 사용하는 것에 대하여 논의한다.

해, 주어진 경매재산의 진정한 가치는 V, 공개 경매 낙찰가격은 P, 결판경매 낙찰가격은 K라고 하자. P와 K만 관측 가능하다. 결판경매에서 실패한 $N-1$명의 입찰자들 각각은 다음과 같은 S의 보수를 받는다.

$$S = \frac{K - P}{N - 1} \tag{14.17}$$

결판경매에 참여하는 모든 회원은 결판경매에서 실패하더라도 적어도 S만큼 지불받을 것이라는 것을 알고 있다. 결판경매의 승자는 $V - K$의 잉여를 얻는다. 이에 따라 균형에서 $S = V - K$이다. 달리 말해, 경매 대상 자산의 진정한 가치는 $V = K + S$이다. 식 (14.17)을 사용하면, 이 조건은 다음과 같이 나타낼 수 있다.

$$V = K + \frac{K - P}{N - 1} = \frac{N}{(N-1)}K - \frac{P}{(N-1)} = P + \frac{N}{(N-1)}(K - P) \tag{14.18}$$

Kwoka는 카르텔 입찰자들이 합의한 고정된 공개 경매 가격 P는 "경매 대상 자산의 경쟁적 가치, 즉 진정한 가치의 일정한 비율"이라고 가정하면서 모형에 약간의 구조를 추가한다. 만일 이 비율의 역수가 m이면, $m = V/P$이다. 식 (14.18)에서 $V = mP$를 대입하고 K에 대하여 풀면, 추정에 사용되는 축약형 방정식은 다음과 같이 구해진다.

$$K = P + (m - 1)P\frac{(N-1)}{N} \tag{14.19}$$

이러한 회귀식에서 독립변수들은 P와 $P(N-1)/N$이고 m은 추정되어야 하는 모수이다.

카르텔 조직원들은 각 경매에 참여한 모든 입찰자의 신원과 낙찰자에게 지급한 보상금에 대한 상세한 기록을 보관했다. 이러한 기록은 결국 카르텔 기소의 핵심 자료가 되었다. 또한 카르텔이 가격에 미친 영향을 추정하는 데 필수적인 자료이기도 하다. 그러나 셔먼법 위반 혐의로 기소된 12명 중 10명이 재판 전에 유죄를 인정했다. 이 때문에 이 사건들에 대한 데이터를 사용할 수 없다. 이로 인해 Kwoka는 카르텔의 영향을 받은 680개 부동산 중 30개에 대한 데이터를 확보하게 되었으며, 이 데이터는 모두 1980년에서 1988년 사이에 경매에 부쳐졌다.

이러한 경매에 대한 요약 통계는 표 14.6에 나와 있다. 평균 입찰자 수는 4.6명이었고 입찰자 수는 2~9명이었다. 평균 낙찰가는 공개 경매 가격보다 28% 초과하거나, 반대로 조작된 공개 경매 가격은 낙찰가보다 평균 22% 낮았다.

그러나 $V = K + S$라는 것을 알기 때문에 이는 카르텔의 전체 영향이 아니다. 표 14.6에서 K/P에 상당한 편차가 있다는 것을 알 수 있다. 따라서 kwoka는 방정식 (14.19)를 직접 추정하여 표 14.7의 열 (a)에 있는 결과를 얻었다.

열 (a)의 첫 번째 회귀에서 두 항 P와 $P(N-1)/N$에 대한 계수가 유의미하고 예상한 부호를 가지며 적합도가 현저한 것을 확인할 수 있다. 또한, 방정식 (14.19)에서 요구하는 대로 P에 대한 계수는 (단지) 단일성과 크게 다르지 않다. $P(N-1)/N$에 대한 계수는 $m-1$의 추정치이므로 $m = 1.86$이 된다. $P/V = 1/m$이므로, 이는 $P/V = 0.54$가 된다는 것을 알려준다. 즉, 카르텔로 인해 경매 대상 부동산의 실제 가치보다 46% 낮은 공개 입찰가가 형성된다는 뜻이다.

그런 다음 Kwoka는 방정식 (14.19)의 단순 모델을 두 가지로 개선하여 추정했다. 첫째, 샘플에 포함된 30개의 부동산 중 19개는 압류 경매이고 11개는 nisi 경매였다. 후자는 법원의 감

표 14.6 경매 카르텔에 대한 요약 통계

	평균	최소값	최대값
P	\$25,800	\$8,800	\$44,800
K	\$30,500	\$10,800	\$47,300
N	4.63	2	9
K/P	1.28	1.02	2.46

표 14.7 회귀 결과

	(a)	(b)	(c)
P	0.519	0.520	0.703
	(2.18)	(2.15)	(4.47)
$P(N-1)/N$	0.860	0.879	0.481
	(2.58)	(2.58)	(2.01)
$DP(N-1)/N$		−0.045	0.014
		(0.51)	(0.23)
UNEQUAL			3501
			(3.08)
R^2	0.979	0.980	0.995
S	667	433	694

독 하에 진행되기 때문에 카르텔구성원들이 공매 입찰에 더 신중을 기할 가능성이 있다. 따라서 nisi 액션에 대해 $V/P = m - d$라고 가정한다. nisi 경매의 경우 단일성 값을 취하고 그렇지 않은 경우 0을 취하는 더미 변수 D를 도입한다. 그러면 추정할 환원된 형태가 된다:

$$K = P + (m-1)P\frac{(N-1)}{N} - dDP\frac{(N-1)}{N} \tag{14.20}$$

결과는 표 14.7의 (b) 열에 나와 있다. $DP(N-1)/N$의 계수는 d의 추정치이며 올바른 부호(음수)를 갖지만 통계적으로 유의미하지 않다.

두 번째 개선 사항은 카르텔에서 낙찰된 입찰자가 보상을 받는 메커니즘을 수정한 것이다. 일부 경매에서는 낙찰자에게 균등하게 보상을 제공한 반면, 다른 경매에서는 각 낙찰자의 최종 낙찰가를 기준으로 보상을 제공했다. 불균등한 보상의 영향은 잠재적으로 모호할 수 있다. 한편으로는 입찰자가 더 높은 지분을 확보하기 위해 더 공격적으로 입찰할 수 있다. 반면에 공격적인 입찰은 입찰자가 원치 않는 경매에서 낙찰을 받는 결과를 초래할 수도 있다. 이러한 영향을 테스트하기 위해 Kwoka는 방정식 (14.20)에 더미 변수 UNEQUAL을 추가하고 보상 메커니즘을 구분할 수 있는 18개의 경매에 대해 회귀분석을 실행했다.

결과는 표 14.7의 (c) 열에 나와 있다. UNEQUAL에 대한 계수는 양수이고 유의미하며, 이는 불평등 보상이 후속 녹아웃 가격을 증가시켰음을 의미한다. 또한, $P(N-1)/N$에 대한 계수는 1.48로 m에 대한 수정 추정치를 제공하며, 이는 카르텔이 공매 가격을 실제 부동산 가치보다 32.5% 낮게 담합했음을 의미한다. 이 결과와 Kwoka(1997)의 나머지 연구 결과를 종합하면, 이 카르텔은 공매에서 해당 부동산이 거래되는 가격에 분명하고 상당한 영향을 미친 것으로 보인다.

Kwoka(1997)의 연구 결과는 다른 많은 연구자들의 연구 결과와 대체로 일치한다. 예를 들어, Froeb, Koyak, Werden(1993)은 미군에 냉동 생선을 공급하는 과정에서 가격담합이 이루어지면서 가격이 23~30% 상승했다는 사실을 발견했다. Connor(2001)는 lysine 카르텔이 시장가격을 17% 인상했다고 밝혔고, Morse와 Hyde(2000)는 그 효과가 34%로 두 배나 높았다고 주장했다. Lande와 Connor(2005)와 Connor와 Bolotova(2006)는 모든 기간과 모든 카르텔 유형에 걸쳐 카르텔 가격효과의 중앙값이 22~28% 정도이며, 순수 국내 카르텔보다는 국제 카르텔의 효과가 더 크다는 것을 발견했다.[28] 이 모든 것은 가격담합과 관련된 손실이 상당하며 특히 일반적인 카르텔이 8~9년 지속된다는 Connor와 Bolotova(2006)의 추가 발견을 고려할 때 이를 방지할 가치가 있음을 시사한다.

요약

적어도 아담 스미스 시대부터 동종 업계에 속한 기업들이 담합하여 가격을 적정 수준 이상으로 인상할 수 있다는 우려는 존재해 왔다. 지난 십여 년 동안 좋은 소식은 유럽과 북미에서 이러한 담합 카르텔이 다수 적발되어 법원에서 성공적으로 기소되었다는 것이다. 나쁜 소식은 이러한 증거를 통해 담합이 여전히 실질적인 문제로 남아 있음을 알 수 있다는 것이다. 어떻게든 기업들은 비협조적인 전략보다는 협력적인 전략을 수립하고 실행할 수 있다. 따라서 경쟁 당국은 카르텔이 깨진 것에 대해 기분이 좋을 수 있지만, 아직 밝혀내지 못한 다른 가격담합이 많다는 사실도 걱정해야 한다.

카르텔을 가능하게 하는 것은 전략적 상호작용의 반복이다. 기업들은 기업 전쟁터에서 한 번만 만나는 경우는 거의 없다. 대신 여러 번, 그리고 아마도 다른 많은 시장에서도 만날 것으로 예상할 수 있다. 게임이 한 번만 진행되면 각 기업은 담합 합의를 어길 강력한 인센티브를 갖게 된다. 이 합의는 법적으로 강제력이 없기 때문에 어떤 회사도 다른 회사의 부정행위를 막기 위해 할 수 있는 일이 거의 없다. 그러나 게임이 여러 기간에 걸쳐 반복적으로 진행되면 협력의 범위가 상당히 넓어진다. 한 기간의 담합 합의에 대한 부정행위를 다음 기간에 더 공격적으로 "처벌"하겠다고 협박할 수 있기 때문이다.

기업들이 성공적으로 담합하기 위해서는 게임의 반복이 필요하지만, 그 자체만으로는 충분하지 않다. 게임이 반복되는 것 외에도 게임의 종료 시점이 정해져 있어야 한다. 즉, 주어진 기간 동안 게임이 한 번 더 진행될 확률은 항상 양수이다. 이러한 조건이 없다면 셀텐의 정리는 고유한 비협조적 내쉬균형이 있는 유한반복게임에서 각 기간의 결과가 단순히 내쉬균형이 될 것임을 분명히 한다. 그러나 무한히 반복되는 게임의 경우, 전승 정리는 모든 기업이 단발성 내쉬균형에 비해 상대적으로 이득을 볼 수 있는 담합이 가능하다는 것을 명확히 보여준다.

또한 적극적인 반독점정책이 카르텔의 자생 가능성을 감소시킨다는 것을 보여주었다. 하지만 그렇다고 해서 카르텔이 형성되지 않는다는 보장은 없다. 역사적 증거에 따르면 담합이 성공하기 위한 조건이 충족되는 경우가 많으며, 담합이 성립되면 카르텔은 일반적으로 경쟁 행위가 가져올 가격보다 20~30% 정도 가격을 크게 인상하는 것으로 나타났다. 따라서 가격담합 합의에 대한 반독점 우려는 정당한 것으로 보인다. 이와 관련하여 최근 당국에 담합 합의를 최초로 폭로한 카르텔구성원에게 사면권을 부여하는 전술은 담합 행위를 적발하고 억제하는 데 큰 도움이 된 것으로 보인다.

---

28 Sproul(1993)은 이와 상반되는 연구로, 기소 *이후* 업계 가격이 약간 상승한다는 사실을 발견했으며, 이를 카르텔이 비용을 낮게 유지한다는 증거로 해석했다. 주목할 만한 데이터 문제 외에도 Sproul(1993)의 분석은 기소가 오랜 조사 끝에 이루어진다는 점에서 어려움을 겪었다. 조사 자체가 카르텔의 붕괴를 촉발한다면 기소가 이루어지기 훨씬 전에 가격이 하락할 것이다. 그러면 기소 날짜에 어떤 일이 벌어지는지는 실제 카르텔 가격효과에 대한 지침을 거의 제공하지 않는다.

연습 문제

1. 시장수요가 $P = 260 - 2Q$인 시장에서 두 기업이 생산량으로 경쟁한다고 하자. 각 기업은 고정비용을 가지고 있지 않으나 20의 한계비용을 가지고 있다.
   a. 1기간 내쉬균형 시장가격은 얼마인가? 이 균형에서 각 기업의 생산량과 이윤은 얼마인가?
   b. 두 기업이 독점 생산량을 생산하기로 담합하면 각 기업의 생산량은 얼마인가? 이러한 담합 하에서 각 기업은 얼마의 이윤을 버는가?

2. 문제 1의 카르텔을 다시 생각해 보자. 이 카르텔이 만들어진 후에, 다른 기업은 계속해서 독점 생산량의 반을 생산할 것이라고 가정하면서, 한 기업이 담합협약을 속이기로 결정한다고 하자.
   a. 이탈하는 기업의 가정이 주어진 경우, 이 기업은 얼마만큼 생산하는가?
   b. 만일 이탈하는 기업의 가정이 옳다면, 시장가격과 이탈하는 기업의 이윤은 각각 얼마가 되는가?

3. 이제 문제 1과 문제 2에서 설명한 시장게임이 무한히 반복된다고 하자. 확률조정 할인요소가 $p > 0.53$인 한 담합적 협약이 유지될 수 있다는 것을 보여라.

4. 다시 시장수요는 $P = 260 - 2Q$이고 두 기업은 고정비용을 가지고 있지 않으나 20의 한계비용을 가지고 있다고 하자. 그러나 이제 두 기업은 가격으로 경쟁(베르트랑 경쟁)하고 무제한의 생산량을 가지고 있다고 가정하자.
   a. 1기간 내쉬균형가격은 얼마인가? 두 기업은 같은 가격을 부과하는 경우 시장을 균등하게 점유한다고 가정하면, 이러한 시장균형에서 각 기업의 생산량과 이윤은 얼마가 되는가?
   b. 각 기업이 독점 가격을 부과하기로 합의하면, 각 기업의 생산량과 이윤은 얼마가 되는가?

5. 문제 4를 다시 생각해 보자. 카르텔이 독점 가격을 부과한다고 가정하자. 다른 경쟁기업은 계속해서 독점 가격을 부과할 것이라고 가정하면서, 한 기업이 카르텔 협약으로부터 이탈한다고 하자.
   a. 이탈하는 기업의 가정이 주어진 경우, 다른 기업의 이윤은 어느 가격에서 극대화되는가?
   b. 만일 이탈하는 기업의 가정이 옳으면, 속이는 기업의 이윤은 얼마가 되는가? 속이지 않는 기업의 이윤은 얼마가 되는가?

6. 문제 4와 문제 5의 카르텔을 다시 생각해 보자. 이제 시장게임이 무한히 반복된다고 하자. 담합협약이 유지되기 위해서 필요한 확률조정 할인요소는 얼마인가?

7. 문제 3에 대한 당신의 대답과 문제 6에 대한 당신의 대답을 비교해 보라. 이러한 비교에 기초하여 당신은 쿠르노 경쟁상황 또는 베르트랑 경쟁상황 중에서 어느 시장상황에서 카르텔 형성이 더 가능할 수 있다고 생각하는가?

8. 다시 한번 시장수요가 $P = 260 - 2Q$이고 각 기업이 20의 한계비용을 가지고 있는 산업에서 기업들이 쿠르노 경쟁을 한다고 가정하자. 그러나 이제 산업 내에 두 기업이 아니라 4개 기업이 존재한다고 하자.
   a. 1기간 내쉬균형 시장가격은 얼마인가? 이 균형에서 각 기업의 생산량과 이윤은 얼마인가?
   b. 기업들이 독점 생산량을 생산하기로 담합하면 각 기업의 생산량은 얼마인가? 이러한 담합하에서 각 기업은 얼마의 이윤을 버는가?

9. 문제 8을 다시 생각해 보자. 나머지 세 기업들 각각은 계속해서 독점 생산량의 1/4을 생산한다고 가정하면서 한 기업이 담합적 협약을 속이기로 결정한다고 하자.
   a. 이탈하는 기업의 가정이 주어진 경우, 이탈하는 기업은 얼마만큼 생산하는가?
   b. 이탈하는 기업의 가정이 옳다고 가정하면, 시장가격과 이탈하는 기업의 이윤은 각각 얼마가 되는가?

10. 문제 8과 9에 대한 당신의 결과를 생각해보라. 이러한 시장게임이 무한히 반복된다고 하자. 확률조정 할인요소가 $p > 0.610$인 한, 담합협약은 유지될 수 있다는 것을 보여라.

11. 문제 10에 대한 당신의 대답과 문제 3에 대한 당신의 대답을 비교하라. 이러한 비교에 기초하여 산업에 있는 기업의 수가 증가함에 따라 담합적 협약을 유지시킬 수 있는 기업들의 능력에 대하여 당신은 어떤 추론을 하는가?

12. 1990년대에 식품첨가제인 lysine의 수요는 1.55의 가격탄력성을 가지고 있었다고 생각하라. 이 시장의 구조와 각 기업의 단위당 한계비용(일정하다고 가정)이 아래에 정리되어 있다.

기업	시장점유율	한계비용
Ajinomoto	32%	$0.70
Archer Daniels Midland	32%	$0.70
Kiyowa Hakko	14%	$0.80
Sewon/Miwon	14%	$0.80
Cheil Sugar	4%	$0.85
Cargill	4%	$0.85

a. 기업들이 생산량으로 경쟁하는 경우 수요의 가격탄력성, 시장점유율, 비용 데이터를 사용하여 가중평균 산업균형가격을 구하라.

b. 1990년대 동안, lysine 생산자들은 문제 a에 제시된 시장점유율들을 유지하였던 (이제 유명해진) 카르텔을 형성하였다. 카르텔 아래에서 lysine의 세계 가격은 파운드당 평균 1.12달러로 상승했다. 당시 전 세계 총생산량은 연간 약 10만 미터 톤이었다. 1미터 톤 = 2,200파운드. 카르텔의 결과로 업계가 얻은 총 추가 이익은 얼마인가?

13. 평균 및 한계비용 곡선이 각각 다른 대기업과 중소기업이 모두 포함된 카르텔이 막 만들어졌다고 가정해 보겠다. 카르텔의 합의는 각 구성원이 현재 수준에서 생산량을 20%씩 줄이는 것이다. 현재 업계 생산량 수준이 경쟁 생산량 수준과 비슷하다고 가정해 보겠다. 이 20% 감축 규칙이 카르텔의 이익을 극대화하는가? 그렇지 않은 이유를 설명하라.

14. 카르텔 기업은 과도한 생산 능력을 유지하는 경향이 있다는 지적이 종종 있다. 예를 들어 OPEC(특히 사우디 아라비아의 경우)의 경우도 마찬가지이다. 1950년대의 전기 터빈 음모와 최근에는 1990년대의 국제 lysine 음모에서도 마찬가지였다. 이에 대한 한 가지 설명은 카르텔의 성공은 필연적으로 구성원들이 이익을 새로운 역량에 재투자하도록 유도한다는 것이다. 이러한 관점에서 보면 카르텔은 스스로 파멸의 씨앗을 뿌린 셈이다. 이 장의 분석을 바탕으로 다른 설명을 할 수 있는가? 여러분의 설명이 카르텔의 장기적인 생존 가능성에 어떤 시사점을 주는가?

참고문헌

Abrantes-Metz, Froeb, Geweke, and Taylor. 2006. "A Variance Screen for Collusion," *International Journal of Industrial Organization* 24 (November): 467–86.

Athey, S., K. Bagwell, and C. W. Sanchirico. 2004. "Collusion and Price Rigidity," *Review of Economic Studies* 71 (April): 317–49.

Baker, J. B., and D. L. Rubinfeld. 1999. "Empirical Methods in Antitrust Litigation: Review and Evidence," *American Law and Economics Review* 1 (Fall): 386–435.

Bernheim, B. D., and M. D. Whinston 1985. "Common Marketing Agency as a Device for Facilitating Collusion." *Rand Journal of Economics*, 16 (Summer), 269–81.

Block, M., F. Nold, and J. Sidak. 1981. "The Deterrent Effect of Antitrust Enforcement," *Journal of Political Economy* 89 (June): 429–45.

Davidson, C., and R. Deneckre 1990. "Excess Capacity and Collusion," *International Economic Review* 31 (May): 521–41.

Dixit, A. 1980. "The Role of Investment in Energy Deterrence." *Economic Journal* 90 (January): 95–106.

Connor, J. M. 2001. *Global Price Fixing: Our Customers Are the Enemy*, Boston: Kluwer Academic Publishers.

Connor, J. M., and Y. Bolotova. 2006. "Cartel Overcharges: Survey and Meta-Analysis," *International*

Journal of Industrial Organization 24 (November): 1109–37.

Eichberger J. 1993. Game *Theory for Economics*, New York: Academic Press.

Eichenwald, K. 2000. *The Informant*, New York: Random House.

Friedman, J. 1971. "A Non-Cooperative Equilibrium for Supergames," *Review of Economic Studies* 38 (January): 1–12.

Froeb, L., R. Koyak, and G. Werden. 1993. "What Is the Effect of Bid Rigging On Prices?" *Economics Letters*, 42 (April), 419–23.

Green, E. J., and R. Porter. 1984. "Noncooperative Collusion Under Imperfect Price Information," *Econometrica* 52 (January): 87–100.

Harrington, J., and J. Chen. 2006. "Cartel Pricing Dynamics with Cost Variability and Endogenous Buyer Detection," *International Journal of Industrial Organization* 24 (November): 1185–212.

Harsanyi, J. C. 1973. "Games with Randomly Distributed Payoffs: A New Rationale for Mixed Strategy Equilibrium Points," *International Journal of Game Theory* 2 (December): 1–23.

Harstad, R. M., and L. Phlips, 1990. "Perfect Equilibria of Speculative Futures Markets", in R. Selten, eds. *Game Equilibrium Analysis, Vol. II*. Berlin: Springer, 289–307.

Hay, G., and D. Kelley, 1974. "An Empirical Survey of Price-Fixing Conspiracies". *Journal of Law and Economics*, 17 (April), 13–38.

Kaplow, L. 2011. "An Economic Approach to Price Fixing," *Antitrust Law Journal* 77: 343–49.

Kwoka, J. 1997. "The Price Effect of Bidding Conspiracies: Evidence from Real Estate 'Knockouts,'" *Antitrust Bulletin* 42 (Summer): 503–16.

Lande, R., and J. Connor. 2005. "How High Do Cartels Raise Prices?" Implications for Reform of the Antitrust Sentencing Guidelines". *Tulane Law Review*, 80 (November), 513–70.

LaCasse, C. 1995. "Bid Rigging and the Threat of Government Prosecution". *Rand Journal of Economics*, 26 (Autumn), 398–417.

Levenstein, M., and V. Suslow. 2006. "What Determines Cartel Success?" *Journal of Economic Literature*, 44 (March), 43–95.

Marshall, R. C., L. Marx, and M. E. Raiff. 2008. "Cartel Price Announcements—The Vitamins Industry," *International Journal of Industrial Organization* 26 (May 2008): 762–802.

Miller, N. 2009. "Strategic Leniency and Cartel Enforcement," *American Economic Review* 99 (June): 750–68.

Morse, B. A., and J. Hyde. 2000. "Estimation of Cartel Overcharges: The Case of Archer Daniels Midland and the Market for Lysine," Purdue University,Department of Agricultural Economics, Staff Paper 00-8.

Motta, M., and M. Polo, 2003. "Leniency Programs and Cartel Prosecution," *International Journal of Industrial Organization* 21 (March): 347–49.

Osborne, M. J., and C. Pitchik. 1987. "Cartels, Profits, and Excess Capacity." *International Economic Review*, 28 (June), 413–28.

Phlips, L. 1995a. *Competition Policy: A Game-Theoretic Perspective*. Cambridge, England: Cambridge University Press.

Porter, R. H., and J. D. Zona. 1993. "Detection of Bid Rigging in Procurement Auctions." *Journal of Political Economy*, 101 (June), 518–38.

Posner, R. 1970. "A Statistical Study of Cartel Enforcement," *Journal of Law and Economics* 13 (October): 365–419.

Rotemberg, J., and G. Saloner, 1986. "A Supergame Theoretic Model of Price Wars During Booms," *American Economic Review* 76 (June): 390–407.

Salop, S. 1986. "Practices that (Credibly) Facilitate Oligopoly Coordination." *New Developments in the Analysis of Market Structure*, J. Stiglitz and F. G. Mathewson, Cambridge: MIT Press, 265–90.

Schelling, T. 1960. *The Strategy of Conflict*, Cambridge: Harvard University Press.

Selten, R. 1973. "A Simple Model of Imperfect Competition Where 4 Are Few and 6 Are Many," *International Journal of Game Theory* 2 (December): 141–201. Reprinted in R. Selten, 1988. *Models of Strategic Rationality*, Amsterdam: Kluwer Academic Publishers.

Spagnolo, G. 2004. "Divide et Impera: Optimal Deterrence Mechanisms Against Cartels and Organized Crime", CEPR Discussion Paper No. 4840.

Spence, A. M. 1979. "Entry, Investment, and Oligopolistic Pricing". *Bell Journal of Economics*, 8 (Spring, 1979), 1–19.

Sproul, M. 1993. "Antitrust and Prices," *Journal of Political Economy* 101 (August): 741–54.

Sweezy, P. 1939. "Demand Under Conditions of Oligopoly" *The Journal of Political Economy* Vol. 47, (August), 568–73.

제 5 부

기업 간의 계약 관계

Contractual Relations Between Firms

이 파트에서는 공식적이고 법적으로 강제력이 있는 계약과 관련하여 기업이 상호작용할 수 있는 다양한 방식을 살펴봅니다. 이러한 공식적인 관계에는 지난 몇 장에서 고려한 가격 및 생산 결정과 마찬가지로 전략적 고려 사항이 적용된다. 그러나 공식 계약은 본질적으로 이기심이라는 일반적인 요소뿐만 아니라 협력이라는 요소도 포함하기 때문에 이러한 전술적 문제의 발현은 좀 더 미묘하다.

15장과 16장에서는 기업 세계에서는 합병(또는 인수) 계약으로 번역되는 모든 계약 중 가장 구속력이 큰 결혼 계약의 의미를 살펴본다. 15장에서는 이전에 동일한 제품시장에서 서로 경쟁하던 두 회사가 합병하는 수평적 합병을 둘러싼 문제를 살펴본다. 이러한 합병이 단순한 과점 모델에서 예측하는 것보다 더 자주 발생하며, 그 이유를 파악하는 데 시간이 걸린다는 것을 보여준다. 물론 이전에 경쟁 관계에 있던 두 기업 간의 합병은 경쟁을 줄이려는 욕구에서 비롯된 것일 수도 있다. 따라서 반독점당국과 법원은 종종 이러한 합병을 평가하고 합병 후 시장결과를 예측하려고 노력해야 한다. 이 장의 실증적 적용은 제안된 합병의 영향을 평가하는 데 사용되는 최근의 합병 시뮬레이션 기법을 조명하는 것을 목표로 한다.

16장에서는 이번에는 수직적 또는 대기업 환경에서의 합병 주제를 계속 다룬다. 상류기업과 하류기업 간의 합병은 이중 시장화 문제, 경쟁사 압류, 전략적 헌신 등 조직 전략과 반독점 정책에 대한 흥미로운 질문을 제기한다. 마지막으로 레미콘 산업의 수직적 통합에 관한 Hortacsu와 Syverson(2007)의 연구에 대한 논의로 마무리한다.

17장에서는 상류 제조업체와 같은 한 기업이 자사 제품을 판매하는 소매업체에 부과할 수 있는 가격을 상한 또는 하한으로 제한하는 수직적 가격제한을 고려한다. 이러한 계약은 생산자와 소비자 모두에게 잠재적으로 후생을 증진시킬 수 있지만, 담합을 조장하고 후생을 해칠 가능성도 있음을 보여준다. 경험적 분석으로 수직적 가격제한의 불법성 *자체*를 제거한 *리긴* 판결의 영향에 대한 Smith, MacKay(2007)의 최근 연구를 제시한다.

마지막으로 18장에서는 1992년 코닥 사건에서 제기된 독점 지역, 독점 대리점 계약, 애프터마켓 문제와 같은 비가격 수직적 제한에 대해 살펴본다. 또한 분할에 대해서도 논의한다. 그런 다음 미국 맥주 산업에 대한 Sass(2005)의 연구를 통해 일반적인 비가격 수직적 제한에 대한 몇 가지 증거를 제시한다.

Industrial Organization

Contemporary Theory and Empirical Applications

제 15 장

수평합병

Horizontal Mergers

차례

15.1 ▸ 수평합병과 합병의 역설
15.2 ▸ 합병과 비용시너지
15.3 ▸ 스테켈버그 리더로서의 합병기업
15.4 ▸ 순차적 합병
15.5 ▸ 수평합병과 제품차별화
15.6 ▸ 수평합병에 대한 공공정책
15.7 ▸ 실증적 적용: 컴퓨터 시뮬레이션의 합병 효과 측정
요약
연습 문제

2001년 9월 11일의 테러 사건, Enron, Tyco, HealthSouth, WorldCom과 같은 기업 스캔들, dot.com 버블이 터지면서 1990년대까지 나타나던 미국의 합병 열기가 많이 사라졌다. 2004년부터 2008년까지 합병 활동이 다시 활발해졌지만, 미국 경제 활동에 계속 영향을 미치는 금융 위기로 인해 이 역시 사라졌다. 그러나 최근 합병 활동의 침체에도 불구하고 2011년 5월 31일 마감 연도에는 총 8,400억 달러 규모의 9,500건 이상의 새로운 합병 거래가 체결되었고, 2012년 5월 31일 마감 연도에는 총 7,590억 달러 규모의 9,000건 이상의 합병 거래가 체결되었다. 1990년대만큼 합병에 대한 충동이 강하지는 않지만, 결코 없는 것은 아니다.

인수와 합병을 통해서 이루어진 기업의 조직과 재조직은 많은 문제를 발생시켰다. 아마도 가장 핵심적인 질문은 왜 인수와 합병이 그렇게 많이 발생하는가일 것이다. 두 기업 또는 보다 많은 기업들 간의 결혼은 어떤 동기에서 이루어지는가? 한 가지 가능한 답은 합병이 불필요한 중복을 제거하거나 합병된 조직 내에서 정보의 흐름을 개선시켜서 비용을 절감시켜 준다는 것이다. 또한 합병은 좀 더 효율적인 가격책정과/또는 고객에게 좀 더 개선된 서비스를 가져다줄 수도 있다. 이러한 경우는 예를 들어 서로 보완적인 제품을 생산하는 두 기업이 합병할 때 나타날 수 있다.[1]

생산비용을 줄이고 서로 보완적인 재화의 생산을 합리화하는 것이 합병의 주된 동기라면 그러한 합병은 합병기업들에게도 좋고 사회에도 혜택이 되는 합병이므로 저지해서는 안 될 것이다. 그러나 합병은 다른 한편으로는 합법적 카르텔을 만들기 위한 시도일 수 있다. 합병된 기업들은 동일한 소유권과 관리하에 있게 된다. 따라서 새로 탄생된 기업은 마치 합병되기 전에 분리되어 있던 기업들이 공동의 이윤을 극대화하려고 행동을 서로 조정할 수 있는 것처럼 기업의 행동을 조정하려고 할 것이다. 그러한 조정은 한 기업의 테두리 안에서 이루어지기 때문에 합병은 서로 분리되어 있었을 경우에는 불법적인 행동이었을 행동을 합법화시키는 수단일 수

1 8장의 8.3절 참조.

있다. 이러한 경우에, 합병은 시장에서 독점력을 형성해 이를 활용하려는 바람직하지 못한 시도이다.

반독점법 수행기관은 반경쟁적 합병과 경쟁에 해롭지 않은 합병을 구분하여야 하기 때문에 합병은 반독점정책을 제대로 시행하는 데 어려움을 준다. 이러한 긴장감은 미국 정부의 Merger Guidelines의 다음과 같은 표현에서 잘 드러나고 있다: "경쟁에 해로운 합병을 관리하는 데 있어서 반독점법 시행기관은 경쟁에 도움을 주거나 경쟁에 중립적인 보다 많은 경우의 합병에 대해서 불필요하게 간섭하는 것을 피하여야 한다."[2]

이 장과 다음 장에서는 이 문제에 대해서 살펴본다. 경제이론이 합병의 이윤 동기에 대해 어떤 설명을 하고 있으며, 높은 이윤이 높은 효율성으로 인해 발생하는 것인지 높아진 독점력으로 인해 발생하는 것인지에 대해 어떤 설명을 하고 있는지를 살펴볼 것이다. 해당되는 이론은 주로 쿠르노 *Cournot* 모형과 베르트랑 *Bertrand* 모형의 확장이지만, 이 부분이 약간 어려울 수 있다는 것을 미리 말해둔다. 합병과 합병정책에 대해 깊이 이해한다는 것이 이러한 추가적인 설명이 주는 보상이라고 생각한다.

앞으로 더 나가기 전에 합병을 구분하는 것이 필요하다. 왜냐하면 합병이 모두 똑같지 않기 때문이다. 합병을 구분하는 주요 요소는 합병이 이루어지기 전에 합병하는 회사들 간에 존재했던 관계의 성격이다. 이렇게 볼 때 세 종류의 합병이 있다. 첫째는 수평합병이다. 수평합병은 이전에는 동일한 시장에서 서로 경쟁하고 있던 기업들이 서로 합병하는 경우를 말한다. 수평합병은 두 개 이상의 회사가 구매자를 대상으로 대체 제품을 판매하는 경우이다. 2011년 제안된 이동통신사 AT&T와 T-Mobile의 합병은 수평합병의 한 예이다. 2008년 델타항공과 노스웨스트항공의 합병도 수평합병의 한 예이다.

수직합병은 두 번째 유형이다. 이러한 합병은 일반적으로 수직적 생산사슬의 여러 단계에 있는 회사를 합병하는 것이다. Google의 Motorola 인수를 생각해 봅시다. 이 두 회사는 직접적인 경쟁자가 아니다. Google은 주로 소프트웨어 및 서비스 생산업체인 반면, Motorola는 Google 소프트웨어를 실행하도록 설계된 제품을 만드는 하드웨어 회사이다. 2006년 세계 최대 돼지고기 회사인 스미스필드 푸드가 주요 양돈 기업인 머피 팜스를 인수한 것도 비슷한 수직합병이다. 수직합병에는 상류–하류기업 간의 합병뿐만 아니라 그 이상의 합병이 포함된다. 또한 합병 이전에 상호 보완적인 상품을 생산하던 기업 간의 합병도 포함된다. 소프트웨어, 프린터, 스캐너를 주로 생산하던 휴렛팩커드와 주요 개인용 컴퓨터 회사인 컴팩의 합병은 수직적 범주에 속한다. 미국 동부의 두 대형 화물 철도 회사인 CSX와 Conrail의 합병은 또 다른 예이다. 이 합병의 중요한 근거는 두 회사가 미국 남동부에서 북동부까지 하나의 연속적인 시스템으로 상품을 운송하고자 하는 고객에게 상호 보완적인 서비스를 제공한다는 점이었다.

셋째는 복합합병 *conglomerate merger* 이다. 이는 서로 보완성이나 대체성이 명확하지 않은 두 제품을 파는 기업들 간의 합병을 의미한다. 비행기 엔진, 전기제품, 금융서비스, 방송프로그래밍 서비스를 판매하는 General Electric은 전 세계적으로 가장 성공한 복합기업 중 하나이다. 복합합병의 최근 예로는 (1) Gillette의 Duracell Batteries 매입, (2) Quaker Oats에 의한 Snap-

2 미국 법원과 연방거래위원회의 Merger Guidelines는 http://www.ftc.gov/bc/docs/horizmer.htm에서 찾아볼 수 있다. 2절의 합병의 잠재적 역효과 부분을 살펴보라.

ple(아이스티)과 Gatorade(스포츠 음료)의 매입, (3) 홈쇼핑 회사인 CUC International과 주요 호텔기업인 HFS의 합병 등이 있다.

이 장에서는 수평합병에 대해 살펴본다. 수평합병은 동일한 산업에 있는 두 개 이상의 기업이 결합하는 것이므로 당연히 반독점 문제가 야기된다. 수직합병과 복합합병에 대해서는 16장에서 살펴본다.

15.1 수평합병과 합병의 역설

수평합병은 이전에 있던 2개 이상의 기업을 하나의 기업으로 대체한다. 세 개 기업이 존재하던 시장에서 이 중 두 개 기업이 합병한다면 시장은 복점시장 *duopoly* 으로 바뀐다. 복점시장에서 두 개 기업의 합병은 독점기업을 탄생시킨다. 따라서 합병이 독점력을 창조한다는 것은 수평합병의 경우에 당연히 문제로 제기될 수 있다. 그러나 조금은 놀랄 일인 것 같지만, *독점으로 이어지지 않는* 수평합병에서 합병된 기업이 상당히 큰 이득을 얻는 것을 보여주는 경제모형을 만들기가 매우 어렵다는 것을 의미하는 *합병의 역설 merger paradox* 에 대해 먼저 살펴보기로 한다.[3] 이 역설에 대해서 9.4절의 쿠르노 *Cournot* 모형을 가지고 살펴보기로 하자.[4]

간단한 예를 가지고 시작하자. 세 기업이 각자 일정한 한계비용 $c = \$30$을 갖고 있고 이들이 직면하는 산업 수요곡선은 $P = 150 - Q$이다. 이 시장의 쿠르노 균형은 각 기업이 경쟁시장 생산량의 1/4인 30단위를 생산하는 것이다. 따라서 전체 생산량은 90단위이다. 이 경우 가격은 $P = \$60$이고, 각 기업은 $30(\$60 - \$30) = \$900$의 이윤을 얻는다.

이들 중 두 기업이 합병하면 어떤 일이 발생하는가? 이제 이 산업에는 두 기업만이 존재하며 각 기업은 경쟁시장 생산량의 1/3인 40단위씩 생산한다. 따라서 시장 전체의 생산량은 80단위로 감소한다. 가격은 \$70로 상승하며 각 기업은 \$1,600의 이윤을 얻는다.

이제 이 합병의 영향에 대해 살펴보자. 첫째, 이 합병이 소비자들에게는 안 좋다는 점을 살펴보라. 생산량은 감소하고 가격은 상승한다. 둘째, 이 합병은 합병하지 *않은* 기업에게는 좋은 소식이 된다. 이 기업의 경우에 생산량이 40단위로 증가하고 전보다 더 높은 가격에 판매할 수도 있으므로 이윤도 $\$1,600 - \$900 = \$700$ 증가한다. 마지막으로, 합병의 역설을 가져오는 핵심 요소에 대해 살펴보자. 합병한 두 기업에게 이 합병은 이득을 가져다주지 않는다. 이전에는 각 기업이 30단위를 생산하였으며 \$900의 이윤을 가져갔다. 따라서 합병 전 두 기업의 생산량과 이윤을 합하면 각각 60단위와 \$1,800가 된다. 그러나 합병이 이루어진 후에 이 두 기업의 총생산량은 40단위가 되고 총이윤도 \$1,600밖에 되지 않는다. 따라서 합병은 합병하는 기업들에게는 손해를 발생시키며 경쟁기업이 그 혜택을 가져가게 만든다. 만약 이 예가 일반적인 경우의 결과를 말해주는 것이라면, 많은 합병이 실제로 발생하는 것을 목격하기는 어려울 것이다. 따라서 역설은 실제로 합병이 항상 발생하고 있다는 것이다.

문제는 앞의 예가 특별한 경우가 아니라는 것이다. 합병이 독점을 탄생시키지 않는 한, 기본적인 쿠르노 모형을 사용하여 합병이 거의 확실히 이윤성이 없는 것임을 보여주기는 쉽다. 좀 더 일반적인 결과를 살펴보기 위해서, 시장에 있는 기업수 N이 $N > 2$이고, 각 기업이 동일한

3 독점을 가져오는 합병은 한 산업에 있는 모든 기업이 하나의 독점 생산자가 되는 경우이다.

4 합병의 역설은 Salant 등(1983)에 의해서 약간 다른 형태로 처음 소개되었다.

제품을 생산하고 있으면서 쿠르노 경쟁자로 행동한다고 해보자. 기업들은 동일한 생산비용을 발생시키며 총비용함수는 다음과 같이 주어졌다.

$$C(q_i) = cq_i \qquad \text{for i} = 1, .., N, \tag{15.1}$$

q_i는 기업 i의 생산량이다. 시장수요곡선은 직선이며, 역수요함수는 다음과 같다.

$$P = A - BQ = A - B(q_i + Q_{-i}), \tag{15.2}$$

Q는 N개의 기업이 생산하는 총생산량이며, Q_{-i}는 기업 i를 제외한 총생산량이다.

$$Q_{-i} = Q - q_{-i}$$

기업 i의 이윤함수는 다음과 같다.

$$\pi_i(q_i, Q_{-i}) = q_i[A - B(q_i + Q_{-i}) - c]. \tag{15.3}$$

쿠르노 게임에서 기업들은 자신들의 이윤을 극대화해 주는 생산량을 동시에 결정한다는 것이다. 쿠르노 균형에서 각 기업이 얻는 이윤은 다음과 같다.

$$\pi_i^C = \frac{(A - c)^2}{B(N + 1)^2} \tag{15.4}$$

이 회사들 중 M개($M \geq 2$)가 합병하기로 했다고 하자. 합병으로 시장이 독점시장이 되는 경우를 배제하기 위하여 $M < N$라고 가정한다. 이제 시장에는 $N - M + 1$개의 기업이 존재하며 서로 경쟁한다. 모든 기업이 동일하므로 첫 번째 기업에서부터 M번째 기업까지 합병되었다고 생각할 수 있다.

합병으로 새롭게 탄생한 기업은 자신의 이윤을 극대화해 주는 생산량 q_m을 선택할 것이며 이윤은 다음과 같이 표현된다.

$$\pi_m(q_m, Q_{-m}) = q_m[A - B(q_m + Q_{-m}) - c] \tag{15.5}$$

$Q_{-m} = q_{m+1} + q_{m+2} + \ . \ . \ . + q_N$은 합병되지 않은 $N - M$개 기업의 총생산량을 의미한다. 합병되지 않은 기업은 각각 다음과 같이 표현되는 자신의 이윤을 극대화해 주는 생산량을 선택할 것이다.

$$\pi_i(q_i, Q_{-i}) = q_i[A - B(q_i + Q_{-i}) - c]. \tag{15.6}$$

Q_{-i}는 기업 i를 제외한 $N - M$개 기업 각각의 생산량 q_i의 합에 합병된 기업의 생산량 q_m을 더해준 것이다.

식 (15.5)와 식 (15.6)의 유일한 차이점은 식 (15.5)는 아래첨자 m으로 표시되어 있고, 식 (15.6)은 아래첨자 i로 표시되어 있다는 것이다. 달리 말해, 식 (15.5)와 식 (15.6)이 의미하는 것은 합병 이후에는 *합병된 기업이 이 산업에 있는 여러 기업들 중 하나일 뿐이라는 것*이다. 이는 $N - M + 1$개의 기업이 각자 동일한 비용을 갖고 있고 동일한 제품을 생산하며 균형상태에서 동일한 생산량을 생산하며, 또한 그에 따라 동일한 크기의 이윤을 발생시킨다는 것이다. 즉, 합병 후 쿠르노 균형에서 합병된 기업의 생산량과 이윤 q_m^C과 π_m^C은 합병되지 않은 각 기업의 생산량 및 이윤과 같다는 것이다. $N - M + 1$개의 기업이 존재하는 시장의 쿠르노 생산량과 이윤은 각각 다음과 같이 표현된다.

$$q_m^C = q_{nm}^C = \frac{A-c}{B(N-M+2)} \text{ and } \pi_m^C = \pi_{nm}^C = \frac{(A-c)^2}{B(N-M+2)^2} \tag{15.7}$$

아래첨자 m은 합병기업을, nm은 비합병기업을 나타낸다.

식 (15.4)와 식 (15.7)은 합병 전과 합병 후의 비합병기업들의 이윤을 비교할 수 있게 해준다. 여기서 살펴볼 첫 번째 점은 다른 기업들이 합병할 때 합병하지 않은 비합병기업들에게 무임승차의 기회가 발생하였다는 것이다. 쿠르노 모형에서는 기업의 수가 감소할수록 산업 전체의 생산량은 감소하고 가격은 상승한다. 합병이 바로 이러한 상황을 가져온다. 합병으로 인해 기업의 수는 줄어들고, 따라서 합병하지 않은 기업들을 포함한 모든 기업들에게 가격은 상승한다. 더욱이 합병은 이러한 기업들이 더 높은 시장점유율을 갖게 해주며, 또한 이들에게 시장가격의 상승이라는 혜택을 가져다준다.

합병기업의 경우에는 어떤 상황이 발생할까? 합병 이전에는 M개의 기업이 있었고 이들은 각자 식 (15.4)가 보여주는 이윤을 얻고 있었다. 따라서 이들 M개 기업의 총이윤은 각 기업의 이윤을 M배 해준 것이다. 합병 이후에 합병기업의 이윤은 식 (15.7)이 보여주는 이윤이다. 합병기업의 이윤은 합병 이전에 M개 기업들이 얻었던 총이윤보다 큰가? 만약 그렇다고 답하기 위해서는 다음과 같은 조건이 성립해야 한다.

$$\frac{(A-c)^2}{B(N-M+2)^2} \geq M\frac{(A-c)^2}{B(N+1)^2} \tag{15.8}$$

이를 다시 풀면 다음과 같다.

$$(N+1)^2 \geq M(N-M+2)^2 \tag{15.9}$$

식 (15.9)에 수요와 관련된 변수나 기업의 한계비용이 포함되어 있지 않다는 점을 유의해야 한다. 식 (15.9)는 *어떠한* M 기업 합병의 수익성에 대해 말해주고 있다. 이러한 결과를 얻기 위해서 가정된 것은 수요가 직선이며, 기업들은 각자 동일한 크기의 일정한 한계비용을 갖고 있다는 것뿐이다.

기업의 수가 $N = 3$이고, 합병하는 기업의 수가 $M = 2$인 앞의 예에서 식 (15.9)가 만족되지 않는다는 것은 쉽게 알 수 있다. 다시 말해, 시장에 세 기업이 있고 수요와 비용에 대한 가정이 충족된다면 *어떤 두 기업의 합병도 수익성을 갖지 않는다*는 것이다.

식 (15.9)의 조건은 합병이 독점으로 연결되지 않는 한, 두 개 이상의 기업들이 합병하는 경우라고 하더라도 충족되기 힘든 매우 어려운 일반적인 조건이다. 이를 살펴보기 위해서 식 (15.9)에서 M을 $M = aN$, $0 < a < 1$라고 해보자. a는 해당 산업에서 합병하는 기업들의 비율이다. 이제 합병이 수익성을 갖기 위해서는 a가 얼마나 커야 하는가를 살펴볼 수 있다. 식 (15.9)의 조건을 a에 대해서 다시 정리하면 합병이 수익성을 갖기 위해서는 $a > a(N)$의 조건이 성립해야 한다는 것을 알 수 있다.[5] $a(N)$은 다음과 같다.

$$a(N) = \frac{3 + 2N - \sqrt{5 + 4N}}{2N} \tag{15.10}$$

표 15.1은 $a(N)$과 N개의 기업이 존재하는 산업에서 합병이 수익성을 갖기 위해서 합병되어

5 방정식 (15.9)에서 $a(N)$을 직접 대입하면 이 방정식을 확인할 수 있다.

표 15.1 수익성 있는 합병을 위해 필요한 조건

N	5	10	15	20	25
$a(N)$	80%	81.5%	83.1%	84.5%	85.5%
$\underline{M}$	4	9	13	17	22

야 하는 최소한의 기업수 M를 보여준다.

식 (15.10)과 표 15.1은 직선의 수요곡선과 기업들이 동일한 크기의 일정한 비용을 갖는 단순한 쿠르노 세계에서 합병이 수익성을 갖기 위해서는 시장에 있는 기업들의 적어도 80% 이상이 합병해야 한다는 80% 법칙이라고 이름 붙여진 법칙을 보여주고 있다. 문제는 이러한 정도의 합병이 반독점 정부기관에 의해 허용되는 경우가 거의 절대로 없다는 것이다.

15.1 ▸ 실습문제

Dirtville 지역의 카펫 세탁 서비스의 수요가 $P = 130 - Q$로 주어졌다고 하자. 이 지역에는 현재 20개의 카펫 세탁 회사가 있다. 카펫 세탁의 평균비용은 \$30로 일정하다. 이 산업에 있는 회사는 수량을 가지고 서로 경쟁한다.

a. 쿠르노-내쉬 Cournot-Nash 균형에서 각 기업이 얻는 이윤은 $\pi = 22.67$이라는 것을 보이시오.
b. 이제 이 시장에 있는 6개의 기업이 합병되었다. 합병 후 쿠르노 균형에서 각 기업이 얻는 이윤이 $\pi = 39.06$이라는 것을 보이시오. 합병된 기업이 얻는 이윤은 이 6개 회사를 처음에 소유했던 모든 소유주(주주)들에게 충분한 보상을 하기에는 부족하다는 것을 보이시오.
c. 17개보다 적은 수의 기업이 합병한다면 합병된 기업의 이윤은 합병 전 이 기업들의 주주/소유주들이 받던 총이윤보다 적다는 것을 보이시오.

합병의 역설은 표준적 쿠르노 모형의 시각에서 볼 때 대부분은 아니더라도 많은 경우에 수평합병이 수익성이 없다는 것을 말한다. 그러나 1990년대와 최근의 경우처럼 수평합병은 항상 발생하는 것처럼 보인다. 그렇다면 실제로 발생하는 합병의 어떤 측면을 단순한 쿠르노 모형은 놓치고 있는가? 달리 말해, 쿠르노 모형의 어떤 측면이 현실과는 다르게 나타나는 예측을 하게 하는가?

쿠르노 모형의 어떤 요소가 합병의 역설을 발생시키는 원인인가를 알아내는 것은 어렵지 않다. 쿠르노 모형에서는 기업들이 합병하면 새롭게 탄생한 합병기업은 합병 후에도 합병하지 않고 있는 다른 기업들과 똑같이 행동한다고 가정한다. 따라서 세 기업이 있는 시장에서 두 기업이 합병하면 합병된 기업은 복점 기업으로 경쟁한다. 다시 말해, 합병이 발생한 후에 비합병 기업은 이전에 자신의 두 경쟁기업들이 갖고 있던 힘을 합해서 갖게 되는 새로운 합병기업에 직면함에도 불구하고 합병기업과 동일한 위상을 갖는다.

상당한 규모의 합병의 경우, 새로 합병된 회사가 합병되지 않은 경쟁사와 어떤 중요한 의미에서 다르거나 전체 시장이 경쟁사의 행동을 변화시키는 방식으로 변했다고 의심할 수밖에 없다. 다음 세 절에서는 기본적인 동질 재화 쿠르노의 틀을 유지하면서 이러한 변경 가능성을 살펴본다. 다음 절에서는 차별화된 제품이 있는 시장에서의 합병을 고려한다.

15.2 합병과 비용시너지

합병의 역설을 설명할 때 시장에 있는 모든 기업이 동일한 비용을 발생시키며 고정비용은 없다고 가정했다. 이러한 가정을 완화하면 어떤 결과가 나타날까? 합병이 충분한 크기의 생산비용의 절감을 가져다준다면 합병이 수익성을 갖는다고 생각할 수 있다. 이 절에서는 이러한 경우를 예를 통해 살펴본다.[6]

시장에 세 쿠르노 기업이 있고 소비자들의 수요곡선은 다음과 같다고 하자.

$$P = 150 - Q \quad (15{,}11)$$

Q는 총생산량이고, 합병 이전에는 $Q = q_1 + q_2 + q_3$이다. 이들 중 두 기업이 30의 한계비용을 갖는 저생산비용 기업이다. 각 기업의 총비용은 다음과 같다.

$$C_1(q_1) = f + 30q_1; C_2(q_2) = f + 30q_2 \quad (15.12)$$

세 번째 기업은 고생산비용 기업이고 총비용은 다음과 같다.

$$C_3(q_3) = f + 30bq_3 \quad (15.13)$$

$b \geq 1$이며, b는 기업 3의 비용 열위(劣位)를 나타내는 척도이다. 비용함수의 f는 고정비용으로 마케팅 비용, 본사 유지 비용 등과 같은 간접비용이 포함된다. 이제 기업 2와 기업 3이 합병하는 경우를 살펴보자.

15.2.1 합병은 고정비용을 감소시킨다

우선 $b = 1$이어서 모든 기업들이 \$30의 동일한 한계비용을 갖고 있는 경우를 살펴보자. 그러나 합병 후에 합병기업은 af의 고정비용을 가지며 $1 \leq a \leq 2$라고 하자. 이는 합병을 통해, 예를 들어 두 기업의 본사를 하나로 합하거나, 중복된 R&D 활동을 없애거나, 중복된 마케팅 활동을 없앰으로써 합병기업이 간접비용을 줄일 수 있다는 것을 의미한다. 이러한 것들은 실제로 대부분의 기업들이 합병으로부터 자신들이 얻을 수 있는 비용절감의 예로 전형적으로 열거하고 있는 것들이다.

합병이 한계비용에 영향을 주지 않는다는 가정은 첫 번째 예에서와 같다. 다만 여기서는 기업들이 고정비용을 발생시키고 있다. 따라서 합병 이전에 각 기업은 \$900 $- f$의 이윤을 얻으며 합병 후에는 시장에 두 기업만 남고, 이 중 한 기업은 \$1,600 $- f$의 이윤을, 합병기업은 \$1,600 $- af$의 이윤을 얻는다. 따라서 합병으로 인해 수익성이 증가하기 위해서는 \$1,600 $- af >$ \$1,800 $- 2f$이어야 하며, 이는 $a < 2 - 200/f$이어야 함을 의미한다. 이 조건은 고정비용이 상대적으로 매우 크고 또한 합병으로 인해 합병기업이 고정비용에서 "상당한" 크기의 비용절감을 발생시킬 수 있을 때에는 합병이 수익성을 가질 가능성이 있다는 것을 말해준다. 그러나 설령 합병이 합병기업의 수익성을 증가시키더라도 소비자들은 더 높아진 균형가격으로 인해 전보다 더 못한 상태에 있게 된다는 점을 주목하라. 이렇게 더 높아진 가격은 비합병기업의 이윤 또한 증가시킨다. 또한 합병기업은 합병 후에 전보다 낮은 시장점유율을 갖게 된다.

---

6 이 예는 Farrell과 Shapiro(1990)가 행한 훨씬 더 정교한 분석의 한 특별한 경우이다. 이들은 쿠르노 기업들의 수익성 있는 수평합병이 소비자들에게 혜택을 가져다주기 위해서는 상당한 크기의 비용시너지 효과가 있어야 한다는 것을 보이고 있다.

15.2.2 합병은 변동비용을 감소시킨다

이제 비용절감이 고정비용의 절감이 아닌 변동비용의 절감으로 인해 발생하는 경우를 살펴보자. 이를 위해 기업 3의 경우에 $b > 1$이라고 가정한다. 달리 말해, 기업 3은 고변동비용 기업이다. 기업 2와 기업 3은 서로 합병된 이후에 고비용을 발생시키는 생산활동은 중단하거나 저비용 기술로 재설계하여 생산을 합리화할 것이다. 설명을 간결하게 하기 위해 고정비용이 없다($f = 0$)고 가정한다.

우리는 여전히 쿠르노 틀을 사용하며, 따라서 세 기업의 생산량과 이윤은 다음과 같다.

$$q_1^C = q_2^C = \frac{90 + 30b}{4}; \quad q_3^C = \frac{210 - 90b}{4} \text{ and}$$
$$\pi_1^C = \pi_2^C = \frac{(90 + 30b)^2}{16}; \quad \pi_3^C = \frac{(210 - 90b)^2}{16} \tag{15.14}$$

합병 전, 시장의 균형가격은[7] $P^C = \frac{210 + 30b}{4}$이다. 총생산량은 $Q = \frac{390 - 30b}{4}$이고, 저비용 기업인 기업 1과 기업 2는 고비용 경쟁기업인 기업 3보다 더 많은 양을 생산한다.

앞에서와 같이 기업 2와 기업 3이 합병한다고 하자. $b > 1$인 이상, 기업 3에서 생산하는 것은 기업 2에서 생산하는 것보다 항상 더 많은 비용을 발생시킨다. 따라서 모든 생산이 기업 2의 기술을 사용하여 이루어질 것이다. 그 결과 이제 시장에는 2개의 동일한 기업만이 존재하게 되고 이들은 각각 \$30의 한계비용을 갖는다. 또한 합병 이후에 시장에서 두 기업은 각각 40단위를 생산하고, 가격은 \$70이며 각 기업이 얻는 이윤은 \$1,600가 된다.

이 합병은 수익성 있는 합병인가? 합병으로 인해 합병기업의 총이윤이 전보다 커지기 위해서는 다음과 같은 조건이 만족되어야 한다.

$$1600 - \left(\frac{(90 + 30b)^2}{16} + \frac{(210 - 90b)^2}{16}\right) > 0 \tag{15.15}$$

이는 다시 다음과 같이 간단히 표현된다.

$$\frac{25}{2}(7 - 3b)(15b - 19) > 0 \tag{15.16}$$

식 (15.16)의 괄호로 된 항 중에서 첫 번째 항은 기업 3이 합병 전에 시장에 존재했던 기업이기 위해서는 양(+)의 값을 가져야 한다(각주 7 참조). 따라서 두 번째 항의 값이 양(+)의 값을 가져야 합병이 수익성을 가지며, 이를 위해서는 $b > 19/15$이 되어야 한다. 달리 말해, *합병 전에 고비용기업의 비용열위가 "충분히 커야" 고비용기업과 저비용기업 간의 합병이 수익성을 갖게 된다.* 충분히 크다는 것은 이 예에서는 기업 3의 단위비용(평균비용)이 기업 2의 단위비용보다 적어도 25% 이상 높아야 한다는 것을 의미한다. 그러나 이미 앞에서 보았듯이 합병의 수익성 여부와는 관계없이, 높아진 가격으로 인해 소비자들은 전보다 못한 상태가 된다.

이상의 분석을 종합하면, 고정비용의 절감을 가져오는 합병이든, 변동비용의 절감을 가져

7 이 균형은 기업 3의 불이익 b에 제한이 있는 경우에만 존재한다는 점에 유의해야 한다. 구체적으로, 방정식 (15.14)에서 기업 3의 합병 전 산출은 $b < 210/90 = 7/3$인 경우에만 양수가 되며, 그렇지 않은 경우에는 애초에 이 시장에서 활동하지 않는다.

오는 합병이든, 합병이 수익성을 갖기 위해서는 절약되는 비용의 크기가 충분히 커야 한다는 결론을 얻게 된다. 그러나 그러한 합병으로 인해 소비자들이 혜택을 받는다는 보장은 없다. 명백히, 합병은 상대적으로 비효율적인 기업의 기술을 제거하지만 또한 시장에 남는 기업들 간의 경쟁압력을 감소시킨다. Farrell과 Shapiro(1990)는 위의 분석과 같이 쿠르노 시장을 전제로 하여, 소비자들에게 혜택을 줄 수 있는 합병이 되기 위해 요구되는 비용절약의 크기는 수익성을 갖는 합병이 되기 위해 요구되는 비용절약의 크기보다 훨씬 크다는 것을 보였다. 이는 수평합병이 비용절감을 가져오고 그에 따라 소비자들도 혜택을 얻는다고 하는 말은 매우 의심스러운 말이라는 것을 알려주는 것이다.

Lichtenberg와 Siegel(1992), 그리고 Maksimovic와 Phillips(2001)의 두 연구는 합병과 생산성 증가와 그에 따른 한계비용 절감이 실제로 나타나고 있기는 하지만 그 크기는 1~2%에 그친다는 것을 발견했다. Salinger(2005)는 합병으로 인한 고정비용의 절감이 상당히 크다는 것에 대해서 매우 강한 의구심을 나타내고 있다. 이러한 것들 외에도 또 하나 주목해야 할 점은 설령 합병으로 비용절감을 할 수 있다고 하더라도 합병하지 않는 기업들이 합병기업 덕분에 큰 이윤을 계속 가져갈 수 있기 때문에 합병의 역설은 부분적으로 여전히 유효하다는 것이다. 합병을 하지 않더라도 합병기업과 같은 이득을 무임승차하여 얻을 수 있다면 골치 아프게 합병을 할 이유가 어디 있겠는가?[8]

15.2 ▸ 실습문제

Dirtville 지역의 카펫 세탁 서비스 시장의 예로 돌아가자. 이제 수요함수는 $P = 180 - Q$이다. 이 지역에서 현재 세 기업이 카펫 세탁업을 하고 있다고 하자. 카펫 하나를 세탁하는 데 드는 단위비용은 두 기업에게는 일정하게 \$30이고, 세 번째 기업의 경우에는 \$30b이고 $b \geq 1$이다. 또한 모든 기업이 \$900의 고정간접비용을 발생시키고 있다. 이 산업에 있는 기업들은 수량을 가지고 경쟁하고 있다.

a. 쿠르노-내쉬균형가격은 얼마이며, 각 기업의 생산량과 이윤은 얼마인가? 세 번째 기업이 살아남기 위해서 b가 가질 수 있는 최대값은 얼마인가?
b. 이제 저비용기업이 고비용기업과 합병한다고 하자. 그렇게 함으로써 합병기업의 고정비용은 \$900a이 되며 여기서 $1 \geq a \geq 2$이다. 합병 후 시장의 균형가격은 얼마인가? 비합병기업과 합병기업의 생산량은 각각 얼마인가?
c. 최소한 합병 전에 두 회사의 주주들이 얻을 수 있었던 이윤 정도를 합병기업이 얻을 수 있기 위해서는 a와 b 사이에 어떤 관계가 성립해야 하는가? 이들의 관계를 그래프로 그려서 설명하시오.

8 Perry와 Porter(1985)는 각 기업의 비용이 각 기업이 소유하고 있는 자본의 양이 증가함에 따라 감소한다고 가정했다. 따라서 합병으로 더 많은 자본을 갖게 되는 기업은 비용을 더 낮출 수 있게 된다. 그러나 자본의 희소성으로 인해 다른 기업들이 이를 따라서 하기는 어렵고, 또 그렇게 하는 경우에는 비용이 증가하기 때문에 경쟁기업의 합병에 그냥 무임승차하여 얻는 것보다 얻는 것이 적게 된다.

15.3 스테켈버그 리더로서의 합병기업

합병의 역설이 비용효율성(비용절감)으로 풀리지 않는다면 아마도 합병기업에게 어떤 우위를 가져다주는 다른 변화에서 합병의 역설을 풀 실마리를 발견할 수 있을지 모른다. 하나의 가능성은 합병 후에 합병기업이 시장에서 스테켈버그 *Stackelberg* 리더기업 *leader firm* 으로 행동하는 경우이다.[9] 11.1절에서 스테켈버그 리더기업이 갖는 우위는 추종기업 *follower firm* 이 생산량을 결정하기 전에 자신의 생산량을 먼저 확실히 하는 능력으로부터 나오는 것이라고 한 것을 기억해야 한다. 이는 추종기업들의 반응을 고려하여 리더기업이 자신의 생산량을 결정하는 것이다.

합병기업이 스테켈버그 리더기업의 역할을 한다고 가정하고 이러한 가정이 합병의 역설을 풀어주는가를 살펴보자. 합병기업이 리더기업의 역할을 한다는 것은 가능성 있는 것이다. 우리의 예에서 합병기업의 생산능력은 비합병기업의 두 배에 달하고, 따라서 스테켈버그 리더로 행동할 수 있다. 이렇게 하는 것은 합병을 수익성 있게 해주는가? 만약 그렇다면 다른 기업들은 어떠한 반응을 보이겠는가? 그들도 합병에 대한 인센티브를 갖는가? 만약 그렇다면 그들의 합병은 최초로 합병한 기업의 수익성을 없애 버릴까? 만약 그렇게 할 수 있고 또한 기업들이 선견지명을 갖고 있다면 기업들은 다른 기업보다 앞서서 가장 먼저 합병하려는 마음을 갖게 되지 않을까?

직선의 수요곡선이 $P = A - BQ$로 주어졌다고 하자. 이 산업에는 $N + 1$개의 기업이 있고, 각 기업의 한계비용은 일정하게 c라고 하자. 시장의 균형은 다음 식으로 표현된다.

$$q_i = \frac{A - c}{(N + 2)B} \Rightarrow Q = \frac{(N + 1)(A - c)}{(N + 2)B} \text{ and } P = \frac{A + (N + 1)c}{N + 2} \tag{15.17}$$

각 기업의 이윤은 $(P - c)q_i$이며, 따라서 다음과 같이 된다.

$$\pi_i = \frac{(A - c)^2}{B(N + 2)^2} \tag{15.18}$$

이제 이들 중 두 기업이 합병하여 스테켈버그 리더기업이 된다고 하자. 이제 시장에는 하나의 리더기업과 $F = N - 1$개의 추종기업이 있게 된다. 따라서 기업의 총 수는 N개이다. 물론, 두 단계 게임에서 스테켈버그 리더기업은 생산량을 먼저 선택할 수 있다. 1단계에서 리더는 자신의 생산량 Q^L을 결정한다. 2단계에서 추종기업들은 리더기업의 선택에 반응하여 각자 독립적으로 생산량을 결정한다.

시장균형을 발견하기 위해서 우리는 거꾸로 살펴본다. 따라서 추종기업(비합병기업)들이 리더기업(합병기업)의 생산량 Q^L에 반응하여 자신의 생산량을 결정하는 2단계를 살펴보자. 추종기업 중 f *기업을 제외한 다른* 추종기업들의 총생산량을 Q_{F-f}로 표시하고, f 기업의 생산량을 q_f로 표시한다. 모든 기업들의 총생산량은 $Q = Q^L + Q_{F-f} + q_f$이다. 또한 리더기업의 생산량과 다른 추종기업들의 생산량을 시장 전체 수요량에서 빼주고 남는 f 기업의 잔여수요는 다음과 같이 표현된다.

$$P = [A - B(Q^L + Q_{F-f})] - Bq_f \tag{15.19}$$

9 이 분석은 합병기업의 이러한 역할을 가정한 A. F. Daughety(1990)의 연구에 기초하고 있다.

따라서 f 기업의 한계수익은 다음과 같다.

$$MR_f = [A - B(Q^L + Q_{F-f})] - 2Bq_f. \quad (15.20)$$

이를 한계비용과 일치시키면 f기업의 최적 반응 함수를 얻게 된다.

$$A - 2Bq_f - BQ^L - BQ_{F-f} = c \Rightarrow q_f^* = \frac{A-c}{2B} - \frac{Q^L}{2} - \frac{Q_{F-f}}{2} \quad (15.21)$$

식 (15.21)은 리더기업의 생산량과 다른 추종기업들의 생산량을 고려한 한 추종기업의 최적 생산량을 말해준다. 모든 추종기업들이 동일하고 수요도 대칭적이므로 균형에서 각 추종기업의 생산량도 동일해야 한다. f 기업을 제외한 추종기업들의 수는 $F - 1 = N - 2$이다. 따라서 $Q_{F-f}^* = (N-2)q_f^*$이다. 이를 식 (15.21)에 대입하여 풀면 비합병 추종기업들 각각의 최적 생산량은 리더기업(합병기업)의 총생산량의 함수로 표현된다.

$$q_f^* = \frac{A-c}{BN} - \frac{Q_L}{N} \quad (15.22)$$

따라서 리더기업의 생산량의 함수로 표현된 모든 추종기업들의 총생산량은 다음과 같다.

$$Q^F = (N-1)q_f^* = \frac{(N-1)(A-c)}{BN} - \frac{(N-1)Q^L}{N} \quad (15.23)$$

이제 1단계에서 리더기업이 선택하는 생산량을 알아보기 위해서 이러한 접근방식을 사용하면 된다. 리더기업의 잔여 역수요함수 *residual inverse demand function* 는 식 (15.23)의 다른 모든 기업들의 생산량에 의존한다. 따라서 리더기업 l이 직면하는 수요함수는 다음과 같다.

$$P = A - B(Q^F + Q^L) = A - B\left[\frac{(N-1)(A-c)}{BN} - \frac{(N-1)Q^L}{N}\right] - BQ^L$$

$$P = A - \frac{(N-1)(A-c)}{N} - \frac{B}{N}Q^L \quad (15.24)$$

이 수요함수가 갖는 한계수익 함수는 다음과 같다.

$$MR_l = A - \frac{(N-1)(A-c)}{N} - \frac{2B}{N}Q^L \quad (15.25)$$

이 한계수익을 한계비용과 일치시키면 리더기업의 최적 생산량은 다음과 같아진다.

$$MR_l = c \Rightarrow Q^L = \frac{A-c}{2B} \quad (15.26)$$

식 (15.26)이 보여주는 생산량이 단일가격을 책정하는 *uniform-pricing* 독점기업의 생산량과 동일하다는 것을 살펴보라. 이는 직선의 수요곡선과 일정한 크기의 비용을 갖는 단일 리더기업 모형의 전형적인 결과이며, 이에 따라 시장의 균형값들은 다음과 같이 나타난다.

$$q_f^* = \frac{A-c}{2BN};\ Q^F = \frac{(N-1)(A-c)}{2BN};\ Q = Q^L + Q^F = \frac{(2N-1)(A-c)}{2BN};$$

$$P = \frac{A + (2N-1)c}{2N} \quad (15.27)$$

따라서 리더기업과 각 추종기업들의 이윤은 다음과 같아진다.

$$\pi^L = \frac{(A-c)^2}{4BN} \text{ and } \pi^F = \frac{(A-c)^2}{4BN^2} \tag{15.28}$$

식 (15.28)을 식 (15.18)과 비교해보면, 세 개 이상의 기업들이 존재하고 이들이 대칭적인 쿠르노 경쟁을 하는 산업에서는 두 기업이 합병하여 스테켈버그 리더기업이 될 경우에 그 합병은 수익성을 갖는 것으로 나타난다. 이러한 결과는 합병의 역설을 풀어주는 것처럼 보인다. 그러나 식 (15.28)과 (15.18)은 추종기업이 되는 비합병기업이 합병의 결과, 더 못한 상태에 빠지게 된다는 것을 보여준다. 따라서 이러한 기업들로부터 어떤 반응이 나타날 것이라고 생각할 수 있다.

또한 식 (15.27)의 시장가격과 생산량을 식 (15.17)의 것과 비교해보면 합병이 합병기업의 이윤을 증가시켜 줄 뿐만 아니라 시장가격도 하락시킨다는 것을 알 수 있다. 따라서 합병은 소비자들에게도 좋은 결과를 가져다준다. 이는 하나의 역설을 다른 역설로 대체해주는 것처럼 보인다. 이 모형은 합병이 수익성을 가진다는 것을 보여주면서 또한 반독점기관이 합병을 반대해야 하는 이유가 없다는 것도 말해준다.

그러나 합병에 대해서 다른 기업들의 반응도 살펴보아야 한다. 즉 합병이 리더기업에게 추가적인 이윤을 가져다주기 때문에 다른 기업들도 합병하여 리더기업이 되려는 인센티브를 가질 수 있다는 것이다. 이는 또 다른 두 기업이 합병하는 제2의, 제3의 합병이 발생할 가능성을 말해준다. Daughety(1990)의 모형은 리더기업이 두 개 이상 존재할 수 있고 합병을 통해 리더 클럽에 진입할 수 있다고 가정함으로써 이 질문에 대한 답을 제시한다. 즉, 시장이 추종 리더라는 두 개의 기업 그룹으로 나뉠 수 있다고 가정한다. 첫 번째 그룹은 앞선 분석에서 추종자 그룹이 했던 것처럼 행동한다. 이들은 리더가 생산량 결정을 내린 후 남은 수요를 놓고 쿠르노 라이벌로서 경쟁한다. 리더 그룹은 이러한 반응을 이해하며, 이들은 자신이 먼저 행동하고 추종자들은 주어진 생산량 결정을 그대로 따른다는 점에서 서로 쿠르노 라이벌로서 *경쟁한다.*

이 2단계 경쟁을 분석하기 위해 위에서 도출한 모델을 사용할 수 있다. 특히, 리더가 한 명이고 추종자가 $N-1$명인 N개의 기업이 있다고 가정하는 대신, 리더가 L명이고 팔로워가 N명인 N개의 기업이 있다고 가정할 수 있다($N-L=F$). 이 버전의 모델에 대한 자세한 계산은 부록에 나와 있다. 여기서는 가격 및 수익 방정식에 초점을 맞춘다. 이는 총 N개의 기업으로 구성된 산업에서 이 중 L개 기업이 리더인 경우 가격−비용 마진($P-c$), 전형적인 리더기업의 이익 $(P-c)q_l^*$, 전형적인 추종기업의 이익 $(P-\mathrm{c})q_f^*$가 된다는 것을 암시한다:

$$P(N, L) - c = \frac{A-c}{(L+1)(N-L+1)} \tag{15.29}$$

$$\pi^L(N, L) = \frac{(A-c)^2}{B(L+1)^2(N-L+1)} \tag{15.30}$$

$$\pi^F(N, L) = \frac{(A-c)^2}{B(L+1)^2(N-L+1)^2} \tag{15.31}$$

전체 기업이 N이고 리더가 L인 일반적인 경우의 방정식 (15.30)과 (15.31)에 나타난 이익값이, 전체 기업이 N이고 리더가 $L=1$인 특별한 경우의 방정식 (15.28)과 동일한 이익을 산출한다는 것을 쉽게 확인할 수 있다.

이 수익 방정식을 보면 리더기업이 합병되지 않은 추종기업보다 개별적으로 더 많은 수익을 내는 것이 분명하다. 그러나 이는 합병을 고려 중인 두 회사가 직면한 실제 문제는 아니다. 문제는 *합병을 하면* 리더기업이 하나 더 생기고 추종기업이 두 개 줄어 총 기업이 하나 더 줄어든다는 점을 고려할 때 합병이 수익성이 있느냐는 것이다. 그래서 수익 식을 N과 L의 함수로 작성했다. 요점은 추가 합병이 두 개의 상쇄력을 발생시킨다는 것이다. 한편으로는 전체 기업이 줄어들어 이익이 증가해야 하지만, 다른 한편으로는 리더가 늘어나 리더의 이익이 감소해야 한다. 어느 쪽의 힘이 더 클까?

두 개의 추종기업이 추가로 합병하여 새로 합병된 기업과 다른 모든 리더기업이 방정식 (15.30)에 의해 주어진 이익을 얻고, N을 $N-1$로 바꾸고 L을 $L+1$로 바꾸어 $\pi^L(N-1, L+1)$이 된다고 가정해 보겠다. 합병 인센티브가 존재하려면 이 이익이 합병 전에 두 추종기업이 얻은 이익의 합계를 초과해야 한다. 이 후자의 이익은 $2\pi_j^F(N, L)$ $2\pi_f^F(N, L)$이다. 따라서 다음 조건이 충족되면 합병은 수익성이 있는 합병이 된다:

$$\pi^L(N-1, L+1) = \frac{(A-c)^2}{B(L+2)^2(N-L-1)} > 2\pi^F(N, L) = \frac{2(A-c)^2}{B(L+1)^2(N-L+1)^2} \tag{15.32}$$

이는 다음과 같은 조건으로 단순화된다.

$$(L+1)^2(N-L+1)^2 - 2(L+2)^2(N-L-1) > 0 \tag{15.33}$$

이 조건에는 수요 매개변수 A와 B 또는 한계비용 c가 포함되지 않는다. 즉, 이러한 유형의 합병의 수익성 여부는 정확한 수요 및 비용 조건이 아니라 리더와 추종자의 수에만 의존한다는 점에 유의해야 한다.

부록에서는 (15.33)의 조건이 항상 충족됨을 보여준다.[10] 즉, 어떤 리더와 추종자의 구성에서 시작하더라도 *항상 두 개의 추종기업이 추가로 합병을 원한다*는 것을 알 수 있다.

이 결과는 매우 고무적이다. Daughety 모델은 합병의 역설을 해결할 수 있는 한 가지 방법을 제시한다. 합병은 합병하는 두 회사가 업계 리더 중 하나 또는 여러 리더 중 하나로 자리 잡을 수 있게 함으로써 두 회사의 이익을 증가시킨다. 또한 이러한 합병이 항상 수익성이 있다는 사실은 한 산업 내에서 종종 관찰되는 도미노 효과를 더 잘 이해하는 데 도움이 된다. 한 회사가 합병을 통해 리더가 되면 나머지 회사들도 그들의 생산량과 수익이 줄어드는 것을 지켜보기보다는 같은 방식으로 합병하기를 원할 것이다.

15.3 ▸ 실습문제

Dirtville의 예로 다시 돌아가자. 카펫 세탁 산업의 역수요함수는 $P = 130 - Q$이다. 이 지역에 20개의 동일한 기업이 있고 카펫 세탁의 단위비용은 일정하게 \$30이다. 이 산업에 있는 기업들은 생산량으로 경쟁한다.

10 이 증명에 도움을 주신 터프츠 대학교 수학과 Boris Hasselblatt 교수님께 감사의 말씀을 전한다.

a. 쿠르노 균형에서 세탁된 카펫의 총 수는 $Q = 95.24$임을 보여라. 균형가격은 얼마인가?
b. 5개의 두 기업 합병이 발생했다고 하자. 이 5개의 합병기업은 리더기업이 되고, 나머지 10개의 비합병기업은 추종기업이 된다. 이제 이 산업에는 총 15개의 기업이 있게 된다. 앞에서 살펴본 모형을 사용하여 두 단계 게임에서 리더기업은 각자 16.67개의 카펫을 세탁하고, 추종기업은 각자 1.51개의 카펫을 세탁함을 보이시오. 리더기업은 확실히 혜택을 얻는다! 이 경우 산업의 총생산량이 $Q = 98.45$임을 보이시오. 이제 균형가격은 얼마가 되는가?
c. 5개의 두 기업 합병이 발생한 후에 이러한 합병기업들이 리더기업으로의 우위를 갖지 않는다고 해보자. 이 경우에는 15개의 기업들이 시장에서 쿠르노 기업(생산량으로 경쟁하는 기업)으로 서로 경쟁하게 된다. 이 경우 총생산량이 $Q = 93.75$임을 보이시오.

Daughety(1990) 모형이 합병의 역설을 풀어주기는 하지만, 이러한 합병이 공공의 이해에 부합되는 것인지에 대해서는 답해주고 있지 않다. 더 이상의 합병이 소비자들에게 해를 가져다주게 되는 어떤 기준점이 되는 합병 수가 존재하는가? 이에 대한 답은 식 (15.29)에서 가격비용 격차 $P(N, L) - c$를 살펴봄으로써 구할 수 있다. 한계비용 c가 일정하므로 $P(N, L)$의 상승이나 하락은 $P(N, L) - c$의 상승이나 하락으로 나타날 것이다.

L개의 합병기업과 $N - L$개의 비합병 추종기업의 경우에 가격 비용 격차는 $\dfrac{A - c}{(L+1)(N-L+1)}$이 된다. 두 기업이 추가적으로 합병하면 L은 $L + 1$이 되고 N은 $N - 1$로 감소한다. 따라서 가격-비용 격차는 $\dfrac{A - c}{(L+2)(N-L-1)}$이 된다. 따라서 이러한 추가적인 합병이 소비자들에게 혜택이 되기 위해서는 다음과 같은 조건이 만족되어야 한다.

$$\frac{A - c}{(L+2)(N-L-1)} < \frac{A - c}{(L+1)(N-L+1)}$$
$$\Rightarrow (L+1)(N-L+1) < (L+2)(N-L-1) \Rightarrow N - 3(L+1) > 0 \qquad (15.34)$$

이 조건은 추가적인 두 기업 합병이 소비자들에게 혜택을 가져다주는 합병이 되기 위해서는 $N > 3(L + 1)$, 즉 $L < (N/3) - 1$이 되어야 한다는 것을 말해준다. 달리 말해, *리더기업의 수를 증가시키는 두 기업 합병은 현재 리더기업의 수가 산업 전체 기업수의 3분의 1보다 적은 경우에만 소비자들에게 혜택을 가져다준다는 것이다.* 식 (15.33)을 통해 두 기업이 합병하여 리더기업이 되는 합병은 항상 수익성을 갖는다는 것을 보여주었다. 그러나 방금 살펴본 것처럼 그러한 합병은 리더기업의 수가 산업 전체 기업수의 3분의 1 이상이 되는 경우에는 소비자들에게는 피해를 발생시키는 합병이 된다. 달리 말해, 일부 합병은 적어도 소비자 입장에서는 나쁜 합병이라는 것이다. 이제 우리는 합병의 역설 문제를 풀어주면서 또 한편으로 왜 반독점기관이 반경쟁적인 합병을 막으려고 하는지를 설명해주는 모형을 갖게 되었다.

예를 들어, 실습문제 15.3에서 5개의 리더기업과 10개의 추종기업이 있는 시장에서 카펫 세탁의 균형가격은 \$31.55이다. 이제 두 기업이 추가적으로 합병하여 리더기업이 하나 더 생겼다고 하자. 이제 시장은 6개의 리더기업과 8개의 추종기업으로 구성되어 있다. 이 경우, 카펫 청소의 균형가격은 \$31.60가 된다. 따라서 이 합병은 Dirtville 지역에 사는 소비자들에게 피해를 발생시킨다.

새롭게 합병된 기업과 비합병기업으로 남아 있는 기업 간의 비대칭성을 가정한 Daughety 모형은 합병의 역설을 풀어주고 합병의 물결이 나타나는 이유를 설명해주고 있다. 합병기업은 해당 산업의 리더그룹의 회원이 된다. 그러나 이는 약간 강한 가정이다. 일부 합병의 경우에 대규모 생산량을 확실히 할 수 있는 대형 기업이 탄생할 수도 있지만, 어떤 두 기업이 합병하는지에 관계없이, 또한 이미 존재하는 리더기업의 수에 관계없이, 모든 두 기업 합병이 리더기업의 역할을 할 수 있는지는 확실하지 않은 것이다. Daughety 모형은 예를 들어 한 산업에 10개의 기업이 있을 때 이 중 8개의 기업이 리더기업의 역할을 할 수 있다는 것을 의미한다. 그렇게 많은 리더기업과 그렇게 적은 추종기업이 있는 시장을 상상하기는 힘들다. 또한 이 모형은 두 개의 리더기업이 합병하는 경우에는 어떤 결과가 나타나는지에 대해 답하고 있지 않다. 이러한 합병은 수퍼 리더기업을 탄생시키는가?

현실 체크포인트

첫 번째 분출: 석유 산업의 합병 광풍과 사업분리

1998년 8월, British Petroleum (BP)은 자신만큼은 아니지만 매우 큰 원유회사 중 하나인 Amoco를 합병할 계획을 발표했다. 인수가격은 $482억로 그 당시로서는 사상 가장 큰 합병이었다. 새롭게 탄생하는 BP-Amoco는 북미 지역의 어떤 다른 회사들보다 많은 원유 천연가스를 통제할 수 있게 되었다. 또한 이 회사는 전 세계적으로 세 번째로 큰 상장 원유회사이다. (가장 큰 원유회사인 Saudi Aramco는 주식이 상장되어 있지 않다.)

원유산업에 있는 다른 기업들의 반응이 곧바로 뒤따랐다. 1년도 안 되어 Exxon과 Mobil은 $737억의 거래를 통해서 합병되어 세계에서 가장 큰 상장 원유회사가 되었다. 이는 다시 곧바로 Phillips Petroleum과 Conoco의 합병으로 이어졌다. 또한 이와 거의 동시적으로 Paris에 근거를 두고 있는 Total은 PetroFina Elf를 인수하여 TotalFinaElf를 탄생시켰다. 그 이후 바로 Chevron은 $360억를 지불하고 Texaco를 인수하였다. BP는 다시 한 발자국 더 나가 $270억를 지불하여 Arco를 인수했다. 원유회사들의 이러한 합병물결은 2000~2001년 경기침체로 가라앉기는 했지만 그렇다고 완전히 사라진 것은 아니었다. 2005년에 Chevron Unocal를 인수했다.

이러한 합병물결로 인해 원유와 천연가스의 정제와 마케팅이 BP가 Amoco를 인수하기 전과 비교하여 아주 적은 수의 기업들의 손에 들어가게 되었다. BP-Amoco 합병이 이러한 합병물결에 도화선을 당긴 것이었다. 이에 따라 사람들은 이러한 합병들 뒤에 어떤 공통적인 동기가 작용했을 것이라는 생각을 하게 되었다. 그러나 공통 요소가 시장지배력을 추구하기 위한 것이었는지, 아니면 단순히 기업의 이윤극대화를 위한 것이었는지는 분명하지 않다. 이들 합병은 에너지 가격이 매우 낮았을 때 발생한 것이었다. 예를 들어, 1998년에 원유는 배럴당 $12 미만에 거래되고 있었다. 그 이후로 유가와 수익이 급격히 상승하면서 에너지 부문의 합병 활동은 주춤했고, 경우에 따라서는 역전되기도 했다. 실제로 2011년에 ConocoPhillips는 석유 탐사 및 생산 활동을 정유 및 유통 활동에서 분리하여 후자를 독립적인 회사로 매각하는 방식으로 합병을 취소했다. 이로써 ConocoPhillips는 그해 초 마라톤 오일이 같은 결정을 내린 것을 따랐다. 에너지 부문 전반에 걸친 이러한 인수합병 패턴은 주요 동기가 시장지배력이 아닌 일반적인 기술적 요인임을 시사한다.

출처: Jim Wells, "Energy Markets: Factors Contributing to Higher Gasoline Prices," Statement of Director of Natural Resources and Environment, General Accounting Office, to U.S. Senate Judiciary Committee, February 1, 2006; and B. Bahree, C. Cooper, and S. Liesman, "BP to Buy Amoco in Biggest Industrial Merger Ever," *Wall Street Journal*, August 12, 1998, p. A1; R. Beales and J. Bush, "The Advantages of Breaking Up," *New York Times*, August 31, 2011, p. B2.

Daughety 모델에서 생산량 결정은 순차적이지만 합병은 그렇지 않다는 점도 주목할 필요가 있다. 리더기업은 생산을 먼저 선택하지만 합병 결정을 순차적인 방식으로 설명하는 것은 정확하지 않다. 이 모델은 단순히 어떤 시장 구성에서든 두 기업이 합병하여 업계 리더가 탄생하면 모든 추종기업 쌍도 합병을 원한다고 말한다. 한 쌍은 다른 쌍이 합병하는 것을 본 후에야 합병하지 않는다. 그 대신 어느 시점에서든 합병은 지배적인 전략이며, 반독점당국의 개입이 없다면 모든 추종기업이 합병을 추구할 것이다. 다시 말하지만, 이는 새로운 비용절감이나 제품 개발 때문이 아니다. 단순히 합병이 리더십 지위를 부여하기 때문이다. Daughety 모델은 우리가 흔히 볼 수 있는 산발적인 합병의 파장을 일으키지는 않지만, 업계가 더욱 집중화되는 경향을 시사한다.

15.4 순차적 합병

합병 결정이 명시적으로 순차적일 수 있다는 개념, 즉 한 기업 쌍의 합병 결정이 다른 기업 쌍의 합병을 촉발하는 촉매제가 된다는 생각을 포착하기 위해 Nilssen and Sørgaard(1998), Fauli-Oller(2000), Salvo(2010) 등 여러 논문에서 비용이나 제품 품질의 급격한 변화가 다른 합병도 일어날 경우에만 수익성이 있는 합병 기회를 창출하는 모델을 제시했다. 동시 게임에서는 각 잠재적 합병 쌍이 다른 합병 쌍도 합병할지 확신할 수 없기 때문에 이런 일이 일어나기 어렵다. 그러나 순차적 게임에서는 다른 기업이 이미 합병했다는 사실을 확실히 알고 합병을 결정할 수 있다. 이는 성공적인 합병의 가능성을 크게 높여준다.

순차적 합병 모형에 대해서는 Fauli-Oller(2000) 모형을 단순화하여 살펴보기로 한다. 네 개의 기업이 쿠르노 경쟁을 하고 있는 산업(시장)이 있다고 하자. 이 기업들은 모두 고비용기업들로 일정한 단위비용 $c^h = c$를 발생시키고 있다. 이 중 두 기업이 기술혁신을 통해 저비용기업이 되었고, 그에 따라 낮은 단위비용 $c^l = 0$을 갖게 되었다고 하자. 산업의 수요는 $P = A - Q$로 나타난다고 하자.

이제 다음과 같은 순차적 시나리오를 생각해 보겠다. 1기간에서 저비용기업 1은 고비용기업 3 및 4 중 하나와 합병할지 여부를 결정한다. 일반성을 잃지 않고 기업 1이 기업 3과 합병할지 여부를 선택한다고 가정한다. 2기간에서 저비용기업 2는 기업 1의 결정을 관찰한 후 나머지 고비용기업 4와 합병할지 여부를 결정한다. 게임은 2기간이 끝나면 종료된다. 서브게임 완전 평형을 결정하기 위해서는 표 15.2에 설명된 보상이 필요하다. 분명한 것은 이것이 의미가 있으려면 $A > 3c$가 있어야 하며, 그렇지 않으면 합병이 없는 경우 고비용기업은 활동할 수 없다는 것이다.

이 일반적인 경우보다는 $A = 100$, $c = 10$인 구체적인 예를 들어 보겠다. 그러면 표 15.3에 보고된 이익이 나온다.

먼저 1기간에서 기업 1과 기업 3이 합병한 후 기업 2와 기업 4가 합병하지 *않는* 경우 합병된 기업들은 수익성이 없다. 합병하면 두 회사의 총 이익은 \$756.25인 반면, 합병하지 않으면 두 회사의 총 이익은 \$(576 + 196) = \$772이다. 이제 합병이 순차적으로 이루어진다고 가정하면 실제로 이 예제에서 합병이 수익성이 있다는 것을 보여준다.

게임의 광범위한 형태는 그림 15.1에 설명되어 있다. 이 게임을 공식화할 때 합병 후 합병

표 15.2 순차적 합병 게임에 대한 보상

병합 개수	저비용기업 수익	고비용기업 수익
병합 없음	$\frac{(A+2c)^2}{25}$	$\frac{(A-3c)^2}{25}$
병합 1개	$\frac{(A+c)^2}{16}$	$\frac{(A-3c)^2}{16}$
병합 2개	$\frac{A^2}{9}$	NA

표 15.3 순차적 합병 게임에 대한 보상

병합 개수	저비용기업 수익	고비용기업 수익
병합 없음	\$576	\$196
병합 1개	\$756.25	\$306.25
병합 2개	\$1,111.11	NA

법인의 이익이 합병 전 두 회사의 총 이익보다 크지 않으면 합병 제안이 이루어지지 않는다고 가정한다. 그렇지 않다면 두 회사 모두 만족할 만한 합병 제안이 이루어질 수 없다. 따라서 그림 15.1의 합병되지 않은 두 기업의 보상은 총 이익이다. 평소와 같이 이 게임을 거꾸로 풀어보겠다.

먼저 기업 1과 3이 합병을 선택한다고 가정한다. 기업 2와 4가 합병하지 않기로 선택하면 총 이익은 \$(756.25 + 306.25) = \$1062.50이고, 합병하면 \$1,111.11의 이익을 얻게 된다. 두 회사는 합병을 선택할 것이다. 대신 기업 1과 기업 3이 합병하지 않기로 선택했다고 가정해 보겠다. 기업 2와 기업 4도 합병하지 않기로 선택하면 총 수익은 \$(576 + 196) = \$772이고, 합병하면 \$756.25의 수익을 얻게 된다. 이들은 합병하지 않기로 선택한다.

이제 기업 1과 기업 3이 합병하면 기업 2와 기업 4가 합병되어 합병 법인인 기업 1과 기업 3이 1,111.11달러의 이익을 얻게 된다는 것을 알 수 있다. 반대로 기업 1과 기업 3이 합병하지 않으면 기업 2와 기업 4도 합병하지 않기로 결정하여 기업 1과 기업 3의 총 이익은 \$772가 된

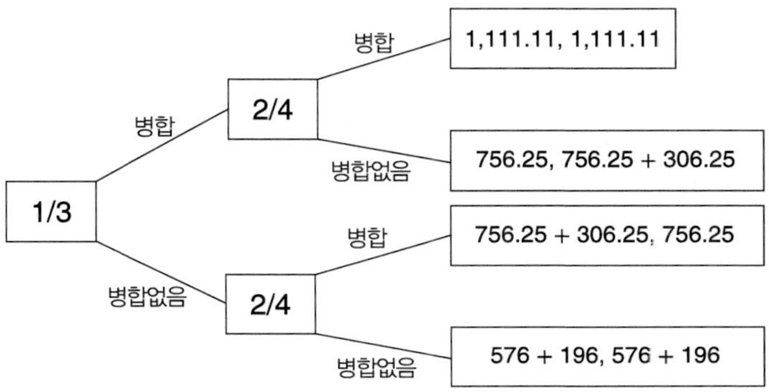

그림 15.1 순차적 병합

다. 따라서 기업 1과 기업 3은 다음 기간에 기업 2와 기업 4의 합병이 이어질 것이라는 것을 알고 합병을 선택할 것이다. 결과적으로 먼저 한 쌍이 합병한 후 두 번째 쌍이 합병하는 합병 파동을 예상할 수 있다. 즉, 첫 번째 합병이 일어나는 것을 조건으로 두 번째 합병은 수익성이 있다. 사실상 게임의 순차적 특성으로 인해 첫 번째 쌍은 신뢰할 수 있는 합병을 약속할 수 있다. 결과적으로 이는 두 번째 합병 쌍이 합병할 때 혼자 행동할 수 있다는 걱정을 할 필요가 없음을 의미한다.

그러나 이러한 합병물결은 소비자에게는 좋지 않다. 두 합병 이전에는 $(A + 2c)/5 = \$24$인 반면, 합병 파동 이후에는 $A/3 = \$33.33$이다.

앞서 설명한 사례는 단지 두 개의 합병이나 쿠르노 경쟁 모델에만 국한되지 않는다. 비용 비대칭성이나 제품 품질 차이가 도입되면 다양한 환경에서 다수의 기업에 대해 합병 파동을 유발하는 순차적 합병 모델을 구축할 수 있으며, Nilssen and Sørgaard(1998), Salvo(2006)와 같이 이러한 합병 역시 반경쟁적인 것으로 나타났다. 이러한 접근 방식은 단순히 합병이 일어나는 이유뿐만 아니라 왜 합병이 순차적으로 일어나는지를 보여주기 때문에 합병의 역설에 대한 또 다른 해결책을 제시한다. Daughety(1990)의 모델과 마찬가지로 이 모델도 합병이 소비자 가격에 미칠 수 있는 영향에 대한 우려를 정당화한다.

15.5 수평합병과 제품차별화

지금까지 합병에 대한 분석은 동일한 제품과 수량 경쟁이라는 쿠르노의 틀에서 이루어졌다. 그러나 많은 기업이 제품차별화를 위해 상당한 노력을 기울이고 있으며, 이러한 차별화는 가격을 책정할 때 어느 정도 여유를 준다. 따라서 기업이 차별화된 제품을 생산하고 판매하는 산업에서 합병에 대한 인센티브와 합병의 영향도 고려해야 한다.

차별화 제품시장에서 합병 현상을 살펴보는 것은 적어도 두 가지 이유에서 특히 중요하다. 첫째, 이러한 시장에서는 기업이 가격 결정자인 경우가 많으며, 수량 경쟁과 가격 경쟁은 경쟁의 성격이 다르다는 것이다. 수량 경쟁에서 기업의 최적 반응 함수는 하향 경사형, 즉 수량은 전략적 대체물이다. 따라서 합병이 발생하면 합병되지 않은 기업들은 합병으로 인해 생산량이 감소하는 것에 대응하여 생산량을 *늘리려고* 한다. 이러한 대응은 합병의 효과를 약화시킨다. 이와는 대조적으로 가격 경쟁의 경우 최적의 반응 함수는 상향 경사형이며, 가격은 전략적 보완재이다. 합병으로 인해 합병기업의 가격이 상승하면 합병되지 않은 기업도 가격을 인상하도록 유도하여 잠재적으로 합병의 효과를 강화할 수 있다.

둘째, 쿠르노 경쟁 하에서 합병의 역설이 발생하는 이유 중 하나는 합병된 기업이 합병되지 않은 기업과 별 차이가 없어 보이는 것을 확인했다. m개의 기업이 합병하면 사실상 m개 중 1개가 사라진다. 하지만 차별화된 제품에서는 그렇지 않다. 합병을 통해 합병기업이 제공하는 제품의 가격을 조정할 수 있으며 합병기업은 모든 m 제품을 시장에 계속 출시할 수 있다.

우리는 제품차별화에 대한 두 가지 접근 방식을 사용하여 이러한 직관을 보다 명확하게 발전시킨다. 첫 번째 접근 방식은 소비자선호도에 대한 표준 선형 수요 표현을 확장하여 제품차별화를 통합하는 것이다. 두 번째는 4장에서 처음 소개한 후 10장에서 다시 살펴본 수평적 차별화

의 공간 모델을 채택하는 것이다.[11]

15.5.1 베르트랑 경쟁과 선형수요시스템에서의 합병

각자 차별화된 제품을 파는 세 기업이 시장에 있다고 하자.[12] 이 세 제품의 역수요함수는 다음과 같다.

$$\begin{aligned} p_1 &= A - Bq_1 - s(q_2 + q_3) \\ p_2 &= A - Bq_2 - s(q_1 + q_3) \qquad (0 \le s < B) \\ p_3 &= A - Bq_3 - s(q_1 + q_2) \end{aligned} \tag{15.35}$$

이러한 역수요함수에서 매개변수 s는 세 제품이 서로 얼마나 유사한지를 측정한다. $s = 0$이면 제품이 완전히 차별화된다. 이 경우 각 기업은 사실상 독점기업이다. 반대로 s가 B에 가까워지면 세 제품은 점점 더 동일해져 동질 제품 사례에 가까워진다. 또한 세 회사의 단위당 한계비용이 동일하다고 가정한다. 마지막으로 세 회사가 베르트랑 경쟁자, 즉 가격 경쟁을 하면서 동시에 가격을 책정한다고 가정한다.

이 장의 부록에서는 이들이 서로 경쟁할 때 각자 $p^*_{nm} = \dfrac{A(B-s)+c(B+s)}{2B}$의 가격을 책정하고, 각자 $q^*_{nm} = \dfrac{(A-c)(B+s)}{2B(B+2s))}$의 수량을 판매한다는 것을 보여주고 있다. 이 경우 각 기업의 이윤은 다음과 같아진다.

$$\pi^*_{nm} = \frac{(A-c)^2(B-s)(B+s)}{4B^2(B+2s)} \tag{15.36}$$

이제 기업 1과 기업 2가 합병하고, 합병기업과 비합병기업은 자신들의 가격을 동시에 책정한다고 하자. 합병 전에는 각자 독립적으로 하나의 제품을 팔던 기업들이 합병 후에는 두 제품을 파는 합병기업의 두 부서가 되고 이 두 부서는 공동이윤을 극대화하기 위해 자신들의 가격을 서로 조정한다. 이 경우 합병기업은 자신의 제품가격을 $p^m_1 = p^m_2 = \dfrac{A(2B+3s)(B-s)+c(2B+s)(B+s)}{2(2B^2+2Bs-s^2)}$로 책정하고, 비합병기업인 기업 3은 자신의 가격을 $p^{nm}_3 = \dfrac{A(B+s)(B-s)+cB(B+2s)}{(2B^2+2Bs-s^2)}$로 책정한다.

합병으로 인해 시장의 경쟁 압력이 줄어들어 예상했던 대로 세 제품의 가격이 모두 인상된 것은 쉽게 확인할 수 있다. 그러나 합병의 수익성에 대한 의문은 여전히 남아 있다. 합병된 기업의 각 제품 사업부(1, 2)의 이익과 합병되지 않은 독립기업(3)의 이익은 각각 다음과 같다:

$$\pi^m_1 = \pi^m_2 = \frac{(A-c)^2B(B-s)(2B+3s)^2}{4(B+2s)(2B^2+2Bs-s^2)^2};\ \pi^m_3 = \frac{(A-c)^2(B-s)(B+s)^3}{(B+2s)(2B^2+2Bs-s^2)^2} \tag{15.37}$$

---

11 공간 모델은 Hotelling(1929)에서 처음 공식화되었고, 이후 Schmalensee(1978)와 Salop(1979)에서 확장되었다. 4장, 7장, 10장에서 이러한 공간 모델이 즉석 아침 식사 시리얼 산업의 브랜드 확산, Schmalensee(1978), 항공사나 여객 버스와 같은 운송 서비스 규제 완화의 효과, Greenhut, Norman, Greenhut(1991) 등 산업조직의 다양한 주제를 분석하는 데 유용한 통찰력을 제공한다는 사실을 살펴보았다. 공간 모델이 차별화된 제품을 판매하는 기업의 합병을 분석하는 데도 유용하다는 것은 놀라운 일이 아니다.

12 Davidson과 Deneckere(1985)는 좀 더 발전된 분석을 잘 보여주고 있다.

식 (15.37)과 (15.36)을 비교할 때 $A - c = 1$, $B = 1$로 놓으면 이윤은 순전히 제품차별화 정도의 함수로 표현된다. 이제 이 두 기업 합병이 합병기업의 이윤을 증가시켜 주고 또한 비합병기업의 이윤도 증가시켜 준다는 것은 쉽게 확인할 수 있다. Davidson과 Deneckere(1985)는 좀 더 일반적인 경우로 N개의 기업이 있는 시장에서 $M \geq 2$ 이상의 기업들 간의 합병이 합병기업에게뿐만 아니라 비합병기업에게도 수익성을 가져다준다는 것을 보이고 있다. 제품이 차별화된 시장에서 기업들의 가격책정을 분석한 이 간단한 분석틀은 합병이 수익성을 가짐을 보여주면서 합병의 역설을 피해가고 있으며, 또한 비용 효율성이 동반되지 않는다면 반독점기관이 합병에 대해서 우려할 수 있다는 점을 알려주고 있다.

15.5.2 공간시장에서의 합병

공간 모델에서도 합병은 앞 절에서 살펴본 것과 같은 이유로 인해 기업의 이윤을 증가시켜 줄 수 있다. 두 기업이 하나의 기업이 될 때 각 기업이 이전에 갖고 있던 독립적 주체성을 상실하는 것은 사실이지만, 합병으로 인해 제품의 다양성에 대한 소유권이나 관리권이 사라지는 것은 아니다. 예를 들어, 두 주요 은행인 Bank of America와 Fleet Bank의 합병으로 새로운 하나의 은행이 생겼지만 어느 은행이나 자신들이 현재 갖고 있는 위치의 은행 지점들을 잃어버리거나 그러한 지점들을 이동시킬 수 있는 능력을 상실하지 않았다. 마찬가지로 몇 년 전에 American Motors를 Chrysler가 인수했을 때에도 지프차의 생산라인이 없어진 것이 아니다.

기업의 제품 라인을 고려할 때 잠재적인 수익 증가의 두 번째 원천이 있다. 합병된 회사는 이제 가격뿐만 아니라 제품 라인의 디자인이나 공간 모델의 맥락에서 위치 선택도 조정할 수 있다. Chrysler는 전체 모델 라인에 더 잘 어울리도록 지프 라인을 재설계할 수 있다. 마찬가지로 Bank of America와 Fleet 이전에 서로 아주 가까운 곳에 지점을 운영하던 지역의 지점 위치를 변경할 수 있다.

공간 모델에서 합병이 미치는 영향을 조사하기 위해 먼저 모델의 기본 설정을 상기해 보겠다.[13] 길이 L의 선형 시장에 균일하게 분포된 소비자 그룹이 있는데, 이를 Littlesville의 Main Street라고 생각할 수 있다. 그러나 Main Street 비유에서 한 가지 작은 문제는 시장의 양쪽 끝에 있는 아울렛은 한쪽의 소비자에게만 도달할 수 있다는 것이다. 이러한 제한은 모델에 비대칭성을 야기하며, 이는 우리가 피하고 싶은 문제이다. 차별화 시장을 대칭으로 만들기 위해 선의 끝이 서로 닿을 때까지 구부리고 길이 L의 직선을 둘레 L의 원으로 대체할 수 있다. 예를 들어 공간 모델을 사용하여 차별화 여객 항공 시장의 출발 시간을 나타내는 경우, 원은 소비자가 가장 선호하는 출발 시간이 다른 하루 중 24시간을 나타낸다. 다른 모든 측면에서는 공간 모델이 이전과 동일하게 유지된다.

각 소비자는 원 안에 소비자의 위치를 나타내는 "주소"를 가지며, 따라서 소비자가 가장 선호하는 제품 유형이 표시된다. 또한 각 소비자는 특정 상품을 최대 한 개까지만 구매할 의향이 있다. 가장 선호하는 재화에 대한 소비자의 예약 가격은 V로 표시된다. Main Street, 더 적절하게는 메인 서클에 위치한 기업들은 다양한 종류의 재화를 제공한다.[14] 소비자는 기업 주소에서 소비자 주소까지 재화를 운송하는 비용을 고려하여 가장 낮은 가격에 제품을 제공하는 기업으

13 이 분석의 보다 일반적이지만 훨씬 더 복잡한 버전은 Brito(2003)에서 찾을 수 있다.

14 이 모델의 공간적 또는 지리적 해석은 가장 명백한 해석일 뿐이라는 점을 다시 한번 강조한다.

로부터 재화를 구매한다. 이러한 운송비용은 거리에 따라 선형이라고 가정한다. 기업과 소비자 사이의 거리가 d인 경우, 기업에서 소비자까지의 운송비용은 td, 즉 단위 거리당 운송비용은 t이다. 이 모델의 비지리적 해석에서 운송비용은 소비자가 가장 선호하는 특성이 아닌 특성을 가진 제품을 소비함으로써 발생하는 효용 손실에 대한 소비자의 평가가 된다는 점을 기억해야 한다.

둘레 L의 원 주위에 고르게 분포된 N명의 소비자 그룹에게 판매하는 5개의 기업이 있다고 가정한다. 기업은 원에서의 위치로만 구분되며, 인접한 두 기업 간의 거리는 동일하고 $L/5$와 같다고 가정한다. 각 기업의 비용은 $C(q) = F + cq$로 주어지며, 여기서 F는 고정비용이고 c는 (상수) 한계비용이다. 이전 합병 분석과 달리 고정비용인 F를 0으로 설정하지 않고 대신 단위비용 $c = 0$으로 설정하여 일반성을 잃지 않으면서 분석을 단순화한다. 이렇게 하면 가격–비용 마진에 대해 쉽게 이야기할 수 있는데, 이는 이제 밀 가격을 m으로 표시한 가격일 뿐이다.[15]

가격차별이 없는 경우

우선 기업들이 가격차별을 하지 않는 경우를 살펴보기로 하자. 이는 각 기업이 자신의 가게나 공장에서 소비자들이 제품을 구매할 때 공장도 가격 m을 지불하게 한다는 것을 의미한다. 그런 다음 소비자는 제품을 자신의 위치까지 이동시키기 위해 운송비용을 지불한다. 기업 i로부터 제품을 구입하는 소비자는 $m_i + td_i$의 총가격을 지불한다. m_i는 기업 i의 공장도 가격이고, td_i는 소비자가 지불하는 운송비용(또는 자신에게 가장 "이상적인" 제품을 구입할 수 없을 때 소비자가 잃어버리는 효용의 가치)이다. 한계비용이 0이므로 기업 i가 이러한 판매에 의해 벌어들이는 순수입 또는 이윤은 m_i이다. 소비자는 제품을 가장 낮은 전체가격 *full price* 에 제공하는 기업으로부터 구입한다. 그 결과 다섯 개의 가상적 기업들의 공장도 가격(m_1, m_2, m_3, m_4, m_5)들에 대해서 기업들 간의 시장은 그림 15.2에서처럼 나누어진다. 그림의 점선은 기업들 간의 시장을 구분하는 선이다. 예를 들어, 기업 1은 (r_{15}, r_{12}) 지역의 모든 소비자들에게 제품을 공급한다.

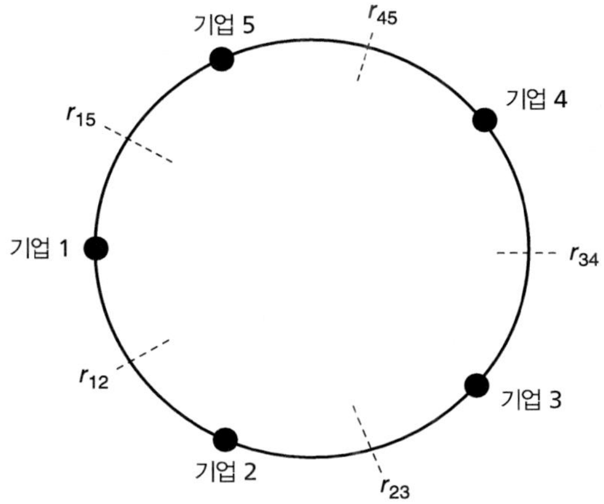

그림 15.2 제품차별화—가격차별 금지

15 $c \neq 0$의 경우에 대한 결과를 계산하는 데 관심이 있다면, 여기서 우리가 검토하는 각 경우에 대해 우리가 도출하는 균형가격 m^*을 $c + m^*$으로 대체해야 한다는 점에 유의해야 한다.

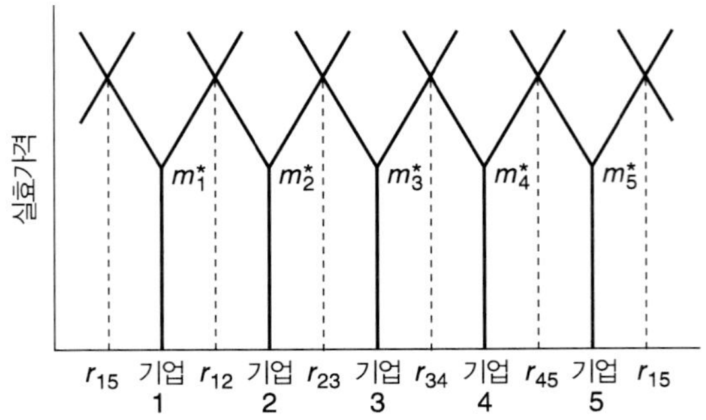

그림 15.3 병합 없을 때 가격균형

기업들이 자신들의 가격을 비협조적으로 책정하고 또한 소비자들이 지불하고자 하는 최고 가격 V가 상대적으로 높다면 시장은 모든 소비자들이 접근할 수 있는 시장이 된다. 즉 각각의 모든 소비자들은 어떤 기업으로부터든 제품을 구입한다. 어떤 기업의 한계소비자는 그 기업으로부터 제품을 구입하든 그 기업의 인접 기업으로부터 제품을 구입하든 관계없는 소비자이다.[16] 이 장의 부록 B는 균형에서 각 기업이 책정하는 공장도 가격이 $m_i^* = tL/5$임을 보여주고 있다. 이 가격에서 각 기업이 얻는 이윤은 다음과 같다.

$$\pi_i^* = \frac{NtL^2}{25} - F \tag{15.38}$$

그림 15.3은 기하적 표현을 간단히 하기 위해서 원으로 된 시장을 "펴서" 직선으로 표시하여 시장에서 나타나는 결과를 보여주고 있다. 즉, 기업 1은 기업 5의 왼쪽에 있고, 기업 5는 기업 1의 오른쪽에 있다. 수직거리는 각 구매자가 지불하는 실효가격 *effective price*(공장도 가격 더하기 운송비용)을 나타낸다. 기울기를 갖는 선은 소비자들이 한 기업으로부터 멀리 떨어져 있을수록 이 실효가격이 어떻게 상승하는가를 나타낸다.

이제 이들 기업 중 일부가 합병을 하는 경우를 살펴보자. 우선 주목하여야 할 점은 가게의 위치나 제품이 주어진 상태에서는 *그러한 합병은 인접한 기업들 간에 이루어지는 합병이 아니라면 효과가 없다*는 것이다. 예를 들어, 기업 2와 기업 4의 합병은 가격이나 시장점유율에 영향을 주지 않는다. 좀 더 일반적으로 말해, 합병하는 기업들의 시장구역이 공동의 경계선을 갖지 않는 경우에 그러한 합병은 시장의 결과에 영향을 미치지 않는다는 것이다. 그 이유는 간단한 것이다. 합병을 하는 기업들은 그들 간의 가격 경쟁을 완화시킴으로써 이득을 얻기 원한다. 그러나 이러한 합병은 그들이 합병 전에 동일한 소비자들의 일부를 차지하기 위해서 실제로 경쟁하고 있었을 경우에만 발생한다. 예를 들어, 투자회사인 Wells Fargo와 Morgan Stanley의 합병은 반경쟁적인 합병으로 간주되지 않았다. 그 이유는 이 두 기업은 가계와 기업이라는 이웃하지 않는 서로 다른 고객들에게 그들의 서비스를 판매하기 때문이다.

그러나 이웃하는 기업들 간의 합병은 시장의 결과를 변화시킨다. 기업 2와 기업 3의 합병을 살펴보자. 또한 이러한 합병 후에 이들이 자신들의 가게 위치나 기존 제품 또는 제품의 수를 변

16 우리는 어떤 기업도 자신의 바로 옆에 위치한 기업들 외의 다른 기업으로부터 제품을 구입하려는 소비자를 유혹할 수 있을 정도로 낮은 가격을 책정하지 않는다고 가정한다. 이 장의 부록을 참고하기 바란다.

화시키지 않는다고 해보자. 합병기업은 이제 두 위치의 가게를 갖고 있는 하나의 기업으로 행동하면서 나머지 기업들이 여전히 비협조적으로 가격을 책정하고 있을 때, 제품 2와 제품 3의 공동이윤을 극대화해 주는 가격을 책정하려는 인센티브를 갖는다. 물론 기업 1, 4, 5 또한 그러한 합병이 발생했다는 사실을 고려한다. 이제 기업 2와 기업 3이 합병기업의 서로 협조하는 부서가 되어 있으므로 이들은 그들 사이에 위치하던 소비자들을 가지고 더 이상 경쟁하지 않고, 따라서 제품 2와 제품 3의 가격을 인상하려는 인센티브를 갖는다.[17] 그러나 가격을 인상하면 점 r_{12}와 r_{34}의 경계선 언저리에 있는 소비자들의 일부를 잃게 될 수 있다. 그러나 합병기업이 가격을 너무 많이 올리지 않는다면 이제는 그들의 "포로"가 된 소비자들(이 두 기업 사이에 위치하는 소비자들로부터 얻는 더 커진 이윤이 시장점유율의 상실로 인한 손실을 상쇄하고도 남는다. 더욱이 합병기업이 가격을 인상하는 것은 기업 1, 4, 5로 하여금 자신들의 가격도 이와 유사하게 인상하도록 만든다. 이는 합병기업이 가격을 인상할 때 상실하게 되는 시장점유율을 감소시켜 가격인상을 더 수익성 있게 만들어준다.

부록은 이러한 합병이 다음과 같은 가격을 갖는 새로운 균형을 가져온다는 것을 보여준다.

$$m_2^* = m_3^* = \frac{19tL}{60};\ m_1^* = m_4^* = \frac{14tL}{60};\ m_5^* = \frac{13tL}{60} \tag{15.39}$$

각 제품의 이득은 다음과 같다.

$$\pi_2^* = \pi_3^* = \frac{361NtL^2}{7{,}200} - F;\ \pi_1^* = \pi_4^* = \frac{49NtL^2}{900} - F;\ \pi_5^* = \frac{169NtL^2}{3{,}600} - F \tag{15.40}$$

그림 15.4는 이러한 균형을 보여준다. 식 (15.38)과 비교해 보면 이러한 합병기업에게 수익성이 있는 합병임을 확인할 수 있다.

우리가 확인한 균형은 합병된 회사가 합병 후에도 제품 라인을 그대로 유지한다는 가정에 기초한 것이다. 이제 이러한 가정을 완화하면 어떤 결과가 나타날 것인가? 이에 대한 답은 운송비용의 정확한 상황에 따라 달라진다. 합병한 기업 2와 기업 3이 직면하는 제품 위치의 선택에 대해 살펴보자. 이 경우 합병기업은 상호교환 관계에 직면한다. 먼저, 제품 2를 제품 1에, 제

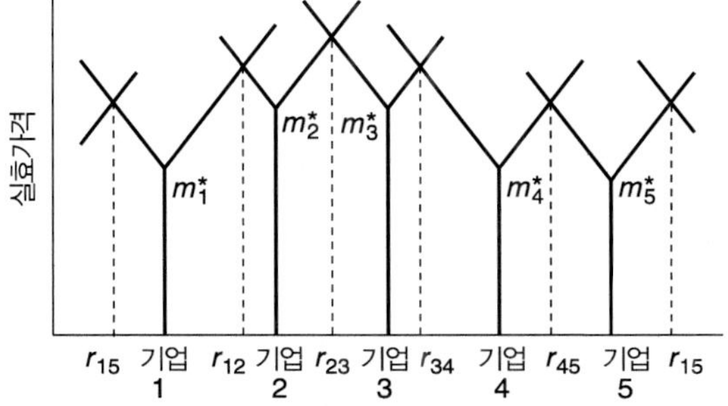

그림 15.4 가격균형—기업 2와 3의 합병 후

17 합병 후에도 제품 2와 제품 3을 서로 분리하여 경쟁하는 부서가 관장하도록 하면 가격은 변하지 않을 것이다. 합병기업이 이제 두 제품의 가격을 조정할 수 있는 기회를 활용한다는 것은 중요한 것이다.

품 3을 제품 4에 가깝게 위치시키는 경우를 살펴보면, 합병기업은 두 가지 이점을 갖는다. 첫째, 제품 1과 제품 4와의 경계선 지역에 있는 고객을 끌어들이기 위해서 가격을 낮출 경우에 합병으로 인해 자신의 두 제품라인 부서 간의 경쟁이 완화되어 “한 제품라인 부서에서 빼어온 이윤으로 다른 제품라인 부서의 손실을 보충하는 일”이 발생할 수 있다는 것에 대해 큰 염려를 하지 않아도 된다. 둘째, 경쟁기업인 기업 1과 기업 4의 고객 일부를 보다 쉽게 빼어올 수 있다.[18] 한편, 제품 2와 제품 3을 제품 1과 제품 4로부터 더 멀리 위치시키는 경우에도 잠재적인 이점을 갖는다. 즉, 어느 정도의 고객을 경쟁기업에게 주게 되어 자신의 시장점유율이 떨어질 수도 있지만 경쟁기업과의 가격 경쟁이 완화되어 모든 기업이 더 높은 가격을 받을 수도 있다는 것이다. 운송비용이 앞에서 가정한 것처럼 거리와 직선의 관계를 갖는다면 합병기업이 자신의 제품들을 경쟁기업의 제품 위치에 좀 더 가깝게 위치시키기를 원하는 결과로 나온다. 운송비용이 td_i^2로 2차방정식으로 표시된다면 합병기업은 경쟁기업과 *더 멀리* 위치시키기를 원하는 결과로 나온다.[19]

공간시장에서 두 기업의 합병은 확실히 합병기업에게 유리하지만 합병으로 인해 가격이 올라갈 가능성이 크며, 따라서 소비자에게는 불리한 것이다. 합병기업이나 비합병기업이나 더 많은 이윤을 얻게 되고 소비자들은 더 적은 소비자잉여를 갖게 된다. 그러나 합병으로 인해 생산비용이 절약되고 그에 따라 가격이 더 낮아질 수 있다면 소비자들도 혜택을 받을 수 있다. 서로 매우 가까운 대체재인 두 재화의 경우를 보자. 이들은 (예를 들어 저설탕 청량음료와 고설탕 청량음료의 경우) 생산비용의 측면에서 서로 보완적인 관계를 어느 정도 가질 수 있다. 이러한 경우에 두 제품을 한 기업이 생산하는 경우가 서로 다른 기업이 각각을 생산하는 경우보다 비용이 덜 들 수 있다. 간단히 말해, 제품이 차별화된 시장에서 서로 가깝게 관련된 제품의 생산에서 범위의 경제가 나타나는 것은 놀랄 일이 아니다.[20]

범위의 경제는 강한 합병 인센티브를 제공한다. 합병은 새 기업이 다품종 기업이 되게 해주고, 따라서 다품종 생산에 따른 비용절약의 기회를 활용할 수 있게 해준다. 이러한 비용절약은 고정비용의 감소로 나타날 수 있다. 예를 들어, 합병기업은 자신들의 본부를 하나로 할 수 있고,

---

18 이 설명은 한 가지 가능성을 무시하고 있다. Judd(1985)는 기업 2와 기업 3의 합병처럼 합병으로 인해 다품종 제품 기업이 탄생한다면 그러한 합병기업은 유지될 수 없다고 주장한다. 이러한 주장은 다음과 같이 직관적으로 이해할 수 있다. 기업 2와 기업 3의 합병이 이루어진 후에 진입기업이 정확히 기업 3의 위치로 진입한다고 하자. 이에 따라 발생하는 가격 경쟁으로 인해 이 제품의 가격은 결국 한계비용 수준으로까지 하락할 것이며, 이 경우 이 위치에서 합병기업과 진입기업 모두 0의 경제적 이윤을 얻는다(고정비용을 무시하기로 한다). 그러나 진입기업과의 가격전쟁으로 인해 합병기업은 인접하는 위치 2에서도 마찬가지로 가격을 내려야 한다. 합병기업이 위치 3에 있는 제품의 생산을 중단하면 진입기업은 자신의 가격을 한계비용보다 높게 책정할 것이다. 따라서 합병기업은 위치 2에 있는 제품의 가격을 올릴 수 있다. 달리 말해, 합병기업은 위치 3에서 퇴출하려는 인센티브를 진입기업보다 더 강하게 갖는다. 따라서 이러한 종류의 다품종 합병은 신뢰할 수 없기 때문에 지속 가능하지 않을 수 있다. 그러나 이러한 주장은 두 가지 중요한 가정하에서 성립하는 것이다. 그중 하나는 진입비용이 퇴출 시에 회수될 수 없는 비용이라는 가정이며, 또 다른 하나는 합병기업이 자신이 매우 다루기 힘든 강한 상대라는 인식을 진입기업이 갖도록 자신의 명성을 쌓는 데 대해 큰 인센티브를 갖지 않는다는 가정이다. 수직적으로 차별화되는 맥락에서는 합병하는 기업이 재화의 일부 버전 생산을 중단할 수도 있다. Norman, Pepall, Richards(2002) 참조.

19 Posada와 Straume(2004)은 세 개의 기업의 경우를 가정하여 이러한 결과를 증명해 보이고 있다.

20 범위의 경제에 대한 설명은 4장의 4.3절 참고.

연구개발, 마케팅, 회계, 유통 등에서 합리화를 꾀할 수 있다. 또한 합병이 변동비용의 감소도 발생시킨다면 이는 낮아진 가격으로 반영될 것이다. 또한 범위의 경제가 존재하지 않는 경우에도 합병하는 기업 중 하나가 더 효율적인 구매 부서를 갖고 있을 수 있고 더 우수한 생산기술을 갖고 있을 수 있으므로 이러한 이점은 합병으로 파트너가 되는 기업에게 이전될 것이다. 이러한 비용시너지 효과가 크면 클수록 소비자가 합병으로부터 혜택을 받을 가능성은 커진다.

가격차별

위치나 제품에서 차별화되어 있는 기업은 분명히 어느 정도의 독점력을 갖는다. 그러나 기업이 독점력을 가질 때 독점력을 이용하여 가격차별 전략을 사용할 수 있으며 앞의 여러 장에서 살펴본 여러 가격차별 전략을 사용할지 모른다. 이제 가격차별이 합병에 대한 인센티브에 어떻게 영향을 미치고, 또한 차별화된 제품이 판매되는 시장에서 합병이 갖는 효과에 어떻게 영향을 미치는가에 대해 분석해 보기로 한다.

기업들이 1차 가격차별, 즉 개별적인 가격차별 정책을 취한다고 하자. 그러나 가격차별을 하지 않는 경우의 공간 모델에 대해 한 나머지 가정들은 그대로 유지된다고 하자. 이 경우 비협조적 가격균형을 확인하는 것은 간단하다. 기업들이 고객유치를 위해 가격으로 경쟁한다는 것을 기억하라. 따라서 기업들은 좀 더 많은 고객들을 끌어들이기 위해서 가격이 한계비용을 보상해주는 한, 가격을 가능한 한 낮게 책정한다. 그 결과, 균형은 다음과 같은 조건에 의해 특징지어질 수 있다. 기업 i가 위치 s에 있는 소비자들에게 가장 낮은 단위가격 $c + ts$(한계생산비용 더하기 운송비용)에 제품을 공급할 수 있는 기업이라고 하자. 또한 기업 j를 이 위치에서 두 번째로 낮은 단위가격 $c + ts + e$에 공급할 수 있는 기업이라고 하자. e는 소비자가 기업 j보다 기업 i에 얼마나 더 가깝게 위치하고 있는가를 나타내는 척도이다. 소비자 s에 대해 나타나는 베르트랑-내쉬균형가격 *Bertrand-Nash equilibrium price* 은 기업 j가 공급할 수 있는 비용수준보다 아주 조금 낮게 기업 i가 책정하는 가격이 될 것이다. 즉 기업 i는 $c + ts + e$보다 1센트 또는 아주 조금 낮은 가격을 책정할 것이다.

그림 15.5의 검게 칠해진 선들은 이러한 가격균형을 보여주고 있다. 기업 2는 이 지역(r_{12}, r_{23})에 있는 모든 소비자들에게 운송비를 포함해서 가장 낮은 비용으로 제품을 공급하는 기업이다. 따라서 기업 2는 이 지역시장에 위치하는 모든 소비자들에게 자신이 제품을 판매하고 있으며 자신의 왼쪽에 위치하고 있는 소비자들에게는 기업 1이 이들 소비자들에게 판매하는 가격보

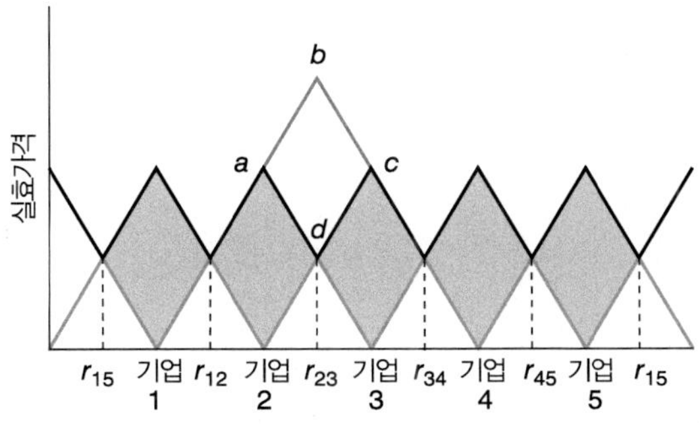

그림 15.5 가격차별을 통한 가격균형

다 1센트 낮은 가격으로 판매한다. 또한 자신의 오른쪽에 위치하고 있는 소비자들에게는 기업 3이 이들 소비자들에게 판매하는 가격보다 1센트 낮은 가격으로 판매한다. 각 기업은 이러한 가격전략을 취함으로써 자신의 시장지역에서 그림 15.5에서 회색으로 칠한 면적으로 표시되는 크기의 총이윤(고정비용을 빼주기 전의 이윤)을 얻는다.

이러한 가격차별이 갖는 흥미로운 특징은 어떤 소비자이든 소비자가 지불하는 가장 높은 가격이 $c + tL/5$라는 것이다. 이는 기업들이 가격차별을 하지 않을 경우에 소비자들이 지불하던 *가장 낮은* 가격이었다! 이 과점시장에서의 가격차별은 확실히 소비자들에게 혜택을 가져다준다. 왜 이런 현상이 나타나는가?[21] 가격차별을 하지 않는 경우에 한 기업이 각각의 소비자에 대해 가격을 낮추기 위해서는 모든 소비자들에게 가격을 낮추어야 한다. 이는 기업의 입장에서는 비싼 대가를 지불하는 것이다. 그러나 가격차별 하에서는 기업은 다른 곳에서의 가격을 낮추지 않고도 한 위치에서의 가격을 낮출 수 있다. 이는 가격차별이 각 기업이 더 높은 가격을 책정할 수 있는 능력을 약화시킨다는 것을 의미한다. 이에 따라 기업의 가격 경쟁은 더 치열해지고 앞에서 살펴본 것처럼 가격은 낮은 수준으로 떨어지는 것이다.

이제 두 기업 간의 합병, 즉 기업 2와 기업 3의 합병이 이러한 균형에 미치는 영향에 대해 살펴보기로 하자. 두 가지 점을 확실히 해두어야 한다. 첫째, 가격차별이 없는 경우에서처럼 인접하지 않는 두 기업 간의 합병은 아무런 영향을 미치지 않는다는 것이다. 둘째, 합병 전에는 서로 별개로 이루어지던 가격전략을 조정할 수 있는 합병기업의 능력이 가격차별하에서는 매우 가치 있는 것이 된다는 것이다. 그 이유는 합병 전에 이 기업들은 서로 거의 목숨을 건 가격경쟁 *cutthroat price competition* 을 하고 있었기 때문이다. 합병을 함으로써 두 기업은 자신들에게 비싼 대가를 지불하게 하는 그러한 갈등을 해소할 수 있다.[22] 합병기업의 입장에서는 기업 2의 위치와 r_{23} 위치 사이에 있는 소비자들에 대해 가장 가까운 경쟁기업은 이제 기업 1이 된다. 마찬가지로 기업 3의 위치와 r_{23} 위치 사이에 있는 소비자들에 대해 가장 가까운 경쟁기업은 이제 기업 4가 된다. 그 결과, 합병기업은 기업 2와 기업 3 사이에 있는 모든 소비자들에 대해 가격을 올릴 수 있으며 이는 그림 15.5의 선 *abc*로 표시된다. 기업 2와 기업 3의 합병은 합병기업의 이윤을 증가시키며 증가하는 이윤의 크기는 면적 *abcd*로 표시된다. 이러한 종류의 합병이 가져다주는 또 하나의 결과는, 직관적으로 인식하기는 약간 힘들지만 가격차별을 하고 있는 기업들이 합병할 경우에 그러한 합병으로 이득을 보는 기업은 합병기업뿐이라는 것이다. 합병 이전에 합병기업에 의해 서비스되던 소비자들만이 더 높은 가격을 지불하게 된다. 다른 모든 가격들은 영향을 받지 않으며 따라서 비합병기업들의 이윤도 합병에 의해 영향을 받지 않는다.

21 Norman과 Thisse(1996)는 이에 대해 설명하고 있다. 이들은 기업의 수가 정해져 있는 상태에서 가격차별은 항상 소비자에게 혜택을 가져다준다는 것을 보여주고 있다. 그러나 이들은 또한 가격차별하에서의 더 경쟁적인 상황은 많은 수의 기업이 그 시장을 떠나게 만들 수 있고 그에 따라 일부 소비자들에게 가격이 더 높아질 수 있다는 것도 보여주고 있다. Reitzes와 Levy(1995)도 참고.

22 이런 유형의 합병에는 또 다른 중요한 특징이 있다. 앞서 각주 18에서 설명한 잠재적 문제는 기업이 차별적인 가격을 책정할 때 발생할 수 없다. 예를 들어, 제품 3의 위치에 새로운 기업이 진입한다고 하자. 이 경우 이 위치에 합병기업이 존재하든 안 하든 시장의 균형가격은 그림 15.5처럼 나타난다. 기존에 있는 합병기업이 시장에서 퇴출하는 것이 자신에게 어떤 혜택도 발생하지 않는다는 것을 잠재적 진입기업이 잘 알고 있으므로 진입은 발생하지 않을 것이다.

우리는 합병기업의 제품 위치선택 전략에 대해서도 살펴볼 수 있다. 그러나 기본적인 결과는 동일하다. 가격차별 금지 사례에 대한 우리의 결론은 기업이 차별적인 가격책정 관행에 관여할 때 더욱 강력하게 적용된다는 것이다. 소비자 가격은 상승하고 합병하는 기업은 더 많은 수익을 얻게 된다. 이 가격차별 사건에서 합병에 대한 역설은 전혀 없다. 합병하는 기업의 입장에서 보면 합병은 매우 수익성이 높은 모험이 될 수 있다.

마지막으로, 한 가지 강조할 점이 있다. 기업들이 동일한 제품을 가지고 수량으로 경쟁을 할 경우에 나타나는 합병의 역설이 기업들이 제품차별화된 제품을 가지고 가격 경쟁을 하는 경우의 합병에는 나타나지 않는 이유가 무엇인가? 이에 대한 답의 첫째 부분은 이미 알고 있는 것으로 가격이 전략적 보완재이고 수량처럼 전략적 대체재가 아니라는 데 있다. 따라서 가격 경쟁에서 비합병기업들의 전략적 대응은 합병기업에게 잠재적으로 혜택을 주는 것이며, 수량 경쟁에서 비합병기업들의 전략적 대응은 합병기업에게 잠재적으로 해로운 것이다.

답의 둘째 부분은 마찬가지로 중요한 것으로, 신뢰성을 갖는 언약 *credible commitment* 이라는 개념과 관련된 것이다. 위치 또는 제품차별화의 맥락에서 합병이 수익성을 갖는 이유는 특정한 *범위*의 제품들을 생산할 것이라는 합병기업이 하는 언약이 상대방 기업들이 신뢰할 수 있는 언약이 되기 때문이다. 즉 이 경우의 언약은 특정한 위치에 대한 언약이거나, 합병 이전에 독립적 기업들이 생산하던 제품들을 계속해서 생산한다는 언약이다. 반면에 동일한 제품을 생산하면서 수량 경쟁을 하는 경우에 필요한 언약은 생산량 수준에 대한 언약이다. 합병기업은 합병 후에 많은 양을 생산할 것이라는 것을 언약할 수 있어야 한다. 그러나 일반적으로 이러한 언약은 신뢰성을 갖는 언약이 아니다. 그 이유는 그렇게 많은 양을 생산한다는 것이 경쟁기업들이 쿠르노적으로 대응하면서 결정하는 생산량에 대해 합병기업이 생산해야 하는 최적 대응 생산량이 아니기 때문이다. 그러나 합병기업이 스테켈버그 리더기업이 되는 경우에는 합병 후에 많은 양을 생산하겠다는 합병기업의 언약에 대해 경쟁기업들이 신뢰성을 갖는다.

15.6 수평합병에 대한 공공정책

수평합병에 대한 미국 정부의 정책은 지난 40여 년 동안 크게 변했다. 이러한 변화는 대부분 1968년 미법무성이 최초로 발표한 합병 가이드라인 *merger guidelines* 과 현재 적용되고 있는 합병 가이드라인 간의 차이로 잘 나타나고 있다. 이 두 가이드라인 간의 차이가 나타나게 된 이유가 미국 정부의 합병에 대한 정책이 엄격한 것에서 허용적인 것으로 변한 데 있다고 간단히 말할 수도 있겠지만, 실제 현실에서 기업조직이 갖는 복잡성을 미국 정부가 더 이해하게 되어 기업 합병에 대한 미국 정부의 정책이 정교해져서 그러한 차이가 발생한 것이라고 하는 것이 더 정확하다.

1968년의 합병 가이드라인은 기업들이 제안한 합병의 합법성에 대한 법적 판단을 할 때 시장구조—특히 4대 기업 집중률—에 큰 비중을 두었다. 어떤 산업에서의 합병은 4대 기업 집중률 *four-firm concentration ratio* 이 75%를 넘고 합병하는 기업들 각각이 4% 정도의 작은 시장점유율을 가지고 있을 경우에 합병은 거부되었다. 4대 기업 집중률이 75% 미만일 경우에는 합병하는 기업들이 각각 5% 이상의 시장점유율을 갖고 있을 때 그 합병은 거부되었다. 따라서 1968년의 합병 가이드라인에서는 합병하는 두 기업의 시장점유율을 합한 것이 10% 정도밖에 되지 않더라도 많은 경우에 미국 정부는 이를 거부할 수 있는 것이었다.

1968년에 채택된 접근법은 구조-행위-성과 *Structure-Conduct-Performance* 프레임워크 내에서 수년간의 실증적 연구를 반영한 것이었지만, 그 접근법의 경직성으로 인해 점점 더 의문스러운 결정들이 내려지게 되었으며, 그 결정은 아마도 가장 논란이 많은 합병 사건 중 하나인 *U.S. v. Von's Grocery*(1966) 사건이었을 것이다. 이 사건에서 대법원은 Los Angeles에 있던 두 식료품 판매 체인 기업의 시장점유율을 합해도 10%가 안 되었지만 미국 정부가 이 합병을 거부한 것이 정당하다는 판결을 내렸다.

그러나 아이러니컬하게도 미국 법원은 시장구조에 근거한 경직된 1968년의 가이드라인을 적용하자마자 바로 이로부터 이탈하기 시작했다. 그러한 경우를 보여준 초기의 사건 중 하나는 General Dynamics가 석탄 생산기업을 인수한 경우로 1974년 대법원은 이 두 기업의 시장점유율의 합이 1968년 가이드라인에 의해 설정된 허용기준을 분명히 넘었음에도 불구하고 이를 최종 승인하였다. 법원이 이와 비슷한 합병을 여러 건 합법으로 판결함에 따라 1968년의 가이드라인이 더 이상 실효성을 갖지 않는다는 것이 분명해졌다. 이에 따라 결국 미법무성은 1982년에 새로운 합병 가이드라인을 제정하게 되었다.

새로운 법에서는 4대 기업 집중률이 허핀달-허쉬만지수 *Herfindahl-Hirschman Index (HHI)* 로 대체되었다. 이에 따라 미국 정부가 간섭하게 되는 경계선이 HHI 값으로 1,800(동일한 시장점유율을 갖는 6개의 기업이 있는 산업에서 나타나는 수치보다 약간 더 큰 수치)이 되었다. 집중도가 낮은 산업에서 합병으로 인해 HHI 값이 100보다 더 크게 증가하는 경우의 합병만이 미국 정부에 의해 거부되지만, 그 경우에도 해당 산업의 HHI가 이미 1000을 넘고 있을 경우에만 미국 정부에 의해 거부된다. 한편 1984년, 1992년, 1997년에 계속해서 합병 가이드라인이 수정되면서 합병으로 인한 비용 효율성을 더 많이 인정하는 방향으로 가이드라인이 변해감에 따라 합병에 대한 미국 정부의 제한은 점점 더 느슨하게 되어갔다.[23]

이러한 변화의 배경에는 신산업조직론의 이론들에 대한 더 높아진 이해뿐만 아니라 점점 더 많은 실증분석들에서 합병이 SCP 틀이 의미하는 것처럼 많은 경우에 경쟁을 위협하지 않는 것으로 나타난 것이 깔려 있다. 또한 합병의 수익성에 대한 증거도 다양하게 나타났다. Mueller(1985), Ravenscraft와 Scherer(1987), Lichtenberg와 Siegel(1992), Loughran과 A. Vijh(1997), Andrade, Mitchell, Stafford(2001), Maskimovic와 Phillips(2001)를 포함한 많은 실증분석들은 합병이 아주 높은 수익성을 갖지는 않는 것을 발견했다. 특히 합병을 하는 기업의 경우에는 더욱 그러했다. 또한 많은 기업인수의 경우들에서 실제로 기업인수 후에 반대로 "회사분리 *spin-off*"가 나타났다.

1982년 합병 가이드라인을 통해 나타난 미국 정부의 태도 변화로 많은 합병들이 허용되기 시작했다. 이러한 합병 중 중요한 것으로는 Union Pacific과 Southern Pacific의 합병, AOL과 Time Warner의 합병, Chase Manhattan과 J. P. Morgan의 합병, Exxon과 Mobil의 합병, British Petroleum과 Amoco의 합병, Westinghouse와 Infinity Broadcasting의 합병, Aetna와 U.S. Healthcare의 합병, MCI와 WorldCom의 합병, Maytag과 Whirlpool의 합병 등이 있다. 이러한 합병들 중 많은 합병에 대해 논쟁이 있었으며 거의 모든 사람들이 경쟁의 약화에 대한 우려

23 일반화된 합병 정책 규칙을 수립하기 위한 이론적 접근 방식에 대한 연구는 Nocke와 Whinston(2013) 및 여기에 인용된 저작물을 참조하시오.

를 표명하였다. 그럼에도 불구하고 이러한 합병을 포함한 여러 합병들이 승인되었다.

합병에 대한 미국 정부의 정책적 판단에는 정교한 실증분석 기법들이 점점 더 많이 사용되고 있다. 이러한 기법들을 통해 중요한 시장 매개변수들이 추정되고 추정된 매개변수를 모형에 적용하여 합병 이후의 나타날 가능성이 가장 큰 시장 상황에 대한 검토도 이루어진다. 이러한 합병 시뮬레이션이 어떻게 이루어지는가에 대해서는 다음 절에서 간단히 살펴볼 것이다. 여러 시뮬레이션 중 특히 Werden과 Froeb(1994, 2002)가 개발하고 Epstein과 Rubinfeld(2002)가 확장한 합병 시뮬레이션은 합병정책을 위해 시용하기에는 약간 문제가 있다는 논쟁이 있지만 매우 중요한 도구로 인식되고 있다[Slade(2007) 참조].

정부의 정책적 판단에서 점점 더 많은 계량경제적 분석과 경제모형이 사용되고 있는 것과 함께, 독점 관련 우려 사항이 분명히 있음에도 불구하고 수평합병을 승인해주기 위해서 정책 당국자들은 두 개의 추가적인 조치를 취해왔다. 첫 번째 조치는 "선 수정 *fix-it-first*" 방식이다. 이 방식을 적용하여 반독점정책 당국이 합병을 승인하는 경우가 점점 더 많아지고 있다. 이 방식은 시장의 경쟁압력이 유지되도록 하기 위하여 합병하는 기업들의 자산 일부를 제3의 기업에게 매각하는 경우에 합병을 승인하는 것을 말한다. 예를 들어, 두 기업이 여러 도시에서 사업을 하고 있고 어떤 한 도시에서는 이 두 기업이 그 도시의 유일한 공급자들이라고 할 때, 정부는 문제가 되는 그 도시에서 두 기업 중 한 기업의 활동을 다른 새로운 경쟁기업에게 매각 *divestiture* 한다는 조건으로 합병을 허용하는 것이다. 이 원칙은 2013년 맥주 업계 기업인 Anheuser Bush Inbev와 Grupo Modelo의 합병을 승인하는 데 적용되었다. 신문사와 방송사가 합병을 허가받기 전에 특정 지역의 사업체를 매각해야 하는 미디어 합병의 경우에 자주 사용된다.

자산매각 *divestiture* 에는 문제가 있다. Cabral(2003)은 자산매각이 합병기업으로 하여금 새롭게 진입하는 경쟁기업의 위상을 관리하도록 허용한다는 것에 주목하였다. 앞에서 살펴본 원형 공간 모델을 가지고 생각해보면 두 기업이 합병하면서 일부 위치에 있는 자신의 가게들을 시장에서 배제되고 있었던 진입기업에게 판매한다는 것은 진입기업이 처음에 합병기업들의 가게가 있었던 위치에 그대로 진입하는 것을 말한다. 이는 다른 위치에 가게가 있는 것이 소비자들에게 더 나을 수도 있는 것을 막는 것이다. 또한 합병기업은 자신들이 판매한 가게들이 판매 후에 자신에게 가져다줄 수 있는 경쟁위협을 줄이기 위해 전략적으로 행동할 수 있다. 이러한 상황은 1995년에 슈퍼마켓 체인 기업인 Schnucks Markets가 St. Louis 지역에서 자신의 중요한 경쟁자였던 National Food Markets를 인수했을 때 발생하였다. 이 합병은 Schnucks가 St. Louis 지역에 갖고 있던 자신의 슈퍼마켓 24개를 수년에 걸쳐 판매하는 데 동의함으로써 허용되었다. 그러나 이 가게들을 사겠다는 기업이 나타나지 않았다. 따라서 Schnucks는 가게들을 매각하는 절차를 밟기 위해 결국 그 가게를 없애는 작업에 착수하였다. Schnucks는 이 가게들에 인원을 적게 배치하고 고객들이 다른 Schnucks 가게에 가도록 유도하였다. 얼마 안 되어 매각 대상이었던 가게들은 판매가 3분의 1로 줄었으며 그에 따라 새로운 Schnucks/National이 운영하는 가게들에게 큰 경쟁위협을 주지 못하게 되었다. 이 사건이 부분적으로 영향을 미쳐서, FTC는 매각된 시설을 구입할 기업을 미리 정해야 하고, 또 그러한 기업은 효과적인 경쟁자가 될 수 있을 정도로 해당 사업에 대한 지식을 보유하고 있는 기업이어야 한다는 것을 현재 요구하고 있다. 그러나 이러한 시정조치는 Cabral(2003)이 지적하고 있는 문제를 해결하지는 못한다.

두 번째 조치는 합병기업의 행동에 어떤 제한을 주는 조건으로 합병을 허용하는 것이다. 물론 정부기관은 합병 후에 합병기업이 이러한 조건을 성실하게 이행하고 있는지를 감시(모니터링)한다. 이러한 동의협약 *consent agreement* 은 통상적으로 합병기업이 어떤 특정한 행동을 할 것과 어떤 행동을 하지 않을 것을 요구하고 있다. 이러한 협약의 이행을 감시할 때 규제기관은 항상 외부의 믿을 만한 제3자의 도움에 의존하는데 이러한 제3자는 합병기업의 경쟁기업이나 합병에 반대했던 측이 된다. 이들은 동의협약의 위반사실을 발견하면 즉시 보고한다. 1992년 이후로 FTC와 미법무성를 통해 이루어진 동의판결 *consent decree* 의 수는 크게 증가하였다.

이러한 추가적인 조치 이외에도 FTC와 미법무성은 합병 가이드라인을 지속적으로 변경해 왔다. 이러한 맥락에서 가장 눈에 띄는 것은 1997년의 합병 가이드라인 4조의 확장수정인데 이를 통해 비용절감을 가져오는 합병이 더 수월하게 승인되게 한 것이다. 이러한 변화와 함께 반독점기관은 비용절감이 발생하고 그에 따라 소비자들이 더 낮은 가격을 지불하게 하는 합병을 친경쟁적인 합병으로 좀 더 적극적으로 판단할 용의가 있음을 표명하고 있다. 그러나 이미 언급했듯이 대부분의 분석에 따르면 가격 인하에 필요한 비용절감은 상당한 것으로 나타났다. 따라서 1997년 비용 효율성 개정안의 완전한 의미는 아직 확인되지 않았다.

또한 진입 가능성을 고려할 때 합병으로 인한 비용 효율성이 반드시 완전히 유리한 것은 아니라는 점에 유의해야 한다. 합병으로 인해 한계비용이 낮아진다면 잠재적 진입자는 가격 경쟁이 상대적으로 치열해질 것임을 알 수 있다. 진입자가 고정비용을 가지고 있다면 이는 진입이 수익성이 있으려면 시장규모가 더 커져야 한다는 것을 의미한다. 다시 말해, 주어진 시장규모에서 합병으로 인한 비용 효율성은 합병 후 진입 가능성을 낮춘다. 따라서 비용절감은 두 가지 가격효과를 가져올 수 있다. 하나는 비용절감으로 인한 가격 하락 압력이고, 다른 하나는 경쟁자 진입 가능성 감소로 인한 가격 상승 압력이다. Cabral(2003)의 연구에 따르면 전자가 후자보다 더 큰 영향을 미칠 수 있다.

15.7 실증적 적용: 컴퓨터 시뮬레이션의 합병 효과 측정

최근 몇 년 동안 합병 평가를 지원하는 중요한 새로운 도구인 합병 시뮬레이션이 등장했다. Werden, Froeb(1994, 2002)가 개척하고 최근 Epstein, Rubinfeld(2002)가 확장한 합병 시뮬레이션은 두 단계로 작동한다. 첫 번째는 기업의 비용, 가격, 수요탄력성 등의 변수에 대한 관련 정보를 확보하는 것이다. 이는 일반적으로 현대 계량경제학 기법의 도움을 받아 수행된다. 두 번째 단계는 이 증거를 사용하여 합병 제안 전후에 해당 시장에 대한 컴퓨터 시뮬레이션 모델을 실행하는 것이다. 사실상 합병 시뮬레이션을 통해 경제학자들은 실험실 실험을 통해 합병이 가져올 수 있는 효과를 조사할 수 있다. 이러한 실험이 반드시 결정적인 것은 아니지만 평가 도구로서 매우 유용할 수 있다.

합병 시뮬레이션을 더 잘 이해하기 위해 각 회사가 차별화된 제품을 생산하고 경쟁사와 가격 경쟁을 벌이는 네 개의 회사가 있는 산업을 생각해 보겠다. 한 회사의 경우 이익 극대화를 위한 일차 조건은 사실상 러너 *Lerner* 조건이다. 즉

$$\frac{p_i - c}{p_i} + \frac{1}{\eta_{ii}} = 0 \qquad i = 1 \text{ to } 4 \tag{15.41}$$

여기서 η_{ij}는 음(-)의 부호를 갖는 기업 i의 수요의 가격탄력성이다. 가격-비용 격차를 μ_i로, 기업 i의 시장점유율을 s_i로 표시하고, 수요의 탄력성을 곱하면 방정식 (15.41)이 된다.

$$s_i + s_i\eta_{ii}\mu_i = 0 \tag{15.42}$$

그러나 두 기업이 합병하면 1차 조건은 15.5절에서 본 것처럼 변할 것이다. 이제 합병기업은 두 제품 간의 교차수요 효과를 고려하여 이들의 가격을 조정할 것이다. 기업 1과 기업 2가 합병한다고 하자. 이 경우 합병기업의 1차 조건식은 다음과 같아진다.

$$\begin{aligned} s_1 + s_1\eta_{11}\mu_1 + s_2\mu_2\eta_{21} &= 0 \\ s_2 + s_2\eta_{22}\mu_2 + s_1\mu_2\eta_{12} &= 0 \end{aligned} \tag{15.43}$$

여기서 η_{ij}는 재화 j의 가격에 대한 재화 i의 교차탄력성이다. 식 (15.42)와 (15.43)에서 볼 때 각 재화가 갖는 가격탄력성과 교차가격탄력성의 추정치가 합병의 효과를 살펴보는 데 핵심적인 요소가 된다. 이러한 탄력성들의 값을 구하면 합병 후의 시장균형에서 나타나는 시장가격을 쉽게 살펴볼 수 있다.

탄력성의 값을 추정하기 위해서 시장수요에 대한 모형이 필요하다. 흔히 사용되는 시장모형 중 하나가 Deaton과 Mulbauer(1980)가 처음 도입하고 AIDS (Almost Ideal Demand System)로 알려진 시장모형이다. 이 모형은 기본적으로 각 기업이 직면하는 수요를 자신의 가격과 다른 기업들의 가격의 함수로 표시해준다. 이는 차별화된 제품의 베르트랑 경쟁(가격 경쟁)에서 우리가 사용한 직선의 수요와 유사한 것이다. 4개의 기업이 있는 경우에 시장수요는 통상적으로 다음과 같은 4개의 식들로 표현된다.

$$\begin{aligned} s_1 &= a_1 + b_{11}\ln p_1 + b_{12}\ln p_2 + b_{13}\ln p_3 + b_{14}\ln p_4 \\ s_2 &= a_2 + b_{21}\ln p_1 + b_{22}\ln p_2 + b_{23}\ln p_3 + b_{24}\ln p_4 \\ s_3 &= a_3 + b_{31}\ln p_1 + b_{32}\ln p_2 + b_{33}\ln p_3 + b_{34}\ln p_4 \\ s_4 &= a_4 + b_{41}\ln p_1 + b_{42}\ln p_2 + b_{43}\ln p_3 + b_{44}\ln p_4 \end{aligned} \tag{15.44}$$

회귀계수 b_{ij}는 합병 시뮬레이션을 하는 데 필요한 수요의 가격탄력성과 직접 연결되어 있는 것이다. 따라서 이러한 회귀계수를 추정하는 것이 최종적인 시뮬레이션 결과를 얻기 위한 첫 단계이다.

a_i 계수(절편)를 제외하고도 4개의 제품을 보는 우리의 작은 예에서도 16개의 b_{ij} 계수가 추정되어야 한다. 자신의 가격탄력성과 교차가격탄력성에 어떤 제약조건이 주어지지 않는 경우에 일반적인 n개 제품의 시장수요체계에서는 n^2개 계수의 값을 추정해야 한다. 그러나 이는 정확한 추정을 하기에는 많은 수의 계수이다. 따라서 일반적으로 직접 추정해야 하는 매개변수의 수를 줄이기 위해 어떤 제약을 부여한다.

예를 들어, 4개 기업의 경우에 $q_1 = 250$, $q_2 = 100$, $q_3 = 100$, $q_4 = 50$, 즉 $s_1 = 50\%$, $s_2 = s_3 = 20\%$; $s_4 = 10\%$로 주어졌다고 하자. 이제 한 가지 방법은 이 모형을 비례성을 가정하여 눈금화조정 *calibrate* 하는 것이다. Epstein과 Rubinfeld(2002)가 개발한 PCAIDS (Proportionally Calibrated AIDS)는 가격 p_1의 상승으로 인해 발생하는 재화 1의 생산량 감소는 다른 제품들에게 그들의 시장점유율에 비례하여 배분된다고 가정한다. 시장 전체 수요의 가격탄력성을 $\eta = -2$라 하고, 재화 1의 가격탄력성을 $\eta = -4$라고 하자. 시장 전반의 가격을 4개 기업의 가격을 각각 그들의 시장점유율로 가중평균한 것으로 가정하면, 기업 1의 가격인 p_1의 1% 상승은 다른 상황이 변하지 않는다면 산업 전체가격의 0.5%의 증가를 가져온다. 기업 1의 가격 인상은 산업 전체의 생산량을 2%의 절반인 1%, 단위로는 5단위 감소시킬 것이다. 기업 1의 생산량은 4%, 즉 10단위 줄어들 것이다. 따라서 산업 전체 순수요량 감소가 5단위라면 이 10단위 중 5단위가 다른 기업들의 수요로 될 것이다. 비례성 가정 *proportionality assumption* 은 [0.2/(0.2 + 0.2 + 0.1)] × 5, 즉 2단위가 기업 2와 기업 3의 수요로 변할 것이며 나머지 1단위가 기업 4의 수요로 변할 것이라는 것을 의미한다. 이는 기업 1의 가격이 1% 상승하면 다른 기업들의 수요는 2% 증가한다는 것을 의미한다. 즉, 교차가격탄력성 η_{21}, η_{31}, η_{41}이 -2라는 것이다.

방금 살펴본 것은 비례성을 제약조건으로 설정하면, 시장수요의 가격탄력성과 기업 1의 자신의 가격탄력성에 대한 정보만 갖고 시뮬레이션에 필요한 다른 세 기업의 가격탄력성을 추론할 수 있다는 것이다. 결과적으로 훨씬 더 멀리 나아갈 수 있다. 또한 일반적으로 비례성 가정은 시장 전체 수요의 가격탄력성과 한 기업의 수요의 가격탄력성을 알면, 관련된 다른 모든 탄력성의 값을 알아낼 수 있게 해준다. 달리 말해, 시장 전체 수요의 가격탄력성과 많은 기업 중 한 기업의 수요의 가격탄력성을 알면 식 (15.44)의 모든 b_{ij} 회귀계수의 값을 구할 수 있게 해준다. 비례성 가정은 그 값을 추정해야 할 매개변수의 수를 n^2에서 2개로 줄여준다. 이들 회귀계수의 값을 추정한 후에는 그 추정치, 즉 가격탄력성과 시장점유율의 자료를 가지고 식 (15.42)와 (15.43)의 1차 조건식들을 합병 전의 시장과 합병 후의 시장에 대해서 풀 수 있다. 그런 다음 합병의 가격효과를 평가할 수 있다.

물론 비례성 *proportionality* 가정은 매우 강한 가정이다. 이외에 추정을 간단히 해주는 다른 기법들도 있다. 그러나 Slade(2007)이 보여주고 있듯이 불행하게도 어떤 기법을 선택하는가에 따라 합병 이후의 가격변화가 크게 다르게 나타날 수 있다. 또한 비례성 가정을 하는 경우에도 여전히 두 개의 탄력성 매개변수는 추정되어야 한다. 따라서 합병을 평가하는 데 있어서는 어쩔 수 없이 경제통계적 분석을 사용할 수 밖에 없다.

식 (15.44)와 같은 수요체계로부터 관련된 매개변수를 추정하는 것은 매우 민감한 작업이다. 추정해야 하는 매개변수의 수가 몇 개 안 되는 경우에도 추정과 관련된 어려운 문제가 여전히 남아 있다. 또한 식 (15.44)와 같은 방식으로 시장수요를 나타내는 것이 문제를 풀기 위한 일반적인 접근방법이기는 하지만 이러한 방식만이 시장수요를 나타내는 유일한 방식은 아니다. 다른 방식을 취하는 경우에는 다른 형태의 함수와 교차가격탄력성에 대한 다른 제한이 사용되며, 따라서 합병 후의 시장균형에 대해 다른 결과를 보여줄 수 있다. 예를 들어, 이 교재의 많은 예에서 사용하고 있는 직선의 수요함수는 가격이 상승함에 따라 수요의 가격탄력성이 증가한다는 것을 의미한다. 이는 합병이 시장지배력을 증가시키는 경우에도 합병 후의 가격 상승에 어떤 제한을 가하는 것이다. 왜냐하면 직선의 수요곡선은 가격이 상승함에 따라 소비자들이 점점 민감해진다는 것을 의미하기 때문이다. 이와는 대조적으로 대수직선 *log-linear* 수요함수는 수요의 가격탄력성이 가격수준에 관계없이 일정하다는 것을 의미한다. 따라서 이 경우에는 동일한 크기의 시장지배력의 증가가 직선의 수요곡선의 경우보다 훨씬 더 높은 가격 상승을 가져오는 것으로 나타난다. 그러나 시장수요를 어떠한 체계로 표현하는 것이 적절한지에 대해서는 분명한 답이 없다.

한 기업의 시장점유율은 해당 시장이 어떻게 정의되는가에 따라 크게 달라진다. 따라서 식 (15.41~15.43)의 1차 조건식들에서 시장점유율은 시장상황을 이해하는 데 아주 중요하며, 따라서 합병이 반독점과 관련하여 우려할 만한 상황을 초래할 것인가를 판단하는 데 있어서 매우 중요한 것이다.

경제통계적 방법을 사용하여 합병에 대한 분석을 하는 경우에 부딪치는 문제점을 가장 잘 보여주는 예가 1996년 사무용문구 체인점 기업들인 Staples와 Office Depot의 합병건이다.[24] 이 두 기업은 Office Max와 함께 사무용문구 대형 소매업 시장을 지배하고 있었다. 물론 이 세 기업만이 사무용문구를 판매하는 소매업체는 아니었다. Staples와 Office Depot는 시장을 사무용문구 대형 소매업에 국한하여 정의할 경우에 70~75%의 점유율을 갖고 있었다. 그러나 사무용문구를 판매하고 있는 Wal-Mart와 같은 대형 할인점, drug store 체인점, 문구점 등 사무용문구를 판매하는 모든 상점들을 포함하여 시장을 정의하는 경우에 이 두 기업의 시장점유율을 합쳐도 10% 미만이었다. 따라서 이 합병이 합병 가이드라인이 설정하고 있는 어떤 시장점유율 한계 기준치를 넘는 것인지 아닌지가 문제의 초점이 되었다.

더욱이, 사무용문구 대형 소매점을 기준으로 시장을 정의하는 경우에도 문제는 여전히 발생했다. Staples의 경우에는 하나의 전국적 시장이 존재하는 것이 아니라 많은 지역 시장들로 시장이 구성되어 있다는 것에 모두가 동의하고 있었다. 이는 원칙적으로 식 (15.44)와 같이 시장수요 구조를 추정하는 경우에 각 지역시장의 특징이 반영되어야 한다는 것을 의미한다. 즉, 지역에 따라 달리 나타나는 경쟁의 정도가 식에 반영되어야 한다는 것이다. 이러한 지역성에 따른 차이는 어떻게 모형에 반영해야 하는가?

미국 정부는 지역시장을 구분하는 데 인구조사국 *Census Bureau* 이 사용하는 MSA (Metropolitan Statistical Area) 기준을 적용해야 한다고 주장했다. 즉 Staples 상점과 경쟁하고 있는 경쟁상점들을 동일한 MSA에 있는 모든 Office Depot와 Office Max 상점으로 보아야 한다는 것이다. 그러나 이에 대해 이 합병기업들은 동일한 MSA에 있더라도 경쟁상점 간의 실제 거리에 따라 경쟁 상황은 다른 것이라고 주장했다. 즉, Staples 상점과 단지 5마일 정도 떨어져 있는 Office Depot 상점은 10마일, 20마일 떨어져 있는 경우와 비교할 때 Staples 상점에 더 큰 가격 압력을 주는 것이라는 것이다. 다시 말하지만, 경쟁 상황을 어떻게 보느냐에 대해 아주 작은 차이로 보이는 것이 결과에 큰 영향을 미칠 수 있다. 이러한 차이로 인해 이 합병기업 합병 후에 가격상승을 약 0.8%로 추정한 것에 비해 미국 정부가 추정한 가격상승은 4.1%였다. 따라서 조그마한 변화가 3%의 차이를 가져온 것이다. 이러한 결과와 약간의 경제통계적 수정을 한 다른 결과들을 종합하면, 합병으로 인한 가격상승의 예측치가 1% 미만에서 약 10% 사이에서 다르게 나타날 수 있었다.

간단히 말해, 합병의 효과를 살펴보기 위한 시뮬레이션에서는 시장환경을 어떻게 보느냐에 따라 시장구조에 대한 가정과 추정기법이 달라질 수밖에 없다. 추정을 쉽게 하기 위해 몇 가지 가정들을 한다고 하더라도 측정과 관련된 문제점과 경제통계적 추정과 관련된 문제점을 피해갈 수는 없다. 따라서 합병 허용 여부를 판단할 경우에 아마도 자신의 입장에 따라 추정된 매개변수의 값과 다른 증거들이 자신에게 가장 유리하게 나타나도록 해주는 분석틀과 그에 따른 경제

24 이 사건과 관련된 더 완전한 경제통계적 증거에 대해서는 Ashenfelter 등(2004) 참조.

통계적 기법이 사용될 것으로 예상된다. 양측의 접근방법이 각각 얼마간의 객관적 정당성을 갖는 경우에도 그렇다. 경제학자들의 경우에도 결과를 자신에게 유리하게 해석하는 것과 진실을 이야기하는 것을 구별하는 것이 매우 어렵다. 법원이 이러한 분쟁을 풀어서 정확하게 해결해주는 것은 더욱 어려울 것이다. Staples 사건의 흥미 있는 특징 중 하나는 합병 제소 사건과 관련하여 이보다 더 많이 경제통계적 분석이 사용된 경우가 없음에도 불구하고 법원이 최종 판결문에서 경제통계적 증거에 대해서는 한 마디도 하지 않았다는 것이다.

요약

수평합병은 동일한 산업에 있는 경쟁기업들이 서로 합하는 것이다. 수평합병은 전에는 경쟁하던 기업들이 합해지는 것이므로 분명히 반독점우려를 발생시킨다. 수평합병은 실제로 합법적 카르텔을 의미하는 것일 수 있다. 경제분석에서 나타나는 중요한 수수께끼 중 하나가 합병의 역설이다. 이 역설은 많은 경제모형들에서 합병이 합병기업에게 이득이 되지 않으며 오히려 비합병기업이 합병의 진정한 수혜자로 나타난다는 것에 대해 붙여진 이름이다.

합병의 역설을 푸는 단서는 합병하는 기업이 자신의 이윤을 증가시키는 전략을 취한다는 언약을 할 때 이를 상대방 경쟁기업들이 믿게 하는 어떤 수단들에서 발견할 수 있다. 수량경쟁모형에서 합병의 역설을 푸는 한 가지 방법은 합병기업이 스테켈버그 리더 역할을 하여 자신이 생산량을 증가시키는 것에 대해 경쟁기업이 신뢰하도록 만드는 것이다. 다른 방법은 합병 의사결정이 순차적으로 이루어진다고 보는 경우이다. 이 두 가지 경우 모두 합병이 합병기업에게 수익성이 있는 것으로 만들어준다. 그러나 소비자들에게는 피해를 가져다준다. 순차적 합병 접근방법은 현실에서 종종 목격되는 합병 "도미노 현상"(즉, 한 산업에서 두 기업이 합병한 후에 뒤따라 그 산업에 있는 다른 기업들이 서로 합병하는 현상)을 설명할 수 있게 해준다.

합병의 역설은 기업이 차별화된 제품을 제공하고 고객을 위해 가격 경쟁을 하는 시장에서는 발생하지 않는다. 이러한 시장에서는 합병하는 기업이 합병 전 기업이 사용하던 특정 위치나 제품 디자인에 대해 설득력 있는 약속을 쉽게 할 수 있다. 이러한 약속을 할 수 있는 능력은 합병을 수익성 있게 만들기에 충분하다.

경제 이론에서 발견되는 합병의 모호한 효과는 경험적 분석에서도 발견된다. 현재까지 수평적 합병으로 인해 상당한 독점력을 가진 합법적인 카르텔이 형성되었다는 명확한 증거는 거의 없다. 대신, 분명한 것은 이론적 모호성과 경험적 모호성의 결합으로 인해 법률 당국이 합병 제안에 대해 훨씬 덜 공격적이고 훨씬 덜 엄격한 입장을 취하게 되었다는 점이며, 이 점은 다음 장의 정책 논의에서 다시 다룰 것이다.

또한 합병 후 시장을 모델링하고 사례별로 합병을 평가하려는 공식적인 시도가 정책에 점점 더 많이 포함되고 있다. 이 접근 방식의 이론은 이익 극대화를 위한 1차 조건을 기반으로 하며, 이를 관련 가격탄력성 추정치와 함께 사용하여 합병 후 시장에서 합병기업과 경쟁사의 최적 가격 결정을 분석한다. 실제로 이 작업은 어려운 작업이며 일반적으로 필요한 매개변수를 식별하기 위해 여러 가지 단순화 가정을 필요로 한다. 그러나 대안은 거의 없는 것으로 보인다.

요약하자면, 합병의 영향에 관한 일반적인 규칙은 존재하지 않는다. 합병의 역설은 큰 비용 효율성과 관련된 합병만이 수익성이 있다는 것을 시사한다. 기업은 수익성이 없는 기회를 추구하지 않기 때문에 제안된 합병은 비용 효율성이 매우 높아야 하며, 아마도 승인되어야 한다는 것을 시사한다. 반면에 합병기업이 다른 기업보다 먼저 생산수준을 확보할 수 있다면 비용절감 없이도 수익을 낼 수 있으므로 반경쟁적인 합병이 될 수 있다. 반독점당국은 특정 합병에 대한 이의 제기 여부를 결정할 때 경제 이론에만 의존할 수 없다. 이는 고급 계량경제학에 기반한 실증적 연구가 중요한 역할을 할 것으로 예상되는 분야이다.

연습 문제

문제 1, 2, 3, 4에 해당하는 사항은 다음과 같다. 시장은 동일한 제품을 만들어 판매하고 있는 동일한 4개의 기업으로 구성되어 있다. 이 제품의 역수요함수는 $P = 100 - Q$이며, P는 가격, Q는 총생산량이다. 기업 1, 2, 3의 생산비용은 동일하며 $C(q_i) = 20q_i$; (i = 1, 2, 3)이다. q_i는 기업 i의 생산량이다. 이는 이 기업들 각각이 단위당 일정하게 \$20의 변동비용을 발생시키고 있다는 것을 의미한다. 기업 4의 생산비용은 $C(q_4) = (20 + \gamma)q_4$이다. γ는 어떤 상수이다. $\gamma > 0$라면 기업 4는 고비용기업이고, $\gamma < 0$라면 기업 4는 저비용기업이 된다($|\gamma| < 20$). 또한, $Q = \sum_{i=1}^{4} q_i$이다.

1. 각 기업은 쿠르노 경쟁기업으로 자신의 이윤을 극대화하는 생산량을 선택한다고 가정하라.

   a. 각 기업의 쿠르노 균형생산량, 가격, 이윤을 계산하라. 이러한 결과가 "진정한" 균형이 되기 위해서 모든 기업은 적어도 자신들의 변동비용을 커버할 수 있어야 한다. 이렇게 되기 위해서 γ가 만족시켜야 하는 제약조건이 무엇인지 밝혀라.
   b. 기업 1과 2가 합병하고 합병 후에도 다른 기업들은 계속해서 쿠르노 경쟁자로 행동한다고 가정하자. 이 경우 이 합병이 수익성을 갖지 않는다는 것을 확인해 보라.
   C. 이제 기업 1과 4가 합병한다고 하자. 이 경우 γ가 양(+)의 값을 가져 기업 4가 고비용기업인 경우에도 이 합병은 수익성을 가질 수 있는가? 이 합병은 기업 2의 이윤에 어떤 영향을 미치는가?

2. 이제 각 기업이 위의 변동비용과 함께 F의 고정비용을 발생시킨다고 하자. 두 기업이 합병하는 경우에 합병기업의 고정비용은 bF로 표시되고 $1 \leq b \leq 2$이다.

   a. 기업 1과 2가 합병하고 $\gamma > 0$이라고 하자. 이 합병이 수익성을 갖게 하기 위해서 b, F, γ가 어떤 조건을 만족해야 하는가를 보여라. 이러한 조건에 대해 직관적인 설명을 해보라.
   b. 이제 기업 1과 4가 합병한다고 하자. 이 경우에 문제 a에서 한 계산을 다시 해보라.
   c. 문제 a와 문제 b에서 도출된 조건들을 비교해 보라. 이는 비용절감을 가져오는 합병에 대해 어떤 말을 해주고 있는가?

3. 두 기업이 합병한 후, 합병기업이 이 산업의 리더기업으로 행동할 수 있다고 가정하자. 따라서 합병기업은 비합병기업들이 생산량을 결정하기 전에 자신의 생산량을 결정한다. 또한 $\gamma = 0$으로 모든 기업들이 동일한 효율성을 갖는다고 가정하자.

   a. 기업 1과 2의 합병은 이제 수익성을 갖는다는 것을 확인하라. 비합병기업들의 이윤은 어떻게 되며, 이 합병의 결과 시장가격은 어떻게 되는가?
   b. 나머지 두 기업도 합병하여 서로 쿠르노 경쟁자로 행동하는 리더기업 그룹에 속하기를 원한다는 것을 확인해 보라. (힌트: 이 합병으로 2개의 리더기업이 존재하게 되며 추종기업은 하나도 없게 된다.) 이 두 번째 합병은 시장가격에 어떤 영향을 미치는가?

4. 문제 3의 조건이 그대로 유지되면서, 합병을 할 때 합병하는 기업들 각각이 고정비용 f(이러한 비용에는 합병 대상기업을 발견하는 데 드는 비용, 합병조건을 협상하는 데 드는 비용 등이 포함된다)를 발생시킨다고 하자.

   a. 기업 1과 2의 합병이 수익성을 갖지 않게 하기 위해서 f는 얼마나 커야 하는가?
   b. 뒤따르는 기업 3과 4의 합병이 수익성을 갖지 않게 하기 위해서 f는 얼마나 커야 하는가?

5. 이 장에서 두 기업의 합병이 수익성을 갖기 위해서는 다음의 조건이 만족되어야 한다는 것을 보았다.

$$\pi_l^L(N-1, L+1) = \frac{(A-c)^2}{B(L+2)^2(N-L-1)}$$

$$> 2.\pi_f^F(N, L) = 2\frac{(A-c)^2}{B(L+1)^2(N-L+1)^2}$$

A = 100, B = 1, c = 20이라고 가정하라. 또한 $\gamma = 0$이라고 가정하라.

a. 시장에 있는 기업의 수는 10개, 즉 $N = 10$이고, 문제 4에서처럼 두 기업 합병에서 합병기업들이 합병 전에 각각 f의 고정비용을 발생시킨다고 하자. f와 리더그룹의 규모인 L 사이의 관계 $f(L)$를 도출하여 $f > f(L)$인 경우에 두 기업 합병이 수익성을 갖지 않는 경우를 보여라. L = 1, 2, 3, 4, 5에 대해 $f(L)$를 계산하고 함수 $f(L)$이 L에 대해 감소하는 것을 확인하라. 이 결과를 해석해 보라.

b. 이제 시장에 있는 기업의 수가 8개, 즉 $N = 8$이라고 하자. 문제 a에서의 계산을 다시 하여 함수 $f(L)$의 값이 N이 감소할수록 증가함을 보여라. 이 결과를 해석해 보라.

6. Normansville에는 고속도로가 1개 있고 그 길이는 1마일이다. 또한 100명의 주민들은 고속도로변에 균등하게 분포하여 살고 있다. Normansville 도시의 왼쪽 끝에서부터 각각 1/6, 1/2, 5/6마일 간격으로 3개의 비디오 대여 가게가 있다. 비디오 대여가격이 $5를 넘지 않는다면 거주자들은 각자 하루에 하나의 비디오를 빌려간다. 한 소비자가 한 비디오 가게로부터 s마일 떨어진 곳에 위치한다면 그 가게에서 비디오 하나를 빌리는 데 드는 운송비는 0.50s$이다. 두 가게가 가격차별을 하지 않는다고 가정하자.

a. 이들이 가격으로 경쟁한다면 이 세 가게는 비디오 대여료를 얼마로 책정하는가?

b. 이들이 얻는 이윤은 얼마인가?

7. Normansville의 두 비디오 대여 가게가 합병한다고 하자.

a. 이 합병은 가격과 이윤에 어떤 영향을 미치는가?

b. 가게들이 완전가격차별을 한다고 가정하고 문제 a의 답을 다시 구해보라.

8. 이윤극대화를 위한 1차 조건식이 $p = \frac{\varepsilon - 1}{\varepsilon}c$로 표시된다는 것을 기억하라. ε는 기업의 수요의 가격탄력성의 절대값이다. 이 결과가 근사치로서 합병의 결과로 인한 회사가격의 비례변화를 다음과 같이 쓸 수 있음을 보여라: $\frac{\Delta p}{p} = \frac{\Delta h}{h} + \frac{\Delta c}{c}$; 여기서 $h = \frac{\varepsilon - 1}{\varepsilon}$이다. 합병의 결과 경쟁압력이 줄어들고, 따라서 한 기업의 수요의 가격탄력성이 δ의 비율만큼 줄어든다고 하자. 즉 $\varepsilon' = (1 - \delta)\varepsilon$라고 하자. 따라서 다음과 같은 결과를 얻는다는 것을 보여라: $\frac{\Delta h}{h} = \frac{\delta}{(1 - \delta)\varepsilon - 1}$.

9. 문제 8의 결과를 사용하여, 기업의 초기 가격탄력성이 $\varepsilon = 2$이고, 합병으로 기업의 수요의 가격탄력성이 10% 하락하여 $\delta = 0.1$이 되는 경우, 기업의 가격이 상승하지 않기 위해 필요한 비용 효율의 정도(즉, $\frac{\Delta c}{c}$)를 결정하라. 즉, 이 경우 p를 일정하게 유지하려면 비용이 어느 정도의 비율로 감소해야 할까?

참고문헌

Andrade, G., M. Mitchell, and E. Stafford. 2001. "New Evidence and Perspectives on Mergers," *Journal of Economic Perspectives* 15 (Spring),: 103–20.

Ashenfelter, O., D. Ashmore, J. Baker, S. Gleason, and D. Hosken. 2004. "Econometric Methods in *Staples*," in Princeton Law & Public Affairs Paper No. 04-007.

Baker, J. 2004. "Efficiencies and High Concentration: Heinz Proposes to Acquire Beech-Nut (2001)" in J. Kwoka and L. White, eds. *The Antitrust Revolution*, Oxford: Oxford University Press, 150–69.

Brito, D. 2003. "Preemptive Mergers Under Spatial Competition," Working Paper, FCT, Universidade Nova de Lisboa.

Cabral, L., 2003. "Horizontal Mergers with Free Entry: Why Cost Efficiencies May Be a Weak Defense and Assets Sales a Poor Remedy," *International Journal of Industrial Organization* 21 (May): 607–23.

Daughety, A. F. 1990. "Beneficial Concentration," *American Economic Review* 80:1,231–7.

Deneckere, R. and Davidson, C. 1985. "Incentives to Form Coalitions with Bertrand Competition", *Rand Journal of Economics* 16 (Winter): 473–486.

Deaton, A., and J. Mulbauer, 1980. "An Almost Ideal Demand System," *American Economic Review* 70 (June): 312–26.

Epstein, R., and D. Rubinfeld, 2002. "Merger Simulation: A Simplified Approach with New Applications," *Antitrust Law Journal* 69: 883–920.

Farrell, J., and C. S. Shapiro, 1990. "Horizontal Mergers:An Equilibrium Analysis," *American Economic Review* 80:107–26.

Fauli-Oller, R. 200. "Takeover Waves." *Journal of Economics & Management Strategy* 9 (Summer), 189–210.

Gandhi, A., L. Froeb, S. Tschantz, and G. Werden. 2008. "Post-Merger Product Repositioning." *Journal of Industrial Economics* 41 (March), 49–67.

Greenhut, J., G. Norman, and M. L. Greenhut. 1991. "Aspects of Airline Deregulation," *International Journal of Transport Economics* 18:3–30.

Hotelling, H. 1929. "Stability in Competition," *Economic Journal* 39 (January): 31–47.

Judd, K., 1985. "Credible Spatial Preemption," *Rand Journal of Economics* 16:153–66.

Lichtenberg, F., and D. Siegel. 1992. "Takeovers and Corporate Overhead," in F. Lichtenberg, ed., *Corporate Takeovers and Productivity*, Cambridge: MIT Press.

Loughran, T., and A. Vijh. 1997. "Do Long-Term Shareholders Benefit from Corporate Acquisitions?" *Journal of Finance* 52: 1765–90.

Maskimovic, V., and G. Phillips. 2001. "The Market for Corporate Assets: Who Engages in Mergers and Assets Sales and Are There Efficiency Gains?" *Journal of Finance* 56 (December): 2019–65.

Mueller, D. C., 1982. "A Theory of ConglomerateMergers," *Quarterly Journal of Economics* 82: 643–59.

Nilssen, T., and L. Sorgard. 1998. "Sequential Horizontal Mergers." *European Economic Review*. 42 (November), 1683–1702.

Nocke, V., and M. Whinston. 2013. "Merger Policy with Merger Choice." *American Economic Review* 103 (April), 1006–1033.

Norman, G., L. Pepall, and D. Richards. 2005. "Product-Differentiation, Cost-Reducing Mergers, and Consumer Welfare," *Canadian Journal of Economics* 38 (November)

Norman, G., and J. F. Thisse. 1996. "Product Variety and Welfare under Soft and Tough Pricing Regimes," *Economic Journal* 106:76–91.

Perry, M., and R. Porter. 1985. "Oligopoly and the Incentive for Horizontal Merger," *American Economic Review* 75:219–27.

Posada, P., and O.D. Straume. 2004. "Merger, Partial Collusions and Relocation," *Journal of Economics* 83: 243–265.

Ravenscraft, D. J., and F. M. Scherer. 1989. "The Profitability of Mergers," *International Journal of Industrial Organization* Special Issue (March):101–16.

Reitzes, J. D., and D. T. Levy. 1995. "Price Discrimination and Mergers," *Canadian Journal of Economics* 28:427–36.

Salant, S., S. Switzer, and R. Reynolds. 1983. "Losses from Horizontal Merger: The Effects of an Exogenous Change in Industry Structure on Cournot–Nash Equilibrium," *Quarterly Journal of Economics* 98:185–213.

Salinger, M., 2005. "Four Questions about Horizontal Merger Enforcement," *Remarks to ABA Economic Committee of Antitrust Section, 14* September.

Salop, S. C., 1979. "Monopolistic Competition with Outside Goods," *Bell Journal of Economics* 10 (Spring):141–56.

Salvo, A. 2010. "Sequential Cross-Border Mergers in Models of Oligopoly." *Economica* 77 (April), 352–83.

Schmalensee, R. 1978. "Entry Deterrence in the Ready-to-Eat Breakfast Cereal Industry," *Bell Journal of Economics* 9 (Autumn): 305–27.

Slade, M. 2007. "Merger Simulations of Unilateral Effects: What Can We Learn from the UK Brewing Industry?" forthcoming in B. Lyons, Ed., *Cases in European Competition Policy: The Economic Analysis*, Cambridge: Cambridge University Press.

Werden, G., and L. Froeb. 1994. "The Effects of Mergers in Differentiated Products Industries: Logit Demand and Merger Policy," *Journal of Law, Economics, and Organizations* 10 (October): 407–26.

Werden, G., and L. Froeb. 2002. "The Antitrust Logit Model for Predicting Unilateral Competitive Effects," *Antitrust Law Journal 70:* 257–60.

부록

STACKELBERG LEADER–FOLLOWER MODEL WITH SEVERAL LEADERS

Instead of assuming N firms with one leader and $N - 1$ followers, let us assume N firms with L leaders and $N - L = F$ followers. Equation (15.21) still describes the best response of the typical follower firm. Because there are $N - L$ such firms, a little algebra quickly reveals that total follower output QF is then:

$$Q^F = (N-L)q_f^* = \frac{(N-L)(A-c)}{B(N-L+1)} - \frac{(N-L)Q^L}{(N-L+1)} \qquad (15A.1)$$

Denote the output of any one leader firm as q^l and that of all the leaders other than firm l, Q_{L-l}. The residual demand function for firm l is then:

$$P = [A - B(Q^F + Q_{L-l})] - Bq_l \qquad (15.A2)$$

Substituting for total follower output Q^F from equation (15A.1) and re-arranging yields the typical leader's demand:

$$P = \frac{A + (N-L)c - BQ_{L-l}}{(N-L+1)} - \frac{B}{(N-L+1)}q_l \qquad (15.A3)$$

Hence, the associated marginal revenue function is

$$MR_l = \frac{A + (N-L)c - BQ_{L-l}}{(N-L+1)} - \frac{2B}{(N-L+1)}q_l \qquad (15.A4)$$

Equating this marginal revenue with marginal cost gives the leader firm l's best output response to the output produced by all the other leader firms, Q_{L-l}:

$$MR_l = \frac{A + (N-L)c - BQ_{L-l}}{(N-L+1)} - \frac{2B}{(N-L+1)}q_l = c \Rightarrow q_l^* = \frac{A-c}{2B} - \frac{Q_{L-l}}{2} \qquad (15.A5)$$

By symmetry, all leader firms produce the same output in equilibrium. Hence, $Q_{L-l}^* = (L-1)q_l^*$ substituted into equation (15A.5) then yields the stage-one output chosen by each merged leader firm:

$$q_l^* = \frac{A-c}{2B} - \frac{(L-1)}{2}q_l^* \Rightarrow q_l^* = \frac{A \blacksquare c}{B(L+1)} \text{ and } Q^L = Lq_l^* = \frac{L(A-c)}{B(L+1)} \qquad (15.A6)$$

Substituting Q^L into equation (15A.1), total follower output Q^F and individual output for each follower $q_f^* = Q^F/(N-L)$ are:

$$q_f^* = \frac{A-c}{B(L+1)(N-L+1)} \text{ and } Q^F = \frac{(N-L)(A-c)}{B(L+1)(N-L+1)} \qquad (15A.7)$$

Total market output Q and the equilibrium price P:

$$Q^T = Q^L + Q^F = \frac{(N + NL - L^2)(A - c)}{B(L + 1)(N - L + 1)} \text{ and } P = \frac{A + (N + NL - L^2)c}{(L + 1)(N - L + 1)} \quad (15A.8)$$

The price-cost margin and profit for the typical leader firm and typical follower firm are:

$$P - c = \frac{A - c}{(L + 1)(N - L + 1)}; \pi^L(N, L) = \frac{(A - c)^2}{B(L + 1)^2(N - L + 1)}; \text{ and}$$

$$\pi^F(N, L) = \frac{(A - c)^2}{B(L + 1)^2(N - L + 1)^2}. \quad (15A.9)$$

PROOF THAT AN ADDITIONAL MERGER IS PROFITABLE IN THE LEADER–FOLLOWER MODEL

From (15.33), the necessary condition for two firms to merge and join the leader group is

$$(L + 1)^2(N - L + 1)^2 - 2(L + 2)^2(N - L - 1) > 0 \quad (15A.10)$$

Define $x = L + 1$ and $y = N - L - 1$. Then we need to show that

$$x^2(y + 2)^2 \geq 2(x + 1)^2 y$$

Note that $d(y + 4 + 4/y)/dy = 1 - 4/y^2$ is negative for $0 < y < 2$. For $y > 2$ we have

$$Y + 4 + 4/y \geq 2 + 4 + 4/2 = 8$$

with equality only for $y = 2$. For $x \geq 1$ this inequality can be rewritten

$$(y + 2)^2 \geq 8 \geq 2(1 + 1/x)^2 y = 2((x + 1)/x)^2 y$$

giving $x^2(y + 2)2 \geq 2(x + 1)^2 y$ as required.

BERTRAND COMPETITION IN A SIMPLE LINEAR DEMAND SYSTEM

Start with the inverse demand system of equations (15.35):

$$p_1 = A - Bq_1 - s(q_2 + q_3)$$

$$p_2 = A - Bq_2 - s(q_1 + q_3) \quad (s \in [0, B))$$

$$p_3 = A - Bq_3 - s(q_1 + q_2) \quad (15A.11)$$

Inverting and manipulating this demand system yields:

$$q_1 = \frac{A(B - s) - (B + s)p_1 + s(p_2 + p_3)}{(B - s)(B + 2s)}$$

$$q_2 = \frac{A(B - s) - (B + s)p_2 + s(p_1 + p_3)}{(B - s)(B + 2s)} \quad (s \in [0, B))$$

$$q_3 = \frac{A(B - s) - (B + s)p_3 + s(p_1 + p_2)}{(B - s)(B + 2s)} \quad (15A.12)$$

The Pre-Merger Case

We begin by identifying the equilibrium when each firm acts independently. Profit to firm

1 is

$$\pi_1 = (p_1 - c)q_1 = (p_1 - c)\left[\frac{A\,(B - s) - (B + s)p_1 + s(p_2 + p_3)}{(B - s)(B + 2s)}\right] \quad (15A.13)$$

Differentiating with respect to p1 and simplifying gives the first-order condition for firm 1:

$$\frac{\partial \pi_1}{\partial p_1} = \frac{A(B - s) - 2(B + s)p_1 + s(p_2 + p_3) + c(B + s)}{(B - s)(B + 2s)} = 0 \quad (15A.14)$$

Defines firm 1's best response function. Imposing a symmetric $p^*{}_1 = p^*{}_2 = p^*{}_3 = p^*_{nm}$, substitution into (15A.14) gives: $\frac{A(B - s) - 2Bp^*_{nm} + c(B + s)}{(B - s)(B + 2s)} = 0$. Implying equilibrium prices:

$$p^*_{nm} = \frac{A(B - s) + c(B + s)}{2B} \quad (15A.15)$$

Equilibrium output for each firm is therefore $q^*_{nm} = \frac{(A - c)(B + s)}{2B(B + 2s))}$ which, in turn, (15A.13) implies that no-merger profit for each firm of:

$$\pi^*_{nm} = \frac{(A - c)^2(B - s)(B + s)}{4B^2(B + 2s)} \quad (15A.16)$$

Merger of Firms 1 and 2

This post-merger profit-maximizing first-order conditions are

$$\begin{aligned}
\frac{\partial(\pi_1 + \pi_2)}{\partial p_1} &= \frac{A(B - s) - 2(B + s)p_1 + 2sp_2 + sp_3 + cB}{(B - s)(B + 2s)} = 0 \\
\frac{\partial(\pi_1 + \pi_2)}{\partial p_2} &= \frac{A(B - s) - 2(B + s)p_2 + 2sp_3 + sp_3 + cB}{(B - s)(B + 2s)} = 0 \\
\frac{\partial \pi_3}{\partial p_3} &= \frac{A(B - s) - 2(B + s)p_3 + s(p_1 + p_2) + c(B + s)}{(B - s)(B + 2s)} = 0
\end{aligned} \quad (15A.17)$$

Solving these for the equilibrium prices gives $p^m_1 = p^m_2 = \frac{A(2B + 3s)(B - s) + c(2B + s)(B + s)}{2(2B^2 + 2Bs - s^2)}$ for the merged firm and $p^{nm}_3 = \frac{A(B + s)(B - s) + cB(B + 2s)}{(2B^2 + 2Bs - s^2)}$ for the nonmerged firm. Hence profits are:

$$\pi^m_1 = \pi^m_2 = \frac{B(A - c)^2(B - s)(2B + 3s)^2}{4(B + 2s)(2B^2 + 2Bs - s^2)^2};\ \pi^m_3 = \frac{(A - c)^2(B - s)(B + s)^3}{(B + 2s)(2B^2 + 2Bs - s^2)^2} \quad (15A.18)$$

Comparison of the Pre-Merger and Post-Merger Cases

Define $\sigma = s/B$, where σ lies in the interval (0, 1) since we have that $0 \leq s < B$:

$$\pi_{nm}^{*} = \frac{(A-c)^2(B-s)(B+s)}{4B^2(B+2s)} = \frac{(A-c)^2B^2(1-\sigma)(1+\sigma)}{4B^3(1+2\sigma)} = \frac{(A-c)^2(1-\sigma^2)}{4B(1+2\sigma)} \tag{15A.19}$$

Profit of each division of the merged firm is:

$$\pi_1^m = \pi_2^m = \frac{B(A-c)^2(B-s)(2B+3s)^2}{4(B+2s)(2B^2+2Bs-s^2)^2}$$
$$= \frac{B^4(A-c)^2(1-\sigma)(2+3\sigma)^2}{4B^5(1+2\sigma)(2+2\sigma-\sigma^2)^2} = \frac{(A-c)^2(1-\sigma)(2+3\sigma)^2}{4B(1+2\sigma)(2+2\sigma-\sigma^2)^2} \tag{15A.20}$$

Without loss of generality, normalize $(A - c)^2/B$ in unity. Profits are then a function solely of σ. A plot of (15A.19) and (15A.20) in the interval $\sigma \in [0,1)$ confirms that the merger raises profits for all firms.

EQUILIBRIUM PRICES IN THE SPATIAL MODEL WITHOUT A MERGER

Consider firm 3 as a representative firm. Demand for this firm from its left is Nr_{23}, where r_{23} is the marginal consumer given by

$$m_3 + tr_{23} = m_2 + t\left(\frac{L}{5} = r_{23}\right) \Rightarrow r_{23} = \frac{m_2 - m_3}{2t} + \frac{L}{10} \tag{15A.21}$$

Similarly, demand from consumers to the right of firm 3 is Nr_{34}, where r_{34} is

$$r_{34} = \frac{m_4 - m_3}{2t} + \frac{L}{10} \tag{15A.22}$$

Firm 3's profit is, therefore,

$$\pi_3 = Nm_3(r_{23} + r_{34}) = Nm_3\left(\frac{m_2 - m_3}{2t} + \frac{m_4 - m_3}{2t} + \frac{L}{5}\right) \tag{15A.23}$$

Differentiating this with respect to m3 to give the first-order condition for firm 3:

$$\frac{\partial \pi_3}{\partial m_3} = N\left(\frac{m_2 + m_4}{2t} - \frac{2m_3}{t} + \frac{L}{5}\right) = 0 \tag{15A.24}$$

Since firms are identical, equilibrium requires $m_3 = m_2 = m_4$. Hence, the Nash equilibrium prices is

$$m^* = tL/5 \tag{15A.25}$$

EQUILIBRIUM PRICES IN THE SPATIAL MODEL AFTER FIRMS 2 AND 3 MERGE

Conveniently changing the firms' "labels" in equation (15A.23) we have:

$$
\begin{aligned}
\pi_1 &= Nm_1\left(\frac{m_5 - m_1}{2t} + \frac{m_2 - m_1}{2t} + \frac{L}{5}\right) \\
\pi_2 &= Nm_2\left(\frac{m_1 - m_2}{2t} + \frac{m_3 - m_2}{2t} + \frac{L}{5}\right) \\
\pi_3 &= Nm_3\left(\frac{m_2 - m_3}{2t} + \frac{m_4 - m_3}{2t} + \frac{L}{5}\right) \\
\pi_4 &= Nm_4\left(\frac{m_3 - m_4}{2t} + \frac{m_5 - m_4}{2t} + \frac{L}{5}\right) \\
\pi_5 &= Nm_5\left(\frac{m_4 - m_5}{2t} + \frac{m_1 - m_5}{2t} + \frac{L}{5}\right)
\end{aligned}
\tag{15A.26}
$$

The merged firm chooses m2 and m3 to maximize aggregate profit $\pi_2 + \pi_3$. Non-merged firms choose profit-maximizing prices as before. The first-order conditions are:

$$
\begin{aligned}
\frac{\partial \pi_1}{\partial m_1} &= N\left(\frac{m_5 + m_2}{2t} - \frac{2m_1}{t} + \frac{L}{5}\right) = 0 \\
\frac{\partial(\pi_2 + \pi_3)}{\partial m_2} &= N\left(\frac{m_1 + m_3}{2t} - \frac{2m_2}{t} + \frac{L}{5}\right) + N\frac{m_3}{2t} = 0 \\
\frac{\partial(\pi_2 + \pi_3)}{\partial m_3} &= N\left(\frac{m_2 + m_4}{2t} - \frac{2m_3}{t} + \frac{L}{5}\right) + N\frac{m_2}{2t} = 0 \\
\frac{\partial \pi_4}{\partial m_4} &= N\left(\frac{m_3 + m_5}{2t} - \frac{2m_4}{t} + \frac{L}{5}\right) = 0 \\
\frac{\partial \pi_5}{\partial m_5} &= N\left(\frac{m_4 + m_1}{2t} - \frac{2m_5}{t} + \frac{L}{5}\right) = 0
\end{aligned}
\tag{15A.27}
$$

Solving these equations simultaneously gives the prices in the text. As noted, we assume that no firm i ever finds it profitable to price so low that it actually competes with firms beyond $i - 1$ and $i + 1$.

제 16 장

수직합병과 복합합병

Vertical and Conglomerate Mergers

차례

16.1 ▸ 경쟁촉진적 수직합병
16.2 ▸ 수직합병의 반경쟁적 효과
16.3 ▸ 수직통합의 공식적 과점모형
16.4 ▸ 재평가와 적용: GE와 Honeywell의 합병
16.5 ▸ 복합합병
16.6 ▸ 합병과 기업이론
16.7 ▸ 실증적 적용: 레미콘 산업에서의 수직통합
요약
연습 문제

2000년 가을, General Electric (GE)과 Honeywell International은 GE가 Honeywell를 매입하여 서로 합병한다고 발표했다. GE는 연간 매출액이 $1,000억가 넘는 매우 잘 알려진 기업이다. GE의 사업영역은 조명, 가전제품, 방송국(NBC를 소유하고 있음), 금융서비스에 이르기까지 다양하다. 또한 GE는 상용비행기용 제트엔진 시장에서 RollsRoyce, Pratt-Whitney와 경쟁하고 있다. Honeywell은 처음에는 온도와 환경 조절장치를 생산하던 리더기업이었지만 시간이 감에 따라 전기조명, 환기장치, 비행기 브레이크, 항공기 모터 시동기 등을 생산하는 주요 항공기계산업 기업으로 성장했다. 미국 정부는 이 합병을 승인하였다. 그러나 2001년 7월 유럽위원회 *European Commission* 는 경쟁위원회 의장인 Mario Monti의 주장을 받아들여 이 합병을 승인하지 않았다.

GE-Honeywell의 합병제출안은 보완적인 제품 간의 결혼이었다. GE가 항공기 엔진을 더 많이 팔수록 더 많은 엔진 시동기와 기타 관련 항공기 부품을 Honeywell이 팔 수 있었다. GE와 Honeywell의 합병은 수직합병 *vertical merger* 이다. 수직합병은 도매기업과 소매기업의 합병과 같이 생산사슬 *production chain* 에서 서로 다른 단계에 있는 기업들 간에 이루어진다. 그러나 이러한 상류와 하류회사 간의 관계는 질적으로 Honeywell과 GE, 컴퓨터 하드웨어와 소프트웨어, 볼트와 너트, 놋쇠를 만드는 데 같이 사용되는 아연과 구리 등의 관계와 동일한 것이다. 이 모든 경우에 있어서 두 개 이상의 제품이 서로 혼합되어 최종 제품과 서비스를 만들어내는 것이다. 상류와 하류의 관계가 기업들 간에 존재하는 많은 종류의 보완적 관계 중 하나일 뿐이므로 수직통합이라는 용어는 좀 더 일반적으로 서로 보완적인 제품을 만드는 두 기업 간의 합병을 의미하는 것으로 해석되고 있다.

8장에서 독점력을 갖는 기업이 보완재를 각자 생산하는 것은 두 기업의 공동이윤을 감소시키며 또한 기업과 소비자에게 효율성의 손실을 초래한다는 것을 보았다. 이러한 결과는 직관적으로 이해할 수 있는 것이다. 각 기업의 가격결정은 상대방 기업에게 외부효과 *externality*를 발

생시킨다. 컴퓨터 하드웨어의 가격상승은 PC의 수요를 감소시키지만 또한 운영체제나 기타 컴퓨터 프로그램의 수요를 감소시킨다. 그러나 컴퓨터 하드웨어 제조회사는 첫 번째 효과에 대해서만 고려하지, 소프트웨어에 대한 두 번째 효과에 대해서는 고려하지 않는다. 이는 반대로도 마찬가지이다. 소프트웨어 제작회사들은 자신의 가격책정이 컴퓨터 하드웨어의 수요에 미치는 영향에 대해 고려하지 않는다. 비협조적 내쉬균형에서 이 두 재화의 가격은 높아진다. 하드웨어 기업이 가격을 인하하면 이는 소프트웨어 기업에게 추가적인 수요와 추가적인 이윤을 발생시킨다. 그러나 하드웨어 기업은 이 추가적인 이윤을 전혀 받지 않는다. 따라서 가격을 인하하려는 인센티브는 약하다. 이는 두 기업이 협조하여 가격을 낮추면 두 기업 모두 전보다 나아질 수 있다는 것을 말해준다. 소비자들도 낮아진 가격과 증가한 생산량으로부터 이득을 얻는다.

협조를 통한 이윤과 효율성을 취할 수 있는 한 가지 방법은 합병하는 것이다. 합병으로 인해 의사결정 주체가 단일화되고, 따라서 외부효과가 내부화될 수 있다. 하드웨어와 소프트웨어를 같이 갖는 기업은 각각의 이윤의 합을 극대화하기 위해서 서로 보완적인 두 재화의 가격을 낮추어 자신의 총이윤을 극대화할 것이다. 독점력을 갖는 기업들이 서로 보완적인 제품을 판매하고 있을 때에 이들은 항상 합병에 대한 강한 인센티브를 갖거나, 보완적인 제품의 생산량과 가격을 협조적으로 책정하게 하는 어떤 방법을 모색하려는 강한 인센티브를 갖는다.

수직적 생산사슬에서 기업들이 서로 다른 단계에 있다는 사실에 보완성이 어떤 영향을 주는 경우에 기업들 간의 협조를 어떻게 보아야 하는가 하는 문제가 발생한다. 수직합병이 경쟁과 소비자 후생에 어떤 영향을 주는가를 알아보는 데 있어서 이러한 점은 중요한 것이다. 1980년대에 와서 수직합병이 효율성을 증가시킬 수 있다는 것에 대한 이해는 미국 정부의 수직합병과 관련된 반독점정책에 커다란 변화를 가져왔다. 1980년 이전에 수직통합은 종종 반경쟁적인 것으로 간주되었다. 그 이유는 수직통합이 봉쇄*foreclosure*를 유발할 수 있다는 것이었다. 즉, 합병하는 기업들 중 상류기업이었던 기업이 합병 후에 다른 하류기업들에게 자신의 제품을 공급하지 않음으로써 이들을 시장에서 쫓아내거나, 그들에게 불리하게 작용하는 다른 기업들의 진입을 봉쇄하는 장벽을 만들 것이라는 것이다.

경제학자들, 특히 시카고 학파 경제학자들은 수직합병에 대한 이러한 부정적인 견해에 대해 반대한다. 이들은 수직합병이 보완적인 효율성을 달성할 수 있는 방법이 될 수 있으며, "수직통합이 경쟁을 촉진할 가능성이 아주 높고, 아니면 적어도 경쟁에는 영향을 미치지 않는다"고 주장했다(Riordan, 1998, p. 1232). 1980년대에 와서 시카고 학파 경제학자들의 접근방법이 미국 법원의 지지를 받기 시작했으며, 이에 따라 반독점기관들은 수직합병에 대해 점점 더 호의적인 입장을 취하기 시작했다. 그러나 1990년대 중반에 와서 시계추는 다시 한번 반대 방향으로 움직였다. 후기-시카고*post-Chicago* 접근방법이 등장하면서 게임이론적 방법을 사용하여 새롭고 논리적 일관성을 갖는 수직합병 모형을 구축하게 되었다. 이러한 모형들은 수직합병이 소비자들에게 피해를 가져다줄 수 있다는 것을 보여주고 있다. 이러한 모형들의 개발로 인해 여러 수직적 결합들에 대해 좀 더 자세한 검토가 이루어지고 있다.

이 장은 수직합병이 경쟁을 촉진시키고 시장의 비효율성을 제거해준다는 입장에서 수직합병에 대한 분석을 시작한다. 2절에서는 수직합병이 최종 제품시장의 경쟁에는 좋지 않은 영향을 줄 수 있다는 것을 보여주는 최근의 분석들에 대해 살펴본다. 3절에서는 이러한 현상을 예시해주는 간단한 모형에 대해 살펴본다.

4절에서는 마지막 종류의 합병인 복합합병에 대해 살펴본다. 복합합병 *conglomerate merger* 은 확실하게 대체적이거나 보완적인 관계를 갖고 있지 않은 기업들 간의 결합을 말한다. 복합합병의 예로는 Gillette가 Duracell Batteries를 매입한 경우, Sony가 Columbia Pictures를 매입한 경우, 고급 승용차와 트럭 제조회사인 Daimler-Benz가 1986년에 행한 여러 기업들의 인수를 통해 우주산업 관련 제품에서 일반 소비재에 이르는 다양한 제품을 생산하는, 독일에서 가장 큰 기업이 된 경우 등이 있다. 마지막으로, 5절에서는 여러 형태의 합병들에 대한 미국 정부의 반독점정책에 대해 전반적이고 간략한 설명을 하였다.

16.1 경쟁촉진적 수직합병

기업들이 생산흐름상에서 서로 다른 단계에 있을 때 최종 재화를 소비하는 소비자들로부터 가장 멀리 떨어진 기업들에게는 상류 *upstream* 라는 수식어를, 소비자들에게 가장 가까운 기업에게는 하류 *downstream* 라는 수식어를 붙이는 것이 관례이다. 영화제작회사와 영화관이 하나의 예이다. 이 경우 영화회사는 상류기업이고 영화를 상영하는 영화관은 하류기업이다. 제조회사와 소매회사도 이러한 상류-하류 관계를 갖고 있다. 이러한 관계를 보완성 *complementarity* 이라는 렌즈를 통해 살펴보는 것은 유용하다. 수직적 사슬에 있는 각 기업은 사슬상에 있는 다른 기업들에게 핵심적 서비스를 공급한다. 두 기업 간의 수직적 관계는 각 기업이 독점력을 갖고 있는 경우에 이 두 기업의 의사결정을 조절하는 어떤 장치가 없는 경우에는 경제적 효율성을 감소시킨다. 수직적으로 관련된 기업들에서 이러한 문제는 *이중마진* *double marginalization* 문제로 불린다. 이제 이 문제에 대해 살펴보기로 하자.

하나의 상류공급자(제조회사)가 하나의 하류기업(소매회사)에게 자신의 한 제품을 판매한다고 하자. 제조회사는 일정한 단위비용 c로 생산하며 소매회사에게 도매가격 r에 이 제품을 판매한다. 소매회사는 이 제품을 다시 소비자에게 시장청산가격 *market-clearing price* P로 시장에서 판다. 단순화하기 위해, 소매회사는 소매판매와 관련된 비용을 발생시키지 않는다고 가정한다. 이 재화의 소비자 수요함수는 지금까지처럼 직선의 역수요함수 $P = A - BQ$이다. 또한 $c < A$이다.

소매회사가 제조회사로부터 Q 단위를 도매가격 r에 구매하고 이 Q 단위를 다시 소비자에게 $P = A - BQ$에 판매하므로, 소매회사의 이윤은 다음과 같아진다.

$$\Pi^D(Q, r) = (P - r)Q = (A - BQ)Q - rQ \tag{16.1}$$

소매회사는 한계수익 $MR = A - 2BQ$를 한계비용 r과 일치시킴으로써 자신의 이윤을 극대화한다. 이들을 일치시키면 하류기업의 최적생산량은 다음과 같아진다.

$$Q^D = (A - r)/2B \tag{16.2}$$

이를 수요함수에 대입하면 시장청산 소매가격 $P^D = (A + r)/2$를 얻는다. 식 (16.1)에서 소매회사의 이윤은 $\Pi^D = (A - r)^2/4B$이 된다. 그림 16.1은 이를 보여주고 있다.

제조회사의 경우는 어떤가? 어떤 도매가격을 책정해야 하는가? 식 (16.2)에서 도매가격이 제조회사가 소매회사에게 판매할 수 있는 생산량을 결정해준다는 것을 알 수 있다. 도매가격 r에서 소매회사는 $Q^D = (A - r)/2B$ 단위를 판매하는 것으로 결정한다. 소매회사는 이 수량을

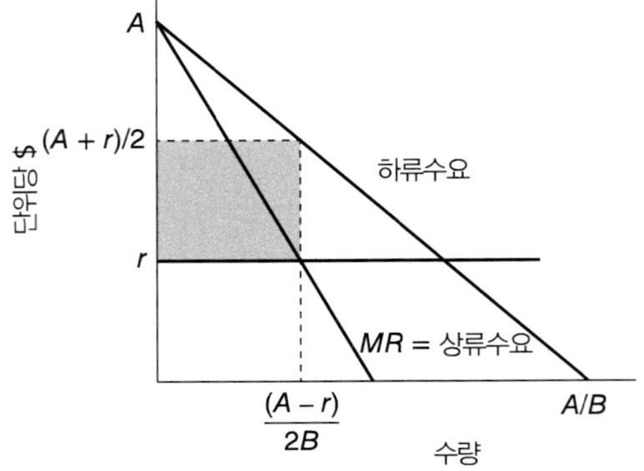

그림 16.1 제조회사의 도매가격 r의 함수로서의 독립적인 소매회사의 최적가격책정

도매가격 r에서 소매회사는 소매가격을 $P = (A + r)/2$로 책정하여 자신의 이윤을 극대화한다. 음영으로 표시한 부분은 총소매이윤을 나타낸다.

제조회사로부터 구매해야 한다. 달리 말해, $Q = (A - r)/2B$는 상류의 제조회사가 직면하는 자신의 수요곡선이다. 이는 제조회사가 책정하는 도매가격 r과 소매회사에 의해 수요되는 제조회사 제품의 수량 간의 관계를 말해준다. 이는 *도매가격 r에서 상류 제조회사가 직면하는 역수요함수가 $r = A - 2BQ$라는 것을 의미하며, 이는 소매회사가 직면하는 자신의 한계수익 함수이기도 하다.*[1]

16.1 ▸ 실습문제

금팔찌를 판매하는 독점 소매기업이 직면하는 역수요곡선이 $P = 3{,}000 - Q/2$이다. 소매회사는 금팔찌를 제조회사가 책정한 도매가격 r에 매입한다. 제조회사가 직면하는 역수요곡선이 $r = 3{,}000 - Q$임을 보이시오. 이제 소매회사가 추가적인 한계비용(노동비용 등) c^D를 발생시킨다고 하자. 이 경우 제조회사가 직면하는 역수요곡선이 $r = (3{,}000 - c^D) - Q$임을 보이시오.

이제 제조회사가 자신의 이윤을 극대화하기 위해 책정해야 하는 가격에 대해 살펴보자. 제조회사는 매우 간단하게 한계비용을 한계수익과 일치시킨다. 제조회사가 직면하는 역수요곡선은 $r = A - 2BQ$이다. 따라서 제조회사의 한계수익 곡선은 $MR = A - 4BQ$이다. 이를 한계비용 c와 일치시키면, 이윤극대화 생산량과 도매가격은 각각 다음과 같다.

$$Q^U = \frac{A - c}{4B} \text{ and } r^U = \frac{A + c}{2} \tag{16.3}$$

이는 그림 16.2가 보여주고 있다. 상류 제조회사가 가격을 $r^U = (A + c)/2$에 책정할 때, 하류 소매회사는 가격을 $P^D = (A + r^U)/2 = (3A + c)/4$로 책정한다. 소매회사는 $Q^D = (A - c)/4B$ 단위를 판매한다. 이는 상류 제조회사가 자신의 가격을 $r^U = (A + c)/2$로 책정했을 때

1 만약 소매회사가 추가적인 한계비용 c^D를 발생시킨다면 제조회사가 직면하는 역수요함수는 $(A - r - c^D) - 2BQ$가 된다. 실습문제 16.1 참조.

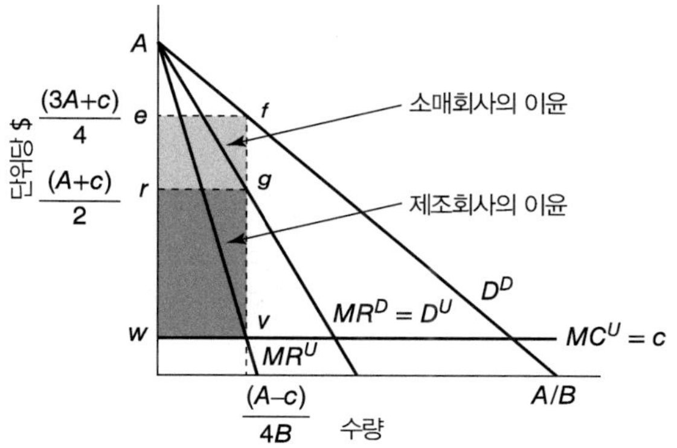

그림 16.2 수직통합을 하지 않을 경우의 상류기업과 하류기업의 이윤극대화

소매회사의 한계수익 곡선 MR^B는 제조회사의 수요곡선 D^U이다. 제조회사가 자신의 최적 도매가격을 $r = (A + c)/2$로 한계비용 c보다 높게 책정한 다음, 소매회사가 자신의 소매가격을 $P = (3A + c)/4$로 책정하여 가격을 더 올릴 때 이중마진이 발생한다. 소매회사의 이윤은 면적 *refg*이고, 제조회사의 이윤은 면적 *wrgv*이다.

예상한 판매량이다. 제조회사의 이윤은 그림 16.2에서 짙은 음영색으로 표시된 면적 *wrgv*로 $\Pi^U = (A - c)^2/8B$이다. 소매회사의 이윤은 그림 16.2에서 옅은 음영색으로 표시된 면적 *refg*로 $\Pi^D = (A - c)^2/16B$이다. 이 두 기업의 결합이윤은 당연히 이 두 면적의 합으로, $3(A - c)^2/16B$이다.

이제 이 두 기업이 합병한다고 하자. 이제 제조회사는 결합된 회사의 상류 부서로 하류 소매부서에 자신의 제품을 판매한다. 제품은 여전히 일정한 한계비용 c로 생산된다. 합병은 결합기업을 단순한 독점기업으로 변화시키며 이 독점기업의 목적은 소매가격 P를 적절하게 책정하여 자신의 독점이윤을 극대화하는 것이다. 이윤은 총수입 PQ에서 총비용 cQ를 빼준 것으로, $\Pi^I = (A - BQ)Q - cQ$이다.

결합기업의 한계수익 곡선은 결합되지 않은 소매기업의 한계수익 곡선 $MR^I = A - 2BQ$이다. 이를 한계비용 c와 일치시키면 결합기업의 이윤극대화 생산량, $Q^I = (A - c)/2B$를 얻게 된다. 이를 역수요곡선에 대입하면 소비자들이 지불하는 소매가격, $P^I = (A + c)/2$를 얻게 된다.

제조회사와 소매회사의 합병은 소비자들이 더 낮은 가격을 지불하는 결과를 가져온다. 그에 따라 합병기업은 합병하기 전에 각 기업이 판매하던 양의 합보다 더 많은 양을 판매하게 된다. 그렇다면 이 합병은 수익성을 갖는가? 그렇다! 결합기업이 얻는 이윤은 $\Pi^I = (A - c)^2/4B$이다. 이는 앞에서 살펴본 제조회사와 소매회사가 합병하기 전에 얻었던 총이윤 $3(A - c)^2/16B$보다 33.3% 더 큰 이윤이다. 사회적 측면에서 볼 때 *두 독점기업을 결합하는 것은 모두에게 혜택을 가져다준다.* 기업의 총이윤은 증가하며, 더 낮은 가격에 더 많은 양이 판매되므로 소비자잉여도 증가한다.

그림 16.3은 수평합병이 가져다주는 이러한 이득을 보여준다. 합병 전 소매회사의 이윤인 면적 *refg*는 소비자잉여로 소비자들에게 분배된다. 또한 소비자들은 면적 *fgi*도 얻게 된다. 제조회사의 이윤은 면적 *wrgv*에서 면적 *wrib*로 두 배로 증가하고, 이는 소매회사의 이윤 상실을 상쇄하고도 남는 것이다.

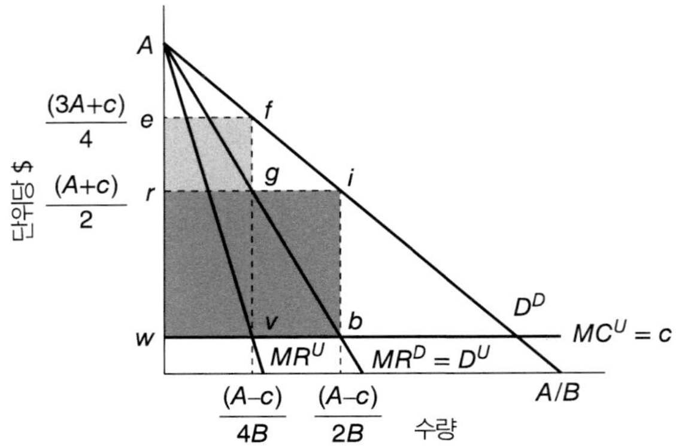

그림 16.3 **수직통합에 의한 상류회사와 하류회사의 이윤극대화**

제조회사와 소매회사의 결합은 소비자들이 지불해야 하는 소매가격을 $P = (A + c)/2$로 책정한다. 결합되지 않은 소매회사의 이윤이었던 면적 *refg*는 이제 소비자잉여의 일부가 된다. 그러나 판매량 증가로 인해 지역 *gjbv*의 이익 증가를 상쇄하는 것 이상의 이익이 발생시킨다. 결합기업의 총이윤은 *ribw*이다.

수직적 관련을 갖는 기업 간의 합병은 모든 면에서 효율성을 발생시킨다. 그 이유는 합병으로 인해 이전에는 분리되어 있던 관련 활동들이 조정되고 그에 따라 각자가 상대방에게 발생시켰던 외부효과를 내부화하기 때문이다. 조정이 발생하지 않는다면 최종 제품의 가격은 이중마진에 의해 결정된다. 독립적인 제조회사들은 자신의 이윤을 더해 소매회사에 판매하는 가격을 정하고, 소매회사는 다시 이 가격에 자신의 이윤을 더해 소비자들이 지불하는 가격을 책정함으로써 가격비용 격차를 더 왜곡시킨다. 다음과 같은 옛말은 이를 잘 표현하고 있다. “독점기업보다 더 나쁜 것은 무엇인가? 그것은 독점기업들로 이루어진 독점사슬이다!”

16.2 ▸ 실습문제

어떤 제품의 하류시장이 다음과 같은 역수요곡선을 갖고 있다고 하자. $P = 100 - Q$. 이 제품의 소매판매는 독점기업 WR이 하고 있으며, 이 소매기업은 이 제품을 독점 도매기업 WW로부터 단위당 w_w의 도매가격에 구매한다. WW는 이 제품을 독점 제조기업인 WM으로부터 단위당 w_m의 제조가격에 구매한다. WM은 이 제품을 만드는 데 단위당 한계비용 \$10의 한계비용을 발생시키고 있다. WW와 WR은 각자 자신들이 지불하는 가격에 추가적으로 \$5의 한계비용을 발생시킨다.

a. 소비자들이 지불하는 이 제품의 균형가격 P, 균형 도매가격 w_w, 균형 제조가격 w_r은 얼마인가? 이러한 가격들에서 각 기업이 얻는 이윤은 얼마인가?
b. 이 기업들 중 어떠한 두 기업의 수직통합이든, 수직통합이 기업의 이윤을 증가시키고 소비자들에게 혜택을 가져다준다는 것을 보이시오.
c. 이 세 기업 모두를 결합하는 것은 더 큰 혜택을 가져다준다는 것을 보이시오.

물론 우리가 이 분석에 대해 언급해야 할 몇 가지 조건이 있다. 자동차 산업과 관련된 함께 제시된 현실 체크포인트에서 몇 가지가 언급된다. 또한 방금 설명한 수직합병의 이점은 하류기업이 판매하는 모든 생산량에 대해 상류기업의 제품을 고정된 양만큼 사용한다는 가정이라는 점에 유의해야 한다. 제조업체와 하류기업 소매업체의 예에서 이 가정은 타당하다. 소매업체는 고객에게 판매하는 모든 단위에 해당 제조업체의 제품을 한 단위씩 보유해야 한다. 그러나 다른 상황에서는 이 가정이 너무 강할 수 있다. 예를 들어 상류기업이 철강 생산업체이고 하류기업이 자동차 제조업체라면, 자동차 제조업체에 마크업이 높은 가격을 부과하기로 한 철강업체의 결정은 자동차 제조업체가 알루미늄이나 아마도 섬유유리를 선호하여 철강 사용을 줄일 수 있다. 이 경우 자동차 제조업체가 철강 시장에 역으로 통합할 때 얻을 수 있는 잠재적 이익은 덜 명확하다.

현실 체크포인트

자동차 산업에서의 수직해체

수직적 통합에 대한 우리의 분석은 "중간자"를 제거하는 이익과 이중마진의 문제를 강조해 왔다. 만약 여기에 이 모든 것이 있다면, 우리는 훨씬 더 많은 수직적 통합과 아웃소싱을 거의 보지 못할 것이다. 하지만 정반대로, 지난 10년간의 비즈니스 뉴스는 기업들이 이전의 내부 부서를 분사하면서 아웃소싱과 수직적 해체에 대한 이야기로 가득 차 있다. 이 현상이 미국 자동차 산업만큼 극적이었던 곳은 없었다.

1990년대까지 제너럴 모터스(GM) 설립자인 W. C. Durant와 그의 제자 Alfred Sloan이 개척한 조직 디자인이 지배적인 모델이었다. 이중마진 형성과 다른 조직적 이점을 피하는 논리는 미국 자동차 회사들이 전자 제품과 다른 부품의 개발과 통제, 엔진과 차체 생산, 완전한 조립, 그리고 공식 대리점까지 수직적으로 통합되도록 이끌었다. 사실, 미국 회사들은 1980년대에 렌터카 회사를 인수함으로써 더 큰 통합을 이루었다. 크라이슬러는 알뜰 자동차와 달러 렌터카를 모두 인수했다. 포드는 허츠를 인수했고 GM은 내셔널의 지분 절반을 인수했다.

하지만 수년에 걸쳐 이 조직 전략에 대한 문제가 나타났다. 하나는 이 회사가 만든 인센티브에서 비롯되었다. 회사들이 내부적으로 거의 모든 부품을 구매하는 범위 내에서 부품 부서는 효율성을 높이는 외부 경쟁이 없었다. 인센티브 문제와 밀접하게 관련된 것은 한때 부품 제조업체와 다른 장치들이 GM, 포드, 크라이슬러의 완전한 일부였지만, 그들은 자동차 연합 노동자의 대표성을 얻었다는 사실이다. 이것은 전형적으로 더 높은 임금을 의미해서, 이 공급품들은 모회사로 편입된 후 더 비싸졌다. 자동차 제조 부서의 구매자들은 대체 공급업체의 이름조차 모르는 경우가 많았다.

1990년대 중반까지 자동차 회사들은 수직적 통합 전략을 뒤집기 시작했다. 그들은 모두 렌터카 회사를 매각했다. 게다가 GM은 부품 사업부를 독립 부품 회사인 델파이 오토모티브 시스템즈로 분사했다. 1999년 포드가 그 뒤를 빠르게 따라 부품 사업부를 비스테온 코퍼레이션으로 분사했다.

그 뒤로 더 긴축적인 조치가 뒤따랐다. 2006년, 두 회사는 딜러와 고객의 자동차 구매 자금 조달이라는 하류 사업에서 철수하기 시작했다. 예를 들어, GM은 당시 얼리 파이낸셜이 된 제너럴 모터스 수락 회사(GMAC)로 알려진 은행 업무의 과반수 지분을 매각했다. 그 후 파산과 조직 개편의 여파로 두 회사는 하류 딜러 업무를 크게 줄였다. GM은 단종된 *허머*, *사브*, *새턴* 라인과 관련된 모든 대리점을 포함하여 1,000개 이상의 대리점을 폐쇄했다. 크라이슬러는 700개 이상의 대리점도 종료했다. 또한 쉐보레와 같은 한 브랜드만 판매하는 독점 대리점도 거의 사라졌다.

출처: J. Schnapp. "Lesser Than the Sum of Its Parts," *Wall Street Journal*, April 4, 2006, p. 18; J. B. White, "How Automakers Keep You Coming Back," *Wall Street Journal*, January 22, 2013, p. B1.

요약하면, 각각 독점력을 가진 일련의 생산업체를 수직으로 통합하면 이중(그리고 삼중, 사중. . .) 한계화와 관련된 시장 실패를 수정하여 기업과 소비자 모두에게 이익이 될 가능성이 높다. 이러한 이점은 하류기업이 운영하는 기술이 다른 투입물로 대체할 수 있는 기회를 제한적으로 제공할 때 발생할 가능성이 더 높다.

16.2 수직합병의 반경쟁적 효과

앞 절에서의 합병 분석은 반독점기관이 수평합병의 후생효과보다 수직합병의 후생효과에 대해 덜 걱정해야 된다는 것을 알려주고 있다. 그러나 앞의 분석 결과는 중요한 가정하에서의 결과이다. 즉, 최종 제품이 판매되는 시장이 단 하나이고 수직사슬상의 각 단계에 독점기업이 있다는 가정을 하였다. 따라서 "수직합병이 기업에게나 소비자에게나 좋은 것"이라는 일반적인 결론에 도달하기 전에 이러한 가정을 완화하는 경우에 어떤 결과가 나타나는지를 확인해 보아야 한다.

16.2.1 가격차별을 용이하게 하기 위한 수직합병

독점자의 삶은 좋은 것이지만 독점자가 가격차별을 하는 경우에 독점자의 삶은 더 좋아진다. 이는 여러 하류기업들에게 자신의 제품을 파는 상류 독점기업에게도 해당되는 말이다. 상류기업의 제품에 대해 하류기업들은 서로 다른 가격을 지불하고자 하는 경우가 많다. 이러한 예로는 서로 다른 도시에 있는 소매기업들에게 공급하고 있는 도매기업, 서로 다른 나라에 있는 자동차 제조기업들에게 자동차 부품을 만들어 파는 자동차부품생산기업, 서로 다른 산업에 있는 기업들에게 컨설팅 서비스를 제공하는 컨설팅 기업 등이 있다. 이러한 상황에서 상류기업은 자신의 제품이나 서비스에 대해 비탄력적인 수요를 갖는 기업들에게 높은 가격을 책정하고 탄력적인 수요를 갖는 기업들에게는 낮은 가격을 책정하려 할 것이다.

그러나 앞에서 설명했듯이 가격차별이 성공하기 위해서는 두 가지 조건이 만족되어야 한다. 첫째, 어떤 구매자가 탄력적인 수요를 갖고 있고 비탄력적 수요를 갖고 있는가를 확인할 수 있어야 한다. 둘째, 구매자들이 자신들이 구매한 제품을 다시 다른 구매자에게 판매하는 것을 막을 수 있어야 한다. 차익거래 *arbitrage* 가 발생하는 경우에는 가격차별이 불가능하게 된다. 우리는 기업이 어떻게든 식별문제를 해결했다고 가정하겠다. 그렇다면 다음 문제는 차익거래 문제를 극복하기 위해서 어떤 전략을 사용할 수 있는가 하는 것이다.

상류기업이 취할 수 있는 가장 간단한 방법은 구매자들과 재판매를 하지 않겠다는 계약서를 작성하는 것이다. 그러나 그러한 계약서는 강제화할 수 없다. 예를 들어 구매기업이 법적으로 다른 관할 구역에 있을 수 있다. 이런 경우에는 다른 방법을 사용해야 한다. 한 가지 방법은 상류기업이 하류고객 기업들 전부 또는 일부를 합병하는 것이다.

상류기업이 여러 하류기업에게 자신의 제품을 공급하고 있고 자본의 한계로 하류기업의 일부만 전방결합할 수 있다고 가정하자. 그런 다음 연습 문제 16.3에서 볼 수 있듯이 *수요탄력성이 가장 높은 시장에 먼저 합병해야 한다*. 합병을 통해 상류기업은 재판매를 방지할 수 있기 때문에 수요탄력성이 낮은 다른 시장에서 이윤을 극대화하는 높은 가격을 책정할 수 있다. 이러한 합병은 친경쟁적인 합병인가, 반경쟁적인 합병인가? 성공적인 가격차별로 경제적 효율성은 증가할 수 있다. 그러나 수직합병을 통해 가격차별을 성공적으로 할 수 있는 경우에 그것이 경제적 효율성에 미치는 효과는 불확실하다. 그 이유는 합병이 한 그룹의 시장들에서 이윤을 증가시키고 이중마진도 제거해주지만, 합병으로 인해 다른 나머지 시장들의 가격이 상승하기 때문이다. 달리 말해, 수직합병으로 일부 소비자들은 이득을 보고, 다른 소비자들은 손실을 보기 때문이다. 따라서 총효과는 불확실하며, 다양한 시장들의 수요가 갖는 성격에 대해 좀 더 정확하고 많은 정보를 가질 수 있을 때만 판단될 수 있다.

16.3 ▸ 실습문제

Widget International (WI)이 Boston에 있는 Gizmo Inc.과 New York에 있는 TruGizmo Inc.에게 widget을 공급한다고 하자. Gizmo Inc.의 gizmo 수요는 $P_{gb} = 1 - Q_{gb}$이고, TruGizmo Inc.의 gizmo 수요는 $P_{gn} = 0.5 - 0.2Q_{gn}$이다. WI가 widget을 생산하는 데 드는 한계비용은 단위당 \$0.1이고, Gizmo와 TruGizmo는 자신들이 파는 gizmo 한 단위에 한 단위의 widget을 필요로 한다. 이 두 gizmo 판매기업들은 gizmo 한 단위당 \$0.1의 생산비용을 발생시키고 있다.

a. WI가 가격차별을 할 수 없다면 이 두 시장에서 이윤을 극대화시키는 widget과 gizmo의 가격은 각각 얼마인가? 이 세 기업의 이윤은 각각 얼마인가?
b. WI가 가격차별을 할 수 있다면 이 두 시장에서 이윤을 극대화시키는 widget과 gizmo의 가격은 각각 얼마인가? 이 세 기업의 이윤은 각각 얼마인가?
c. WI가 Gizmo나 TruGizmo 중 한 기업과 합병할 수 있다면 TruGizmo와 합병하기를 선호한다는 것을 보이시오.
d. WI가 합병 전에 (i) 가격차별을 할 수 없는 경우와 (ii) 할 수 있는 경우에, 이 합병은 소비자 가격과 소비자잉여에 어떤 영향을 미치는가?

16.2.2 수직합병, 과점, 그리고 시장봉쇄

이제 16.1절의 분석의 밑바탕에 깔려 있는 두 번째 중요한 가정에 대해서 살펴보기로 하자. 합병으로 인해 얻는 이득은 제조와 소매라는 두 단계의 활동들이 모두 독점기업에 의해 이루어지고 있다는 사실에서 발생한 것이다. 경쟁 제조업 상류기업이 독점 하류기업에 판매하는 것과 경쟁 소매 상류기업에 판매하는 독점 상류기업 중 하나에서 시작한다고 가정해 보겠다. 전자의 경우 상류기업의 제조업체 간 가격 경쟁은 한계비용과 동일한 도매가격으로 이어진다. 후자의 경우 하류기업의 소매업체 간 경쟁은 소매가격을 상류기업 가격 P^U와 하류기업 비용 c_D와 동일하게 만든다. 두 경우 모두 이중 한계가 발생할 수 없으며 수직적 통합에 대한 효율성 이득도 없다.

상류시장이든 하류시장이든 한쪽의 시장을 독점시장 대신 완전경쟁시장으로 가정하는 것은 한쪽의 극단적인 가정을 단순히 다른 한쪽의 극단적인 가정으로 대체하는 것일 뿐이라고 할 수 있다. 따라서 현실적인 경우로 상류시장과 하류시장이 모두 과점시장인 경우를 살펴보기로 하자. 이 경우에는 다른 중요한 문제가 발생한다. 이중마진을 제거하거나 감소시키려는 요구를 넘어 기업들이 수직통합을 하려는 또 하나의 동기는 *시장봉쇄* market foreclosure 의 동기로, 이는 분명히 반경쟁적인 것이다. 즉, 수직적 관련을 갖는 기업들 간의 합병은 하나의 상류-하류기업을 탄생시키며 이 기업은 하류의 경쟁기업들에게 자신의 제품을 공급하기를 거절하거나 상류의 경쟁기업들에게 그들 제품의 판매시장을 없애려고 할 수 있다.

두 컴퓨터 칩 제조회사가 컴퓨터를 팔고 있는 하류의 두 컴퓨터 제조회사에게 자신들의 칩을 판매하려고 서로 경쟁하고 있는 가상적인 상황을 가정해보자. 이 두 상류기업들이 만들고 있는 칩은 동일하며 이들이 가격으로 경쟁하고 있다면 이들은 한계비용의 가격으로 칩을 판매할 수밖에 없다. 따라서 경제적 이윤이 발생한다면 이는 하류의 두 기업만이 차지하게 된다. 이제 칩 제조회사 중 한 회사가 컴퓨터 회사 중 한 회사와 합병한다고 해보자. 이러한 합병이 반경쟁적인 합병이 될 수 있다는 주장의 내용은 대강 다음과 같다. 새롭게 탄생한 합병기업의 칩 생산부서는 나머지 한 독립적인 컴퓨터 제조회사에게 더 이상 자신이 생산하는 칩을 판매하지 않을 것이다. 즉, 자신의 제품을 하류의 경쟁기업에게 판매하는 것을 봉쇄*foreclose* 할 수 있다. 그 이유는 무엇인가? 이러한 봉쇄는 이 독립적인 컴퓨터 제조회사가 하나의 독립적인 칩 공급회사만을 갖게 만들고 이에 따라 독립적인 칩 생산기업은 독립적인 컴퓨터 제조회사에 대해 독점력을 갖게 되어 자신의 칩에 대해 독점 도매가격을 책정할 것이다. 이는 합병이 발생하기 전의 상황에 비해서 독립적인 컴퓨터 제조회사의 비용을 증가시킬 것이고, 이에 따라 독립적인 컴퓨터 제조회사는 합병된 기업의 하류 컴퓨터 생산부서와 경쟁하는 데 어려움을 가질 것이다. 이러한 상황은 합병기업이 자신의 컴퓨터 가격을 인상하여 더 많은 이윤을 얻게 만든다. 상류시장이 처음에는 경쟁적인 시장이었으므로 이중마진은 발생하고 있지 않았으며, 또한 합병으로 인해 비용절감이 발생하는 것도 아니므로 이러한 수직합병은 분명히 반경쟁적인 것이다.[2] 이러한 합병은 공급 측면에서 합병하지 않고 있는 경쟁기업들의 비용을 증가시켜서 이들이 합병기업에 비해 상대적인 열위에 있도록 만든다.

미국과 유럽의 규제당국이 오랜 기간 동안 이러한 봉쇄에 대해 우려해왔던 산업 중 하나가 통신산업이다. 통신산업에서 지역 통신망은 일반적으로 한 기업에 의해 독점되어왔으며, 이 독점기업은 장거리 통신시장에서 다른 기업들과 경쟁하고 있었다. Sprint과 같은 장거리 통신사업자는 지역 통신망에 연결되어야만 자신들의 잠재적 소비자들에게 접근할 수 있고, 지역 통신망 공급자는 장거리 통신사업자들에게 지역 통신망 접속료를 높게 책정하거나, 극단적으로는 아예 지역 통신망에의 접속을 거부함으로써 그들을 장거리 통신망 시장에서 쫓아낼 수 있다. 따라서 규제당국이 가장 크게 신경 쓴 부분은 지역전화망 공급자들이 자신들의 보유하고 있는 지역전화망에로의 접속에 대해 부과하는 접속료(가격)였다.

Alcoa는 경쟁기업들에게 가격압박을 가한 것으로 제소당했었다. 가격압박은 전력회사들과의 계약을 통해서 이들이 경쟁 알루미늄 생산기업들에게 전기를 공급하지 못하게 한다든가, 알루미늄 판재시장과 같은 하류시장에서 자신과 경쟁하는 경쟁기업들에게 자신이 공급하는 알루미늄과의 가격을 높게 책정하는 식으로 가해졌다. 간단히 말해, 봉쇄에 대한 주장은 한 시장(예: 상류시장)에 있는 독점기업이 다른 시장(예: 하류시장)에서 자신의 독점력을 높이는 수단으로 이용될 수 있다는 것을 지적하고 있는 것이다.

2 합병기업이 비용상의 압박을 가할 수 있는 여러 가지 방법에 대해서는 Krattenmaker와 Salop(1986) 참조.

16.4 ▸ **실습문제**

하류시장인 widget 시장이 완전경쟁시장이고, 그 역수요곡선은 $P = 100 - Q$로 주어졌다고 하자. 소매상들의 생산비용은 0이지만 각 판매단위에 대해서 r의 요금을 지불해야 한다. 이 요금은 widget의 독점생산기업인 Widget International (WI)에 대해 지불하는 요금이다. WI는 고정비용은 발생시키지 않지만, $10의 한계비용을 발생시키고 있다.

a. 소비자가 지불하는 균형가격 P와 소매상들이 지불하는 요금 r은 얼마인가? 이 가격에서 소매상들이 얻는 이윤과 WI가 얻는 이윤은 얼마인가?
b. WI가 widget의 단일 생산자이자 소매업체가 되는 수직통합이 WI의 수익을 높이지 않고 소비자 가격을 낮추지 않는다는 것을 보이시오.
c. Widget 제조와 소매판매가 모두 경쟁적이라면 소비자들이 지불하는 가격은 얼마가 되는가?

16.3 수직통합의 공식적 과점모형

앞에서 살펴본 통상적인 봉쇄 주장은 실례를 통해서 보면 더욱 타당한 주장으로 생각될 수 있다. 그러나 이 주장에도 약점이 있다. 지역 전화망 사업자나 Alcoa의 경우와 같은 현실적인 예에서는 앞에서 살펴본 가상적인 상황에서와는 달리 상류시장이 그렇게 경쟁적이지 않다. 이러한 점 외에도 봉쇄 주장의 논리는 완전하지 않다. 앞의 가상적인 상황에서 합병기업이 하류의 독립적인 컴퓨터 회사에게 칩의 공급을 확실하게 단절하는 이유에 대해 설명하지 않았다. 또한 남아 있는 독립기업들도 수직통합이 가져다주는 혜택을 얻기 위해서 합병하는 것으로 대응하는 경우를 살펴보지 않았다. 다음 절에서는 이러한 점을 고려한 수직통합을 통한 봉쇄 모형들에 대해 살펴볼 것이다. 이 중 한 모형은 쿠르노 경쟁을 가정한 Salinger(1988)의 모형이고, 다른 하나는 가격 경쟁을 가정한 Ordover, Saloner, Salop(1990)의 모형이다.

16.3.1 쿠르노 모형에서의 수직통합과 봉쇄

Salinger(1988)의 모형을 설명하기 위해 상류시장에 두 기업이 있고 하류시장에 두 기업이 있으면서 서로 쿠르노 경쟁을 하고 있는 경우를 살펴보기로 한다. 상류기업들은 동일한 중간재를 생산하며, 하류기업들은 최종 소비재를 만드는 데 이 중간재를 사용한다. 하류 생산량 한 단위를 생산하는 데 한 단위의 중간재가 사용된다. 각 상류기업은 생산량 한 단위당 일정한 한계비용 c^U를 발생시키며, 각 하류기업은 생산량 한 단위당 중간재에 대한 비용 외에 일정한 한계비용 c^D를 발생시킨다. 최종재화의 역수요함수는 다음과 같다.

$$P = A - BQ = A - B(q_1 + q_2) \tag{16.4}$$

시장에서의 게임은 두 단계로 이루어진다. 첫 번째 단계에서 두 상류기업은 수량으로 경쟁하며 중간재의 가격은 P^U이다. 두 번째 단계에서는 상류시장의 가격 P^U가 주어진 것으로 하류기업들이 수량으로 경쟁한다. 우선 수직합병이 발생하지 않는 경우에 어떤 결과가 나타나는가를 살펴보고 이를 수직합병이 발생하는 경우와 비교해 보기로 하자. 이러한 비교는 수치를 사용한 예를 통해 쉽게 해볼 수 있다. 이제 $A = 100$; B = 1; $c^U = c^D = 23$이라고 해보자.

(i) 수직합병이 발생하지 않는 경우

첫 번째 단계에서 쿠르노 경쟁을 하는 상류시장에서 시장청산 중간재 가격은 P^U이며, 따라서 두 번째 단계에서 각 하류기업이 직면하는 한계비용은 $P^U + c^D$이다. 하류시장에서의 쿠르노 경쟁은 각 하류기업이 다음과 같은 양을 생산하도록 만든다.[3]

$$q_1^D = q_2^D = \frac{A - P^U - c^D}{3B} \tag{16.5}$$

또한 이들이 얻는 이윤은 다음과 같다.

$$\pi_1^D = \pi_2^D = \frac{(A - P^U - c^D)^2}{9B} \tag{16.6}$$

식 (16.5)를 사용하여 상류기업들이 직면하는 *파생수요* *derived demand* 를 구할 수 있다. 하류시장의 총생산량은 $Q^D = 2(A - P^U - c^D)/3\text{B}$이다. 최종재화 한 단위당 중간재 한 단위가 요구되므로 이는 중간재에 대한 총수요 $Q^U = Q^D$이기도 하다. 이를 역함수로 표현하면 다음과 같아진다.

$$P^U = (A - c^D) - \frac{3B}{2}Q^U \tag{16.7}$$

분석의 다음 단계는 이것이 표준 선형 형태인 $P = a - bQ$, $a = A - c^D$, $b = 3B/3$임을 인식하면 단순화된다. 따라서 첫 번째 단계의 게임에서 각 상류기업의 쿠르노 균형생산량은 다음과 같아진다.

$$q_1^U = q_2^U = \frac{a - c^U}{3b} = \frac{(A - c^D) - c^U}{9B/2} = \frac{2(A - c^U - c^D)}{9B} \tag{16.8}$$

이에 따라 상류시장에서의 총생산량은 $Q^U = 4(A - c^U - c^D)/9B$가 된다. 이를 식 (16.7)의 상류시장의 수요에 대입하면 다음과 같이 상류 중간재 시장의 균형가격을 구할 수 있다.

$$P^U = (A - c^D) - \frac{3B}{2} \times \frac{4(A - c^U - c^D)}{9B} = \frac{(A - c^D + 2c^U)}{3} \tag{16.9}$$

각 상류 공급자의 이윤은 $(P^U - c^U)qi^U$이며, 식 (16.8)과 (16.9)로부터 다음과 같은 결과를 얻는다.

$$\pi_1^U = \pi_2^U = \frac{2(A - c^U - c^D)^2}{27B} \tag{16.10}$$

마지막으로, 상류시장의 가격을 식 (16.5)와 식 (16.6)에 대입하면, 각 하류기업의 균형생산량과 균형이윤이 다음과 같이 나타난다.

$$q_1^D = q_2^D = \frac{2(A - c^U - c^D)}{9B} \tag{16.11}$$

---

3 쿠르노 균형을 도출하는 것에 대해서는 9.4절 참조.

$$\pi_1^D = \pi_2^D = \frac{4(A - c^U - c^D)^2}{81B} \tag{16.12}$$

하류시장의 총수요는 상류시장의 총생산량과 같아진다는 것은 쉽게 알 수 있다. 위에서 가정한 수치를 사용하면 총생산량은 24단위, 도매가격은 \$41, 소비자 가격은 \$76가 된다. 각 상류기업은 \$216의 이윤을 얻으며, 각 하류기업은 \$144의 이윤을 얻는다.

(ii) 상류기업과 하류기업의 수직통합

이제 한 하류기업 $D1$이 한 상류기업 $U1$과 합병하는 경우를 살펴보자. 새롭게 탄생하는 이 합병기업은 독립적인 하류기업에게 중간재의 공급을 거부한다고 하자. 따라서 하류기업 $D2$는 자신의 투입물(생산요소)인 중간재를 공급받기 위해서 남아 있는 한 독립적 상류기업 $U2$에 의존해야 하며, $U2$는 *이 사실을 알고 있다*. $U2$는 $D2$에 대한 독점력을 가지므로 $P^U > c^U$로 가격을 책정한다고 하자. 이제 $D2$는 $P^U + c^D$의 한계비용을 발생시키며, $D1$은 $c^U + c^D$의 한계비용을 발생시킨다. 합병기업은 자신의 가격을 책정할 때 이윤을 중복 부과 **double markup** 하는 것을 제거한다. 이에 따라 합병기업은 하류시장에서 $D2$에 비해서 생산비용을 적게 발생시키는 저비용 경쟁자로 경쟁한다. 쿠르노 모형에서 합병 후 두 하류기업의 균형생산량은 다음과 같이 나타난다.

$$q_1^D = \frac{A - 2(c^U + c^D) + (P^U + c^D)}{3B} = \frac{A - 2c^U - c^D + P^U}{3B}$$
$$q_2^D = \frac{A - 2(P^U + c^D) + (c^U + c^D)}{3B} = \frac{A - 2P^U - c^D + c^U}{3B} \tag{16.13}$$

그리고 이들의 균형이윤은 다음과 같다.

$$\pi_1^D = \frac{(A - 2(c^U + c^D) + (P^U + c^D))^2}{9B} = \frac{(A - 2c^U - c^D + P^U)^2}{9B}$$
$$\pi_2^D = \frac{(A - 2(P^U + c^D) + (c^U + c^D))^2}{9B} = \frac{(A - 2P^U - c^D + c^U)^2}{9B} \tag{16.14}$$

식 (16.13)은 봉쇄를 가정하는 경우에 합병기업의 하류부서는 비합병기업인 자신의 경쟁기업보다 더 많은 양을 생산한다는 것을 말해주고 있다.

$U2$는 P^U를 어떻게 설정하는가? 식 (16.13)은 독립적인 상류기업이 직면하는 파생수요 $q_2^U = q_2^D$를 말해주는 것이기도 하다. 이를 역함수로 표현하면 다음과 같이 된다.

$$P^U = \frac{A - c^D + c^U}{2} - \frac{3B}{2}q_2^U \tag{16.15}$$

이는 직선의 함수 형태 $P = a - bq$이며, 이 수요함수에서 독점생산량은 $(a - c^U)/2b$가 된다. 여기서 $a = (A - c^D + c^U)/2$이고, $b = 3B/2$이다. 따라서 상류기업 2의 균형생산량은 다음과 같다.

$$q_2^U = \frac{A - c^U - c^D}{6B} \tag{16.16}$$

따라서 중간재의 균형가격은 다음과 같아진다.

$$P^U = \frac{A - c^D + c^U}{2} - \frac{3B}{2} \times \frac{(A - c^U - c^D)}{6B} = \frac{(A + 3c^U - c^D)}{4} \tag{16.17}$$

독립적인 상류기업의 이윤은 $(P^U - c^U)q_2^U$이며, 식 (16.16)과 (16.17)을 이용하면 다음과 같이 표현된다.

$$\pi_2^U = \frac{(A - c^U - c^D)^2}{24B} \tag{16.18}$$

마지막으로, 중간재의 균형가격을 식 (16.13)과 (16.14)에 대입하면 하류시장에서의 균형생산량, 가격, 각 기업의 이윤은 다음과 같이 된다.

$$q_1^D = \frac{5(A - c^U - c^D)}{12B}$$

$$q_2^D = \frac{(A - c^D - c^U)}{6B} \tag{16.19}$$

$$P^D = \frac{5A + 7c^U + 7c^D}{12} \tag{16.20}$$

$$\pi_1^D = \frac{25(A - c^U - c^D)^2}{144B}$$

$$\pi_2^D = \frac{(A - c^D - c^U)^2}{36B} \tag{16.21}$$

합병기업의 하류부서는 독립적인 하류 경쟁기업보다 더 훨씬 더 큰 이윤을 얻는다. 이는 $D2$에게 공급을 봉쇄하여 그 결과 독점력을 갖게 된 $U2$가 높은 상류가격을 책정했기 때문에 나타나는 결과이다. 앞에서의 수치를 사용하면 $D2$가 지불하는 상류가격은 \$36.5가 된다. 합병된 소매기업은 자신의 투입물을 생산원가에 구입하여 하류시장에서 22.5단위를 판매하는 대신 독립적인 하류 경쟁기업은 9단위만을 판매하게 된다. 이에 따라 나타나는 소매가격은 \$68.5이다. 합병이 발생하기 전에 $D2$가 얻을 수 있었던 이윤은 \$144였는데 이제 그 이윤은 \$81로 감소했다. 합병기업들은 이득을 얻었다. 이들의 결합이윤은 합병 전의 \$360에서 합병 후에 \$506.25로 증가하였다.

여기서 두 가지 점을 살펴볼 필요가 있다. 첫째, 봉쇄를 가정한 것은 합리적인 것인가? 합병기업이 독립적인 하류 경쟁기업에게 전혀 공급을 하지 않는 것은 자신의 이윤을 극대화하는 행위인가? Salinger(1988)가 던지고 있는 질문이 바로 이 질문이다. 합병기업이 생산요소(투입물)에 대해 지불하는 총비용은 $c^U + c^D$이다. 따라서 자신이 하류에 파는 생산물 한 단위당 $P^D - (c^U + c^D)$의 이윤을 얻는다. 또한 $D2$가 시장에 살아남기 위해서는 $P^D > (P^U + c^D)$여야 한다. 합병기업이 자신이 생산하는 중간재 1단위를 독립적인 경쟁기업인 $D2$에게 P^U의 가격에 판매했다고 가정해 보자. 이제 이 1단위를 팔지 않고 이를 자신의 내부 하류부서에 팔아 총생산량과 하류시장의 가격이 변하지 않는다면 어떤 상황이 나타날 것인가? 처음에 $D2$에게 판매했던 1단위를 판매하지 않기로 한다면 합병기업의 이윤은 $P^U - c^U$만큼 줄어들 것이다. 반면 합병기업은 내부적으로 판매하는 각 단위에 대해서 $P^D - (c^U + c^D)$의 이윤을 얻는다. 따라서 $P^D - (c^U + c^D) > P^U - c^U$인 경우에만 하류 경쟁기업에게 판매하는 것을 멈추는 것, 즉 봉쇄하는 것이 수익성을 갖는다. 이 조건은 $P^D > (P^U + c^D)$과 같은 것이며 이는 하류 경쟁기업이 시장에서 살아남을 수 있는 조건과 같은 것이다. 달리 말해, 합병기업이 $D2$에게 자신의 제품을 판매하고 있었다면 그러한 판매량을 회수하여 그 판매량을 내부의 하류기업에게 판매함으로써 자신의 하류생산을 증가시키는 것이 항상 더 나은 것이 된다. 앞에서의 수치를 사용하면 합병기업은 내부적으로 판매하는 상류 중간재 각 단위에 대해 \$68.5 − \$23 − \$23 = \$22.5의 이윤을 얻는다. 그러나 $D2$에게 판매하는 경우에는 \$36.5 − \$23 = \$13.5의 이윤밖에 얻지 못한다. 따라서 하류 경쟁기업에 대한 판매를 봉쇄하는 것은 합리적인 것으로 보인다.

주목할 만한 두 번째 점은 수직합병이 봉쇄를 발생시킨다고 하더라도 여전히 소비자들에게 혜택을 가져다준다는 것이다. 앞의 수치를 사용한다면 $U1$과 $D1$의 수직합병은 하류시장의 가격을 \$76에서 \$68.5로 하락시킨다. 합병으로 인해 합병기업에 의한 이중마진의 제거는 소비자들에게 혜택을 가져다준다. 그러나 Salinger(1988)는 반드시 그렇지 않을 수 있다는 것도 보여주고 있다. 수직합병이 경쟁에 미치는 효과는 두 가지 힘에 의해 결정된다. 수직합병과 시장봉쇄는 한편으로 독립적인 상류 공급자의 수를 줄이고, 따라서 상류가격과 하류가격에 대한 경쟁압력을 감소시킨다. 그러나 다른 한편으로 수직합병은 합병기업에게 이중마진을 제거해주어 그에 따라 그들의 생산요소(투입물) 비용을 감소시켜 줌으로써 합병기업이 하류시장에서 소비자 가격을 인하하려고 하는 경향을 갖는 더 치열한 경쟁자로 만든다. 이러한 작용들이 실제로 어떻게 나타날 것인가를 예측하기는 어렵다. 다만 상류시장에서 많은 수의 독립적인 경쟁기업들이 남아 있을 경우에는 수직합병의 반경쟁적 효과가 약하게 나타날 가능성이 높을 것이다.

한편, Salinger(1988)의 모형이 살펴보지 않은 중요한 전략적 문제가 하나 남아 있다. 공급을 봉쇄당한 독립적인 하류기업들은 자신의 라이벌인 합병기업에 대한 대응으로 자신들도 상류의 한 기업과 합병하려는 인센티브를 충분히 가질 수 있다. 수직합병이 사업상 이득을 가져다준다면 모든 기업들이 수직합병을 하려고 할 것이다. 따라서 정부가 이러한 기업들 중 하나가 우연히 맨 처음으로 수직합병한 기업이라는 이유로 이를 벌하는 정책을 취해서는 안 될 것이다. 이러한 점과 수직합병이 갖는 다른 특징들에 대해 살펴보기 위해서 Ordover, Saloner, Salop (OSS) 모형에 대해 살펴보기로 하자.

16.3.2 차별화된 제품에서의 수직통합과 봉쇄에 대한 모형

OSS 모델은 Salinger 모델보다 어떤 면에서는 더 단순하고 어떤 면에서는 더 복잡하다. Bertrand가 한계비용 가격을 의미하는 동질적인 상류 제품과 경쟁한다고 가정한다는 점에서 더 간단하다. 상류기업과 하류기업 간의 관계를 더 전략적으로 다룬다는 점에서 더 복잡하다.

업스트림 기업은 일정한 한계비용 c^U를 발생시킨다. 하류기업 생산의 모든 단위에 상류 제품의 한 단위가 필요하다. 하류기업은 다른 생산비용이 없다. Salinger 모델과 달리 기업은 차별화된 제품을 판매하고 두 시장에서 가격 경쟁을 한다. 두 기업의 상류 제품은 동질적이지만 하류 제품은 차별화된다. 하류 제품 1과 2에 대한 수요를 각각 다음과 같이 허용함으로써 이러한 특징을 포착한다:

$$\begin{aligned} q_1^D &= A - p_1^D + B(p_2^D - p_1^D) \\ q_2^D &= A - p_2^D + B(p_1^D - p_2^D) \end{aligned} \quad (0 < B < \infty) \tag{16.22}$$

식 (16.22)에서 B는 하류시장의 제품차별화 정도를 역으로 측정한 것이다. $B = 0$이면 두 제품은 완전히 차별화된다. 그러나 B가 무한대에 가까워질수록 두 제품은 점점 유사해진다. 분석을 최대한 단순하게 유지하기 위해 일반성을 잃지 않고 $A = 100$, $c^U = 0$을 정규화하고 $B = 1$라고 가정한다.[4]

OSS는 수직적 합병의 전략적 측면을 명시적으로 고려하기 위해 4단계 게임을 개발한다. 첫 번째 단계에서 하류기업 중 하나가 상류 공급자 중 하나를 인수하는 방법을 선택할 수 있다. 만약 이러한 합병이 이루어진다면 우리는 일반성을 잃지 않고 $U1$과 $D1$ 사이에 있다고 가정하고, 그 결과 합병된 기업 $F1$이 된다.

두 번째 단계에서는 투입가격이 정해진다. 만약 합병이 일어나지 않는다면 상류기업들은 가격 경쟁을 하게 된다. 만약 합병이 일어난다면 두 가지 가능성이 고려된다. 첫 번째로 $F1$은 $D2$의 공급을 거부하는데, 이는 봉쇄이다. 두 번째로 $F1$은 가격 c_{12}에 공급하겠다고 하여 $D2$가 지불할 투입가격의 상한을 설정하고, $F1$은 $U2$가 투입가격을 설정하기 전에 c_{12}를 설정한다. 이를 통해 $U2$는 이 단계에서 가격을 c_{12}보다 "단지 적게" 설정함으로써 $F1$을 과소평가할 수 있다. 세 번째 단계에서는 첫 번째 단계에서 합병이 이루어진 경우 $U2$와 $D2$가 합병 여부를 결정한다. 이제 네 번째 단계로 진행한다. 여기서는 이전 단계에서 결정된 투입가격과 조직구조를 고려하여 하류가격이 설정된다. 평소와 같이 4단계에서 역방향으로 작업하여 이 게임을 해결한다.

이 4단계 게임의 광범위한 형태를 지정하려면 발생할 수 있는 다양한 전략 조합에 따른 보상을 식별해야 한다.

우리는 가장 일반적인 경우로 시작하여 상류 제품에 대해 $D1$ 기업이 c_1을 지불하고 $D2$ 기업이 c_2를 지불한다. 그런 다음 우리의 수요 방정식은 다음에 의해 주어진 각 하류기업의 한계수익을 의미한다:

$$\begin{aligned} MR_1 &= 50 + \frac{p_2}{2} - q_1 \\ MR_2 &= 50 + \frac{p_1}{2} - q_2 \end{aligned} \tag{16.23}$$

각 회사의 한계수익과 상류 한계비용을 동일시하면 최적 반응 함수를 얻을 수 있다:

$$\begin{aligned} p_1 &= 25 + \frac{p_2}{4} + \frac{c_1}{2} \\ p_2 &= 25 + \frac{p_1}{4} + \frac{c_2}{2} \end{aligned} \tag{16.24}$$

p_1^D과 p_2^D을 풀면 하류기업의 가격은 다음과 같다.

$$\begin{aligned} p_1^D(c_1, c_2) &= \frac{2}{15}(250 + 4c_1 + c_2) \\ p_2^D(c_1, c_2) &= \frac{2}{15}(250 + 4c_2 + c_1) \end{aligned} \tag{16.25}$$

우리가 예측할 수 있듯이, 두 가격 모두 상류 투입물의 비용이 증가하고 있다. 이 가격들을 식 (16.22)의 하류 수요함수에 대입하면 다음과 같은 평형 하류 산출물이 도출된다:

4 B의 선택은 이익에는 영향을 미치지만 실제로 모형에서 나타나는 균형에는 영향을 미치지 않는다.

$$q_1^D(c_1, c_2) = \frac{2}{15}(500 - 7c_1 + 2c_2)$$
$$q_2^D(c_1, c_2) = \frac{2}{15}(500 - 7c_2 + 2c_1) \quad (16.26)$$

각 기업의 하류 생산량은 자체 비용은 감소하지만 경쟁기업의 비용은 증가하고 있다.

이제 각 하류기업의 이익을 해결해 보면 다음과 같은 것을 쉽게 알 수 있다:

$$\pi_1^D(c_1, c_2) = \frac{2}{225}(500 - 7c_1 + 2c_2)^2$$
$$\pi_2^D(c_1, c_2) = \frac{2}{225}(500 - 7c_2 + 2c_1)^2 \quad (16.27)$$

후속 분석을 위해 주목해야 할 중요한 점은 하류기업 i의 이윤은 자체 투입비용 c_i에서 감소하고 경쟁기업의 투입비용 c_j에서 증가하고 있다는 것이다.

이제 세 번째 단계를 고려해 보겠다. 만약 1단계에서 합병이 없다면 3단계에서는 합병이 없고 Bertrand 경쟁기업인 독립적인 상류기업들은 한계비용 $c^U = 0$으로 상류 제품을 공급한다. 이 경우 상류기업들은 짝수를 깨기만 하는 반면, $c_1 = c_2 = 0$인 식 (16.27)은 각 하류기업의 이윤을 의미한다:

$$\pi_1^D(0,0) = \pi_2^D(0,0) = 2{,}222.22 \quad (16.28)$$

반대로 단계 1에서 $U1$과 $D1$이 합병되어 회사 $F1$이 형성되었다고 가정해 보겠다. 위에서 언급했듯이 단계 2에서 게임의 두 가지 가능성을 고려한다. 이 중 첫 번째는 $F1$이 $D2$를 봉쇄한다는 것이다. 두 번째는 $F1$이 $U2$가 입력 가격을 설정하기 전에 입력 가격 c_{12}를 설정한다는 것이다.

$F1$이 2단계에서 봉쇄한다고 가정해 보겠다. 3단계 기업에서 $U2$와 $D2$가 합병되지 않으면 $U2$는 사실상 $D2$에 독점적인 공급자가 된다(Salinger 모델에서 본 것과 거의 동일한 방식으로). 최종 제품의 한 단위를 만들기 위해 상류 제품의 한 단위가 필요하기 때문에 투입가격 c_m를 설정하면 $U2$의 이윤은 $\pi_2^U(c^U, c_m) = (c_m - c^U)q_2^D(c^U, c_m)$이며, 여기서 $q_2^D(c^U, c_m)$은 식 (16.26)에 의해 $c_2 = c_m$ 및 $c_1 = c^U = 0$이 주어진다. 즉:

$$q_2^D(0, c_m) = \frac{2}{15}(500 - 7c_m);\ \pi_2^U(0, c_m) = \frac{2}{15}c_m(500 - 7c_m) \quad (16.29)$$

$U2$의 수요곡선을 역으로 하여 한계수익을 해결한 다음 이를 가정한 한계비용인 0으로 설정하면 최적의 상류 가격 c_m이 산출된다:

$$c_m = 250/7 = \$35.71 \quad (16.30)$$

이 가격을 (16.27)과 (16.29)에 대입하면 $U2$는 25,000/21, $D2$는 5000/9의 이익을 얻을 수 있다. 즉, $U2$와 $D2$가 $F1$의 합병 및 봉쇄에 대응하여 합병하지 않을 경우의 총 이익은 다음과 같다.

$$\pi_2^A(0, c_m) = 110{,}000/63 = \$1{,}746.03 \quad (16.31)$$

봉쇄전략으로 인한 $F1$의 이익은 다음과 같다.

$$\pi_1^D(0, c_m) = 1{,}280{,}000/441 = \$2{,}902.49 \quad (16.32)$$

이제 $U2$와 $D2$가 합병하여 기업 $F2$가 형성될 경우 어떤 일이 벌어질지 생각해 봅시다. $F1$과 $F2$는 모두 한계비용을 지불하고 상류기업 제품을 얻는다. 그 결과 $F1$과 $F2$의 이윤은 각각 식 (16.28)에 의해 \$2,222.22를 얻게 된다. 식 (16.31)과 (16.32)를 비교하면 $F1$이 $D2$에 앞설 경우 $U2$와 $D2$가 합병하여 $F1$의 이윤이 크게 감소할 것이다.

Salinger 모형에 대한 논의가 거의 끝날 무렵에 제안했듯이 수직적으로 통합된 기업의 클럽에 속한 사람들은 다른 기업들을 제외하고 싶어할 수도 있다. 수직적으로 통합된 경쟁기업과 맞붙는다는 것은 투입비용이 낮은 기업들과 경쟁한다는 것을 의미하며, 이는 극심한 가격 경쟁으로 이어질 수 있다. 따라서 $U1$과 $D1$이 합병하여 $F1$이 형성되었지만 $U2$와 $D2$가 같은 일을 하지 못하도록 막으려고 한다고 가정해 봅시다. 이러한 목표를 달성하기 위해 효과적인 전략이 있을까? OSS는 실제로 그러한 전략이 있다고 제안한다.

2단계에서 $F1$이 가격제한을 하지 않고 대신 투입단가 $c_{12} > c^U$로 $D2$를 공급한다고 가정해 보겠다. 위에서 언급한 바와 같이 $F1$은 $U2$가 투입단가를 정하기 전에 c_{12}를 설정하므로, 분명히 $U2$는 c_{12}를 인하함으로써 $D2$의 사업에서 승리할 수 있고 $c_{12} > c^U$이기 때문에 그렇게 할 인센티브가 있다. 그러나 가격 c_{12}를 인하함으로써 $F1$은 $U2$가 $D2$에게 부과할 수 있는 가격의 상한을 설정하여 $U2$와 $D2$의 합병에 따른 이득을 제한한다. 이를 보다 명확하게 보기 위해서는 다음 분석을 고려해야 한다.

$F1$이 한계비용 $c^U = 0$으로 자신의 하류부분을 공급하고 $U2$가 $D2$를 공급함에 있어 c_{12}를 인하한다는 점을 감안하면 $D2$에 대한 이익은 $c_1 = 0$이고 $c_2 = c_{12}$인 식 (16.27)과 같다:

$$\pi_2^D(0, c_{12}) = \frac{2}{225}(500 - 7c_{12})^2 \tag{16.33}$$

투입가격 c_{12}에서 $D2$를 공급한다는 점에서 $U2$에 대한 이익은 $c_{12}q_2^D(c^U,\ c_{12})$이다. 여기서 $q_2^D(c^U,\ c_{12})$은 식 (16.26)에서 $c_2 = c_{12}$와 $c_1 = c^U = 0$에서 주어졌다.

$$\pi_2^U(0, c_{12}) = \frac{2}{15}c_{12}(500 - 7c_{12}) \tag{16.34}$$

따라서 $U2$와 $D2$의 총 이익은 $\pi_2^A(0,\ c_{12}) = \pi_2^U(0,\ c_{12}) + \pi_2^D(0,\ c_{12})$이며 이것은 식 (16.33)과 (16.34)를 통해 도출된다.

$$\pi_2^A(0, c_{12}) = \frac{8}{225}(62{,}500 + 125c_{12} - 14c_{12}^2) \tag{16.35}$$

이 총 이익은 c_{12}에서 2차 그래프 형태를 갖는다. $c_{12} = c^U = 0$일 때, $\pi_2^A(0,\ 0) = 20{,}000/9 =$ \$2,222.22이다. 더욱이 $\pi_2^A(0,\ c_{12})$가 c_{12}가 0일 때, c_{12}에서 증가하고 있음을 쉽게 알 수 있다. 마지막으로 식 (16.30)과 (16.35)를 통해 $\pi_2^A(c^U,\ c_m) = 11{,}000/63 < \pi_2^D(c^U,\ c^U)$을 확인할 수 있다. 즉, $\pi_2^A(c^U,\ c_{12})$은 그림 16.4로 표현될 수 있다.

이러한 결과는 $F1$이 $U2$와 $D2$를 합병할 때보다 별도의 회사로 공동으로 수익성을 높이기 위해 설정할 수 있는 투입가격 $c_{12} < c^*$이 항상 존재한다는 것을 의미한다. 예를 들어 $c^* =$ \$8.83이다. $F1$은 이들의 합병을 방지함에 있어 수직적으로 통합된 단독회사로서의 지위를 유지할 뿐만 아니라 $U2$와 $D2$가 합병될 경우 직면하게 될 저가의 경쟁회사가 아닌 하류시장에서 고비용의 경쟁회사와 지속적으로 직면할 수 있도록 보장한다. 즉, $F1$은 $U2$와 $D2$의 합병을 방지하면서 c_{12}를 최대한 높게 설정할 유인이 있다. 식 (16.27)에서 $F1$이 $D2$를 투입가격 c^*으로 공

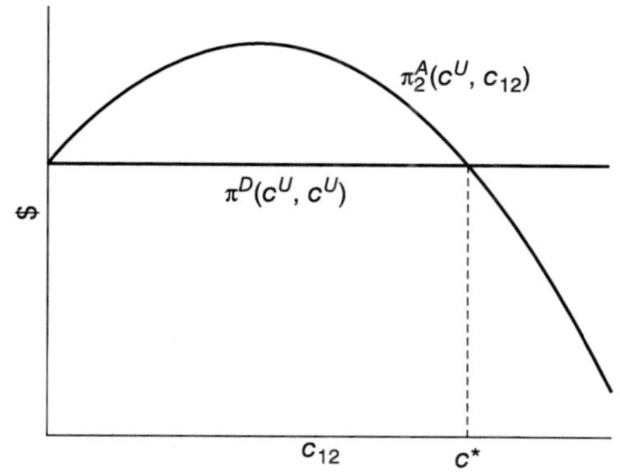

그림 16.4 전략적 공급 가격

만약 $F1$이 $D2$에 c^*보다 낮은 투입가격으로 공급하겠다고 제안한다면, 기업 $U2$와 $D2$는 합병하지 않는 것을 선호할 것이다.

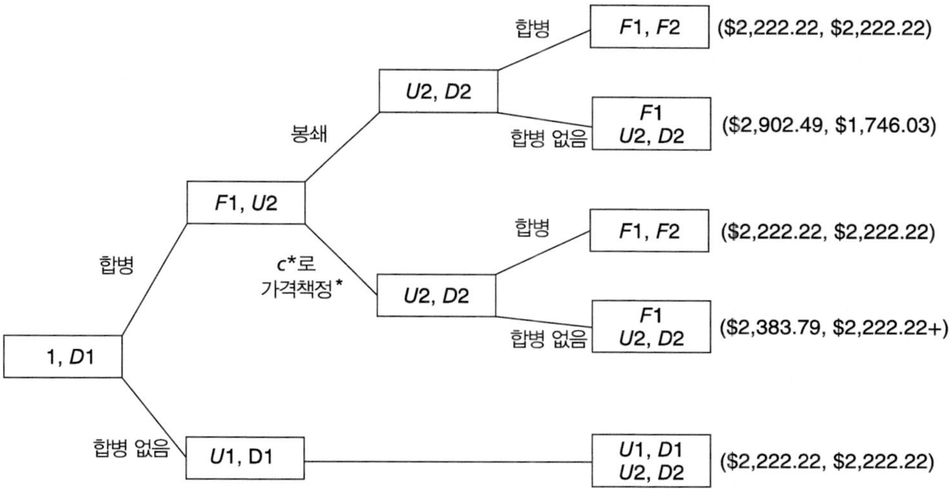

그림 16.5 $c_{12} = c^*$인 OSS 확장형 게임

급하겠다고 제안할 때 ($U2$에 의해 바로 밑도는) $F1$의 이익은 $\pi_1^D(0, c^*) = \$2,383.79$이다.

방금 개요를 설명한 OSS 분석은 그림 16.5에 나와 있으며, 여기서 4단계 게임의 확장된 형태를 보여준다.

$U1$과 $D1$이 1단계에서 병합하여 $F1$을 형성한다고 가정한다. $F1$이 2단계에서 봉쇄를 선택하면 $U2$와 $D2$는 3단계에서 병합을 선택하고 그 결과 $F1$은 이윤 $\pi_1^D(c^U, c^U) = \$2,222.22$를 갖게 된다. 반대로 $F1$이 c^*을 설정하고 $U2$는 이 값을 감소시킨다. c^*의 구성에 의해 우리는 $\pi_2^A(c^U, c^* - \varepsilon) > \pi_2^D(c^U, c^U)$이므로 $U2$와 $D2$가 병합하지 않기로 선택함을 알 수 있다. 결과적으로 $F1$은 \$2,383.79의 이윤을 갖게 된다. $F1$은 가격 $c_{12} = c^*$을 설정하는 것을 선호한다. 따라서 만약 1단계에서 $U1$과 $D1$이 병합된다면 합병된 회사는 2단계에서 가격 c^*으로 $D2$를 공급하겠다고 제안할 것이고, 그 결과 $U2$와 $D2$는 3단계에서 병합하지 않기로 선택하고 $F1$은 $\pi_1^D(c^U, c^*) = \$2,383.79$를 얻게 된다.

이제 $U1$과 $D1$이 1단계에서 병합하지 않기로 결정했다고 가정해 보겠다. 그러면 상류기업들은 가격 경쟁을 하고 투입가격을 한계비용 c^U로 책정하게 되며, 그 결과 하류기업들은 가격 경쟁을 하면서 $\pi_1^D(c^U, c^U) = \pi_2^D(c^U, c^U) = 2{,}222.22$를 얻게 된다. 분명 $U1$과 $D1$은 병합하는 것을 선호한다.

요약하자면, OSS 4단계 게임의 서브게임 완전 균형은 1단계에서 $U1$과 $D1$ 기업이 합병하여 $F1$을 형성하는 것이다. 그러면 $F1$은 2단계에서 $D2$를 매입가 c^*로 공급하고, 그 결과 3단계에서는 $U2$와 $D2$가 합병하지 않게 된다.

무엇보다도 경쟁자를 $c_{12} > c^U$ 가격으로 공급하는 전략은 완전한 봉쇄보다 전화 회사와 Alcoa가 비난 받아온 "압박" 가격에 훨씬 가깝다는 것을 주목해야 한다. $U2$와 $D2$의 합병을 방지하여 이중마진과 고비용 경쟁자의 존재를 보존함으로써, $D2$에 c_{12} 가격으로 판매하는 $F1$의 전략은 소비자에게 더 높은 가격으로 이어진다. 이는 경쟁의 발생을 막기 위한 행동이며, 따라서 진정으로 반경쟁적이게 된다. 이러한 모든 면에서 OSS 모델은 사실주의적인 분위기를 가지고 있다.

Chen(2001)은 OSS 분석을 확장하는데, 실제로는 봉쇄가 드문 것처럼 보인다는 경험적 규칙성에서 출발한다. 그는 통합기업과 독립생산자 $U2$가 제시하는 도매가격이 같을 때 독립적인 하류기업 $D2$가 통합생산자로부터 구매하는 것을 선호할 것임을 보여준다. 왜 그럴까? 그렇게 함으로써 $D2$는 통합기업에게 또 다른 수익원, 즉 $D2$가 하류기업에 더 많이 팔수록 증가하는 수익원을 제공하기 때문이다. 통합기업은 $D2$에게 판매하는 결과 하류시장에서 덜 공격적인 가격을 책정할 것인데, 이는 $D2$에 대한 투입물 판매에 대한 이익을 감소시키기 때문이다. 물론 덜 공격적인 하류 가격책정도 $D2$에게 도움이 되며, 그렇기 때문에 $D2$는 $U2$보다 통합기업으로부터 구매하는 것을 선호한다. 실제로 Chen(2001)은 수직합병과 관련된 비용 효율성이 존재하여 c^U가 통합기업에 떨어질 경우, 그 합병은 다른 종류의 봉쇄로 이어질 수 있음을 제시한다. 수직합병은 독립적인 하류기업을 공급원에서 차단하는 대신에 고객 없이 독립적인 상류기업을 남길 수도 있다.[5]

16.4 재평가와 적용: GE와 Honeywell의 합병

이제 이 장의 처음에서 언급한 GE-Honeywell의 합병으로 돌아가 보자. 이미 언급했듯이 유럽위원회는 이 합병을 승인하지 않았다. 이들의 논리는 위원회의 보고서로부터 추출한(335번째 절) 다음과 같은 표현으로 요약될 수 있다.

> 그러한 결합(bundling)에 대응할 능력을 갖지 못하고 있기 때문에 . . . [독립적인] 공급자들은 합병기업에게 자신들의 시장을 잃게 될 것이고, 그에 따라 즉각적으로 이윤이 감소하는 피해를 입게 될 것이다. 따라서 이 합병은 결과적으로 기존 항공기 플랫폼 시장에서 봉쇄를 유발하게 될 것이며 그에 따라 이 부문에서 경쟁의 제거로 이어질 것이다.[6]

5 Pepall and Norman(2001)은 Chen(2001)과 유사한 분석을 제공하는데, 이는 다시 여러 수직통합기업 간의 경쟁으로 이어지기 때문이다.

6 보고서 전체 내용은 *http://ec.europa.eu/comm/competition/mergers/cases/decisions/m2220_en.pdf*에서 볼 수 있다.

이러한 판단에 대해 살펴볼 점이 여러 개 있다. 첫째, 위원회가 우려를 표명한 "결합 *bundling*"과 그에 따른 불공정한 경쟁우위를 GE-Honeywell이 갖게 된다고 한 것은 앞에서 살펴본 이중마진의 제거와 같은 것이다. 이중마진의 제거는 이 장에서 살펴본 과점모형에서 합병기업에게 우위를 가져다준다. 제트엔진과 스타터 모터를 한데 묶는 것은 상류 제조회사를 하류의 소매회사와 결합하는 것과 경제적으로 동일한 것이다. 따라서 GE-Honeywell이 독립적인 경쟁기업들에 대해 어떤 우위를 갖게 된다는 위원회의 우려는 나름대로의 정당성을 갖는다.

합병이 봉쇄를 가져올 것인지와 만약 가져온다면 그로 인해 가격이 상승할 것인지는 별개의 문제이다. 이 문제는 부분적으로 초기의 경쟁상황에 달려 있다. 시장에 많은 제트엔진 생산기업과 항공전자 기업들이 있어서 시장이 매우 경쟁적이었다면, 이 합병은 매우 작은 반경쟁적 효과를 가질 수 있다. 상류시장과 하류시장의 경쟁상황이 봉쇄의 발생 가능성에 영향을 미치고 그에 따른 최종 시장결과에 영향을 미친다. 간단히 말해, 실제 시장에 대한 어느 정도의 이해가 전제되지 않으면 이 합병에 대해서 정확한 판단을 할 수가 없다.

합병 전의 두 시장은 경쟁적인 시장이 아니었다고 말하는 것이 공정한 표현일 것이다. 대형 상업용 항공기의 제트엔진 시장에서 GE가 차지하는 시장점유율은 28~52%에 이르는 것으로 추정되었고 주된 경쟁기업은 United Technologies의 Pratt-Whitney 부서와 Rolls-Royce Group 두 개밖에 없었다. Honeywell의 항공전자 시장에서의 시장점유율은 50%에 달했으며 경쟁기업으로는 Rockwell Collins(25%), Thales(15%), Smiths Industries(5%)의 세 기업이 있었다. 유럽위원회는 최종 판단에 이르는 과정에서 GE와 Honeywell이 차지하고 있는 확실한 지배적인 위치로 인해 다른 경쟁기업들이 합병하는 것이 불가능하다고 생각한 것 같다. 그에 따라 위의 발췌문에서 확실히 알 수 있는 것처럼 위원회는 GE가 경쟁자들을 봉쇄하여 제트엔진 시장에서 경쟁을 사라지게 할 것으로 우려했다.

위원회는 묵시적으로 경쟁기업들이 합병할 수 없을 것이라고 주장하고 있지만 이를 뒷받침할 수 있는 증거가 필요할 것으로 보인다. 그러나 이보다 더 중요한 것은 설령 봉쇄가 발생하더라도 그에 따라 나타나는 시장결과가 합병 이전의 시장결과보다 더 좋지 않을 것임을 보여주어야 한다. Salinger(1988) 모형에 대해 수치를 사용하여 앞에서 살펴본 결과는 시장이 더 나빠지지 *않는다*는 것을 보여주었다. 이 예에서 한 기업의 합병으로 경쟁기업에 대한 봉쇄가 이루어졌다. 그럼에도 불구하고 합병 후 하류가격은 $68.5가 되었으며 이는 합병 전 가격인 $76보다 훨씬 낮은 가격이었다. 이 예를 가지고 봉쇄로 인해 합병기업이 하류시장 전체에 대해 완전한 독점을 하는 경우를 살펴보더라도 소매가격은 여전히 $73로 하락하는 것으로 나타난다. 물론 이러한 계산은 형식화된 예에서 나타나는 수치일 수 있다. 그렇지만 이 예는 이중마진이 발생시키는 비효율성이 얼마나 큰 것인지를 알려주고 있으며, 또한 많은 경제학자들이 유럽위원회의 판단이 잘못된 것으로 생각하는 이유를 밝혀주고 있다.[7]

---

7 차별화된 제품시장을 가정하여 GE-Honeywell 사건에 대해 유사한 분석을 하고 있는 것으로는 Nalebuff(2004) 참조. 좀 더 정확하게 말해, 위원회는 봉쇄 외에 다른 것에 대해서도 우려를 표명했다. 그중 하나는 GE가 자신의 거대한 금융사업 부문을 이용하여 Pratt-Whitney와 Rolls-Royce가 할 수 없는 제트기 판매에 대한 금융지원을 할 수 있다는 불공정한 우위를 이미 갖고 있다는 것이었다. 또한 GE와 Honeywell이 대형 단거리 항공기 엔진 시장에 유일한 두 공급자라는 수평합병의 문제도 부각되었다.

현실 체크포인트

수직통합을 해볼 수 있을 때까지 해보기

최근에 육류산업처럼 수직통합의 전략적 이점을 공격적으로 추구해온 산업은 없을 것이다. 이 업에 있는 기업들은 농장의 생산에서부터 상점 계산대에 이르는 생산 및 판매에 이르는, 돼지고기 사업자들이 사용하는 표현으로는 "탄생에서 베이컨이 되기까지, 꿀꿀이에서 음식으로 되기까지"에 이르는 모든 측면을 관리하려는 일치된 노력을 보여주었다.

미국을 포함하여 전 세계적으로 가장 큰 돼지고기 생산자는 Smithfield Industries이다. 이 회사는 미국시장의 26%를 통제하고 있다. Smithfield는 제품이 지역 상점에 진열되는 것까지 포함하여 생산사슬의 모든 각 단계에 대해 소유권이나 의사결정권을 갖고 있다. 이 회사는 자신이 사육하는 돼지들의 DNA를 파악하여 그에 따른 사료를 먹인다.

이러한 통제의 장점은 분명하다. 수직적 통합을 통해 Smithfield는 수정과 번식을 직접 관리할 수 있으므로 무리의 지속 가능성을 위협하지 않고 새끼를 계속 공급할 수 있다. 사료와 유전적 제어를 통해 돼지의 살코기 및 기타 품질 특성을 표준화할 수 있다. 또한 Smithfield는 통합을 통해 돼지를 사육하는 창고 축사를 설계하여 가장 효율적인 공장 가동률을 보장하는 일정에 맞춰 돼지를 성숙시키고 도축할 준비를 마칠 수 있다.

Smithfield는 매년 2천만 마리에 가까운 돼지를 도축하여 50억 파운드 이상의 돼지고기를 생산하는 세계 최대의 돼지고기 생산업체지만, 조직 전략에 있어서는 혼자가 아니다. 돼지고기뿐만 아니라 가금류와 소고기를 모두 생산하며 세계 최대 육류 생산업체인 Tyson도 고도로 통합되어 있다. ConAgra와 Swift와 같은 다른 돼지고기 회사도 마찬가지이다. 돼지고기 사업에서 수직통합은 시대의 대세이다.

출처: S. Kilman, "Smithfield to Buy Hog Farmer Premium Standard," *Wall Street Journai*, September 19, 2006, p. A4; and S. Martinez, 2002 "A Comparison of Vertical Coordination in the U.S. Poultry, Egg, and Pork Industries," *Current Issues in Economics of Food Markets*, Agriculture Information Bulletin, AIB-747-05 (May).

16.5 복합합병

마지막으로, 살펴볼 합병은 복합합병 *conglomerate merger* 이다. 복합합병은 직접적인 대체재나 보완재가 아닌 제품들을 생산하는 기업들이 서로 합병하는 것이다. 복합합병으로 공통점이 별로 없거나 전혀 없는 다양한 제품들을 생산하는 기업들이 한데 뭉치게 된다. 미국의 경우 복합기업은 오랫동안 존재해 왔지만 특히 1960년대에 시작하여 1980년대 초반까지 이어진 미국의 합병 물결, 특히 앞부분의 시기에 발생한 합병 물결이 현재 있는 많은 복합기업들을 탄생시켰다. 문제는 복합합병에 대해 어떤 확실한 경제적 근거를 제시할 수 있는가이다. 그렇게 할 수 없다면 새로운 세기를 맞으면서 기업들이 다운사이징 *downsizing* 전략과 "핵심 사업 *core business*" 전략을 통해 서서히 변해가면서 점차적으로 수정되어 가고 있는 복합기업을 역사의 우연한 산물로 생각할 수밖에 없다. 그러나 복합기업의 출현을 뒷받침하는 여러 가지 이유가 있다. 이를 차례로 살펴보겠다.

16.5.1 복합기업과 관련된 경제성

범위의 경제와 거래비용의 절감은 복합기업이 얻을 수 있는 두 가지 이점이다. 범위의 경제 *scope economies* 란 다양한 재화나 서비스를 두 개 이상의 기업이 생산하는 것보다 하나의 기업이 생산하는 것이 더 낮은 생산비용을 발생시킨다는 것이다. 거래비용 *transaction cost* 은 재화나 서비스를 교환하기 위해서 외부 시장을 이용하는 경우에 기업이 발생시키는 비용을 말한다.[8] 거래비용에는 예를 들어, 알맞은 투입물을 찾는 데 드는 비용, 공급계약을 협상하는 데 드는 비용, 그러한 계약의 이행을 감독하고 강제하는 데 드는 비용, 공급여건의 예상치 못한 변화에 따른 위험 등이 포함된다.

범위의 경제는 주로 다양한 제품들을 생산하는 데 있어서 공동의 투입물을 사용할 수 있는 기업의 능력에 의해 발생한다. 동일한 생산라인은 여러 제품을 생산하는 데 사용될 수 있고, 마케팅 노력도 기업이 생산하는 여러 제품들 전체에 대해 행해질 수 있고, 연구개발의 결과는 다양한 제품들에게 적용될 수 있다. 또한 광고나 판촉 활동은 여러 활동들에 대해 범위의 경제를 보여준다. 이러한 측면을 주장하는 것은 복합합병에서 범위의 경제가 중요한 요소가 되기 위해서 합병하는 기업들이 유사한 시장들에서 판매하고 있다든지, 유사한 생산기술을 사용한다든지, 어떤 측면에서 서로 연관성을 가져야 한다는 것을 의미한다. 그러나 복합기업에 대한 자료는 이러한 가정과 일치하는 것으로 나타난다. Nathanson과 Cassano(1982)에 의한 세밀한 연구는 제품과 시장의 다양성이 적은 기업들이 많은 것처럼 목표로 하는 시장이나 사용하는 기술에서 공통성이 거의 없는 재화를 만들어내는 복합기업의 수도 많다는 결론을 내리고 있다.

거래비용은 특화된 자산이나 지식집약적 자산이 거래될 때 특히 중요하다. 어떤 두 재화 A, B를 생산하기 위하여 특별히 제작된 정교한 기계처럼 어떤 특화된 자산이 있다고 하자. 또한 A, B 재화의 시장이 적은 수의 생산자를 갖고 있어 높은 시장집중도를 보인다고 하자. 그리고 A 재화만을 생산하기 위해서 이 기계를 사용할 때 기계는 여유 생산량을 갖는다고 하자. 이러한 경우는 예를 들어 기계의 생산량에 비해 A의 수요가 한정되어 있을 때 나타날 수 있다. 이러한 여유 생산량이 존재한다면 이 기계 소유주는 B 재화도 같이 생산하기를 원할 수 있다. 이렇게 하기 위한 한 가지 방법은 복합합병, 즉 기계의 소유주가 A와 B의 생산을 합병하는 것이다. 그러나 Teece(1982) 외에 몇몇 학자들이 주장한 것처럼 이 경우 복합합병이 반드시 요구되는 것은 아니다. 이 기계의 소유주인 A 재화 생산자는 단순히 B 재화를 생산하는 생산자에게 기계의 여유 생산량을 임대해 줄 수 있다.

그러나 임대계약에는 잠재적 문제가 있다. B 생산자의 수가 적으므로 각자는 임대조건을 협상하는 데 얼마간의 독점력을 가질 것이다. 따라서 기계 소유주는 서로 자신에게 가장 좋은 조건을 얻기 위해 하는 협상에 따르는 비용과 위험이 매우 크다는 것을 발견할 수 있다. 복합화는 그러한 비용을 피하는 수단이 될 수 있다. 한 기업에서 A와 B를 동시에 생산하는 데 기계를 사용함으로써 기계 소유주는 협상과정에서 발생하는 돈과 시간이 드는 모든 실랑이를 피할 수 있다. 더 이상 그 기계를 사용할 때 얻는 이득을 서로 어떻게 나누는가에 대한 충돌이 발생하지 않으며 모든 이득은 동일한 소유주에게 돌아간다.

거래비용 문제는 특히 관련된 자산이 지식집약적이거나 정보집약적인 경우에 중요하다. 조직이 갖는 루틴(organizational routines)이나 특정 고객의 요구와 같은 지식은 일반적으로 기업 내 특정 개인이나 팀에 체화되어 있다. 따라서 그러한 인적자원을 "임대"하는 계약을 구현하는 것은 어렵다.

간단히 말해, 기업들 간의 계약과 관련된 거래비용을 최소화하려는 노력은 복합합병이 발생하는 이유를 어느 정도 설명하는 것일 수 있다. 그럼에도 불구하고 이러한 동기가 실제로 발

8 거래비용에 대한 좋은 설명은 Besanko 등(2007) 참조.

생하는 복합합병의 중요한 변수로는 보이지 않는다. 그 이유는 지금까지의 이야기가 복합기업의 모든 생산라인들에 공통적으로 사용되는 어떤 자산에 대한 것인데 그러한 생산자산의 공통성이 실제로 복합기업들의 특징으로 나타나지 않기 때문이다.

16.5.2 경영적 동기

범위의 경제, 거래비용절감 등 대기업 합병이 생산 효율을 높이는 이유에 대한 설명을 둘러싼 회의론이 일부에서는 다른, 덜 긍정적인 동기를 상정하게 되었다. 주주의 이익이 아니더라도 경영진의 이익에 부합한다는 것이 대안적인 동기이다. 왜냐하면 경영진이 결정권을 쥐고 있기 때문에 경영진의 이해관계가 우선시된다.

어느 정도 큰 공개 기업의 경우, 기본적으로 주주에게 속하는 회사의 소유권은 경영진에 속하는 회사의 경영권과 분리되어 있을 수 있다. 이러한 소유와 경영의 분리는 경영진의 성과를 주주들이 완전히 관찰할 수 있고 감독할 수 있는 경우에는 큰 문제가 되지 않는다. 그러나 완벽한 감독이 거의 불가능하며 그러한 감독의 부재로 인해 경영진은 적어도 어느 정도는 자신이 원하는 것을 추구할 수 있다. 그러나 경영진에게 가장 좋은 것이 주주들의 부를 극대화하는 방법에 의해 달성될 수 있는 경우에는 이러한 것이 문제가 되지 않을 것이다. 많은 기업들이 경영진에 대한 보상체계에 성과에 따른 보상 조항과 경영진에게 주어지는 스톡옵션 *stock option* 을 포함하고 있는 것은 이러한 양자 간의 이해관계를 조화시키려는 데 있는 것이다. 그럼에도 불구하고 주주의 이해관계와 경영진의 이해관계는 완전히 똑같을 수가 없다. 따라서 경영진은 주주에게 최대의 수익을 가져다주는 목표 외에 다른 목표를 추구할 수 있는 능력을 갖는다.

예를 들어 경영진에 대한 보상이 기업의 성장에 의해 주어진다고 해보자.[9] 자체적으로 성장을 달성하는 것은 절대로 쉬운 일이 아니다. 이를 위해서는 경쟁기업들의 시장을 뺏어 와야 하는데 이 경우 경쟁기업들이 자신들의 고객을 잃는 것을 가만히 참고 있지 않을 것이다. 또한 수평합병을 통해 성장을 추구하는 것도 이러한 인수가 규제당국의 감시를 받는다는 측면에서 녹록한 일이 아니다. 이러한 환경하에서, 설령 그것이 장기적으로 주주의 이해관계에 최대로 부합하는 것이 아니라고 하더라도 경영진이 복합합병을 선택하는 것이 놀랄 일은 아니다. 복합합병은 반독점 문제를 피해가면서 경영진이 원하는 성장을 달성할 수 있는 기회를 제공하는 것이다. 이러한 관점에서 볼 때, 미국에서 가장 큰 복합합병의 물결이 나타났던 기간이 미국의 반독점기관이 관련성을 갖는 기업들 간의 합병에 대해 매우 심한 감독을 하던 기간과 일치한다는 것은 매우 중요한 시사점을 갖는다고 할 수 있다.

경영진은 또한 위험을 최소화하는 수단으로 복합화를 추구할 수도 있다. 한 기업이 서로 구별되는 여러 시장에 관련하고 있을 때 그 기업은 달걀을 한 소쿠리에 담는 것을 피하게 된다. 그러한 다각화는 경영진에게 매우 중요한 것일 수 있다.[10] 주주들은 종종 경영진에 대한 보상을 기업의 이윤 성과와 밀착시키는 보상체계를 사용한다.[11] 이러한 관행이 경영진의 이해관계를

9 이 분석은 Mueller(1969)에서 자세히 다루고 있다.

10 이러한 관점에 대한 자세한 논의에 대해서는 Ahimud와 Lev(1981) 참조.

11 예를 들어, Boeing사는 1,500의 중역들에 대한 연간 스톡옵션 보상의 크기를 다음 5년간 이 회사의 주식가격과 연결시키고 있다. F. M. Biddle, "Boeing Links Managers' Stock Options to Five-year Performance of Shares," *Wall Street Journal*, February 26, 1998, p. B12.

주주의 이해관계와 더 밀착시키는 작용을 하는 것이 사실이지만 이는 또한 경영진이 직면하는 위험의 크기를 증가시키는 것이기도 한다. 이윤의 상승과 하락이 경영진의 잘못과 관계없는 것이라고 하더라도 그러한 이윤의 변동에 따라 경영진이 받는 보상도 변동하는 것이다. 경영진은 그러한 변동을 막기 위해서 복합화를 통해 기업이윤의 원천을 다각화하려고 할 수 있다. 이렇게 함으로써 많은 제품의 생산들에 발생하는 부정적이고 긍정적인 것이 서로 상쇄되어 기업의 이윤이 큰 요동 없이 나타날 수 있는 것이다. 이에 따라 회사 중역들의 파생 소득도 큰 요동 없이 좀 더 부드럽게 나타날 것이다. 이러한 것은 주주들이 좋아하는 것일 수도 있다. 왜냐하면 다각화가 되어 있지 않을 때 기업은 중역들에게 더 높은 위험을 부담하는 것에 대해 더 높은 봉급을 주는 식으로 보상하게 되기 때문이다. 이러한 현상은 경영진이 회사에 많은 투자를 해놓아 자신들의 노동에 대한 소득 외에도 자신들이 투자한 자본에 대한 소득도 동일한 위험에 처하게 될 때 더욱 크게 나타날 것이다.

경영적 위험을 다각화하는 수단으로 기업의 다각화가 이루어지는 것이라는 것을 보여주는 증거들은 Ahimud와 Lev(1981), May(1995)의 연구에서 발견할 수 있다. Ahimud와 Lev는 주주 중 아무도 주식의 10% 이상을 갖고 있지 않으면서 경영진의 기업 장악력이 높은 기업들에서 더 많은 다각화가 이루어지고 있다는 것을 발견했다. May는 자신들의 부 *wealth* 를 자신의 기업에 투자한 비중에 따라 CEO들을 구분하여 그러한 비중이 높은 CEO들이 복합화를 선호하는 경향이 있다는 것을 발견했다.

한편, 복합화를 통해서 바람직하지 않고 더 이기적인 경영적 목적을 추구할 수도 있다. 이러한 목적에는 자기보호와 지대추구 *rent-seeking* 가 있다. 복잡하게 얽혀 있는 기업을 운영하는 경영자를 대체하는 것은 더 힘들 수 있다. 기업이 복잡한 복합기업일 경우에 기존 CEO나 기타 중역들을 대체할 수 있는 다른 후보자를 찾기가 어려울 수 있다. 또한 조직이 더 복잡해질수록 주주들이 경영진을 감독하여 회사의 이윤을 빼먹는 경영진을 막는 것이 더 어려워질 수 있다. 이러한 문제들은 복합기업의 주식이 종종 (복합화에 따른 가치할인이 적용되어) 낮은 가격에 형성되고 있는 점에서 매우 현실적 것으로 나타나고 있다(Aggarwal and Samwick, 2003).

16.6 합병과 기업이론

합병은 한 회사가 다른 회사를 인수하는 것을 말한다. 이러한 구매를 통해서 합병기업은 이전에는 피합병기업에 속했던 물리적 유형자산—빌딩, 장비, 토지—과 명성, 브랜드 이름 등의 무형자산을 획득하게 된다. 어떠한 종류의 합병에서든 합병에서 최종적으로 제기되는 질문은 소유권의 변화가 합병 이전에는 할 수 없었던 그 어떤 것을 하게 하는가 하는 것이다.

수평합병의 경우에는 시장지배력의 강화 가능성이 동기의 한 부분을 이루는 것이 확실하다. 그러나 우리가 종종 목격하는 것은 수평합병 이후에도 시장지배력의 증가가 발생하지 않는다는 것이다. 이전 장에서 살펴본 합병의 역설은 합병으로 시장지배력을 증가시키기는 어렵다는 것을 말해준다. 수직합병의 경우에도 시장지배력을 증가시키려는 것이 합병의 동기라고 보기는 더 어렵다. 상류기업과 하류기업이 각각 합병 전 5%의 시장점유율을 갖고 있다고 할 때 이 시장점유율에 대한 소유권이 두 개의 서로 다른 기업에서 한 기업의 서로 다른 두 개의 부서로 이전한다고 하여 변하는 것은 없어 보인다.

상류기업과 하류기업의 경우 이중마진의 문제가 발생한다. 이 문제를 해결하는 수단으로 수직합병이 이루어질 수 있다는 것에 대해서는 이미 살펴보았다. 그러나 수직합병만이 유일한 수단은 아니다. 수직적으로 연관된 두 기업은 이중마진의 문제를 극복하기 위한 다양한 계약을 할 수 있으며 이러한 계약들은 두 기업을 하나로 합하게 만들 필요가 없게 만든다. 다음 장에서는 이러한 계약들에 대해 더 자세히 살펴볼 것이다. 여기서 제기하는 단순한 문제는 기업들이 계약을 이용하지 않고 합병을 하는 이유는 무엇인가 하는 것이다. 달리 말해, 왜 더 많은 기업들이 서로 합병하지 않는가, 무엇이 기업의 규모에 한계를 갖게 만드는가, 무엇이 기업들이 합병을 통해 점점 더 큰 기업으로 되는 것을 막고 있는가 하는 것이다.

이 질문들은 실제로 한 기업의 경계를 결정하는 것은 무엇인가에 대한 것이다. 한 제품을 독립적인 여러 회사들을 통해 생산하도록 조직하는 것과 한 기업의 여러 부서를 통해 생산하도록 조직하는 것의 차이는 무엇인가? 문제를 이렇게 볼 때, 기업의 경계를 결정하는 것이 무엇인가 하는 질문이 산업조직론에서 매우 중요한 질문임을 알 수 있다.

1970년대 후반부터 기업에 대한 여러 이론들이 개발되기 시작했다. 그동안 많은 연구들이 이루어져 왔기 때문에 이제 이 분야는 하나의 강의 주제나 하나의 독립분야로 자리 잡고 있다. 우리는 이 분야를 깊이 있게 살펴볼 수는 없고, 다만 기업의 규모를 제한하는 것이 무엇인지를 간략하게 살펴보기로 한다. 이 주제를 여기서 살펴보는 것은 순서상 적절한 것 같다. 왜냐하면 합병이 그러한 제한을 증가시키는 거래이기 때문이다.

신고전학파 이론은 거래당사자들이 거래를 통해 어떤 거래이득을 얻는지에 대해 말해주지 않고 있으며, 또한 기업들이 내부 부서들을 "분리하여" 개별 회사로 만들지 않고 왜 그대로 내부 부서들로 갖고 있는지에 대해서도 말해주고 있지 않다. 그러나 신고전학파 이론만이 그런 것은 아니다. 기업이론에 대한 다른 접근방법들도 마찬가지로 완전한 답을 주지 못하고 있다. 예를 들어, 기업에 대한 대리이론 *agency theory* 을 살펴보자. 이 견해에서는 생산에 관련된 여러 부서들이 서로 다른 개별 정보를 갖고 있을 때 적절한 인센티브를 제공하기 위해 탄생한 것이 기업이라는 조직이다. 예를 들어, 한 유리 공급자가 특정한 수량과 품질의 앞면 유리를 특정한 기한까지 공급하는 계약을 자동차 제조회사와 한다고 하자. 유리 공급자가 실제 생산되는 유리의 품질에 대해 완벽한 관리를 하기는 어려울 것이다. 그러나 유리 공급자는 특정한 품질 수준을 유지하기 위해 자신이 모든 노력을 기울였는지 그렇지 않았는지는 안다. 그러나 자동차 제조회사는 그에 대해 잘 알 수 없고, 낮은 질의 유리가 공급되었을 때 그것이 단순히 실수로 그렇게 된 것인지 아니면 공급자가 성실하게 일을 하지 않아서 그렇게 된 것인지 확신할 수 없다. 대리이론은 이러한 정보적 문제를 극복하기 위해 어떠한 종류의 계약이 필요하며, 계약 당사자들이 자신의 의무를 충실히 이행하도록 만들기 위해 어떠한 인센티브를 주어야 하는지를 파악하는 데 매우 유용한 통찰력을 제공하고 있다. 그렇지만 대리이론은 그러한 계약이 자동차 제조회사와 유리 공급자의 경우처럼 서로 분리된 두 회사 간에 이루어져야 하는지, 아니면 큰 자동차 제조회사가 자신의 자동차 앞면 유리를 생산하는 부서에 대한 적절한 인센티브를 주면서 자체적으로 생산해야 하는 것인지에 대해서는 말해주고 있지 않다.

이와 유사한 문제는 기업에 대한 거래비용적 접근방법에서도 똑같이 발생한다. 거래비용적 접근방법에서는 기업을 계약에 대해 협상하고, 해석하고, 강제하고, 다시 협상하는 데 드는 비용을 최소화하기 위한 조직으로 보고 있다. 그러나 그러한 비용이 기업에 의해서 정확하게 어떤 식으로 절감될 수 있는지에 대해서는 언급하고 있지 않다. *선험적으로* 한 기업 내의 두 부서 간에 발생할 수 있는 분쟁이 서로 분리된 두 기업 간의 분쟁보다 덜 문제가 된다고 가정할 수 있는 근거는 없다.

합병은 한 기업이 할 수 있는 활동의 한계나 경계에 대해서 경제이론이 말해주고 있는 것이 별로 없다는 것을 보여준다. General Motors가 자동차 차체를 다른 독립적인 공급회사로부터 구입하지 않고 자체적으로 생산하는 이유는 무엇인가? 회사 내의 부서들이 독립적인 별개의 회사가 되는 경우에 발생하는 이득과 손실은 무엇인가?

이에 대한 한 가지 답이 소유권에 초점을 맞추고 있는 Hart(1995)에 의해 주어지고 있다. 합병은 자산에 대한 소유권을 변화시키고 소유권은 통제권을 가져다준다. 자동차 앞면 유리를 생산하는 부서를 자체적으로 갖고 있는 자동차 제조회사는 자동차 조립부서와 유리 생산부서 간에 있을 수 있는 어떤 분쟁도 스스로 해결할 수 있는 위치에 있다. 이러한 사실이 반드시 분쟁에 따르는 비용을 최소화해 주지는 않는다고 하더라도 공유소유권 *common ownership* 은 그것이 확보되지 않는 경우에는 발생할 가능성이 낮은 효율성을 증가시켜 주는 투자를 가능하게 해줄 수 있다.

어떤 자동차 제조회사만 사용하는 어떤 품질과 스타일의 자동차 앞면 유리를 저렴하게 생산할 수 있는 어떤 기계가 있다고 하자. 이 경우 한 독립적인 유리 회사는 그러한 기계에 투자하지 않으려고 할 것이다. 왜냐하면 그렇게 하는 것은 자신을 어떤 한 자동차 제조회사에게 너무 밀착시키는 것이기 때문이다. 만약 그 기계에 투자한다면 자동차 제조회사와 어떤 분쟁이 생기는 경우에 그 기계로 생산하는 앞면 유리를 구입하는 다른 자동차 제조회사가 없기 때문에 매우 취약한 협상 위치에 놓이게 된다. 유리 공급자의 입장에서는 다른 회사들을 위한 유리도 생산할 수 있는 일반적인 장비를 사용하는 것이 자신의 위험을 줄이는 것이다. 이러한 일반 공정을 사용하면 자동차 제조업체가 지정한 특정 치수로 앞유리를 만드는 데 추가 비용이 발생하지만 이는 사실이다.

자동차 제조회사가 유리 회사를 인수하는 합병은 이러한 문제를 해결해준다. 앞면 유리의 생산을 자신의 한 부서에서 하게 만듦으로써 자동차 제조회사는 잠재적인 분쟁을 제거할 수 있다. 이제 자신이 앞면 유리 생산에 특화하는 기계를 구입할 수 있고, 또한 이러한 투자로 발생하는 이득을 어떻게 나눌 것인가에 대한 분쟁도 더 이상 없을 것이기 때문에 앞면 유리의 생산비용도 더 낮아질 것이다. 이러한 것들은 모두, 자산을 같이 소유하는 단일 주체인 공유소유주에게 돌아간다.

달리 말해, 공유소유권은 서로 다른 자산 간에 보완성(시너지 효과)이 존재하는 경우에 바람직한 것이다. 따라서 기업이 그러한 보완성이 존재하는 경우에는 언제나 결합시키고, 그러한 보완성이 없어지는 경우에는 언제나 분리시키는 행위를 하는 것은 당연히 예상할 수 있는 것이다. 기술변화는 항상 존재하며 또한 기술변화가 지속적으로 생산에서의 보완성을 변화시키고 있으므로 기업의 규모나 조직이 끊임없이 변화하는 것은 당연히 예상되어야 하는 것이다. 합병에 대한 이러한 접근방법은 빠른 기술혁신으로 생산기술이 크게 변하고 있는 통신산업에서 최근에 목격된 합병물결을 설명하는 데 도움을 준다.

16.7 실증적 적용: 레미콘 산업에서의 수직통합

레미콘 *ready-mixed concrete* 은 가장 널리 사용되는 건설 재료이다. 레미콘은 시멘트, 물, 모래와 자갈 등을 섞어서 만들어진다. 시멘트는 다른 것들을 서로 단단히 응고시키는 중간재 역할을 한다. 레미콘을 만드는 데는 전체 레미콘 무게의 12%를 시멘트가 차지해야 한다. 따라서 시멘트와 레미콘은 상류제품인 시멘트가 하류제품인 레미콘을 만드는 데 일정한 비율로 사용되어야 한다는 점에서 Salinger(1988), 그리고 Ordover, Saloner, Salop(1990)의 모형이 가정하고 있는 것과 같다. 따라서 레미콘 산업은 수직통합의 효과를 연구하는 데 있어서 매우 이상적 산업이다.[12]

Ali Hortaçsu와 Chad Syverson(2006)은 이 산업에서의 수직통합을 연구하는 것을 흥미롭게 만드는 또 하나의 측면을 지적하고 있다. 이는 20세기 후반부에 미국의 반독점정책의 변화가 레미콘 산업에서 잘 나타나고 있다는 사실이다. 1960년대에 시멘트 제조회사들은 레미콘 회사와 전방결합을 하는 데 관심을 가졌었고 그에 따라 이 시기에 수직통합된 공장의 퍼센트가 서서히 증가했다. 이러한 결합이 봉쇄 *foreclosure* 를 발생시키고 반경쟁적인 가격압박으로 이어지는 것을 우려한 미법무성은 이 산업에서 15건의 반독점소송을 제기했으며, 그에 따라 각 회사들이 자산매각 *divestiture* 을 하게 되었다. 이러한 공격적 정책은 추가적인 합병도 억제하여, 그 결과 1970년대에는 수직통합한 시멘트 회사의 비중이 눈에 띄게 줄어들었다. 그런 다음 1980년대에는 수직통합에 대해 훨씬 우호적인 "시카고 학파"의 접근방법이 반독점정책에 반영됨으로써 새로운 합병물결이 일어 콘크리트 산업에서의 수직통합이 크게 증가하였다. 마지막으로, 1990년대에는 "포스트-시카고 학파"의 견해가 수직통합에 영향을 미치게 되어 미국의 반독점정책이 전보다 덜 관대한 것으로 변했다. 이에 따라 콘크리트 산업에서의 수직통합은 다시 줄어들기 시작했다. 표 16.1은 이러한 변화를 보여주고 있다.

물론 미국 전역을 하나의 레미콘 시장으로 보기에는 레미콘 산업에서의 운송비용이 너무 높다. Hortaçsu와 Syverson는 Commerce Department의 자료를 사용하여, 1963~1997년에 348개의 지역시장이 존재한다는 것을 확인했다. 이들은 이 자료를 사용하여 각 지역시장에 따라 서로 다른 레미콘 가격이 이 시장에서의 수직통합의 정도와 어떤 체계적인 관계를 갖는지에 대해 살펴보았다. 이를 위해 $P_{it} = A + \beta VI_{it} + e_{it}$ 형태의 단순한 회귀분석이 사용되었다. P_{it}는 t 연도의 시장 i에서의 평균 콘크리트 가격(로그 형태로 측정됨)이고, A는 절편이며, VI_{it}는 t 연도의 시장 i에서 수직통합된 기업들이 차지하는 시장점유율이며, e_{it}는 평균값이 0인 오차항이다. 그러나 이러한 단순 회귀모형은 어떤 주어진 시장-연도의 콘크리트 가격에 중대한 영향을 미칠 수 있는 다른 많은 변수들을 빠뜨리고 있으며 그에 따라 회귀계수 β를 잘못 추정하게 한다.

우선, 여러 기간에 걸친 평균가격은 각 시장에서 서로 다를 수 있다. 예를 들어, 시카고시장의 시멘트 가격이 다른 시장에서의 시멘트 가격보다 항상 상대적으로 높게 나타나게 만드는 어떤 요소가 있을 수 있다. 이러한 효과는 각 시장마다 절편 항의 값을 다르게 함으로써 다루어질 수 있다. 또한 산업조직론이 제시하고 있는 것처럼 시장구조(HI로 측정)도 시장마다 가격이 다르게 나타나게 만드는 중요한 요소가 될 수 있다. 또한 해당 연도의 지역 건축산업으로부터 발

12 케이블 TV 산업의 수직통합에 대해서는 Chipty(2001) 참조.

표 16.1 레미콘 산업에서의 수직통합

연도	1963	1967	1972	1977	1982	1987	1992	1997
수직통합된 기업들의 시멘트 생산 비중	25.2	51.2	48.4	41.0	49.5	51.3	75.1	55.4

생하는 콘크리트에 대한 수요의 크기도 가격에 중대한 영향을 미칠 수 있다. 또한 앞에서 언급한 미국의 반독점정책의 변화에 따라 정확한 연도도 중요할 수 있다. 왜냐하면 반독점정책의 압력이 강했던 연도들에서는 약했던 연도들에서보다 기업들이 가격을 낮게 유지하는 노력을 했을지도 모르기 때문이다. 따라서 수직통합 정도의 변화에 의해서만 나타나는 가격변화 효과를 분리해서 살펴보기 위해서는 콘크리트 가격에 영향을 미치는 이러한 시간 특이한 *time-specific* 요소들과 다른 많은 요소들의 영향을 제거해야 한다. 이를 위한 가장 간단한 방법은 시장집중도 척도와 지역수요, 그리고 각 시장과 각 연도에 대한 더미변수 *dummy variable* 를 포함하는 것이다.

Hortaçsu와 Syverson(2007)은 시간과 시장에 따른 콘크리트 가격의 변화를 설명하는 회귀분석에서 이러한 조정을 포함하여 다른 조정도 포함하였다. 표 16.2는 이들의 회귀분석에서 나타난 중요한 결과를 보여주고 있다.

이 표에서는 시간과 시장을 나타내는 더미변수와 HI 지수와 건축수요에 대한 결과는 유의하지 않은 것으로 나타났기 때문에 표시하지 않았다. 첫 번째 열은 방금 언급한 통제변수를 제외하고, 지역시장에서의 수직통합의 정도만을 설명변수로 한 결과를 보여준다. 결과는 유의성을 갖는 음(–)의 효과로 나타난다. 이는 경제적으로 의미가 있는 것이다. 그들이 사용한 전체 샘플 자료에 대해 Hortaçsu와 Syverson(2007)은 수직통합된 기업들이 시장에서 평균적으로 31.5%의 시장점유율을 갖는 것을 확인했다. 첫 번째 열의 추정된 회귀계수가 의미하는 것은 그러한 시장에서는 수직통합된 기업들이 전혀 없는 시장에서보다 레미콘 가격이 4% 낮다는 것을 의미한다. 이러한 결과는 수직통합으로 발생하는 효율성이 어떠한 반경쟁적 효과를 상쇄하고도 남아 결국 소비자들에게 혜택을 가져다준다는 것을 말해주는 것이다.

나머지 두 열들은 콘크리트 가격에 중대한 영향을 미칠 수 있는 다른 두 변수들에 대한 결과를 보여준다. 두 번째 열에서 두 번째 독립변수는 두 개 이상의 공장을 갖고 있는 기업들의 영향을 파악하기 위해서 추가된 것이다. 이에는 모든 수직통합된 기업들 중 수평적으로 여러 공장들을 갖고 있는 기업들이 포함된다. 이 변수를 추가하는 것은 수직통합 변수가 단순히 수직통합만으로 인한 효율성 외에 서로 다른 공장들 간의 활동을 조정함으로써(예: 좀 더 정확히 시간에 맞춘 생산, 좀 더 낮은 운송비용 등) 발생하는 또 다른 효율성을 포함하고 있는 것인가를 살펴보기 위한 것이다. 이 변수는 유의성이 없는 것으로 나타나고, 따라서 첫 번째 열의 결과에 의미 있는 영향을 미치지 못하고 있다.

세 번째 열이 아마도 가장 흥미 있는 것일 것이다. Hortaçsu와 Syverson은 각 지역시장에서 나타나는 평균생산성을 나타내는 척도를 추가적인 회귀변수로 포함하였다. 이는 매우 중요한 변수이다. 이를 회귀분석에 포함한 결과, 수직통합이 갖는 효과의 크기가 감소했으며 그 통계적 유의성도 없어졌다. 이는 무엇을 의미하는가?

표 16.2 미국의 레미콘 가격을 설명하는 회귀분석의 결과

독립변수들	종속변수: 가중평균시장가격(로그)	종속변수: 가중평균시장가격(로그)	종속변수: 가중평균시장가격(로그)
수직통합기업의	−0.090*	−0.086*	−0.043
시장점유율	(0.041)	(0.041)	(0.039)
다공장 기업의 시장점유율	——	−0.015	0.001
		(0.022)	(0.024)
가중평균 총요소생산성	——	——	−0.293*
			(0.054)
R^2	0.433	0.434	0.573

*5%의 유의도 수준.

첫째, 직관적으로 생각할 때 기업들이 더 생산적인 시장에서는 콘크리트 가격이 더 낮을 것이다. 따라서 이러한 점에서 세 번째 열의 결과가 놀라운 것은 아니다. 둘째, 수직통합이 잠재적으로 두 가지 효과, 즉 더 높아진 효율성에 의한 가격하락 효과와 봉쇄 같은 현상에 의한 가격상승 효과를 갖는다는 것을 기억해야 한다. 생산성 변수를 포함하는 것은 모든 효율성효과를 통제한다는 것을 의미한다. 따라서 이 경우 수직통합 변수는 수직합병에 의한 가격상승 효과만을 확인하게 된다. 세 번째 열의 결과는 모든 효율성효과를 제거했을 경우에(효율성효과를 통제변수로 회귀분석에 포함했을 경우에) 수직통합이 가져오는 가격상승 효과가 매우 미약하다는 것을 말해주는 것이다. 마지막으로, Hortaçsu와 Syverson(2007)은 수직통합된 기업들이 더 높은 생산성을 갖는다는 것을 보여주는 다른 증거들을 제시하고 있다. 따라서 이 산업에서 수직통합이 가격에 어떤 영향을 미친다면 이는 효율성 증가에 의한 가격하락 효과이다. 이 결과가 전체적으로 의미하는 것은 적어도 미국의 레미콘 산업에서의 수직통합은 후생을 증진시켜 소비자에게 좋은 결과를 가져왔다는 것이다.

요약

이 장에서는 수직합병과 복합합병이라는 두 가지 형태의 합병에 대해 살펴보았다. 수직합병은 전형적으로 한 제품을 생산하기까지의 생산사슬상에서 다른 생산단계에 있는 기업들 간의 합병을 의미한다. 복합합병은 공통의 시장이나 공통의 제품을 거의 또는 전혀 갖고 있지 않는 기업들 간의 합병이다.

수직합병은 여러 가지 복잡한 문제를 발생시킨다. 수직합병은 이중마진을 없앰으로써 기업과 소비자 모두에게 혜택을 가져다줄 수 있다. 반면 수직합병은 경쟁기업에게 상류시장이나 하류시장을 봉쇄하거나 가격차별을 하는 수단이 될 수 있다. 이 두 가지 힘 중 어느 쪽이 더 크게 나타날 것인지를 판단하게 해주는 간단한 방법은 없다. 일부 학자는 수직봉쇄가 발생할 수 있다는 사실 자체가 나머지 독립적인 기업들도 수직합병하게 만들 수 있다고 주장한다. 만약 그렇게 된다면 수직합병으로 비효율성이 더 많이 제거된다. 그러나 앞에서 살펴보았듯이 수직통합된 기업은 뒤따르는 수직합병을 막고자 하는 동기를 가질 수 있고 또한 그를 위한 수단도 가질 수 있다. 특정한 사건에서 발생하는 이러한 문제들을 풀기 위해서는, 항상 그렇지만 특정한 사건의 현실적 상황이 어떤가를 면밀하게 평가하는 것이 전제되어야 한다.

그러나 수직합병기업에 의한 독립적인 경쟁기업에 대한 봉쇄와 가격압박이 가해지는 경우에도 수직합병으로 인해 최종 소비자들이 더 나은 상태에 있을 수 있다는 점은 주목할 만한 가치가 있다. 따라서 정책입안자들은 수직합병이 경쟁기업에게 불리하게 작용한다는 점에만 초점을 맞추어 수직합병을 나쁜 것으로 성급하게 판단해서는 안 된다. 반독점정책의 목표는 경쟁이 가져다주는 혜택을 보

전하는 데 있는 것이지 경쟁기업들의 부(富)를 보전해주는 데 있는 것이 아니다.

복합합병은 반독점의 시각에서 볼 때 아마도 가장 적은 문제를 가질 것이다. 그러나 바로 이런 이유 때문에 복합합병의 동기를 확인하기가 어렵다. 복합합병은 주주나 경영자의 위험을 최소화하려는 것을 반영하는 것인지도 모른다. 그러나 다른 수단들에 의해서도 그렇게 할 수 있는 것으로 보인다.

경제모형들이 보여주는 합병의 결과에 대한 모호한 결론은 실증분석에서도 나타난다. 현재까지 수직합병이 독점력을 크게 증가시켰다는 명확한 증거는 없다. 미국 레미콘 산업에 대한 최근의 한 실증분석은 수직통합이 생산효율성을 더 높여주고 소비자들에게는 더 낮은 가격을 가져다준다는 것을 보여주고 있다. 이론의 모호한 결론과 호의적인 실증분석의 증거가 합해져서 미국 정부로 하여금 제출된 수직합병 승인 건에 대해 전보다 훨씬 덜 공격적이고 훨씬 덜 경직된 입장을 갖도록 만들었다. 현재 수직합병은 어쩔 수 없이 각각의 경우에 대해 판단되고 있다. 경제모형이나 경제자료에 의해 확실한 결론이 내려지고 있지 않는 상황에서는 이러한 선택이 최선의 선택으로 보인다.

연습 문제

1. Norman International *whatsit*를 독점적으로 생산하고 있다. *Whatsit*를 한 단위 생산하는 데는 정확하게 한 단위의 *richet*이 투입물로 사용되며 다른 변동비용으로 단위당 $5가 발생하고 있다. *Richet*은 또 하나의 독점기업인 PepRich Inc.이 만들고 있다. *Richet*을 만드는 데 드는 변동비용은 단위당 $5이다. *Whatsit*의 역수요함수가 $p_w = 50 - q_w$라고 하자. p_w는 *whatsit* 한 단위의 가격이고, q_w는 Norman International이 판매하는 *whatsit*의 수량이다.

   a. Norman International *whatsit*의 가격 p_w를 책정하고, PepRich가 *richet*의 가격 p_r을 책정하면서 두 독점기업이 서로 독립적인 이윤극대화 기업으로 행동할 때 Norman International의 이윤함수를 적어보라. 이제 *whatsit*의 이윤극대화를 위한 가격을 richet 가격의 함수로 표현하고, 이 함수를 *richet*의 파생수요를 구하는 데 사용하라.
   b. 문제 a에서의 답을 이용하여 PepRich의 이윤함수를 표현하라. 이제 *richet*의 이윤극대화 가격을 도출해 보라. 이를 사용하여 *whatsit*의 이윤극대화를 위한 가격을 도출해 보라. *whatsit*과 richet의 판매량과 두 기업의 이윤을 계산해보라.

2. 이제 이 두 기업이 합병하여 NPR International이라는 기업이 되었다고 하자.

   a. NPR이 *whatsit*의 가격 p_w를 책정한다고 가정하고 NPR의 이윤함수를 적어보라. 이제 합병 이후에 이윤을 극대화하는 *whatsit*의 가격, *whatsit*의 판매량, NPR의 이윤을 계산하라.
   b. 이 합병이 두 기업의 결합이윤을 증가시키고 소비자 가격을 하락시켰다는 것을 확인하라. 이 합병으로 *whatsit* 시장에서 소비자잉여는 얼마나 증가했는가?
   c. 이 두 기업이 영원히 생존한다고 가정하고, 할인요소 *R*이 0.9라고 하자. PepRich가 Norman International을 인수하기 위해서 이 회사의 소유주에게 지불할 용의가 있는 최대 금액은 얼마인가? Norman International이 소유주가 받아들일 수 있는 최저 금액은 얼마인가? (*힌트*: 합병 전과 합병 후의 이 두 기업의 이윤흐름의 현재가치를 구하고, 이 두 기업 중 어느 기업도 인수로 인해 인수 전보다 더 나쁜 상황에 처하기를 원치 않는다는 점에 주목하라.)

3. PepRich가 해외 *whatsit* 시장에 자신의 제품을 판매할 기회를 갖는다고 하자. 이 시장은 독점기업인 FC Hu Inc.에 의해 지배되고 있으며, 이 회사는 *whatsit*을 만드는 데 Norman International이 발생시키는 비용과 동일한 비용을 발생시키고 있다고 하자. PepRich은 해외시장에 *richet*을 판매하기 위해서 *richet* 한 단위당 $2의 운송비용을 지불해야 한다. 이 해외시장에서 *whatsit*의 역수요함수는 $p_w = 40 - q_w/2$이다.

   a. 문제 1의 a에서와 같은 계산을 다시 해보라.
   b. 해외시장의 정부는 *richet*을 자신의 시장에 덤핑한다는 혐의로 PepRich에 대해 반덤핑제소를 하려고 계획

하고 있다. 해당 정부는 자신의 계산에 의해 그렇게 할 경우에 PepRich가 FC Hu를 인수하도록 만들 수 있다고 판단하고 있다. PepRich는 자금력의 한계로 인해 Norman International FC Hu 중 한 기업만을 인수할 수 있다. 해외시장의 정부는 자신의 계산을 정확하게 하고 있는가? (힌트: PepRich가 Norman International FC Hu에 대해서 가각 지불할 용의가 있는 최대 금액을 비교해 보라.)

4. 문제 1로 돌아가서 PepRich가 Norman International에게만 자신의 *richet*을 공급하고 있다고 하자. 그러나 이제 *whatsit*을 한 단위 생산하는 데 정확하게 한 단위의 *richet* 외에 한 단위의 *zabit*이 필요하다고 가정하자. Zabit은 또 하나의 독점기업인 ZabCor가 생산하고 있으며, 이 회사는 *zabit* 한 단위를 생산하는 데 $2.50의 변동비용을 발생시키고 있다.

   a. 이 세 기업이 독립적으로 행동하면서 자신의 이윤을 극대화한다고 하자. 이 경우 나타나는 *richet*, *zabit*, *whatsit*의 가격과세 기업의 이윤을 각각 계산하라.
   b. 이 세 기업이 모두 영원히 존속한다고 가정하고, 할인요소는 $R = 0.9$라고 하자. PepRich ZabCor Norman International을 인수할 것을 고려하고 있다. 이 두 기업 중 어느 기업이 Norman International을 인수하는 데 성공하겠는가? 인수가 되었을 때 *whatsit* 시장에서의 소비자잉여에는 어떤 결과가 나타나는가?

5. PepRich와 ZabCor의 소유주들은 Norman International을 인수하지 않고, 그 대신 서로 합병하여 PRZ라는 기업을 만드는 것에 대해 고려하고 있다. 이 경우 PRZ는 *richet*와 *zabit* 두 제품 모두의 생산을 관리하게 된다.

   a. 이 합병이 다음에 미치는 영향을 계산하라. (1) *richet*, *zabit*, *whatsit*의 가격, (2) 이 기업들의 이윤, (3) *whatsit* 시장에서의 소비자잉여.
   b. 다음 각각의 경우 어떤 합병이 선호되겠는가? (i) *whatsit*의 소비자, (ii) PepRich와 ZabCorp.의 소유주, (iii) Norman International의 소유주.

6. (더 어려움) Ginvir와 Sipep은 탄산음료시장에서 차별화된 제품을 판매하면서 베르트랑 경쟁을 하고 있는 경쟁기업들이다. 이 두 기업의 제품에 대한 수요는 다음과 같은 역수요함수로 나타난다.

$$\text{Ginvir의 역수요함수; } p_G = 25 - q_G - q_S$$
$$\text{Sipep의 역수요함수; } p_S = 25 - q_S - q_G$$

이 두 기업은 모두 음료를 만드는 데 시럽을 사용하며 시럽은 서로 경쟁하는 두 기업인 NorSyr와 BenRup에 의해 생산되고 있다. 이 두 기업은 시럽을 만드는 데 단위당 $5의 비용을 발생시키고 있다. Ginvir와 Sipep은 두 시럽 중 어느 시럽이든 사용할 수 있다.

   a. NorSyr와 BenRup의 경쟁이 시럽의 가격을 단위당 $5로 만든다는 것을 확인하라.
   b. 이에 따라 Ginvir와 Sipep이 갖게 되는 균형가격은 얼마이며, 이들의 이윤은 얼마인가?

7. 이제 Ginvir와 NorSyr가 합병하고 NorSyr는 Sipep에 시럽을 판매하려고 더 이상 경쟁하지 않는다.

   a. BenRup은 Sipep에 얼마의 가격에 시럽을 판매하겠는가?
   b. 합병 이후 3개의 기업이 얻는 이윤은 각각 얼마인가?
   c. BenRup과 Sipep은 서로 합병하려는 인센티브를 갖는가?

8. 16.3절의 쿠르노 경쟁 모형으로 돌아가서, 두 쌍의 상류-하류기업이 수직합병하는 경우에는 산업의 총이윤이 수직합병이 발생하기 전보다 감소한다는 것을 보여라.

9. (Hart와 Tirole 1990.) 상류 독점기업인 $U1$이 쿠르노 경쟁을 하고 있는 두 하류 생산기업 $D1$과 $D2$에게 자신의 제품을 공급하고 있다고 하자. 하류시장의 역수요함수는 $P = 100 - Q$이며, 상류와 하류에서의 한계생산비용은 0이다.

   a. 독점기업의 생산량이 50이고 독점이윤이 $2,500임을 보여라.

b. $U1$이 $D1$와 $D2$ 각각에게 25단위를 한꺼번에 묶어서 $1,250에 파는 계약이 있다고 하자. 각 기업은 이 계약을 거부하거나 받아들일 수 있다. 의사결정이 동시에 이루어지고, 또한 각 기업이 상대방 기업의 행동에 대해 완전한 정보를 갖고 있다고 가정할 때 내쉬균형은 각 기업이 이 제안을 받아들이는 것임을 보여라.

10. $D1$과 $D2$와의 거래가 비밀리에 이루어진다고 가정하자. 이는 이 두 기업 중 한 기업과의 거래가 먼저 이루어질 가능성이 있다는 것을 의미한다고 생각할 수 있다. 이 중 한 기업이 25단위를 $1,250의 가격에 구입하는 데 동의한다면, $U1$은 두 번째 25단위 꾸러미를 두 번째 기업에게 판매할 것을 제안할 수 있다.

a. 순차적으로 이루어지는 이러한 게임에서 첫 번째 하류기업은 $U1$의 제안을 절대로 받아들이지 않는다는 것을 보여라.

b. 하류기업 중 하나를 수직합병하고 다른 하류기업에 대한 공급을 봉쇄함으로써 $U1$이 $2,500의 독점이윤을 얻을 수 있음을 보여라.

참고문헌

Aggarwal, R. K., and A. Samwick, 2003. "Why Do Managers Diversify Their Firms? Agency Reconsidered," *Journal of Finance* 58 (February): 71–118.

Ahimud, Y., and Lev, B. 1981. "Risk Reduction as a Managerial Motive for Conglomerate Mergers," *Bell Journal of Economics* 12:605–17.

Besanko, D., D. Dranove, and M. Shanley. 2009. *Economics of Strategy* (5th ed.), New York: John Wiley and Sons.

Best, M. 1990. *The New Competition: Institutions of Corporate Restructuring*, Cambridge: Harvard University Press.

Chen, Y. 2001. "On Vertical Mergers and Their Competitive Effects." *Rand Journal of Economics*, 32 (Winter), 667–85.

Chipty, T. 2001. "Vertical Integration, Market Foreclosure, and Consumer Welfare in the Cable Television Industry," *The American Economic Review* 91 (June): 428–53.

Hart, O. 1995. *Firms, Contracts, and Financial Structure*, Oxford: Oxford University Press.

Hart,O., and J. Tirole. 1990. "Vertical Integration and Market Foreclosure,". *Brookings Papers on Economic Activity Special Issue* (February): 205–76.

Hortaç̧su, A. and C. Syverson. 2007. "Cementing Relationships: Vertical Integration, Foreclosure, Productivity, and Prices," *Journal of Political Economy* 115 (April): 250–301.

Krattenmaker, T., and S. Salop. 1986. "Anticompetitive Exclusion: Raising Rivals' Costs to Achieve Power Over Price," *Yale Law Journal* 96:209–95.

May, D. O. 1995. "DoManagerialMotives Influence Firm Risk-Reduction Strategies?" *Journal of Finance*, 50 (November):1291–1308.

Nalebuff, B. 2004. "Bundling: GE-Honeywell," in J. Kwoka and L. White, eds. *The Antitrust Revolution, Oxford*: Oxford University Press, 4th ed, 388–412.

Nathanson, D. A., and J. Cassano. 1982. "What Happens to Profits When a Company Diversifies?" *Wharton Magazine* 24:19–26.

Ordover, J. A., G. Saloner, and S. Salop. 1990. "Equilibrium Vertical Foreclosure," *American Economic Review* 80:127–42.

Pepall, L., and G. Norman. 2001. "Product Differentiation and Upstream Downstream Relations," *The Journal of Economics and Management Strategy* 10: 201–233.

Salinger, M. A. 1988. "Vertical Mergers and Market Foreclosure," *Quarterly Journal of Economics* 103:345–56.

Teece, D. 1982. "Towards an Economic Theory of the Multiproduct Firm," *Journal of Economic Behavior and Organization* 3:39–63

Industrial Organization
Contemporary Theory and Empirical Applications

제 17 장

수직적 가격제한

Vertical Price Restraints

차례

17.1 ▸ 수직적 가격제한을 향한 반독점정책: 역사와 이론
17.2 ▸ 이중마진에 대한 대응으로 수직적 가격제한
17.3 ▸ RPM 계약과 소매가격차별화
17.4 ▸ 소매 서비스 공급을 확실하게 하기 위한 RPM 계약
17.5 ▸ 소매가격의 유지와 불확실한 수요
17.6 ▸ RPM 계약과 결론
17.7 ▸ 실증적 적용: RPM 그리고 가격(LEEGIN 이후 증거)
요약
연습 문제

씨게이트나 웨스턴 디지털에 대해 들어본 적이 없을 수도 있다. 하지만 이 두 회사의 제품을 사용해 봤을 가능성이 높다. 이 두 회사는 노트북과 "클라우드"를 실행하는 컴퓨터를 포함하여 컴퓨터에 사용되는 하드 드라이브의 약 90%를 함께 생산한다. 즉, 씨게이트와 웨스턴 디지털이 판매하는 고객은 Apple, Dell, 휴렛팩커드 같은 기업들이다. 이 회사들은 데스크톱 및 노트북 컴퓨터를 조립하여 베스트바이, 스테이플스 등의 소매업체에 판매한다. 물론 Apple도 자체 소매점을 운영하고 있다.

하드 드라이브 제조업체와 컴퓨터 소매업체를 연결하는 것과 같은 수직적 체인이 일반적이다. 아르셀로미탈과 기타 철강 회사는 자동차 제조업체에 제품을 판매하고, 자동차 제조업체는 다시 완성된 자동차 제품을 조립하여 최종 소매 판매를 위해 딜러에게 유통한다. 마텔 토이즈는 *바비* 인형, *피셔프라이스*, *핫휠* 제품을 토이저러스와 월마트 같은 소매업체를 통해 판매한다. 켈로그는 크로거와 세이프웨이 같은 슈퍼마켓을 통해 즉석 시리얼을 판매한다. 각 단계의 관계에는 계약이 필요하다. 씨게이트와 웨스턴 디지털은 Apple, Dell, 휴렛팩커드와 계약을 체결하고, 이들 기업은 다시 베스트바이, 스테이플스 및 기타 소매업체와의 관계를 규정하는 계약을 맺는다. 철강 회사는 자동차 회사와 계약을 체결하고, 이 회사는 다시 자동차 딜러 등과 계약을 체결한다.

이러한 생산 및 유통 체인에 속한 회사들이 체결하는 계약은 필연적으로 서명 당사자에게 제한을 부과한다. 공급업체는 품질을 보증하고 최종 판매 촉진을 지원해야 할 수 있다. 소매업체는 제품을 눈에 잘 띄게 진열하고 다양한 서비스를 제공해야 할 수도 있다. 이러한 제한은 수직적 공급망의 맥락에서 발생하기 때문에 일반적으로 수직적 제한이라고 한다. 이러한 제한은 기업들이 더 잘 협력하는 데 도움이 될 수 있지만 두 가지 수준에서 경쟁을 제한할 수도 있다. 첫째, 수직적 제한이 서로 다른 제조 상품 간의 경쟁을 억제하는 데 사용될 가능성이 있다. 즉,

Apple, Dell, 휴렛팩커드가 모두 베스트바이를 통해 판매한다는 사실은 이들 기업이 서로 다른 브랜드 간의 경쟁, 즉 브랜드 간 경쟁을 억제할 수 있게 할 수 있다. 또는 여러 베스트바이 지점에서 각각 Dell 컴퓨터를 판매한다는 사실은 Dell 가격을 조정하여 브랜드 내 경쟁을 억제할 수 있다.

전통적으로 수직적 제한의 경쟁 효과에 대한 우려는 가격에 초점을 맞춘 제한과 비가격에 초점을 맞춘 제한으로 구분되어 왔다. 여기서는 이 이분법을 따른다. 이 장에서는 수직적 가격 제한에 대해 살펴본다. 다음 장에서는 수직적 비가격 제한의 효과에 대해 살펴본다.

17.1 수직적 가격제한을 향한 반독점정책: 역사와 이론

소매가격 제한의 주요 유형은 재판매가격유지(RPM)이다. 이러한 계약에 따라 제조업체와 같은 상류기업은 소매가격이 초과할 수 없는 상한선을 설정하거나 소매가격이 그 이하로 떨어질 수 없는 하한선을 설정한다. 이러한 계약 조항은 명시적으로 가격에 대한 계약이기 때문에 1911년 미국 대법원이 결정한 *Dr. Miles* 사건부터 오랜 기간 동안 이러한 모든 계약 조항은 *그 자체로* 미국 독점금지법 위반으로 간주되었다.[1] 이는 계약서에 최소 또는 최대 하류 가격을 명시했는지 여부와 관계없이 마찬가지였다.

그러나 이러한 포괄적인 접근 방식에 대한 예외는 금세 사라졌다. 1919년 *Colgate* 사건에서 대법원은 생산업체가 특정 소매가격 이하로 판매하는 업체를 계약 해지하겠다고 일방적으로 발표하면, 해당 가격 정책을 위반한 하청업체의 거래를 끊을 수 있다고 판결했는데, 이는 일방적인 결정이 실제로 가격 계약이 없었음을 의미하기 때문이다.[2] 그러다가 대공황 이후 미국 의회는 1937년 Miller-Tydings법을 통과시켰는데, 이 법은 RPM 계약을 반독점법 적용 대상에서 명시적으로 면제했다. 이후 1952년 McGuire 법이 제정되어 적어도 한 곳 이상의 소매업체와 제조업체가 계약한 경우, 계약에 서명하지 않은 기업에도 RPM 계약을 시행할 수 있도록 허용했다.

Miller-Tydings 및 McGuire 법안의 한 가지 허점은 법안의 효력을 발생시키기 위해 주 의회의 참여가 필요하다는 점이었다. 그러나 일부 주에서는 계속해서 RPM 계약을 금지했기 때문에 이러한 주에서는 RPM 계약이 합법화되지 않았다. 시간이 지남에 따라 RPM이 합법화된 주와 그렇지 않은 주 간의 가격 차이가 발생했다. 1975년 OPEC의 원유 가격 4배 인상으로 인해 인플레이션이 크게 발생하자 Miller-Tydings 및 McGuire 법안은 모두 폐지되었다. 이로써 모든 RPM 계약에 적용되는 강력한 불법성 추정이 다시 확립되었다. 하지만 *Colgate* 판결에 의해 확립된 제조업체의 할인 딜러 차단 권한은 제거되지 않았다.

이후 세 건의 법적 소송을 통해 제조업체의 소매가격 제한 권한이 크게 확대되었다. *Sharp Electronics* 사건[3]에서 법원은 다른 딜러의 불만 제기에도 불구하고 제조업체가 할인 딜러를 해지할 수 있도록 허용함으로써 *Colgate* 예외를 확대했다. 그 후 1997년 *State Oil vs. Khan* 사

1 *Dr. Miles Co. v. John D. Park and Sons, Co.*, 220 U.S. 373 (1911).

2 *United States v. Colgate & Co.*, 250 U.S. 300 (1919). 이러한 예외를 흔히 *Colgate 독트린*이라고 한다.

3 *Business Electronics Corp. v. Sharp Electronics Corp.* 488 U.S. 717 (1988).

현실 체크포인트

어제의 뉴스

재판매가격유지 계약은 다양한 동기와 다양한 법적 역사를 가지고 있다. 그러나 1968년 *Albrecht v. The Herald Co.* 사건은 이중마진으로 인한 높은 소매가격을 방지하는 것이 핵심적인 동기임을 분명히 보여준다. 이 사건에서 St. Louis *Globe Democrat* 민주당의 발행사인 Herald사는 조간신문을 특정 지역에만 독점적으로 배달하기 위해 고용한 여러 독립 통신사 중 하나인 Albrecht에 의해 법정으로 끌려갔다.

Herald는 각 신문에 *Globe Democrat*의 권장 소매가격을 인쇄했다. 1961년 Albrecht는 고객에게 Herald가 권장하는 가격보다 높은 가격을 청구하기 시작했다. 회사는 재빨리 이의를 제기했지만 Albrecht는 물러서지 않았다. 마침내 Herald는 결정적인 조치를 취했다. 다른 운송업체를 통해 Albrecht의 독점 영역을 "침범"하여 Albrecht의 고객들에게 더 낮은 권장 가격으로 신문을 배달하겠다고 제안한 것이다. 이에 Albrecht는 Herald의 행위를 가격담합 시도로 간주하여 소송을 제기했다. 이 사건은 1968년 미국 대법원까지 올라갔고, 법원은 Albrecht의 손을 들어주었다. Herald가 Albrecht에게 특정 가격을 강요한 행위는 가격담합에 해당하므로 *그 자체*로 불법이라는 판결이었다. 방어는 없었다.

Albrecht 사건은 많은 경제학자들에게 좋은 반응을 얻지 못했다. 다른 학자들도 이중마진화 문제와 일부 수직적 가격책정이 소비자에게 혜택을 줄 수 있다는 가능성을 인정했다. 이러한 학습은 점차 법원으로 퍼져나갔지만, 큰 전환점은 *State Oil* 대 *Khan*의 판결로 이루어졌다.

Barkat Khan은 State Oil로부터 휘발유를 공급받는 중서부 지역의 휘발유 딜러였다. 석유 회사는 갤런당 3.25센트를 초과하는 가격 인상을 설정한 모든 딜러에게 초과 인상분을 회사에 리베이트해야 한다고 요구했다. Khan은 이 상한선을 초과하기 시작했고, State Oil이 불만을 제기하자 Albrecht와 마찬가지로 가격담합을 주장하며 다시 소송을 제기했다. 1997년 극적인 판결에서 법원은 State Oil의 손을 들어주었을 뿐만 아니라 *최고* 가격을 명시하는 수직적 가격 계약은 더 이상 *그 자체*로 불법이 아니라는 명시적인 입장을 밝혔다. 대신, 수직적 가격 계약은 그 사용에 정당한 이유가 있고 경쟁을 실질적으로 감소시키지 않는다는 점을 입증할 수 있는 경우에만 허용될 수 있다. Albrecht 사건은 어제 나온 뉴스이다.

출처: *Albrecht v. The Herald Co.*, 390 U.S. 150 (1968), and *State Oil v. Khan*, 522 U.S. 3 (1997). See also, L. Greenhouse, "High Court, in Antitrust Ruling, Says Price Ceilings Are Allowed," *The New York Times*, November 5, 1997, p. AL.

건에서 법원은 *최고* 가격 또는 가격 상한선을 설정하는 RPM 계약에 대해 명시적으로 위법성을 부인하는 방향으로 나아갔다. 가장 최근에는 2007년 *Leegin* 사건에서 법원은 *Dr. Miles 자체* 판결을 뒤집고 최대 가격이든 최소 가격이든 모든 재판매 가격 계약에 대해 합리성 원칙 테스트를 적용해야 한다고 판시했다. 요컨대, 최초의 *Dr. Miles* 1911 판결에도 불구하고, *그 자체* 접근 방식에 대한 예외와 면제는 항상 RPM 계약을 규율하는 법적 프레임워크의 일부로 존재해 왔다. *Khan*과 *Leegin* 사건과 같이, 이러한 예외는 규칙이 되었으므로 이제 RPM 계약이 이성의 규칙 접근법을 사용하여 평가된다.

17.2 이중마진에 대한 대응으로 수직적 가격제한

앞서 언급했듯이 수직적 가격제한은 수직적으로 연결된 기업들이 의사 결정을 더 잘 조정할 수 있게 해준다. 이는 기업뿐만 아니라 소비자에게도 이익이 될 수 있다. RPM의 이러한 긍정적인 효과의 가장 대표적인 예는 지난 장에서 논의한 이중 한계화 *double-marginalization* 문제이다. 기본 주장을 상기해 보겠다. 한계비용이 일정한 독점 제조업체가 단순화를 위해 한계비용이 상류 *upstream* 또는 도매가격 P^U으로 가정된 독점 소매업체에 판매한다고 가정해 보겠다. 주어진 수요함수는 $P^D = A - BQ$이며, 소매업자는 그들의 소매가격을 $P^D = (A + P^U)/2$로 세팅하여 수익을 극대화한다. 그러나 상류 제조업체가 이익을 얻으려면 도매가격에 원가보다 높은 마크업 m이 포함되어야 한다. 즉, $P^U = c + m$이 되어야 한다. 따라서, 소매가격은 $P^D = (A + c + m)/2$이 되어야 한다. 하지만 상류와 하류 수익을 합친 최대 소매가격은 $P^{D*} = (A + c)/2$이 되야 한다. 따라서, 제조업체가 모든 이윤을 포기하고 m을 0으로 설정하지 않는 한, 즉 마크업 중 하나를 제거하면 하류 가격이 두 회사의 총 이익을 극대화하는 가격보다 높아지는 이중 마크업 문제를 해결할 수 있다.

16장에서는 수직합병을 통해 이러한 이중 소외 문제를 해결할 수 있음을 설명했다. 그러나 RPM 계약은 다른 해결책을 제시한다. RPM 계약에서 제조업체는 최대 소매가격을 공동 이익 극대화 가격인 $P^{D*} = (A + c)/2$와 동일하게 규정할 수 있다. 제조업체가 도매가격도 이 수준으로 설정하는 경우[$m = (A - c)/2$로 설정하는 경우] 제조업체는 원칙적으로 최대 이익 전체를 배분할 수 있다. 실제로는 이것이 어려울 수 있으며 제조업체는 가격을 $P^{D*} = (A + c)/2$로 유지하면서 더 작은 마크업에 만족해야 할 수도 있다. 여기서 중요한 점은 P^{D*}가 제조업체와 소매업체에 돌아가는 총 이익 파이를 극대화하는 소매가격일 뿐만 아니라 RPM이 없을 때보다 낮은 소매가격이라는 것이다. 따라서 RPM 계약은 생산자와 딜러, 소비자에게 이익이 된다.

하지만 제조업체의 문제에 대한 대안적인 해결책이 있다는 점에 유의해야 한다. 이는 6장에서 설명한 것과 유사한 두 부분으로 구성된 가격 계약을 사용하는 것이다. 구체적으로 제조업체는 한계비용 c와 동일한 도매가격 r로 소매업체에 판매할 수 있다. 이렇게 하면 소매업체는 독점이윤극대화 가격인 $P^D = (A + c)/2$를 설정하고 최대 이윤 $(A - c)^2/4B$를 얻을 수 있으며, 제조업체는 선불수수료로 이윤을 확보할 수 있게 된다. 이 부분은 이 장의 뒷부분에서 다시 설명하겠다.

17.1 ▸ 실습문제

Tiger-el은 어떤 지역에 있는 유일한 장난감 소매점인 Great Toy Store에 도매로 전기기차 장난감을 판매하는 상류의 장난감 제조회사이다. 전기기차의 소매시장의 역수요함수는 $P = 1{,}000 - 2Q$이다. Q는 판매되는 장난감 기차의 수이다. Great Toy Store는 장난감 기차를 파는 데 어떤 비용도 발생시키지 않으며, 발생하는 유일한 비용은 구매하는 장난감 각 단위에 대해 지불하는 도매가격이다. Tiger-el은 장난감 기차 한 대당 $40의 생산비용을 발생시키고 있다.

a. Tiger-el은 자신의 장난감 기차에 대해 어떤 도매가격을 책정해야 하는가? 소매시장에서 기차는 얼마에 팔리는가? 몇 개의 기차가 팔리는가?
b. a에서 나타난 가격하에서 Tiger-el과 Great Toy Store는 얼마의 이윤을 얻는가?
c. Tiger-el이 장난감 기차를 생산비용에 Great Toy Store에게 판매하면서, 판매되는 장난감 기차 한 대당 그 가격의 66.67%를 로열티로 받아간다면 이 장난감의 소매가격과 판매량은 얼마가 되는가? 이제 각 기업의 이윤은 얼마가 되는가?

17.3 RPM 계약과 소매가격차별화

소매상이 자신의 수요곡선상에서 나타나는 "소비자들이 어떤 소비자들인지"를 알아낼 수 있고 이들을 서로 다른 그룹으로 분리시킬 수 있다면 자신의 동일한 제품에 대해 소비자 그룹에 따라 다른 가격을 책정함으로써 자신의 이윤을 증가시킬 수 있다. 소매상은 수요의 가격탄력성이 더 낮은 고객들에게 더 높은 가격을 책정하려고 할 것이다. 쿠폰, 수량할인, 가격의 차이가 생산비용의 차이를 반영하지 않는 품질의 차이, 그리고 시장분할 등은 모두 소매상이 가격차별을 위해서 사용하는 수단이다. 그러나 가격차별로 인해 소매상의 이윤은 증가할 수 있지만 그로 인해 상류 제조회사는 어려운 상황에 빠질 수 있다.

소매가격에서의 가격차별이 어떻게 제조회사에게 문제를 발생시키는가를 살펴보기 위해 앞의 예제로 돌아가 보자. 이제 소매상이 서로 분리된 두 시장에서 판매한다고 하자. 각 시장에서 소매 수요는 $P = 100 - Q$로 표시되며, 여기서도 유일하게 발생하는 소매비용이 제조회사가 책정한 도매가격뿐이라고 하자. 한 시장에서 이 소매상은 독점기업이며, 다른 시장에서 이 소매상은 잠재적인 경쟁기업으로부터의 베르트랑 경쟁에 직면한다고 하자. 여기서 경쟁기업은 제조회사로부터 제품을 r로 사들인다. 소매업자는 첫 번째 시장에서 도매가격 r에 자신의 이윤을 더한 가격으로 판매할 수 있다. 두 번째 시장에서는 베르트랑 경쟁으로 인해 이 소매상은 r의 가격에 판매할 수밖에 없다. 여기서도 제조회사의 단위비용은 $c = \$20$라고 하자.

한 소매업체가 두 시장에서 판매를 하지만, 제조업체는 각 시장에서 판매되는 상품에 대해 해당 소매업체와 별도의 계약을 체결할 수 없다고 가정한다. 또한 두 개 이상의 소매업체가 있는 경우 제조업체가 각 소매업체에 동일한 조건을 제시해야 한다고 가정한다. 즉, 소매업체는 차별할 수 있지만 제조업체는 차별할 수 없다. 우리는 이중 한계 문제를 피하기 위해 하나의 계약에 도매가격 r과 사전 가맹점 수수료 T를 모두 지정할 수 있도록 할 것이다. 제조업체의 문제는 T와 r을 선택하여 총 이윤을 극대화하는 것이다. 각 시장에서 이윤을 극대화하는 독점 가격은 \$60임을 알 수 있다. 이 가격을 고수할 수 있다면 각 시장은 \$1,600의 이윤을 창출할 것이다.

RPM 계약이 없다면, 제조업체가 r과 T를 선택하는 것은 명백한 절충안을 부과한다. r을 한계비용 $c = 20$달러와 같게 설정하고 고정요금 T를 사용하여 이 전략이 창출하는 이윤을 주장하는 전통적인 전략은 독점시장에서 잘 작동한다. 거기서 $r = c = 20$달러를 마주한 소매업체는 가격 $P^D = 60$달러를 설정하고 최대 독점이윤인 1,600달러를 달성할 것이다. 그러나 나머지 시장에서의 경쟁은 도매가격도 해당 시장의 소매가격인 $P^D = r$이 됨을 의미할 것인데, 두 소매업체는 모두 가격 r에 상류에서 구매하기 때문이다. 결과적으로 이 시장에서 고정요금 T에 의해 청구될 이윤은 없을 것이다. 두 시장 모두에 효과가 있는 유일한 2부 요금제 *two-part tariff* 는 $T = 0$이며, 이는 사실상 단일 부분 관세에 불과하다. 이를 인식하면, 제조업체는 단순히 $r = 60$달러(그리고 $T = 0$)를 설정하는 것만으로도 이윤을 얻을 수 있을 것이다. 이 경우, 경쟁시장가격도 60달러이고 제조업체는 해당 시장에서 1,600달러를 벌게 된다. 불행히도, $r = 60$달러인 경우, 소매업체는 독점시장에서 $P^{D-} = 80$달러의 가격을 설정하여 20개단 판매할 것이다. 그러면 제조업체는 이 시장에서 예상되는 1,600달러의 절반인 (\$60 − \$20) × 20 = 800달러의 이윤만 얻게 될 것이다.

이 장의 부록에서 우리는 RPM 계약이 없는 경우 제조업체가 할 수 있는 최선의 방법은 도매가격 52달러를 책정하는 것이며, 이로 인해 두 시장 모두에서 $2,304의 이윤이 발생한다는 것을 보여준다. 독점시장과 경쟁시장의 소매가격은 각각 $76와 $52이다. 각 시장의 이윤극대화 소매가격 $60에 비해 독점시장에서는 가격이 너무 높고 경쟁시장에서는 가격이 너무 낮다.

이 설정에서 RPM 계약의 매력은 분명해야 한다. 제조업체는 고정요금(set $T = 0$)을 계속 포기할 수 있지만, 이제 $r = 60$달러의 도매가격을 책정하고 소매가격은 이 금액을 절대 초과할 수 없다는 RPM 계약을 부과한다. 이렇게 하면 각 시장에서 원하는 소매가격은 60달러가 되고 최대 제조업체 총 이윤은 3,200달러가 된다.

위의 두 시장 이야기는 다소 작위적이지만, 그럼에도 불구하고 일반적인 원칙을 보여주는 유용한 사례로 작용한다. 소매업체가 가격을 차별하는 능력의 원천이 무엇이든 간에, 그러한 차별은 RPM 조항을 포함하지 않는 한 상류 제조업체는 전체, 제조 및 소매 이익을 극대화하는 도매 계약을 체결하기 어렵게 만든다. RPM 계약이 없다면 소매가격은 수요가 더 탄력적인 소비자에게는 너무 낮고 수요가 덜 탄력적인 소비자에게는 너무 높은 경향이 있을 것이다.[4]

위의 현실 체크포인트에서 언급했듯이, *State Oil vs. Khan* 사건에서 대법원의 판결은 최대가격을 명시한 RPM 계약에 대한 가정을 삭제했다. 이 사건에서 State Oil은 유통업체에 최대 소매가격을 부과했고, 이 중 하나인 Barkat Khan은 *프리미엄 구매자*에게 그 가격을 초과하려고 했다. 동시에 그는 일반 등급 연료 소비자에게 낮은 가격을 유지하고 싶었다. 즉, Khan은 가격차별을 원했기 때문이다. 이후 대법원이 정당화한 RPM 계약은 이러한 가격차별을 방지해야 한다는 State Oil의 필요성에 의해 부분적으로 동기가 부여된 것으로 보인다. 이는 결국 이러한 동기가 RPM 계약을 보다 일반적으로 촉진하는 데 있어 중요할 수 있음을 시사한다.

17.4 소매 서비스 공급을 확실하게 하기 위한 RPM 계약

앞의 두 절에서는 소비자가 지불하는 가격의 상한선을 설정하기 위해 RPM 계약을 사용하는 방법에 대해 살펴봤다. 가격차별의 경우에도 이중마진은 매우 중요한 역할을 한다. 문제는 소매업체가 탄력성이 낮은 시장 부문에 부과되는 가격에 항상 더 높고 두 번째 마크업을 추가하고 싶어한다는 것이다. *Albrecht*와 *Khan*의 사례(위의 현실 체크포인트 참조)에서 알 수 있듯이 소매가격의 상한선을 설정해야 하는 것은 분명히 이러한 수직적 제한을 초래하는 요인 중 하나이다. 그러나 이중마진과 하류 마크업을 제한해야 하는 필요성이 관찰된 RPM 계약에 대한 유일한 설명이거나 심지어 주요 설명일 수 있다고 의심할 수 있는 여러 가지 이유가 있다.

먼저 이중마진화 문제는 상류시장과 하류시장이 모두 불완전경쟁으로 특징지어질 때만 발생한다는 점에 주목한다. 하류시장이 경쟁적이라면, 제조사는 이 가격을 더 왜곡하는 두 번째 마크업을 두려워하지 않고 $PU = P^{D*}$의 상류 가격을 설정할 수 있다. 마찬가지로 상류시장이 경쟁적이라면 도매가격은 한계비용 c와 같으며, 어떤 하류 마크업도 P^{D*}보다 더 큰 가격을 초래하지 않을 것이다.

게다가 상류시장과 하류시장 모두에 시장지배력이 존재하는 경우에도 이중마진화 문제에 대한 RPM이 아닌 다른 해결책이 존재할 때가 많다. 17.2절의 단일 시장 사례에서 언급했듯이,

4 Chen(1999) 참조.

2부 요금제가 종종 문제를 해결할 수 있다. 가격차별의 경우에도, *최소* 소매가격에 기초한 대체 계약이 효과를 볼 수 있다. 구체적으로, 제조업체는 도매가격을 20달러로 정하고 소매가격이 60달러 *아래로* 떨어지지 않도록 RPM 요구 사항을 부과할 수 있다. RPM 가격 바닥 덕분에 경쟁적인 시장가격 60달러가 될 것이다. 소매 이익 독점 덕분에 독점된 시장에서 소매가격 60달러가 될 수도 있다. 그러면 제조업체는 $T = 1600$달러의 선불수수료를 통해 1,600달러를 청구할 수 있다.[5]

마지막으로, 연방정부와 주정부 차원에서 RPM 계약을 합법화하고 시행하기 위한 노력을 지속적으로 주도한 것은 주로 소매 로비였다는 것이 역사적 증거이다. 또한 Overstreet(1983)와 Steiner(1985)가 모두 기록한 바와 같이, RPM 법정 사건의 대부분은 최대 가격이 아닌 최소 소매가격의 설정이 문제였던 사건이었다. Pickering(1966)은 영국에서도 유사한 증거를 제시했다.

왜 지금까지 우리의 분석이 RPM 최소 가격 제한을 강조하지 않았는지에 대한 단서는 소매업을 생산과 최종 소비 사이에 발생하는 추가적인 단계로만 간주해왔기 때문이다. 이 접근 방식은 통찰력이 있지만 소매업체에게 실질적인 긍정적인 역할을 통합하지는 못한다. 그러나 슈퍼마켓, 할인 체인점, 백화점과 같은 소매업체는 제조업체에게 가치 있는 다양한 서비스를 제공한다. 그들은 고객 만족도와 제조업체 제품의 원하는 변화에 대한 정보를 수집할 뿐만 아니라 바람직한 선반 공간 제공, 대형 디스플레이, 광고 및 제품 시연과 같은 가치 있는 서비스를 제공한다. 이러한 서비스는 제조업체 제품의 마케팅과 판매에 중요한 역할을 할 수 있다.

잡지 산업을 생각해 봅시다. 현재 미국 잡지의 단권 판매에서 슈퍼마켓과 할인 체인이 차지하는 비중은 60퍼센트가 넘는다. 그러한 판매는 완전한 비구독 가격으로 이루어지기 때문에 출판사들에게는 수익성이 높고 매우 중요하다. 하지만 출판사들은 잡지를 판매하기 위해 소매업체들의 노력에 크게 의존해야 한다. 예를 들어 계산대 근처에 눈에 띄는 진열대가 있으면 판매를 크게 늘릴 수 있다. 광고나 유명인의 가게 홍보 방문도 마찬가지이다. 출판업자들은 소매업자들이 반드시 그러한 노력을 하도록 하는 데 깊은 관심을 가지고 있다. 역사적으로, *코스모폴리탄*과 *하퍼스 바자*와 같은 *피플*과 다른 잡지의 출판업자들은 월마트와 윈 딕시 슈퍼마켓과 같은 소매업자들과 다양한 출판물의 전시와 홍보에 대해 팽팽한 협상을 벌여왔다.[6]

따라서 제조업체와 소매업체 간의 관계에 대한 완전한 모델은 소매 서비스 제공에 대한 상류 제조업체의 관심과 소매업체가 그러한 서비스의 비용을 발생시키는 동기를 다루어야 한다. 홍보, 제품 시연 및 단순히 쇼핑하기에 좋은 장소를 제공하는 것은 비용이 많이 든다. 게다가 제조업체는 그러한 서비스 제공을 모니터링하기가 매우 어렵다. 이 두 가지 사실을 종합하면, 제조업체는 단순히 제품에 대해 원하는 소매 서비스 수준을 지정할 수 없고 제공될 것이라고 가정할 수 없다. 필요한 것은 제조업체와 소매업체 모두의 의무를 명시하는 집행 가능한 계약이다. 이제 검토하고자 하는 것은 소매 서비스 제공과 관련된 수직 계약의 이러한 측면이다.

---

5 자세한 이론적 분석은 O'Brien and Schaffer(1994)를 참조하시오. 비가격 수직 구속에 대한 증거는 Lafontaine(1992, 1993, 1995)을 참조하시오. 유용한 검토는 Mathewson and Winter(1998)를 참조하시오.

6 G. Knecht, "Big Chains Get Advance Looks at Magazine Contents," *Wall Street Journal* 22 Oct. 1997, p. A1; C. Johnson-Greene "Walmart Cuts Magazine Shelf Space." www.foliomag.com, Sept. 9, 2009.

먼저 수요가 소매 서비스에 의해 어떻게 영향을 받는지 설명하는 것으로 시작하겠다. 소매 서비스 수준 s와 함께 가격 p에서 수요되는 재화의 양 $D(p, s)$로 표시한다. 서비스 수준의 증가는 어떤 가격에서든 수요되는 양을 증가시키거나, 또는 각 소비자의 지불의사를 증가시킨다. 우리는 이 효과가 그림 17.1에 나타난 형태를 취한다고 가정한다. 이 경우 서비스 수준이 s_1에서 s_2로 증가하면 한계적 소비자가 지불하려고 하는 금액이 증가한다. 이러한 효과를 나타내는 수요곡선은 $Q(p, s) = s(A - p)N$으로 표현될 수 있다. N은 시장에 있는 소비자의 수이다. 이를 역함수로 표현하면 $p = A - Q/sN$이 된다. 서비스 수준 s에 관계없이, 어떤 소비자이든 이 제품에 대해 지불할 용의가 있는 최대 가격은 \$$A$이다. 또한 s가 증가하면 더 많은 양이 수요된다.

소매 서비스를 제공하는 데는 비용이 든다. 판매되는 제품 한 단위에 대해 소매 서비스를 공급하는 데 드는 비용을 함수 $\varphi(s)$로 표현하자. 소매 서비스의 공급은 수확체감의 현상을 갖는다고 하자. 따라서 서비스 수준 s의 증가는 비용의 증가를 발생시키며 비용은 체증한다. [미분으로 표현하면, 이는 $\varphi\prime(s)$와 $\varphi\prime\prime(s)$가 모두 0보다 크다는 것을 의미한다.] 주어진 소매 서비스 공급량 s에서 소매상이 제조회사의 제품을 판매하는 데 지불하는 한계비용은 $r + \varphi(s)$이다. 이는 제조회사에게 지불하는 도매가격 r에 판매되는 제품 한 단위당 s의 소매 서비스를 제공하는 데 드는 비용 $\varphi(s)$를 더한 것이다.

이제 다양한 상황에서 소매 서비스를 제공하는 것에 대해 살펴보자. 미리 말하지만 이는 약간 고급수준의 분석이다. 이 절을 피하고 싶은 사람들은 다음과 같은 결론만 알아도 된다. 이 분석을 통해 얻게 되는 중요한 결과는 수직적 가격제한이 존재하지 않는 경우에 소매상이 제조회사가 원하는 수준의 소매 서비스를 제공할 가능성은 없다는 것이다. 이러한 결론을 직관적으로 이해하기란 쉽다. 제조회사는 높은 수준의 소매 서비스를 원한다. 왜냐하면 서비스 수준이 높아지면 소비자들이 지불하려는 금액(가격)도 높아지고 그에 따라 제조회사의 이윤도 증가하기 때문이다. 그러나 더 나은 서비스로 인해 발생하는 추가적인 이윤은 부분적이라고 해도 제조회사

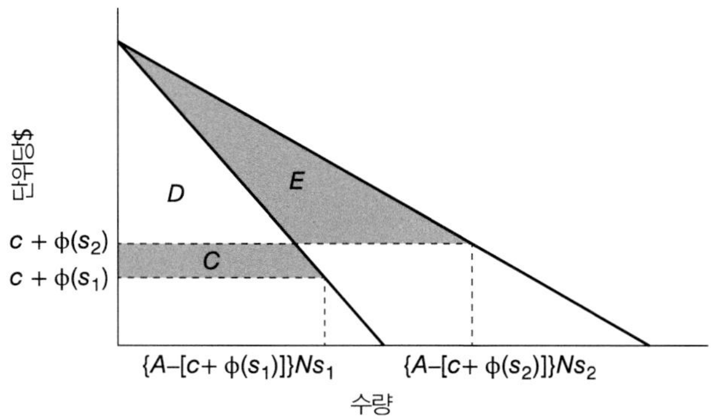

그림 17.1 **수요, 비용, 사회적잉여에 대한 소매 서비스의 효과**

수요는 $P = A - Q/sN$로 표현된다. 이는 서비스 수준이 s_1에서 s_2로 증가하면 수요곡선이 오른쪽 위로 향한다는 것을 의미한다. 서비스 수준이 s_1일 때 한계비용 $= c + \varphi(s_1)$이다. 가격이 한계비용과 일치하면 총수요는 $\{A - [c + \varphi(s_1)]\}Ns_1$가 되며, 사회적잉여는 면적 C와 D의 합이 된다. 서비스 수준이 s_2일 때, 한계비용 $= c + \varphi(s_2)$이다. 이 경우, 가격이 한계비용과 일치하면 총생산량은 $\{A - [c + \varphi(s_2)]\}Ns_2$이고, 사회적잉여는 $D + E$가 된다.

에게 흘러 들어가지만, 그러한 서비스를 제공하는 데 드는 비용은 모두 소매상이 지불해야 한다. 따라서 소매상이 그러한 서비스를 제공하려는 인센티브는 줄어든다. 재판매가격유지 계약과 같은 수직적 제한은 적어도 부분적으로 이러한 문제를 극복할 수 있는 한 방법이 될 수 있다.

17.4.1 최적의 소매 서비스 제공 대 수직적 서비스 제공 통합 독점

사회 전체적으로 보아서, 다시 말해 소비자잉여과 생산자잉여를 합한 총잉여라는 측면에서 볼 때 어떤 수준의 서비스 공급량이 가장 효율적인 공급량인가에 대해 살펴보자. 시장의 효율성은 가격이 한계비용과 일치할 때 극대화된다는 것을 기억하라. 주어진 어떤 서비스 수준에서 생산자의 한계비용이 일정하므로 $p = c + \varphi(\text{s})$이 되며 이는 생산자잉여가 하나도 없다는 것을 의미한다. 그림 17.1에서 보듯이, 어떤 가격 수준에서든 $p = c + \varphi(s)$인 이상, 사회적잉여는 비용선의 위와 수요곡선의 아래에 있는 삼각형 면적이다. 따라서 최적 서비스 수준 s는 이 삼각형의 면적을 극대화해 주는 s이다. 정의에 의해, 이 면적의 크기는 $\{A - [c + \varphi(s)]\}^2(Ns)/2$가 된다. 부록에서는 이 영역을 최대화하는 서비스 수준 s^*를 만족해야 한다는 것을 보여준다:

$$(\text{A} - c)/2 = \varphi(s^*)/2 + \varphi\prime(s^*)s^* \tag{17.1}$$

이는 $\varphi\prime(s^*)$는 서비스가 비용에 미치는 한계효과이다.

(17.1)을 만족하는 서비스 수준이 주어졌을 때, 사회적 최적가격은 단지 산출량을 제공하는 데 드는 한계비용에 해당 서비스를 *더한* 값이다. 예를 들어 $\varphi\prime(s^*) = 2s^*$가 되도록 $N = 100$, $c = 5$, $A = 10$, 그리고 $\varphi(s) = s^2$가 주어졌다고 가정해 보겠다. 그리고 약간의 대수를 보면 사회적 최적가격은 $s^* = 1$의 서비스 수준을 요구한다. (s는 지수이므로 임의의 단위로 측정된다.) 이 서비스 수준에서 최적가격은 가격이 $c + \varphi(s^*) = \$6$이어야 한다.

이제 수직적으로 통합된 독점 생산자와 소매업체가 제품을 제공할 경우 어떤 결과를 얻을 수 있는지 생각해 보겠다. 이 통합업체의 이익은 제품이 설정하는 가격과 제공하는 서비스 수준에 따라 달라진다:

$$\pi(p^I, s) = p^I(\text{A} - p^I)Ns - [c + \varphi(\text{s})](\text{A} - p^I)Ns \tag{17.2}$$

다시, 이 유도는 부록에 나와 있지만 통합 독점자의 최적 서비스 수준이 다음을 만족해야 한다는 것을 보여주는 것은 간단하다:

$$(\text{A} - c)/2 = \varphi(s^I)/2 + \varphi\prime(s^I)s^I \tag{17.3}$$

이 서비스 수준에서, 통합 독점자는 소매가격을 다음과 같이 설정한다.

$$p^I = [A + c + \varphi(s^I)]/2 \tag{17.4}$$

우리는 당연히 $c + \varphi(s^I) < \text{A}$라고 가정하고, 따라서 최적의 가격은 양의 수요를 보장한다. 식 (17.4)를 조금만 생각해보면 현재 한계비용이 생산비용 c뿐만 아니라 서비스 비용 $\varphi(s^I)$를 포함한다는 것을 제외하고는 한계비용에 대한 가격의 통상적인 독점관계를 구현하고 있음을 알 수 있을 것이다. 항상 그렇듯이 통합 독점기업은 재화를 제공하는 한계비용과 관련 서비스 비용 $c + \varphi(s)$를 초과하는 주어진 서비스 수준과 함께 재화의 단위를 구하는 가격을 설정할 것이다. 이는 그림 17.2에 나와 있다.

식 (17.4)와 식 (17.1)을 비교해 보면, 이들은 동일한 것이 분명하다. 통합 독점기업은 너무

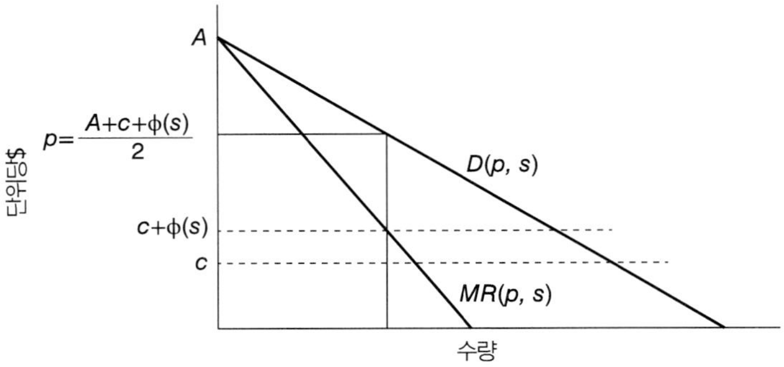

그림 17.2 서비스 수준 s의 함수인 통합기업의 최적가격

높은 가격을 책정하지만, 이 기업이 선택하는 서비스 수준 s^I는 사회적으로 최적인 서비스 수준 s^*과 동일하다. $N = 100$, $c = 5$, $A = 10$, $\varphi(s) = s^2$를 사용한 수치 예제로 돌아가면, 통합 독점기업은 $s^I = 1$을 책정하지만 소매가격은 $p^I = 8$달러로 책정된다. 이 가격은 $s = 1$의 서비스 수준과 결합하여 총 200단위의 시장수요를 산출하며, 각 가격은 5달러의 생산비용과 1달러의 서비스 비용을 발생시킨다. 따라서 통합 독점기업은 (\$8 − \$6) × 200 = \$400의 이익을 얻을 것이다.

이처럼 통합 독점기업이 사회적으로 최적의 서비스 수준을 선택한다는 구체적인 결과는 우리가 가정한 특정 수요와 비용 관계를 반영하는 것으로 완전히 일반적인 것은 아니다. 그럼에도 불구하고 이 결과는 제조업체가 소매 서비스를 제공하는 데 갖는 다소 일반적인 관심사를 보여주기 때문에 유용하다. 곧 보게 되겠지만 수직적 가격제한은 최저 가격을 설정하는 잠재적 후생증대 역할을 할 수 있는 이유이다.

17.4.2 독점 소매상과 독점 제조회사의 경우

소매가 독립적인 독점기업에 의해 이루어지고 있는 경우를 살펴보기로 하자. 제조회사는 자신의 제품을 이 독점 소매상에게 가격 r에 판매하며 소매상은 다시 이 제품을 최종 소비자들에게 소매가격 p^D에 판매하면서 s^D의 소매 서비스를 제공한다. 앞에서의 표현을 그대로 유지하면 하류의 소매상이 얻는 이윤은 다음과 같이 표현된다.

$$\Pi^D(p^D, s^D, r) = [p^D - r - \varphi(s^D)]\mathrm{D}(p^D, s^D) = [p^D - r - \varphi(s^D)]\, s^D N(A - p^D). \tag{17.5}$$

통합기업과 마찬가지로, 이 독점 소매상은 가격 p^D와 서비스 수준 s^D라는 두 가지 전략 변수의 값을 정해야 한다. 이 경우 이 독점 소매상은 앞에서 살펴본 통합기업의 이윤극대화와 똑같은 문제를 갖는다. 다만 이 소매상이 직면하는 한계비용 r은 상류 제조회사가 어떠한 가격을 책정하는가에 따라 한계생산비용인 c와 달라질 수 있다. 따라서 이 독점 소매상의 선택은 식 (17.3)과 (17.4)에서 c를 r로 대체함으로써 살펴볼 수 있다. 따라서 다음과 같은 조건을 만족시키는 p^D과 s^D을 얻게 된다.

$$(A - r)/2 = \varphi(s^D)/2 + \varphi\prime(s^D)s^D \tag{17.6}$$

그리고

$$p^D = \frac{A + r + \varphi(s^D)}{2} \tag{17.7}$$

$r > c$이므로 식 (17.7)의 가격은 식 (17.5)의 가격보다 높다. 이는 이중마진 문제를 다시 보여주고 있는 것뿐이다. 주어진 서비스 수준에서, 독점 소매상은 제조회사가 자신의 이윤을 이미 반영한 도매가격에 다시 자신의 이윤을 더하여 가격을 책정한다. 그러니 식 (17.6)과 (17.4)을 비교해보면 $r > c$이므로 이중마진 문제 외에도 또 하나의 문제, 즉 소매 서비스가 적절한 양보다 적게 제공된다는 문제가 발생한다는 것을 알 수 있다. 좀 더 자세히 두 식을 비교해보면 $r > c$일 때 소매상이 선택하는 소매 서비스 수준 s^D은 사회 전체적으로나 또는 상류 제조회사의 입장에서 볼 때의 최적 서비스 수준인 s^*보다 낮은 서비스 수준이다.

이러한 결과는 수치적 예를 통해 이해할 수 있다. 제조업체가 이익을 극대화하기 위해 도매가격 r을 선택하면 결과는 $r = 7$달러, $p^D = 8.8$달러, $s = 0.775$가 된다는 것을 보여주는 것은 간단하다. 가격이 너무 높을 뿐만 아니라 사회적 최적에 비해 서비스 수준이 너무 낮다. 이윤은 제조업체가 186달러이고 소매업체가 112달러이므로 총 298달러의 이윤은 통합업체의 이윤 400달러보다 훨씬 낮다. 이 결과의 직관도 간단하다. 소매 서비스를 제공하는 것은 비용이 많이 들고, 이는 제조업체가 도매가격 r을 한계생산비용보다 높게 책정한다는 사실과 함께 소매업체의 이윤을 압박한다. 이에 소매업체는 서비스를 줄임으로써 잉여의 일부를 다시 확보하려고 한다.

이 문제는 두 부분으로 구성된 가격계약으로 해결할 수 있다. 평소와 같이 제조업체는 한계비용 c로 소매업체에게 판매해야 하며, 이때 소매업체의 이윤극대화 문제는 완전통합기업의 이윤극대화 문제와 동일해진다. 이렇게 하면 소매업체는 최대 이윤을 창출하는 최적의 서비스 수준 s^*과 가격 p^I를 제공하도록 유도할 수 있다. 제조업체는 고정요금 T를 선택하여 이윤의 전부 또는 일부를 청구할 수 있다. 다시 수치 예제로 돌아가 $s^* = 1$, $r = c = \$5$, $p^D = p^I = \$8$ 및 $\$298 < T < 400$.

17.2 ▸ 실습문제

본문에서처럼 $c = 5$, $\varphi(s) = s^2$, 따라서 $\varphi\prime(s) = 2s$라고 가정하자. 그리고 제조회사는 독점 소매기업에게 판매하며, 제조회사가 처음에 책정하는 도매가격을 $r = \$6$라고 가정하자. 또한 소매 수요가 $Q(p, s) = s(10 - P)100$으로 주어졌다고 하자.

a. 소매 서비스의 수준은 얼마가 되며, 소매가격은 얼마가 되는가? 이 가격과 서비스 수준에서 판매되는 양은 얼마가 되는가? 제조회사의 이윤은 얼마가 되는가?
b. $r = \$6$일 때 제조업체의 수익이 상승한 경우와 $r = \$7$일 때의 가치를 비교하시오. 이 증가는 소매 서비스 수준에 어떤 영향을 미치는가?

17.4.3 소매시장이 경쟁시장인 경우

이제 소매시장이 경쟁시장이라고 해보자. 이 경우가 좀 더 현실적인 경우이다. 소매시장이 경쟁시장일 때 제조회사에게는 더 많은 혜택을 가져다준다. 소매상이 하나밖에 없을 경우에는 제조회사의 시장접근성이 제한되고, 또한 둘 사이의 협조로 인해 발생하는 추가적인 이윤에 대해 자신의 권리를 주장할 수 있는 제조회사의 협상력도 제한을 받게 된다. 그러나 소매상이 많은 경우에는 제조회사의 시장접근성과 협상력은 모두 증가한다. 하류 소매시장에서의 경쟁은 소매가격 비용 격차를 0으로 만들고 이중마진의 문제를 최소화해 줄 것이다. 그러나 판촉 서비스나 소매 서비스의 제공 문제는 여전히 남게 된다. 여기서는 경쟁적인 소매시장에 의해 공급되는 소매 서비스 수준 s^C를 알아보고, 이를 제조회사가 원하는 소매 서비스 수준 s^*와 비교해보기로 한다.

모든 하류 소매상들이 동일하다고 하자. 각 소매상은 제조회사의 제품을 도매가격 r에 구입하며, 제품 한 단위당 소매 서비스 s를 제공하는 데 드는 비용을 $\varphi(s)$라고 하자. 조금만 생각해보면 다음과 같은 것을 바로 알 수 있다. 첫째, 소매 경쟁이 소매가격을 한계비용 수준으로까지 끌어내린다. 즉, 최종 소비자들이 지불하는 가격은 $p = r + \varphi(s)$이어야 한다. 둘째, 경쟁압력은 또한 모든 소매상들이 그 가격에서 소비자들이 가장 많이 원하는 수준의 서비스를 제공하게 만들 것이다. 더 낮은 수준의 서비스를 제공하는 어떠한 소매상도 자신의 모든 고객을 바로 잃어버릴 것이다. 따라서 경쟁압력은 모든 소매상들이 동일한 소매가격으로 판매하고 동일한 수준의 서비스를 공급하도록 만들 것이다. 경쟁 소매가격은 $p^C = r + \varphi(s^C)$이며, 경쟁 서비스 수준 s^C는 주어진 가격 p^c에서 소비자잉여를 극대화해 주는 수준이 될 것이다. 17.4.1절에서 재화의 가격이 한계비용과 일치할 때, 즉 $p = c + \varphi(s)$일 때 소비자잉여는 $\{A - [c + \varphi(s)]\}^2Ns/2$라는 것을 보았다. 따라서 가격이 $p = r + \varphi(s)$일 때 소비자잉여는 $\{A - [r + \varphi(s)]\}^2Ns/2$가 된다. 이를 s에 대해 극대화하면 경쟁 소매시장에서의 서비스 수준 s^C는 다음과 같아진다.

$$(A - r)/2 = \varphi(s^C)/2 + \varphi'(s^C)s^C \qquad (17.8)$$

여기서 $\varphi'(s^C)$는 비용에 미치는 서비스의 한계 효과이다.

식 (17.8)을 만족시키는 s^c의 값을 제조회사의 또는 효율적인 수준의 서비스[식 (17.1)의 s^* 또는 식 (17.3)의 s^I]와 비교해보면 도매가격 r이 생산비용 c를 능가하는 한, 경쟁시장의 결과는 너무 낮은 서비스 수준을 공급하는 것으로 나타난다. 하지만 이번에는 서비스의 감소가 소매업자들이 비용 대비 마진을 높이기 위해 서비스를 줄이려고 노력한 결과는 아니다. 반대로 소매업자들은 서비스를 제공함에 있어 치열한 경쟁을 벌인다. 반대로, 소매업자들은 서비스를 제공함에 있어서 치열한 경쟁을 한다.

대신에, 문제는 사실 "마진 *margin* "이 없다는 것이다. 경쟁은 소매가격이 도매가격에 서비스 비용을 더한 값을 감당할 수 있을 정도로 정확히 형성되도록 유도한다. 소비자들은 소매 서비스를 좋아하지만, 그들은 또한 낮은 가격을 좋아하고 경쟁적인 소매업 부문은 그들에게 두 가지를 모두 제공하려고 노력한다. 따라서 예를 들어, 만약 제조업자가 $r = 7$달러를 책정한다면, 소매업자들은 이제 0.60달러의 비용으로 $s^C = 0.775$의 서비스를 제공할 것이다. 이것은 제조업자가 선호하는 서비스보다 적지만, 소매업자들은 소비자에게 가격을 7.60달러까지 낮출 수 있다. 제조업체는 371.81달러의 이익을 얻는데, 이는 제조업체의 선택을 단순히 자신의 마크업과 내재된 도매가격 r을 선택하는 것으로 제한하면 이 경우에 수행할 수 있는 최선의 방법임이 밝혀진다.

문제에 대한 해결책은 두 가지 사실을 인식해야 한다. 첫째, 일시불 요금 T를 통해 추출할 수 있는 소매 이익이 없기 때문에 2부 요금제 *two-part tariff* 전략은 더 이상 유효하지 않다. 둘

현실 체크포인트

가죽을 깊게 자르기

2006년 12월 7일 미국 대법원이 *Leegin Creative Leather Products, Inc. v. PSKS, Inc.*, No. 06A179 사건을 심리하기로 계약했을 때, 그것은 법원이 수직적 가격제한을 향한 정책의 추가적인 주요 수정을 고려할 준비가 되어 있다는 것을 의미했다.

1997년 여성 가죽 액세서리 회사인 Leegin은 소매업체들이 매장의 별도 구역에서 브랜드를 홍보하도록 장려하기 위해 고안된 새로운 마케팅 정책을 시작했다. 이 프로그램에 참여하기 위해 소매업체들은 항상 Leegin이 제안한 가격을 따르겠다고 맹세해야 했다. PSKS는 Leegin의 프로그램에 참여하기로 동의한 소매업체 중 하나였다. 그러나 2002년 실망스러운 판매에 직면하여 PSKS는 Leegin 가격을 급격히 할인했다. Leegin은 그 후 PSKS로의 배송을 중단했고 당사자들은 법정으로 향했다.

Albrecht와 Khan과 유사하게 PSKS는 Leegin 계약이 *그 자체*로 불법이며, 따라서 무효인 가격담합 계약이라고 주장했다. 첫 번째 재판에서 PSKS는 총 120만 달러의 손해배상금에 대한 상을 받았고, 그 후 3배가 되었다. Leegin은 항소했고 수직적 최소 재판매가격유지에 대한 그 원칙에 직접적으로 이의를 제기했다. 항소 법원이 지방 법원의 결정을 확인했을 때, Leegin은 대법원에 항소했다.

*State Oil v. Khan*의 결정은 최대 재판매 가격 계약에 대한 그 *자체* 금지를 제거했지만, 그것은 *최소* 가격제한이라는 *그 자체*로 불법적인 지위를 그대로 남겼다. 6월 28일, 대법원은 그 결정을 발표했다. *Leegin Creative Leather Products, Inc. v. PSKS, Inc.*, 551 미국(2007)에서 법원은 거의 100년에 걸친 *Miles* 사건의 선례를 뒤집었다. 따라서, 미국에서는(그러나 일반적으로 유럽에서는 그렇지 않은) 최소 및 최대 RPM 계약 모두 이성 테스트를 받아야 한다.

출처: S. LaBaton, "Century-Old Ban Lifted on Minimum Retail Pricing," *New York Times*, June 29, 2007, p. A1.

째, 소매가격이 너무 *낮은* 경우인데, 이 경우는 통합 독점기업이 설정한 8달러 가격, 우리의 예에서는 7.60달러이다. 이 두 가지 사실을 종합하면 RPM 계약이 필요하며, 이 경우 계약은 *최소* 가격을 지정해야 함을 시사한다. 특히 제조업체는 통합 독점기업 p^I가 선택한 가격 바닥 *price floor* 과 동일한 가격을 설정하는 RPM을 사용한 다음 최적의 서비스 수준 s^I의 비용, 즉 $r = p^I - \varphi(s^I)$에 충당할 수 있을 정도로 도매가격 r을 높게 설정할 수 있다. 더 이상의 가격 인하 경쟁에서 경쟁할 수 없는 경쟁 소매업체는 전적으로 서비스에 집중하여 제조업체가 원하는 대로 정확히 s^I를 제공하여 모든 소매 이익을 경쟁하게 된다. 다시 예로 돌아가, 제조업체는 가격 바닥을 8달러로 설정하는 RPM 계약을 부과하되, 도매가격을 7달러로 계속 설정해야 한다. 그 다음 서비스 소매 경쟁은 $s^C = 1$과 $\varphi(s^C) = 1$까지 진행되어 하류 가격 $p^D = r + \varphi(s^C)$가 된다. 이렇게 하면 제조업체의 이익이 완전통합기업과 동일한 400달러로 회복되는지 쉽게 확인할 수 있다.

17.4.4 RPM 계약과 서비스, 그리고 무임승차

방금 고려한 두 가지 사례 중 하나의 도덕성은 비용이 많이 드는 고객 서비스 제공이 분석에 포함되면 하류시장의 경쟁이 치열해짐에 따라 적절한 서비스 제공을 보장하기 위해 *최저* 가격의 RPM 계약이 더 필요해진다는 것이다. 사실 그럴 가능성이 높은 또 다른 이유가 있다. 많은 고객 서비스, 특히 다양한 가격과 품질 조합에 대한 조언, 모범 사용 사례 등과 같은 정보 서비스는 공공재의 품질을 가지고 있기 때문이다. 비용을 부과하기 어렵고 쉽게 공유할 수 있다. 모든 공공재와 마찬가지로 이러한 서비스의 제공은 너무 낮을 가능성이 높다.

잠시만 생각해 봅시다. 가전제품 가게는 휴대성과 편리성 측면에서 고객의 요구에 가장 부합하고, 컴퓨터와 다른 주변기기들과 가장 효과적으로 작동하며, 예산 내에서 가장 적합한 디지털 카메라를 선택하는 고객을 돕기 위해 전문가들을 가까이에 둘 수 있다. 비슷하게, 와인 가게는 특정 빈티지의 품질 또는 주어진 와인에 가장 잘 어울리는 음식에 대해 고객에게 조언하기 위해 직원을 고용할 수 있다.

그러한 사전 판매 또는 판매 시점 서비스를 제공하는 것은 비용이 많이 든다. 불행하게도, 일단 매장의 전문 직원에 의해 교육을 받은 소비자가 해당 특정 시설로부터 구매해야 할 의무는 없다. 반대로, 일단 완전히 알려지면 소비자는 거리에 있는 "프릴(frills) 없음" 전자 제품 가게나 모퉁이에 있는 할인 와인 가게에 가서 소비자가 현재 알고 있는 적절한 디지털 카메라와 적절한 와인을 더 낮은 가격에 구매할 강한 동기를 가지고 있다. 더 나쁜 것은, 소비자는 이러한 정보를 친구들과 자유롭게 공유할 수 있으며, 친구들은 이 지식을 사용하여 전문점을 완전히 우회하여 저가의 서비스가 낮은 아울렛에 직접 갈 수 있다.

정보는 공공재이기 때문에 돈을 지불하지 않는 사람들에게도 정보를 부정하기 어렵다. 우리의 간단한 두 가지 예에서 저가 할인점은 전문점에 대한 "무임승차"이다. 할인점이 전문점의 활동으로부터 이익을 얻지만 비용을 지불하지 않기 때문에 우리는 이러한 행동을 무임승차라고 부른다. 위의 시나리오는 이 문제의 가능한 결과를 나타낸다. 매장 내 시연과 상담을 제공하는 비용이 발생하는 전문점은 "프릴이 없는" 할인점에 시장점유율을 빼앗길 것이다. 이러한 할인점이 소매시장을 장악하게 되면서 전체적으로 소매 서비스가 거의 제공되지 않을 것이다.

이 시점에서 RPM 계약의 장점은 분명해야 한다. 한 소매업체가 다른 소매업체를 깎아내리는 것을 막고 따라서 할인점의 출현을 억제한다. 결국 다른 곳에서는 더 낮은 가격을 찾지 못할 것이기 때문에 소비자들이 가장 좋은 서비스를 제공하는 소매업체를 방문할 것임을 의미한다. 가격 할인에 동결을 가함으로써 RPM 계약의 효과는 할인점을 봉쇄하여 평균 소매가격을 더 높이는 것이다. 그러나 이 가격효과와 그것이 소비자에게 가하는 손실은 소비자뿐만 아니라 제조업체에게도 소매 서비스 제공이 창출하는 이익으로 상쇄될 수 있다.[7]

게다가, RPM에 대한 무임승차의 정당성은 순수하게 정보를 제공하는 서비스 이상에 적용된다. 예를 들어 블루밍데일, 네이만마커스, 버그도프굿맨과 같은 고급 상점들은 "핫한 것"을 식별하고 판매하는 데 중요한 역할을 한다. 하지만 여기서도, 이 서비스를 제공하는 것은 저렴하지 않다. 이 상점들은 패션 트렌드의 "최첨단"에 있는 것으로 명성을 쌓기 위해 상당한 자원을 소비해야 한다. 특정 제조업체의 노선을 따르는 것만으로도, 그러한 상점들은 최고의 브랜드와 패션을 식별한다. 제조업체는 소매업체가 이 역할을 수행해야 한다. 그러나 소비자가 이번 시즌에 "무엇이 들어있는지"를 알아보기 위해 유명한 상점에 가서 윈도우 쇼핑을 한 후 할인점에서 옷을 살 수 있다면, 우리는 무임승차의 문제와 더불어 바닥 가격을 명시하는 RPM 계약의 사용에 대한 잠재적인 정당성을 다시 갖게 된다.[8]

7 Tesler(1960)는 이 견해를 처음으로 명시했다. Bork(1966)도 참조하시오. 반대되는 견해는 Steiner(1985)를 참조하시오.

8 Mathewson과 Winter(1983)는 소비자들이 더 이상 어떤 소매업체가 최저가로 판매하는지 알아내기 위해 시간을 보내지 않을 것이기 때문에 재판매가격유지가 소비자 검색비용을 절약함으로써 소비자에게 이익을 줄 수 있다고 유사한 주장을 한다.

17.5 소매가격의 유지와 불확실한 수요

앞의 두 절에서는 소매시장에서의 경쟁압력이 소매상들에게 고객 서비스를 줄이려는 인센티브를 줌으로써 제조회사의 이윤과 소비자의 후생을 감소시킨다는 것에 대해 설명하였다. 그러나 소매시장에서의 경쟁은 다른 측면에서도 파괴적일 수 있다. Deneckre et al.(1997)은 불확실한 소매 수요가 얼마나 그러한 결과를 만들어낼 수 있는지 보여준다.[9]

재화는 계속해서 판매되지 않는다. 대신 소매업체는 제조업체에 주문한 다음 재고를 보유하여 수요의 이동을 완충한다. 그 결과 각 소매업체는 최종 소비자에게 판매하기 위해 얼마나 많은 생산량을 비축해야 할지 결정해야 하는 딜레마에 직면하게 된다. 한편으로 소매업체는 수요가 강한 시기에 이윤극대화를 위해 필요한 양을 보유하기를 원할 것이다. 반면에 수요가 약한 경우 재고가 많은 소매업체는 두 가지 중 하나를 수행해야 한다. 그들은 생산량을 판매하려고 하거나 추가 생산량을 흡수(또는 단순히 버림)하여 가격을 높게 유지할 수 있다.[10]

이러한 상황에서 독점기업과 경쟁기업의 행동은 달라질 것이다. 수요가 약한 상황에서 독점기업은 여분의 모든 단위가 판매될 때마다 모든 단위의 가격을 낮춘다는 사실을 알고 있기 때문에 초과 재고를 상당 부분 처분(또는 무기한 보유)하려는 경향이 있을 것이다. 그러나 경쟁 소매업 분야에 속한 기업은 그 반대의 행동을 할 것이다. 경쟁 하에서 각 소매업체는 자신의 판매가 시장가격에 전혀 영향을 미치지 않거나 거의 미치지 않는다고 인식한다. 따라서 경쟁 소매업체는 자신의 모든 주식을 매각하려고 할 것이다. 결국 이미 그 비용을 지불했고, 그중 하나를 버리기보다는 그를 위해 무언가를 얻으려 할 수도 있다. 문제는 모든 소매업체가 이런 식으로 행동한다면 시장가격이 상당히 떨어질 수도 있다는 것이다.

두 가지 시사점은 수요가 부진한 시기에는 경쟁이 급격한 가격 인하를 유도한다는 점이다. 첫째, 경쟁 소매 부문을 통해 판매하는 제조업체는 통합업체의 이익을 얻지 못할 것이다. 둘째, 소매업체들은 매우 낮은 가격에 재고를 제거하게 될 수도 있다고 인식할 것이기 때문에 제조업체는 소매업체로 하여금 더 많은 양의 재고를 보유하도록 유도하기 어려울 것이다. 제조업체의 문제는 RPM 계약을 통해 해결할 수 있다. 그 이유는 간단하다. 재화를 판매할 수 있는 최소 가격을 설정하면 수요가 적은 시기에는 소매업체가 통합업체가 선택하는 방식과 동일하게 초과 재고를 처리할 수 있다. 그들은 지정된 소매가격으로 판매할 수 없는 양을 버릴 것이다.

우리는 그림 17.3에서 Deneckere et al.의 주장의 핵심적인 통찰력을 보여준다. 그림은 가변적인 수요에 직면한 통합 독점 제조업체에 대한 가격과 이윤 결과를 보여준다. 우리는 늘 그렇듯이 단위비용 c가 일정하다고 가정한다. 확률이 1/2이면 수요는 강하고 수요곡선은 D_H이다. 마찬가지로 확률이 1/2이면 수요는 약하고 수요곡선은 D_L이다. 통합 독점업체는 두 단계 문제에 직면한다. 1단계에서 기업은 생산할 양 Q를 선택해야 한다. 이 양을 생산한 후에는 cQ와 동일한 비용이 발생하고 현재는 매몰된다. 그 후 수요는 강하거나 약할 것이고 D_H 또는 D_L이 된다. 그 시점에서 기업은 추가 비용이 들지 않고 재고에 있는 생산량 중 실제로 판매하고자 하는 양을 선택하기만 하면 된다. 물론 통합기업은 원래 생산한 Q보다 더 많이 판매할 수는 없다. 그러나 이 제한에 따라 수요에 따라 수익을 극대화하는 양을 단순히 판매할 것이다. 그 비용은 모

---

9 Marvel and McCafferty(1984) 참조

10 우리는 부패하거나 신상품이 나올 경우에 가치가 없어져서 재고를 창고에 저장해 놓을 수 없다고 가정한다.

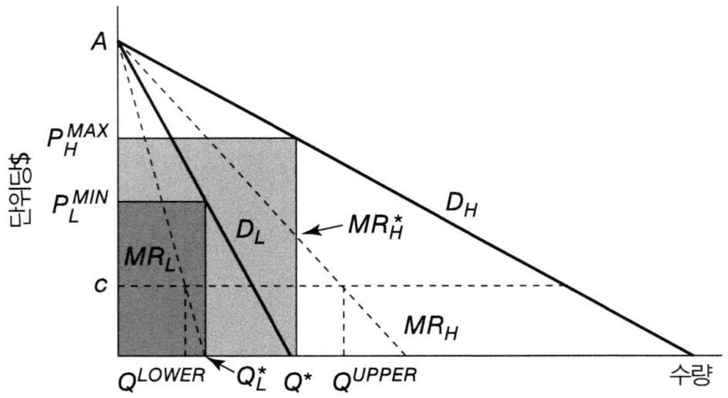

그림 17.3 재판매가격유지와 변화하는 수요

두 매몰되기 때문에 2단계에서는 수익극대화와 이윤극대화가 동일한 것으로 결정된다.

통합된 기업은 수요가 높을 것이라는 것을 미리 확실히 알 수 있다면 이윤극대화를 하는 양보다 더 많은 양을 생산하지는 않을 것이다. 이 생산량은 수요곡선이 D_H일 때 한계수익과 한계생산비용 c가 일치하는 생산량으로 그림 17.3에서 Q^{UPPER}로 표시된 생산량이다. 수요상황이 가장 좋을 경우에 이보다 더 많은 양을 생산하면 기업은 한계생산비용보다 더 적은 한계수익을 얻게 되는 것이다. 마찬가지로, 수요가 매우 적을 것이라는 것을 미리 확실히 알 수 있다면 통합기업은 Q^{LOWER}보다 더 적은 양을 생산하지는 않을 것이다. 수요상황이 가장 좋지 않은 경우에 이보다 더 적은 양을 생산하면 기업은 너무 적은 재고를 갖고 있게 되는 것이다. 따라서 통합기업은 Q^{LOWER}와 Q^{UPPER} 사이에 있는 어떤 생산량을 생산할 것이다. 기업은 이 두 생산량 사이에서 이윤극대화를 위한 원칙인 한계비용 c와 기대 한계수익을 일치시키는 어떤 생산량을 생산해야 한다. 기대 한계수익은 가장 높은 수요상황에서의 한계수익 × 1/2 + 가장 낮은 수요상황에서의 한계수익 × 1/2이다.

그림 17.3에 표시한 것처럼, 이 경우 처음에 생산할 최적 생산량은 Q^*이다. 이 그림에서 수요는 매우 변화적이라는 것에 주목하라. 따라서 수요가 높을 경우에 이윤을 극대화하는 수준의 생산량도 고려하여 결정된 생산량 Q^*는 수요가 낮을 경우에는 이를 모두 판매하기 위해서는 가격이 0이 되어야 할 것이다.

수요가 크다면 통합기업은 생산량 Q^* 전체를 가격 P_H^{MAX}로 판매할 것이다. 수요가 적다면 이미 생산된 재고량 Q^*는 너무 많은 생산량이 된다. 통합기업은 이미 생산비용을 모두 지불했기 때문에 최선의 방법은 수입을 극대화하는 것이다. 이렇게 하기 위해서는 Q_L^*의 양을 P_L^{MIN}의 가격에 판매하는 것이다. 이는 한계수익이 0이 되는 판매량이다. 수요가 적은 경우에도 통합기업은 자신의 재고 전체를 판매하려고 하지 않는다. 그렇게 하는 것은 가격을 0으로 끌어내릴 것이기 때문이다. 그 대신 통합기업은 $Q^* - Q_L^*$의 양을 버릴 것이다. 수요가 적을 때 통합기업은 자신의 한계수익을 0으로 만든다. 그러나 이 상태에서도 가격은 0보다 높기 때문에 통합기업의 총수입은 수요가 적을 경우에도 0보다 크다. 수요가 높을 때에 통합기업의 한계수익은 재고량 Q^*에서의 한계수익이며, 이는 그림에서 MR_H^*로 표시되어 있다. 따라서 이 경우 기대 한계수익 *expected marginal revenue* 은 $MR_H^*/2$이며 이는 한계비용 c와 같아진다.

이러한 상황에서 통합 독점기업은 양(+)의 이윤을 기대할 것이다. 총비용은 cQ이며, 수요가 낮은 시기의 수입은 $P_L^{MIN} Q_L^*$로, 이는 그림 17.3에서 짙은 음영으로 표시된 면적이다. 또한 수요가 높은 시기의 수입은 $P_H^{MAX}\ Q^*$로 이는 짙은 음영으로 표시된 면적과 옅은 음영으로 표시된 면적의 합이다. 따라서 통합기업의 기대이윤 Π_I^e는 다음과 같이 표현된다.

$$\Pi_I^e = \frac{1}{2}P_H^{MAX}Q^* + \frac{1}{2}P_L^{MIN}Q_L^* - cQ^*. \tag{17.9}$$

이제 소매시장이 경쟁시장일 경우에 어떤 상황이 발생하는지에 대해 살펴보기로 하자. 경쟁 소매상들이 최적 재고량 Q^*를 갖고 있게 된다면 이들은 식 (17.9)가 나타내는 총이윤보다 적은 총이윤을 얻게 될 것이다. 그 이유는 경쟁이 갖는 성격 때문이다. 수요가 낮은 시기에 통합기업은 자신의 한계수익이 0이 되는 재고량을 판매한다. 그러나 Q^*의 재고량을 갖고 있는 경쟁 소매상들은 이보다 더 많은 양을 판매할 것이다. 각 경쟁 소매상들에게 가격과 한계수익은 동일한 것이다. 따라서 Q^*의 재고를 확보하는 데 들어간 비용은 이미 매몰비용이 된 것이므로 각 경쟁 소매상들은 가격이 0보다 큰 이상 자신의 재고를 계속 판매할 것이다. 그러나 수요가 적은 시기에는 재고량 Q^*를 판매하기 위해서는 소매가격이 0까지 내려가야 할 것이다. 이는 재고량 Q^*를 갖고 있는 경쟁 소매시장은 수요가 적은 시기에 0의 수입을 갖게 된다는 것을 의미한다. 물론, 수요가 높은 시기에 소매상들은 전체 재고량 Q^*를 P_H^{MAX}의 가격으로 판매할 것이며, 따라서 통합 독점기업과 동일한 수입을 얻게 될 것이다. 그러나 수요가 낮은 시기에서 경쟁 소매시장의 시장가격은 0이 되고 따라서 총수입도 0이 되므로, 소매상들이 최적 재고량 Q^*를 갖고 있는 경우에 그들이 얻는 이윤은 수요가 적은 시기의 총수입이 0보다 큰 통합 독점기업보다 적게 된다.

간단히 말해, 수요가 적은 시기에 경쟁은 소매상들이 기대하는 수입을 크게 감소시킨다. 따라서 제조회사가 최적 재고량 Q^*를 소매상들이 갖고 있도록 설득하기 위해서는 자신의 도매가격 P_W를 아주 낮은 가격으로 책정하여 소매상들이 손익분기점의 수입 정도는 기대할 수 있도록 해주어야 한다. 소매상들이 0보다 큰 수입을 얻는 것은 수요가 높은 시기이므로 P_WQ^*는 수요가 높은 시기에 소매상들이 얻는 수입에 그러한 시기가 발생할 확률을 곱한 것과 같아야 한다. 따라서 P_WQ^*는 $P_H^{MAX}\ Q^*/2$와 같아야 하며, 이는 $P_W = P_H^{MAX}/2$를 의미한다. 이에 따라 RPM 계약을 하지 않는 경우에 제조회사의 기대이윤 Π^e는 다음과 같다.

$$\Pi^e = \left(\frac{1}{2}P_H^{MAX} - c\right)Q^*. \tag{17.10}$$

식 (17.9)와 식 (17.10)을 비교해 보면 이 경우 제조회사가 얻는 이윤은 통합 독점기업인 경우에 얻는 이윤보다 $P_L^{MIN}\ Q^*/2$만큼 적다. 그러나 RPM 계약을 통해 이 문제를 해결할 수 있다. 어떠한 RPM 계약이 필요한지는 그림 17.3을 통해 알 수 있다. 그림에서 통합기업은 P_L^{MIN}보다 낮은 가격에서는 절대로 판매하지 않는다. 따라서 비통합 제조회사는 이 가격보다 낮은 가격에 판매하는 것을 금지하는 RPM 계약을 맺으면 된다. 또한 제조회사는 다음의 조건을 만족시키는 도매가격 P_W^*를 책정해야 한다.

$$P_W^*Q^* = \frac{1}{2}P_H^{MAX}Q^* + \frac{1}{2}P_L^{MIN}Q_L^*. \tag{17.11}$$

이는 다시 다음과 같다.

$$P_W^* = \frac{1}{2}P_H^{MAX} + \frac{1}{2}P_L^{MIN}\frac{Q_L^*}{Q^*}. \tag{17.12}$$

이 도매가격에서 경쟁 소매시장은 실제로 최적 생산량 Q^*를 구매하여 재고로 갖게 될 것이다. 왜 그런가? 이 양을 구입할 때 소매상들은 그들의 기대수입 *expected revenue* $P_H^{MAX}\ Q^*/2 + P_L^{MIN}\ Q^*/2$가 그들의 기대비용 *expected cost* $P_W^*\ Q^*$와 같아진다는 것을 안다. 따라서 재고량 Q^*는 소매상들의 기대이윤을 0으로 만드는 재고량이다. 이는 잘 알다시피 경쟁(소매)시장의 균형조건이다. 또한 소매상들이 Q^*의 양을 이 도매가격으로 구입하기 때문에 제조회사의 기대이윤 *expected profit* Π^e_{RPM}은 RPM 계약으로 인해 다음과 같이 된다.

$$\Pi^e_{RPM} = P_W Q^* - cQ = \frac{1}{2}P_H^{MAX}Q^* + \frac{1}{2}P_L^{MIN}Q_L^* - cQ^* \tag{17.13}$$

식 (17.9)와 (17.13)을 비교해 보면, 이러한 RPM 계약이 비통합 제조회사가 통합기업이 얻는 이윤과 동일한 이윤을 얻게 해준다는 것을 알 수 있다.

중요한 것은 방금 설명한 RPM 계약을 통해 이익을 얻을 수 있는 것은 제조업체만이 아니라는 점이다. 이러한 계약은 잠재적으로 예상되는 소비자잉여를 증가시킬 수도 있다. RPM 계약이 없으면 소매업체들이 제품을 소비자에게 제공하려고 전혀 하지 않을 수도 있다는 점을 인식하면 이를 쉽게 알 수 있다. 더 일반적으로 경쟁력 있는 소매업체들은 RPM 계약이 없는 평형 상태의 재고를 하나로 구매하는 것보다 더 적게 구매할 것이다. 따라서 강력한 수요가 있는 시기에는 RPM 계약이 없으면 가격이 더 높을 것이다. 이러한 가격 인상은 수요가 약한 시기에 가격이 상당히 하락하도록 허용함으로써 소비자가 얻는 이익을 상쇄할 수도 있고, 소비자에게 피해를 줄 수도 있다. 따라서 경쟁력 있는 소매업 분야에서 불확실한 수요 하에서 제조업체와 소비자 모두 RPM 계약을 통해 이익을 얻을 수 있다.[11]

17.3 ▸ 실습문제

수요가 강하게 나타날 확률과 약하게 나타날 확률은 각각 1/2이고, 수요가 강한 경우의 수요는 $Q = (10 - p)100$이고, 수요가 약한 경우의 수요는 $Q = (10 - p)30$이라고 하자. 또한 제조회사의 단위비용은 일정한 값을 가지며 $c = 0$이라고 하자.

a. 수요가 강하거나 약하거나에 관계없이 수입을 극대화해 주는 가격은 $5임을 보이시오.
b. 수요가 강하다는 것을 알기 전에 이 기업이 500단위를 생산한다고 하자. 수요가 실제로 강한 것으로 나타난다면 이 중 얼마를 판매하는가? 실제로 수요가 약한 것으로 나타난다면 이 중 얼마를 판매하는가? 이 기업의 기대이윤은 얼마인가?
c. 이 기업이 500단위를 경쟁적인 소매상들을 통해 판매한다고 하자. 소매상들이 500단위 전부를 구매하여 재고로 갖고 있다면 수요가 강할 때 소매가격은 얼마가 되는가? 수요가 약할 때 소매가격은 얼마가 되는가?
d. 문제 c에서 구한 답에 비추어볼 때, 어떤 수준의 도매가격이 소매상들로 하여금 500단위의 재고를 구입하도록 만드는가? 이 도매가격에서 제조회사의 이윤은 얼마가 되는가?

---

11 제조회사는 RPM 계약에 의해 항상 이득을 본다. 그러나 소비자들에게 나타나는 결과는 수요가 얼마나 변동적인가에 따라 달라진다. 수요가 매우 변동적이라면 아마도 소비자들은 RPM 계약에 의해 피해를 볼 수 있다. 그러나 수요가 어느 정도만 변동적이라면 소비자들은 이러한 계약에 의해 혜택을 볼 수 있다.

17.6 RPM 계약과 결론

이 장을 시작하면서 우리는 학계와 법원이 비가격적 수직적 제한(다음 장)에 대해 다양한 견해를 가지고 있지만, 가격에 대한 수직적 제한, 특히 RPM 계약을 훨씬 더 부정적으로 보는 오랜 전통이 있음을 언급했다. 실제로 최근까지 그러한 계약은 모두 불법적인 것으로 간주되었다. 지금까지 이 장에서 살펴본 사례들이 RPM 계약에 긍정적인 역할을 한다는 점을 감안하면, RPM 계약에 대한 의심이 왜 그렇게 지속되고 오래 지속되었는지 의문을 가질 수 있다.

수직적 가격제한에 대한 부정적인 견해에 기여하는 중요한 요소는 이러한 계약이 기업들의 담합 가능성, 즉 브랜드 간 경쟁 억제를 촉진할 수 있다는 의혹이다. 미국 대법원은 이 점에 대해 명시적으로 언급했다. *비즈니스 Electronics v. Sharp Electronics* 사건(1988)에서 법원은 "수직적 가격제한과 수직적 비가격 제한 사이에는 상당한 차이가 있다"고 썼다. 법원은 이어 "수직적 가격제한은 '카르텔화를 촉진'하기 때문에 브랜드 간 경쟁을 감소시킨다"는 가정이 오랫동안 존재해 왔다고 지적했다.[12] "그러나 RPM이 담합을 촉진할 수 있다는 우려는 정당할 수 있지만, 이 가설에 대한 공식적인 분석은 제한적이다. 그러나 최근 두 논문은 이러한 우려가 정당할 수 있는 이유를 보여준다.

이 중 첫 번째 사례는 Jullien and Rey(2007)이다. 이 논문의 직관은 매우 간단하다. 10장에서 설명한 대로 각각 차별화된 제품을 판매하고 가격 경쟁을 벌이는 두 제조업체를 생각해 봅시다. 각 제조업체는 자신의 독점 소매업체를 통해 최종 소비자에게 도매가로 판매하고, 이 업체는 최종 소매가격 p_i를 설정한다. 물론 그 최종 가격 쌍은 상류 생산업체의 판매를 결정한다. 한계비용은 0이라고 가정한다. 각각이 직면한 소매 수요는 다음과 같다:

$$p_i = \mathrm{A} - q_i + \beta p_j + \varepsilon_i \quad i, j = 1,2 \; i \neq j \quad 0 < \beta < 1 \tag{17.14}$$

여기서 ε_i는 소매 수요 q_i의 변동을 반영하는 임의의 충격항이다. 이러한 충격은 도매가격이 결정된 후 소매가격이 결정되기 전에 발생한다. 결정적으로, 기업 j와 소매업체는 제조업체 i의 도매가격 w_i와 수요 충격 ε_I에 대응하여 소매업체 i가 설정한 가격 p_i만을 관측할 수 있다. 10장부터 관측된 ε_I 충격과 기업 j의 가격 p_j^e에 대한 기대를 고려할 때, i의 최선의 대응은 $p_i = \left(\frac{A + w_i + \varepsilon_i}{2}\right) + \left(\frac{\beta}{2}\right) p_j^e$를 설정하는 것임을 알 수 있다. 이는 $p_i = p_i^e = \left(\frac{A + w_i}{2}\right) + \left(\frac{\beta}{2}\right) p_j^e$의 기대값을 의미하므로, 식 (17.14)를 다음과 같이 다시 쓸 수 있다:

$$p_i = p_i^e + \frac{\varepsilon_i}{2} \qquad i, j = 1,2; \; i \neq j \tag{17.15}$$

즉, i사의 소매업체는 수요 충격에 대응하여 소매가격을 당초 예상했던 것과 다르게 조정할 것이다. 하지만 이러한 유연성은 담합을 더욱 어렵게 만든다. i사가 경쟁사로부터 낮은 소매가격 p_j가 청구되는 것을 목격한다면, 그것이 부정적인 수요 충격에 의한 것인지, 아니면 더 공격적으로 가격을 매기는 쪽으로 이동한 것인지, 아니면 담합의 맥락에서 카르텔을 속이기 위한 것인지 구분할 수 없다는 것을 의미한다. 따라서 부정행위 적발은 어렵고, 우리가 아는 것처럼 이것은 카르텔을 지속하기 어렵게 만든다.

12 *Business Electronics Corp. v. Sharp Electronics*, 485 U.S. 717 (1988). 이 법원의 진술은 *Continental TV Inc. v. GTE Sylvania Inc.* 433 U.S. 36 (1977)에서 이전에 분석한 내용을 언급하고 있다.

RPM 계약은 문제를 변화시킨다. 이제 소매가격의 변화는 상류 제조업체가 RPM 가격 제한폭을 변경하는 경우에만 발생할 수 있다. 따라서 RPM 계약은 담합을 촉진한다. 이는 완벽한 결과는 아니다. 소매가격이 이제 미리 설정되었다는 것은 수요 충격에 반응할 수 없다는 것을 의미하며, 이는 진정한 비용이다. 또한 RPM 계약과의 담합은 RPM 계약이 없는 담합보다 가격을 공동 독점 가격에 가깝게 밀어붙이는 것을 허용하기 때문에, RPM 계약을 사용할 경우 부정행위로 인한 한 기간 동안의 이득이 더 크다. 물론 이것은 카르텔의 지속 가능성을 떨어트린다. 그럼에도 불구하고 Jullien과 Rey(2007)는 탐지 효과가 종종 승리할 것임을 보여준다. 그렇게 되면 기업은 소매가격이 공동이익-최대화 수준에 근접하고 소비자의 생활고를 더 악화시키는 RPM 계약을 채택하는 것이 이득임을 알게 될 것이다.

보다 최근에 Rey와 Vergé(2010)는 위의 경우와 반대로 제조업체들이 동일한 유통업체를 통해 판매하는 RPM 촉진 담합의 대안적 모델을 제시한다. 가장 간단한 경우를 예로 들자면, 두 개의 상류 제조업체 A, B와 처음에는 소매업체 1이라고 부르는 단 하나의 하류 소매업체를 상상해 봅시다. 그러면 이 소매업체는 우리가 A1과 B1이라고 부르는 두 개의 차별화된 상품을 판매한다. 만약 소매업체 1이 각 생산업체로부터 원가로 구매할 수 있다면 그것은 두 상품으로부터 공동이익을 극대화할 가격 p^*_{A1}과 p^*_{B1}을 책정할 것이다. 즉, 소매업체 1은 두 상품 간의 경쟁을 내부화하고, 따라서 이 시장에서 최대한의 이익을 얻기 위해 그들의 가격을 조정할 것이다. 가격 p^*_{A1}과 p^*_{B1}은 사실 제조업체들이 완전히 통합되어 서로 협력하고 있다면 정확히 제조업체 자신이 책정할 가격이다.

방금 설명한 결과는 실제로 각 제조업체가 소매업체에 원가로 판매한 다음 고정수수료를 통해 결과 이익의 일부를 자신의 몫으로 청구하는 2부 계약을 사용하여 달성할 수 있다. 이를 보기 위해 기업 A가 소매업체 1에 한계비용과 동일한 단위당 가격으로 판매한 다음 고정수수료 F_A를 통해 이익의 일부를 취하는 2부 가격 체계를 적용한다고 가정한다. 이를 고려할 때 B사가 할 수 있는 최선은 소매업체가 A에 지불한 금액의 이익 순을 최대화하는 계약을 체결한 다음 고정수수료 F_B로 이익을 청구하는 것이다. 이를 위한 방법은 다시 한계비용으로 가격을 책정하는 것이다. 두 생산업체가 단일 소매업체를 통해 판매할 때 공동 (3자) 최대 이익을 달성하기 위해 RPM 계약이 필요하지 않다.

그러나 두 생산자가 두 번째 하류기업인 소매업체 2를 통해서도 판매를 한다면 문제는 달라진다. 그 이유는 이제 소매 경쟁뿐만 아니라 상류 경쟁도 있기 때문이다. 이제 p^*_{A1}과 p^*_{B1}처럼 두 생산자가 모두 소매업체 2를 통해서만 판매를 할 경우 책정될 독점적 이윤극대화 가격으로서 p^*_{A2}과 p^*_{B2}가 된다. 예를 들어 두 생산자가 하류 소매업체 모두에서 전술한 2부 가격을 채택하여 최종 시장가격인 p^*_{A1}과 p^*_{B1}, 그리고 p^*_{A2}, p^*_{B2}를 얻을 수 있을 것이라고 가정해 보겠다. 그러나 소매업체들은 원가를 지불하고 구매하기 때문에 이러한 가격을 책정한다는 것은 각 소매가격이 가능한 한 가장 높은 마크업을 반영한다는 것을 의미한다. 따라서 각 소매업체는 소매가격을 인하하고 경쟁업체로부터 사업을 빼앗음으로써 이익을 크게 늘릴 수 있다는 사실을 알게 될 것이다. 실제로 각 생산자도 이와 같은 방식으로 유혹을 받을 것이다.

즉, p^*_{A1}과 p^*_{B1}의 가격 쌍은 소매업체 2가 p^*_{A2}과 p^*_{B2}의 가격을 결정한 것에 대한 소매업체 1의 최선의 대응이 아니라는 것이다. 각 제조업체는 원가로 판매하기 때문에 추가 소매판매에 대한 마진이 매우 크므로 소매가격을 인하할 유인이 똑같이 크다. 제조업체는 대신 한계비용을 초과하는 도매가격 r로 판매함으로써 이러한 유인을 무디게 할 수 있다. 그러나 이는 두 가지 문제로 귀결된다. 첫 번째는 이중마진화의 친숙한 문제이다. 두 번째는 생산자 A가 도매가격을 한계비용 이상으로 책정할 경우 생산자 B는 이를 과소평가하여 제품을 더 낮은 소매가격으로 판매할 유인이 있다는 것과 관련된 문제이다. 즉, 실현 가능한 계약 유형의 경우 소매 경쟁은 제조업체 간의 도매가격 경쟁으로 확대될 가능성이 높다. Rey와 Vergé(2010)는 RPM 계약이 없는 경우 시장의 결과가 상당히 경쟁적일 가능성이 있음을 보여준다.

RPM 계약의 매력은 이제 분명하다. 그들은 소매 경쟁을 억제한다. 예를 들어 소매업체가 완전한 베르트랑 경쟁자라면, 도매가격은 소매가격으로 1 대 1 매핑되고 제조업체는 도매가격을 통해 서로 직접 경쟁한다. RPM 계약은 양의 소매 마진을 허용함으로써 이러한 연결고리를 약화시킨다(그리고 결코 RPM 없는 전략보다 더 나쁠 수 없다).[13]

17.7 실증적 적용: RPM 그리고 가격(LEEGIN 이후 증거)

수직적 가격제한은 진화하는 법적 논란뿐만 아니라 상당한 학문적 논쟁의 대상이 되어 왔다. 그러나 *State Oil v. Khan*과 특히 *Leegin*의 최근 법원 판결은 이러한 제한을 가능하게 하는 조정이 소비자에게 이익이 될 수 있다는 인식 하에 RPM 계약을 포함한 수직적 가격제한을 더 많이 수용하는 쪽으로 반독점 원칙의 명확한 변화를 나타낸다. 그러나 이 접근법에는 잠재적인 함정이 있으며 RPM 계약의 허용이 소비자와 경제적 효율성에 유사한 결과를 가져올 수 있다는 것은 분명해 보인다.

Smith and MacKay(2013)의 흥미로운 논문은 서로 다른 주에 걸친 *Leegin* 판결의 효과를 고려함으로써 RPM이 가격에 미치는 영향을 탐구했다. *Leegin* 판결은 연방 법원이 이제 RPM 계약을 더 관대하게 취급할 것임을 분명히 했지만, 주법과 법률 관행에 미치는 영향은 덜 명확했다. 텍사스와 같은 많은 주에서는 사업 및 상업 코드에 해당하는 경우 연방 판례에 의해 안내되고 따르겠다는 공식 성명을 포함하고 있다. 이 주들에서는, *Leegin*이 도입한 RPM 계약의 이유 원칙적 처리에 대한 연방 접근 방식의 변경이 그러한 계약에 대한 법적 처리를 자유롭게 할 가능성이 높다. 반면에 캘리포니아와 같이 주 독점금지법과 법원 판례가 RPM 계약이 그 *자체*로 독점금지법을 위반하는 것이라는 매우 강력한 가정을 나타내는 주가 많이 있다. 독점금지 소송이 지역 법원에 뿌리를 두고 있는 한, *Leegin* 판결은 이 주들에 그다지 큰 영향을 미치지 않을 수 있다.

Smith와 MacKay(2013)는 전술한 논리를 사용하여 RPM 계약의 영향을 밝히기 위한 자연스러운 실험을 구성한다. 그들은 법률 및 입법 이력을 기반으로 *Leegin* 결정이 RPM 계약에 대해 더 법적으로 관대한 견해로 이어질 가능성이 있는 24개 주 그룹과, *Leegin* 결정이 이러한 계약에 대한 (훨씬 더 가혹한) 법적 취급을 변경할 가능성이 없는 11개 주 그룹을 식별한다. 그 다음 그들은 Nielsen이 2004~2009년 동안 문자 그대로 수천 개 품목의 소비자가 실제 주간 구매한 비교적 새로운 데이터 세트의 데이터를 사용한다. 여기에는 140만 개의 개별 제품이 포함되지만 Nielsen은 이러한 제품을 "브랜디" 또는 "수면 보조제"와 같은 1,025개 모듈로 그룹화한다. Smith와 MacKay(2013)는 이 중 1,025개를 검사할 수 있었다.

13 Rey and Vergé(2010)는 공동 독점 결과가 각각의 균형이 서로 다른 도매가격에 해당하는 가능한 평형 상태의 연속체 중 하나일 뿐임을 분명히 한다. 여러 면에서 Rey and Vergé(2010) 분석은 Bernheim and Winston(1985)의 이전 분석을 일반화한 것이다.

Smith와 MacKay(2013)는 각 주에서 각 소매업체가 판매하는 각 제품에 대해 각 주 t에서 가중치 가격(로그)을 구성한다. 그런 다음 1,025개 제품 모듈 각각에 대해 다음과 같은 회귀 값을 추정한다:

$$\ln P_{jrst} = \alpha + \beta_1 RoR + \beta_2 L_t + \beta_3 (L \times RoR_S) \\ + \text{Other characteristics and Fixed Effects} + \varepsilon_{jrst}$$

여기서 $\ln P_{jsrt}$는 소매업체 r이 판매하는 주 및 주 t의 제품 j의 로그 가격이다. RoR_S는 Rule of Reason 그룹에 해당하는 경우 1의 값을 취하고 *Leegin*의 효과가 거의 없을 것으로 예상되는 위법성에 대한 가정이 강한 주들로 구성된 대조군의 경우 0의 값을 취하는 지시 변수이다. L은 관측치가 2007년 6월 28일 *Leegin* 결정 이후 주 t에 있지만 그 날짜 이전에는 0이면 1의 값을 취하는 지시 변수이다. 마지막으로 L^*RoR_t는 *Leegin* 결정 이후 모든 주에서 1이지만 Rule of Reason 그룹에 대해서만 사용되는 교호작용 항이다. 다른 모든 경우에는 0이다.

가장 중요한 것은 세 번째 항의 계수 β_3이다. 계수 β_1은 *RoR* 그룹과 대조군 *자체* 상태 사이의 일반적인 가격 차이를 나타낸다. 계수 β_2는 *Legin* 결정이 두 상태 그룹에 미친 일반적인 효과를 반영한다. 대조군에 *비해* *Legin* 결정이 *RoR* 그룹에 미친 효과의 차이를 포착하는 것은 계수 β_3이다. 따라서 계수 β_3은 실제로 10장 앞에서 설명한 "이중 차분" 추정량이다. 즉, 이것은 *Legin* 이후의 Rule of Reason 상태에서 가격이 *Legin* 이후의 상태에서 대조군보다 얼마나 더 많이 상승했는지를 포착한다.

Nielsen은 1,025개의 제품 모듈을 각각 10개의 제품 부서 중 하나로 분류한다. 이 부서 유형별로 1,025개 회귀 분석에 대한 결과를 요약하는 것이 유용하다. 이것은 표 17.1의 가장 기본적인 Smith and MacKay 모형에 대한 것이다.

표 17.1에 나타난 결과는 다소 놀랍다. 연구된 제품의 61%에서 β_3의 추정치는 양의 값이었다. 15% 이상에서는 유의하게, 6% 미만에서는 유의하게 음의 값을 보였다. 역사적으로 Rule of Reason 접근법에 기울어진 주의 중위수 가격효과는 최저 1.3%에서 최고 8.6% 사이이다. 더욱이 이러한 증가는 일반적으로 판매수량의 감소와 관련이 있다. 이는 *Leegin* 이후 최소 RPM 계약에 대한 국가의 법적 허용이 더 엄격해진 공급과 더 높은 소매가격으로 이어졌음을 강력하게 시사한다.

Smith and MacKay(2013)는 더 높은 가격 자체가 반드시 소비자가 더 나빠진다는 것을 의미하지는 않는다는 것을 인식한다. RPM 계약이 없는 경우 소매업체는 17.5절 위에서 제안한 대로 고비용 브랜드 제품의 충분한 재고를 보유하지 않을 수 있지만 대신 더 많은 저비용 개인상표(비브랜드) 제품을 보유해야 한다. 그렇다면 Rule of Reason 주에서 브랜드 제품의 시장점유율은 *그 자체* 주에서보다 *Leegin* 이후에 증가했어야 한다. 그러나 Smith and MacKay(2013)는 이러한 경우가 그렇지 *않다*는 것을 보여주기 위해 두 번째 이중 차분 효과를 추정한다. 간단히 말해서 Smith and MacKay(2013)의 연구는 RPM 계약에 대한 *그 자체* 불법 규칙의 완화가 덜 경쟁적인 가격책정으로 이어졌다는 매우 강력한 증거를 제공한다. 시장 시뮬레이션에서 얻은 그들의 증거는 이것이 소비자잉여를 평균 약 4% 감소시켰음을 시사한다.[14]

14 Smith와 MacKay(2012)는 수량을 종속변수로 사용하여 유사한 회귀분석을 실행한다. 여기서 가격을 인상하는 행동이 수요량을 감소시키므로 이중 차분 추정량은 음으로 예상된다. 이 역시 양의 가격효과를 발견하는 것과 거의 같은 정도로 그들이 발견하는 것이다.

표 17.1 이중 차분법 변수 β_3(고정 효과)의 추정치에 대한 회귀 결과[15]

제품 부서	회귀 개수	$\beta_3 > 0$ 의 회귀 개수			$\beta_3 < 0$ 의 회귀 개수			전체 퍼센트
		Count	Percent	Median	Count	Percent	Median	
Health & Beauty Aids	165	4	14.5%	3.9%	13	7.9%	−4.7%	59.6%
Dry Grocery	406	67	16.5%	4.2%	23	5.7%	−4.5%	63.5%
Frozen Food	81	23	28.4%	3.4%	1	1.2%	−6.7%	70.7%
Dairy	43	5	11.6%	3.1%	3	7.0%	−2.8%	59.1%
Deli	16	2	12.5%	2.6%	0	0.0%	—	75.0%
Packaged Meat	12	3	25.0%	1.3%	2	16.7%	−12.6%	66.7%
Fresh Produce	21	2	9.5%	8.6%	0	0.0%	—	61.9%
Non-Food Grocery	122	16	13.1%	1.8%	7	5.7%	−4.5%	53.6%
Alcohol Beverages	30	3	10.0%	4.0%	2	6.7%	−3.8%	43.3%
General Merchandise	129	12	9.3%	4.1%	7	5.4%	−4.1%	58.3%
Total	**1025**	**57**	**15.3%**		**58**	**5.7%**		**61.0%**

요약

제조업체는 제품을 시장에 내놓기 위해 소매업체에 의존하기 때문에, 제조업체는 소매업체가 소비자에게 적절한 가격과 제공할 적절한 홍보 및 기타 서비스의 양에 대한 의견을 공유하기를 희망해야 한다. 하지만 불행하게도, 이것은 거의 사실이 아니다. 이중마진화와 다른 문제들은 제조업체와 소매업체 간의 이해 차이로 이어진다. 그러나 이러한 수직적 관계를 지배하는 계약상의 계약은 이러한 차이들 중 일부를 해결할 수 있다. 그러나 이러한 계약은 또한 제조업체와 소매업체 간의 가격담합을 촉진할 수 있다. 결과적으로, 수직적 규제에 관한 공공정책은 복잡하다.

이 장에서 우리는 재판매가격유지 또는 RPM 계약이라는 한 가지 특별한 유형에 초점을 맞추었다. 그러한 계약은 소매업체가 청구할 수 없는 최대 가격 또는 소매업체가 할인할 수 없는 최소 가격을 지정할 수 있다. 수년 동안 RPM 계약은 반경쟁적인 것으로 간주되어 본질적으로 불법으로 취급되었다. 그러나 1919년부터 법원은 이러한 엄격한 견해를 고수하여 계약 자체가 공식적으로 소매가격을 지정하지 않는데도 그러한 계약을 밀접하게 복제하는 RPM 계약과 행동이 보다 유연한 이성 규칙의 적용을 받도록 했다. *State Oil v. Khan*과 *Leegin*과 함께 RPM 계약의 지위는 본질적으로 불법에서 합리적으로 정당한 경우 합법으로 바뀌었다. 이는 계약이 최대 재판매 가격 또는 최소 가격 중 하나를 부과하는지 여부에 상관없이 사실이다.

법원이 RPM 계약에 대해 좀 더 관대한 태도로 전환한 이유는 간단하다. 점점 더 많은 경제학자와 정책입안자들은 그러한 계약이 없으면 이중 합리화, 소비자에 대한 서비스 제공 보장, 수요 불확실성 처리와 같은 문제가 소비자뿐만 아니라 생산자 이익에도 불리하게 작용한다는 것을 알고 있다. 그렇다고 해서 수직적 가격제한이 반경쟁적일 수 있다는 우려가 부당하다는 것은 아니다. 그러나 모든 사실을 알기 전에는 문제에 대한 적절한 판결을 내릴 수 없다는 것을 시사한다. 어떤 면에서는 법원이 "이성의 법칙"에 근거한 당연한 판단에서 하나의 판단으로 전환하는 과정에서 인정한 바와 같다.

동시에 RPM 계약의 잠재적인 반경쟁적 효과는 분명하다. 역사적으로 반독점 사건의 첫 세기 동안 지배적이었던 것은 제조업체가 아니라 소매업체였다는 사실은 그러

15 위의 회귀에 대한 유의 수준은 5%이다. 표준 오차는 임의의 상관관계를 허용하기 위해 Leegin 이후의 더미와 상호작용하는 상태 수준에서 클러스터링된다. 저자들은 부트스트랩을 통해 유의성을 계산한 최신 버전의 논문을 보유하고 있다. 출처: The Nielsen Company (US), LLC.의 데이터를 기반으로 계산되었다.

한 효과가 지배적이라는 가정을 강화한다. 또한 이러한 수직적 가격제한을 허용하는 Miller-Tydings 및 McGuire 법과 같은 법안을 지지해 온 소매업체도 마찬가지였다. Smith and MacKay(2012)의 최근 실증 연구에 따르면, 보다 관대한 연방 법원 지침을 채택하는 경향이 있는 주에서 *Leegin* 사건이 정확히 제품 가격을 더 높였다.

연습 문제

1. 한 자동차 딜러가 자신의 지역에서 *Volvo* 자동차의 판매를 독점하고 있다고 하자. 이 딜러는 자신이 파는 *Volvo* 자동차 한 대당 w의 금액을 *Volvo*에게 지불하고 있으며 각 소비자에게는 한 대당 p의 가격으로 판매하고 있다. 이 딜러가 직면하고 있는 자신의 수요곡선은 $Q = 30 - p$이다. p의 단위는 1000이다.

   a. 이 딜러가 이윤을 극대화하기 위해 책정해야 하는 가격은 얼마인가? 이 가격에서, 이 딜러는 몇 대의 *Volvo* 자동차를 판매하며, 또한 그가 얻는 이윤은 얼마인가?

   b. 이제 이러한 상황이 자동차 제조회사의 입장에서는 어떻게 보이는가에 대해 생각해 보자. *Volvo*가 이 딜러에게 자동차 한 대당 w의 가격으로 판매하고 있다면, 이 딜러는 몇 대의 자동차를 *Volvo*로부터 구매하려고 하는가? *Volvo*가 직면하는 자신의 수요곡선은 무엇인가? 자동차 한 대를 생산하는 데 *Volvo*가 지불하는 비용이 $5,000라고 하자. 이윤을 극대화해 주는 w는 얼마인가? *Volvo*의 이윤은 얼마가 되는가? 이 딜러가 책정하는 가격 p는 얼마가 되며, *Volvo*가 자신의 이윤을 극대화해 주는 도매가격 w를 책정했을 때 이 딜러가 얻는 이윤은 얼마가 되는가?

2. 문제 1에서 *Volvo*가 직접 고객에게 자동차를 판매한다고 하자.

   a. 이 경우, *Volvo*의 이윤을 극대화해 주는 가격 p는 얼마인가? *Volvo*의 이윤은 얼마가 되는가? 여기서의 답을 문제 1(b)의 답과 비교해보라. 왜 답이 다르게 나타나는지에 대해 직관적인 설명을 해보라.

   b. 대신 *Volvo*가 독립적인 소매업체에 RPM 계약을 부과할 수 있다고 가정해 보겠다. *Volvo*는 최대 또는 최소 소매가격을 설정할 것인가? *Volvo*는 실제로 얼마를 설정할 것인가?

3. ABC사는 경쟁적인 소매상들에게 자신의 제품을 판매하는 독점기업이다. 이 기업은 제품 한 단위당 일정한 한계비용 10을 생산비용으로 지출하고 있다. 소매시장에서의 수요는 $P = 50 - Q$이다.

   a. ABC의 이윤을 극대화해 주는 도매가격은 얼마인가? 이 도매가격에서 소매가격은 얼마가 되는가?

   b. ABC가 자신의 이윤을 극대화하는 도매가격을 책정할 때 소비자잉여의 가치는 얼마가 되는가?

   c. ABC가 얻을 수 있는 최대 이윤은 얼마인가?

4. ABC는 여전히 경쟁적인 소매상들에게 자신의 제품을 판매하는 독점기업이다. 그러나 이제 이 회사는 소매상들이 고객 서비스를 제공하면 수요가 $P = 90 - Q$로 변한다는 것을 발견했다. 그러한 서비스를 제공하는 데 각 소매상이 지불해야 하는 비용은 $400이다.

   a. ABC는 소매상들과 RPM 계약을 맺기로 했다. 이 계약에서 ABC는 소매가격을 얼마로 정해야 하는가? 이 가격에서 소매상들은 몇 단위를 팔겠는가?

   b. RPM 계약이 체결되는 경우에 소비자잉여는 얼마가 되는가?

5. RPM 계약에서 정한 문제 4(a)의 소매가격에서 ABC가 책정할 수 있는 최대 도매가격은 얼마가 되겠는가? 이 도매가격의 수익은 얼마인가? RPM 계약으로 인해 사회적후생은 증가하는가?

6. 미국의 반독점정책이 문제로 삼았었던 재판매가격유지 사건들에는 간단한 소비자 제품을 생산하는 여러 기업들이 관련되어 있었다. 그러한 기업 중에는 캔디를 생산하는 Russell Stover, 청바지를 생산하는 Levis, 와이셔츠를 생산하는 Arrow, 화장실용 제품을 생산하는 Colgate 등이 있었다. 이러한 제품들에 대해 재판매가격유지 정책을 취하고자 하는 인센티브를 갖는 사람들은 어떤 사람들이었는가? 그 이유를 설명하라.

7. *Albrecht v. Herald Co.*의 반독점 사건에서는 신문사가 신문배달 업체에게 배타적 지역을 설정해 줌으로써 연속 독점(독점-독점)의 문제가 발생했다. 이러한 문제는 여러 배달업체들이 신문배달을 위해 서로 경쟁하도록 하였다면 해결될 수 있었던 문제인가?

참고문헌

Bernheim, D., and M. Whinston. 1985. "Common Marketing Agency as a Device for Facilitating Collusion," *Rand Journal of Economics* 16 (Summer): 269–81.

Bork, R. 1966. "The Rule of Reason and the Per Se Concept: Price Fixing and Market Division," *Yale Law Journal* 75 (January): 399–441.

Chen, Y. 1999. "Olgiopoly Price Discrimination and Resale Price Maintenance," *Rand Journal of Economics* 30 (Autumn): 441–55.

Deneckere, R., H. P. Marvel, and J. Peck, 1997. "Demand Uncertainty and Price Maintenance: Markdowns as Destructive Competition," *American Economic Review* 87 (September): 619–41.

Jullien, B., and P. Rey, 2007. "Resale Price Maintenance and Collusion," *Rand Journal of Economics* 38 (Winter): 983–1001.

Lafontaine, F. 1992. "Agency Theory and Franchising: Some Empirical Results," *Rand Journal of Economics* 23 (Summer): 263–83.

Lafontaine, F. 1993. "Contractual Arrangements as Signaling Devices: Evidence from Franchising," *Journal of Law, Economics, and Organization* 9 (October): 256–89.

Lafontaine, F. 1995. "Pricing Decisions in Franchised Chains: A Look at the Restaurant and Fast-Food Industry," Mimeo, University of Michigan, (April).

Marvel, H., and S. McCafferty, 1984. "Resale Price Maintenance and Quality Certification," *Rand Journal of Economics* 15 (Autumn): 346–59.

Mathewson, G. F., and R. A. Winter, 1983. "The Incentives for Resale PriceMaintenance under Imperfect Information," *Economic Inquiry* 62 (June): 337–48.

O'Brien, D. P., and G. Schaffer. 1994. "The Welfare Effects of Forbidding Discriminatory Discounts: A Secondary Line Analysis of Robinson-Patman," *Journal of Law, Economics, and Organization* 10 (October): 296–318.

Overstreet, T., 1983. *Resale Price Maintenance: Economic Theories and Empirical Evidence*, Washington, DC: Federal Trade Commission Bureau of Economics Staff Report (November).

Pickering, J. F. 1966. *Resale Price Maintenance in Practice*, New York: August M. Kelley Publishers.

Rey, P., and T. Vergé. 2010. "Resale Price Maintenance and Interlocking Relationships," *Journal of Industrial Economics* 58 (December): 928–61.

Smith, D., and A.MacKay, 2013. "The Empirical Effects ofMinimum Resale Price Maintenance on Prices, Output, and Consumer Welfare," Working Paper, Department of Economics, University of Chicago, (May).

Steiner, R. L. 1985. "The Nature of Vertical Restraints," *Antitrust Bulletin* (Spring): 143–97.

Tesler, L., 1960. "Why Should Manufacturers Want Free Trade?" *Journal of Law and Economics* 3 (October): 86–105.

부록

MANUFACTURER'S OPTIMAL CONTRACT WHEN SELLING TO A PRICE–DISCRIMINATING RETAILER

We consider the optimal wholesale price r and fixed fee T that a manufacturer should select to maximize total profit when the retailer sells in two identical markets, one of which is a monopoly but the other of which is constrained by potential entry to sell at a price equal to the wholesale price. Given that there is competition in one market, $T = 0$, as any value of $T > 0$ would drive competitive retailers from the market. The problem is then the profit-maximizing choice for the wholesale price r. Recall that demand in each market is given by: $P = A - BQ$. Manufacturing cost is c. The retail cost is just r. Retailer profit maximization in the monopoly case implies:

$$Q_M = \frac{A - r}{2B} \tag{17.A1}$$

and a retail price P^D of

$$P^D = \frac{A + r}{2} \tag{17.A2}$$

The retailer's profit Π^R in this market will therefore be:

$$\Pi_M^R = \frac{(A - r)^2}{4B} \tag{17.A3}$$

Absent any franchise fee T, the manufacturer's profit Π_M^M derived from sales in the retailer's monopoly market will be:

$$\Pi_M^M = \frac{(r - c)(A - r)}{2B} \tag{17.A4}$$

In the competitive market, the price to consumers will be r and retail profit is zero. Output will be given by:

$$Q_C = \frac{A - r}{B} \tag{17.A5}$$

The manufacturer's profit Π_C^M from the retailer's sales in this competitive market is:

$$\Pi_C^M = \frac{(r - c)(A - r)}{B} \tag{17.A6}$$

For a given r at which retailers buy goods in both markets, the total manufacturer combined profits are:

$$\Pi = \Pi_C^M + \Pi_M^M + \frac{(A - r)^2}{4B} = \frac{(r - c)(A - r)}{B} + \frac{(r - c)(A - r)}{2B} + \frac{(A - r)^2}{4B} \tag{17.A7}$$

Maximizing this with respect to r yields the following necessary condition:

$$r = \frac{4A + 6c}{10} \quad (17.A8)$$

with $A = 100$ and $c = \$20$, this yields the value of $r = \$52.0$ reported in the text.

EFFICIENT SERVICE PROVISION AND PROFIT MAXIMIZATION AT THE INTEGRATED FIRM

Total surplus from services is $\{A - [c + \varphi(s)]\}^2(Ns)/2$. The surplus-maximizing or efficient value of services s^* must therefore satisfy:

$$(A{-}c)/2 = \varphi(s^*)/2 + \varphi\prime(s^*)s^*. \quad (17.A9)$$

The integrated firm's profit is:

$$\pi(p, s) = p(A - p)Ns - [c + \varphi(s)](A - p)Ns \quad (17.A10)$$

Necessary conditions for maximizing the integrated firm's profit are then the joint first-order conditions:

$$\frac{\partial\pi(p, s)}{\partial p} = (A - 2p)Ns + [c + \varphi(s)]Ns = 0 \quad (17.A11)$$

and

$$\frac{\partial\pi(p, s)}{\partial s} = p(A - p)N - [c + \varphi(s)](A - p)N - Ns\varphi\prime(s)(A - p) = 0 \quad (17.A12)$$

Equation (17.A11) implies $p^{\mathrm{I}} = [A + c + \varphi(s)]/2$. Substituting this price into (17.A12) yields:

$$(A - c)/2 = \varphi(s^I)/2 + \phi\prime(s^I)s^I \quad (17.A13)$$

The service level satisfying (17.A13) is the same as that satisfying (17.A9), that is, $s^I = s^*$.

SERVICE PROVISION AND PROFIT MAXIMIZATION BY COMPETITIVE RETAILERS

At any retail price $p = r + \varphi(s)$ consumer surplus is $\{A - [r + \varphi(s)]\}^2Ns/2$. Maximizing this with respect to s then yields the service level under competitive retailing, sC

$$(A{-}r)/2 = \varphi(s^C)/2 + \varphi\prime(s^C)s^C \quad (17.A14)$$

Because $r > c$ and $\varphi' > 0$, $s^C < s^I = s^*$. Competitive retailers provide less service than either the integrated firm or the socially optimal level.

Industrial Organization

Contemporary Theory and Empirical Applications

제 18 장

비가격 수직적 제한

Non-Price Vertical Restraints

차례

18.1 ▸ 상류시장의 경쟁과 배타적 거래
18.2 ▸ 배타적 판매 협정과 배타적 지역 협정
18.3 ▸ 수직적 제한 및 시장 차압
18.4 ▸ 애프터시장에서의 수직적 제한
18.5 ▸ 수직적 제한에 대한 공공정책
18.6 ▸ 프랜차이즈와 부서화 간단하게 살펴보기
18.7 ▸ 실증적 적용: 미국 맥주산업의 배타적 거래
요약
연습 문제

2012년 5월, 펜실베니아 주립 대학교는 펜실베니아주에 있는 대학교의 19개 캠퍼스의 모든 분수대와 자동판매기에서 펩시에게 독점적인 "붓는 권리"를 할당하는 계약을 완료했다. 다음 10년 동안 모든 운동 행사, 연극 공연, 대학 졸업식, 그리고 모든 펜실베이니아 주립 학교의 모든 대학교 공인 식당 서비스, 스낵바, 자동판매기에서 제공되는 유일한 탄산음료는 *펩시 콜라*와 *마운틴 듀*, *립톤* 아이스티, *소베*, *아쿠아피나*, *프로펠 제로*, *게토레이*와 같은 다른 펩시 제품들이다. 이 계약은 펩시와 델라웨어 대학 간의 유사한 계약을 따랐고 펩시가 수집한 많은 대학 "붓는 권리" 계약 중 하나이다. 코카콜라도 이 게임을 하였다. 최근 미네소타 대학교, 오하이오 주립 대학교와 유사한 독점 음료 계약을 체결했다. 이러한 콜라 전쟁은 대학 수준에서 멈추지 않았다. 일부 추정에 따르면, 공립학교의 80%가 콜라 또는 펩시와 독점적인 "붓는 계약"을 맺고 있으며, 이것은 자동판매기, 카페테리아, 스포츠 행사뿐만 아니라 제빵 판매, 도서전과 같은 모금 행사에서 제공되는 음료에도 적용된다.[1]

학교와 음료 회사 간의 계약은 비가격 수직적 제한의 예이다. 이 경우 상류 제조업자는 하류 유통업자에게 제한을 가한다. 앞 장에서 언급했듯이 비가격 수직적 제한은 전통적으로 수직적 가격제한(그리고 역사적으로 법원에서 다르게 취급)과 별도로 분석된다. 이러한 구분이 정당한지 여부에 관계없이 비가격적 제한이 더 일반적이라는 데에는 의심의 여지가 거의 없다. Lafontaine과 Slade(2007)는 일종의 독점 거래가 미국 내 독립 소매업체의 매출의 3분의 1을 커버한다고 추정한다. 독점 영역과 같은 다른 비가격 수직적 제한도 자주 관찰된다. 그러나 이들은 전형적으로 별도로 분석되었지만 비가격적 제한이 제시하는 수직적 가격제한과 기본적으로 동일한 문제를 제기한다는 것은 쉽게 알 수 있다. 한편으로 이러한 제한은 제품 품질(서비스 포함)과 효율성을 향상시키는 유용한 제도로 작용할 수 있다. 다른 한편으로 경쟁을 약화시킬 수 있

1 T.Philpott, "80 Percent of Public Schools Have Contracts with Coke or Pepsi," *Mother Jones.com* 15 August 2012; http://www.motherjones.com/tom-philpott/2012/08/schools

는 명백한 잠재력을 가지고 있다. 본 장에서는 주요 수직적 제한, 즉 독점적 거래, 독점적 판매 및 영역, 애프터시장 제한에 초점을 맞춘다.

18.1 상류시장의 경쟁과 배타적 거래

음료와 학교의 예에서처럼 배타적 거래 *exclusive dealing* 는 대리점들의 행동을 제한하는 계약이다. 이 계약은 기본적으로 대리점이 해당 제조회사의 제품과 경쟁할 수 있는 다른 회사의 제품을 판매하는 것을 허용하지 않는다. 흔히 배타적 거래 협정은 제조회사와 대리점 간에 존재하는 이해상충 관계에 근거하여 정당화되고 있다. 어떤 수직적 제한이 가해지지 않으면 그러한 이해상충은 제조회사뿐만 아니라 소비자들에게도 피해를 주는 결과를 가져올 수 있다.

이러한 시각을 이해하기 위해서는 제조회사가 종종 상당한 자원을 자신들의 제품을 판촉하는 데 사용한다는 것을 먼저 인식해야 한다. 생활용품 제조회사인 Procter & Gamble, 화장품 제조회사인 Revlon, 가전제품 제조회사인 Whirlpool/Maytag과 같은 회사들은 자사 제품을 광범위하게 광고하고 있는 수많은 제조회사들의 일부일 뿐이다. 그러한 광고를 통해 제조회사들은 자사 제품에 대한 수요를 증가시킬 수 있을 뿐만 아니라 자사 제품과 같은 종류에 속하는 제품 전반에 대해서도 그 수요를 증가시킬 수 있다.

예를 들어, 비아스피린계 진통제로 잘 알려져 있는 *Tylenol*의 광고를 살펴보자. 의심할 것 없이 그러한 광고는 특정 제품 *Tylenol*에 대한 소비대중의 인지도를 증가시킬 뿐만 아니라 비아스피린계 진통제 전반에 대한 인지도도 증가시킨다. 그러한 광고에는 비용이 많이 든다. 광고비용을 회수하기 위하여 *Tylenol*의 제조회사인 Johnson & Johnson은 *Tylenol*의 가격을 올려야 한다. 우리는 약사와 *Tylenol*을 찾는 고객 간에 이루어지는 다음과 같은 거래를 쉽게 상상할 수 있다. 왜 *Tylenol*를 찾는가 하고 물으면 그 소비자는 자신이 원하는 약은 통증과 열을 완화시키는 비아스피린계 약이라고 말할 것이다. 약사는 *Tylenol*도 좋은 약이지만 광고를 하지 않아 값이 좀 더 싸면서도 *Tylenol*과 화학성분도 동일한 약을 줄 수도 있다고 말할 것이다. 그 다른 약의 가격이 *Tylenol*의 가격보다 훨씬 낮지는 않더라도 고객이 그 약을 선택하게 할 수 있을 정도로는 낮을 수 있다.

약사가 고객에게 다른 약이 있다는 정보를 준 이유는 *Tylenol*의 가격과 비슷한 가격에 다른 약을 팔 수 있기 때문이다. 그러나 *Tylenol*의 입장에서 볼 때는 약사가 *Tylenol*의 광고에 무임승차하고 있는 것이다. 고객이 비아스피린계 약을 찾게 만든 것이 *Tylenol* 광고이었음에도 불구하고 *Tylenol*이 판매되지 않았다. 그러면 소매업자의 행동이 제조업자에게, 반대로 나쁜 영향을 미칠 수 있는 수직적 외부성이 발생한다.

배타적 거래 협정은 제조업체가 자사 제품의 소매업체가 이러한 대체품을 만들지 못하도록 허용하기 때문에 이 문제에 대한 해결책을 제시한다.[2] 이것은 소매업체가 제품의 품질을 비공식적으로 보장하는 역할을 하는 의사와 유사한 역할을 하는 상품의 경우 특히 중요하다. 화학제품과 같이 회사 간에 판매되는 많은 중간 제품이 이러한 기능을 가질 수 있다. 소매 소비자 수준에서 자동차 딜러는 이러한 기능을 제공할 수 있는 소매업체에 속한다.

---

2 Marvel(1982)은 이러한 점을 강조하고 있는 것 중 하나다.

그러나 배타적 거래는 경쟁을 억압하는 수단이 될 수도 있다. 이러한 경우의 한 예에 대해서는 13장에서 이미 살펴보았다. 거기서 살펴본 것은 Rasmussen, Ramseyer, Wiley(1991) 모형으로 상류 생산부문에서 중대한 규모의 경제가 존재하는 경우에 배타적 거래가 새로운 기업의 진입을 막을 수 있다는 것을 살펴보았다. 그러나 배타적 거래가 갖는 진입억제 효과만이 경쟁을 제한하는 것은 아니다. 배타적 거래는 기존의 제조회사들 간의 경쟁을 제한하는 데도 사용될 수 있다. 제조회사는 경쟁기업의 제품을 배척함으로써 더 많은 독점력을 즐길 수 있다.[3]

제조회사는 그러한 독점력으로부터 얻는 이윤을 소매상과 나누어 가져야 한다. 제조회사는 배타적 거래 계약을 맺기 위해서 자신의 경쟁기업이 소매상에게 제시할 수 있는 이윤과 같은 수준의 이윤을 제시해야 한다. Mathewson과 Winter(1987)가 보여주고 있듯이 이러한 점을 고려할 경우에 배타적 거래에 대한 분석은 매우 복잡해진다. 특히, 소매상에게 매우 낮은 도매가격을 제시하는 제조회사만이 소매상과 배타적 거래 계약을 맺을 수 있다. 이러한 낮은 도매가격은 낮은 소매가격으로 연결될 것이다. 따라서 이 경우 낮은 소매가격이 다른 제품을 선택하지 않음으로써 소비자가 입는 피해를 보상하고도 남을 정도로 충분한가를 살펴보아야 하는 문제가 남는다. 원칙적으로 말해, 배타적 거래가 시장에서 한 제품을 제거한다고 하더라도 후생은 증가할 수 있다.[4]

배타적 거래는 소매상들 간의 경쟁과 제조회사들 간의 경쟁을 동시에 제한할 수도 있다. 예를 들어, 두 제조회사가 두 소매상에게 판매하고 있다고 하자. 두 소매상은 서로 떨어져 있기는 하지만 같은 지역 안에서 활동하고 있다. 배타적 거래 계약이 없는 경우에 각 소매상은 두 제품 모두를 판매한다. 그 결과, 각 소매상이 위치한 곳에서 두 제품 간의 가격 경쟁이 치열하게 나타날 것이다. 그러나 각 제조회사가 소매상 중 하나와 배타적 거래 계약을 통해 자신의 제품을 판매한다면 브랜드 경쟁은 약화될 수 있다. 이 경우 배타적 거래는 이전에는 존재하지 않았던 두 제품 간의 지역적 차별화라는 결과를 가져다주는 것이다.[5]

18.2 배타적 판매 협정과 배타적 지역 협정

이제 지역적 제한과 관련된 배타적 판매에 대해 살펴보기로 하자. 이 경우는 음료와 학교의 예와는 두 가지 점에서 차이가 난다. 앞의 예는 두 라이벌 음료회사의 *브랜드 간* *interbrand* 경쟁을 제한하는 것을 목적으로 하고 있지만, 배타적 판매와 지역적 배분 ***exclusive selling and territorial arrangement*** 은 하류 대리점들 간의 *브랜드 내* *intrabrand* 경쟁을 제한하는 것을 목적으로 하고 있다. 이 경우에는 제조회사가 어떤 설정된 지역 내에서 다른 소매상에게 자신의 제품을 판매하

3 여기와 18.3절의 압류 분석은 16장의 모델과 중복된다. 마찬가지로 RPM 계약에 의해 달성된 약화된 가격 경쟁도 14장의 분석과 중복된다.

4 Foreclosure는 산업조직론의 분석에서 자주 사용된다. Bernheim과 Whinston(1990)은 두 상류기업에 의해 서로 다른 두 브랜드의 제품이 생산되고 소매상이 하나뿐일 때, 소매상은 배타적 거래에 대해 아무런 인센티브를 갖지 않는다는 것을 보여주고 있다. 소매상은 항상 두 제품 모두를 판매하는 공동대리점이 된다. 소매상이 여럿 있는 경우에 O'Brien과 Schaffer(1994), 그리고 Besanko와 Perry(1994)는 항상 배타적 거래가 이루어진다는 것을 발견하고 있다. 그러나 이 두 모형은 봉쇄 가능성을 배제하고 있다.

5 이러한 시각에서 살펴본 모형으로는 Besanko와 Perry(1994) 참조.

지 않는다는 데 동의하는 것이다. 예를 들어 독점 판매 계약에 따라 월마트는 음성 인식 소프트웨어 *드래곤*을 판매할 수 있는 유일한 소매업체가 될 수 있는 권리를 얻을 수도 있다. 마찬가지로 독점적 영토 계약에서 도요타는 이러한 딜러의 주어진 거리 내에 새로운 아울렛을 열지 않는다는 계약을 여러 렉서스 딜러와 체결할 수도 있다. 두 경우 모두 이제 제한은 상류기업에 있음을 유의해야 한다.

우리는 소매 경쟁이 이중마진 문제를 감소시키거나 제거하는 경우에 제조회사에게 도움이 될 수 있다는 것은 이미 알고 있다. 그렇다면 왜 제조회사는 소매상들 간의 경쟁을 제한하는 계약을 체결하는가 하는 의아한 생각이 들 수 있다. 그러나 그 이유는 직관적으로 쉽게 이해할 수 있는 것이다.

예를 들어, 한 제조회사가 두 하류 소매상에게 자신의 제품을 판매하고 있는 간단한 경우를 살펴보자. 제조회사의 제품은 동일하지만 소매상들은 다른 이유가 없더라도 적어도 위치로 인해 서로 차별화되어 있다고 가정하자. 이러한 가정은 비합리적인 가정이 아니다. 달리 말해, 소비자들은 이 두 소매상의 제품을 서로 완전 대체재로 보지 않는다. 따라서 소매 경쟁은 완전경쟁적이지 않다.

이러한 맥락에서 프로모션 및 기타 서비스에서 수평적 외부성이 나타난다. 한 소매업체가 광고 또는 정보 서비스 제공 비용을 발생시키면 다른 소매업체에게도 이익이 된다. 예를 들어, 한 렉서스 딜러가 지역 TV에서 렉서스 광고를 운영하면 잠재적으로 해당 지역의 모든 렉서스 딜러의 수요가 증가한다. 마찬가지로, 한 카메라 매점이 Canon 디지털 카메라로 좋은 사진을 찍는 방법을 고객들에게 알려주면 고객들은 그러한 설명을 들은 후에 그러한 서비스를 제공하지 않으면서 낮은 가격에 카메라를 판매하는 다른 소매상으로부터 카메라를 구입할 수 있다. 간단히 말해, 특정한 브랜드의 제품을 파는 각 소매상은 동일한 브랜드를 판매하는 다른 소매상들이 제공하는 서비스에 무임승차하려는 유혹을 받는다. 그 결과, 그러한 서비스 제공 수준은 매우 낮아질 수 있다. 또한 소비자들이 그러한 서비스에 대해 가치를 부여하기 때문에 이러한 서비스 외부효과는 제조회사와 소매상이 얻을 수 있는 이윤을 감소시킬 뿐만 아니라 소비자잉여도 감소시킨다.[6]

배타적 판매 협정과 배타적 지역 협정이 위와 같은 외부성 문제를 어떻게 해결할 수 있는지 명확히 해야 한다. 이러한 계약은 사실상 특정 지역 또는 제품군 내에서 제조사 상품의 판매자 수를 단 한 명으로 제한한다. 그 결과 각 소매업체는 자사의 서비스가 창출하는 모든 이익의 훨씬 더 많은 부분을 회수한다. 또한 이러한 제한은 제조사가 딜러에게 일부 독점력과 그에 따른 일부 독점 이익을 제공함으로써 딜러가 너무 적은 서비스를 제공하고 있다고 판단되어 계약이 종료되는 경우 실질적인 손실을 초래할 수 있다[Klein and Murphy(1988)]. 따라서 배타적 판매와 영토 제한은 제조사의 상품과 관련된 서비스 수준을 높여 공동 이익을 증가시키고, 가격효과에 따라 소비자잉여를 증가시킬 수 있다.

배타적 판매와 배타적 지역 협정은 방금 살펴본 것 외에도 또 다른 두 가지 중요한 잠재적 효과를 갖는다. 이러한 계약들로 인해 한 지역에서 특정한 제품을 판매하는 소매상은 하나만 존재하게 되므로 수요가 약할 때 제품을 싼 값에 처분하고자 하는 소매상의 욕구는 줄어든다. 이

6 이 사례는 17장에서 고려한 것과 달리, 여기서는 소매업체들이 차별화된 제품을 판매하기 때문에 하류 경쟁이 이중 한계화 문제를 해결하는 데 도움이 되었다.

러한 효과는 적절한 양의 제조회사 제품을 소매상이 재고로 갖고 있게 하는 데 있어서는 중요할 수 있다.[7] 다른 효과는 배타적 판매 및 배타적 지역 협정이 각 지역에서 상류의 독점기업이 하류의 독점 소매상에게 판매하는 구조를 만들어준다는 것이다. 이는 이중마진이나 낮은 서비스 제공의 문제를 막는 수단으로 2부 요금제와 프랜차이즈요금을 사용할 수 있게 해준다. 이러한 시각에서 볼 때, 배타적 지역과 프랜차이즈요금이 동일한 계약서에 표시되어 있는 사실이 놀랄 만한 것이 아니다.[8]

지금까지는 제조회사가 하나라는 가정하에서 배타적 판매와 배타적 지역 협정에 대해 살펴보았다. 상류 제조회사가 둘 이상일 때 이러한 계약들은 브랜드 간 경쟁을 감소시키는 데 사용될 수 있으며 이는 소비자들에게 피해를 준다. 서로 불완전 대체재인 제품을 생산하는 두 상류 제조회사가 있다고 하자. 또한 이 두 회사가 경쟁적인 소매시장에 판매하고 있다고 하자. 이 두 제조회사가 동일한 생산비용과 수요를 갖고 있다면 이들은 동일한 도매가격 w^C를 책정할 것이며, 소매시장의 경쟁이 소매상들이 자신의 이윤으로 추가하는 어떠한 이윤도 제거할 것이므로 도매가격은 소매가격이기도 하다. 따라서 모든 소매상들은 0의 경제적 이윤을 얻는다. 더 중요한 점은 이에 따라 도매가격의 상승은 동일한 크기의 소매가격 상승으로 이어진다는 점이다.

이제 Rey와 Stiglitz(1995)에서처럼, 이 제품들의 시장이 지역으로 구분될 수 있다고 하자. 또한 각 제조회사가 각 지역의 한 소매상에게만 그 지역에서 자신의 제품을 판매하는 권리를 준다고 하자. 이에 따라 어떤 지역에서든 각 제조회사의 제품은 한 독점 소매상에 의해서만 판매된다. 우리는 독점 소매상에 판매하는 것은 이중마진 문제를 발생시킨다는 것을 안다. 그렇다면 두 제조회사는 왜 이런 결정을 해야만 하는가? 부분적인 해답으로는 이렇게 함으로써 두 브랜드 간의 경쟁강도가 약화된다는 것이다. 경쟁강도가 약해지는 것은 도매가격과 소매가격의 연결성이 이러한 계약으로 약해지기 때문이다. 각 소매상들의 입장에서 볼 때 도매가격은 비용이다. 만약 한 제조회사가 도매가격을 올린다면 그 회사의 제품을 파는 소매상의 비용도 올라간다. 이에 따라 그 소매상은 비용 상승을 소매가격을 높임으로써 커버하려고 할 것이다. 그러나 다른 소매상들과의 경쟁으로 인하여 그 소매상이 가격을 올리는 데 한계를 가질 것이다. 하지만 배타적 지역이 설정되는 경우에는 가격은 전략적 보완재가 된다. 라이벌 소매상이 첫 번째 소매상이 가격을 올리는 것을 목격하면 그 라이벌 소매상은 설령 도매가격이 오르지 않았더라도 자신의 고객을 잃지 않고 가격을 올릴 수 있는 기회가 왔음을 알게 된다. 따라서 한 제조회사가 자신의 도매가격을 인상한다면 그 제조회사는 배타적 지역 협정이 없고 소매 경쟁이 존재했을 때 잃을 수 있는 수만큼의 고객은 잃지 않을 것이다. 설령 라이벌 제조회사가 자신의 도매가격을 인상하지 않는다 하더라도 라이벌 소매상은 소매가격을 올린다.

물론, 두 제조회사도 이러한 사실을 알 것이다. 각자가 자신의 소매상들에게 배타적 지역을 설정해주는 계약을 함으로써 이들은 소매 경쟁을 약화시키며 이는 다시 도매 경쟁을 약화시키는 효과로 되돌아온다. 결과적으로 배타적 지역을 설정해주는 협정은 소매가격과 도매가격을 모두 높이는 것으로 나타날 것이다. 그러한 협정이 제조회사의 이윤을 증가시켜 주는가는 또 다른 문제이다. 제조회사의 이윤은 증가하지 않을 수도 있다. 왜냐하면 도매가격이 높아졌더라도 이중마진 문제는 소매시장이 경쟁적인 경우보다 판매량이 적다는 것을 의미하기 때문이다. 그

7 불확실한 수요와 잠재적으로 소매업체 행동에 미치는 부정적인 영향에 대한 분석은 17장을 참조하시오.

8 17장과 Lafontaine(1993) 참조.

러나 이중마진 문제가 그렇게 크지 않다면(두 제품이 매우 가까운 대체재인 경우에 그러한 것처럼) 배타적 지역 협정은 제조회사들에게 더 높은 상류의 이윤을 가져다줄 것이다. 제조회사들이 2부 요금제 협정을 맺는다면 이중마진 문제도 사라질 것이다.[9]

배타적 판매 협정은 경쟁산업에서 독점이윤을 달성하는 데도 사용될 수도 있다. 이를 살펴보기 위해 두 제조회사의 제품이 서로 완전 대체재라고 해보자. 경쟁적인 소매시장이 있을 때 제조회사나 소매상이나 어떤 이윤도 얻지 못할 것이다. 그러나 두 제조회사가 서로 협력하여 어떤 지역에 있는 한 소매상에게 자신들의 제품을 그 지역에 있는 다른 소매상에게 판매하지 않는다는 데 동의하면서 배타적 판매 권리를 준다고 하자. 따라서 이 운 좋은 소매상은 그 지역에서 독점자가 되어 독점 소매가격을 책정할 수 있다. 독점기업은 추가적인 이윤을 가져가므로 이 운 좋은 하류 소매상은 이러한 계약으로 인해 행복해질 것이다.

제조회사들은 어떻게 되는가? 어느 정도까지는 그들의 상황은 변하지 않는다. 각자는 서로 강한 대체재인 제품을 생산한다. 따라서 이들 간의 경쟁은 여전히 치열하다. 물론, 이러한 상황에서 모든 독점이윤은 소매상이 가져간다. 경쟁이 덜 치열하다면 제조회사는 2부 요금제를 책정함으로써 이윤의 일부를 가져갈 수 있다. 실제로 제조업체는 2부 요금제를 사용하지 않고도 수익을 창출할 수 있다. 예를 들어, 제조회사는 자신이 라이벌 제조회사보다 높은 도매가격을 책정하더라도 소매상이 최소한 어느 정도의 수량을 자신으로부터 구매하는 데 동의하는 경우에만 배타적 판매 계약을 맺을 수 있다. 책임수량 요구 *quantity-forcing requirement* 라고 불리는 이러한 기법은 도매가격 경쟁을 완화하는 효과를 가져다준다. 두 제조회사가 모두 이렇게 하는 경우에 각자는 상대방에게 판매를 뺏긴다는 위협을 느끼지 않으면서 비용보다 높은 수준으로 도매가격을 인상할 수 있다. 이에 따라 제조회사는 이제 얼마간의 이윤을 얻을 수 있다.[10] 물론, 더 높은 도매가격은 더 높은 소매가격으로 이어질 것이다. 따라서 이러한 협정은 효율성을 증가시키지는 않는다. 제조회사가 얻는 이윤의 크기는 소매상의 이윤 감소와 소비자잉여의 감소의 크기보다 작다. 그러나 동시에 수량 강제 설정은 최대 재판매 가격을 부과하는 데에도 사용될 수 있으므로 이중마진화 문제를 제한할 수 있다는 점을 인식해야 한다. 따라서 이러한 수직적 계약을 사회적 이점이 있지만 종종 경쟁을 완화하는 데 사용될 수 있다는 점에서 하방 위험이 분명히 있다.

18.3 수직적 제한 및 시장 차압

앞에서 언급한 분석의 대부분은 브랜드 간 또는 브랜드 내 경쟁을 줄일 수 있는 수직적 구속의 잠재적인 반경쟁적 효과를 고려했다. 그러나 반독점정책에서 가장 중요한 관심사는 한 기업이 이러한 구속을 사용하여 시장을 완전히 독점할 수 있는 가능성이다. 이 관점에서 배타적 구속은 이미 언급한 Rasmussen, Ramseyer, and Wiley(1991) 모델과 유사한 상류 또는 하류 경쟁자를 제거하는 약탈적 도구로 사용될 가능성이 있다. 여기서는 수직적 맥락에서 명시적으로 설정된 두 가지 모델에 초점을 맞춘다.

---

9 배타적 지역 협정이 브랜드 간 경쟁을 약화시킨다는 Rey와 Stiglitz(1995)의 이러한 분석은 개념적으로 Bonanno와 Vickers(1988)의 주장과 매우 흡사한 것이다.

10 최종 균형에서 수량 제한이 제한으로 작용하지 않는다는 것을 살펴보라.

18.3.1 사적계약

독점 제조업자가 Cournot 경쟁자로서 경쟁하는 n개의 하류 소매업자에게 판매한다고 가정하자. 우리는 처음에 $n = 2$이고 편의상 유일한 소매비용은 도매가격 W라고 가정할 것이다. 이상적으로, 제조업자는 독점의 결과를 얻고자 하며 우리는 이 결과를 소매가격 P^M에서 Q^M 판매의 산출량으로 지정한다. 따라서 각 소매업체가 $q_1 = q_2 = Q^M/2$를 판매하기를 원한다. 이를 위해 한계비용과 동일한 도매가격 W^M으로 각 업체에게 $Q^M/2$의 양을 판매하는 수량 강제 계약을 체결하고 고정수수료 F를 사용하여 각 업체에 대한 독점 수익을 징수할 수 있다. 예를 들어 역수요가 $P = 140 - Q$이고 한계비용이 $c = \$20$인 경우, 제조업체는 $q_1 = q_2 = 30$의 고정 수량 계약을 체결할 수 있다. 그러면 한계비용 c로 판매하면 가격은 $P = \$80$, 각 소매업체의 영업 이익은 \$1,800이 되며, 제조업체는 $F = \$1{,}800$으로 설정하여 이를 확보할 수 있다.

그러나 제조업체와 각 소매업체 간의 계약이 공개되지 않는다면 위와 같은 결과를 얻기 어렵다. 독점업체가 위에 명시된 대로 소매업체 1과 계약, 즉 소매업체 1이 도매가격 $W = c = \$20$에 30개를 소유(및 판매)하고 소매업체 2와 동일한 방식으로 $F1 = \$1800$의 고정수수료를 지불하기로 하는 수량 강제 계약을 체결한다고 가정해 보겠다. 문제는 소매업체 1과 이 계약을 체결한 제조업체가 이제 더 이상 소매업체 2와 동일한 계약을 체결하고 싶지 않다는 것이다. 왜 그럴까? 9장에서 쿠르노 모델을 공부하면서 소매업체 2의 최적 반응 함수는 $W = c = \$20$일 때 다음과 같다는 것을 알았기 때문이다:

$$q_2^* = \frac{140 - W}{2} - \frac{q_1}{2} = \frac{140 - c}{2} - \frac{q_1}{2} = 60 - \frac{q_1}{2} \tag{18.1}$$

따라서 소매업체 1의 생산량이 30개라고 가정할 때 소매업체 2의 최선의 반응은 $W = c = \$20$일 때 30개가 *아니라* 45개이다. 따라서 소매업체 2와의 비밀 거래에서 제조업체는 이제 45개에 대한 수량 강제 계약을 판매하고자 할 것이다. 소매업체 1이 판매한 30개와 결합하여 소매가격을 65달러로 올리면 소매업체 2는 고정수수료 $F_2 = \$2{,}025$로 다시 회수할 수 있는 2,025달러의 영업 이익을 얻게 된다(역시 원가 c로 구매한다는 가정하에). 이제 450달러의 손실을 입은 소매업체 1을 이용함으로써 제조업체는 순수독점 이익인 3,600달러보다 225달러 더 많은 2,025달러 + 1800달러 = 3,825달러로 이익을 올렸다. 제조업체가 소매업체 2와 먼저 계약을 체결했더라면 결과는 분명히 동일했을 것이다.

물론 각 소매업체는 제조업체의 착취 가능성을 예측할 수 있다. 결과적으로 각 소매업체는 제조업체가 경쟁 소매업체와의 협상에서 비밀리에 이 거래를 약화시키려 할 수 있다는 사실을 알기 때문에 독점 생산량의 절반과 고정수수료 1800달러를 요구하는 계약에 서명하기를 꺼려할 것이다. 사실, 약간의 직관만 있다면 제조업체가 40대를 판매하는 각 소매업체와 쿠르노의 결과를 본질적으로 복제하는 계약을 제안하는 것이 유일하게 신뢰할 수 있는 결과라는 것을 알 수 있다. 더 확장하면, $n = 3$ 소매업체의 균형 결과는 각 소매업체가 30대를 판매하는 것이다. 더 일반적으로, 9장에서 선형 역수요가 $P = A - Q$이고 한계비용이 c일 때 n개의 기업이 각각 $\frac{A - c}{n + 1}$개를 생산한다는 대칭 쿠르노 결과는, 이 예에서 각 소매업체가 $120/(n + 1)$개를 판매하므로 균형인 n이 점점 커질수록 총생산량이 증가하고, 이에 따라 제조업체가 신뢰성 부족으로 겪는 이익 손실도 증가한다는 것을 의미한다. Macy's와 Martha Stewart 간의 계약에 관한 현실

현실 체크포인트

마사 스튜어트로부터 페니스를 빼앗으려는 메이시스

2012년 1월, 백화점 체인 J.C. Penney에 새로 부임한 최고 경영자 Ron Johnson은 어려움을 겪고 있던 이 소매업체를 과감하게 새롭게 탈바꿈시키겠다고 발표했다. Johnson은 이전에 Apple의 최고 경영자였으며, 그의 계획은 페니의 경험을 마치 애플 리테일 스토어를 방문하는 것처럼 변화시키는 것이었다. 잦은 세일 프로모션을 없애고 일일, 월별, 클리어런스 가격 등 세 가지 표준 가격을 적용하고, 더 중요한 계획은 페니의 대다수 매장을 리모델링하여 서비스 센터를 갖춘 100개의 소규모 매장으로 나누는 것이었다. 고객에게 제품을 직접 체험하게 하고 각 품목의 장단점에 대해 상담할 수 있는 전문가를 배치하여 고객들이 매장을 방문하도록 유도하는 것이 목표였다. 또한 Martha Stewart Omnimedia Living에서 제공하는 많은 제품을 포함하여 전문적이고 매력적인 브랜드 제품을 진열하는 것도 의미했다. 여기서 문제가 시작되었다.

이미 마사 스튜어트 리빙과 12년 독점 계약을 체결하여 2018년까지 마사 스튜어트 브랜드 상품을 제조 및 판매할 수 있는 독점권을 가지고 있었던 것이 밝혀졌다. 페니의 계획 발표는 마사 스튜어트 주식의 16.6%를 3,850만 달러에 매입한 직후에 이루어졌다. 메이시스는 이것이 마사 스튜어트가 메이시스와 계약을 위반하고 J.C. 페니 매장에서 제품을 판매하는 데 동의하는 대가로 페니스가 마사 스튜어트에 투자하는 비밀 거래의 일환이라고 주장했다.

물론 마사 스튜어트는 이러한 혐의를 부인했다. 페니에서 판매할 상품은 메이시스에서만 독점 판매하기로 합의한 상품이 아니라고 주장했다. 또한 메이시스는 주로 마사 스튜어트와의 계약을 이용해 고객을 매장으로 끌어들인 다음 다른 상품을 홍보했다고 주장했다. 지금까지 법원이 메이시스를 지지하는 경향을 보인 이 사건에는 적절한 소매 서비스 문제와 이전 계약을 위반할 수 있는 비밀 거래에 대한 우려 등 수직적 구속 계약에 공통적으로 나타나는 많은 문제가 포함되어 있다. 그러나 최종 결과가 어떻게 나오든, 새로운 사업 계획에 따라 1,100개 매장 중 가장 큰 700개 매장을 리모델링해야 한다는 사실은 몇몇 페니 매장이 위태로워졌다는 것을 의미한다.

출처: S.Clifford, "J. C. Penney to Revise Pricing Methods and Limit Promotions," *New York Times*, January 25, 2012, p. B1; and "J. C. Penney is Sued over Martha Stewart Deal," *New York Times*, August 16, 2012, p. B3.

체크박스는 생산자 비밀 거래에 대한 우려가 상당히 타당하다는 것을 보여준다.

이러한 상황에서 한 소매업체를 제조업체의 판매 대리점으로 지정하는 독점 소매 계약의 매력은 분명하다. 한 소매업체를 통해 판매하기로 약정하면 제조업체가 하류 파트너를 악용하는 것을 방지할 수 있다. 결과적으로 60대의 독점 생산량을 한 소매업체에 독점적으로 판매하는 계약을 체결하여 80달러의 독점 가격과 3,600달러의 독점 수익을 얻을 수 있으며, 다시 고정수수료 F를 통해 징수할 수 있다.[11]

18.3.2 슬로팅 허용 및 제외

위에서 언급한 바와 같이 수직적 제한은 상류 또는 하류기업 모두에게 부과될 수 있으며, 초기에는 딜러에게 부과되는 제한에 대한 관심이 집중되었으나 최근에는 상류기업의 행위에 대한 제한에 대한 관심이 증가하고 있다. 이러한 제한은 최근 몇 년 동안 월마트와 같은 초대형 소매체인이 등장하면서 다소 일반화되었는데, 그 규모는 공급업체에 대해 지배적인 협상력은 아니

11 이 기본적인 주장은 Hart와 Tirole(1990)에 의해 처음 제시되었고, O'Brien과 Shaffer(1992)에 의해 구체화되고 확장되었다. Comanor와 Rey(2000)도 참조하시오.

더라도 상당한 협상력을 제공한다. 이러한 소매업체의 힘을 보여주는 한 가지 예는 소매업체가 진열 공간에 대한 대가로 생산자에게 선불금을 청구하는 슬롯팅 수당 또는 수수료의 사용이 증가하고 있다는 것이다.

불완전하게 경쟁하는 대형 소매업체의 맥락에서 Shaffer(1991)는 이러한 슬롯팅 수수료가 이러한 업체가 하류 및 상류 가격 경쟁을 완화하는 수단이 될 수 있다고 주장했다. 즉, 수수료로 인해 소매업체가 높은 도매가격을 지불할 수 있게 되어 결과적으로 마진에서 소매가격을 인하할 유인을 제한한다는 주장이다. 기본적으로 슬롯수수료를 통해 수익을 미리 거두면 소매업체가 가격 마진에서 덜 공격적으로 경쟁할 수 있다는 뜻이다.

또한, 슬롯팅 수당이 시장 배제로 이어질 수 있다는 우려도 다시 한번 제기된다. 12장에서 시장지배력을 가진 기업은 일반적으로 시장진입을 위해 지출하는 비용보다 시장지배력을 보호하기 위해 더 많은 비용을 기꺼이 지출할 것이라는 점을 상기해 봅시다. 슬롯팅 수수료는 시장지배력을 가진 상류 생산자가 부족한 진열 공간을 차지하기 위해 소규모 진입자보다 높은 입찰가를 제시하는 것을 명백하게 보여주는 사례이다.[12] 이 경우 소규모 생산자는 소매시장에 대한 접근권을 박탈당하게 된다.

또는, Marx와 Shaffer(2007)가 제시한 것처럼, 슬롯수수료는 일부 소매업체에게 제조 상품에 대한 접근권을 독점하는 독점적 관계의 일부일 수 있다. 이들의 모델은 세 단계 중 하나이다. 첫 번째 단계에서 소매업체는 생산자에게 세 가지 중요한 매개변수가 포함된 계약을 제안한다. 첫 번째는 계약 체결 즉시 소매업체에 지불해야 하는 슬롯수수료 *S*이다. 두 번째와 세 번째 매개변수는 익숙한 고정수수료 *F*와 제조업체에 지불하는 도매가격 *W*이지만, 소매업체가 실제로 양수를 판매하여 생산자로부터 상품을 실제로 구매하는 경우에*만* 해당된다.

Marx와 Shaffer(2007)의 모델을 대략적으로 이해하려면 위의 쿠르노의 예로 돌아가 보겠다. 수요는 $P = 140 - Q$로 주어지고 생산자의 한계비용은 $c = \$20$이므로 통합기업의 독점 결과, 즉 전체 이윤의 최대치는 $Q^M = 60$, $P^M = \$80$이므로 최대 산업 이윤은 $\Pi^M = \$3{,}600$이라는 것을 알 수 있다. 이를 대칭적으로 달성하려면 각 회사가 도매가격 $W = \$50$에 직면하는 계약이 필요하다. 이 도매가격에서 최적 반응 함수(18.1)와 대칭 요건인 $q_1 = q_2$에 따라 두 기업이 30개를 생산하여 총생산량은 60이고 소매가격은 통합 독점의 경우와 같이 80달러가 된다. 이 균형이 이루어지면 각 소매업체는 $(\$80 - \$50) \times 30 = \$900$의 영업 이익을 얻게 된다. 마찬가지로, 상류 제조업체는 $(\$50 - \$20) \times 60 = \$1800$의 영업 이익을 얻게 된다. 이 총 3,600달러의 영업 이익이 궁극적으로 어떻게 분배되는지는 각 계약의 슬롯팅 수당 *S*와 일시불 조달 수수료 *F*에 따라 달라진다.

*S*와 *F*의 결정을 고려할 때 협상 환경의 두 가지 특징을 인식할 필요가 있다. 첫째, 소매업체가 주도권을 가지고 있다. 각 소매업체는 제조업체에 "아니면 말고" 식의 계약 제안을 한다. 따라서 제조업체는 거절했을 때 얻을 수 있는 수익보다 더 많은 수익을 가져다주는 계약에 항상 '예'라고 답한다. 둘째, 제조업체는 두 가지 소매 계약 모두에 예라고 답할 필요가 없다. 한 소매업체가 압류된 경우 다른 소매업체가 아닌 한 곳을 선택할 수 있다.

12 The Federal Trade Commission report, *Slotting Allowances in the Retail Grocery Industry: Selected Case Studies in Five Product Categories*, 2003를 참조하시오.

예를 들어 위에서 제안한 대로 각 소매업체가 제조업체에 도매가격 $W = \$50$, 슬롯수수료 $S = \$500$, 제조업체에 지불하는 일시불 수수료 $F = \$100$의 계약을 제안한다고 가정해 보겠다. 제조업체가 이 두 계약을 모두 수락하면 각 소매업체는 30대를 주문하고 판매하여 운영 수익 900달러에 슬롯팅 수당 500달러를 더하고 고정 생산 수수료 100달러를 뺀 총 수익이 1,300달러가 된다. 그러면 제조업체는 1,800달러의 운영 수익에 생산 수수료 200달러를 더한 금액에서 슬롯팅 수당 1,000달러를 뺀 1,000달러의 순이익을 얻게 된다.

따라서 제조업체가 두 계약을 모두 수락하면 결과는 통합 독점 최대치를 모방하게 된다. 그러나 각 소매업체는 슬롯수수료를 인상하려는 인센티브가 있기 때문에 이는 균형이 *될 수 없다*. 예를 들어 소매업체 1이 S_1을 540달러로 인상한다고 가정해 보겠다. 제조업체가 이를 수락하고 소매업체 2에도 계속 공급한다면, 유일한 변화는 현재 960달러를 버는 제조업체의 비용으로 소매업체 1에게 순이익 40달러가 이전된다는 것이다. 물론 제조업체는 소매업체 1을 거부하고 이전처럼 $W_2 = \$50$, $S_2 = \$500$, $F_2 = \$100$으로 소매업체 2와만 거래할 수도 있다. 하지만 이

현실 체크포인트

Mylan의 항불안제 가격이 많은 불안을 야기했다

2000년 7월, 연방거래위원회는 Mylan 제한 및 다른 3개 회사와 1억 4,700만 달러에 달하는 합의에 도달했다: 뉴저지 소재 화학물질 공급업체인 Cambrex, Cambrex가 소유한 이탈리아 의약품 공급업체인 Profarmaco, Profarmaco의 미국 유통업체인 Gyma Laboratories of America. 이 사건은 Mylan이 주요 항불안제인 lorazepam과 clorazepate의 주요 성분에 대한 경쟁사의 독점권을 침해하려 했다는 FTC의 주장에 초점을 맞추고 있다.

Lorazepam은 *Ativan*의 제네릭 형태이고 clorazepate는 *Tranxene*의 제네릭 형태이다. 1990년대 초중반까지 제네릭 제조업체 간의 경쟁이 치열해지면서 이 약품의 가격이 하락했다. 1997년에 이르러 lorazepam과 clorazepate의 가격은 본질적으로 경쟁 수준이 되었다. 그해 말, 제네릭 제조업체인 Mylan은 Profarmco, Cambrex, Gyma와 독점 라이선스를 체결했는데, Mylan은 이 세 회사가 Mylan에 각 약물의 주요 활성 성분을 독점 공급하는 데 동의하는 대가로 lorazepam 및 clorazepate 판매 수익을 공유하기로 합의했다. 이 회사들이 해당 성분의 북미 공급을 사실상 모두 장악하자 Mylan의 경쟁사들은 곧 두 제품시장에서 경쟁할 수 없다는 사실을 알게 되었다. Mylan은 행동에 나섰다. 1998년 1월 Mylan은 clorazepate의 도매가격을 500회 용량 한 병에 11.36달러에서 377.00달러로 올렸고, 몇 달 뒤에는 lorazepam의 도매가격을 500회 용량 한 병에 7.30달러에서 190달러로 인상했다. 당시 의사들은 이 약에 대해 연간 2천만 건 이상의 처방전을 작성하고 있었기 때문에 이러한 가격 인상은 큰 충격을 주었다. 특히 알츠하이머 및 관련 치매 환자, 말기 환자 등 장기적인 질병을 앓고 있는 환자를 진정시키는 데 이러한 약물이 자주 사용되기 때문에 소비자와 의사의 분노는 더욱 컸다.

Mylan 경영진은 어떠한 잘못도 인정하지 않았다. 그들은 그렇지 않으면 소송이 길어져 불확실성이 커지고 비용이 더 많이 들기 때문에 합의한다고 말했다. 합의안에 따르면 1억 달러는 50개 주 전체가 공유하는 기금으로 지급될 예정이다. 추가로 3,500만 달러는 일부 대형 의료 기관이 제기한 개인 소송을 해결하는 데 사용되며, 1,200만 달러는 정부와 개인 변호사에게 법적 비용을 충당하기 위해 지급될 예정이다. 이 지불금의 대부분은 Mylan이 항불안제 시장을 다른 경쟁업체에 빼앗긴 결과 얻은 불법적인 이익을 "환수"하기 위한 것이다.

출처: S. Labaton, "Generic Drug-Maker Agrees to Settlement in Price-Fixing Case," *New York Times,* July 13 2000, front page; and Federal Trade Commission, "FTC Reaches Record Financial Settlement to Settle Charges of Price-fixing in Generic Drug Market," 29 November 2000, http://www.ftc.gov/opa/2000/11/mylanfin.shtm

경우 소매업체 2는 $W_2 = 50$달러로 45대를 개당 95달러에 판매하는 소매 독점업체가 되며, 제조업체는 총 1,350달러의 영업 이익을 얻게 된다. 또한 제조업체는 소매업체 2로부터 100달러의 일시불 수수료를 받지만 이전과 마찬가지로 500달러의 슬롯수수료를 지불한다. 따라서 소매업체 1을 거절하고 소매업체 2만 거래하면 제조업체의 순이익은 소매업체 1의 제안을 수락하고 두 소매업체와 모두 거래할 때보다 \$10 적은 \$950로 떨어지게 된다. 제조업체가 수락할 것을 알기 때문에 소매업체 1은 슬롯수수료를 540달러 이상으로 인상할 것이다.

물론 소매업체 2도 상황을 이해한다. 이 역시 540달러보다 더 높은 슬롯수수료를 요청할 인센티브가 있다. 이와 관련하여 두 소매업체가 $S_1 = S_2$를 550달러로 설정한 경우를 고려하는 것이 도움이 된다. 다른 모든 계약 조건이 동일한 상태에서 제조업체는 각 소매업체에 30대를 계속 판매하여 총 1,800달러의 영업 이익을 얻는다. 또한 일시불로 총 200달러를 수금하지만 이제 슬롯수수료로 1,100달러를 지불하므로 총 순이익은 900달러가 된다. 하지만 이 제조업체는 두 계약 중 하나만 수락함으로써 더 나은 성과를 낼 수 없다. 운이 좋은 한 소매업체는 독점권을 가지고 45대를 판매하게 된다. 그러면 제조업체는 운영 수익 1,350달러에 일시불로 100달러를 더한 금액에서 슬롯수수료 550달러를 뺀 900달러의 순이익을 얻게 되며, 이는 두 계약을 모두 수락한 경우와 정확히 동일하다.

앞의 예는 우연이 아니다. 제조업체가 두 회사의 계약 제안을 모두 수락하는 모든 가능한 균형에서, 제조업체는 그중 하나만 수락하고 승자가 소매독점자로 행동하게 함으로써 정확히 동일한 이익을 얻을 수 있어야 한다. 그렇지 않으면 적어도 한 소매업체는 슬롯수수료에서 더 많은 것을 요구할 것이다.

제조업체가 두 소매업체에 모두 공급하는 균형은 실제로 불가능하다는 것이 분명하기 때문에 Marx와 Shaffer(2007) 분석의 통찰은 쉽게 따라온다. 제조업체는 한쪽 또는 양쪽 소매업체에 공급하는 것에 무관심할 수 있지만, 소매업체는 그렇지 않다. 예를 들어 각 소매업체가 $S_i =$ 550달러, $W_i = 50$달러, $F_i = 100$달러로 설정한 상태에서 방금 설명한 지점에 도달했다고 가정해 보겠다. 제조업체는 이 조건에서 한 소매업체에만 공급하는 경우 이득도 손해도 없지만, 독점권을 얻은 소매업체는 분명히 이득을 얻는다. 하류 독과점 업체의 순이익은 1350달러인 반면, 소매업 독과점 업체는 2475달러를 벌게 된다. 따라서 하류 업체는 더 관대한 계약을 제안하여 제조업체의 독점 공급을 위해 경쟁할 것이다.

대칭 예시에서 각 소매업체가 슬롯수수료 $S_i = 0$, 도매가격 $W_i = \$20$, 일시불 $F_i = \$3600$를 부과할 때 균형에 도달한다. 일반적으로 한 소매업체는 경쟁업체에 비해 비용이나 기타 이점이 있을 가능성이 높다. 그렇다면 소매업체 1이 소매업체 2에 대해 가정한 3600달러와 달리 $W_1 = \$20$에 구매할 때 3700달러의 영업 이익을 창출할 수 있다고 가정해 보겠다. 이 경우 독점 딜러가 되기 위한 두 소매업체 간의 경쟁은 소매업체 2가 $S_2 = 0$, $W_2 = \$20$, $F_2 = \$3600$의 슬롯수수료를 제시하고 소매업체 1이 $S_1 = \$99.99$, $W_1 = \$20$, $F_1 = \$3700$으로 계약에서 승리하는 것으로 끝난다. 소매업체 1은 소매업체 2의 제안을 약간만 이기면 입찰에서 낙찰받을 수 있는 이점이 있지만, 정확한 방식으로 입찰을 진행해야 한다. 특히 소매업체 1은 $S_1 = \$0$, $W_1 = \$20$, $F_1 = \$3600.01$의 계약으로는 동일한 제조업체 순이익이 발생하더라도 계약이 체결되면 소매업체 2가 소량을 생산하더라도 소매업체 1이 수익성 있게 운영할 수 있기 때문에 이길 수 없다. 즉, 소매업체 2는 $S_2 = 0$, $W_2 = \$20$, $F_2 = \$3600$이 아닌 다른 계약을 제안하면 소매업체 1의 영업 이익이 \$3700 미만으로 떨어지더라도 제조업체가 이를 수락할 것이다. 반대로 $S_1 = \$99.99$, $W_1 = \$20$, $F_1 = \$3700$인 계약은 제조업체가 소매업체 2에 판매하지 않는 경우에만 수익이 발생한다. 따라서 선불 슬롯수수료 S_i는 낙찰 계약이 제조업체-딜러 간 독점 관계를 강요하는 계약이어야 함을 나타낸다. 일반적으로 이러한 독점성은 두 소매업체가 서로 다른 제품을 판매하여 한 소매업체가 제외될 경우 다양성이 떨어지는 경우와 같이 후생손실을 의미한다. 요컨대 독점 계약은 서비스와 효율성을 높일 수 있지만, 가격 경쟁을 완화하고 시장을 폐쇄하는 데 사용될 수도 있다.

18.4 애프터시장에서의 수직적 제한

지금까지 살펴본 수직적 제한은 주로 동일한 제품이 상류 생산자에서 하류 딜러로 체인을 통해 이동할 때 판매에 대한 제한을 반영한다. 최근 몇 년 동안 경제학자와 정책입안자 모두의 관심을 끌었던 또 다른 종류의 수직적 제한이 있는데, 이는 13장에서 살펴본 끼워팔기 *tying* 계약과 밀접한 관련이 있다. 이 제한은 애프터시장으로 알려진 예외적 판매 계약과 효과적으로 관련되어 있다.

애프터시장과 관련된 핵심 소송사건으로는 *Kodak* 사건이 있다. 그 내용은 다음과 같다. Kodak은 마이크로필름을 만들거나, 프린팅하거나, 보는 데 사용하는 마이크로 그래픽 장비와 사무실 복사기를 생산하는 제조회사 중 하나이다. 이러한 기계, 장비 시장은 1차 시장, 즉 포어시장 *foremerket* 이다. 그러나 Kodak은 또한 이러한 기계들에 대한 부품과 수리 서비스도 기술자들로 구성된 전국망을 통하여 공급하고 있었다. Kodak은 자신의 잘 짜여진 부품, 수리 서비스망을 소비자들이 자기 제품을 구매하도록 설득하는 광고 수단으로 활용하였다. 마이크로 그래픽 장비나 복사기를 먼저 구입하지 않은 사람들은 그 부품이나 수리 서비스가 필요하지 않기 때문에 부품 서비스 시장이나 수리 서비스 시장을 애프터시장 *aftermarket* 이라고 부른다.

Kodak은 포어시장뿐만 아니라 애프터시장에서도 경쟁에 직면하고 있었다. 많은 독립적인 기업들이 Kodak 오피스 장비를 사용하고 있는 기업들에게 부품과 수리 서비스를 제공하고 있었다. 그러나 이 독립적인 기업들은 교체 부품이 필요한 경우에 Kodak에 의존하였다. Kodak은 자신이 Computer Service Corporation (CSC)과 맺어 왔던 수리 서비스 계약을 독립적인 기업인 Image Technical Services (ITS)에게 빼앗기기 전까지는 기꺼이 독립적인 기업들에게 그러한 부품들을 공급해 주었었다. 그러나 그 일이 있은 후 Kodak은 독립적인 수리 서비스 공급업체에게는 자신의 부품을 공급하지 않는다는 새로운 정책을 공표하였다. 사실상 Kodak은 필요한 부품을 Kodak 기술자에게만 독점적으로 판매함으로써 기계 서비스에서 독점권을 행사했다. 이러한 부품이 없으면 독립 수리 서비스 업체에서는 수리가 불가능했다. Kodak이 새로운 정책을 점점 더 엄격하게 시행하자 ITS와 다른 독립 수리업체들은 Kodak의 조치에 이의를 제기하는 소송을 제기했다.

Kodak은 법정에서 원고의 제소에 대해 즉각 철회를 요구하였다. Kodak이 주장하는 내용의 핵심은 다음과 같다. 필름 관련 사무실 장비를 생산하는 생산자들은 많이 있기 때문에 자신은 포어시장에서 경쟁에 직면하고 있다. 따라서 자신이 애프터시장에서 독점력을 행사하는 것은 불가능하다. 포어시장에서 구매를 결정하기 전에 예를 들어 복사기를 구입할 때 소비자들은 복사기의 구입가격과 그 이후 에프터 서비스의 가격을 합한 총비용을 고려한다. 따라서 자신이 애프터시장에서 가격을 높이면 포어시장에서 기계 가격을 그만큼 낮추어야만 포어시장에서 고객을 끌어들일 수 있다. 따라서 자신은 애프터시장에서 독점 가격을 책정할 수 없다는 것이었다. 미대법원은 Kodak의 주장을 받아들이지 않고 Kodak에게 패소 판결을 하였다.

Kodak 사건 이후에도 유사한 사례가 다수 제기되었다. 다시 말하지만, 핵심 쟁점은 기업이 포어시장에서 독점력을 갖지 못한 경우 애프터시장에서 독점력을 행사할 수 있는지 여부와 그 방법이다. 이 문제를 설명하기 위해 할인을 무시할 수 있도록 이자율 r이 0이라고 가정하는 다음의 간단한 예를 생각해 보겠다. Kodak과 Lexsung이라는 두 회사가 각각 잠재적으로 2기간 동안 지속되는 기계를 판매하는데, 이는 일반적인 소비자의 기간과 동일한 기간이다. 기계는 물리적으로 다르게 보일 수 있지만 소비자의 눈에는 동일하며, 각 회사는 기계의 서비스를 기간당 50달러로 평가한다. 우리는 새로운 Kodak과 Lexsung 기계의 가격을 각각 P^K_M와 P^L_M로 지정한다. 경쟁은 가격에 있으므로(Bertrand), 소비자가 두 기계를 완벽한 대체품으로 본다는 가정은 가격이 한계비용까지 떨어질 것이라는 것을 의미하며, 여기서는 $P^K_M = P^L_M =$\$50로 가정한다.

첫 번째 기간에는 각 기계가 완벽하게 작동하지만, 두 번째 기간에는 고장이 발생하여 수리가 필요할 확률이 50%이다. 원칙적으로 기계가 고장난 소비자는 두 가지 중 하나를 선택할 수 있다. 중고 시장에 가서 50달러에 새 기계를 구입하거나(1기간 후에 중고 기계로 판매할 생각으로), 경쟁이 치열한 수리 시장에서 수리 서비스를 구매할 수 있다. 이 경우 수리 가격은 새 기계나 중고 기계의 순 구매 비용인 25달러를 초과할 수 없다. 그러나 특정 기계를 한 번 구입한 소비자는 해당 브랜드를 사용하기 위해 교육에 투자했거나 해당 브랜드에서만 작동하는 주변 장비를 구입했기 때문에 해당 브랜드에 "종속"되어 있다고 가정하여 첫 번째 대안을 배제하겠다. 이러한 "종속성"은 기계가 고장난 50%의 소비자들에게 유일한 선택지는 수리를 받는 것뿐이라는 것을 의미한다. 게다가 원래 Kodak의 경우처럼 수리에는 Kodak 부품이 필요하다. 즉, "락인 *lock in* " 효과는 원래 기계와 수리 서비스 모두에 적용되며, Kodak이 자사 기계의 수리를 독점할 수 있는 것은 후자의 경우이다. 그러나 처음에는 두 가지 유형의 기계에 대해 경쟁적인 수리 시장이 존재하고 편의상 수리에 대한 한계비용이 0이라고 가정한다. 따라서 경쟁은 초기 수리 가격도 0이 된다는 것을 의미한다.

Kodak의 기본적인 방어 전략은 쉽게 알 수 있다. 첫 번째 기간이 시작될 때 Kodak이 Kodak 기술자만 Kodak 기계를 수리할 수 있다는 애프터시장 제한을 적용했다고 가정해 보겠다. 기계를 구입한 후에는 기계에 갇히게 되고, 그러한 고장이 발생했을 때 Kodak 소비자가 1회 수리 비용으로 50달러를 지불할 의사가 있다는 점을 감안하면 Kodak은 원칙적으로 독점 수리 서비스에 대해 그 금액에 매우 근접한 금액을 청구할 수 있다. 그러나 Kodak 기계의 첫 번째 기간 구매자는 Kodak에서 가격 P^K_M에 기계를 구매하면 나중에 0.5의 확률로 두 번째 기간 수리 비용 50달러에 직면하게 된다는 것을 인지할 것이다. 따라서 2기간에 걸친 Kodak 기계의 예상가격은 $P^K_M + 0.5 * \$50 = P^K_M + \$25$가 된다. 반대로 Lexsung 기계의 2기간 동안의 가격은 수리 비용이 0이므로 P^L_M이 된다. 두 기계는 완벽한 대체품이므로 베르트랑의 경쟁은 P^L_M을 이전처럼 50달러로 강제할 것이다. 그러나 독점 수리 가격이 50달러라는 점을 고려할 때, 이는 P^K_M이 25달러로 떨어지지 않는 한 Kodak이 모든 고객을 잃게 된다는 것을 의미하므로, Kodak의 기계와 기능적으로 동일한 것으로 간주되는 경쟁사의 기계와 일치하는 $P^K_M + \$25 - \$50$이 된다. 이 가격에서 Kodak은 새로운 기계를 판매할 때마다 25달러의 손실을 보게 된다. 물론 나중에 이

중 절반에 대한 수리 수익으로 50달러를 벌겠지만, 이는 모든 새 기계에서 발생하는 손실을 상쇄하는 정도에 지나지 않는다. 보다 일반적으로, 단순 분석에 따르면 Kodak의 수리 가격이 인상되면 기계 가격이 1 대 1로 상쇄되므로 수리 시장을 독점한다고 해서 수익이 증가하지 않는다.

그러나 Kodak의 주장에 대한 반론도 있다. 가장 간단한 것은 장비 구매 계산에 후속 수리 비용을 완전히 포함하지 않는 소비자가 있을 수 있다는 것이다. 이 가정은 단순한 2기간의 예시에서는 그리 현실적이지 않을 수 있다. 그러나 내구성이 강한 기계의 현실은 2기간보다 훨씬 더 오래 지속되는 경우가 많고 여러 가지 수리 문제가 발생할 수 있다는 것이다. 따라서 일부 소비자는 추후 수리 비용에 대한 엄격한 기대치를 형성하기 어렵기 때문에 이를 무시할 수 있다. 또한 소비자가 기계의 수명을 멀리 내다볼 수 있다고 하더라도 추후 수리 비용을 합리적으로 예측하기 위해서는 상당한 정보가 필요하다. 이러한 정보를 막대한 비용을 지불해야만 얻을 수 있다면 그만한 가치가 없을 수 있으므로 소비자는 추후 수리 비용을 무시할 수 있다.

위의 예를 살펴보겠다. 처음에 Kodak과 Lexsung은 각각 50달러의 가격으로 기계를 판매하고 소비자는 나중에 0달러의 수리비를 지불해야 한다. 이 시장결과에서 각 회사가 매 기간마다 100명의 신규 고객에게 서비스를 제공한다고 가정해 봅시다. 이제 Kodak이 기계 수리 시장을 독점하고 수리 가격을 50달러로 책정하면 예상 수리 비용인 25달러만큼 가격을 낮추지 않는 한 신규 기계 고객 100명 중 98명을 잃게 되지만 100명 모두를 잃지는 않는다고 가정해 보겠다. 그러나 초기 균형에서는 어떤 경우에도 이 고객으로부터 이익을 얻지 못했기 때문에 98명의 고객을 잃어도 Kodak은 큰 타격을 입지 않는다. 반대로 Kodak은 남아 있는 두 명의 소비자로부터 평균 50달러의 추가 수익을 얻게 된다. 2%의 고객만 유지하는 것과 달리 10%를 유지하는 경우에는 그 5배의 수익을 얻게 된다. 따라서 적어도 일부 소비자에 대한 정보가 불완전하다면 애프터시장을 독점하는 것이 수익성이 있을 수 있다. 또한 Gabaix와 Laibson(2006)은 일부 정교하지 못한 소비자의 존재가 방금 설명한 락인 효과와 상호작용하여 기업이 낮은 애프터시장가격을 발표할 수 있고 경쟁이 치열한 경우에도 이를 꺼리게 만들 수 있다고 제안한다.[13]

애프터시장 독점을 추구하는 두 번째 동기는 설치 기반 기회주의라고도 한다. 아직 기계를 구매하지 않은 소비자가 애프터시장가격을 구매 결정에 반영할 수 있도록 정보 문제가 중요하지 않다고 가정하더라도 Kodak은 이미 자사 기계를 구매한 소비자를 활용할 수 있다. 즉, 우리는 시장을 소비자 집단이 겹치는 하나의 파도로 상상할 수 있으며, 따라서 언제든지 2년 후의 기계를 구입하려는 신규 소비자와 1년 전에 새 기계를 구입하고 이제 그 기계의 마지막 1년치 서비스만 받으려는 오래된 소비자가 존재할 수 있다. 이제 이 오래된 소비자들이 초기 균형가격인 50달러에 Kodak의 기계를 구입했고, Kodak이 독점 수리 전략을 도입한 것은 첫 번째 기간이 끝날 무렵이었다고 상상해 봅시다. Kodak의 새로운 기계 판매는 대당 25달러의 가격으로 이루어져야 하지만, 이 오래된 소비자들은 이미 50달러를 지불했기 때문에 그 구매를 취소할 수 없다. 이들은 Kodak의 움직임에 놀라게 될 것이고, Kodak 브랜드에 묶여 있기 때문에 더 높은 Kodak의 수리비를 지불해야 할 것이다.

---

13 Gabaix and Laibson(2006)에서, 락인과 일부 세련되지 않은 소비자의 존재 사이의 상호작용은 기업이 호텔 전화 사용 및 렌터카 보험과 같은 애프터시장 제품에 초경쟁적인 가격을 부과하고, 포어시장 제품, 객실 및 렌터카에 대해 낮은 가격을 부과하도록 유도한다.

그러나 이전에 설치된 기반을 활용함으로써 얻는 이득은 본질적으로 일회성 이득에 불과하다. Kodak이 수리 서비스를 독점하기 *전*(또는 독점력을 행사하기 전)어 초기에 높은 기계 가격을 지불했기 때문에 한계비용만 지불할 것으로 예상했던 소비자로부터 이익을 얻을 뿐이다. Kodak이 독점을 시작하면 Kodak이 가격을 인하하거나 서비스 가격 경쟁력을 회복하지 않는 한 미래의 모든 소비자는 다른 곳에서 기계를 구매하게 될 것이다. 게다가 이러한 기회주의는 시장에서의 Kodak의 평판에 부정적인 영향을 미칠 가능성이 높다. 시장이 쇠퇴하는 등 미래수익 기회가 크지 않은 한, 단기적인 이익은 이러한 비용을 지불할 가치가 없을 수 있다.

동시에 Kodak이 가격을 한계비용에 가깝게 유지하는 한, 갇혀 있는 2단계 소비자들을 착취하려는 유혹은 항상 존재한다는 점을 인식하는 것이 중요하다. 즉, Kodak이 수리 가격을 항상 한계비용으로 책정하는 정책을 신뢰성 있게 고수하는 것은 불가능하지는 않더라도 어려울 것이다. 한계 원가 가격만 지불하는 고객을 잃으면 이익이 없는 반면, 고정 고객에게 원가 이상의 가격을 부과하면 어느 정도 이익이 발생할 수밖에 없지만 이는 Kodak이 수리 시장에서 독점력을

현실 체크포인트

Kodak 이후의 애프터시장

Kodak 사건에서 제기된 애프터시장 문제에 대한 논란은 오늘날까지 계속되고 있다. 그러나 *Allen-Myland* 대 *IBM* 33 F.3d 194 (1994년 제3심)와 같은 초기 판례는 초기 Kodak 판결과 매우 유사했지만, 법원은 “Kodak 원칙”의 적용을 점점 더 제한해 왔다.

Allen-Myland 사건은 IBM 메인프레임 컴퓨터의 유지보수 및 업그레이드 시장과 관련된 사건으로, 당시에는 메인프레임 시장만큼이나 중요한 시장이었다. IBM이 IBM의 업그레이드 서비스만 사용하겠다고 약속하는 기업들에게 낮은 설치 가격을 제시하기 전까지 Allen-Myland는 이 시장에서 큰 점유율을 차지하고 있었다. IBM은 또한 잠재적인 대체 부품 공급원을 고갈시키기 위해 고객에게 중고 부품을 반납하도록 요구했다. Allen-Myland는 소송을 제기하여 승소했다.

*PSI v. Honeywell*에서(104 F.3d 811, 6th Cir. 1997) 법원은 또 다른 컴퓨터 시스템 수리 회사인 PSI의 사례를 고려했다. Honeywell이 컴퓨터 칩 제조업체가 PSI와 같은 독립 수리 서비스에 Honeywell 부품을 판매하는 것을 금지하기 시작하자 PSI는 이러한 관행이 바로 *Kodak* 사건에서 불법으로 판명된 것과 동일하다고 주장하며 소송을 제기했다. 그러나 법원이 수리 종속 주장을 기각하면서 PSI는 대부분 패소했다.

가장 최근에는 Maryland 지방법원이 MCS Services의 불법 애프터시장 독점 혐의에 대해 Océ North America의 손을 들어주었다(*Océ North America, Inc. v. MCS Services*, Inc., D.Md., 1:10-CV-984-WMN, 6/14/11). Océ는 고속 연속 양식 프린터를 제조한다. 매우 큰 천공 용지 스풀을 사용하는 이 프린터는 분당 천 페이지 이상을 인쇄할 수 있으며 일반적으로 수십만 달러의 비용이 든다. MCS와 함께 Océ 및 다른 회사들은 프린터에 사용되는 토너 교체뿐만 아니라 유지보수 서비스도 제공했다. 하지만 프린터 서비스를 받으려면 Océ 소프트웨어에 대한 액세스가 필요했고, Océ는 경쟁업체에 대한 서비스 제공을 중단했다. 또한 Océ는 고객에게 Océ가 승인한 토너만 사용하도록 요구하기 시작했다. 법원은 두 가지 근거를 들어 MCS의 독점 주장을 기각했다. 첫째, Kodak은 Océ 소프트웨어와 같은 지적 재산에 적용되지 않는다고 말했다. 둘째, 법원은 프린터 사용에 필요한 기술적 정교함은 고객들이 서비스 및 토너 가격이 인상될 경우 프린터 가격 할인을 요구할 수 있는 수준 높은 구매자들이라는 것을 의미한다고 주장했다.

출처: G. Graham, “IBM Sent Back by Appeals Court to Face Retrial in Anti-Trust Suit,” *Financial Times*, August 18, 1994, p. 6; D. Goldfine and K. Vorrasi, 2004. “The Fall of the *Kodak* Aftermarket Doctrine: Dying a Slow Death in the Lower Courts” *Antitrust Law Journal* 72 (January): 209–31.

가지고 있을 때만 가능한 일이다. 만약 그렇게 된다면 Borenstein, MacKie-Mason, Netz(2000)는 Kodak이 시간이 지나도 일정하게 유지할 수 있는 유일한 애프터시장가격은 한계비용을 초과하는 가격이며, 따라서 이러한 유혹을 제거할 수 있다는 사실을 입증한다. 그러면 균형은 비효율적으로 높은 애프터시장가격과 다소 비효율적으로 낮은 사전 시장가격 중 하나가 될 수 있으며, 그 결과 소비자는 기계를 너무 자주 교체하게 된다.

요컨대, 락인 효과가 있을 때마다 Kodak이 원래 질문한 것처럼 경제 이론상 배타적 제한을 통한 애프터시장 이익의 가능성을 배제할 수 없다.[14] 동시에 이러한 이익을 추구하는 기업에는 현실적인 한계가 있음을 인식하는 것이 현명하다. 기업은 중요한 애프터시장이 있는 제품뿐만 아니라 모든 제품에 확대될 수 있는 평판 손상을 우려하여 애프터시장 파워를 활용하는 것을 꺼릴 수 있다. 소비자는 구매 대신 렌탈을 통해 갇히는 것을 피할 수 있다. 기업들은 더 완전한 정보나 장기 서비스 계약을 제공함으로써 경쟁할 수 있다. 또한, 단순화 가정과는 달리 중고 장비 시장에 대한 접근은 애프터시장 독점 수익에 추가적인 제한을 가할 수 있다.

애프터시장 시나리오는 자동차, 가전제품, 사무용 및 의료 장비 등 다양한 제품에 적용되기 때문에 *Kodak* 사례는 학계, 법률가, 정책입안자들로부터 많은 관심을 받아 마땅한 사례이다. 시간이 지나면서 나타난 합의는 Kodak의 최초 기각 요청을 기각한 것이 옳았다는 것, 즉 경제 이론상 시장 경쟁이 치열한 경우에도 애프터시장 독점으로 인한 이익을 배제할 수 없다는 것이지만, 이러한 경우 법원이 소비자 피해의 정도를 명확하게 판단하기는 현실적으로 어렵다는 것이다. 그 결과 *Kodak* 원칙의 적용은 시간이 지남에 따라 약화되었다. (현실 체크포인트 참조.)

18.5 수직적 제한에 대한 공공정책

비가격 수직적 계약은 긍정적인 효과와 부정적인 효과를 동시에 가질 수 있다. 따라서 이에 대해 나타나는 법원의 판결은 "합리성 원칙 *rule of reason*"을 지배적으로 적용하고 있다. 법원의 판결은 법원이 이러한 상충하는 친경쟁적인 힘과 반경쟁적인 힘을 균형 있게 고려하고 있다는 것을 보여준다. 모든 분석가들이 법원의 이러한 입장에 대해 동의하고 있는 것은 아니다. Posner(1981)는 배타적 판매 협정과 배타적 지역 협정으로부터 얻는 잠재적 효율성이 매우 크므로 그러한 제한들이 모두 *그 자체 per se* 합법화되어야 한다고 주장한다. 그의 주장은 상류기업 *upstream firm* 과 하류기업 *downstream firm* 이 수직적 제한에 서로 동의하는 것은 적어도 그러한 제한이 그들에게 혜택을 주기 때문이라는 것이다. 또한 수직적 제한은 앞에서도 살펴보았듯이 소비자들에게도 혜택을 가져다줄 수 있다. 이러한 시각에서 볼 때 합리성 원칙을 적용하여 사건들을 사건별로 매번 따로따로 판단한다는 것은 매우 어려울 뿐만 아니라 일관성 없는 판결을 가져오게 만들며 또한 경우에 따라서는 잘못된 판결을 하게 만든다. 따라서 가장 현명한 반독점정책은 모든 수직적 제한을 그냥 두는 것이다. 미국 법무성은 자신의 1985년 수직적 제한 가이드라인에서 이러한 견해에 가까운 정책을 취했고 그 이후로 여러 해 동안 수직적 협정에 대한 미국 정부의 제소도 거의 없었다. 그러나 이 가이드라인은 1993년의 가이드라인에 의해 수정되었고

14 Chen과 Ross(1993)는 기업이 5장에서 논의한 유형의 가격차별 전략의 일부로 애프터시장 제품을 사용할 수 있도록 포어시장이 불완전하게 경쟁하는 경우를 탐구한다. 또한 Miao(2010)는 소비자가 근시적이고 기업이 포어시장과 애프터시장 모두에서 동시에 활동하는 경우 Kodak의 주장은 가격 불일치를 의미하기 때문에 유효하지 않다는 것을 보여준다.

그 이후로 반독점기관은 수직적 제한에 대해 여전히 참을성을 보여주고 있기는 하지만 덜 관대한 태도를 보이고 있다.

유럽에서도 이와 유사한 정책 변화가 목격되었다. 1990년대 후반까지 유럽연합은 프랜차이즈 계약과 같은 특정한 계약들에 대해서는 상당한 예외를 인정하면서도 일반적으로는 모든 종류의 비가격 수직적 제한을 불법으로 보는 정책을 취하고 있었다. 그러나 유럽국가들의 통합이 점점 더 완성되어 가면서 1999년에 유럽연합은 합리성 원칙에 기초하여 수직적 제한들에 대해 훨씬 더 관대한 수직적 제한 가이드라인을 수립하였다.

비가격적 제한들에 대해서는 아마도 상당히 호의적이라고 보아도 될 것 같다. 비가격적 제한이 반경쟁적인 효과를 가져다준다는 우려에도 상당한 정당성이 있지만, 많은 실증분석들의 결과로 볼 때 일반적으로 이러한 제한들이 생산자에게는 좋은 것으로, 또한 소비자들에게는 좋거나 적어도 나쁘지는 않은 것으로 나타나고 있다.[15] 또한 소비자에게 나쁜 결과를 가져다주는 것으로 나타나는 연구결과들에서도 그 나쁜 결과라는 것이 소매가격이 오른다는 것이다. 그러나 수직적 제한으로 인해 소매가격이 오르는 것은 수직적 제한이 갖는 반경쟁적 효과 때문에 나타나는 현상이 아닐 수 있다. 앞에서 본 *Tylenol* 예에서 무임승차 문제를 기억해 보자. Tylenol의 광고비용이 그 가격에 반영되어 있기 때문에 다른 기업들의 무임승차 문제가 점점 더 심각해질수록 Johnson & Johnson은 배타적 거래 계약이나 기타 수직적 제한을 점점 더 하려고 할 것이다. 달리 말해, 수직적 제한을 더 많이 목격하게 되는 시장은 제조회사가 광고나 품질 개선에 엄청난 투자를 해야 하고 또한 그런 것들이 보호되어야 하는 바로 그러한 시장일 것이다. 이러한 투자에 들어가는 비용이 제품가격에 반영되기 때문에 이는 수직적 제한과 높은 가격이 서로 연관되어 나타난다는 것을 의미한다. 따라서 수직적 제한 때문에 가격이 높아지는 것이 아니므로 수직적 제한 때문에 소비자들이 피해를 보는 것이라고는 말할 수 없다. 수직적 제한이 높은 가격과 함께 나타날 수밖에 없다는 점을 인정한다면 지금까지 누적된 여러 실증적 증거들에 비추어 볼 때 우리는 수직적 제한이 일반적으로 혜택을 가져다주는 것이라고 더 강하게 주장할 수 있다.

비가격 수직적 제한은 정부에 의해 가해질 수도 있고 그 경우에 그러한 제한은 때때로 부정적 효과를 갖는다. 예를 들어, 미국의 많은 주들은 독립적인 안경점들이 콘택트렌즈를 처방하는 것을 금지하고 있다. 따라서 콘택트렌즈를 착용하려면 안과의사나 검안사에게 찾아가야 한다. 이러한 것은 콘택트렌즈의 구매와 전문가들의 서비스를 실제로 같이 묶어 놓고 있는 것이다. Haas-Wilson(1987)은 그러한 정책이 품질의 개선은 가져오지 못하면서 소비자 가격만 상승시킨다는 것을 발견했다. 또한 소비자선택의 다양성도 감소하는 것으로 나타났다. 정부가 부과하는 수직적 제한이 이러한 결과를 가져오는 것은 드물게 나타나는 것이 아니다.[16]

정부정책입안자들이 진입장벽과 같은 반경쟁적 효과와 배타적 거래가 가져다줄 수 있는 효율성 증가 사이에 균형을 취하려는 노력을 하고 있다는 것은 미국의 경우에 소방차에 사용하는 물펌프를 생산하는 두 기업과 관련된 이야기를 통해 잘 알 수 있다. Hale Products, Inc.와

15 Lafontaine과 Slade(2007) 참조.

16 주정부에서는 정유사의 주유소 직접 소유를 금지하는 등 수직적 제한을 전면적으로 금지하는 경우도 있다. 조직 선택에 대한 이러한 제한은 어려움을 초래할 수 있다. Blass와 Carlton(2001) 참조. 수직적 제한 정책에 대한 일반적인 논의는 Steiner(1985)를 참조.

Waterous Company, Inc.는 펌프를 생산하는 두 주요 제조회사이다. 각 회사는 소방차를 생산하는 기업에게 직접 자신들이 생산하는 물펌프를 배타적 거래를 통해 공급하고 있었다. Hale로부터 물펌프를 구입하는 소방차 제조회사는 다른 물펌프 제조회사로부터 물펌프를 구입하지 않는다는 데 동의하였다. 이는 Waterous로부터 물펌프를 공급받는 소방차 제조회사도 마찬가지였다. 이러한 협정이 갖는 효과를 분석하는 데 있어서 FTC는 이 두 회사가 미국 물펌프 시장의 90%를 차지하고 있다는 것을 파악하게 되었고 거의 50년 동안 그런 상태가 유지되어 왔다. 시장의 나머지 부분은 세 번째의 작은 제조회사인 W.S. Darley & Company가 차지하고 있었다. 그동안 어떤 새로운 제조회사도 시장에 들어오지 않았다. FTC는 이러한 사실을 근거로 하여 기업들 간의 배타적 거래 협정이 진입을 효과적으로 막고 있는 것으로 판단했다. 또한 FTC는 그러한 협정이 Hale과 Waterous 사이의 경쟁도 감소시켰다고 주장했다. FTC는 각 회사가 소방차 제조회사 수의 반 정도하고만 거래를 하고 있는 한, 서로 간의 경쟁에 대해 염려하지 않아도 된다는 것을 서로 묵시적으로 인정하고 있었다는 것을 보여주는 증거서류도 법원에 제출하였다. 또한 FTC는 그러한 묵시적 협정 *tacit agreement* 을 깨는 행동은 곧 상대방 기업에 의해 발견되기 때문에 이 두 펌프 제조회사 중 어느 회사도 그러한 묵시적 협정을 깨려고 하지 않았다는 것도 발견했다. Waterous는 자신의 고객 중 하나가 자신의 펌프를 구입하지 않는다면 이를 바로 알 수 있었으며, 이는 Hale의 경우에도 마찬가지이다. 결론적으로 말해, FTC가 이겼고 두 물펌프 제조회사는 배타적 거래 협정을 하지 않는 데 동의하였다.[17]

위 이야기의 전개 순서는 합리성 원칙이 실제로 어떻게 적용되는가를 보여주고 있다. 문제가 되는지 안 되는지에 대한 판단에 영향을 미치는 것은 그러한 협정이 시장의 어느 정도에 대해 적용되고 있는가 하는 것이다. 협정이 커버하는 시장 부분이 크지 않은 경우에는 그러한 협정은 경쟁을 약화시키지 않는 것으로 간주될 수 있고, 따라서 합법으로 인정될 수 있다. 그러나 설령 판단기준이 되는 시장의 해당 부분이 문제가 되는 수준에 도달한 경우라고 하더라도 그 사실은 단순히 추가적인 조사를 위한 단계에 도달했다는 것만을 의미한다. 따라서 남은 문제는 수직적 제한이 경쟁을 크게 손상시키고 있는가 하는 것에 귀결된다. 이 부분에서는 그동안 어느 정도의 진입이 발생했는가, 가격은 그동안 어떻게 나타났는가, 무임승차의 가능성 등과 같은 요소들이 검토되게 된다. 이러한 과정은 매우 복잡한 과정이기 때문에 수직적 제한에 대해 *그 자체 per se* 합법으로 인정하는 것이 좋다는 Posner(1981)의 주장도 어느 정도 이해할 수 있다. 그러나 설령 관련된 여러 요소들을 살펴보는 것이 어려운 일이라고 해도 합리성 원칙 *rule of reason* 에 입각한 판단을 계속 유지하는 것이 더 좋다고 생각하는 것이 더 근거 있는 판단으로 보인다.

18.6 프랜차이즈와 부서화 간단하게 살펴보기

수직적 제한에 대한 지금까지의 설명에서 종종 프랜차이징에 대해 언급하였었다. 그러나 실제로는 수직적 제한의 상당한 부분이 프랜차이즈 협정과 관련하여 나타나는 것이다. 프랜차이징

17 Federal Trade Commission, Decision and Order, In the Matter of Hale Products Inc., Docket No. C-3694, November 22, 1996, and Decision and Order, In the Matter of Waterous Company, Inc., Docket No. C-3694, November 22, 1996 참조.

에 의한 소매판매는 미국의 경우 전체 소매 매출액의 약 1/3을 차지할 정도로 비중이 크다. 따라서 프랜차이즈에 대해 살펴볼 필요가 있다.

프랜차이즈 협정에는 기본적으로 두 가지가 있다. 전통적인 것으로는 음료, 휘발유, 자동자 딜러 등에서 볼 수 있는 것으로 상류의 프랜차이저가 자기 브랜드의 제품을 하류의 프랜차이지에게 판매하고 프랜차이지는 이를 다시 기업이나 소비자에게 판매한다. 두 번째 종류의 프랜차이즈는 최근의 형태로 사업형 프랜차이즈 *business format franchise* 로 불리는 것이다. 이 경우 프랜차이지는 브랜드 이름을 사용할 권리와 전체 사업계획을 구입한다. McDonald나 호텔 체인 기업인 Marriott이 이러한 프랜차이즈의 예이다. 사업형 프랜차이즈는 급속도로 성장하여 현재는 전체 프랜차이징의 1/4을 차지하고 있다.[18]

프랜차이즈 매장의 확산에는 여러 가지 힘이 반영되어 있다. 크게 보면 위에서 언급한 외부효과를 내재화하려는 노력이 반영된 것이다. 맥도날드 모기업이 광고를 하면 모든 맥도날드 레스토랑에 이익이 된다. 이러한 효과는 브랜드가 확산되고 품질에 대한 불확실성을 줄이고 쇼핑시간을 절약할 수 있는 인지도가 높은 브랜드에 대한 소비자의 니즈가 커진 현대에 특히 중요할 수 있다. 같은 이유로 프랜차이즈는 광고와 소모품 구매에 있어서도 규모의 경제를 활용할 수 있다. 그러나 새로운 매장을 설립하기로 결정한 후에도 가맹점주는 여전히 조직적으로 선택해야 할 사항이 있다. 특히 매장을 급여를 받는 직원이 관리하는 회사 소유의 운영으로 운영할지, 수익을 극대화하는 오너가 운영하는 독립 프랜차이즈로 운영할지 결정해야 한다.

이 선택에 영향을 미치는 두 가지 상반된 힘이 있다. 한편으로, 회사 소유 매장을 운영하는 급여를 받는 직원은 노력을 기울이고 수익을 극대화하려는 강한 인센티브가 없는 반면, 가맹점주는 가맹본부와 훨씬 더 밀접하게 연계된 인센티브를 갖는다. 반면에 회사 소유의 매장은 가맹본부의 목표를 추구하기 위해 다른 사람들과 협력적으로 일하도록 더 쉽게 모니터링하고 통제할 수 있다. 반대로 독립 프랜차이즈 소유주는 혁신을 통해 소유주에게 더 많은 수익을 창출하려는 강력한 인센티브가 있을 수 있지만, 아울렛의 수익극대화와 가맹본부의 수익극대화는 서로 다른 문제일 수 있음을 인식할 필요가 있다. 예를 들어, 독립 가맹점주는 회사 전체 매장의 공동 이익을 극대화하는 판촉 및 서비스 노력을 지원하지 않고 다른 매장의 노력에 무임승차할 수 있다. 물론 모든 매장이 이렇게 하면 판촉 및 서비스 수준이 공동 이익을 극대화하는 수준보다 훨씬 낮아질 수 있다.

독점적 지역권과 같은 수직적 제한은 가맹본부와 가맹점주 간의 인센티브 갈등을 해결하는 데 도움이 될 수 있다. 또한, 지역 독점권을 부여함으로써 가맹본부는 가맹점주에게 더 높은 초기 가맹비를 지불하도록 유도할 수 있다. 그러나 가맹비를 징수한 후에는 가맹본부와 가맹점주 사이에 또 다른 잠재적 갈등이 발생할 수 있다. 프랜차이즈 회사는 초기 가맹점의 영역에 몰려드는 추가 매장을 개설하려는 인센티브를 가질 수 있다.

프랜차이저가 많은 수의 프랜차이지를 가지려고 하는 데는 적어도 세 가지 이유가 있다. 위치적 측면에서 볼 때 더 많은 가맹점을 가질수록 프랜차이저는 개별적인 고객들의 선호에 더 잘 맞출 수 있다. 이렇게 함으로써 각 고객으로부터 그들이 원하는 것에 더 잘 맞추고 그에 따라 각 고객이 지불하고자 하는 가격에 더 가깝게 가격을 책정함으로써 더 많은 소비자잉여를 자신이

18 Lafontaine(1993), Lafontaine과 Shaw(1999), 그리고 Blair와 Lafontaine(2005) 참조.

챙기도록 가맹점을 운영할 수 있다. 즉 더 많은 수의 가맹점을 운영하는 것은 프랜차이저의 가격차별 능력을 높여주는 것이다.

또한 많은 수의 가맹점을 운영함으로써 정보의 비대칭성과 종업원들의 도덕적 해이 *moral hazard* 문제를 더 잘 극복할 수 있다. 단 하나의 가맹점을 갖고 있는 경우에 프랜차이저는 낮은 이윤이 발생하는 이유가 단순히 운이 나빠서 그렇게 된 것인지 아니면 가맹점이 잘못 운영되어 그렇게 된 것인지를 판단하기가 어렵다. 가맹점의 수가 많아지면 낮은 이윤이 발생하는 이유가 모든 가맹점이 동시에 운이 나빠서 그렇게 된 것이라고 생각하기는 어렵다. 따라서 많은 수의 가맹점을 갖고 있는 경우에는 그 평균적인 성과를 파악할 수 있고 이를 각 가맹점의 영업 성과를 평가하는 하나의 기준으로 이용할 수 있다.

이상의 두 가지 점은 왜 프랜차이징이 매우 인기 있는 사업모형이 되고 있는지, 또한 기업들이 다양한 사업부서들을 왜 각각 독립적인 이윤 센터로 만들어 운영하려는지를 잘 설명해주는 것이라고 볼 수 있다. 마지막으로, 세 번째 이유에 대해서 살펴보기로 하자. 세 번째 이유는 많은 수의 독립적인 프랜차이즈 가맹점(또는 많은 수의 독립적인 부서)을 운영하는 것이 프랜차이저가 생산량을 크게 하는 확실한 수단이 될 수도 있다는 것이다. Baye, Crocker, Ju(1996)의 연구는 두 단계 모형을 사용하여 프랜차이징이나 부서를 분할화하려는 동기가 이러한 이유에 있다는 것에 대해 분석하고 있다. 첫째 단계에는 두 독립적인 프랜차이저가 있으며 각자는 자신이 원하는 수의 독립적인 프랜차이지를 선택한다. 둘째 단계에서는 이 두 프랜차이저의 프랜차이지들이 서로 쿠르노 수량 경쟁을 한다.[19]

이 두 프랜차이저의 프랜차이지들이 동일한 제품을 일정한 한계비용 c로 생산하고 있고, 하류시장에서의 역수요함수를 $P = A - BQ$라고 하자. Q는 시장의 총생산량이다.

이 게임의 첫째 단계에서 프랜차이저 1과 프랜차이저 2가 갖고 있는 프랜차이지의 수를 각각 n_1과 n_2라고 하자. 각 프랜차이저는 첫째 단계에서 하나의 프랜차이지를 만드는 데 K의 매몰비용을 발생시킨다고 하자. 둘째 단계에서 모든 프랜차이지들이 동시에 행동하는 쿠르노 게임을 한다고 하자. 각 프랜차이지는 독립적으로 이윤극대화를 추구한다.

이 게임을 두 단계 경쟁으로 보고 풀어보기로 하자. q_{ij}를 프랜차이저 j의 i번째 프랜차이지가 선택하는 생산량이라고 하자. i는 1에서 n_j까지이며, j는 1 또는 2이다. Q_{-ij}를 프랜차이저 j의 i번째 프랜차이지가 선택하는 생산량을 제외한 모든 프랜차이지들의 총생산량이라고 하자. 이 프랜차이지의 이윤 π_{ij}는 다음과 같이 표현된다.

$$\pi_{ij}(q_{ij}, Q_{-ij}) = [A - B(Q_{-ij} + q_{ij})]q_{ij} - cq_{ij} \tag{18.2}$$

여기서 총 시장생산량 Q는 $\sum_{j=1}^{2}\sum_{i=1}^{n_j} q_{ij}$이다.

프랜차이저 j의 i번째 프랜차이지는 자신의 이윤을 극대화하기 위하여 생산량을 q_{ij}으로 결정한다. 이는 물론 한계수익과 한계비용이 일치하는 생산량이다. 이는 어떠한 프랜차이지이든 그 최적 생산량 q_{ij}^*는 아래의 조건을 만족시키는 생산량이어야 한다는 것을 의미한다.

$$A - BQ_{-ij} - 2Bq_{ij}^* = c \tag{18.3}$$

19 프랜차이즈가 아니라 독립적인 수익 센터로 설립되는 경우 회사의 사업부가 될 수 있다.

모든 프랜차이지들이 동일하므로 그들은 균형에서 동일한 최적 생산량을 선택한다. 즉, 모든 i, j에 대해 $q_{ij}^* = q^*$이다. 이제 문제는 매우 단순화되었다. 프랜차이지의 수는 $n_1 + n_2$이며, $Q_{-ij} = (n_1 + n_2 - 1)q^*$이다. 이를 식 (18.3)에 대입하면 다음과 같이 된다.

$$q^* = \frac{A - c}{(n_1 + n_2 + 1)B} \tag{18.4}$$

따라서 둘째 단계에서의 산업의 총생산량 Q와 시장가격 P는 다음과 같아진다.

$$Q = \left(\frac{n_1 + n_2}{n_1 + n_2 + 1}\right)\left(\frac{A - c}{B}\right) \text{ and } P = \frac{A + (n_1 + n_2)c}{n_1 + n_2 + 1} \tag{18.5}$$

이 가격에서 각 프랜차이지가 둘째 단계에서 얻는 이윤 π_{ij}는 다음과 같이 된다.

$$\pi_{ij} = \frac{(A - c)^2}{B(n_1 + n_2 + 1)^2} \tag{18.6}$$

이제 둘째 단계에서 프랜차이지들이 서로 쿠르노 경쟁을 한다는 것을 아는 두 프랜차이저는 첫째 단계에서 얼마나 많은 수의 프랜차이지를 가져야 하는지를 결정해야 한다. 프랜차이저 1의 이윤은 $\pi_1 = \sum_{i=1}^{n_1} \pi_{i1} - Kn_1$로 표현되며, 여기서 K는 프랜차이저를 설립하는 비용이다. 방정식 (18.6)은 둘째 단계에서 기업 1의 n_1 프랜차이즈 각각이 얻은 이익을 보여주므로, 기업 1의 전체 이익을 다음과 같이 다시 쓸 수 있다.

$$\Pi_1(n_1, n_2) = n_1 \frac{(A - c)^2}{B(n_1 + n_2 + 1)^2} - Kn_1 \tag{18.7}$$

프랜차이저 1은 프랜차이저 2가 n_2개의 프랜차이지를 갖고 있을 때 자신의 이윤 $\Pi_1(n_1, n_2)$을 극대화하는 자신의 프랜차이지 수 n_1^*을 선택한다. 달리 말해, 프랜차이저 1은 프랜차이저 2가 n_2의 프랜차이지를 가질 때 자신에게 가장 유리한 프랜차이지 수 n_1^*을 선택해야 한다. 프랜차이저 1의 최적 반응 함수는 다음의 식을 만족시켜야 한다는 것은 쉽게 알 수 있다.[20]

$$\frac{(A - c)^2}{B(1 + n_1^* + n_2)^2}\left(1 - \frac{2n_1^*}{(1 + n_1^* + n_2)}\right) - K = 0 \tag{18.8}$$

프랜차이저 2도 프랜차이저 1과 같은 입장에 있으므로 n_2^*에 대해서도 동일한 결과를 얻는다. 따라서 $n_1^* = n_2^* = n^*$로 하면, $n_1^* = n_2^* = 2n^*$이다. 따라서 n^*는 다음과 같다.

$$n^* = \frac{1}{2}\left[\left(\frac{(A - c)^2}{BK}\right)^{1/3} - 1\right] \tag{18.9}$$

식 (18.9)는 $(A - c)$의 값이 커질 때 그리고/또는 K의 값이 작아질 때 첫째 단계의 게임에서 프랜차이저 1과 프랜차이저 2가 선택하는 프랜차이지의 수가 더 많아진다는 것을 보여주고 있다. 시장이 독점화되어 있는 경우에는 가격과 비용의 차이가 $(A - c)/2$임을 기억하라. 따라

20 방정식 (18.8)의 반응 함수는 n_1에 대한 수익 함수 (18.7)의 미분을 취하고 이를 0으로 설정하여 도출한다. 이 기법에서는 n_1이 정수라는 제한 조건을 무시할 수 있다고 가정한다.

서 이 모형이 의미하는 한 가지는 독점 시장에서 가격-비용 격차가 커질수록 프랜차이저들이 더 많은 수의 프랜차이지를 만들려고 한다는 것이다. 그러나 더 많은 프랜차이지들을 갖는다는 것은 쿠르노 경쟁을 하는 프랜차이지의 수가 늘어난다는 것을 의미하고, 이는 시장의 결과가 경쟁시장의 균형에 더 가까워진다는 것을 의미한다. 따라서 독점 상태에서 가능한 인상폭이 클수록 두 회사가 운영하는 프랜차이즈의 수가 많아지고 경쟁균형에 더 근접하게 된다. 따라서 프랜차이저들은 "죄수의딜레마 *prisoners' dilemma*"에 빠지게 된다. 즉 각 기업이 독자적으로 행동하는 경우에 나타나는 결과는 두 기업이 공동으로 행동하는 경우에 나타나는 결과보다 못하다. 두 기업이 각자 독립적으로 행동할 때는 두 기업이 서로 협력하여 공동으로 행동할 때보다도 더 많은 프랜차이지가 존재하게 된다.

요컨대, 프랜차이즈가 성장하는 또 다른 이유는 시장점유율을 차지하기 위한 공격적인 노력이 가능하기 때문일 수 있다. 이는 기업들이 프랜차이즈 형식을 채택하고, 프랜차이즈 형식을 선택한 후 가맹점 수를 확대하도록 장려한다. 그 결과 업계 수익을 극대화할 수 있는 프랜차이즈의 수보다 더 많은 프랜차이즈가 생겨나게 된다. 게다가 프랜차이즈 수를 늘리는 것은 회사 수익에는 도움이 되지 않을 수 있지만, 개별 가맹점주가 얻는 수익에는 특히 더 큰 타격을 줄 수 있다. 이는 수직적 관계에서 발생하는 인센티브 갈등의 또 다른 사례를 반영한다.[21]

18.1 ▸ 실습문제

한 산업에 있는 두 기업이 서로 경쟁하고 있다고 하자. 산업의 역수요함수는 $P = 100 - Q$이다. 한계비용은 일정하게 $c = 25$이고, 하나의 프랜차이지를 만드는 데 드는 매몰비용은 $K = 45$라고 하자.

a. 식 (18.9)에 의하면, 각 기업은 몇 개의 프랜차이지를 갖겠는가?
b. 문제 (a)에서 구한 프랜차이지의 수를 각 기업이 갖고 있을 때, 식 (18.7)에 의하면 각 기업이 얻는 이윤은 얼마가 되는가?
c. 식 (18.5)에 의하면 산업의 가격 P와 생산량 Q는 얼마가 되는가?
d. 순수독점하에서 나타나는 산업의 생산량, 이윤을 계산하시오. 이를 문제 (b)의 답과 비교해 보시오.

18.7 실증적 적용: 미국 맥주산업의 배타적 거래

배타적 거래와 배타적 지역 계약은 많은 연구들의 주제가 되어 왔다. 이러한 연구들로부터 얻게

21 독립 프랜차이즈의 운영 측면에서 예를 들었지만, GM이나 Ford와 같은 주요 자동차 제조업체가 운영하는 여러 사업부와 같은 독립 사업부의 운영 측면에서도 동일하게 적용될 수 있다. 여기서도 업계 이익 극대화라는 관점에서 보면 사업부가 너무 많다는 결과가 나올 수 있지만, 어느 한 자동차 회사가 일방적으로 사업부 수를 줄일 수 있는 방법은 현실적으로 없다. 2007~2009년 대불황과 업계 재편 이후 GM이 *새턴*과 *폰티악* 사업부를 없애고 포드가 *머큐리* 사업부를 없앤 것도 결국 이러한 이유 때문일 수 있다.

되는 공통적인 결론은 이러한 계약들이 정부에 의해 강제된 것이 아니고 민간기업들 간의 협상 결과로 나타난 것이라면 기업과 소비자에게 혜택을 가져다준다는 것이다. Tim Sass(2005)가 미국의 국내 맥주시장을 대상으로 살펴본 연구결과는 민간기업들 간에 이루어진 수직적 계약이 혜택을 가져다주는 것임을 보여주는 한 예이다.

미국 맥주시장은 세 단계로 구성되어 있다. 상류에 있는 맥주 제조회사에는 Anheuser-Busch (AB), Miller, Coors와 같은 회사들이 있다. 외국 맥주를 수입하는 미국 국내기업들도 맥주 생산자의 역할을 하고 있다고 볼 수 있다. 맥주 제조회사들은 상당한 광고와 판촉활동을 하고 있다.

맥주 생산자들은 그 다음 단계에 있는 유통업체들에게 맥주를 판매한다. 이 경우 맥주의 판매는 통상적으로 단위당 일정한 가격으로 이루어지고 있다. 다시 말해, 프랜차이즈요금의 부과나 2부 요금제 정책은 이용되고 있지 않고 선형적인 가격을 채택하고 있다.

모든 주요 맥주 제조회사들은 예외 없이 적어도 자신의 일부 유통업체들과 배타적 거래 계약을 맺고 있다. 또한 특징적으로 배타적 지역 거래 계약을 맺고 있다. 배타적 지역 거래 계약은 유통업체들 간에 브랜드 내 경쟁이 거의 없다는 것을 의미하지만 맥주시장의 경우에 브랜드 내 경쟁이 상당한 정도로 나타나고 있었다. 한 유통업체가 한 지역 전체에 대한 독점력을 갖는 경우는 거의 없었다.

Sass(2005)는 먼저 맥주산업에서 배타적 계약이 나타나게 하는 요소들이 무엇인지에 대해 살펴보았다. *1996/1997 Distributor brand-Equity Survey*의 자료는 381개의 유통업체가 맺고 있는 계약에 대한 자료를 제공하고 있다. 이 중 69개의 계약에서 배타적 거래 조항이 발견되었다. 봉쇄 *foreclosure* 가 그러한 계약을 맺는 동기라면 시장규모가 커지면서 봉쇄의 가능성은 줄어든다. 왜냐하면 봉쇄는 경쟁기업이 규모의 경제를 누릴 수 있을 정도로 큰 시장을 차지할 수 없도록 해야 성공할 수 있는 것이기 때문이다. 그러나 시장이 매우 큰 경우에는 그렇게 하는 것이 힘들다. Sass(2005)는 잠재적 시장규모를 파악하기 위하여 두 변수를 사용하였다. 그중 하나는 해당 유통지역에서의 인구(*POP*)이고, 다른 하나는 유통업체의 주요 공급업체인 양조장의 주별 시장점유율(MSD)이다.

다른 하나의 요소는 유통업체가 파악하고 있는 지역시장에 대한 정보와 관련된 것이다. 지역 소비자들의 선호나 가격에 대한 반응과 같은 정보를 많이 갖고 있는 유통업체는 배타적 거래 계약을 맺으면 그러한 정보를 이용하여 이윤을 낼 수 있는 자신의 능력이 제한되어 버리기 때문에 배타적 거래 계약을 맺으려고 하지 않을 가능성이 많다. Sass(2005)는 이를 나타내는 대리변수로 해당 유통업체가 동일한 가족에 의해서 운영되어온 연도 수(*YRS*)를 사용하였다.

마지막으로, 맥주 제조회사들은 전체 맥주 수요를 증가시키기 위한 비용을 자신들이 지불할 경우에 배타적 거래 계약을 맺기 원할 수 있다. 왜냐하면 그러한 계약이 없는 경우에 유통업체가 다른 회사의 맥주를 판매할 수도 있기 때문이다. Sass(2005)는 이러한 비브랜드 광고의 중요성을 파악하기 위하여 미국 전역을 대상으로 하는 맥주 제조회사의 광고(*ADS*) 변수를 사용하였고, 또한 주 정부가 맥주의 간판 광고를 금지하고 있는 경우인지 아닌지를 구분하기 위하여 1과 0의 더미변수(*BAN*)를 사용하였다. 맥주 제조회사가 자신의 광고에 대한 무임승차를 막으려는 의도를 갖고 있는 경우에는 첫 번째 변수의 값은 (+)의 효과를 나타낼 것이며, 두 번째 변수는 음(−)의 효과를 나타낼 것이다.

또한 배타적 거래 계약과 그렇지 않은 계약을 구별하기 위하여 더미변수 1, 0을 사용하였다. Sass는 이러한 회귀분석에 Probit 기법을 사용하였다. 이 기법은 13장의 실증분석에서 Ellison과 Ellison(2006)이 일반 약 generic drug 시장의 진입에 대한 계량분석을 했을 때 사용했던 기법이다. 여기서 이 기법을 사용했을 경우에 나타나는 회귀계수의 값은 설명변수의 변화가 배타적 계약을 사용할 *가능성* probability 을 얼마나 높이는지 낮추는지에 대해 말해주는 것이다. 회귀분석의 결과는 표 18.1과 같다.

미국 맥주산업에서 사용되고 있는 배타적 거래 계약 전반에 대해 그러한 계약을 하도록 만드는 결정변수들의 결과를 살펴보면, 배타적 거래 계약이 경쟁을 저해시키기 위해서 사용되고 있는 것으로는 나타나지 않으며 그 대신 자기 제품에 대한 판촉활동을 위해 자신들이 하는 투자를 보호하려는 목적으로 사용되고 있는 것으로 나타난다. 예를 들어 *POP*과 *MSD*에 의해 측정되는 시장규모의 증가가 배타적 거래 계약 체결 가능성을 높여주며, t 값은 이 두 효과가 통계적으로 유의하다는 것을 말해주고 있다. 이는 배타적 거래 계약이 경쟁기업들에 대한 시장봉쇄를 위해 사용되고 있지 않다는 것을 의미하는 것이다. 또한 배타적 거래 계약을 하는 동기가 맥주 제조회사들이 하는 맥주 전반에 대한 광고에 무임승차하려는 것을 막으려고 하는 데 있다는 것을 보여주는 얼마간의 증거도 나타나고 있다. *ADS* 변수가 통계적 유의성을 갖지 않는 것으로 나타나지만 맥주에 대한 간판 광고에 대한 주정부의 금지는 배타적 거래에 대해 음(–)의 효과를 갖는 것으로 나타났다. 판촉활동이 적은 경우에는 판촉활동을 보호하기 위한 배타적 거래 계약의 필요성도 줄어든다. 마지막으로, 유통업체들이 지역시장에 대한 경험과 지식을 얻게 됨에 따라 그러한 정보를 가지고 이윤을 발생시킬 수 있는 자신들의 능력을 제한할 수 있는 배타적 거래 계약을 맺지 않으려고 할 가능성이 높은 것으로 나타났다. *YRS*의 추정 회귀계수는 통계적 유의성을 갖는 음(–)으로 나타났다.

배타적 거래 계약을 발생시키는 요인들을 살펴본 후에 Sass는 다음과 같은 네 변수를 통해 그러한 계약이 시장에 미치는 효과에 대해 살펴보고 있다. (1) 유통업체가 제조회사에게 지불하는 평균가격 *PB*, (2) 자신이 주로 취급하는 맥주 브랜드에 대해 유통업체가 소매상들에게 책정하는 가격 *PD*, (3) 주요 맥주 브랜드의 판매수량 *QPRIMARY*, (4) 모든 맥주 브랜드의 판매수량 *QTOTAL*. 이들 변수들은 모두 로그 값으로 측정되었다.

가격은 공급(즉, 비용)과 수요의 압력 모두를 반영하는 것이다. 맥주 제조회사들의 생산비용이 거의 동일하다고 가정하면 유통업체에 대한 공급 비용이 차이가 나는 것은 운송비용, 즉 가장 가깝게 위치한 맥주공장으로부터의 거리 *DIST*, 소비세 *TAX*, 그리고 판촉활동 비용을 증

표 18.1 미국 맥주산업에서 유통업체들이 사용하는 배타적 거래 계약을 설명해주는 변수들

설명변수	추정 회귀계수	t값
POP	0.0001	(1.87)
MSD	0.0079	(2.79)
YRS	−0.0017	(−2.10)
ADS	−0.0002	(−0.38)
BAN	−0.0955	(−2.12)

가시키는 옥외광고의 금지 *BAN* 등이 반영되어 나타나는 것이다. 이러한 변수들이 유통업체가 지불하는 가격에 영향을 미치면 이는 또한 소매상들이 지불하는 가격에도 영향을 미칠 것이다. 또한 이 가격은 다시 주요 맥주 브랜드를 포함한 전체 맥주 브랜드의 판매에 영향을 미칠 것이다. 따라서 이 세 변수들이 네 식에 포함되어 있다.

수요에 영향을 미치는 변수로 Sass는 세 변수를 사용하였다. 이들은 다음과 같은 것들이다. (1) 해당 유통지역의 일 인당 소득 *INC*, (2) 해당 유통지역의 인구 *POP*, (3) 해당 지역의 인구에서 술을 가장 많이 마시는 연령대의 사람들이 차지하는 비중 *AGESHARE*. 우리가 관심을 갖는 변수는 해당 유통업체가 배타적 거래를 체결하고 있는지 아닌지를 나타내는 변수 *EXDEAL*이다. 이 변수는 배타적 거래 계약을 하고 있는 경우에는 1, 그렇지 않은 경우에는 0으로 처리하였다.

다음은 지금까지 설명한 변수들을 독립변수로 사용한 회귀분석 공식이다.

$$\begin{aligned} PB &= CONSTANT + a_1EXDEAL + a_2DIST + a_3TAX + a_4BAN + a_5INC \\ &\quad + a_6POP + a_7AGESHARE + \varepsilon_{PB} \\ PD &= CONSTANT + b_1EXDEAL + b_2DIST + b_3TAX + b_4BAN + b_5INC \\ &\quad + b_6POP + b_7AGESHARE + \varepsilon_{PD} \\ QPRIMARY &= CONSTANT + c_1EXDEAL + c_2DIST + c_3TAX + c_4BAN + c_5INC \\ &\quad + c_6POP + c_7AGESHARE + \varepsilon_{QPRIMARY} \\ QTOTAL &= CONSTANT + d_1EXDEAL + d_2DIST + d_3TAX + d_4BAN + d_5INC \\ &\quad + d_6POP + d_7AGESHARE + \varepsilon_{TOTAL} \end{aligned}$$

Sass는 기본적으로 이 회귀식을 사용하였다. 그러나 그는 첫 번째와 네 번째 식에 추가적으로 세 주요 맥주 브랜드의 시장점유율 자료를 포함시키고 있는데, 이는 이들의 존재가 맥주 제조회사가 대리점에게 책정하는 가격과 최종판매량에 어떤 영향을 미치는가를 알아보기 위한 것이다. Sass(2005)는 또한 유통업체의 비용(과 또한 그에 따른 소매상에 대해 유통업체가 책정하는 가격)이 유통업체의 사업경험과 지식을 반영하는 것으로 생각하여 이를 동일한 가족이 유통업체를 운영하고 있는 연도 수에 영향을 받는 것으로 하여 반영하였으며, 또 하나의 추가적인 비용은 매주 유통업체가 맥주를 배달하는 소매상의 평균 숫자로 파악하고 있다. 따라서 Sass의 최종 회귀식은 다음과 같다.

$$\begin{aligned} PB &= CONSTANT + a_1EXDEAL + a_2DIST + a_3TAX + a_4BAN + a_5INC \\ &\quad + a_6POP + a_7AGESHARE + MARKET\ SHARE\ EFFECTS + \varepsilon_{PB} \\ PD &= CONSTANT + b_1EXDEAL + b_2DIST + b_3TAX + b_4BAN + b_5INC \\ &\quad + b_6POP + b_7AGESHARE + OTHER\ COST\ FACTORS + \varepsilon_{PD} \\ QPRIMARY &= CONSTANT + c_1EXDEAL + c_2DIST + c_3TAX + c_4BAN + c_5INC \\ &\quad + c_6POP + c_7AGESHARE + \varepsilon_{QPRIMARY} \\ QTOTAL &= CONSTANT + d_1EXDEAL + d_2DIST + d_3TAX + d_4BAN + d_5INC \\ &\quad + d_6POP + d_7AGESHARE + MARKET\ SHARE\ EFFECTS + \varepsilon_{TOTAL} \end{aligned}$$

우리가 관심을 갖는 것은 배타적 거래가 미치는 효과이다. 그러나 이를 살펴보기 전에 이 회귀식이 갖는 두 특징에 대해 살펴볼 필요가 있다. 이 식은 축약형 방정식 *reduced form equation* 이다. 다시 말해, 이 식들은 수요와 공급 구조에 대한 식이 아니며, 수요와 공급을 구성하는 기본 요소들이 종속변수에 미치는 결과를 살펴보는 식이다. 각 식의 마지막 항은 맥주 제조회사의 가격, 유통업체의 가격, 주요 맥주 브랜드의 판매량, 모든 맥주 브랜드의 판매량에 영향을 미칠 수도 있는 무작위 요소 *random factor*의 영향을 반영하는 것이다.

원칙적으로 말해, 이 식들 각각의 회귀분석은 최소자승법 *ordinary least squares (OLS)*을 사용하여 할 수 있다. 그러나 예를 들어 총수요가 무작위 요소들의 영향을 받는다면 주요 맥주 브랜드들의 수요 또한 무작위 요소들의 영향을 받을 것이며, 이에 따라 가격도 영향을 받을 것이다. 달리 말해, 회귀분석의 식들이 서로 독립적인 것처럼 보일 수도 있지만 실제로는 ε_{PB}, ε_{PD}, $\varepsilon_{QPRIMARY}$, ε_{TOTAL} 각각에 영향을 미치는 무작위 요소들 사이에 상관관계가 존재할 수 있다. 만약 상관관계가 존재한다면 이러한 상관관계의 성격에 관한 정보는 각 독립변수들의 회귀계수를 좀 더 정확하게 측정하기 위해 사용되어야 한다. 이를 위해 Sass는 회귀분석 기법 중 하나인 SUR (seemingly unrelated regression)을 사용하였다. 이 방법은 위의 네 개의 회귀식을 무작위 요소들 간의 상관관계의 추정치를 이용하여 동시에 추정하여 GLS (generalized least squares) 추정치를 구하는 것이다. 네 회귀시기에서 추정된 배타적 거래의 효과는 표 18.2에 정리되어 있다.

각 경우에 배타적 거래 조항의 효과는 양(+)으로 나오며 매우 강한 통계적 유의성을 보여주고 있다. 배타적 거래는 맥주 제조회사가 책정하는 가격을 약 6% 상승시키며, 유통업체가 책정하는 가격을 약 5% 증가시킨다. 배타적 거래 계약에 의한 이러한 가격상승에도 불구하고 주요 맥주 브랜드의 판매와 전체 맥주 브랜드의 판매는 증가하며, 또한 판매 증가 효과가 매우 크게 나타난다. 배타적 거래로 인해 주요 맥주 브랜드의 수요는 32% 증가하는 것으로 나타나며, 또한 이러한 증가가 다른 브랜드의 판매량 감소를 가져오기는커녕 오히려 그들의 판매를 28% 넘게 증가시키고 있다. Sass(2005)는 추가적인 회귀분석을 통해 한 맥주 제조회사에 의한 배타적 거래가 라이벌 맥주 제조회사의 가격을 크게 하락시키지 않는다는 것을 발견했다.

이러한 결과들은 다음과 같이 간단히 요약할 수 있다. 배타적 거래 계약이 시장규모와 함께 증가한다는 것은 배타적 거래가 반경쟁적인 봉쇄 수단으로 사용된다는 주장이 맞지 않는다는 것을 말해주고 있는 것으로 보인다. 이러한 판단은 배타적 거래가 경쟁기업들이 가격을 인하하도록 하는 압력으로 작용하고 있지 않다는 발견에 의해 더욱 뒷받침되고 있다. 배타적 거래 계약이 시장규모와 옥외 광고 제한과 함께 증가하고 있다는 사실은 그러한 계약이 맥주 제조회사와 유통업체들 간의 이해상충을 완화시키는 데 사용되고 있다는 주장을 뒷받침해주고 있는 것이다.

배타적 거래로 인해 맥주 제조회사의 유통업체에 대한 가격과 유통업체의 소매상에 대한

표 18.2 배타적 거래가 시장결과에 미치는 효과

PB Equation		PD Equation		QPRIMARY Equation		QTOTAL Equation	
EXDEAL		EXDEAL		EXDEAL		EXDEAL	
회귀계수	*t*값	회귀계수	*t*값	회귀계수	*t*값	회귀계수	*t*값
0.0630	(2.73)	0.0368	(2.13)	0.3241	(3.09)	0.2816	(2.74)

가격이 상승하고 또한 맥주 판매도 증가하고 있기 때문에 배타적 거래가 맥주 제조회사와 유통업체가 얻는 잉여를 증가시켜 준다는 점에 대해서는 의심할 여지가 없다. 소매상과 소비자들에게 어떤 결과가 나타나는지는 그렇게 명확하지 않다. 그러나 배타적 거래에 의해 맥주 판매가 크게 증가하는 것으로 나타나므로 소매상과 소비자들이 얻는 잉여도 함께 증가할 것이라는 강한 추론을 할 수 있다. 간단히 말해, Sass의 분석 결과는 미국맥주 산업에서의 배타적 거래는 후생을 증진시키는 역할을 한다는 것을 강하게 알려주고 있는 것이다.

Sass(2005)의 연구 결과는 드문 일이 아니다. 예를 들어, Zanarone(2009)은 독점 지역 및 최소 수량 구매를 불법으로 규정한 2002년 유럽 규정의 영향을 조사한다. 2002년 이전에 작성된 계약서와 그 이후에 작성된 계약서 38개를 분석한 결과, 결정권이 체계적으로 변화했음을 알 수 있었다. 규제가 시행된 후 자동차 제조업체는 다음과 같은 내용을 포함하는 계약서를 작성할 가능성이 훨씬 더 높았다: 1) 최대 재판매 가격을 부과하고, 2) 제조업체의 전국 광고 예산에 대한 최소한의 기여를 요구하며, 3) 딜러가 고객 만족도 조사를 실시하고 그 조사에서 최소 기준을 달성하도록 요구한다. 따라서 Sass(2005)와 마찬가지로 Zanarone(2009)의 증거는 초기 계약의 독점 지역과 최소 수량이 너무 높은 소매가격 인상과 너무 낮은 소매 서비스 제공을 방지하기 위한 것이라는 생각과 다시 한번 일치한다.

요약

제조회사와 소매상들 간의 계약은 다양한 비가격 제한들을 포함하고 있다. 이러한 제한들에는 소매상이 다른 제조회사의 제품을 판매하지 못하도록 하는 배타적 거래 제한과 제조회사가 다른 소매상에게 자신의 제품을 판매하지 못하도록 제한하는 배타적 판매와 배타적 지역 협정이 있다. 또한 생산자가 소매 유통에 접근하기 위해 지불해야 하는 슬롯수수료도 포함될 수 있다. 이러한 제한들은 겉으로 볼 때 자유스러운 거래를 억제하는 것으로 보이기 때문에 반경쟁적 효과를 발생시킬 것이라는 강한 의혹을 받고 있다.

그러나 현실적으로 이러한 제한들은 효율성을 증가시키는 역할을 할 수 있다. 이들은 적절한 판촉활동과 소비자에 대한 여러 서비스를 확실하게 하는 수단으로 이용될 수 있다. 또한 소매상들이 수요 충격에 더 잘 대처할 수 있는 환경을 조성하는 데 유용할 수도 있다. 그러나 이러한 제한이 경쟁을 완화하거나 압류로 이어지는 제한을 통해 경쟁자를 완전히 제거하기 위해 사용될 수 있다는 우려도 정당화될 수 있다. 이런 점에서 각 사례를 개별적으로 평가하는 것 외에는 대안이 없어 보인다.

대부분의 경우 수직적 제한에 대한 공공정책은 그 잠재적 이점을 점점 더 인정하고 있다. 이는 이러한 제한이 일반적으로 생산자에게 도움이 되고 소비자에게도 도움이 되거나 적어도 피해를 주지 않는다는 축적된 경험적 증거를 반영하는 것이다. 그러나 특히 기존 시장의 상당 부분에 제한이 적용되는 경우 시장지배력 남용의 가능성이 분명해 보인다. 이러한 이유로 당국은 비가격 수직적 제한에 대해 *그 자체*로 법적 규제보다는 합리성 원칙에 입각한 접근 방식을 계속 취해 왔다.

결론을 내리기 전에 여러 측면에서 소매업체는 제조업체를 대신하여 대리인 역할을 한다는 점에 주목해야 한다. 소비자의 취향을 파악하고, 판촉 및 기타 서비스 결정을 내리고, 최종 소비자 가격을 설정하는 것은 물론이다. 따라서 생산자와 소매업체 간의 수직적 관계는 의뢰인과 변호사 또는 주주와 경영진 간의 관계와 유사한 주-대리인 관계이다. 따라서 제조업체와 소매업체 간에 발생하는 계약 문제는 모든 주-대리인 관계를 규율하는 계약과 관련하여 발생하는 광범위한 문제의 일부이다. 이는 회사 이론에서 중요한 문제이다. 예를 들어, 공식적인 계약을 통해 소매업체와 연결된 생산자와 단순히 소매시장에 완전히 통합된 생산자, 또는 소매 사업부를 운영하는 생산자의 차이는 무엇일까? 기업은 왜 한 가지 형태의 조직을 다른 형태보다 선택하는 것일까? 여기서는 이러한 질문에 대한 답을 제시하지 않는다. 그러나 수직적 관계의 문제는 실제로 기업의 경계에 관한 더 큰 질문의 일부라는 점을 인정하고 싶다.

연습 문제

1. 대부분의 맥주 회사들은 자신들의 맥주를 판매하는 슈퍼마켓에 대해 배타적 거래 조항을 두고 있다. 이러한 조항이 효율적인 시장결과를 가져다주는지에 대해 설명해 보라.

2. General Motors, Ford, Daimler-Chrysler 등은 모두 많은 자동차 생산부서를 두고 있다. 예를 들어, *Chevrolet, Cadillac, Buick* 자동차를 별도의 부서에 의해 생산하고 있다. 이렇게 하고 있는 이유에 대해 설명해 보라. 이러한 관행으로 인해 자동차 제조회사와 소비자 중 누가 더 혜택을 본다고 생각하는가?

3. 유럽에서 전통적으로 자동차 딜러들은 배타적 지역을 할당받고 있다. 이러한 관행을 합법적인 것으로 인정해야 한다고 생각하는가?

4. 13장의 Rasmussen, Ramseyer, Wiley(1991) 모형을 다시 살펴보라. 배타적 거래가 새로운 기업의 시장진입을 억제한다는 주장에서 왜 규모의 경제가 중요한 변수가 되는가?

5. Centerville이라는 도시의 중심에 위치한 매장과 미국 주들을 연결해주는 고속도로상에 있는 매장 중, McDonald의 이름을 사용할 수 있는 권리를 얻는 대가로 더 많은 금액을 지불하려고 하는 쪽은 어느 쪽인가?

6. McDonald가 자신의 프랜차이지들에게 햄버거, 고기, 냅킨 등을 자신보다 낮은 가격에 공급하는 해당 지역 공급자로부터 구입하지 말고 직접 자신으로부터 구입하도록 하고 있는 이유에는 이중마진을 제거한다는 이유 외에 어떤 것이 있는가?

참고문헌

Aghion, P., and P. Bolton. 1987. "Contracts as a Barrier to Entry", *American Economic Review* 77, (June): 388–401.

Bonanno, G., and J. Vickers, 1988. "Vertical Separation," *Journal of Industrial Economics* 36 (March): 257–65.

Borenstein, S., J. Mackie-Mason, and J. Netz, 2000. "ExercisingMarket Power in Proprietary Aftermarkets," *Journal of Economics and Management Strategy* 9 (Summer): 157–88.

Baye, M., K. Crocker, and J. Ju. 1996. "Divisionalization, Franchising, and Divestiture Incentives in Oligopoly," *American Economic Review* 86 (March): 223–36.

Bernheim, B. D., and M. Whinston, 1990. "Multimarket Contact and Collusive Behavior," *Rand Journal of Economics* 21 (Spring): 1–26.

Besanko, D., and M. K. Perry, 1994. "Exclusive Dealing in a Spatial Model of Retail Competition," *International Journal of Industrial Organization* 12 (Fall): 297–329.

Blair, R.D., and F. Lafontaine, 2005. *The Economics of Franchising*, Cambridge University Press: New York, NY.

Blass, A. A., and D. W. Carlton, 2001. "The Choice of Organizational Form in Gasoline Retailing and the Cost of Laws that Limit that Choice," *Journal of Law and Economics* 44 (October): 511–24.

Chen, Z., and T. Ross, 1993. "Refusals to Deal, Price Discrimination, and Independent Service Organizations," *Journal of Economics and Management Science* 2 (Summer): 593–614.

Comanor, W., and P. Rey, 2000. "Vertical Restraints and the Market Power of Large Distributors," *Review of Industrial Organization* 17 (Spring): 135–53.

Ellison, G., and S. Ellison. 2011. "Strategic Entry Deterrence and the Behavior of Pharmaceutical Incumbents Prior to Patent Expiration." *American Economic Journal* 3 (January), 1–36.

Federal Trade Commission Staff Report, 2003. *Slotting Allowances in the Retail Grocery Industry: Selected Case Studies in Five Product Categories.* http://www.ftc.gov/os/2003/11/slottingallowancerpt031114.pdf.

Gabaix, X., and D. Laibson 2006. "Shrouded Attributes, Consumer Myopia, and Information Suppression in Competitive Markets." *Quarterly Journal of Economics*, (May): 505–40.

Goldfine, D., and K. Vorrasi, 2004. "The Fall of the *Kodak* Aftermarket Doctrine: Dying a Slow Death in the Lower Courts" *Antitrust Law Journal* 72 (January): 209–31.

Hart,O., and J. Tirole, 1990. "Vertical Integration and-Market Foreclosure," *Brookings Papers on Economic Activity (Microeconomics)*: 205–85.

Hass-Wilson, D. 1987. "Tying Requirements in Markets with Many Sellers: The Contact Lens Industry," *Review of Economics and Statistics* 69 (February): 170–75.

Klein, B., and K. Murphy. 1988. "Vertical Restraints as Contract Enforcement Mechanisms." *Journal of Law & Economics* 31 (October): 265–97.

Lafontaine, F., 1992. "Agency Theory and Franchising: Some Empirical Results," *Rand Journal of Economics* 23 (Summer): 263–83.

Lafontaine, F., and M. Slade, 2007. "Exclusive Contracts and Vertical Restraints: Empirical Evidence and Public Policy," Forthcoming in P. Buccirossi, ed., *Handbook of Antitrust Economics*, Cambridge: MIT Press.

Lafontaine, F., and K. Shaw, 1999. "The Dynamics of Franchise Contracting: Evidence From Panel Data," *Journal of Political Economy* 107 (October): 1041–80.

Lafontaine, F., and K. Shaw. 1993. "Contractual Arrangements as Signaling Devices: Evidence from Franchising," *Journal of Law, Economics, and Organization* 9 (October): 256–89.

Marvel, H. 1982. "Exclusive Dealing," *Journal of Law and Economics* 25 (April): 1–25.

Mathewson, G. F., and R. A.Winter, 1987. "The Competitive Effects of Vertical Agreements: Comment," *American Economic Review*, 77: 1057–62.

Miao, C. 2010. "Consumer Myopia, Standardization, and Aftermarket Monopolization." *European Economic Review* 54 (October): 931–46.

Marx, L., and G. Shaffer, 2007. "Upfront Payments and Exclusion inDownstreamMarkets," *Rand Journal of Economics* 38 (Autumn): 823–43.

O'Brien, D. P., and G. Shaffer. 1992. "Vertical Control with Bilateral Contracts," *Rand Journal of Economics* 23 (Autumn): 299–308.

O'Brien, D. P., and G. Shaffer. 1994. "The Welfare Effects of Forbidding Discriminatory Discounts: A Secondary Line Analysis of Robinson-Patman," *Journal of Law, Economics, and Organization* 10 (October): 296–318.

Posner, R. 1981. "The Next Step in the Antitrust Treatment of Restricted Distribution: Per se Legality," *University of Chicago Law Review* 48: 6–26.

Rasmussen, E., J. Ramseyer, and J. Wiley. 1991. "Naked Exclusion," *American Economic Review* 81 (December): 1137–45.

Rey, P., and J. Stiglitz. 1995. "The Role of Exclusive Territories in Producer Competition," *Rand Journal of Economics* 26 (Fall): 431–51.

Sass, T., 2005. "The Competitive Effects of ExclusiveDealing: Evidence from theUS Beer Industry," *International Journal of Industrial Organization* 23 (April): 203–25.

Shaffer, G. 1991. "Slotting Allowances and Resale Price Maintenance: A Comparison of Facilitating Practices," *Rand Journal of Economics* 22 (Spring): 120–35.

Steiner, R. L. 1985. "The Nature of Vertical Restraints," *Antitrust Bulletin* (Spring): 143–97.

Whinston, M. 1990. "Tying, Foreclosure, and Exclusion," *American Economic Review* 80 (September): 837–59.

Zanarone, G. 2009. "Vertical Restraints and the Law: Evidence from Automobile Franchising," *Journal of Law & Economics* 52 (November): 691–700.

Industrial Organization
Contemporary Theory and Empirical Applications

찾아보기

Index

ㄱ

가격 결정자 • *22*

가격과 수요탄력성 • *107*

가격 모니터링 • *387*

가격 약정 • *656*

가격 주도권 게임 • *282*

가격차별 • *97, 429, 454*

가격차별의 후생효과 • *141*

가격-한계비용 • *58*

개발연구 • *576*

거래비용 • *468*

게임의 규칙 • *226*

게임이론 • *226*

경매 • *670*

경영적 동기 • *470*

경쟁 • *406*

경쟁강도 • *513*

경쟁사 매수 • *346*

경쟁 소매가격 • *492*

경쟁 충족 조항 • *387*

경험재 • *551*

계약상 배제 • *356*

고비용기업 • *345*

고정비용 • *69, 411*

공간 모델 • *423, 424*

공간적 베르트랑 모델 • *557*

공개 경매 • *396, 397*

공공재 • *494*

공유소유권 • *473*

공적 가치 • *679*

공정혁신 • *576*

과잉 투자 • *312*

과점 • *226, 228*

과점 상태 • *228*

관용(사면) 프로그램 • *393*

광고 • *361, 542*

광고노력 • *547*

광고지출 • *544*

교차가격탄력성 • *54*

구매 결정 • *542*

구조-행위-성과(SCP) • *10, 432*

국제무역 협정 • *702*

국제시장 • *696*

규모의 경제 • *72, 204, 212*

규모/범위의 경제 • *698*

균등분포 • *348*

균일 가격책정 • *107*

균일 배송 가격 • *162*

균형 상태 • *227*

균형 입찰전략 • *671*

그룹 가격책정 • *100*

극적혁신 • *578*

긍정적인 피드백 • *204*

기대이윤 • *616*

기술 채택 • *653*

기업규모 • *587*

기초연구 • *576*

끼워팔기 • *182, 197, 209*

ㄴ

남녀 대결 • *657*

내구재 • *39*

내림차순 경매 • *670*

내쉬균형 • *227, 229, 285, 370, 696*

내재성 • 588
네덜란드 및 최고가 비공개 경매 • 673
네덜란드식 • 670
네트워크 • 203
네트워크 서비스 • 659
네트워크 외부효과 • 84, 204, 643, 649
네트워크 효과 • 644
노드 • 286

ㄷ

다운사이징 • 468
다중제품 • 78
다품종 생산 • 428
단일가격 • 415
담합 • 367, 382
담합 적발 • 391
대체 품종 • 157
대체효과 • 581
도덕적 해이 • 528
도매가격 • 450, 513
독점금지법 • 7
독점기업 • 26
독점기업의 평균비용함수 • 29
독점 소매상 • 490
독점 수리 전략 • 522
독점이윤 • 606
독점자의 수요곡선 • 26
독점 제조회사 • 490
동시 게임 • 283
동의판결 • 434
동의협약 • 434
동일한 제품 • 542
동적 • 276
동적 게임 • 228, 283
동적 신뢰도 • 283
두 번째 가격 밀봉입찰 경매 • 670
두 번째 경쟁 • 284

ㄹ

라이선스 • 621
라이선싱 • 624
락인 효과 • 524
러너지수 • 58, 585
레이평균비용 • 77
로널드 코즈 • 40
로빈슨-패트만 • 86, 363
로지스틱 누적분포 • 564

ㅁ

마크업 • 486
맞춤형 가격책정 • 135
매몰비용 • 70
메뉴 가격책정 방식 • 139
무임승차 • 493
무한반복게임 • 376, 377
묵시적 협정 • 526
묶음판매 • 182

ㅂ

반경쟁적 합병 • 406
반경쟁적 효과 • 514
반독점법 시행기관 • 406
반독점정책 • 8, 60
반독점 집행 • 389
반복게임 • 276, 372
반응 곡선 • 235, 237
배타적 거래 • 510
배타적 거래 계약 • 532
배타적 판매 • 511
배타적 판매 협정 • 514
밴드왜건 • 654
번들링 • 182, 316
범위의 경제 • 78, 212, 428, 468
법무부 • 9
베르트랑 • 226
베르트랑 가격 게임 • 376
베르트랑-내쉬 • 234
베르트랑-내쉬균형가격 • 429
베르트랑 모델 • 254
변동비용 • 412
보상 • 286
보완성 • 449
보완재 • 200
복점 게임의 내쉬균형 • 257
복점시장 • 407
복합합병 • 406, 449, 468
봉쇄 • 448
부정행위자 • 379
북미 산업 분류 시스템(NAICS) • 52
불완전경쟁시장 • 4
불평등 회피 • 290
브랜치 • 286

블록 가격책정 • 128, 133
비가격 수직적 제한 • 509, 525
비가격적 제한 • 525
비극적혁신 • 578, 606
비대칭성 • 684
비대칭 정보 • 356
비례성 가정 • 436
비열등 • 229
비용 대칭 • 385
비용절감 • 414
비용효율성 • 414
비차별적인 가격책정 • 98
비한계 소비자 • 166
비협조적인 쿠르노 균형 • 372
비협조적 게임 • 226

ㅅ

사적 가치 • 679
사회적후생 • 616
산업구조 • 587
산업별 집중도곡선 • 50
산업 수요의 가격탄력성 • 246
산업조직 • 3
상류 • 57, 449
상류 제조회사 • 450
상용고객 우대 프로그램 • 320
상호 보완성 • 209
상호 호환성 • 654
생산량 확장 • 312, 356
생산자잉여 • 114
생존율 • 300
서브게임 • 284
서브게임 완성도 • 284
서브게임 완전성 • 335
선발주자 • 276
선 수정 • 433
선점 • 313
선택 편향 • 679
설득적 광고 • 548
성가신 동생 • 658
세부 광고 • 362
셔먼법 • 7, 298
소규모 진입 • 300
소매가격 • 485, 513
소매시장 • 491
소비자선호도 • 548
소비자의 지불의향 • 645
소비자잉여 • 32, 114, 451, 607
소유권 • 606
손익분기점 • 25
수량할인 • 138
수익 등가성 정리 • 676
수직적 가격제한 • 482
수직적 제품차별화 • 150
수직적 제한 • 520
수직적 차별화 • 164
수직합병 • 406, 448
수평적 제품차별화 전략 • 149
수평합병 • 406, 422
순수번들링 전략 • 194
순차 게임 • 228
순차적 • 275, 276
순차적 합병 • 420
순차적 혁신 • 626
순차적 게임 • 305
슘페터 가설 • 574, 587
스테켈버그 • 226, 302
스테켈버그-내쉬균형 • 278
스테켈버그 리더기업 • 414
승산비율 • 565
승자 독식 • 612, 651
승자의 저주 • 678
시간 효과 • 270
시그널링 • 550
시너지 효과 • 473
시장구조 • 587
시장규모 • 83
시장봉쇄 • 455
시장 성장 • 384
시장점유율 • 559
시장지배력 • 301, 549
시장청산가격 • 449
시카고 학파 • 13, 353
식별문제 • 99
신고전주의적 관점 • 68
신고전학파 • 472
신뢰성의 원천 • 702
신약 신청서(ANDA) • 338
신호 이론 • 553
실효가격 • 426

ㅇ

애프터시장 • *520*

약탈적 가격책정 • *302, 332, 333, 346, 359*

약탈 행위 • *298, 332*

언더커팅 • *280*

언약 • *431*

엘징가-호가티 • *56*

역수요곡선 • *27, 235, 650*

역수요함수 • *545*

연구개발 • *616*

연방거래위원회(FTC) • *9, 548*

열등 • *229*

영미식 • *670*

영미식 2차 가격 비공개 가치 경매 • *671*

오름차순 경매 • *670*

완전 가격차별 • *126*

완전경쟁 • *22*

외부성 문제 • *512*

외부효과 • *352*

우월 전략 • *231*

운송비용 • *152, 161*

원가 이하 가격책정 • *346*

원샷 평형 • *373*

유보가격 • *152, 183*

유보 공급 가격 • *30*

유익하지 않은 광고 • *554*

유익한 광고 • *550*

유타 파이 사건 • *337*

유한반복게임 • *373*

응용연구 • *576*

이동 비용 • *151*

이윤극대화 • *23, 105, 226, 450*

이윤 단위당 손실 • *610*

이윤 함수 • *264*

이익 극대화 • *68*

이중마진 • *449, 472*

이중마진 문제 • *512*

이중 차분 추정 • *271*

이중 한계화 • *483*

이탈 • *376*

인센티브 • *579, 606*

인센티브 호환성 제약 • *139, 170*

인수 • *405*

임대 • *469*

잉여 손실 • *32*

ㅈ

자연 • *287*

자연독점 • *74*

자중손실 • *33, 60*

잔여수요 • *414*

잔여 역수요함수 • *415*

잠자는 특허 • *618*

장기적인 경쟁균형 • *25*

장기 투자 • *34*

재판매가격유지 • *482*

저비용기업 • *345*

저해제 • *606*

적발 • *367*

전략 • *227*

전략적 관세 • *698*

전략적 대체물 • *268*

전략적 보완 • *268*

전략적 보완재 • *513, 591*

전략적 상호작용 • *225, 376*

전략적 R&D 보조금 • *700*

전략 조합 • *227*

전미경제학회 • *101*

전승 정리 • *379*

전파 • *596*

정보비대칭 • *342*

정부 개입 • *698*

정적 게임 • *228, 234*

제품다양성 • *159*

제품 동질성 • *382, 386*

제품 맞춤화 • *163*

제품차별화 • *387, 422*

제품차별화의 공간적 모델 • *151*

제품혁신 • *576*

제한 가격 • *188*

제휴가치 • *679*

죄수의딜레마 • *370, 530*

중간재 • *459*

중복 부과 • *459*

지대추구 • *471*

지리적 위치 • *150*

지불의향 • *111*

지브랏의 법칙 • *298*

지역적 배분 • *511*

진입 • *300*

진입 가능성 • *361*

진입기업 • 345
진입률 • 300
진입억제 • 191
진입장벽 • 382
진입저지 전략 • 190, 361
진입확률 • 359

ㅊ

차별화된 시장 • 173
차익거래 • 454
창조적 파괴 • 575
책무이행 • 292
책임수량 요구 • 514
체인점 역설 • 287
최대 지불의향 가격 • 21
최소자승법 • 534
최소효율규모 • 73
최적 반응 함수 • 238, 268
최적 특허기간 • 609
최적 특허범위 • 609
최초 가격 밀봉입찰 경매 • 670
최혜고객 • 387
추종 • 277
추종기업 • 414
추측변동 매개변수 • 248
축약형 방정식 • 534
침투율 • 312

ㅋ

카르텔 • 369, 397
코즈 가설 • 42
쿠르노 • 200, 407
쿠르노-내쉬 • 234
쿠르노-내쉬균형 • 278
쿠르노 모형 • 457
쿠르노 수량 게임 • 376

ㅌ

탄력성 • 104
퇴출률 • 300
트리거 전략 • 379
트위들덤과 트위들디 • 655
특허기간 • 606
특허 덤불 • 626
특허제도 • 606
특허청 • 608

ㅍ

파급효과 • 589
파생수요 • 458
평균가변비용 • 70
평균변동비용 • 71
평균비용 • 69
평판 • 354
품질 하한선 • 169
프랜차이즈 • 158
프리미엄 • 36

ㅎ

하류 • 57, 449
하류 소매회사 • 450
하류시장 • 353
한계 가격 • 302
한계비용 • 24, 70
한계 생산량 • 302
한계 소비자 • 166
한계수익 곡선 • 650
할인 • 35
할인율 • 377
합리성 원칙 • 8, 524
합병 • 206, 405
합병의 역설 • 407, 410
합작회사 • 594
해밀턴 • 700
핵심 사업 • 468
허핀달-허쉬만지수 • 51, 432
허핀달지수 • 144
헤도닉 가격 방정식 • 663
혁신 • 579
혁신자 • 606
혁신활동 • 574, 606
현재가치 • 36, 607
협동적 게임 • 226
협상 불가능한 청구권 • 700
협조 • 376
혼합번들링 • 184, 194
확률조정 할인요소 • 377
효율성 • 161
후기-시카고 • 448
후발주자 • 276
후생 • 114
후생손실 • 60

A

Abrantes-Metz • *393*

Ackerberg(2001) • *562*

Alfred Marshall • *21*

C

Cournot • *235*

G

GE-Honeywell • *466*

H

Hamilton, Stiegert • *704*

Harberge • *61*

Hotelling • *151*

L

Leegin • *501*

LIFO • *56*

LOFI • *56*

M

McGee • *336*

Merger Guidelines • *406*

Microhard-Newvel • *333*

O

OSS • *462*

R

R&D • *574*

Ronald Coase • *68*

S

Salinger • *461*

Schumpeter • *574*

SCP • *10*

SSNIP • *55*

V

Vickrey • *676*

기타

n-기업 집중도비율 • *50*

Dixit(1980) 모델 • *310*

Poisson 분포 • *634*

R&D 지출액 • *585*

Vickrey 경매 • *670*

1단계 가격차별 • *126*

1차 조건 • *277*

2기간 모델 • *284*

2부 요금제 • *131*

2차 가격차별 • *139*

3단계 가격차별 • *100, 101, 109*

4대 기업 집중률 • *431*